Reclams Schauspielführer

Herausgegeben von
Siegfried Kienzle und Otto C. A. zur Nedden

Neunzehnte Auflage
Mit 32 Bildtafeln

Philipp Reclam jun. Stuttgart

Universal-Bibliothek Nr. 7817

Gesamtherstellung: Reclam, Ditzingen. Printed in Germany 1993

ISBN 3-15-010365-7

Vorwort zur 19. Auflage

Zweieinhalb Jahrtausende dramatischer Kunst faßt »Reclams Schauspielführer« in Darstellung des Inhalts der Werke, in knappen literatur- und theatergeschichtlichen Charakteristiken und mit Informationen über Leben und Schaffen der Autoren zusammen. Die Entwicklung dieser Dichtungsgattung von Aischylos und Sophokles bis zu den jüngsten Bühnenwerken soll dem Leser nahegebracht werden. Zugleich verfolgt das Handbuch praktische Zwecke als Nachschlagewerk. Es dient der raschen Unterrichtung vor einem Theaterbesuch, kommt Studium und Bildungsbedürfnis entgegen und vermittelt auf schlüssige Weise Kenntnisse und Verständnishinweise für Drama und Theater.

»Reclams Schauspielführer« gliedert sich in drei Teile. Der erste behandelt die Dramen von Aischylos bis etwa 1900 (Ibsen, Björnson, Tolstoi, Tschechow). Er wurde von *Otto C. A. zur Nedden* bearbeitet, über die russischen Dramatiker des 19. Jahrhunderts schrieb *Johannes von Guenther*, über das österreichische Volkstheater (Raimund, Nestroy, Anzengruber) *Wilhelm Zentner*. Dieser erste Teil wurde für die 18. Auflage 1990 von Herausgeber und Verlag einer sorgfältigen Revision und Straffung unterzogen, die nicht zuletzt dem gewandelten Klassik-Verständnis von Bühne und Literaturwissenschaft Rechnung trug. Über zwei Dutzend Autoren und Werke wurden neu referiert. Für die Überarbeitung leistete *Eberhard Frost* wesentliche Hilfe und verfaßte neue Artikel.

Für den zweiten Teil von Strindberg bis etwa 1950 zeichnete bis zur 15. Auflage 1981 *Karl H. Ruppel* verantwortlich. Schon für die 11. Auflage 1969 hatte *Hans Daiber* einen dritten Teil zusammengestellt, der die Dramatik der zweiten Jahrhunderthälfte behandelt. Mit der 16. Auflage 1983, nach dem Tod von Karl H. Ruppel, trat *Siegfried Kienzle* in die Herausgeberschaft ein. Er hat inzwischen nicht nur den dritten Teil ständig aktualisiert – für die vorliegende 19. Auflage sind Titel, Daten und Inhalte dramatischer Werke aus den jüngsten drei Jahren wiederum ergänzt –, sondern auch den zweiten Teil weitestgehend neu bearbeitet. »Reclams Schauspielführer«, wie er sich heute präsentiert, entspricht so dem gegenwärtigen kritischen Urteil und führt mit seinen Informationen bis zu den jüngsten Uraufführungen der Theater.

Für die Auswahl der referierten Dramen und für den Umfang der jeweiligen Referate hat in erster Linie das Repertoire unserer Bühnen als Orientierungsmaßstab gedient. Doch sind gerade für die dramatischen Werke der unmittelbaren Gegenwart, bei der es noch gar nicht zu einer Repertoirebildung kommen kann, entschieden erweiterte Auswahlkriterien angewandt worden. Absicht und Ziel sind auf jeden Fall Aktualität von Titel und Daten und eine möglichst reichhaltige Auskunft. Zwei alphabetische Register aller behandelten (oder zumindest erwähnten) Werke und Dramatiker erleichtern den Gebrauch des Handbuchs.

Philipp Reclam jun. Stuttgart

Artikel, die nicht von Siegfried Kienzle und Otto C. A. zur Nedden stammen, sind mit den Initialen des jeweiligen Bearbeiters gezeichnet: *H. D.* = Hans Daiber, *E. F.* = Eberhard Frost, *J. v. G.* = Johannes von Guenther, *K. G.* = Klaus Gurr, *D. M.* = Dieter Meier, *K. H. R.* = Karl H. Ruppel, *W. Z.* = Wilhelm Zentner.

Zur Geschichte des Schauspiels

Von den ältesten Zeiten bis ins 19. Jahrhundert

Der Ursprung des Theaters liegt, soweit wir es erkennen können, im *religiösen Kultus*. Feiern zu Ehren der Gottheit oder einzelner Götter erregten den Wunsch nach einer plastisch-lebendigen Wiedergabe des Mythos, der sich im Glauben an eine übermenschliche Macht herausgebildet hatte. Da die meisten Gottheit-Vorstellungen mit den grundlegenden Begriffen des Daseins: Entstehen – Werden – Vergehen, in Zusammenhang stehen, die ihrerseits die Bilder von Kampf, Sieg und Untergang hervorriefen, ist es natürlich, daß diese Begriffe auch das Theater prägten. Als das älteste Beispiel dieser Art gilt wohl die pantomimische Darstellung des Osiris-Mysteriums im alten *Ägypten*, wie sie die Inschrift auf dem Tempel von Abydos aus der Zeit 2000 bis 1700 v. Chr. schildert: das Boot des Gottes bewegt sich den Fluß hinab, eine große Schlacht zeigt die Überwindung seiner Feinde, der Gott kehrt unter den Freudenrufen des Volkes in den Tempel zurück. Wird man hierin, wie Joseph Gregor vermutet, die älteste Spur vom Theater kultischen Ursprungs erblicken können, so in dem zeitlich nicht fixierbaren Auftreten von Gauklern, Tänzern, Ringern und Taschenspielern aller Art, wie es für das primitive Volksleben im Urzustand kennzeichnend ist, den Anfang des *Mimus*, d. h. des Possenreißers, der sich den allen Menschen eingeborenen Trieb des Nachahmens, die Freude an der Spiegelung des irdischen Treibens in charakteristischen Einzelzügen, zunutze macht und sie durch scharfe Beobachtung auf den verblüffend einfachen Nenner zurückführt.

Die Theaterkulturen der verschiedenen Völker haben sich anscheinend in einer gewissen Parallelität von Kultus und Mimus entwickelt, wobei die Durchdringung des kultischen Elementes mit dem mimischen zur Loslösung vom Kultus führte und damit zur Selbständigkeit der Kunstform ›Theater‹.

Überblicken wir zunächst die außereuropäischen Völker, so können wir überall Spuren des Theaterspielens und der Freude an theatralischen Darbietungen finden. Aus der Welt des Fernen

Ostens wissen wir, daß ein Kaiser in *China* schon in der ersten Hälfte des 8. Jahrhunderts eine große Schauspielertruppe besaß. Die frühesten Beispiele chinesischer Theaterkunst stammen aus dieser Epoche. Als die ersten Meisterwerke der dramatischen Kunst gelten nach chinesischer Auffassung Stücke aus dem 13. und 14. Jahrhundert. Aus dieser Zeit stammt auch das Schauspiel »Der Kreidekreis« von *Li Hsing-tao*, das durch neuzeitliche Bearbeitungen (von Klabund, Johannes von Guenther und Bertolt Brecht) europäische Bühnenberühmtheit erlangte. Nach dem Vorbild des chinesischen Theaters hatte sich auch in *Japan* eine heute in voller Blüte stehende Theaterkultur entwickelt, hervorgegangen aus Reisfeld-Darbietungen (kultischen Maskenspielen und rituellen Tänzen), die sich zu festen Formen entwikkelt haben: dem *Nô* als Schauspiel mit Auffassungen aus der Samuraizeit, *Kabuki* die bürgerliche Atmosphäre wiederspiegelnd, und *Bugaku* als Puppenspiel.

Auf eine lange einheimische Tradition blickt das Theater in *Indien* zurück. Seine Entstehung wird dem Gotte Brahma zugeschrieben. Seine Gesetze schuf der heilige Brahmane Bharata. Musik und Tanz nehmen darin eine breite Rolle ein. Schattentheater und Puppenspiel gingen der eigentlichen dramatischen Kunst, wie sie in den Meisterwerken des 4. und 5. Jahrhunderts n. Chr. überliefert ist, voraus. Von früh an gibt es die Narren-Figur des Vidūṣaka (Schimpfer). Erstaunlich reich ist die in mehreren Lehrbüchern überlieferte Dramaturgie des indischen Theaters. Wir erfahren daraus Einzelheiten über den Bau der Handlung, über die verschiedenartigen dramatischen Mittel und die Einteilung in Rollenfächer. Im Unterschied zum abendländischen Theater fehlt das Tragische; der Held darf nicht untergehen. Ein tragischer Ausgang ist sogar verboten. Der größte Dichter des indischen Theaters war *Kālidāsa*, dessen wichtigste Werke nachstehend behandelt werden. Außer ihm gewann sein Vorgänger, der sagenhafte König *Śūdraka*, durch das mehrfach übersetzte und bearbeitete Drama »Vasantasenā« Geltung. Es ist ein reizvolles Spiel um die Liebe des edlen, aber armen Kaufmanns Cārudatta zu der schönen Kurtisane, das sich in gewandelter Form auf europäischen Bühnen der Neuzeit Eingang verschafft hat. Die aus mythischen Ursprüngen geborene und in den Zauber der tropischen Natur getauchte Kunst des indischen Theaters hat seit ihrem Bekanntwerden in Europa im 18. Jahrhundert die Wissenschaft ebenso wie die Bühne angezogen. Goethe erhielt von der »Śakuntalā« des Kālidāsa wichtige Anregungen.

Der entscheidende Impuls für das abendländische Theater ging von der *hellenischen Antike* aus. Der kultische Ursprung des griechischen Theaters ist eindeutig. Chorlieder zu Ehren des Gottes Dionysos stehen am Anfang. Rundtänze um den Altar lockern die Feier auf. Ein Einzelsänger löst sich aus dem Chor und wird zum Schauspieler. Dem Dionysos-Priester *Thespis* aus Ikaria bei Marathon, von dessen Karren (Festwagen im Bakchos-Zug) man noch heute als Symbol für das Theater spricht, wird diese schöpferische Tat zugesprochen. Der entscheidende Zeitpunkt sind die großen Panathenäen (Feste zu Ehren der Schutzgöttin Athene) 536–534 v. Chr. in Athen, bei denen eine Tragödie des Thespis aufgeführt wurde. Eine Generation später stehen wir bereits am Vorabend der Hochblüte der griechischen Tragödie. Aus den ursprünglichen Tänzen im Bocksgewand des Dionysos-Zuges, aus dem Mythos des Gottes – seinem Einzug im Frühling, seiner Kraft, die Welt in Rausch zu versetzen – ist die erhabene, auf Kothurnen (Schaftstiefel mit erhöhten Sohlen) einherschreitende Tragödie geworden, die Götter- und Menschenschicksale beschwört und sie im Kreisrund der Orchestra zu einer gleichsam gottesdienstartigen Handlung werden läßt. Dem ersten Schauspieler wird ein zweiter und alsbald ein dritter gegenübergestellt. Der Chor erhält sich, gleichsam als mythischer Untergrund der Kunstform, und spielt sich auch noch in die Komödie hinüber, als die Tragödie schon in Verfall geraten ist. Mehr und mehr wird die Szene, der eigentliche Bühnenraum im Abstand vom Zuschauerraum, zum Schauplatz, auf dem die letzten Fragen des Daseins in Rede und Gegenrede, Spiel und Gegenspiel abgehandelt werden. Das amphitheatralisch angelegte Theatron für die Zuschauer, die kreisrunde (später halbierte) Orchestra für den Chor und das Bühnenhaus (Skene), auf und vor dem die Schauspieler in Masken auftreten, bilden das Fundament und den äußeren Rahmen des griechischen Theaters. Auf die Tragödie folgte schon in den ältesten Zeiten stets ein Satyrspiel, aus dem sich später die Komödie als eigene Kunstgattung entwickelte. Sinnvoll ausgedachte dramaturgische Gesetze bestimmen den Ablauf der Handlung, die, in letzter Konzentration zusammengedrängt, durch das erregende Beispiel die Erschütterung in der Brust des Menschen herbeiführen soll, die nach griechischer Auffassung das Ziel und der Zweck der

Tragödie ist. Der Grieche nennt sie Katharsis, d. h. Läuterung, Reinigung und Erhebung der Seele durch Furcht und Mitleid. Über die wichtigsten Werke des griechischen Theaters, die Tragödien des *Aischylos*, *Sophokles* und *Euripides*, unterrichten die nachstehenden Kapitel. Die Inszenierungen hat man sich – nach den neuesten Forschungsergebnissen – weit aufgelokkerter hinsichtlich dekorativer Ausstattung, dreigeteilter Bühnenform (Vorder-, Mittel- und Oberbühne auf der Skene im Bühnenhaus), Einsatz von Flug- und Schwebemaschinen, überhaupt hinsichtlich anschaulicher Anordnung vorzustellen, als man bisher annahm. Dies gilt auch für die Komödienkunst des *Aristophanes*, mit der das griechische Theater der klassischen Zeit sein Ende fand. Der große Theoretiker des griechischen Theaters, dem wir wesentliche Erkenntnisse über die Bühnenkunst der Griechen und ihre mit dem Theater verbundenen Absichten verdanken, ist der Philosoph *Aristoteles* (384 bis 322 v. Chr.). Die Bedeutung, die dem griechischen Theater für das abendländische Theater zukommt, kann man am besten daran ermessen, daß eine Beschäftigung mit ihm stets zu seiner Wiedergeburt geführt hat, wenn auch unter Verschmelzung mit den jeweils herrschenden Zeitströmungen und Kunstidealen.

Zunächst finden wir das Theater der *Römer*, das deutlich unter dem Einfluß des griechischen stand. Der einzige tragische Dichter von Rang und Namen, *Seneca* (um 4 v. Chr. – 65 n. Chr.), bediente sich der Stoffe der griechischen Tragiker (Medea, Phädra, Ödipus, Agamemnon u. a.). Seine Fassungen wurden in vielen Fällen Vorbild für spätere Neugestaltungen, haben also auch die Funktion einer Vermittlung und Überleitung. Bedeutender ist der Beitrag, den das römische Theater in der Komödie geleistet hat. Freilich war auch hier Griechenland Vorbild und Anreger. Die sog. Neuere attische Komödie eines *Menander* (um 342 – 291 v. Chr.), eines *Philemon* (um 365 – um 263 v. Chr.) und *Diphilos* (vor 350 – um 275 v. Chr.) bot den römischen Komödiendichtern *Plautus* und *Terenz* sowohl die Stoffe wie die Form einer bürgerlichen Komödie, die das Alltagsleben auf die Bühne stellt und in feststehenden Typen fixiert. Aber sie gingen dabei so geschickt und bühnengewandt vor, daß zahlreiche Motive ihrer Stücke für die spätere europäische Komödie fruchtbar geworden sind. Man findet Spuren von Plautus und Terenz ebenso bei Shakespeare, Molière und Holberg wie bei Hans Sachs, J. M. R. Lenz und Heinrich von Kleist. Ansätze zu einer selbständigen Theaterkunst der Römer finden sich auch in den sog. *Atellanen*, kleinen Volkslustspielen mit wiederkehrenden Masken. Die spätere Commedia dell'arte hat hier ihren Ursprung. Nachweisbar sind sie bis ins 3. Jahrhundert v. Chr. Hauptfiguren waren der Maccus (Vorläufer des Pulcinell), Bucco (der spätere Brighella), Pappus (der Pantalone), Dossenus (der Dottore). Die Komödien des Terenz wurden im Mittelalter durch die Nonne *Hrotsvitha von Gandersheim* (935 – um 975) wieder aufgegriffen, allerdings in freier Form, wobei sie in ihren lateinisch geschriebenen Dramen (»Dulcitius«, »Abraham«; Reclams UB 7524) Exempel christlicher Moral des Mittelalters darstellt.

Religion und Kultus haben sodann eine eigenartige Erscheinung der europäischen Theatergeschichte hervorgerufen: das *christliche Theater des Mittelalters*. Es war kein Theater der festgefügten Handlung, dem eine bestimmte Dramaturgie zugrunde lag. Es ist ein ursprünglich von der Kirche geleitetes, in lateinischer Sprache verfaßtes, dann in Laienhände übergegangenes, aber immer auf das eine gleiche Ziel ausgerichtetes Volkstheater gewesen, dem die Absicht zugrunde lag, das Leben Christi in allen seinen Phasen szenisch lebendig werden zu lassen. Die sinnlich wahrnehmbare Anschauung soll die Spieler und die Zuschauer zum tiefen religiösen Erlebnis führen. Dem Mit-Spielen kam dabei sicherlich die größere Bedeutung zu als dem bloßen Zu-Schauen. Die völlig eigene Form dieser Art von Theaterspiel, die das Theater des Mittelalters dabei entwickelt hat, ist die sog. *Simultan-Bühne* gewesen, d. h. eine Bühne, bei der gleichzeitig mehrere Schauplätze neben- oder übereinander aufgebaut sind, die ein Neben- und Ineinander des Handlungsablaufes gestatten an Stelle des dramatisch zugespitzten Gegen- und Nacheinander im sonst üblichen Theaterspiel. Die Urformen waren: das *Weihnachts- und Krippenspiel* in der Kirche, das in seinen Anfängen bis ins 5. Jahrhundert zurückreicht und als Hirtenspiel noch heute gepflegt wird (Texte alter Weihnachtsspiele sind aus dem 12. und 13. Jahrhundert erhalten), und die *Osterspiele*, die von der Szene der drei Marien ausgingen, die den Heiland am Grabe suchen und denen die Engel antworten. Von dieser Marienszene, einem der wichtigsten Ausgangspunkte der ganzen mittelalterlichen Theaterkunst, sind allein über 100 verschiedene Fassungen aus dem 12. und 13. Jahrhundert überliefert. Mit dem Wettlauf der Apostel zum Grabe, der kaum noch innerhalb der Kirche dargestellt werden konnte, trat dann das komische Element hinzu, das mancherlei mimische Auflockerung gestattete, überhaupt die Verbreiterung ins Volkstümliche und in die Sprache des Volkes mit sich brachte. Höhepunkt und eigentlicher Zielpunkt des gesamten mittelalterlichen Theaterspielens wurden aber die Passionsszenen, die sich zu *Passionsspielen* großen Ausmaßes ausweiteten, oftmals über mehrere Tage hin und unter starker Anteilnahme aller Bevölkerungskreise. Textbücher, Regiepläne und Dekorationsskizzen derartiger Aufführungen, die sich mit symbolischen Spielorten über ganze Marktplätze der mittelalterlichen Städte hin erstreckten, sind erhalten und geben Aufschluß über diese Theaterkunst. Aufschluß geben aber auch Gemälde aus dem 14., 15. und 16. Jahrhundert, die die ›Stationen‹ dieser Spiele in ihrer vielschichtigen Aufgliederung festgehalten haben (so etwa von Hans Multscher, Hans Memling, Gillis Mostaert und zahlreichen anderen Malern). Die heutigen Festspiele in Oberammergau können als ein Überrest dieser alten Tradition angesehen werden, wenn ihr Charakter auch durch spätere Zutaten ein anderer geworden ist. Der Weg, den das christliche Theater des Mittelalters vom Spiel in der Kirche, dann vor der Kirche und zuletzt auf dem Marktplatz gegangen ist, ist der Weg von der kultischen Handlung zum Volkstheater, wie ihn in dieser Form sonst keine andere Entwicklung innerhalb des europäischen Theaters aufzuweisen hat. Daß in Italien, Frankreich, England, Spanien, Deutschland und den Niederlanden sich Eigenformen des mittelalterlichen Theaterspielens ergeben haben, kann hier nur erwähnt, nicht aber näher ausgeführt werden. Eine Sonderstellung nimmt unter den überlieferten Texten das sog. *Antichristspiel* (»Ludus de Antichristo«) aus dem 12. Jahrhundert ein, das seiner Eigenart wegen in den Textteil des vorliegenden Werkes aufgenommen wurde. Neben den Weihnachts-, Oster- und Passionsspielen kennt das Theater des Mittelalters noch die Form der *Mysterienspiele*, in denen einzelne Abschnitte aus der Heilsgeschichte zur szenischen Gestaltung gelangten. Als ältestes deutsches Beispiel dieser Art gilt das »Spiel von den klugen und törichten Jungfrauen« (1312 in Eisenach aufgeführt). Das Spätmittelalter bildete daneben noch die sog. *Moralitäten* aus, die allegorische Figuren (wie Tugend, Laster u. dgl.) auftreten ließen und stark didaktischen Charakter haben. »Jedermann. Das Spiel vom Sterben des reichen Mannes«, wie es Hugo von Hofmannsthal neu gestaltet hat, gibt auch dem heutigen Leser oder Zuschauer einen lebendigen Begriff dieser aus der mittelalterlichen Theatertradition erwachsenen eigentümlichen Form des Schauspiels. Die Moralität erhielt sich über die Schulkomödie und das Jesuitentheater bis in das 16. und 17. Jahrhundert hinein und hinterließ im europäischen Theater mannigfache Spuren. So herrschte sie auch in den Niederlanden vor, wo sich im 15. und 16. Jahrhundert beachtliche Kräfte in Richtung auf eine dramatisch-theatralische Kunst regten. Moralitäten und Sinnspiele geben der *Bühne der »Rederijker«* (Verbände von Narrengilden und geistlichen Bruderschaften) das Gepräge. Das Thema vom verlorenen Sohn wird hier bezeichnenderweise mit Vorliebe immer wieder behandelt. Im Laufe des 16. Jahrhunderts entwickeln sich in den Niederlanden völlig eigene Bühnenformen, die durch den Einsatz allegorischer Schaubilder auf der Bühne charakterisiert sind. Unter Mitwirkung der Malergilden wird der dekorativen Bühnenausstattung besondere Aufmerksamkeit geschenkt. Man kommt hier zu ähnlichen, wenn auch andersgearteten Ergebnissen wie um die gleiche Zeit in Italien. In den beiden Dichtern *Pieter Corneliszoon Hooft* (1581–1647) und *Joost van den Vondel* (1587–1679) erwuchs den Niederlanden im Zeitalter des Frühbarock ein Dichterpaar, das den Geist des Humanismus mit einheimischen Traditionen zu verschmelzen wußte.

Vom 16. Jahrhundert ab spaltete sich das Theater in Europa dann in unterschiedliche Kulturkreise auf, innerhalb derer es zu verschiedenen Zeitpunkten und in verschiedenen Formen bedeutsame Gipfel erreichte. Das Fundament waren die Überreste des mittelalterlichen Theaters (Mysterium und Moralität) und das überall wache Treiben des Mimus, der als Clown das englische Drama, als Gracioso das spanische, als Hanswurst das deutsche, als Arlecchino das italienische, als Harlequin das französische Theater beherrscht. Aus der christlichen Welt- und Gottesanschauung geboren, vom antikisierenden Geist des Humanismus befruchtet, durchsetzt mit dem komödiantischen Urtrieb des Menschen, entwickelt sich nun das Theater im abendländischen Raum zur höchsten Blüte in Spanien, England, Frankreich, Italien und Deutschland.

Ungefähr gleichzeitig vollzieht sich die Entwicklung zur höchsten nationalen Blüte in Spanien und England. 1562 wird

Lope de Vega geboren, 1564 *Shakespeare*. Beiden Ländern gemeinsam ist die Form des Wirtshaushoftheaters, einer primitiven Bühne, die sich mit einer »über Bohlen und Fässern geschichteten Plattform« als szenischem Raum begnügt, dekorativ dem Auge wenig bietet, sich nur im Kostüm reicher gibt. Spanien entwickelt daneben noch das höfische Schloß- und Freilichttheater mit barocker Prunkentfaltung und Kulissenbühne. Das große Theatererlebnis vermittelt in beiden Ländern das kunstvoll gearbeitete, den Schauspieler als gewandten Mimen fordernde Stück. In England schreiben es (als Vorläufer Shakespeares) *John Lyly* (1554?–1606), *Thomas Kyd* (1558–94), *George Peele* (um 1556 – um 1596), *Robert Greene* (1558–92), *Thomas Lodge* (um 1558 – 1625) und der hochbegabte *Christopher Marlowe* (1564–93). Neben und nach Shakespeare machte vor allem *Ben Jonson* (1573–1637) von sich reden. Sie alle überragt das Genie des Schauspieldichters *William Shakespeare*, dessen universales Werk ebenso die große Tragödie wie die Komödie umfaßt und für das der Bühnenboden zum Schauplatz des gesamten menschlichen Treibens und Irrens im Spiegel der dramatischen Kunst wird. Als Schöpfer ausgelassener Komödien und mit tragischen Motiven überhäufter Trauerspiele begann Shakespeare, um nach einer Wanderung durch alle Himmel und Höllen der Menschenseele und ihrer Leidenschaften als weiser Prospero mit tiefsinnigen Märchenspielen von Gut und Böse zu schließen. Sein Gesamtwerk, das in der Weltanschauung der Renaissance wurzelt und im Gewissen des einzelnen Menschen die letzte moralische Instanz erblickt, wurde als Typ des Charakterdramas in Tragödie und Komödie zum großen Gegenstück der im Mythos verhafteten Bühnenkunst der Griechen. Sein Einfluß auf die weitere europäische Bühnenkunst war außerordentlich; die meisten seiner Werke beherrschen noch heute die Spielpläne der Theater.

In Spanien sind *Fernando de Rojas* (als Mitverfasser der »Celestina«), der Portugiese *Gil Vicente* (seit 1502 als Theaterdichter tätig), *Torres Naharro* (seit 1517), *Lope de Rueda* (seit 1544) und mit Zwischenspielen (Entremeses) auch der berühmte Verfasser des »Don Quijote«-Romans, *Miguel de Cervantes* (1547–1616), die Träger der Entwicklung. Unter Philipp IV., einem großen Theaterliebhaber, erreicht das spanische Theater den Gipfel seiner Möglichkeiten. Es wird zum Welttheater und bietet dem Spanier »Ersatz der verlorenen Welt, die mit der Armada versunken, von den Holländern weggenommen, von den Franzosen und Genuesen verraten worden war« (Joseph Gregor). Das Dreigestirn *Lope de Vega, Tirso de Molina* und *Calderón de la Barca* verleiht dem Siglo de Oro auf der Bühne den Glanz und die magische Gewalt stets sich erneuernder Anziehungskraft. Lope de Vega wurde zum produktivsten Dramatiker der Weltliteratur, Tirso de Molina zum ersten Bewältiger des für die spätere europäische Bühnenkunst so tragfähigen Don-Juan-Stoffes. Calderón schließlich überragt seine beiden Vorgänger noch durch unerschöpfliche Phantasie und vollendete Beherrschung sämtlicher Formen und Stile der spanischen Bühne. Er ist Meister in der graziösen Form der ›Mantel-und-Degen-Komödie‹ wie im höfischen Ausstattungsstück, im bürgerlichen Trauerspiel und im tiefsinnigen, philosophisch angehauchten Märchendrama ebenso wie im *Auto sacramental* (geistliches Festspiel am Fronleichnamstag). Die Werke dieser Dichter werden noch ergänzt durch die Arbeiten eines *Guillén de Castro y Bellvis* (1569–1631) als bedeutsamem, erstem Dramatiker des Cid-Stoffes und eines *Agustín Moreto* (1618–69) als Verfasser der reizenden Komödie »Donna Diana«, die den Gracioso, die Possenreißerfigur der spanischen Bühne, noch einmal mit der Gloriole umgibt.

Der Anteil *Italiens* an der Entwicklung des europäischen Theaters um und nach 1600 besteht vor allen Dingen in der Schöpfung der neuen *Perspektiv-Bühne*, die das theatralische Geschehen in den festen Rahmen eines nach der Tiefe zu plastisch geformten Bühnenraumes und Bühnenbildes setzt, den Vorhang einführt und die Herstellung einer vollkommenen Illusion als letztes Ziel anstrebt. Hand in Hand damit geht die Entwicklung der neuen Kunstform der *Oper*, die zeitweilig in den Vordergrund tritt. Ganz zurückdrängen ließ sich aber das Schauspiel nicht. Es schöpfte seine Kräfte vor allen Dingen aus der *Commedia dell'arte* (Stegreifkomödie mit feststehenden Typen), die in den verschiedenen italienischen Landschaften zu verschiedenen Formen führte, als Ganzes sich aber ähnelt und einen ungeheuren Einfluß auf die gesamte europäische Komödienkunst ausgeübt hat. In *Carlo Goldoni* (1707–93) und *Carlo Gozzi* (1720–1806) erwuchsen dem italienischen Schauspiel dann im 18. Jahrhundert zwei Dichter, die – so divergierend ihre Bestrebungen auch waren – einen lebendigen Begriff vom

Wesen und von der Entwicklung italienischer Theaterkunst geben.

In *Frankreich* fällt die Blütezeit des Theaters, dem aus der späteren Rückschau die Bedeutung des ›klassischen‹ Zeitalters französischer Bühnenkunst beigemessen wird, in das 17. Jahrhundert. *Pierre Corneille* (1606–84) und *Jean Baptiste Racine* (1639–99) als Schöpfer der klassizistischen Tragödie, *Molière* (eigtl. Jean-Baptiste Poquelin, 1622–73) als Schöpfer der großen Form der französischen Charakterkomödie sind die überragenden Geister, die das Zeitalter Ludwigs XIV. auf der Bühne repräsentieren. Ausgefeilte Rhetorik, verbunden mit meisterhafter Kunst der Handlungsführung, charakterisiert das Wesen der tragischen Werke der erstgenannten Dichter, geniale Satire ewig menschlicher Schwächen in allgemein verbindlicher Form die Komödie Molières. In *Pierre Marivaux* (1688–1763) erstand dem Schauspiel ein Komödiendichter von spielerischer Anmut, der zum Rokoko überleitet. Ein Nachglanz der klassischen Periode fällt auf das dramatische Schaffen *Voltaires* (1694–1778), der mit einem »Ödipus« Corneille nacheifert, mit »Zaïre« und »Tancred« Racine. Seinen »Mahomet«, den Goethe übersetzt und in Weimar aufgeführt hat, nennt er selbst einen »Tartuffe mit dem Schwert in der Hand«. *Denis Diderot* (1713–84) schuf mit seinen Comédies larmoyantes eigenständige bürgerliche Dramen. In der weiteren Entwicklung der französischen Bühnenkunst, der man (gewiß nicht mit Unrecht) das Vorherrschen des Rationalen vor dem Gefühlsmäßigen nachsagt, ist es eigentümlich zu beobachten, wie stark sie die Musik, die gefühlsbetonteste aller Künste, angezogen hat. Die Meisterlustspiele des *Pierre Augustin Caron de Beaumarchais* (1732–99), »Der Barbier von Sevilla« und »Die Hochzeit des Figaro«, wurden durch die Vertonungen Rossinis und Mozarts unsterblich, *Eugène Scribe* (1791–1861), der die Theatereffekte meisterhaft beherrschte, befruchtete das Opernlibretto eines Auber, Meyerbeer und Halévy nachdrücklich. *Alexandre Dumas'* (1824 bis 1895) »Kameliendame« lebt heute vornehmlich als »Traviata« Verdis, während das Urbild des Schauspiels nur noch selten auf der Bühne erscheint. Ähnliches gilt von dem einstmals so gefeierten Bühnenroutinier *Victorien Sardou* (1831–1908), dessen meistaufgeführtes Stück – trotz der Erfolge seiner historischen Komödie »Madame Sans-Gêne« und der Salonkomödie

»Cyprienne« – doch erst seine »Tosca« in der Vertonung von Puccini wurde.

In *England* belebte sich, nach einer Stagnation in der Nach-Shakespeare-Zeit infolge des theaterfeindlichen Puritanismus, mit den sog. ›Restaurationsdramatikern‹ *William Congreve* (1670–1729), *George Farquhar* (1678–1707) u.a. das Theater neu.

Am spätesten in Europa trat *Deutschland* während des 18. und 19. Jahrhunderts in den Kreis europäischer Bühnenkunst. Doch geht dem Höhenflug eine lange bodenständige Entwicklung voraus. Als einem der frühesten Dokumente szenischen Charakters kommt dem Dialog »Der Ackermann aus Böhmen« des *Johannes von Tepl* (um 1400; Reclams UB 7666) Bedeutung zu. Das Humanisten- und Schuldrama in Deutschland repräsentieren am eindrucksvollsten *Johannes Reuchlin* (1455–1522) mit der »Henno«-Komödie (Reclams UB 7923) und der vielseitige *Conrad Celtis* (1459–1508) mit seinen Neuausgaben von Tragödien des Seneca und Komödien des Terenz. Auch dichtet Celtis selbst höfische Festdramen wie »Das Spiel der Diana«, das bei der Aufführung 1501 in Linz den anwesenden Kaiser Maximilian mit in das Spiel einbezieht. Von der Kunst der Meistersänger und dem Geist des Humanismus getragen, gestützt auf das Vorbild der römischen Komödie, schuf *Hans Sachs* (1494–1576) im Zeitalter der Reformation in Nürnberg sein umfangreiches Werk von Schwänken und Dramen, dessen vorherrschendes Versmaß, der Knittelvers, in Goethes »Faust« und Schillers »Wallensteins Lager« Einlaß fand. An den Geist der Moralitätendichtung knüpft *Jakob Bidermann* (1578–1639) mit seinen zahlreichen allegorischen Figuren im größten Frühbarock-Drama in Deutschland an: »Cenodoxus, Doktor von Paris« (deutsche Übersetzung Joachim Meichels in Reclams UB 8958). Hofmannsthal plante eine Bearbeitung des Stückes, das inzwischen mehrfach wiederaufgeführt wurde – ein vielschichtiges und vielgesichtiges Werk, das im Zeitalter Shakespeares der deutschen Bühnenkunst alle Ehre macht. Die Kunst des großen Briten selbst gelangt durch die *englischen Komödianten* seit etwa 1592 nach Deutschland, wenn auch vorerst in entstellter Form. Diese wandernden Berufsschauspieler gehen allmählich in den deutschen Wandertruppen auf. Sie wirken an verschiedenen Fürstenhöfen für beschränkte Zeit. Ihr Aktionsradius erstreckt sich bis hin nach Süddeutschland und Wien. Das Repertoire besteht außer in Stücken von Shakespeare in solchen von Marlowe, Kyd und Moralitäten wie z. B. dem englischen Jedermann-Spiel. Später kamen auch Stücke deutscher Barockdichter hinzu, u. a. von *Jakob Ayrer* (um 1543–1605) und Herzog *Heinrich Julius von Braunschweig* (1564–1613).

Der namhafteste deutsche Dramatiker des Hochbarock ist *Andreas Gryphius* (1616–64), von dem die amüsanten Lustspiele »Herr Peter Squentz« und »Horribilicribrifax«, aber auch beachtliche Tragödien vorliegen. Den Beginn der großen Epoche des deutschen Schauspiels im 18. und 19. Jahrhundert markieren zwei Erscheinungen: die streitbare Persönlichkeit *Gotthold Ephraim Lessings* (1729–81) und die etwa um 1760/70 einsetzende literarische Bewegung des sogenannten *Sturm und Drang*. Lessings Kräfte, wesentlich geschult und gewachsen an der kritischen Auseinandersetzung mit dem klassizistischen Theater der Franzosen, vermochten es, das Fundament zu schaffen, auf dem sich eine eigenwüchsige deutsche Bühnenkunst im Lustspiel (»Minna von Barnhelm«), im Trauerspiel (»Emilia Galotti«) und in der Toleranzdichtung neuhumanistischen Geistes (»Nathan der Weise«) entfalten konnte. Die Sturm-und-Drang-Bewegung, so genannt nach dem Schauspiel »Sturm und Drang« (Reclams UB 248) von *Friedrich Maximilian Klinger* (1752–1831), verhalf dem Lebensgefühl einer jungen Generation zum Durchbruch, die sich gegen den Rationalismus wehrte und den vollen Strom der Phantasie und des Gefühls in ihren Werken ausgoß. Shakespeare wurde ihr Vorbild. Mit *Heinrich Wilhelm Gerstenbergs* (1737–1823) Tragödie »Ugolino« (Reclams UB 141) setzte diese Bewegung im Drama ein. In *Heinrich Leopold Wagner* (1747–79) fand sie mit der »Kindermörderin«-Tragödie (Reclams UB 5698) einen typischen Vertreter. Der geniale *Jakob Michael Reinhold Lenz* (1751–92) führte die Linie in bedeutsamen Werken fort, *Johann Anton Leisewitz* (1752–1806) brachte sie mit dem Trauerspiel »Julius von Tarent« (Reclams UB 111) zu großem Bühnenerfolg. Mit ihren Jugendwerken sind auch *Goethe* und *Schiller* der Sturm-und-Drang-Bewegung verhaftet. Der weltweite Gesichtskreis dieser beiden Dichter steigerte ihr Schaffen über diesen revolutionären Beginn hinaus zu klassischer Gültigkeit. Schiller erwuchs aus dem Studium der Geschichte die Kraft zur Bewältigung großer historischer Stoffe auf der Bühne, Goethe führte die bedeutsame Synthese griechischer und abendländischer Kunstideale herbei. Von 1791 bis 1817, als Goethe das Hoftheater leitete, wurde Weimar zum Hauptort der deutschen Bühnenkunst und Bühnendichtung. Fast alle ›klassischen‹ Werke des heutigen Repertoires gelangten hier zum ersten Male auf die Bühne. Zu ihnen gehörte auch »Der zerbrochne Krug« von *Heinrich von Kleist* (1777–1811). Daß dieser Dichter neue, ungeahnte Kräfte sowohl in Richtung auf die große Tragödie wie auf die Komödie entwickelte, hat freilich erst eine spätere Zeit voll erkannt. In *August von Kotzebue* (1761–1819) und dem Schauspieler und Theaterleiter *August Wilhelm Iffland* (1759 bis 1814) fand das ›klassische Zeitalter‹ des deutschen Schauspiels die gewandten Schriftsteller, die für das Unterhaltungslustspiel und das Rührstück sorgten.

Heiß umworben wurde das Schauspiel von der *Romantik*. Doch kam es durch sie – sieht man von *Eichendorffs* »Freiern« und Einzelzügen bei Kleist (im »Käthchen von Heilbronn«) ab – zu keinem großen und bleibenden Bühnenstück. Geistesgeschichtlich kann die Romantik für sich in Anspruch nehmen, durch die Brüder *Schlegel* und *Ludwig Tieck* (1773–1853) bahnbrechend für Shakespeare und für die Spanier gewirkt zu haben. Tieck kommt darüber hinaus das Verdienst zu, der sog. ›romantischen Ironie‹ mit dem Spiel vom »Gestiefelten Kater« (Reclams UB 8916) literarische Geltung verschafft zu haben. Auch sein z. T. geniales Drama »Ritter Blaubart« wird zuweilen noch aufgeführt, während die Dramen von *Zacharias Werner*, *Achim von Arnim* u. a. nur noch den Literarhistoriker interessieren. Die große Erfüllung dessen, was die Romantik bedeutet, brachte auf der Bühne die *Oper* eines E. T. A. Hoffmann, Weber, Marschner, Richard Wagner, Hans Pfitzner u. a., die mit den Mitteln der Musik alles das zum Erklingen bringen konnte, was das Wesen der Romantik ausmachte. Eine Zwischenstellung zwischen Romantik und dem nun anbrechenden Realismus nimmt *Karl Immermann* (1796–1840) ein, der in Düsseldorf für kurze Zeit eine hochbedeutsame Theatertätigkeit entfaltete. Man spricht noch heute von der Immermannschen ›Musterbühne‹, d. h. einer auf den geistigen Gehalt des Schauspiels hinarbeitenden, sorgfältig vorbereiteten Inszenierung. Der ›romantischen Ironie‹ im Gewande einer aristophaneischen Komödie huldigte Immermanns Zeitgenosse *August Graf von Platen* (1796–1835) mit dem satirischen Lustspiel »Die verhängnisvolle Gabel« und dem »Romantischen Ödipus«. In *Christian*

Dietrich Grabbe (1801–36) erwuchs dem deutschen Drama noch einmal eines jener Kraftgenies, wie sie für die Sturm-und-Drang-Zeit typisch waren. Das Jahr 1813 wurde zum Geburtsjahr dreier deutscher Dramatiker, die in ihren Werken die nun folgende Entwicklung bedeutsam widerspiegeln: *Otto Ludwig* (1813–65) als Verfechter des ›poetischen Realismus‹, *Friedrich Hebbel* (1813–63) als psychologischer Dialektiker der Geschichte und aufwühlender Bühnenrealist, *Georg Büchner* (1813 bis 1837) als politischer Dramatiker (»Dantons Tod«) und als genialer Schöpfer des »Woyzeck«-Fragmentes, das bereits den Expressionismus vorausahnen läßt.

Neben dieser Entwicklung lief im Südosten des deutschen Sprachgebietes die eigenständige Entfaltung des *österreichischen Volkstheaters*. 1790 wird *Ferdinand Raimund* geboren, der das Wiener Volksstück mit seiner starken Märchen-Phantasie durchsetzt; ein Jahr später *Grillparzer*, der dem Geist Goethes und Schillers ebenso verpflichtet ist wie der Antike, den einheimischen Traditionen und den Spaniern. Aus diesen Elementen gestaltet er ein Neues, besonders in der Erschließung kompliziert-sensibler Charaktere und psychologischer Realistik. Die Vollendung des volkstümlichen österreichischen Theaters bedeutet das Schaffen *Johann Nestroys* (1801–62). Als glänzender Parodist, scharfer Satiriker und ironisierender Kritiker des vormärzlichen Wien nimmt er eine einzigartige Stellung im deutschen Bühnenschrifttum ein. *Ludwig Anzengruber* (1839 bis 1889) leitet mit seinen Dorfkomödien und Bauerntragödien zum Realismus im süddeutschen Raum über.

Im Zuge der Bestrebungen zu nationaler Selbständigkeit in der Bühnenkunst des 19. Jahrhunderts trat nun auch *Rußland* erstmalig mit eigenständigen Schöpfungen auf den Plan. *Alexander S. Gribojedow* (1795–1829) bahnte einer nationalrussischen Theaterkunst mit seiner genialen, gesellschaftskritischen Komödie »Verstand schafft Leiden« den Weg. *Alexander S. Puschkin* (1799–1837) schuf an der entscheidenden Wende von der Romantik zum Realismus mit dem »Boris Godunow« die erste große russische Tragödie, die in der Vertonung ihrer Hauptszenen durch Modest Mussorgski zu einem Standardwerk der europäischen Opernbühne wurde. *Nikolaj W. Gogol* (1809 bis 1852) schrieb mit dem »Revisor«, dieser glänzenden Satire auf das Beamtentum, die klassische russische Komödie, zugleich eines der genialen Bühnenwerke der Weltliteratur. *Alexander N.*

Ostrowski (1823–86) führte als geübter Theaterpraktiker die nun schon zu einem festen Begriff gewordene russische Komödienkunst, deren hauptsächliches Anliegen die Geißelung gesellschaftlicher Zustände ist, mit zahlreichen Werken auf bedeutende Höhe. Mit *Anton P. Tschechow* (1860–1904) zieht die Kunst der feinen psychologischen Motivierung in das russische Bühnenschrifttum ein. Seine Stücke führen in ihrer pessimistischen Grundhaltung mit ironisch-analytischer Überlegenheit die Morbidität der höheren Gesellschaftskreise in Rußland im ausklingenden 19. Jahrhundert vor. Die Bühnenwerke *Leo N. Tolstois* (1828 bis 1910) und *Maxim Gorkis* (1868–1936) zeichnen sich durch eine düstere Grundstimmung aus, die die kommenden Umwälzungen ahnen läßt.

Die im Laufe des 19. Jahrhunderts überall in Erscheinung getretene Bewegung des Realismus erhielt einen starken Auftrieb aus einem europäischen Bezirk, der bis dahin nur wenig auf dem Gebiet der Theaterdichtung hervorgetreten war: dem *Norden*. Hatte der dänische Komödiendichter und Begründer des Nationaltheaters in Kopenhagen, *Ludvig Holberg* (1684 bis 1754), erstmalig die Aufmerksamkeit auf ihn gelenkt, sein Landsmann *Adam Oehlenschläger* (1779–1850) durch sein Sich-Einsetzen für deutsche Literatur und durch Trauerspiele romantisch-klassizistischer Prägung von sich reden gemacht, so führte der Norweger *Henrik Ibsen* (1828–1906) Skandinavien an die Spitze in der gesamten weiteren Entwicklung der Schauspielkunst in Europa. Als Schöpfer großer historischer Dramatik, die aber bewußt wirklichkeitsgetreu und nicht idealisierend gehandhabt wird, als scharfer Gesellschaftskritiker, dem die ›Lebenslüge‹ das hauptsächliche Thema ist, eröffnete Ibsen dem Drama völlig neue Möglichkeiten, die über die Aufgaben, die der Realismus gesehen hatte, hinausgingen und das Tor zu der Entwicklung aufstießen, die zum Naturalismus eines Gerhart Hauptmann und – darüber hinaus – zur ›Moderne‹ bis in unsere Tage führte. Sein Landsmann *Björnstjerne Björnson* (1832–1910) strebte auf seine Weise dem gleichen Ziel zu: dem bürgerlichen Drama des Realismus die sozialkritisch-kämpferische Note zu geben, die fortan einen Entwicklungsstrang des Schauspiels bis ins 20. Jahrhundert bestimmen sollte.

So spannt sich ein großer Bogen von der hellenischen Antike bis ins europäische 19. Jahrhundert. Immer wieder drängte das Theater darauf, die Tragik nicht dominieren, sondern mit der

Wendung zur Komik auch die heitere Seite des Lebens zu Wort kommen zu lassen. Die Abwandlung ins Komödienhafte tritt sogar mit einer gewissen Regelmäßigkeit in Erscheinung. Die andere Tendenz des Theaters, die sich aus dem Überblick über zweieinhalb Jahrtausende Theatergeschichte erkennen läßt, ist diese: groß war das Theater immer da, wo es gelang, das Überindividuelle aufzuzeigen und die Begrenztheit menschlichen Seins ansatzweise zu überschreiten. So bei den *Griechen* im Mythos, bei den *Indern* in der Verbundenheit mit dem Universum, bei den *Spaniern* in der Eucharistie, bei *Shakespeare* im Gewissen als moralischem Anker, bei den *deutschen Klassikern* und Nachklassikern im Blick auf die »großen Gegenstände der Menschheit« (Geschichte und Humanitas), bei *Ibsen* und seinen geistigen Nachfahren im kämpferischen Ethos. Das vielseitige Ringen um ein neues Kunstideal des Theaters, wie es für das ausgehende 19. und das 20. Jahrhundert kennzeichnend ist, bietet die Gewähr dafür, daß ihm bei der Formung eines neuen Welt- und Menschenbildes ein nicht zu unterschätzender Anteil zukommen wird.

O. C. A. z. N.

AISCHYLOS

* um 525 v. Chr. in Eleusis
† 456 v. Chr. in Gela (Sizilien)

Aischylos war der Sohn eines Tempelbeamten von Eleusis. Schon als Fünfundzwanzigjähriger trat er in Athen bei den Dionysos-Festen im Wettkampf der Dichter auf. Als Vierzigjähriger errang er den ersten von 13 Siegen. Nach dem Erfolg der »Perser« (472) war sein Ruhm so groß, daß ihn der Tyrann von Syrakus, Hieron, nach Sizilien einlud. Wieder in Athen, unterlag er (468) dem jungen Sophokles. Zehn Jahre danach wurde sein größtes Werk, die »Orestie«, aufgeführt.

Aischylos formte als der erste uns bekannte Dramatiker aus Chören, Hymnen und Sprechgesängen eine echte dramatische Handlung. Ihm wird die Einführung des zweiten Schauspielers zugesprochen, wodurch die Voraussetzung für den Dialog gegeben war. Von den etwa 90 Stücken, die er geschrieben haben soll, sind nur sieben erhalten. Die Stoffe bilden mythologische Vorgänge, Konflikte aus Sage und Vorzeit, aber auch geschichtliche Ereignisse seiner Zeit. Das älteste uns überlieferte Werk, *Die Schutzsuchenden*, behandelt die Sage von den Töchtern des Danaos, die zur Ehe mit den Söhnen des Königs Aigyptos gezwungen werden sollten, aber nach Griechenland zum König Pelasgos flohen. Stärkere dramatische Momente zeigen *Die Perser*, die Zeitgeschehen aus dem Leben des Dichters, den Zug des Perserkönigs Xerxes gegen Griechenland, auf die Bühne brachten. Das Werk kennt bereits den Botenbericht und die Geistererscheinung als dramatische Mittel. Die *Sieben gegen Theben* schildern Vorgänge aus der Ödipus-Sage, den Kampf der Ödipus-Söhne Eteokles und Polyneikes um die Stadt Theben. Die Tragödie enthält in der Gestalt des Eteokles Ansätze zur Charakterschilderung eines einzelnen Helden. Das *Prometheus*-Fragment ist für die weitere Entwicklung des Dramas von großer Bedeutung. Hier treten Trotz und Auflehnung gegen göttliches Gebot zum ersten Male deutlich in Erscheinung. Gleichzeitig gewinnt in ihm der Monolog als Stilelement des Dramas Form und Gestalt. Die *Orestie* (Reclams UB 508) ist die einzige uns vollständig überlieferte Trilogie des griechischen Theaters. In ihr behandelt der Dichter in eindringlicher Weise das Schicksal der Atriden. Stoff und Formung haben bis in die jüngste Zeit hinein bedeutende Dramatiker beschäftigt und zur künstlerischen Auseinandersetzung angeregt. Das Werk vermag auch heute noch auf der Bühne und beim Lesen zu erschüttern, zu erheben und zu läutern, wie es das Ziel und das Streben des griechischen Theaters war. Aischylos trat auch als Verfasser von Satyrspielen in Erscheinung. Von einigen Stücken dieser Art sind Fragmente überliefert.

Die Perser

(*Persai*). Tragödie (Mittelstück aus einer Trilogie)
Erste Aufführung: 472 v. Chr. in Athen

Personen: Xerxes, König der Perser – Atossa, seine Mutter – Ein persischer Krieger (als Bote) – Der Geist des Dareios – Der Chor (persische Greise aus fürstlichen Geschlechtern).
Ort und Zeit: Hof innerhalb des persischen Königspalastes zu Susa, 480 v. Chr.

Der Chor zählt die gewaltigen Heeresmassen auf, die Xerxes gegen die Griechen geführt hat, um die Schmach von Marathon zu rächen. Die Greise erwarten mit Atossa in banger Sorge Nachricht vom Kriegsschauplatz. Da bringt ein Bote die fürchterliche Kunde: das ganze Heer der Perser ist vernichtet. Die Totenklage des Chores beschwört den Geist des letzten Herrschers, des Königs Dareios. Er sagt weit Schlimmeres voraus: selbst die letzten Reste des Heeres werden vernichtet werden. Da naht der unglückliche König Xerxes selbst, mit dessen herzzerreißenden Klagen und Selbstvorwürfen das Stück endet.

Aischylos feierte mit diesem Werk den Sieg der Hellenen über die Perser bei Salamis, einen Sieg, an dem er selbst als Kämpfer teilhatte. Indem er den Schauplatz der Handlung auf die Seite des geschlagenen Feindes verlegte, warnte er seine Landsleute, nicht dem Fehler des Feindes zu verfallen, der Hybris, dem Übermut. (Reclams UB 1008.)

Der gefesselte Prometheus

(*Promētheus desmōtēs*). Tragödie (Teilstück aus einer Trilogie)
Erste Aufführung: in Athen (Zeit unbekannt)

Personen: Prometheus – Kratos und Bia (Sinnbilder der Macht und Gewalt) – Hephaistos, der Götterschmied – Okeanos, Meeresgott – Io, Tochter des Königs von Argos – Hermes, Götterbote – Der Chor (die Töchter des Okeanos).
Ort und Zeit: Eine hochgelegene Felsschlucht, in mythischer Vorzeit.

Kratos und Bia schleppen den gefesselten Prometheus herbei, um ihn mit Hilfe des Hephaistos an den Felsen anzuschmieden, weil er das Gebot des Zeus übertreten, den Menschen das Feuer gebracht und sie weitere Kulturtechniken gelehrt hat. Kein Wort kommt über die Lippen des Titanen, bis seine Peiniger ihn verlassen haben. Dann erfolgt ein gewaltiger Monolog. Er beklagt sich, daß er, selbst ein Gott, von Göttern Unrecht leiden muß. Der Chor erscheint und versucht ihn zu trösten. Prometheus aber bleibt verbittert. Nur Klage entringt sich seinem Mund, keine Reue, auch nicht, als Okeanos zu ihm kommt und ihm zur Mäßigung rät. Trotzendes Titanentum und diplomatisches Einlenken stehen sich gegenüber, ohne daß der Vertreter der einen Anschauung den der anderen zu überzeugen vermöchte. Prometheus will leiden und vermeint seinen Richter Zeus dadurch nur tiefer zu treffen. Zwei weitere Besucher nahen der Schmerzensstätte: die wahnsinnige Königstochter Io, die gleichfalls Götterzorn verfolgt, und der Götterbote Hermes, der dem Gefesselten noch schlimmere Strafen androht, falls er seine Schmähreden nicht einstelle. Prometheus aber erhebt sich zur höchsten Stufe seines wilden Aufbegehrens. Auch jetzt noch schleudert er seine Drohreden gegen den Himmel. Zur Strafe versinkt er unter Blitz und Donner in die Tiefen des Tartaros.

Als Tragödie des Trotzes und Aufbegehrens gegen eine bestehende Weltordnung ist dieses Werk exemplarisch und wurde richtungweisend für die Entwicklung der abendländischen Tragödie. (Reclams UB 988.)

Die Orestie

(*Oresteia*). Trilogie
Erste Aufführung: 458 v. Chr. in Athen

I. Teil: Agamemnon (*Agamemnōn*)

Personen: Agamemnon, König von Argos – Klytaimnestra, Königin – Kassandra, trojanische Königstochter – Aigisthos – Ein Wächter – Ein Herold – Der Chor (Greise der Stadt Argos).
Ort und Zeit: Vor dem Königspalast in Argos, am Ende des Trojanischen Krieges.

Auf dem Dach des Königspalastes hält ein Wächter nach dem von Berg zu Berg springenden Feuerzeichen Ausschau, das die Heimkehr der Krieger von Troja ankündigen soll. Ein Herold bringt die Nachricht von der bevorstehenden Ankunft des siegreichen Königs Agamemnon. Klytaimnestra heuchelt Freude über die Heimkehr des Gatten, während sie bereits im Innern des Palastes mit dessen Vetter Aigisthos, mit dem sie Agamemnon in der Zeit seiner Abwesenheit betrogen hat, seinen Tod vorbereitet. Die Seherin Kassandra, die Agamemnon auf seinem Kriegswagen als Beute mit sich führt, sagt in düsterer Vision die kommenden Greueltaten voraus: der nach zehnjähriger Abwesenheit heimgekehrte König wird im Bad von Klytaimnestra und Aigisthos erschlagen, sie selbst wird mit ihm ermordet werden! Und so geschieht es: Klytaimnestra bekennt in wilder Freude die Tat und rechtfertigt sie mit der Behauptung, sie sei nur Sühne für den Opfertod ihrer Tochter Iphigenie, an dem Agamemnon die Schuld trage. (Diese Vorgeschichte schildert das Drama des Euripides *Iphigenie in Aulis*, s. dort.) Nun zeigt sich auch Aigisthos und nimmt, entgegen dem Willen des Volkes, vom Chor verkörpert, Besitz vom Thron der Argiver.

II. Teil: Die Totenspende (*Choēphoroi*)

Personen: Klytaimnestra – Aigisthos – Orestes – Elektra – Die Amme Kilissa – Ein Diener – Der Chor (Dienerinnen des Königshauses).
Ort und Zeit: Vor dem Königspalast in Argos (wie im I. Teil), einige Jahre später.

Orestes, der Sohn Agamemnons und Klytaimnestras, der in der Fremde aufwuchs, ist gekommen, um auf Apollons Anordnung den Tod des Vaters zu rächen. Zunächst unerkannt, wird er Zeuge, wie der Chor der Dienerinnen und Elektra am Grabe Agamemnons Opferspenden bringen müssen, da Klytaimnestra schlimme Träume schrecken. Orestes gibt sich Elektra als ihr Bruder zu erkennen. Beide beschließen Klytaimnestras und Aigisthos' Tod. Orestes läßt sich nun durch einen Diener im Palast als fremder Wanderer anmelden, der wichtige Kunde zu bringen habe. Der Königin erzählt er von dem vermeintlichen Tod des Orestes. Die Amme Kilissa wird geschickt, Aigisthos herbeizuholen. Als dieser in den Palast tritt, ermordet ihn Orestes. Das Geschrei des Dieners lockt Klytaimnestra herbei, die ahnt, wer gekommen ist: »So wie wir selbst getötet, fallen wir durch List.« Vergeblich bittet sie den Sohn um Gnade. Orestes fühlt sich als Vollstrecker göttlichen Gebotes und zieht die Mutter in den Palast. Kaum jedoch, daß er auch an ihr die Rache vollzogen hat, glaubt er die Schlangenhäupter der rächenden Erinyen auf sich gerichtet. Im Wahnsinn stürzt er davon.

III. Teil: Die Eumeniden (*Eumenides*)

Personen: Apollon – Athena – Hermes – Pythia – Orestes – Der Schatten der Klytaimnestra – Der Chor der Erinyen.
Ort und Zeit: Vor dem Tempel des Apollon in Delphi, später in Athen, einige Zeit nach dem II. Teil.

Orestes, von den Erinyen verfolgt, ist schutzsuchend zum Orakel nach Delphi geflohen. Apollon nimmt sich seiner an und befiehlt Hermes, ihn nach Athen zu geleiten. Aber der Schatten Klytaimnestras hetzt die Erinyen dem Muttermörder nach. In Athen vor dem Areopag des Volkes, der über die Tat des Orest zu richten hat, greift die göttliche Gerechtigkeit lösend in den Konflikt ein. Orestes wird entsühnt. Athene selbst, die Schutzgöttin der Stadt, wirft den weißen Stein des Freispruchs in die Abstimmungsurne und versöhnt die zürnenden Erinyen, indem sie sie zu gnädigen Eumeniden, den Schutzgeistern Athens, wandelt. In einem einzigen Jubel der Freude endet die Trilogie.

Die *Orestie* brachte Gestalten und Geschehnisse auf die Bühne, die jedem Griechen der damaligen Zeit geläufig waren und die auch von anderen Dichtern und Dramatikern behandelt worden sind. Nicht nur der gewaltige mythische Stoff dieses Dramas macht es groß: entscheidend ist die dramatische Form, in die Aischylos die Geschehnisse goß, die Kraft des Ethos, von der das Werk erfüllt ist. Für die kultische Bedeutung der Trilogie ist kennzeichnend, daß Aischylos am Schluß den Konflikt von der irdischen Basis in die himmlische Sphäre emporträgt und Götter und Menschen miteinander zu versöhnen versucht. (*Orestie* I–III: Reclams UB 508.)

Sieben gegen Theben (*Hepta epi Thēbas*). Tragödie (erste Auff. 467 v. Chr. in Athen). – Die Tragödie stellt den letzten Teil der Thebanischen Trilogie dar, mit dem Aischylos 467 den Tragikerwettkampf gewann. Das Satyrspiel *Sphinx* rundete die Trilogie ab. Polyneikes, ein Sohn des Ödipus, zieht mit sechs Heerführern gegen seinen Bruder Eteokles, den König von Theben. Dieser, ein umsichtiger und souveräner Lenker des Staates, ordnet gelassen alles Notwendige zur Verteidigung von Theben an. Er bestimmt gegen jeden der vor den Toren stehenden feindlichen Führer einen edlen Gegner und tritt selber gegen seinen Bruder an. Damit erfüllt sich der Fluch ihres Vaters, den sie nach seiner Selbstblendung zu hintergehen suchten: sie töten sich gegenseitig.

Ob das Schlußbild, das Verbot der Bestattung von Polyneikes und Antigones Auflehnung dagegen, der ursprünglichen Trilogie angehörte, ist fraglich; plausibel klingen Vermutungen, die es als spätere Hinzufügung deuten. (Reclams UB 1025.) *E. F.*

SOPHOKLES

*496 v. Chr. in Kolonos (bei Athen)
†406 v. Chr. in Athen

Sophokles genoß als Sohn eines wohlhabenden Bürgers eine sorgfältige Erziehung. Bei der Siegesfeier nach der Schlacht bei Salamis führte er den Knabenchor an. Im Alter von 28 Jahren siegte er zum ersten Male als tragischer Dichter über Aischylos. Er bekleidete mehrere öffentliche Ämter ehrenhalber, u. a. das des Schatzmeisters des attischen Seebundes und das eines Strategen. Perikles verwandte ihn auch in diplomatischen Diensten. Die Einführung des Asklepios-Kultes in Athen wird ihm zugeschrieben. Neunzigjährig starb er und wurde in Kolonos beigesetzt. Die Athener verehrten ihn als Heros.

An der Entwicklung des griechischen Theaters hat Sophokles wesentlichen Anteil: er führte den dritten Schauspieler ein, löste das Drama aus dem Trilogie-Verband, stellte den Menschen als Individuum in den Mittelpunkt der Handlung und erhob die tragische Analysis, d. h. die nach rückwärts aufgerollte Handlung, zum dramaturgischen Prinzip. Von den 123 Stücken, die er der Überlieferung nach geschaffen hat, sind nur sieben erhalten. Das Tragische tritt bei ihm sowohl als Schicksal in Erscheinung, gegen das sich der Mensch vergeblich auflehnt, wie als Schuld des Individuums. Eine besondere Kunst zeigt er in der Motivierung der Handlungen. »Seine Charaktere besitzen alle eine solche Redegabe und wissen die Motive ihrer Handlungsweise so überzeugend darzulegen, daß der Zuhörer fast immer auf der Seite dessen ist, der zuletzt gesprochen hat« (Goethe). Zwei von Sophokles' Stücken gehören zum Stoffkreis der *Ilias*, die *Aias*-Tragödie, das vermutlich früheste der uns überlieferten Werke, und der *Philoktet*. In beiden Werken steht ein tragischer Held im Mittelpunkt, in beiden tritt Odysseus als Nebenfigur auf. Drei Tragödien befassen sich mit Stoffen aus der Ödipus-Sage, zwei davon mit dem Schicksal des unglücklichen Königs selbst, der nach griechischer Vorstellung das schwerste aller Menschenlose zu tragen hatte: *König Ödipus* und *Ödipus auf Kolonos*, eines mit dem der Ödipus-Tochter *Antigone*. In allen drei Stücken begegnet als Gegenspieler die Gestalt des Kreon. Die zwei weiteren Stücke haben bekannte, auch sonst von griechischen Dichtern immer wieder behandelte Frauengestalten zum Mittelpunkt, die Dejaneira der Herakles-Sage in den *Trachinierinnen* und die Agamemnon-Tochter und rächende Schwester des Orest in *Elektra*. Durch alle Werke des Sophokles zieht sich als ethisches Postulat die Aufforderung zur Besonnenheit. Sobald der Mensch seinen Leidenschaften nachgibt, setzt er sich in Widerspruch zur göttlichen Weltordnung und führt seinen eigenen Untergang herbei.

Von den etwa 30 Satyrspielen des Dichters konnte eines, *Die Spürhunde*, aus überlieferten Fragmenten rekonstruiert werden.

Aias

(*Aias*). Tragödie
Erste Aufführung: in Athen (Zeit unbekannt)

Personen: Athene – Aias – Tekmessa – Teukros – Odysseus – Agamemnon – Menelaos – Ein Bote – Der Chor (Krieger des Aias).
Ort und Zeit: Vor dem Zelt des Aias und am Meeresstrand, während des Trojanischen Krieges.

Rätselhaftes ist geschehen: Aias hat das gesamte Beutevieh mit den Hirten erschlagen. Er ist tief in seinem Ehrbewußtsein und seiner Eitelkeit gekränkt, daß nicht ihm, sondern Odysseus die Waffen des getöteten Achill zugesprochen wurden. Aus Rache wollte er Odysseus, Agamemnon und Menelaos ermorden. Aber Athene verwirrte ihm die Sinne, so daß er die Tiere für die Fürsten nahm und sie erschlug. Am Morgen erwacht Aias aus seinem Wahnsinnsrausch. Das Furchtbare und Entehrende seines Verhaltens wird ihm bewußt. Er sieht nur noch einen Ausweg aus der schmachvollen Situation: den Tod durch Selbstmord. Allein am Meeresstrand stürzt er sich ins Schwert, das ein Geschenk seines Todfeindes Hektor war. Um den Leichnam entbrennt ein neuer Konflikt. Sein Halbbruder Teukros will ihn bestatten, Menelaos und Agamemnon aber wollen den Verhaßten, der ihnen nach dem Leben trachtete, unbestattet verwesen lassen. Odysseus ist es, der bei Agamemnon erreicht, daß dem toten Helden, der einst viel für die Sache der Atriden vor Troja tat, die Totenruhe gegönnt wird.

Mit großer Gestaltungskraft zeichnet Sophokles die Charaktere, an erster Stelle Aias, den tragischen Helden. Seine drei monologischen Ausbrüche umreißen die ausweglose Situation, in die er sich durch seine Eitelkeit und sein Kraftbewußtsein gebracht hat. In der Auseinandersetzung über die Bestattung zeigt sich die Kultgebundenheit der griechischen Tragödie, wie sie Sophokles von Aischylos übernahm – in der späteren *Antigone* wird ein solcher Bestattungsstreit zum Hauptthema. (Reclams UB 677.)

Antigone

(*Antigonē*). Tragödie
Erste Aufführung: etwa 443 v. Chr. in Athen

Personen: Antigone – Ismene, ihre Schwester – Kreon, König von Theben – Eurydike, seine Gemahlin – Haimon, beider Sohn – Teiresias, ein blinder Seher – Ein Wächter – Ein Bote – Ein Diener – Der Chor (thebanische Greise).
Ort und Zeit: Vor dem königlichen Palast in Theben, griechische Vorzeit.

Antigone, die Tochter des Ödipus, führt ihre Schwester Ismene in der Morgenfrühe vor den Palast, um sie zur Mithilfe an der Beerdigung ihres toten Bruders Polyneikes zu bewegen, dessen Bestattung Kreon, der neue König von Theben, ausdrücklich verboten hat, während er die Beerdigung des Eteokles anordnete. Beide Brüder fielen im Kampf um Theben, Polyneikes als der Angreifer, Eteokles als der Verteidiger. Ismene lehnt ab und bittet die Schwester vergeblich, von ihrem Tun, auf dem der Tod steht, abzulassen. Antigone vollzieht die geheiligten Bestattungsbräuche an der Leiche des Polyneikes, wie der Wächter alsbald Kreon berichtet. Bei der folgenden Auseinandersetzung zwischen Kreon und Antigone vertritt Antigone das göttliche Gebot, dessen Ruf sie im Herzen vernimmt (»Mitlieben, nicht mithassen ist mein Teil«), gegenüber der Staatsräson, die Kreon verkörpert. Kreon bleibt hart und verurteilt sie zum Tode durch Einmauerung. Vergeblich versucht sein Sohn Haimon, der mit Antigone verlobt ist, ihn umzustimmen. Auch als der blinde Seher Teiresias ihn zur Besonnenheit mahnt, verharrt Kreon zunächst auf seinem Standpunkt. Erst als Teiresias dem König selbst ein furchtbares Schicksal als Strafe für seine vermessene Freveltat weissagt, wird Kreon unsicher und folgt der Mahnung des Chores, von seinem Starrsinn abzulassen – jedoch zu spät. Als er seine Befehle rückgängig macht, hat sich Antigone bereits erhängt, Haimon an ihrer Leiche sich erdolcht und Eurydike, Kreons Gemahlin, auf diese Schreckenskunden hin sich selbst das Leben genommen. Mit Kreons schuldbewußten Klagerufen endet das Stück.

Sophokles schrieb mit diesem Werk seine am stärksten verinnerlichte Tragödie. Die Gestalt der Antigone ergreift in ihrer Hingabe an das göttliche Gebot (denn ein solches ist die Pflicht der Totenbestattung des Bruders), dem sie gegen die menschliche Willkür opfermutig folgt. Kreons Starrsinn wirkt um so tragischer, als er einer Verblendung folgt, die mit zwingender Notwendigkeit zum Abgrund führen muß. Die Chorlieder gehören zu den schönsten, die wir von Sophokles kennen. Auf den Begrüßungsgesang an die Sonne folgt das berühmte Preislied auf den Menschen als Herrn der Natur, dem gleichwohl gottgewollte Grenzen gezogen sind. An das tragische Schicksal des Labdakidenhauses, dem Ödipus und seine Kinder als letzte Sprößlinge angehören, erinnert der dritte Chor. Dem Preis der Allmacht des Eros sowie dem Ausdruck der Klage und einem Gebet an Bakchos sind die weiteren Chöre gewidmet. Aufbau, dichterische Durchformung und innerer Gehalt haben die *Antigone* seit jeher zu dem am meisten bewunderten Werk des Sophokles werden lassen. (Reclams UB 659 und 7682, griech./dt.)

König Ödipus

(*Oidipus tyrannos*). Tragödie
Erste Aufführung: 425 v. Chr. in Athen

Personen: Ödipus, König von Theben – Iokaste, seine Gemahlin – Kreon, Iokastes Bruder – Teiresias, ein blinder Seher – Der Priester des Zeus – Ein Bote – Ein Hirt – Ein Diener – Der Chor (thebanische Greise).
Ort und Zeit: Vor dem Königspalast in Theben, griechische Vorzeit.

Die Pest wütet in Theben. Priester und Volk wenden sich hilfesuchend an König Ödipus, der früher einmal Theben von dem Unheil befreit hatte, das die Sphinx über die Stadt brachte. Ödipus hat schon von sich aus seinen Schwager Kreon zum Orakel nach Delphi gesandt, um dessen Meinung einzuholen. Kreon berichtet: Blutschuld liege über der Stadt, der Mord an dem letzten König Laios sei noch nicht gesühnt, dies sei der Grund der Plage, die über die Stadt gekommen ist. Ödipus versucht mit Übereifer, den Mörder zu finden. Vergeblich warnt ihn der blinde Seher Teiresias, in dieser Sache weiterzuforschen. Ödipus bezichtigt ihn der Tat, worauf der Seher nicht länger die Wahrheit zurückhält: Ödipus selbst sei der Mörder des Laios. Nun will der gereizte König erst recht Licht in das Dunkel bringen. Je mehr Ödipus forscht, desto furchtbarer kommen die wahren Zusammenhänge ans Licht:

Ödipus wurde einst als kleines Kind von seinen Eltern ausgesetzt, da seinem Vater prophezeit war, er würde durch die Hand des Sohnes sterben. Mitleidige Diener und Hirten retteten ihn. Er wuchs am Hofe des Königs Polybos von Korinth auf, den er für seinen Vater hielt. In Wahrheit sind aber Laios und Iokaste seine Eltern. Bei einem Streit am Kreuzweg hatte Ödipus als Jüngling einen alten Mann erschlagen – seinen Vater Laios. Darauf hatte er in Unkenntnis seiner Herkunft in Theben seine Mutter geheiratet und mit ihr Kinder gezeugt. Früher noch als Ödipus erkennt Iokaste aus der Erzählung des Hirten den Zusammenhang der Dinge. Sie zieht sich schweigend in den Palast zurück und nimmt sich das Leben. Ödipus aber sticht sich, als keine Zweifel mehr an seiner Schuld und Blutschande bestehen, die Augen aus und verbannt sich selbst aus Theben.

Entwicklung, Charakterzeichnung und tragischer Gehalt dieses sophokleischen Werkes suchen ihresgleichen. Schicksal und Schuld werden unlöslich miteinander verknüpft, die Steigerung der Handlung bis zur Klärung der Vorgeschichte und damit zur Katastrophe durch die rückwärts aufgerollte Handlung wird spannungsvoll herbeigeführt. »Der Ödipus ist gleichsam nur eine tragische Analysis«, sagt Schiller. »Alles ist schon da, und es wird nur herausgewickelt«, wobei »das Geschehene, als unabänderlich, seiner Natur nach viel fürchterlicher ist und die Furcht, daß etwas geschehen sein möchte, das Gemüt ganz anders affiziert als die Furcht, daß etwas geschehen könnte.« Sophokles zeichnet den König als einen edlen, aber hochfahrenden, leicht jähzornigen und unbeherrschten Mann, den sein Schicksal tief, aber nicht unverschuldet trifft. Die Chöre des Werkes legen in eindringlicher Weise die religiöse Auffassung des Dichters dar: Nur die Furcht vor der Gottheit und weise Besonnenheit dürfen die Haltung des Menschen im irdischen Dasein bestimmen. Die Wirkung dieser Tragödie auf das Theater des Abendlandes ist außerordentlich. Generationen von Dichtern und Dramatikern haben sich an ihr geschult und verdanken ihr die Kenntnis dramaturgischer Grundregeln. Zahlreiche Nachschöpfungen im Drama, in der Oper und im Oratorium bis zur Gegenwart bezeugen die Kraft dieses Vorbilds. Unter den zahlreichen deutschen Übersetzungen ragt als sprachlich gewaltigste die von Friedrich Hölderlin hervor. Noch heute wirkt das Werk auf der Bühne ganz im Sinne dessen, was nach Aristoteles Ziel und Aufgabe der Tragödie ist: Katharsis, die Reinigung und Läuterung der Seele durch Mitleid und Furcht. (Reclams UB 630.)

Elektra

(*Ēlektra*). Tragödie
Erste Aufführung: um 413 v. Chr. in Athen

Personen: Elektra – Orestes – Klytaimnestra – Aigisthos – Chrysothemis – Der alte Pfleger des Orestes – Pylades (stumme Rolle) – Der Chor (Jungfrauen von Mykene).
Ort und Zeit: Vor dem Palast in Mykene, griechische Vorzeit.

Orestes ist mit seinem alten Pfleger und seinem Freunde Pylades nach Mykene gekommen, um den Tod seines Vaters Agamemnon zu rächen, den Klytaimnestra und ihr Buhle Aigisthos nach seiner Rückkehr aus dem Trojanischen Krieg ermordet hatten. Orest gibt sich zunächst nicht zu erkennen, sondern läßt durch den Pfleger seinen vermeintlichen Tod melden, um Klytaimnestra in Sicherheit zu wiegen. Tiefer als alle anderen trifft die Nachricht seine Schwester Elektra, die sich in Leid um das Vergangene verzehrt, nur an Rache für ihren Vater denkt und sehnsüchtig auf den Bruder wartet. Schroff weist sie alle Einlenkungsversuche ihrer Mutter zurück, ebenso aber auch die ihrer Schwester Chrysothemis. Da sie nun Orestes tot glaubt, ist sie entschlossen, die Sühne an Aigisthos selbst zu vollziehen. Ihrem wilden, unbeugsamen Leid gegenüber vermag Orestes sich nicht länger zu verstellen. Er gibt sich ihr zu erkennen. Überglücklich umarmt ihn Elektra und treibt ihn zur Tat. Orestes ermordet die Mutter und Aigisthos.

Wie Aischylos und später Euripides hat Sophokles diesen Atriden-Stoff offenbar wegen seiner reichen dramatischen Situation aufgegriffen. Er stellt Elektra ganz in den Mittelpunkt der Handlung. Ihr Leid, ihr Haß, aber auch ihr Jubel über die Heimkehr des Bruders sind mit leidenschaftlichen Worten gezeichnet. (Reclams UB 711.)

Unter den Nachdichtungen nimmt die *Elektra* von Hugo von Hofmannsthal (1903) besonderen Rang ein. In der Vertonung von Richard Strauss (1909) lebt das Werk des Sophokles auf den Opernbühnen der Welt.

Philoktet

(*Philoktētēs*). Tragödie
Erste Aufführung: 409 v. Chr. in Athen

Personen: Philoktet – Odysseus – Neoptolemos – Ein Diener, als Schiffsherr verkleidet – Herakles – Der Chor (die Männer des Neoptolemos).
Ort und Zeit: Auf der Insel Lemnos, zur Zeit des Trojanischen Krieges.

Odysseus ist mit Neoptolemos, dem Sohn des Achilles, auf der Insel Lemnos gelandet, um den vor neun Jahren auf der Fahrt nach Troja ausgesetzten Philoktet mit List nach Troja zu entführen. Philoktet, mit einem übelriechenden Giftgeschwür behaftet, wurde auf das Betreiben des Odysseus auf der Insel zurückgelassen. Seine Überführung nach Troja aber ist notwendig, da Troja einem Orakel zufolge nur durch die mit dem Blute der lernäischen Schlange getränkten Pfeile des Herakles erobert werden kann, die im Besitz des Philoktet sind. Zunächst weigert sich Neoptolemos, den Anweisungen des Odysseus, die auf eine hinterlistige Entführung zielen, Folge zu leisten, läßt sich aber schließlich doch überzeugen. Odysseus wartet nun auf dem Schiff, während Neoptolemos mit Philoktet zusammentrifft. Mit klugen Worten versteht es Neoptolemos, den Aussätzigen zu täuschen und ihm Bogen und Pfeile abzugewinnen, indem er ihm seine Freundschaft anbietet und verspricht, ihn in seine Heimat nach Griechenland zurückzubringen. Kaum ist dies geglückt, erfaßt Neoptolemos, der Zeuge eines der furchtbaren Krankheitsanfälle Philoktets geworden ist, Mitleid mit ihm und Reue wegen des falschen Spiels. Er gesteht ihm den Betrug: daß die Fahrt nicht nach Griechenland, sondern nach Troja zu den Atriden gehen sollte, gegen die Philoktet einen unversöhnlichen Haß hegt, weil sie ihn auf der Insel einsam zurückließen. Ehe sich das Weitere entscheidet, greift Odysseus ein und zieht Neoptolemos mit sich fort, der jedoch, gewandelt, umkehrt und Philoktet den Bogen und die Pfeile zurückgibt. Philoktet legt auf Odysseus an. Dieser entweicht. Nun wollen Philoktet und Neoptolemos nach Griechenland aufbrechen, als Herakles erscheint und sie alle nach Troja verweist, wo nach dem Willen des Zeus die Krankheit des Philoktet geheilt werden soll. Philoktet folgt der Weisung und nimmt Abschied von der Insel seiner Schmerzen.

Das Drama zeigt in der Gestalt des Neoptolemos erstmals einen Charakter in der Entwicklung. In den Konflikt gestellt zwischen Staatsinteressen, die Odysseus vertritt, und menschlichem Mitgefühl, das das Schicksal des Philoktet erweckt, ringt sich Neoptolemos, ein geistiger Bruder der Antigone, zu reiner Menschlichkeit durch. Das Erscheinen des Herakles als ›deus ex machina‹ am Schluß des Werkes wirkt auf uns als äußeres Dazwischentreten, war für die Griechen jedoch Ausdruck der Gebundenheit des irdischen Geschehens an den Willen der Götter. (Reclams UB 709.)

Die Trachinierinnen (*Trachiniai*). Tragödie (Zeit der ersten Auff. unbekannt). – Dejaneira erwartet mit Sorge ihren Gatten Herakles, von dem sie seit über einem Jahr nichts gehört hat. Eben will ihr Sohn Hyllos ausziehen, ihn zu suchen, als ein Bote die Nachricht von Herakles' Rückkehr bringt. Als Kriegsbeute schickt er die schöne Iole voraus. Diese ist jedoch mehr als das, wie Dejaneira von dem Boten erfahren muß. Sie ist die Geliebte des Herakles. Obwohl Dejaneira Großzügigkeit vorgibt, erfaßt sie doch die Eifersucht. Sie erinnert sich eines Zaubermittels, das ihr einst der von Herakles' Pfeil tödlich getroffene Kentaur Nessos gab. Damit bestreicht sie das Festgewand, das sie Herakles zum Willkommen entgegensendet, in der Hoffnung, daß es den Gatten aufs neue in Liebe zu ihr entflammen würde. Kaum hat sie es abgesandt, erfaßt sie Zweifel und Furcht, daß Nessos sie betrogen haben könnte, um sich an Herakles zu rächen. Und schon bringt Hyllos die furchtbare Kunde: Das Gewand verzehrt den Helden. In wilder Verzweiflung tötet sich Dejaneira selbst. Der sterbende Herakles befiehlt dem Sohn, Iole zu heiraten und ihn selbst zur Verbrennung auf das Öta-Gebirge zu bringen.

Das Stück zählt zu den schwächeren Arbeiten des Sophokles, enthält aber in der Gestalt der Dejaneira einen sorgfältig herausgearbeiteten Frauencharakter. Wiewohl Dejaneira behauptet, die Untreue des Gatten gewohnt zu sein, bringt sie es nicht über sich, die Geliebte im Hause neben sich zu dulden, und wird unschuldig-schuldig zum Anlaß seines Todes. (Reclams UB 670.)

Eine Nachdichtung des Stückes schuf in neuerer Zeit Ezra Pound unter dem Titel *Die Frauen von Trachis*.

Ödipus auf Kolonos (*Oidipus epi Kolōnō*). Tragödie (erste Auff. 401 v. Chr. in Athen). – Nach langer Irrfahrt kommt

Ödipus, der unwissend seinen Vater erschlug und seine Mutter heiratete, als blinder Greis zum Hain der Eumeniden bei Kolonos. Nur seine Tochter Antigone begleitet ihn. Beglückt erfährt er, wo er sich befindet. Denn hier soll, wie ein Orakel besagt, sein Leidensweg ein Ende haben. Aber Kreon, sein Schwager, rückt an, um ihn mit Gewalt nach Theben zurückzuholen, wo um den Thron des Ödipus schwere Konflikte zwischen seinen Söhnen Polyneikes und Eteokles entbrannt sind und wo der Stadt nur Segen erblühen kann, wenn der Leichnam des vertriebenen Königs in heimatlicher Erde bestattet wird. Da Ödipus die Rückkehr nach Theben hartnäckig verweigert, sucht Kreon sich seiner und der Mädchen mit Gewalt zu bemächtigen. Das Eingreifen des athenischen Königs Theseus verhindert dieses Vorhaben. Nach Kreon naht Polyneikes. Flehentlich bittet er den Vater, an dessen Vertreibung aus Theben er teilhatte, um Verzeihung und um seinen Segen für den bevorstehenden Kampf um die Vaterstadt. Doch Ödipus besteht weiter auf seinem Fluch gegen seine Söhne. Blitz und Donner verkünden unmittelbar nach dem Fortgang des Polyneikes das bevorstehende Ende des schwergeprüften Königs. Theseus begleitet ihn in den heiligen Hain, wo ihn unter geheimnisvollen, aber günstigen Vorzeichen die Götter gnädig ins Totenreich aufnehmen.

Mit diesem Alterswerk, fünf Jahre nach dem Tode des Dichters in Athen aufgeführt, gibt Sophokles seinem *König Ödipus* noch einen bedeutsamen Epilog. Vieles in dem Werk, so der Schauplatz der Handlung (Kolonos), der Geburtsort des Dichters, der prachtvolle Chor auf Athen und vor allem die Gedankentiefe und die (bei allem Pessimismus) versöhnliche Grundstimmung scheinen subjektiven Charakter zu haben und lassen es als sein dramatisches Testament erscheinen. (Reclams UB 641.)

EURIPIDES

* um 480 v. Chr. in Salamis
† 406 v. Chr. in Pella (Makedonien)

Euripides war der Sohn eines wohlhabenden Gutsbesitzers auf Salamis. Er gilt als Schüler des Philosophen Anaxagoras und des Sophisten Protagoras. Er scheint ein zurückgezogenes Leben auf der Insel Salamis geführt zu haben. Vielfacher Anfeindungen wegen folgte er im Jahre 408 dem Ruf des makedonischen Königs Archelaos nach Pella, wo er kurze Zeit darauf starb. Als die Kunde von seinem Tod in Athen eintraf, legte Sophokles Trauerkleider an und ließ auch die Schauspieler und den Chor unbekränzt auftreten.

Die Dramen des Euripides – von 92 sind 18 überliefert – stellen das Ende der hohen attischen Tragödie dar. Er führte den Prolog, meist von Göttern gesprochen, als Stilmittel in das Drama ein. Dieser Prolog gibt die Vorgeschichte der Handlung, die dann in ihren entscheidenden Momenten selbst vorgeführt wird. Der Chor tritt an Bedeutung zurück, fungiert jedoch auch jetzt noch als Bindeglied im Gefüge der Handlung. Die kennzeichnende Neuerung des Euripides war, daß er den Menschen, unabhängig von Schicksals- und Göttervorstellungen, zum Maßstab des dramatischen Geschehens machte, das Drama sich in der menschlichen Seele abspielen ließ. Die alten Mythen griffen nicht mehr, daher versuchte Euripides, den Menschen als einsames, gebrochenes Wesen auf die Bühne zu bringen. Seine Vernachlässigung von Religion und Staat brachten ihm zuweilen den Ruf eines ersten Demokraten der Bühne ein. Er malte die Leiden und Leidenschaften, mit denen die Menschen geschlagen sind, um ihrer selbst willen. Er geht ihren psychologischen Voraussetzungen nach. Dabei wurde er zum ›tragikotatos‹ (zum tragischsten) unter den Dichtern, wie Aristoteles ihn nannte. Nietzsche dagegen nannte ihn den Zerstörer der griechischen Tragödie, da er den Mythos durch Reflexion und Psychologie ersetzt und gleichsam den aufgeklärten sokratischen Zuschauer auf die Bühne gestellt habe. Im Dialog kommt Euripides bereits zur Sentenz, d. h. zur künstlerisch formulierten und philosophisch abstrahierten Lebensweisheit, was den späteren ›Klassikern‹ des Theaters vielfach zum Vorbild geworden ist. Die zwingenden Konfliktstellungen haben sich stets als wirkungsvoll und ergiebig auf dem Theater erwiesen. Das gilt insbesondere für die von ihm erstmalig groß gestaltete *Medea*-Tragödie, ebenso aber für die aus den Sagen des Trojanischen Krieges entnommenen *Iphigenie in Aulis*, *Iphigenie bei den Taurern*, *Helena*, *Troerinnen*, *Hekabe* und *Andromache*. Einen breiten Raum nehmen bei ihm Frauen-Probleme ein. Die Liebesleidenschaft einer Frau als tragisches Problem tritt in der Gestalt der

Phaidra im *Hippolytos* in Erscheinung, die opferbereite Frau wird in der *Alkestis* gezeigt, die Tragik greiser Mütter in den *Troerinnen*, den *Phönikerinnen* und der *Hekabe* erschütternd dargestellt. In *Orest* und *Elektra* geht Euripides auf seine Weise diesen immer wieder behandelten Stoffen nach. Die *Bakchen* haben den Dionysos-Kult zum Thema, jenen Kult, dem die Tragödie als Kunstform ihre Entstehung verdankte. Das Drama *Ion* (Reclams UB 3579), dessen Titelgestalt ein Sohn der athenischen Königstochter Kreusa und des Gottes Apollon ist, spielt zwischen Göttern und Menschen. Der *Kyklop* ist das einzige aus dem Altertum vollständig überlieferte Satyrspiel, das sich jeweils an die Vorführung der Tragödien anschloß.

Zu seinen Lebzeiten war Euripides harten Angriffen ausgesetzt, besonders von Aristophanes, der ihm die Leugnung der Existenz der Götter und die Dialektik seines Denkens und seiner Ausdrucksweise vorwarf. Um so größer wurde sein Nachruhm. Die meisten seiner überlieferten Werke sind um- und nachgedichtet worden, von den römischen Dichtern, vom klassischen Theater der Franzosen, von den Deutschen bis zum Theater der Gegenwart. Zu seinen Bewunderern zählte Goethe, der das Fragment *Phaëthon* wiederherzustellen suchte und Euripides gegenüber abschätzigen Urteilen der Romantiker oder falsch wertender akademischer Beurteilung immer wieder verteidigte: »Haben denn alle Nationen seit ihm einen Dramatiker gehabt, der nur wert wäre, ihm die Pantoffeln zu reichen?« Bei der Vielzahl der Werke seien im folgenden nur die wichtigsten, soweit sie sich für das abendländische Theater als richtunggebend erwiesen haben, hervorgehoben.

Alkestis (*Alkēstis*). Tragödie (erste Auff. 438 v. Chr.). – Im Prolog enthüllt Apollon die Vorgeschichte der Handlung. Admet, dem König von Pherai in Thessalien, ist der Tod bestimmt. Er kann jedoch gerettet werden, wenn sich ein anderer für ihn opfert. Aber niemand ist dazu bereit, nicht einmal die hochbetagten Eltern. Nur seine Gattin Alkestis will das Opfer auf sich nehmen. Thanatos, der Gott des Todes, naht, um Alkestis zu holen. Vergeblich bemüht sich Apollon, ihn zum Verzicht zu bewegen. Aus dem Munde einer Dienerin erfahren wir, wie Alkestis sich zum Abschied rüstet. Dann erscheint sie selbst am Arme des Gatten. Sie ist fest entschlossen zu sterben, da die Kinder den Vater nötiger brauchen als die Mutter.

Nachdem Admet ihr das Versprechen gegeben hat, sich nicht wieder zu verheiraten, stirbt sie. Nun tritt eine Wendung zum Guten ein. Herakles kehrt als Gast bei Admet ein. Als er den wahren Grund der Trauer des Königs erfährt, der ihn zunächst verschwiegen hatte, um den Gast nicht zu beschweren, ist er entschlossen zu helfen. Er entreißt Alkestis dem Todesgott und führt sie Admet in der Schlußszene wieder zu.

Das Werk, das den Abschluß einer Tetralogie bildete, enthält zwei Szenen von besonderer dichterischer Schönheit: die komödiantisch gefärbte Trunkenen-Szene des Herakles, der im Palast des Königs ein Zechgelage feiert (starke Kontrastwirkung), und die Erkennungsszene der Gatten am Schluß (Herakles hatte die aus dem Totenreich zurückgeführte Alkestis zunächst verschleiert als einen im Kampf errungenen Siegespreis und als eine ihm selbst gehörige Dienerin bezeichnet). (Reclams UB 1337, griech./dt.)

Medea (*Mēdeia*). Tragödie (erste Auff. 431 v. Chr.). – Der Prolog der Amme stellt dar, daß Medea, die Kolcherin, am Hofe des Königs Kreon von Korinth schmählich verraten worden ist. Jason hat sie, die ihm einstmals auf dem Argonautenzug das Goldene Vlies zu gewinnen geholfen hatte und dem sie als Gemahlin gefolgt war, um der schönen jungen Königstochter Glauke willen verlassen. Medea brütet Rachepläne aus. Der Hofmeister bringt die Nachricht, daß noch Schlimmeres geplant sei, nämlich die Verbannung Medeas vom Königshof, da Kreon ihre magischen Kräfte fürchte. Medea enthüllt in einer Ansprache an den Chor (Frauen aus Korinth) ihren Racheplan. Sie ist entschlossen, den König, seine Tochter und Jason zu töten, ändert aber später ihren Entschluß dahin, Jason am Leben zu lassen, dafür aber die Kinder aus ihrer Ehe mit Jason zu töten und den Gatten der völligen Verzweiflung auszuliefern. Nach einer Auseinandersetzung mit Jason führt Medea ihr Vorhaben aus. Sie sendet die Kinder mit einem vergifteten Festgewand zu der Königstochter, das nicht nur diese, sondern auch den König Kreon vergiftet. Dann bringt sie nach heftigem innerem Kampf ihre Kinder um und entzieht sich der Rache, indem sie vor Jasons Augen auf einem Drachenwagen, den ihr Helios gesandt hat, davonfährt.

Die Zeichnung der übersteigerten Emotionen der Medea wirkt noch heute. Das Motiv der Kindertötung, das die Sage nicht kannte, stellt eine der wichtigsten Erfindungen des Dichters dar. Die tragische Gestalt der verlassenen Gattin und Kindesmörderin hat Dichter und bildende Künstler späterer Zeiten vielfach angeregt. (Reclams UB 849 und 7978, griech./dt.)

Hippolytos (*Hippolytos stephanēphoros*). Tragödie (erste Auff. 428 v. Chr.). – Aphrodite, die Göttin der Liebe, führt im Prolog in die Handlung ein: Hippolytos, der Sohn des Theseus, hat der Liebe abgeschworen. Um sich an ihm zu rächen, hat sie Phaidra, seine Stiefmutter, mit heftiger Liebesleidenschaft zu ihm geschlagen. Zunächst wird Hippolytos dem Zuschauer vorgeführt, wie er am Altar der keuschen Göttin Artemis opfert, dem Altar der Aphrodite jedoch fernbleibt. Dann erleben wir Phaidra, die krank ist aus Liebessehnsucht nach Hippolytos. Gegen den Willen Phaidras, die lieber sterben will als ihr Geheimnis preisgegeben sehen, versucht die Kammerfrau Hippolytos für Phaidra zu gewinnen. Entrüstet wendet sich Hippolytos von ihr ab. Nun gibt sich Phaidra wirklich den Tod. Um sich an dem Jüngling zu rächen, hinterläßt sie an ihrer Bahre eine Mitteilung an Theseus, in der sie Hippolytos als Schänder ihrer Ehre und Ursache ihres Todes bezichtigt. Wütend verflucht Theseus seinen Sohn und verweist ihn des Landes. Unmittelbar darauf erfahren wir, daß Poseidon den Fluch erfüllt hat. Hippolytos wurde von einem Ungeheuer, das aus dem Meere aufstieg, gejagt und getötet. Sterbend verzeiht er jedoch dem Vater, nachdem die Göttin Artemis den König über seinen Irrtum aufgeklärt hat. Dem edlen Jüngling prophezeit sie, daß ihm nach seinem Tode göttliche Ehren durch alle Jungfrauen, die zur Hochzeit schreiten, zuteil werden sollen.

Diese Tragödie, von der wir sicher wissen, daß Euripides mit ihr den Preis im Wettkampf davontrug, schildert zum erstenmal die Liebesleidenschaft einer Frau mit kühnen Bildern und Worten. Dadurch, daß der Dichter den Charakter des Hippolytos als den eines allzu selbstgefälligen, in seine Reinheit nahezu verliebten Jünglings zeichnet, sind die Fäden der Handlung sicher geknüpft, wird das tragische Ende glaubhaft herbeigeführt. Meisterhaft ist auch das kupplerische Wesen der Kammerfrau herausgearbeitet. Unter den zahlreichen Nachdichtungen ist die des französischen Klassikers Racine (*Phèdre*) die bekannteste. (Reclams UB 8601.)

Die Troerinnen (*Trōades*). Tragödie (erste Auff. im März des Jahres 415 v. Chr.). – Das Stück beginnt mit einem Prolog des Poseidon. Der Gott, der einst der Beschützer der Stadt Troja war, nimmt jetzt, nach ihrem Fall, von ihr Abschied. Doch will er sich an den Achaiern, den Zerstörern der Stadt, rächen und sie auf ihrer Heimfahrt behindern. Er weiß sich hierin mit Athena einig, die ihren einstigen Schützlingen zürnt, weil sie ihr Heiligtum in Troja geschändet haben. Nach diesem Vorspiel ruft die greise Königin Hekabe, deren Gestalt im Mittelpunkt des Werkes steht, den Chor der gefangenen Troerinnen herbei. Den Frauen, die noch im ungewissen über ihr weiteres Schicksal sind, verkündet der griechische Herold Taltybios das künftige Los: Kassandra, Hekabes Tochter, wird Agamemnon zugeteilt, Andromache, die Gattin Hektors, dem Neoptolemos, Achills Sohn, Hekabe selbst dem Odysseus. Kassandra enthüllt im Taumel des Wahnsinns die Zukunft (das tragische Schicksal Agamemnons und die lange Irrfahrt, die Odysseus bevorsteht). Dann kommt Andromache mit ihrem Söhnchen Astyanax auf dem Arm. Hekabe will sie in ihrem großen Schmerz aufrichten. Doch schon bringt Taltybios die Kunde, daß sie Astyanax hergeben muß. Die Griechen haben seinen Tod beschlossen. Nach dem ergreifenden Abschied der Mutter von dem Kind tritt Menelaos auf, um von den Frauen die Herausgabe Helenas zu verlangen. Helena tritt ihm im Selbstbewußtsein ihrer unwiderstehlichen Reize gegenüber. Sie sucht sich vor ihm zu rechtfertigen, indem sie, die nach aller Ansicht die Hauptschuldige an dem Kriege war, sich als Opfer ihrer Schönheit hinstellt. Hekabe hält ihr jedoch ihre Schuld vor. Menelaos ordnet an, sie nach Griechenland zu bringen, wo über sie Gericht gehalten werden soll. Nach ihrem Fortgang steigert sich das Leid Hekabes in unvorstellbarer Weise. Nicht genug damit, daß sie bei der Zerstörung Trojas den Gatten und alle ihre Söhne verloren hat, daß man sie von ihren noch lebenden Kindern getrennt hat, daß auch ihre Tochter Polyxena am Grabmal Achills geopfert wurde, sie muß auch den kleinen Astyanax, dessen Leiche man ihr bringt, bestatten, und sie muß zusehen, wie die Brandfackel in Trojas Ruinen geworfen wird und die stolze Stadt in Schutt und Asche versinkt. Als sie sich selbst in das Feuer stürzen will, wird sie daran gehindert. Sie muß mit den Frauen in die Gefangenschaft.

Die Tragödie, eine der bedeutendsten, die wir von Euripides besitzen, stand ursprünglich in einem Trilogie-Verband, dem einzigen, von dem wir im Werk des Dichters wissen. Voran ging ein *Alexandros* (zweiter Name für Paris) und ein *Palamedes*. Aber auch ohne deren Kenntnis wirken die *Troerinnen* als selbständiges Kunstwerk. Inmitten der großen und erschütternden Klageszenen um Hekabes und Andromaches Leid ist mit sicherer dramaturgischer Kunst die Menelaos-Helena-Szene eingeflochten. Franz Werfel schrieb 1915 – während des 1. Weltkriegs – eine Nachdichtung der *Troerinnen*. (Reclams UB 8424, griech./dt.)

Iphigenie bei den Taurern (*Iphigeneia hē en Taurois*). Tragödie (erste Auff. um 412 v. Chr.). – Der Prolog Iphigenies erzählt, wie sie nach Tauris kam. Die Göttin Artemis hatte sie hierher entführt, um sie vor dem Opfertod zu retten, der ihr in Aulis von den Griechen auf der Fahrt nach Troja zugedacht war. Ein Traumbild hat sie erschreckt: sie wähnt ihren Bruder Orestes tot, will ihm das Totenopfer weihen und geht in das Heiligtum der Göttin. Indessen treten Orestes und Pylades auf. Sie sind nach Tauris gekommen, um auf Apollons Geheiß das Standbild der Artemis zu rauben und nach Griechenland zu bringen. Dafür soll Orestes von der Verfolgung durch die Erinyen befreit werden, die ihn, den Muttermörder, verfolgen. Sie fallen jedoch in die Hände der Taurer und werden Iphigenie zugeführt, die als Priesterin der Artemis die Fremdlinge zum Opfertod vorzubereiten hat. Die Geschwister erkennen sich. Nun wollen sie gemeinsam fliehen und das Bild der Göttin mit sich nehmen. Iphigenie täuscht Thoas, den König der Taurer, indem sie vorgibt, das durch den Muttermörder entheiligte Götterbild im Meere reinigen zu müssen. Die Flucht gelingt zunächst. Doch ein ungünstiger Wind wirft die Flüchtigen ans Ufer zurück. Schon droht Strafe durch Thoas, als Athene erscheint und ihm befiehlt, die Griechen ziehen zu lassen. Thoas beugt sich dem Willen der Göttin.

Das Werk, das im Handlungsverlauf zum unmittelbaren Vorbild für Goethes *Iphigenie* werden sollte, überzeugt durch den geschickten Aufbau und durch die wirkungsvoll in den Mittelpunkt gestellte Erkennungsszene der Geschwister. (Reclams UB 737.)

Die Phönikerinnen (*Phoinissai*). Tragödie (erste Auff. um 409 v. Chr.). – Das tragische Geschick des Ödipus-Hauses, das Iokaste im Prolog schildert, wird in diesem Kampf der Ödipussöhne, Eteokles und Polyneikes, um die Herrschaft über Theben dramatisch aufgerollt. Zu Beginn unternimmt Iokaste als Mutter einen letzten Versuch, die feindlichen Brüder miteinander zu versöhnen. Der ehrsüchtige Eteokles will die ganze Herrschaft an sich reißen. Dem weicheren Polyneikes bleibt nichts anderes übrig, als den begonnenen Kampf zu Ende zu führen. Die Brüder fallen im Zweikampf. An ihren Leichen nimmt sich Iokaste das Leben. Der neue Herrscher Kreon verweist am Schluß des Stückes den alten blinden Ödipus aus der Stadt. Antigone wird ihn nach Kolonos geleiten, wo ihm zu sterben bestimmt ist. Als Episode ist in die Handlung das heldenhafte Ende des Menökeus, Kreons Sohn, eingeflochten. Er opfert sich für die Stadt, um ihren Fortbestand zu garantieren.

Die Tragödie weist Szenen von bedeutender dichterischer Schönheit auf, so den Versöhnungsversuch der Mutter und den ergreifenden Abschied des alten Ödipus von Theben. Schiller übersetzte den ersten Teil des Werkes in freier Form und entnahm ihm Anregungen zu seiner *Braut von Messina*.

Iphigenie in Aulis (*Iphigeneia hē en Aulidi*). Tragödie (erste Auff. um 405 v. Chr.). – Das Griechenheer liegt auf der Fahrt nach Troja in Aulis fest. Günstige Winde zur Weiterfahrt verheißt der Priester Kalchas erst, wenn Iphigenie, die Tochter Agamemnons und Klytaimnestras, der Göttin Artemis geopfert ist. Agamemnon hat Iphigenie unter dem Vorwand, sie mit Achilles verloben zu wollen, ins Lager kommen lassen. Klytaimnestra ist ihr gefolgt. Vergeblich flehen Mutter und Tochter, das Opfer zu unterlassen. Achilles, der erst durch Klytaimnestra erfährt, daß man sich seines Namens bedient hat, um Iphigenie herbeizulocken, will sich schützend vor sie stellen. Agamemnon möchte das Leben der Tochter retten, sieht sich aber dem Druck des Heeres ausgesetzt, das das Opfer verlangt. Schließlich ringt sich Iphigenie selbst dazu durch, die Notwendigkeit des Opfers zu bejahen, damit der Zug nach Troja stattfinden kann und die Ehre der Griechenvölker, die durch den Raub der Helena durch den Trojaner Paris beleidigt wurde, wiederhergestellt wird. Die Göttin Artemis belohnt ihren

Opfermut, indem sie, wie der Botenbericht am Schluß des Stückes darlegt, Iphigenie am Altar in einer Wolke entführt.

Der dramatische Aufbau, die Konflikte und die rührende Frauengestalt der jungen Iphigenie haben das Werk zu einem der meistbewunderten des Dichters werden lassen. Zahlreiche Nachdichtungen (Seneca, Racine, Gerhart Hauptmann) zeugen davon. Gluck schrieb in Anlehnung an Euripides eine seiner schönsten Opern. Schiller übersetzte das Werk in freien Versen ins Deutsche. (Reclams UB 7099.)

Die Bakchen (*Bakchai*). Tragödie (erste Auff. um 405 v. Chr.). Thema ist die Einführung des Dionysos-Kultes in Theben, dem sich der König Pentheus heftig widersetzt. Dionysos kündigt im Prolog seinen Plan an, die widerstrebende Stadt sich gewaltsam zu unterwerfen. Er hat die Frauen in das Gebirge getrieben, wo sie im Rauschzustand als Mänaden umherschweifen. Er selbst warnt in der Gestalt eines Jünglings den König. Pentheus beharrt aber auf seinem ablehnenden Standpunkt und läßt den vermeintlichen Fremdling festnehmen. Zur Strafe zertrümmert Dionysos den Palast und versetzt auch Pentheus in den Zustand der Raserei. In Frauenkleidern verläßt er die Stadt, um Zeuge der Orgien zu werden. Die Frauen, unter ihnen seine eigene Mutter Agaue und seine Schwestern, fühlen sich belauscht und zerfleischen Pentheus. Allmählich weicht der Rausch. Im Innersten getroffen, erkennt sich die Mutter als Mörderin ihres Sohnes wieder. Dionysos verweist das alte Herrscherhaus des Landes. (Reclams UB 940.)

Dieses Spätwerk des Euripides, das er am Hofe des Königs Archelaos von Makedonien dichtete und das erst nach seinem Tode in Athen aufgeführt wurde, gibt Auskunft über das Wesen des Dionysos-Kultes und des Einswerdens von Mensch und Natur in der Ekstase des Rausches. Plutarch berichtet, daß es noch im Jahre 53 v. Chr. von griechischen Schauspielern bei der Hochzeit eines Königs von Armenien aufgeführt wurde, wobei der Darsteller des Pentheus das Haupt des römischen Triumvirn Crassus, der kurz zuvor von den Parthern besiegt worden war, unter dem Jubel der Zuschauer in die Orchestra trug. In jüngster Zeit hat H.-W. Henze in seiner Oper *Die Basseriden* (1965/1966) den Stoff wieder aufgegriffen.

ARISTOPHANES

* um 445 v. Chr. in Aigina, † um 385 v. Chr. in Athen

Über das Leben des Aristophanes, des ersten großen Komödiendichters des Abendlandes, ist wenig überliefert. Von seinen 44 Komödien sind 11 erhalten. Sie zeichnen sich durch Freimut in der Kritik am öffentlichen Leben aus und umfassen nahezu alle Gebiete des Lebens seiner Zeit. An erster Stelle steht die Politik, dann Fragen der Kunst und alltägliche Probleme. Aristophanes vermag selbst dem schwersten Problem seiner Zeit, dem selbstmörderischen Kampf der Athener und Spartaner im Peloponnesischen Krieg, noch eine heitere Seite abzugewinnen. Sein Humor ist aus Verantwortungsbewußtsein geboren, ja aus Zorn und Verachtung gegen seine dekadente Zeit. Aristophanes liebt Athen über alles und möchte es vor dem Untergang bewahrt und wieder zu dem gemacht wissen, was es zur Zeit der Perserkriege und der großen Tage von Marathon und Salamis war. Seine Verehrung gilt Aischylos, der für religiös-sittliche Werte steht, sein Spott und Hohn dem Euripides, in dem er einen allzu ›aufgeklärten‹ Dichter erblickt. Goethe nennt Aristophanes (im Epilog seiner Bearbeitung der *Vögel*) einen »ungezogenen Liebling der Grazien«. Vielleicht ist Aristophanes der einzige Komödiendichter des Abendlandes, der das Staatsganze zum Thema der Komödie erhob. Am ehesten ließe sich wohl George Bernard Shaw mit ihm vergleichen. Freilich finden sich in den Werken des Aristophanes so viele und spezielle Zeitanspielungen, daß der Zugang zu ihm nicht ganz leicht ist und der erläuternden Erklärung bedarf, was einer Wiedergabe seiner Werke auf der heutigen Bühne im Wege steht.

Bereits in dem frühesten der uns überlieferten Werke, den *Acharnern* (425 v. Chr.), klingt das politische Thema der Friedenssehnsucht nach dem schon sechs Jahre währenden Kampf mit Sparta an. Auch wird schon Euripides, dessen dichterischer Ruhm um diese Zeit in Blüte stand, angegriffen. In den *Rittern* (424 v. Chr.) wird in der Gestalt des Paphlagoniers die damals vielumstrittene Persönlichkeit des Demagogen Kleon einer vernichtenden Kritik unterzogen. *Die Wolken* (423 v. Chr.) sind eine großartige literarische Auseinandersetzung mit der Sophistik, mit Dialektik und Wortspalterei, wobei sogar Sokrates als Angriffsobjekt dient. *Die Wespen* (422 v. Chr.) haben die Prozeßwut der Athener zum Gegenstand und leuchten tief in das Justizwesen jener Tage hinein, darüber hinaus in Allzumenschliches überhaupt. *Der Frieden* (421 v. Chr.) ist eine scharfe Satire auf den Krieg. Die Märchenkomödie *Die Vögel* (414 v. Chr.) gilt in ihrer sinnbildhaften Verkörperung menschlichen Sehnens nach einem »Wolkenkuckucksheim« als bemerkenswerte Erweiterung aristophanischer Kunst. *Lysistrate* (411 v. Chr.) mit ihrem Aufruf zum Ehestreik der Frauen als Mittel gegen den Krieg ist die populärste Komödie des Dichters in neuerer Zeit geworden. *Die Weiber am Thesmophorenfest* (411 v. Chr.) verhöhnen wiederum Euripides, über den sie hier zu Gericht sitzen im Hinblick auf das, was er über sie in seinen Stücken schrieb. *Die Frösche* (405 v. Chr.) stellen dem Euripides in der Unterwelt den ehrwürdigen Schatten des Aischylos gegenüber, wobei Aristophanes offen für diesen Partei ergreift. *Die Weibervolksversammlung* (392 v. Chr.) knüpft an frühere Themen an und zeigt die Folgen einer Staatsgründung mit Güter- und Weibergemeinschaft und mit den Frauen als Herrscherinnen. Der letzte uns überlieferte Text des Dichters, *Plutos* (388 v. Chr.), gestaltet altersweise das Problem des Reichtums und der Armut in ihren Einflüssen auf das menschliche Leben.

Die Wolken

(*Nephelai*). Komödie
Erste Aufführung: 423 v. Chr. in Athen

Personen: Sokrates – Schüler des Sokrates – Strepsiades – Pheidippides, sein Sohn – Pasias – Amynias – Der Anwalt der guten Sache – Der Anwalt der schlechten Sache – Xanthias, Diener – Chor der Wolken.
Ort und Zeit: In Athen zu Aristophanes' Zeiten.

Strepsiades, ein Bürger von Athen, leidet unter der Schuldenlast, die ihm sein verschwenderischer Sohn Pheidippides durch seine Pferdeliebhaberei eingebracht hat. Als Ausweg erscheint ihm nur noch die Schule der Sophisten, die für Geld lehren, aus einer schwächeren die stärkere Sache zu machen. Pheidippides soll bei ihnen in die Lehre gehen. Als dieser sich weigert, begibt Strepsiades sich selbst zum Haus des Sokrates. Der Meister selbst thront in einer Hängematte gleichsam über dem Erdenstaub. Er nimmt Strepsiades als Schüler an und beschwört den

Chor der Wolken, die die Gedanken, Ideen und Begriffe der Dialektik verkörpern, den Zauber des Wortes, den blauen Dunst der Übertölpelung und Überredung. Strepsiades erweist sich aber als ungelehriger Schüler, denn sein einziges Ziel ist, zu lernen, wie man Gläubiger am besten prellen kann. Schließlich erteilt ihm der Chor den Rat, seinen Sohn in die Lehre zu schicken. Diesmal läßt Pheidippides sich dazu herab. Die Anwälte der guten und der schlechten Sache führen nun vor dem Zuschauer einen großen Redekampf, bei dem jeder den Sohn für sich gewinnen will. Während der erste die Erziehungsmethoden angewandt wissen will, die das Heroengeschlecht der Marathonkämpfer des Perserkriegs bildeten, preist der zweite die Vorzüge des gegenwärtigen Genußlebens und begründet sie dialektisch mit geschickten Wendungen. Der Anwalt der guten Sache muß sich schließlich für besiegt erklären. Pheidippides geht mit dem Anwalt der schlechten Sache in das Haus des Sokrates, worüber Strepsiades hoch beglückt ist. Sehr bald zeigt sich aber, daß dies voreilig war. Denn gegenüber den Gläubigern Pasias und Amynias nützen alle Künste der Dialektik nichts. Aber die Lehren, die Pheidippides empfing, rächen sich bitter an Strepsiades selbst: Der ungeratene Sohn wendet sie an, um seinen Vater zu verprügeln mit der Begründung, daß auch er einst von ihm Prügel erhielt (»aus Lieb' und Fürsorg'«) und daß die Alten, da sie zweimal Kinder seien, zweimal soviel Prügel verdienten wie die Jungen. Erbost ruft Strepsiades schließlich seinen Diener Xanthias herbei und läßt das Haus des Sokrates samt seiner Philosophenschule in Brand stecken.

Eigenartig erscheint an dieser Komödie (die Aristophanes in einem ihrer Chöre als seine beste erklärt), daß er zum Angriff auf den Unfug der Sophisterei die Gestalt des großen Philosophen Sokrates wählte, die uns heute geradezu als Urbild hellenischer Weisheit und hellenischen Menschentums gilt. Lessing nimmt an (91. Stück der *Hamburgischen Dramaturgie*), daß Aristophanes es nicht auf eine Verunglimpfung des weisen Mannes abgesehen, sondern die Methode der Dialektik überhaupt hatte geißeln wollen. Die ethische Tendenz des Werkes bleibt eindeutig: so, wie die Menschen ehemals in Zeus den Weltregenten sahen, der regnen und donnern ließ, erklären jetzt die Dialektiker Regen und Donner als rational faßbare Vorgänge. Und so, wie die Wolken ehemals als Naturwunder und göttliche Wesen vor den Augen der staunenden Menschen am

Himmel vorüberzogen, stehen sie jetzt, ihres göttlichen Regen-, Blitz- und Donnerzaubers entkleidet, als greifbare menschliche Gebilde (im Chor der Komödie) vor uns. Die durch die Dialektik gewonnenen naturwissenschaftlichen Erkenntnisse scheinen dem Dichter gefährlich, weil sie den naiven Götterglauben zerstören, wodurch nicht nur die Religion, sondern auch der Staat gefährdet ist. Wie in allen seinen Werken zeigt sich hier Aristophanes als der Komödiendichter, dem es bei aller Ausgelassenheit bitterer Ernst um die Werte ist, auf denen seiner Auffassung nach ein Staatsgebilde ruht und die es vor ›aufklärerischen‹ Tendenzen zu bewahren gilt. (Reclams UB 6498.)

Die Vögel

(*Ornithes*). Komödie
Erste Aufführung: 414 v. Chr. in Athen

Personen: Pisthetairos – Euelpides – Der Wiedehopf – Der Zaunschlüpfer – Chor der Vögel – Vogelherolde – Ein Poet – Ein Wahrsager – Meton, der Mathematiker – Ein attischer Kommissar – Ein ungeratener Sohn – Kinesias, Dithyrambendichter – Ein Sykophant – Iris, Götterbotin – Prometheus – Poseidon – Herakles – Triballos – Vögel aller Art.
Ort und Zeit: Zwischen Himmel und Erde, in Wolkenkuckucksheim.

Zwei alte Athener, Pisthetairos (Ratefreund) und Euelpides (Hoffegut), haben sich aufgemacht, um im Reich der Vögel eine Stätte zu finden, in der es sich besser leben lasse als in dem von Prozessen überhäuften Athen. Bald stehen sie vor König Wiedehopf. Ratefreund macht ihm den Vorschlag, zwischen Himmel und Erde eine Stadt zu bauen. Kein Opferduft würde dann in Zukunft mehr ohne Willen der Vögel zu den Göttern dringen können. Zwischen Menschen und Göttern würde sich das Reich der Vögel erheben. Wiedehopf ist von diesem Vorschlag beglückt. Sein und der Nachtigall Locklied ruft die ganze Schar der Vögel herbei. Anfangs wollen sie die fremden Eindringlinge bekämpfen, da die Menschen sich stets als Feinde der Vögel erwiesen hätten. Als aber Ratefreund ihnen in längeren Ausführungen erzählt, daß die Vögel älter als selbst die Götter seien, und ihnen sein Projekt darlegt, die Menschen in Schach zu halten, indem sie ihnen die Saat von den Äckern wegpicken, und die Götter, indem sie ihnen den Einfluß auf die Erdenwelt entziehen, lassen sie sich umstimmen. Ratefreund und Hoffegut werden im Vogelreich geduldet und legen Vogelkleider an. Wolkenkuckucksheim soll das Zwischenreich heißen, das nun erbaut wird. Die Kunde davon ist alsbald zu den Menschen gedrungen. Von dort erscheinen die verschiedenartigsten Vertreter: ein bettelnder Poet, ein Orakelpriester, der Mathematiker Meton, der die Luft vermessen will, und ein Kommissar, der sich in die Verwaltung der neuen Stadt einmischen will. Sie alle weist Ratefreund zurück. Kaum steht die Wolkenstadt fertig da, verfliegt sich die Götterbotin Iris in sie. Sie ist von Zeus gesandt, um die Menschen zum Opferdienst zu ermahnen. Ratefreund begegnet ihr ziemlich grob. Von den Menschen berichtet sodann ein Herold, daß ein wahrer Taumel der Begeisterung die Erdenbewohner erfaßt habe. Alle sehnen sich nach Wolkenkuckucksheim. Prometheus, der mittlerweile erschienen ist, verkriecht sich unter einem Sonnenschirm, damit Zeus ihn nicht sieht. Er gibt Ratefreund gute Ratschläge für die Verhandlungen mit den Abgesandten des Göttervaters Zeus, Poseidon, Herakles und Triballos. Herakles, wie immer freßlustig, läßt sich durch den Duft gebratener Vögel beeinflussen und rät Poseidon, die Bedingungen des neuen Weltherrschers Ratefreund (die Überlassung des Zeuszepters und die Hand der Basileia, des personifizierten Königtums) anzunehmen. Mit Hochzeitsliedern und dem Triumphlied des Ratefreund schließt die Komödie.

Aristophanes schrieb mit den *Vögeln* eine Märchenkomödie, deren Fabel überzeitliche Geltung hat. Ein ›Wolkenkuckucksheim‹, in dieser oder jener Gestalt, wünschen sich Menschen immer wieder. Ob Aristophanes bestimmte Zeitereignisse wie etwa die sizilische Expedition des Alkibiades damit hat geißeln wollen, ist schwer zu entscheiden. Wie alle seine Werke enthält auch diese Komödie zahlreiche Anspielungen auf das politische und geistige Leben der Athener jener Tage. Viele sehen in den *Vögeln* (Reclams UB 1379) einen künstlerischen Höhepunkt der antiken Komödie. Goethe schuf eine freie Bearbeitung des ersten Teils. Walter Braunfels schrieb 1919 eine romantische Oper nach dem Text des griechischen Dichters.

Lysistrate

(*Lysistratē*). Komödie
Erste Aufführung: 411 v. Chr. in Athen

Personen: Lysistrate – Kalonike – Myrrhine – Lampito, aus Sparta – Ein Ratsherr – Kinesias, Mann der Myrrhine – Ein Herold der Spartaner – Chor der Alten – Chor der Frauen.
Ort und Zeit: Straße vor der Akropolis in Athen, während des Peloponnesischen Krieges.

Lysistrate, eine streitbare Athenerin, hat vor der Akropolis die Frauen Athens zusammengerufen, um ihnen einen Plan zur Beendigung des Krieges zu unterbreiten, den Athen seit langem gegen Sparta führt. Auch eine Abgesandte von Sparta, Lampito, ist erschienen. Die Frauen sollen sich den Männern so lange verweigern, bis der Frieden geschlossen ist. Ein feierlicher Eid wird geschworen und durch gemeinsamen Umtrunk bekräftigt. Während Lampito nach Sparta zurückkehrt, um dort ein Gleiches zu veranlassen, besetzen die Athenerinnen die Akropolis und wehren einen Ansturm der Greise, die die Burg in Brand stecken wollen, ab, indem sie Wasser auf sie herabgießen. Nun erscheint ein Ratsherr, dem Lysistrate das Verhalten der Frauen erläutert. Die weitere Entwicklung zeigt, daß sie sich vielleicht doch zuviel zugemutet haben. Lysistrate hat alle Mühe, einige liebestolle Frauen ihres Gefolges, die sich unter Vorwänden aus der Burg zu ihren Männern schleichen wollen, zurückzuhalten. Die Komödie gipfelt in einer intimen Liebesszene zwischen Myrrhine und ihrem Manne Kinesias, der voller Liebessehnsucht herbeigeeilt ist und nach ihr verlangt. Myrrhine weiß ihn immer wieder zu reizen und zugleich hinzuhalten, um ihn schließlich doch ganz sitzen zu lassen. Die Nachricht von ähnlichen Vorgängen und Zuständen in Sparta macht den Weg für eine Verständigung frei. Der Frieden wird geschlossen und mit Festmahl und Tänzen fröhlich gefeiert.

In ernsten Zeiten während des brudermörderischen Kampfes zwischen Athen und Sparta entstanden und aufgeführt, hatte dieses ausgelassene Spiel hochpolitische Bedeutung. Der Komödiendichter wollte die Friedensbereitschaft im sinnlosen Kriegsgeschehen stärken. Seine Kühnheit in der ungeschminkten Darstellung des natürlichen Trieblebens ist exemplarisch in der

Theatergeschichte. Unzählige Nachahmungen und Bearbeitungen in Komödie, Oper und Operette konnten das Urbild nicht erreichen. In der Myrrhine-Kinesias-Szene stößt der Dichter über das sonst stark chorisch angelegte Werk in die Solo-Szene vor. Sie bildet ein Kabinettstück in der gesamten Komödienliteratur und weist der kommenden Entwicklung zur Charakterkomödie den Weg. (Reclams UB 6890.)

Die Frösche

(*Batrachoi*). Komödie
Erste Aufführung: 405 v. Chr. in Athen

Personen: Dionysos – Xanthias, sein Sklave – Herakles – Pluton – Charon – Aiakos – Aischylos – Euripides – Ein Toter – Zwei Wirtinnen – Eine Dienerin Persephones – Chor der Frösche – Chor der Eingeweihten.
Ort und Zeit: Vor dem Hause des Herakles und in der Unterwelt, Januar/Februar 405 v. Chr.

Dionysos macht sich mit seinem Diener Xanthias auf den Weg, um Euripides aus dem Hades zu holen, da es in Athen nach dem Tode des Sophokles und des Euripides keine guten Dichter mehr gibt. Er holt sich zunächst bei Herakles Rat, der den Weg dorthin von seiner Fahrt in den Hades kennt. Gleichwohl haben Dionysos und Xanthias allerlei Abenteuer zu bestehen, bis sie glücklich in Plutons Reich angelangt sind. Ein Toter weigert sich, das Gepäck zu tragen, da Dionysos ihm zu wenig Geld bietet. Auch Charon behandelt sie nicht eben gut, und bei der Überfahrt über den Styx bringt das »Brekekekex koax koax« des Chors der Frösche Dionysos fast zur Verzweiflung. Zweimal tauschen dann Dionysos und Xanthias die Rollen, was zu allerlei komischen Situationen führt. Im Vorhof zu Plutons Palast verwehrt ihnen Aiakos den Eintritt, der ebenso wie zwei Wirtinnen und eine Dienerin Persephones in dem einen der beiden Herakles vermutet und alte Forderungen an ihn stellt. Schließlich beginnt (als Mittelpunkt des Stückes) in der Unterwelt ein großer Dichterwettstreit zwischen Aischylos und Euripides, zu dem Dionysos als Schiedsrichter bestellt wird. Die beiden großen attischen Tragöden werfen sich mit heftigen Schimpfworten die Eigenarten ihrer Dichtkunst vor. Euripides spottet über den gespreizten, hölzernen Tragödienstil des

Aischylos, dieser schmäht in Euripides den Dichter von »Hurenliedern« und »blutschänderischen Buhlschaften«. Es geht bis zu persönlichen Anspielungen auf ihr Privatleben. Um den Streit zu schlichten, läßt Dionysos eine große Waage holen, in die hinein jeder seinen Vers sprechen muß. Wenn hierbei auch Euripides jedesmal als zu leicht befunden wird, so kann sich Dionysos doch nicht eindeutig für den einen oder anderen entscheiden. Erst nach dem Auftreten des Pluton entschließt er sich, Aischylos zum Sieger zu erklären, da sein Herz für diesen spreche. Pluton bereitet nun für Dionysos und Aischylos noch ein Abschiedsmahl und entläßt sie dann zur Oberwelt. Aischylos bestimmt, daß inzwischen Sophokles seinen Ehrensitz im Hades einnehmen soll.

Als erstes Beispiel einer geistvollen Literaturkomödie, in der ästhetische Fragen zum Gegenstand eines Bühnenwerkes gemacht werden, haben *Die Frösche* bleibende Bedeutung in der abendländischen Kulturgeschichte. Wir erfahren Einzelheiten über die Bewertung der Tragödie und Komödie im alten Griechenland. Für ihre Zeit hatten *Die Frösche* politische Bedeutung, da Aristophanes mit ihnen inmitten zahlreicher Verfallserscheinungen im öffentlichen Leben Athens die Rückkehr zu den alten Idealen der aischyläischen Frühzeit, also der Zeit der ersten Perserkriege, forderte. (Reclams UB 1154.)

MENANDER

* 342 v. Chr. in Athen, † um 290 v. Chr. ebd.

Menandros, der Repräsentant der »Neueren attischen Komödie«, schrieb ungefähr 100 Komödien. Bis ins 19. Jahrhundert waren sie nur in einigen Fragmenten bekannt, dann ermöglichten Papyrusfunde die Rekonstruktion einiger Stücke wie »Samia« (Reclams UB 9993, griech./dt.) und »Das Schiedsgericht« (Reclams UB 8676). Seine früheste Komödie, »Der Menschenfeind«, wurde 1957 fast vollständig aufgefunden. Menander verbrachte sein Leben in einer Villa bei Piräus; sein Reichtum gestattete ihm, ein Angebot des Königs Ptolemäus, nach Alexandria überzusiedeln, auszuschlagen.

Als Schüler des Philosophen Theophrast verfügte Menander über eine ausgezeichnete Menschenkenntnis, die er für seine Komödienproduktion fruchtbar machen konnte. Die Zeichnung seiner Hauptfiguren bewegt sich von der Typik weg zur Charakteristik hin. Diese Figuren sind mit unangenehmen Eigenschaften belastet, die im Laufe der Handlung auf ein erträgliches Maß zurückgeführt werden. Private Angelegenheiten wie Erziehung, Familie und Liebe bestimmen die Komödien ebenso wie das irdische Glück als anzustrebendes Ziel. Dadurch verlieren sie die Bindung zu Mythos und Götterwelt. Menander verwendet verschiedene Sprachebenen – bis hin zur Umgangssprache –, um Stand und Stimmungen der Figuren zu charakterisieren.

Römische Komödiendichter, allen voran Plautus und Terenz, wetteiferten darin, Menanders Stoffe den römisch-praktischen Bedingungen anzupassen. Ihrer Überlieferung ist es zu danken, daß Menander trotz schlechter Textsituation nie in Vergessenheit geriet. In Goethe fand Menander einen seiner größten Verehrer: »Er ist durchaus rein, edel, groß und heiter, seine Anmut ist unerreichbar.« *E. F.*

Der Menschenfeind (*Dyskolos*). Komödie (erste Auff. 316 v. Chr. in Athen). – Das Stück führt uns einen alten Griesgram, den Bauern Knemon vor, der mit seiner Tochter Myrrhine und einer alten Magd zurückgezogen in einem Bergdorf lebt. Ihre Lebensführung ist kärglich. Als Sostratos, ein junger Athener aus wohlhabendem Hause, Myrrhine sieht, verliebt er sich in sie. Seine Versuche, mit Knemon in Verbindung zu treten, scheitern; seinem Sklaven Daos ergeht es noch schlimmer: Knemon traktiert ihn mit Prügeln und Steinwürfen. Gorgias, der Stiefsohn des Knemon, ist Sostratos wohlgesonnen und zeigt ihm einen Weg auf, wie er Knemons Mißtrauen überwinden und um die Hand Myrrhines anhalten könne: Er solle sich als Bauer ausgeben und durch harte Feldarbeit das Vertrauen des Alten gewinnen. Aus Liebe befolgt Sostratos diesen Ratschlag. Knemon jedoch kann den hart Arbeitenden nicht bemerken, da er sein Gut gegen »Gesinde« in Gestalt von Sostratos' Mutter und deren Gefolge verteidigen muß. Wendepunkt wird die Nachricht, daß Knemon in den Brunnen gestürzt sei, worauf die beiden jungen Männer ihn herausziehen und sein Leben retten. Knemon, der erkennt, daß er auf die Hilfe anderer angewiesen ist, überläßt Gorgias die Verantwortung für sein Gut und die Zukunft seiner Tochter. So können Sostratos und Myrrhine heiraten; Gorgias gewinnt die Schwester von Sostratos für sich. Ein ausgelassenes Fest beschließt die Doppelhochzeit, der Knemon fernbleiben will. Aber er hat die Rechnung ohne Sikon, den Koch, und den Sklaven Getas gemacht, die ihn recht derb zum Fest nötigen.

Mit dieser Komödie errang Menander einen seiner acht Dichtersiege. Einige Schwächen im Aufbau des Stücks werden durch die liebevolle Zeichnung des Griesgrams Knemon und das durchgehaltene Tempo wettgemacht. Die Gegenüberstellung der knorrig-ländlichen Welt mit der urban-heiteren findet sich in Terenz' Komödie *Die Brüder* wieder, der verschrobene Knemon weist auf Euklio, den Geizkragen aus Plautus' *Aulularia*, hin. *E. F.*

PLAUTUS

* vor 250 v. Chr. in Sarsina (Umbrien)
† 184 v. Chr. in Rom

Titus Maccius Plautus stammte aus ärmlichen Verhältnissen. In jungen Jahren kam er nach Rom, wo er zunächst als Theaterdiener tätig war. Nach verunglückten Spekulationen verdingte er sich als Knecht bei einem Müller. In späteren Jahren feierte er als Theaterdichter große Erfolge.

Plautus soll mehr als 130 Stücke geschrieben haben, 20 sind erhalten. Vorwiegend handelt es sich dabei um Bearbeitungen von Werken der jüngeren attischen Komödie eines Poseidippos, Philemon und Menander, die Plautus den römischen Verhältnissen anpaßte. Es ist nicht mehr die große politische Komödie eines Aristophanes, die das Staatsganze behandelt, es ist die Komödie des Alltags mit Gestalten und Verwicklungen aus dem Leben des Bürgers im Zeitalter des Niedergangs der griechischen Kultur und der Punischen Kriege. In diesen Stükken wimmelt es von besorgten Vätern, leichtsinnigen Söhnen, Schmarotzern, bramarbasierenden Soldaten, Dirnen, Kupplern, Betrügern und listigen Sklaven aus den Großstädten jener Zeit.

In der Zeichnung der Figuren und ihrer Typisierung zeigt sich Plautus als Meister einer breiten Publikumswirkung. Das ›Beiseite-Sprechen‹ auf der Bühne sowie die Technik des Verwechslungsspieles werden in dieser Komödienkunst virtuos entwikkelt. Die Stücke enthalten Typen und Situationen, die für die gesamte weitere Bühnenkunst des Abendlandes anregend geworden sind. So wurden die *Menaechmi* (*Die Zwillinge*) Vorbild für Shakespeares *Komödie der Irrungen*. Die *Aulularia* (*Der Goldtopf*, Reclams UB 9898, lat./dt.) regte Molière zu seinem *Geizigen* an. Das Thema des *Amphitruo* wiederholte sich bei Molière, Kleist und vielen anderen. Der *Miles gloriosus* (*Der Bramarbas*) weist als Typ des ruhmredigen Angebers eine lange Nachkommenschaft auf der Bühne auf, die über den Capitano der Commedia dell'arte, Shakespeares Falstaff, den Horribilicribrifax des Gryphius bis zu Hofmannsthal/Strauss' Ochs von Lerchenau reicht. Die *Captivi* (*Die Kriegsgefangenen*) übersetzte Lessing; auch vom *Trinummus* (*Der Schatz*) fertigte er eine Bearbeitung für die deutsche Bühne an. Der Sturm-und-Drang-Dichter J. M. R. Lenz übertrug sechs Lustspiele des Plautus in freier Manier. Als früher Vertreter und Mitschöpfer einer auf breite Wirkung berechneten Volkskomödie behauptet Plautus seinen Platz in der dramatischen Weltliteratur, mag er auch heute seltener auf dem Spielplan erscheinen. Seine Technik und sein Geist leben latent in der Lustspielliteratur aller europäischen Völker weiter; Lessing bezeichnete ihn als »den Vater aller Komödienschreiber«.

Miles gloriosus (*Der Bramarbas*). Komödie (erste Auff. um 205 v. Chr.) – Pyrgopolynikes führt sich gleich in der ersten Szene als der ein, der er ist: ein Prahlhans und Maulheld, der von Heldentaten spricht, die er nie vollbracht hat. Natürlich glaubt er sich auch von den Frauen vergöttert. Der Schmeichler Artotrogus durchschaut ihn, hält sich aber an ihn, da er nichts zu beißen hat. Als Großsprecher und verbuhlten Weiberhelden charakterisiert ihn auch sein Sklave Palästrio, der prologartig in die Handlung einführt. Der Bramarbas hat die junge Griechin Philokomasium nach Ephesus entführt, dem Schauplatz der Handlung. Philokomasium liebt aber den jungen Griechen Pleusikles und trifft sich heimlich mit ihm. Bei einem dieser Rendezvous sind sie belauscht worden. Hier setzt nun die Handlung ein. Es gilt, den Bramarbas hinters Licht zu führen.

Auf den Rat des Palästrio wird behauptet, daß nicht Philokomasium, sondern eine vorgetäuschte Schwester von ihr, die soeben in Ephesus angekommen sei, sich mit dem jungen Griechen getroffen habe. Der Plan gelingt, indem Philokomasium beide Rollen spielt (die eigene und die ihrer angeblichen Schwester). Um nun den eitlen und dummdreisten Bramarbas ein für alle Mal zu kurieren, wird eine Dirne, Akroteleutium, engagiert, die als die ehrsame Gattin eines alten Mannes ausgegeben wird und die angeblich in den Bramarbas verliebt ist. Pyrgopolynikes geht ins Netz und empfängt dabei eine gehörige Tracht Prügel. Das junge Paar (Philokomasium und Pleusikles) entflieht, und auch Palästrio, der alles geschickt eingefädelt hat, geht mit ihm auf und davon.

Das Stück, das auf griechischen Vorbildern beruht, wie der Monolog des Palästrio bezeugt, setzt sich aus mehreren Handlungselementen zusammen, wodurch eine gewisse Uneinheitlichkeit der Komposition entsteht, wie sie vielfach in der römischen Komödie anzutreffen ist. Die Titelfigur und die Abfuhr, die ihr zuteil wird, sind aber von zwingender Bühnenwirkung und nehmen nicht zuletzt manches von der Situation des Falstaff in den *Lustigen Weibern von Windsor* bei Shakespeare vorweg. Hierin beruht die theatergeschichtliche Bedeutung des Stückes. (Reclams UB 8031, lat./dt.)

Die (beiden) Zwillinge (*Menaechmi*). Komödie (erste Auff. um 200 v. Chr.). – Die Verwechslungskomödie, die auf Vorlagen der »Neueren attischen Komödie« beruht, setzt in Epidamnus ein, nachdem ein Prolog die vorausgegangenen Ereignisse berichtet hat: In Syrakus wurden zwei Zwillingsbrüder auseinandergerissen; einer wurde entführt und lebt seitdem in Epidamnus. Der zurückgebliebene erhielt von seinen trauernden Eltern den Namen des entführten Bruders. Menaechmus II sucht nun seinen Bruder. Seit seiner Ankunft widerfahren beiden die tollsten Begebenheiten, die in den mannigfachen Verwechslungen begründet liegen. Menaechmus I wird von seinen Freunden und seiner Gattin wüst beschimpft, Menaechmus II hingegen hofiert. Um den unbegreiflichen Verhältnissen zu entgehen, markiert Menaechmus II den Wahnsinnigen, aber es ist Menaechmus I, der dem Arzt vorgeführt wird. Erst ganz am Schluß des Stückes klärt sich durch eine Gegenüberstellung der Zwillingsbrüder alles auf.

Auch in diesem Stück gibt es als Nebenfiguren den Schmarotzer, die Dirne, den besorgten Schwiegervater und den Diener. Mit Sinn für szenische Wirkungen führt Plautus acht gut gebaute Verwechslungssituationen durch, bis der Knoten sich löst. Shakespeare schloß sich in seinem Jugendwerk *Die Komödie der Irrungen* eng an dieses Werk an, er verdoppelte das Zwillingsthema. (Reclams UB 7096, lat./dt.)

Amphitryon (*Amphitruo*). Komödie (erste Auff. vor 190? v. Chr.). – Der Stoff des gehörnten Amphitruo und der getäuschten Alcumena geht auf die Tragödien des Sophokles, Aischylos und Euripides zurück. Sprachliche Komik, Verwechslungen und gemischtes Personal ließen Plautus das Stück als Tragikomödie bezeichnen. – Im Prolog berichtet Merkur das bisher Geschehene: Während Amphitruo im Feld steht, hat sich Jupiter in dessen Gestalt bei Alcumena eingeschlichen und ihr einen Sohn gezeugt. Er besucht sie ein zweites Mal, kurz vor der Ankunft Amphitruos, und postiert Merkur in der Gestalt Sosias, des Sklaven Amphitruos, als Wache. Als der wahre Sosia seinen Doppelgänger erblickt, beginnt er an sich zu zweifeln. Verstört berichtet er seinem Herren unsinnig erscheinende Dinge. Amphitruo kann auch aus den Worten Alcumenas nur einen Ehebruch heraushören, was zu derben Beleidigungen führt. Weitere Verwechslungen auf der Herren- und Dienerebene folgen. Es liegt nahe, daß sich Jupiter/Amphitruo direkt begegnet sein müssen, was aber wegen der unübersichtlichen Manuskriptlage schwer zu entscheiden ist. Der Schluß ist wieder überliefert: Alcumena gebiert Zwillinge, von denen ein Sohn von Jupiter ist, wie dieser bekennt. Es ist Herkules, der Amphitruos Haus großen Ruhm bringen wird.

Ernst und Komik liegen hier bei Plautus eng beieinander. Dies dürfte der Grund für die Faszination des *Amphitruo* sein, die er bis in die Gegenwart auf viele Dramatiker ausübt. Zu den wichtigsten Bearbeitern zählen Molière, Kleist, Giraudoux, G. Kaiser und P. Hacks. (Reclams UB 9931, lat./dt.)

E. F.

TERENZ

* um 200 v. Chr. in Karthago
† 159 v. Chr. in Griechenland

Publius Terentius Afer kam als Sklave nach Rom, wurde aber von dem Senator Terentius Lucanus, der ihn schätzte und ausbilden ließ, freigelassen. Zum Dank nannte er sich nach ihm. Er verkehrte in römischen Adelskreisen, galt als Dichter der Aristokraten und war der besondere Liebling der Scipionen. Zwischen 166 und 160 wurden sechs Stücke von ihm aufgeführt. 159 v. Chr. starb er auf einer Reise nach Griechenland.

Die erhaltenen sechs Stücke des Terenz stützen sich, wie die des Plautus, auf griechische Vorbilder, in erster Linie auf Menander. Gegenüber den derberen des Plautus zeichnen sich seine Stücke durch differenziertere Charakteristik und kunstvolleren Aufbau aus. In den Prologen verteidigt er sich gegen literarische Angriffe und verweist selbst auf seine Vorbilder. Das älteste Stück, *Das Mädchen von Andros* (*Andria*; Reclams UB 9345, lat./dt.), von dem ein Aufführungsdatum 166 v. Chr. bei den Megalensischen Spielen bekannt ist, behandelt die Liebesgeschichte der Glycerium, die ein Kind von dem jungen Griechen Pamphilus hat, dessen Vater aber den Sohn anderweitig verheiraten will. Gut durchgeführt ist die Rolle des listigen Sklaven Davus. Ähnliche Konflikte behandelt *Der Selbstquäler* (*Heautontimorumenos*, aufgeführt 163 v. Chr.; Reclams UB 7683, lat./dt.). *Phormio* hat einen Schmarotzertyp zum Gegenstand, *Hekyra* eine Schwiegermutter. Als Meisterwerk des Terenz gilt *Der Eunuch* (161 v. Chr.), in dem die künstlerische Überlegenheit gegenüber Plautus in gleichgearteten Figuren deutlich wird. Sein letztes uns überliefertes Werk ist *Die Brüder*, in dem sich zwei ungleiche Brüder um die Erziehung des jungen Aeschinus streiten. Molière entlehnte diesem Stück den Konflikt zu seinem Lustspiel *Die Schule der Männer*. Die Stücke des Terenz sind es vornehmlich gewesen, die über das Mittelalter hinweg das Theater der Renaissance befruchtet und zur Beschäftigung mit dem Theater der Antike angeregt, ja sie überhaupt erst ermöglicht haben.

Der Eunuch (*Eunuchus*). Komödie (erste Auff. 161 v. Chr.). – Die Hetäre Thais wird von zwei Liebhabern umworben, die sich beide durch Geschenke bei ihr beliebt machen. Der bramarbasierende reiche Soldat Thraso schenkt ihr die junge Sklavin Pamphila. Der andere Liebhaber, Phädria, schenkt ihr einen Eunuchen. Thais versichert Phädria ihre Liebe, was sie aber nicht hindert, mit Thraso auszugehen. Während sie abwesend ist, spielt sich in ihrem Hause ein tolles Intrigenstück ab: Chärea, der Bruder des Phädria, hat sich in Pamphila verliebt. Um auf dem schnellsten Wege in den Besitz der Geliebten zu kommen, verkleidet er sich auf den Rat des Sklaven Parmeno als Eunuch und erlangt auf diese Weise im Hause der Thais Zutritt zu Pamphila, ja er nutzt die Gelegenheit aus, das noch unschuldige Mädchen zu vergewaltigen. Beim Gastmahl des Thraso mit Thais hat es inzwischen einen Streit gegeben, der Thais nach Hause führt. Entsetzt erfährt sie von ihrer Dienerin Pythias, was Chärea Pamphila angetan hat. Sehr bald wird aber alles zum guten Ende geführt. Es stellt sich heraus, daß Pamphila keine Sklavin, sondern eine freie Bürgerin ist. Chärea wird sie heiraten. Thais bekennt sich zu Phädria. Aber auch Thraso geht durch Vermittlung seines Schmarotzer-Freundes Gnatho nicht ganz leer aus. Er darf weiter die Rolle des Nebenbuhlers spielen und bezahlen.

Das aus zwei Stücken des Menander (dem *Eunuchen* und dem *Schmeichler*) geformte Stück zeichnet sich durch seine Figurencharakterisierung aus. Die Dirne Thais, der bramarbasierende Thraso (in der Profilierung überlegener als der Miles gloriosus des Plautus), der schmeichlerische Gnatho, der listige Sklave Parmeno, die verliebten Jünglinge, die schlaue Pythias, sie alle sind mit wenigen Strichen bühnensicher eingesetzt. (Reclams UB 1868.)

Die Brüder (*Adelphoe*). Komödie (erste Auff. 160 v. Chr.). – Die letzte Komödie des Terenz hat zwei gegensätzliche Brüder zum Thema; Demea, ein mürrischer, grober Bauer, und Micio, ein in der Großstadt lebender reicher und großzügiger Bürger. Beider Lebensumstände spiegeln sich in ihren Erziehungsidealen wider. Demea vertraut auf Zucht und Härte, während Micio auf Einsicht und Verständnis setzt. Da Demea arm ist, gibt er einen seiner Söhne, Aeschinus, in die Obhut seines Bruders und läßt ihn nach dessen Vorstellungen erziehen. Ctesipho, den anderen Sohn, behält Demea und zieht ihn mit seinen Methoden auf. Streit entlädt sich, als ruchbar wird, daß Aeschinus eine

Das Spiel vom Antichrist

(Ludus de Antichristo)

Personen: Die Kirche – Die Synagoge – Die Heidenheit – Der römische Kaiser, später Der König der Deutschen – Der König der Franken – Der König der Griechen – Der König von Jerusalem – Der König von Babylon – Der Antichrist – Die Heuchelei – Die Ketzerei – Der Prophet Enoch – Der Prophet Elias – Gesandte – Heuchler – Ein Engel – Ein Scheintoter – Chor.

Zu Beginn des Spieles beziehen die Spieler und Spielergruppen in dem Kreis des Spielfeldes ihre Positionen: Die Heidenheit mit dem König von Babylon, die Synagoge mit dem Chor der Juden, die Kirche mit ihrem Gefolge und dem römischen Kaiser. Außerdem treten die Könige der Franken, der Griechen und der König von Jerusalem auf. Der Kaiser, in dem sich die Macht des Reiches verkörpert, erinnert die Könige an ihre Dienstpflicht und fordert sie auf, ihren Tribut zu entrichten. Die Herolde fordern ihn zuerst vom König von Frankreich, der ihn darauf verweigert. Der Kaiser zieht mit seinen Rittern gegen ihn zu Felde. Der König von Frankreich wird besiegt. Der Kaiser begnadigt ihn und überträgt ihm erneut sein Land als Lehen. Nun rückt der König von Babylon mit der Heidenheit gegen den König von Jerusalem vor. Eilig sendet dieser Boten an den Kaiser um Hilfe. Der Kaiser zieht mit einem starken Heer gegen die Feinde der Christenheit. Der König von Babylon unterliegt und flieht. Die heiligen Stätten in Jerusalem – symbolisiert durch ein großes Kreuz im Spielfeld – sind wieder in den Händen des Abendlandes. Nun kniet der Kaiser mit seinen Rittern vor dem Kreuz, legt Krone und Mantel (die Zeichen seiner Majestät) vor dem Altar ab und tritt in den Kreis der deutschen Ritter zurück. Der auf diese Weise herrscherlos gewordenen Menschheit bemächtigt sich der *Antichrist.* Er erscheint in christusähnlicher Gestalt, ruft die Heuchelei und die Ketzerei zu seinen Helfern herbei. Es gelingt ihm, bis an die heiligen Stätten vorzudringen und den König von Jerusalem zu vertreiben. Verzweifelt wendet sich der König von Jerusalem an den deutschen König. Der Antichrist regiert inzwischen mit frecher Stirn in Jerusalem. Er sendet seine Boten aus, um sich huldigen zu lassen. Den König von Griechenland gewinnt er leicht, den König von Frankreich besticht er mit Geschenken. Nur der deutsche König widersteht ihm, bricht zum Kampf auf, und besiegt ihn. Doch als der Antichrist Lahme und Aussätzige heilt, ja sogar anscheinend Tote erweckt, läßt sich auch der deutsche König durch diese Wundertaten umstimmen und huldigt dem Antichrist. Zur Weltherrschaft fehlen nur noch das Königreich von Babylon und die Juden. Diese hofft der Antichrist zu gewinnen, indem er sich als der erwartete Messias ausgibt. Auch dieser Betrug gelingt. In den Propheten Elias und Enoch erwächst ihm aber scharfe Gegnerschaft. Sie bekennen, daß sie ihn für den falschen Erlöser halten. Die Knechte des Antichrist schleppen die Propheten und die rebellisch gewordene Judenschaft vor ihren Herrn, der die Propheten zum Tode führen läßt. Während sie als Märtyrer sterben, singen die Judenschaft und die christliche Gemeinde ihnen den Sterbegesang. Der Antichrist glaubt sich nun im Besitz der Weltherrschaft und verkündet blasphemisch Christi »pax et securitas«. Da erscheint die Gestalt des sieghaften, wahren wiederkehrenden Christus. Der Antichrist und sein Reich fallen in sich zusammen. Die christliche Gemeinde erfüllt das ganze Spielfeld und beendet das Spiel mit dem Gregorianischen Lobgesang.

Dem Spiel liegt die Überlieferung von dem Auftreten des Antichrist vor der Wiederkehr Christi zugrunde, wie sie dem Verfasser das *Buch vom Antichrist* des Mönchs Adso von Toul aus dem 10. Jahrhundert bot. Eine Aufführung des Stückes fand etwa um 1160 statt. Das gehaltvolle Werk nimmt unter den überlieferten Texten mittelalterlicher Spiele eine exponierte Stellung ein, da es über den Rahmen der üblichen Weihnachts-, Oster- und Passionsspiele weit hinauswächst. In ihm schwingt das Zeitalter der Kreuzzüge mit und das politische Bekenntnis seines Verfassers zum Kaiser- und Reichsgedanken. Das Simultanprinzip des mittelalterlichen Theaters, d. h. die dauernde Anwesenheit aller Mitspieler und Spielgruppen am Rande des Spielfeldes, wird hier deutlich. Eine Neuaufführung fand 1922 in Hamburg statt, in der Übersetzung und Bearbeitung von Ludwig Benninghoff. Das in einer Handschrift des Klosters Tegernsee erhaltene Spiel ist ein frühes Beispiel dramatischer Kunst auf deutschem Boden. (Reclams UB 8561, lat./dt.)

Aischylos, Die Orestie: Agamemnon

Aristophanes, Die Vögel

HANS SACHS

* 5. November 1494 in Nürnberg, † 19. Januar 1576 ebd.

Hans Sachs, der Sohn eines Schneidermeisters, besuchte die Lateinschule seiner Vaterstadt, erlernte das Schuhmacherhandwerk und wurde von dem Webermeister Nunnenbeck in die Kunst der Meistersänger eingeführt. Nach Wanderjahren, die ihn u. a. nach Regensburg, Köln, Trier, Frankfurt a. M. führten und ihn auch die Kunstpflege am Hofe Kaiser Maximilians kennenlernen ließen, kehrte er 1516 nach Nürnberg zurück. Mit der Reformation setzte er sich selbständig auseinander und huldigte Luther mit der »Wittenbergisch Nachtigall« (1523), blieb aber Katholik. Nachdem er seine Frau und sieben Kinder überlebt hatte, heiratete er 66jährig zum zweiten Male. 1567 gab er selbst eine Übersicht über sein Schaffen: 4275 Meisterschulgedichte, 1700 Erzählungen und Schwänke, 208 dramatische Dichtungen.

Hans Sachs war der erste namhafte Dichter deutscher Sprache, der sich mit der dramatischen Kunstform beschäftigt und in ihr, wenn auch keine großen Meisterwerke, so doch gute Handwerksarbeit geliefert hat. Die Schwänke und Spiele gehören zum Besten seiner umfangreichen poetischen Produktion. Zwar bleibt er vielfach im Dialogischen stecken. Dennoch gelingt es ihm, an Plautus und Terenz geschult, zu echter Bühnenwirkung vorzustoßen, so vor allem in den Fastnachtsspielen. Die Stoffe zu seinen Stücken – er schrieb auch Tragödien und Historien – entnahm er der Bibel, der Geschichte, den Sagen des klassischen Altertums und deutschen Märchen- und Volksbüchern. Er schöpfte aus Novellensammlungen, so aus dem Boccaccio, mied aber alles Erotisch-Schlüpfrige. Seine Kunst weist bieder-derbe Züge auf. Als Beispiel gelungener Volkskunst, gleich wertvoll im Handwerklich-Gekonnten wie im holzschnittartigen Zuschnitt, erweisen seine Spiele auch heute noch ihre Wirkung. Es seien hier nur genannt: *Das Narrenschneiden* (1536), in dem in Anlehnung an Sebastian Brants satirisches Gedicht *Das Narrenschiff* die Heilung eines Kranken von seinen Leiden geschildert wird, die der konsultierte Arzt als allgemein menschliche Laster erkennt. Er schneidet sie ihm nacheinander aus dem Bauch: den Narren der Hoffart, des Geizes, des Neides, der

Unkeuschheit, der Völlerei, des Zorns und der Faulheit. Zum Schluß wird auch noch das Narrennest herausgeholt, damit keine neuen Narren ausgebrütet werden. Mit der moralischen Nutzanwendung schließt das Stück. *Der fahrende Schüler im Paradies* (1550) zeigt, wie ein schlauer Scholar erst die dumme Bäuerin übertölpelt und dann den Bauern, der sich für klüger hält. Der Frau, die Paris mit Paradies verwechselt, erzählt er, daß er ihren ersten Mann zerlumpt im Paradies angetroffen habe, und läßt sich Geld und Kleider für ihn mitgeben. Den Bauern, der ihm das ergaunerte Gut wieder abjagen will, bringt er um sein Pferd, indem er sich verstellt und den Bauern zu Fuß den angeblichen Spuren des Vaganten nacheilen läßt. *Das heiße Eisen* (1551) ist eines der besten, wenn auch lockergestalteten Fastnachtsspiele von Hans Sachs. Die Bäuerin hat Verdacht, daß ihr Mann sie betrügt. Auf Rat der Gevatterin verlangt sie die Eisenprobe, d. h., er soll ein glühendes Eisen auf der Hand tragen, ohne sich zu verbrennen. Der Mann schützt sich durch einen Span, den er im Ärmel versteckt. Darauf verlangt er die Gegenprobe von seiner Frau. Diese bekommt Angst und gesteht, ihn mit dem Kaplan und sechs weiteren Männern betrogen zu haben, nicht gerechnet die jungen Gesellen. Der Mann ist erbost, verzeiht ihr jedoch, da er sich selbst auch nicht frei von Schuld fühlt. In *Das Kälberbrüten* (1551) steht ein Bauer im Mittelpunkt, der aus Käse Kälber brüten wollte. Von besonderem theatergeschichtlichem Interesse ist *Das Weib im Born*, wo bereits die gleiche Konfliktstellung gegeben ist – einem Motiv Boccaccios folgend – wie in Molières *George Dandin*. Melusine betrügt ihren Mann Feuerbart. Sie wird von ihm ausgesperrt, täuscht Selbstmord vor und gelangt auf diese Weise wieder ins Haus. Der Kläger wird zum Beklagten. Der betrogene Ehemann bezieht noch obendrein Prügel durch die schnell herbeigerufenen Nachbarn und muß Abbitte tun.

Die bei Hans Sachs obligaten Typen des tolpatschigen Bauern, der zänkischen Alten, des buhlerischen Eheweibes, des bramarbasierenden Landsknechtes, des betrügerischen Wirtes u. a. stammen aus älteren Vorlagen wie der römischen Komödie. Sie haben ihrerseits dazu beigetragen, eine deutsche Tradition von feststehenden Theaterfiguren zu begründen. Aufführungsorte der Hans-Sachsschen Stücke waren Kirchen (als ständige Versammlungsorte der Meistersänger), öffentliche Plätze, Privathäuser und Wirtshäuser. Die Schauspieler waren meist

Handwerker und Bürgersöhne. Hans Sachs selbst ist häufig als Schauspieler aufgetreten (»den meisten Teil selbst agieren und spielen helfen«), wie er im 3. Band seiner Werke berichtet. Die Frauenrollen wurden durch ältere Knaben dargestellt.

Nachdem Hans-Sachssche Stücke noch bis in die Mitte des 17. Jahrhunderts hinein gespielt wurden, verblaßte ihr Ruhm allmählich. Im 18. Jahrhundert erneuerte er sich. Goethe vor allem kommt das Verdienst zu, durch sein Gedicht *Hans Sachsens poetische Sendung* eindringlich das Fortleben bestimmt zu haben. Doch hatten auch schon Gottsched, Lessing, Herder und Wieland Hans Sachs geschätzt. Die höchste Ehrung wurde seinem Andenken dadurch zuteil, daß sich Goethe im *Faust* und Schiller in *Wallensteins Lager* der Reimform Hans Sachsens, des sog. Knittelverses, bedienten und diesen als eine typisch deutsche Versform zur Vollendung führten. Dem Menschen Hans Sachs setzte Richard Wagner in den *Meistersingern von Nürnberg* ein Denkmal, nachdem ihn schon zuvor Lortzing in einer Oper (1840) als Bühnenfigur verwendet hatte. (*Meistergesänge* u. a. Reclams UB 7627; *Die Wittenbergisch Nachtigall* u. a. Reclams UB 9737.)

LOPE DE VEGA

* 25. November 1562 in Madrid, † 27. August 1635 ebd.

Félix Lope de Vega Carpio war der Sohn eines Kaufmanns, der ein Stickereigewerbe betrieb. Seine Eltern stammten aus dem Carriedotal in Nordspanien. Nach Besuch der Jesuitenanstalt bezog er die Universität Alcalá und erwarb das Baccalaureat. 1588 wurde er in einen Verleumdungsprozeß verwickelt, verhaftet und auf vier Jahre aus Madrid verbannt. Im gleichen Jahre trat er als Freiwilliger in die spanische Kriegsflotte ein und nahm auf einem Admiralsschiff der Armada an der berühmten Seeschlacht gegen England teil. Danach finden wir ihn jungverheiratet für zwei Jahre in Valencia, wo er Theatererfolge errang. Etwa 1590 trat er in Toledo als Sekretär in die Dienste des Herzogs von Alba. Dann lebte er wiederum in Madrid, später als Sekretär des Herzogs von Sessa, dem er sowohl in seinen höfischen wie intimen privaten Angelegenheiten zu Diensten war. 1614 trat er, zum zweiten Male Witwer geworden, in den geistlichen Stand. Papst Urban VIII. verlieh ihm 1627 den theologischen Doktorgrad. Als erfolgreicher Bühnendichter beim Volke beliebt, wurde er seines freien Lebenswandels wegen bei Hofe kritisch betrachtet.

Lope de Vega gilt als der Schöpfer des nationalen spanischen Theaters. Gleichzeitig ist er der fruchtbarste Bühnenschriftsteller, den die Weltliteratur kennt. Nach eigenen Angaben schrieb er 1500 Stücke, sein erster Biograph Juan Pérez de Montalbán nennt sogar 1800 Comedias und 400 Autos sacramentales (Fronleichnamspiele). Überliefert sind in Texten 470 Stücke, den Titeln nach über 770. Für mehr als 100 Stücke will Lope nur je 24 Stunden gebraucht haben. Alle seine Bühnenwerke sind in Versen geschrieben. Die staunenswerte Zahl seiner dramatischen Arbeiten erklärt sich zum Teil aus der übersprudelnden Phantasie des Dichters und der Einmaligkeit seiner Persönlichkeit, zum Teil aber auch aus den Zeitverhältnissen. Seine Zuschauer entstammten dem Volk, wie Karl Voßler bemerkte: »Er beherrschte, beglückte und begeisterte es, wie es seinerseits ihn als seinen größten Meister und Liebling vergötterte, ihn beflügelte und trug. Freilich, es hetzte ihn auch und zwang ihn zur Improvisation. Es wollte keine Wiederholungen, sondern jedesmal neue und wieder neue Stücke.« So griff Lope mit einer gewissen Sorglosigkeit nach jedem Stoff, der sich ihm bot, gleichviel ob aus Sage, Geschichte oder Gegenwart. Er brachte alle Stände der spanischen Gesellschaft auf die Bühne und zeichnete sie lebensnah in ihrer Sprache. Überschäumende Lebensfreude und Daseinsbejahung sind die Elemente seiner Kunst. Problematische Naturen wird man vergeblich bei ihm suchen. Auch dem Tragischen weicht er nach Möglichkeit aus. Das Religiöse beherrscht sein Denken, wie das aller spanischen Dichter jener Zeit, ist jedoch nicht von der Tiefe und Bedeutung wie bei Calderón. Über die Technik seiner Stücke äußerte sich Lope in dem ironisch-humorvoll angelegten Lehrgedicht *Arte nuevo de hacer comedias in este tiempo* (*Von der neuen Kunst, in diesen Zeitläuften Komödien zu schreiben*) selbst: Er setzt sich kritisch mit Aristoteles auseinander, bejaht jedoch die Einheit der Handlung und will alles auf die Schlußsituation zugeschnitten wissen. Eine Mischung von Tragik und Komik sei angebracht. Der wahre Zweck der Komödie ist, »die Handlungen der Menschen nachzuahmen und die Sitten der jeweiligen Zeit zu malen«. Bedeutsam für die Struktur des spanischen Theaters wurde die Einführung des Gracioso, der heiteren Figur, als ständigem Begleiter des Caballero, der Graciosa als Begleiterin der Dame. Ihre Aufgabe ist, die jeweiligen Herrschaften ironisch zu spiegeln. Lope schreibt sie sich selbst zu, und zwar als zum ersten Male verwendet in seiner Komödie *La francesilla* (1598). Sie dürfte aber älteren Ursprungs sein. Für das Theater Lopes ist die geringe Ausstattung charakteristisch, die es erfordert. Um sein Publikum mitreißen zu können, seien eigentlich nur »vier Böcke, zwei Bretter, zwei Schauspieler und eine Leidenschaft« nötig. Eine chronologische Ordnung der Stücke anzugeben ist ebenso unmöglich wie ihre gattungsmäßige Einteilung. In buntem Wechsel stehen neben Schäferspielen und mythologischen Komödien Stücke mit Stoffen aus der spanischen und der übrigen europäischen Geschichte und Sage. Bezeichnenderweise hat er auch die Entdeckung Amerikas durch Columbus dramatisiert. Einen breiten Raum nehmen Ehebruchs- und Intrigenstücke ein, ferner die sog. Mantel-und-Degen-Komödien (Comedias de capa y espada), die das gesellschaftliche Leben der Spanier im 16. und 17. Jh. in immer neuen Varianten spiegeln. Mehrfach berührt Lope sich stofflich mit Shakespeare, ohne sich jedoch mit dem Briten in der Tiefe der Behandlung messen zu können. Liebe, Eifersucht und Ehre, Verkleidung und Verstellung, Verwandlung und Enthüllung sind die Spannung schaffenden und lösenden Motive. »Lope hat nicht ein einziges Stück geschrieben, das vortrefflich zu nennen wäre«, sagt Grillparzer, »aber er hat auch vielleicht nicht ein einziges, worin nicht zugleich eine Szene dem Besten im Shakespeare gleichkäme.« Es erscheint begreiflich, daß ein Cervantes in Lope ein »Wunder der Natur« erblickte, den »Alleinherrscher der Bühne«. Nach seinem Tode geriet er zunächst über der größeren dichterischen Leistung Calderóns in Vergessenheit. Erst Grillparzer näherte sich wieder Lope in 40jährigen Studien und unterstrich seine Bedeutung nachdrücklich. Er sah in ihm den Dichter der reinen Natur und ließ sich zu mehreren seiner eigenen Werke durch Lope inspirieren, so vor allem zu dem Trauerspiel *Die Jüdin von Toledo*. In neuerer Zeit verhalf Hans Schlegel durch ein Übersetzungswerk von mehr als 100 Stücken Lopes dem Dichter zu neuem Bühnenleben auch in Deutschland.

Die kluge Närrin (*La dama boba*). Komödie in drei Akten (entst. 1613, Erstdruck 1617). – Der Edelmann Don Octavio hat zwei heiratsfähige Töchter, beide von großer Schönheit: die gebildete, in akademischen Kreisen verkehrende Nisa und die dumme, aber mit der sagenhaften Mitgift eines Onkels versehene Finea. Don Liseo ist Finea versprochen; Don Laurencio, ein verarmter Schöngeist, hat auf Nisa ein Auge geworfen. Als Don Liseo die Torheit Fineas bemerkt, macht er Nisa den Hof. Don Laurencio hingegen bewirbt sich jetzt um Finea. Seine Balzrituale erwecken in Finea ruhende Fähigkeiten; sie sieht die Welt nun als kluge, dennoch naiv-spontane Frau. Don Liseo, der sich jetzt wieder von Finea angezogen fühlt, erhält von ihr einen Korb und muß sich mit Nisa bescheiden.

Die vernünftelnde, akademische Welt Nisas wird von der klug gewordenen, liebenden Finea gegengezeichnet: Ihre Liebe geht nicht in der Vernunft der spanischen Gesellschaft des Siglo de Oro auf. (Reclams UB 8603.) *E. F.*

Fuenteovejuna. Schauspiel in drei Akten (entst. vor 1614, Erstdruck 1619). – Der Großkomtur Fernán Gómez de Guzmán, ein brutaler Tyrann, übt über das Dorf Fuenteovejuna eine Willkürherrschaft aus. Er preßt die Bauern durch Abgaben aus und will sich die Frauen des Dorfes gefügig machen. Er belästigt Laurencia, die Tochter des Alkalden Esteban, mit seinen Anträgen. Von ihr abgewiesen, überrascht er sie im Walde, wo sie soeben Frondoso, den Sohn eines reichen Bauern, zurückgewiesen hatte. Mit Gewalt will er sich ihrer bemächtigen, als Frondoso eingreift und das Mädchen befreit. Wutentbrannt muß Guzmán sich zurückziehen. Das tapfere Verhalten Frondosos hat ihm die Neigung des Mädchens eingebracht. Esteban gibt sie ihm zur Frau. Die Hochzeitsfeier wird jäh durch die Rückkehr des Komturs unterbrochen. Braut und Bräutigam werden gefesselt aufs Schloß geschleppt, Esteban, der als Vater und Alkalde vergeblich einzuschreiten versucht, geschlagen. Doch daraufhin sind die Dorfbewohner nicht mehr zu halten. Man berät, wie man die Schande rächen kann. Laurencia, der es gelungen ist, sich zu befreien, entflammt den ganzen Ort. Das Schloß wird gestürmt, der Tyrann, der schon dabei war, Frondoso zu Tode zu foltern, wird erschlagen. Nachdem sich der erste Sturm gelegt hat, wird man sich aber darüber klar, daß man den vom König eingesetzten Herrn getötet und Strafe zu befürchten hat.

Auf den Rat Estebans wird beschlossen, als Täter nicht einzelne, sondern den ganzen Ort zu benennen. Der König schickt alsbald einen Richter. Trotz strengsten Verhöres erfolgt auf die Frage, wer den Komtur getötet habe, stets nur die eine Antwort: Fuenteovejuna. Diese Einmütigkeit sowie die Ursachen, die den Aufstand hervorriefen, veranlassen den König, dem Ort keinerlei Strafen aufzuerlegen.

Den auch sonst in der spanischen Dichtung öfters abgehandelten Stoff entnahm Lope der Chronik des Calatrava-Ordens. Es handelt sich um ein Volksdrama, das mit unerbittlicher Folgerichtigkeit den Konflikt aufreißt und zu Ende führt. Theatergeschichtlich bedeutsam ist die Rolle, die in diesem Werk bereits das Problem der Spannung zwischen Adel und Volk spielt. In Calderóns Schauspiel *Der Richter von Zalamea*, dessen Stoff Lope gleichfalls behandelte, finden wir es dichterisch überhöht wieder. Hans Schlegels Nachdichtung und Übertragung von *Fuenteovejuna* trägt den Titel *Loderndes Dorf*.

TIRSO DE MOLINA

* 1571 in Madrid
† 12. März 1648 im Kloster Soria (Kastilien)

Über das Leben des Dichters, der eigentlich Gabriel Téllez hieß, ist wenig bekannt. Nicht einmal das Geburtsjahr ist genau überliefert, von manchen Forschern wird 1584 angegeben. Fest steht nur, daß er 1601 in den Orden der Mercedarier eintrat und für diesen in Toledo, Madrid, Salamanca u. a. tätig war. 1616 bis 1618 war er auf Haiti in Santo Domingo als Missionar seines Ordens. Die letzten zweieinhalb Jahre seines Lebens verbrachte er als Comendador und Superior in dem Kloster Soria.

Tirso de Molina gilt als der bedeutendste spanische Bühnenschriftsteller nach Lope de Vega und Calderón. Nach seinen Aussagen schrieb er 300 bis 400 Bühnenwerke, von denen heute noch 86 bekannt sind. Ein Schwerpunkt seines Schaffens fällt in die Zeit von 1600 bis 1626. Von Lope übernahm er die Form der Mantel-und-Degen-Stücke, deren berühmtestes *Don Gil von den grünen Hosen* (1635) wurde. Dieses wie auch andere seiner

Stücke verraten Einfühlungsvermögen in die weibliche Psyche. Manche Forscher nehmen an, daß die Menschenkenntnis des Dichters im Beichtstuhl gewonnen wurde. Tirsos religiöse Haltung und Einstellung offenbart das Schauspiel *Der Verdammte aus Kleingläubigkeit*, in dem die himmlische Gnade dem reuigen Räuber Enrico zuteil wird, während sie dem in Sünde abgleitenden Büßer Paolo versagt bleibt. Sein genialer *Verführer von Sevilla* (1630), die erste Bühnenbearbeitung des Don-Juan-Stoffes, weist sogleich entscheidende Züge auf. Hier zeigt sich die Berufung dieses Mönches für die Bühne, der in besonderer Weise das Leben eines Klosterbruders mit dem eines Bühnendichters zu verbinden wußte und dem das Menschenleben ebenso zum Objekt religiöser Betrachtung wie zum Abbild spielerischer Anmut und Grazie wurde.

Der Verführer von Sevilla oder Der steinerne Gast (*El burlador de Sevilla y convidado de piedra*). Schauspiel in drei Akten (erste Auff. um 1624 in Madrid, Erstdruck 1630). – Don Juan hat sich in den Palast des Königs von Neapel eingeschlichen und die Herzogin Isabella in der Rolle ihres Verlobten betrogen. Verhaftet, kann er mit der Hilfe seines Onkels Don Pedro Tenorio entfliehen. Nach einem Schiffbruch wird er von der männerscheuen Fischerin Tisbea gerettet, die er mit einem unredlichen Eheversprechen verführt. In Sevilla eingetroffen, versucht er Doña Anna mit derselben Methode zu betrügen, wie er es bei Isabella getan hatte. Doch Doña Anna merkt den Betrug rechtzeitig. Ihr Vater, der Großkomtur, eilt auf ihren Hilferuf herbei. Es kommt zum Zweikampf, bei dem Don Juan den Großkomtur tötet und dann entflieht. Abermals stürzt sich Don Juan in ein ländliches Liebesabenteuer. Er verführt am Hochzeitstage das Landmädchen Aminta durch ein Heiratsversprechen. Wieder in Sevilla, treibt der Übermut den Leichtsinnigen zum Äußersten. Er lädt die Statue des Großkomturs, den er getötet hat, zu sich zum Gastmahl. Zum Schrecken der Diener erscheint sie tatsächlich, während Don Juan ihr unerschrocken gegenübertritt. Er nimmt auch eine Einladung der Statue an, sie in ihrer Gruft zu besuchen. Im Palast des Königs haben sich inzwischen Isabella, Tisbea und Aminta eingefunden, also alle Opfer des Verführers, ebenso der Herzog Octavio und der Marquese de la Mota. Catalinon berichtet ihnen das Ende des Bösewichtes. Er folgte der Einladung der Statue in die Gruft, wo sie ihm einen Vorgeschmack der Qualen gab, die seiner in der Hölle warten, und ihn dann in die Tiefe mit sich riß. Der König kann nun die durch Don Juans Intrigen auseinandergerissenen Paare wieder miteinander vereinen. (Reclams UB 3569.)

Tirso entnahm den Stoff alten spanischen Chroniken, die von einem Mitglied der berühmten Familie der Tenorios in Sevilla berichteten, der den Komtur Ulloa umbrachte, nachdem dessen Tochter von ihm gewaltsam entführt worden war. Die große dichterische Tat Tirsos in der Behandlung dieses Stoffes beruht in der Fixierung des Charakters Don Juans, der wie von Dämonen getrieben in unersättlicher Lebensgier von einem Liebesabenteuer zum nächsten eilt. »Im Vorübergehen, im Nu beleidigt, betrügt, verführt und verlacht er seine Opfer. Das Improvisierte gehört hier zu der Natur der dichterischen Vision«, sagt Karl Voßler. Von Tirsos *El burlador de Sevilla* führt eine direkte Linie zu Mozarts Oper *Don Giovanni.* Ein interessantes Zwischenglied bildet, zeitlich und künstlerisch, Molières Komödie *Don Juan.*

Don Gil von den grünen Hosen (*Don Gil de las calzas verdes*). Komödie in drei Akten (1635). – Don Martin bewirbt sich unter dem Namen Don Gil um die Gunst der reichen Inés. Als sich beide in einem Park kennenlernen sollen, kommt Dõna Juana, die ihrem treulosen Don Gil nachgereist ist, zuvor: Sie gibt sich, verkleidet, als Don Gil »von den grünen Hosen« gegenüber Inés aus. Diese ist von dem vermeintlichen Liebhaber so angetan, daß sie den verspäteten ›richtigen‹ Don Gil brüsk abweist und auch von ihrem bisherigen Geliebten, Don Juan, nichts mehr wissen will. Um mögliche Spuren zu verwischen, läßt Doña Juana Don Martin berichten, sie habe sich in ein Kloster zurückgezogen, ein Kind von ihm erwartet und sei schließlich gestorben. Trotz schlechten Gewissens läßt Don Gil nicht von Inés. Juana treibt indessen ihr Possenspiel zum Höhepunkt. Sie erscheint nicht nur weiterhin als der von Inés angebetete Don Gil von den grünen Hosen, sondern daneben auch in Frauentracht als Doña Elvira, die einem treulosen Geliebten nachgereist sei, wobei sie Inés gegenüber als diesen eben jenen Don Gil bezeichnet, der sich um Inés' Hand bewerbe. Don Martin erscheint der ominöse Don Gil alsbald als unheimlicher Geist aus einer anderen Welt. Er hält ihn bei seinem schlechten

Gewissen allen Ernstes für den rächenden Geist seiner verlassenen Geliebten Juana. Doña Clara, die Freundin der Inés, hat sich auch in den »Don Gil von den grünen Hosen« verliebt. Es entsteht nun unter dem Balkon der Inés ein tolles Durcheinander, in dem sich niemand mehr zurechtfindet. Vier verschiedene Don Gils erscheinen der Reihe nach, die teils aus Liebe, teils aus Eifersucht die grünen Hosen angezogen haben: Don Juan, Don Martin, Doña Clara und Doña Juana. Es kommt zu Streitigkeiten, Verhaftungen und Verleumdungen, bis schließlich Juana ihr Spiel offenbart und das ganze Quiproquo deutlich wird.

Die ausgelassene Komödie, die einen Gipfelpunkt innerhalb der spanischen Mantel-und-Degen-Stücke darstellt, ist von mitreißender Bühnenwirkung. Ungereimtheiten in der Handlung, die man beim Lesen empfindet, nimmt der Zuschauer im Theater ohne weiteres hin. Tirso erweist sich hier als Virtuose der Szene, »des allgemeinen Beifalls sicher, auch heute noch bei uns, wenn Doña Juana als Don Gil verkleidet in ihren weltberühmten grünen Hosen über die Bretter huscht und ihren treulos entlaufenen Bräutigam wieder einfängt« (Voßler). Nachdichtungen für die deutsche Bühne schrieben in neuerer Zeit Johannes von Guenther und Hans Schlegel. Zur Oper formte den Stoff u. a. Walter Braunfels (1924).

CALDERÓN DE LA BARCA

* 17. Januar 1600 in Madrid, † 25. Mai 1681 ebd.

Don Pedro Calderón de la Barca entstammte einer alten Adelsfamilie aus dem Tal von Carriedo bei Burgos, wo auch Lope de Vega herkommt. Nach Erziehung bei den Jesuiten in Madrid und Studium in Salamanca versuchte er sich schon als 22jähriger in der dramatischen Dichtung. Als Soldat nahm er an Kämpfen in Italien und Flandern teil. Seine Erfolge auf dem Theater veranlaßten König Philipp IV., ihm 1635 die Leitung der theatralischen Aufführungen bei Hofe, insbesondere im Schloß von Buen Retiro, zu übertragen. 1651 wurde er Priester, 1663 Hofkaplan. Als 81jähriger starb er, nachdem er die letzten Lebensjahrzehnte zurückgezogen verbracht hatte. Dreitausend Perso-

nen sollen, mit Kerzen in der Hand, seinem Sarg gefolgt sein. Grab und Monument befinden sich in der Kongregationskirche in Madrid.

Calderón ist einer der größten Dichter Spaniens und des Katholizismus. Sein Schaffen bildet in der dramatischen Literatur eine Welt für sich wie das Shakespeares. Es soll über 400 Bühnenwerke umfaßt haben. Überliefert sind 120 Comedias und 80 Autos sacramentales (geistliche Festspiele). Die Datierung der Werke stößt auf Schwierigkeiten. Auch eine Einteilung in verschiedene Gruppen nach dem Gattungscharakter der Stücke ist schwierig, da die Stile und Formen, die er anwendet, sich vielfach überschneiden. Anfangs war die von Calderón bevorzugte dramatische Ausdrucksform die Mantel-und-Degen-Komödie (Comedia de capa y espada), deren Form er von Lope de Vega und Tirso de Molina übernahm. Ihre Technik persiflierte er selbst einmal so: »Ein Bruder oder Vater kommt stets zu unrechter Zeit«, es müsse dabei »notwendig immer einen versteckten Liebhaber und eine verschleierte Frau« geben. Als Typ dieser Art lebt heute noch die Komödie *Dame Kobold* (1629) auf unseren Bühnen. Doch pflegte Calderón nicht nur das Genre des reinen Verwechslungs- und Überraschungsspieles. In der Komödie *Hüte dich vor stillen Wassern* (1649) z. B. sind die Randfiguren des Junkers Don Torribio Quadradillos und der Amme scharf umrissene Charakterfiguren shakespeareschen Formates. Neben den Komödien stehen die ›bürgerlichen Schauspiele‹, in denen Männer als Rächer der verletzten Ehre des Hauses auftreten und die Probleme des Ehebruchs vielfältig abgehandelt werden. *Der Arzt seiner Ehre* (1637) kann hierfür als Beispiel gelten, aber auch das wohl heute noch berühmteste Schauspiel, *Der Richter von Zalamea* (um 1643), in dem ein Vater die Ehre seiner Tochter rächt. Vielfach griff Calderón auf historische Stoffe zurück, so in *Eifersucht das größte Scheusal* (1635) auf das schicksalhaft gesehene Ehedrama von Herodes und Mariamne, in der *Großen Zenobia* (1636) auf die Zauberwelt des Orients, die auch in dem großen Doppeldrama um die Königin Semiramis *Die Tochter der Luft* (1653) farbenprächtig und mit allen Künsten romantischer Poesie geschildert wird. Ein zeitgeschichtliches Ereignis von damals aktueller politischer Bedeutung spiegelt *Das Schisma von England* (um 1637), in dem Calderón den gleichen Stoff wie Shakespeare in *Heinrich VIII.*

behandelt, den Glaubenswechsel in England; der Spanier von der katholischen Seite aus gesehen, der Brite von der protestantischen. Einen Stoff aus der Geschichte der Kämpfe mit den Mauren in Nordafrika behandelt *Der standhafte Prinz* (vor 1636). Das Stück weitet sich jedoch zur Märtyrertragödie aus. Den Gestalter religiöser Legenden (Comedias de Santos) und des kirchlichen Wunderglaubens finden wir in seiner ganzen Größe in der *Andacht zum Kreuze* (um 1634). Einen besonderen Platz nehmen in Calderóns Schaffen auch die philosophisch orientierten Werke ein, in denen er Antwort auf letzte Lebensfragen gibt. Hierzu ist besonders *Das Leben ist ein Traum* (1635) zu rechnen, aber auch ein Werk wie *Der wundertätige Magier* (1637), das man als den »spanischen Faust« bezeichnet hat. Den Lustbarkeiten am Hofe zu Buen Retiro dienten Calderóns Festspiele (Fiestas), in denen er Themen aus der Mythologie der Antike theatralisch gestaltete. Das große Ausstattungsstück *Über allem Zauber Liebe* (1635) bietet hierfür das sprechendste Beispiel. Von 1637 an ist Calderón als Verfasser von geistlichen Festspielen (Autos sacramentales) nachweisbar, die ihn vornehmlich als katholischen Dichter und Deuter religiöser Probleme ausweisen. Viele sehen in diesem Schaffenszweig, den er von 1644 bis zu seinem Tode pflegte, das Charakteristische des Dichters. August Wilhelm Schlegel sagt von Calderón: »Die Religion ist seine eigentliche Liebe, das Herz seines Herzens.« Calderón verwendet zu seinen geistlichen Festspielen, die am Fronleichnamstag in Szene gesetzt wurden, Stoffe aus der Bibel, aus Sagen des klassischen Altertums, aber auch selbsterfundene Handlungen. Manches Stück früherer Zeit wurde zum Auto sacramental umgewandelt, so z. B. *Über allem Zauber Liebe* oder die Ehebruchstragödie *Der Maler seiner Schande*. Zu den für uns heute bemerkenswerten Stücken dieser Art gehört *Das große Welttheater* (erschienen 1675), in dem das menschliche Leben als Schauspiel aufgefaßt wird.

Die Wirkung Calderóns auf Mit- und Nachwelt ist bedeutend. Einige sahen in ihm das größte katholische Genie nach Dante, Goethe betonte die theatralische Vollkommenheit: »Seine Stücke sind durchaus bretterrecht, es ist in ihnen kein Zug, der nicht für die beabsichtigte Wirkung kalkuliert wäre.« In ähnlichem Sinne sagte Schlegel: »Ich weiß keinen Dramatiker, der den Effekt so zu poetisieren gewußt hätte, der zugleich so sinnlich kräftig und ätherisch wäre.« Die deutschen Romantiker erhoben Calderón über Shakespeare. Goethe hingegen meinte, daß Shakespeare uns »die volle reife Traube vom Stock« reiche, während wir von Calderón bereits »abgezogenen, höchst rektifizierten Weingeist« empfängen. 1825 sprach Goethe von der Calderón-Begeisterung sogar wie von einer glücklich überstandenen Krankheit. Neben Goethe in Weimar traten auch Immermann in Düsseldorf und E. T. A. Hoffmann in Bamberg als Theaterleiter nachdrücklich für Calderón durch Aufführungen seiner Werke ein. Um die Übersetzung ins Deutsche machten sich A. W. Schlegel und J. D. Gries verdient. 12 Autos sacramentales übersetzte Eichendorff, darunter *Das große Welttheater*.

Dame Kobold

(*La dama duende*). Komödie in drei Akten
Erste Aufführung: um 1629 in Madrid

Personen: Doña Angela, eine junge Witwe – Don Juan, Don Luis, ihre Brüder – Doña Claudia – Don Manuel – Isabel, Zofe der Doña Angela – Cosme, Diener Don Manuels – Diener und Dienerinnen.
Ort und Zeit: Straße in Madrid und Zimmer in Don Juans Haus, um 1629.

Don Juan und Don Luis halten ihre Schwester, die junge Witwe Doña Angela, des guten Rufes wegen streng in ihrem Hause verborgen. Gleichwohl verläßt Angela gelegentlich unterm Schleier mit ihrer Dienerin Isabel das Haus. Bei einem dieser Gänge wird sie von ihrem Bruder Don Luis verfolgt. Ihr Retter ist Don Manuel, der auf ihre Bitten hin den zudringlichen Don Luis aufhält und mit ihm in Streit gerät. Der dazwischentretende Don Juan erkennt in Manuel seinen Freund, den er als Gast in seinem Haus erwartet hatte. Hier wohnt Manuel nun unmittelbar im Zimmer neben Angela. Ohne daß Manuel davon weiß, besteht zwischen beiden Zimmern eine Geheimtür, mit Hilfe derer Angela und ihre Dienerin Isabel ein tolles und gewagtes Spiel zu treiben beginnen. Sie schleichen sich immer dann heimlich bei ihm ein, wenn sie niemanden anwesend glauben, und richten allerlei Unfug an, der Don Manuel verwirren und seinen ängstlichen Diener Cosme gar an einen Kobold glauben lassen muß. Manuel vermutet zunächst in den Briefchen, die Angela für ihn hinterläßt, eine Geliebte des Don Luis, die hier verborgen wohne und seine Hilfe erbitte. Er antwortet entsprechend, muß aber bald erkennen, daß er sich im Irrtum befindet. Eines Abends ertappen Don Manuel und Cosme Angela und Isabel in Manuels Zimmer bei neuen Streichen. Doch das Dunkel der Nacht und die Geheimtür sind noch einmal die Rettung der Frauen. Nunmehr glaubt selbst Manuel an einen übernatürlichen Spuk, bis im weiteren Verlauf des Spieles, das Angela geschickt in die Länge zu ziehen versteht und das noch einmal zu einem Duell zwischen Don Luis und Don Manuel als vermeintlichem Bedroher der Ehre Angelas führt, das Geheimnis der Schrank-Tür offenbar und der Kobold entlarvt wird. Don Manuel reicht nunmehr Doña Angela die Hand zum Ehebunde.

Das Motiv des Wandschrankes entnahm Calderón älteren Vorbildern, insbesondere einer Komödie von Tirso de Molina. *La dama duende* bildet in der Sicherheit der Handlungsführung, dem heiteren Spiel mit den Möglichkeiten des Stoffes und in der Zeichnung des Charakters der Doña Angela, die mit fraulicher Zielsicherheit zu Werke geht, ein echtes Beispiel Calderónscher Poesie. Unter den Mantel-und-Degen-Komödien des Dichters wurde der *Dame Kobold* stets ein erster Platz eingeräumt. (Reclams UB 6107.)

Das Leben ist ein Traum

(*La vida es sueño*). Schauspiel in drei Akten
Erste Aufführung: 1635 in Madrid

Personen: Basilius, König von Polen – Sigismund, sein Sohn – Astolf, Herzog von Moskau, Neffe des Königs – Estrella, Nichte des Königs – Clotald, Sigismunds Aufseher – Rosaura – Clarin, ihr Diener – Soldaten.

Ort und Zeit: Wilde Gegend mit einem Turm und am Hofe des Königs, etwa 16. Jahrhundert.

Rosaura (in männlicher Kleidung) und ihr Diener Clarin haben sich im Walde verirrt und sind dabei zu einem Turm geraten, in welchem der König Basilius seinen Sohn Sigismund gefangenhält. Rosaura ist auf der Suche nach Astolf, der ihr die Ehe versprochen und sie dann verlassen hat. Sigismund enthüllt in einem Monolog sein beklagenswertes Gefangenenschicksal. Er weiß von keiner Sünde, außer der, daß er geboren ward. Er fühlt sich unter Menschen als Wild und unterm Wild als Mensch. Rosaura hört seine Klagen voll Mitleid. Clotald, der Wächter des Turms, nimmt Rosaura und Clarin gefangen, fühlt sich aber zu Rosaura merkwürdig hingezogen. Seine Treue zum König veranlaßt ihn jedoch, diesem die Gefangenen vorzuführen. Die nächste Szene am Hofe des Königs Basilius enthüllt das Schicksal Sigismunds. Der König hat ihn in dem einsamen Turm, fern der Menschenwelt, aufwachsen lassen, da er aus den Sternen gelesen hatte, sein Sohn würde ein verwegener Mensch und grausamer Despot werden, das Reich ins Verderben stürzen und den Fuß auf den Nacken des Vaters setzen. Basilius ist jedoch entschlossen, ehe er die Herrschaft seinem Neffen Astolf überträgt, Sigismund selbst zu prüfen. Dazu soll Sigismund, durch einen Schlaftrunk betäubt, an den Hof gebracht und als Herrscher eingesetzt werden. Straft sein Benehmen dann die Prophezeiung Lügen, soll er das Königtum behalten. Gebärdet er sich aber grausam, soll er in den Turm zurückgebracht werden. Clotald führt Rosaura und Clarin dem König vor, der sie begnadigt. Wir erleben nun zunächst die Prüfung Sigismunds. Berauscht von der Pracht der königlichen Umgebung, in die er sich versetzt sieht, erweist er sich ebenso jährzornig und schreckenerregend, wie ihn die Prophezeiung hingestellt hatte. Er begegnet Estrella, der Nichte des Königs, wie auch Rosaura ungebührlich. Er zückt den Dolch gegen Clotald und rechnet mit dem König in drohender Weise ab, weil er ihn hinter Kerkermauern aufwachsen ließ. Ehe er völliges Unheil anrichten kann, wird er wieder in Schlaf versenkt und zum Turm zurückgebracht. Rosaura ist inzwischen am Hofe des Königs in einen schweren Konflikt geraten. Sie muß als Dame im Gefolge Estrellas, in deren Dienste sie auf Clotalds Rat getreten ist, zusehen, wie Astolf, ihr ehemaliger Geliebter, um Estrella wirbt. Wir erleben nun – abermals zum Turm in der Einsamkeit versetzt – das Erwachen Sigismunds. Indem er sich in seiner früheren Lage als Gefangener wiederfindet, erscheint ihm das inzwischen Erlebte als Traum, und er kommt zu dem Schluß, daß das ganze Leben nur ein Traum sei. Aber das Erlebte hat auch für ihn ein Gutes gehabt. Er ist entschlossen, falls er wieder einmal ›träumen‹ sollte, besser zu handeln. Bald schon hat er hierzu Gelegenheit. Soldaten dringen in seine Einsamkeit. Sie rufen ihn als den angestammten Herrscher zum König aus. Diesmal benimmt Sigismund sich wahrhaft königlich. Er verzichtet auf Rache an seinem Vater, als dieser ihm in die Hände fällt, und er bringt das noch größere Opfer, Rosaura, zu der er sich innig hingezogen fühlt, nicht für sich selbst zu gewinnen, sondern zur Wiederherstellung ihrer Ehre Astolf zuzuführen. Er selbst reicht Estrella die Hand zur Ehe.

La vida es sueño, ein Werk, das die Eitelkeit alles Irdischen erleben und das ganze Leben einem Traume gleichen läßt, zählt zu den glücklichsten Schöpfungen Calderóns. Unzählige Bearbeitungen und Nachdichtungen folgten, auch als Opern. Es seien hier nur die deutsche Bühnenbearbeitung des Wiener Dramaturgen Schreyvogel und die Oper *Sigismondo* von Rossini genannt. Grillparzers *Traum ein Leben* (1840) wurde ganz direkt durch Calderóns Dichtung angeregt. In neuerer Zeit schuf Hugo von Hofmannsthal eine Variation unter dem Titel *Der Turm*. Übersetzungen der Calderónschen Dichtung entstanden in fast allen Kultursprachen der Welt. (Reclams UB 65.)

Der standhafte Prinz (*El príncipe constante*). Schauspiel in drei Akten (vor 1636). – Die portugiesischen Prinzen Fernando und Enrique sind mit einer Flotte an der nordafrikanischen Küste gelandet, um Tanger zu belagern und es dem König von Fez zu entreißen. Anfangs sind sie vom Glück begünstigt. Tarudante, der König von Marokko, und der König von Fez haben sich jedoch verbündet und ziehen von zwei Seiten gegen die Christen heran. Fernando gerät in Gefangenschaft. Der König von Fez ist bereit, ihn wieder auszuliefern im Tausch gegen die Festung Ceuta. In seinem Testament hat der portugiesische König diesen Austausch angeordnet. Hiergegen wehrt sich jedoch Fernando mit aller Macht. Er will auf keinen Fall, daß Ceuta wieder in die Hände der Ungläubigen falle, und begibt sich freiwillig in die Sklavendienste. Auch als der König von Fez ihm strengste Behandlung androht, läßt er sich nicht erweichen. Er will ihm beweisen, daß er im Dulden der Stärkere sei. Der König von Fez macht aus seinen Drohungen Wahrheit. Der Prinz muß gleich den übrigen Christensklaven niederste Dienste verrichten, ja er wird schließlich, da er sich standhaft weigert, irgendeinem Drucke nachzugeben, in solches Elend getrieben, daß Krankheit ihn lähmt und aufzehrt. Selbst angesichts des nahen Todes kennt Fernando nur sein festes Verharren im Glauben. Er stirbt, um unmittelbar darauf als Geistererscheinung die Seinen anzufeuern, die inzwischen mit großer

Heeresmacht herangerückt sind und die Mauren besiegen. Der König von Fez muß den Leichnam des edlen Märtyrers den Christen aushändigen.

»Einen Triumph des Ewigen über das Irdische von so tragischer Gewalt, wie sie kein Schauspiel aller anderen Nationen aufzuweisen hat«, nennt Eichendorff den *Príncipe constante*. Goethe war bei einer Lektüre des Schauspiels 1807 im Hause Johanna Schopenhauers von der Szene, in der der Geist des Prinzen mit der Fackel erscheint und die Scharen der Portugiesen anführt, derart erschüttert, daß er nicht weiterlesen konnte. Immermann zählte wie E. T. A. Hoffmann, Wilhelm Grimm und Richard Wagner zu den besonderen Bewunderern des Werkes.

Der Richter von Zalamea

(*El alcalde de Zalamea*). Schauspiel in drei Akten
Erste Aufführung: um 1643 in Madrid

Personen: Philipp II., König von Spanien – Don Lope de Figueroa, General – Don Alvaro, Hauptmann – Pedro Crespo, ein reicher Bauer – Isabel, seine Tochter – Juan, sein Sohn – Ines, seine Nichte – Don Mendo, ein armer Landedelmann – Nuño, dessen Diener – Ein Sergeant – Rebolledo, Soldat – Chispa, Marketenderin – Ein Gerichtsschreiber – Soldaten – Bauern.

Ort und Zeit: In und bei Zalamea, einem Flecken in Estremadura, um 1580.

Im Dorf Zalamea werden spanische Soldaten einquartiert; der Hauptmann Don Alvaro im Hause des reichen Bauern Pedro Crespo. Dieser verbirgt seine Tochter Isabel vorsorglich in der oberen Stube seines Hauses. Von Isabel entzückt, verschafft sich Don Alvaro durch einen vorgetäuschten Streit Zugang zu ihrem Versteck. Der General Don Lope entspannt die Situation, nimmt selber bei Crespo Quartier und erteilt Don Alvaro den Marschbefehl. Dieser jedoch überwältigt den Bauern, entführt Isabel und vergewaltigt sie. Es folgt die leidenschaftliche, ergreifende Klage Isabels am Morgen nach den furchtbaren Geschehnissen im Waldgebirge. Sie trifft auf ihren Vater, den die Soldaten an einem Baum festgebunden haben. Sie löst seine Fesseln und bittet, da sie ihre Ehre verloren sieht, um ihren Tod. Crespo heißt sie aber, sich zu fassen und ihm ins Dorf zu folgen. Inzwischen hat der Gemeinderat des Ortes Crespo einstimmig zum Richter gewählt. Die erste Amtshandlung ist die Aburteilung des Hauptmanns, der nach seiner Freveltat von Crespos Sohn Juan gestellt, im Zweikampf verletzt und von seinen Leuten ins Dorf zurückgebracht wurde. Ehe Crespo ihn aburteilt, fordert er ihn auf, ja bittet ihn, durch eine Eheschließung die Ehre seiner Tochter wiederherzustellen. Der Hauptmann beharrt jedoch in überheblichem und beleidigendem Hochmut auf seinem Standpunkt, daß er zu nichts verpflichtet sei und daß über ihn nur ein Kriegsgericht, kein Bauernrichter urteilen könne. Schließlich macht der Bauer von seinem Recht Gebrauch und läßt den Hauptmann und seine Leute verhaften. General Don Lope wird von dem Vorfall in Kenntnis gesetzt und kommt eiligst in das Dorf zurück. Aber auch ihm gelingt es nicht, die Herausgabe seines Offiziers von Crespo zu erwirken. Es droht zu offenen Zwistigkeiten zwischen den Soldaten und den Bauern zu kommen, als der König eintrifft. Er verlangt gleichfalls zunächst die Herausgabe des gefangenen Offiziers. Da läßt Crespo die Türen des Gemeindehauses öffnen. Man sieht den erdrosselten Hauptmann mit dem Strick um den Hals. Das Urteil ist bereits vollstreckt. Der König prüft nun die Akten und billigt das Urteil, nachdem er festgestellt hat, daß rechtmäßig verfahren wurde, und ernennt Crespo auf Lebenszeit zum Richter von Zalamea.

El alcalde de Zalamea ist Calderóns meistübersetzte, häufig bearbeitete Bühnendichtung geworden, die sich weiterhin großer Beliebtheit erfreut. Die von Szene zu Szene sich steigernde Handlung, die ungemein lebensvolle Charakteristik sämtlicher Figuren und der sozialgeschichtlich bedeutsame Konflikt von Adel und Bauer, der hier erstmals in der Theatergeschichte wirksam und bühnengerecht abgehandelt wird, haben dem Stück diese Sonderstellung in Calderóns Schaffen verliehen. Im Mittelpunkt steht die prachtvolle Gestalt des auf seine bäuerliche Abstammung ebenso stolzen wie menschlich gerecht empfindenden Bauernrichters Crespo. Als sein Spiegelbild in den Adelskreisen ist ihm der General Don Lope gegenübergestellt. Die von starkem Humor gewürzten Szenen, in denen die beiden Alten miteinander reden und rechten, gehören zu den herausragenden der dramatischen Literatur. (Reclams UB 1425.)

Das große Welttheater (*El gran teatro del mundo*). Geistliches Festspiel (1675). – Der Meister, mit Sternenmantel und Strahlenkrone, beschwört die Welt, um sich auf ihr als Bühne ein Schauspiel vorzuführen, zu dem er selbst die Rollen verteilt. Es sind dies: ein König, ein Reicher, ein Landmann, ein Bettler, die Schönheit, ein Weiser und ein Kind. Das Stück, das sie spielen sollen, heißt: »Tue recht – Gott über euch.« Die Welt reicht allen die Insignien ihres Daseins: dem König Krone und Purpur, der Schönheit einen Blumenstrauß, dem Reichen Gold und Silber, dem Weisen Kutte und Geißel, dem Landmann den Spaten, dem Bettler – nichts. An dem Schauspiel, das nun beginnt und zu dem die Welt zwei Türen für Auftritt und Abgang der Spieler einrichtet (Symbole für Wiege und Grab), nimmt der Meister als Zuschauer auf einer erhöhten Oberbühne teil. Zunächst singt der Weise dem Meister ein Loblied, dann spricht das Gesetz der Gnade den Prolog. Das eigentliche Spiel beginnt mit einer Auseinandersetzung zwischen dem Weisen und der Schönheit, die sich nicht miteinander verständigen können. Dann rühmt der Reiche sich seines Reichtums, der Landmann beklagt sein hartes Los der Arbeit und Steuerbelastung, der König pocht auf seine Macht. Sie alle wollen nichts von der Antwort wissen, die das Gesetz der Gnade ihnen mit dem Wahlspruch »Tue recht – Gott über euch« erteilt. Der Reihe nach geht sie nun der Bettler vergeblich um ein Almosen an. Die Schönheit ist ganz und gar mit sich und ihrem Schmuck beschäftigt, der Reiche fertigt ihn schroff ab, der König verweist ihn an seinen Fachminister, der Landmann verlangt, daß er arbeite. Nur der Weise schenkt ihm ein Stück Brot. Ein jeder gibt dann auf Veranlassung des Weisen noch einmal seine Herzensmeinung kund. Hierauf werden sie durch eine Stimme von der Grabespforte her abberufen. Der König, die Schönheit und der Landmann enden ihre Lebensbetrachtung wenigstens mit einem Reuespruch. Selbst der Bettler beklagt in einem wilden Schmerzensausbruch weniger das harte Los der Armut, das ihm zuteil ward, als daß er in Sünden geboren ward. Nur der Reiche bleibt verstockt. Der Weise hat das Schlußwort des Spieles. Er eilte dem Rufe der Todesstimme schon immer sehnsüchtig voran, all sein Tun und Denken ins stille Grab versenkend. Im Nachspiel nimmt die Welt jedem die zu Beginn ausgeteilten Insignien wieder ab. Dann folgt beim großen Gastmahl des Meisters mit Kelch und Hostie der Richterspruch: der Bettler und der Weise werden sofort zu ihm erhoben. Die Schönheit, der König und der Landmann müssen erst durchs

Fegefeuer, ehe sie der himmlischen Freuden teilhaftig werden. Nur der Reiche bleibt für immer von ihnen ausgeschlossen. Das Schlußwort, das die Welt spricht, betont noch einmal den Grundgedanken des ganzen Spieles, daß das Menschenleben nur ein Schauspiel vor dem höchsten Richterstuhl darstellt. (Reclams UB 7850 und 8482, span./dt.)

Das tiefsinnige Werk kam in Hugo von Hofmannsthals Nachdichtung als *Salzburger Großes Welttheater* (1922) auch in neuerer Zeit wieder zu starker Wirkung.

CHRISTOPHER MARLOWE

* 6. Februar 1564 in Canterbury
† 30. Mai 1593 in Deptford bei London

Marlowe, Sohn eines Schusters, besuchte die Schule in Canterbury und studierte in Cambridge. Auch kämpfte er als Soldat in den Niederlanden. Um 1585 kam er nach London, wo er sich wahrscheinlich als Schauspieler und Theaterdichter in der Truppe des Earl von Nottingham betätigte. Bei einer Messerstecherei in einem Vorort von London kam er, noch nicht dreißigjährig, ums Leben.

Marlowe, der bedeutendste Vorläufer Shakespeares auf der Elisabethanischen Bühne, ist ein Dichter von ausschweifender, großartiger szenischer Phantasie. Er führte als erster den Blankvers auf dem Theater ein. Sein früher Tod »war vielleicht der größte Verlust, den das Theater überhaupt jemals erlitten hat« (Joseph Gregor). Denn »er vereinigte die großartigen mittelalterlichen Visionen mit den ungeheuren szenischen Möglichkeiten der Barockbühne«. Marlowes hinterlassene sechs dramatische Werke führen das ausgeprägte Selbstwertgefühl dieses Renaissancemenschen eindrucksvoll vor Augen: *Tamerlan der Große* (Reclams UB 9936, engl./dt.), die Tragödie des asiatischen Weltherrschers, *Eduard II.* (Reclams UB 7696, engl./dt.), ein Königsdrama, *Der Jude von Malta*, dessen Hauptfigur, Barabas, eine dämonische Persönlichkeit von tragischen Ausmaßen, zu Shakespeares Shylock überleitet, *Die tragische Historie vom Doktor Faustus*, die Dramatisierung des deutschen Volksbuchs von 1587, die nicht ohne Einfluß auf Goethes *Faust* geblieben ist, *Das Blutbad von Paris*, das die Ereignisse der Bartholomäusnacht, kaum zwanzig Jahre später, auf die Bühne bringt, und die Liebestragödie *Dido, Königin von Karthago*, die Marlowe zusammen mit Thomas Nash verfaßte.

Der Jude von Malta (*The Rich Jew of Malta*). Tragödie in fünf Akten (1592). – Der osmanische Herrscher läßt durch seinen Sohn Selim Calymath einen langjährigen Tribut bei der Bevölkerung von Malta eintreiben. Da sich diese außerstande sieht, den immensen Betrag aufzubringen, werden die reichen Juden der Insel zur Bezahlung verpflichtet. Barabas, »der reichste Jude Maltas«, weigert sich, seinen Teil dazu beizutragen. Darauf läßt der Gouverneur Farnese seinen Besitz konfiszieren; sein Anwesen wird in ein Nonnenkloster umgewandelt. Barabas versucht mit allen ihm zu Gebote stehenden Möglichkeiten seinen Besitz zu wahren. Als einem Schüler Machiavells – dieser tritt im Prolog selber auf – sind ihm alle Mittel recht, von Verrat bis Mord, u. a. an der eigenen Tochter. Eingekerkert, wird er durch Zufall in Freiheit gesetzt. Nun plant Barabas, sich an den Türken als den Verursachern seines Unglücks zu rächen. Er stellt ihnen eine Falle, in die er jedoch, verraten von seinem Sklaven Ithamore, selbst gerät. – Zwei Gründe dürften wesentlich sein, die dem Drama im reformierten England zum Erfolg verhalfen: der aus Zinswucher gespeiste Antisemitismus und der dämonische Machiavellismus des Protagonisten, in dem man den Ausdruck eines verderbten Katholizismus mediterraner Prägung zu erkennen glaubte. *E. F.*

Die tragische Historie vom Doktor Faustus (*The Tragical History of D. Faustus*). Tragödie in fünf Akten (1594). – Faustus setzt sich mit den vier Fakultäten auseinander. Weder Philosophie noch Medizin, noch Juristerei, noch Theologie genügen ihm. Einzig die ›Nekromantenbücher‹ scheinen ihm noch des Studiums wert. Obwohl ein »Guter Engel« ihn davor warnt, folgt er dem »Bösen Engel«, der ihm rät, in der Übung dieser Kunst fortzuschreiten. Faust verschreibt sich für 24 Jahre dem Mephistopheles, einem Knecht des großen Luzifer. Ein mit Fausts Blut gezeichneter Vertrag besiegelt den Bund mit der Hölle, der Faust die Erfüllung aller seiner Wünsche verspricht, ihn jedoch nach Ablauf dieser Frist dem Teufel verfallen sein läßt. Mephistopheles läßt zu Fausts Erheiterung die Sieben Todsünden (Hoffart, Geiz, Zorn, Neid, Völlerei, Trägheit und Wollust) vor ihm erscheinen, führt ihn in die Geheimnisse der Astronomie und der Kosmographie ein, um ihn dann nach Rom zu versetzen, wo dem Papst ein Streich gespielt wird. Faust und Mephistopheles erscheinen, für den Papst unsichtbar, in dessen Privatgemach, der Papst erhält sogar eine Ohrfeige von Faust. Am Hof des deutschen Kaisers läßt Faust Alexander den Großen erscheinen und treibt mit der höfischen Gesellschaft ein derbes Possenspiel. Vor Studenten in Wittenberg beschwört er die schöne Helena von Griechenland herauf. Als letzte Bitte muß der Höllengeist ihm noch einmal Helena herbeiführen, die er sich zum Liebchen wünscht und die er mit glühenden Liebesworten anredet. Dann ist seine Zeit abgelaufen. Vor seinen Gelehrten bekennt er in reuiger Selbstanklage seine Schuld. In einem ergreifenden Schlußmonolog bittet er den Himmel um Frist. Er weiß, daß ein Tropfen von Christi Blut ihn retten könnte. Doch beim Schlag der Mitternachtsglocke kommen die Teufel und zerreißen Faust in viele Stücke. Das Schlußwort hat der Chorus, der das Beispiel von Fausts Sturz zum Anlaß nimmt, den Weisen zu mahnen, »nur staunend anzusehn das Unerlaubte: *der* Abgrund muß solch kühnen Geist verleiten, das gottgesetzte Maß zu überschreiten«. (Reclams UB 1128.)

Die 1587 in Frankfurt a. M. erschienene *Historia von D. Johann Fausten, dem weitbeschreyten Zauberer und Schwartzkünstler* (Reclams UB 1516), die in kurzer Frist auch ins Englische übersetzt wurde, diente Marlowe als Vorlage für sein bereits 1588/89 verfaßtes Stück. Ohne Akt- und Szeneneinteilung führt es durch die wichtigsten Stationen der Vorlage. Dabei ist die Handlung mit zahlreichen Clown- und Rüpelszenen durchsetzt. Die Anlage der Titelfigur weist schon deutlich auf die Faust-Problematik, wie sie zwei Jahrhunderte später Goethe behandeln sollte. Unterschiedlich ist allerdings die Auflösung, in der Faust wegen seines Vergehens wider den Heiligen Geist die Rettung versagt bleibt.

WILLIAM SHAKESPEARE

* 23. April 1564 in Stratford-on-Avon, † 23. April 1616 ebd.

William Shakespeare war der Sohn eines Wollhändlers und späteren Bürgermeisters von Stratford und einer Landadeligen aus Warwickshire. Er besuchte die Lateinschule seines Heimatortes und kam durch herumziehende Schauspielertruppen früh mit dem Theater in Verbindung. 1582 heiratete er die acht Jahre ältere Ann Hathaway. Der Ehe entstammten drei Kinder. Von etwa 1586 an scheint Shakespeare in London gewesen zu sein. 1592 wird er dort als Schauspieler erwähnt. Spätestens 1598 steht sein literarischer Ruhm fest. Aus diesem Jahre stammt das erste Verzeichnis seiner dramatischen Werke. Seine Erfolge brachten ihm wirtschaftlichen Wohlstand und die Mitdirektion des vom Hofe begünstigten Globe-Theaters. Von etwa 1610 an zog sich Shakespeare aus dem öffentlichen Wirken zurück und lebte bis zu seinem Tod vorwiegend wieder in Stratford-on-Avon.

Shakespeare, der Dichter des Elisabethanischen Zeitalters, gilt als das größte dramatische Genie des Abendlandes. Die Gestalten seiner 36 überlieferten Stücke bedeuten in ihrem Streben nach grenzenloser Entfaltung des Individuums zugleich den vollkommensten Ausdruck der Renaissance. Indem Shakespeare den einzelnen Charakter zum Ausgangspunkt der dichterischen Schau nimmt, der keinem anderen Gesetz unterworfen ist als dem des eigenen Gewissens, wird sein Gesamtwerk zum großen literarischen Gegenstück der Antike mit ihrer schicksalsbedingten Tragik. Auch in der Form zeigt sich der Unterschied von Gebundenheit und nur der Phantasie gehorchender freier Gestaltung. Dennoch wäre es falsch, über der Lebensfülle und der Sprachgewalt von Shakespeares Dramen die innere Architektonik übersehen zu wollen. Sie ist durch die Gesetze der Bühne ebenso gegeben wie durch die Sicherheit, mit der Shakespeare den Faden der Handlung, die »Einheit des Ereignisses« (Herder), trotz aller Abschweifungen überlegen festzuhalten weiß. Etwas Einmaliges in der Kunst Shakespeares kommt noch aus der Doppelbegabung von Schauspieler und Dichter. Gewiß ist, daß Shakespeares Dichtungen ohne die Bühne nicht denkbar sind und daß auch der Leser, wie Herder erkannt hatte, »eine Bühne in sich tragen muß«, wenn er Wesen und Eigenart der Stücke erfassen will.

Die Entstehungszeit der einzelnen Werke ist meist nur zu vermuten, doch hat die Shakespeare-Forschung eine gewisse Chronologie aufgestellt. Danach beginnt Shakespeares dichterisches Werk mit den ›Königsdramen‹ *Heinrich VI.* (3 Teile, um 1591/92) und *Richard III.* (um 1592). Diese zeitlich frühesten aus jener langen Reihe von Stücken über den Krieg der Häuser Lancaster und York beschäftigen sich mit den letzten rivalisierenden Persönlichkeiten der ›weißen‹ und der ›roten‹ Rose. Besonders *Richard III.* zeigt Shakespeare bereits auf der Höhe seiner dichterischen und theatralischen Meisterschaft. Unter den Lustspielen ist das früheste wohl die *Komödie der Irrungen* (um 1592, Reclams UB 273). Sie stützt sich auf die *Menaechmi* des Plautus, verdoppelt aber das Verwechslungsspiel durch ein zweites Zwillingspaar. Die Schauertragödie *Titus Andronicus* (um 1594) atmet noch den Geist Marlowes und seiner Figuren.

Zum italienischen Stoffkreis gehören die übermütige Komödie *Der Widerspenstigen Zähmung* (um 1594), *Die beiden Veroneser* (um 1594), die Liebestragödie *Romeo und Julia* (um 1595), zu der sich in verschiedenen Punkten Ansätze in den *Beiden Veronesern* finden, und das in Hell-Dunkel getauchte Schauspiel *Der Kaufmann von Venedig* (um 1596). In den *Beiden Veronesern*, diesem Stück um zwei Freunde aus Verona, die nach anfänglicher Trennung am Hofe des Herzogs von Mailand wieder zusammentreffen und dort das gleiche Mädchen lieben, des Herzogs Tochter Silvia, finden sich zahlreiche Motive, Sprachwendungen und Bilder, die schon für die reife Gestaltungskraft Shakespeares beispielhaft sind. Der mit poetischen Reizen versehene *Sommernachtstraum* (um 1595) dürfte eine Gelegenheitsarbeit gewesen sein.

Zur gleichen Zeit erfolgt eine neuerliche Hinwendung zur Historie, so mit dem nur noch selten gespielten *König Johann* (um 1595), vor allem aber mit den Dramen *König Richard II.* (um 1595), *Heinrich IV.* (2 Teile, um 1597/98) und *Heinrich V.* (um 1599). Durch diese Heinrich-Dramen geht, manchmal beherrschend in den Vordergrund tretend, die großartige Komödienfigur des Sir John Falstaff, dem Shakespeare (nach einer alten Überlieferung auf Wunsch der Königin Elisabeth) noch ein eigenes Lustspiel widmete: *Die lustigen Weiber von Windsor* (um 1599). Die Tragödie *Julius Cäsar* folgte wohl noch im selben Jahr.

Nach dem Intermezzo des Lustspiels *Viel Lärmen um nichts* (um 1599) entstanden die beiden von Schwermut angehauchten Komödien *Wie es euch gefällt* (um 1599) und *Was ihr wollt* (um 1600). Sie sind aus dem europäischen Bühnenleben nicht mehr wegzudenken. Auf sie folgen (unterbrochen von einer kurzen Schaffenspause) die sog. ›schweren‹ Tragödien, die tragische Menschheitsprobleme auf der Bühne Gestalt werden lassen: *Hamlet* (um 1601), *Troilus und Cressida* (um 1601), *Othello* (1604), *König Lear* (um 1605), *Macbeth* (um 1606), *Antonius und Cleopatra* (um 1607), *Timon von Athen* und *Coriolanus* (beide um 1608). Dazwischen liegen die Komödien *Ende gut, alles gut* (um 1602) und *Maß für Maß* (1604). Mit dem *Timon* und seiner weltverachtenden Stimmung, der es an einer lösenden Katharsis mangelt, scheint äußerlich und innerlich ein Tiefpunkt mit allen Anzeichen einer schweren Krise erreicht zu sein, von der schon der zwiespältige *Troilus* Zeugnis ablegt. Doch dann – offenbar in Verbindung mit der Abkehr Shakespeares vom Londoner Bühnenleben, in dem sich ein bürgerlicher Realismus breitmachte – erhebt sich nach der Heimkehr aufs Land (man spricht von dem berühmten ›Ritt nach Stratford‹) der Genius des Dichters noch einmal zur lichten Höhe verklärender Märchenpoesie in den drei sog. Romanzen: *Cymbelin* (um 1609), *Das Wintermärchen* (um 1611) und dem dramatischen Testament *Der Sturm* (um 1611). Umstritten ist Shakespeares Autorschaft an einem weiteren Königsdrama *Heinrich VIII.* sowie an Stücken wie *Pericles von Tyrus, Der Londoner verlorene Sohn* u. a.

Unsere Kenntnis der Werke Shakespeares stützt sich auf die 1623 erfolgte erste Gesamtausgabe (sog. Folio). Einzeldrucke (Quartos) waren schon früher erschienen. Nachdem Shakespeares Werke bereits im 17. Jahrhundert durch die ›Englischen Komödianten‹ auf das Festland gedrungen waren (allerdings in sehr verstümmelter Form) und nach den Prosaübersetzungen von Wieland und Eschenburg schufen A. W. Schlegel und Ludwig Tieck mit ihren romantisierenden Übersetzungen (1794 bis 1833) die für die deutsche Bühnenpraxis wirkungsvollste Textvorlage. Neuere Übersetzungen gaben Hans Rothe, Walter Josten, Richard Flatter, Rudolf Schaller, Erich Fried, Wolfgang Swaczynna u. a. Für die Aufführung der Werke Shakespeares wurde seit dem frühen 19. Jahrhundert eine ›Shakespearebühne‹ entwickelt, die sich mit ihren Möglichkeiten des schnellen Szenenwechsels die Bühnenform von Shakespeares Lebzeiten zum Vorbild nahm.

Die Tatsache, daß Shakespeares Stücke die Arbeiten eines Schauspielers sind, der auch die kleinste Rolle liebevoll und bühnengerecht auszustatten weiß, hat wohl dazu beigetragen, daß fast alle seine Werke zu Repertoirestücken wurden. Der Blick, den sie in die Höhen und Tiefen des menschlichen Daseins eröffnen, ist der Anlaß gewesen, daß sich unzählige Dichter und Denker späterer Zeiten mit ihnen beschäftigt haben. Zu den zeitgenössischen Verehrern gehörten: Francis Meres, Ben Jonson und Drayton, zu den späteren: Lessing, Herder, Goethe, Schiller, Grillparzer, Otto Ludwig, Heinrich Heine und viele andere. Nur Voltaire sah in ihm (ganz aus der Tradition des regelstrengen französischen klassizistischen Theaters kommend) einen »betrunkenen Wilden«. In bemerkenswerter Weise hat sich Gerhart Hauptmann mit Shakespeare auseinandergesetzt (Hamlet-Studien, eigenes Stück *Hamlet in Wittenberg* und Roman *Im Wirbel der Berufung*). Der Pflege Shakespeares in Wissenschaft und Forschung widmet sich die 1864 in Weimar gegründete »Deutsche Shakespeare-Gesellschaft«. Für das neuere Theater waren die farbigen Shakespeare-Inszenierungen Max Reinhardts von größter Bedeutung, die er 1908 mit dem *Sommernachtstraum* begann. Auch das jüngere Regie-Theater hat sich immer wieder mit dem Werk des Elisabethaners auseinandergesetzt.

König Richard III.

(*King Richard III*). Schauspiel in fünf Akten
Erste Aufführung: um 1593 in London

Personen: König Eduard IV. – Eduard, Prinz von Wales, und Richard, Herzog von York, die Söhne des Königs – George, Herzog von Clarence, und Richard, Herzog von Gloster (nachmals König Richard III.), die Brüder des Königs – Heinrich, Graf von Richmond, nachmals König Heinrich VII. – Herzog von Buckingham – Lord William Hastings – Sir William Catesby – Sir James Tyrrel – Elisabeth, Gemahlin Eduards IV. – Margaretha, Witwe König Heinrichs VI. – Herzogin von York, Mutter Eduards IV., Clarences und Glosters – Anna, Witwe Eduards, des Sohnes König Heinrichs VI., nachmals mit Gloster vermählt – Zwei Mörder u. a.

Ort und Zeit: In London, im Königspalast, vor und im Tower, Schlachtfeld bei Bosworth, etwa 1482 bis 1485.

Richard, Herzog von Gloster, von Natur häßlich und mißgestaltet, ist gewillt, »ein Bösewicht zu werden«, wie er in einem Auftrittsmonolog selbst ankündigt. Die ersten Opfer sollen sein Bruder Clarence und der regierende König Eduard IV. sein, die er gegeneinander aufgehetzt hat. Dem verhafteten Clarence verspricht Richard heuchlerisch, sich beim König für ihn einsetzen zu wollen, in Wirklichkeit bereitet er seinen Tod vor, indem er zwei Mörder dingt, die Clarence im Tower umbringen. Inzwischen wirbt Richard um die Hand der Prinzessin Anna, deren Gemahl, Prinz Eduard, er ebenso beseitigt hat wie dessen Vater, König Heinrich VI. Die Werbung bringt er vor, als Anna mit dem Trauerzug für König Heinrich VI. durch die Straßen Londons zieht. Der anfangs tief Erbosten und ihm Fluchenden bietet er zum Beweis seiner Liebe sein Schwert dar und die entblößte Brust, ihn zu töten. Anna zielt zweimal mit dem Degen nach ihm, läßt ihn dann aber fallen. »Nimm auf den Degen oder nimm mich auf!« sagt Richard, und Anna läßt sich umstimmen. »Ward je in solcher Laun' ein Weib gefreit?« höhnt Richard ihr nach. Als der kranke König Eduard IV. stirbt, sind für Richard, der skrupellos nach dem Throne strebt, nunmehr die Söhne des Königs, der Prinz von Wales und der Herzog von York, im Wege. Richard lockt beide in den Tower, wo auch sie alsbald gedungenen Mörderhänden zum Opfer fallen. Um das Volk zu gewinnen, wird vor dem Lord Mayor und vor den Abgeordneten der Bürgerschaft ein heuchlerisches Spiel getrieben, als ob Richard die ihm angetragene Krone nur gezwungen annehmen, sich lieber geistlichen Übungen hingeben würde. Sein eifrigster Helfer bei diesem Spiel ist Buckingham. Zum Lohne dafür wird er, als er nur einen Augenblick zaudert, weiterhin an Richards Seite im Blut zu waten, enthauptet. Furchtbare Flüche der Frauen fallen nach dem Prinzenmord auf den »Höllenhund«, ebenso aus dem Munde der alten Königinwitwe Margaretha wie seiner eigenen Mutter und der Witwe König Eduards. Davon unberührt, scheut sich Richard nicht, nachdem er inzwischen auch Anna beseitigt hat, um die Hand der jungen Tochter der Königin Elisabeth zu werben. Wie ehedem Anna, so erliegt auch die Königin Elisabeth seinen heuchlerischen Reden. Doch damit ist auch der Wendepunkt in der Laufbahn dieses Ungeheuers in Menschengestalt erreicht. Unter der Führung des jungen Grafen Richmond haben sich inzwischen alte und neue Gegner Richards gesammelt und ziehen mit Heeresmacht gegen ihn. Am Vorabend der Entscheidungsschlacht erscheinen die Geister der von ihm Ermordeten zwischen den Zelten Richards und Richmonds, diesem den Sieg verkündend, auf jenen mit einem »Verzweifl' und stirb!« alle seine Mordtaten herabbeschwörend. Zum ersten Male wird Richard am Morgen vor der Schlacht, durch die Traumbilder der Nacht erschreckt, von furchtbaren Gewissensbissen geplagt (»Find ich selbst in mir doch kein Erbarmen mit mir selbst.«). In der Schlacht rafft er sich jedoch mutig zum Verzweiflungskampf auf, bis Richmond als Sieger verkünden darf: »Das Feld ist unser und der Bluthund tot.« Nunmehr ist auch der langwährende Krieg der Häuser Lancaster und York beendet. »Nun mögen Richmond und Elisabeth, die echten Erben beider Königshäuser, durch Gottes schöne Fügung sich vereinen!«

Das Werk, das sich inhaltlich an den 3. Teil von *Heinrich VI.* anschließt, bildet – vom Stoff her gesehen – den Schluß der sog. Königsdramen, die den Zeitabschnitt der englischen Geschichte von 1399 bis 1485 behandeln. Seiner Entstehung nach gehört es aber zu den frühesten historischen Stücken des Dichters. Außer den Chroniken von Holinshed und Hall dienten Shakespeare zwei ältere dramatische Bearbeitungen des Stoffes als Vorbild, ebenso die ›Übermenschen‹ in den Marloweschen Dramen. Die Herausarbeitung der Gestalt Richards zum vollendeten Bösewicht, dessen Blutgier und Skrupellosigkeit grenzenlos sind und dessen Heuchelei alles Maß des Vorstellbaren überschreitet, ist jedoch Shakespeares ureigenster Entwurf. Dadurch, daß er Richard mit großer geistiger Überlegenheit handeln läßt, sichert er ihm trotz aller Schrecknisse die Anteilnahme des Zuschauers. Schiller sah in dem Werk »die reine Form des tragisch Furchtbaren, was man genießt«, und sagt weiter: »Kein Shakespearesches Stück hat mich so sehr an die griechische Tragödie erinnert.« Die Rolle Richards III., schon zu Shakespeares Zeiten eine Bravourleistung des Theaterdirektors Burbadge, später von dem berühmten englischen Schauspieler Garrick (1763) zu neuem Bühnenleben erweckt, gehört zu den schwierigsten, aber auch reizvollsten Aufgaben der Darstellungskunst. (Reclams UB 623 und 9881, engl./dt.)

Der Widerspenstigen Zähmung

(*The Taming of the Shrew*). Komödie in einem Vorspiel und fünf Akten
Erste Aufführung: um 1594/95 in London

Personen des Vorspiels: Ein Lord – Christopher Sly (Schlau), ein betrunkener Kesselflicker – Wirtin – Schauspieler – Ein Page u. a.
Personen des Stückes: Baptista, ein reicher Edelmann in Padua – Katharina und Bianca, seine Töchter – Vincentio, ein alter Edelmann aus Pisa – Lucentio, sein Sohn – Petruchio, ein Edelmann aus Verona – Gremio und Hortensio, Biancas Freier – Tranio und Biondello, Lucentios Diener – Grumio, Petruchios Diener – Ein Magister – Eine Witwe u. a.
Ort und Zeit: In Padua und in dem Landhause des Petruchio, Renaissance.

Vorspiel: Der betrunkene Kesselflicker Sly wird von der Wirtin vor die Tür des Wirtshauses gesetzt. Hier findet ihn ein Lord, der, von der Jagd zurückkehrend, sich einen Spaß daraus macht, den in tiefem Rausch Schlummernden auf sein Schloß zu bringen und ihn dort als vornehmen Herrn erwachen zu lassen. Des Wegs kommende Schauspieler werden auf das Schloß geladen. Dem erwachten Sly, der sich nicht recht in seine neue Situation zu finden weiß, sollen sie ein lustiges Stück vorführen, um seine Traurigkeit zu vertreiben. – Diese Rahmenhandlung, die hernach nur noch einmal kurz (während des ersten Aktes) fortgesetzt wird, fußt auf einem beliebten, ursprünglich aus dem Orient stammenden Märchenmotiv, das Shakespeare nur anklingen läßt. Sie bleibt bei Aufführungen meist weg. Gelegentlich wird der Versuch gemacht, Sly den Ablauf der Handlung weiterhin durch Gebärdenspiel begleiten zu lassen.
Komödie: Der junge Lucentio, Sohn des reichen Vincentio aus Pisa, der nach Padua gekommen ist, um hier seine Studien aufzunehmen, verliebt sich auf den ersten Blick in Bianca, die Tochter des alten, auf einen vermögenden Schwiegersohn bedachten Baptista. Dieser hat sich in den Kopf gesetzt, Bianca nicht eher zu verheiraten, bis Katharina, die ältere Tochter, unter die Haube gebracht ist. Diese fliehen aber alle Männer, da sie ebenso kratzbürstig wie energisch ist. Für Katharina zeigt Petruchio, ein Edelmann aus Verona, Interesse, dem es geradezu als eine Aufgabe erscheinen will, sie »aus 'nem wilden Kätzchen zu 'nem Käthchen zu wandeln«. Indem er ihr grund-

sätzlich noch derber kommt, als sie sich gibt, und alles, was sie sagt und tut, sofort mit doppelter Münze zurückzahlt, erzwingt er in stürmischer Werbung binnen kürzester Frist die Heirat mit ihr. Zu dieser erscheint er nicht nur verspätet, sondern in zerlumpten Kleidern, reißt die Braut ohne viel Federlesens mit sich auf sein Landhaus fort, wo er sie zunächst hungern und nicht einmal zum Schlafen kommen läßt. Auch am Kleiderputz nimmt er ihr jegliche Freude, da er alles schön findet, was sie häßlich findet, und umgekehrt. Auf diese Weise erreicht er es, daß sie langsam weich wird, ja daß sie sogar bereit ist, es ihm zu überlassen, zu bestimmen, ob der Mond oder die Sonne am Himmel stehen ... Inzwischen hat im Hause Baptistas unter den Freiern um Biancas Hand der junge Lucentio den Sieg davongetragen. Dem Verlöbnis steht noch die Bedingung des alten Baptista entgegen, der es urkundlich verbrieft haben will, daß das Vermögen Lucentios selbst im Falle, daß er vor seinem Vater sterben sollte, an die Tochter fällt. Ein Magister soll die Rolle von Lucentios Vater spielen und dies zusagen. Im entscheidenden Augenblick trifft aber der alte Vincentio selbst in Padua ein, der seinem Sohn vergibt. Zum Schluß finden sich alle zum Bankett zusammen, bei dem nun Bianca und eine Witwe, die Hortensio zum Ersatz für die verlorene Bianca dient, sich als die »starrköpf'gen« Frauen erweisen, während Katharina, die noch eben als die »widerspenstigste« von allen galt, ihren Geschlechtsgenossinnen mit beredten Worten zu erklären weiß, daß der Ehemann »Herr, Erhalter, Licht, Haupt und Fürst« der Frauen ist, dem sie sich in schuldigem Respekt in allem zu fügen haben ...

Unter den Komödien Shakespeares steht *The Taming of the Shrew* dem Geist der italienischen Commedia dell'arte am nächsten. Lucentio spricht geradezu von Baptista als dem »alten Herrn Pantalon«. Die Technik der Verwicklungen des Stückes (Tausch der Herren- und Diener-Rolle, Einführung falscher Lehrer in das Haus Baptistas, Kontrastierung der Frauenrollen) erinnert an das italienische Volkstheater. Doch gab Shakespeare, dem für dieses Stück ein gleichnamiges älteres englisches Bühnenwerk Modell war, der Handlung so viel von seinem Theatertemperament, daß *Der Widerspenstigen Zähmung* trotz einiger Überspitztheiten sich bis auf den heutigen Tag als unverwüstliches Lustspiel von dem ewigen Machtkampf der

Geschlechter in der Liebe erwiesen hat. Hermann Götz verarbeitete den Stoff zu einer komischen Oper, Cole Porter 1948 zum Musical *Kiss me Kate*. (Reclams UB 26 und 8032, engl./dt.)

König Richard II.

(*King Richard II*). Schauspiel in fünf Akten
Erste Aufführung: um 1595 in London

Personen: König Richard II. – Herzog von York, sein Oheim – Heinrich Bolingbroke (nachmals König Heinrich IV.) – Der alte Gaunt, Herzog von Lancaster, Bolingbrokes Vater – Graf von Northumberland – Heinrich Percy, sein Sohn – Herzog von Norfolk – Herzog von Aumerle – Bushy, Bagot und Green, Kreaturen Richards – Die Königin – Herzogin von York – Herzogin von Gloster u. a.
Ort und Zeit: an verschiedenen Orten in England und Wales, um 1400.

Bolingbroke und der Herzog von Norfolk klagen sich gegenseitig vor König Richard II. des Hochverrates an. Dieser entscheidet, was zu geschehen hat: der Herzog von Norfolk wird auf Lebenszeit verbannt, Bolingbroke zunächst auf 10 Jahre, dann (auf Bitten des alten Gaunt) auf 6 Jahre. Kurze Zeit darauf stirbt der alte Gaunt, der prophetisch die schweren Jahre des Bürgerkrieges für England kommen sieht. Vergeblich hat er vor seinem Tode Richard seine Verschwendungssucht vorgehalten und ihn vor den Schmeichlern, die ihn umgeben, zu warnen versucht. Während Richard gegen Rebellen in Irland zu Felde zieht, landet Bolingbroke in England. Der Graf von Northumberland und andere Große des Reiches, die über Richards gewaltsame Aneignung der Gauntschen Güter und über die schwächliche Regierung des genußsüchtigen Königs empört sind, schließen sich ihm an. Aus Irland zurückgekehrt, findet Richard nur noch ein kleines Häuflein von Anhängern vor. Er gefällt sich, ohne zu handeln, in eitler, sich selbst bemitleidender Kommentierung seines Unglücks. Der Forderung Bolingbrokes nach Aufhebung des Bannes und Rückgabe des Gauntschen Erbes fügt er sich widerspruchslos, mehr noch: er gibt sich kampflos in die Hände seiner Gegner, entsagt der Krone und läßt sich, sein Königtum nur noch rhetorisch verteidigend, ins Gefängnis nach Pomfret führen, wo ihn Exton, ein williger Arm Bolingbrokes, alsbald umbringt. Bolingbroke hat sofort mit Widerständen innerhalb der Adelskreise zu kämpfen, denen der schnelle und unrühmliche Fall Richards als Schmach erscheint. Doch gelingt es ihm, dieser Herr zu werden. Bolingbroke besteigt als König Heinrich IV. Englands Thron. Den Mörder Richards schüttelt er von sich ab und gelobt eine Fahrt ins Heilige Land, um die Blutschuld von sich abzuwaschen.

Richard II. steht, den dargestellten geschichtlichen Ereignissen nach, an erster Stelle unter den Königsdramen, ist jedoch erst nach *Richard III.* geschrieben worden. Die Quelle bildet Holinsheds Chronik. Theatergeschichtlich war wohl die Tragödie *Eduard II.* von Marlowe Vorbild. Die Titelgestalt ist eine der eigenartigsten Charakterstudien Shakespeares. Dieser in aller Schwäche wahre König, der sein Königtum im Untergang mit wunderbaren Worten zu umschreiben weiß, im Besitze seiner Macht aber weder zu herrschen noch sich zu behaupten vermag, erweckt Mitleid, weil sein Sturz mit zwingender Notwendigkeit erfolgt. Sein Gegenpart ist der weltsichere, skrupellose Bolingbroke, der jede Situation ausnutzt, nicht vor der Usurpation und dem Mord zurückscheut, sich aber im rechten Augenblick auch der Geste königlicher Gnade zu bedienen weiß (Begnadigung Aumerles) und bei aller Selbstsicherheit am Ende doch sein Glück mit Blut bespritzt sieht. Dem sterbenden alten Gaunt hat Shakespeare sein großes Loblied auf das »paradiesische« England, das »gekrönte Eiland«, das »Kleinod, in die Silbersee gefaßt«, in den Mund gelegt. (Reclams UB 43 und 9806, engl./dt.)

Romeo und Julia

(*Romeo and Juliet*). Trauerspiel in fünf Akten
Erste Aufführung: um 1595 in London

Personen: Escalus, Prinz von Verona – Graf Paris, Verwandter des Prinzen – Montague und Capulet, Häupter zweier miteinander verfeindeter Häuser – Romeo, Montagues Sohn – Julia, Capulets Tochter – Gräfin Montague – Gräfin Capulet – Mercutio, Romeos Freund – Benvolio, Montagues Neffe – Tybalt, Neffe der Gräfin Capulet – Bruder Lorenzo – Juliens Amme – Ein Apotheker – Bediente, Musiker, Bürger von Verona u. a.
Ort und Zeit: In Verona, frühe Renaissance.

Die Montagues und die Capulets, zwei angesehene Familien in Verona, leben seit langem in Feindschaft, die sich bis auf die

Shakespeare, Othello

Shakespeare, Wie es euch gefällt

beiderseitigen Dienerschaften erstreckt und immer wieder in Wortgefechten und Degenkämpfen aufzüngelt. Prinz Escalus ist gezwungen, die strengsten Strafen über denjenigen zu verhängen, der den Frieden bricht. Romeo aus dem Hause Montague hat sich indessen in Rosalinde aus dem Haus Capulet verliebt. Diese unglückliche Liebe läßt ihn kaum noch Ruhe finden. Darauf rät ihm sein Freund Benvolio, ein Fest der Capulets zu besuchen, auf dem er Vergleiche zwischen seiner Angebeteten und den schönsten Frauen Veronas anstellen könne. Nur widerwillig folgt Romeo, und sie betreten unter Masken das Haus der Capulets. Das Fest soll zum Schicksal für Romeo werden. Er sieht Julia, die Tochter der Capulets, und ist auf den ersten Blick ebenso tief von ihr ergriffen wie sie von ihm. Vergessen ist der Schmerz um Rosalinde. Auch Julia weiß, daß sie ihm angehören wird und nicht Graf Paris, den ihr die Eltern zum Gatten bestimmt haben. Doch beide Liebende sind sich auch von Anfang an der schwierigen Situation bewußt, in der sie sich bei dem unversöhnlichen Haß ihrer Eltern befinden. Die leidenschaftliche Liebe, die sie zueinander hegen, überspringt jedoch alle Hindernisse. Gleich nach dem Fest treibt es Romeo in den Garten der Capulets, wo Julia vom Balkon des Palastes ihre Sehnsuchtsseufzer der Sommernacht anvertraut. Romeo, der sie belauscht, entdeckt sich ihr und schwört ihr seine Liebe. Beide beschließen sie die Vermählung. Pater Lorenzo, ein still-versonnener Franziskaner, soll auf Bitten Romeos den Bund der Liebenden so rasch wie möglich besiegeln. Er findet sich dazu bereit, da er hofft, die unselige Feindschaft der Häuser durch diese Heirat beenden zu können. Kaum ist die Eheschließung heimlich vollzogen, bricht das Unglück über das junge Paar herein. Wiederum entbrennt ein Streit zwischen den Capulets und Montagues. Tybalt nennt Romeo einen Schurken. Mercutio greift für ihn zum Schwert. Romeo will den Streit verhindern, wird dadurch aber zum unschuldigen Anlaß, daß Tybalts Klinge Mercutio tödlich trifft. Nun kann auch Romeo sich nicht mehr mäßigen. Er tötet Tybalt. Der erzürnte Prinz verbannt darauf Romeo aus Verona. Nur noch die Hochzeitsnacht, zu der er heimlich über eine Strickleiter den Palast der Capulets erklimmen muß, ist ihm an Julias Seite vergönnt: die tiefste und hinreißendste Szene dieses Liebesdramas. Dann flieht er nach Mantua. Von Julia verlangt Vater Capulet schnelle Heirat mit dem reichen Grafen Paris. Die Verzweifelte holt sich Rat bei

Pater Lorenzo. Dieser gibt ihr einen Schlaftrunk, der sie in einen todesähnlichen Schlaf versetzt. So finden sie am Morgen des festgesetzten Hochzeitstages die Eltern. Sie halten Julia für tot und bahren sie in der Familiengruft der Capulets auf. Hier soll sie nach dem Plan des Paters beim Erwachen mit Romeo zusammentreffen und mit ihm nach Mantua fliehen. Doch das Schicksal will es anders. Der Brief, den der Pater an Romeo nach Mantua sandte, kam durch einen Zufall nicht in seine Hände. Romeo erhält nur die Nachricht von dem vermeintlichen Tode Julias. Er besorgt sich bei einem Apotheker Gift und bricht nach Verona zur Grabstätte der Capulets auf. Hier trifft er, ehe noch Julia erwacht ist, mit Paris zusammen, den er im Zweikampf tötet. An der Seite der scheintoten Julia nimmt er sich dann selbst das Leben. Zu spät erwacht Julia und folgt dem Geliebten in den Tod. Die herbeieilenden Eltern und der Prinz erfahren von Pater Lorenzo den wahren Zusammenhang der tragischen Verkettungen. Über den Leichen der Kinder reichen sich die Väter die Hände.

Was diese Liebestragödie zur schönsten der Weltliteratur gemacht hat – ihre Hauptfiguren wurden zum Symbol der Liebenden überhaupt –, ist nicht so sehr die Fabel der Handlung, die Shakespeare älteren englischen und italienischen Quellen (Brooke und Bandello) entnahm, als die beseelte Darstellung leidenschaftlicher Liebe. Lessing nannte sie treffend eine Tragödie, »an der die Liebe selbst hat arbeiten helfen«. Shakespeares Dichtung hat nicht nur auf das Schauspiel der späteren Zeiten nachhaltig gewirkt, ihr lyrischer Gehalt hat vielfach Komponisten zu Opern, Balletten oder Symphonien angeregt, so Berlioz, Gounod, Tschaikowski im 19. Jahrhundert, Prokofieff und Sutermeister in neuerer Zeit. (Reclams UB 53 und 9942, engl./dt.)

Ein Sommernachtstraum

(*A Midsummer Night's Dream*). Komödie in fünf Akten
Erste Aufführung: um 1595 in London

Personen: Theseus, Herzog von Athen – Hippolyta, Königin der Amazonen – Egeus – Hermia, seine Tochter – Lysander, Demetrius, Liebhaber der Hermia – Helena, in Demetrius verliebt – Oberon, König der Elfen – Titania, Königin der

Elfen – Puck, ein Elfe – Squenz, der Zimmermann – Schnock, der Schreiner – Zettel, der Weber – Flaut, der Bälgeflicker – Schnauz, der Kesselflicker – Schlucker, der Schneider, u. a.
Ort und Zeit: Athen und ein nahegelegener Wald, zu unbestimmter Zeit.

Theseus rüstet das Fest seiner Hochzeit mit der Amazonenkönigin Hippolyta. Die Zeit bis dahin soll mit Lustbarkeiten am Hofe verbracht werden. Ein athenischer Bürger, Egeus, klagt dem Herzog, daß seine Tochter Hermia sich nicht mit Demetrius verbinden wolle, der sie liebt und den er ihr zum Manne bestimmt habe, sondern den Werbungen Lysanders Gehör leihe. Da nach athenischem Recht der Vater über die Eheschließung der Tochter zu bestimmen hat, droht Hermia, wenn sie sich nicht fügt, der Tod oder das Kloster. Sie aber beschließt mit ihrem Geliebten Lysander zu fliehen. Sie weihen Helena, Hermias Freundin, in das Geheimnis ein. Diese liebt, wie sie gesteht, Demetrius, der nichts von ihr wissen will. Im Walde nahe bei Athen treffen die Paare zusammen: Hermia und Lysander auf der Flucht, Helena vergeblich um die Gunst des Demetrius werbend. Hier beschwört Shakespeare eine phantastische Zauberwelt von Natur- und Waldgeistern: Kobolde und Elfen beherrschen den Wald, an ihrer Spitze Oberon und Titania, die Eifersucht entzweit hat. Der Elfenkönig läßt sich durch seinen Diener Puck eine Wunderblume bringen, deren Saft, »geträufelt auf entschlafene Wimpern«, »Mann und Weib in jede Kreatur, die sie zunächst erblicken, toll vergafft« machen soll. Damit will er Titania strafen. Zunächst werden die jungen athenischen Liebespaare durch den Zaubersaft völlig durcheinandergewirbelt. Es ist für Puck ein Spaß, dies zu bewerkstelligen, so daß sich umgekehrte Beziehungen ergeben: aus der von zwei Liebhabern umworbenen Hermia wird die von beiden Verlassene, während Helena an ihre Stelle getreten ist. Der Dichter führt auch noch ein derbes Männersextett in den verzauberten Wald, biedere Handwerker, die ein Zwischenspiel einstudieren wollen, um es dem Herzogspaar zu seiner Hochzeit vorzuführen. Sie kommen Puck gerade recht, um ihrem Wortführer, dem Weber Zettel, einen Eselskopf aufzusetzen, in den sich die erwachende Titania verlieben muß. So quirlt alles in buntem Spiel durcheinander, bis der Morgen den Spuk der Nacht verscheucht. Oberon befreit die Elfenkönigin von ihrem Bann und Zettel von seinem Eselskopf, er versöhnt sich mit ihr, Hermia und Lysander, Helena und Demetrius finden sich zu ihrem eigenen Erstaunen zusammen, und alle gedenken »der Geschichten dieser Nacht« wie »der Launen eines Traums«. Der Herzog verzeiht den Flüchtigen, und im Palast können zur Hochzeitsfeier die Handwerker ihr Rüpelspiel von »Pyramus und Thisbe« zur allgemeinen Erheiterung aufführen. Als alle sich zur Ruhe begeben haben, segnen Oberon und Titania dem neuen Paare den Palast.

Mit großer Wahrscheinlichkeit für die Hochzeit eines Adligen am Hofe der Königin Elisabeth geschrieben, stellt *A Midsummer Night's Dream* eines der poesievollsten Stücke des Dichters dar. Während man im 19. Jahrhundert das Werk – nicht zuletzt durch die Musik Mendelssohns – aus seinem romantischen Gehalt her empfand und aufführte, neigt man neuerdings dazu, in ihm in Verbindung mit der Musik von Carl Orff mehr eine »Komödie der panischen Verzauberung« zu sehen, die die Elementargeister wachruft und ihren dämonischen Einfluß auf die Menschen sich ausleben läßt. Der englische Komponist Benjamin Britten verwendete den Stoff für seine Oper *Ein Sommernachtstraum* (1960). Shakespeares Absicht war es zweifellos, vor allem die Blindheit der Liebe, die »mit dem Gemüt, nicht mit dem Auge sieht«, zu charakterisieren. »Dem schlechtesten Ding an Art und Gehalt, leiht Liebe dennoch Ansehen und Gestalt.« Verliebte und Verrückte sind beide »von so brausendem Gehirn«, daß die Vernunft vor ihnen kapitulieren muß. (Reclams UB 73 und 9755, engl./dt.)

Der Kaufmann von Venedig

(*The Merchant of Venice*). Schauspiel in fünf Akten
Erste Aufführung: um 1596 in London

Personen: Antonio, der Kaufmann von Venedig – Bassanio, sein Freund – Der Doge von Venedig – Portia, eine reiche Erbin – Nerissa, ihre Begleiterin – Shylock, ein Jude – Jessica, seine Tochter – Gratiano, Solanio, Salarino, Freunde des Antonio – Der Prinz von Marocco – Der Prinz von Aragon – Lorenzo, Liebhaber der Jessica – Lanzelot Gobbo, Shylocks Diener – Der alte Gobbo, sein Vater – Tubal, ein Jude, u. a.

Ort und Zeit: In Venedig und in Belmont, Portias Landsitz, Renaissance.

Antonio, dem ›königlichen Kaufmann‹ in Venedig, schwimmen etliche Schiffe auf den Meeren, die seinen Reichtum ausmachen. Ohne lange Besinnung entleiht er von dem Juden Shylock die

Summe von dreitausend Dukaten, um damit seinen Freund Bassanio ausstatten zu können, der um die Hand der schönen Portia werben möchte. Shylock, von Haß gegen die Christen erfüllt, die ihn verachten und seinen Handel schmälern, sieht hierin eine willkommene Gelegenheit, an Antonio Rache zu üben. Er läßt sich einen Schuldschein unterschreiben, der ihm gestattet, im Falle der Nichtrückzahlung des Geldes zum vereinbarten Termin ein Pfund Fleisch aus dem Körper Antonios zu schneiden. In Belmont, dem Landsitz Portias, kann Bassanio ein Rätsel lösen, er findet ihr Porträt im richtigen von drei Kästchen. Somit hat er die Bedingung von Portias verstorbenem Vater erfüllt und darf Portia, deren Herz ihm bereits gehörte, heiraten. Weniger glücklich erging es in Venedig Antonio, dessen Schiffe gesunken sind. Er kann deshalb den Schuldschein nicht pünktlich einlösen. Shylock besteht auf seinem Recht. Die Rache an Antonio ist zugleich sein Trost über die Entführung seiner Tochter Jessica durch den jungen Venezianer Lorenzo. Als die Nachricht von Antonios Mißgeschick in Belmont eintrifft, bricht Bassanio sofort mit Gratiano nach Venedig auf, um dem Freund in seinem Unglück beizustehen. Aber auch Portia und ihre Gesellschafterin Nerissa verlassen Belmont, »wie junge Männer aufgestutzt«, um ihnen zu einem »Anschlag« zu folgen, den sich Portia erdacht hat. Im Gerichtssaal von Venedig spitzt sich nun der Konflikt zwischen Antonio und Shylock zu. Der Jude besteht auf seinem Schein und ist allen Ermahnungen zur Milde von seiten des Dogen unzugänglich. Auch die doppelte Summe, die ihm Bassanio bietet, schlägt er aus. Das Gericht hat zur Überprüfung des schwierigen Rechtsfalles die Stellungnahme des namhaften Rechtsgelehrten Dr. Bellario eingeholt. Portia und Nerissa (als junger Doktor von Rom und dessen Schreiber verkleidet) überbringen das Gutachten des Gelehrten, und Portia übernimmt nun die Führung der weiteren Verhandlung. Noch einmal versucht sie, Shylock zur Mäßigung zu bewegen, um dann, als er verstockt bleibt und schon das Messer zückt, mit dem er Antonio zu Leibe gehen will – auch die Waage hat er nicht vergessen –, den auf sein Recht Pochenden mit den Waffen des Rechts zu schlagen. Hab und Gut Shylocks sind nach dem Gesetz Venedigs dem Staat verfallen, wenn er bei Vollzug seines Anspruches nur ein Tröpfchen Blut von Antonio vergießt. Auch hat das Gesetz einen Anspruch auf Güterentzug, ja auf sein Leben, weil er einem Bürger von Venedig nach dem

Leben trachtete. Der völlig gebrochene Shylock muß sich zum Christentum bekennen und seine Habe seiner entflohenen Tochter Jessica vermachen. Nach der dramatisch bewegten Gerichtsszene klingt das Stück mit einem heiteren, von Musik erfüllten Nachspiel in Belmont aus, das drei Liebespaare (Portia–Bassanio, Nerissa–Gratiano, Jessica–Lorenzo) in beglückter Vereinigung zeigt, in ihrer Mitte Antonio, dem die frohe Nachricht zuteil wird, daß doch nicht alle seine Schiffe versanken.

In der Kontrastierung von adliger Gesinnung (in der Welt der venezianischen Aristokratie) und Haß (in der Figur Shylocks) und in der polyphonen Verbindung heiter-beschwingter, komischer und tragischer Momente ist das Werk einzigartig. Ein älteres, verlorengegangenes Schauspiel *Der Jude* und Christopher Marlowes *Der Jude von Malta* dürften Vorbilder und Anregung zum *Kaufmann von Venedig* gewesen sein. Die weiteren Quellen sind die *Gesta Romanorum* und eine Novelle von Giovanni Fiorentino (1378), in denen die Konflikte und Motive der Handlung vorgebildet sind. Die heutige Auffassung der Rolle des Shylock schwankt zwischen tragischem Märtyrertum und einer mehr komödiantisch empfundenen des geprellten Teufels. Neuere Inszenierungen versuchen, die widersprüchlichen Möglichkeiten differenzierend auszuloten. Doch läßt sich auch der tragisch-dämonische Anhauch, den der Dichter dieser einmaligen Figur verliehen hat, nicht übersehen. (Reclams UB 35 und 9800, engl./dt.)

Heinrich IV.

(*King Henry IV*). Schauspiel in zwei Teilen
Erste Aufführung: um 1597/98 in London

Personen: König Heinrich IV. – Die Prinzen Heinrich und Johann, seine Söhne – Graf von Northumberland – Heinrich Percy, gen. Heißsporn, sein Sohn – Scroop, Erzbischof von York – Grafen und Lords (Freunde und Feinde des Königs) – Sir John Falstaff – Poins, Gadshill, Bardolph, Pistol, Falstaffs Kumpane – Schaal und Stille, Friedensrichter auf dem Lande – Lady Northumberland – Lady Percy – Frau Hurtig, Wirtin der Schenke zum Wilden Schweinskopf in Eastcheap – Dortchen Lakenreißer u. a.

Ort und Zeit: In London und verschiedenen Grafschaften Nordenglands, in den ersten Jahrzehnten des 15. Jahrhunderts.

Heinrich Bolingbroke, der als Heinrich IV. den englischen Thron nach dem von ihm gestürzten Richard II. bestiegen hat, wird seiner Herrschaft nicht froh. Zwei Verschwörungen bedrohen seine Regierung. Diese bilden jeweils den Handlungskern der beiden Teile des Schauspiels. Zunächst ist es der tapfere, junge Heinrich Percy, gen. Heißsporn, der sich gegen die Herrschaft des »Dornstrauches Bolingbroke« auflehnt und an die Spitze eines Kreises von Rebellen tritt, die dem König in offenem Krieg begegnen. In der Schlacht bei Shrewsbury werden sie besiegt. Percy fällt durch den jungen Prinzen Heinz. Dann ist es im II. Teil eine Verschwörergruppe um den Erzbischof Scroop, dessen Heeresmacht im Walde von Yorkshire durch eine List des Prinzen Johann zerstreut wird. Der Prinz schließt mit den Verschwörern einen Waffenstillstand und überfällt die Häupter der Verschwörung, nachdem sie vereinbarungsgemäß ihre Truppen entlassen hatten. Es gelingt König Heinrich IV. auf diese Weise, sich bis zu seinem natürlichen Tode auf dem Throne zu behaupten. Doch noch im Sterben drückt ihn die Gewissensschuld der »Nebenschliche und krummen Wege«, mit denen er die Krone erlangte. Mit seinem Tode und der Inthronisierung des Prinzen Heinz als Heinrich V. schließt das zehnaktige Doppeldrama.

Neben dem vorzüglich charakterisierten Heinrich IV., der seines Königtums nicht froh wird, ist vor allem die Gestalt des Percy Heißsporn von dichterischem Interesse. Er ist ein Jüngling, der sich im Reden und Handeln überstürzt und trotz seiner adligen Gesinnung und seiner Tapferkeit zugrunde gehen muß. Einen breiten Raum nehmen, eingestreut in die Darstellung der politischen und kriegerischen Ereignisse, die Szenen um Sir John Falstaff ein. Theatergeschichtlich aus dem *Miles gloriosus* des Plautus und dem Capitano der Commedia dell'arte ableitbar, zeigt diese Komödienfigur Shakespeares übersprudelnde Phantasie, die nicht müde wird, den feisten, trinkfesten Ritter, der von sich selbst sagt, daß er nicht bloß witzig ist, sondern auch Ursache sei, daß andere Witz haben, in immer neue Situationen zu versetzen. In der Schlacht bei Shrewsbury, an der teilzunehmen man Falstaff veranlaßt hat, stellt er sich nach einem unrühmlichen Zweikampf tot (»Das bessere Teil der Tapferkeit ist Vorsicht, und mittels dieses besseren Teils habe ich mein Leben gerettet«). Den Schlingen des Gesetzes, die ihn wegen der Schulden und eines nicht eingehaltenen Eheversprechens an die Schenkenwirtin Frau Hurtig zu erfassen drohen, weiß er sich mit ebensoviel Geschick wie Rednerkunst zu entziehen. Mit Dortchen Lakenreißer, die ihn ihr »verwettertes, kleines, zuckergebackenes Weihnachtsschweinchen« nennt, schäkert er ungeniert auch in Gegenwart des Prinzen Heinz. Im zweiten Krieg zum Ausheben von Rekruten gezwungen, benutzt Falstaff die Gelegenheit, sich an Bestechungsgeldern, die er durch seinen Handlanger Bardolph eintreiben läßt, zu bereichern. Seine große Stunde glaubt Falstaff gekommen, als sein geliebter Prinz Heinz König geworden ist. Er sieht sich nun dem Thron am nächsten und verspricht nach allen Seiten hin Ämter: »Glücklich sind die, welche meine Freunde waren.« Aber das Erwachen aus dieser eingebildeten Günstlingsstellung ist bitter. Der neue König verweist ihn unmittelbar nach seiner Thronbesteigung mit harten Worten in seine Schranken. Aus Gram hierüber stirbt Falstaff (wie wir in *Heinrich V.* aus dem Munde seiner ehemaligen Freunde erfahren). (Reclams UB 81.)

Shakespeare variierte seine Meistergestalt noch einmal für *Die lustigen Weiber von Windsor*, wo er Falstaff als strauchelnden und mehrfach gefoppten Liebesritter zeigt. Dieses Lustspiel wurde die Vorlage für die Opern *Die lustigen Weiber von Windsor* von Otto Nicolai und für den *Falstaff* von Verdi. (Siehe Reclams Opernführer.)

Julius Cäsar

Trauerspiel in fünf Akten
Erste Aufführung: um 1599 in London

Personen: Julius Cäsar – Octavius – Marcus Antonius – Ämilius Lepidus – Marcus Brutus – Cassius – Casca – Decius Brutus – Ein Wahrsager – Artemidorus, ein Sophist von Knidos – Cinna, ein Poet – Lucius, junger Diener des Brutus – Calpurnia, Cäsars Gemahlin – Portia, Gemahlin des Brutus – Senatoren, Verschworene gegen Cäsar, Feldherren, Tribunen, römisches Volk u. a.
Ort und Zeit: In Rom, Sardes und Schlachtfeld bei Philippi, 44 bis 41 v. Chr.

Die Stellung Cäsars in Rom ist umstritten. Während das Volk ihm zujubelt, hetzen die Volkstribunen gegen ihn, und Cassius hat begonnen, die Feinde Cäsars um sich zu sammeln. Cäsar lehnt die Königskrone ab, die Marc Anton ihm vor allem Volk anbietet. Gleichzeitig schlägt er die Warnungen eines Wahrsagers vor den Iden des März in den Wind. Cassius ist es mittlerweile gelungen, eine Anzahl angesehener Römer, unter ihnen auch den edlen Brutus, zur Verschwörung zusammenzubringen. Cäsar und Marc Anton sollen beide fallen. Letzteren freilich will Brutus verschont wissen, da die Verschwörer vor dem Volk als Reiniger, nicht als Mörder erscheinen sollen. Cäsar wird indessen zu Hause von seiner Gattin Calpurnia, die schlimme Träume hat, gewarnt, in den Senat zu gehen. Auch die Auguren, zu denen er schickte, raten ihm ab. Doch der Mitverschworene des Cassius, Decius Brutus, weiß ihn durch den Hinweis, daß der Senat beabsichtige, dem »großen Cäsar« die Königskrone anzubieten, geschickt umzustimmen. Marc Anton erscheint unmittelbar nach der Tat vor den Verschworenen und versteht es mit diplomatischer Kunst, seinen Schmerz um Cäsars Tod zum Ausdruck zu bringen, ohne die Mörder Cäsars dabei zu verletzen. Er bittet um die Vergünstigung, die Leichenrede für Cäsar auf dem Forum halten zu dürfen. Cassius will es ihm verwehren, Brutus aber gestattet es. Da Marc Anton Cäsars Tod rächen will, nimmt er die Verbindung mit Octavius auf, der mit Truppen vor Rom steht. Auf dem Forum hält er die Leichenrede auf Cäsar. Er spricht derart geschickt, daß das wankelmütige Volk, das noch eben dem Brutus als dem Befreier Roms von dem Tyrannen Cäsar zujubelte, nun mit wilden Racherufen den Tod der Cäsar-Mörder verlangt. Er erreicht diesen Umschwung, indem er Cäsars Größe im Spiegelbild der Auffassungen des »ehrenwerten« Brutus und seiner »ehrenwerten« Freunde zeigt und in meisterhafter Steigerung im Augenblick des Stimmungswechsels auf den blutigen Mantel Cäsars deutet, den seine angeblichen »Freunde» so zugerichtet haben, und dann noch Cäsars Testament vorweist, das jedem Bürger Roms 75 Drachmen verspricht und Cäsars Gärten am Tiber zum Volksgarten werden läßt. Das Volk vertreibt die Mörder Cäsars aus Rom und steckt ihre Häuser in Brand. Antonius und Octavius als die eigentlichen Herren herrschen nun mit Lepidus als Triumvirn in Rom. Brutus und Cassius werben Heeresmacht gegen sie. Die bevorstehende Entscheidungsschlacht wirft ihre Schatten in beklemmender Weise für Brutus voraus: der Geist Cäsars erscheint ihm in seinem Zelt zu Sardes als sein »böser Engel«. Bei Philippi soll er ihn wiedersehen. In der Tat vollzieht sich nun der Kampf um die Herrschaft in der Ebene von Philippi. Brutus und Cassius werden besiegt und stürzen sich in ihre Schwerter. »Besänft'ge, Cäsar, dich!« sind Brutus' letzte Worte; »Nicht halb so gern bracht' ich dich um als mich.« Marc Anton bekräftigt an seiner Leiche, daß Brutus einer der besten Römer war und ihn nicht, wie die anderen Mörder Cäsars, Mißgunst trieb, sondern die Rücksicht auf das allgemeine Staatswohl.

Die Tragödie stützt sich auf die Lebensbeschreibungen des Plutarch. Doch gab es auch schon vorher Bearbeitungen des Stoffes auf der Elisabethanischen Bühne. Shakespeare schuf ein politisches Schauspiel, das typische Probleme historisch-politischer Dramatik behandelt: den Kampf einzelner starker Persönlichkeiten um die Macht, Sturz eines Tyrannen, die Wankelmütigkeit des Volkes und die Tragödie des Idealisten (Brutus). Die Leichenrede Marc Antons, dramatischer Gipfelpunkt des Werkes, ist ein unerreichtes Beispiel großartiger Bühnenrhetorik, gleich überwältigend in der Diktion wie in der dramaturgischen Funktion. Daß Shakespeare der Figur des Brutus innere Anteilnahme zuteil werden ließ, zeigt sich auch an den Randfiguren, die er ihr als lyrische Komponente zur Seite stellte: der Gattin Portia und dem ihn bedienenden Knaben Lucius. (Reclams UB 93 und 9816, engl./dt.)

Viel Lärmen um nichts (*Much Ado about Nothing*). Komödie in fünf Akten (um 1598/99). – Graf Claudio verliebt sich in Hero, die Tochter Leonatos, des Gouverneurs von Messina. Don Pedro, der Prinz von Aragon, macht für ihn den Brautwerber. Don Juan, der böse Halbbruder Pedros, tut jedoch alles, das Brautpaar wieder auseinanderzubringen. Eine abgefeimte Intrige Don Juans und seiner schurkischen Diener Borachio und Conrad liefert den scheinbaren Beweis von Heros Untreue. Claudio geht nun so weit, der Braut am Altare Sittenlosigkeit vorzuwerfen. Durch die einfältigen Gerichtsdiener Holzapfel und Schlehwein kommt aber schließlich die Wahrheit an den Tag. Claudio, der seine Braut bereits gestorben glaubte, wird mit ihr wieder vereint. Neben dieser Handlung läuft eine zweite um Heros Base Beatrice und den Edelmann aus Padua, Benedict. Die Wortgefechte dieser beiden, die jeder das andere Geschlecht zu verachten vorgeben, bis sie zuletzt doch zueinander finden, bilden den komödiantischen Hauptreiz des Stückes. Shakespeare entfaltet in ihnen seinen brillierenden Witz und seine Kunst des zugespitzten Dialogs.

Die Quelle zu der Liebesgeschichte des gefühlvollen Paares Claudio–Hero ist eine Novelle Bandellos, das wortgewaltige Paar Benedict–Beatrice gilt als freie Erfindung des Dichters. (Reclams UB 98 und 3727, engl./dt.)

Wie es euch gefällt

(*As You Like It*). Komödie in fünf Akten
Erste Aufführung: um 1599 in London

Personen: Der Herzog in der Verbannung – Friedrich, sein Bruder, Usurpator des Gebietes – Amiens, Jacques, Edelleute – Le Beau, ein Hofmann – Charles, Herzog Friedrichs Ringer – Oliver und Orlando, Brüder – Adam, ein alter Diener – Probstein, Narr – Ehrn Olivarius Textdreher, ein Pfarrer – Silvius, ein Schäfer – Phoebe, Schäferin – Rosalinde, Tochter des vertriebenen Herzogs – Celia, Friedrichs Tochter – Käthchen, ein Bauernmädchen, u. a.
Ort und Zeit: Bei Olivers Haus, am Hofe Herzog Friedrichs und im Ardenner Wald, Renaissance.

Am Hofe des Herzogs Friedrich gehen schlimme Dinge vor sich. Friedrich hat seinen Bruder, den rechtmäßigen Herzog, vertrieben, und der Verbannte hat sich in den Ardenner Wald zurückgezogen, wohin ihm eine Reihe getreuer Edelleute gefolgt ist. Nicht besser ergeht es dem jungen Orlando, den sein älterer Bruder, Oliver, um sein Erbteil betrogen hat. Denn er muß, nachdem er den prahlerischen Ringer des Herzogs Friedrich, Charles, wider aller Erwarten besiegt hat, fliehen, da sein böser Bruder ihm nach dem Leben trachtet. Aber eines hat Orlando sich durch seine Tapferkeit doch gewonnen: das Herz der edlen Rosalinde, der Tochter des verbannten Herzogs, die gleichfalls des Landes verwiesen wird und sich als Knabe verkleidet in den Wald aufmacht. Sie wird begleitet von dem Narr Probstein und von ihrer Base Celia, der Tochter des Herzogs Friedrich, die sich ihr in Freundschaft verbunden fühlt. Im Ardenner Wald spielen sich nun an wechselnden Schauplätzen die weiteren Szenen ab: Der vertriebene Herzog hält hier unter Bäumen Hof und fühlt sich in der Natur weit sorgenfreier als im Leben des »gemalten Pomps«. Aus seinem Gefolge ragt als melancholischer Sonderling der geistvolle Jacques hervor, dem der Dichter die berühmt gewordenen Verse »Die ganze Welt ist Bühne und alle Fraun und Männer bloße Spieler« in den Mund gelegt hat. Orlando stößt mit dem treuen Diener Adam zu den

Vertriebenen und wird freundlich von ihnen aufgenommen. Rosalinde, Celia und Probstein erleben den Wald auf ihre Weise: sie kaufen sich eine Schäferei und entdecken an den Bäumen lauter Liebesgedichte, die der nach Rosalinde schmachtende Orlando aufgehängt hat. Es kommt zur Begegnung der Liebenden und die Knabenrolle, die Rosalinde spielt, gibt Anlaß zu einem ebenso langwierigen wie überaus reizvollen Versteckspiel, das ganz von Rosalindes Charme getragen wird. Der Narr Probstein findet ein ländliches Käthchen, das ihm zugetan ist, und den Landpfarrer Ehrn Olivarius Textdreher, der sie trauen soll. Rosalindes Knabenaufzug schafft Verwirrung bei einem ländlichen Paar, dem unglücklich liebenden Schäfer Silvius und der Schäferin Phoebe, die sich in den vermeintlichen Knaben Ganymed (dies Rosalindes Name in der Verkleidung) vergafft. Doch auch Celia findet ihr Glück in Oliver, dem bösen Bruder Orlandos, dem Orlando vor wilden Tieren das Leben rettet und der sich dadurch zum Besseren wandelt und bekehrt. Zum Schluß sieht sich Herzog Friedrich genötigt, das Herzogtum dem echten Fürsten zurückzugeben. Vier Paare tanzen beglückt den Hochzeitsreigen: Orlando und Rosalinde, Celia und Oliver, Silvius und Phoebe, Probstein und Käthchen. Nur Jacques will im Wald verbleiben und in der verlassenen Höhle der Befehle seines Herzogs harren.

Die von leiser Schwermut beschattete Komödie stützt sich auf den Schäferroman *Rosalynde* von Thomas Lodge (1590). In der Handlungsführung locker gebaut, offenbart sie in der Charakteristik, der Verskunst und der Stimmungsmalerei Shakespeares Meisterschaft. Ein Kabinettstück für sich ist die Rolle des Jacques, aus der man persönliche Bekenntnisse des Dichters herauszuhören glaubt. Der Beginn der tiefsinnigen Betrachtung »Die ganze Welt ist Bühne« übernimmt in freier Form den Spruch »Totus mundus agit histrionem«, mit dem das Globe-Theater in London am Eingang unterhalb des die Weltkugel tragenden Herkules als Sinnspruch aller Bühnenkunst den Theaterbesucher begrüßte. Das Liebesspiel der als Bursche verkleideten Rosalinde mit Orlando gehört zu den reizvollsten Szenen, die für das Fach der jugendlichen Charakterspielerin existieren. Das Spiel mit dem Geschlechtertausch wird doppelt verwirrend, wenn man berücksichtigt, daß Frauenrollen auf der Shakespeare-Bühne von Knaben dargestellt wurden. (Reclams UB 469 und 7734, engl./dt.)

Was ihr wollt

(*Twelfth Night, or What You Will*). Komödie in fünf Akten
Erste Aufführung: um 1600 in London

Personen: Orsino, Herzog von Illyrien – Sebastian und Viola, Zwillingsgeschwister – Antonio, ein Schiffshauptmann – Olivia, eine reiche Gräfin – Maria, ihr Kammermädchen – Junker Tobias von Rülp, Olivias Oheim – Junker Andreas von Bleichenwang – Malvolio, Olivias Haushofmeister – Der Narr, in Diensten Olivias – Kavaliere des Herzogs u. a.
Ort und Zeit: Eine Stadt in Illyrien, Renaissance.

Orsino, Herzog von Illyrien, ist mit der Melancholie des unglücklich Liebenden der Gräfin Olivia zugetan. Als Liebesbote dient ihm Viola, die ein widriges Geschick – sie verlor auf hoher See ihren Zwillingsbruder Sebastian – nach Illyrien verschlagen hat und die als Page verkleidet unter dem Namen Cesario bei ihm Dienste nimmt. In den vermeintlichen Jüngling verliebt sich nun Olivia, während Viola in Liebe zu Orsino entbrennt. Dieses wechselseitige Liebesspiel zieht sich durch das ganze Stück, bis die Dazwischenkunft des Zwillingsbruders Sebastian, der von seinem treuen Freund Antonio nach dem Schiffsunglück gerettet wurde, neue Verwirrung schafft, den Knoten aber schließlich auch lösen hilft, indem Olivia in Sebastian die ersehnte Erfüllung ihrer Wünsche findet und Orsino der ihm treu ergebenen Viola die Hand reicht. Um diesen Handlungskern legt sich ein üppiges Rankenwerk von Neben- und Randfiguren, die starkes Eigenleben besitzen und den melancholischen Grundcharakter des Stückes teils unterstreichen, teils durchbrechen. Da treibt im Hause Olivias der trunksüchtige Junker Tobias sein Unwesen mit dem dummen Junker Andreas von Bleichenwang, den er mit seiner Nichte verheiraten möchte. Er läßt es bis zum Zweikampf zwischen dem Junker und Viola kommen, die er gegeneinander aufhetzt. Und da treibt das Kammermädchen Maria ein tolles Spiel mit dem eitlen Haushofmeister der Gräfin, Malvolio. Sie spielt Malvolio einen Brief in der Handschrift ihrer Herrin zu, der den eitlen Mann glauben machen muß, Olivia sei in ihn verliebt. Malvolio geht ins Garn und bezieht das mysteriöse »M. O. A. I.« des Briefes ohne weiteres auf sich. Er erscheint vor der Gräfin mit »gelben Strümpfen, kreuzweise gebundenen Kniegürteln« und mit einem stereotypen »Lächeln«, wie es der Brief als Kennzeichen gefordert hatte. Der Gräfin, die von diesen Machenschaften keine Ahnung hat, muß sein Benehmen mehr als sonderbar vorkommen, während die Junker und Maria ihre helle Freude an dem gelungenen Streich haben. Nach dessen Aufklärung zeigt der Unverbesserliche wenig Verständnis und sinnt nur auf Rache in späterer Zeit. Über das ganze Stück hin läßt der Dichter den Narren seine Weltweisheiten verbreiten, denen ebensoviel Tiefsinn wie Schwermut innewohnt. Dem Narren gehört auch der Schluß des Stückes mit den berühmt gewordenen Liedversen »Hopp heißa, bei Regen und Wind«.

Die Fabel dieser Komödie geht auf eine Novelle Bandellos zurück, in der die meisten Motive vorgezeichnet sind. Eigene Zutat Shakespeares ist die Gestalt des Malvolio. Er wird im Stück als »Pietist« bezeichnet, so daß die Vermutung naheliegt, in ihr eine Verspottung des Puritanertums, das sich im London Shakespeares besonders in Angriffen auf das Theater gefiel, zu sehen. Doch ist mit dieser Erklärung nicht alles gesagt. In seiner tragikomischen Zwielichtigkeit rückt Malvolio stellenweise zur zentralen Figur des Stückes auf. *Twelfth Night, or What You Will* steht unmittelbar vor der Wendung Shakespeares zu den sog. ›schweren‹ Tragödien seiner reifsten Schaffenszeit. (Reclams UB 53 und 9838, engl./dt.)

Troilus und Cressida (*Troilus and Cressida*). Drama in fünf Akten (um 1600). – Der alte kupplerische Pandarus vermählt seine Nichte Cressida, die Tochter des Priesters Calchas, mit dem trojanischen Fürstensohn Troilus. Im Lager der Griechen beraten unter Agamemnons Vorsitz die Griechenfürsten, wie der Krieg gegen Troja zu beenden sei. Äneas, der Sprecher der Trojaner, bietet den Griechen einen Zweikampf an, bei dem Troja durch Hektor vertreten sein soll. Die Griechen stellen ihm nicht Achilles, sondern den starken, aber dummstolzen Ajax gegenüber, der neidisch auf den Ruhm des Achill ist. Die Tatsache, daß Ajax gegen Hektor kämpfen wird, stachelt wiederum Achills Ehrgeiz auf. Auf trojanischer Seite mahnt der Wehe-Ruf der Cassandra vergeblich zum Frieden. Troilus und Cressida finden sich, von Pandarus zusammengeführt, und schwören sich ewige Liebe und Treue. Allzu schnell freilich findet das Liebesglück des jungen Paares ein Ende. Der Priester Calchas, der zu den Griechen übergetreten ist, erbittet von

Agamemnon den Austausch Cressidas gegen den von den Griechen gefangengenommenen Troer Antenor. Der Zweikampf zwischen Hektor und Ajax findet ein unerwartetes Ende: Hektor erinnert an die Blutsverwandtschaft, die sie verbindet, und bricht den kaum begonnenen Kampf ab. In der nun eintretenden Kampfespause zwischen Griechen und Troern wird Troilus zum Zeugen, wie Cressida, alle Liebesschwüre und Treuegelöbnisse in den Wind schlagend, in die Arme des Griechen Diomedes sinkt. Troilus' Verzweiflung ist grenzenlos. Er kennt nur noch ein Ziel: in dem nun neu entbrennenden Kampfe sich mit Diomedes zu messen. In schmerzvoller Ahnung bittet Andromache ihren Gatten Hektor, vom Kampfe fernzubleiben. Noch einmal warnt auch Cassandra. Vergeblich. Hektor fällt durch die Myrmidonen Achills, aber nicht in offenem Kampfe, sondern als wehrloses Opfer, als er »sein Tagwerk« getan glaubte und sich einen Augenblick am Abend der Schlacht ohne Waffen zur Ruhe setzte. Triumphierend sieht Agamemnon den Krieg nun bald beendet, während Äneas und Troilus ihn fortsetzen wollen. Das Schlußwort hat Pandarus, der das Schicksal der Kuppler in dieser Welt beklagt.

Das um 1601 entstandene Stück gilt als eines der problematischen von Shakespeare. Es leidet an einer Überfülle von Motiven und gehört zeitlich in den Kreis der großen Tragödien. Halb Tragödie, halb Satire, hat es zu manchen Auslegungen Anlaß gegeben. Goethe glaubte in ihm den »freien Geist« des Dichters zu erkennen, der den Stoff der Ilias »auf seine Weise« behandelt. Sicher sagt man nicht zuviel, wenn man in der geradezu sarkastischen (fast schon an G. B. Shaw erinnernden) Darstellung hehrer Werte wie Heldentum, Krieg und Liebe einiges von Shakespeares persönlicher Einstellung ausgedrückt sieht. (Reclams UB 818.)

Hamlet, Prinz von Dänemark

(*Hamlet, Prince of Denmark*). Trauerspiel in fünf Akten
Erste Aufführung: 1601 in London

Personen: Claudius, König von Dänemark – Hamlet, Sohn des vorigen und Neffe des gegenwärtigen Königs – Horatio, sein Freund – Polonius, Oberkämmerer des Königs – Laertes, sein Sohn – Rosenkranz und Güldenstern, Hofleute – Osrick,

Hofmann – Fortinbras, Prinz von Norwegen – Gertrude, Königin von Dänemark und Hamlets Mutter – Ophelia, Tochter des Polonius – Der Geist von Hamlets Vater – Eine Schauspielertruppe u. a.
Ort und Zeit: Am dänischen Königshofe in Helsingör, etwa 10. Jahrhundert.

Prinz Hamlet ist von der Hohen Schule in Wittenberg an den Hof nach Dänemark zurückgekehrt, um an der Leichenfeier seines Vaters teilzunehmen. Als er nachts auf der Terrasse des königlichen Schlosses weilt, erscheint ihm ein Geist. Was dieser ihm zu sagen hat, bestätigt seine dunkle Ahnung von einem Verbrechen, das auch mit der schnellen Wiederverheiratung seiner Mutter im Zusammenhang steht: der neue König Claudius hat den Bruder »um Leben, Krone, Weib mit eins gebracht«. Hamlet soll, so fordert es der Geist, den Mord rächen. Doch soll er nichts gegen seine Mutter unternehmen, sie vielmehr »dem Himmel und den Dornen, die im Busen ihr stechend wohnen«, überlassen. Hamlet verspricht es. Die nun einsetzende merkwürdige Verwandlung des Prinzen hält Polonius, der redselige und übereifrige Kämmerer des Königs, für Schwärmerei einer unerfüllten Liebe zu seiner Tochter Ophelia. Doch der argwöhnische König Claudius ist nicht von dieser Erklärung überzeugt und beauftragt die Hofleute Rosenkranz und Güldenstern, die Gründe der Veränderung auszuforschen. Hamlet gefällt sich in brillierenden Geistesblitzen sowohl dem alten Polonius wie den liebedienerischen Hofleuten gegenüber, deren Absicht er durchschaut und entlarvt. Die Ankunft einer Schauspielertruppe inspiriert Hamlet besonders. Sie soll ein Spiel um einen Königsmord vorführen, das gleichsam als Schlinge wirkt, in der sich das Gewissen des Königs fängt. Der plötzliche Aufbruch des Königs an der entscheidenden Stelle des Spiels, als der Mörder am König genauso handelt wie Claudius an Hamlets Vater, beseitigt für Hamlet alle Zweifel: der Geist sprach wahr. Doch zögert Hamlet immer noch und schreckt vor der rächenden Tat zurück, als er – auf dem Wege zu seiner Mutter – dem im Gebet versunkenen König begegnet. Er will dem König nicht das Sterben im reuigen Gebet gönnen. Statt dessen redet er der Mutter ins Gewissen, so hart und unbarmherzig, daß der Geist seines Vaters ihm noch einmal erscheint und ihn zur Mäßigung mahnt. Ein Opfer aber gibt es bei diesem nächtlichen Gespräch: Polonius, der hinter der Tapete gelauscht hat, wird von Hamlet auf ein Geräusch hin erstochen, im

Glauben, es sei der König. Nun sinnt der König nur noch auf Hamlets schnellen Untergang und gibt Rosenkranz und Güldenstern, die ihn auf die Seefahrt begleiten sollen, einen Brief mit, der Hamlets Tötung den Empfängern in England zur Pflicht macht. Auf dem Wege dorthin begegnet Hamlet dem Prinzen Fortinbras von Norwegen, der aus nichtigem Anlaß in einen Krieg gegen die Polen zieht. In seinem Tatendurst und kriegerischen Elan bildet Fortinbras das Gegenstück zu dem ewig zögernden Hamlet. Dem Tod, den ihm Claudius zugedacht hat, entgeht Hamlet dadurch, daß er auf der Überfahrt den Uriasbrief des Königs entdeckt und ihn so abändert, daß Rosenkranz und Güldenstern die Opfer werden. Er selbst kehrt nach Dänemark zurück. Auf dem Kirchhof, wo er mit dem Totengräber über die Vergänglichkeit des Menschen philosophiert, wird er Zeuge der Beerdigung Ophelias. Das durch die Ereignisse dem Wahnsinn verfallene zarte Mädchen ist im Fluß ertrunken. Ihr Bruder Laertes war als Rächer seiner Familie aufgetreten und hatte einen Aufruhr entfacht, den der König nur mühsam zu beschwichtigen vermochte. Jetzt treffen sich Hamlet und Laertes und geraten in eifersüchtig gesteigertem Gram über den Verlust der Geliebten und Schwester auf dem Kirchhof in Streit. Man trennt sie. Doch nimmt Hamlet die Aufforderung des Königs zu einem Duell mit Laertes an. Der König und Laertes haben abgesprochen, daß dieser Zweikampf zu Hamlets Tod führen soll. Die Spitze des Rapiers, mit dem Laertes kämpft, wird vergiftet sein, und um ganz sicher zu gehen, hat der König noch einen vergifteten Trank bereitgestellt. Das Duell nimmt den erwarteten tragischen Verlauf, nicht nur für Hamlet, sondern auch für die Königin, die versehentlich den Gifttrank trinkt, für Laertes, der in der Hitze des Gefechtes mit Hamlet die Rapiere tauscht und sterbend die Untat bekennt, und endlich auch für den König, den Hamlet ersticht. Der junge Prinz Fortinbras von Norwegen wird das Erbe des Reiches antreten, und der Freund Horatio wird auf Hamlets Bitten der Nachwelt die Zusammenhänge aufklären. »Der Rest ist Schweigen«, ist Hamlets letztes Wort.

Hamlet ist Shakespeares tiefsinnigste Tragödie, mit seinem Namen und seiner Kunst untrennbar verknüpft. Die Fabel der Handlung geht auf die *Gesta Danorum* des Chronisten Saxo Grammaticus (Ende 12. Jh.) zurück. Das theatermäßige Vorbild war ein älteres englisches Hamlet-Schauspiel, das wahrscheinlich von Kyd stammte. Aus den Anweisungen an die Schauspieler, deren Kunst »der Natur gleichsam den Spiegel vorhalten« und die »die abgekürzte Chronik des Zeitalters« sein soll, spricht Shakespeares persönliche Auffassung vom Theater und von seiner Mission als Dichter. Auch die berühmten Monologe Hamlets, so das sprichwörtlich gewordene »Sein oder Nichtsein – das ist hier die Frage«, sind mehr als eine Rollencharakterisierung des Dänenprinzen. Die Gestalt Hamlets hat zu zahlreichen Erläuterungen und Kommentaren geführt. Die Deutungen schwanken je nach der Analyse des Hamlet-Charakters zwischen stärkerer Betonung des tatgehemmten, reflektierenden Dänenprinzen, des von Melancholie überschatteten Psychopathen oder des in schwerem Gewissenskonflikt männlich handelnden und tapferen Rächers. Sosehr die Auffassungen auseinandergehen, einig sind sich alle Kommentatoren in der Einmaligkeit der Gestalt, die neben Prometheus und Faust zu den großen, das menschliche Dasein von weltumspannenden Perspektiven her erfassenden Figuren des Abendlandes gehört. (Reclams UB 31 und 8243 / 8244, engl./dt. mit Kommentar.)

Ende gut, alles gut (*All's Well That Ends Well*). Komödie in fünf Akten. – Bertram, der Sohn der Gräfin von Roussillon, zieht es an den Hof des Königs von Frankreich. Helena, die Pflegetochter der Gräfin, folgt ihm bald nach. Als Tochter eines Arztes gelingt es ihr, den kranken König zu heilen. Zum Lohn darf sie sich einen Ehemann aus der Umgebung des Königs auswählen. Ihre Wahl trifft Bertram, der sich darüber wenig erbaut zeigt und sich nur unter Zwang mit ihr vermählen läßt. Bei der ersten sich bietenden Gelegenheit verläßt er den Hof in Richtung Italien. Er will nicht eher nach Frankreich zurückkehren, bis Helena einen Ring, den er selbst am Finger trägt, und ein Kind vorweisen kann, dessen Vater er ist. Helena, der der Gedanke unerträglich ist, Bertram aus seinem Vaterland vertrieben zu haben, tritt eine Pilgerfahrt an. In Florenz gelingt es ihr mit Hilfe der hübschen Florentinerin Diana, der Bertram nachstellt, daß in entscheidender Stunde nicht Diana, sondern sie selbst (durch das Dunkel der Nacht geschützt) mit Bertram vereint wird. Auch den Ring hat Diana dem liebesdurstigen Bertram abgeschmeichelt. Der richtenden Hand des Königs bleibt es im letzten Akt vorbehalten, den wieder nach Frankreich zurückgekehrten Bertram und die treue Helena, die er tot glaubte, zusammenzuführen, nachdem Bertram ihren wahren Wert erkannt hat.

Das schwer datierbare Stück wird von der Forschung etwa in die Jahre um 1602 angesetzt. Die Quelle ist eine Novelle aus Boccaccios *Decamerone*. (Reclams UB 896.)

Othello, der Mohr von Venedig

(*Othello, the Moore of Venice*). Trauerspiel in fünf Akten
Erste Aufführung: 1604 in London

Personen: Herzog von Venedig – Brabantio, Senator – Othello, ein vornehmer Mohr im Dienst des Staates Venedig – Cassio, sein Leutnant – Jago, sein Fähnrich – Rodrigo, ein junger Venezianer – Montano, Statthalter von Zypern – Desdemona, Brabantios Tochter – Emilia, Jagos Frau – Bianca, eine Kurtisane, u. a.
Ort und Zeit: In Venedig und auf der Insel Zypern, um 1570.

Othello hat Desdemona gegen den Willen des Vaters zu sich genommen und sich mit ihr vermählt. Als die Türkenflotte Zypern naht, wird ihm der Oberbefehl über die venezianischen Truppen, die die Insel verteidigen sollen, erteilt. Desdemona bekennt sich vor dem Herzog und vor ihrem Vater offen zu Othello und erbittet sich die Genehmigung, ihrem Gatten auf die Kriegsfahrt folgen zu dürfen. In Zypern, nachdem der Sturm die Flotte der Türken zerstreut hat, nimmt die Tragödie der Liebenden ihren Lauf. Jago ist die treibende Kraft. Er kann es Othello nicht vergessen, daß er Cassio und nicht ihn zum Leutnant machte. Abgrundtief ist sein Haß gegen den Mohren. Nicht nur, daß er sich zurückgesetzt sieht, er glaubt, daß der »üpp'ge Mohr« ihm auch bei seinem Weibe »ins Gehege kam«. Dafür will er Rache nehmen. Er kennt des Mohren »grad und frei Gemüt«, das jeden für ehrlich hält. So beginnt er sein teuflisch-boshaftes Spiel, über dessen Dämonie er sich selbst im klaren ist. Zunächst hetzt er Rodrigo und Cassio gegeneinander auf mit dem Erfolg, daß Cassio seines Amtes als Leutnant enthoben wird. Dann rät er Cassio, sich an Desdemona um Vermittlung bei Othello zu wenden. Dies eingefädelt, läßt er Othello beobachten, wie Cassio mit Desdemona spricht, und träufelt so das Gift der Eifersucht in die Seele des Mohren, nicht ohne ihn gleichzeitig vor dem »grüngeaugten Scheusal« zu warnen, »das schafft die Speise, die es nährt«. Auf diese Weise erreicht er, daß Othello sich immer mehr in seine blinde Leidenschaft für Desdemona und den Zweifel an ihrer Treue hineinsteigert. Er verleumdet sie, indem er vorgibt, sich als Venezianer besser in den Sitten und Gepflogenheiten der Venezianerinnen auszukennen als der Mohr. Und er schafft ihm den Beweis, den Othello fordert, in Gestalt eines Taschentuches, des ersten Liebespfandes, das Othello an Desdemona schickte. Er hat es sich über seine Frau, Emilia, die Desdemona als Kammerfrau dient, besorgt, es geschickt in die Hände Cassios gespielt, mit dem er über sein »Schätzchen« plaudert, unter dem Cassio die Kurtisane Bianca versteht, Othello aber als Lauschender Desdemona vermuten muß. Nun verliert der Mohr die Fassung. Er läßt sich dazu hinreißen, Desdemona vor einem Abgesandten Venedigs, der Othello zurückberuft und Cassio zum Kommandanten von Zypern bestellt, ins Gesicht zu schlagen. Allen Unschuldsbeteuerungen Desdemonas wie auch Emilias gegenüber bleibt er blind. Er sieht nichts als Verstellung und Kuppelei. Aus seiner rasenden Verblendung erwacht Othello nicht eher, bis er Desdemona in ihrem eigenen Bett, der vermeintlichen Stätte ihrer Untreue, erwürgt hat. Jago, der indessen noch einmal Rodrigo und Cassio gegeneinander gehetzt hat, wobei Rodrigo auf der Strecke bleibt, wird – auf dem Höhepunkt seiner Teufeleien angekommen – im letzten Augenblick durch das Zeugnis Emilias entlarvt. Es nützt ihm nichts, daß er auch noch Emilia umbringt. Er wird verhaftet und sieht schwerster Aburteilung entgegen. Othello aber vollzieht die Strafe, die er zur Wahrung seiner Ehre an Desdemona vollstrecken zu müssen glaubte, nun durch Selbstmord an sich. Wie er sie küßte, ehe er sie tötete, küßt er sie sterbend noch einmal.

Die erschütternde Tragödie gehörte von jeher zu den erfolgreichsten des Dichters. Sie stützt sich auf eine Novelle des Giraldi Cintio. Die triebhafte Wildheit Othellos ist ebenso wirksam herausgearbeitet wie die Dämonie der Teufelei Jagos, der mit seiner Umgebung virtuos zu spielen weiß. Den Kontrast bildet die engelhafte Reinheit Desdemonas, die noch sterbend die Schuld von Othello nehmen will, indem sie sich selbst als die Urheberin ihres Todes bezichtigt. Eine späte Überhöhung dieser Eifersuchtstragödie ins Musikalische erfuhr Shakespeares Dichtung durch die Vertonung von Verdi. (Reclams UB 21 und 9830, engl./dt.)

Maß für Maß (*Measure for Measure*). Komödie in fünf Akten. – Vincentio, Herzog von Wien, sieht mit Besorgnis, wie die Sittenlosigkeit in seinem Staat »dampft, siedet und überschäumt«. Aus diesem Grunde will er ein altes Gesetz wieder in Kraft treten lassen, das sittliche Vergehen unter schwere Strafen stellt. Er legt die Zügel der Regierung in die Hände Angelos, den er für sittenrein und -streng hält und den er auf die Probe stellen will. Indem er als Mönch verkleidet zurückkehrt, wird er jedoch Zeuge einer höchst verbrecherischen Handlungsweise seines Stellvertreters: der junge Claudio, dessen Braut Julia ein Kind erwartet, soll das erste Opfer des neuen Regimes sein. Angelo hat ihn gefangensetzen lassen und zum Tode verurteilt. Claudios Schwester Isabella fleht Angelo um Begnadigung des Bruders an. Ihr Anblick weckt sinnliches Begehren in Angelo. Er erklärt sich bereit, Claudio zu begnadigen, wenn Isabella ihm zu Willen ist. Isabella weist dieses Ansinnen nicht nur entrüstet zurück, sie überzeugt auch Claudio, daß sein Leben nicht um diesen Preis erkauft werden darf. Das Eingreifen des als Mönch verkleideten Herzogs verhindert, daß die Handlung zur Tragödie wird. Er rät Isabella, zum Scheine auf den Antrag Angelos einzugehen, und läßt Mariana, eine frühere Geliebte Angelos, an ihrer Stelle (im Dunkel der Nacht) zu seiner Frau werden. Als Angelo dann, trotz seines scheinbar geglückten Unterfangens, Claudio hinrichten lassen will, verhindert er auch dies und kündigt durch Briefe seine Rückkehr als Herzog an. Vor aller Öffentlichkeit läßt er dann Isabella Klage wider Angelo führen und entlarvt den schlimmen Statthalter, dem nun »Maß für Maß«, d. h. die gleiche Strafe zuteil werden soll, die er Claudio zugedacht hatte. Doch wird er begnadigt, da Claudio ja noch lebt, und mit Mariana vereint, wie Claudio mit Julia. Der Herzog bittet zum Schluß Isabella, tief beeindruckt von ihrer Reinheit, um ihre Hand.

Das eigenartige Stück, dem ein älteres von G. Whetstone (1578) zugrunde liegt, ist schwer zu datieren. Es steht in stilistischer und geistiger Hinsicht in *Hamlet*-Nähe und wird von der Forschung mit dem Regierungsantritt Jakobs I. (1603) in Verbindung gebracht. In der Gestalt des Herzogs, der als Mönch verkleidet sich unter sein Volk mischt, klingt das orientalische Märchenmotiv von Harun al Raschid nach. In dieser Idealfigur eines Herrschers, die durch den Monolog am Schluß des 3. Aktes (»Wem Gott vertraut des Himmels Schwert, muß heilig sein und ernst bewährt«) noch besonders hervorgehoben wird, wird man in der Tat mehr als nur eine Bühnenfigur erblicken dürfen. Richard Wagner benutzte den Text für seine Oper *Das Liebesverbot*. (Reclams UB 196 und 4523, engl./dt.)

König Lear

(*King Lear*). Trauerspiel in fünf Akten
Erste Aufführung: um 1605 in London

Personen: Lear, König von Britannien – Goneril, Regan, Cordelia, seine Töchter – König von Frankreich (mit Cordelia vermählt) – Herzog von Cornwall (mit Regan vermählt) – Herzog von Albanien (mit Goneril vermählt) – Graf von Gloster – Edgar, sein Sohn – Edmund, Glosters Bastard – Graf von Kent – Der Narr – Oswald, Gonerils Haushofmeister, u. a.
Ort und Zeit: In Britannien, in sagenhafter Vorzeit.

König Lear, ein eigenwilliger Greis, verteilt sein Königreich vorzeitig an seine Töchter. Die ihm schmeichelnden Goneril und Regan erhalten das ganze Erbe, während die jüngste, Cordelia, sein bisheriger Liebling, die sich nicht wie die Schwestern zu offenkundig scheinheiliger Heuchelei entschließen kann, leer ausgeht. Der Graf von Kent, der den König vor den Folgen dieser vorschnellen Teilung bewahren möchte und Einspruch erhebt, wird verbannt. Die Schwestern, denen der Greis mit seiner Gefolgschaft und seinem »launischen Alter« sehr bald lästig wird, verschließen ihm alsbald ihre Tore. Der edle Kent, der sich verkleidet erneut in seine Dienste begibt, harrt bei ihm aus. Gonerils und Regans Kälte gegenüber ihrem Vater steigert sich zu solcher Herzlosigkeit, daß sie es ohne Bedenken dulden, den alten hilflosen Mann, dessen Verstand sich verzweifelt gegen den aufkeimenden Wahnsinn wehrt, bei Sturm, Blitz und Donner auf die Heide hinausirren zu lassen. Hier entlädt sich im Gleichklang mit dem Aufruhr der Elemente der bisher nur mühsam unterdrückte Zorn Lears auf die undankbaren Töchter. Er möchte am liebsten »den Schöpfungskeim« des undankbaren Menschengeschlechts auf einmal vernichtet sehen. Schließlich verfällt er dem Wahnsinn. Eine zweite Handlung verläuft in Parallele zum Lear-Schicksal. Der alte Graf von Gloster hat zwei Söhne, den legitimen Edgar und den Bastard Edmund.

Letzterer kann es nicht ertragen, bloß wegen seiner unehelichen Geburt zurückgesetzt zu werden. Er glaubt »im heißen Diebstahl der Natur mehr Stoff« empfangen zu haben als der im rechtmäßigen Ehebett erzeugte Edgar. Darum will er den Halbbruder verdrängen. Und er fädelt eine wirksame Verleumdungsintrige ein, die Gloster glauben läßt, Edgar trachtete dem Vater nach dem Leben. Edgar muß fliehen, bleibt aber im Land und verkleidet sich als Bettler. Als solcher trifft er auf der Heide mit Lear zusammen. Der nur gespielte Wahnsinn Edgars steht neben dem echten Wahnsinn Lears. Der Narr vollendet das grausige Terzett der Stimmen, indem er fortgesetzt Lear daran erinnert, daß er selbst der Urheber allen Elends ist, weil er das Königreich vorzeitig an seine Töchter verschenkte. Das Maß des Unglücks und der Schurkereien wird voll, als Edmund schließlich Regan und ihrem Gatten, dem Herzog von Cornwall, verrät, daß sein Vater heimlich zur Partei des verstoßenen Königs Lear halte und mit Cordelia und deren Gatten, dem König von Frankreich, konspiriere, der mit Heeresmacht gegen Britannien zieht. Gloster wird geblendet und schutzlos ins Freie gestoßen. Hier trifft er auf seinen Sohn Edgar, der immer noch den Tollen spielt und den Vater nach Dover geleitet, wo er den Blinden auf seinen Wunsch einen vermeintlichen Felsen herabspringen läßt. Gloster findet auf diese Weise nicht den erwünschten Tod und glaubt sich wunderbar gerettet. Er begegnet dem in Wahnsinn schwärmenden Lear. Es kommt zum erschütternden Wiedersehen zwischen Lear und Gloster, wobei der eine mit den Augen blind ist, der andere mit dem Verstand. Inzwischen ist Cordelia mit Hilfe aus Frankreich in Britannien gelandet und nimmt sich des Vaters an, der unter ihrer liebevollen Pflege kurz noch einmal zu klarem Bewußtsein gelangt. Diese Wendung zum Guten ist jedoch nur vorübergehend. In der Schlacht zwischen dem König von Frankreich und den von Edmund geführten Scharen Gonerils und Regans siegt Edmund. Lear und Cordelia werden gefangen. Edmund, um dessen Gunst sich sowohl Goneril wie Regan bewerben, ereilt sein Schicksal durch Edgars Schwert. Goneril und Regan verfallen gleichfalls dem verdienten Los: »Die eine gab um mich der andern Gift und dann sich selbst den Tod«, erzählt der sterbende Edmund. Nun aber steht dem Zuschauer der Tragödie die letzte, erschütterndste Szene bevor: Lear kommt, seine Tochter Cordelia tot in den Armen tragend. Es war Edmunds Befehl, beide zu töten. Cordelia starb, bevor der Befehl widerrufen wurde. Doch Lears zerrüttete Natur übersteht diesen letzten, grausamen Schicksalsschlag nicht mehr. Auch würde ihn derjenige nur hassen (wie Kent bemerkt), der ihn noch länger »auf die Folter dieser zähen Welt« spannen wollte. Die Überlebenden erfüllt allgemeine Trauer bei dem Ende dieses furchtbar geschlagenen Königs, der noch sterbend die volle Verzweiflung am Leben ausrast. Kent und Edgar übernehmen die Herrschaft des Staates.

Von vielen als Shakespeares tiefste Tragödie angesehen, offenbart *König Lear* fast ein Übermaß an tragischem Geschehen. Die herrschende Untergangsstimmung liegt gleichsam in Fortsetzung der weltanschaulichen Linie, die mit *Hamlet* begann. Eine genial konzipierte Gestalt, zugleich eine der dankbarsten Rollen, die das Theater Shakespeares kennt, ist der greise Lear: »jeder Zoll ein König«, für seine Charakterfehler schwer und erschütternd büßend. Die Wiederbegegnung mit Cordelia und sein Überleben ihres Todes ist von unvergleichlicher Wirkung. Berühmte Lear-Darsteller waren: Richard Burbadge (zu Shakespeares Zeiten), David Garrick (im 18. Jahrhundert), Ludwig Devrient (im 19. Jahrhundert), Ludwig Wüllner und Albert Bassermann (im 20. Jahrhundert). (Reclams UB 13 und 9444, engl./dt.)

Macbeth

Trauerspiel in fünf Akten
Erste Aufführung: um 1606 in London

Personen: Duncan, König von Schottland – Malcolm und Donalbain, seine Söhne – Macbeth und Banquo, seine Feldherren – Macduff, schottischer Edelmann – Fleance, Banquos Sohn – Lady Macbeth – Lady Macduff – Ein Arzt – Eine Kammerfrau – Ein Pförtner – Drei Mörder – Hekate und drei Hexen u. a.
Ort und Zeit: In Schottland und England, Anfang des 11. Jahrhunderts.

Macbeth und Banquo haben sich als tapfere Feldherren ihres Königs Duncan bei der Niederwerfung aufständischer Vasallen erwiesen. Macbeth wird dafür vom König zum Than von Cawdor ernannt. Ehe er davon erfährt, begegnen ihm und Banquo auf der Heide drei Hexen, die einen magischen Kreis um sie ziehen und ihnen die Zukunft prophezeien: Macbeth wird Than von Glamis und von Cawdor und künftiger König sein, Banquo (»nicht so beglückt, und doch weit glücklicher«) der Stammvater einer langen Königsreihe. Noch sind sich die beiden Feldherren nicht im klaren darüber, was sie von dem Spruch der Hexen zu halten haben, als sie ein Bote des Königs erreicht, der Macbeth die neue Würde des Thans von Cawdor überbringt. Die schnelle Erfüllung einer der Prophezeiungen weckt in Macbeth dunkle Wünsche nach Höherem. Er teilt die Begegnung mit den Hexen in einem Brief seiner Gattin mit, die unbedenklich »Mordgedanken« und »Morddämonen« beschwört, um an der Seite ihres Mannes zum Throne zu gelangen. Sie weiß ihren Mann zwar nicht ohne Ehrgeiz, doch treibt sie ihn weiter an. Der König kommt nach glücklich beendeter Schlacht mit Macbeth auf ihr Schloß. Nun stachelt die Lady ihren Mann an, die Gelegenheit zu nutzen und den König zu töten. Und Macbeth läßt sich dazu verleiten, obwohl ihm bewußt ist, daß er aus keinem anderen Beweggrund als »einzig Ehrgeiz« handelt. Nach dem Mord wird Macbeth von Gewissensbissen erfaßt. Er ist auch unfähig, die bei dem König schlafenden Kämmerer mit Blut zu beschmieren, um den Verdacht auf sie zu lenken. So muß die Lady selbst es tun. Macduff sieht als erster die furchtbare Bluttat und schreit das Verbrechen aus. Lady Macbeth weiß in einem kritischen Augenblick, als Macbeth sich wegen der Tötung der Kämmerer zu rechtfertigen versucht, durch eine vorgetäuschte Ohnmacht die Aufmerksamkeit von ihm abzulenken. Die Söhne des Königs, Malcolm und Donalbain, brechen sofort nach England und Irland auf, um ihr Leben, das sie bedroht fühlen, zu retten. Macbeth kommt dies sehr gelegen. Er leitet den Mordverdacht auf sie und läßt sich zum König krönen. Doch Banquo vermutet von Anfang an, daß Macbeth »schändlich spielte«. Macbeths nächstes Ziel muß somit sein, ihn unschädlich zu machen. Er dingt sich Mörder, die Banquo und seinen Sohn Fleance umbringen sollen, damit sein Gemüt, das ohnehin »von Skorpionen voll« ist, Ruhe finden kann. Doch verstrickt er sich in Wahrheit nur immer tiefer in Verbrechen und Unsicherheit. Der Mord an Banquo gelingt, nicht aber der an Fleance, der den Mörderhänden im Dunkel der Nacht entkommt. Macbeth beschließt, die Zauberschwestern noch einmal aufzusuchen. Was er von ihnen erfährt, ist rätselhaft: er soll Macduff nicht trauen, ihm selbst könne keiner schaden, der von einem Weibe geboren sei, und nie würde er besiegt, wenn nicht der große Birnams-Wald zum Schloß Dunsinan emporsteige. Schon glaubt Macbeth sich sicher, als die Hexen ihm Banquo als den Stammvater von acht Königen zeigen. Das ist zuviel für Macbeth. Er flucht der Unglücksstunde, die ihm so Schlimmes prophezeite: »Nur keine Geister mehr!« Unbarmherzig läßt er die Familie des geflohenen Macduff töten. Die Nachricht hiervon erreicht Macduff in England, wohin er zu Duncans Sohn Malcolm geeilt ist. Hier reift die Schicksalswende heran (»Macbeth ist reif zur Ernte, und dort oben bereiten ew'ge Mächte schon das Messer«). Die Vergeltung vollzieht sich zuerst an der Lady Macbeth, die nachtwandelnd und dem Wahnsinn verfallen die Bilder der Vergangenheit nicht von sich streifen kann und das Geheimnis der Untaten, die sie und Macbeth begingen, ausplaudert. Und auch an Macbeth erfüllt sich alles, wie es die Hexen prophezeit hatten. Es rückt ein Heer heran, geführt von Malcolm und Macduff, das sich (um seine Stärke zu tarnen) Zweige aus dem Wald von Birnam abbricht und gegen das Schloß Dunsinan zieht, in dem sich Macbeth verschanzt hat. Macbeth glaubt sich trotzdem noch nicht verloren. Auch die Nachricht vom Tode seines Weibes spornt ihn eher zu Gegenwehr an, als daß sie ihn einschüchterte. Erst als er Macduff im Zweikampf stehen und von ihm erfahren muß, daß dieser vor der Zeit »geschnitten ward aus Mutterleib«, bricht seine »Mannheit« zusammen. Damit erfüllt sich auch der letzte Spruch der Hexen. Macduff kann alsbald »des Usurpators Haupt« dem neuen König Malcolm zu Füßen legen.

Macbeth ist die kürzeste, in der Grundstimmung nahezu balladenhaft wirkende Tragödie Shakespeares. Goethe erklärte sie für »sein bestes Theaterstück; es ist darin der meiste Verstand in bezug auf die Bühne«. Wiederum bildete Holinsheds Chronik die Quelle. Eine bemerkenswerte Konzeption Shakespeares ist die Gestalt der Lady Macbeth, deren Entwicklung umgekehrt verläuft wie die des Titelhelden. Während zu Anfang die Lady die treibende Kraft des Bösen ist, dann aber in sich selbst zusammenbricht, verliert Macbeth immer mehr von seinen Skrupeln und endet zum Schluß nicht ohne tragische Größe. Über die Bedeutung der Hexen ist vielfach gestritten worden. Man wird gut daran tun, sie als Elementargeister zu nehmen und nicht zuviel in sie hineingeheimnissen zu wollen. Verdi schrieb nach Shakespeares Werk eine Oper (s. Reclams Opernführer), in der besonders die ›Große Szene des Nachtwandelns‹ der Lady Macbeth kongenial mit den Mitteln der Musik erfaßt wird. (Reclams UB 17 und 9870, engl./dt.)

Antonius und Cleopatra (*Antony and Cleopatra*). Trauerspiel in fünf Akten (um 1607). – Marc Anton, der ruhmbekränzte römische Triumvir, führt in Ägypten an der Seite der Königin Cleopatra ein schwelgerisches Leben. Nachrichten aus Rom über das neuerliche Aufbegehren des Sextus Pompejus und über innere Wirren im Staat bringen ihn aber langsam zu der Einsicht, daß er »Ägyptens starke Fessel« brechen muß, wenn er nicht untergehen will. Er trifft in Rom mit Octavius und Lepidus zusammen, versöhnt sich mit ihnen und verpflichtet sich Octavius auf das engste durch die Heirat mit dessen Schwester Octavia. An Bord von Pompejus' Galeere findet ein rauschendes Versöhnungsfest statt, bei dem die »drei Weltenteiler« zum Schluß mit Pompejus in der Trunkenheit singen und tanzen (»Trinkt, bis alle Welten schwanken«). Nicht lange danach kommt es zu neuen Konflikten: Marc Anton ist wieder in Ägypten. »Cleopatra hat ihn zu sich gewinkt«, muß Octavius der schwer gekränkten Schwester mitteilen. Den Triumvir Lepidus hat Octavius als »armen dritten Mann« beiseite geschafft und zieht nun gegen Marc Anton zu Felde. Marc Anton wird besiegt und muß sich geschlagen in die Stadt zurückziehen. Cleopatra, die er heftig verflucht, erweist sich jedoch edler, als er vermutet hat. Sie läßt Marc Anton mitteilen, sie habe sich selbst getötet: »Sag ihm, mein letztes Wort war Marc Anton ... Und melde mir, wie er es nimmt.« Dann aber finden sich die Liebenden zum gemeinsamen Ende zusammen. Marc Anton stürzt sich auf die Nachricht von Cleopatras vermeintlichem Tode in sein Schwert, läßt sich aber auf die Kunde hin, daß sie noch lebe, zu ihr tragen und stirbt versöhnt mit ihr vor ihren Augen. Cleopatra, der der Gedanke unerträglich ist, von Octavius im Triumph nach Rom geschleppt zu werden, folgt dem Geliebten im »Sehnen nach Unsterblichkeit« und setzt giftige Schlangen an ihren Körper. Noch der Anblick der toten Königin veranlaßt Octavius zu dem bewundernden Ausruf: »Sie gleicht dem Schlaf, als wollte sie Anton von neuem fangen im starken Netz der Schönheit.« Er läßt die beiden in einem Grab zusammen bestatten.

Das Trauerspiel, das sich gleich den anderen Römertragödien des Dichters auf Plutarch stützt, ist locker gebaut. Häufiger Szenenwechsel und die in die Länge gezogenen Schlußakte geben ihm die äußere Struktur. Doch ist die Charakterzeichnung vollendet. Shakespeare unterstreicht im 4. und 5. Akt die tragische Größe der beiden Titelfiguren, Marc Anton als »das edle Antlitz, aus dem die Majestät des Weltalls blickt«, Cleopatra als die Frau, die im Angesicht des Todes zu der starken, nur auf einen Mann gerichteten Liebe emporwächst: »Gemahl, ich komme. Jetzt schafft mein Mut ein Recht mir zu dem Titel.« Diese Steigerung der Liebestragödie zweier großer Persönlichkeiten ins Transzendente gibt dem Trauerspiel seinen besonderen Sinn. (Reclams UB 39 und 8830, engl./dt.)

Timon von Athen (*Timon of Athens*). Trauerspiel in fünf Akten (um 1607). – Der reiche und hilfsbereite Timon ist von Schmarotzern und falschen Freunden umgeben, denen es nur darauf ankommt, durch Schmeicheleien an sein Vermögen zu kommen. Er durchschaut das Spiel nicht und meint, seine Freunde stünden ihm gegebenenfalls auch in der Not bei. Bald ergibt sich die Gelegenheit, die Probe aufs Exempel zu machen. Diejenigen, die einst frohe Stunden mit ihm teilten, sind nicht bereit, ihm auch nur eine Drachme zu leihen, und die Senatoren beschließen wegen seines schwelgerischen Lebens sogar seinen Tod. Als der Feldherr Alkibiades auf die Verdienste Timons verweist, wird er selbst aus Athen verbannt. Noch einmal lädt Timon seine Freunde zu einem Gastmahl ein. Sie folgen zum Teil, da sie glauben, er besitze noch Geld und habe sie nur prüfen wollen. Timon aber hat unter den verdeckten Schüsseln nichts als heißes Wasser auftragen lassen, das er ihnen ins Gesicht gießt. Er treibt sie aus dem Hause und verläßt die undankbare Stadt. In furchtbaren Flüchen entlädt sich nun sein Haß. Er sieht nichts als Bosheit in der fluchbeladenen Menschheit und wünscht ihr Vernichtung. Im Walde findet er, als er nach Wurzeln gräbt, Gold. Doch dies will ihm jetzt nur als Gift erscheinen, das die Habgier weckt und die Menschen verdirbt. Er schenkt es weg, wo er kann, nicht ohne entsetzliche Flüche daran zu heften. Immer mehr steigert er sich in Menschenhaß und Weltverachtung hinein. Auch die Belehrungen des Philosophen Apemantus, daß er nie den »Mittelweg der Menschheit« kenne, sondern nur »die beiden äußersten Enden«, vermag ihn nicht umzustimmen. Nur einmal noch wird er für einen Augenblick anderer Meinung, als ihn der alte treue Flavius aufsucht und ihm auch in seiner jetzigen Not seine Dienste anbietet. Doch dies war die letzte versöhnliche Regung in ihm. Als die Senatoren ihn im Wald aufsuchen, um ihn nach Athen zurückzurufen, weigert er sich, ihnen zu folgen, weil sie nur aus Furcht vor Alkibiades kommen, der die Stadt angreifen will. Er bleibt im Wald, stirbt bald darauf und hinterläßt noch auf seinem Grabstein einen furchtbaren Fluch allem, was da lebt!

Das von Verbitterung diktierte Stück stellt einen Sonderfall in Shakespeares Schaffen dar. Es ist in der Titelfigur von einem unversöhnlichen Haß erfüllt, der weit über das hinausgeht, was im *König Lear* und im *Coriolanus* zum Thema Undank gesagt wird. Es offenbart in dem Vernichtungswillen Timons gegenüber allem Kreatürlichen einen extremen Nihilismus, der vielleicht eine Krise markiert, in der sich der Dichter nach der langen Reihe der ›schweren‹ Tragödien befand und die sich dann in der verklärenden Märchenpoesie der drei letzten Werke, der sog. Romanzen, lösen sollte.

Coriolanus. Trauerspiel in fünf Akten (um 1608). – Cajus Marcius ist ein tapferer Heerführer, der aber stolz das Volk verachtet. Als eine Hungerrevolte droht, gelingt es seinem Freund Menenius, die Römer mit der Fabel vom Bauch, gegen den die Glieder revoltieren, zu beschwichtigen. Cajus Marcius ist empört, daß dem Volk, »um seine Pöbelweisheit zu vertreten«, Tribunen zugebilligt wurden. Ein einsetzender Angriff der Volsker verhindert zunächst weitere Spaltungen. Die Tapferkeit, mit der Marcius kämpft, bringt ihm den Ehrennamen Coriolanus ein: wegen der Heldentaten, die er vor Corioli vollbrachte. Der Senat ernennt ihn zum Konsul. Nur widerstrebend, aber und in hochmütiger Weise bittet Coriolan das Volk um die nötige Zustimmung. So gelingt es den Tribunen, die Meinung der Bürger gegen ihn zu wenden. Nachdem sich Coriolan ein weiteres Mal hat dazu hinreißen lassen, Volk und Tribunen zu beschimpfen und zu beleidigen, wird er aus Rom verbannt. Er begibt sich zum Feind Roms, zu den Volskern, nach Antium. Hier wird er von seinem bisherigen Gegner Aufidius zunächst mit einer Herzlichkeit aufgenommen, die sich jedoch in Mißtrauen wandelt. Als es erneut zum Krieg zwischen Rom und den Volskern kommt, hat Coriolan als Feldherr der Volsker nur noch den einen Gedanken: Rache an Rom. Alle Vermittlungsversuche weist er zurück, sogar dem alten Menenius, seinem väterlichen Freund, versagt er sich. Erst als seine Mutter Volumnia und seine Gattin Virgilia, gefolgt von deren Freundin Valeria und seinem kleinen Sohne, zu ihm dringen und vor ihm knien, schmilzt sein Herz. Gegenüber Volumnias Vorhaltungen, die dem »großen Sohne« rät, Frieden zwischen Rom und den Volskern zu stiften und seinen Namen nicht mit der Schande der Zerstörung des eigenen Vaterlandes zu belasten, vermag er nicht länger in seinem Rachedurst zu beharren. Doch ist sich Coriolan bewußt, daß er damit sich selbst sein Grab gräbt. (»Oh! meine Mutter! Mutter! Oh! Für Rom hast du heilsamen Sieg gewonnen; doch deinen Sohn ... ihm höchst gefahrvoll hast du den bezwungen, wohl tödlich selbst.«) Die Volsker ziehen ab. Volumnia wird jubelnd in Rom empfangen. Es folgt nun, was zu erwarten war: in Antium klagt Aufidius Coriolan des Hochverrates an und liefert ihn den Dolchen seiner Mitverschworenen aus.

Coriolanus ist die Tragödie des aristokratischen Hochmutes, des allzu bewußt zur Schau getragenen Stolzes eines einzelnen Mannes gegenüber dem niederen Volk. So groß Coriolans Heldentaten sein mögen, so männlich bescheiden sein Auftreten im Krieg ist, so reizbar und unbeherrscht erweist er sich gegenüber dem »Tier mit vielen Köpfen«. An solcher Übersteigerung seines Wesens zerbricht er. Die Quelle, der Shakespeare sehr genau folgte, ist die Lebensbeschreibung Plutarchs. Außer der Charakterzeichnung des Titelhelden erweist die Gestalt der Volumnia den großen Dichter. Ihr Gang zum Sohne vor dem belagerten Rom (V,3) gehört zu den szenischen Höhepunkten des Shakespeareschen Theaters. (Reclams UB 69.)

Cymbelin (*Cymbeline*). Schauspiel in fünf Akten (um 1608/1609). – König Cymbelin von Britannien verbannt unter dem Einfluß seiner zweiten Frau den edlen Posthumus von seinem Hofe, weil dieser Imogen, Cymbelins Tochter aus erster Ehe, gegen seinen Willen geheiratet hatte. Die neue Königin möchte, daß ihr Sohn aus erster Ehe, Cloten, mit Imogen vermählt und damit Erbe des Königsthrones werde. Posthumus begibt sich nach Rom, wo er bei einem Freund seines Vaters Unterkunft findet. Bei einem Wortstreit kommt es zu einer verhängnisvollen Wette zwischen Posthumus und dem Italiener Jachimo. Jachimo behauptet, jede Frau sich zu Willen machen zu können. Posthumus setzt auf die Treue seiner Imogen. Jachimo bricht nun nach England auf, versucht vergeblich, Imogens Treue ins Wanken zu bringen. Um nicht der Verlierer der Wette zu sein, verschafft er sich auf unredliche Weise Kenntnis über Intimitäten von Imogens Schlafgemach. Damit erschüttert er den Glauben des Posthumus an Imogens Treue. Posthumus rast voll enttäuschter Liebe gegen Imogen. Er befiehlt seinem Diener Pisanio, der in England verblieben ist, Imogen zu töten. Pisanio bringt dies nicht übers Herz. Er verläßt mit Imogen den Hof des Königs, weiht sie in den übereilten Auftrag des Posthumus ein und rät ihr, in Knabenkleidern Posthumus aufzusuchen. So trifft Imogen im Gebirge mit Bellarius und dem Jünglingspaar Arviragus und Guiderius zusammen. Es sind dies (unter fremden Namen) ein vom Hofe verbannter Lord und zwei Söhne des Königs, die Bellarius aus Rache für seine ungerechte Verbannung dem König entführt hatte. Auch der brutale Prinz Cloten, der von Imogens Flucht Kenntnis erhalten hat und ihr nachgeeilt ist, gesellt sich zu ihnen, wird aber nach einem Wortwechsel von Guiderius erschlagen. In dem wegen eines rückständigen Tributs zwischen Britannien und den Römern ausbrechenden Krieg werden die Hauptfiguren des Stückes auf wunderbare Weise wieder zusammengeführt. Posthumus hat sich zunächst den Römern angeschlossen, verrichtet dann aber als britischer Bauer verkleidet wahre Wundertaten an Tapferkeit zugunsten Britanniens. Die Entscheidung in der Schlacht führen »zwei Knaben und ein Greis« (Bellarius mit Arviragus und Guiderius) herbei, die den schon in römische Gefangenschaft geratenen König Cymbelin befreien. Imogen und Posthumus werden neu vereint, der »gelbe Jachimo« wird entlarvt und bereut, die böse Königin stirbt im Wahnsinn, und der König findet seine längst totgeglaubten Söhne wieder. Ein Freudenhymnus beschließt das Stück.

Shakespeare verarbeitete in *Cymbelin* einen Novellenstoff Boccaccios und Angaben aus Holinsheds Chronik. Die Szenenführung offenbart den Spätstil des Dichters, der aus der Verbitterung des *Timon von Athen* in die versöhnliche Atmosphäre märchenhafter Konflikte und Lösungen führt. Die Traumerscheinungen des Posthumus im Gefängnis (V,4) weisen auf Elemente des italienischen Barocktheaters hin, das um die Entstehungszeit des Stückes in England Einzug hielt. Dem unter Blitz und Donner erscheinenden Jupiter sind auch die Worte in den Mund gelegt, die die Quintessenz des Stückes bilden: »Den hemm ich, den ich lieb; es wird sein Lohn, verspätet, süßer nur.« Mit der Gestalt der Imogen schuf der Dichter eine seiner schönsten Frauenrollen. (Reclams UB 225.)

Das Wintermärchen

(*The Winter's Tale*). Schauspiel in fünf Akten
Erste Aufführung: 1611 in London

Personen: Leontes, König von Sizilien – Hermione, seine Gemahlin – Perdita, ihre Tochter – Polyxenes, König von Böhmen – Florizel, sein Sohn – Antigonus und Camillo, vornehme Sizilianer – Paulina, Gemahlin des Antigonus – Ein alter Schäfer – Sein Sohn – Autolycus, ein Spitzbube – Edelleute – Schäfer und Schäferinnen – Die Zeit als Chorus u. a.
Ort und Zeit: In Sizilien und Böhmen, zu unbestimmter Zeit.

Leontes, König von Sizilien, beschuldigt ungerechterweise seine Gemahlin Hermione des Ehebruchs mit Polyxenes, dem König von Böhmen, der als alter Jugendfreund zu Besuch am Hofe in Sizilien weilt. In seiner Verblendung läßt sich Leontes dazu hinreißen, dem getreuen Hofmann Camillo die Tötung des Polyxenes aufzutragen. Camillo weiß sich nicht anders zu helfen, als sich Polyxenes zu offenbaren und mit ihm schleunigst das Land zu verlassen. Dies ist für Leontes Grund genug, nun fest an Hermiones Schuld zu glauben. Er läßt die unglückliche Königin einkerkern und ist auch nicht bereit, das Kind, das sie im Gefängnis zur Welt bringt, als sein eigenes anzuerkennen. Der Hofmann Antigonus erhält den Befehl, es in der Wildnis an der Grenze des Landes auszusetzen. Erst ein von Leontes eingeholter Spruch des Orakels in Delphi, der Hermiones Unschuld sowie die Treue Camillos bestätigt, Leontes aber einen »eifersüchtigen Tyrannen« nennt, führt eine Wendung herbei. Als ihm der Tod seines älteren Knaben gemeldet wird und auch Hermione auf diese Nachricht hin wie tot umsinkt, tritt eine Wandlung ein. Leontes wird von Reue erfaßt und will sein weiteres Leben nur der Trauer weihen, täglich in der Gruft der Königin verweilen. Der Dichter läßt nun die Zeit als Chorus auftreten und die Handlung erst 16 Jahre später wieder einsetzen. Wir erleben in der Gegend, in der Perdita, wie das ausgesetzte Kind heißt, aufwuchs, ein Schäferidyll mit Gesang, Tanz und Maskeraden. In seiner Mitte steht Perdita, die inzwischen zu einer anmutigen Jungfrau herangewachsen ist und um die sich heftig der junge Prinz Florizel, der Sohn des Polyxenes (als Schäfer Doricles verkleidet), bewirbt. Als Florizel (Doricles) sich öffentlich mit Perdita verloben will, greift Polyxenes ein. Er hatte sich mit Camillo verkleidet in die Idylle eingeschlichen, gibt sich jetzt zu erkennen und droht dem Sohne mit schwerer Strafe, wenn er nicht sofort dem Liebesverhältnis mit der Schäferin ein Ende setzt. Doch Camillo, der einstmals dem Vater in Sizilien das Leben rettete, wird nun in Böhmen auch zum Bringer des Glücks für den Sohn. Er verhilft Florizel mit Perdita zur Flucht. Die Handlung nimmt dann in Sizilien wieder ihren Fortgang, wo Leontes sich in Reue verzehrt und sich weigert, eine neue Ehe einzugehen, wozu ihn die Hofleute drängen wollen. Die Ankunft des flüchtigen Florizel und Perditas, denen bald darauf Polyxenes und Camillo folgen, bringt neue Hoffnung in sein kummervolles Dasein. Die Öffnung der Dokumente, die der alte Schäfer Polyxenes aushändigte, erweist Perdita als seine totgeglaubte Tochter. Nun ist, wie die Hofleute zu berichten wissen, des Staunens, der Verzückung und der Seligkeit bei Hofe kein Ende. Doch den Gipfel des Glücks und der Überraschungen hat Paulina noch bis zu diesem Augenblick vorbehalten. Sie hat all die Jahre hindurch die totgesagte Hermione bei sich im Hause verborgen und mit ihr auf die eine Möglichkeit gewartet, die das Orakel in Delphi dem reuigen Leontes offengelassen hatte, daß nämlich nicht alles verloren sei, »wenn das, was verloren ist, wiedergefunden« würde. Dieser Fall ist durch die Entdeckung Perditas eingetreten. Paulina führt nun die Staunenden in ihr Haus, um ihnen eine Statue zu zeigen, die ein großer Künstler nach dem Bilde Hermiones täuschend echt geschaffen habe, so echt, daß man glauben könne, sie lebe wirklich. Unter Klängen von Musik läßt Paulina die Statue schließlich sich beleben. Es ist Hermione, die dem tief bewegten und erschütterten Gatten in die Arme sinkt und den Segen der Götter auf das Haupt ihres Kindes herabfleht. Und nicht nur die königlichen Paare sollen die Beglückten sein. Leontes legt die Hand der treuen Paulina in die des treuen Camillo.

Die Quelle für dieses Märchenstück, das Shakespeares Spätstil in großer Vollendung zeigt, war ein Roman von Greene, *Pandosto oder der Triumph der Zeit* (1588). Shakespeare schlägt in seiner eigenwüchsigen Bearbeitung der Vorlage noch einmal das Othello-Motiv grundloser Eifersucht an, um es aber diesmal in einen versöhnlichen Schlußakkord ausklingen zu lassen. (Reclams UB 152 und 8393, engl./dt.)

Der Sturm

(*The Tempest*). Schauspiel in fünf Akten
Erste Aufführung: um 1613 in London

Personen: Alonso, König von Neapel – Sebastian, sein Bruder – Ferdinand, sein Sohn – Prospero, der rechtmäßige Herzog von Mailand – Antonio, sein Bruder – Gonzalo, ein ehrlicher alter Rat – Trinculo, ein Spaßmacher – Stephano, ein betrunkener Kellermeister – Miranda, Tochter des Prospero – Ariel, ein Luftgeist – Caliban, ein wilder und mißgestalteter Sklave, u. a.
Ort und Zeit: Auf einer einsamen Insel, zu unbestimmter Zeit.

Szenische Einleitung ist ein Schiffsuntergang, bei dem ein König mit seinem Gefolge den Wellen preisgegeben scheint. Von nun an ist Schauplatz des Stücks eine einsame Insel. Aus dem Munde Prosperos, des Beherrschers der Insel, erfahren wir, daß er den Sturm mit seiner Zauberkraft erregt und die Schiffbrüchigen an ihr Ufer hat werfen lassen. Es sind dies: der König Alonso von Neapel, sein Bruder Sebastian, der ehrliche alte Gonzalo und Antonio, Prosperos Bruder. Ein Verbrechen ging voraus, das nun gesühnt werden soll. Antonio hatte vor zwölf Jahren seinen Bruder Prospero des Herzogtums von Mailand beraubt. Prospero hatte zwar seinen Bruder schon zum Regenten ernannt, um sein Leben der Literatur und Forschung widmen zu können. Aber Antonio wollte Alleinherrscher sein und hatte sich mit dem König von Neapel gegen Prospero zusammengetan. Mit seiner dreijährigen Tochter hatte er Prospero in einem Boot ausgesetzt. Hätte nicht der gütige alte Gonzalo ihnen etwas Nahrung und Prospero seine Bücher (»mehr wert mir als mein Herzogtum«) mitgegeben, wären sie gewiß umgekommen. So aber gelangten sie zu dem Eiland, zu dessen Herrscher sich Prospero kraft seiner Zauberkünste aufgeschwungen hat. Er machte sich zwei Elementarwesen zu Dienern: den Luftgeist Ariel und den viehischen Caliban, den Wechselbalg der Hexe Sycorax, ein Wesen halb Fisch, halb Mensch, das Prospero vergeblich zu einer besseren Kreatur zu erziehen versucht hat. Ariel muß ihm nun behilflich sein, die Bestrafung der Schuldigen, wie sie Prospero sich erdacht hat, durchzuführen. Er hat zunächst den jungen Ferdinand, den Sohn des Königs, vom Vater getrennt, der ihn in den Wellen untergegangen glaubt. Er läßt den König in trostloser Trauer auf der Insel umherstreifen. Schon bahnt sich unter seinem Gefolge ein neues teuflisches

Verbrechen an: Antonio beredet Sebastian zu einem gemeinsamen Anschlag, er selbst will Alonso im Schlaf töten, Sebastian soll Gonzalo umbringen. Aber Ariel greift ein und verwirrt sie alle mehr und mehr, bis sie schließlich mit Wahnsinn geschlagen umherirren. Der junge Ferdinand ist inzwischen mit Miranda, Prosperos Tochter, zusammengetroffen. Prospero billigt die aufkeimende Liebe des jungen Paares, unterzieht sie aber der Prüfung. Ferdinand muß eine Zeitlang harte Arbeit verrichten, und beide müssen sich standhaft in der Überwindung sinnlichen Begehrens bis zur Hochzeitsfeier zeigen. Und noch eine dritte Aufgabe hat Ariel. Zu Caliban, der immer wieder aufrührerische Gedanken hegt, haben sich der Spaßmacher Trinculo und der betrunkene Kellermeister Stephano, Schiffbrüchige von des Königs Schiff, gesellt. Auch hier wird eine Revolution geplant. Caliban hofft, mit Hilfe Stephanos Prospero zu ermorden und sich in den Besitz der Insel zu setzen. Prospero hat aber alle Fäden sicher in der Hand. Zum Schluß offenbart er sich und wird vom König, der seine Tat bereut, wieder in sein Herzogtum eingesetzt. Ferdinand und Miranda werden ein Paar. Caliban und seine Spießgesellen, die sich schon mit den gestohlenen Kleidern Prosperos als Herrscher fühlten, bekommen die verdiente Tracht Prügel. Prospero kann den Luftgeist Ariel entlassen und mit den Fürsten ausgesöhnt nach seinem Herzogtum zurückkehren.

Das tiefsinnige Märchendrama, mit dem Shakespeare seine Laufbahn als Bühnendichter abschloß, trägt alle Kennzeichen eines poetischen Testaments. Am deutlichsten wird dies in Prosperos Monolog zu Beginn des 5. Aktes, wenn der Beherrscher der Geister in einem großartigen Anruf an die Elementarwelt dem »grausen Zaubern« abschwört und den Zauberstab zerbricht. Heimgekehrt, soll sein »dritter Gedanke das Grab sein«, und ein Epilog bestätigt, daß nun alle seine Künste dahin sind. (Reclams UB 46 und 7903, engl./dt.)

BEN JONSON

* 11. Juni 1573 in Westminster (London)
† 6. August 1637 in London

Benjamin Jonsons Vorfahren stammten aus Schottland. Er besuchte in London die Schule von Westminster. Sein Stiefvater, ein Maurer, veranlaßte ihn, auch diesen Beruf zu erlernen. Ben Jonson lief jedoch bald davon, wurde Soldat in Flandern und kehrte 1592 nach England zurück, wo er in London als Schauspieler und alsbald auch als Bühnendichter hervortrat. Ein Duell mit einem Schauspieler, bei dem er den Gegner tötete, brachte ihn fast an den Galgen. Im Gefängnis trat er zum Katholizismus über, von dem er sich aber zwölf Jahre später wieder löste. Trotz mannigfacher Erfolge und Ehrungen starb der »poeta laureatus« krank und einsam. Er wurde in der Westminsterabtei neben den großen Dichtern seines Landes beigesetzt.

Ben Jonson verkörpert im Gegensatz zu Shakespeare, mit dem er befreundet war, den Typ des gelehrten, mit dem ganzen Bildungsballast seiner Zeit beladenen Dichters. Auch in seinen typisierenden Komödien unterscheidet er sich von den individuell charakterisierenden Shakespeares. Zur Folio-Ausgabe der Werke Shakespeares schrieb er sein berühmt gewordenes Lobgedicht auf den »stolzen Schwan vom Avon«, in dem er prophetisch Shakespeares kommenden Ruhm voraussagt und ihn neben die großen griechischen Tragiker stellt.

Ben Jonson begann als Bühnendichter mit dem nach antikem Muster geformten Lustspiel *Jedermann hat seine Schwächen* (1598), dem er ein Jahr später noch ein ähnliches Stück *Jedermann ohne seine Schwächen* folgen ließ. Mit satirischen Lustspielen wie *Der dumme Teufel* und *Der Poetaster* (1601), die scharfe Angriffe gegen Zeitgenossen enthielten, erzielte er Publikumserfolge, zog sich aber auch Feindschaften zu. Sein Bedeutendstes schuf Ben Jonson mit den Sittenkomödien *Volpone* (1605), *Der Alchimist* und *Epicoene oder Die schweigsame Frau* (1609). Weniger glücklich war er mit seinen Römertragödien *Der Fall des Sejanus* und *Catilina*. Für Hoffestlichkeiten schrieb er Masken- (Masques) und Zwischenspiele. Sein *Volpone* lebt heute noch auf unseren Bühnen. *Die schweigsame Frau* wurde in einer Bearbeitung von Stefan Zweig zum Opernlibretto für Richard Strauss (siehe Reclams Opernführer).

Volpone

(*Volpone, or The Fox*). Komödie in vier Akten
Erste Aufführung: 1605 in London

Personen: Volpone – Mosca, sein Haushofmeister – Voltore, Advokat – Corbaccio, ein Kaufmann – Bonario, sein Sohn – Corvino, ein Patrizier – Celia, seine Nichte – Lord Patrick Wouldbee, ein reisender Engländer – Lady Arabella, seine Frau – Der Oberrichter – Senatoren u. a.
Ort und Zeit: Venedig, um 1605.

Volpone, ein in Venedig reich gewordener Ausländer, treibt zusammen mit seinem Haushofmeister Mosca ein einträgliches Spiel: Volpone gibt vor, krank und nahe dem Tode zu sein. Dies ist für eine Reihe von Erbschleichern Grund genug, immer wieder mit Geschenken bei Volpone vorzusprechen, um im Testament bedacht zu werden. Es sind dies: der ehrgeizige und gewissenlose Advokat Voltore, der alte Geizhals Corbaccio und der nicht minder habgierige Patrizier Corvino. Mosca verspricht einem jeden, daß er der alleinige Erbe sein werde. Sie überbieten sich in Geschenken und Angeboten. Corbaccio ist bereit, seinen Sohn Bonario zu enterben und ein Testament zugunsten Volpones zu machen, bloß um sich diesem gefällig zu erweisen. Und Corvino geht sogar so weit, seine Nichte Celia, die er eigentlich selbst gerne heiraten möchte, an Volpone zu verkuppeln, bloß um über diesen Umweg dessen Vermögen zu ergaunern. Bei dem Versuch, Celia Volpone in die Hand zu spielen, tritt aber Bonario, Corbaccios Sohn, der Celia liebt und von ihr wiedergeliebt wird, dazwischen. Es kommt zum Skandalauftritt in Volpones Haus, der ein gerichtliches Nachspiel hat. Schon sind Bonario und Celia in höchster Gefahr, da die Erbschleicher gegen sie unter einer Decke stecken und auch Volpone, der sich schon entlarvt glaubte, mit Moscas Hilfe weiterhin das falsche Spiel des alternden kranken Mannes spielen kann. Da fängt sich jedoch Volpone in der eigenen Schlinge. Er ist durch den für ihn günstigen Ausgang der Gerichtsverhandlung übermütig geworden und möchte das Schauspiel genießen, wie sich die Erbschleicher um sein Vermögen raufen. Er läßt in Venedig seinen Tod verkünden, setzt Mosca zum Alleinerben ein und beobachtet hinter dem Vorhang seines Bettes den Kampf der sofort herbeieilenden ›Freunde‹. Er hat aber weder mit der Gerissenheit von Mosca gerechnet noch mit der Gerechtigkeit des Oberrichters von Venedig, der schon während des Prozesses die wahren Zusammenhänge zu durchschauen begonnen hatte. Mosca will von dem Testament, das ihn zum Alleinerben einsetzte, sofort Gebrauch machen, ohne Rücksicht auf seinen Herrn, und alles, was nicht niet- und nagelfest ist, auf ein Schiff bringen lassen, um damit ins Ausland zu fliehen. Voltore legt unter diesen Umständen dem Oberrichter gegenüber das Geständnis ab, daß seine Aussagen vor Gericht falsch waren. Im Höhepunkt der Verwicklung tritt der totgesagte Volpone selbst dazwischen. Der Oberrichter entzieht ihm aber sein Vermögen und läßt ihn zusammen mit Mosca nach dem Ausland schaffen, Voltore verliert seine Advokatur, Corvino wird die Vormundschaft über Celia genommen, und auch Corbaccio muß seinen Sohn für die erlittene Unbill entschädigen. Celia und Bonario werden ein beglücktes Paar, dem der Oberrichter die Hälfte des Vermögens von Volpone zuweist.

Als satirische Komödie mit ausgesprochenen Typen (der Dichter gibt den Figuren bezeichnenderweise Tiernamen: Volpone = Fuchs, Mosca = Stechfliege, Corbaccio = Rabe usw.) ist das Stück ein wesentlicher Schritt zur Typenkomödie des 17. Jahrhunderts. Molières *Geiziger* scheint hier ebenso vorgebildet wie entsprechende Figuren bei Holberg und Goldoni. Bewundernswert ist vor allem die dramaturgische Meisterschaft, die den Zuschauer zum Mitwisser macht und dadurch starke Effekte erzielt. Ludwig Tieck brachte 1793 eine Übersetzung des *Volpone* ins Deutsche unter dem Titel *Ein Schurke über den anderen oder Die Fuchsprelle*. Eine später viel gespielte freie Bearbeitung der Komödie lieferte Stefan Zweig (1926). Dem Original näher kommt die Bearbeitung von Arthur Luther (1946). (Reclams UB 9733, engl./dt.)

JOHN WEBSTER

* um 1578 in London, † um 1634 ebd.

Die näheren Lebensumstände von Webster liegen immer noch im dunkeln. Um so einfacher jedoch läßt sich seine literarische Karriere rekonstruieren. Wie die meisten seiner Kollegen schrieb Webster seine Dramen zusammen mit anderen. Seine heute noch gespielten (Rache-)Tragödien »Der weiße Teufel« (1612) und »Die Herzogin von Amalfi« verfaßte er jedoch allein, ein sicherer Beleg für seine eigenständige Begabung. Zeigt die erstgenannte Webster als scharfsinnigen Beobachter und Gestalter des Geistes und Ungeistes seiner Epoche, so führt er in der »Herzogin« Qualen und den Tod in allen Varianten vor. Webster kannte die klassische und zeitgenössische Literatur genau; den Gepflogenheiten seiner Zeit folgend, nahm er für sein literarisches Schaffen manche Anleihe. Bekannt ist die Sorgfalt, mit der er immer wieder sprachliche Verbesserungen vornahm. Sein Ziel war es, die populäre Seite des Volkstheaters mit dem Anspruch des literarischen Kunstwerks zu versöhnen. *E. F.*

Die Herzogin von Amalfi (*The Duchess of Malfi*). Tragödie in fünf Akten (um 1612). – Das Melodrama spielt im Italien des 16. Jahrhunderts. Die früh verwitwete Herzogin gibt der Werbung ihres Hofmeisters Antonio Bologna nach. Aus der Ehe entspringen drei Kinder. Die standesbewußten Brüder der Herzogin, Herzog Ferdinand von Kalabrien und der Kardinal, nehmen wegen der Mesalliance Rache an der Herzogin und ihren beiden jüngsten Kindern. Sie demütigen, peinigen und quälen die Herzogin. So wird ihr zuerst die (vorgeblich) abgehackte Hand Antonios, dann seine Leiche, später die ihrer Kinder (in Wirklichkeit in Wachs nachgebildet) gezeigt. Schließlich wird sie zusammen mit ihren Kindern erdrosselt, der ahnungslose Antonio bei seiner Rückkehr von dem Verräter Bosola erstochen. In einem Finale des Grauens bringen sich dann die Urheber all der Verbrechen gegenseitig um. – Webster ließ sich zu seiner Tragödie von einer Novelle Bandellos anregen. Das zu Websters Zeit in hoher Gunst stehende Rachedrama wird schnell ausgeweitet zu einer Suche nach menschlichen Ordnungen. Die Titelheldin, die allen Anfechtungen widersteht, hat ebenso Symbolcharakter wie die machtlüsternen Brüder und der zynische, nihilistisch verzweifelte Intrigant Bosola.

E. F.

JOHN GAY

* 30. Juni 1685 in Barnstaple
† 4. Dezember 1732 in London

Gay, der früh seine Eltern verlor, wurde nach kurzer Lehre bei einem Seidenhändler freier Schriftsteller. Er war befreundet mit Alexander Pope und Jonathan Swift. Mit seinen Bühnenstücken hatte er Erfolg, aber aufgrund mißlungener Finanzspekulationen geriet er in finanzielle Nöte. So war er die letzten Jahre seines Lebens auf die Unterstützung von Freunden und Gönnern angewiesen. *E. F.*

Die Bettleroper (*The Beggar's Opera*). Komödie; Musik von John Christopher Pepusch (1728). – Mit dieser Komödie gelang Gay das erfolgreichste englische Bühnenstück des 18. Jahrhunderts, gleichzeitig eine der berühmtesten Parodien der Theatergeschichte. Der Räuberhauptmann Macheath hat Polly, die Tochter seines Hehlers Peachum, heimlich geheiratet. Als ihre Eltern davon erfahren, liefert Peachum seinen Schwiegersohn der Justiz aus, denn ein lästiger Mitwisser seiner Geschäftsgeheimnisse ist ihm zu gefährlich, außerdem möchte er seine Tochter in guten Kreisen verheiratet wissen. Zweimal gelingt es Macheath, der Verhaftung zu entgehen. Schließlich wird er bei den Huren Londons, denen er kein Unbekannter ist, gestellt. Im Gefängnis wird er von Polly und der Tochter des Gefängnisdirektors, die ein Kind von ihm erwartet, bedrängt. Als noch weitere Mädchen mit Kindern von ihm aufkreuzen, erscheint Macheath der Galgen nicht die schlechteste Lösung ... bis der Theaterdirektor auftaucht und dem Komponisten klarmacht, daß eine Oper mit einem Happy-End zu schließen habe. (Reclams UB 9228, engl.) – Als Satire auf die feine Gesellschaft mit ihren heroischen und galanten Werten zeigt Gay deren ganze Lasterhaftigkeit, transponiert in ein weniger gediegenes Milieu, auf. Gleichzeitig macht er sich einen Spaß daraus, Elemente der italienischen Oper zu parodieren. Die folgenreichste Neubearbeitung des vor allem im englischen Sprachraum lebendig gebliebenen Stücks ist Bertolt Brechts *Dreigroschenoper* (1928) mit der Musik von Kurt Weill. *E. F.*

RICHARD BRINSLEY SHERIDAN

* 30. Oktober 1751 in Dublin
† 7. Juli 1816 in London

Sohn eines Schauspielers und einer Schriftstellerin, studierte Jura in London, heiratete 1773 die berühmte Sängerin Elizabeth Linley, um derentwillen er sich zweimal duellierte. 1775 schrieb er seine erste Komödie. 1776 bis 1809 leitete er das Drury Lane Theatre. Außerdem war er ein bewunderter Redner im Unterhaus als Anhänger von Charles Fox.

Die Lästerschule (*The School for Scandal*). Komödie in fünf Akten (1777). – Das Stück, in dem ein Klub sich damit befaßt, durch Klatsch und Tratsch anderen Menschen Böses anzuhängen, ist literaturgeschichtlich sowohl der sog. Restaurationskomödie als auch dem empfindsamen Drama zuzuordnen, es verzichtet nicht auf die moralische Bewertung der Figuren. Sheridans humoristische Weltsicht akzeptiert die menschliche Unzulänglichkeit und stellt den Optimismus aller didaktischen Literatur in Frage. Dies ist der Grund dafür, warum sich sein Stück, das sich durch treffsichere Dialoge, effektvolle Szenengestaltung und dankbare Rollen auszeichnet, bis heute auf der Bühne behauptet. Wolfgang Hildesheimer schrieb eine Neufassung der Komödie, uraufgeführt 1960 in Hannover. P. A. v. Klenau vertonte *Die Lästerschule* als Komische Oper in drei Akten (1926). (Reclams UB 449, engl./dt.)

ANDREAS GRYPHIUS

* 2. Oktober 1616 in Glogau,
† 16. Juli 1664 ebd.

Gryphius (d. i. Greif) war Sohn eines Predigers. Er wuchs in Fraustadt, Görlitz und Danzig auf. 1638 bezog er die Universität Leyden, wo er auch Vorlesungen hielt. Von 1643 an reist er durch Holland, Frankreich und Italien, 1646 ist er in Straßburg und dann wieder in Danzig, von wo er 1647 in seine schlesische Heimat zurückkehrte. Von 1650 bis zu seinem Tod nimmt

Gryphius das Amt des Syndikus bei den Ständen des Fürstentums Glogau wahr. In den letzten Lebensjahren wurden ihm mancherlei Ehrungen und vielseitige Anerkennung als Dichter und Gelehrter zuteil.

Gryphius, die wohl stärkste Begabung der deutschen Barockdichtung, bestimmte zwischen Hans Sachs und Lessing entscheidend die Entwicklung einer deutschen dramatischen Kunst. Vielseitig gebildet und belesen, hat er sowohl in der Tragödie wie in der Komödie Wegweisendes geleistet. Für erstere dienten ihm vor allem die Trauerspiele des Holländers Joost van den Vondel als Vorbild, für letztere die römische Komödie eines Plautus und Terenz. Doch waren ihm auch Shakespeares Werke offenbar nicht unbekannt. Bereits als Schüler in Fraustadt schrieb er ein Trauerspiel *Der Kindsmörder Herodes* (1633), das verlorengegangen ist. Aus dem Straßburger Jahr stammt das erste uns erhaltene Trauerspiel *Leo Armenius* (1646; Reclams UB 7960). Es folgten die Märtyrertragödie *Catharina von Georgien* (1647; Reclams UB 9751) und die Liebestragödie *Cardenio und Celinde* (1647; Reclams UB 8532). Diese wohl bemerkenswerteste unter den tragischen Arbeiten des Dichters wurde später noch öfters bearbeitet (so z. B. von A. v. Arnim und von Immermann). Das nach dem Typus der Märtyrertragödie angelegte Drama *Carolus Stuardus* (1649; Reclams UB 9366) entstand bereits kurz nach der Enthauptung des englischen Königs: Es ist eines der ersten historischen Trauerspiele in deutscher Sprache. *Papinian* (Reclams UB 8935), ein Trauerspiel mit dem Constantia-Motiv um den römischen Rechtsgelehrten und seine Weigerung gegen das kaiserliche Verlangen nach Rechtsbeugung, folgt dem Tacitus-Motto »Du bist in Zeiten hineingeboren, wo es angebracht ist, sich an Beispielen vorbildlicher Standhaftigkeit zu stärken«. *Die Absurda Comica oder Herr Peter Squentz* stellt eine glänzende Satire auf das dilettierende Schauspielertum in Anlehnung an das Rüpelspiel in Shakespeares *Sommernachtstraum* dar. Eine der originellsten Leistungen Gryphius' als Bühnendichter ist schließlich das Scherzspiel *Horribilicribrifax*, das zeitgenössische Sittenschilderung mit bühnengerechter Typisierung verbindet. Ein eigenartiges Erzeugnis seiner Muse bildet das Doppelwerk der ineinander verflochtenen Stücke *Das verliebte Gespenst* und *Die geliebte Dornrose* (zuerst aufgeführt 1660; Reclams

UB 6486). Während das erste ein in Versen gehaltenes Singspiel mit Personen der höheren Stände darstellt, ist das zweite ein in niederschlesischer Mundart geschriebenes Prosastück mit Personen aus dem Bauernstand. Die Tragödien des Andreas Gryphius sind heute hervorragende Gegenstände der Literaturwissenschaft, seine Komödien hingegen leben, original oder in Bearbeitungen, auch auf dem neueren Theater fort.

Herr Peter Squentz. Schimpfspiel in drei Akten (1648/1650). – Peter Squentz, Schreiber und Schulmeister zu Rumpelskirchen, beschließt, mit etlichen ehrsamen Handwerkern »eine jämmerlich schöne Komödie zu tragieren«, in der Hoffnung, nicht nur Ehre und Ruhm damit vom Junker König zu erlangen, »sondern auch ein Geschenk und gute Verehrung«. Zur Darstellung soll die »tröstliche Komödie« von Piramus und Thisbe gelangen. Die Rollenverteilung macht einige Schwierigkeiten. Man einigt sich schließlich darauf, daß Peter Squentz den Prolog und den Epilog spricht, des Königs lustiger Rat Pickelhering den Piramus spielt, Meister Klotz-George, der Spulenmacher, die Thisbe. Und auch die wichtigsten Dekorationsgegenstände sollen mit Personen besetzt werden. So wird Meister Kricks Überundüber, der Schmied, den Mond vorstellen, Meister Bulla-Butän, der Blasebalgmacher, die Wand, Meister Lollinger, der Leineweber und Meistersinger, den Brunnen. Die Rolle des Löwen wird Meister Klipperling, dem Tischler, zugedacht. Die Hofgesellschaft, bestehend aus dem König Theodorus, dem Prinzen Serenus, der Königin Kassandra, der Prinzessin Violandra und dem Marschall Eubulus, quittiert mit Dank und mit Sinn für Humor das Anerbieten des Schulmeisters, der sein »schön Spiel« über Gebühr anpreist: »schön wegen der Materie, schön wegen der Komödianten und schön wegen der Zuhörer.« Niemals zuvor sei etwas Derartiges »tragieret noch gedrucket« worden. Es soll auch keine »Sau« (d. h. Fehler) darin vorkommen. Das Spiel um Piramus, der sich mit seiner Geliebten durch ein Loch in der Wand unterhält, sich mit ihr zu einem Stelldichein beim Mondenschein verabredet, wobei dann ein Löwe Thisbe erschreckt, Piramus sie von dem Löwen getötet glaubt und sich selbst tötet, woraufhin sich auch Thisbe an seiner Leiche das Leben nimmt, geht nun mit viel Geschrei und Streit der Darsteller untereinander vonstatten. Es kommt sogar zu Prügeleien der Mimen während des Spiels. Auch fehlt es nicht an »Säuen«. Der König erweist sich aber als großmütig und läßt die Darsteller nach der Anzahl der »Säue« honorieren. Für einen Abend haben die Handwerker ihm und seiner Gesellschaft Kurzweil geboten, und die Zuschauer sind dabei vom Lachen müder geworden als vom Zusehen.

Im Vorwort zu dem Stück berichtet Gryphius, daß es schon vor seiner *Absurda Comica* einen *Peter Squentz* gegeben habe, dessen Verfasser Daniel Schwenter (1585–1636) war. Er habe das Spiel nur verbessert. Die ältere Vorlage stützte sich wahrscheinlich auf das Rüpelspiel in Shakespeares *Sommernachtstraum*, der durch die englischen Komödianten schon zu Lebzeiten Shakespeares auf dem Festland bekannt geworden war. Was bei dem großen Briten nur Beiwerk zu seiner in Poesie getauchten Komödie war, wird hier zur Hauptsache und zum reinen Schwank gemacht, der dem Darsteller alle Narrenfreiheit des Stegreifspiels gibt. (Reclams UB 917 und 7982, krit. Ausg.)

Horribilicribrifax. Scherzspiel in fünf Akten (um 1650). – Das Stück handelt von drei Frauen, die im Verlaufe des Spiels ihren Männern zugeführt werden, und um zwei großsprecherische Hauptleute außer Diensten, die sich im Anpreisen ihres Heldenmutes überbieten, aber wenn es darauf ankommt, rechte Hasenfüße sind. So besteht die hochmütige Selene auf der Verlobung mit einem der bramarbasierenden Hauptleute. Beide halten sich für reich, sind aber arm, und werfen sich am Ende gegenseitig Betrug vor. Coelestina liebt den wohlhabenden Palladius trotz aller Widerstände. Vom Fürsten zum Marschall ernannt, erkennt Palladius die Treue und Zuneigung Coelestinas und nimmt sie zur Frau. Die ihre Keuschheit verteidigende Sophia besteht alle Proben auf ihre Tugend und wird schließlich Gattin des Statthalters Cleander. Die Kupplerin Cyrilla und der »alte verdorbene Dorfschulmeister von großer Einbildung« Sempronius bilden ein viertes Paar. Mit List gelingt es Cyrilla, sich bei einem nächtlichen Stelldichein für Coelestina auszugeben und in der Folge Sempronius dazu zu bringen, sie zu ehelichen. Den eigentlichen komödiantischen Mittelpunkt des Stückes bilden jedoch die beiden prahlerischen, mit französischen, italienischen und spanischen Redensarten freigebig um sich werfenden Hauptleute Don Horribilicribrifax und Don Daradiridatumtarides samt ihren Dienern Don Cacciadiavolo, Don Diego und Harpax. Diese sind dazu da, ihren Herren bei ihren Aufschneidereien zu sekundieren, zeigen sich aber auch schlau genug, sie gelegentlich gerade durch Ausspinnen ihrer Lügenmärchen zu blamieren. Gryphius hat den Zusammenprall der beiden Bramarbasse fast bis zum Ende des Stückes aufgehoben. In einer meisterhaft angelegten Szene treten sich dann die Maulhelden im Duell gegenüber – Horribilicribrifax als Verteidiger der Ehre Selenes –, um sich, ehe es noch zum Gefecht kommt, als angeblich alte Kriegskameraden und Waffenbrüder in die Arme zu sinken. (Reclams UB 688.)

PIERRE CORNEILLE

* 6. Juni 1606 in Rouen
† 1. Oktober 1684 in Paris

Corneille, Sohn eines Advokaten, besuchte das Jesuitenkollegium in Rouen und wurde gleichfalls Advokat. Mit 23 Jahren begann er aber auch als Lustspieldichter seine literarische Laufbahn, kam nach Paris und wurde 1634 dem Kardinal Richelieu vorgestellt, der ihn in sein Autorenkollegium berief. Auf der Höhe seiner Erfolge wurde Corneille Mitglied der Académie Française und bezog eine Rente des Königs. Seine Zeitgenossen nannten ihn »Le Grand«. 1652 zog er sich, verärgert durch Mißerfolge, für sieben Jahre vom Theater zurück. Er überlebte seinen Ruhm und starb arm und verlassen.

Corneille gilt als der Schöpfer des klassischen französischen Dramas, eines ausgeprägten Stiltheaters, das von Formenstrenge beherrscht, zugleich aber von echter Theatralik erfüllt ist. Es betont in pathetischen Gesten und Reden die Ideen von Ruhm und Ehre. Nach der jugendlich-beschwingten Pastoralkomödie *Mélite*, durch die Corneille, inspiriert von einem Liebeserlebnis, zum Dichter wurde, ist die *Medea* (1635) der entscheidende Schritt zur Stiltragödie, die dann im *Cid* (1636) sogleich ihre Höhe und beispielhafte Verwirklichung erreichte. In den Römertragödien *Horace* (1640) und *Cinna* hielt der Dichter diese Linie ein unter noch strengerer Berücksichtigung der von der Akademie geforderten Grundregeln der Einheit von Zeit, Raum und Handlung. Im *Polyeucte* (1643) sind römisches Heldentum und christliches Märtyrertum eindrucksvoll einander gegenübergestellt. Mit dem *Lügner* (1643) schrieb Corneille auf Grund einer spanischen Vorlage ein erstes Charakterlustspiel, das der kommenden Charakterkomödie den Weg bahnen sollte. Von seinen späteren Werken ragt noch ein *Ödipus* (1659) und das zur Vermählungsfeier Ludwigs XIV. geschriebene Festspiel *Das goldene Vlies* (1660) hervor. Bemerkenswert sind die gegen Ende seines Lebens herausgegebenen *Trois discours sur l'art dramatique* (*Drei Reden über die dramatische Kunst*), in denen er sich, ebenso wie in den Vorreden zu seinen Stücken, mit den Regeln des Aristoteles auseinandersetzt und grundlegende Erkenntnisse zur Kunst des Dramas vermittelt.

Die Beurteilung Corneilles durch die Nachwelt ist unterschiedlich. Während Goethe sagte, von ihm gehe eine Wirkung aus, die fähig sei, Heldenseelen zu bilden, tadelte Schiller an ihm »die Armut der Erfindung, die Magerkeit und Trockenheit in der Behandlung der Charaktere, die Kälte der Leidenschaften, die Lahmheit und Steifigkeit im Gange der Handlung«. Napoleon meinte auf St. Helena: »Ich hätte einen Dichter wie Corneille zum Fürsten ernannt.« Ähnlich hoch ist die Bewertung durch Nietzsche.

Der Cid

(*Le Cid*). Tragische Komödie in fünf Akten
Erste Aufführung: 1636 in Paris

Personen: Don Ferdinand, König von Castilien – Doña Urracca, Infantin – Don Rodrigo, gen. der Cid – Don Diego, sein Vater – Don Gomez, Graf von Gormas – Ximene, seine Tochter – Don Sancho – Don Arias – Don Alonso – Leonore, Erzieherin der Infantin – Elvire, Erzieherin Ximenes, u. a.
Ort und Zeit: In Sevilla, 11. Jahrhundert.

Ximene liebt den tapferen Don Rodrigo. Da die Väter einer Heirat gewogen sind, scheint einer Eheschließung nichts im Wege zu stehen. Da bereitet ein aufflammender Streit zwischen den Vätern, bei welchem Don Gomez den alten Diego schlägt, dem Glück ein jähes Ende. Diego bittet seinen Sohn Rodrigo, die Schmach zu rächen. Dieser tötet Don Gomez im Zweikampf. Nun ist ein doppelter Konflikt gegeben: Ximene, die Rodrigo liebt, muß bei dem König um der Ehre willen die

Bestrafung des Mörders, der ihr Geliebter ist, verlangen. Rodrigo muß um der Ehre seines Vaters willen zu seiner Tat stehen. Er sieht nur noch einen Ausweg: den Tod. Doch sein Vater weist ihm einen anderen Weg. Er solle das von den Mauren bedrohte Sevilla befreien. Dies gelingt ihm, und zwei besiegte Maurenkönige reden ihn in ihrer Sprache mit Cid (= Herr) an. Fortan bezeichnet ihn auch Don Ferdinand, der König von Kastilien, so und sieht seine Schuld gesühnt. Ximene jedoch besteht weiter auf der Bestrafung Rodrigos. Don Ferdinand bestimmt einen Zweikampf zwischen Don Rodrigo und Don Sancho, der Ximene gleichfalls liebt. Dem Sieger soll Ximene die Hand reichen. Rodrigo ist entschlossen, sein Leben freiwillig hinzugeben, damit die Ehre der Geliebten wiederhergestellt werde und kein Makel auf ihm selbst laste. Das Geständnis Ximenes, daß sie ihn noch immer liebe, stimmt ihn jedoch um. Im Zweikampf siegt Rodrigo. Dann wirft er sich dem König zu Füßen, der bestimmt, daß Rodrigo erneut gegen die Mauren ziehen und sie in ihrem eigenen Lande schlagen solle. Nach einem Jahr soll dann die Vermählung Rodrigos mit Ximene stattfinden.

Der Dichter schrieb sein Stück um den spanischen Nationalhelden nach älteren Vorlagen; die unmittelbare Quelle sind die *Mocedades del Cid* von Guillén de Castro. Mit dem *Cid* wurde Corneille zum Begründer des nach strengen Regeln gebauten französischen klassizistischen Dramas. Wenn uns heute auch der übertriebene Ehrbegriff überholt erscheint und die Konstruktion der Handlung schematisch gebaut wirkt, so bleibt doch die gelungene dramatische Struktur. Eine gespannte Situation löst die andere ab. Der Konflikt, in den die Liebenden gestellt sind, ist zwingend. Die Idee des Vorrechts der Ehre vor allen anderen Begriffen, mit Ausnahme des Staatsbegriffes, dem auch die private Ehre sich zu beugen hat, tritt überzeugend in Erscheinung. Zahlreiche Nachdichtungen und Umarbeitungen, auch als Oper, zeugen von der Ausstrahlung des Werkes auf die europäische Theaterkultur. (Reclams UB 487.)

JEAN RACINE

* 21. Dezember 1639 in La Ferté-Milon (Champagne)
† 21. April 1699 in Paris

Racine entstammte einer Familie des Amtsadels. Früh verwaist, wurde er von seinem Großvater erzogen. 1651 bis 1655 besuchte er das Kolleg von Beauvais. Mit 16 Jahren trat er in die Schule der »Messieurs de Port Royal« ein, auf der er mit der für die damalige Zeit bedeutsamen katholischen Richtung des Jansenismus bekannt wurde. Eine Ode auf den König verschaffte ihm 1660 eine Gratifikation. 1664 führte Molière eines seiner Stücke in Paris auf. Nach wechselhaftem Erfolg in Paris kehrte Racine 1677 dem Theater für zwölf Jahre den Rücken. In dieser Zeit war er als Vorleser und Hofhistoriograph des Königs tätig und begleitete ihn auf seinen Feldzügen. Durch Madame de Maintenon angeregt, schrieb er später noch biblische Stücke für das Pensionat von St. Cyr. Er starb mit 60 Jahren an einer zu spät durchgeführten Operation.

Zwar dominieren auch bei Racine der formstrenge Bau der Handlung, das Pathos des Gefühls und die Gestik der Sprache. Aber neben den Staats- und Ehrbegriffen gibt er den menschlichen Leidenschaften Raum. Racine gilt als der Seelenkenner der französischen Klassik. Mit der *Andromache* (1667) nach dem gleichnamigen Stück seines Lieblingsdichters Euripides beginnt seine große Zeit. Der Erfolg der Tragödie entfachte nach zeitgenössischem Urteil die gleiche Begeisterung wie ein Menschenalter zuvor Corneilles *Cid*. Es folgten das Lustspiel *Les plaideurs* (1668; nach Aristophanes' *Wespen*), die Römertragödie *Britannicus* (1669; Reclams UB 1293, frz./dt.) das lyrisch gehaltene dramatische Gedicht *Bérénice* (1670), die orientalische Palasttragödie *Bajazet* (1672) und die vielgerühmte *Iphigénie* (1674). Mit der *Phädra* (1677) erreichte er einen Höhepunkt. Allerdings wurde gerade dieses Werk von den Zeitgenossen angegriffen, was den leicht verletzlichen Dichter tief kränkte und ihn veranlaßte, sich vom Theater zurückzuziehen. Erst zwölf Jahre später fand er mit den biblischen Dramen *Esther* (1689) und *Athalie* (1691) wieder zur Bühne.

Nachdem in Deutschland infolge Lessings scharfer Polemik lange Zeit eine gewisse Voreingenommenheit gegen das französische klassizistische Drama geherrscht hatte, erkennen wir heute wieder seine speziellen Schönheiten und dichterischen Werte, gerade im Drama Racines.

Phädra

(*Phèdre*). Tragödie in fünf Akten
Erste Aufführung: Januar 1677 in Paris

Personen: Theseus, König von Athen – Phädra, seine Gemahlin – Hippolyt, Theseus' Sohn aus erster Ehe – Aricia, aus dem königlichen Geschlecht der Palantiden in Athen – Oenone, Amme und Vertraute der Phädra – Theramen, Erzieher des Hippolyt – Ismene, Vertraute der Aricia – Panope, im Gefolge der Phädra.
Ort und Zeit: Troezene im Peloponnes, offene Halle im königlichen Palast, griechische Vorzeit.

Hippolyt, der Sohn des Theseus und der Amazonenkönigin Antiope, will Troezene verlassen, um seinen Vater zu suchen und gleichzeitig vor der Liebe zu fliehen, die ihn zu Aricia, der Gefangenen seines Vaters, erfaßt hat. Phädra, die zweite Gattin des Theseus, liebt leidenschaftlich Hippolyt und gesteht verzweifelt ihrer Amme Oenone ihre Seelennot. Phädra will am liebsten sterben. Die Nachricht von Theseus' Tod verändert die Situation. Oenone überredet die Königin, nunmehr ohne Scham ihre Liebe zu gestehen. Phädra folgt diesem Rat. Doch Hippolyt wendet sich entrüstet von ihr ab und will mit Aricia fliehen, um ihr, die durch ihre Geburt einen Anspruch auf den athenischen Königsthron hat, zu ihrem Recht zu verhelfen. Die Heimkehr des Theseus, der fälschlich totgesagt war, treibt die Handlung zur Katastrophe. Phädra läßt zu, daß Hippolyt bei Theseus durch den Mund von Oenone des Verbrechens angeklagt wird, dessen Phädra selbst schuldig ist. Theseus rast vor Wut und verweist Hippolyt, der edel genug ist, zu schweigen, des Landes. Phädras Seelenqualen werden noch dadurch erhöht, daß sie von der Liebe Hippolyts zu Aricia erfahren muß. Noch ehe Theseus völliges Licht in das Dunkel der Liebesbeziehungen gebracht hat, erfüllt sich der Fluch, den er auf den unschuldigen Hippolyt von Poseidon herabbeschworen hat. Theramen berichtet von dem furchtbaren Ende des unglücklichen Jünglings: Ein Meeresungeheuer hat ihn mit giftigem Hauch getötet. Phädra vollzieht die Sühne für ihre Schuld an sich selbst, indem sie Gift nimmt. Die Amme Oenone hat sich schon vor ihr durch Sturz ins Meer getötet. Der erschütterte Theseus kann nur noch Aricia an Tochterstatt annehmen und damit einen letzten Wunsch des sterbenden Hippolyt erfüllen, der sie durch den Mund des Theramen dem Schutze des Königs anvertrauen ließ.

Die Tragödie, die sich durch edlen Schwung der Sprache, kunstvollen Aufbau der Handlung und auch psychologische Motivierung auszeichnet, baut auf dem *Hippolytos* des Euripides auf. Einige Züge lieferte auch die dem attischen Dichter nachgebildete Tragödie des Römers Seneca. Der Hauptunterschied gegenüber den antiken Vorbildern liegt in der Zeichnung des Hippolyt, der nicht, wie dort, der Frauenliebe ganz entsagt hat, sondern in Aricia das Ziel seiner Wünsche erblickt. Im Gegensatz zu Euripides' Tragödie, in der die Amme das Geheimnis der Liebe an Hippolyt verrät, gesteht Phädra hier selbst ihre Liebe. Und schließlich ist Phädra bei dem französischen Dichter nur mittelbar schuld an der Verleumdung des Hippolyt. »Ich habe versucht, Phädra etwas weniger hassenswert erscheinen zu lassen als bei den Alten, wo sie selbst sich entschließt, den Hippolyt anzuklagen«, schreibt Racine in der Vorrede zu dem Stück. »Ich habe geglaubt, Verleumdung sei etwas zu Unwürdiges, zu Gemeines, um einer Fürstin in den Mund gelegt zu werden, die sonst so vornehm und tugendhaft empfindet. Eine so niedrige Handlung schien mir eher zur Dienerin zu passen, der man solche Gesinnung wohl zutrauen könnte und die trotzdem die falsche Anklage nur vorbringt, um Leben und Ehre ihrer Herrin zu retten. Phädra läßt sie gewähren, weil sie sich in einer Geistesverfassung befindet, die sie völlig aus dem inneren Gleichgewicht bringt, und sie erscheint ja auch gleich darauf in der Absicht, die Unschuld zu rechtfertigen und die Wahrheit zu bekennen.« Das Stück, das zu den Spitzenwerken der französischen klassischen Dichtung gehört, wurde von Schiller glanzvoll ins Deutsche übersetzt, der hierbei den französischen gereimten Alexandriner-Vers in die fünffüßigen Jamben des deutschen klassischen Dramas umwandelte. (Reclams UB 54 und 9299, frz.)

MOLIÈRE

* 15. Januar 1622 in Paris, † 17. Februar 1673 ebd.

Jean Baptiste Poquelin war der älteste Sohn eines Hoftapezierers. Von 1636 bis 1641 besuchte er das vornehme Jesuitenkolleg Clermont in Paris. Auf die Nachfolge seines Vaters in dessen Stellung am Hofe verzichtete er. Für kurze Zeit studierte er Jura in Orléans, 1642 lernte er die Schauspielerin Madeleine Béjart kennen, gründete mit ihr und anderen 1643 »L'Illustre Théâtre«, den Vorläufer der »Comédie Française«, und nannte sich seitdem Molière. Nach langjährigen Wanderfahrten (vorwiegend im Süden Frankreichs) konnte sich die Truppe schließlich 1658 in Paris niederlassen, wo Molière den besonderen Schutz des Königs Ludwig XIV. genoß und wo ihm 1660 das »Theâtre du Palais Royal« übertragen wurde. In Paris entstanden seine wichtigsten Werke, die öfters Intrigen und Verleumdungen ausgesetzt waren, vor allem im Zusammenhang mit dem »Tartuffe«. Seit langem leidend, starb Molière 1673 unmittelbar nach einer Vorstellung des »Eingebildeten Kranken«. Der Erzbischof von Paris untersagte das christliche Begräbnis, der König jedoch gestattete es.

Molière stellt, neben Shakespeare, den seltenen Fall dar, daß sich der Berufsschauspieler und das dichterische Genie in einer Person vereinen. Seine Werke, von denen 32 erhalten sind, repräsentieren mit den Tragödien Corneilles und Racines das klassische französische Theater. Molière wurde zum Schöpfer der französischen Komödie, ja zum Begründer der neueren Charakterkomödie. Als das Ziel seiner Kunst hat er selbst einmal bezeichnet, »sich mit den lächerlichen Zügen der Menschheit zu befassen und die Gebrechen, die alle Welt hat, auf dem Theater angenehm zu machen«. Er nimmt sich dabei die Laster seiner Zeit ebenso wie die Schwächen der Menschheit überhaupt vor: Heuchelei, Lüge, Geiz, Scharlatanerie, Schöngeisterei, Erbschleicherei, Parvenutum u. a. Sein scharfer Verstand rückte diesen Lastern unbarmherzig zu Leibe. Theatergeschichtlich vielfach der älteren französischen Farce und der italienischen Commedia dell'arte verhaftet, führte Molière durch pointierte Charakteristik, Herausmeißelung bestimmter menschlicher Eigenschaften in sinnbildhafter Typik die Kunst der Komödie auf einen historischen Höhepunkt. Das Werk dieses großen Komödianten weist bei aller Ausgelassenheit einen spürbaren Hang zur Melancholie auf.

Die Erfolgsserie seiner Stücke begann mit der Komödie *L'Etourdi* (1655; *Der Unbesonnene* – in neuerer Zeit auch unter dem Titel *Der Wirrkopf* aufgeführt). Es folgten *Der Liebeszwist* (1656) und *Die lächerlichen Preziösen* (1659; Reclams UB 460, frz./dt.), eine Satire auf das überspannte Literatentum in weiblichen Kreisen jener Zeit. Bereits in diesem Werk warf Molière, der selbst die Rolle des Mascarille spielte, falscher höfischer Unnatur den Fehdehandschuh hin. In den beiden Lustspielen *Die Schule der Männer* (1661) und *Die Schule der Frauen* (1662; Reclams UB 588) werden Ehemänner, die allzu klug handeln möchten, von weniger klugen Frauen hinters Licht geführt. Mit dem *Tartuffe* (1664), seinem Meisterwerk, zog sich Molière die Feindschaft der Geistlichkeit zu, die über seinen Tod hinaus anhalten sollte und nur durch die schützende Hand des Königs beschwichtigt wurde. Auf das große Selbstbekenntnis des *Misanthrop* (1666) folgten unter anderen Werken: das Lustspiel *Amphitryon* (1668; Reclams UB 8488), in dem die Beziehung des Königs zur Marquise de Montespan eine symbolisierende mythologische Rechtfertigung erhält, die Komödie *George Dandin* (1668), in der viele eine schmerzliche Klage des betrogenen Ehemannes Molière erblicken wollen, die Charakterkomödie *Der Geizige* (1668) mit der überlebensgroßen Titelfigur des Harpagon und mehrere Ballettkomödien (gemeinsam mit dem Komponisten Lully) – unter ihnen die bekannteste *Der Bürger als Edelmann* (1670). 1671 folgte die Komödie *Scapins Streiche* (Reclams UB 8544). Abschluß seiner ruhmreichen Dichterlaufbahn sind die beiden Komödien *Die gelehrten Frauen* (1672) und *Der eingebildete Kranke* (1673).

Tartuffe

(*Le Tartuffe ou L'Imposteur*). Komödie in fünf Akten
Erste Aufführungen: 12. Mai 1664 in Versailles
und 5. August 1667 in Paris

Personen: Tartuffe, ein Scheinheiliger – Madame Pernelle – Orgon, ihr Sohn – Elmire, dessen Frau – Damis, Orgons Sohn – Mariane, Orgons Tochter – Valère, Marianes Verlobter – Cléante, Orgons Schwager – Dorine, Kammermädchen – Loyal, Gerichtsbeamter – Ein Polizeioffizier u. a.
Ort und Zeit: Paris, in Orgons Haus, 17. Jahrhundert.

In Orgons Haus ist große Unruhe gekommen, seit der Hausherr den scheinheiligen Tartuffe aufgenommen hat. Während Orgons Mutter, Madame Pernelle, und der Hausherr selbst die Partei Tartuffes ergreifen, dessen Frömmigkeit sie für echt halten und dem sie restlos vertrauen, beklagt sich die übrige Familie bitter über den von der Straße aufgelesenen Mann, hinter dessen scheinheiligem Wesen sich nichts als Eigennutz und Lüge verberge. Orgon freilich ist nicht zu überzeugen, weder durch die besonnenen Warnungen seines Schwagers Cléante noch durch die Spötteleien des zungenfertigen Kammermädchens Dorine. Als Orgon sogar so weit geht, die Hand seiner Tochter Mariane, die bereits dem von ihr geliebten Valère verlobt ist, dem Herrn Tartuffe zu versprechen, hat Dorine alle Mühe, wenigstens einen Aufschub dieses Vorhabens zu erreichen. Tartuffe wähnt sich im Schutze Orgons so sicher, daß er es wagt, Elmire, der Gattin Orgons, eine Liebeserklärung zu machen. Hierin von Damis, dem Sohne Orgons, belauscht, ist er der Entlarvung nahe. Doch sein unterwürfiges und heuchlerisches Wesen rettet ihn noch einmal. Orgon ist so blind, den heftig anklagenden Sohn aus dem Hause zu weisen. Und damit nicht genug: Orgon überschreibt Tartuffe auch noch sein Haus zum Eigentum und hält an dem Plan fest, ihn zum Schwiegersohn zu machen. Die Gattin Elmire treibt nun ein gewagtes Spiel: Sie veranlaßt Orgon, sich unter dem Tisch zu verstecken, um Zeuge zu sein, wie sich Tartuffe ihr mit unzüchtigem Werben nähert. Das Spiel gelingt. Endlich ist Orgon von dem schurkischen Charakter Tartuffes überzeugt. Er wirft ihn aus dem Hause. Doch nun reckt sich dessen Teufelei zu gewaltiger Größe empor. Tartuffe pocht auf die Abtretungsurkunde, mit der Orgon ihm sein Haus schenkte, und weist seinerseits Orgon mit seiner Familie aus dem Haus. Die Situation spitzt sich noch zu, als herauskommt, daß Orgon in seiner Vertrauensseligkeit den Heuchler in den Besitz eines Kästchens mit wichtigen Dokumenten gesetzt hatte, mittels derer Tartuffe in der Lage ist, den armen Orgon bei dem König wegen Unterstützung eines politischen Flüchtlings zu verklagen. Schon erscheint der Gerichtsvollzieher Loyal, um Orgon und seine Familie aus dem Haus zu vertreiben, als ein Polizeioffizier in letzter Stunde die Rettung bringt. Der König hat den ganzen Betrug durchschaut. Tartuffe, ein seit langem gesuchter Betrüger, muß hinter Schloß und Riegel. Orgon bekommt sein Eigentum zurück. Valère, der sich in der Stunde der Not als treuer Freund des Hauses Orgon bewährt hatte, erhält Marianes Hand.

Die Komödie, eine mutige Anklage gegen die Heuchelei unter dem Deckmantel der Frömmigkeit, stellt in der Konzentration der Handlung, der Charakteristik und der Verskunst einen Höhepunkt in Molières Schaffen dar. Besonders Tartuffe, der erst im 3. Akt auftritt, ist sofort mit wenigen Worten glänzend umrissen. Seine boshafte Natur wagt selbst den für ihn gefährlichen Schritt, den betrogenen Orgon um sein Hab und Gut zu bringen. Mit sicherer Hand sind die Figuren gezeichnet. Sogar aus der nur am Schluß auftretenden Gestalt des Gerichtsbeamten Loyal macht Molière ein Kabinettstück feinster Komik. Die Exposition der Komödie nennt Goethe »das Größte und Beste, was in dieser Art vorhanden«. Der vielfach getadelte Schluß (das Eingreifen des Königs als Deus ex machina) ist künstlerisch zwingend und sollte dem Dichter nicht nur als Huldigung vor seinem König Ludwig XIV. ausgelegt werden. Das Stück trug Molière heftige Feindschaften des Klerus sowie mannigfache Verbote ein, die jedoch Ludwig XIV. aufhob. Auf eine Aufführung des noch nicht vollständigen Werkes vor dem König in Versailles 1664 folgte die erste öffentliche 1667 in Paris unter dem Titel *Der Betrüger*. Aber erst 1669 erfolgte die endgültige Freigabe. (Reclams UB 74 und 8353, frz./dt.)

Don Juan oder Der steinerne Gast (*Dom Juan ou Le Festin de pierre*). Komödie in fünf Akten (1665). – Don Juan hat Doña Elvira geheiratet, die seinetwegen das Kloster verlassen hatte. Gleich nach der Hochzeit hat sich Don Juan aber auf und davon gemacht. »Das ganze Vergnügen an der Liebe beruht auf dem Wechsel«, ist seine Parole. Er befindet sich mit seinem

Diener Sganarelle in Sizilien, wo neue Abenteuer mit zwei Landmädchen winken. Doch ehe sich die hieraus entstehenden Verwicklungen gelöst haben, drohen neue Konflikte: Don Carlos und Don Alonso, die Brüder der Elvira, sind Don Juan gefolgt, um die betrogene Schwester zu rächen. Da Don Juan dem einen der Brüder, Don Carlos, der von Räubern überfallen wird, das Leben rettet, erhält er noch einmal Aufschub. In grenzenlosem Übermut lädt er die Statue des Komturs, den er im Zweikampf ermordete, als der Komtur die Ehre seiner Tochter Doña Anna wahren wollte, zum Gastmahl zu sich ein. Ehe sich sein Schicksal erfüllt, treten zwei gewichtige Warnungen an ihn heran. Sein Vater Don Luis erscheint, um ihn von seinem leichtsinnigen Lebenswandel auf den Pfad der Tugend zurückzuführen. Die Reue, die Don Juan ihm gegenüber zeigt, ist jedoch nur geheuchelt. Dann erscheint noch einmal Doña Elvira. Sie ist entschlossen, ins Kloster zurückzukehren, möchte aber den einstmals Geliebten vor dem Untergang bewahrt wissen und redet ihm nachdrücklich ins Gewissen. Don Juan empfindet bei ihrem Anblick nichts anderes als ein neu erwachtes sinnliches Gelüsten nach ihr. Und schon naht die Statue des Komturs als steinerner Gast. Auch seinem Warnruf gegenüber bleibt Don Juan der gleiche: nichts von Reue! Da ergreift die Statue seine Hand und zieht ihn unter Blitz und Donner mit sich in die Tiefe. Das Schlußwort hat Sganarelle: alle sind nun befriedigt, der Himmel ist versöhnt, die Ehre der von Don Juan beleidigten Frauen gerächt, nur er ist um seinen Lohn geprellt. (Reclams UB 5402 und 8556, frz./dt.)

Molières Werk bildet ein wichtiges Glied in der Entwicklungs- und Motivgeschichte der Don-Juan-Dramen auf dem Weg zu Mozarts *Don Giovanni.*

Der Menschenfeind

(*Le Misanthrope*). Komödie in fünf Akten
Erste Aufführung: 4. Juni 1666 in Paris

Personen: Alceste, der Misanthrop – Philinte, sein Freund – Célimène, eine junge Witwe – Oronte – Acaste – Clitandre – Eliante – Arsinoë u. a.
Ort und Zeit: Paris, in Célimènes Haus, 17. Jahrhundert.

Alceste sieht in der Welt nichts als Unrecht, Lüge, Selbstsucht und Verstellung. Sein Freund Philinte versucht vergeblich, ihm klarzumachen, daß man die Menschen nehmen müsse, wie sie sind, und daß es gefährlich sei, sich in Menschenhaß und Weltverachtung hineinzusteigern. Vor allen Dingen hält er ihm die Inkonsequenz vor, die in seiner Neigung zu Célimène liege, die Alceste anbetet, obwohl doch ihr oberflächliches und flatterhaftes Wesen offenkundig sei. Im Weiteren rechnet Alceste mit Oronte ab, indem er ihm schonungslos die Hohlheit seiner Dichtkunst darlegt. Und Célimène hält er ihr Tändeln und Kokettieren mit vielen Liebhabern vor. Célimène weiß ihn geschickt hinzuhalten. Zum Überdruß angeekelt fühlt sich Alceste, als die Marquis Acaste und Clitandre zu Besuch erscheinen und sich mit Célimène in Hofklatsch ergehen. Während die beiden Marquis sich noch nicht im klaren sind, wem von beiden Célimène ihre Gunst zugewendet habe, klärt die schon etwas ältliche Arsinoë Alceste über Célimènes Briefwechsel mit Oronte auf. Nun glaubt er endlich einen Beweis für die Untreue seiner Angebeteten in Händen zu haben. Doch abermals erliegt er ihren Reizen und ihren klug ausgesonnenen Ausflüchten. Dann treffen sämtliche Bewerber um Célimènes Gunst (Oronte, Acaste, Clitandre und Alceste) bei ihr zusammen und entlarven sie mit unwiderlegbaren Briefdokumenten. Alle Liebhaber verlassen sie, bis auf Alceste, der gesonnen ist, ihre Fehler ihrer Jugend zugute zu halten, ja, er will ihr verzeihen, wenn sie bereit ist, ihm in die Einsamkeit zu folgen. Doch dazu kann sich die junge, lebenslustige Célimène nicht entschließen. Und so zieht Alceste sich allein von der Welt zurück. Sein Freund Philinte und Eliante, die Alceste in selbstloser Weise gewogen ist, hoffen jedoch, ihn von diesem Entschluß wieder abbringen zu können.

Das Stück, das Molière selbst eine Komödie nennt, steht an der Grenze zum Tragischen. Es muß als erschütterndes Selbstbekenntnis des Dichters angesehen werden. »Man frage sich«, sagt Goethe, »ob jemals ein Dichter sein Inneres vollkommener dargestellt habe.« Daß Molière sich der tragikomischen Rolle, die der an der Menschheit krankende Alceste spielt, durchaus bewußt war, zeigt das Gegenbild, das er ihm in dem verständigen, die Schwächen der Menschheit ruhiger nehmenden Philinte gegenüberstellt. Gleichsam zwischen den Zeilen entwirft das

Stück ein Kulturbild des gesellschaftlichen Lebens und Treibens in Paris zur Zeit Ludwigs XIV. (Reclams UB 394 und 8924, frz./dt.)

George Dandin oder Der betrogene Ehemann (*George Dandin ou Le Mari confondu*). Komödie in drei Akten (1668). – George Dandin, ein reicher Bauer, ist mit Angelique verheiratet, der Tochter des Landedelmannes von Sotenville. Aber zu seinem Kummer muß er feststellen, daß es ein großer Fehler für einen Bauern war, eine Adlige zu heiraten. Angelique betrügt ihn offenkundig mit dem Vicomte Clitandre, weiß sich aber jedesmal so geschickt herauszureden, daß es Dandin nicht gelingt, sie vor ihren Eltern zu überführen. Und immer wieder hält die adlige Familie zusammen und läßt ihn seine mindere Abkunft spüren. Als Dandin seine Frau schließlich bei einem nächtlichen Stelldichein im Garten mit Clitandre überrascht und die Eltern herbeirufen läßt, in dem sicheren Glauben, sie diesmal wirklich überführt zu haben, versteht es Angelique mit äußerster Geschicklichkeit, die Schuld auf Dandin abzuwälzen. Sie gesteht ihm zunächst ihren Fehltritt ein und bittet ihn um Verzeihung. Als Dandin diese nicht annehmen will, täuscht sie Selbstmord vor, lockt auf diese Weise Dandin aus dem Hause und schleicht sich selbst hinein. Als die Eltern kommen, zeiht sie Dandin der Trunksucht und des nächtlichen Bummelns. Der Schein spricht gegen ihn, und so muß Dandin sich abermals als Geschlagener bekennen und reumütig um Verzeihung bitten. (Reclams UB 550.)

Der Geizige

(*L'Avare*). Komödie in fünf Akten
Erste Aufführung: 9. September 1668 in Paris

Personen: Harpagon – Cléante, sein Sohn – Elise, seine Tochter – Valère, Elisens Liebhaber – Mariane, Cléantes Geliebte – Anselme, Valères und Marianes Vater – Frosine, Intrigantin – Simon, ein Makler – Jacques, Koch und Kutscher bei Harpagon – Frau Claude, Haushälterin bei Harpagon – La Flèche, Cléantes Diener – Ein Kommissar u. a.
Ort und Zeit: Paris, in Harpagons Haus, 17. Jahrhundert.

Alle im Hause Harpagons leiden unter dem unnatürlichen Geiz des Hausherrn. Valère, der Liebhaber seiner Tochter Elise, hat

Angst, sich zu erklären, da er den Zorn Harpagons fürchtet. Er hält es deshalb für geraten, sich auf dem Wege der Schmeichelei die Gunst des Alten zu erringen, und hat sich ihm als Haushofmeister verdingt. Cléante, der Sohn, hat Schulden und liebt Mariane, ein armes Mädchen. Auch er wagt nicht, seinem Vater offen gegenüberzutreten. Harpagon selbst lebt in ständiger Furcht, betrogen und bestohlen zu werden. Er hat deshalb eine größere Summe Gold in einer Kassette im Garten vergraben. Als die Kinder sich schließlich doch ein Herz fassen und mit dem Vater über ihre Heiratspläne reden wollen, kommt er ihnen zuvor, indem er erklärt, selbst Mariane heiraten zu wollen. Für Elise hat er Anselme, einen reichen Witwer, erkoren. Harpagon veranstaltet nun ein Festmahl in seinem Hause zu Ehren Marianes. In den Anordnungen dazu überbietet sich sein Geiz in den lächerlichsten Einschränkungen der Aufträge gegenüber seinem Personal. Mit dem Sohne gerät er in neuen Konflikt, als er ihm das Geheimnis seiner Liebe zu Mariane herausgelockt hat. Alle persönlichen und häuslichen Sorgen sind aber vergessen, als er feststellen muß, daß ihm die Geldkassette im Garten gestohlen worden ist. Sofort muß ein Kommissar her, der mit den Untersuchungen beginnt. Aus einem Verhör Valères, der ihm endlich seine Liebe zu Elise gestehen will, hört der durch den Verlust des Geldes halb verrückt gewordene Harpagon nur ein Schuldgeständnis an dem Diebstahl heraus. Tatsächlich hat aber La Flèche, der Diener Cléantes, die Kassette an sich genommen, um dem Alten einen Streich zu spielen und Cléante ein Pfand in die Hand zu geben. Der Auftritt Anselmes, der niemand anderes als der totgeglaubte Vater Valères und Marianes ist, löst alle Verwicklungen. Die jungen Paare finden zueinander, und auch Harpagon gibt sich zufrieden, wenn Anselme die Kosten der Hochzeiten übernimmt und auch bereit ist, den Kommissar zu bezahlen.

Die Komödie geht auf die *Aulularia* des Plautus zurück. Sie ist im wesentlichen um die Figur des Harpagon gebaut, eine Glanzrolle, die Molière selbst spielte. Der monologische Ausbruch im tragikomischen Jammer um den Verlust des Geldes am Schluß des 4. Aktes ist sicher ein Höhepunkt im Komödientheater Molières. (Reclams UB 338 und 8040, frz./dt.)

Der Bürger als Edelmann (*Le Bourgeois gentilhomme*). Ballettkomödie in fünf Akten (1670). – Der reiche Bürger

Jourdain möchte es unter allen Umständen dem Adel gleichtun. Er nimmt Unterricht bei einem Musik-, Tanz- und Fechtmeister. Und ein Philosoph ist bestellt, ihn in die Wissenschaften einzuführen. Auf eine angebliche Freundschaft mit dem Grafen Dorante ist er unendlich stolz. Dieser hat es jedoch nur auf sein Geld abgesehen, was Herr Jourdain nicht merkt, wohl aber Madame Jourdain, eine resolute Bürgersfrau. Jourdain läßt durch den Grafen der Marquise Dorimène allerlei Huldigungen und Geschenke übermitteln, in der Hoffnung, dadurch ihre Gunst zu erringen. Der Graf, der die Marquise liebt, gibt ihr gegenüber jedoch alles als seine eigenen Gaben aus. Er behauptet auch, daß das Fest, das nun im Hause Jourdains in Abwesenheit der Hausfrau stattfindet, von ihm (dem Grafen) zu Ehren der Marquise bestellt sei, während Jourdain es für sein eigenes Arrangement hält. Durch das unerwartete Auftreten der Madame Jourdain wird das Bankett unliebsam unterbrochen. Jourdain aber ist immer noch nicht geheilt. Er fällt auf den großen Schwindel, den Cléonte, ein Liebhaber seiner Tochter Lucile, und dessen Diener Covielle veranstalten, ohne weiteres herein. Jourdain hatte dem Cléonte die Hand seiner Tochter verweigert, weil er kein Edelmann sei. Nun spielen Cléonte und Covielle ihm eine Maskerade vor. Sie geben sich als türkischer Prinz und dessen Dolmetscher aus, versetzen Jourdain in den Stand eines Paladin des Großtürken und erreichen bei ihm, daß der angebliche Prinz der Schwiegersohn des Hauses wird. Die anfangs heftig protestierenden Damen, Madame Jourdain und Lucile, willigen sofort ein, als sie das Spiel durchschauen. Den Schluß bildet eine große Tanzvorführung ›Das Ballett der Nationen‹. (Reclams UB 5485 und 8868, frz./dt.)

Das Stück, eine der typischen Ballettkomödien, die Molière zusammen mit dem Komponisten Lully verfaßte, wurde im Auftrage Ludwigs XIV. für den Hof geschrieben. Auf Anregung des Königs wurde auch der türkische Mummenschanz eingefügt. Hugo von Hofmannsthal schuf eine Bearbeitung und Erweiterung des Werkes, zu der Richard Strauss die Musik schrieb. Später wurde aus dem Werk die Oper *Ariadne auf Naxos* (siehe Reclams Opernführer).

Die gelehrten Frauen (*Les femmes savantes*). Komödie in fünf Akten (1672). – Im Hause des Herrn Chrysale stehen sich zwei Parteien gegenüber: die schöngeistigen, allzu verstiegenen

Damen Philaminte, Belise und Armande (Gattin, Schwester und Tochter des Hausherrn) und die nüchternen, auf dem Boden der Wirklichkeit bleibenden Chrysale, Ariste und Henriette (Hausherr, dessen Bruder und zweite Tochter). Zur Partei der Nüchternen gehört noch die Köchin Martine, die wegen ihrer grammatikalisch schlechten Sprache von Philaminte aus dem Hause gewiesen werden soll, von Chrysale aber beschützt wird. Zum offenen Konflikt kommt es, als Henriette heiraten will. Ihr Auserwählter ist Clitandre, der einstmals ihre Schwester Armande liebte, von ihr aber wegen seiner Ungeistigkeit zurückgewiesen wurde und nun sein Herz ganz Henriette zugewendet hat. Philaminte, die Mutter, möchte Henriette aber an den schöngeistigen Herrn Trissotin verheiraten, den sie und ihre Partei anschwärmen. Die Parteien können sich nicht einigen, ja es kommt vor dem zum Ehekontrakt bestellten Notar zu heftigen Auseinandersetzungen. Da gelingt es Ariste, durch einen vorgetäuschten Bescheid über den angeblichen Vermögensverlust Chrysales die weltabgewandten Damen von der Nichtswürdigkeit Trissotins zu überzeugen, der es nur auf das Geld des Hauses abgesehen hatte.

Die Komödie, die von vielen den besten Werken Molières gleichgestellt wird, knüpft im Thema an *Die lächerlichen Preziösen* an. Sie schildert noch einmal den Unfug eitler, selbstgefälliger Schöngeisterei. (Reclams UB 113.)

Der eingebildete Kranke

(*Le Malade imaginaire*). Komödie in drei Akten
Erste Aufführung: 10. Februar 1673 in Paris

Personen: Argan – Belinde, seine zweite Frau – Angelique, seine Tochter – Beralde, sein Bruder – Cléante, Angeliques Liebhaber – Dr. Diafoirus – Thomas Diafoirus, sein Sohn – Dr. Purgon, Argans Arzt – Fleurant, Apotheker – Herr de Bonnefois, Notar – Toinette, Argans Dienstmädchen – Louison, die kleine Schwester Angeliques.
Ort und Zeit: Paris, in Argans Wohnung, 17. Jahrhundert.

Argan, der ›eingebildet Kranke‹, wie man eigentlich übersetzen müßte, ist beständig mit sich und seinen vermeintlichen Krankheiten beschäftigt. Seine Tochter Angelique soll auch einen Arzt heiraten, damit er immer ärztliche Hilfe um sich hat. So ist der

Sohn des Dr. Diafoirus, der eben seine erste medizinische Prüfung bestanden hat, als Schwiegersohn auserkoren. Angelique vermag freilich diesem Thomas, der nur in gedrechselten akademischen Redensarten spricht, keinerlei Interesse abzugewinnen. Ihr Herz gehört Cléante. Zur Feindin hat sie ihre Stiefmutter Belinde, Argans zweite Frau, die durch faustdicke Schmeicheleien alles tut, um sich Argans Liebe zu erhalten und von ihm als alleinige Erbin eingesetzt zu werden. Zum Freund hat sie Beralde, Argans Bruder, der sich ehrlich bemüht, den Bruder von seinem Krankheitswahn abzubringen und auch dem jungen Liebespaar zu seinem Glück zu verhelfen. Die geschickteste Drahtzieherin zum guten Ende hin ist aber Toinette, das spitzbübische Dienstmädchen im Hause. Sie treibt nicht nur als Arzt verkleidet ihren Schabernack mit dem eingebildeten Kranken, sie ergreift auch offen Angeliques Partei, und entlarvt schließlich Belinde, indem sie Argan veranlaßt, sich tot zu stellen, um den wahren Charakter der heimtückischen Frau kennenzulernen. Mit dem gleichen Rezept versöhnt sie Vater und Tochter. Denn während sich Belinde bei Argans vermeintlichem Tode habgierig und brutal benimmt, enthüllt sich Angeliques ehrlicher Schmerz und Kummer um den Verlust des Vaters. Argan ist nun bereit, der Ehe mit Cléante zuzustimmen, allerdings unter der Bedingung, daß dieser Medizin studiert und Arzt wird, wozu er sich natürlich bereit findet. Noch besser aber wäre es, so meint Beralde, wenn Argan selbst zum Arzt würde. Mit einer schnell arrangierten Doktorpromotion (Ballett) schließt die Komödie.

Molière gibt mit seinem letzten Werk, das ursprünglich fünf große musikalisch-tänzerisch-pantomimische Auftritte mit der Musik von Charpentier enthielt, noch einmal eine glänzende Charakterstudie und geißelt die menschlich-allzumenschliche Schwäche, die Sorge um das eigene Wohlbefinden. Gleichzeitig bedeutet das Stück eine scharfe Satire auf die Medizin und das Ärztewesen. Neben der virtuos gearbeiteten Titelfigur ist vor allem die der schlagfertigen Toinette, einer Theaterschwester der Dorine im *Tartuffe*, eine äußerst dankbare schauspielerische Aufgabe. Molière brach in der vierten Aufführung des Stückes im Palais Royal zusammen und starb wenige Stunden danach, noch im Kostüm der Titelrolle. (Reclams UB 1177 und 7697, frz./dt.)

PIERRE CARLET DE MARIVAUX

* 4. Februar 1688 in Paris, † 12. Februar 1763 ebd.

Der Sohn eines Münzamtsdirektors studierte Jurisprudenz. Seine Heirat 1717 brachte ihm ein Vermögen, und 1719 erbte er ein zweites. Aber er verlor sein Geld 1720 beim Zusammenbruch der Banque royale, die John Law zur Finanzierung der Südsee-Compagnie gegründet hatte. Marivaux, der seine Faulheit gerühmt hatte, wurde fleißig. Er gründete die Zeitschrift »Le Spectateur français« (25 Nummern bis 1724), arbeitete mit den italienischen Komödianten zusammen und schrieb annähernd drei Dutzend Theaterstücke und zwei umfangreiche Romanfragmente (»Das Leben der Marianne« und »Der Bauer im Glück«). Madame Pompadour setzte ihm eine Rente aus; auch fand er andere Gönner, blieb jedoch verschuldet. Im Jahre 1742 wurde er in die Académie Française aufgenommen. Als die Zeit sich wandelte, wurde Marivaux vergessen. Diderot nannte ihn einen Autor, der übel gelaunt sei, »weil er sich bedroht sieht, seinen Ruf zu überleben«. Sein Tod wurde von den Zeitgenossen nicht beachtet.

Die Zeit Ludwigs XV. erscheint einerseits als Periode des Verfalls, andererseits als Epoche der Vorbereitung auf die Revolution. Das Theaterspiel war das Hauptvergnügen der guten Gesellschaft. Wer ein großes Haus führte, spielte dort auch Theater. Man schrieb sich die Rollen auf den Leib. In Marivaux erstand der Salongesellschaft des gehobenen Bürgertums und des gemäßigten Adels das Talent, das ihrer Vorstellungswelt die Berufsbühne eroberte. Der Hof hatte seine Rolle als Vorbild ausgespielt. Unter Marivaux' Bühnenpersonal gibt es wohl Adlige, aber keine Höflinge. Er lokalisierte seine Divertissements weder in Versailles noch in Paris, sondern in Pavillons und Eremitagen, wo der Höfling wie der Wohlhabende ›Ferien vom Ich‹ zu machen pflegte. Der verweichlichten Oberschicht, die sich Galanterien nach raffinierten Regeln erklügelt hatte, stehen pfiffige Diener gegenüber. Sie leben in der materiellen Welt, die Herren in der Gefühlswelt. Dazwischen als Vermittler Arlequin und Frontin, die Diener in Herzensangelegenheiten. Im *Spiel von Liebe und Zufall* sind die sozialen Rollen spielerisch vertauscht; bevor es ans Heiraten geht, wird die standesbedingte Hierarchie wiederhergestellt. Gesellschaftskritische Ansätze werden psychologisch angedeutet. In *Les Serments indiscrets* (1732, *Die geschwätzigen Schwüre*) sind die Diener zum Bewußtsein ihrer Überlegenheit gelangt: Frontin und Lisette versichern einander, daß sie ihre Herren beherrschen und nicht umgekehrt. In *Le Dénouement imprévu* (1724, *Die unvorhergesehene Entscheidung*) äußert sich ein Bauer abfällig über den Adel: »Von vornehmem Geblüt? Das ist eine geniale Idee, zweierlei Blut zu erfinden, während sie aus derselben Gosse gekommen sind!« In *La Nouvelle Colonie ou La Ligue des femmes* (1729, *Die neue Kolonie oder Die Frauenliga*) wünscht eine Frau die Aufhebung der sozialen Unterschiede: »Es gibt einen Punkt, der mir mißfällt, und den ich streiche: das Adelsgetue (gentilhommerie), ich verfolge es, um die kleinlichen Lebensbedingungen zu beseitigen, außerdem die ganze Albernheit.« Im wesentlichen blieb Marivaux seinen Kreisen verbunden. Er suchte den Erfolg, indem er seinem Publikum Selbstbestätigung vermittelte.

Seit einigen Jahren ist ein erhöhtes Interesse an Marivaux zu beobachten. »In unserer Zeit, in der die Seele sich an den Körper verliert, ist die Sehnsucht nach einer zerbrechlichen Welt der Illusionen wieder wachgeworden«, schrieb Gilbert Schricke im Nachwort zu einer Ausgabe dreier Komödien von Marivaux (Düsseldorf 1968). Vorliebe für spielerische Intellektualität läßt Marivaux als Phänomenologen der Liebe erscheinen, als Experimentator, als Artisten.

Unbeständigkeit auf beiden Seiten (*La Double Inconstance*). Komödie in drei Akten (1723). – Arlequin und Silvia sind sich in Liebe verbunden. Als der Prinz eines Phantasiereiches, ein phlegmatischer Mensch, seiner Gefühle für Silvia inne wird, bittet er Flaminia, die Tochter eines Bediensteten, sich bei ihr für ihn zu verwenden. Flaminia spinnt darauf eine feine Intrige: Zuerst macht sie Silvia auf den Unterschied zwischen dem bäurisch wirkenden Arlequin und dem eleganten Offizier, hinter dem sich der Prinz verbirgt, aufmerksam. Gegenüber Arlequin spielt sie die schutzbedürftige, hilflose Verbannte. So gelingt es ihr, die vormals Liebenden einander zu entfremden. Schließlich gesteht Flaminia Arlequin ihre Liebe, die dieser erwidert. Damit ist auch der Weg für Silvia frei, die sich innerlich schon für ihren Offizier entschieden hatte.

In dieser Komödie hält die energische, verstandesorientierte Flaminia die Fäden in der Hand. Arlequin ist sowohl Theaterfigur als auch ein witziger und kluger Liebhaber. Silvia ist psychologisch fein gezeichnet; es ist faszinierend zu sehen, wie sie ihre Gefühle von Arlequin auf den Prinzen umleitet. Dieser wird zwar als gutmütig, jedoch auch als ziemlich hilflos gezeichnet. In manchen Passagen klingt Kritik an Luxus und Sitten der privilegierten Oberschicht an. (Reclams UB 7810.) *E. F.*

Das Spiel von Liebe und Zufall (*Le Jeu de l'amour et du hasard*). Komödie in drei Akten (1730). – Silvia tauscht mit ihrer Zofe Lisette Rolle und Kleider, Dorante mit seinem Diener Arlequin. Sie wollen einander prüfen, bevor sie heiraten. Das Herz läßt sich nicht täuschen, die vier Partner finden trotzdem so zueinander, wie es sich gehört: Herrschaft zu Herrschaft und Diener zu Diener. Ein Triumph der Unbeirrbarkeit des Gefühls, zugleich eine Bestätigung der Standesunterschiede. (Reclams UB 8604.) *H. D.*

P. A. C. DE BEAUMARCHAIS

*24. Januar 1732 in Paris, †18. Mai 1799 ebd.

Pierre Augustin Caron de Beaumarchais war der Sohn eines Uhrmachers. Er widmete sich zunächst dem Handwerk des Vaters, suchte Zugang zum Hofe Ludwigs XV. und wurde Musiklehrer der Prinzessinnen von Frankreich sowie Hofsekretär. Auf einer Reise nach Madrid duellierte er sich mit dem spanischen Schriftsteller Clavijo, der seine Schwester verführt hatte (dies die historische Unterlage für Goethes Trauerspiel »Clavigo«, das Beaumarchais später in Augsburg auf der Bühne sah). Außerdem betrieb er in Madrid dunkle Geschäfte. Wieder in Paris, verlor er die Gunst des Hofes und wurde in mancherlei Prozesse verwickelt, in denen glänzende Plädoyers ihm große Popularität einbrachten. Später taucht er als Geheimagent des Hofes in London, Deutschland und Wien auf. Erfolgreiche Spekulationen brachten ihm ein großes Vermögen ein, das in der Französischen Revolution wieder zerrann. Trotz der revolutionären Tendenzen in seinen Schriften war er den Jakobinern als

Shakespeare, Ein Sommernachtstraum

Molière, Der Menschenfeind

ehemaliger Freund der Aristokraten verdächtig und mußte emigrieren. Erst 1796 wurde ihm, nach unstetem Wanderleben in England, Deutschland und der Schweiz, die Rückkehr nach Frankreich gestattet. Der Siebenundsechzigjährige starb nach einem abenteuerlichen Leben, das seine Schriften anschaulich spiegeln.

Beaumarchais gilt auf der Bühne als der Verkünder der Revolution der unteren Stände gegen den Adel, als der Schöpfer der typischen politischen Komödie im leichten Konversationston. Die gesellschaftlichen Zustände am Vorabend der Französischen Revolution spiegeln sich in seinem Leben wie in seinem Werk. Nach einigen Rührstücken schrieb er sich mit den beiden Figaro-Werken *Der Barbier von Sevilla* (1775) und *Ein toller Tag oder Figaros Hochzeit* (1784) in die Theatergeschichte ein. Wurde der *Barbier von Sevilla* durch Rossinis Vertonung als Oper weltberühmt, so *Figaros Hochzeit* durch die Mozarts (siehe Reclams Opernführer). Beiden Werken war aber auch auf der Sprechbühne Erfolg beschieden. Während im *Barbier* der Geist der älteren französischen Komödie vorherrscht, spricht aus dem zweiten Werk die gesellschaftskritische Einstellung des Autors, der den Adel vor dem Dritten Stand bloßstellt. Napoleon sagte von dem Stück, mit ihm sei die Revolution anmarschiert.

Ein toller Tag oder Figaros Hochzeit (*La folle journée ou Le Mariage de Figaro*). Komödie in fünf Akten (1784). – Weil der Graf Almaviva nicht nur seiner Gattin, sondern auch der Abenteuer mit ländlichen Schönen überdrüssig ist, hat er seine Gunst der Zofe Susanne zugewendet. Daß Susanne den Kammerdiener Figaro heiraten will, stört den Grafen wenig. Obendrein ist er, der sich selbst alle Freiheiten herausnimmt, äußerst empfindlich, wenn es die Ehre und den Ruf seiner Gemahlin gilt. Auf den kleinsten Verdacht hin läßt er in eifersüchtiger Raserei die Zimmer der Gattin durchstöbern. Der Page Cherubin, schuldig-unschuldiger Zeuge seiner Bewerbungen um Susanne, wird zum Militär geschickt, und der lästige Figaro, der nicht nur Susannes Schritte, sondern auch die seines Herrn mit sicherem Blick beobachtet, soll anderweitig verheiratet werden. Doch Graf Almaviva hat nicht mit der Intelligenz, dem Geschick und der Respektlosigkeit seines Kammerdieners gerechnet, und erst recht nicht mit der weiblichen Klugheit und

List seiner Gattin und Susannes. Alle seine Pläne und Bemühungen um Susannes Gunst scheitern. Beim nächtlichen Stelldichein im Park offenbart er der Geliebten allzu offen seine wahren Absichten und muß feststellen, daß seine Worte an Stelle von Susannes Ohren die seiner Gattin erreichten, da die Frauen die Kleider getauscht hatten.

Um diese leichtgeschürzte Handlung läßt Beaumarchais ein wahres Feuerwerk sprühen von treffsicheren Bonmots, angriffslustigen Redewendungen und witzigen Bühnensituationen. Der Mittelpunkt des Werkes ist Figaro, dieser heimliche Drahtzieher, verkappte Revolutionär und frühe Verkünder der Menschenrechte, dieser wahre Franzose aus dem Volk, voll munterer Laune und Mutterwitz. Zu Beginn des 5. Aktes läßt Beaumarchais ihn einen großen Monolog sprechen, der zu einem Selbstbekenntnis des Dichters wird: Bald Herr, bald Knecht, ehrgeizig aus Eitelkeit, Poet zur Erholung, Glücksritter und Bankrotteur in einem, jagt er doch immer seinem Frohsinn nach, um das Dasein trotz aller Schwere mit Blumen zu bekränzen.

LUDVIG HOLBERG

* 3. Dezember 1684 in Bergen
† 28. Januar 1754 in Kopenhagen

Holberg verlor früh beide Eltern. Nach dem Besuch der Lateinschule in Bergen und der Universität in Kopenhagen führten ihn Reisen nach Holland, Deutschland, England, Frankreich und Italien (1704–16). Dann ließ er sich endgültig in Kopenhagen nieder, wo er an der Universität Professor der Metaphysik, Rhetorik und Geschichte wurde. Als 1722 das erste nationale dänische Theater gegründet wurde, schrieb er für dieses laufend Stücke, bis zur Schließung mehr als 20 Komödien, denen er später für das 1747 eröffnete neue dänische Theater noch sechs weitere folgen ließ. Er starb geehrt und vermögend.

Holberg ist der Schöpfer des nationalen dänischen Theaters. Seine volkstümlichen Komödien, in denen er Gebrechen seiner Zeit zur Zielscheibe seines Spottes und seines geistvollen Humors nahm, stellen ihn neben die großen Komödiendichter des 17. und 18. Jahrhunderts. »Meine Gemütsart bringt es mit sich«, schreibt er in den Nachrichten von seinem Leben, »daß ich immer im Scherze die Wahrheit sage.« »In meinen Schauspielen habe ich mir besonders angelegen sein lassen, die Laster anzugreifen, zu denen die dänische Nation neigt und die von andern noch nicht behandelt worden sind.« Seine Stücke verraten den erfahrenen Bühnenpraktiker, der über Plautus und Molière zur vertieften Charakterkomödie kam und hier sein dichterisches Talent voll entfalten konnte.

Gleich sein Bühnenerstling, die Komödie um den politisierenden Spießbürger: *Der politische Kannegießer* (1722), wurde ein Meisterwerk, das von vielen bis auf den heutigen Tag als sein bestes Stück angesehen wird. Doch enthalten auch seine späteren Stücke originelle Einfälle und dankbare Bühnenaufgaben. In *Jean de France* verspottet der Dichter einen jungen Dänen, der in Paris gewesen ist und von dort eine unheilbare Schwärmerei für alles Französische mitgebracht hat. In *Jeppe vom Berge* wird das alte Komödienthema vom Bauern, der in betrunkenem Zustand in den Glanz des Reichtums versetzt wird, in eigenwüchsiger Weise abgehandelt. *Meister Gert Westphalen* ist der Barbier, der über seiner Schwatzhaftigkeit seine Braut verliert. *Die Wochenstube* soll (nach des Dichters eigenen Worten) »alle die unverständlichen Gebräuche, die in Wochenstuben üblich sind«, geißeln, vor allem die »Torheiten der Frauenzimmer«, die die arme Wöchnerin plagen. In *Ulysses von Ithakien*, einer geistvollen Literaturpersiflage aristophaneischer Prägung, geht es »über die abgeschmackten, törichten Komödien her, die ehedem bei uns von Landstreichern aufgeführt wurden«. Eine Hauptfigur ist der Diener des Ulysses, Kilian, der mit dem gesunden Menschenverstand alle »Widersinnigkeiten« des Stükkes aufdeckt und kommentiert. In *Erasmus Montanus* wird ein wichtigtuerischer, durch Gelehrsamkeit aufgeblasener Bauernbursche zur Heilung kurzerhand in den Soldatenrock gesteckt. *Viel Geschrei um wenig Wolle* ist die Komödie um einen geschäftigen »Mann ohne Zeit«, der um dieser seiner Eigenschaft willen von seiner Umgebung gefoppt wird. In der Tragikomödie *Don Ranudo de Colibrados* wird das Thema übertriebener Adelsstolz und Armut abgehandelt und glossiert.

Holbergs Bühnensicherheit und sein Blick für die Schwächen des menschlichen Geschlechtes brachten ihm den Ehrentitel eines ›dänischen Molière‹ ein. Auch wird er um seines klaren Verstandes und seiner kritischen Feder willen zuweilen mit Lessing verglichen.

Der politische Kannegießer

(*Den politiske Kandstøber*). Komödie in fünf Akten
Erste Aufführung: 25. September 1722 in Kopenhagen

Personen: Hermann, Kannegießer – Gesche, seine Frau – Engelke, seine Tochter – Anton, Wagnermeister, ihr Freier – Heinrich, Geselle – Bürstenbinder Richard, Kürschner Gert, Zöllner Sivert, Schankwirt Jens, Messerschmied Franz (Mitglieder des Collegium Politicum) – Herr und Frau Abraham – Herr und Frau Sanders – Diener, Advokaten u. a.

Ort und Zeit: Vor und in der Wohnung Hermanns, des Kannegießers, in Hamburg, 1722.

Meister Hermann, der biedere Kannegießer in Hamburg, hat seit kurzem den politischen Spleen. Er vernachlässigt über dieser Liebhaberei, die im wesentlichen aus unverdauter Lektüre politischer Bücher und aus Besserwisserei besteht, nicht nur sein Handwerk. Er möchte auch seine Tochter Engelke nicht dem rechtschaffenen, nur etwas schüchternen Wagnermeister Anton zur Frau geben, sondern einen Schwiegersohn haben, »der sich aufs Politische versteht«. Jeden Tag findet ein Collegium Politicum mit einem Kreis von Handwerkern aus Hamburg statt. Um ihrem Geschwätz den Garaus zu machen, spielen zwei junge Leute, Herr Abraham und Herr Sanders, Hermann als dem Oberhaupt des Collegium Politicum einen bösen, aber heilsamen Streich. Sie teilen ihm seine Ernennung zum Bürgermeister mit. Hermann fällt darauf herein und sonnt sich in seiner neuen Würde. Auch Gesche, seine brave Frau, ist nunmehr bereit, ihre »Kannegießerzicken« abzulegen und sich ganz dem Reiz des neuen Lebens hinzugeben. Das Glück findet schnell ein Ende, als der neue Bürgermeister allerlei Amtsgeschäfte zur Erledigung zugetragen bekommt und in kürzester Frist aus dem Wust von Akten, Prozeßentscheidungen, die seiner harren, und politischen Missionen beim Empfang einer fingierten ausländischen Gesandtschaft nicht mehr herausfindet. Er will sich vor Verzweiflung sogar aufhängen. Mit überzeugender Deutlichkeit stellt sich ihm nun dar, daß räsonieren leichter ist als regieren. Er ist überglücklich, als er erfährt, daß alles nur eine Erfindung war, und gerne bereit, den Spott dafür einzustecken. Auch gibt er nun sein Einverständnis, daß seine Tochter den braven Meister Anton zum Manne bekommt. Seine politischen Bücher soll man schleunigst verbrennen ...

Jeppe vom Berge (*Jeppe paa Bierget*). Komödie in fünf Akten (1722). – Das einzige, wovor der trunksüchtige Bauer Jeppe vom Berge Angst hat, ist »Meister Erich«, die Karbatsche, mit der ihn sein Weib Nille immer wieder verprügelt. Nille hat ihm einige Schillinge gegeben, damit er Einkäufe in der Stadt macht. Jeppe versäuft sie aber lieber sofort bei Jakob Schuster, dem Schankwirt. Als er betrunken daliegt, läßt ihn der Baron Nilus auf sein Schloß schaffen und mit reichem Schlafrock angetan im Bett des Barons als Baron erwachen. Jeppe glaubt, nachdem er das erste Staunen überwunden hat, er habe sich gestern zu Tode gesoffen und sei nun im Paradies. Nur sein Durst läßt sich nicht erklären ... Die herbeieilenden Kammerdiener, Doktoren und Sekretäre reden ihm ein, daß er wirklich der Baron sei. Im Verkehr mit den Kammerdienern, die er wegen zu hoher Besoldung aufhängen möchte, und dem Verwalter, dessen hübsche Frau er für die nächste Nacht zu sich ins Bett bestellt, erweist sich Jeppe jedoch derart brutal, daß der Baron ihn mittels eines Schlaftrunkes wieder in seinen früheren Zustand zurückversetzt. Jeppe wird, nun wieder als betrunkener Bauer auf dem Misthaufen liegend, nicht nur von Nille reichlich mit »Meister Erich« traktiert, er wird auch noch vor den Richter gestellt und wegen seines angeblichen Eindringens in das Schloß des Barons zum Tode verurteilt. Nach scheinbarer Erhängung erwacht er am Galgen, an den man ihn im Zustand der Trunkenheit an den Armen aufgehängt hatte. Nille, die ihn zunächst tatsächlich für tot hält, bejammert ihn aufs heftigste und bereut, um unmittelbar darauf, als der vom Tode zum Leben Erwachte nach Branntwein verlangt, sofort wieder zum »Meister Erich« zu greifen und Jeppe erneut zu verprügeln. Das Fazit des Stückes zieht der Baron mit der Lehre, daß man »das Unterste nicht gleich zuoberst kehren« soll, um das Land vor Tyrannei zu schützen. (Reclams UB 9968.)

Holberg entnahm den Stoff dem Roman *Utopia* des Jakob Bidermann (1644). Das Motiv des Bauern, der in der Trunkenheit in ein Schloß versetzt wird, begegnet schon im Vorspiel zu Shakespeares *Der Widerspenstigen Zähmung*, die Gleichsetzung von Leben und Traum, die sich hieraus ergibt, in Calderóns *Das Leben ist ein Traum*. In neuerer Zeit wandelte Gerhart Hauptmann in *Schluck und Jau* das immer wieder bühnenwirksame Motiv auf seine Weise ab.

CARLO GOLDONI

* 25. Februar 1707 in Venedig
† 6. Februar 1793 in Paris

Goldoni war Sohn eines Arztes. Nach dem Besuch des Jesuitenkollegiums in Perugia studierte er Jurisprudenz in Pavia und Padua. 1732 ließ er sich als Advokat in Venedig nieder. 1741 vertrat er dort als Konsul die Republik Genua. 1745–47 hatte er eine Advokatenpraxis in Pisa. Ab 1748 lebte er wieder in Venedig als Hausdichter des Teatro S. Angelo, für das er in einem Jahr 16 Stücke schrieb. 1753 wechselte er in gleicher Eigenschaft zum Teatro S. Luca über, dessen Besitzer der venezianische Nobile Vendramini war. 1762 verließ Goldoni Venedig und verbrachte die letzten 31 Jahre seines Lebens in Paris. Dort schrieb er zunächst für das Italienische Theater Stücke, dann war er am Hofe Vorleser und Sprachlehrer der Prinzessinnen. Durch die Französische Revolution verlor er seine Pension, die ihm vom Konvent erst kurz vor seinem Tod wieder zuerkannt wurde.

Goldonis Aufgabe (von ihm selbst früh erkannt und zielbewußt verfolgt) war die Überwindung der Commedia dell'arte und ihre Umformung in die dichterische Komödien- und Lustspielkunst. Die Charakterkomödie Molières war ihm das große Vorbild, doch schuf er sich seinen eigenen, aus der Tradition des italienischen Volkstheaters gewachsenen Stil. Goldoni schrieb, nach seinen Angaben im Vorwort zu seinen Lebenserinnerungen, 150 Stücke: Stegreifkomödien, Lustspiele aller Art, auch Tragödien, Schauspiele und Operntexte. Bleibende Bedeutung haben jedoch nur seine Charakterkomödien gewonnen, in denen er ein vielseitiges dichterisches Talent entfaltet und stets die Bühne und ihre Voraussetzungen berücksichtigt. In der Kunst, aus oftmals nur geringfügigen Konflikten bühnengerechte Handlungen zu formen, steht Goldoni in der ersten Reihe der großen Bühnendichter der Welt. Seine Erfolge auf dem venezianischen Theater in den Jahren 1751 bis 1761 zogen ihm den unversöhnlichen Haß von literarischen Gegnern zu (Abbate Chiari und Carlo Gozzi), die gegenüber Goldonis Reformen die Traditionen der Commedia dell'arte hochhielten. Doch war ihr Sieg, der Goldoni zum Verlassen Venedigs zwang, nur vorübergehend. Mehr und mehr setzte sich auch in Italien die Erkenntnis durch, daß Goldoni ein anregender Geist und der Begründer der italienischen Komödie war. Mit *Viel Lärm in Chiozza* (1761/62) hat Goldoni die Welt des Volkes entdeckt und sein modernstes Stück geschrieben (Reclams UB 8568).

Der Diener zweier Herren

(*Il servitore di due padroni*). Komödie in zwei Akten
Erste Aufführung: 1746 in Venedig

Personen: Pandolfo, ein Kaufmann – Rosaura, seine Tochter – Doktor Lombardi – Silvio, sein Sohn – Beatrice – Florindo – Tebaldo, Wirt – Blandina, Rosauras Mädchen – Truffaldino, der Diener zweier Herren u. a.
Ort und Zeit: Im Hause des Pandolfo, vor und in Tebaldos Gasthof in Venedig, Mitte des 18. Jahrhunderts.

Beatrice, eine junge Turinerin, ist in Männerkleidern (unter dem Namen ihres Bruders Federico Rasponi) ihrem Geliebten Florindo nach Venedig nachgereist. Beide steigen im gleichen Gasthof ab, ohne zunächst voneinander zu wissen. Beatricens Diener Truffaldino dient auch noch Florindo. Um die Aufträge, die ihm als Diener zweier Herren erteilt werden, entspinnt sich das Spiel. Mit großer Gewandtheit versteht es Truffaldino immer wieder, sich aus der Schlinge zu ziehen, die sich um sein Lügenspiel zu legen droht, bis am Schluß mit der Erkennung des Liebespaares auch sein Betrug offenbar wird. Aber ihm wird nicht nur verziehen, er findet in der Zofe Blandina auch die Lebensgefährtin.

Il servitore di due padroni kreist um die Glanzrolle des Truffaldino, die Goldoni für den Arlecchino Antonio Sacchi in Venedig schrieb, der das Stück bei ihm bestellt und ihm auch den Stoff gegeben hatte. Es gehört noch in die Tradition der Stegreifkomödie. In der Figur des venezianischen Kaufmanns Pandolfo erkennt man den Pantalone der Commedia dell'arte, in der des Doktor Lombardi den Dottore. Die Anmut und Grazie des Lustspiels sichern ihm einen dauernden Platz im Spielplan der Bühnen. In Deutschland ging Max Reinhardt 1924 im Zuge der allgemeinen Goldoni-Renaissance mit einer beispielgebenden Inszenierung voran. Große Resonanz fand der *Diener zweier Herren* in neuerer Zeit in der Inszenierung Giorgio Strehlers für das Mailänder »Piccolo Teatro«, mit der dieses Ensemble auf vielen bedeutenden Bühnen gastierte. (Reclams UB 463 und 9927, ital./dt.)

Das Kaffeehaus

(*La bottega del caffè*). Komödie in drei Akten
Erste Aufführung: 2. Mai 1750 in Mantua

Personen: Ridolfo, Kaffeehausbesitzer – Don Marzio, ein neapolitanischer Edelmann – Eugenio, ein Kaufmann – Vittoria, dessen Frau – Flaminio, unter dem falschen Namen Graf Leandro – Placida, dessen Frau – Lisaura, Tänzerin – Pandolfo, Besitzer eines Spielhauses – Trappola, Kellner.
Ort und Zeit: Platz vor einem Kaffeehaus in Venedig, Mitte des 18. Jh.s.

Der junge Kaufmann Eugenio ist Opfer seiner Spielleidenschaft geworden und wird von Herrn Pandolfo, dem Spielhausbesitzer, und dem angeblichen Grafen Leandro mit falschen Karten betrogen. Vergeblich bemüht sich seine treue Gattin Vittoria, ihn von seiner Leidenschaft zurückzuhalten. Vittoria findet Unterstützung in dem redlichen Ridolfo, dem Kaffeehausbesitzer, der alles tut, um Eugenio von seiner Leidenschaft abzuhalten. Ebenso wie Vittoria bemüht sich auch Placida, die Gattin des Pseudografen Leandro, ihren Mann aus den Armen der Tänzerin Lisaura und den Betrügereien Pandolfos zurückzugewinnen. Nach einer Intrige von Don Marzio wird Pandolfo verhaftet. Dieser Sieg der Tugend wäre schon viel früher eingetreten, wenn nicht eben dieser Don Marzio, ein hinterlistiger Schwätzer, die Parteien ständig mit Verleumdungen gegeneinander gehetzt hätte.

La bottega dell caffè, ein echter Goldoni in der Charakter- und Milieuschilderung, ist das dritte in der Reihe der 16 Stücke gewesen, die der Dichter in einem Jahre zu schreiben versprochen hatte. Bei der Figur des Don Marzio scheint ihm eine bestimmte Person im damaligen Venedig vorgeschwebt zu haben, die ihm dann auch »mit Degen, Dolch und Pistole« drohte, ohne daß es jedoch zum Duell kam. Das Stück zeigt den Dichter auf dem Wege von der alten Commedia dell'arte zu seinem eigenen Stil, dem des Charakterlustspiels mit realistischer Zeit- und Menschenbeobachtung.

Der Lügner

(*Il bugiardo*). Komödie in drei Akten
Erste Aufführung: 23. Mai 1750 in Mantua

Personen: Dr. Balanzoni, Arzt in Venedig – Beatrice und Rosaura, seine Töchter – Colombina, deren Kammerzofe – Ottavio, ein Edelmann – Florindo, Medizinstudent, Rosauras Liebhaber – Brighella, sein Vertrauter – Pantalone, ein venezianischer Kaufmann – Lelio, sein Sohn u. a.
Ort und Zeit: Venedig, vor und in den Häusern des Dr. Balanzoni und des Kaufmanns Pantalone, Mitte des 18. Jahrhunderts.

Lelio, der Erzlügner, versteht es geschickt, die Liebeshuldigungen, die der schüchterne Florindo der schönen Rosaura heimlich darbringt (Serenade, Geschenke, Sonett), für sich in Anspruch zu nehmen. Auch seinem eigenen Vater sowie dem Vater des Mädchens und dem Liebhaber der Beatrice, Ottavio, tischt er nichts als Lügen über seinen bisherigen Lebenswandel auf. Fast gelingt es ihm, dem das Lügen zur zweiten Natur geworden ist, Rosaura für sich zu gewinnen, als ihn ein Heiratsversprechen, das er seiner früheren Geliebten in Rom gegeben hat, zur Umkehr zwingt. Nun wird sein ganzes Lügengewebe offenbar, er muß die Betroffenen demütig um Verzeihung bitten.

Goldoni hat *Il bugiardo* nach Corneilles Lustspiel *Le menteur* geschrieben, das auf einem Dilettantentheater in Florenz unauslöschlichen Eindruck auf ihn gemacht hatte. Er fügte die Gestalt des schüchternen Liebhabers Florindo hinzu, der (wie er selbst sagt) den »waghalsigen Charakter des Lügners erst recht hervorhebt und ihn in sehr komische Situationen bringt«. Das Stück dreht sich völlig um die Hauptfigur des Lelio, der mit so viel Charme lügt, daß man ihm nicht einmal böse sein kann. Die übrigen Figuren des Stückes, z. T. unmittelbare Sprößlinge der alten Commedia dell'arte (der Kaufmann Pantalone, der Doktor aus Bologna, die Bedienten Brighella und Arlecchino, Colombina), treten ihr gegenüber zurück und bewegen sich im Herkömmlichen. (Reclams UB 8934.)

Mirandolina

(*La locandiera*). Komödie in drei Akten
Erste Aufführung: 26. Dezember 1751 in Venedig

Personen: Mirandolina, Wirtin – Der Graf von Albafiorita – Der Marchese di Forlipopoli – Der Cavaliere di Ripafratta – Fabrizio, Kellner – Ortensia und Dejaneira, zwei Schauspielerinnen – Ein Diener des Cavaliere – Ein Diener des Grafen.
Ort und Zeit: In Florenz im Gasthof (Locanda) der Mirandolina, Mitte des 18. Jahrhunderts.

Mirandolina, die hübsche und kluge Wirtin, wird heftig von dem reichen Grafen von Albafiorita und dem armen Marchese di Forlipopoli, die in ihrem Gasthof in Florenz abgestiegen sind, umworben. Fabrizio, der Kellner des Gasthofes, beobachtet eifersüchtig ihre Schritte. Nur der Cavaliere di Ripafratta, Hagestolz aus Prinzip, glaubt, sich ihren Reizen entziehen zu können. Darum legt es Mirandolina darauf an, diesen geschworenen Frauenverächter eines Besseren zu belehren. Mit allen Künsten weiblicher Raffinesse versteht sie es, ihn langsam, aber sicher zu Fall zu bringen. Als sie ihr Ziel erreicht hat und er hoffnungslos in sie verliebt ist, reicht sie ihre Hand – Fabrizio.

Der Reiz und die Bedeutung des Stückes liegen in dem vorzüglich herausgearbeiteten Charakter der Mirandolina, die Gefallen daran findet, mit den Männern zu spielen, ohne sich etwas zu vergeben, und die klug genug ist, auf der Höhe ihrer Triumphe das Spiel abzubrechen und sich dem Manne anzuvertrauen, der der redlichste unter ihren Bewerbern ist und der ihren Interessen am meisten dient. Eine Glanzrolle, die schon auf dem venezianischen Theater zu Goldonis Zeiten zu einem heftigen Kampf unter den Darstellerinnen der Medebacschen Truppe im Teatro S. Angelo führte! Aber auch die drei aristokratischen Liebesritter und ihr glücklicher Nebenbuhler Fabrizio sind liebevoll charakterisiert. Der Dialog ist voller Anmut und Witz. Mit der *Locandiera* hatte sich Goldoni völlig von der

Tradition der Commedia dell'arte gelöst und eine wirkliche Charakterkomödie geschaffen; damals wie heute gilt sie als eines seiner besten, wirksamsten Stücke. (Reclams UB 3367.)

Über den Inhalt von vier weiteren Stücken Goldonis, die der deutsch-italienische Opernkomponist Ermanno Wolf-Ferrari als Opern vertonte, siehe Reclams Opernführer. Es sind dies: *Die schalkhafte Witwe* (1748), *Die neugierigen Frauen* (1752), *Il Campiello* (1755) und *Die vier Grobiane* (1760).

CARLO GOZZI

* 13. Dezember 1720 in Venedig, † 4. April 1806 ebd.

Graf Gozzi stammte aus einer venezianischen Adelsfamilie. Mit 16 Jahren wurde er Soldat und nahm an Kämpfen in Dalmatien teil. 1739 kehrte er nach Venedig zurück. Als Mitglied der konservativen Akademie der Granelleschi setzte er sich für die Erhaltung italienischer Theatertraditionen ein, insbesondere der Commedia dell'arte, und wurde damit zum entschiedenen Gegner Goldonis. Er schrieb für die Truppe des Arlecchino-Darstellers Antonio Sacchi die zehn später berühmt gewordenen phantastischen Märchenstücke (Fiabe drammatiche), die nachhaltig auf die deutsche Romantik einwirkten. Gozzi starb einsam und vergessen. Eine ausführliche Lebensbeschreibung enthalten seine »Memorie inutili«.

Gozzis theatergeschichtliche Bedeutung besteht in seinem energischen Eintreten für die Bewahrung und Erneuerung der Commedia dell'arte, deren Grundtypen er beibehielt, die er aber mit phantastischen und märchenhaften Zutaten ausstattete. Die Motive zu seinen Stücken entnahm Gozzi italienischen Novellensammlungen sowie den *Märchen aus 1001 Nacht*. Er begann mit dem dramatischen Märchen *Die Liebe zu den drei Orangen* (1761), das in erster Linie seiner Kampfstellung gegen die Komödie Goldonis entsprang. Auch das zweite Werk, *Der Rabe*, ist von satirischen Absichten diktiert. Mit dem dritten Stück *König Hirsch* nähert er sich seinem eigensten Gebiet, der Märchenkomödie. Ohne Zauberei geht es in dem nächsten Werk, dem berühmtesten Stück der ganzen Reihe, zu, der

»Fiaba chinese teatrale tragicomica« *Turandot* (1764). Durch Schillers Bearbeitung lebt es bis auf den heutigen Tag auch auf den deutschen Bühnen. Von den restlichen Stücken der »Fiabe« tauchen gelegentlich noch *Das laute Geheimnis* und *Die glücklichen Bettler* auf. Gozzis Bestrebungen einer Neubelebung der Commedia dell'arte, vermischt mit burlesker Märchensymbolik, weckten neue Kräfte, nicht zuletzt in der deutschen Literatur der Romantik. E.T.A. Hoffmann lobte Gozzi überschwenglich, die Gebrüder Schlegel verglichen ihn gar mit Shakespeare, Tieck ahmte ihn im *Ritter Blaubart* nach. Wagner schuf eine seiner ersten Opern, *Die Feen*, nach der *Frau als Schlange*. Der Einfluß der Gozzischen Märchenstücke auf die Oper wurde besonders nachhaltig. *Turandot* erfuhr mehrfache Bearbeitung als Oper, *Die Liebe zu den drei Orangen* vertonte Serge Prokofieff. Als Theoretiker des Theaters stellte Gozzi die vielbeachtete Behauptung auf, daß es im ganzen für die Bühne nur 36 dramatische Situationen gäbe.

König Hirsch (*Il re cervo*). Tragikomödie in drei Akten (1762). – Gozzi will mit diesem Märchenstück gegen Goldonis Theatersicht den Beweis erbringen, daß auch Zauberstücke und Verwandlungsszenen tiefe Lebenswahrheiten zutage fördern können. Der Zauberer Durandarte hat aus Dankbarkeit dem König Deramo zwei Geschenke vermacht: eine Wahrheitsstatue und die Formel für die Verwandlung in ein Tier. Da die Staatsräson von Deramo verlangt zu heiraten, setzt er beim Vorbeimarsch der Bräute die Statue ein, die ihm durch ein heimliches Lachen mitteilt, wenn diese es allein auf den Thron abgesehen haben. Außer der scheuen Angela liebt niemand den König aufrichtig, auch die Tochter des Ministers Tartaglia heuchelt Deramo nur ihre Liebe vor. Um seine Tochter zu rächen und sich gleichzeitig an Angela vergehen zu können, beschließt Tartaglia, den König auf der Jagd zu erschießen. Da ihm hierzu der Mut fehlt, trachtet er danach, dem König das zweite Zaubergeheimnis zu entlocken: die Möglichkeit, unter Hinterlassung der eigenen Hülle in den Körper eines toten Tieres oder Menschen schlüpfen zu können. Da auf der Jagd zwei Hirsche erlegt wurden, überredet der Minister den König, den Zauber zu versuchen. Der König verwandelt sich in einen Hirsch, der Minister schlüpft listig in die Hülle des Königs. Für den Hofstaat bleibt dessen plötzliche Ungehobeltheit ebenso ein Geheimnis wie für Angela sein unsittliches Verhalten. Indessen schleicht sich der richtige König in der abstoßenden Hülle eines Vagabunden an den Hof. Er wird, nach anfänglichem Entsetzen, von Angela erkannt. Als er den falschen König zur Rede stellen will und es zu Handgreiflichkeiten zu kommen droht, rettet als Deus ex machina der Zauberer Durandarte die Situation. Heute lebt das Stück in Hans Werner Henzes Oper *Il re Cervo oder Die Irrfahrten der Wahrheit* fort. Sie legt, wie Gozzis persische Vorlage, das Gewicht auf das sichere Gefühl Angelas, die hinter der abstoßenden Maske ihren Geliebten wiedererkennt. *E. F.*

Turandot. Tragikomisches Märchen in 5 Akten (1762). – Prinz Kalaf von Astrachan, der Heimat und Thron verloren hat, trifft am kaiserlichen Hof zu Peking ein, um dem chinesischen Kaiser als Soldat zu dienen. Kaum daß Kalaf jedoch ein Bild der Prinzessin Turandot erblickt hat, ist er von ihrer Schönheit so entflammt, daß nur eines für ihn gilt: »Tod oder Turandot. Es gibt kein Drittes.« Die grausame Prinzessin hat nämlich ihre Gunst von der Lösung dreier Rätsel abhängig gemacht, die sie dem Bewerber stellt. Noch keiner vermochte sie zu lösen, und der Preis, den Turandot fordert, ist das Leben des Bewerbers. Vergeblich bemüht sich ihr Vater, der alte Kaiser Altoum, Turandot zu bewegen, von ihrer Forderung abzulassen. Der neue Bewerber, Kalaf, hat es ihm durch seine schöne Gestalt und den Adel seines Auftretens besonders angetan. Auch Turandot scheint – zum ersten Mal in ihrem Leben – von einer tieferen Regung berührt. Es sei nicht Grausamkeit, was sie zu ihrem Tun veranlasse – erklärt sie –, nur der Wunsch, frei zu leben und ihr »beleidigtes Geschlecht« am »stolzen Männervolk« zu rächen. »Ich will nun einmal von dem Mann nichts wissen, ich haß ihn, ich verachte seinen Stolz und Übermut.« Da aber auch Kalaf nicht ablassen will, um die Schönheit Turandots als höchstes Glücksziel seines Lebens zu werben, kommt es zur Rätselprobe. Zur allseitigen Überraschung besteht sie Kalaf. Doch Turandot gibt sich noch immer nicht geschlagen. Nun stellt Kalaf ihr ein Rätsel, für dessen Lösung er freiwillig sein Haupt verpfändet. Turandot soll bis zum andern Morgen sagen, wer er sei. Kalaf hatte nämlich seine Herkunft bis dahin verschwiegen und nur angegeben, daß er ein Prinz sei. Da in ganz Peking niemand seine wahre Herkunft kennt, glaubt

Kalaf sich sicher. Es tritt nun eine andere Figur des Stückes, die bis dahin nur eine untergeordnete Rolle spielte, in den Vordergrund: die tatarische Prinzessin Adelma, die als Sklavin der Turandot in Peking am Hofe lebt und die Kalaf schon früher einmal begegnet war, als er am Hofe ihres Vaters diente. Sie gibt sich ihm zu erkennen und fleht ihn an, mit ihr zu fliehen. Sie liebt ihn und möchte ihn um jeden Preis der »kalten, herzlosen« Nebenbuhlerin Turandot entreißen. Da Kalaf sich weigert, mit ihr zu fliehen – lieber will er für Turandot sterben, wenn er sie schon nicht besitzen kann –, verrät Adelma das Geheimnis seines Namens und seiner Abstammung an Turandot. Triumphierend nennt am andern Morgen Turandot vor dem Kaiser und vor allem Volk Kalaf beim Namen. Kalaf will sich aus Verzweiflung über sein Mißgeschick selbst das Leben nehmen, da fällt Turandot ihm in den Arm. Sie bekennt, daß nicht ihre Klugheit ihr das Rätsel von Kalafs Herkunft lösen half, sondern der Verrat Adelmas; doch »um meinem eignen Herzen zu gehorchen, schenk ich mich Euch«. Sie erklärt sich für besiegt, und der Kaiser gibt Kalaf nicht nur sein Kaiserreich mit der Hand seiner Tochter, sondern auch den verlorenen Thron von Astrachan zurück. Die unglückliche Adelma will sich aus Scham und Schmerz erdolchen. Kalaf verhindert es und erbittet ihre Freiheit, die der Kaiser großmütig gewährt, mehr noch: er gibt ihr auch die väterlichen Staaten zurück.

Um diesen Handlungskern ist eine Fülle von Nebenhandlungen gelegt, die die Lösung des Konfliktes hinausziehen und das manchmal ans Pathetisch-Tragische grenzende Geschehen komödiantisch auflockern. Als ›tragikomisches Märchen‹ bildet *Turandot* ein originelles Stück abendländischer Theaterliteratur, dem Schiller aufgrund der Übersetzung des Wieland-Schülers F.A.C. Werthes eine bühnenkundige Bearbeitung zuteil werden ließ, der die obige Inhaltsangabe folgt (Reclams UB 92). Neuere Übersetzungen stammen von Karl Vollmoeller und von Paul Graf Thun-Hohenstein. (Reclams UB 8975.) Das exotisch-märchenhafte Kolorit der *Turandot* hat oftmals Anlaß gegeben, den Stoff als Oper zu verwenden. Bekannt wurde außer Busonis Vertonung (1919) vor allem Puccinis Fassung (1926; siehe Reclams Opernführer).

GOTTHOLD EPHRAIM LESSING

* 22. Januar 1729 in Kamenz (Oberlausitz)
† 15. Februar 1781 in Braunschweig

Lessing entstammte einer Pfarrersfamilie. Nach dem Besuch der Fürstenschule in Meißen studierte er an den Universitäten Leipzig und Wittenberg, erst Theologie, dann Medizin. 1752 promovierte er in Wittenberg zum Magister der freien Künste. Die nächsten Jahre lebte er als freier Schriftsteller in Berlin und Leipzig und befand sich auf Reisen. Während des Siebenjährigen Krieges war er einige Jahre Gouvernementssekretär des Generals v. Tauentzien in Breslau. 1767 folgte er einem Ruf als Dramaturg nach Hamburg an das damals neu gegründete »Deutsche Nationaltheater«. Nach dessen Scheitern fand er 1770 eine feste Stellung als Bibliothekar des Herzogs von Braunschweig in Wolfenbüttel. Im Jahre 1775 verbrachte er mehrere Monate mit dem Prinzen Leopold von Braunschweig in Italien. Er starb auf einer Reise nach Braunschweig.

Lessing, der Reformator der deutschen Literatur, fühlte sich aufs engste mit dem Theater verbunden und widmete ihm seine besten Kräfte. Schon als Student kam er in Leipzig mit der Schauspielertruppe der Caroline Neuber in Berührung, die 1748 sein Lustspiel *Der junge Gelehrte* (Reclams UB 37 [2]) aufführte. Das Trauerspiel *Miß Sara Sampson* (1755) und der Einakter *Philotas* (1759) zeigten bereits den großen Dramatiker. An der *Matrone von Ephesus* nach Petron und *D. Faust*, die beide Fragment blieben, arbeitete er bis in die siebziger Jahre. (Beide Dramenfragmente in Reclams UB 6719.) Mit dem Lustspiel *Minna von Barnhelm* (1767) und dem Trauerspiel *Emilia Galotti* (1772) schuf er erste Meisterwerke deutscher dramatischer Dichtkunst, die bis auf den heutigen Tag nichts an Wirkungskraft eingebüßt haben und zum ständigen Repertoire der Bühnen gehören. Mit dem »dramatischen Gedicht« *Nathan der Weise* (1779) krönte Lessing seine Leistung als Theaterdichter. Das Werk wurde in seiner geistigen Haltung und in der Sprache bahnbrechend für das Drama der deutschen Klassik. Mit den drei letztgenannten Werken lieferte Lessing die praktischen Beispiele in seinem theoretischen Kampf gegen den seiner Ansicht nach erstarrten Klassizismus des französischen Dramas und für die griechischen Tragiker und Shakespeare. Die *Ham-*

burgische Dramaturgie, das erste größere theoretische Werk in der deutschen Literatur zur Kunst des Dramas, ist keine systematisch aufgebaute Formenlehre, sondern eine lose Sammlung von Theater-Rezensionen, die aber am einzelnen Beispiel so viele grundlegende Erkenntnisse über das Theater und die Schauspielkunst entwickelt, daß sie zu einem Standardwerk geworden ist. Lessing ist auch als Übersetzer antiker Stücke, französischer und italienischer Bühnenliteratur hervorgetreten.

Miß Sara Sampson. Trauerspiel in fünf Aufzügen (1755). – Sir William Sampson ist seiner Tochter Sara nachgereist, die ein gewissenloser Verführer, Mellefont, mit sich genommen hat. Ehe Vater und Tochter sich wiedersehen, erleben wir den Konflikt, in den Mellefont gestellt ist. Der unentschlossene Mann fühlt sich nicht nur durch die auf Heirat drängende Liebe Saras bedrückt, auch seine frühere Geliebte, Marwood, ist ihm nachgereist und versucht alles, ihn zurückzugewinnen, wobei sie auch das Kind des einstigen Liebesbundes, Arabella, auftreten läßt. Die Marwood führt die Tragödie herbei: Sie läßt sich durch Mellefont als Verwandte bei Sara einführen, offenbart sich ihr bei günstiger Gelegenheit und flößt schließlich der unglücklichen Sara Gift in ihre Medizin ein. Der endlich auftretende Vater findet nur noch eine Sterbende, die in überirdischer Güte allen verzeiht, die ihr Übles antaten. Diesem Edelmut ist der Verführer Mellefont nicht gewachsen. Er erdolcht sich an ihrer Leiche, während die Marwood entflohen ist. Das Kind Arabella wird von Vater Sampson aufgenommen, weil die sterbende Sara es so bestimmt hat.

Das Stück ist unter dem Einfluß englischer Vorbilder entstanden, denen Lessing in der Absicht nacheiferte, auch für die deutsche Bühne ein ›bürgerliches Trauerspiel‹ zu liefern. Die erste Aufführung fand am 10. Juli 1755 in Frankfurt a. d. O. statt. Über die Aufnahme schrieb Lessing an Gleim, daß »die Zuschauer vier Stunden wie Statüen saßen und in Thränen zerflossen«. Trotz fehlender tieferer Charakteristik und trotz der für unsern heutigen Geschmack aufdringlichen Rührseligkeit ist sein theatralischer Ansatz überzeugend. Uns begegnen zum ersten Male in einem ›deutschen Trauerspiel‹ Gestalten, Typen und Situationen, die in mannigfachen Variationen zunächst bei Lessing selbst, dann bei Goethe und Schiller immer wiederkehren sollten. Die sentimentale Sara und die verführerische Marwood sind die Urbilder einer Emilia und Orsina, einer Maria und Adelheid, einer Luise und Lady Milford. (Reclams UB 16.)

Philotas. Trauerspiel in einem Aufzug (1759). – Der junge Königssohn Philotas ist bei dem ersten Gefecht, an dem er teilnahm, in die Gefangenschaft des Königs Aridäus geraten. Das »wunderliche Kriegsglück« hat es jedoch gefügt, daß gleichzeitig des Aridäus Sohn in die Gefangenschaft von Philotas' Vater geriet. Aridäus will nun schleunigst einen Austausch der Prinzen herbeiführen. Philotas, der seine Gefangenschaft jedoch als Schande empfindet, will seine Ehre wiederherstellen und nimmt sich, damit sein Vater frei über seinen Gefangenen verfügen kann, das Leben.

Lessing wollte mit diesem Einakter eine Heldentragödie der allereinfachsten Art schreiben. In der »wunderbaren Vermischung von Kind und Held« ist Philotas zu einer ergreifenden Gestalt geworden, der man (trotz der etwas gestelzten Sprache) das Mitgefühl nicht versagen kann. Der jugendliche Held des deutschen klassischen Dramas kündet sich hier in einem ersten Beispiel an. (Reclams UB 5755.)

Minna von Barnhelm

oder Das Soldatenglück

Lustspiel in fünf Aufzügen
Erste Aufführung: 30. September 1767 in Hamburg

Personen: Major v. Tellheim, verabschiedet – Minna v. Barnhelm – Graf v. Bruchsall, ihr Oheim – Franziska, ihr Mädchen – Just, Bedienter des Majors – Der Wirt – Paul Werner, gewesener Wachtmeister des Majors – Eine Dame in Trauer – Ein Feldjäger – Riccaut de la Marlinière.
Ort und Zeit: In einem Wirtshause in Berlin, um 1764.

Der Major v. Tellheim, einstmals mit dem Fräulein v. Barnhelm verlobt, ist nach dem Ende des Siebenjährigen Kriegs in eine mißliche Lage geraten. Seines Vermögens verlustig und in seiner Ehre durch Verleumdungen gekränkt, lebt er zurückgezogen in einem Gasthof in Berlin. Aus seinem bisherigen Quartier wird er durch den geldgierigen Wirt vertrieben, damit seine Zimmer einer neuangekommenen reichen Dame überlassen werden können. Diese ist keine andere als seine ehemalige Braut, Minna v. Barnhelm, die nach ihrem Bräutigam fahndet, von dem sie außer durch einen einzigen Brief seit Kriegsende nichts mehr gehört hat. Minna ist überglücklich, den Geliebten wiedergefunden zu haben. Einer neuerlichen Verbindung steht jedoch das Ehrgefühl des Majors im Wege. Er will das Fräulein nicht mit seiner heruntergekommenen Existenz belasten. Erst als Minna auch seine Haltung einnimmt, sich als die angeblich von ihrem Oheim Verstoßene und Enterbte hinstellt, die dem Major nach seiner Rehabilitierung nicht mehr angehören könne, ändert sich seine Einstellung. Schon droht sich die Handlung tragisch zuzuspitzen. Da erscheint im rechten Augenblick der Oheim des Fräuleins, der Graf v. Bruchsall. Der fromme Betrug Minnas klärt sich auf, der Major wird durch das Eingreifen des Königs rehabilitiert, und der Vereinigung der Liebenden steht nichts mehr im Wege.

Aus eigener Anschauung hatte Lessing als Gouvernementssekretär in Breslau während des Siebenjährigen Krieges Schicksale der verschiedensten Stände seiner Zeit beobachten können. Aus solchen Erfahrungen formte er das Lustspiel, dessen Handlung im übrigen frei erfunden ist. Lebensnah und psychologisch genau beobachtet, ersteht die Liebesgeschichte vor dem real gezeichneten geschichtlichen Hintergrund. Neben dem Liebespaar sind auch die übrigen Personen vom Dichter charaktervoll und bühnensicher gestaltet: der redliche, gutmütig-patzige Bediente Just, der ebenso edelmütig wie Tellheim denkende und handelnde Wachtmeister Paul Werner, der listige, neugierige und raffige Wirt, die zungenfertige und allzeit muntere Zofe Franziska, auf die der Wachtmeister alsbald ein Auge wirft, und (als Episodenfigur zu Beginn des 4. Aktes) der Glücksritter und Falschspieler Riccaut de la Marlinière, der von des Majors Rehabilitierung gehört hat und Kapital für sich daraus schlagen will. Die Durchformung der Charaktere, der köstlich zugespitzte Dialog, der straffe Aufbau der Handlung und der poetische Reiz der Liebesgeschichte haben dieses Lustspiel zu einem der besten seiner Gattung werden lassen, wenn nicht (wie Grillparzer meinte) zu dem besten deutschen Lustspiel überhaupt. »Ein glänzendes Meteor« nannte es Goethe. »Es machte uns aufmerksam, daß noch etwas Höheres existiere, als wovon die damalige schwache literarische Epoche einen Begriff hatte.« (Reclams UB 10.)

Emilia Galotti

Trauerspiel in fünf Aufzügen
Erste Aufführung: 13. März 1772 in Braunschweig

Personen: Emilia Galotti – Odoardo und Claudia Galotti, ihre Eltern – Hettore Gonzaga, Prinz von Guastalla – Marinelli, Kammerherr des Prinzen – Graf Appiani – Camillo Rota, einer von den Räten des Prinzen – Conti, ein Maler – Angelo, ein Bandit – Pirro, Bedienter – Gräfin Orsina, ehemalige Geliebte des Prinzen.
Ort und Zeit: Am Hofe des Prinzen von Guastalla, in der Wohnung der Galottis und auf Schloß Dosalo, Mitte des 18. Jahrhunderts.

Der Prinz, ein Vertreter schrankenloser Tyrannenwillkür, ist in Emilia, die Tochter des Obersten Galotti, heftig verliebt. Daher will er ihre bevorstehende Heirat mit dem Grafen Appiani verhindern. Marinelli, der Kammerherr des Prinzen, verfolgt einen teuflischen Plan, um sich seinem Herrn als gefällig zu erweisen. Nach einem mißlungenen Versuch, Appiani von Emilia zu trennen, läßt Marinelli, der auch ein persönlicher Gegner des Grafen ist, das Paar auf der Fahrt zur Hochzeit in der Nähe des fürstlichen Lustschlosses Dosalo von Banditen überfallen, um so die Braut in die Hände des Prinzen zu spielen. Der Graf wird bei dem Überfall erschossen, Emilia ins Schloß des Prinzen gebracht. Der Prinz sucht sich nach Möglichkeit von dem Verbrechen zu distanzieren. Da er aber so unvorsichtig war, Emilia am Hochzeitsmorgen in der Kirche heimlich Liebesworte zuzuflüstern, verdichtet sich in der Familie der Galottis sehr bald der Verdacht auf den wahren Täter, zumal der sterbende Graf Appiani den Namen »Marinelli« hauchte. Einen dramatischen Höhepunkt erreicht die Handlung, als im Lustschloß die verlassene Geliebte des Prinzen, die Gräfin Orsina, auftaucht. Vergeblich versucht Marinelli, ihre Aussagen zu entkräften, indem er sie als Verrückte hinstellt. Sie hat schnell die wahren Zusammenhänge durchschaut, und die Aufklärungen, die sie dem alten Obersten Galotti gibt, zeigen diesem in letzter Deutlichkeit, in welcher Gefahr Emilia schwebt. So kommt er allen weiteren Folgen zuvor, indem er wie der Vater der Römerin Virginia handelt. Er erdolcht die Tochter auf deren Wunsch, ehe der Tyrann sie schänden kann.

Kühn hat Lessing in diesem Stück dem schamlosen Treiben absolutistischer Fürsten und ihrer Kreaturen den Spiegel vorgehalten. Der kunstvolle Aufbau der Handlung, die meisterhafte

Zeichnung kontrastreicher Charaktere und die, wie Goethe bemerkte, »lakonische« Sprache geben dem Werk seine Eigenart. Prägnant sind die Haupt- und die Nebenrollen herausgearbeitet: der schwankende, nur dem Genuß folgende Prinz, der teuflisch-beflissene Marinelli, der ernste, Unheil ahnende Graf Appiani, der von altrömischen Bürgertugenden geleitete Vater Odoardo, die auf die Schönheit ihrer Tochter stolze Mutter Claudia und – ein einmaliger Wurf dichterischer Konzeption – die verlassene Geliebte des Prinzen, die Gräfin Orsina. Ihr Auftritt im 4. Akt, dem Scheitelpunkt der Handlung, gehört zu den wirkungsvollsten Szenen der deutschen Bühnenliteratur. Die Titelheldin ist in der Charakterschilderung nicht ganz einheitlich. Die Wirkung der Dichtung auf Mit- und Nachwelt war enorm. Kein deutscher Dramatiker hat sich ihr entziehen, mancher unmittelbar hier anknüpfen können wie z. B. Schiller in *Kabale und Liebe*. (Reclams UB 45.)

Nathan der Weise

Dramatisches Gedicht in fünf Aufzügen
Erste Aufführung: 14. April 1783 in Berlin

Personen: Sultan Saladin – Sittah, seine Schwester – Nathan, ein reicher Jude – Recha, dessen angenommene Tochter – Daja, eine Christin, Gesellschafterin der Recha – Ein junger Tempelherr – Ein Derwisch – Der Patriarch von Jerusalem – Ein Klosterbruder u. a.
Ort und Zeit: In Jerusalem, im Hause des Juden und an Saladins Hof, spätes Mittelalter.

Im Hause des reichen und edlen Juden Nathan ist Recha aufgewachsen. Sie ahnt nicht, daß sie nicht seine Tochter, sondern eine Christin ist, die Nathan nach Verlust von sieben von den Christen ermordeten Söhnen an Kindesstatt einst angenommen hatte. Von einer Reise zurückgekehrt, erfährt Nathan, daß Recha bei einer Feuersbrunst umgekommen wäre, wenn nicht ein junger Tempelherr sie gerettet hätte. Nathan sucht die Bekanntschaft des Tempelherrn, um ihm seinen Dank abzustatten. Doch dieser weicht ihm aus, bis eine spätere persönliche Begegnung sie einander näherbringt. Die aufkeimende Liebe des Tempelherrn zu Recha findet zuletzt ihre Lösung und Erklärung in der Tatsache, daß er ihr Bruder ist, den seltsame

Schicksale nach Jerusalem verschlagen hatten. Mit dieser Handlung verschlungen ist eine zweite, die an den Hof des freigebigen Sultan Saladin und seiner klugen Schwester Sittah führt. Saladin ist in Geldverlegenheiten, sucht und findet schließlich die Hilfe Nathans. Die Brücke für ihre Freundschaft ist in der ›Ring-Erzählung‹ gegeben. Vom Sultan befragt, welche Religion die wahre sei, das Christentum, das Judentum oder der Islam, antwortet Nathan mit der Parabel von den drei Ringen, die einander so sehr gleichen, daß sie in ihrem Wert nicht mehr zu unterscheiden sind. So kann man auch keiner der drei Religionen den Vorzug geben. Vor Gott sind sie alle gleich, und diejenige ist die beste, die am meisten mit den anderen in der von Vorurteilen freien Liebe wetteifert. Zum Schluß des Werkes sind die Handlungen kunstvoll zusammengeführt. Außer der Enthüllung der Geschwisterschaft Rechas mit dem Tempelherrn stellt sich heraus, daß die beiden auch mit Sultan Saladin verwandt sind, also, wiewohl in drei Religionen aufgewachsen, einer einzigen Familie zugehören.

Dieses letzte dramatische Werk Lessings ist entstanden, als ihm seine Streitschriften gegen den orthodoxen Hauptpastor Goeze verboten wurden. »Ich muß versuchen, ob man mich auf meiner alten Kanzel, dem Theater, wenigstens noch ungestört will predigen lassen«, hat Lessing gesagt, als er den *Nathan* schuf, um gegen die Unduldsamkeit in religiösen Fragen zu Felde zu ziehen. Der Intoleranz seiner Gegner stellt er das Humanitätsideal der »von Vorurteilen freien Liebe« entgegen und damit das Fundament, auf dem die kommende deutsche ›klassische‹ Dichtung stehen sollte. Der Wert eines Menschen hängt also nicht von einem äußeren Glaubensbekenntnis, sondern von seinem Beitrag zur harmonischen Entwicklung einer humanen Gesellschaft ab. Obwohl gelegentlich einige Handlungsverknüpfungen konstruiert anmuten, ist das Werk eines der schönsten unserer Literatur, in dem hohen Ethos seiner Gesinnung und in kostbaren dichterischen Partien, so vor allen Dingen in der aus Boccaccios *Decamerone* entnommenen, geistig vertieften Parabel von den drei Ringen. Formal gesehen, führte Lessing mit dem *Nathan* den fünffüßigen Jambus in das deutsche Drama ein. So wurde auch dieses letzte Werk des Dichters in jeder Beziehung zum Programm für die Zukunft. (Reclams UB 3.)

JOHANN WOLFGANG GOETHE

* 28. August 1749 in Frankfurt a. M.
† 22. März 1832 in Weimar

Der Dichter war der Sohn eines kaiserlichen Rates. Seine Mutter stammte aus Frankfurter Patrizierkreisen. Nach der Schulausbildung, im wesentlichen Privatunterricht, ging Goethe 1765 an die Universität Leipzig. Er studierte Jura, hörte aber auch Literaturvorlesungen bei Gellert. Nach schwerer Erkrankung kehrte er 1768 nach Frankfurt zurück. 1770 setzte er das Studium in Straßburg fort und beendete es 1771 mit dem juristischen Lizentiat. Hier wurde die Bekanntschaft mit Herder bedeutungsvoll, der ihn nachdrücklich auf Shakespeare hinwies. 1772 war Goethe einige Monate als Praktikant am Reichskammergericht in Wetzlar tätig. Von 1775 an lebte Goethe in Weimar. Zunächst nur Gast des Herzogs Karl August, wurde er 1776 zum Legationsrat mit Sitz und Stimme im Staatsrat ernannt, 1779 Geheimrat, 1782 vom Kaiser Joseph II. geadelt. Zum nachhaltigen Erlebnis wurde die 1786 bis 1788 unternommene Italienreise. Von 1791 bis 1817 leitete Goethe das Weimarer Hoftheater. 1825 fand eine große Feier zu Goethes 50jährigem Aufenthalt in Weimar statt. Der 83jährige starb nach kurzer Krankheit und wurde in der Fürstengruft in Weimar beigesetzt.

Dem Theater stand Goethe von früher Jugend an nahe. In *Dichtung und Wahrheit* berichtet er selbst von dem starken Eindruck, den das Puppenspiel auf das Kind im Elternhaus machte. Die ersten wirklichen Theatererlebnisse vermittelte das alte Frankfurter Komödienhaus, als mit der Besetzung Frankfurts durch die Franzosen eine französische Schauspielertruppe dort einzog. Den überwältigenden Eindruck, den der Straßburger Student in der von Herder angeregten intensiven Beschäftigung mit Shakespeare empfing, spiegelt die hymnische *Rede zum Schäkespears Tag* (14. Oktober 1771) wider. In Weimar war es zunächst das Liebhabertheater bei Hofe, das ihn anzog und in dem er selbst mehrfach als Darsteller auftrat, so als Wilhelm in den *Geschwistern*, als Alcest in den *Mitschuldigen* und als Orest in der *Iphigenie*. Als ihm 1791 die Leitung des Weimarer Hoftheaters übertragen wurde, schlug auch auf der Bühne die Stunde des ›klassischen deutschen Dramas‹. Goethe machte die Weimarer Bühne zur Stätte fast aller Uraufführungen der Dramen aus Schillers reifer Zeit, ebenso der eigenen bedeutendsten Werke, und pflegte einen Spielplan von höchsten geistigen Ansprüchen (Shakespeare, Calderón, Molière, Goldoni, Holberg, Gluck, Mozart u. a.), ohne dabei die Anforderungen des Theaters an Gebrauchsstücken außer acht zu lassen. Sein Rücktritt von der Direktion erfolgte nach 26jähriger Tätigkeit infolge einer Intrige der Schauspielerin Caroline Jagemann, der Freundin des Herzogs. Sein Interesse galt dem Theater aber bis in sein hohes Alter, wie die Gespräche mit Eckermann, die Beendigung des *Faust, II. Teil* und zahlreiche größere und kleinere Arbeiten für und über das Theater beweisen.

Als Bühnendichter begann Goethe mit dem Schäferspiel *Die Laune des Verliebten* (1768), dem er das im gleichen Stil des gereimten Alexandriners geschriebene Lustspiel *Die Mitschuldigen* (1769) folgen ließ. Der *Götz von Berlichingen* (1773) ist neben zahlreichen anderen dramatischen Plänen und Entwürfen des jungen Goethe Ausdruck seiner Shakespeare-Begeisterung, gleichzeitig frühestes Dokument seiner Begabung für das historische Schauspiel. Zwischen 1773 und 1779 entstand eine Reihe von »Satiren, Farcen und Hanswurstiaden« (Reclams UB 8565). *Clavigo* (1774) und *Stella* (1776) zeigen ihn als Meister des bürgerlichen Schauspiels Lessingscher Prägung. Mit den *Geschwistern* (1776) schrieb Goethe das einzige bis auf den heutigen Tag auf den Bühnen heimisch gebliebene Beispiel des intimen Kammerspiels aus den Tagen der Weimarer Klassik. Mit der *Iphigenie* (erste Fassung in Prosa 1779, zweite Fassung in Versen 1787) und *Egmont* (1787), die beide auf der Italienreise abgeschlossen wurden, schuf er Werke durchaus auch verinnerlichter dramatischer Poesie, die in Form und Gehalt große Wirkung auf die deutsche Dichtung des 19. Jahrhunderts ausgeübt haben. Das Künstlerdrama *Torquato Tasso* (1789) wurde zum porträtartigen Spiegelbild des Dichters wie der Atmosphäre des Weimarer Hofes. Die Erschütterung, die die Französische Revolution in Europa auslöste, fand in Goethes Bühnenschaffen in verschiedenen Werken Widerhall, so u. a. in den Lustspielen *Der Groß-Kophta* (1791) und *Der Bürgergeneral* (1793) sowie in dem Trauerspiel *Die natürliche Tochter* (1803), das den Auftakt zu einer Trilogie bilden sollte. Die Summe von Goethes theatralischem Können und seinem dichterisch-universalen Streben zieht die *Faust*-Dichtung, die ihn fast sein ganzes Leben lang begleitete und an die er letzte Hand erst kurz vor seinem Tode legte.

Außer diesen Werken schrieb Goethe noch eine Fülle von größeren und kleineren Arbeiten für die Bühne: Singspiele, Operntexte, Festspiele und Gelegenheitsarbeiten aller Art. Auch übersetzte er zwei Werke Voltaires: *Mahomet* (1802) und *Tancred* (1802). Von bleibender Bedeutung für das abendländische Geistesleben haben sich auch seine dramaturgischen Erkenntnisse erwiesen, die er in Schriften, Briefen und Gesprächen über Dichter und einzelne Werke der dramatischen Weltliteratur ausgesprochen hat. Seine Intuition, sein kritischer Verstand und seine Bühnenerfahrung haben ihn fast stets das Richtige und Wesentliche an der Kunst des Schauspiels erkennen lassen, wie die zahlreichen Urteile über das Theater der Griechen, über Kālidāsa, Shakespeare, Calderón, Molière, Goldoni, Schiller u. a. erweisen.

Die Laune des Verliebten. Schäferspiel in einem Akt (1767/68). – Eridon liebt Amine, vergeht aber vor Eifersucht. Er duldet es nicht, daß sie gerne tanzt, was er selbst nicht gern tut. Es macht ihn rasend, zu sehen, wenn ein anderer ihr beim Tanz die Hand drückt, überhaupt wie andere Jünglinge nach ihr sehen. Darum soll sie dem Tanze fernbleiben, ja sogar alle anderen Jünglinge hassen. Dieser vollendeten Tyrannei der Liebe weiß die weiche Amine nichts als grenzenlose und willige Gegenliebe entgegenzusetzen, durch die sie das Unheil aber nur fördert. Zum Glück weiß ihre Freundin Egle Rat. Sie gibt mit ihrem Freunde Lamon das Vorbild einer innigen und doch großzügigen Liebe, die selbst den Kuß mit einem anderen Partner leicht verzeiht. Und Egle ist es auch, die den Quälereien Eridons ein Ende macht. Sie umgaukelt Eridon mit großer Koketterie. Der Verblüffte erliegt ihrem Reiz und läßt sich dazu verleiten, sie zu küssen. Nun sieht der schuldbewußte Eridon ein, daß er Amine, die nie einem anderen Jüngling ihre Lippen zum Kuß reichte, zu Unrecht quälte. Ein Kuß belehrte ihn. Und Egle rät allen eifersüchtigen Männern, ehe sie ein Mädchen plagen, über die eigenen Streiche nachzudenken ...

Das in anmutigen deutschen Alexandrinern gedichtete Jugendwerk aus Goethes Leipziger Studentenzeit ist das einzige ›Schäferspiel‹, einer im 17. und 18. Jahrhundert in Europa sehr beliebt gewesenen Dichtungsart, das in die deutsche klassische Literatur eingegangen ist. (Reclams UB 108.)

Die Mitschuldigen. Lustspiel in drei Aufzügen (1768/69). – Alcest, ein wohlhabender junger Mann, ist seit einiger Zeit Gast im Wirtshause. Was ihn dorthin treibt, ist seine heftige Neigung zur Tochter des Wirts, Sophie, die er früher einmal geliebt hat. Sophie hat inzwischen den leichtsinnigen Söller geheiratet, mit dem sie aber nicht glücklich geworden ist. Söller ist ebenso faul wie vergnügungssüchtig und muß sich deshalb sowohl den Tadel seines Schwiegervaters wie seiner Frau gefallen lassen. Alcest strebt nun eine Zusammenkunft mit Sophie an. Diese weicht ihm aus, wo sie kann. Als Alcest jedoch mit Abreise droht, erklärt sie sich zu einem nächtlichen Rendezvous in Alcests Zimmer bereit. Ehe es dazu kommt, schleicht sich Söller in Alcests Zimmer, um ihn zu bestehlen und mit dem Geld drängende Spielschulden zu begleichen. Noch hat er das Zimmer nicht verlassen, als der Wirt kommt, gleichfalls auf verbotenen Pfaden. Seine unbezwingbare Neugierde läßt ihn nach einem versiegelten Brief forschen, den Alcest erhalten hat und in dem er interessante politische Neuigkeiten wittert. Der Wirt wird vertrieben, als er Frauenschritte hört. Es ist Sophie, die zum Stelldichein kommt. Söller, der sich im Alkoven in Alcests Zimmer verbirgt, wird nun ungewollt Zeuge des Rendezvous seiner Frau mit Alcest. Sophie gesteht dem einstigen Freund, wie unglücklich sie durch den Leichtsinn ihres Mannes geworden sei und wie sehr sie noch immer den alten Jugendfreund liebe. Als Alcest mehr von ihr fordern will als nur Küsse, verläßt sie ihn. Am andern Morgen ist in der Wirtsstube große Aufregung wegen des nächtlichen Diebstahls in Alcests Zimmer, der das Renommee des Hauses zu verderben droht. Der Wirt beschuldigt die Tochter, und diese, die in Alcests Zimmer den Wachsstock des Vaters fand, beschuldigt den Vater. Bekümmert glaubt Alcest, in der geliebten Sophie die Diebin sehen zu müssen. Keiner denkt zunächst an Söller, da man annahm, er sei an dem fraglichen Abend auf einem Ball gewesen. Eine Auseinandersetzung zwischen Söller und Alcest, in der Söller Alcest vorwirft, sich an seiner Frau vergangen zu haben, bringt aber die ganze Wahrheit an den Tag. Zum Schluß sind alle vier (der Wirt, Sophie, Söller und Alcest) froh, als ›Mitschuldige‹ einander nichts vorzuwerfen zu haben und für diesmal ungestraft zu bleiben. Alcest überläßt das gestohlene Geld großzügig dem Dieb, und alle verzeihen großmütig einander ...

Das bald nach der *Laune des Verliebten* entstandene dreiaktige Lustspiel (gleichfalls in Alexandrinern geschrieben) verrät Bühnensicherheit und Sprachgewandtheit. Bei der Aufführung auf der Liebhaberbühne in Weimar (1777) spielte Goethe selbst den Alcest. Das Stück besitzt mit seinem witzigen Einfall der Mitschuld aller Beteiligten und mit seinem pikanten Mittelakt auch heute noch lebendige Bühnenwirkung. (Reclams UB 100.)

Götz von Berlichingen mit der eisernen Hand

Schauspiel in fünf Akten
Erste Aufführung: 12. April 1774 in Berlin

Personen: Kaiser Maximilian – Götz von Berlichingen – Elisabeth, seine Frau – Maria, seine Schwester – Karl, sein Söhnchen – Georg, sein Bube – Bischof von Bamberg – Adelbert von Weislingen – Adelheid von Walldorf – Liebetraut – Olearius, beider Rechte Doktor – Bruder Martin – Hans von Selbitz – Franz von Sickingen – Lerse – Franz, Weislingens Bube – Anführer rebellischer Bauern – Kaiserliche Räte – Ratsherren, Bauern, Zigeuner u. a.
Ort und Zeit: In Franken, Bayern und Württemberg, Anfang des 16. Jh.s.

Götz von Berlichingen, der edle Ritter mit der eisernen Hand, »den die Fürsten hassen und zu dem die Bedrängten sich wenden«, liegt in Fehde mit dem Bischof von Bamberg. Es gelingt ihm, den Bambergern Adelbert von Weislingen wegzufangen und auf seine Burg Jagsthausen zu bringen. Er ist sein alter Jugendfreund, den er nicht wie einen Gefangenen, sondern wie einen Gastfreund aufnimmt und den er gerne von dem Wert »eines freien Rittersmannes« überzeugen möchte, der »nur abhängt von Gott, seinem Kaiser und sich selbst«. Und anscheinend hat er Erfolg. Weislingen läßt sich bestimmen, das »unglückliche Hofleben und das Schlenzen und Scherwenzen mit den Weibern« aufzugeben, ja er bindet sich aufs neue fest an den alten Jugendfreund durch Verlobung mit Götzens Schwester Maria. Am Hofe zu Bamberg bedauert man indessen aufs lebhafteste die Entfernung Weislingens. Und als Franz, Weislingens Bube, zu ihm nach Jagsthausen kommt und ihm berichtet, wie sehr man ihn dort entbehre und daß »ein Engel in Weibesgestalt«, Adelheid von Walldorf, Bamberg neuerdings zum »Vorhofe des Himmels« gemacht habe, wird der »Paradiesvogel« (wie Götz Weislingen nennt) alsbald wieder schwankend. Ein kurzer Besuch in der alten Residenz und die Bekanntschaft mit Adelheid genügen, Weislingen bundbrüchig werden zu lassen. Weislingen heiratet Adelheid und steht damit wieder auf der Seite der Gegner Götzens. Maria findet jedoch in dem (Götz gleichgesinnten) Franz von Sickingen den Mann, der sich zutraut, »den Schatten eines Elenden« aus ihren Augen zu verjagen. Über Götz ziehen sich indessen dunkle Wolken zusammen. Da er es nicht lassen kann, den Bedrängten im Lande zu helfen – die Nürnberger Kaufleute, die von der Frankfurter Messe kamen, hat er neuerlich überfallen und beraubt –, spricht der Kaiser über ihn die Acht aus. Weislingen ist es, der dem Kaiser besonders zur Strenge rät. Eine Reichsexekution wird aufgeboten. Nach tapferer Verteidigung muß Götz der Übermacht weichen und nimmt das Angebot freien Abzuges an. Doch kaum hat er die Burg verlassen, fällt man treulos über ihn her. Im Rathaus zu Heilbronn verlangen kaiserliche Räte, daß er Urfehde schwört. Im rechten Augenblick befreit Franz von Sickingen ihn mit einer Reiterschar. Doch sein sonst so froher Mut und seine Zuversicht scheinen gebrochen. Die Bauern haben zwischenzeitlich »einen entsetzlichen Aufstand« erregt. Und Götz von Berlichingen wollen sie, nachdem der erste Rausch des Brennens und Mordens sich ausgetobt hat, zu ihrem Hauptmann. Götz läßt sich dazu bestimmen, sich auf einige Zeit an sie zu binden. Und kaum hat er es getan, als die Brandstiftung von Miltenberg einen Konflikt zwischen ihm und den Anführern der Bauern heraufbeschwört. Weislingens Reiter überfallen die Mordbrenner – der tapfere Georg, den Götz abgeschickt hatte, ihnen Einhalt zu gebieten, findet dabei den Tod –, und Götz, verwundet, wird gefangen. Adelheid ist der Ehe mit Weislingen bald überdrüssig geworden und strebt nach Höherem, nach der Gunst des neuen Kaisers Karl. Ihr heimlicher Bote, Weislingens Bube Franz, ist so sehr in ihrem Bann, daß er sich dazu verleiten läßt, Weislingen heimlich Gift einzuflößen. Als dieses zu wirken beginnt, stürzt Franz sich jedoch aus dem Fenster in den Fluß. Weislingen stirbt, von allen verlassen. Nur Maria ist bei ihm, die von Götzens Frau zu ihm geschickt war, um Gnade für Götz bei ihm, dem kaiserlichen

Kommissar, zu erwirken. Nun muß sie den Sterbenden trösten. Adelheid wird von einem geheimen Femegericht zum Tode verurteilt. Im Turm zu Heilbronn wird Götz gefangengehalten. »Sie haben mich nach und nach verstümmelt, meine Hand, meine Freiheit, Güter und guten Namen.« Doch es ist ihm ein verklärender Tod beschieden, an einem schönen Frühlingstag im Gärtchen am Turm, umgeben von seiner Frau, Maria und Lerse. »Himmlische Luft – Freiheit! Freiheit!« sind seine letzten Worte.

Goethes *Götz von Berlichingen* leitet eine Epoche deutscher historischer Dramatik ein. Das Werk liegt in drei Fassungen vor. Ursprünglich als dramatisierte Chronik gedacht (mit der Autobiographie des Ritters als Vorlage), erschien die 1771 entstandene erste Fassung als *Geschichte Gottfriedens von Berlichingen mit der eisernen Hand* erst in der Gesamtausgabe der Werke Goethes 1832 im Druck. Dieser sog. *Urgötz* wird heute häufig als Text für den Bühnengebrauch gewählt. Die zweite Fassung (1773 im Selbstverlag erschienen) stellt der ersten gegenüber eine Konzentration und Glättung des Textes dar, die jedoch in manchem der Frische und Unbekümmertheit der ersten Niederschrift ermangelt. Goethe ließ dann 1804 noch eine dritte Fassung folgen, die den besonderen Bühnenverhältnissen der Zeit Rechnung tragen sollte, die Dichtung jedoch stellenweise wesentlicher Elemente entkleidet. Die Unterschiede in den drei Fassungen betreffen in erster Linie die Rolle der Adelheid, die im *Urgötz* am stärksten ausgeprägt ist. Die obige Inhaltsangabe stützt sich auf die zweite Fassung von 1773, die in den meisten Goethe-Ausgaben bevorzugte.

Was dem Werk sein Gepräge gibt und es mit einem Schlage über die gesamte Produktion seiner Zeit erhob, ist neben der vorzüglichen Zeichnung der Charaktere die des historisch-politischen Hintergrundes: Ritter, Bürger und Bauern treten ebenso in Erscheinung wie Kaiser, Kirche und Adel. Männer- und Frauenschicksale, Reichskriege, der Bauernkrieg und private Fehden vereinen sich zu einem lebendigen Bild der Zeitläufte des ausklingenden Mittelalters. Überragend hebt sich vor diesem Hintergrund die Gestalt Götzens ab, in dessen Schicksal das ganze Zeitalter wie in einem Brennspiegel eingefangen erscheint. In der Weislingen-Tragödie erwies sich Goethe erstmalig als der große Gestalter zwiespältiger Charaktere und fesselnder Frauengestalten. (Reclams UB 71.)

Clavigo

Trauerspiel in fünf Aufzügen
Erste Aufführung: 23. August 1774 in Hamburg

Personen: Clavigo, Archivarius des Königs – Carlos, sein Freund – Beaumarchais – Marie Beaumarchais – Sophie Guilbert, ihre Schwester – Guilbert, Sophiens Mann – Buenco – Saint George.
Ort und Zeit: In Madrid, um 1770.

Clavigo, ein von den Kanarischen Inseln nach Madrid gekommener junger Mann »ohne Stand, ohne Namen, ohne Vermögen«, hat es durch seine Schriftstellerei und durch geschicktes Auftreten innerhalb weniger Jahre bis zum Archivarius des Königs gebracht und Aussicht auf eine glänzende Karriere. Nur eine Erinnerung belastet ihn: er hat einer jungen Französin, Marie Beaumarchais, die Ehe versprochen und sie inzwischen verlassen. Sein Freund Carlos beruhigt ihn: »Sie ist nicht das erste verlaßne Mädchen«, und er rät ihm, erst am erwünschten Ziel sein Glück durch eine kluge Heirat zu krönen. Bei Mariens Schwager Guilbert ist inzwischen als Rächer der beleidigten und verlassenen Schwester Beaumarchais, ihr Bruder, eingetroffen. Ohne weitere Umstände begibt sich Beaumarchais zu Clavigo. Er erzählt ihm die Geschichte seiner Schwester so, als wäre es die einer Fremden und versetzt so Clavigo in größte Verwirrung und Unruhe, bis er ihm (am Ende der Erzählung) auf den Kopf zusagt: »Und der Bruder – bin ich; und der Verräter bist du!« Er zwingt den bestürzten Clavigo, eine Erklärung zu unterschreiben, in der er offen bekennt, Marie Beaumarchais »durch hundertfältig wiederholte Heiratsversprechungen betrogen« zu haben. Nur so lange wird Beaumarchais das Blatt noch zurückhalten, bis sich herausgestellt hat, ob Clavigo, der ehrliche Reue bekundet, Marie doch noch heiratet. Die Sinnesänderung Clavigos wird in Guilberts Haus geteilt aufgenommen. Letzte Zweifel in Maries Seele beseitigt freilich das Erscheinen Clavigos. Mit glühenden Worten bekennt er erneut seine Liebe, und als sie ihm vergibt, ruft er triumphierend aus: »Ich bin der glücklichste Mensch unter der Sonne.« Beaumarchais zerreißt den Revers mit dem Geständnis seiner Schuld. Kaum ist Clavigo jedoch wieder mit Carlos zusammen, als er dessen Drängen nachgibt und sich von Marie abwendet. Er bekennt dem Freund, wie er über Maries bleiches und abgezehrtes Aussehen erschrocken gewesen sei. Und er wirft sich mit dem Ausruf: »Rette mich! Freund! mein Bester, rette mich!« bedingungslos in Carlos' Arme. Carlos weiß den Ausweg. Clavigo muß sofort Madrid verlassen, und er (Carlos) wird dafür sorgen, daß Beaumarchais seines erpresserischen Auftretens wegen zur Rechenschaft gezogen wird. Dieser neue Treuebruch Clavigos führt zur Katastrophe. Beaumarchais, dem geraten wird, das Land sofort zu verlassen, tobt wie ein »rasendes Tier« nach Rache. Marie, die den neuen Erschütterungen nicht mehr gewachsen ist, stirbt. Bei ihrem Leichenbegängnis treffen Clavigo und Beaumarchais aufeinander. Beaumarchais tötet Clavigo, der echte Reue bezeigt und sich sterbend über Mariens Leiche beugt: »Ich danke dir, Bruder! Du vermählst uns.« Den herbeieilenden Carlos bittet er, für Beaumarchais' Rettung zu sorgen.

Das in wenigen Tagen 1774 niedergeschriebene Trauerspiel stützt sich auf das 4. Mémoire des Pierre Augustin Caron de Beaumarchais. Die große Szene Beaumarchais–Clavigo (2. Akt) ist fast wörtlich aus der Vorlage in das Stück übernommen. Clavigo ist (nach Goethes eigenen Worten) »der Pendant zum Weislingen im Götz, vielmehr Weislingen selbst in der ganzen Rundheit einer Hauptperson«. Über Carlos sagt Goethe, daß er in ihm »den reinen Weltverstand mit wahrer Freundschaft gegen Leidenschaft, Neigung und äußere Bedrängnis« wirken lassen wollte (anstatt der üblichen Theaterbösewichter). Und über die weibliche Hauptrolle des Stückes sagt der Dichter: »Die beiden Marien in Götz von Berlichingen und Clavigo, und die beiden schlechten Figuren, die ihre Liebhaber spielen, möchten wohl Resultate reuiger Betrachtungen« im Sinne seiner »hergebrachten poetischen Beichte« sein. Das Trauerspiel ist in seinem geschlossenen Aufbau und seiner feinen Charakteristik (vom dramaturgischen Standpunkt aus gesehen) eines der besten Theaterstücke Goethes. Beaumarchais, der Verfasser der Quelle des Werkes, sah sich selbst in einer Aufführung in Augsburg auf der Bühne. Doch urteilte er nicht eben günstig darüber. (Reclams UB 96.)

Stella. Ein Schauspiel für Liebende in fünf Akten (1776). – Madame Sommer steigt mit ihrer Tochter Lucie in einem Gasthof ab. Lucie soll Gesellschafterin bei Stella werden. Stella liebte einen Mann, der sie verlassen hat und nicht wiederkam. »Ein

Bild meines ganzen Schicksals«, kann Madame Sommer dazu feststellen. Bald darauf steigt Fernando, »ein schöner langer Offizier«, in dem gleichen Gasthof ab. Er ist sowohl der Geliebte, der Stella verlassen hatte, als auch der Gatte von Madame Sommer (Cäcilie) und Vater ihrer Tochter Lucie. Fernando wollte reumütig zu Stella, die er einst aus dem Hause ihres reichen Oheims entführte, zurückkehren und wird jetzt durch die Begegnung mit seinem Weibe und seiner Tochter in heftige Konflikte gestürzt. Zunächst will Cäcilie, nachdem sie erkannt, welch edler Mensch Stella ist, mit Lucie wieder abreisen. Fernando zeigt sich entschlossen, ihr zu folgen. Eine neuerliche Begegnung mit Stella, die nun aus seinem Munde hören muß, daß Cäcilie Fernandos Frau ist, macht ihn schwankend. Die Situation, die er »von einem Ende zum anderen immer wieder durchgedacht hat«, wobei sie »nur immer quälender und schrecklicher wurde«, scheint schließlich durch Cäcilies hochherzigen Entschluß, Fernando freiwillig zugunsten Stellas freizugeben, eine Lösung zu finden. Fernando will aber dieses Opfer nicht annehmen. Zu guter Letzt löst die Fabel von dem Grafen von Gleichen, der vom Kreuzzug eine zweite Frau aus dem Orient mit auf sein Schloß nach Thüringen brachte, wobei das Glück und die Liebe dieser drei Menschen schließlich »eine Wohnung, ein Bett und ein Grab« umfaßte, den Knoten. So werden auch Cäcilie, Stella und Fernando sich in Zukunft zusammen ihrer gegenseitigen Liebe erfreuen. Diese positive Wendung ersetzte Goethe auf Anregung von Schiller später durch die tragische: Fernando, der keinen Ausweg mehr weiß, erschießt sich, Stella nimmt Gift und stirbt ebenfalls.

Der Reiz dieses ein Jahr nach dem *Clavigo* entstandenen Schauspiels liegt nicht so sehr in der dramatischen Konfliktstellung als in der Zeichnung der Frauencharaktere. Der seelenvollen Stella ist die mütterlich empfindende Cäcilie gegenübergestellt. Fernando, ein geistiger Bruder Weislingens und Clavigos, wirkt ihnen gegenüber weniger überzeugend. Das im Grunde genommen Unlösbare des Konfliktes kommt in der Divergenz der beiden Schluß-Fassungen zum Ausdruck. (Reclams UB 104.)

Die Geschwister. Schauspiel in einem Akt (1776). – Wilhelm, ein Kaufmann, lebt mit Marianne zusammen, die ihn für ihren Bruder hält. In Wirklichkeit ist sie die Tochter Charlottens, einer früher von Wilhelm geliebten Frau, die ihm sterbend ihr Kind anvertraute. Wilhelm lebt immer wieder in Erinnerungen an Charlotte. Der Freund des Hauses, Fabrice, muß sich zum wiederholten Male die Geschichte Wilhelms, der sein väterliches Vermögen verschwendete und erst durch die Liebe zu Charlotte zu einem soliden Kaufmannsleben kam, erzählen lassen. Während Wilhelm noch einen Gang durch die Gassen macht, erklärt Fabrice Marianne seine Liebe. Marianne, der der Gedanke unerträglich ist, dadurch ihren Bruder verlassen zu müssen, gibt eine ausweichende Antwort (»Reden Sie mit meinem Bruder«), die Fabrice voreilig als Ja-Wort nimmt. Als Fabrice nun bei dem zurückkehrenden Wilhelm in aller Form um Mariannes Hand anhält, offenbart sich, wie tief Wilhelm selbst Marianne liebt. Er erklärt Fabrice, daß Marianne nicht seine Schwester, sondern die Tochter und das Ebenbild seiner einst so heiß geliebten Charlotte ist. Eilig verläßt der auf diese Wendung nicht vorbereitete Fabrice das Haus. Ohne Zutun Wilhelms enthüllt nun Marianne dem vermeintlichen Bruder ihr ganzes Innere: sie kann Fabrice nie und nimmer heiraten, da Wilhelm sie ganz besitzt, ihr »ganzes Herz« und »ihren ganzen Kopf«, so daß »jetzt noch etwas anderes Mühe hat, ein Plätzchen drin zu gewinnen«. Sie kann sich ihr Leben nicht mehr anders als in Sorge und Liebe für Wilhelm vorstellen. Überwältigt sinkt ihr Wilhelm zu Füßen und umarmt die anfangs Erschreckte, dann Glückliche, nicht mehr mit dem Kuß »des zurückhaltenden Bruders«, sondern mit dem »eines ewig einzig glücklichen Liebhabers«. – Das Stück wurde für das Weimarer Liebhabertheater geschrieben. Goethe spielte bei der ersten Aufführung im November 1776 selbst den Wilhelm, Amalie v. Kotzebue (die Schwester des Lustspieldichters August v. Kotzebue) die Marianne. In den Beziehungen der Liebenden scheinen Goethes Empfindungen für Charlotte v. Stein mitzuschwingen. (Reclams UB 108.)

Lessing, Nathan der Weise

Goethe, Iphigenie auf Tauris

Iphigenie auf Tauris

Schauspiel in fünf Akten
Erste Aufführung: 6. April 1779 in Weimar

Personen: Iphigenie – Thoas, König der Taurier – Orest – Pylades – Arkas.
Ort und Zeit: Hain vor dem Tempel der Diana in Tauris, griechische Vorzeit.

Iphigenie, Agamemnons Tochter, kann sich nicht an das Leben in Tauris gewöhnen. Tagelang steht sie am Ufer des Meeres, »das Land der Griechen mit der Seele suchend«. Zwar hat sie als Priesterin der Diana schon manches Gute in Tauris stiften können, vor allem den alten, grausamen Brauch abgeschafft, daß jeder Fremde am Altar der Diana geopfert wird. Doch nichts kann ihre Sehnsucht nach der Heimat und den Ihren stillen. Standhaft weist sie auch die Werbung des Königs Thoas ab, der seine Familie verloren hat und sie als Gattin gewinnen möchte. Als Thoas um ihre Hand wirbt, enthüllt sie ihm – als Zeichen ihres Vertrauens – zum ersten Male ihre Abkunft: sie stammt aus dem fluchbeladenen Geschlecht der Artriden und wurde selbst fast schon zum Blutopfer. In Aulis, als ihr Vater Agamemnon mit den Griechen gegen Troja zog, sollte sie geopfert werden, um günstigen Wind für die Fahrt zu erlangen. Doch die Göttin Diana nahm sich ihrer an und versetzte sie, in eine Wolke gehüllt, nach Tauris. Thoas hindert dies alles nicht, auf seiner Werbung zu bestehen, ja er sucht sogar einen Zwang auf Iphigenie auszuüben, indem er die alte Menschenopferung wieder eingeführt wissen will, wenn sie seiner Werbung nicht nachgibt. Zwei Fremde sind in Tauris gelandet. Diese sollen den Göttern als »erstes, rechtes, lang entbehrtes Opfer« dargebracht werden. Iphigenie, die vor dieser Forderung tief zurückschaudert, wird alsbald in einen noch größeren Konflikt gestellt. Die Fremden sind nicht nur Griechen, Landsleute von ihr, es sind ihr jüngster Bruder Orest und sein Freund Pylades, die einem göttlichen Befehl folgend nach Tauris gekommen sind. Orest ist von Apollo geweissagt worden, daß der Fluch, der auf ihm als Muttermörder lastet, sich lösen würde, wenn er »die Schwester, die an Tauris Ufer im Heiligtume wider Willen« lebe, nach Griechenland zurückbrächte. Orest und Pylades legen es so aus, daß mit der ›Schwester‹ das Götterbild der Diana, Apollos Schwester, gemeint sei, und streben danach, dieses dem Tempel zu entführen. Es kommt nach anfänglicher Verstellung der Jünglinge zur erschütternden Erkennungsszene zwischen den Geschwistern, wobei Iphigenie zum ersten Male von Trojas Fall und dem furchtbaren Heimkehrerschicksal ihres Vaters Agamemnon erfährt. Dann bereiten sie auf Ratschlag des Pylades die Flucht vor. Das Götterbild soll mitgenommen und Thoas getäuscht werden. Nun aber zeigt sich die Seelengröße Iphigeniens. In innerer Auseinandersetzung mit dem wilden Titanismus ihres Geschlechtes, der alten Feindschaft zwischen Göttern und Menschen, deren gewaltiger Ausdruck der ›Gesang der Parzen‹ ist, ringt sie sich zu einer neuen Religion entsühnender Liebe und wahrer Menschlichkeit durch (»Olympier ... Rettet mich und rettet euer Bild in meiner Seele!«). Auf die Gefahr hin, den Bruder, Pylades und sich selbst dem Untergang preiszugeben, gesteht sie Thoas, der ihr zu einem zweiten Vater geworden war, die beabsichtigte Flucht und gibt sich bedingungslos seiner Großmut anheim. Nach anfänglichem Zögern verzeiht Thoas. Dianas Bild bleibt in Tauris, da der Götterspruch ja nun eine andere Auslegung erfahren hat. Von Iphigeniens Anruf edelster menschlicher Gesinnung überwältigt, läßt Thoas sie mit Orest und Pylades freiwillig ziehen.

Der Iphigenien-Stoff, den Goethe der Tragödie des Euripides entnahm, wurde von ihm 1779 zunächst in Prosa behandelt, dann allmählich in die Verssprache umgegossen. Die Vollendung erfolgte 1786 in Rom. Goethe näherte sich damals mit seinem ganzen Wesen der Antike und schuf das vollendetste Beispiel antikisierender Dramatik in deutscher Sprache. Nach dem Vorbild der attischen Tragödie entwickelt sich die Handlung zunächst im Enthüllen des Vergangenen (analytische Technik). Erst gegen Ende des Werkes greifen Vorgeschichte und aktives Handeln ineinander. Sprache und Gedankenreichtum sind vollkommen. In der *Iphigenie* vollzieht sich erstmalig im deutschen Schauspiel die Vereinigung antiken und neuzeitlichen Kunstwillens, wie sie dann von Goethe selbst weiter gepflegt und von zahlreichen späteren Dichtern immer wieder angestrebt wurde. Hatte Euripides den Rohstoff der Sage zum Drama geformt, so verlegte Goethe die Konflikte ganz ins Seelische. Mit der Ausdeutung der Rolle der Iphigenie als der zur Lüge unfähigen, reinen Priesterin dokumentierte er besonders eindrucksvoll sein Humanitätsideal. (Reclams UB 83.)

Egmont

Trauerspiel in fünf Aufzügen
Erste Aufführung: 9. Januar 1789 in Mainz

Personen: Margarete von Parma, Regentin der Niederlande – Graf Egmont – Wilhelm von Oranien – Herzog von Alba – Ferdinand, sein natürlicher Sohn – Machiavell, in Diensten der Regentin – Richard, Egmonts Geheimschreiber – Klärchen, Egmonts Geliebte – Brackenburg, ein Bürgerssohn – Klärchens Mutter – Soest, ein Krämer, Jetter, ein Schneider, Zimmermann, Seifensieder (Bürger von Brüssel) – Buyck, Soldat unter Egmont – Vansen, ein Schreiber – Volk, Gefolge, Wachen usw.
Ort und Zeit: In Brüssel, 16. Jahrhundert.

Beim Armbrustschießen in Brüssel kommt das Gespräch der freiheitlich gesinnten Bürger immer wieder auf Egmont. Er ist ihr Abgott, den sie lieber als Regenten der Niederlande sehen würden als die vom spanischen König Philipp eingesetzte Margarete von Parma. Die Regentin sieht in ihm eher den Schuldigen an dem ganzen Unglück in Flandern. Denn er habe den ketzerischen Religionslehren, die sich im Lande auszubreiten beginnen, als erster Vorschub geleistet. Und trotzdem ist auch ihr Herz nicht ganz frei von einer Neigung zu Egmont. Noch auf einem dritten Schauplatz ist Egmont Mittelpunkt allen Denkens und Lebens: in der Bürgerstube seiner Geliebten. »Alle Provinzen beten ihn an, und ich in seinem Arm sollte nicht das glücklichste Geschöpf von der Welt sein?« sagt Klärchen. Der listige Schreiber Vansen versucht dem Volk einzureden, daß es die spanischen Ketten sprengen könnte. Er erinnert die Bürger an die alten Privilegien, die gegolten haben, bis die Spanier ihnen das Netz über die Ohren gezogen hätten. Da nicht alle seiner Meinung sind, kommt es zu einer Schlägerei. Erst jetzt tritt Egmont selber auf. Es gelingt ihm, die erregten Gemüter zu besänftigen. In Vorahnung des Kommenden sieht freilich der ängstliche Schneider Jetter den »schönen Herrn als ein rechtes Fressen für den Scharfrichter«. Es kommt dann zur entscheidenden Begegnung zwischen Egmont und Wilhelm von Oranien. Während der ruhig-überlegene Oranien, dem kein Zug seines Gegners für unbedeutend gilt, es für angeraten hält, daß sie beide als Repräsentanten des Adels Brüssel sofort verlassen, stützt sich der sorglose Egmont auf seine vermeintliche Unantastbarkeit als Ritter des Goldenen Vlieses. Auch die

Nachricht, Herzog Alba sei im Anmarsch, läßt ihn ungerührt. Oranien nimmt bewegten Abschied von ihm, da er prophetisch in Egmont einen Verlorenen sieht. Egmont aber empfindet derlei Bedenklichkeiten als einen »fremden Tropfen in seinem Blut« und weiß ein sicheres Mittel, die »sinnenden Runzeln von seiner Stirne wegzubaden«. Er geht zu Klärchen. »Freudvoll und leidvoll« wartet sie auf ihn. Indessen hält der »hohläugige Toledaner mit dem tiefen Feuerblick«, wie die Regentin Alba charakterisiert, seinen Einzug in Brüssel. Auf den Straßen von Brüssel verbreitet sich die Nachricht, daß sie – wie Oranien – die Stadt verlassen hat, daß nur noch Egmont da ist, was für die durch drakonische Maßnahmen Albas eingeschüchterten Bürger einen kleinen Trost bedeutet. Im Culenburgischen Palast trifft Alba Vorbereitungen, um den sorglos zur Begrüßung und Aussprache zu ihm eilenden Egmont zu verhaften. Ein von Alba nur so lange hingezogenes Gespräch, bis ihm die Festnahme von Egmonts Geheimschreiber gemeldet wird, dient dazu, den völlig arglosen Egmont zu reizen und damit einen äußeren Grund für seine Verhaftung zu haben. Klärchen, in ihrer Verzweiflung, geht in der Dämmerung auf die Straßen, um einen Volksaufruhr zur gewaltsamen Befreiung Egmonts zu entfachen. Doch überall begegnen ihr nur Feigheit und Furcht, so daß sie mit Gift ihrem Leben ein Ende setzt. Egmont empfängt indessen im Gefängnis sein Todesurteil. Im Angesicht des Todes wird ihm noch eine letzte Genugtuung zuteil: Ferdinand, der natürliche Sohn Albas, bekennt sich zu ihm als dem ›Stern seiner Jugend‹. Retten kann auch er Egmont nicht mehr, aber Egmont gewinnt durch ihn und sein schönes Bekenntnis seine innere Ruhe und Sicherheit wieder. In einem letzten Schlaf, unmittelbar vor seiner Hinrichtung, erscheinen ihm freundliche Traumbilder: die Freiheit im himmlischen Gewande, die Züge Klärchens tragend, verheißt ihm, sein Tod werde den Provinzen die Freiheit verschaffen. So geht er mutig und gefaßt dem Henker entgegen: »Ich sterbe für die Freiheit, für die ich lebte und focht und der ich mich jetzt leidend opfre.«

Goethe setzte mit dem *Egmont* die Linie des historisch-politischen Trauerspiels fort, die er mit dem *Götz von Berlichingen* begonnen hatte. Wie dort wird auch hier eine geschichtliche Persönlichkeit über die historischen Quellen hinaus idealisiert und zum Mittelpunkt einer farbig gezeichneten Umwelt gemacht. Die Arbeit an dem Werk erstreckte sich über zwölf

Jahre, es wurde auf der italienischen Reise 1787 vollendet. Den vielfach gerügten Mängeln der lockeren Szenenfolge steht die meisterhafte Charakterzeichnung des Titelhelden gegenüber. In der Mischung von Leichtsinn, Tapferkeit und persönlichem Charme, dem sich keiner, nicht einmal die Regentin, entziehen kann, ist Egmont eine einmalige Figur in der Geschichte des Schauspiels. Goethe selbst sah in ihm eine Verkörperung des ›Dämonischen‹ im besonderen Sinne dieses Wortes, wie er ihn in *Dichtung und Wahrheit* (IV,20) deutet. »Unnachahmlich schön und wahr gezeichnet« ist (nach Schillers Ausdeutung) auch Klärchen. Wie im *Götz* nehmen die Volksszenen einen breiten Raum als Fundament des Ganzen ein. Innerhalb der Volkstypen ist der hintergründige Schreiber Vansen am schärfsten profiliert. Schiller schuf eine Bearbeitung des *Egmont*, die dem Werk den Weg über die Bühnen ebnen half. Beethoven schrieb eine kongeniale Bühnenmusik. (Reclams UB 75.)

Torquato Tasso

Schauspiel in fünf Aufzügen
Erste Aufführung: 16. Februar 1807 in Weimar

Personen: Alfons II., Herzog von Ferrara – Leonore von Este, seine Schwester – Leonore Sanvitale, Gräfin von Scandiano – Torquato Tasso – Antonio Montecatino, Staatssekretär.
Ort und Zeit: Auf dem Lustschloß Belriguardo, 2. Hälfte des 16. Jahrhunderts.

Torquato Tasso steht hoch in der Gunst des Fürsten Alfons II. und der Frauen am kunstsinnigen Hofe von Ferrara, der Schwester des Herzogs, der Prinzessin Leonore, und der Gräfin Leonore Sanvitale. Als Tasso dem Herzog das fertige Epos über das befreite Jerusalem im Park des Schlosses von Belriguardo überreicht, bekränzt die Prinzessin ihn mit Lorbeer. Tasso, der die Prinzessin in schwärmerischer Neigung verehrt, empfindet diese Auszeichnung als höchstes Glück. Die Ankunft von Antonio, dem Staatssekretär des Herzogs, schafft einen Rivalitätskonflikt zwischen dem Dichter und dem Weltmann. Antonio sieht nicht ohne herablassenden Seitenblick auf die Ehren, die Tasso vom Fürsten und den Frauen empfängt, spricht in wohlabgewogenen Worten von der Welt der großen Diplomatie in Rom, in der er soeben wieder für seinen Herrn einen politischen

Sieg errungen hat, und verletzt Tasso durch betontes Lob des Dichters Ariost. Noch aber herrscht Harmonie und Frieden am Fürstenhof. Die Prinzessin und Tasso ergehen sich in freundschaftlich-bewegtem Gespräch über das ›goldene Zeitalter‹ der Menschheit, das Tasso angebrochen sieht, wenn »erlaubt ist, was gefällt«, die Prinzessin aber, wenn »erlaubt ist, was sich ziemt«. Und letzteres zu bestimmen, ist Sache edler Frauen. (»Nach Freiheit strebt der Mann, das Weib nach Sitte.«) Im Überschwang des Glücksgefühls seiner Liebe zur Prinzessin bietet Tasso nun auch Antonio seine Freundschaft an, da die Prinzessin es wünscht. Er tut es jedoch in so fordernder, ja herausfordernder Weise, daß der bedächtige und reservierte Antonio immer weiter von ihm abrückt. Schließlich fallen beleidigende Worte von beiden Seiten, und Tasso läßt sich dazu hinreißen, nach dem Degen zu greifen. In diesem Augenblick tritt Herzog Alfons dazwischen. Er schlichtet den Streit und verhängt über Tasso, der den Degen zog, Zimmerarrest. Doch auch Antonio tadelt er: »Wenn Männer sich entzweien, hält man billig den Klügsten für den Schuldigen.« Antonio ist klug genug, seine Schuld einzusehen. Tasso jedoch nährt sein altes Mißtrauen. Er glaubt in allem nur »die ganze Kunst des höfischen Gewebes« zu sehen, glaubt sich von allen verlassen und verraten, auch von der Prinzessin, die ihm in Wahrheit nach wie vor zugetan ist und den alten Zustand des allseitigen Einvernehmens so bald wie möglich wiederhergestellt wissen möchte. Leonore Sanvitale versucht zu vermitteln, nicht ohne selbstsüchtige Hintergedanken: sie möchte den berühmten Dichter gerne an sich fesseln und ihn mit an ihren Hof nach Florenz nehmen. Ihr bekennt Antonio offen, daß er Tasso beneidet, nicht um den Lorbeer, wohl aber um »die Gunst der Frauen«. Doch Antonio findet sich bereit, zu Tasso zu gehen und mit ihm Frieden zu schließen. Wie sehr Tasso des Rates und der Hilfe eines erfahrenen, reifen Freundes bedarf, zeigt die weitere Entwicklung. Kaum aus der Haft entlassen, beabsichtigt er, allen gutgemeinten Ratschlägen zum Trotz, Belriguardo zu verlassen, ja überhaupt den Hof des Fürsten, wo man nach wie vor nur sein Bestes will. Beim Abschied von der Prinzessin überwältigt ihn erneut sein Gefühl für sie. Unbeherrscht will er die Fürstin in stürmischer Umarmung an sich reißen. Die Abreise des Fürsten, der Prinzessin und der Gräfin von Belriguardo ist die Folge, und Tasso, dem allein seine Dichtkunst Erlösung aus irdischer Qual bedeutet, wirft sich Antonio als rettendem Felsen im Schiffbruch seines Lebens in die Arme.

Der *Tasso*, 1780 entworfen, in Italien ausgearbeitet und 1789 in Weimar vollendet (Erstdruck 1790), gibt in der Form des Bühnenwerkes auch so etwas wie die intime Beichte des Dichters Goethe über sein Verhältnis zur Welt. »Ich hatte das Leben Tassos, ich hatte mein eigenes Leben, und indem ich zwei so wunderliche Figuren mit ihren Eigenheiten zusammenwarf, entstand mir das Bild des Tasso, dem ich als prosaischen Kontrast den Antonio entgegenstellte.« Hof- und Lebens- und Liebesverhältnisse erschienen ihm als die gleichen, »in Weimar wie in Ferrara«, und so glaubte er mit Recht von seiner Darstellung sagen zu können: »Sie ist Bein von meinem Bein und Fleisch von meinem Fleisch.« Die Gestalt des Tasso, dessen »rascher Geist von einer Grenze zu der andern schwankt«, wurde dabei zum Symbol der Spannung zwischen künstlerisch-geistiger und politisch-praktischer Sphäre. Aber auch die übrigen Figuren des Schauspiels, das den Stil der *Iphigenie* fortsetzt, atmen Goethesche Welt- und Menschenkenntnis: das sichere Auftreten des Weltmannes und Diplomaten Antonio, die Seelentiefe und sittliche Feinheit der Prinzessin, die eigensüchtige, leicht intrigante Art der Leonore Sanvitale und der als echter Renaissancefürst über den Konflikten stehende kunstsinnige Herzog Alfons. Die Titelfigur ist auch als schauspielerische Aufgabe immer wieder gesucht. Josef Kainz, Alexander Moissi, Horst Caspar waren hervorragende Interpreten des Tasso. Indem der Regisseur Peter Stein 1969 in seiner Bremer Inszenierung den Produktionsaspekt von Kunst akzentuierte, schuf er ein neues Verständnis des Dramas. Ihm folgten die Inszenierungen von Claus Peymann 1980 in Bochum, der den utopischen Gehalt von Kunst unterstrich, und von Dieter Dorn, der 1982 in Salzburg und München bei aller differenzierender Gestaltung der Charaktere das Verhältnis von Kunst und Gesellschaft für unsere Zeit fruchtbar zu machen suchte, so daß Goethes Drama geradezu ein Stück jüngster Theatergeschichte wurde. (Reclams UB 88.)

Die natürliche Tochter. Trauerspiel in fünf Akten (1803). – Im dichten Wald, auf der Jagd, abseits des »entfernten Weltgetöses Widerhall«, vertraut der Herzog seinem Neffen, dem König, an, daß er außer seinem ungeratenen einzigen Sohn noch eine natürliche Tochter besitzt: Eugenie. Ihre Mutter, die

Fürstin, starb vor kurzem. Der Herzog hält sich jetzt für befugt, das Geheimnis zu lüften. Der König ist bereit, Eugenie als eine nahe Verwandte des königlichen Hauses anzuerkennen. Eugenie schwelgt im neuen Glück der fürstlichen Abstammung. Sehr bald zeigt sich jedoch, daß der Sohn des Herzogs (der selbst in dem Stück nicht in Erscheinung tritt) nicht gesonnen ist, die Schwester, die man bisher verbarg, anzuerkennen. Er steht mit dem Sekretär des Herzogs und mit der Hofmeisterin, Eugeniens Erzieherin, in geheimem Komplott. Eugenie wird durch die Hofmeisterin außer Landes gebracht. Dem Herzog wird gesagt, sie sei tot. Ein Weltgeistlicher muß diesen Betrug bemänteln, indem er Einzelheiten über die angeblich beim Reiten Gestürzte und bis zur Unkenntlichkeit Entstellte berichtet. In einer Hafenstadt spielt sich das Weitere ab. Hier befinden sich die Hofmeisterin und Eugenie. Vergeblich versucht Eugenie, Klarheit über ihr Schicksal zu gewinnen. Die Hofmeisterin, die über ein Blatt mit königlichem Siegel verfügt, das Eugeniens Abtransport nach den fernen Inseln anordnet, sieht nur eine Rettung für die Unglückliche, wenn sie sich entschließen könnte, unter Verzicht auf ihre hohe Abkunft »im Kreise des Bürgerstandes« unterzutauchen. Es bietet sich dazu Gelegenheit durch einen edlen Gerichtsrat, der ihr als Bürger der Hafenstadt Hand und Herz anträgt. Erst nach langem Zögern ist Eugenie bereit, der Werbung des Gerichtsrates nachzugeben. Doch muß dieser ihr versprechen, sie nur als Bruder »mit reiner Neigung« zu empfangen und sie ganz im Verborgenen leben zu lassen. Eugenie hofft, auf diese Weise dereinst ihrem Vaterlande, dem auf Grund vieler bedrohlicher Anzeichen ein jäher Umsturz bevorsteht, dienlich sein zu können, ja vielleicht sogar noch ihrem Vater, dem Herzog, und dem König als Retter erscheinen zu können.

Das Stück stellt den ersten Teil zu einer Trilogie dar, die Goethe über die Französische Revolution zu schreiben geplant hatte. Zum Fortgang sind nur wenige Skizzen überliefert, die keinen Schluß zulassen, wie Goethe sich das weitere Schicksal Eugeniens und die Darstellung des über das Land hereinbrechenden revolutionären Geschehens dachte. Herder nannte das Stück die »köstlichste, gereifteste und sinnigste Frucht eines tiefen, nachdenkenden Geistes, der die ungeheuren Begebenheiten dieser Zeit still in seinem Busen getragen und zu höheren Ansichten entwickelt« hätte. Das am 2. April 1803 zum ersten Male in Weimar gespielte Trauerspiel erscheint heute nur noch selten auf der Bühne. Als Dichtung von großer sprachlicher Schönheit und auch dramatischer Qualität steht die *Natürliche Tochter* gleichwohl neben *Iphigenie* und *Tasso*. (Reclams UB 114.)

Faust

Tragödie in zwei Teilen
Erste Aufführung des I. Teiles:
19. Januar 1829 in Braunschweig,
des II. Teiles: 4. April 1854 in Hamburg,
erste Gesamtaufführung: 6. und 7. Mai 1876 in Weimar

Vorspiel auf dem Theater: Direktor, Theaterdichter und Lustige Person diskutieren über den Sinn des Theaterspielens. Während der Direktor nur auf volle Häuser sieht und alles nach dem Erfolg bei der Menge berechnet, bekennt sich der Dichter zu der hohen, göttlichen Poesie, die sich von der Menge eher abgestoßen fühlt. Die Lustige Person gibt praktische Ratschläge, wie man das Publikum am besten unterhalten kann. Goethe nahm die Anregung zu diesem Vorspiel u. a. aus dem indischen Theater, das ihm 1791 durch Forsters Übersetzung der *Śakuntalā* des Kālidāsa bekannt geworden war.

Prolog im Himmel: Die drei Erzengel Raphael, Gabriel und Michael rühmen »die unbegreiflich hohen Werke« der Schöpfung Gottes. Mephistopheles, der sich zum Gesinde des Herrn rechnet, ist anderer Meinung. Er sieht nur, »wie sich die Menschen plagen«. Der Herr lenkt das Gespräch auf den Dr. Faust, den er als seinen »Knecht« bezeichnet. Mephistopheles verhöhnt die Leidenschaft, mit der dieser Tor ihm diene und bietet dem Herrn eine Wette an: es würde ihm gelingen, Faust von ihm abzuwenden. Der Herr geht darauf ein, doch nur, solange Faust auf Erden lebe. Mephisto werde am Ende beschämt erkennen müssen: »Ein guter Mensch in seinem dunklen Drange ist sich des rechten Weges wohl bewußt.« Die Wette wird geschlossen. Der Herr überläßt das Weitere getrost dem »Schalk«, den er in Mephistopheles erblickt. Er hat seinesgleichen nie gehaßt, sondern in seinen Weltplan eingebaut, da der

Mensch in seinem Tätigkeitsdrang allzu leicht erschlaffe und des Antreibers bedarf. Der »Prolog im Himmel« hat wesentliche Anregungen durch das 2. Kapitel des *Buches Hiob* empfangen.

Der Tragödie erster Teil

Personen: Faust – Mephistopheles – Wagner – Schüler – Allerlei Volk beim Osterspaziergang – Frosch, Brander, Sybel, Altmayer (lustige Gesellen in »Auerbachs Keller«) – Hexen, Meerkatzen und Meerkater – Margarethe – Valentin, ihr Bruder – Marthe Schwerdtlein u. a.

Ort und Zeit: In Fausts Studierstube, vor dem Tore der Stadt, Auerbachs Keller in Leipzig, verschiedene Schauplätze in einer deutschen Kleinstadt, am Brocken und anderwärts, 16. Jahrhundert.

Faust grübelt in seiner Studierstube bei Nacht über den Sinn des Daseins. Die herkömmlichen Wissenschaften (Philosophie, Juristerei, Medizin und auch die Theologie) vermögen ihm nichts mehr zu geben. Nur noch in der Magie sieht er einen Weg, in das Geheimnis der Welt einzudringen. Er schlägt das Zauberbuch des Nostradamus auf und berauscht sich beim Anblick des Zeichens des Makrokosmos an der Harmonie, die das All durchdringt. Doch hofft er sich noch mehr Befriedigung vom Zeichen des Erdgeistes, den er mit geheimnisvollen Formeln beschwört. Der Geist erscheint, jedoch nur, um Faust seine Zwergenhaftigkeit als Mensch gegenüber der Natur und ihren ewig schaffenden Gewalten fühlen zu lassen. Nach einer kurzen Unterbrechung durch seinen Famulus Wagner, »den trocknen Schleicher«, meditiert Faust verzweifelt weiter und nähert sich dem Gedanken einer Erlösung durch den Tod. Doch kaum hat er die kristallene Schale mit Gift an den Mund gesetzt, als Glockenklang und Chorgesang ihm des »Osterfestes erste Feierstunde« künden. Überwältigt von Jugenderinnerungen und dem Auferstehungswunder des Osterfestes, fühlt er sich der Erde neu zurückgegeben. Mit Wagner tritt Faust nun am Ostermorgen einen Spaziergang an vor das Tor der Stadt. Ehrfurchtsvoll begrüßt ihn das Volk, dem er einst in jungen Jahren bei Bekämpfung einer Pestseuche hilfreich zur Seite stand. Der Anblick der untergehenden Sonne ruft in ihm aber aufs neue die metaphysische Sehnsucht wach, und er kommt zu der Selbsterkenntnis: »Zwei Seelen wohnen, ach! in meiner Brust, die eine will sich von der andern trennen.« Auf dem Heimweg umkreist ihn ein geheimnisvoller, schwarzer Pudel, der ihm in sein Studierzimmer folgt. Beim Versuch, das Neue Testament in sein »geliebtes Deutsch« zu übertragen, stößt er gleich am Anfang des Johannes-Evangeliums auf die unüberwindbare Schwierigkeit der Übersetzung des griechischen Wortes Logos. In seiner landläufigen Bedeutung als »Wort« kann es ihm nicht genügen. So wählt er die Formulierung: »Im Anfang war die Tat!« Doch nun beginnt der Pudel in seinem Zimmer zu randalieren. Er entpuppt sich als Mephistopheles (in der Gestalt eines fahrenden Scholaren). »Ich bin der Geist, der stets verneint«, offenbart er Faust, »ein Teil von jener Kraft, die stets das Böse will und stets das Gute schafft.« Nachdem Faust in wilden, aufbegehrenden Worten seinen ganzen Unmut über die Last und Qual des irdischen Daseins ausgedrückt hat, wird ein Pakt geschlossen und mit einem Tropfen Blut aus Fausts Arm besiegelt: Mephistopheles verbindet sich auf Erden ganz zu Fausts Diensten. Dafür erhebt Mephisto Anspruch auf ihn, wenn sie sich »drüben« wiederfinden. Entscheidend soll sein, ob Faust jemals durch die Erfüllung seiner Wünsche befriedigt werden kann, so daß er zum Augenblicke sagen möchte: »Verweile doch! du bist so schön!« Dann möge die Totenglocke schallen, und dann soll Mephisto seines Dienstes ledig sein. Ehe sie nun ihre Reise in die Welt antreten, fertigt Mephistopheles einen Schüler ab, den er auf diabolische Weise in die Wissenschaften einführt. Mit einer derben Szene bei einer »Zeche lustiger Gesellen« in Auerbachs Keller in Leipzig beginnt dann Fausts »neuer Lebenslauf«. Dann schleppt Mephisto Faust in die Hexenküche, wo es unter Geschrei von Meerkatzen und -katern toll hergeht, wo Faust aber auch in einem Spiegel das himmlische Bild eines Weibes sieht, für das er sofort leidenschaftlich entflammt ist. Die Hexe muß ihm einen Verjüngungstrank reichen, der aus dem Professor der Philosophie einen verliebten Jüngling machen soll. Mit diesem Trank im Leibe wird er (wie Mephisto prophezeit) bald »Helenen in jedem Weibe« sehen.

Das unschuldige Geschöpf, an dem sich Fausts Liebessehnen in tragischer Weise erfüllen soll, ist Gretchen. Er begegnet ihr – sie kommt von der Beichte – und spricht sie sofort in stürmischer Werbung an. Mephisto kann nicht schnell genug Geschmeide herbeischaffen, mit dem das arme Kind betört werden soll. Im Haus und Garten der kupplerischen Nachbarin, Marthe Schwerdtlein, vollzieht sich das Weitere. Es kommt zum rührenden Geständnis des zum ersten Liebeserleben erwachten Mädchens. Ahnend sieht sie in Mephisto den ›bösen Geist‹, der zwischen ihr und ihrer Liebe steht, und ihr gläubiges Gemüt ist in tiefer Sorge um die Stellung des Geliebten zur Religion, die auch durch das berühmte (pantheistische) Glaubensbekenntnis Fausts nicht behoben werden kann. Nachdem Gretchen Faust in ihre Kammer eingelassen hat, während ihre Mutter durch einen Trank, den ihr Faust gab, in tiefen Schlaf versetzt wurde, ist die tragische Entwicklung nicht mehr aufzuhalten. Valentin, Gretchens Bruder, stellt Faust zum Zweikampf und kommt zu Tode, da Mephisto seine Hand erlahmen ließ. Vergeblich betet Gretchen, die ein Kind unterm Herzen trägt, vor dem Bild der Mater dolorosa (»Ach neige, Du Schmerzenreiche, Dein Antlitz gnädig meiner Not!«). Faust wird zur Ablenkung von Mephisto zu dem großen Hexensabbat der Walpurgisnacht auf den Blocksberg geführt, wo die beiden im Aufstieg auf den Brocken in den tollen Strudel der entfesselten Dämonenwelt hineingezogen werden. An Gretchen hat sich inzwischen das unabwendbare, bittere Schicksal vollzogen: ihre Mutter starb an dem Trank, ihr Bruder ist tot, das Kindlein, das sie zur Welt brachte, ertränkte sie. So findet Faust nur noch eine Wahnsinnige im Kerker, deren Verbrechen »ein guter Wahn« war und bei deren Anblick Faust »der Menschheit ganzer Jammer« anpackt. Vergeblich versucht Faust, Gretchen aus dem Gefängnis zu retten. Ihr Geist ist verwirrt. Der Anblick Mephistos reißt sie jedoch zu letzter Klarheit empor. Sie befiehlt sich reuig der Gnade Gottes an. Es graut ihr selbst vor Faust. »Sie ist gerichtet!« ruft Mephisto. Doch aus der Höhe erklingt eine Stimme: »Ist gerettet!« Mephisto reißt Faust mit sich davon. (Reclams UB 1.)

Der Tragödie zweiter Teil

Personen: Faust – Mephistopheles – Der Kaiser – Die Hofgesellschaft – Masken aller Art – Der Knabe Wagenlenker – Paris und Helena – Doktor Wagner – Baccalaureus – Homunculus – Chiron – Thales und Anaxagoras, griechische Philosophen – Nereus – Galatee – Proteus – Sphinxe, Sirenen, Greife, Nymphen, Nereiden, Tritonen, Phorkyaden u. a. Gestalten der griechischen Mythologie – Lynceus, Turmwärter – Euphorion, Fausts und Helenas Sohn – Die drei Gewaltigen (Raufebold, Habebald, Haltefest) – Erzmarschall, -kämmerer, -truchseß, -schenk – Erzbischof – Philemon und Baucis – Vier graue Weiber (der Mangel, die Sorge, die Schuld, die

Not) – Heilige Anachoreten – Die eine Büßerin (sonst Gretchen genannt) – Mater gloriosa – Chorus mysticus u. a.

Ort und Zeit: Anmutige Gegend, Kaiserliche Pfalz, Fausts Studierstube und Laboratorium, Pharsalische Felder und andere Orte in Griechenland, Hochgebirge und Bergschluchten, zeitlich im Anschluß an den I. Teil.

In anmutiger Gegend schläft Faust. Der Luftgeist Ariel veranlaßt, daß Geistergesang »des Vorwurfs glühend bittre Pfeile« aus seinen Gedanken entfernt. Erwacht, fühlt Faust des »Lebens Pulse« frisch lebendig schlagen. Im Nachsinnen über den Sonnenaufgang, der ihn emporreißt, um gleich darauf seine Augen zu schmerzen, wie über den Wassersturz, der sich in abertausend Strömen ergießt mit des »bunten Bogens Wechseldauer« darüber, erkennt er resigniert: »Am farbigen Abglanz haben wir das Leben«, d. h. das Leben ist die endliche Erscheinung eines unerkennbar Metaphysisch-Ewigen. Fausts nächste Station ist der Hof des Kaisers, wo Mephistopheles an die Stelle des Hofnarren tritt. Mit allerlei Gaukeleien und Maskeraden unterhält er die Hofgesellschaft. Mit dem Ratschlag, Papiergeld anstelle Gold als Zahlungsmittel einzuführen, gelingt es, die immensen Schulden des Reiches zu begleichen. Um Helena und Paris herbeizuführen, die Musterbilder aller Männer und Frauen – dies ist ein weiterer Wunsch des Kaisers –, steigt Faust »zu den Müttern« hinab, die als Göttinnen in hehrer Einsamkeit, in ort- und zeitloser Tiefe, thronen. Als Faust von der geheimnisvollen Fahrt wieder auftaucht, führt er dem erstaunten Kaiserhof die ebenso berühmten wie berüchtigten Gestalten des griechischen Altertums leibhaftig vor. Faust selbst ist so hingerissen von der Erscheinung Helenas, daß er nach ihr greifen will. Im gleichen Augenblick erfolgt eine Explosion, die Erscheinungen gehen in Dunst auf, und Faust liegt ohnmächtig am Boden. So bringt ihn Mephistopheles in seine alte Studierstube zurück. Dort braut Doktor Wagner, Fausts einstiger Famulus, im Laboratorium ein »herrlich Werk«: Homunculus, den künstlichen Menschen, der nicht mehr auf natürliche Weise gezeugt wird, sondern der durch »Mischung« von vielen hundert Stoffen in der Retorte hergestellt wird. Mephistopheles kommt gerade im rechten Augenblick, da das künstliche Gebilde sich zum ersten Male aus der Phiole vernehmen läßt. Es entschlüpft der Flasche und seinem Erzeuger und gibt aus der Höhe Mephistopheles gute Ratschläge, was er mit Faust anzufangen habe, nämlich ihn zur »klassischen Walpurgisnacht« nach Griechenland zu bringen, wo er genesen könne. Mephistopheles, dem als »nordischem Gespenst« zuerst nicht recht wohl bei dem Gedanken an die »antikischen Kollegen« ist, findet aber doch Geschmack daran, sobald Homunculus von »thessalischen Hexen« spricht. Homunculus und Mephistopheles brechen nun dorthin auf. Den noch immer schlafenden Faust nehmen sie auf dem Zaubermantel mit, den verblüfften Wagner lassen sie zurück.

Auf dem Schlachtfeld von Pharsalus, wo Cäsar über Pompeius siegte, treffen sich am Jahrestage der Schlacht die Sagengestalten der Antike zu einer Art Walpurgisnacht (wie die nordischen Hexen bei Frühjahrsbeginn auf dem Brocken). Dort angekommen, gilt Fausts erste Frage Helena. Ihm wird beschieden, daß er sie in der Unterwelt antreffen könne. Mephistopheles stellt inmitten der gespenstischen, blutsaugenden Lamien fest, daß es »vom Harz bis Hellas immer Vettern« für ihn gibt und verwandelt sich nun zur Phorkyas, als der in dieser Welt für ihn gemäßen Maske. Homunculus, der sich von ihm gelöst hat, wird von dem Naturphilosophen Thales zu dem Meeresgott Nereus gebracht. Sein Sehnen geht dahin, sich aus dem kleinen, leuchtenden Zwerglein, als welches er zur Welt gekommen ist, zu verkörperlichen. Nereus verweist ihn an den großen Verwandlungskünstler Proteus, der ihm nach allerlei Proben seiner Kunst empfiehlt, im Wasser (als dem eigentlichen Urstoff der Welt) zu beginnen. Zu Füßen der Nereus-Tochter Galatee, der schönsten der Meeresnymphen, zerschellt die Glashülle des Homunculus, als wäre er von »Pulsen der Liebe« gerührt, und er verwandelt sich in Meeresleuchten. So vereinigen sich im Banne des »Eros, der alles begonnen«, die vier Elemente zur Schlußapotheose eines phantasievollen, barocken Prachtgemäldes von der »Klassischen Walpurgisnacht«, das aus dem rauhen, mittelalterlichen Norden in die sonnenklare Welt der hellenischen Antike überleitet.

Vor dem Palast des Königs Menelas zu Sparta betritt Helena erstmals leibhaftig die Bühne. Mephistopheles warnt sie in der Gestalt Phorkyas: alles ist im Palast zu ihrer Opferung vorbereitet. Nur schnelle Flucht kann helfen. Er versetzt Helena und ihre Frauen nun auf eine Burg im Gebirge, wo ihnen Faust (in der ritterlichen Hofkleidung des Mittelalters) entgegentritt. Sie gibt seiner Werbung statt und ergötzt sich an der Sprechweise der neuen Umgebung, als Faust sie in Reimen sprechen lehrt. Nun vollzieht sich in arkadischen Gefilden die Vermählung

Fausts mit Helena. Der Ehe entspringt ein Sohn: der strahlende Knabe Euphorion, der sich mit dem Chor in anmutigen Spielen und Reigen ergeht. Euphorion, ein zweiter Ikarus, will immer höher steigen und fliegen, bis er tot zu den Füßen der Eltern liegt. Er zieht die Mutter nach sich ins Reich der Schatten. Dem Glück und der Schönheit ist es nicht vergönnt, sich dauerhaft zu vereinen. Faust hält nur noch Helenas Kleid und Schleier in den Armen. Die ganze antike Welt des Helena-Aktes versinkt. Auch Phorkyas verwandelt sich wieder in Mephistopheles zurück. Er ist der heimliche Drahtzieher des ganzen Geschehens gewesen.

Im Hochgebirge treffen wir Faust wieder. Er fühlt Kraft in sich zu neuen Taten und kühnem Fleiß. Er möchte dem Meere Land abgewinnen. Mephistopheles sieht dazu sogleich Gelegenheit. Der Kaiser ist durch einen Aufruhr in Schwierigkeiten geraten. Zu Fausts Unterstützung ließ Mephistopheles die »drei Gewaltigen« Raufebold, Habebald und Haltefest entstehen. Als der Kaiser nach anfänglichem Zögern auf Fausts Hilfsangebot eingeht, kann dieser mit seinen Helfern den Aufruhr schnell niederschlagen. Zum Lohn erhält Faust den zuvor ausbedungenen Strand zum Lehen.

Mit der Landgewinnung und dem Bau eines Palastes auf diesem neugewonnenen Grund ist die letzte Station in Fausts Leben erreicht. Seinem nie genügsamen Geist schweben aber immer neue Projekte vor. Zunächst wünscht er einen Hügel seinem Besitze einzuverleiben, auf dem in ärmlicher Hütte ein altes Ehepaar, Philemon und Baucis, haust. Da die Alten nicht freiwillig gehen, zerstört Mephistopheles ihre Hütte durch Brandstiftung, wobei sie zugrunde gehen. Vier graue Weiber – der Mangel, die Sorge, die Schuld und die Not – treten nun zu Faust, finden jedoch keinen Einlaß bei ihm. Nur die Sorge schleicht durch das Schlüsselloch ein. Ihr Anhauch bewirkt, daß Faust erblindet (»Die Menschen sind im ganzen Leben blind, nun, Fauste! werde du's am Ende«). Doch auch jetzt noch erfüllen Pläne über Pläne den Geist des Ruhelosen. Millionen von Menschen möchte er Lebensräume zwischen Hügel und Meer schaffen. »Solch ein Gewimmel möcht' ich sehn, auf freiem Grund mit freiem Volke stehn.« Das wäre ein Augenblick, zu dem er sagen dürfte: »Verweile doch, du bist so schön! Es kann die Spur von meinen Erdentagen nicht in Äonen untergehn.« Mit diesem Wunsch hat sich sein Leben erfüllt. Er stirbt. Mephistopheles hat die Wette, die er einst mit ihm schloß, scheinbar gewonnen. Schon rüstet er mit Hilfe der Lemuren die Grablegung. Mit phantastischen Beschwörungsgebärden läßt er Teufel erscheinen und einen Höllenrachen sich auftun, der Faust verschlingen soll. Doch herabschwebende Engel, die den ganzen Raum einnehmen und Mephistopheles verwirren, so sehr, daß die ›appetitlichen Racker‹ ihn lüstern machen, entreißen ihm Fausts Unsterbliches. Resigniert muß Mephistopheles bekennen: »Du bist getäuscht in deinen alten Tagen. Ein großer Aufwand, schmählich! ist vertan.« Heilige Anachoreten, gebirgauf verteilt und zwischen den Klüften gelagert, begrüßen die Engel, die mit Fausts unsterblicher Seele emporschweben (»Wer immer strebend sich bemüht, den können wir erlösen«). In der höchsten Sphäre erscheint die Mater gloriosa selbst. Eine der Büßerinnen (sonst Gretchen genannt) bittet für den »früh Geliebten, nicht mehr Getrübten«. Und für sie bitten die drei großen Büßerinnen der Bibel (die Magna peccatrix, Maria Magdalena, des Lukas-Evangeliums, die Mulier Samaritana des Johannes-Evangeliums und die Maria Aegyptiaca der Acta Sanctorum). Ein Chorus mysticus, der auf das Vergängliche alles Irdischen hindeutet, das nur Gleichnis für das Ewige, »Unzulängliche« ist, beschließt das Werk. »Das Unbeschreibliche, hier ist's getan; das Ewig-Weibliche zieht uns hinan.« (Reclams UB 2.)

Faust ist Goethes universale Dichtung, zugleich eine der bedeutendsten Dichtungen deutscher Sprache. Sie stützt sich als Quelle auf das Volksbuch *Historia von D. Johann Fausten* von 1587 (Reclams UB 1516) und auf Christopher Marlowes *Faust*-Drama. Die Beschäftigung Goethes mit dem Stoff und der Dichtung erstreckt sich über 60 Jahre hin und reicht von der Straßburger Studentenzeit bis in die letzten Lebensjahre in Weimar. Die erste Niederschrift erfolgte in den Jahren 1774/75, von der eine Abschrift erhalten ist, der sog. *Urfaust* (1887 von Erich Schmidt wiederentdeckt, uraufgeführt am 2. Mai 1912 in Weimar, Reclams UB 5273). Er enthält bereits die wichtigsten Szenen des späteren I. Teiles. Dieser wurde von Goethe in Abschnitten 1790 und 1808 veröffentlicht. Der II. Teil wurde ein Jahr vor Goethes Tod abgeschlossen und von ihm versiegelt, um erst nach seinem Tode an die Öffentlichkeit zu gelangen. Ursprünglich nicht für die Bühne bestimmt, hat sich der *Faust* doch als theatralisches Kunstwerk einen dauernden Platz im

Schauspiel-Repertoire der deutschen Bühnen erobert. Das gilt besonders für den I. Teil. Doch enthält auch der II. Teil so viel Bühnenwirksames und Theatermäßiges, daß bedeutende Theaterleiter und -regisseure immer wieder den Versuch gemacht haben, die große Szenenfolge für die Bühne zu gewinnen. Daß erst bei einer Darstellung des gesamten Werkes die übergeordneten Gesichtspunkte und der Ideengehalt der Dichtung zutage treten, steht außer Frage. Nur bedarf es zur szenischen Darstellung eben der Kürzung des II. Teiles und der Herausarbeitung der Grundlinien, die den Ablauf handlungsmäßig bestimmen.

Ein Zusammenhalt ist gegeben durch die zwischen Faust und Mephistopheles abgeschlossene Wette, die sich vom Teufelspakt im I. Teil bis zu Fausts Tod im II. Teil erstreckt, gleichfalls sinngemäß durchgeführt, indem Fausts ruheloses und durch keine Erfüllung zu sättigendes Begehren erst mit seinem Tode erlischt. Festgehalten ist durch die ganze Dichtung hindurch (trotz der jahrzehntelangen Abfassungszeit) der Kontrast der Hauptgestalten: Faust und Mephistopheles. Faust ist stets der ewig unbefriedigte, die Grenzen des Menschlichen überschreitenwollende Titan, einerlei ob als alternder Gelehrter, jugendlicher Liebhaber oder im hohen Greisenalter stehender Kolonisator. Mephistopheles ist immer der zynische Spötter, der »Geist, der stets verneint«, einerlei ob als »Schalk« im Prolog, als »Junker Satan« im I. Teil oder als antikisches Ungeheuer in Gestalt der Phorkyade im II. Teil, ja, noch in der ›Grablegungs‹-Szene, ganz am Schluß, wird er als lüsterner, geprellter Teufel hingestellt, der sich selbst verspottet, daß ihm die Engel Fausts unsterbliches Teil, »diesen großen, einzigen Schatz«, entwendet haben. Um diese Hauptgestalten ist ein Kranz von Figuren und Ideen gelegt, die das Werk zu einem dramatischen Weltgedicht machen. Im I. Teil ergreift menschlich vor allem die Innigkeit und Tragik der Gretchen-Handlung. Im II. Teil sind Fausts Gang zu den ›Müttern‹, die Beschwörung der Helena, die feine Ironie der Homunculus-Szenen und das Euphorion-Idyll von hohem poetischem Reiz. Die Vermählung von Faust und Helena tritt szenisch als Symbol für die Vereinigung abendländischen Geistes mit dem griechischen Schönheitsideal in Erscheinung. Bei der Gestaltung Euphorions schwingt die Erinnerung an das Schicksal Lord Byrons mit. Von großer Plastik ist insbesondere der 5. Akt des II. Teiles: Fausts Alter, Tod, Grablegung und Verklärung. Hier spricht Goethe als

Mensch und Weltweiser zur Menschheit, wenn er davor warnt, die Grenzen menschlichen Vermögens zu durchbrechen (»Nach drüben ist die Aussicht uns verrannt; Tor, wer dorthin die Augen blinzelnd richtet! Er stehe fest und sehe hier sich um; dem Tüchtigen ist diese Welt nicht stumm«), oder wenn der bereits erblindete Faust als »der Weisheit letzten Schluß« bezeichnet: »Nur der verdient sich Freiheit wie das Leben, der täglich sie erobern muß.« Bei den oft zitierten Versen der ›Verklärung‹ Fausts: »Wer immer strebend sich bemüht, den können wir erlösen«, wird oft der Nachsatz vergessen, daß »ein Erdenrest, zu tragen peinlich«, übrigbleibt, den zu tilgen nur »die Liebe von oben« vermag. Von hier aus gewinnen auch die sonst unverständlichen Schlußworte der ganzen Dichtung (»Das Ewig-Weibliche zieht uns hinan«) erst Sinn und Bedeutung: die eine Büßerin (sonst Gretchen genannt) als Symbol für die irdische Liebe, und die Mater gloriosa, die »zu den höchsten Sphären« aufruft, für die himmlische.

Als Gesamtwerk betrachtet, steht der *Faust* in Form, Gehalt und weltumspannender Thematik wohl in einer Reihe mit den größten Dichtungen der Weltliteratur, neben den Epen Homers, Dantes *Göttlicher Komödie* und dem Kosmos der Bühnenwerke Shakespeares.

JAKOB MICHAEL REINHOLD LENZ

* 12. Januar 1751 in Seßwegen (Livland)
† 24. Mai 1792 in Moskau

Jakob Michael Reinhold Lenz war Sohn eines Predigers. Er studierte Theologie in Dorpat und Königsberg, wandte sich jedoch bald der Literatur zu. 1771 ging er als Hofmeister (Begleiter und Dolmetscher) zweier Kurländischer Adliger nach Straßburg, wo er mit Herder und Goethe bekannt wurde. Er geriet gänzlich in den Bann Goethes. Nach dessen Weggang von Straßburg verliebte er sich in Sesenheim in Friederike Brion – Goethes ehemalige Geliebte –, deren Eltern ihn jedoch ablehnten. 1776 versuchte er am Weimarer Hof Fuß zu fassen. Wegen verschiedener, auf seinem unausgeglichenen Wesen beruhender Vorfälle mußte er jedoch alsbald Weimar wieder verlassen. Nach längerem Umherirren fand er freundliche Aufnahme bei Goethes Schwager Schlosser in Emmendingen. Eine geplante Italienreise kam nicht zustande, er blieb in der Schweiz als Gast Lavaters zurück. Im Winter 1778 erfolgte ein schwerer Wahnsinnsanfall. Über Straßburg kam Lenz dann abermals zu Schlosser nach Emmendingen, wo liebevolle Pflege seinen Zustand besserte. 1779 wurde er von seinem Bruder in die Heimat gebracht. Nach vergeblichen Bemühungen, zu einer festen Anstellung zu kommen, starb er in Moskau im Elend.

Lenz war eine jener hochbegabten, aber innerlich zerrissenen Naturen, wie sie für die sog. Genie-Periode der deutschen Literatur des 18. Jahrhunderts typisch sind. Ein »seltsamstes und indefinibelstes Individuum« nannte ihn Goethe, und an anderer Stelle sagte er: »Aus wahrhafter Tiefe, aus unerschöpflicher Produktivität ging sein Talent hervor, in welchem Zartheit, Beweglichkeit und Spitzfindigkeit miteinander wetteiferten, das aber bei aller seiner Schönheit durchaus kränkelte, und gerade diese Talente sind am schwersten zu beurteilen.« Die neuere Forschung sieht in Lenz einen der Begründer der modernen europäischen Sozialkomödie. In seinen *Anmerkungen übers Theater* (1774), die der abrupten Szenenführung das Wort reden und zum oft zitierten richtungweisenden dramaturgischen Hauptwerk der Stürmer und Dränger wurden, hatte Lenz eine eigenwillige Theorie über die beiden Gattungen der dramatischen Dichtkunst, Tragödie und Komödie, entwickelt. In der Tragödie müsse die Handlung um der Person willen aufgestellt werden, in der Komödie dagegen müsse sich die Handlung aus den Charakteren entwickeln. Er bearbeitete verschiedene Komödien von Plautus. Seine schöpferische Begabung und seine Eigenart spiegelt sich in der Komödie *Der Hofmeister* (1774), in der Adel, Bürgertum und Bauernstand treffsicher charakterisiert und kritisch beleuchtet werden. In der Komödie *Der neue Menoza* (1774) hält Lenz dem alten Europa, als dem angeblich ›aufgeklärten‹ Kontinent, einen Spiegel in bitterböser sarkastischer Weise vor. Und in den *Soldaten* (1776) wird die Ehelosigkeit des Offiziersstandes, wie sie damals herrschte, so kritisch wie utopisch thematisiert. In seiner Mischung von Tragik und Komik zeigt dieses Werk sehr eindrucksvoll die knappe, kräftige Bühnensprache von Lenz. Seine Begabung für groteske Komik offenbart die Literatursatire *Pandaemonium Germani-*

cum, in der er dichtende Zeitgenossen, einschließlich Goethe und sich selbst, auftreten läßt und schon nach Art der späteren Romantik ironisiert.

Der Hofmeister

oder Vorteile der Privaterziehung

Komödie in fünf Akten
Erste Aufführung: 22. April 1778 in Hamburg

Personen: Herr von Berg, Geheimer Rat – Der Major, sein Bruder – Die Majorin – Gustchen, ihre Tochter – Fritz von Berg – Graf Wermuth – Läuffer, ein Hofmeister – Pätus und Bollwerk, Studenten – Herr von Seiffenblase – Sein Hofmeister – Frau Hamster, Rätin – Jungfer Hamster – Jungfer Knicks – Frau Blitzer – Wenzeslaus, ein Schulmeister – Marthe, alte Frau – Lise u. a.
Ort und Zeit: An verschiedenen Orten in Ostpreußen, Halle und Leipzig, um 1770.

Läuffer, der Sohn eines Stadtpredigers, tritt als Hofmeister (d. h. Erzieher und Privatlehrer) in den Dienst des Majors von Berg. Ihm werden ein unmündiger Sohn und Gustchen, die schwärmerisch veranlagte Tochter, anvertraut. Diese schwört sich mit ihrem Vetter Fritz von Berg, der zum Universitätsstudium fortgeht, ewige Liebe und Treue, wie einst Romeo und Julia. Fritzens Vater, der Geheime Rat von Berg, will aber von dergleichen »Romanen« nichts wissen. Man wird »den Junker unter die Soldaten und das Fräulein ins Kloster« stecken, wenn sie nicht vernünftiger werden. Gustchens Mutter, eine herrschsüchtige Frau, hat ihrerseits den Plan, die Tochter mit dem Grafen Wermuth zu verheiraten. Gustchens überspannter Liebesdrang führt dazu, daß sie sich ihrem Erzieher, dem Hofmeister Läuffer, hingibt. Als sie merkt, daß sie ein Kind erwartet, verläßt sie heimlich das Elternhaus. Läuffer flieht zu dem Schulmeister Wenzeslaus, bei dem er sich unter falschem Namen verbirgt. Als der Major, der Geheime Rat und der Graf ihn dennoch hier aufspüren, schießt der Major auf ihn. Er wird am Arm verletzt und erhält von dem Geheimen Rat ein Schmerzensgeld. In einem Anflug von Reue kastriert sich Läuffer, was dem sonderlichen Schulmeister imponiert. Gustchen hat indessen bei einer alten, blinden Frau Marthe ein Kind zur Welt gebracht. Sie weiß, daß ihr Vater, der Major, abgöttisch an ihr hängt. Sie will ihm Nachricht von sich geben. Auf dem Wege dahin wird sie ohnmächtig und will sich, als sie wieder zu sich gekommen ist, in den Teich stürzen. Die schon fast Ertrunkene rettet der des Weges kommende Major. Fritz von Berg hat indessen auf den Universitäten seinem Vater gleichfalls Kummer gemacht. Er tritt derart selbstlos für den leichtsinnigen und verschuldeten Studienkameraden Pätus ein, daß er für diesen als Bürge ins Gefängnis gerät. Zum Ende lösen sich aber alle Konflikte: Fritz von Berg und Gustchen werden ein glückliches Paar, Pätus rehabilitiert sich durch Eheschließung mit der Tochter des Musikers Rehaar, die er verführt hatte, und selbst Läuffer wird nicht unbeweibt bleiben. Die Bauernmagd Lise hat es ihm angetan, und sie stößt sich nicht an seinem jetzigen Zustand, da ihr nichts am Kinderkriegen liegt. Sogar das uneheliche Kind Gustchens und Läuffers, das bei der alten, blinden Frau Marthe geblieben war, findet sich wieder, und die alte, blinde Frau ist niemand anderes als die Mutter des alten Herrn Pätus, der sie vor Jahr und Tag aus Eigennutz aus seinem Hause gestoßen hatte. Den Schluß des Stückes bildet die Feststellung Fritzens, den »süßen Jungen« Gustchens und Läuffers, den er gerne an Vaterstatt annehmen will, weil er die Züge Gustchens trägt, »nie durch Hofmeister erziehen« zu lassen.

Es ging Lenz in dieser Komödie sichtlich um eine gesellschaftskritische Tendenz mit satirisch-ironischem Einschlag. Dabei stehen nicht nur Adel und Bürgertum in Kontrast. Der Geheime Rat von Berg spricht dem Pastor Läuffer gegenüber von seiner Schwägerin und seinem Bruder als einer »dampfigten Dame und einem abgedämpften Offizier«. Die Vorteile der Hofmeister-Erziehung verteidigt der bürgerliche Pastor gegen den adligen Geheimrat. Der Schluß zeigt eine für die Entstehungszeit des Stückes erstaunliche sozialkritische Tendenz: Anerkennung des unehelichen Kindes, Hinwegsetzen über Standesvorurteile und über enge Moralkomplexe. Witzig und originell sind die Randfiguren gezeichnet, so vor allem der Schulmeister Wenzeslaus und der Lautenist Rehaar. An Shakespearescher Charakterisierungskunst geschult, zeigen sie gleichwohl Eigenwuchs der Lenzschen Art. Als frühestem Beispiel der modernen Sozialkomödie mit grotesken Zügen kommt dem *Hofmeister* große Bedeutung zu. Eine Bearbeitung des Stückes mit Unterstreichung der gesellschaftskritischen Tendenz verfaßte Bert Brecht. (Reclams UB 1376.)

Die Soldaten

Komödie in fünf Akten
Erste Aufführung des Originaltextes: 13. Oktober 1916
in Berlin

Personen: Wesener, ein Galanteriehändler in Lille – Frau Wesener – Marie und Charlotte, ihre Töchter – Stolzius, Tuchhändler in Armentières – Seine Mutter – Desportes, ein Edelmann in französischen Diensten – Graf von Spannheim, sein Obrist – Pirzel, ein Hauptmann – Eisenhardt, Feldprediger – Haudy, Rammler, Mary (Offiziere) – Gräfin de la Roche – Ihr Sohn – Frau Bischof – Ihre Cousine u. a.
Ort und Zeit: Lille, Armentières und Philippeville im französischen Flandern, Mitte des 18. Jahrhunderts.

Marie ist die umworbene, aber auch innerlich gefährdete Schönheit der Stadt Lille. Der Tuchhändler Stolzius ist ihr Verlobter, und sie liebt ihn auch. Ihre Neigung gerät aber ins Wanken, als der Offizier Desportes in ihren Umkreis tritt. Dieser gibt vor, sie zu lieben, ja sie heiraten zu wollen, hat es im Grunde aber nur auf ein flüchtiges Liebesverhältnis abgesehen. Vater Wesener, der anfangs den Verkehr Maries mit ihm zu verbieten sucht, steht ihr aber doch mit Rat und Tat zur Seite, als es gilt, dem armen Stolzius den Abschiedsbrief zu schreiben. Marie kommt nur allzu schnell in den Ruf, »Soldatendirne« geworden zu sein, Desportes zieht sich aus der Affäre zurück, und er läßt nicht nur Marie sitzen, sondern hinterläßt auch noch etliche Schulden. Um Marie bewirbt sich alsbald ein anderer Offizier, Herr von Mary. Stolzius, der tief an dem Schicksal der ehemaligen Geliebten leidet, wird sein Bursche. Schließlich sucht noch ein anderer junger Aristokrat, der junge Graf de la Roche, Maries Gunst. In seiner Mutter, der alten Gräfin, findet das arme Mädchen eine warmherzige Freundin, die ihr ins Gewissen redet, ihr vor Augen führt, wie fehlerhaft es war, sich in Liebschaften mit Herren über ihrem Stande einzulassen und wie glücklich sie einen rechtschaffenen Bürger hätte machen können. Aber die Gräfin tadelt nicht nur, sie bietet Marie, deren Ehre »einen großen Stoß erlitten«, hilfreich die Hand. Sie nimmt sie als Gesellschafterin in ihr Haus unter der Bedingung, daß sie vorerst jeglichem Verkehr mit Männern entsagt. Herr von Mary läßt aber nicht von ihr. Er ist »zum Rasendwerden« in Marie verliebt. »Wenn der Desportes das Mädchen nicht heiratet, so heirate ich's.« Den kalten Verführer Desportes hat indessen in der Wohnung des Herrn von Mary sein Schicksal ereilt. Zynisch behauptet er, Marie sei von Anfang an eine »Hure« gewesen und habe kein besseres Schicksal verdient. Er hat vorgesorgt, daß sie bei ihrer Ankunft in Philippeville, wohin sie zu gelangen versucht, bei seinem Vater durch einen Jäger in Stubenarrest gehalten und von diesem nach Möglichkeit überwältigt wird. »Das ist doch malhonett«, erklärt ihm sein Kamerad. Desportes glaubt aber, Marie »genug versorgt zu haben«, wenn sein Jäger sie heiratet ... Ohne daß Desportes es ahnt, ist Stolzius Zeuge dieser Unterredung gewesen. Er macht sich nun kein Gewissen mehr daraus, Desportes Gift in die Suppe zu gießen, an dem der Verführer stirbt. Stolzius selbst hat ebenfalls Gift genommen, fühlt sich aber im Bewußtsein, Marie gerächt zu haben, sicher: »Gott kann mich nicht verdammen.« Die letzte Szene spielt zwischen der alten Gräfin und dem Obristen, Graf von Spannheim, der das Verhalten Desportes' aufs schärfste mißbilligt und alles tun will, was er »bei dem Vater des Bösewichts für diese durch ihn verwüstete Familie auswirken kann«. Die Gräfin, die das Schicksal Maries heftig beklagt, hält ihm entgegen: »Das sind die Folgen des ehlosen Standes der Herren Soldaten.« Der Obrist hat demgegenüber den Vorschlag zu machen, der König solle eine Pflanzschule von Soldatenweibern anlegen, »Amazonen müßten es sein«. Der König würde auf diese Weise die Werbegelder sparen. Denn die Kinder gehörten ihm. Wogegen die Gräfin erwidert: »Ich zweifle, daß sich ein Frauenzimmer von Ehre dazu entschließen könnte. Wie wenig kennt ihr Männer doch das Herz und die Wünsche eines Frauenzimmers.«

Trotz dieser merkwürdig anmutenden ›Reformpläne‹ am Schluß des Werkes – Lenz trug sie auch dem Herzog in Weimar vor – bedeuten die *Soldaten* mehr als nur ein gut gesehenes und lebendig geschildertes Sitten- und Tendenzstück. Die Hauptgestalt, Marie, ist mit dem starken Reiz, den sie auf ihre Umgebung ausstrahlt, zu einer außerordentlich anziehenden Bühnenfigur geworden. Ihre vier Liebhaber (Stolzius, Desportes, Mary und der junge Graf) sind mit wenigen Strichen kontrastreich gezeichnet. Geradezu virtuos ist das Treiben des Offizierskorps geschildert. Georg Büchners Stil der realistischen Menschenschilderung, vermischt mit Gesellschaftskritik und Ironie, erscheint hier vorgebildet. Eine den Text fast wörtlich übernehmende Gestaltung des Werkes als Oper schuf Manfred Gurlitt (1930) noch wirkungsvoller. (Reclams UB 5899.)

FRIEDRICH SCHILLER

*10. November 1759 in Marbach
†9. Mai 1805 in Weimar

Schiller war der Sohn eines württembergischen Feldschers und Werbeoffiziers. Nach dem Besuch der Lateinschule in Ludwigsburg kam er 1773 auf die Karlsschule in Stuttgart, wo Rechtswissenschaft und Medizin seine Studienfächer waren. 1780 wurde er Regimentsmedikus. Vom Herzog Karl Eugen mit Arrest und dem »Verbot, Komödien zu schreiben« bestraft, floh Schiller 1782 nach Mannheim, wo die erste Aufführung der »Räuber« mit großem Erfolg stattgefunden hatte. Nach einem Aufenthalt auf dem Landgut der Frau v. Wolzogen in Bauerbach (Thüringen) wurde er 1783 nach Mannheim als Theaterdichter verpflichtet. Differenzen mit dem Intendanten v. Dalberg ließen jedoch hieraus keine festere Bindung werden. Schiller genoß dann längere Zeit die Gastfreundschaft des Konsistorialrats Christian Gottfried Körner, zunächst in Leipzig, dann in Dresden. 1784 ernannte ihn Herzog Karl August zum Weimarischen Rat, 1789 wurde er (unbesoldeter) Professor für Geschichte in Jena. Von 1794 an datiert die Freundschaft mit Goethe, die 1799 zur Übersiedlung Schillers von Jena nach Weimar führte. Schiller vertrat Goethe gelegentlich in der Direktion des Weimarer Hoftheaters, dessen Blütezeit um die Jahrhundertwende eng mit dem Zusammenwirken der beiden Dichter verbunden ist. Auf der Höhe seines dichterischen Schaffens starb Schiller im Alter von 46 Jahren.

Schiller ist zusammen mit Goethe der hervorragendste Repräsentant der deutschen klassischen Dichtung. Seine besondere Gabe der pathetischen Bühnensprache, sein sicheres Wissen um den ›Theatereffekt‹ und sein wacher Blick für die »großen Gegenstände der Menschheit« haben sein Werk zu einem eigenen, wichtigen Beitrag der dramatischen Literatur werden lassen. Seine ästhetische Schrift *Die Schaubühne als eine moralische Anstalt betrachtet* (1784) teilte der Bühne die hohe Aufgabe zu, die Religion und die Gesetze zu unterstützen. »So gewiß sichtbare Darstellung mächtiger wirkt als toter Buchstabe und kalte Erzählung, so gewiß wirkt die Schaubühne tiefer und dauernder als Moral und Gesetze«, heißt es da, und weiter: »Die Gerichtsbarkeit der Bühne fängt da an, wo das Gebiet der weltlichen Gesetze endigt.« Das Leitmotiv nahezu aller Dramen Schillers, das immer wieder anklingt und vielfach zum Hauptthema erhoben wird, ist die Idee der Freiheit, jedoch nicht als Willkür des Individuums verstanden, sondern als sittliches Postulat der Menschenwürde, das Schiller auch in der Philosophie Kants, wenn auch leicht verschoben, lebendig ansprach. Im einzelnen betrachtet, weist Schillers Schaffen eine konsequente Entwicklung vom revolutionären Zeitstück der Sturm-und-Drang-Epoche der Jugendjahre bis zum ausgereift-klassischen Versdrama der letzten Weimarer Jahre auf.

Den geborenen Dramatiker offenbaren sogleich *Die Räuber* (1780). Hier wie auch in dem frühesten historischen Stück, der *Verschwörung des Fiesko zu Genua* (1782), und in dem bürgerlichen Trauerspiel *Kabale und Liebe* (1784) greift das ungezügelte Genie in wuchtiger Sprache Lasterhaftigkeit, Tyrannenwillkür und höfische Korruption an. Der *Don Carlos* (1787) bringt die große Abklärung, zugleich die thesenhafte Verkündung der allgemeinen Menschenrechte von der Bühne herab durch den Mund des Marquis von Posa. Die Erfassung großer geschichtlicher Perspektiven, die sich in diesem Werk ankündigt, wird dann in der *Wallenstein*-Trilogie (1799) zur eigentlichen Aufgabe. Auf der gleichen Ebene der nunmehr gewonnenen geistigen und formalen Höhe bewegen sich das Trauerspiel *Maria Stuart* (1800), die romantische Tragödie *Die Jungfrau von Orleans* (1801), der Versuch eines Trauerspiels mit Chören, antiker Form sich nähernd, *Die Braut von Messina* (1803) und schließlich das Schauspiel *Wilhelm Tell* (1804). In diesem letzten vollendeten Werk geht es nicht mehr um einzelne Gestalten oder Gruppen als Revolutionäre der Freiheit, sondern um ein ganzes Volk. Bis zum 2. Akt gedieh das grandiose *Demetrius*-Fragment (Reclams UB 8558), über dem der Dichter starb. Unter den weiteren geplanten Werken deutet der Entwurf *Die Malteser* den Geist Schillerscher Dramatik und Ideen an. Neben diesen eigenen Werken steht eine stattliche Zahl von Übersetzungen und Bearbeitungen von Werken der dramatischen Weltliteratur, so der *Iphigenie in Aulis* und der *Phönikerinnen* des Euripides (1789), des *Macbeth* von Shakespeare (1800), des tragikomischen Märchens *Turandot* von Gozzi (1801), zweier Lustspiele nach dem Französischen des Louis-Benoît Picard, *Der Neffe als Onkel* und *Der Parasit* (1803), und der *Phädra* von Racine (1805). Schillers theoretische Auseinandersetzungen mit dem Theater und seinen besonderen künstlerischen Funktionen enthalten die Abhandlungen über *Die Schaubühne als moralische Anstalt betrachtet, Über die ästhetische Erziehung des Menschen in einer Reihe von Briefen* (Reclams UB 8994), *Über naive und sentimentalische Dichtung* (Reclams UB 7756), *Über Anmut und Würde*, die Vorreden und Kommentare zu einzelnen seiner Stücke und der Briefwechsel mit Goethe.

Die Räuber

Schauspiel in fünf Akten
Erste Aufführung: 13. Januar 1782 in Mannheim

Personen: Maximilian, regierender Graf von Moor – Karl und Franz, seine Söhne – Amalia von Edelreich – Spiegelberg, Schweizer, Grimm, Razmann, Schufterle, Roller, Kosinsky, Schwarz (Libertiner, nachher Banditen) – Hermann, Bastard von einem Edelmann – Daniel, Hausknecht des Grafen von Moor – Pastor Moser – Ein Pater – Räuberbande.
Ort und Zeit: In Deutschland, um die Mitte des 18. Jahrhunderts.

Maximilian, regierender Graf von Moor, hat zwei ungleiche Söhne, den edlen, hochstrebenden Karl und den boshaften, von der Natur benachteiligten Franz. Franz versteht es, den Vater gegen Karl auszuspielen. Mit Hilfe von gefälschten Briefen gelingt es ihm, daß der alte Moor in Karl nur noch einen verluderten Studenten sieht, den man steckbrieflich verfolge und auf dessen Kopf bereits ein Preis gesetzt sei. Der Vater läßt ihm durch Franz seine Enterbung mitteilen. Franz triumphiert und sieht sich nahe seinem Ziel: alleiniger Herr auf dem Schloß und über die Güter seines Vaters zu werden. Karl, der gewiß ein wildes Leben geführt und mancherlei Streiche mit seinen Kameraden verübt hat, will zu seinem Vater zurückkehren, ihn um Vergebung bitten und an der Seite seiner Braut Amalia ein ruhiges Leben führen, als der Schandbrief des Bruders eintrifft, der ihm jeglichen Weg zur Versöhnung abschneidet. Darauf nun verbindet sich der mit höchsten Energien ausgestattete Karl mit Freunden zu einer Räuberbande. Er läßt, von den Machenschaften seines Bruders zur Verzweiflung getrieben, sich zum Räuberhauptmann bestimmen. Und so schwört man sich gegenseitig Gefolgschaft und Treue bis in den Tod. Franz indessen, um schneller in den Besitz des väterlichen Erbes zu gelangen, läßt seinem Vater melden, Karl sei als Soldat vor Prag ums Leben gekommen. Bei dieser Nachricht fällt der alte Moor zusammen. Karls Bande, die ihr Unwesen in den böhmischen Wäldern treibt, ist gespalten: während die idealistisch gesinnten Mitglieder um Karl versuchen, den Bedrängten zu Hilfe zu eilen, kommt es dem Anhang um den großsprecherischen Spiegelberg nur auf Raub, Brandstiftung und zügelloses Leben an. Karl fühlt sich nur noch seinem Gefährten Roller innerlich verbunden, den er dann auch mit gewaltigem Aufwand vor der Hinrichtung rettet. Als er mit der Bande im Walde von regulärem Militär eingeschlossen wird, kommt es zu einem dramatischen Höhepunkt: ein Pater bietet der Bande Generalpardon an, wenn sie den Hauptmann gefesselt ausliefert. Karl Moor, ohnedies der Tragik seines Räuberlebens überdrüssig, bietet sich freiwillig als Opfer für alle an. Roller reißt aber die Bande zu wilder Kampfesbegeisterung fort. Es gelingt ihnen, sich durchzuschlagen. Auf dem Moorschen Schlosse regiert nunmehr Franz. Vergeblich wirbt er um die Hand Amalias. Da sie sich standhaft weigert, will er sie mit Gewalt zu seiner Mätresse machen, wogegen sie sich mit der Waffe in der Hand zu wehren weiß. Die Räuberbande ist inzwischen bis zur Donau vorgestoßen. Hier rastet sie nach dem aufregenden Durchbruchskampf, der nur einem von ihnen, Roller, das Leben kostete. Seinen Platz wird in Zukunft der junge Kosinsky einnehmen, der neu zu ihnen stößt. Er hat ein ähnliches Lebensschicksal wie Karl Moor, und die zufällige Namensgleichheit seiner Braut Amalia ist der Anlaß, daß Karl Moor mit der Bande nach seiner Heimat in Franken aufbricht. Er läßt sich auf dem Schloß als »Graf von Brand« einführen. Es kommt zur Begegnung mit Amalia und mit dem alten treuen Diener Daniel, der ihn an einer Narbe an der Hand erkennt. Schon wittert Franz Verdacht, und schon will Karl Moor, der mit Selbstmordgedanken spielt, die Stätte seiner Kindheit wieder verlassen, als er zum Zeugen des furchtbaren Verbrechens wird, das sein Bruder an seinem Vater verübt hat. Der alte Moor war damals nicht gestorben. Franz wollte den Lebenden aber nicht länger dulden und hatte ihn lebendig begraben lassen. Er wurde dann aus dem Sarg befreit und in einem alten verfallenen Turm in der Nähe des Schlosses, wo die Räuberbande lagert, versteckt gehalten. Karl Moor sieht, wie Hermann, ein alter Diener, ihm heimlich Nahrung bringt. Nun kennt Karls Zorn gegen seinen Bruder keine Grenzen mehr. Schweizer, der inzwischen den verräterischen Spiegelberg beseitigt hat, wird beauftragt, Franz lebend zu fangen. Als die Sturmglocke läutet und Schweizer mit seinen Leuten hereindringt, erdrosselt sich Franz, den mittlerweile seine Gewissensschuld drückt. Schweizer, der so den Auftrag seines Hauptmanns, Franz lebend zu bringen, nicht erfüllen kann, erschießt sich. Es kommt vor dem Turm zur letzten, erschütternden Wiedererkennungsszene zwischen dem alten Moor und Karl und zwischen Karl und Amalia. Bei der Eröffnung, daß Karl der Hauptmann von »Räubern und Mördern« ist, gibt der alte Moor seinen Geist auf. Amalia bekennt sich aber trotzdem zu Karl Moor. Doch die Bande fordert gebieterisch: »Opfer um Opfer! Amalia für die Bande!« So tötet Karl Moor Amalia, die selbst zu sterben wünscht. »Moors Geliebte soll nur durch Moor sterben.« Karl Moor sieht aber nun mit aller Deutlichkeit, daß es ein Trugschluß war, zu wähnen, »die Welt durch Greuel zu verschönern und die Gesetze durch Gesetzlosigkeit aufrecht zu halten.« Er muß am Ende »mit Zähneklappern und Heulen« erfahren, »daß zwei Menschen wie er den ganzen Bau der sittlichen Welt zugrunde richten würden«. Dieser höheren Einsicht fügt er sich und stellt sich selbst der Justiz. Er wird sich einem armen Tagelöhner mit elf Kindern in die Hände spielen, der die 1000 Louisdore haben soll, die man auf den »großen Räuber« gesetzt hat.

Die Räuber sind das frühreife Geniewerk des zwanzigjährigen Schiller, der damit nicht nur dem eigenen Schaffensdrang zum Durchbruch verhalf, sondern der deutschen Bühnendichtung zu einem ihrer größten Triumphe. Wie der zehn Jahre zuvor erschienene *Götz von Berlichingen* Goethes redet auch dieses Drama dem Begriff der ›Freiheit‹ das Wort, freilich hier noch um einige Grade gesteigert. Bewundernswert bleibt an den *Räubern* trotz der vielfach überhitzten Sprache die Führung der Handlung und der klare Blick in den »Bau der sittlichen Weltordnung«. Obwohl Schiller das Schauspiel zunächst als nicht für die Bühne geeignet erachtet hatte, wie seine Vorrede zu dem Stück (geschrieben Ostermesse 1781) ausdrücklich hervorhebt, zeigt doch gerade dieses Erstlingswerk die Hand des geborenen Dramatikers: die Kontrastierung der Figuren, derart, »daß die Guten durch die Bösen schattiert« werden, den Aufbau der Handlung auf zwei Hauptrollen (Franz und Karl Moor), den

Schwung der Szenenführung und den Blick für den dramatisch auswertbaren Stoff. Mit diesem Frühwerk schlägt Schiller auf jeden Fall auch ein Motiv an, das sein ganzes späteres Schaffen durchzieht: die Kampfansage gegen Zwang und Gewalt. (Reclams UB 15.)

Die Verschwörung des Fiesko zu Genua

Republikanisches Trauerspiel in fünf Aufzügen
Erste Aufführung: 11. Januar 1784 in Mannheim

Personen: Andreas Doria, Doge von Genua – Gianettino Doria, sein Neffe – Fiesko, Graf von Lavagna – Verrina, Republikaner – Bourgognino, Calcagno, Sacco, Verschworene – Lomellino, Gianettinos Vertrauter – Muley Hassan, ein Mohr – Romano, ein Maler – Leonore, Fieskos Gemahlin – Julia Gräfin Imperiali, Gianettinos Schwester – Berta, Verrinas Tochter – Mißvergnügte, Wachen, Bürger u. a.
Ort und Zeit: Genua, im Jahre 1547.

Fiesko sieht Genua unter der Tyrannei des Gianettino Doria, der nach der Herzogswürde strebt, leiden. Um jeglichen Verdacht von sich zu lenken, eine Änderung der bestehenden Verhältnisse herbeiführen zu wollen, spielt Fiesko den Epikureer. Er will die Dorias in Sicherheit wiegen, um sie im gegebenen Augenblick um so sicherer zu verderben. Wie recht Fiesko mit dem Verdacht hat, daß Gianettino nach der Krone strebt und willens ist, alle, die ihm im Wege sein könnten, beiseite zu schaffen, zeigt der Mordanschlag, den Muley Hassan, ein von Gianettino gedungener Mohr, an Fiesko verübt. Geschickt weicht Fiesko aus, mehr noch: es gelingt ihm, den Mohren in seine Dienste zu nehmen. Außer Fiesko sind es noch andere Männer in Genua, denen das Treiben Gianettinos ein Dorn im Auge ist und die es nicht dulden wollen, daß die Freiheit der Republik zunichte wird. An ihrer Spitze steht Verrina. Dieser überzeugte alte Republikaner hat nicht nur ein allgemeines Interesse an dem Sturz der Dorias, sondern auch ein persönliches: Gianettino hat seine Tochter Berta vergewaltigt. Und Bourgognino, der Mitverschworene und Bräutigam Bertas, bekräftigt: »An einem und ebendem Tag werden Berta und Genua frei sein.« Noch sind sich die anderen Verschworenen über Fieskos Verhalten nicht im klaren. Denn auch diesen gegenüber läßt Fiesko seine Maske nur langsam fallen. Während die Verschworenen im geheimen planten, hat Fiesko bereits gehandelt: Soldaten von Parma geworben, Geld und Galeeren beschafft und alles für den gewaltsamen Umsturz vorbereitet. Aber auch Gianettino Doria hat gehandelt und auf seine Weise Vorbereitungen getroffen, die Herrschaft gewaltsam an sich zu reißen. Zwölf Senatoren (darunter Verrina, alle Verschworenen und auch Fiesko) stehen auf seiner Todesliste, und militärische Rückendeckung soll ihm Kaiser Karl bieten. So stehen die Dinge auf des Messers Schneide, als Verrina seinen künftigen Schwiegersohn Bourgognino bei Nacht in eine furchtbare Wildnis führt und ihm ein Geheimnis anvertraut, dessen Konsequenzen er wohl alleine vollführen, aber das er nicht allein tragen kann: »Fiesko muß sterben!« Denn, so folgert er: »Den Tyrannen wird Fiesko stürzen, das ist gewiß! Fiesko wird Genuas gefährlichster Tyrann werden, das ist gewisser!« Daß Verrina mit dieser Vermutung recht hat, bestätigt die Selbstaussage Fieskos, der sich für den größten Mann in ganz Genua hält: »Gehorchen und Herrschen! Sein und Nichtsein! Ein Augenblick Fürst hat das Mark des ganzen Daseins verschlungen. Ich bin entschlossen!« Fiesko lädt den Adel Genuas zu einer Festlichkeit ein. Alle Verschworenen versammeln sich bei ihm. Der Sturz der Dorias steht unmittelbar bevor. Doch Verrina denkt schon an die Zukunft: »Wenn ich den zweiten Mord nicht begehe, kann ich den ersten niemals verantworten. Wenn Genua frei ist, stirbt Fiesko!« Im Augenblick höchster Spannung, als Fiesko dabei ist, seinen Gästen das Programm des Umsturzes zu enthüllen, trifft die Nachricht ein, daß der Mohr alles an den alten Doria verraten hat. Die Verwirrung, die dadurch entsteht, wird noch gesteigert, als der alte Doge Andreas Doria den Mohr gefesselt an Fiesko zurückschickt und durch diesen Akt des Großmuts Fieskos Schwingen lähmt. Doch die Entwicklung ist nicht mehr aufzuhalten. Fiesko läßt nunmehr der Gräfin Julia Imperiali, der Schwester Gianettinos, der er bisher aus taktischen Gründen geschmeichelt hatte, gegenüber seine Maske fallen und bereitet durch ihre Demütigung seiner Gemahlin Leonore einen glänzenden Triumph. Dann vollzieht sich das Weitere mit tragischer Folgerichtigkeit. Vergeblich fleht Leonore Fiesko an, dem ehrgeizigen Streben, Herzog von Genua zu werden, zu entsagen. Fiesko ist aber nicht mehr umzustimmen. Der Aufruhr bricht los und zieht alle gewaltsam in den Strudel des Verderbens: zunächst Gianettino Doria, der durch die Hand

Bourgogninos den verdienten Tod findet, dann Leonore, die sich als Mann verkleidet auf die Straßen begibt und »im Scharlachrock Gianettinos« durch Fieskos eigene Hand fällt. »Spiegelfechterei der Hölle! Es ist mein Weib!« ruft Fiesko entsetzt aus, als er erkennen muß, wen er getötet hat. Doch nach dem ersten furchtbaren Schmerzensausbruch faßt er sich wieder und glaubt, in dem Geschehenen den Wink der Vorsehung erblicken zu müssen, die ihm diese Wunde schlug, um sein Herz »für die nahe Größe« zu prüfen. »Ich will Genua einen Fürsten schenken, wie ihn noch kein Europäer sah.« Zum Herzog von Genua ausgerufen, begegnet Fiesko »im herzoglichen Schmuck«, mit dem Purpurmantel angetan, dem alten Verrina. Nun kommt es zur letzten, großen Auseinandersetzung. Verrina fordert Fiesko auf, die Schande abzutun, die er damit begangen habe, daß er »Genuas Patrioten mit Genua Unzucht treiben« ließ. Er fleht ihn an, den »häßlichen Purpur« abzutun. Doch Fiesko sieht in Verrina nur den »Starrkopf« und kann sich nicht von der so lange erstrebten und nun errungenen Fürstenwürde trennen. Daraufhin stürzt Verrina ihn ins Meer. Die Partei des rechtmäßigen alten Dogen Andreas Doria gewinnt wieder die Oberhand in Genua, und Verrina begibt sich zu ihm. – Den Schluß hat Schiller variiert; in der ›Mannheimer Fassung‹ bleibt Fiesko am Leben, auf Verrinas Beschwörung hin entsagt er der Herzogswürde.

Das oft mißverstandene und abgelehnte Stück, das Schiller ein Jahr nach der Uraufführung der *Räuber* vollendete, gewinnt in dem Augenblick Sinn und Wert, wenn man es als »republikanisches Trauerspiel« auffaßt, d. h. als ein heißes und leidenschaftliches Ringen des Dichters um den Begriff der republikanischen Freiheit. Daß Fiesko die Freiheit Genuas erkämpfen will, um sie nach dem Sieg sofort den eigenen Machtgelüsten aufzuopfern, ist seine tragische Schuld. Verrina, der ›verschworene Republikaner‹, wird in diesem Sinne zu seinem eigentlichen Gegenspieler. Diesem Gesichtspunkt ist alles untergeordnet, auch die Gestaltung der Frauenrollen. Von hier aus muß das Trauerspiel angefaßt und der Überladung an Motiven und Geschehnissen, an der es leidet, entkleidet werden. Es kann zum mitreißenden Theatererlebnis werden, da es den gleichen hohen Schwung und das glühende Theatertemperament aufweist, das Schiller schon in den *Räubern* bewiesen hatte. Erstmals nähert er sich hier einem historischen Stoff, also einem Gebiet, auf dem sich sein

Genie bewähren sollte. Wie sehr es ihm um eine Steigerung seiner dichterischen Ziele zu tun war, zeigt die Vorrede, die er der ersten Veröffentlichung des Stückes voranschickte: Er habe es als seine eigentliche Aufgabe angesehen, heißt es da, »die kalte, unfruchtbare Staatsaktion aus dem menschlichen Herzen herauszuspinnen und eben dadurch an das menschliche Herz wieder anzuknüpfen – den Mann durch den staatsklugen Kopf zu verwickeln – und von der erfinderischen Intrigue Situationen für die Menschheit zu entlehnen.« (Reclams UB 51.)

Kabale und Liebe

Bürgerliches Trauerspiel in fünf Aufzügen
Erste Aufführung: 13. April 1784 in Frankfurt a. M.

Personen: Präsident von Walter – Ferdinand, sein Sohn – Hofmarschall von Kalb – Lady Milford, Favoritin des Fürsten – Wurm, Sekretär des Präsidenten – Miller, Stadtmusikant – Seine Frau – Luise, ihre Tochter – Sophie, Kammerjungfer der Lady – Ein Kammerdiener des Fürsten u. a.
Ort und Zeit: Am Hofe eines deutschen Fürsten, 18. Jahrhundert.

Der Stadtmusikant Miller hat ernste Besorgnisse, seine Tochter Luise könnte mit ihrem Liebhaber Ferdinand von Walter, dem Sohne des Präsidenten, ins Gerede kommen. Seine Frau, die sich durch die Besuche des »gnädigen Herrn« bei ihrer Tochter geehrt fühlt, sieht diese Verbindung nicht ungern. Miller hält es aber für geraten, Seine Exzellenz, den Vater Ferdinands, wissen zu lassen, daß seine Tochter gewiß »zu schlecht zu Dero Herrn Sohnes Frau« sei, ihm aber »zu Dero Herrn Sohnes Hure zu kostbar«. Luise selbst ist ganz von ihrer reinen Liebe zu Ferdinand erfüllt. Und auch Ferdinand ist fest entschlossen, sich zwischen Luise und das Schicksal zu werfen, das den Standesunterschied zwischen sie setzte. Präsident von Walter hat ganz andere Pläne mit seinem Sohn: der Herzog sucht eine Partie für seine Favoritin, die Lady Milford, und Ferdinand soll ihr Gatte werden, womit der Präsident sich den Herzog aufs neue verpflichten will. Ehe er noch mit dem Sohn gesprochen hat, läßt er die für den Hofklatsch sensationelle Neuigkeit, daß »Lady Milford Majorin von Walter wird«, durch den für derlei Kolportagen besonders geeigneten Hofmarschall von Kalb in der Residenz verbreiten. Die Aussprache mit Ferdinand führt dann

Goethe, Faust II

Schiller, Maria Stuart

allerdings zu einer für den Präsidenten unerwartet heftigen Auseinandersetzung mit dem Sohn. Ferdinand weigert sich standhaft, »eine privilegierte Buhlerin« zu heiraten. Der Vater, eingedenk seiner mächtigen Position im Herzogtum, begegnet dem Sohn mit Drohungen. Als Ferdinand sich zu Lady Milford begibt, um ihr seine idealistischen Moralbegriffe darzulegen, sieht er sich angenehm überrascht: Er lernt in ihr nicht eine »Abenteurerin« kennen, sondern eine edel empfindende, vom Schicksal schwer geschlagene Waise fürstlichen Geblütes, der es bei ihrer Verbindung mit dem Herzog, der ihre wehrlose Jugend überraschte, nicht um Koketterie und Wollust zu tun war, sondern um das hohe Ziel, dem Fürsten die Zügel seiner tyrannischen Regierung zu nehmen und ihn zur Mäßigung zu zwingen, wo immer sie es vermochte. Echte Liebe hat sie bisher nur einmal empfunden, und zwar zu Ferdinand. Die geplante Verbindung mit ihm ist nicht, wie es den Anschein hat, ein Werk der Hofkabale, sondern ihrer Liebe. Diesem offenen Geständnis setzt Ferdinand das seinige entgegen: »Ich liebe, Mylady – liebe ein bürgerliches Mädchen.« Die Milford sagt prophetisch voraus, daß, wenn es so stehe, drei Menschen zugrunde gerichtet würden: er, sie und »noch eine Dritte« ... Ferdinand läßt es in dem nun einsetzenden Kampf bewußt zum Äußersten kommen: Der Präsident ist selbst in der Wohnung Millers erschienen, um den Sohn zur Räson zu rufen, den aufbrausenden Musikanten ins Zuchthaus bringen zu lassen und die Mutter samt »Metze von Tochter« an den Pranger zu stellen. Ferdinand schleudert dem Vater als Rache für sein Verhalten die Drohung entgegen, der Residenz eine Geschichte zu erzählen, wie man Präsident wird. Nunmehr gibt der Präsident Luise frei und zieht sich zurück. Denn diese Drohung hat er zu fürchten. Sein Aufstieg war der eines Verbrechers, durch Mord an seinem Vorgänger gezeichnet. Da stachelt ihn sein Sekretär Wurm erneut zu einer Intrige an: Wurm weiß einen Weg, Ferdinand von Luise zu trennen, wobei ihm selbst noch der Lohn in Gestalt von Luisens Hand winkt, um die er sich seit langem vergeblich bewirbt. Der Präsident braucht nur Vater Miller einen Halsprozeß zu machen, weil er sich zu Drohungen gegen den Präsidenten hatte hinreißen lassen, und dem Sohne Luise verdächtig zu machen. Er selbst wird Luise zwingen, einen Liebesbrief an den Hofmarschall zu schreiben, aus dem ihre scheinbare Untreue gegen Ferdinand hervorgeht. Das Leben ihres Vaters wird das Druckmittel sein, um den Betrug von Luise zu erpressen. Und dieser Brief, in Ferdinands Hände gespielt, wird das Paar auf natürlichem Wege auseinanderbringen. Das Gewebe dieser Intrige ist so »satanisch fein«, daß der Präsident darauf eingeht und seinerseits den Hofmarschall dafür zu gewinnen weiß. Wurm besorgt das Weitere bei Luise. Das unglückliche Mädchen, das den Vater verloren glaubt, weicht trotz heftiger innerer Abwehr der sie ›überlistenden Hölle‹ und schreibt den verhängnisvollen Brief. Ferdinand findet den Brief, glaubt sich von Luise betrogen und stellt den Hofmarschall zur Rede. Der Erschreckte gesteht dem Major, daß er Luise gar nicht kenne. Doch Ferdinand nimmt das in seiner Verblendung nur als Ausflucht, glaubt, da er für das Mädchen Verzicht getan habe auf die ganze herrliche Schöpfung, sich zu ihrem Richter aufwerfen zu dürfen, und bereitet ihren Tod vor. Nach einer theatralisch sehr effektvollen Gegenüberstellung der Lady Milford und Luises, in der die Lady den Entschluß faßt, das Herzogtum zu verlassen, nimmt das Ende der Tragödie im Hause Miller seinen Lauf. Miller ist zwar aus der Haft entlassen. Aber er muß seine ganze Seelenkraft aufbieten, um die Tochter vom Selbstmord, den sie an der Seite Ferdinands erstrebt, abzuhalten. Fast gelingt ihm dies, als Ferdinand zu ihnen kommt. Noch immer im Wahn der Untreue Luisens, schüttet er Gift in die Limonade, von der sie beide trinken. Erst von der sterbenden Luise erfährt Ferdinand die ganze Wahrheit. Doch ist er selbst schon vom Tode gezeichnet. Vor dem schnell herbeieilenden Präsidenten spielt sich das bittere Ende ab: der Präsident will alle Schuld auf Wurm schieben, dieser droht aber mit fürcherlichen Enthüllungen. Der sterbende Ferdinand reicht dem um Vergebung flehenden Vater die Hand, dann gibt sich der Präsident selbst gefangen.

Auch dieses dritte der Jugendwerke Schillers ist ein flammender Protest gegen Unterdrückung, Ausbeutung und Erpressung der menschlichen Natur durch Tyrannenmacht, gesellschaftliche Vorurteile und absolutistische Willkür. Es überschlägt sich oftmals in verstiegenen Wort-Tiraden, Anhäufung von szenischen Effekten und Schwarz-Weiß-Malerei der Charaktere. Dennoch überwältigt trotz dieser Mängel das Theatertemperament bei jeder Aufführung aufs neue, sei es nun, daß der Akzent der Inszenierung auf den Zusammenprall der Gesellschaftsschichten (Adel und Bürgertum) gelegt wird, auf die Liebestragödie Ferdinands und Luisens oder auf das ›Ich klage an!‹ als dem revolutionären Grundgehalt des Werkes. Bemerkenswert ist, daß Schiller das Stück zunächst *Luise Millerin* genannt hatte und den Titel erst auf Vorschlag von Iffland für die Mannheimer Erstaufführung in *Kabale und Liebe* abwandelte. Außer in der Dramatik der Handlung und der Kontrastierung der Charaktere zeigt sich Schillers genialer Zugriff auch in der Anlage gewisser Episoden-Szenen, wie z. B. der berühmt gewordenen des Kammerdieners der Lady Milford mit dem Hinweis auf den Brillantenschmuck, den der Herzog seiner Favoritin schickt, bezahlt mit den »siebentausend Landeskindern«, die als Soldaten nach Amerika verkauft wurden. Das Werk, das im wesentlichen auf freier Erfindung beruht und Zeit- und Lebensumstände des jugendlichen Dichters widerspiegelt, schließt die Sturm-und-Drang-Epoche Schillers ab. (Reclams UB 33.)

Don Carlos, Infant von Spanien

Dramatisches Gedicht in fünf Akten
Erste Aufführung: 29. August 1787 in Hamburg

Personen: Philipp II., König von Spanien – Elisabeth von Valois, seine Gemahlin – Don Carlos, der Kronprinz – Marquis von Posa, ein Malteserritter – Herzog von Alba – Domingo, Beichtvater des Königs – Graf von Lerma – Herzog von Medina Sidonia, Admiral – Der Großinquisitor – Prinzessin von Eboli – Marquise von Mondecar – Spanische Granden, Damen der Königin u. a.
Ort und Zeit: In Spanien, am Hofe König Philipps II., 2. Hälfte des 16. Jh.s.

Don Carlos, der Sohn des mächtigen Königs Philipp II. von Spanien, vertraut seinem Jugendfreund, dem Marquis von Posa, das Geheimnis seines Herzens an: Er liebt seine Stiefmutter, die Königin Elisabeth, die ihm ursprünglich als Braut zugedacht war und die er an seinen Vater, König Philipp, verlor. Posa, bekümmert, in Carlos nur noch den von dieser unglücklichen Liebe eingesponnenen Jüngling anzutreffen, nicht mehr den glühenden Idealisten, auf den die unterdrückten flandrischen Provinzen als letzte Rettung ihre Augen gerichtet haben, erklärt sich aus Freundschaft für Carlos bereit, ihm zu einer Unterredung mit der Königin zu verhelfen. Es gelingt ihm dies auch, und Carlos kann sich der Königin entdecken. Die leidgeprüfte Frau ist jedoch den Herzenserklärungen, die der Prinz vorbringt, wenig geneigt. Sie versteht es, den Unglücklichen auf seine größere Aufgabe als Thronfolger des gewaltigen Reiches hinzuweisen: »Elisabeth war Ihre erste Liebe. Ihre zweite sei Spanien!« König Philipp, der Macht wie der Last seines Herrscheramts bewußt, kann der menschlichen Beziehung zu seiner Gemahlin Elisabeth gleichwohl nicht entraten und die Empfindungen des »Knaben Don Karl« tolerieren. Die schauerliche Größe spanisch-katholischer Majestätsglorie leuchtet auf, wenn der König zur Unterdrückung des Aufruhrs und der Ketzerei in den Niederlanden ein Autodafé anbefiehlt, zu dem der ganze Hof feierlich nach Madrid eingeladen wird. Don Carlos und Marquis Posa, als die ideellen Gegenspieler zu dieser Welt des Zwanges und der Vergewaltigung, schließen einen Freundschaftsbund auf ewig. Er soll auch dann gelten, wenn Carlos dermaleinst zum König aufgerückt ist. Im königlichen Palast zu Madrid findet dann die entscheidende Aussprache zwischen dem König und Don Carlos statt. Carlos unternimmt den letzten Versuch einer Versöhnung mit dem Vater und erbittet sich das Kommando über das Heer, das nach Flandern gehen soll. Der König beharrt in seiner Auffassung, daß dieses Amt einen Mann wie Alba erfordere, keinen heißblütigen, unerfahrenen Jüngling, den er einzig in Carlos zu erblicken vermag. Er fürchtet sogar, der Jüngling strebe auch deswegen zum Befehlshaber des besten Heeres Spaniens zu werden, um Mörder seines Vaters sein zu können. Dennoch ist er von der Unterredung mit dem gefühlvollen Sohn nicht unberührt geblieben. Er erklärt dem verblüfften Alba, daß Prinz Carlos künftig seinem Throne näherstehen würde als bisher. Die nun eintretende Krise – heraufbeschworen durch eine Intrige der Prinzessin von Eboli, in der ihre Liebe zu Carlos, freilich auch dessen Liebe zur Königin offenbar werden – vereitelt allerdings jede weitere Möglichkeit einer Verständigung zwischen König und Kronprinz. Wie gefährlich die Situation für Carlos geworden ist, erkennt er selbst zunächst nicht, wohl aber Marquis Posa. Dieser rückt als Hauptfigur der weiteren Entwicklung in den Vordergrund. Nachdem die Eboli beim König den Verdacht der Untreue der Königin geweckt hat, ringt der König mit dem Entschluß, furchtbare Strafe sowohl an der Königin wie an Carlos zu vollziehen. Doch will er ganz sicher gehen und sehnt sich nach einem »Menschen«, dessen Aussage ihm die reine Wahrheit verbürgt und dessen Handeln nicht durch eigensüchtige Absichten beeinflußt wird. Im Marquis Posa, der sich bisher seinen Diensten entzog, obwohl er sich Verdienste um die Krone erwarb, glaubt er ihn gefunden zu haben. Posa fühlt die Größe der Stunde, die ihn zur Audienz beim König beruft. In stolzem, selbstbewußtem Auftreten sagt er dem König offen ins Gesicht, daß es ihm unmöglich sei, »Fürstendiener« zu werden, mehr noch: er hält dem König schonungslos ein Bild der unwürdigen, unfreien Gegenwart und der erträumten Zukunft vor und fordert als letzte Konsequenz seiner mit beredten Worten vorgetragenen Menschheits-Verbrüderungs-Ideen: »Geben Sie die unnatürliche Vergöttrung auf, die uns vernichtet. Gehn Sie Europens Königen voran. Geben Sie Gedankenfreiheit.« Der König, nicht unbeeindruckt von den Worten des Marquis, weiß trotzdem nichts anderes darauf zu erwidern als die Warnung vor der Inquisition. Aber er sieht in Posa die geeignete Persönlichkeit, die private Sphäre seines Familienlebens zu klären und das Herz der Königin zu erforschen. Zu diesem Zwecke soll der Marquis künftig eine erste Rolle am Hofe spielen. Posa nützt sie, um seine eigenen geheimsten Wünsche zu fördern. Carlos soll heimlich nach Brüssel und dort durch eine Rebellion die spanische Krone zwingen, milder mit den Provinzen zu verfahren. Posa weiht die Königin in dieses Projekt ein; er spielt nun ein gewagtes Spiel: er läßt sich von Carlos seine privaten Papiere aushändigen und überzeugt mit ihrer Hilfe den König von der Unschuld des Prinzen in seinem Verhalten zur Königin. Der König muß erkennen, daß er der Königin bitter Unrecht tat, wenn er an unlautere Beziehungen zwischen ihr und Carlos dachte. Das »verruchte Bubenstück«, das die Eboli mit Unterstützung des Herzogs von Alba angezettelt hatte, wird entlarvt. Posa geht aber noch einen Schritt weiter. Er läßt sich vom König einen Haftbefehl für Carlos aushändigen. Er will den Freund ganz in der Hand haben, um ihn auf diese Weise um so sicherer nach Flandern bringen zu können. Posas weitsichtige Pläne rufen jedoch Mißtrauen bei Carlos hervor, und der Umstand, daß Posa den Freund nicht einweihte, führt zur Katastrophe. Durch den Grafen Lerma vor Posas scheinbarem ›Verrat‹ gewarnt, begeht Carlos den Fehler, sich der Eboli anzuvertrauen. Bei ihr überrascht ihn Posa, der nun sofort von seinem Haftbefehl Gebrauch macht. Posa sieht das Geheimnis der Liebe Carlos' zur Königin abermals in die Hände der Eboli gelegt und weiß keinen andern Ausweg mehr, als die Eboli zu töten oder sich selbst zu opfern. Er wählt den letzteren Weg. Nach dem ergreifenden Abschied von der Königin, der er seine ganze glühende Liebe zu Carlos, aber auch seine stille Verehrung für sie gesteht – sie soll nach seinem Tode Übermittlerin seiner letzten Botschaft an Carlos sein, das »kühne Traumbild eines neuen Staates« wahr zu machen –, schreibt er einen Brief an Wilhelm von Oranien nach Flandern, in dem er sich selbst bezichtigt, die Königin zu lieben. Dieser Brief wird, wie Posa berechnet hat, sofort zum König gelangen, da alle Post nach Flandern geöffnet wird. Der König muß auf diese Weise Posa für einen Hochverräter halten. Wie Posa es eingefädelt hat, vollzieht sich das Weitere. Der König setzt Don Carlos in Freiheit und läßt Posa erschießen. In sicherer Gewißheit seines nahen Endes hatte Posa dem Freund die wahren Zusammenhänge noch eben enthüllen können. Carlos, tief erschüttert über die Treue und den Opfertod des Freundes, klagt an der Leiche Posas den König als Mörder an: »Ihn zu beherrschen wähnten Sie – und waren ein folgsam Werkzeug seiner höhern Pläne.« Die Nachricht, daß die Königin ihm noch eine letzte Botschaft des toten Freundes zu übermitteln habe, weckt Carlos aus seiner Lethargie. Im Mönchsgewand, in Gestalt des verstorbenen Kaisers Karl V., soll er in der Nacht heimlich zur Königin kommen und von hier aus seine Flucht nach Flandern antreten, für die Posa alles vorbereitet hat. Herzog Alba ist diesem Trug jedoch auf die Spur gekommen. Die letzten Briefe und Anordnungen Posas, die das weitverzweigte Netz einer groß angelegten Erhebung der Niederländer und ihren Abfall von der spanischen Krone enthüllen, geraten in die Hände des Königs. Dieser, der eben noch Posa nachtrauerte, sieht sich nun wirklich verraten. Der Kardinal Großinquisitor, der dem König den Vorwurf macht, sich überhaupt mit dem »Ketzer« Posa eingelassen zu haben, erhält von diesem die Verfügungsgewalt über Don Carlos. Im Gemach der Königin vollzieht sich das Ende. Carlos ist in der Verkleidung unbemerkt bis zu ihr vorgedrungen und empfängt die letzte Botschaft des toten Freundes. Er fühlt sich zum Mann gereift und will von Flandern aus »einen öffentlichen Gang« mit dem Vater tun. Da überrascht ihn der König mit dem Großinquisitor: »Kardinal! Ich habe das Meinige getan. Tun Sie das Ihre.«

Don Carlos stellt den Übergang von Schillers revolutionären Jugendwerken zu den historischen Dramen der späteren Zeit dar. Auch im Ausdruck folgt auf eine überhitzt-realistische Prosa die überhöhte Sprache des Blankverses. Schiller begann das Werk 1783 und schloß es 1787 ab, nahm es sich jedoch später wieder vor, zuletzt in seinem Todesjahr. Mit 5370 Versen ist es eines der längsten Dramen der deutschen Bühnenliteratur. Ursprünglich als fürstliche Familientragödie gedacht, zu der eine Novelle Saint-Réals den Stoff bot, weitete sich das Werk zur historischen Tragödie mit weltgeschichtlichen Perspektiven aus. Das »ungeheure Schicksal der Provinzen« klingt ebenso an wie der Untergang der Armada. Szenen, die das höfische Leben im Al-fresco-Stil schildern, wechseln mit solchen privater Intrigen und Probleme. Der Marquis von Posa wird zum Sprachrohr von des Dichters philosophisch-politischen Ideen über Freiheit und Menschenadel. Schiller selbst war sich bewußt, daß das Stück zu weitläufig angelegt war. Gleichwohl bleibt *Don Carlos* mit seinem Gedankenreichtum, seinen plastisch gearbeiteten Gestalten und seinem Pathos eines der bedeutendsten Werke der deutschen Bühnenliteratur. Mit den wirklichen historischen Vorgängen hat das Werk freilich wenig gemein, vieles (wie die Gestalt Posas) ist frei erfunden und das Ganze von dem Humanitätspathos des 18. Jahrhunderts durchweht. Schiller selbst lieferte zwei Bühnenbearbeitungen, eine in Jamben und eine in Prosa. Heute dient die Ausgabe letzter Hand (1805) als Grundlage einer Inszenierung, die immer mit Strichen zu arbeiten hat. (Reclams UB 38.)

Eine den Gehalt der Dichtung und der Charaktere voll ausschöpfende Umwandlung des *Don Carlos* zur Oper vollzog Giuseppe Verdi. (Siehe Reclams Opernführer.)

Wallenstein

Dramatisches Gedicht in einem Vorspiel und zwei Teilen
Erste Aufführungen: 12. Oktober 1798, 30. Januar und 20. April 1799 in Weimar

Vorspiel: Wallensteins Lager

Die umfangreiche Trilogie beginnt mit einem Prolog, in dem Schiller von Wallenstein, dem größten und populärsten Feldherrn des Dreißigjährigen Krieges, als einem Mann spricht, dessen Charakterbild, »von der Parteien Gunst und Haß verwirrt«, in der Geschichte schwanke. Weiter heißt es: »Sein Lager nur erkläret sein Verbrechen.« Dementsprechend führt Schiller zunächst in einem Vorspiel dieses Lager vor. – Soldaten aus aller Herren Länder und Armeen haben sich unter der Fahne des Friedländers zusammengefunden und liegen als geschlossene Heeresmacht vor der Stadt Pilsen in Böhmen. Sie wollen sich nicht auseinanderreißen lassen, wie es vom Hofe in Wien geplant ist, und beschließen, von jedem Regiment ein Promemoria schreiben zu lassen, das ihre feste Absicht bekundet, nur unter Wallenstein dienen zu wollen. Aber es werden auch Gegenstimmen laut, wie die eines Arkebusiers vom Regiment Tiefenbach, der darauf hinweist, daß Wallenstein dem Kaiser zur Treue und zum Gehorsam verpflichtet sei. Auf diese Weise bereitet Schiller den großen Konflikt vor, von dem das Wallenstein-Drama ausgeht: den Abfall des Feldherrn vom Kaiser. Noch stehen aber die Dinge zugunsten des Friedländers. Das Heer ist ihm bedingungslos ergeben. Ein Kapuziner, nach dem Vorbild Abraham a Sancta Claras gezeichnet, predigt gegen die Sittenlosigkeit des Lagerlebens, den Übermut der Soldateska und gegen Wallenstein als den Haupturheber dieser Übel, und wird verjagt.

I. Teil: Die Piccolomini

Personen: Wallenstein, Herzog zu Friedland, kaiserlicher Generalissimus – Octavio Piccolomini, Generalleutnant – Max Piccolomini, sein Sohn, Oberst bei einem Kürassierregiment – Graf Terzky, Wallensteins Schwager, Chef mehrerer Regimenter – Illo, Feldmarschall, Wallensteins Vertrauter – Isolani, General der Kroaten – Buttler, Chef eines Dragonerregiments – Kriegsrat von Questenberg, vom Kaiser gesendet – Baptista Seni, Astrolog – Herzogin von Friedland, Wallensteins Gemahlin – Thekla, ihre Tochter – Gräfin Terzky, Schwester der Herzogin – Generale Wallensteins u. a.
Ort und Zeit: In Pilsen, im Jahre 1634.

Wallenstein hat seine gesamte Heeresmacht in Böhmen zusammengezogen. Im Rathaus zu Pilsen treffen sich die Generale. Kriegsrat von Questenberg, der Abgesandte des Kaisers, muß zu seinem Erstaunen feststellen, daß die Stimmung unter den Offizieren weit aufrührerischer ist, als er erwartet hatte und als man es sich am Kaiserhof in Wien hatte träumen lassen. »Hier ist kein Kaiser mehr. Der Fürst ist Kaiser!« ruft er entsetzt aus.

Daß Wallenstein jetzt auch Frau und Tochter ins Lager kommen läßt, deutet gleichfalls »auf einen nahen Ausbruch der Empörung«. Nur wenige Generale scheinen kaisertreu. Ihr bedeutendster Repräsentant ist Octavio Piccolomini. Die Rolle, die dieser ebenso kluge wie bedächtige Kopf in dem großen nunmehr anhebenden Ringen um die Macht spielt, erscheint zweideutig. Wallenstein vertraut ihm blind, seitdem Octavio ihm am Morgen der Lützener Schlacht ein anderes Pferd anbot, wodurch er gerettet wurde. Octavio aber hält auch bedingungslos zum Kaiser und fühlt sich deshalb zu einem Intrigenspiel gegen Wallenstein berechtigt. Die schwierige Lage, in die er dadurch gerät, macht sich weniger in seinem Verhältnis zu Wallenstein bemerkbar als in dem zu seinem Sohne Max. Dieser ist ein glühender Verehrer Wallensteins und in Liebe zu dessen Tochter Thekla entbrannt. Terzky und Illo, Wallensteins Vertraute, dringen mit aller Macht in den zaudernden Herzog, sich zu entscheiden, dem »Fuchs« Octavio nicht zu trauen und die günstige Stunde zum Abfall vom Kaiser wahrzunehmen. Doch Wallenstein gefällt sich darin, auch seinen nächsten Freunden gegenüber alles noch offen zu lassen und die Entscheidung sich vorzubehalten, bis »die rechte Sternenstunde« angebrochen sei. Ihm, der zum Okkultismus und zur Sterndeuterei neigt, ist in »dieser Welt des Staubes« nichts Zufall. Alles baut sich organisch auf mit tausend Sprossen, bis in die Sternenwelt hinauf, und nur das entsiegelte Auge »der hellgebornen, heitern Joviskinder«, über das er zu verfügen glaubt, sieht die tieferen Zusammenhänge. Questenberg muß vor Wallenstein und den versammelten Kommandeurs nochmals die Forderungen des Kaiserhofes vortragen. Sie laufen darauf hinaus, die Armee zu spalten, um ihr dadurch die Schlagkraft für selbständiges Handeln zu nehmen. Wallenstein, der dies durchschaut, gibt sich den Anschein, unter diesen Umständen lieber freiwillig das Kommando niederlegen zu wollen. Doch gegen eine solche Abdankung revoltieren seine Offiziere. Terzky und Illo nützen die Hochstimmung zugunsten Wallensteins. Sie veranstalten ein Bankett, bei dem die Generale zu einer schriftlich fixierten Bindung an Wallenstein als ihren alleinigen Herrn verpflichtet werden sollen. Illo glaubt es besonders klug anzustellen, wenn er die Erklärung, die den Generalen zur Unterschrift vorgelegt werden soll, in doppelter Fassung anfertigen läßt, einmal, vor Beginn des Banketts zu lesen, mit einer Klausel, die sie an

Wallenstein nur verpflichtet unbeschadet der Eidespflichten gegenüber dem Kaiser, nach dem Bankett bei der zu leistenden Unterschrift ohne diesen Zusatz. Dieses plumpe Manöver führt nur scheinbar zum Erfolg. Alle unterzeichnen die Ergebenheitserklärung für Wallenstein, auch Octavio Piccolomini. Aber als Max Piccolomini eine solche Unterschrift für seine Person für überflüssig hält, bringt dies den betrunkenen Illo so in Wut, daß er das Geheimnis der »Klausel« selbst ausplaudert und gegen Max den Degen zieht. In der Nacht nach dem Bankett kommt es zur entscheidenden Aussprache zwischen Octavio und Max Piccolomini. Der Vater offenbart sich dem Sohn, sucht ihn mit dringlichen Worten und Beweisen von dem Verrat Wallensteins am Kaiser zu überzeugen und zeigt ihm das Papier, mit dem der Kaiser bereits den Nachfolger Wallensteins als Heerführer bestimmt hat. Es ist Octavio Piccolomini. Max gerät in den fürchterlichsten Konflikt, der noch dadurch eine Steigerung erfährt, daß während der Aussprache eine Meldung bei Octavio eintrifft, die von der Gefangennahme eines Boten berichtet, den Wallenstein als Unterhändler mit den Schweden benutzte. Max weiß aus alledem nur einen Ausweg: »Mein Weg muß gerad sein. Ich geh' zum Herzog.« Prophetisch sieht er, daß das ganze feine Gewebe der »Staatskunst«, das der Vater gesponnen hat, letzten Endes nur zu ihrer aller Untergang führen wird, denn Wallenstein, dieser »Königliche, wenn er fällt, wird eine Welt im Sturze mit sich reißen«. (Reclams UB 41.)

II. Teil: Wallensteins Tod

P e r s o n e n: Die gleichen wie im I. Teil (außer Questenberg), ferner: Oberst Wrangel, von den Schweden gesendet – Gordon, Kommandant von Eger – Deveroux und Macdonald, Hauptleute in der Wallensteinschen Armee – Ein schwedischer Hauptmann – Eine Gesandtschaft von Kürassieren – Fräulein von Neubrunn, Hofdame Theklas, u. a.
O r t und Z e i t: Zu Pilsen und Eger, im Jahre 1634.

Wallenstein befragt mit seinem Astrologen Seni die Sterne. Sie stehen günstig für ihn. Dennoch befallen ihn, als Illo und Terzky zu ihm kommen und ihn bedrängen, erneut die alten Zweifel, das alte Zögern. Die Nachricht von der Gefangennahme des Unterhändlers führt ihm den Ernst der Lage vor Augen. Die Unterredung mit dem schwedischen Oberst Wrangel klärt die Lage: die Schweden bieten ihm die böhmische Königskrone an, wenn er sich ihnen anschließt, den Abfall vom Kaiser offen vollzieht und ihnen fürs erste Prag und Eger räumt. »Sei's um Eger! Aber Prag? Euch meine Hauptstadt räumen!« Wallenstein will die Vorschläge in Erwägung ziehen. Schließlich gelingt es der Gräfin Terzky, einer willensstarken Frau, Wallenstein zum Handeln zu bewegen, indem sie den Verrat am Kaiser als Notwehr auslegt. Das Bündnis mit den Schweden wird vollzogen, die letzten Brücken zu der alten Welt werden abgebrochen. Es beginnt nun der Kampf um die Anhänger. Octavio Piccolomini, den Wallenstein nach wie vor auf seiner Seite glaubt, läßt er zu Illos und Terzkys Kummer entwischen, indem er ihm ein Kommando gibt, bei dem er sich abseits zu halten vermag. Max, als er erkennen muß, daß Wallenstein zum Hochverrat entschlossen ist, stürzt bekümmert davon. Octavio gelingt es, den Kroatengeneral Isolani und den Dragonergeneral Buttler auf seine Seite zu bringen. Buttler ist aufgrund einer persönlichen Beleidigung Wallensteins nicht nur bereit, sofort auf Piccolominis Seite zu treten, mehr noch – er will in Wallensteins Nähe bleiben: »Traut mir! Ihr überlasset ihn seinem guten Engel nicht!« Es kommt dann noch einmal zu einer letzten Aussprache zwischen Octavio und Max Piccolomini. Max hält dem Vater bitter vor: »Du steigst durch seinen Fall.« Vertrauen, Glauben, Hoffnung – alles ist für den edel denkenden Jüngling dahin. Nur eines bleibt ihm noch: »Der einzig reine Ort ist unsre Liebe, der unentweihte in der Menschlichkeit.« Darum will er sich auch nicht aus dem Lager Wallensteins entfernen, ehe er nicht von Thekla Abschied genommen hat. Schmerzvoll ahnt Octavio, daß der blutige Krieg, der nun entbrennt, Vater und Sohn für immer trennen wird. Während Wallenstein selbst noch im Glauben lebt, daß alles zu seinem Besten steht, hat sich im Lager bereits sein Abfall vom Kaiser herumgesprochen. Die meisten Truppen verlassen ihn. Tief trifft ihn die Nachricht vom Verrat Octavio Piccolominis. Doch faßt er sich wieder. Als alles verloren scheint, die Mehrzahl der Regimenter dem Kaiser neu gehuldigt hat, fühlt sich Wallenstein wie befreit von einem großen Druck: »Nacht muß es sein, wo Friedlands Sterne strahlen.« Und er wirft sich beglückt dem scheinbar einzig Treuen unter so vielen Abtrünnigen in die Arme: Buttler. Mit Hilfe des schwedischen Heeres, das zu ihm stoßen soll, hofft Wallenstein in Kürze sich seine alte Machtposition zurückerobert zu haben. Doch seine Rechnung ist falsch. Als einige

Übereifrige in Terzkys Regimentern den kaiserlichen Adler von den Fahnen reißen und Wallensteins Zeichen aufpflanzen, fallen auch die ihm bis dahin noch zugetanen Pappenheimer Kürassiere von ihm ab. Dann kommt es zur letzten Begegnung mit Max Piccolomini, den er mit allen Mitteln auf seine Seite ziehen will. Max, tief durchdrungen von der unseligen schicksalhaften Verkettung der »Doppelschuld« der Väter, legt die Entscheidung in die Hände Theklas. Diese verweist ihn auf sein erstes Gefühl, das ihm seine Pflicht gegenüber dem Kaiser zu erfüllen gebot. »Uns trennt das Schicksal, unsre Herzen bleiben einig.« Mit Gewalt reißt sich Max schließlich von ihr und von Wallenstein los. – Wallenstein hält seinen Einzug in Eger, wo indessen Buttler seine Ermordung vorbereitet. Die Schweden sind im Anmarsch. Es steht zu befürchten, daß sich Wallenstein mit ihnen vereinigt. Buttler hat sein Haupt verpfändet, ihn lebend oder tot zu liefern. Die Nachricht vom Tode Max Piccolominis, der im Gefecht mit den Schweden gefallen ist, läßt Thekla zur Stätte eilen, wo der Geliebte aufgebahrt ist. Auch Wallenstein steht tief unter dem Eindruck von Max Piccolominis Tod. »Er ist der Glückliche. Er hat vollendet. Weg ist er über Wunsch und Furcht, gehört nicht mehr den trüglich wankenden Planeten.« Doch mit ihm, so will es Wallenstein scheinen, ist auch die Blume aus seinem eigenen Leben hinweg. Gordon, Kommandant von Eger und Wallensteins Jugendfreund, mahnt diesen dringlich zur Umkehr. »Zu spät«, erwidert Wallenstein. »Blut ist geflossen, Gordon. Hätt' ich vorher gewußt, daß es den liebsten Freund mir würde kosten, kann sein, ich hätte mich bedacht – kann sein auch nicht.« So meditiert er, seinem Charakter entsprechend, bis zum letzten Augenblick. Als Wallenstein sich zum Schlaf zurückgezogen hat, kommen die Mörder. Schon sind Illo und Terzky beim Bankett umgebracht. Trompeten in der Ferne scheinen zur höchsten Eile zu mahnen. Aber es sind nicht die Schweden, wie Buttler vermutet, es sind die Kaiserlichen, und mit ihnen Octavio Piccolomini, der das Äußerste verhüten möchte. Da verkündet Seni schon die »blutige, entsetzensvolle Tat«. Octavio möchte sich für unschuldig erklären und Buttler anklagen, seinen Befehl mißbraucht zu haben. »Ihr habt den Pfeil geschärft«, erwidert Buttler kaltblütig, »ich hab' ihn abgedrückt.« Die Schlußworte der Tragödie haben Octavio Piccolomini und die Gräfin Terzky. Die Gräfin hat Gift genommen und will den Fall ihres Hauses nicht überleben. Octavio empfängt ein kaiserliches Schreiben, das ihn in den Fürstenstand erhebt.

Schillers *Wallenstein* ist (nach Goethes Urteil) »so groß, daß in seiner Art zum zweitenmal nichts Ähnliches vorhanden ist«. Alle Vorzüge der Schillerschen Denk- und Arbeitsweise sind hier vereint: die elanvolle Sprache, der dynamisch gesteigerte Aufbau der Handlung, der Reichtum an voll ausgebildeten Charakteren mit ihren Konflikten und die geniale Verlebendigung des weltgeschichtlichen Hintergrundes einer bedeutsamen Epoche der abendländischen Geschichte mit sparsamen Mitteln. Die Arbeit an dem Werk erstreckte sich fast über ein Jahrzehnt. Die historischen Studien, die der Stoff erforderte, spiegeln die fünf Bücher von Schillers *Geschichte des Dreißigjährigen Kriegs* wider. Im Mittelpunkt steht die Gestalt des ehrgeizigen, von dämonischen Impulsen getriebenen Feldherrn, der, weit über die historische Vorlage hinausgehend, zu einem der eigenartigsten Charakterbilder der Weltliteratur geworden ist. Wohl bestimmen Machtgelüste und Ehrgeiz sein Handeln. Aber er ist mit seiner Unentschlossenheit, seiner Taktik, nichts Schriftliches von sich zu geben, seiner Sucht, das irdische Handeln mit den Vorgängen im Kosmos in Einklang zu bringen, seinem blinden Vertrauen einerseits und seinem ewig zögernden Mißtrauen andererseits ein nur schwer zu enträtselnder Charakter. Ebenso individuell gefärbt ist sein eigentlicher Gegenspieler, Octavio Piccolomini. Auch er kein einfacher ›Verräter‹ an Wallenstein, sondern eine bedeutende Persönlichkeit. Einem Illo und Terzky muß er als nichts anderes denn als ›Fuchs‹ und ›Schlange‹ erscheinen. Seine Kaisertreue entbehrt aber keineswegs der inneren Berechtigung. Daß sein glänzender Erfolg über Wallenstein mit dem Tode des einzigen Sohnes verbunden ist, macht auch sein Handeln tragisch. Von den Frauengestalten gehören die männlich denkende und hoheitsvoll sterbende Gräfin Terzky sowie die anmutige und ihrem Max Piccolomini im bedingungslosen Idealismus ebenbürtige Thekla zu den besten Schillers. Daß eine Zusammenziehung der drei Teile auf einen Theaterabend möglich ist, hat Schiller selbst zugegeben. Doch wird eine Verteilung auf zwei Abende immer vorzuziehen sein. (Reclams UB 42.)

Maria Stuart

Trauerspiel in fünf Aufzügen
Erste Aufführung: 14. Juni 1800 in Weimar

Personen: Elisabeth, Königin von England – Maria Stuart, Königin von Schottland, Gefangene in England – Robert Dudley, Graf von Leicester – Georg Talbot, Graf von Shrewsbury – Wilhelm Cecil, Baron von Burleigh, Großschatzmeister – Wilhelm Davison, Staatssekretär – Amias Paulet, Hüter der Maria – Mortimer, sein Neffe – Melvil, Haushofmeister Marias – Hanna Kennedy, Marias Kammerfrau – Französische Gesandte u. a.
Ort und Zeit: In England, im Jahre 1587.

Im Schloß zu Fotheringhay wird Maria Stuart, Königin von Schottland, gefangengehalten. Als Mörderin ihres Gatten von Schottlands Thron und Volk verjagt, suchte sie Schutz in England. Elisabeth, Königin von England, aber sieht in Maria eine gefährliche Rivalin, die es im geheimen auf den englischen Thron und eine Verbindung der schottischen mit der englischen Königskrone abgesehen habe. Die starke persönliche Anziehungskraft, die von Maria ausgeht, lockt immer wieder wagemutige Jünglinge, sich für sie zu opfern, auch den jungen Mortimer, Neffe des zum Hüter Marias bestellten Sir Paulet. In strenger Puritanerzucht aufgewachsen, hat diesem Jüngling eine Reise nach Italien die Welt der katholischen Kirche erschlossen. Sein Ziel ist, Maria mit Hilfe von »zwölf edlen Jünglingen des Landes« gewaltsam zu befreien. Maria, der dieses Angebot völlig überraschend kommt, verweist ihn an den Grafen von Leicester, der als besonderer Günstling der Königin Elisabeth eine mächtige Stellung am englischen Königshofe einnimmt. Kaum hat Mortimer sie verlassen, verkündet ihr Lord Burleigh, der Großschatzmeister von England, das Urteil, das das oberste Gericht der Landes über sie gesprochen hat. Es lautet: daß man »bis in den Tod die Schuldige verfolge«. Maria erkennt in stolzer, selbstbewußter Haltung weder die Richter an, noch das Urteil, das nur durch erpreßte Zeugenaussagen und auf Grund eines Gesetzes zustande gekommen sei, eigens zu ihrem Untergang bestimmt. Wie wenig Einmütigkeit in der Beurteilung Marias und der über sie zu verhängenden Strafe am Hofe der Königin Elisabeth besteht, zeigt die weitere Entwicklung. Während Burleigh es als eine Staatsnotwendigkeit ansieht, daß Maria hingerichtet werde, erweist sich der Graf von Shrewsbury als ihr

Anwalt. Eine mittlere Stellung nimmt Graf Leicester ein. Elisabeth behält sich ihre Stellungnahme noch vor. Sie versucht, Mortimer für sich zu gewinnen, Maria heimlich umzubringen. Mortimer geht zum Schein auf diesen Antrag ein, um Maria desto sicherer beschützen zu können. Auch offenbart er sich Leicester, der nunmehr seinerseits die Maske fallen läßt und zugibt, Maria einst geliebt zu haben. »Damals hielt ich Mariens Hand für mich zu klein, ich hoffte auf den Besitz der Königin von England.« Nachdem er aber »zehen bittre Jahre lang dem Götzen ihrer Eitelkeit geopfert« hat und Elisabeth nunmehr an den König von Frankreich zu verlieren in Gefahr ist, wenden sich seine Blicke »in diesem Schiffbruch seines Glücks« wieder der ersten schönen Liebeshoffnung seines Lebens zu. Er möchte Maria retten und besitzen. Der kühne Entführungsplan Mortimers scheint ihm aber allzu gewagt. Auch befürchtet er, mit seiner Person irgendwie darin verstrickt zu werden. Alles, was Leicester tun kann und will, ist, eine Begegnung Elisabeths mit Maria herbeizuführen, um die Maria die Königin brieflich gebeten hat. Eine Jagd in der Nähe von Fotheringhay gibt Elisabeth Gelegenheit, Maria »wie von ohngefähr« zu treffen. Es kommt zur Begegnung der beiden Königinnen. Aber der Ausgang des Gesprächs ist völlig anders als erwartet. Maria, von Shrewsbury nachdrücklich zur Besonnenheit und Beherrschung ermahnt, gibt sich alle Mühe, ihre durch die jahrelange Haft aufgespeicherten Haß- und Rachegefühle zu unterdrücken. Sie entsagt »jedwedem Anspruch auf dies Reich«. »Ihr habt's erreicht, ich bin nur noch der Schatten der Maria.« Doch als Elisabeth die Frau in ihr beleidigt, ihr vorwirft, alle ihre bisherigen Freier getötet zu haben wie ihre Männer, ist es mit Marias Mäßigung dahin. Sie beleidigt nun ihrerseits die Frau in Elisabeth, indem sie ihr vorwirft, »die wilde Glut verstohlner Lüste« nur scheinbar mit dem Ehrenmantel der Tugend überdeckt zu haben, mehr noch: Maria rührt an den wunden Punkt von Elisabeths Abstammung: »Der Thron von England ist durch einen Bastard entweiht, der Briten edelherzig Volk durch eine list'ge Gauklerin betrogen.« Damit hat Maria ihr Schicksal besiegelt, zumal auf die Königin Elisabeth beim Heimweg nach London ein Mordanschlag von einem der Mitverschworenen Mortimers verübt wird. Leicester ist in eine äußerst gefährliche Lage geraten, da man unter den Papieren Marias einen Brief gefunden hat, der beweist, daß er mit ihr in Beziehung steht. So läßt er Mortimer verhaften, um sich vor der Königin zu rechtfertigen, daß er als einziger um die Verschwörung Mortimers gewußt hatte. Da Mortimer bei seiner Verhaftung sich selbst erstach, sind keine gegenteiligen Beweise vorhanden. Burleigh allerdings kommentiert: »Graf! Dieser Mortimer starb Euch sehr gelegen.« Nunmehr setzt der Endkampf um das Leben der Maria ein. Noch einmal warnt der alte Shrewsbury die Königin: »Du zitterst vor dieser lebenden Maria. Nicht die Lebende hast du zu fürchten. Zittre vor der Toten, der Enthaupteten.« Elisabeth, »des Lebens und des Herrschens müd«, beklagt in einem großartigen Monolog ihr Los. Sie sieht »diese Stuart, ein ewig drohendes Gespenst«, sich ihr entgegenstellen. Aber es bleibt ihr keine Wahl mehr. Die Rivalin muß fallen, damit sie »im echten Ehebett geboren« erscheint. Sie unterzeichnet das Todesurteil, will aber die Verantwortung nicht allein tragen. Der Staatssekretär Davison wird das unschuldige Opfer ihrer unbarmherzigen Handlungsweise. Sie händigt ihm das Urteil aus, ohne ihm klar zu sagen, ob er es weiterleiten soll oder nicht. Kaum wird es Lord Burleigh gewahr, als er triumphierend mit ihm zur Vollstreckung schreitet. In würdiger Haltung nimmt Maria Abschied von ihrer Dienerschaft. Ein unerwarteter Trost wird ihr dadurch zuteil, daß der alte Haushofmeister Melvil ihr die Absolution ihrer Kirche erteilen kann. Er ist eigens zu diesem Zwecke Priester geworden. Ihm legt sie die letzte Beichte ab. Dann erscheinen Burleigh und Leicester, um an ihrer Hinrichtung teilzunehmen. An den treulosen Leicester richtet Maria ihre letzten Worte: »Ihr durftet werben um zwei Königinnen. Kniet zu den Füßen der Elisabeth! Mög' Euer Lohn nicht Eure Strafe werden!« Unfähig, Zeuge ihres Endes zu sein, bleibt Leicester auf ihrem Gang zum Schafott zurück und sinkt schließlich, als die Geräusche der Hinrichtung zu ihm dringen, ohnmächtig zusammen. Im königlichen Palast zu London harrt indessen Elisabeth des Ausgangs. Und als ihr der Tod Marias gemeldet wird, jubelt sie auf: »Ich bin Königin von England!« Der Welt gegenüber sucht sie aber den Schein zu wahren, indem sie den unglücklichen Davison verhaften läßt und auch Burleigh als voreiligen Vollstrecker ihres Willens hinstellt. Der alte Shrewsbury, dem sie sich hinfort als Führer und Freund anvertrauen will, erbittet jedoch seinen Abschied aus dem Hofdienst. Und als sie nach Leicester fragt, muß sie erfahren: »Der Lord läßt sich entschuldigen, er ist zu Schiff nach Frankreich.«

Das bald nach dem *Wallenstein* vollendete Trauerspiel ist eines der beliebtesten Theaterstücke Schillers, gleichermaßen anziehend für die Bühne wie für das Publikum. Es gipfelt in der Gegenüberstellung der rivalisierenden Königinnen, die mit allen Eigenschaften des Herzens und der Politik ausgestattet sind: Maria als erniedrigte Büßerin, die ›menschlich und jugendlich gefehlt‹ hat, sich aber dennoch ihrer königlichen Berufung bewußt bleibt, Elisabeth als kalte, berechnende Herrscherin, der es gleichwohl nicht an menschlichen Zügen und tragischer Größe mangelt. Das Doppelspiel der Frauen findet seine Spiegelung in den Männergestalten. Dem idealistischen, todesbereiten Mortimer ist der egoistische, ängstliche Leicester gegenübergestellt, dem staatsklugen, kühlen Burleigh der warmherzige, edle Shrewsbury. Diesmal ist besonders die konzise Form zu beachten, die Schiller bühnenwirksam gefunden hat – vielleicht aus der Tradition des barocken Märtyrerdramas, die diesem Stoff eignet. (Reclams UB 64.)

Die Jungfrau von Orleans

Romantische Tragödie in einem Prolog und fünf Aufzügen
Erste Aufführung: 11. September 1801 in Leipzig

Personen: Karl VII., König von Frankreich – Königin Isabeau, seine Mutter – Agnes Sorel, seine Geliebte – Philipp der Gute, Herzog von Burgund – Graf Dunois, Bastard von Orleans – La Hire, Du Chatel, königliche Offiziere – Erzbischof von Reims – Talbot, Feldherr der Engländer – Lionel, Fastolf, englische Anführer – Montgomery, ein Walliser – Thibaut d'Arc, ein reicher Landmann – Margot, Louison, Johanna, seine Töchter – Etienne, Claude Marie, Raimond, ihre Freier – Bertrand, ein Landmann – Raoul, ein lothringischer Ritter – Die Erscheinung eines schwarzen Ritters – Ratsherren von Orleans – Köhler und Köhlerweib u. a.
Ort und Zeit: In Frankreich, um 1430.

Der fünfaktigen romantischen Tragödie schickt Schiller ein Vorspiel voraus, das den Aufbruch Johannas aus ihrer ländlichen Umgebung zur Befreiung Frankreichs von der Invasion der Engländer zeigt, zu der sie sich durch göttlichen Auftrag berufen fühlt. Die Haupthandlung spielt dann im Hoflager König Karls zu Chinon. Die Siege der Engländer und ihr unaufhaltsam scheinendes Vordringen haben zur Mutlosigkeit des Königs geführt. Das Parlament in Paris hat Karl seines Thrones für verlustig erklärt und den jungen Harry Lancaster als König eingesetzt. Herzog Philipp von Burgund und Karls eigene Mutter, die Königin Isabeau, haben dem neuen König gehuldigt. Da tritt ganz unerwartet eine Schicksalswendung ein. Bei einer Schlacht hatten die Engländer den Verlust von zweitausend Mann zu beklagen, die Franzosen aber nicht einen Mann verloren. Das Wunder führte eine »Jungfrau mit behelmtem Haupt« herbei, die plötzlich aus der Tiefe des Gehölzes trat, die Feinde verwirrte und die Franken zu kriegerischer Begeisterung mitriß. Da naht Johanna selbst und erkennt den König, obwohl sie ihn nie zuvor gesehen hat. Der überraschten Hofgesellschaft enthüllt sie das Wunder ihrer Berufung durch die Mutter Gottes. Der Erzbischof erteilt ihr den Segen der Kirche. Mit dem Bild der Himmelskönigin auf der Fahne zieht Johanna in den Kampf. Im Lager der Engländer herrscht höchste Verwirrung. Johanna erringt nicht nur den Sieg in der Schlacht, sie erringt darüber hinaus noch einen größeren diplomatischen über den Herzog von Burgund. Es gelingt ihr, den Abtrünnigen mit der Überzeugungskraft ihrer Worte für die Sache Frankreichs zurückzugewinnen (»O komm herüber! Edler Flüchtling, komm! Ich selbst, die Gottgesandte, reiche dir die schwesterliche Hand«). Die edelsten und tapfersten Ritter von Frankreich, Dunois und La Hire, bewerben sich um ihre Hand. Doch Johanna muß alle Bewerbungen zurückweisen. »Berufen bin ich zu ganz anderm Werk, die reine Jungfrau nur kann es vollenden, und keinem Manne kann ich Gattin sein.« Sie fühlt es deutlich: würde ihr Herz jemals von einer Neigung zu einem Manne bewegt, wäre es ihr besser, nie geboren zu sein. Aus dieser Konfliktstellung baut der Dichter die Fortsetzung der Handlung auf. Hatte Johannas Glaube und ihr unerschütterlicher Wille, sich bedingungslos ihrer hohen Mission zu widmen, bis hierher unaufhaltsam zum Siege geführt, so tritt an sie die große Versuchung irdischer Wunschverstrickung heran. Sie wird in einen Zweikampf mit dem englischen Feldherrn Lionel verstrickt. Schon hat sie ihn besiegt, als ihr Blick sein Gesicht trifft. Tief von ihm beeindruckt, läßt sie das Schwert fallen und verschont den Feind, um unmittelbar darauf ihre Schuld zu fühlen: »Gebrochen hab' ich mein Gelübde.« Die Neigung, die sie hier empfunden hat, überschattet die Siegesfeier und die Krönungsfeierlichkeiten in Reims, deren Mittelpunkt Johanna sein soll. Entsetzt stürzt sie aus der Kirche, und als ihr eigener Vater vor dem König und allem Volk ihre Taten als »des Teufels Kunst« anprangert, schweigt sie wie unter einem Banne stehend. Donnerschläge scheinen die furchtbare Anklage des Vaters noch zu bekräftigen. Johanna wird verbannt, was die Engländer zu neuen Kampfeshandlungen ermutigt. Erneut ziehen sie gegen die Franzosen zu Felde. Johanna gerät als »Hexe von Orleans« in die Gefangenschaft der Königin Isabeau. Willenlos ergibt sie sich auch darein. Erst als Isabeau sie zu Lionel bringen lassen will, gerät wieder Leben in sie. Sie möchte eine Begegnung verhindern, kann es aber nicht. In einer Aussprache mit Lionel widersteht sie tapfer aller Liebeslockung. Eingedenk ihrer einstigen Mission, sagt Johanna sich gänzlich von ihm los. In schwere Ketten gelegt, hört sie einen Bericht über den Verlauf der Schlacht. Als sie für die Franzosen verloren scheint, der König in Gefangenschaft zu geraten droht, fleht Johanna inbrünstig zu Gott und wird erhört. Die Fesseln fallen von ihr. Sie eilt zum Kampf und rettet noch einmal die Schlacht für Frankreich. Diesmal wird sie selbst tödlich verwundet. Versöhnt und mit der Vision der Mutter Gottes vor Augen stirbt sie: »Der schwere Panzer wird zum Flügelkleide. Kurz ist der Schmerz, und ewig ist die Freude!«

Man wird dieser Dichtung Schillers am ehesten gerecht, wenn man sie als das nimmt, als was der Dichter sie im Untertitel bezeichnet hat, als eine »romantische Tragödie«. Die Epoche der Romantik hatte geistig in Deutschland ihren Einfluß geltend gemacht. Stärker als in irgendeinem anderen Drama Schillers bestimmen übersinnliche Mächte und Vorstellungen den Ablauf der Handlung: Johannas Berufung, die rätselvolle Herkunft des Helms, der schwarze Ritter, die Donnerschläge bei der Krönungsszene, ihre Befreiung aus dem Kerker, die Vision der Mutter Gottes im Tode – sind die vom Dichter sinngemäß eingesetzten Stützen der Handlung. (Reclams UB 47.)

Die Braut von Messina
oder Die feindlichen Brüder

Trauerspiel mit Chören in vier Aufzügen
Erste Aufführung: 19. März 1803 in Weimar

Personen: Donna Isabella, Fürstin von Messina – Don Manuel und Don Cesar, ihre Söhne – Beatrice – Diego – Boten – Chor, besteht aus dem Gefolge der Brüder – Die Ältesten von Messina.
Ort und Zeit: In Messina, im Mittelalter.

Donna Isabella, der Fürstin von Messina, gelingt es, ihre verfeindeten Söhne Don Manuel und Don Cesar zu versöhnen. Um das Glück des Hauses zu krönen, schickt sie den alten treuen Diego zu einem entlegenen Kloster hin, wo sie noch eine Tochter, Beatrice, bisher allen unbekannt, verborgen gehalten hat. Nunmehr soll das Geheimnis gelüftet und den Brüdern die Schwester zugeführt werden. Das Verhängnis, das über dem Fürstenhause waltet, will aber, daß Beatrice in der Einsamkeit des Klosters nicht unbemerkt blieb. Don Manuel führte einst ein Jagderlebnis, als er eine fliehende Hindin bis in die Klostermauern hinein verfolgte, zu Beatrice. Aus der ersten Begegnung erwuchs in den beiden eine heftige Liebesneigung, wobei Don Manuel seine wahre Herkunft verschwieg. Aber auch Don Cesars und Beatricens Wege hatten sich schon einmal gekreuzt. Diego hatte Beatrice heimlich an der Leichenfeier des Fürsten teilnehmen lassen. Hier war sie Don Cesar aufgefallen, der gleichfalls sofort heftig für sie entbrannte, ohne nachher ihren Aufenthalt erkunden zu können. Die Anhänger Don Cesars haben Beatrice nun in einem Garten in der Nähe Messinas ausfindig gemacht, in den Don Manuel sie hat bringen lassen, um sie seiner Mutter alsbald als Braut vorstellen zu können. Das Weitere entwickelt sich nun folgerichtig zur Tragödie. Don Cesar sucht Beatrice auf, die ihrerseits sehnlichst Don Manuel erwartet. Statt des Geliebten kommt ihr zweiter Bewerber, der ihr bei der Leichenfeier »mit dem Flammenauge« nahte, ihr nun seine glühende Liebe erklärt und sich als Fürstensohn von Messina zu erkennen gibt. Beatrice, die »sich selber ein Geheimnis« aufwuchs, schaudert bei der Nennung des Namens tief auf, da sie von dem »Schlangenhaß der Brüder« gehört hat. Im Garten, in dem Beatrice weilt, kommt es dann zum Zusammenstoß der Brüder. Der alte Haß flammt auf, da jeder der Brüder auf Beatrice als Braut Anspruch erhebt. Don Cesar ersticht Don Manuel. Vor der Mutter enthüllt sich am Ende die furchtbare Wahrheit, daß Beatrice die Schwester der feindlichen Brüder ist und Don Cesar den Bruder tötete. Somit erfüllen sich die zwei Orakelsprüche, von denen die Fürstin wußte und um deren Sinn sie vergeblich gerungen hatte. Ihrem Gemahl, dem verstorbenen Fürsten, war einst ein Traumbild erschienen: er sah, wie aus seinem hochzeitlichen Bette zwei Lorbeerbäume wuchsen und zwischen ihnen eine Lilie, die zur Flamme ward und »schnell das ganze Haus in ungeheurer Feuerflut verschlang«. Ein sternkundiger Araber hatte es so gedeutet, daß, wenn seiner Frau eine Tochter geboren würde, diese die beiden Söhne töten und den ganzen Stamm vernichten würde. Aus diesem Grunde hatte der Fürst bei der Geburt Beatricens befohlen, sie zu töten, Isabella hatte sie aber heimlich retten und in dem entlegenen Kloster auferziehen lassen. Der zweite Spruch kam von einem Mönch, der ein Traumbild der Fürstin dahingehend gedeutet hatte, daß diese Tochter ihr der Söhne Herzen in heißer Liebe vereinen würde. Der Chor verkündet meditierend: »Noch niemand entfloh dem verhängten Geschick. Und wer sich vermißt, es klüglich zu wenden, der muß es selber erbauend vollenden.« Mutter und Tochter versuchen, Don Cesar am Leben zu erhalten. Vergeblich. Dieser, von tiefer Reue über den Brudermord erfüllt, aber auch noch immer nicht frei von Eifersucht und Neid auf den Bruder, den Beatrice vorzog, kann nicht »mit gebrochnem Herzen« leben. An der Bahre des Bruders ersticht er sich. So wird die Fürstin an einem Tag zweier Söhne beraubt. Der Chor zieht das Fazit: »Das Leben ist der Güter höchstes nicht, der Übel größtes aber ist die Schuld.«

Die Braut von Messina stellt Schillers – ganz anders als bei Goethe angelegten – Versuch dar, Form und Wesenselemente der griechischen Tragödie in neuzeitlicher Form erstehen zu lassen. »Ich habe die christliche Religion und die griechische Götterlehre vermischt angewendet«, sagt Schiller, »ja, selbst an den maurischen Aberglauben erinnert.« Einen breiten Raum nehmen neben der Handlung die Chöre ein. Ihr Zweck war, wie es im Vorwort heißt, »die großen Resultate des Lebens zu ziehen und die Lehren der Weisheit auszusprechen«. Es geschieht dies »mit der vollen Macht der Phantasie, mit einer kühnen lyrischen Freiheit, welche auf den hohen Gipfeln der menschlichen Dinge wie mit Schritten der Götter einhergeht«. Die Erfindung der Fabel ist frei. Doch spürt man allenthalben das Vorbild von Sophokles' *König Ödipus* und der *Phönikerinnen* des Euripides. (Reclams UB 60.)

Wilhelm Tell

Schauspiel in fünf Aufzügen
Erste Aufführung: 17. März 1804 in Weimar

Personen: Hermann Geßler, Reichsvogt in Schwyz und Uri – Werner, Freiherr von Attinghausen, Bannerherr – Ulrich von Rudenz, sein Neffe – Werner Stauffacher, Konrad Hunn, Itel Reding u. a. Landleute aus Schwyz – Walter Fürst, Wilhelm Tell, Pfarrer Rösselmann, der Hirte Kuoni, der Jäger Werni, der Fischer Ruodi, aus Uri – Arnold vom Melchtal, Konrad Baumgarten u. a. aus Unterwalden – Gertrud, Stauffachers Gattin – Hedwig, Tells Gattin – Berta von Bruneck, eine reiche Erbin – Rudolf der Harras, Geßlers Stallmeister – Johannes Parricida, Herzog von Schwaben – Stüssi, der Flurschütz – Frießhart und Leuthold, Söldner – Walter, Tells Knabe – Armgard, eine Bäuerin – Fronvogt – Gesellen und Handwerker – Ein Reichsbote – Barmherzige Brüder u. a.
Ort und Zeit: An verschiedenen Orten in der Schweiz, Anfang des 14. Jh.s.

Mit einem Idyll am Vierwaldstätter See führt der Dichter in den Schauplatz der Handlung ein. Das friedliche Dasein wird jäh unterbrochen durch ein einsetzendes Unwetter und den atemlos hereinstürzenden Konrad Baumgarten, der einen Burgvogt des Kaisers erschlagen hat und sich auf der Flucht vor den Reitern des Landvogts befindet. Baumgarten scheint verloren, als Wilhelm Tell, der des Weges kommt, ohne viel Bedenken die Rettung übernimmt. Kaum haben sich Tell und Baumgarten entfernt, sprengen des Landvogts Reiter heran und nehmen Rache an den Zurückgebliebenen. Die Szene demonstriert die verzweifelte Lage der Schweizer. Das Land leidet unter der Tyrannei und dem Übermut der Reichsvögte, die es auf eine völlige Unterdrückung der freiheitlich gesinnten Bevölkerung abgesehen haben. Zwingburgen werden errichtet und in Altdorf soll sogar einem Hut an Kaisers Statt mit entblößtem Haupt und gebogenem Knie Reverenz erwiesen werden. Unter der Decke schwelt aber bereits der Funke der Empörung. Im Hause des besonnenen Walter Fürst treffen sich Gleichgesinnte, und das Treuegelöbnis, das sich Walter Fürst, Arnold vom Melchtal und

Werner Stauffacher als Vertreter der Kantone Uri, Schwyz und Unterwalden schwören, wird zum Auftakt für den nun bald beginnenden Freiheitskampf. Die Spannung zwischen Volk und Reichsvögten hat auch auf den Landadel übergegriffen. Hier ist es der fünfundachtzigjährige Freiherr von Attinghausen, der mit seinem Neffen Rudenz in Konflikt gerät. Während der alte Freiherr ganz mit dem Volke fühlt, zieht es den Neffen nach Altdorf auf die Herrenburg. Der Freiherr hat freilich auch erkannt, daß es noch andere Bande sind, die Rudenz zur Herrenburg ziehen: »Berta von Bruneck, das Ritterfräulein, willst du dir erwerben mit deinem Abfall von dem Land.« Der im Hause Walter Fürsts beschworene Bund hat sich indessen auf Betreiben Melchtals und Werner Stauffachers zu einem größeren erweitert. Auf dem Rütli finden sich die Abgesandten der drei Länder bei Nacht zusammen und erneuern das uralte Bündnis der Schweizer Stämme. Sie stehen treu zum Kaiser, sind jedoch nicht gesonnen, sich unter Trennung vom Reiche Österreichs Hoheit anzuvertrauen, wie es das Ziel der Politik der Vögte ist. Beim Morgengrauen schwören sie den Eid des neuen Bundes: »Wir wollen sein ein einzig Volk von Brüdern, in keiner Not uns trennen und Gefahr.« Inzwischen hat Rudenz erkennen müssen, daß er sich in Berta von Bruneck getäuscht hat. In einsamer Waldgegend, auf der Jagd, kommt es zu einer Aussprache. Rudenz erfährt, daß Berta mit ihrem Herzen auf der Seite des Volkes steht und in Rudenz einstweilen nichts anderes als den »naturvergeßnen Sohn der Schweiz« sieht. Er ist sofort bereit, sich nunmehr auf die Seite der Unterdrückten zu stellen. In Altdorf, vor dem Hut auf der Stange, dem niemand Reverenz erweisen will – lieber machen die Schweizer einen großen Umweg –, kommt es zur entscheidenden Auseinandersetzung zwischen Wilhelm Tell und dem Reichsvogt Geßler. Tell, der nicht an dem Schwur auf dem Rütli teilgenommen hat – er ist kein Mann des Rates, sondern der Tat –, geht mit seinem Knaben an dem Hut vorbei, ohne ihm die vorgeschriebene Huldigung zu erweisen. Er wird als »Feind des Kaisers« festgenommen. Der Landvogt Geßler selbst kommt vorbei, in seinem Gefolge Berta und Rudenz. Als Strafe für den Ungehorsam fordert Geßler von Tell, daß er einen Apfel von seines Knaben Kopf schießen soll. »Du schießest oder stirbst mit deinem Knaben.« Vergeblich dringen Walter Fürst, Berta von Bruneck und zuletzt auch Rudenz in Geßler, von diesem unmenschlichen Verlangen abzulassen. Geßler besteht darauf. Nun bekennt sich Rudenz offen zu seinem Volk. Währenddessen schießt Tell und trifft den Apfel. Alles jubelt ihm zu: »Das war ein Schuß! Davon wird man noch reden in den spätsten Zeiten.« Geßler fragt Tell, was er denn mit dem zweiten Pfeil vorgehabt habe, den er vor dem Schuß in den Köcher gesteckt habe. »Mit diesem zweiten Pfeil durchschoß ich – Euch«, erklärt Tell freimütig, nachdem ihm der Landvogt das Leben zugesichert, »wenn ich mein liebes Kind getroffen hätte, und Eurer – wahrlich! hätt' ich nicht gefehlt.« Geßler läßt nun Tell verhaften, um ihn außer Landes in ewiger Kerkerhaft verschmachten zu lassen. Während eines Sturms auf dem Vierwaldstätter See, bei dem Tell das Ruder anvertraut wird, gelingt ihm die Flucht. Inzwischen ist der greise Attinghausen gestorben, nicht ohne die Schweizer – nachdem er von des Rudenz tapferem Auftreten gehört hat – noch einmal zur Einigkeit zu mahnen. Tell wartet in der »hohlen Gasse« bei Küßnacht auf Geßler. Seine Gedanken waren bis dahin »rein von Mord«. Doch Geßler hat mit seiner Grausamkeit die »Milch der frommen Denkart« bei ihm in »gärend Drachengift« verwandelt. Tell fühlt sich als Vollstrecker göttlichen Willens. Und als der Landvogt naht, schießt Tell dem Tyrannen seinen letzten Pfeil mitten ins Herz. Der Sterbende weiß: »Das ist Tells Geschoß«, und Tell zeigt sich ihm von der Höhe des Felsens herab: »Du kennst den Schützen, suche keinen andern! Frei sind die Hütten, sicher ist die Unschuld vor dir, du wirst dem Lande nicht mehr schaden.« Die Tat Tells hat den Anstoß zum offenen Ausbruch der Empörung im ganzen Land gegeben. Überall fallen nun die Zwingburgen und Tyrannenschlösser, »und herrlich ist's erfüllt«, was auf dem Rütli beschworen wurde. Da trifft eine Schreckenskunde ein: der Kaiser wurde ermordet. Herzog Johann von Schwaben, sein Neffe, ist der Mörder. Für die Schweizer bedeutet dies freilich keinen Verlust, sondern eher Hoffnung auf Gerechtigkeit. Alle ziehen nun zu Tells Hof im Gebirge, um ihm, der ihrer Freiheit wahrer Stifter war, zu huldigen. In Tells Haus findet dann eine eigenartige Begegnung statt. Der Mörder des Kaisers, der Herzog von Schwaben, genannt Johannes Parricida, hofft bei Tell, dem Tyrannenmörder, Verständnis für seine Tat zu finden. Tell weist dies Ansinnen von sich. Ihm ging es um »die gerechte Notwehr eines Vaters«, der Herzog hat jedoch aus egoistischen Motiven gehandelt. Doch will Tell ihn nicht ganz ohne Trost ziehen lassen. Er zeigt ihm den Weg nach Rom, dort möge er beim Papst Vergebung für seine Schuld erflehen. Die Eidgenossen huldigen Tell als großem Schützen und Erretter des Landes. Berta von Bruneck, die auch noch kurz zuvor die Hand des Tyrannen zu spüren bekommen hatte und eingekerkert war, dann von Rudenz befreit wurde, ist »die erste Glückliche, die Schutz gefunden in der Freiheit Land«. Sie reicht Rudenz die Hand zum Lebensbunde, und dieser erklärt alle seine Knechte zu freien Schweizern.

Wilhelm Tell ist Schillers volkstümlichste Bühnendichtung geworden. Sie ist ebenso Nationalschauspiel der Schweiz wie immer wieder aktualisiertes Drama des Aufstands gegen Fremdherrschaft und Tyrannei. Vielleicht ist Schillers Dramenstil hier am meisten ›opernhaft‹. Handwerklich ist aber besonders bemerkenswert, wie der Klassiker Schiller hier ein Einzelschicksal mit dem Freiheitskampf eines ganzen Volkes verbunden hat. Die Anregung zu dem Schauspiel geht auf Goethe zurück, der ursprünglich selbst ein episches Tell-Gedicht im Stile von *Hermann und Dorothea* plante, den Stoff dann aber an Schiller abtrat und ihm in der Herausarbeitung des Milieus hilfreich zur Seite stand. (Reclams UB 12.)

AUGUST VON KOTZEBUE

* 3. Mai 1761 in Weimar, † 23. März 1819 in Mannheim

August Friedrich Ferdinand von Kotzebue war der Sohn eines großherzoglich-weimarischen Legationsrates. Nach dem Besuch des Gymnasiums in Weimar, wo sein Onkel, der Märchendichter Musäus, sein Lehrer war, studierte er Jurisprudenz in Jena und Duisburg. Nach kurzer Rechtsanwaltstätigkeit in Weimar ging er 1781 als Sekretär eines Generalgouverneurs nach Rußland, wurde 1783 Gerichtsassessor in Reval und 1785 Präsident des Gouvernements-Magistrats der Provinz Estland. 1797 war er Hoftheaterdichter in Wien. Dann ist er wieder in Weimar. Als er 1800 erneut nach Rußland reist, wird er verhaftet und nach Sibirien gebracht (autobiographischer Bericht: »Das merkwürdigste Jahr meines Lebens«). Durch Zar Paul von Rußland in

Freiheit gesetzt, erhält er als Entschädigung ein Krongut in Livland und betätigt sich als Direktor des deutschen Theaters in Petersburg. Dann hält er sich abwechselnd in Rußland und Deutschland auf, wird 1813 russischer Generalkonsul in Königsberg und 1816 Staatsrat in Petersburg. 1817 von Zar Alexander mit der Berichterstattung über deutsche und französische Verhältnisse beauftragt, gerät er in den Verdacht, Spion zu sein. Nachdem schon auf dem Wartburgfest seine »Geschichte des Deutschen Reiches« verbrannt worden war, wird er 1819 in Mannheim Opfer eines Mordanschlags des fanatischen Burschenschaftlers Karl Ludwig Sand.

Kotzebue, einer der fruchtbarsten deutschen Bühnenautoren, schrieb über 200 Stücke: Trauerspiele, Schauspiele, Lustspiele, Schwänke, Possen, Operntexte, Parodien, Zwischenspiele u. a. Die Stoffe und Motive nahm er aus Geschichte, Gegenwart und Literatur, wo immer er sie fand und für seine Zwecke brauchen konnte. Die leichte Hand, mit der er schrieb, und mangelnder dichterischer Gehalt haben jedoch nur sehr wenigen seiner Stücke ein Überleben auf der Bühne eingeräumt. Der Theaterdirektor Goethe freilich erkannte an, »wie viele Mittel er uns in die Hand gegeben hat, die Zuschauer zu unterhalten und der Kasse zu nutzen«. Kotzebue war zu seiner Zeit einer der meistgespielten Autoren. Seinen Ruhm als Bühnenschriftsteller begründete das während des ersten Rußlandaufenthaltes entstandene Trauerspiel *Menschenhaß und Reue* (1789), das sofort europäischen Ruf erwarb. Heute sind allenfalls noch die beiden Lustspiele *Die deutschen Kleinstädter* und *Die beiden Klingsberg* bekannt. In *Die beiden Klingsberg* (1801) haben der alte Graf und sein Sohn meistens dieselbe Herzensdame. Der Alte zieht aber schließlich den kürzeren, während sein Sohn nicht nur zwei Paare zusammenführt, sondern selbst seine geliebte Henriette zur Frau bekommt. Das Lustspiel *Der Rehbock* (1815) wurde von Albert Lortzing zu seiner heiteren Oper *Der Wildschütz* verarbeitet. (Siehe Reclams Opernführer.)

Die deutschen Kleinstädter

Lustspiel in vier Aufzügen
Erste Aufführung: 22. März 1802 in Wien

Personen: Nikolaus Staar, Bürgermeister zu Krähwinkel – Frau Staar, seine Mutter – Sabine, seine Tochter – Herr Staar, sein Bruder – Frau Brendel, Frau Morgenrot, zwei Muhmen – Herr Sperling, Sabines Bräutigam – Olmers – Klaus, Ratsdiener – Ein Nachtwächter u. a.

Ort und Zeit: In und vor dem Hause des Bürgermeisters zu Krähwinkel, um 1800.

Sabine, die Tochter des Bürgermeisters Nikolaus Staar zu Krähwinkel, wartet sehnsüchtig auf einen Brief ihres Geliebten Olmers, den sie vor einigen Wochen in der Residenz kennenlernte. Es ist wichtig, daß er bald kommt, da Sabine nach dem Wunsch des Vaters und der Verwandten den »Herrn Bau-, Berg- und Weginspektorssubstitut« Sperling heiraten soll. Er verfolgt sie dauernd mit seinem poetischen Talent, und nicht nur Vater und Großmutter reden auf Sabine ein, diesen wohlbestallten Herrn zu heiraten, sondern auch der »Herr Vizekirchenvorsteher« Staar, der einen Gewürzkramladen hat, sich auf die Literatur versteht und eine Lesebibliothek hält. Der Vater, der »Herr Bürgermeister, auch Oberältester« der Kleinstadt, hat freilich noch andere Sorgen: »Die Jurisdiktion zwischen unserer guten Stadt Krähwinkel und dem benachbarten Amte Rummelsburg war strittig.« Seit neun Jahren hat man um die Bestrafung einer Diebin prozessiert. Jetzt endlich ist es soweit. Die Delinquentin, die »indessen wohlverwahrt worden – Gott sei Dank! sie lebt noch«, soll morgen am Pranger stehen. Das verspricht ein Volksfest zu werden. Am gleichen Tage soll auch die Verlobung Sabines mit Sperling bekanntgemacht werden. Da wird die Ankunft eines vornehmen Herrn angekündigt: Herr Olmers führt sich durch einen Brief von »Sr. Exzellenz, dem dirigierenden Herrn Minister« Grafen von Hochberg als dessen alten Schul- und Universitätsfreund ein. Sabine triumphiert: »Er hat doch Wort gehalten.« Als Olmers schließlich erscheint, sind die Bewohner um Krähwinkel enttäuscht: Frau Staar hat er mit »Madame« angeredet (»Ich bin mit Gott und Ehren Frau Untersteuereinnehmerin und keine Madame«), die anderen Damen hat er kaum beachtet und nur Augen für Sabine gehabt. Doch da fällt der Großmutter plötzlich auf, daß es derselbe Herr ist, von dessen Bild Sabine gesagt hatte, es sei der König. Mit dem

Ausruf: »Niklas! Niklas! der König ist in deinem Hause«, versetzt sie auch ihren Sohn in höchste Aufregung. Schon werden Bürgerwache, Schützenkompanie und der Magistrat mit den Waisenkindern alarmiert, als Olmers alles zurückweist und Sabine den Irrtum aufklärt. Den vornehmen Fremden muß man gleichwohl zu Tisch empfangen. Das freie Benehmen des Gastes gibt allerdings erneut Anlaß zu ungnädiger Kritik. Schlimmer als alles andere aber ist dies: »Weil er selbst keinen Titel hat, so gibt er auch keinem Menschen seine gebührende Ehre.« Die Großmutter kommentiert: Zu meiner Zeit führten bei Tisch nur betitelte Personen von gesetzten Jahren das Wort, die unbetitelte Jugend hörte und lernte. Die größere Überraschung steht aber noch bevor. Herr Olmers hält in aller Form, wenn auch kurz und sachlich, bei dem Bürgermeister um die Hand Sabines an. Das ist zuviel! »Weiß er denn nicht einmal, daß man vorher ein halbes Jahr in einem Hause ab und zu, aus und ein gehen muß, bis die ganze Stadt davon spricht, ehe man zu solchen Extremitäten schreitet?« Der rasch herbeigerufene Familienrat lehnt das Ansinnen ab. Als Olmers auf die Antwort dringt, wagt keiner ihm die Wahrheit ins Gesicht zu sagen. So finden sich schließlich Olmers, Sabine und Herr Sperling auf der Szene zusammen, wobei Sabine und Olmers geschickt über den »Nebenbuhler« hinwegreden. Es kommt dann zu einem reizenden Schlußakt vor dem Hause des Bürgermeisters. Vor der Haustüre treffen sich bei Nacht Olmers und Sabine, während Sperling am Fenster von seinem Zimmer aus seiner Braut ein Ständchen bringt, die Großmutter ihren Abendchoral singt und der Nachtwächter ins Horn tutet. Sabine überzeugt den Geliebten davon, daß er sich auf den bisherigen Wegen nicht die Gunst der Kleinstadtfamilie erringen wird. Das Haupterfordernis ist, daß er mit einem Titel aufwartet und auch die Titel der anderen berücksichtigt. Olmers verspricht es. Da stört der Ratsdiener Klaus das nächtliche Idyll mit dem Ausruf: »Der Staat ist in Gefahr!« Die Delinquentin, die morgen öffentlich an den Pranger gestellt werden soll, ist entwichen. Der Herr Vizekirchenvorsteher ist an dem Unheil schuld. Denn er hat der Inhaftierten aus seiner Lesebibliothek »Trenks Leben und Flucht aus dem Gefängnisse« zu lesen gegeben, und sie hat daraus gelernt. Der Bürgermeister sieht Ehre und Ruhm der Stadt Krähwinkel und seine Reputation in der Residenz dahinschwinden. Olmers verspricht, bei Hofe zu intervenieren. Auch gibt er nun bekannt, daß er einen Titel hat: »Geheimer Kommissionsrat«. Das überzeugt. Nun ist sogar die Großmutter bereit, ihre Einwilligung zum Verlöbnis mit Sabine zu geben. Denn »etwas Geheimes haben wir in unserer Familie noch nicht gehabt«. Vollends gewinnt Olmers ihr Herz, als er sie nun nicht mehr mit »Madame«, sondern als »Frau Untersteuereinnehmerin« anredet. Olmers und Sabine werden ein beglücktes Paar. Und der »Herr Bau-, Berg- und Weginspektorssubstitut« Sperling wird gebeten, das Hochzeitsgedicht zu verfertigen. (Reclams UB 90.)

Kotzebues Persiflage auf die Titelsucht der Deutschen und auf kleinbürgerliche Beschränktheit ist glänzend. Der zum Begriff gewordene Name »Krähwinkel« ist seine Erfindung. Die Szenerie des Schlußaktes mit nächtlicher Serenade, versteckt stehendem Liebespaar und Nachtwächterhorn wirkte auf den II. Akt der *Meistersinger von Nürnberg* von Richard Wagner nach. Als Vorlage diente Kotzebue ein Lustspiel *La petite ville* des französischen Dichters Louis-Benoît Picard.

FRIEDRICH HÖLDERLIN

* 20. März 1770 in Lauffen am Neckar
† 7. Juni 1843 in Tübingen

Hölderlin war Sohn eines Klosterhofverwalters. Er wuchs in Nürtingen auf und besuchte das Maulbronner Seminar und das Tübinger Stift zum Theologiestudium. 1793 wurde er Hauslehrer bei Frau v. Kalb in Waltershausen. Später studierte er in Jena, wo er mit Schiller zusammentraf. 1796 trat er eine Stelle als Hauslehrer bei dem Bankier Gontard in Frankfurt a. M. an, die zu der tragischen Liebe zu Susette Gontard (der Diotima seiner Dichtung) führte. 1798 verließ er Frankfurt und gelangte nach unruhevollen Jahren in Homburg, Stuttgart und in der Schweiz 1801 nach Bordeaux, wo er abermals eine Stelle als Hauslehrer annahm. Von dort kehrte er 1802 geisteskrank nach Nürtingen zurück. Vorübergehend bekleidete er noch eine Stelle als Bibliothekar in Homburg. Von 1806 ab erschien seine Krankheit unheilbar. Er lebte noch volle 36 Jahre in geistiger Umnachtung in Tübingen im Hause eines Tischlermeisters.

Hölderlin, der Lyriker und hymnische Dichter des *Hyperion*, vollendete kein Bühnenstück. Seine Beschäftigung mit der Antike führte ihn aber zur dichterischen Aussage auch in der dramatischen Form. In die Hauslehrerzeit in Waltershausen fällt ein dramatischer Plan *Der Tod des Sokrates* (1793), den er, wie er an einen Freund schreibt, »nach den Idealen der griechischen Dramen« bearbeiten wollte. Erhalten ist davon, ebenso wie von einem später entstandenen Trauerspiel *König Agis*, nichts. Zu einer *Empedokles*-Tragödie liegen mehrere Entwürfe vor (1797 bis 1800), die ihn auf dem Wege zu einer Bühnenkunst von höchsten Ansprüchen zeigen. Wie dieses Werk ragen auch die beiden Sophokles-Übersetzungen Hölderlins, der *Antigonae* (die Carl Orff zur Grundlage seines Musikdramas genommen hat) und des *König Ödipus* (1804) aus ihrer Zeit. Die freie Handhabung des Verses und die sprachschöpferische Kühnheit erweisen das Genie des Dichters. So gebührt Hölderlin, bei aller Bühnenfremdheit im üblichen Sinne, doch ein Platz in der Geschichte des Schauspiels wegen seiner geistigen Bedeutung und seiner kühnen Sprache, an der sich auch die Versdichtung des 20. Jahrhunderts noch orientiert hat.

Der Tod des Empedokles. – Empedokles, den Philosophen von Agrigent (um 500 v. Chr.), zieht es unwiderruflich fort von der Welt der Menschen. Er möchte von ihr scheiden, ohne zu sagen, wohin er geht. Nur Pausanias, der junge Freund, der ihn vergöttert und der sein Los mit ihm teilen möchte, wird Zeuge seiner letzten Offenbarungen. Doch darf auch er ihm nicht auf dem allerletzten Gang zu den Höhen des Ätna folgen, in dessen Feuergluten sich Empedokles stürzen will, um sich durch freiwilligen Tod mit der unendlichen Natur zu vereinigen. Panthea, die Tochter des Archonten Kritias, die Empedokles von schwerer Krankheit heilte und die ihn schwärmerisch verehrt, ist die junge Priesterin der Vesta, die unumstößlich zu ihm hält. Ihr Vater, der unter dem Druck des Priesters Hermokrates stehende Herrscher der Stadt, möchte Empedokles helfen, findet aber nicht die Kraft dazu. Hermokrates, der Priester, sieht in Empedokles nichts als den Mann, der sich freventlich Gottähnlichkeit anmaßt. Empedokles erblickt seinerseits in Hermokrates den »Heuchler«, »der Heiliges wie ein Gewerbe treibt«. Hermokrates setzt durch, daß Empedokles aus der Stadt verwiesen wird. Später aber sucht er ihn in der Gegend des Ätna auf und möchte ihn zur Rückkehr bewegen, was Empedokles ablehnt. Das Volk verhält sich schwankend. Erst stimmt es in den Fluch des Priesters ein, danach möchte es Empedokles nicht nur zurückhaben, sondern ihn zum König wählen. Empedokles geht den »selbsterkornen Pfad« des Todes und »trinkt am Todeskelch sich glücklich«.

Das nur in Bruchstücken überlieferte Werk eröffnet Ausblicke auf eine von großer Geistigkeit und religiöser Gedankentiefe getragene Bühnenkunst. Als Bekenntnisdichtung kommt ihm biographische Bedeutung zu. Die Monologe des Empedokles, seine Reden an die Agrigentiner und die Aussprachen mit dem Freund Pausanias verkörpern den hellenischen Pantheismus in neuzeitlichem Geiste. Zu einer stark dramatischen Szene kommt es in der heftigen Auseinandersetzung mit Hermokrates, während das Schwergewicht der Dichtung sonst in einer lyrischen Hymnik liegt. Die verschiedenen Bruchstücke und Entwürfe weisen eine unterschiedliche äußere und innere Haltung auf; drei Fassungen lassen letzte Fragen schließlich ungelöst. (Reclams UB 7500.)

HEINRICH VON KLEIST

* 18. Oktober 1777 in Frankfurt (Oder)
† 21. November 1811 am Wannsee bei Potsdam

Kleist stammte aus einer alten preußischen Offiziersfamilie. Nach dem frühen Verlust beider Eltern wurde er, der Familientradition gemäß, zunächst Soldat, nahm aber 1799 als Leutnant seinen Abschied, um zu studieren. Nach einem unsteten Leben, das ihn von Frankfurt (Oder) aus nach Berlin, Würzburg und wieder nach Berlin, dann nach Dresden, an den Rhein, nach Paris und schließlich in die Schweiz führte, kam es 1802 in Oßmannstedt bei Weimar zu der denkwürdigen Begegnung mit dem alten Wieland, der einer der wenigen war, die Kleists Genie zu seinen Lebzeiten erkannten. 1803 begann abermals ein unruhiges Wanderleben. In Paris stand er in selbstquälerischem Zweifel an seiner dichterischen Berufung nahe vor dem Selbstmord. 1804 fand Kleist eine Anstellung beim Finanzdepartement in Königsberg. 1807 gab er diese Stelle wieder auf, um sich ganz der schriftstellerischen Arbeit zu widmen. Eine Pension der Königin Luise schien eine gewisse wirtschaftliche Grundlage zu bieten. Im gleichen Jahr ließ er sich in Dresden nieder, wo eine für ihn verhältnismäßig günstige Epoche begann. Er gründete mit Adam Müller das Kunstjournal »Phoebus«, das jedoch nur ein Jahr bestehen konnte. Die Wirren der Napoleonischen Kriege führten ihn 1809/10 über mannigfache Umwege nach Berlin, wo er die Redaktion der »Berliner Abendblätter« übernahm, die aber auch kaum länger als ein halbes Jahr bestanden. 1811 setzte er im Alter von 34 Jahren, zusammen mit der unheilbar kranken Henriette Vogel, seinem Leben selbst ein Ende.

Heinrich von Kleist war vielleicht die ursprünglichste dramatische Begabung der deutschen Literatur: Er war davon überzeugt, daß der Verstand hinter dem Gefühl zurückzutreten habe. Schwierig wird daher die Deutung des Lebens; das Schicksal erscheint verhängnisvoll und unenträtselbar. Dieser Gedanke durchzieht sein ganzes dramatisches Werk. Gegenüber Goethe macht sich ein Zug zum eigentlich Tragischen bemerkbar, gegenüber dem Idealismus Schillers die Betonung des Individuell-Charakteristischen, ja ›Existentiellen‹ in Wesen und Schicksal seiner Helden. Kleists Berufung für die große Tragödie spiegelt sich auch im Ablauf seines Lebens, das im tathaften Drang nach dem Unbedingten (der Wahrheit, der Liebe, der Gerechtigkeit, der patriotischen Hingabe) tragisch scheiterte. »Die Wahrheit ist«, heißt es in seinem Abschiedsbrief, »daß mir auf Erden nicht zu helfen war.«

Als Dramatiker begann Kleist mit dem fünfaktigen Trauerspiel *Die Familie Schroffenstein* (1801; Reclams UB 1768 [2]), das unter dem Einfluß von Shakespeares *Romeo und Julia* steht. In voller Größe zeigt sich sein Genius in dem *Robert Guiskard*, der ihn in seiner unruhevollen Wanderzeit von 1801 an jahrelang beschäftigte und dessen mündlicher Vortrag den alten Wieland zu dem prophetischen Ausruf hinriß: »Wenn die Geister des Aeschylus, Sophokles und Shakespeares sich vereinigten, eine Tragödie zu schaffen, sie würde das sein, was Kleists ›Tod Guiskards des Normannen‹.« Das uns heute vorliegende Fragment (Reclams UB 6857) stammt aus einer Veröffentlichung im »Phoebus« (1808). Daß Kleist auch die Sphäre der Charakterkomödie offenstand, zeigen der Einakter *Der zerbrochne Krug* (1806) und die Komödie *Amphitryon* (1807). *Penthesilea* (1808)

Kleist, Käthchen von Heilbronn

Kleist, Penthesilea

ist die Tragödie erotischer Leidenschaft in ihrem bis zu rasendem Ausbruch gesteigerten unerbittlichen Verhängnis. Ein Gegenstück dazu bildet das romantische Ritterschauspiel *Das Käthchen von Heilbronn* (1808), das vom entgegengesetzten Blickpunkt aus zu extremen Möglichkeiten der weiblichen Psyche vorstößt. Mit den beiden vaterländisch-historischen Schauspielen *Die Hermannsschlacht* (1808; Reclams UB 348) und *Prinz Friedrich von Homburg* (1811) schloß Kleists dramatisches Schaffen. War das Tendenzdrama *Die Hermannsschlacht* ein elementarer Ausbruch des Hasses und ein politischer Aufruf gegen Napoleon als Unterdrücker Deutschlands, so gab der *Prinz von Homburg* die Lösung des Ringens um die Staatsidee und ihre Fundierung in der freien sittlichen Selbstüberwindung des Individuums. – Die Bedeutung Kleists wurde erst spät erkannt.

Der zerbrochne Krug

Lustspiel in einem Akt
Erste Aufführung: 2. März 1808 in Weimar

Personen: Walter, Gerichtsrat – Adam, Dorfrichter – Licht, Schreiber – Frau Marthe Rull – Eve, ihre Tochter – Veit Tümpel, ein Bauer – Ruprecht, sein Sohn – Frau Brigitte u. a.
Ort und Zeit: In der Gerichtsstube in einem niederländischen Dorfe bei Utrecht, 18. Jahrhundert.

Der Schreiber Licht trifft am Morgen in der Gerichtsstube den Dorfrichter Adam nicht eben in der besten Verfassung an. Er hat Wunden am Kopf, das Gesicht ist zerschunden, und er scheint überhaupt ungewöhnlich mitgenommen und zerstreut. Er gibt vor, beim Aufstehen aus dem Bett hingeschlagen zu sein und sich am Ofen gestoßen zu haben. Das ist um so peinlicher für ihn, als – wie der Schreiber erfahren hat – der Herr Gerichtsrat Walter sich auf seiner Revisionsbereisung der Ämter in der Nähe befindet. Kaum hat Adam nur das Nötigste für den möglichen hohen Besuch richten lassen – nicht einmal eine Perücke ist zur Stelle –, ist der Gerichtsrat schon da. Kahlköpfig, muß er sofort mit der Amtsausübung beginnen, da heute Gerichtstag ist. Der Gerichtsrat wird der Verhandlung beiwohnen. Es erscheint streitendes Bauernvolk. Frau Marthe Rull beschuldigt Ruprecht, den Sohn des Bauern Veit Tümpel, einen Krug im Zimmer ihrer Tochter Eve zertrümmert zu haben. Er war mit Eve verlobt, beschimpft seine Braut aber jetzt als »Metze«. Frau Marthe bestätigt ihrer Tochter gegenüber: »Dein guter Name lag in diesem Topfe, und vor der Welt mit ihm ward er zerstoßen.« Noch ehe die Gerichtssitzung beginnt, versucht Adam, Eve beiseite zu nehmen und ihr heimlich unter Hinweis auf ein Papier zu drohen. Nach zweimaliger Aufforderung des Gerichtsrates beginnt Adam endlich mit dem Verhör. Marthe Rull trägt umständlich und unter genauester Schilderung der Beschaffenheit des zerbrochenen Kruges vor, wie sie am Abend durch laute Männerstimmen und einen Tumult in die abgelegene Kammer ihrer Tochter Eve gelockt wurde, wie dort der Krug zertrümmert lag und wie sie Eve, die Hände ringend, mit dem »Flaps«, dem Ruprecht, antraf. Ruprecht habe behauptet, nicht er habe den Krug vom Sims herabgestoßen, sondern ein anderer. Ruprecht bestätigt, daß er bei Eve war, stellt aber fest, daß er einen anderen Mann bei ihr angetroffen habe – wer es war, hat er nicht erkannt –, daß dieser, als er polternd in Eves Kammer einbrach, aus dem Fenster gesprungen sei. Als er dem Flüchtigen nachspringen wollte, habe dieser ihm eine Handvoll Sand in die Augen geworfen. Adam, der immer wieder das Verhör in die Länge zu ziehen oder es auf ein anderes Gleis zu schieben versucht, meint schließlich, daß die Sache sich gut zu einem »Vergleich« eigne. Der Gerichtsrat, dem das sonderbare Gebaren des Dorfrichters längst aufgefallen ist, besteht darauf, der Sache auf den Grund zu gehen. Letzten Endes kann nur Eve das Rätsel lösen und sagen, wer der Mann war, der vor Ruprecht zu ihr in die Kammer kam. Adam möchte zu gern den Verdacht auf den Flickschuster Leberecht gelenkt wissen. Eve erklärt, daß nicht Ruprecht den Krug zerschlug, doch sie glaubt, weitere Aufklärungen vermeiden zu müssen: »Es ist des Himmels wunderbare Fügung, die mir den Mund in dieser Sache schließt.« In Wahrheit fürchtet sie für das Leben ihres Ruprecht, wenn sie den Dorfrichter beschuldigt. Erst eine neue Zeugin, die Muhme Brigitte, bringt Licht in das Dunkel. Bis sie herbeizitiert wird, traktiert Adam den Gerichtsrat mit einem Frühstück und Rheinwein und wendet seine ganze Schläue und Beredsamkeit an, von der Sache abzulenken und auch den Verdacht abzuwehren, der bereits auf ihn gefallen ist. Die Aussage der Muhme Brigitte bringt es aber an den Tag: sie hat die Perücke gefunden, die Adam auf seiner Flucht verloren hat, und sie hat die Spuren im Schnee verfolgt, die unabweisbar zum Hause des Schuldigen führen. Der Klumpfuß des Dorfrichters erweist sich als verräterisch, und die neue Ausrede, daß es möglicherweise der Teufel selbst gewesen sei, verfängt wenig. Als Adam den Spruch fällt, nach welchem Ruprecht als Schuldiger ins Gefängnis soll, geht die empörte Eve endlich aus ihrer Zurückhaltung heraus: »Der Richter Adam hat den Krug zerbrochen!« Er war es, der bei Eve in der Kammer war. Adam ergreift nach dieser Entlarvung schleunigst die Flucht. Eve aber wirft sich dem Gerichtsrat zu Füßen und fleht ihn an, Ruprecht vor der Konskription zu retten. Adam hat ihr mit einem gefälschten Papier gedroht, Ruprecht würde zum Militär eingezogen und müsse nach Ostindien, von wo kaum einer lebend zurückkehren würde. Er wolle und könne es verhindern. Um ein Attest auszufertigen, schlich er in ihr Zimmer, »so Schändliches, ihr Herren, von mir fordernd, daß es kein Mädchenmund wagt auszusprechen.« Das ist das Ende der Richterlaufbahn Adams. Der Gerichtsrat setzt den Schreiber Licht zu seinem Nachfolger ein, will jedoch das Äußerste bei der Bestrafung Adams verhindern, wenn er die Kassen in Ordnung findet. Eve und Ruprecht können sich versöhnen. Frau Marthe Rull aber gibt sich noch nicht zufrieden. Sie will bei der Regierung in Utrecht um den zerbrochenen Krug klagen.

Wer den ganzen Reiz dieser Komödie auskosten will, muß durch die Komik der äußeren Vorgänge hindurch den Hintersinn erspüren, den Kleist zart, aber deutlich durchscheinen läßt. Schon die sprechenden Namen der Hauptpersonen deuten darauf: der Dorfrichter als der ›alte Adam‹, den seine Begehrlichkeit auf die junge Eve zu Fall bringt, diese sein heller Gegenpol, gefeit durch die Liebe zu ihrem Ruprecht, von dem sie dieselbe opferbereite Liebe auch gegen den Augenschein fordert, der Gerichtsrat als ›Walter‹ der Gerechtigkeit und Abgesandter höherer Macht, dem der Schreiber ›Licht‹ hilft, die dunkle Affäre zu durchleuchten. Der Gerichtsprozeß mit dem Schuldigen als Richter hat eine große tragische Parallele, auf die Kleist selbst hingewiesen hat: in dem *König Ödipus* des Sophokles, dem die Komödie auch in ihrer analytischen Enthüllungstechnik folgt – nur daß Adam seine Schuld nur allzu gut kennt und sie mit aller Durchtriebenheit zu vertuschen sucht. Seinem grotesken Gerichtsverfahren läuft das Walters entgegen, das die Wahrheit endlich zutage bringt: in der kunstvollen Verschlungenheit der beiden Prozesse liegt die eigentümlich-bängliche, durch Retardierungen gesteigerte Spannung des Spiels, dessen Humor nur um Haaresbreite von der Tragik geschieden ist. Das niederländische Milieu und die Gestalten sind von der Realistik Teniersscher Genrebilder. Voran der Dorfrichter in der Mischung von breiter Behäbigkeit, genialer Gerissenheit, bösem und wieder armem, gehetztem Teufel so unausdeutbar schillernd und doch aus einem Guß, daß diese Figur, ähnlich der Falstaffs, zu einer Glanzrolle für große Darsteller geworden ist. Nicht minder echt die anderen Gestalten, wobei neben der Eve vor allem die Frau Marthe Rull mit ihrer prachtvollen Zungenfertigkeit unvergeßlich bleibt. Die vibrierende Gespanntheit des Einakters muß in einem raschen Zuge ablaufen (bei der Uraufführung durch Goethe in Weimar wurde das Stück durch Teilung in drei Akte völlig um seine Wirkung gebracht). Die Anregung zum *Zerbrochnen Krug* erhielt Kleist durch einen Kupferstich »La cruche cassée« von Le Veau; mit zwei jungen poetischen Freunden war er 1802 einen Wettkampf eingegangen, die dort dargestellte Situation literarisch auszudeuten. Vollendet wurde die Komödie erst 1806 in Königsberg. (Reclams UB 91.)

Amphitryon

Lustspiel in drei Akten
Erste Aufführung: 8. April 1899 in Berlin

Personen: Jupiter, in der Gestalt des Amphitryon – Merkur, in der Gestalt des Sosias – Amphitryon, Feldherr der Thebaner – Sosias, sein Diener – Alkmene, Gemahlin des Amphitryon – Charis, Gemahlin des Sosias – Feldherren der Thebaner u. a.
Ort und Zeit: In Theben vor dem Schloß des Amphitryon, in sagenhafter Vorzeit.

Sosias, der Diener des Feldherrn Amphitryon, hat von seinem Herrn den Auftrag erhalten, in Theben Alkmene, der jungen Gemahlin Amphitryons, von dem Sieg zu berichten, den er über die Athener errungen hat. Vor dem Schlosse in Theben stellt sich ihm sein Ebenbild entgegen, das ihm den Eintritt verweigert und ihn obendrein noch prügelt, weil er es wage, sich als Sosias auszugeben. Es ist Merkur in der Gestalt des Sosias, der hier ein Liebesabenteuer seines Herrn, des Göttervaters, bewacht. Jupiter hat sich bei Alkmene in der Gestalt Amphitryons eingeschlichen. Beim Abschied möchte Jupiter die junge Frau, die ihn für den Gatten nahm, veranlassen, zwischen den Begriffen »Gemahl« und »Geliebter« zu unterscheiden. Für Alkmene sind sie jedoch nicht zu trennen. Auch möchte er gar zu gerne von ihr bestätigt wissen, daß diese Nacht, die er bei ihr verbrachte, ihr kürzer und seliger erschien als andere. Nachdem der Gott sich zurückgezogen, hat Merkur Mühe, sich der Dienerin Charis zu erwehren, die in ihm ihren Mann Sosias zurückgekommen wähnt und nach dem Vorbild des fürstlichen Ehepaares ihrerseits auf eine zärtliche Wiedersehensstunde hofft. Merkur begegnet ihr grob und zieht sich eilig aus der Schlinge. Bei Tagesanbruch kehrt Amphitryon nach Theben zurück. In dem Bericht von Sosias will er nur irres Geschwätz erkennen. Doch was er dem Diener nicht glaubt, muß das Wiedersehen mit Alkmene alsbald zur Gewißheit werden lassen. Ihr Bericht, daß er doch schon am gestrigen Tage »um die Abenddämmerung« bei ihr ganz plötzlich erschienen, mit ihr gescherzt und sich dann »jede Freiheit« erlaubt habe, die nur dem Gemahl zustehe, muß ihn völlig in Verwirrung bringen. Amphitryon verliert die Geduld. Er erklärt, daß er nicht in Theben war und daß derjenige, der sich um die Dämmerung hier als Amphitryon eingeschlichen habe, der »nichtswürdigste der Lotterbuben« gewesen sei. Alkmene ist ihrerseits tief empört. So entzweien sich die Gatten. Was sich zwischen Alkmene und Amphitryon abspielt, wiederholt sich auf niederer Ebene zwischen Sosias und Charis. Nur hat Merkur-Sosias Charis gemieden, was diese tief geärgert hat und was sie den echten Sosias nun entgelten läßt. Die Verwicklung und die vom Dichter angestrebte Gefühlsverwirrung Alkmenes erreichen ihren Höhepunkt, als nun Jupiter abermals vor Alkmene in der Gestalt ihres Gatten erscheint. Vollends verwirrt wird sie, als Jupiter-Amphitryon ihr erklärt: »Es war kein Sterblicher, der dir erschienen, Zeus selbst, der Donnergott, hat dich besucht.« Wiederum möchte Jupiter ihr das Geständnis abringen, daß sie bereit sei, den Gott, wenn er sich ihr zeige, noch mehr zu lieben als Amphitryon. Alkmene aber bleibt fest. Selbst wenn sie vom Schicksal bestimmt wäre, »vieler Millionen Wesen Dank, ihm seine ganze Fordrung an die Schöpfung in einem einz'gen Lächeln auszuzahlen«, so bliebe sie doch immer nur Jupiter in

Ehrfurcht, Amphitryon aber in Liebe zugetan. Beschämt und beglückt zugleich verläßt Jupiter sie, und wiederum beschließt eine Sosias-Charis-Szene, als grotesk-satirisches Widerspiel des Vorangegangenen, den göttlich-menschlichen Konflikt. Merkur-Sosias gefällt sich darin, den eifersüchtigen Amphitryon aufs äußerste aufzustacheln. Er läßt ihn nicht in sein Schloß, weil dort Amphitryon bei Alkmene weile: »Hüte dich, das Glück der beiden Liebenden zu stören.« Rasend vor Eifersucht, will Amphitryon mit den Feldherren Thebens, die an ihn glauben, dem lügnerischen Höllengeist, der sich seine Gestalt und seinen Namen anmaßte, mit Gewalt zu Leibe gehen. Da tritt Jupiter aus dem Schloß, und die beiden Amphitryonen stehen sich gegenüber. Die Feldherren neigen dazu, Jupiter-Amphitryon als den rechtmäßigen zu bezeichnen. Verzweifelt will Amphitryon neue Zeugen aus der Stadt herbeirufen, wogegen Jupiter-Amphitryon nichts einzuwenden hat. Als dann Amphitryon mit den Obersten des Heeres und mit dem Volk zurückkehrt, wird die Entscheidung darüber, wer der richtige Amphitryon sei, in die Hände Alkmenes gelegt. Sie entscheidet sich für Jupiter-Amphitryon, und der echte muß sich verzweifelt zu der Erkenntnis durchringen, daß jener »Amphitryon ihr ist«. Doch nun läßt Jupiter die Maske fallen. Unter Blitz und Donnerschlag erscheint der Adler, der ihm den Donnerkeil reicht. Der Gott gibt sich zu erkennen: »Zeus hat in deinem Hause sich gefallen«, und verheißt dem Manne, dessen Gestalt er annahm: »Dir wird ein Sohn geboren werden, des Name Herkules: es wird an Ruhm kein Heros sich der Vorwelt mit ihm messen.« Alkmene, die ohnmächtig in Amphitryons Arme gesunken ist, wird ihm verbleiben. Mit dem wehmütig-schmerzlichen »Ach«, das sich von den Lippen der Wieder-Erwachten losringt, schließt das Stück.

Kleist gestaltet mit diesem Werk, das er bescheiden »Lustspiel nach Molière« nennt, den uralten, oft behandelten Mythos vom Gott, der sich mit einem Erdenweib vermählt, auf tiefsinnige Weise. Die Grundzüge der Handlung und große Partien entnahm er zwar Molières Komödie, es ging Kleist jedoch um das Bild einer Frau, wie sie reiner nicht gedacht werden kann. Alkmene ist die eigentliche Heldin des Stückes, die einem raffinierten, Gefühl und Sinne verwirrenden Experiment in der typisch Kleistschen ›Inquisitionstechnik‹ unterzogen wird. Mit der unbeirrbaren Sicherheit ihres reinen Gefühls bleibt sie sich und ihrem Gatten treu: auch Jupiter kann ihn nicht aus ihrer Seele drängen und muß sich damit abfinden, nur als Amphitryon sie beglückt zu haben – gerade hiermit erweist sich Alkmene als würdige Mutter eines Halbgottes. Dem differenzierten Spiel zwischen Jupiter, Alkmene und Amphitryon, das zu Momenten schneidender Tragik führt, korrespondieren die es kontrapunktisch durchkreuzenden burlesk-komödiantischen Szenen zwischen dem Dienerpaar und Merkur, von köstlichem Humor insbesondere in der Gestalt und den Reden des Sosias. Diese Verbindung von Erhabenem und Lächerlichem, Weihespiel und Satyrspiel kennzeichnet das Werk. (Reclams UB 7416.)

Penthesilea

Trauerspiel in vierundzwanzig Auftritten
Erste Aufführung: 25. April 1876 in Berlin

Personen: Penthesilea, Königin der Amazonen – Prothoe, Meroe, Asteria, Fürstinnen der Amazonen – Die Oberpriesterin der Diana – Achilles, Antilochus, Odysseus, Diomedes, Könige des Griechenvolks – Griechen und Amazonen.
Ort und Zeit: Schlachtfeld bei Troja, in sagenhafter Vorzeit.

Während der Kämpfe zwischen Griechen und Trojanern ist das Heer der Amazonen unter der Führung ihrer Königin Penthesilea in das Schlachtfeld eingebrochen, ohne sich zu einem der beiden streitenden Völker zu bekennen. Zunächst hat es den Anschein, als wollten sie den Trojanern zu Hilfe kommen. Bald zeigt sich jedoch, daß sie diesen ebenso feindlich gegenübertreten wie den Griechen. Penthesilea scheint unwiderstehlich von dem Griechen Achilles angezogen, bei dessen erstem Anblick sie sich verfärbte. Sie sucht ihn im Schlachtgewühl immer wieder, um ihn zum Kampf zu stellen. Auch Achill scheint von ihr angezogen. So beginnt ein tolles Jagen, das von den beiden Gegnern mit einer Waghalsigkeit ohnegleichen betrieben wird. Bald scheint Achill in den Händen der Amazonen, dann wieder Penthesilea von dem Griechen in kühnem Waffengang überwältigt. Keiner will sich für besiegt erklären, und doch ist es im tiefsten Kern nicht Haß, sondern leidenschaftliche Liebe, die sie zueinanderzieht. Achill erklärt dem Odysseus, daß er, wenn es sein müßte, Jahre um Penthesilea freien würde und nicht eher nach Hause kehren wolle, bis er sie zu seiner Braut gemacht. Und Penthesilea versichert ihrer Freundin Prothoe: »Ich will zu meiner Füße Staub ihn sehen, den Übermütigen, der mir, wie keiner noch, das kriegerische Hochgefühl verwirrt.« Vergeblich versucht Prothoe, sie von ihrem Vorhaben abzubringen. Ist doch der eigentliche Zweck des Amazonenzuges bereits erfüllt, eine Schar von überwundenen Jünglingen gefangen, die sie zum Hochzeitsfest nach der Heimat Themiscyra führen können. Nur Penthesilea zögert noch, das Schlachtfeld zu verlassen, und weist jeden gutgemeinten Rat der Freundin zurück. »Verflucht das Herz, das sich nicht mäßigen kann.« Ihr Ziel ist und bleibt: »den einen heißersehnten Jüngling« sich siegreich zu gewinnen. Schon glauben die Amazonen das Ende ihres Kriegszuges herbeigekommen, als das Verhalten Penthesileas alles wieder in Frage stellt. Taub für die Stimme der Vernunft, »vom giftigsten der Pfeile Amors« getroffen, überschreitet die Königin das Gebot ihres Landes, das einer Amazone verbietet, im Kampfe sich auf *einen* Mann einzustellen. Ihr geht es nicht mehr um das Wohl des Amazonenstaates und um dessen Gesetze. Ihr geht es nur noch um Achilles. Sie stellt sich ihm erneut zum Kampf und unterliegt. Um sie, die durch einen schweren Sturz gelitten hat und ohnmächtig wurde, zu schonen, überredet Prothoe den siegreichen Achill, Penthesilea glauben zu machen, daß nicht er, sondern sie der Sieger sei. Achill geht darauf ein. Und nun enthüllt sich, als Penthesilea erwacht, in einer Szene von einzigartiger Schönheit der ganze Zauber der Liebe dieser beiden titanenhaften Naturen, die weit über das gewohnte Menschenmaß hinausragen und bei deren Zusammenprall die Erde zu erzittern schien, »wie wenn zwei Sterne aufeinander schmettern«. Achill ergibt sich willig in die vorgetäuschte Gefangenschaft, und Penthesilea gibt der Gedanke: »Der junge Nereïdensohn ist mein!« die volle Kraft ihrer Jugend zurück. Doch wie sie ehedem im Schmerz raste, tut sie es nun in der Freude. Bekümmert muß Prothoe feststellen: »Freud' ist und Schmerz dir, seh ich, gleich verderblich, und gleich zum Wahnsinn reißt dich beides hin.« Durch ein erneutes Vordringen der Amazonen, die ihre Königin befreien wollen, wird offenbar, daß Penthesilea die Gefangene des Achill ist. Achill versucht sie zu überreden, mit ihm als Königin nach seiner Heimat zu ziehen: »Du sollst den Gott der Erde mir gebären! Prometheus soll von seinem Sitz erstehn und dem Geschlecht der Welt verkündigen:

Hier ward ein Mensch, so hab ich ihn gewollt.« Doch im Gewühl des Kampfes werden sie getrennt. Achill fordert durch einen Herold noch einmal Penthesilea zum Kampf auf Tod und Leben heraus. Doch ist es seine Absicht, sich ihr nur zum Schein zu stellen, um ihr dann freiwillig zu erliegen und nach ihrer Heimat zum »Rosenfest« zu folgen. Penthesilea verkennt diese seine wahre Absicht. »Mit zuckender Wildheit« ruft sie nach ihren Hunden und Elefanten, um mit dem ganzen »Schreckenspomp des Kriegs« dem Geliebten in sinnloser Haß-Liebe entgegenzuziehen. »Mit allen Zeichen des Wahnsinns« ruft sie Ares an und fällt über den Wehrlosen her. So weit geht ihre Raserei, daß sie »mit schaumbedeckter Lippe« sich mit den Hunden auf den Geliebten stürzt und, nachdem sie den Fliehenden mit einem Pfeil getötet hat, »die Rüstung ihm vom Leibe reißend, den Zahn in seine weiße Brust« ihm schlägt. Das Ende ist furchtbares Erwachen. Penthesilea, im Innersten aufgewühlt und zerstört, muß feststellen: »Küsse, Bisse, das reimt sich, und wer recht von Herzen liebt, kann schon das eine für das andre greifen.« Sie folgt Achilles in den Tod, indem sie tief aus ihrem Busen »ein vernichtendes Gefühl« hervorgräbt, das sie »in der Glut des Jammers« hart zu Stahl läutert, es zu einem Dolche formt und mit diesem sich tötet.

Kleist sagte von der *Penthesilea*: »Mein innerstes Wesen liegt darin ... der ganze Schmerz zugleich und Glanz meiner Seele.« Die Gestalt der Amazonenkönigin (»halb Furie, halb Grazie«, nennt Achill sie) wurde zur einzigartigen dichterischen Vision, antik-plastisch in der Bildhaftigkeit ihrer Züge, und zugleich von modern-seelischer Differenziertheit. Kleist steigt bis in die Urgründe des Eros und entwickelt Empfindungen von träumerischer Liebesregung über Bekenntnisse (»Staub lieber als ein Weib sein, das nicht reizt«) bis zu furiosem Mänadentum. Der mitunter als pathologisch angesprochene Schluß ist durchaus aus dem Wesen der Heldin entwickelt und läßt sich zudem theatergeschichtlich aus der Schlußszene der *Bakchen* des Euripides ableiten. Daß Kleist hier seiner Zeit vorauseilte, macht die Ablehnung verständlich, die der Dichtung zunächst widerfuhr. Für die Fabel der Handlung fand Kleist in Hederichs *Lexicon mythologicum* nur spärliche Hinweise. Sie ist im wesentlichen seine Erfindung. Eine späte Ausdeutung des metaphysischen Gehalts der Dichtung durch die Musik fand Kleists Tragödie in der Tondichtung *Penthesilea* von Hugo Wolf (1885). Seine

Komposition offenbart zugleich die im tiefsten Kern musikalisch-symphonische Struktur der Dichtung Kleists, der die Musik als die Wurzel aller übrigen Künste betrachtete. (Reclams UB 1305.)

Das Käthchen von Heilbronn

oder Die Feuerprobe

Großes historisches Ritterschauspiel in fünf Akten
Erste Aufführung: 17. März 1810 in Wien

Personen: Der Kaiser – Friedrich Wetter, Graf vom Strahl – Gräfin Helena, seine Mutter – Ritter Flammberg, des Grafen Vasall – Gottschalk, sein Knecht – Kunigunde von Thurneck – Rosalie, ihre Kammerzofe – Theobald Friedeborn, Waffenschmied aus Heilbronn – Käthchen, seine Tochter – Gottfried Friedeborn, ihr Bräutigam – Maximilian, Burggraf von Freiburg – Der Rheingraf vom Stein, Verlobter Kunigundes – Räte des Kaisers und Richter des heimlichen Gerichts u. a.
Ort und Zeit: An verschiedenen Orten in Schwaben, Mittelalter.

Graf Wetter vom Strahl muß sich vor dem heimlichen Gericht der Feme verantworten. Der Heilbronner Waffenschmied Theobald Friedeborn verklagt ihn, seine Tochter Käthchen verführt und mit Teufelskünsten an sich gelockt zu haben. Das Verhör ergibt, daß Käthchen beim ersten Anblick des Ritters, als er die väterliche Werkstatt betrat, wie verzaubert zu ihm aufblickte und sich dann aus dem Fenster stürzte, als er wegritt. Und mehr noch: von den Verletzungen des Fenstersturzes genesen, hat sie sich aufgemacht, dem Ritter auf allen seinen Wegen zu folgen. Das Gericht spricht den Grafen nach einigen Prüfungen einstimmig frei. Auf Veranlassung der Richter übt der Graf seinen Einfluß auf Käthchen aus und befiehlt ihr, zu ihrem Vater nach Heilbronn zurückzukehren. Im Walde vor der Höhle des heimlichen Gerichts aber enthüllt er in einem Monolog, daß er Käthchen liebt, doch aus Standesgründen weder heiraten kann noch will. Zunächst muß er eine neue Fehde mit Kunigunde von Thurneck ausfechten, die ihm ihren Verlobten, den Rheingrafen vom Stein, wegen strittiger Güter auf den Hals schickt. Zufällig wird der Graf Kunigundes Retter, indem er sie aus der Gefangenschaft des Burggrafen von Freiburg befreit. Kunigunde schmeichelt dem Grafen vom Strahl, und dieser, dem ein Traum in der Silvesternacht eine Kaisertochter verhieß, glaubt sie in Kunigunde gefunden zu haben, da sie »vom Stamm der alten sächsischen Kaiser« ist. Käthchen will weder, wie ihr vorgeschlagen, ins Kloster noch zur Strahlburg. Als sie Zeugin eines Anschlags wird, den der Rheingraf gegen Kunigundes Schloß und gegen deren Bräutigam, den Grafen vom Strahl, vorhat, warnt sie diese. Der Graf vom Strahl weist Käthchen schroff zurück, stößt sie aber nicht ganz von sich. Es kommt zum Überfall auf die Burg. Das Schloß gerät in Brand. Kunigunde, die argwöhnisch verfolgt, wie der Graf an Käthchen Interesse zeigt, schickt das arme Kind in das brennende Schloß, um ein wertloses Futteral zu holen. Aber »ein Cherub« führt Käthchen unversehrt aus den Trümmern hervor. Auf Schloß Wetterstrahl kommt es zur entscheidenden Szene, zugleich zum poetischen Höhepunkt des Schauspiels. Hier findet der Graf das schlafende Käthchen. Er will erfahren, warum sie hinter ihm herschreitet »einem Hunde gleich, durch Feuer und Wasser«. Er spricht die Schlafende an, und nun enthüllt sich ihm das geheimnisvolle Wunder, das sie aneinanderbindet. Ein Cherub erschien sowohl ihr wie ihm in der Silvesternacht. Er hat sie schon lange zuvor einander zugeführt. Der Graf vom Strahl zweifelt nun nicht mehr, daß Käthchen des Kaisers Tochter ist, die ihm versprochen wurde. In einer Badegrotte wird Käthchen, ohne es zu wollen, Zeugin, daß die Schönheit Kunigundes nur eine vorgetäuschte ist. Kunigunde will die Verhaßte nun schleunigst durch ihre Kammerzofe Rosalie mittels Gift aus dem Wege schaffen lassen. Graf Wetter vom Strahl tritt unterdessen kühn vor den Kaiser und behauptet, daß Käthchen nicht die Tochter des Heilbronner Waffenschmiedes, sondern des Kaisers ist. Der Kaiser ist empört. Ein Gottesgericht soll entscheiden. Der Graf vom Strahl stellt sich ihm waffenlos. Der bewaffnete Theobald unterliegt seinem bloßen Blick. Und nun geht der Kaiser in sich. »Der Engel Gottes, der dem Grafen vom Strahl versichert hat, das Käthchen sei meine Tochter: ich glaube, bei meiner kaiserlichen Ehre, er hat recht!« Vor Jahren, bei einem Turnier in Heilbronn, hatte er mit einem Bürgermädchen namens Gertrud ein intimes Erlebnis gehabt, und Käthchens Mutter heißt Gertrud. Ein Amulett, das er der Verlassenen zum Andenken schenkte, besitzt Käthchen. Sie ist sein Kind. Und also wird er die Prophezeiung wahrmachen und sie mit dem Ritter verbinden. Doch zuvor wird noch Kunigunde entlarvt. Was Käthchen unfreiwillig gesehen hatte, wußte der Burggraf von Freiburg schon längst: die Schönheit Kunigundes ist künstlich. Nun scheut der Graf vom Strahl nicht davor zurück, die »Giftmischerin« vor aller Augen, in Gegenwart des Kaisers, bloßzustellen. Er reicht vor der festlichen Versammlung nicht ihr, sondern Käthchen, die der Kaiser durch eine Urkunde zur kaiserlichen Prinzessin von Schwaben erhoben hat, die Hand zur Vermählung.

»Ein wahres Wunder an Kraft, Anmut und farbiger Volkstümlichkeit« nennt Gerhart Hauptmann das Werk. Kleist schuf mit ihm das Gegenstück zur *Penthesilea*. Er selbst nennt es »die Kehrseite der Amazonenkönigin, ihren anderen Pol, ein Wesen, das ebenso mächtig ist durch Hingebung, als jene durch Handeln«. Wie dort alles auf den Kampf der Geschlechter und auf höchste Tragik gestellt ist, so hier alles auf weibliche Hingabefähigkeit, somnambule Sicherheit und Auflösung ins Märchenhafte. Ungemein farbig ist die Umwelt geschildert. Die Zeichnung der Ritterwelt erfolgt mit feiner Ironie, die gelegentlich das Parodistische streift. Der romantische Gehalt des Werkes fand in der Bühnenmusik Hans Pfitzners Widerhall. Nachdem das *Käthchen von Heilbronn* zu Lebzeiten Kleists in verstümmelter Form in Wien und Bamberg gespielt worden war, auch später noch in der Laubeschen Fassung entstellt blieb, gaben erst die Meininger und Max Reinhardt dem Werk seine ursprüngliche Gestalt wieder. (Reclams UB 40.)

Prinz Friedrich von Homburg

Schauspiel in fünf Akten
Erste Aufführung: 3. Oktober 1821 in Wien

Personen: Friedrich Wilhelm, Kurfürst von Brandenburg – Die Kurfürstin – Prinzessin Natalie von Oranien, seine Nichte – Feldmarschall Dörfling – Prinz Friedrich Arthur von Homburg, General der Reiterei – Obrist Kottwitz – Graf Hohenzollern, von der Suite des Kurfürsten – Obersten und Rittmeister u. a.
Ort und Zeit: Bei Fehrbellin und in Berlin, im Jahre 1675.

Im Schloßpark von Fehrbellin windet sich der Prinz von Homburg nachtwandelnd einen Lorbeerkranz. Der Kurfürst nimmt ihm den Kranz aus der Hand, schlingt seine Halskette darum und gibt ihn der Prinzessin von Oranien. Der Prinz von Homburg verfolgt diese Vorgänge, greift nach der Prinzessin und redet sie mit: »Natalie! Mein Mädchen! Meine Braut!« an. Die Hofgesellschaft entweicht entsetzt. Nur ein Handschuh der Prinzessin bleibt in des Prinzen Hand zurück. Am nächsten Morgen läßt der Kurfürst durch den Feldmarschall Dörfling seinen Generalen den Schlachtentwurf mitteilen. Der Prinz von Homburg ist aber nicht bei der Sache. Er hat entdeckt, daß der Handschuh, den die Prinzessin Natalie beim Aufbruch mit der Kurfürstin vermißt, eben derjenige ist, den er noch immer bei sich hat. So hört er nur mit halbem Ohre hin, daß ihm nach dem Plan des Kurfürsten streng untersagt ist, von dem angewiesenen Platz aus in die Schlacht einzugreifen, bevor der Kurfürst ihm nicht einen Boten sendet. Durch das sonderbare Traumerleben mit der Prinzessin tief beglückt und im Hochgefühl des kommenden Sieges begibt er sich in die Schlacht. Hier begeht er dann den Fehler, der ihm zum Verhängnis wird. Er stürzt sich voreilig mit der Reiterei in den Kampf, obwohl er von seiner Umgebung ausdrücklich nochmals auf den Befehl des Kurfürsten zu warten hingewiesen wird. Der Sieg bleibt trotzdem auf seiten Brandenburgs. Die Schweden werden vernichtend geschlagen. In Berlin ordnet der Kurfürst an, daß trotz des glänzenden Sieges sofort ein Kriegsgericht bestellt wird, das den aburteilt, der eigenmächtig die Reiterei in die Schlacht geführt: »Der ist des Todes schuldig, das erklär ich, und vor ein Kriegsgericht bestell ich ihn.« Der Prinz von Homburg, im Überschwang seines Sieges, stürzt jäh vom Gipfel seines Glücks herab, als man ihm den Degen abfordert. »Mein Vetter Friedrich will den Brutus spielen«, höhnt er überheblich, »die schwed'schen Fahnen in dem Vordergrund und auf dem Tisch die märk'schen Kriegsartikel. Und wenn er mir in diesem Augenblick wie die Antike starr entgegenkömmt, tut er mir leid, und ich muß ihn bedauren.« Bald wandelt sich des Prinzen Hochgefühl jedoch in Verzweiflung, als er erfahren muß, daß es dem Kurfürsten Ernst ist. Sein Freund Hohenzollern läßt ihn wissen, daß der Vollzug des Todesurteils, das das Kriegsgericht über ihn gesprochen hat, unabwendbar erscheint. Als er erfährt, daß Verhandlungen mit den Schweden aufgenommen wurden, um die Prinzessin Natalie durch eine Heirat an das schwedische Königshaus zu binden, glaubt er, durch seine heimliche Verlobung mit Natalie sich die Gunst des Kurfürsten tatsächlich verscherzt zu haben, und sieht sich nun selbst verloren. Bestürzt will er einen letzten Versuch zur Rettung wagen, indem er sich der Kurfürstin-Tante zu Füßen wirft und sie um ihre Fürsprache angeht. Auf dem Wege zu ihr sieht er das Grab, das am andern Tage seine Gebeine aufnehmen soll. Dieser Anblick erschüttert ihn derart, daß er vor der Kurfürstin und in Anwesenheit der Prinzessin jeden Halt verliert, von Todesfurcht geschüttelt nur noch um die Erhaltung des nackten Lebens fleht und sogar jeden Anspruch auf Natalie aufgibt. Er will nichts als leben und sich, falls er begnadigt wird, als Privatmann auf seine Güter am Rhein zurückziehen. Tief bekümmert, den einst so strahlenden Helden derart gesunken zu sehen, beschließt Natalie, beim Kurfürsten noch einen letzten Versuch zu wagen, das Leben des Geliebten zu retten. Der Kurfürst, der ihr ebenso herzlich wie wohlgelaunt begegnet, hält ihr in bedeutsamen Worten die Folgen vor, die entstehen, wenn Willkür statt der Satzung im Staate herrschen. Aber als er von der Todesfurcht des Prinzen hört, ist er sofort zur Begnadigung bereit, wenn der Prinz selbst den Spruch des Kriegsgerichts für ungerecht halte. Natalie soll ihm auf der Stelle ein Handschreiben des Kurfürsten bringen, in dem ihm für diesen Fall die sofortige Lösung aus der Haft und völlige Freiheit zugesprochen wird. Mit dieser Wendung hat der Kurfürst dem Prinzen seine Beherrschung zurückgegeben. Indem er selbst zur Entscheidung aufgerufen wird, erkennt der Prinz, daß es keinen anderen Weg für ihn gibt, als daß »das heilige Gesetz des Krieges«, das er im Angesicht des ganzen Heeres verletzte, durch seinen Sühnetod erhalten wird. Er vertritt diese Auffassung sogar gegenüber dem gesamten Offizierskorps, das sich mit Bittschriften für ihn beim Kurfürsten verwendet. Durch diese Selbstüberwindung ist er zum Manne gereift, den nunmehr auch der Kurfürst, unter dem Jubel seiner Offiziere, begnadigen kann. Mit einem kurzen Nachspiel, das an die Nachtwandler-Szene des Anfangs anknüpft – der Prinz wird mit verbundenen Augen in den Schloßpark geführt, glaubt sich auf dem Wege zum Tod, während der Kurfürst ihm nur die einstige Vision der Verbindung von Lorbeerkranz, Fürstenkette und Braut zur Wirklichkeit werden lassen will –, schließt das Schauspiel.

Dieses letzte Drama Kleists handelt im preußischen Offizierskorps; zugleich wird in dem Konflikt um die Fragen von Insubordination und Kriegsgesetz ein allgemein menschlich-sittliches Problem aufgeworfen. Es geht um das Verhältnis des Einzelnen, eines überschwenglichen Träumers, zu der Ordnung eines größeren Ganzen, hier des Staates, dessen Bestand auf unverbrüchlichen Gesetzen beruht: er ist verkörpert in der Herrschergestalt des Großen Kurfürsten. Ist das Todesurteil über den Sieger von Fehrbellin, der »unbewußt« und aus »reinem Gefühl« die objektive Satzung verletzt hat, sittlich gerechtfertigt? Die Frage wird mit allen Mitteln Kleistscher Kasuistik abgehandelt. Die Sympathien des Dichters und fast aller Personen des Stückes liegen beim Prinzen, seine Schuld scheint leicht zu wiegen und wird fast hinwegdisputiert (von Natalie, Kottwitz, Hohenzollern). Auch der Fürst liebt ihn wie einen Sohn – dennoch scheint er in der Wahrung des Gesetzes zum äußersten entschlossen. Die oft angefochtene Szene, da der Prinz angesichts des schimpflichen über ihn verhängten Todesurteils völlig zusammenbricht, ist der notwendige Durchgang zu seiner Läuterung – es ist die Existenzangst eines scheinbar sinnlos verspielten Lebens, die ihn überwältigt –, erst als der Kurfürst ihm die Entscheidung selbst in die Hand legt, wächst er in der freien Bejahung des Gesetzes zu jenem Helden, der den erträumten Kranz und die Liebe Nataliens nun wirklich verdient hat. Gesetz und Freiheit: diese scheinbaren Antithesen sind hier in einer höheren Synthese aufgehoben, und aller Glanz fällt auf den zum Tode reifen, den Tod überwindenden Prinzen, in dem Kleist sein eigenes Wesen und sein Streben nach Liebe, Ruhm, Gerechtigkeit, Unendlichkeit dichterisch verklärt hat. (Reclams UB 178.)

JOSEPH VON EICHENDORFF

* 10. März 1788 auf Schloß Lubowitz bei Ratibor
† 26. November 1857 in Neiße

Eichendorff entstammte einem der ältesten deutschen Adelsgeschlechter. Zuerst durch Hauslehrer erzogen, besuchte er von 1801 an das Gymnasium in Breslau und studierte an den Universitäten Halle und Heidelberg. Nach längeren Reisen bestand er in Wien die juristische Staatsprüfung und meldete sich 1813 als Freiwilliger bei dem Lützowschen Freikorps, 1816 wurde er Referendar bei der Regierung in Breslau, dann Beamter im Kultusministerium in Berlin, 1821 Sachbearbeiter für die katho-

lische Schul- und Kirchenabteilung in Danzig, 1824 Oberpräsidialrat in Königsberg und kam 1831 wieder nach Berlin ins Kultusministerium. 1844 trat er in den Ruhestand und lebte an verschiedenen Orten, zuletzt in Neiße im Hause seiner Tochter.

Liegt der Schwerpunkt der Eichendorffschen Dichtungen eher im Roman, in der Novelle und besonders in der Lyrik, so hat doch das Theater in seinem Leben und Schaffen eine wichtige Rolle gespielt. Schon der zehnjährige Knabe versuchte sich an einer Tragödie aus der römischen Geschichte. In Breslau sah er Schillers Dramen und Mozarts Opern. Den Hallenser Studenten beeindruckten die Musteraufführungen Goethes und Schillers im Lauchstädter Theater. In Heidelberg trug er sich mit dem Plan eines *Hermann*-Dramas. Später schrieb er dramatische Satiren, in denen er sich nach Art der Romantiker in parodistisch-ironischer Weise mit Zeiterscheinungen auseinandersetzte: *Krieg den Philistern* (1824), *Meierbeths Glück und Ende* (1827), versuchte sich auch im historischen Trauerspiel. In dem Lustspiel *Die Freier* (1833), einer reizvollen Bühnenimprovisation, mischen sich literarische Reminiszenzen in glücklicher Weise mit Elementen romantischer Ironie und Poesie. Als politischer Satiriker von Geist und Humor erwies er sich in dem Puppenspiel *Das Incognito* (1841), das sich gegen die preußische Beamtenservilität richtete. Ein besonderes Verdienst erwarb sich Eichendorff durch die Übersetzung von zehn Geistlichen Schauspielen Calderóns (unter ihnen *Das große Welttheater*), die er in zwei Bänden von 1846 bis 1853 herausgab. Als literaturgeschichtliche Studie gibt es von ihm die Schrift *Zur Geschichte des Dramas* (1854).

Die Freier. Lustspiel in drei Aufzügen (1833). – Der pedantische Hofrat Fleder erhält von seinem Präsidenten den Auftrag, sich um die Heiratsangelegenheiten seines Neffen, des Grafen Leonard, zu kümmern. Graf Leonard soll die reiche Gräfin Adele heiraten. Graf Leonard beabsichtigt, als reisender Schauspieler das Schloß der Gräfin aufzusuchen, um unerkannt seine zukünftige Gemahlin kennenzulernen. Der Hofrat beschließt nun, sich gleichfalls zu verkleiden und als reisender Flötenspieler der ihm vom Präsidenten auferlegten Pflicht nachzukommen, »zwei verwilderte Herzen für die allgemeine Sache der Menschheit zu erwärmen«. Auf dem Schloß der Gräfin ist man über die bevorstehende Ankunft der beiden verkleideten Herren genau orientiert und beschließt, sich gleichfalls zu verkleiden. Die Gräfin Adele wird zur Kammerzofe Flora und die Kammerzofe zur Gräfin. Der Hofrat und Graf Leonard haben unterdessen, auf dem Weg zum Schloß, in dem Schauspieler Flitt und dem Musikanten Schlender, einem vagabundierenden Künstlerpaar, Gesellschaft gefunden. Leonard führt sich nun als »Sänger Florestin« auf dem Schloß ein, den Schlender auf der Violine begleiten soll, der Hofrat als »Flötenspieler Arthur«, dem der aufdringliche und großsprecherische Flitt bald im Wege ist. Damit ist der Verkleidungen und des Versteckspielens aber noch kein Ende: der Jäger Victor redet Flitt ein, die Gräfin sei in ihn verliebt, und er müsse sie entführen. Aus Schlender macht Victor eine Dame, indem er ihm vorgaukelt, die von ihm angebetete Gräfin werde als Mann erscheinen. Beim Stelldichein im Park trifft nun der Hofrat, der sich in die »Gräfin« verliebt hat, mit Schlender zusammen und macht ihm, als vermeintlicher Gräfin, seine Liebeserklärung. Flora hat bis dahin nicht nur die Rolle der »Gräfin« gut gespielt, sie tritt nun auch noch als Offizier verkleidet auf und gerät mit Leonard in Konflikt, der sie für einen Nebenbuhler bei der echten Gräfin hält. Aus dem Wirrwarr lösen sich schließlich als Liebespaare heraus: Graf Leonard und die Gräfin Adele, der Jäger Victor und Flora. Hofrat Fleder, Flitt und Schlender, die sich als »Freier« um die vermeintliche Gräfin betrogen sehen, verlassen die Stätte ihrer Blamage.

Das sichtlich von Shakespeare (besonders von *Was ihr wollt*) und den Verwechslungsspielen der spanischen Mantel-und-Degen-Komödie inspirierte Stück hat gleichwohl seine eigene Note. Überhaucht von Naturstimmungen und romantischer Liebessehnsucht, atmet es den Zauber und die Poesie Eichendorffs. Die originellste Gestalt des Stückes, der Hofrat Fleder, ist vom Dichter mit aller ihm eigenen Spottlust ausgestattet. (Reclams UB 7434.)

FRANZ GRILLPARZER

* 15. Januar 1791 in Wien, † 21. Januar 1872 ebd.

Grillparzer war der Sohn eines Hof- und Gerichtsadvokaten in Wien. Er besuchte das Anna-Gymnasium und studierte dann Philosophie und Rechtswissenschaft. 1813 trat er in den österreichischen Staatsdienst, anfangs bei der Hofbibliothek, dann beim Hauptzollamt und später bei der Finanzverwaltung. Vorübergehend war er auch als Theaterdichter am Burgtheater angestellt. Seit 1832 war er Hofarchivdirektor und wurde als solcher 1856 pensioniert. Seit 1849 wohnte er im Hause der Schwestern Fröhlich, deren dritte, Katharina, seine »ewige Braut« war. Gegen Ende seines Lebens wurden ihm nach mancherlei Enttäuschungen reiche Ehrungen zuteil.

Grillparzer ist der größte Dramatiker des alten habsburgischen Österreich, zugleich einer der bedeutendsten Vertreter der deutschen nachklassischen Dichtung. Sein Schaffen gründet ebensosehr in den klassizistischen Bestrebungen seiner Zeit, dem Erbe der historischen Dramatik Shakespeares und Schillers wie in den barock-volkstümlichen Traditionen des Wiener Theaters. Er begann mit der *Ahnfrau*, einem Schicksalsdrama, das ihm 1817 einen großen Erfolg eintrug. Das Trauerspiel *Sappho* (1818) ist ein tief empfundenes Bekenntnisdrama über das Thema Kunst und Leben. Die Trilogie *Das goldene Vlies* (1820) zeigt Grillparzer als Nachfahren Goethes in der Ausbildung eines an die Antike angelehnten Tragödienstiles. Mit dem historischen Trauerspiel aus der böhmisch-habsburgischen Geschichte *König Ottokars Glück und Ende* (1825) näherte er sich Shakespeare und Schiller. Das Trauerspiel aus der ungarischen Geschichte *Ein treuer Diener seines Herrn* (1826/27; Reclams UB 4383) überzeugt weniger durch die Gestalt der passiven Titelfigur, des edlen Staatskanzlers Bancbanus, als durch die seines Gegenspielers, des Herzogs Otto von Meran, eines genial erfaßten brüchigen Charakters. Mit *Des Meeres und der Liebe Wellen* (1829) schuf Grillparzer eine der intimsten Liebestragödien deutscher Sprache, die gekonnt das klassische Sagengut auf moderne Weise übersetzt. Das dramatische Märchen *Der Traum ein Leben* (1831) zeigt ihn als Ausdeuter und Vollender bodenständiger Wiener Theatertraditionen. Das Lustspiel *Weh dem, der lügt!*, dessen mißfällig aufgenommene Erstaufführung in Wien 1838 seinen Schöpfer tief verbitterte, erwies sich in der Folge als eines der wenigen gelungenen Charakterlustspiele der deutschen Bühnenliteratur. Seine Ablehnung durch Publikum und Kritik war der Anlaß, daß der allezeit menschenscheue, selbstquälerische und empfindsame Dichter seine späteren Werke der Öffentlichkeit vorenthielt. Aus seinem Nachlaß ragen das von Lope de Vega inspirierte Trauerspiel *Die Jüdin von Toledo*, die gedankentiefe dramatische Dichtung *Libussa* (Reclams UB 4391) und die historisch-politische Staatstragödie *Ein Bruderzwist in Habsburg* hervor. Sie nimmt unter den Bühnendichtungen mit Stoffen aus der deutschen Geschichte einen ersten Platz ein. Aus der eingehenden Beschäftigung Grillparzers mit der dramatischen Weltliteratur gingen seine Studien über Lope de Vega hervor, mit dem er sich über 40 Jahre auseinandergesetzt hat und auf den er als erster in neuerer Zeit wieder nachdrücklich hinwies.

Die Ahnfrau. Trauerspiel in fünf Aufzügen (1817). – Dem Grafen von Borotin wurde sein einziger Sohn mit drei Jahren geraubt. Trost seines Alters ist ihm seine Tochter Berta, die sich in ihren Retter Jaromir verliebt hat. Der Graf ist nicht abgeneigt, ihm ihre Hand zu geben. Auf den Borotins lastet jedoch ein Fluch. Unheimlich geistert die schuldige Ahnfrau durch die Gemäuer. Sie soll nach einem Ehebruch von ihrem Gatten getötet worden sein. Aufgeregt stürzt Jaromir herein und nimmt eine Räuberbande vor regulären Truppen in Schutz. Er muß Berta auch gestehen, daß er selbst der gesuchte Räuberhauptmann ist, und fleht sie an, ihm zu einem Schlosse, fern am Rhein, zu folgen, wo sie ein neues Leben beginnen könnten. Widerstrebend erklärt sich Berta dazu bereit. Doch das Schloß der Borotins bleibt umstellt. Der alte Graf beteiligt sich an der Suche nach dem Räuberhauptmann und wird im Dunkeln von Jaromir erstochen. Sterbend erfährt er von dem Räuber Boleslav, daß sein Sohn einst nicht getötet, sondern entführt wurde und unter Räubern aufwuchs. Jaromir ist also sein Sohn und zugleich sein Mörder. Ein Dolch des Hauses, dessen Jaromir sich als Waffe bedient hatte, bildet den Beweis. Und Berta ist somit die Schwester des Unglücklichen. Berta nimmt, ehe sie Jaromir wiedersieht, Gift. Jaromir erfährt von Boleslav die Zusammenhänge. Er will dem Schicksal trotzen und Berta als

Geliebte entführen. Aber im Grabgewölbe des Schlosses zeigt ihm die Ahnfrau selbst die tote Berta im Sarg, nimmt ihn in ihre Arme und legt den Entseelten neben die tote Schwester. Der Fluch hat sich erfüllt: Die Letzten des Hauses Borotin starben. Nun kann auch die Ahnfrau sich in ihr Grabgewölbe für immer zurückziehen.

Das Trauerspiel, das auf französischen Quellen beruht und in dem Motive des Sophokleischen *Ödipus* ebenso nachklingen wie Einflüsse der Schillerschen *Braut von Messina*, kam dem Zeitgeschmack nach Schauer- und Gespenstergeschichten sehr entgegen. Als Vers hat der Dichter den viertaktigen Trochäus der spanischen Bühne gewählt. (Reclams UB 4377.)

Sappho

Trauerspiel in fünf Aufzügen
Erste Aufführung: 21. April 1818 in Wien

Personen: Sappho – Phaon – Eucharis und Melitta, Dienerinnen Sapphos – Rhamnes, Sklave – Ein Landmann – Dienerinnen, Knechte, Landleute.
Ort und Zeit: Auf der Insel Lesbos, um 600 v. Chr.

Sappho kehrt von Olympia, wo sie den Siegerkranz in der Dichtkunst gewann, auf ihre Insel zurück und wird dort begeistert empfangen. An ihrer Seite steht der junge Grieche Phaon, den sie auserkor, mit ihr zusammen »ein einfach stilles Hirtenleben« zu führen, »den Lorbeer mit der Myrte gern vertauschend«. Phaon, anfänglich von Sapphos Dichterruhm geblendet und stolz darauf, daß »Hellas' erste Frau« auf ihn, »Hellas' letzten Jüngling«, die Blicke warf, wendet sich jedoch allmählich der jüngeren und in naiver Unschuld zum ersten Liebeserleben erblühten Melitta zu. Tief bewegt erkennt Sappho, daß ihre Absicht: »das Leben aus der Künste Taumelkelch, die Kunst zu schlürfen aus der Hand des Lebens« ein Wahn war, daß die ganze Reife ihres Wesens, die Größe ihrer Kunst, ihr Ruhm und ihr schönheitstrunkenes Sehnen nichts gegen die Jugend Melittas, ihrer Sklavin, vermögen. Sie überrascht Melitta und Phaon wiederholt in ihrer Liebesversunkenheit und muß nun alle Stadien quälender Eifersucht durchleiden. Sappho glaubt zunächst noch, durch Verbannung Melittas die Situation für sich retten zu können. Phaon entdeckt ihre Absicht, sieht in

Sappho nur noch eine falsche, heuchlerische Circe und vereitelt den Plan, indem er mit Melitta zusammen flieht. Sapphos Landleuten gelingt es, die Fliehenden zu stellen. Sappho aber findet durch die erregenden Ereignisse zu sich zurück. In überlegener Größe und Ruhe nimmt sie von ihrer erschütterten Umgebung Abschied und zahlt »die letzte Schuld des Lebens«, indem sie sich vom Felsen ins Meer stürzt.

Grillparzer schuf mit dieser ganz auf inneres Erleben gestellten Tragödie ein Seitenstück zu Goethes *Tasso*. Die Spannung zwischen Kunst und Leben ist das Thema des Stückes. Der Dichter läßt im 3. Akt Sappho selbst das Grundproblem ihrer Tragik aussprechen: »Wen Götter sich zum Eigentum erlesen, geselle sich zu Erdenbürgern nicht; der Menschen und der Überird'schen Los, es mischt sich nimmer in demselben Becher. Von beiden Welten eine mußt du wählen, hast du gewählt, dann ist kein Rücktritt mehr.« (Reclams UB 4378.)

Das goldene Vlies

Dramatisches Gedicht in drei Abteilungen
Erste Aufführung: 26. und 27. März 1821 in Wien

I. Der Gastfreund

Trauerspiel in einem Aufzuge

Personen: Aietes, König von Kolchis – Medea, seine Tochter – Gora, Medeas Amme – Peritta, eine ihrer Jungfrauen – Phryxus, ein Grieche – Griechen, Kolcher.
Ort und Zeit: Wilde Gegend in Kolchis, griechische Vorzeit.

Medea opfert am Altar der kolchischen Göttin Darimba. König Aietes, ihr Vater, erbittet ihre Hilfe gegen Fremde, die in Kolchis gelandet sind. Es sind Griechen, an ihrer Spitze Phryxus. Er nennt als Grund seines Kommens den Auftrag des Gottes in Delphi, das Vlies (»des Gottes Goldpanier«) nach Kolchis zu bringen. Medea, die Phryxus als ein Wesen »halb Charis, halb Mänade« erscheint, muß ihm das Schwert abverlangen. Heuchlerisch lädt Aietes die Fremden zu sich zum Gastmahl, um sie dann durch einen Schlaftrunk reif für den Untergang zu machen. Phryxus, der sich noch rechtzeitig zum Schiff zurückzuziehen versucht, wird von Aietes getötet. Sterbend heftet er einen furchtbaren Fluch an den Besitzer des Vlieses: der den Gastfreund getötet hat, soll »niederschaun auf seiner Kinder Tod«. (Reclams UB 4379.)

II. Die Argonauten

Trauerspiel in vier Aufzügen

Personen: Aietes, König von Kolchis – Medea, Absyrtus, seine Kinder – Gora, Medeas Amme – Peritta – Jason – Milo, sein Freund – Argonauten – Kolcher.
Ort und Zeit: In Kolchis, wilde Gegend und Inneres eines Turmes, einige Jahre nach dem I. Teil.

Medea lebt seit dem Raub des Vlieses und Phryxus' Tod abgeschieden in einem Turm. Wieder kommt ihr Vater Aietes zu ihr, um von ihr, die geheimer Zauberkünste mächtig ist, Hilfe zu erbitten. Griechen wollen Phryxus' Tod rächen und die Schätze des Erschlagenen zurückverlangen. Erst als Aietes sich mit seinem Sohne Absyrtus freiwillig den Schwertern der Feinde ausliefern will, erklärt sich Medea bereit, die Götter zu befragen und alles zu tun, um den Vater zu retten. Im Innern des Turmes tritt ihr an Stelle der beschworenen Götter der Grieche Jason entgegen, der Führer der Argonauten, der sich mit seinem Freunde Milo aufgemacht hat, das Land zu erforschen. Jason ist vom Zauber der Erscheinung Medeas stark beeindruckt. Auch Medea ist nicht unberührt von ihm, rettet ihn zweimal vor den Verfolgungen der Kolcher und glaubt zunächst, daß es wirklich ein Gott war, der ihr erschien. Jason, der von der »düstren Märchenwelt« des Landes eingefangen wird, begegnet Aietes ebenso stolz wie mißtrauisch. An der Forderung der Rückgabe des Vlieses hält er unumstößlich fest. Noch ehe die Lage geklärt ist, gesteht er, daß er Medea liebe. Auch Medea wird unwiderstehlich in seinen Bann gezogen. Zum ersten Male enthüllt sich ihr der Zauber der wahren Liebe. Im Kampf, der zwischen den Griechen und den Kolchern ausbricht, schwankt Medea anfangs noch, bekennt sich dann aber offen zu Jason, ja, sie hilft ihm, das Goldene Vlies, das eine Schlange tief im Turm hütet, zu gewinnen. Nicht einmal der väterliche Fluch, der ihr das furchtbare Schicksal der Verspottung und Verhöhnung in der Fremde voraussagt, hält sie zurück. Sie ist bereit, mit Jason zu leben und zu sterben. Als Opfer ihres Verrates fällt ihr Bruder Absyrtus.

Siegreich verlassen die Griechen mit dem wiedergewonnenen Vlies und mit Medea und ihrer Amme Gora an Bord der Argo das Land Kolchis. (Reclams UB 4379.)

III. Medea

Trauerspiel in fünf Aufzügen

Personen: Kreon, König von Korinth – Kreusa, seine Tochter – Jason – Medea – Gora – Ein Herold der Amphiktyonen – Ein Landmann – Medeas Kinder – Diener und Dienerinnen.

Ort und Zeit: In Korinth, vor den Mauern der Stadt und in Kreons Königsburg, einige Jahre nach dem II. Teil.

Medea vergräbt vor den Mauern Korinths ihre Zaubergeräte und auch das Goldene Vlies. Alles, was an die Vergangenheit erinnert, soll vergessen sein. Die alte Gora führt ihr die Situation vor Augen, die seit der Rückkehr Jasons nach Griechenland und seit ihrer Ehe mit Jason, der bereits zwei Kinder entsprossen sind, herrscht: Alle Welt flieht sie, Jasons Onkel verschloß ihm die Tür des Vaterhauses, und sein plötzlich eingetretener Tod wird Jason und Medea zur Last gelegt. Nun bittet Jason den König von Korinth, Kreon, an dessen Hofe er einstmals glückliche Jugendtage verlebte, um Aufnahme. Doch mehr und mehr enthüllt sich das Bild der zerrütteten Ehe Jasons und Medeas. Sie, die ihm vor dem Hintergrund der düsteren Landschaft von Kolchis als seine Lebensretterin begehrenswert wurde, erscheint ihm im helleren, freundlicheren Griechenland als unheimliche Zauberin, deren Augen ihn immer wieder mit dem Blicke der Schlange anschauen, die das Vlies bewachte (»und nur mit Schaudern nenn ich sie mein Weib«). Medea ihrerseits, die um ihrer Liebe zu Jason willen ihre Heimat verließ und schwere Blutschuld auf sich lud (den Tod des Bruders wie auch den des Vaters, der sich inzwischen aus Gram das Leben nahm), klammert sich nur um so verzweifelter und fester an Jason. Da keiner der Ehepartner von seinem Standpunkt abgeht, vollzieht sich die Tragödie. Jason fühlt sich, nicht zuletzt durch die liebliche Erscheinung Kreusas, Kreons Tochter, die ihm einst zum Weib bestimmt erschien, mehr und mehr in seine Jugendzeit zurückversetzt und möchte sie wiedergewinnen. Medea versucht vergeblich, sich der ihr fremden, lichten Welt griechischer Heiterkeit und Kultur anzupassen. Als ein

Herold die Verbannung Jasons und Medeas aus ganz Griechenland verkündet, gelangt der bis dahin nur verborgen schwelende Konflikt zum offenen Ausbruch. Kreon stellt sich schützend vor Jason und vermählt ihn mit Kreusa. Medea soll das Land ohne ihre Kinder verlassen. In einer letzten großen Auseinandersetzung mit Jason versucht sie noch einmal, ihn durch die Erinnerung an das, was sie ihm in Kolchis bedeutete, zurückzugewinnen, und bittet ihn, als das fehlschlägt, ihr wenigstens die Kinder, ja notfalls nur einen der beiden Knaben zu belassen. Doch Jason und auch Kreon bleiben hart. Nun schlägt die Rache der furchtbar Beleidigten entsetzlich aus. Sie läßt durch Gora an Kreusa ein Geschenk bringen, aus dem (mit Hilfe ihrer alten Zauberkunst) Feuer aufzüngelt, das Kreusa tötet und den ganzen Palast niederbrennt. Als Rache an Jason tötet sie mit eigener Hand die beiden Kinder, die ihr verhaßt geworden sind, seit sie erkannt hatte, daß auch sie sich von ihr und ihrer Welt abwandten. In einer letzten Begegnung, schon außerhalb Korinths, rechnet sie noch einmal mit Jason ab (»Dir scheint der Tod das Schlimmste; ich kenn ein noch viel Ärgres: elend sein«). Sie wird nach Delphi gehen und das goldene Vlies, das Phryxus einst vom Altar des Gottes genommen hatte, zurückbringen. Die Priester sollen ihr sagen, welches Los ihr weiterhin bestimmt ist, Jason aber soll allein, ohne Weib, ohne Kinder, seinem Elend überlassen bleiben. (Reclams UB 4380.)

Die Trilogie *Das goldene Vlies*, die Grillparzer 1818 bis 1820 schrieb, weitet sich über eine Charaktertragödie der Medea hinaus zum dramatischen Weltgedicht, in das der Dichter viel von seiner Weltschau hineingelegt hat. Das Vlies wird zum Symbol des Fluches, der an einer bösen Tat haftet. Der Gegensatz von Kultur und Natur, Griechentum und Barbarentum, leuchtet immer wieder auf, und »das Ganze ist die große Tragödie des Lebens, daß der Mensch in seiner Jugend sucht, was er im Alter nicht brauchen kann«, wie der Dichter selbst gesagt hat. Für Medea wird bereits die erste Begegnung mit einem Griechen (Phryxus) zur Schicksalswende. Schon hier kämpft sie in sich den Kampf zwischen Neigung und Verachtung, der ihr später zum Verhängnis wird. Die Liebe zu Jason wühlt sie auf und läßt sie alle Höhen und Tiefen der Leidenschaft durchlaufen. Die *Medea* des Euripides wie in Einzelheiten auch die des römischen Dichters Seneca waren Vorbild, wurden aber in der psychologischen Motivierung vertieft.

König Ottokars Glück und Ende

Trauerspiel in fünf Aufzügen
Erste Aufführung: 19. Februar 1825 in Wien

Personen: König Ottokar von Böhmen – Margarete von Österreich, seine erste Frau – Kunigunde von Massovien, seine zweite Frau – Rudolf von Habsburg – Bela, König von Ungarn – Der alte Merenberg – Seyfried, sein Sohn – Benesch, Milota, Zawisch (die Rosenbergs) – Berta, Beneschs Tochter – Braun von Olmütz, Ottokars Kanzler – Herbott von Füllenstein u. a.
Ort und Zeit: Im Schloß zu Prag, an der Donau und an anderen Orten in Böhmen, 13. Jahrhundert.

König Ottokar von Böhmen trennt sich von seiner Frau Margarete von Österreich. Aber nicht Berta, die Tochter Beneschs, ist, wie sie gehofft hatte, die künftige Auserwählte, sondern die Enkelin des Ungarnkönigs, Kunigunde von Massovien. So macht der König sich die Rosenbergs zu Feinden, unter denen der schlaue Zawisch der gefährlichste ist. Aber noch stehen Ottokars Sterne günstig. Er hat soeben die Ungarn besiegt und scheint sich dem Zenit seines Glückes zu nähern. Die Stände von Österreich, Steiermark und Kärnten huldigen ihm, und aus Frankfurt trifft eine Gesandtschaft des Reichstages ein, die ihm die deutsche Kaiserkrone anbietet. Solchem Übermaß von Glück ist der hochfahrende, überhebliche Ottokar nicht gewachsen. Die Österreicher stehen zu Margarete und fliehen seinen Hof, der Reichstag wählt Rudolf von Habsburg zum deutschen Kaiser, und Zawisch macht der neuen jungen Königin den Hof, ohne daß Ottokar es ihm zu wehren vermöchte. Auch der alte Merenberg und sein Sohn treten zur Gegenpartei über. Nur mit Mühe gelingt es dem Kanzler Braun von Olmütz, der treu zu Ottokar steht, seinen Herrn zu einer Zusammenkunft mit Rudolf von Habsburg auf der Insel Kaumberg in der Donau zu bewegen, nachdem immer mehr Anhänger von Ottokar abgefallen sind und dem neuen Kaiser huldigen. Nur gezwungen unterwirft sich Ottokar dem Spruch der Majestät und empfängt kniend seine bisherigen Länder als Lehen. Zawisch weiß es einzurichten, daß der Kniefall des ehrgeizigen Böhmenkönigs nicht verborgen bleibt. Kunigunde, seine zweite Frau, begegnet ihm mit offen gezeigter Verachtung und stachelt ihn zu neuen verblendeten Taten auf. Er bricht mit dem Kaiser und stellt sich zur Entscheidungsschlacht. Am Vorabend derselben begegnet er dem Leichenzug seiner ersten Gattin, Margarete. An ihrem Sarg wird ihm, den Kunigunde in der Zwischenzeit an der Seite Zawischs verlassen hat, der Wandel seines Glückes bewußt, der mit seiner neuen Eheschließung begann. Unfähig, sich der Übermacht, die sich gegen ihn erhoben hat, zu erwehren, fällt Ottokar durch die Hand Seyfried Merenbergs, der damit zugleich seinen (von Ottokar als Verräter hingerichteten) Vater rächt. Kaiser Rudolf deckt auf dem Schlachtfeld in großherzigem Mitgefühl mit dem Toten seinen Kaisermantel als Leichentuch über ihn, »daß als ein Kaiser du begraben werdest, der du gestorben wie ein Bettler bist«. Die Geschicke der österreichischen Lande legt der Habsburger seinem ältesten Sohn in die Hände.

König Ottokars Glück und Ende offenbart Grillparzers Beschäftigung mit Shakespeares Königsdramen und Schillers historischer Dramatik. Das Schicksal des von der Hybris befallenen Böhmenkönigs wird vor einem breit aufgerollten Hintergrund gezeichnet. Für die Wahl des Stoffes war die Ähnlichkeit mit dem Schicksal Napoleons entscheidend, vor allen Dingen, »daß den Wendepunkt von beider Schicksal die Trennung ihrer ersten Ehe und eine zweite Heirat gebildet hatte«. Den beiden Frauengestalten des Werkes (Margarete und Kunigunde) widmete der Dichter besondere Sorgfalt. Jene tritt in stiller Größe und fast mütterlicher Haltung dem undankbaren Gatten gegenüber, diese ist nur von Herrschsucht und Egoismus getrieben. Dem hochfahrenden, ehrgeizigen Ottokar ist der ruhige, verantwortungsbewußte Rudolf von Habsburg wirksam gegenübergestellt. Eine ausgezeichnete Charakterstudie bildet der verführerische, raffinierte Zawisch. Die dramaturgische Meisterschaft Grillparzers zeigt sich besonders in der Exposition des 1. Aktes, in dem bereits sämtliche Motive des Stückes anklingen, aber auch in einzelnen Szenen, wie etwa in der Annäherung Zawischs an die junge Königin in Gegenwart des Königs. Das Drama war der Zensur Metternichs unangenehm und brachte dem Dichter nicht die erhoffte Anerkennung. (Reclams UB 4382.)

Des Meeres und der Liebe Wellen

Trauerspiel in fünf Aufzügen
Erste Aufführung: 5. April 1831 in Wien

Personen: Hero – Der Oberpriester, ihr Oheim – Leander – Naukleros – Janthe – Der Tempelwächter – Heros Eltern – Volk.
Ort und Zeit: Vorhof im Tempel der Aphrodite in Sestos, Tempelhain, vor und in Heros Turm, vor Leanders Hütte in Abydos, griechische Sagenzeit.

Hero, Abkömmling aus einem alten Priestergeschlecht, begegnet am Tage ihrer Weihe zur Priesterin dem jungen Leander, der mit seinem Freunde Naukleros von Abydos nach Sestos gekommen ist, um an dem Feste teilzunehmen. Auch die Eltern Heros sind gekommen, um den Ehrentag der Tochter mitzuerleben. Hero, fest entschlossen, ihr Leben ganz dem Tempeldienste zu weihen, der für sie an das Gesetz der Ehelosigkeit gebunden ist, wird von der Erscheinung des Jünglings beeindruckt, ohne sich zunächst selbst über ihre Gefühle im klaren zu sein. Eine zweite Begegnung im Tempelhain zeigt nun Leander, von tiefer Liebe zu Hero erfaßt. Die junge Priesterin weist seine heftige Werbung in die Schranken und will nur von einem Wiedersehen am Jahrestage der Tempelweihe etwas wissen. Die erste Nacht im Turm am Meer, der der Priesterin als Wohnung dient, wird ihr und ihm zum Verhängnis. Hero überläßt sich ganz ihren Träumen und Gedanken, die nur allzu schnell zu dem »schönen Jüngling« zurückführen, der ihr am Vormittag begegnete, als sie an Amors Bildsäule opferte, und der im Tempelhain so leidenschaftlich um sie warb. Doch glaubt sie sich ruhig und gefaßt, als Leander plötzlich in ihrem Turmgemach vor ihr steht. Der Kühne ist durch das Meer geschwommen, angelockt von Heros Leuchte, und hat die steilen Turmmauern erklommen. Abermals hält sie ihm entgegen: »Ich bin verlobt zu einem strengen Dienst, und liebeleer heischt man die Priesterin.« Von der Größe der Liebe Leanders überwältigt, bestimmt sie schließlich selbst die Stunde des nächsten Wiedersehens: »Komm morgen denn.« Der Oberpriester, argwöhnisch geworden durch den Bericht des Tempelwächters über die geheimnisvolle Unruhe rund um den Turm in der letzten Nacht, sorgt dafür, daß Hero den ganzen Tag über von Pflichten erfüllt ist und nicht ihrer Müdigkeit nachgeben kann. Als sie am Abend auf der Bank vor dem Turm einschläft, löscht er das Licht im Fenster, das Hero als Zeichen für Leander entzündet hatte. Leander, den sein Freund Naukleros in Abydos selbst mit Gewalt in seiner Hütte nicht zurückzuhalten vermochte, gerät in einen Sturm, ertrinkt und wird als Leiche in Sestos angeschwemmt. So findet ihn Hero am anderen Morgen. Vergeblich versucht der Oberpriester das Geschehene zu verheimlichen, in der Hoffnung, das Erlebte würde Hero in Zukunft vor jeder weiteren Verlockung behüten. Die dem Geliebten auf Leben und Tod Verbundene stirbt in den Armen der Freundin Janthe in dem Augenblick, da die Leiche Leanders davongetragen wird. Mit Janthes Frage an Amor, den Gott der Liebe: »Versprichst du viel und hältst du also Wort?« schließt das Stück.

In *Des Meeres und der Liebe Wellen* gesellt sich zu dem kunstvollen Aufbau der Handlung, der Musik der Verse und der eindrucksvollen Charakterzeichnung die einmalige Verbindung von Antike und romantisch empfundener Stimmungsmalerei. Die Hauptquelle war das Märchen des Musaios aus dem 6. Jahrhundert n. Chr. *Hero und Leandros*, in dem die Entwicklung der Handlung vorgezeichnet ist. Die Gestalt der Hero in ihrer weltvergessenen Liebesfähigkeit verkörpert Grillparzers Frauenideal. Die Turmszene im 3. Akt gehört zu den großen Liebesszenen in der deutschen Dramenliteratur. Nicht die Uraufführung 1831 am Burgtheater, erst zwanzig Jahre später die Inszenierung von Heinrich Laube entschied eindeutig zugunsten des Stücks. An der Druckvorlage hatte der Dichter unablässig gefeilt und verbessert. (Reclams UB 4384.)

Der Traum ein Leben

Dramatisches Märchen in vier Aufzügen
Erste Aufführung: 4. Oktober 1834 in Wien

Personen: Massud, ein reicher Landmann – Mirza, seine Tochter – Rustan, sein Neffe – Zanga, Negersklave – Der König von Samarkand – Gülnare, seine Tochter – Der alte Kaleb (stumme Rolle) – Karkhan – Der Mann vom Felsen – Ein altes Weib – Höflinge, Soldaten u. a.

Ort und Zeit: Ländliche Gegend, Inneres einer Hütte, am Hofe des Königs von Samarkand, zu unbestimmter, märchenhafter Zeit.

Mirza, die Tochter des alten Massud, wartet auf ihren Geliebten Rustan, den sein ungestümes Wesen immer wieder in Begleitung seines Sklaven Zanga in die Wälder treibt. Da er das stille

Landleben langweilig findet, bittet er seinen Onkel, ihm Urlaub zu geben. Massud will ihn nicht halten, bittet ihn aber, noch eine Nacht im Hause zu bleiben und seinen Plan zu bedenken. Diese eine Nacht wird für Rustan zum entscheidenden Erlebnis. Ein Traum nimmt die Erfüllung seiner geheimsten Wünsche vorweg und zeigt zukünftige Gefahren auf: Rustan befindet sich in der Morgenfrühe in Freiheit, Zanga treibt ihn an, an den Hof des Königs von Samarkand zu gehen. Der König naht selbst, verfolgt von einer Schlange. Rustan schleudert seinen Speer nach ihr, verfehlt jedoch das Ziel. Ein anderer, der Mann vom Felsen, trifft die Schlange tödlich, verschwindet aber gleich darauf. Der aus der Ohnmacht erwachende König glaubt in Rustan seinen Retter erkennen zu müssen, und Rustan läßt ihn in dem Glauben. So ist Rustans Eintritt in die »große Welt« mit einer Lüge verbunden. Vorerst erwarten ihn aber Ruhm und Ehren. Gülnare, die Königstochter, naht und lockt ihn mit ihrer Gunst. Doch noch einmal taucht der Mann vom Felsen auf und pocht auf seine Rechte. Er verweigert alle Geschenke, die ihm Rustan bietet, damit er weiterhin als der Schlangentöter gelten könne. Daraufhin tötet ihn Rustan. »Fall der Notwehr«, erklärt zynisch Zanga, und beide folgen dem Ruf des Königs an den Hof. Hier vollbringt Rustan zunächst große Kriegstaten, wenn auch in entscheidenden Momenten sein persönliches Verdienst zweifelhaft erscheint. Vorerst sonnt er sich aber im Ruhm, und der alte König wünscht ihn sich als Schwiegersohn. Der alte stumme Kaleb gibt keine Ruhe. Er ist der Vater des ermordeten Mannes vom Felsen, dessen Leiche man fand und dessen Angehörige eine Untersuchung verlangen. Da es sich um einen Höfling handelt, den der König vom Hofe verbannt hatte, fällt Verdacht auf den König. Rustan ist dies nicht unlieb. Im geeigneten Augenblick läßt er den König einen Gifttrank trinken, an dem er stirbt, und dann wird der alte Kaleb, der als einziger in der Todesstunde beim König war, des Mordes verdächtigt. Doch die Angehörigen unter Führung Karkhans geben nicht nach. Und Gülnare, jetzt Fürstin des Landes, stellt sich auf ihre Seite, da auch sie nicht gewillt ist, sich Rustans Tyrannei zu beugen. Immer tiefer wird Rustan in das Netz seiner Lügen verstrickt; zuletzt bleibt ihm nichts anderes übrig als schleunige Flucht. Mit Zanga, der Rustans Unentschlossenheit und seinen »halben Mut« verspottet, findet er sich an der Stelle im Wald wieder, wo er einst die Schlange verfehlte und seines »Unheils Pfad« begann. Hier erreichen ihn schließlich Gülnares Krieger, Rustan stürzt sich verzweifelt in den Abgrund. Seine wilden Angstrufe gehen über in das Erwachen am Morgen in der Hütte Massuds. Beglückt erkennt er, daß alles nur ein Traum war: »Eine Nacht! Und war ein Leben. Eine Nacht. Es war ein Traum.« Aber er leistet der »dunklen Warnung einer unbekannten Macht« willig Folge und gelangt zu der Erkenntnis, daß »Eines nur ist Glück hienieden, Eins: des Innern stiller Frieden und die schuldbefreite Brust.« Gerne gewährt ihm Massud die drei Bitten, die er nun an ihn hat: Verzeihung, die Entlassung Zangas und die Hand Mirzas.

Grillparzer schrieb mit diesem dramatischen Märchen, dessen Stoff er einem Roman Voltaires und einem satirischen Epos von Klinger entnahm, eine seiner tiefsinnigsten und bühnenwirksamsten Dichtungen. Der Titel deutet bewußt eine Parallele zu Calderóns *Das Leben ist ein Traum* an. Während bei Calderón das ganze Leben dem Traum gleichgesetzt erscheint, wird hier ein Traum zum Regulator des Lebens, von Trieben und Wünschen, wie moderne Psychoanalyse es nicht besser denken könnte. Die real gefärbte Rahmenhandlung (vor und in Massuds Hütte) ist von der sprunghaft geführten und besonders zum Schluß hin mit allen Kennzeichen des echten Angsttraumes ausgestatteten Traum-Handlung abgehoben. Als Vers hat Grillparzer wieder den aus dem spanischen Drama kommenden vierfüßigen Trochäus gewählt. *Der Traum ein Leben* ist zugleich Grillparzers Beitrag zum Wiener Volksstück, dessen romantische Tendenzen und naives Spielen mit Raum- und Zeitbegriffen hier eine besondere literarische Glorifizierung erfahren haben. (Reclams UB 4385.)

Weh dem, der lügt!

Lustspiel in fünf Aufzügen
Erste Aufführung: 6. März 1838 in Wien

Personen: Gregor, Bischof von Châlons – Atalus, sein Neffe – Leon, Küchenjunge – Kattwald, Graf im Rheingau – Edrita, seine Tochter – Galomir, ihr Bräutigam – Sigrid, Gregors Hausverwalter – Der Schaffer und Knechte Kattwalds – Ein Pilger u. a.

Ort und Zeit: Am Hofe des Bischofs, in der Burg Kattwalds, waldige Gegend und vor den Wällen von Metz, zur Zeit der Christianisierung Deutschlands, etwa 9. Jh.

Leon, der pfiffige Küchenjunge am Hofe des Bischofs Gregor, will seinen Abschied nehmen, da die Haushaltung ihm allzu beschränkt erscheint. Als er jedoch erfährt, daß hinter dem vermeintlichen Geiz des Bischofs die Absicht steht, Geld zu sparen, um Atalus, den Neffen des Bischofs, aus der Gefangenschaft des heidnischen Rheingrafen Kattwald zu lösen, ändert er seinen Entschluß. In aufrichtiger Verehrung für seinen Herrn will er versuchen, den Neffen zu befreien, wozu ihn eine innere Erleuchtung blitzartig antreibt. Der Bischof, eine von Wahrheitsliebe durchdrungene Persönlichkeit, läßt ihn ziehen, gibt ihm jedoch ein wiederholtes »Weh dem, der lügt!« als Richtschnur mit auf den Weg. Leon läßt sich von einem Pilger als Koch an Kattwald verkaufen. Mit großer Zungenfertigkeit versteht er es, sich bei seinem neuen Herrn in Respekt zu setzen. Auch Edrita, die Tochter Kattwalds, die an einen Stammesverwandten, den »dummen Galomir« verheiratet werden soll, findet Gefallen an dem schlauen Burschen. Von ihr geleitet, kommt er früher als erwartet mit Atalus zusammen, der als Geisel Kattwalds Pferde hüten muß. Leon will ihn sich als Gehilfen in der Küche ausbitten, stößt aber damit auf Widerstand nicht nur bei Kattwald, der Fluchtabsichten wittert, sondern auch bei Atalus selbst, der Leon hochmütig behandelt und sich von Edrita geliebt glaubt. Bald bietet sich bei einem Festgelage zu Ehren der bevorstehenden Hochzeit Edritas mit Galomir Gelegenheit zur Flucht. Leon hat die Speisen scharf gewürzt, um die Trunksucht zu steigern und den Hausherrn auf diese Weise einzuschläfern. Da Kattwald vorzeitig erwacht, begünstigt Edrita die Flucht von Leon und Atalus. Der dumme Galomir stürzt in den Graben. Im ersten Zorn erhebt Kattwald den Speer gegen Edrita, die daraufhin schnell entschlossen den Flüchtigen nacheilt. Unmittelbar vor Metz scheinen sie in die Hände ihrer Verfolger zu fallen, als das »Wunder«, das Leon heiß vom Himmel erfleht, tatsächlich eintritt: aus der Stadt ertönen Glocken. Sie war über Nacht von den Franken besetzt worden. Bischof Gregor selbst naht. Beglückt hält er den befreiten Neffen im Arm. Nur noch ein Problem bleibt zu lösen: Edrita hatte sich, da Leon ihre Flucht mißbilligte, an Atalus angeschlossen. Atalus erwählt sie, die sich zum Christentum bekehrt, zu seiner Frau. Schon will der Bischof diesen Bund segnen, als Leon offen seine Neigung zu Edrita gesteht und seinen Abschied erbittet, da er nicht zusehen will, wie sie sich einem anderen vermählt. Nun gesteht auch Edrita, daß sie Leon von Anfang an geliebt hat. Atalus verzichtet großmütig zugunsten seines Befreiers, und Bischof Gregor wird in Zukunft in Leon seinen zweiten Neffen erblicken.

Den Stoff zu diesem Lustspiel entnahm Grillparzer der *Historia Francorum* des Gregor von Tours. In freier Behandlung der Vorlage, die von einem Küchenjungen Leon berichtet, formte er seinen Leon zu einer echten Komödienfigur. Sie hat manches vom spanischen Gracioso an sich. Komödiantisches Potential liegt in dem Gegensatz von verfeinerter christlicher Kultur und heidnischem Barbarentum. Das Fiasko der Uraufführung am Burgtheater ließ Grillparzer sich für Jahre vom Theater zurückziehen. Erst Franz v. Dingelstedt schaffte 1879, nach dem Tode Grillparzers, mit einer Neuinszenierung die Rehabilitation. (Reclams UB 4381.)

Die Jüdin von Toledo. Historisches Trauerspiel in fünf Aufzügen (1872). – Im königlichen Garten von Toledo begegnet der noch jugendliche König Alfons VIII. von Kastilien der schönen, reizvollen Jüdin Rahel. Er, der an der Seite seiner Gemahlin, der kühlen Engländerin Eleonore, bisher nur die Ehe, nicht aber die Leidenschaft kennengelernt hat, verspürt nun die Wirkung, die »das Weib als solches, nichts als ihr Geschlecht«, auf den Mann auszuüben vermag. Er tändelt mit ihr im nahegelegenen Gartenhaus. Alfons glaubt sich stark genug, sich jederzeit von diesem »Traumspiel« lösen zu können, ist aber doch tiefer in Rahels Reize verstrickt, als er selbst ahnt. Zur Tragödie wird das Ganze, als die Stände des Reiches in Anwesenheit der Königin zusammentreten und Rahels Tod beschließen. Alfons greift sofort ein, löst die Versammlung auf und bittet die Königin in ehrlicher Reue um Verzeihung. Schneller als er es zu verhindern vermag, ist jedoch an Rahel das Todesurteil vollstreckt. Wütend will der in seiner Autorität verletzte König alle an Rahels Tod Schuldigen zur Rechenschaft ziehen. Doch der Anblick der toten Geliebten bewirkt bei ihm eine Sinneswandlung: »Statt üpp'ger Bilder der Vergangenheit trat Weib und Kind und Volk mir vor die Augen.« Er sieht seine Schuld ein und zieht zur Buße gegen die Mauren zu Felde.

Angeregt durch ein Schauspiel Lope de Vegas, hat Grillparzer sich lange mit dem Werk beschäftigt und es zu seinen Lebzeiten

Büchner, Dantons Tod

Hebbel, Maria Magdalena

nicht aus der Hand gegeben. Hauptthema des Stückes ist nicht das Schicksal der Titelheldin, sondern die Wandlung des jungen Fürsten, der über dem Liebeserlebnis zum berufenen Herrscher heranreift. Unbefriedigend bleibt dabei, daß die Kälte, mit der über Rahel als unschuldiges Opfer hinweggeschritten wird, als Grausamkeit erscheint. (Reclams UB 4394.)

Ein Bruderzwist in Habsburg. Trauerspiel in fünf Aufzügen (1872). – Rudolf II., römisch-deutscher Kaiser, ein menschenscheuer, den Hintergründen des Lebens nachforschender Geist, dessen zurückhaltende, mißtrauische Haltung seiner Umgebung als »feindlich düstre Laune« erscheinen muß, ahnt die Zeitenwende, in der er lebt. Es ist die Epoche der religiösen, politischen und sozialen Spannungen unmittelbar vor dem Ausbruch des Dreißigjährigen Krieges. Erzherzog Mathias, der unter dem Einfluß des Bischofs Klesel steht, läßt sich von ihm ein Kommando in Ungarn geben, wobei sein heimlicher, nicht ausgesprochener Hintergedanke das Streben nach der Kaiserkrone des Bruders ist. Mathias kämpft nicht eben glücklich gegen die Türken und schließt aus eigener Vollmacht Frieden. Rudolf durchschaut seine Absichten, läßt ihn aber gewähren. Als es zum offenen Aufstand kommt, die Ungarn Mathias zum König erheben und Österreich ihm huldigt, sieht Rudolf sich gezwungen, den böhmischen Ständen mit einem Majestätsbrief »Freiheit der Meinung und der Glaubensübung« zuzugestehen. Doch trotz seiner guten Absichten kommt es zu dem, was er sein Leben lang hat verhüten wollen: zum Bürgerkrieg. Mathias zieht gegen Prag, das ihm zujubelt. Der Kaiser, den die Prager nicht mehr respektieren, wird zum Gefangenen auf dem Hradschin. Zwar leisten ihm die Erzherzöge Max und Ferdinand, die an der Erhebung Mathias' beteiligt waren, Abbitte. Doch der des Lebens und des Herrschens müde Kaiser, der vergeblich »im weisen Zögern« die einzige Rettung der Lage zu sehen glaubt, ist bereit, abzudanken: »Mathias herrsche denn.« Er stirbt, ehe eine Klärung der gespannten Lage herbeigeführt ist. Unter den Augen des neuen Habsburgers rücken Wallensteins Truppen in Wien ein. Der Ausbruch des Dreißigjährigen Krieges steht unmittelbar bevor.

Grillparzer hat in dieses Werk, das erst nach seinem Tode bekannt wurde, historische Erkenntnisse und staatspolitische Einsichten verarbeitet. Dem Kaiser Rudolf hat er viele Züge seines eigenen Charakters verliehen. Man wird das Stück in mehr als einer Hinsicht als sein dramatisches Testament ansprechen dürfen. (Reclams UB 4393.)

CHRISTIAN DIETRICH GRABBE

* 11. Dezember 1801 in Detmold, † 12. September 1836 ebd.

Grabbes Vater war Zuchthaus- und Leihhausverwalter in Detmold; dieses Milieu überschattete die Jugend des Dichters. Von 1820 bis 1823 studierte er in Leipzig und Berlin Rechtswissenschaft. Verschiedene Versuche, Schauspieler zu werden, die auch zu einer Begegnung mit Ludwig Tieck in Dresden führten, scheiterten. So kehrte er nach Detmold zurück, wo er das juristische Examen bestand, 1824 Advokat und 1827 Auditeur (eine Art Gerichtsoffizier) wurde. Unter der Last der beruflichen Tätigkeit und der gleichzeitigen dichterischen Arbeit, aber auch infolge einer unglücklichen Ehe und alkoholischer Exzesse, brach er schließlich zusammen und wurde 1834 aus dem Staatsdienst entlassen. Über Frankfurt führte ihn dann sein Weg nach Düsseldorf. In der Nähe Karl Immermanns, mit dem er sich anfangs befreundete, später aber überwarf, erfolgte ein letztes Aufflakkern seines Talents. Als frühzeitig verbrauchter Mann starb er im Alter von 35 Jahren.

Grabbes dramatische Dichtungen stehen auf eigentümliche Weise zwischen der klassischen deutschen Dichtung und dem Realismus, wobei auch verspäteter Sturm und Drang und romantische Elemente auf seinen Stil einwirkten. Schon als Gymnasiast schrieb er dichterisch-dramatische Visionen, wie sie auch das Trauerspiel *Herzog Theodor von Gothland* (1822; Reclams UB 201) zeigt, eines der wirrsten, ungeschlachtesten Dramen deutscher Sprache. Als geistvolle Literaturkomödie geht von dem Lustspiel *Scherz, Satire, Ironie und tiefere Bedeutung* (1822) mehr Reiz aus. Nach weiteren Werken (u.a. *Marius-und-Sulla*-Fragment, 1823) gelangen Grabbe in den knapp bemessenen, relativ gesicherten Detmolder Amtsjahren die Tragödie *Don Juan und Faust* (1828), die Hohenstaufen-Dramen *Kaiser Friedrich Barbarossa* (1829) und *Kaiser Heinrich der Sechste* (1830) sowie das Drama *Napoleon oder Die hundert Tage* (1831). In die Düsseldorfer Zeit fällt die Vollendung der Tragödie *Hannibal* (1835; Reclams UB 6449) und des dramatischen Märchens *Aschenbrödel*. Kurz vor seinem Tode beendete er mit der *Hermannsschlacht* sein dramatisches Schaffen. Die szenischen Bemerkungen seiner Stücke, besonders im *Napoleon* und in der *Hermannsschlacht*, greifen an manchen Stellen weit über das hinaus, was die Bühnen seiner Zeit leisten konnten, und muten uns heute wie eine Vorwegnahme filmischer Visionen an. Von seinen ästhetischen Schriften erregte die Auseinandersetzung mit Shakespeare (*Über die Shakspearo-Manie*, 1827) Aufsehen, in der er sich gegen eine allzu starke Bevormundung des deutschen Bühnenwesens durch den von ihm keineswegs unterschätzten Briten verwahrte. Einen scharfen kritischen Verstand zeigen auch seine *Rezensionen einzelner Aufführungen des Düsseldorfer Theaters*. Seine Gereiztheit gegenüber Goethe spiegelt die Abhandlung *Etwas über den Briefwechsel zwischen Schiller und Goethe* (1830).

Grabbes *Dramatische Dichtungen*, die noch z. T. zu Goethes Lebzeiten erschienen und von Grabbe auch nach Weimar geschickt wurden, allerdings ohne dort Echo zu finden, kamen erst spät zu einer literarischen Anerkennung und Würdigung.

Scherz, Satire, Ironie und tiefere Bedeutung

Lustspiel in drei Aufzügen
Erste Aufführung: 27. Mai 1907 in München

Personen: Baron v. Haldungen – Liddy, seine Nichte – Herr v. Wernthal, mit ihr verlobt – Freiherr v. Mordax – Herr Mollfels – Rattengift, ein Dichter – Der Schulmeister des Dorfes – Tobies, ein Bauer – Gottliebchen, sein Sohn – Gretchen, Dienstmagd – Konrad, ein Schmied – Vier Naturhistoriker – Der Teufel – Seine Großmutter – Kaiser Nero, ihr Bedienter – Grabbe, der Verfasser des Lustspiels, u. a.
Ort und Zeit: In und bei dem Dorfe des Barons, um 1820.

Die Typisierung der einzelnen Gestalten und ein geistreicher Dialog zeichnen dieses Stück aus. Da ist der schnapsdurstige Schulmeister, der die Bauern übers Ohr haut, das äußerst beschränkte Gottliebchen auf dem Schloß als neues literarisches Genie anpreist und den Teufel im Vogelkäfig mittels der Werke von Casanova einzufangen weiß. Da sind die drei Freier um die

Hand der schönen Liddy: der verschuldete Wernthal, der nur allzu schnell bereit ist, die Braut um Geld loszuschlagen, der grimmige Freiherr v. Mordax, der sie mit Gewalt entführen will, und der edle, aber häßliche Herr Mollfels, der zum Retter der bedrängten Unschuld wird. Da ist weiter der Dichter Rattengift, der sich als ebenso literaturunkundig wie feige erweist. Und da ist schließlich der Teufel selbst, der sich als Kanonikus in das Schloß des Barons eingeschlichen hat, dem der Schmied den Pferdefuß beschlagen muß und dessen wahre Natur die vier Naturhistoriker vergeblich zu ergründen versuchen. Allen diesen Gestalten legt Grabbe immer wieder Anspielungen auf Dichter, Schriftsteller und Schriftstellerinnen aus alter und neuer Zeit in den Mund, nicht zuletzt auf Goethe, Schiller, Calderón und Klopstock. Aber wie Grabbe, der am Schluß selbst auftritt, in einem Vorwort zu dem Stück betont, »verspottet das Lustspiel sich selbst, und werden daher die literarischen Angriffe von den beteiligten Personen leicht verziehen werden«.

Das Lustspiel gehört in Konzeption und Durchführung zum Besten, was Grabbe hinterlassen hat. Er hatte es selbst wohl kaum als Bühnenstück, sondern als Lesestück gedacht, doch hat sich diese an Aristophanes erinnernde Literaturkomödie durchaus inzwischen ein Heimatrecht auf den deutschen Bühnen erworben. (Reclams UB 397.)

Don Juan und Faust

Tragödie in vier Akten
Erste Aufführung: 29. März 1829 in Detmold

Personen: Der Gouverneur Don Gusman – Donna Anna, seine Tochter – Don Octavio – Don Juan, spanischer Grande – Dr. Faust – Ein Ritter – Signor Rubio, Polizeidirektor – Signor Negro – Leporello, Diener des Don Juan, u. a.
Ort und Zeit: Rom, auf dem Montblanc, Renaissance.

Don Juan stellt in Rom Donna Anna nach, der Tochter des Gouverneurs Don Gusman, obwohl sie mit Don Octavio verlobt ist. Sein Diener Leporello muß ihm dabei Hilfe leisten. Don Juan versteht es geschickt, den Verdacht der Verführung Donna Annas auf den gleichfalls in Rom weilenden Dr. Faust zu lenken. Tatsächlich entfacht der schwarze Ritter (die Mephisto-

Figur des Stückes) in Faust, der sich ihm (ähnlich wie bei Goethe) mit einem Tropfen Blut verschreibt, heftige Liebe zu Donna Anna. Bei der Hochzeitsfeier Donna Annas mit Don Octavio reizt Don Juan Octavio zum Streit und tötet ihn. Aber ehe er sich Donna Annas bemächtigen kann, hat Faust sie auf ein Zauberschloß auf dem Montblanc entführt, das ihm der schwarze Ritter hat errichten müssen. Don Juan macht sich auf, ihr zu folgen, tötet aber vorher noch den Gouverneur im Zweikampf. Faust wirbt indessen vergeblich um die Gunst Donna Annas. Sie, die dem Andenken ihres getöteten Bräutigams Octavio die Treue hält, ist im Innern ihres Herzens von der Leidenschaft Don Juans angerührt, was Faust merkt und was ihn zur Raserei treibt. Er versetzt Don Juan und Leporello, die sich bereits dem Schloß nähern, mit Zauberkraft nach Rom zurück und tötet schließlich Donna Anna, da sie seinem Werben nicht nachgibt. Don Juan lädt auf dem Friedhof die Statue des Gouverneurs zu sich ein. Die letzte Szene der Tragödie bringt den Untergang Fausts, der auch mit der Nachricht von Donna Annas Tod den überschäumenden Lebenswillen seines Nebenbuhlers nicht zu dämpfen vermag. Der schwarze Ritter reißt ihn mit sich fort. Aber auch Don Juan, zu dessen Gastmahl die Statue des Gouverneurs erscheint, verschlingen zusammen mit Leporello die Flammen der Hölle.

Unverkennbar haben bei diesem Werk außer Byrons *Manfred* und *Kain* Goethes *Faust I* und Mozarts Oper *Don Giovanni* Pate gestanden, wobei zu beachten ist, daß Grabbes Stück zu einer Zeit entstand, als der II. Teil von Goethes *Faust* noch nicht in der Öffentlichkeit erschienen war. Die Verkoppelung der beiden Stoffgebiete ist geschickt durchgeführt und zeigt auch in der Form ein eigenes Gesicht. Es kam dem Dichter darauf an, den Untergang der »zu sinnlichen Natur« Don Juans ebenso aufzuzeigen wie den der zu »übersinnlichen Natur« Fausts, ein Unternehmen, das ihm geglückt ist. In dem geradlinigen Aufbau (»theatralisch korrekt«, wie Grabbe selbst sagte) gilt dieses Werk als Grabbes bühnenfähigstes. Es war das einzige, das Grabbe in Detmold auf der Bühne erlebte (mit Musik von Albert Lortzing). (Reclams UB 290.)

Napoleon oder Die hundert Tage

Drama in fünf Aufzügen
Erste Aufführung: 2. September 1895 in Frankfurt am Main

Personen: Napoleon – Hortense, seine Stieftochter – Bertrand – König Ludwig XVIII. – Die Herzogin von Angoulême – Der Herzog von Berry – Fouché – Carnot – Vitry und Chassecoeur, zwei alte kaiserliche Gardisten – Jouve, ein Jakobiner – Blücher – Gneisenau – Der Herzog von Braunschweig – Der Herzog von Wellington – Französische, englische und preußische Generale, Offiziere und Soldaten – Volk aller Art.
Ort und Zeit: Paris, Elba und die Schlachtfelder von Ligny und Belle Alliance, 1815.

Während in Paris die Bourbonen, König Ludwig XVIII., die frömmelnde Herzogin von Angoulême und ihre Anhänger das alte Königtum erneuern wollen, schmiedet Napoleon auf Elba Pläne zur Wiederherstellung seines Kaisertums. Noch wähnen sich der König und seine Ratgeber in Sicherheit, als Napoleon überraschend in Frankreich landet und ihm die alten Anhänger zuströmen. Die nächsten Szenen zeigen Stimmungen und Lageratmosphäre auf preußischer Seite, sowohl in den Gestalten Blüchers und Gneisenaus wie in denen einzelner freiwilliger Jäger, Offiziere und Soldaten. Auch das Hauptquartier des Herzogs von Braunschweig wie das des Herzogs von Wellington werden in charakteristischen Szenen vorgeführt. Den übrigen Teil des 4. und 5. Aufzuges bilden Schlachtenbilder, bald auf französischer, bald auf preußischer und englischer Seite, rund um die Gefechte bei Ligny und Belle Alliance. Dabei entsteht ein dramatisches Kolossalgemälde, das die alten Formen des Dramas ebenso sprengt wie zukünftigen den Weg bahnt. In der Reihe von Napoleon-Dramen des 19. und 20. Jahrhunderts ist Grabbes Stück nicht nur das erste, sondern in vieler Hinsicht noch immer das bemerkenswerteste geblieben. (Reclams UB 258.)

FRIEDRICH HEBBEL

* 18. März 1813 in Wesselburen,
† 13. Dezember 1863 in Wien

Hebbel war der Sohn eines armen Maurers. Nach dem Besuch der Volksschule trat er mit 14 Jahren in den Dienst des Kirchspielvogts seines Heimatortes, zunächst als Laufbursche, dann als Schreiber und Sekretär. 1835 siedelte er nach Hamburg über, wo er mit Hilfe ihm gewogener Frauen (Amalie Schoppe, Elise Lensing) seine Schulkenntnisse so weit aufbesserte, daß er 1836 ein Semester Jura und Geschichte in Heidelberg studieren konnte. Nach schweren Jahren in München kehrte er 1839 nach Hamburg zurück, wo seine ersten bedeutenden dramatischen Arbeiten entstanden. Ein neuer Abschnitt seines Lebens begann, als er 1842 mit einem Reisestipendium des Königs von Dänemark Paris und Rom besuchte. Auf der Rückreise über Wien, 1845, fand er in der Burgschauspielerin Christine Enghaus die Lebensgefährtin und gefeierte Darstellerin seiner großen Frauengestalten.

Hebbel ist mit Grillparzer der wichtigste Vertreter der deutschen Nachklassik. Ein »Glutmensch durch und durch«, wie Eduard Mörike ihn nannte, geht jegliche Gefühlsäußerung bei ihm erst durch starke verstandesmäßige Arbeit in die künstlerische Form ein. Strenge logische Konstruktion kennzeichnet seine Werke. Dabei ist der Blick stets auf »die großen Gegenstände der Menschheit« gerichtet. Den Hintergrund fast aller seiner Stücke bildet eine Zeitenwende, aus der heraus er die Konflikte sieht und ableitet. Alle Merkmale seiner Kunst finden sich bereits in der Tragödie *Judith* (1840), mit der er sich sogleich einen wichtigen Platz im Bühnenschaffen seiner Zeit eroberte. Problematischer blieb sein Versuch einer *Genoveva*-Tragödie (1841; Reclams UB 5443), in der lediglich der dämonische Charakter des Golo interessiert. Mit der Komödie *Der Diamant* (1841) wollte Hebbel das beste Lustspiel nach Kleists *Zerbrochnem Krug* schaffen – ein Vorhaben, das fehlschlug. Das bürgerliche Trauerspiel *Maria Magdalena* (1843), in dem Hebbel erschütternde Tragik innerhalb eines sozial beengten Lebenskreises gestaltete, zeigt ihn als großen Dramatiker. Nach zwei mißglückten Stücken, *Ein Trauerspiel in Sizilien*

(1847) und *Julia* (1847), gelang Hebbel die vielleicht bedeutendste und eigenwüchsigste Arbeit seines Lebens, die Tragödie *Herodes und Mariamne* (1848). In dieser Dichtung klingen alle Leitmotive des Hebbelschen Schaffens zu einem stimmigen Akkord zusammen: die große Zeitenwende als Hintergrund, die starken Empfindungen und das bedeutende Frauenschicksal. Vor den nächsten Gipfelpunkten seiner Dramatik, dem deutschen Trauerspiel *Agnes Bernauer* (1851) und der einen antiken Stoff mit modernem Empfinden erfüllenden Tragödie *Gyges und sein Ring* (1854), stehen zwei kleinere Werke, die heute nur noch den Spezialisten interessieren können: das orientalische Märchenlustspiel *Der Rubin* (1849) und das zweiaktige Künstlerdrama *Michel Angelo* (1850). Den Abschluß seines Lebenswerkes bildet die Trilogie *Die Nibelungen*, die bühnenwirksamste Neugestaltung des alten Epos. In Hebbels Nachlaß fand man ein *Demetrius*-Fragment, das seine typische Auffassung der schuldfreien Tragik offenbart, aber an entscheidender Stelle im 5. Akt abbricht. Einen bedeutenden Raum in seinen theoretischen Schriften und seinen Tagebüchern nehmen Abhandlungen über das Wesen des Dramas, der Tragik und des Schuldbegriffes ein, die die ›pantragische‹ Weltanschauung Hebbels enthüllen.

Judith. Tragödie in fünf Akten (1840). – Holofernes, Feldherr des assyrischen Königs Nebukadnezar, eine Kraftnatur von ungewöhnlichem Ausmaß, spottet der Götter der unterworfenen Länder und wünscht sich nichts als »einen Feind, nur einen, der mir gegenüberzutreten wagte«. Die Ebräer, deren nahegelegene Stadt Bethulien das nächste Angriffsziel des Holofernes sein wird, gelten als besonders tapfer. In der jungen Ebräerin Judith, die nach kurzer, unerfüllt gebliebener Ehe den Ruf Gottes zu großer Tat verspürt, erwächst ihm die ebenbürtige Gegenspielerin. In ihr keimt der Gedanke auf, Holofernes zu töten. Doch sie weiß, daß der Weg zu dieser Tat »durch die Sünde« geht. Während in der belagerten Stadt der Wassermangel die Einwohner zur Verzweiflung treibt, geht Judith den Weg ins Lager des Feindes. Holofernes empfängt sie gnädig und ist von ihrer Schönheit berührt. Sie fleht um Gnade für ihr Volk. Als Holofernes diese weigert, spielt sie ihr großes Spiel. Sie heuchelt Bewunderung für die Größe des Holofernes und erbittet sich nur eine kurze Frist, um im Gebirge vor der Stadt zu beten. Als diese abgelaufen ist, kehrt sie zu Holofernes zurück und gibt sich ihm schließlich hin. Den Schlafenden enthauptet sie und befreit damit ihr Volk von der drohenden Gefahr der Vernichtung. Die Assyrer ziehen sich fluchtartig zurück. Judith, die von der starken Persönlichkeit des Holofernes nicht unberührt geblieben war, hat nur den Wunsch, daß ihr Schoß unfruchtbar bleiben möge. Die Priester Bethuliens sollen sie töten, wenn sie es selbst begehrt.

Dieses Jugendwerk des Dichters zeigt eines der Hauptthemen der Hebbelschen Dramatik auf, den Kampf zweier außerordentlicher Naturen (eines Übermannes und eines Überweibes). »Judith ist der schwindelnde Gipfelpunkt des Judentums, jenes Volkes, welches mit der Gottheit selbst in persönlicher Beziehung zu stehen glaubte«, erläutert Hebbel in einem Brief an die erste Darstellerin der Titelrolle in Berlin 1840, »Holofernes ist das sich überstürzende Heidentum, er faßt in seiner Kraftfülle die letzten Ideen der Geschichte, die Idee der aus dem Schoß der Menschheit zu gebärenden Gottheit.« (Reclams UB 3161.)

Maria Magdalena

Bürgerliches Trauerspiel in drei Akten
Erste Aufführung: 13. März 1846 in Königsberg

Personen: Meister Anton, ein Tischler – Seine Frau – Klara, seine Tochter – Karl, sein Sohn – Leonhard – Ein Sekretär – Wolfram, ein Kaufmann – Adam, Gerichtsdiener, u. a.
Ort und Zeit: Eine mittlere deutsche Stadt, 1. Hälfte des 19. Jahrhunderts.

Im Hause des Tischlermeisters Anton herrscht eine bedrohliche Atmosphäre. Karl, sein Sohn, und die an Leonhard versprochene Tochter Klara machen den Eltern Sorge. Karl fühlt sich von der Enge der bürgerlichen Anschauungen der Eltern bedrückt, und Klara trägt ein heimliches Leid mit sich herum. Leonhard hält bei ihrem Vater um ihre Hand an. Aber es ist nicht Liebe, die sie aneinander bindet. Klara hatte einen anderen geliebt, der zur Akademie gezogen war und sie vergessen zu haben schien. Da hatte sie sich auf Anraten der Mutter Leonhard versprochen. Als der Jugendfreund zurückkehrte, zwang Leonhard Klara zum Beischlaf. Nun fühlen sie sich aneinander gebunden, ohne innere Neigung. Schneller als erwartet spitzen sich die Verhältnisse zu: Karl gerät in den Verdacht, einen

Juwelendiebstahl im Hause des Kaufmanns Wolfram begangen zu haben, und wird verhaftet. Der Schreck tötet die Mutter. Für Leonhard ist die Schande, die damit über das Haus des Tischlermeisters gekommen ist, willkommener Anlaß, seine Verlobung mit Klara zu lösen. Die geringe Mitgift verstärkt seinen Entschluß. Meister Anton, der aus Andeutungen Klaras Verdacht geschöpft hat, läßt sie an der Leiche der Mutter schwören, daß sie unberührt sei. Klara schwört ausweichend, daß sie ihm nie Schande machen wolle. Meister Anton bleibt entschlossen, dem Schicksal auch weiterhin zu trotzen und sich aufrecht zu halten. Nur eines könnte ihn umwerfen: daß man auch auf Klara mit Fingern zeigen würde. In diesem Falle, versichert er Klara, würde er sich mit dem Rasiermesser umbringen. Dieser fürchterliche Schwur treibt in der Folge Klara zum bitteren Ende. Zwar lichten sich die Wolken noch einmal ein wenig, als der Kaufmann Wolfram die Nachricht bringt, daß Karl unschuldig ist. Der Juwelendiebstahl war eine Tat seiner geistesgestörten Frau. Auch sucht der Sekretär, Klaras Jugendfreund, die Unglückliche auf, um ihr erneut Hand und Herz zu bieten. Doch als er von ihr den wahren Grund ihrer Verzweiflung und ihrer Bindung an Leonhard erfährt, läßt er von Klara. Nun gibt es für sie nur noch den einen Ausweg, den Gang zu Leonhard. Sie geht zu ihm und fleht ihn an: »Heirate mich.« Nur um die Wiederherstellung ihrer Ehre ist es ihr zu tun. »Mein Vater schneidet sich die Kehle ab, wenn ich –.« Aber nichts kann den Ehrgeizigen und Hartherzigen umstimmen. Zum Letzten entschlossen, verläßt Klara ihn. Aber sein niederträchtiges Benehmen bleibt nicht ungerächt. Der Sekretär zwingt Leonhard zum Pistolenduell, bei dem Leonhard stirbt. Doch auch der Sekretär ist schwer verwundet. Mit letzter Kraft schleppt er sich zur Wohnung des Tischlermeisters, wo sich der tragische Ausgang unerbittlich vollzieht. Karl, aus dem Gefängnis entlassen, will zur See gehen und Matrose werden. Vorher will er aber noch Rache am Gerichtsdiener nehmen, der ihn verhaftet hat. Klara stürzt sich in den Brunnen in der Hoffnung, daß man dies als einen Unglücksfall auslegen werde. Doch sie ist dabei beobachtet worden. Der sterbende Sekretär hält Meister Anton vor, daß die Schuld an allem bei ihm selbst und bei Meister Anton liege, indem sie das Urteil der Leute über Klaras Jammer gestellt hätten. Meister Anton bleibt diesem Vorwurf gegenüber ungerührt. Nur ein sinnendes »Ich verstehe die Welt nicht mehr« kommt über seine Lippen.

Die erschütternde, mit strenger Folgerichtigkeit durchdachte und ausgeführte Tragödie geht auf Eindrücke zurück, die Hebbel in seiner Münchener Zeit im Haus des Tischlermeisters Anton Schwarz empfangen hatte. »Es war meine Absicht«, sagt Hebbel, »das bürgerliche Trauerspiel zu regenerieren und zu zeigen, daß auch im eingeschränktesten Kreise eine zerschmetternde Tragik möglich ist, wenn man sie nur aus den rechten Elementen, aus den diesem Kreise selbst angehörigen, abzuleiten versteht.« Dieses Vorhaben ist ihm gelungen. Und auch darin wird man ihm recht geben, wenn er von dem Werk sagt: »Mit den allereinfachsten Mitteln wird die höchste tragische Wirkung erzielt, der Alte ist ein Riese geworden, und Leonhard bloß ein Lump, kein Schuft.« Klaras Verhalten wird man am ehesten verstehen und (vom Standpunkt des Dichters aus) gerechtfertigt finden, wenn man in ihr in erster Linie die Tochter des starrsinnigen Vaters erblickt. Die aufrüttelnde Tragödie wurde zur wegweisenden literarischen Tat des Realismus im deutschen Drama. (Reclams UB 3173.)

Herodes und Mariamne

Tragödie in fünf Akten
Erste Aufführung: 19. April 1849 in Wien

Personen: König Herodes – Mariamne, seine Gemahlin – Alexandra, ihre Mutter – Salome, Schwester des Königs – Joseph, Vizekönig in Abwesenheit des Herodes – Soemus, Statthalter von Galiläa – Titus, ein römischer Hauptmann – Sameas, ein Pharisäer – Drei Könige aus dem Morgenlande – Richter, Galiläer, Diener u. a.
Ort und Zeit: Burg Zion in Jerusalem, um Christi Geburt.

Herodes ist von den Römern als König in Jerusalem eingesetzt. Die altjüdische Pharisäerpartei haßt ihn, seine Schwiegermutter Alexandra verleumdet ihn bei Antonius, dem römischen Triumvir. Außerdem macht sie Antonius auf die Schönheit von Mariamne, ihrer Tochter, der Gemahlin des Herodes, aufmerksam. Grund genug für Herodes, auf der Hut zu sein. In blinder Leidenschaft für Mariamne und in dem Wahn, ihrer Liebe und Treue nach seinem Tode nicht mehr gewiß sein zu können, stellt Herodes, ehe er dem Rufe des Antonius folgt, Mariamne unters

Schwert. Sein Schwager Josephus erhält den Auftrag, sie zu töten, wenn er nicht wiederkehre. Alexandra schürt in seiner Abwesenheit die Stimmung im Volke. Mariamnes unbedingtes Vertrauen zu Herodes gerät erst ins Wanken, als sie Josephus, dem Vizekönig, das furchtbare Geheimnis entlockt, daß ihr Gatte sie unters Schwert gestellt hat. Die Rückkehr des Herodes, den Antonius freundlich aufgenommen hatte, führt zur großen Auseinandersetzung der Gatten. Herodes entdeckt alsbald, daß Josephus das Geheimnis preisgegeben hat, und läßt ihn hinrichten. Vergeblich versucht er sich Mariamne gegenüber zu rechtfertigen. Seine Handlung kann sie nie verzeihen, sie hat die Menschheit in ihr geschändet: »Keiner will das Leben sich nehmen lassen als von Gott allein, der es gegeben hat.« Im Höhepunkt der Auseinandersetzung scheint noch einmal ein gütiges Geschick alles zum Guten wenden zu wollen. Es trifft neue Botschaft von Antonius ein. Der Kampf um die Weltherrschaft mit Octavian hat begonnen. Herodes muß ins Feld, abermals fort zu einer für ihn gefährlichen Kriegsfahrt. Mariamne jubelt auf. Jetzt wird sich's zeigen, »ob's bloß ein Fieber war, das Fieber der gereizten Leidenschaft, das ihn verwirrte«, oder ob sich ihr »in klarer Tat sein Innerstes verriet!« Zu Mariamnes Unheil wird alsbald offenbar, daß letzteres der Fall ist. Herodes stellt sie wieder unters Schwert, ehe er fortzieht. Diesmal soll sein alter Freund Soemus der Vollstrekker seines Willens sein. Da Mariamne auch diesmal von Herodes' Schandtat erfährt, läßt sie ein Fest rüsten, um vor aller Öffentlichkeit mit ihm zu brechen, gleichviel ob er wiederkommt oder nicht. Und er kommt wieder. Nach der Niederlage des Antonius hat ihn der neue Weltherrscher Octavian freundlich empfangen und ihm nicht nur Judäa, sondern auch noch Ägypten zur Regentschaft übertragen. Der Anblick der tanzenden Mariamne, die aufstachelnden Reden der Salome (»Hier ward gejubelt über deinen Tod«) und die Bestätigung der vermeintlichen Untreue Mariamnes durch den Römer Titus veranlassen den verblendeten Herodes, Mariamne vor Gericht zu stellen und ihren Tod zu fordern. Mariamne verteidigt sich nicht. Denn sie hat sich von ihm abgekehrt und will sterben. Doch vor ihrem Tode enthüllt Mariamne dem Römer Titus (»weil du gelassen-kalt hineingeschaut in unsre Hölle«) ihre wahre Seelenverfassung, nachdem sie ihm den Schwur abgenommen hat, darüber zu schweigen, bis sie tot sei: Herodes, der für den Fall seines eigenen Todes ihr den Henker bestellt hatte, sollte dieser nun selber im Leben werden. Darum gab sie das Fest! Alles war nur Larve. Hätte Herodes den Dämon in seiner Brust überwunden, könnte sie ihm verzeihen. »Sterben kann ein Mensch den andern lassen, fortzuleben zwingt auch der Mächtigste den Schwächsten nicht.« Mit Grauen und Mitleid blickt der Römer in die Abgründe, die sich hier vor ihm auftun. Erst nach vollzogener Hinrichtung enthüllt er dem nun völlig gebrochenen Herodes die wahren Zusammenhänge. Herodes, dem die drei Könige aus dem Morgenlande von der Geburt eines neuen »Königs aller Könige« künden, rafft sich zu dem furchtbaren Befehl des Kindermordes in Bethlehem auf.

Hebbel sah mit seinem wachen, sich selbst beobachtenden Blick in diesem Werk sein Meisterstück. Er hat es verstanden, »das Fieber des Herodes aus der Atmosphäre, in der er atmete, und diese aus dem dampfenden, vulkanischen Boden, auf dem er stand, zu entwickeln«. Die Ehetragödie, die hier durch zwei außergewöhnliche Naturen ausgetragen wird, ist konsequent und mit psychologischem Gespür angelegt. Neben dem von seinem Dämon getriebenen Herodes steht die stolze, wahrhaft königliche Mariamne, die ihr Frauentum höher wertet als ihr Leben und in beispielloser Folgerichtigkeit handelt, liebt und stirbt, eine Frauengestalt einmaliger Prägung im deutschen Drama. Die zum Schluß hin sich ins Metaphysische steigernde Tragödie wird durch den Auftritt der Heiligen Drei Könige, mit dem Hebbel den Anbruch eines neuen Zeitalters andeuten wollte, nicht eben glücklich beendet. (Reclams UB 3188.)

Agnes Bernauer

Deutsches Trauerspiel in fünf Aufzügen
Erste Aufführung: 25. März 1852 in München

Personen: Ernst, regierender Herzog zu München-Bayern – Albrecht, sein Sohn – Hans von Preising, sein Kanzler – Kaspar Bernauer, Bader und Chirurgus zu Augsburg – Agnes, seine Tochter – Theobald, sein Geselle – Ritter auf der Seite des Herzogs Ernst – Ritter auf der Seite des Herzogs Albrecht u. a.
Ort und Zeit: In Bayern, 1. Hälfte des 15. Jahrhunderts.

Agnes, die schöne Augsburger Baderstochter, erregt die Aufmerksamkeit des Herzogssohns Albrecht. Er ist so hingerissen von Agnes, daß er nur noch den einen Wunsch hat, sie über alle

Standesschranken hinweg zu seinem Weibe zu machen. Vergebens warnen die Ritter seiner Umgebung ihn vor diesem unbedachten Schritt, der die ganze Hauspolitik seines Vaters, des Herzogs Ernst, über den Haufen werfen muß. Vergeblich versucht auch der Vater der Agnes, der biedere Bader und Chirurgus Bernauer, den drohenden Konflikt zu verhindern. Albrecht läßt sich mit Agnes heimlich mit dem Segen der Kirche trauen und bringt die junge Gattin auf das Schloß seiner Mutter, die Vohburg an der Donau. Die Eheschließung mit der Baderstochter erkennt der Herzog aber nicht an. Indem Albrecht auf seinem Standpunkt beharrt: »Wir sind vereint, und nur der Tod kann uns noch trennen«, kommt es auf dem Turnier in Regensburg zum offenen Bruch zwischen Vater und Sohn. Herzog Ernst enterbt Albrecht zugunsten seines kranken Neffen. Albrecht rechnet mit der Sympathie des Volkes. Ein Bürgerkrieg droht. Empört beschließt Herzog Ernst: »Im Namen der Witwen und Waisen, die der Krieg machen würde, im Namen der Städte, die er in Asche legte, der Dörfer, die er zerstörte: Agnes Bernauer, fahr hin!« Er unterschreibt ihr Todesurteil, das die namhaftesten Juristen seines Landes gefällt haben. »Aber es ist doch auch entsetzlich, daß sie sterben soll, bloß weil sie schön und sittsam war«, sagt der alte Preising. Agnes wird in die Donau gestürzt, nachdem sie sich standhaft geweigert hatte, freiwillig auf die Ehe mit Albrecht zu verzichten. Der sofort herbeigerufene Herzogssohn entfacht nun einen Bürgerkrieg. Die Begegnung mit seinem Vater auf dem Schlachtfelde bringt ihn zum Stillstand, doch erst drohende Reichsacht und Kirchenbann zur Besinnung. Herzog Ernst ist bereit, die tote Agnes als rechtmäßige Gemahlin des Sohnes anzuerkennen und ihr »einen feierlichen Totendienst zu stiften, damit das reinste Opfer, das der Notwendigkeit im Laufe aller Jahrhunderte gefallen ist, nie im Andenken der Menschen erlösche!« Um Albrecht für das hohe Herrscheramt, zu dem er berufen ist, zu gewinnen, reicht er ihm sogleich seinen Herzogsstab und dankt ab, um sich im Kloster Andechs von dieser Welt zurückzuziehen. Indem der Vater so den Sohn zum Richter über sich selbst einsetzt, führt er die wahrhafte Versöhnung herbei.

Hebbels Absicht mit diesem Stück ist aus den letzten Worten des Herzogs zu erkennen. Es ging ihm um das Verhältnis von Individuum und Staat, das er »nie so deutlich« ausgeprägt wie in dem Schicksal der schönen Baderstochter zu erblicken glaubte.

Auch schwebte ihm etwas wie eine »Antigone der modernen Zeit« vor. Es haftet der Idee des Stückes jedoch eine gewisse Grausamkeit an, die sich immer dann einstellen wird, wenn dem Zuschauer eine solche Weisheit auf Kosten eines unschuldigen Individuums demonstriert wird. (Reclams UB 4268.)

Gyges und sein Ring

Tragödie in fünf Akten
Erste Aufführung: 25. April 1889 in Wien

Personen: Kandaules, König von Lydien – Rhodope, seine Gemahlin – Gyges, ein Grieche – Lesbia und Hero, Sklavinnen – Thoas und Karna, Sklaven – Volk.
Ort und Zeit: Am Hofe des Königs von Lydien, in mythischer Vorzeit.

Kandaules, der neuen Ideen zugeneigte König der Lydier, erhält von seinem Gastfreund Gyges einen kostbaren Ring, der die Kraft in sich hat, den Träger unsichtbar zu machen. Gyges fand ihn einst in einem Grabe in Thessalien, als er von Räubern verfolgt wurde, und konnte die Eigenschaft des Ringes sofort erproben. Kandaules zeigt den Ring seiner Gemahlin Rhodope, die nach der Sitte ihres Heimatlandes – sie stammt aus einem Lande, »wo indische und griechische Art sich mischen« – in tiefster Zurückgezogenheit lebt und keinen anderen Blicken zugänglich ist als denen des Königs und ihrer Dienerinnen Hero und Lesbia. Sofort erfaßt sie ein Schaudern vor diesem seltsamen Ring. Sie bittet den König, ihn fortzuwerfen oder ihn ihr zu überlassen. Kandaules ist dazu bereit, wenn sie seine Bitte erfüllt, sich bei dem bevorstehenden Feste öffentlich als Königin zu zeigen, was wiederum Rhodope ablehnen muß: »Du holtest dir von weit entlegner Grenze die stille Braut und wußtest, daß vor deinem nur noch das Vaterauge auf ihr ruhte.« So bleibt der Ring in den Händen des Kandaules, der ihn alsbald zu schlimmem Unterfangen verwendet. Es reizt ihn, einen Zeugen dafür zu haben, »daß ich nicht ein eitler Tor bin, der sich selbst belügt, wenn er sich rühmt, das schönste Weib zu küssen«. Gyges soll mit Hilfe des Ringes dieser Zeuge sein. Nur widerwillig geht er darauf ein. Die Nacht, da er Rhodope im Schlafgemach (selbst ungesehen) erblickt, entscheidet über ihr aller Schicksal. Gyges, von Rhodopes Schönheit überwältigt, hat sich in der Nacht im Schlafgemach für einen Augenblick sichtbar gemacht, in der Absicht, von Kandaules für diesen Frevel getötet zu werden. So sehr ist er von der Erscheinung Rhodopes beeindruckt. Kandaules verweigert diesen Wunsch, den Gyges ihm am andern Morgen in offenem Bekennen vorträgt. Noch hofft Kandaules auf Beruhigung der aufgestörten Seele des Freundes. Er schickt ihm die Sklavin Lesbia zum Geschenk, was Gyges nur als Hohn empfinden muß. Gyges will seine Reise nach Ägypten fortsetzen. Doch weder Kandaules noch Gyges haben mit Rhodope gerechnet, die sich in unbestimmter, aber doch instinktsicherer Ahnung betrogen fühlt: »Ich bin befleckt, wie niemals noch ein Weib!« Vergeblich versucht Kandaules sie abzulenken. Ihr Verdacht muß sich nur um so gewisser auf Gyges richten, als Kandaules ihr von seinem Fortgang erzählt. Sie verlangt, daß Kandaules ihn strafen soll, wie er noch nie gestraft habe. Und als der König sich weigert, schickt sie selbst einen treuen alten Diener dem Fortgegangenen nach und läßt ihn vor sich bringen. Sie sagt ihm, der ihr unbefangen und mit Worten höchsten Adels seine Liebe erklärt, daß er sterben müsse, was Gyges ruhig aufnimmt, ja, er ist sogar bereit, in Gegenwart des Königs alle Schuld an dem, was geschehen, auf sich zu nehmen. Dieses wiederum will Kandaules nicht: »Ich bin ein Mann, der für den Frevel, den er selbst beging, nicht einen andern sterben läßt.« So kommt es zu dem von Rhodope selbst gewünschten Zweikampf zwischen Kandaules und Gyges. Vorher nehmen die Freunde voneinander Abschied. Kandaules ringt sich zum Bekenntnis seiner vollen Schuld durch und sieht in dem Ring die verhängnisvolle Gabe der Gottheit. Sein großer Fehler war es, an den »Schlaf der Welt« zu rühren, indem er neue Sitten und Ordnungen einführen wollte. In ehrlichem Zweikampf fällt der »letzte Heraklide«. Gyges, zum König der Lydier ausgerufen, reicht am Altar der Hestia Rhodope die Hand zum Ehebund. Doch unmittelbar darauf ersticht sie sich selbst. Nur diese Zeremonie galt es noch. »Ich bin entsühnt, denn keiner sah mich mehr, als dem es ziemte.«

Aus antiken Quellen (Herodot und Platon) schöpfend, fand Hebbel hier einen ihm besonders entsprechenden Stoff. »Mich reizte die Anekdote, die mir, etwas modifiziert, außerordentlich für die tragische Form geeignet schien, und nun das Stück fertig ist, steigt plötzlich zu meiner eigenen Überraschung wie eine Insel aus dem Ozean *die Idee der Sitte* als die alles bedingende und bindende daraus hervor«, interpretierte der Dichter selbst das Stück. Die Gestalt der Rhodope wurde dabei zu einer seiner charakteristischen Frauengestalten. In ihrer mimosenhaften Keuschheit zeigt sie ein mögliches Extrem. Neben ihr steht das Freundespaar des asiatischen Königs und des griechischen Jünglings, die sich im Adel der Gesinnung gegenseitig überbieten. Der Ring ist Symbol für das unheimliche Walten des Schicksals. (Reclams UB 3199.)

Die Nibelungen

Deutsches Trauerspiel in drei Abteilungen
Erste Aufführung: 31. Januar und 18. Mai 1861 in Weimar

I. Der gehörnte Siegfried

Vorspiel in einem Akt

Personen: König Gunther – Hagen Tronje – Dankwart, dessen Bruder – Volker, der Spielmann – Giselher, Gerenot, Brüder des Königs – Siegfried – Ute, die Witwe König Dankrats – Kriemhild, ihre Tochter, u. a.
Ort und Zeit: Am Hofe König Gunthers in Worms, 6. Jahrhundert n. Chr.

Der Spielmann Volker erzählt vom gehörnten Siegfried, der durch das Bad im Drachenblut unverwundbar wurde, und von Brunhild, die »im tiefen Norden, wo die Nacht nicht endet«, wohnt. »Wer um sie wirbt, der wirbt zugleich um seinen Tod.« Denn ein Flammenmeer umgibt sie, und jeden Freier, der ihr naht, stellt die übermenschlich starke Jungfrau zum Kampf, den sie noch immer gewonnen hat. Die Schilderung erweckt in Gunther den Wunsch, Brunhild zur Königin Burgunds zu machen. Mitten in diese Gespräche ertönen Trompeten: Siegfried, der Held aus Niederland, erscheint an der Spitze von zwölf Recken am Hof von Worms. In jugendlichem Überschwang will der sieggewohnte Held mit Gunther um sein Reich kämpfen. Doch die Burgunden lassen ihn merken, daß sie um seine Unverwundbarkeit wissen. So schlägt Siegfried einen Wettkampf im Steinwurf vor, den sie annehmen. Die Königinwitwe Ute und ihre Tochter Kriemhild verfolgen von der Burg aus den Kampf im Hofe, bei dem Siegfried jedesmal einen der Burgunder im Wurf um Schuhbreite überbietet, bis er zuletzt auch Hagen besiegt. Siegfried hat beobachtet, daß Kriemhild zusah, und diese ihrerseits ist von der strahlenden Erscheinung des Helden gebannt. So kommt es bald zu einem Vertrag: Gunther wird Siegfried seine Schwester zur Frau geben, Siegfried wird dafür Gunther behilflich sein, Brunhild zu gewinnen. Zwar warnt Siegfried vor dieser nicht einfachen Unternehmung, die nordische Jungfrau, »der flüss'ges Eisen in den Adern kocht«, zu freien. Er weiß, daß nur er selbst sie überwinden kann. Er sah sie schon, ohne von ihrer Schönheit berührt zu werden. Und er erzählt den burgundischen Recken, was er von ihr und ihrer Burg weiß, auch wie er an einem einzigen Tage zum Schwert Balmung, zum Nibelungenhort und zu der Nebelkappe kam, die die Kraft besitzt, den Träger unsichtbar zu machen. Aber nichts vermag Gunther von seinem Wunsch abzuhalten. Die Tarnkappe soll helfen, die Kämpfe zu bestehen, indem Siegfried unsichtbar an Gunthers Seite kämpfen wird. Hagen fordert Verschwiegenheit, daß das Geheimnis unter den Männern bleibe. »In Ewigkeit kein Wort!« verspricht Siegfried, und die Burgunden brechen nach Isenland auf.

II. Siegfrieds Tod

Trauerspiel in fünf Akten

Personen: Die Personen des Vorspiels – Brunhild, Königin von Isenland – Frigga, ihre Amme, u. a.

Ort und Zeit: Brunhilds Burg, in Worms und im Odenwald, kurz nach den Ereignissen des Vorspiels.

Als die Burgunden nahen, begegnet Brunhild ihnen mit gewohnter Siegeszuversicht, erliegt jedoch im Kampfe und muß Gunther folgen. Siegfried ist vorausgeeilt und hat es nicht mehr miterlebt, daß Brunhild, als Gunther ihr auf dem Schiff im Angesicht der nahen heimatlichen Burg den ersten Kuß rauben wollte, ihn mit vorgestrecktem Arm weit in den Rhein hinaushielt. So betritt Brunhild den burgundischen Boden mit dem Verdacht, betrogen worden zu sein. Vor allem fällt es ihr auf, daß Siegfried, der als Gunthers »Dienstmann« im Isenland erschien, hier ohne weiteres um die Königstochter Kriemhild freien darf und Ehren genießt, die ihrer Ansicht nach einem »Vasallen« nicht zukommen. Um der Gefahr einer Entlarvung von Gunthers Schwäche gegenüber Brunhild in der Hochzeitskammer zu entgehen, verlangen Hagen und Gunther von Siegfried, daß er sie noch einmal mit Hilfe der Tarnkappe bändigen solle. Hagen, Gunther und Siegfried wissen allein um diesen neuen Betrug. Als verhängnisvoll erweist sich, daß der Gürtel, den Siegfried bei dem Ringkampf in Gunthers Hochzeitskammer Brunhild entriß und einsteckte, schließlich in Kriemhilds Hände gekommen ist. Sie will wissen, woher Siegfried ihn hat. Und er läßt sich dazu verleiten, ihr das Geheimnis preiszugeben. Kriemhild aber vermag es nicht zu hüten, zumal Eifersucht in ihr erwacht ist. Beim Gang zum Dom gerät Kriemhild mit Brunhild, die nach ihrer Niederlage in der Hochzeitsnacht in Gunther den stärksten Mann der Welt sieht, in Streit über den Vortritt. Von Brunhilds Worten aufgestachelt, nennt Kriemhild sie das Kebsweib ihres Gatten und sagt ihr offen ins Gesicht, daß Siegfried es war, der sie überwand. Der Gürtel ist der Beweis. Brunhild muß erkennen, daß sie von Siegfried verschmäht worden ist. »Weib, Weib«, ruft sie in leidenschaftlichem Ausbruch Kriemhild nach, »wenn du in seinen Armen auch eine Nacht gelacht hast über mich, so sollst du viele Jahre dafür weinen!« Unstillbar ist ihr Rachedurst, und in Hagen findet sie den Vollstrecker ihres Willens. Mit List entlockt Hagen der besorgten Kriemhild das Geheimnis der verwundbaren Stelle in Siegfrieds Rücken, die ein Lindenblatt bedeckte, als er im Drachenblute badete. »Nun ist dein Held nur noch ein Wild für mich«, triumphiert der Grimmige. Die Burgunden sind zur Jagd aufgebrochen. Bei der Rast am Brunnen im Walde wirft Hagen den Speer in Siegfrieds Rücken. In Worms wird erzählt, daß Schächer die Mörder waren. Doch Kriemhild verlangt die Totenprobe. Im Dom, wo man Siegfried aufgebahrt hat, beginnt die Wunde erneut zu bluten, als Hagen vor ihn tritt. Die Anklage des Mordes, die Kriemhild ihm nun ins Gesicht schleudert, nimmt er gelassen auf sich. Sogar das Balmungschwert Siegfrieds nimmt er für sich in Anspruch. »Zum Mord den Raub!« schreit Kriemhild auf.

III. Kriemhilds Rache

Trauerspiel in fünf Akten

Personen: Die gleichen wie in dem vorigen Stück (ohne Brunhild und Frigga) – König Etzel – Dietrich von Bern – Hildebrant, sein Waffenmeister – Markgraf Rüdeger – Götelinde, seine Gemahlin – Gudrun, ihre Tochter – Werbel, Swemmel, Etzels Geiger u. a.

Ort und Zeit: In Worms, am Donau-Ufer und in Etzels Burg, einige Jahre später.

Markgraf Rüdeger wirbt im Namen des Heunenkönigs Etzel um Kriemhilds Hand. Kriemhild nimmt die Werbung an, nachdem ihr Rüdeger geschworen hat, ihr als Königin der Heunen keinen Dienst zu versagen. Sieben Jahre nach Kriemhilds Hochzeit folgen die Burgunden einer Einladung Etzels und Kriemhilds. Am Donau-Ufer prophezeien Meerweiber Hagen, daß niemand von ihnen den grünen Rhein wiedersehen würde. »So oder so«, quittiert Hagen die Warnung, »wir sind im Netz des Todes.« In Bechlarn, am Hofe Markgraf Rüdegers, gibt es Aufenthalt. Wieder begegnet den Burgunden in Gestalt Dietrichs von Bern ein Warner. Sie achten seiner Worte nicht und glauben, durch die Verlobung Giselhers mit Gudrun, der Tochter Rüdegers, sich »Etzels redlichsten Vasallen« zum Freund gemacht zu haben. An Etzels Hof wird ihnen von Kriemhild ein frostiger Empfang zuteil. Hagen veranlaßt, daß sie unter Waffen bleiben, selbst zum Gang in den Dom. Kriemhild trifft alle Vorbereitungen, um sie zu vernichten. Es ist ihr jedoch in erster Linie um Hagen zu tun. Giselher vor allem möchte sie verschont wissen, zumal seit sie von seiner Verlobung hörte. Etzel läßt ihr, die ihm seinen Wunsch nach einem Erben erfüllt hat, freie Hand. Ihm wäre es lieber, den Burgunden in offener Schlacht zu begegnen, aber Kriemhild will »für die Schlächterei« im Odenwald keinen »offenen Heldenkampf«, sondern »Mord um Mord!«. Dankwart kommt mit der Nachricht zum Bankett der Fürsten, daß das Gefolge der Burgunden ermordet wurde. Da enthauptet Hagen Otnit, Etzels und Kriemhilds Knaben. Nun kennt auch Etzel keine Zurückhaltung mehr: Die Burgunden werden im Saal eingeschlossen, und dieser wird in Brand gesteckt. Hagen, Gunther, Volker, Dankwart, Gerenot und Giselher kämpfen den letzten Kampf der Verzweiflung. Leidenschaftlich treibt Kriemhild den unglücklichen Rüdeger in den Kampf, indem sie ihn an seinen Schwur erinnert. Als Etzel selbst eingreifen will, bringt Dietrich von Bern Hagen und Gunther gefesselt vor ihn. Kriemhild verlangt von Hagen zu wissen, an welcher Stelle er den Nibelungenhort im Rhein versenkt habe. Hagen will das Geheimnis nicht preisgeben, solange einer seiner Könige lebt. Nun läßt Kriemhild durch einen Heunen Gunther töten, und als Hagen triumphierend erklärt, daß nun der Ort nur noch Gott und ihm bekannt sei, erschlägt ihn Kriemhild mit Siegfrieds Schwert Balmung. Das aber ist dem alten Hildebrant zuviel. Er tötet Kriemhild. Erschüttert tritt Etzel seine Kronen an Dietrich von Bern ab. Und dieser nimmt sie an: »Im Namen dessen, der am Kreuz erblich!«

In dem Widmungsgedicht an seine Frau, das Hebbel der *Nibelungen*-Trilogie vorausschickt, spricht er selbst davon, daß ein starker Eindruck, den er in seiner Jugend vom Nibelungen-Epos empfing, sowie ein Bühneneindruck, den ihm seine Gattin als »Rächerin Kriemhild« in dem Stücke eines anderen Dichters vermittelte, die Antriebe zu seinem Werk gewesen seien. Es war die fünfaktige Tragödie *Der Nibelungenhort* von Raupach, »keinem Sohn Apolls«, wie Hebbel lakonisch bemerkt. Es ist das Verdienst Hebbels, nichts weiter als eine möglichst inhaltsgetreue Umdichtung des Epos zur Tragödie angestrebt zu haben. Er sah in dem Schöpfer »unseres Nationalepos in der Konzeption einen Dramatiker vom Wirbel bis zur Zeh«, der ganz besonders in der Gestalt der Kriemhild uns »langsam, Stufe nach Stufe, emporführt, keine einzige überspringend und auf einer jeden ihr Herz mit dem unendlichen, immer steigenden Jammer entblößend, bis sie auf dem schwindligen Gipfel angelangt, wo sie so vielen mit bitterem Schmerz gebrachten Opfern das letzte, ungeheuerste noch hinzufügen oder zum Hohn ihrer dämonischen Feinde auf den ganzen Preis ihres Lebens Verzicht leisten muß«. Der Dichter des Nibelungen-Epos hat sich dabei nach Hebbels Ansicht nicht so weit vorgewagt wie Aischylos in seiner Klytaimnestra, und er »söhnt uns vollkommen dadurch mit Kriemhild aus, daß ihr eigenes inneres Leid selbst während des entsetzlichsten Racheaktes noch viel größer ist als das äußere, das sie anderen zufügt«. Sechs Jahre hat Hebbel an der Trilogie gearbeitet. Er erwies sich in ihr wieder als der Schöpfer überlebensgroßer Frauengestalten auf der Bühne, zeigte auch »die mythische Grundwurzel des Ganzen« im Fluch auf, der auf dem Nibelungenhort lastet, und betonte an mehr als einer Stelle die ›Weltenwende‹, die im

Übergang vom germanischen Heidentum zum Christentum lag. Das höchste Menschentum ist in Dietrich von Bern verkörpert, der Heldentum mit Demut vereint und dem das Schlußwort der gewaltigen Tragödie gehört. (Reclams UB 3171.)

GEORG BÜCHNER

* 17. Oktober 1813 in Goddelau (bei Darmstadt)
† 19. Februar 1837 in Zürich

Büchner war der Sohn eines Arztes. Nach dem Besuch des Gymnasiums begann er in Straßburg mit dem Studium der Naturwissenschaften, besonders der Zoologie und vergleichenden Anatomie, das er von 1833 ab in Gießen auf die praktische Medizin und Philosophie ausdehnte. In die revolutionären Wirren in Hessen verwickelt, floh er im März 1835 wieder nach Straßburg. Hier schrieb er eine naturwissenschaftliche Doktorarbeit über das Nervensystem der Barben, mit der er an der philosophischen Fakultät der Universität Zürich promovierte. 1836 wurde er Privatdozent an der Universität Zürich. Nach nur einem Semester Vorlesungstätigkeit erfaßte ihn eine Typhusepidemie, der er im Alter von 23 Jahren erlag.

Die literarische Leistung des jung verstorbenen Georg Büchner wurde erst lange Zeit nach seinem Tod erkannt. Anleihen bei Stilmitteln des Sturm und Drang und die Vorwegnahme naturalistischer und expressionistischer Formen stellten ihn an den Rand des zeitgenössischen Dramas. Der Beginn seiner kurzen schriftstellerischen Laufbahn war von revolutionärem Elan gekennzeichnet, der später einer desillusioniert beobachtenden Haltung wich. Mit 22 Jahren schrieb Büchner sein Erstlingsdrama *Dantons Tod*. Seine politische Flugschrift *Der Hessische Landbote* (Reclams UB 7955), mit der sich Büchner im Juli 1834 zu einem Kampfruf der Französischen Revolution, »Friede den Hütten! Krieg den Palästen!«, bekannte, analysiert die soziale Lage in Hessen. Sie brachte ihm eine steckbriefliche Verfolgung wegen »indizierter Teilnahme an staatsverräterischen Handlungen« ein. *Dantons Tod*, ein dem Sturm und Drang verwandtes Drama, ruft das Schicksal der Männer der großen Revolution vor Augen, die auf der Guillotine endeten. Die wuchtige Prosasprache, die dramatische Dynamik, die zuweilen nihilistisch skeptische Lebens- und Geschichtsauffassung und das realistische Kunstideal, die das Werk charakterisieren, machten es zum Vorläufer des Realismus auf der Bühne, der in Hebbel und später im Naturalismus seine Fortsetzung finden sollte. In Straßburg entstand, angeregt durch ein Preisausschreiben des Cotta-Verlages, 1836 in wenigen Wochen das Lustspiel *Leonce und Lena*. Alfred de Musset, Clemens Brentano, aber auch Shakespeare und die Commedia dell'arte haben bei ihm Pate gestanden. Wahrscheinlich in Zürich, vielleicht aber schon früher wurde das *Woyzeck*-Fragment konzipiert, das man erst spät entdeckt und in seiner vollen Bedeutung u. a. als Vorläufer des Expressionismus erkannt hat. Büchner schrieb mit ihm das erste Sozialdrama der Neuzeit, das einen Gerhart Hauptmann und Frank Wedekind tief beeindrucken und anregen sollte. Verschollen ist ein Aretino-Stück um den großen Satiriker der Renaissance. In die Straßburger Zeit fallen zwei Übersetzungen von Dramen Victor Hugos: *Maria Tudor* und *Lucrezia Borgia*.

Dantons Tod

Drama in vier Akten
Erste Aufführung: 5. Januar 1902 in Berlin

Personen: Georges Danton – Robespierre – Camille Desmoulins – St. Just – Fouquier-Tinville, öffentlicher Ankläger – Chaumette, Prokurator des Gemeinderates – Deputierte – Mitglieder des Wohlfahrtsausschusses – Dillon, ein General – Simon, ein Souffleur – Paris, ein Freund Dantons – Julie, Dantons Gattin – Lucile, Desmoulins' Gattin – Marion, Grisette u. a.
Ort und Zeit: Paris, 1794.

Die große Französische Revolution, deren dynamischer Tribun Danton war, ist in ein Stadium der Stagnation getreten. Danton selbst zieht ein Genußleben vor, stellt seinen Freunden gegenüber geistreiche Welt- und Todesbetrachtungen an und weigert sich, vor dem Konvent zu sprechen. Sein Gegenspieler Robespierre predigt im Jakobinerklub sein Evangelium tugendhafter Enthaltsamkeit und des Terrors. Eine persönliche Aussprache der beiden führt zu keinem Ergebnis. St. Just und Robespierre sind sich einig, Danton zu Fall zu bringen, während dieser von seinen Freunden vergeblich gedrängt wird, zu handeln. Selbst als die Verhaftung Dantons beschlossen ist, weigert er sich zu fliehen. Er glaubt, seine Gegner würden diesen letzten Schritt nicht wagen. Was er dann jedoch nach seiner Verhaftung unternimmt, kommt zu spät. Mit großen Worten und meisterhafter Verteidigung tritt er vor seine Ankläger. Diese gebrauchen die Volksunruhen zugunsten Dantons und die scharfen Worte, die er spricht, zum Anlaß einer schnellen Urteilsfällung. Mit Danton müssen seine Freunde aufs Schafott, unter denen ihm der junge Camille Desmoulins besonders nahesteht. Mit heroischen Worten und in gefaßter Haltung nehmen die Freunde im Gefängnis Abschied voneinander. Julie, die Gattin Dantons, und Lucile, die Gattin Desmoulins', folgen ihnen freiwillig in den Tod.

Nach Büchners Auffassung ist es die Aufgabe des Dichters, »der Geschichte, wie sie sich wirklich begeben, so nahe als möglich zu kommen«, also ein Geschichtsschreiber zu sein, aber »statt Charakteristiken Charaktere zu geben und statt Beschreibungen Gestalten«. In seinem *Danton*-Drama hat er dies Ziel weitgehend erreicht. Die Französische Revolution ersteht in ihm mit einer Fülle von Gestalten und Szenen. Büchner formt die Historie hart und kühl, aber immer mitreißend und von innerem Schwung beseelt. Die Sprache wechselt zwischen aphoristischer Kürze und breit ausladender Rhetorik. In den Konventszenen vernimmt man zum Teil wörtlich aus den Geschichtsquellen entnommene Reden. Wenn auch die 32 Szenen locker aneinander gereiht sind, so geht durch sie doch eine innere dramatische Linie, die in den Verteidigungsreden Dantons ihren Höhepunkt erreicht und in den Gefängnisszenen den lyrischen Ausklang findet. In der Charakterzeichnung ruht der Schwerpunkt auf den Männergestalten. Vorzüglich sind der Epikureer Danton und der tugendhaft-kalte Robespierre einander gegenübergestellt, scharf umrissen ist auch der unheimliche St. Just, hervorragend in ihrer einzigen Szene Marion. Außerordentliche Begabung zeigt Büchner in den Massenszenen, die von erregender Lebensnähe sind. Von allen Versuchen einer dramatisch-dichterischen Bewältigung des großen Stoffes ist Büchners Drama bisher der beste und überzeugendste geblieben. (Reclams UB 6060.)

Leonce und Lena

Lustspiel in drei Akten
Erste Aufführung: 31. Mai 1885 in München

Personen: König Peter vom Reiche Popo – Prinz Leonce, sein Sohn – Prinzessin Lena vom Reiche Pipi – Valerio – Die Gouvernante – Rosetta u. a.
Ort und Zeit: Im Königreich Popo, zu unbestimmter Zeit.

Leonce, der verwöhnte Prinz, weiß nur wenig mit seiner Zeit anzufangen. Valerio, ein noch erfahrenerer Müßiggänger, gesellt sich zu ihm. Beide verlassen den Hof, als König Peter vom Reiche Popo seinen Sohn mit der Prinzessin Lena vom Reiche Pipi verheiraten will, die dieser gar nicht kennt. Auch Prinzessin Lena will nicht in das Joch der vorgeschriebenen Ehe gehen und verläßt gleichfalls mit der Gouvernante heimlich ihren Hof. Unerkannt treffen Leonce und Lena im Walde zusammen. Er findet in ihr das weibliche Idealbild, das er immer ersehnte. Im Überschwang der ersten Liebesseligkeit will Leonce sich in den Fluß stürzen. Doch Valerio verspottet seine »Leutnantsromantik« und erhält ihn am Leben. Inzwischen sind am Hofe des vertrottelten Königs Peter alle Vorbereitungen für die Hochzeit getroffen. Die Bauern müssen »reinlich gekleidet, wohlgenährt« Ovationen darbringen. Maskiert erscheint das Brautpaar, um erst nachträglich als das wirkliche und echte erkannt zu werden. König Peter dankt zugunsten des Prinzen ab, und Valerio ernennt sich selbst zum Staatsminister.

Das von Ironie durchzogene Lustspiel gehört zu den anmutigsten deutschen Komödien. Der Dialog wechselt zwischen witzigen Pointen und dem Ausdruck von Gefühlen. Diese werden, romantisch-gebrochen, parodiert. Die Ansiedlung der Komödienhandlung in einer entrückten Scheinwelt suggeriert, daß Büchner eine Aufhebung des Lebensekels einer im Automatismus erstarrten Welt nur als ästhetischen Gegenentwurf gestalten kann. (Reclams UB 7733.)

Woyzeck

(Ein Fragment). Erste Aufführung: 8. November 1913

Personen: Franz Woyzeck – Marie – Hauptmann – Doktor – Tambourmajor – Andres – Marktschreier – Wirt – Großmutter u. a.
Ort und Zeit: In einer hessischen Kleinstadt, zu Beginn des 19. Jahrhunderts.

Der Füsilier Woyzeck rasiert seinen Hauptmann, einen blasierten Vertreter seines Standes, der ihm dabei Vorhaltungen macht, daß er ein uneheliches Kind habe. Woyzeck, der Stimmen hört und einen Sinn für das Überwirkliche hat, verdient sich ein Nebengeld als medizinisches Versuchsobjekt des Doktors. Marie, seine Geliebte und Mutter seines Kindes, betrügt ihn mit dem Tambourmajor. In hinterhältiger Weise erregt der Hauptmann in Woyzeck den Verdacht von Mariens Untreue. Im Wirtshaus beobachtet Woyzeck, wie Marie mit dem Tambourmajor tanzt. Furchtbar tobt es in der Brust des Hilflosen. Im Ringkampf unterliegt er dem Tambourmajor. Nun bereitet er alles auf den Tod vor, übergibt dem Kameraden Andres seine Sachen und ersticht die noch immer heiß geliebte Marie auf dem Waldweg am Teich. Dann stürzt er sich noch einmal im Wirtshaus in den Strudel des Lebens, um unmittelbar darauf in den Teich zu gehen.

Das nur als Fragment mit ungewisser Szenenfolge überlieferte Werk ist ein einziger Aufschrei der gequälten menschlichen Kreatur, ein früher Vorläufer des Expressionismus auf der Bühne. In der Woyzeck-Figur gestaltet Büchner den tragischen Untergang eines von seiner Umwelt Ausgestoßenen. Diese Umwelt ist mit Schärfe, gelegentlich (in den Figuren des Hauptmanns und Doktors) auch karikaturistisch gezeichnet, die grelle Realistik der Szenen wird durchklungen von der schwermütigen Melodie einer dunklen Volksballade. Das ins Negative umgestülpte Sterntalermärchen, das die Großmutter im Stück erzählt, drückt die Hoffnungslosigkeit »der Geringsten unter den Menschen« (Büchner) exemplarisch aus. Das Werk erschien erst nahezu ein halbes Jahrhundert nach Büchners Tod im Druck und wurde zum Angelpunkt der Büchnerrezeption. (Reclams UB 7733.)

FERDINAND RAIMUND

* 1. Juni 1790 in Wien
† 5. September 1836 in Pottenstein (Niederösterreich)

Raimund, ein Kind der Wiener Vorstadt Mariahilf, Sohn des Drechslermeisters Ferdinand Jakob Raimann, verlor früh seine Eltern, mußte das Gymnasium verlassen und ging zu einem Zuckerbäcker in die Lehre. 1808 gab er sein Handwerk auf und wandte sich ganz dem Theater zu. Er sammelte als angehender Schauspieler erste Erfahrungen in der Provinz und kam 1814 ans Theater in der Josefstadt in Wien. Aufmerksamkeit errang er nicht, wie erhofft, im tragischen Fach, sondern als Komiker. Seit 1817 Mitglied, später Regisseur, schließlich Direktor des Theaters in der Leopoldstadt, wurde er einer der beliebtesten Volksschauspieler, bewundert wegen seiner ausgewogenen Mischung von Humor und Gemüt. In seinen ersten Stücken bemühte sich Raimund, für sich und die Kollegen dankbare Rollen zu schaffen. Später verstärkten bittere Erfahrungen im persönlichen und beruflichen Leben, ungeachtet der Anerkennung, die er auch außerhalb Wiens als Schauspieler und Autor fand, den melancholischen Zug in seinem Wesen, bis er – Opfer einer Zwangsvorstellung – sich als Sechsundvierzigjähriger das Leben nahm.

Wien war ein besonderer Nährboden des Volkstheaters. Eine charakteristische Gattung, der auch Mozarts / Schikaneders *Zauberflöte* angehört, hatte sich mit dem Zaubermärchen, der Zauberposse etabliert. Dabei verbindet das Zauberspiel Elemente des Barocktheaters und der Stegreifkomödie mit eingestreuten Liedern, Duetten und Chören aus biedermeierlichem Geist. Da es niemals die unmittelbare Beziehung zum Volke verloren hatte, gewann es starken Lokalcharakter. Dieses Wiener Lokalstück, an dessen Entwicklung bisher nur für den Tag schaffende Praktiker des Theaters beteiligt gewesen waren, erhoben Ferdinand Raimunds dichterische und schauspielerische Gaben zu überzeitlicher Bedeutung. Zugleich fand in seinen Dichtungen die bürgerliche Kultur des Wiener Biedermeier ihren künstlerischen Ausdruck.

Raimunds dramatisches Schaffen umfaßt acht Stücke. Das erste, *Der Barometermacher auf der Zauberinsel* (1823), war ursprünglich ein Entwurf des Possendichters Meisl. Da dieser damit nicht recht vorankam, bearbeitete Raimund den schon vorhandenen ersten Akt und fügte den zweiten aus eigener Feder hinzu. Durch den Erfolg ermuntert, ließ er 1824 den *Diamant des Geisterkönigs* folgen. Hatte sich der *Barometermacher* noch in den Bahnen des üblichen Zauberpossenschemas bewegt, so ließ das zweite Werk in der Treffsicherheit der Charakterzeichnung, im poetischen Grundgedanken schon spezifisch Raimundsche Züge hervortreten. Diese verdichten sich in dem »Romantischen Original-Zaubermärchen« *Das Mädchen aus der Feenwelt oder Der Bauer als Millionär* (1826) zum ersten Meisterwerk des Dichters. Die anschließenden Schöpfungen *Die gefesselte Phantasie* (1826) und *Moisasurs Zauberfluch* (1827) konnten sich nicht durchsetzen, zumal den Autor hier zu sehr der Hang zum Tragischen erfaßt hatte. Dieser ließ sich schwer vereinen mit dem Milieu und den Ansprüchen der Wiener Volks- und Vorstadtbühne. Erst in *Der Alpenkönig und der Menschenfeind* (1828) gelang der erstrebte Ausgleich. Enttäuschung hingegen bereitete dem Dichter die kühle Aufnahme der *Unheilbringenden Krone* (1829), eines ehrgeizigen »original-tragisch-komischen Zauberspiels«. Dafür wurde Raimunds letztes Werk und künstlerisches Vermächtnis *Der Verschwender* (1833) zu einem um so nachhaltigeren Erfolg. Das Wiener Volksstück hatte nunmehr endgültig seinen ›Klassiker‹ gefunden.

Das Mädchen aus der Feenwelt

oder Der Bauer als Millionär

Romantisches Original-Zaubermärchen mit Gesang
in drei Aufzügen
Erste Aufführung: 10. November 1826 in Wien

Hauptpersonen: Lacrimosa, eine mächtige Fee – Bustorius, Zauberer aus Warasdin – Ajaxerle, Magier aus Donaueschingen – Die Zufriedenheit – Die Jugend – Das hohe Alter – Der Neid – Der Haß – Tophan, Kammerdiener des Hasses – Fortunatus Wurzel, ehemals Waldbauer, jetzt Millionär – Lottchen, seine Ziehtochter – Lorenz, ehemals Kuhhirt bei Wurzel, jetzt sein Kammerdiener – Karl Schilf, ein armer Fischer – Musensohn, Schmeichelfeld, Afterling, Wurzels Zechbrüder – Geister, Zauberer, Bediente, Volk.

Ort und Zeit: Die Handlung beginnt am Morgen des ersten Tages und endigt am Abend des zweiten, spielt teils im Feenreiche, teils auf der Erde.

Lottchen, die Tochter der Fee Lacrimosa und eines Seiltänzers, wird dem Waldbauern Fortunatus Wurzel mit dem Auftrag übergeben, sie einfach zu erziehen und ihr vor Ablauf der bestimmten Frist einen armen Gatten zu geben. Diese Bedingung muß erfüllt werden, damit Lacrimosa ihre Zauberkraft, die sie wegen ihrer Verbindung mit einem irdischen Liebhaber verloren hatte, wiedererhält. Inzwischen hat der Neid ein Auge auf Lacrimosa geworfen und rächt sich für die Abweisung dadurch, daß er Wurzel großen Reichtum in die Hände spielt und dessen Herz verhärtet. Der Bauer will von einer Verbindung Lottchens mit dem Jugendgespielen, dem Fischer Karl Schilf, nichts mehr wissen und wünscht einen reichen Schwiegersohn. Wenige Tage vor Lottchens 18. Geburtstag sagen befreundete Feen und Geister Lacrimosa ihre Hilfe zu. Der Magier Ajaxerle, der sich als schwäbischer Schneckenhändler ausgibt, spielt den Brautwerber für Lottchen. Wurzel weist ihn ab und versteigt sich zu dem Schwur, nicht eher solle aus dieser Verbindung etwas werden, bis er so morsch und grau aussehe, daß er auf den Aschenmarkt hinausgehöre. Nachdem Wurzels Zechgenossen gegangen sind, wird der Besuch eines fremden jungen Herrn gemeldet. Es ist die Jugend, die erschienen ist, um unter den Klängen des »Brüderlein fein ... einmal muß geschieden sein!« Wurzel die Gefolgschaft zu kündigen. Kaum ist sie gegangen, als es am hellen Tage Nacht wird und ein zweiter Gast, das hohe Alter, Einlaß begehrt. Wurzel will zwar die Türen verschließen lassen, aber ungehindert fliegt der unwillkommene Besuch auf einem Leiterwolkenwagen herein und macht Wurzel höhnisch darauf aufmerksam, daß nunmehr alles anders werde. Der mit allen Gebrechen des Alters geschlagene Wurzel verflucht den Neid und seinen Reichtum und wünscht sich in seine Waldheimat zurück. Schon sieht er sich vor seiner halbzerfallenen Hütte und wird von seinem Kammerdiener Lorenz, der in Wurzels ehemaligen Kuhhirten zurückverwandelt wurde, mit Prügeln bedroht, von Neid und Haß verhöhnt. Der Neid teilt dem Haß mit, daß er ihm die weitere Ausführung der Rache überlassen wolle. Der Haß ersinnt einen teuflischen Plan zum Verderben Karls. Man lockt diesen in eine Zauberkegelbahn, wo demjenigen, der alle Neun wirft, ein ungemessene Reichtümer verbürgender Brillantring winkt, dem Fehlenden aber der Tod gewiß ist. Karl, der glaubt, der Reichtum ebne ihm den Weg zu Lottchens Hand, wagt kühn das Spiel und erkegelt den Ring. – Die Diener des Hasses haben für Karl einen prächtigen Palast erbaut, denn solange dieser den Ring am Finger trägt, zwingt er sie zur Fron. Lottchen und die Fee Zufriedenheit, bei der das Mädchen Zuflucht gefunden hatte, erscheinen, um Karl zu bestimmen, den unheilvollen Reif vom Finger zu streifen. Als Aschenmann, die Butte auf dem Buckel, die Aschenkrücke in der Hand, naht Wurzel und gerät mit der Zufriedenheit, die er für die Köchin des Hauses hält, ins Gespräch. Der ehemalige Millionär ist ein anderer geworden, hat die Nichtigkeit des Besitzes und menschlichen Glücksstrebens eingesehen und faßt seine Erkenntnisse in dem ergreifenden »Aschenlied« zusammen. Durch gehäufte Zauberkünste gelingt es endlich, Karl, der sich anfangs heftig geweigert hatte, zur Ablegung des Ringes zu bestimmen. Damit ist die Macht des Hasses gebrochen, der Fischer wieder ein armer Mann, die Bedingung des Feenspruches erfüllt. Lacrimosa, wieder im Besitz ihrer Geistermacht, beschenkt das Brautpaar mit einem Fischergut. Wurzel aber ist aus dem Aschenmann wieder ein stattlicher Waldbauer geworden und stimmt den Lobpreis der Zufriedenheit an.

Raimund selbst erfand diesen Stoff mehr oder weniger, für den ihm das Zeitgeschehen mit seinen starken gesellschaftlichen Umschichtungen genügend Anschauungsunterricht bot. Mag man auch in der für den damaligen Geschmack unumgänglichen Feen- und Zauberwelt der Rahmenhandlung und der durch sie bedingten ›Maschinenkomödie‹ noch manches Erkünstelte, dramaturgisch Unzulängliche finden, so treten diese Momente zurück hinter den realen Kern des Geschehens, der in Figur und Geschick des Fortunatus Wurzel, Raimunds eigener Rolle, liegt. Sein Los wird zum besonders eindringlichen Sinnbild irdischer Vergänglichkeit, gestaltet durch denkbar einfache Mittel. Jene Szenen, in denen die Jugend Abschied von Wurzel nimmt und das Alter gespenstischen Einzug hält, sind Verlebendigungen dichterischer Visionen, für die sich im Drama des 19. Jahrhunderts wenig Ebenbürtiges findet. Denn während andere Figuren wie Zufriedenheit, Neid oder Haß mehr oder minder im luftleeren Raum der Allegorie verharren, gewinnen Jugend und Alter deswegen so elementares Leben, weil sie Vorgänge in Wurzels eigenem Inneren widerspiegeln. (Reclams UB 120.)

Der Alpenkönig und der Menschenfeind

Romantisch-komisches Märchen mit Gesang
in zwei Aufzügen
Erste Aufführung: 17. Oktober 1828 in Wien

Hauptpersonen: Astragalus, der Alpenkönig – Linarius, Alpanor, Alpengeister – Rappelkopf, reicher Gutsbesitzer – Sophie, seine Frau – Malchen, seine Tochter dritter Ehe – Silberkern, Sophies Bruder – August Dorn, Maler – Lischen, Kammermädchen – Habakuk, Bedienter bei Rappelkopf – Christian Glühwurm, Kohlenbrenner – Marthe, sein Weib – Salchen, seine Tochter – Weitere Kinder Glühwurms – Erscheinungen von Rappelkopfs verstorbenen Weibern – Alpengeister, Genien, Bediente.
Ort und Zeit: Die Handlung spielt auf Rappelkopfs Landgut und in dessen Nähe.

Astragalus, der den Menschen wohlgesonnene Alpenkönig, versucht, den Verblendeten zu helfen. Malchen, Rappelkopfs Tochter, erwartet ihren Geliebten, den aus Italien zurückkehrenden Maler August Dorn. Allerdings widersetzt sich ihr Vater, in der letzten Zeit zum Menschenfeind geworden, der Verbindung mit dem jungen Künstler. Die Liebenden sind ratlos und verzweifelt. Der plötzlich auftauchende Astragalus verspricht seine Hilfe. Im Hause Rappelkopfs hat Sophie Mühe, die gegen die Launen des Hausherrn aufmurrende Dienerschaft zu beruhigen. Sie, die ihren Gatten trotz seines Menschenhasses noch immer liebt, hat sich an ihren Bruder, den Verwalter von Rappelkopfs beträchtlichem Vermögen, um Hilfe gewendet. Als Rappelkopf von der Zusammenkunft Malchens mit dem Maler erfährt, steigert sich sein Haß gegen Frau und Tochter. Ahnungslos naht der zum Zichorienausstechen beorderte Habakuk mit einem Küchenmesser. Als er verlegen herumstottert, er käme im Auftrage Frau Sophies, glaubt Rappelkopf einen gegen ihn gedungenen Mörder vor sich zu sehen und flieht aus seinem Haus. In armseliger Köhlerhütte haust Christian Glühwurm mit seiner zahlreichen Familie. Rappelkopf, der sich völlig der Einsamkeit ergeben will, zahlt hohen Preis für die Hütte, und die Familie verläßt sie unter dem Gesang des Liedes »So leb denn wohl, du stilles Haus«. In Rappelkopfs Haus hat die plötzliche Flucht große Bestürzung hervorgerufen. Malchen und August glauben sich vom Alpenkönig im Stich gelassen, als dieser verspricht, Rappelkopf endgültig von seinem Wahne zu heilen. In der Waldeinsamkeit erzählt Rappelkopf den Bäumen von der hinterhältigen Behandlung, die er von den Menschen erfahren hat. Als Astragalus versucht, ihn zu überzeugen, daß die Ursache seines Menschenhasses einzig in seinem Innern zu suchen sei, versteigt sich Rappelkopf zu dem Schwur, nicht eher von seiner Anschauung zu lassen, bis ihm das Wasser an den Hals gehe. Der Alpenkönig nimmt ihn beim Wort. Gespenstische Erscheinungen von Rappelkopfs verstorbenen Ehefrauen verwehren ihm den Eintritt in die Hütte. Eine wilde Sturmnacht bricht los, die hochschwellenden Wasserfluten bedrohen sein Leben. In seiner Todesangst gelobt Rappelkopf Besserung. Zwischen dem Alpenkönig und dem Menschenfeind ist ein Abkommen getroffen worden. Rappelkopf wird in Gestalt seines Schwagers Silberkern sein Haus aufsuchen, während ein Doppelgänger ihm dort sein bisheriges Denken, Fühlen und Handeln vor Augen führen soll. Beider Leben bildet eine untrennbare Einheit: stößt dem Doppelgänger etwas zu, ist auch Rappelkopf verloren. In seiner Maske erkennt Rappelkopf die wahren Gesinnungen der Seinen, die Liebe von Frau und Tochter, den Edelsinn des Malers und Habakuks Harmlosigkeit. Astragalus führt in Rappelkopfs Gestalt dessen bisheriges Verhalten vor, schikaniert die Bedienten, mißhandelt Frau und Tochter, so daß der richtige Rappelkopf für die Gequälten Partei ergreift. Beinahe kommt es zu einem Duell zwischen ihm und dem Doppelgänger, nur die Erwägung, daß der Tod des einen auch das Ende des anderen nach sich ziehe, verhindert den Kampf. Als dem falschen Rappelkopf der Verlust seines Vermögens durch den Bankrott seines Bankhauses gemeldet wird, stürzt er sich in den nahen Fluß. Auch der richtige Rappelkopf sinkt in Ohnmacht, erwacht jedoch im Tempel der Erkenntnis. Die Kur hat ihre Wirkung getan, Rappelkopf ist von seinem Menschenhaß befreit und vereint die Liebenden. Schließlich erscheint der richtige Silberkern mit der beruhigenden Nachricht, er habe das Vermögen des Schwagers noch vor dem Bankrott in Sicherheit gebracht. Ein Schlußgesang an die Erkenntnis, die Licht ins Dunkel des Lebens sendet, beendet das Stück.

Der Alpenkönig und der Menschenfeind, Raimunds geschlossenste künstlerische Konzeption, ist ein dramaturgisches Meisterstück. Literarische Vorbilder bildeten für die Figur des Menschenfeindes Shakespeares *Timon von Athen* und Molières *Misanthrop*. Überdies waren Weltschmerz und Menschenfeind-

Raimund, Der Bauer als Millionär

Nestroy, Einen Jux will er sich machen

lichkeit Themen der Zeit, neigte Raimund selbst zur Hypochondrie. Der Dichter versuchte, indem er diese Krankheit in seinem Drama vorführte, nicht nur sich selbst, sondern auch die Welt von dem Übel zu heilen. Was bisher noch nicht so recht gelungen war, die Geisterwelt über eine rein äußerliche Funktion hinauszuheben und sie der Haupthandlung organisch einzugliedern, erreichte Raimund in *Alpenkönig und Menschenfeind*. Die Idee, ein seelisches Leiden durch die Spaltung in ein zweites Ich bewußt zu machen, Rappelkopf also durch Rappelkopf gesunden zu lassen, unterstreicht Raimunds dichterisches Genie. Auch die Nebenfiguren atmen unmittelbares Leben, Habakuk ist wohl die drolligste der zahlreichen Dienertypen in Raimunds Werken. Von der Szene in der Köhlerhütte sind stilbildende Kräfte ausgegangen; sie stellt ein frühes und eindrucksvolles Beispiel ungeschminkter Wirklichkeitsschilderung dar, fern von jener süßlichen Idyllik, mit der das bürgerliche Rührstück in solchen Momenten aufzuwarten pflegte. Die Musik stammt von Wenzel Müller (1767–1835), dem bekannten Singspielkomponisten. Raimund selbst spielte den Rappelkopf. (Reclams UB 180.)

Der Verschwender

Original-Zaubermärchen mit Gesang in drei Aufzügen
Erste Aufführung: 20. Februar 1834 in Wien

Hauptpersonen: Fee Cheristane – Azur (ein Bettler), ihr dienstbarer Geist – Julius von Flottwell, ein reicher Edelmann – Wolf, sein Kammerdiener – Valentin, Bedienter – Rosa, Kammerzofe – Gründling, Sockel, zwei Baumeister – Chevalier Dumont – Präsident von Klugheim – Amalie, seine Tochter – Baron Flitterstein – Ein Juwelier – Ein altes Weib – Ein Gärtner – Gäste, Bediente, Genien, Sylphiden, Landleute.

Ort und Zeit: Die Handlung spielt in und um Flottwells Schloß, der 2. Akt drei Jahre später als der erste, der 3. Akt zwanzig Jahre später als der zweite.

Flottwell, ein junger, reicher Verschwender, steht unter dem Schutz der Fee Cheristane. Als sie in die Feenwelt zurückkehren muß, hinterläßt sie ihren dienstbaren Geist Azur, der sich, als Bettler getarnt, um Flottwell sorgen soll. In dieser Gestalt verfolgt er ihn und erheischt von Flottwells Milde und Großmut Gaben, die er auch empfängt. Amalie, die Tochter des Präsidenten Klugheim, und Flottwell lieben sich. Der Vater ist gegen eine Verbindung mit dem jungen Lebemann und hat Baron Flitterstein für seine Tochter bestimmt. Immerhin erreicht Flottwell, daß Klugheim mit Amalie einer Einladung auf sein Schloß Folge leistet. Der Schmuck, den er der Geliebten dabei überreichen will, findet nach seiner Fertigung so wenig seinen Gefallen, daß er ihn kurzerhand zum Fenster hinauswirft. Dort findet ihn der Bettler und steckt ihn zu sich. Die Kammerzofe Rosa aber wird vom Kammerdiener Wolf, der sich für die Abweisung seiner Anträge rächen will, des Diebstahls bezichtigt und wendet sich hilfesuchend an Valentin. Beim festlichen Empfang will Flottwell Amalie eine prachtvolle Vase schenken. Klugheim weist dies Geschenk als zu kostbar zurück, Flitterstein stimmt ihm zu, und es kommt zu Wortwechsel und Duell mit Flottwell, wobei der Baron verwundet wird. Flottwell überredet Amalie zu nächtlicher Flucht nach England, Wolf soll ihm folgen; dieser aber zieht es vor zu bleiben, denn er will sich das Schloß seines Herrn aneignen. Bei Einbruch der Nacht begegnet Flottwell dem Bettler, der ihn wiederum um Gaben bestürmt. Erst als er diesem einen großen Teil des mitgenommenen Geldes hingeworfen hat, vermag er den unersättlichen Mahner loszuwerden. Zwanzig Jahre später, in London, hat Flottwell zuerst Frau und Kind, dann sein Vermögen verloren. Als Bettler kehrt er in die Heimat zurück. Sein Schloß sieht er im Besitz des schurkischen Kammerdieners, der, ein alter, todgezeichneter Mann, bedauert, seinen früheren Gebieter nicht beherbergen zu können. Valentin, ehrsamer Tischlermeister, erkennt seinen »gnädigen Herrn«. Er lädt ihn in sein bescheidenes Haus und stellt seinen zahlreichen Kindern den früheren Wohltäter vor. Dann bekennt er seine schlichte Lebensphilosophie in dem berühmten ›Hobelliede‹ (»Da streiten sich die Leut herum«). Allein seine Frau Rosa, die Flottwell nicht vergessen hat, daß sie in seinem Schloß des Diebstahls bezichtigt wurde, weist ihn während einer günstigen Gelegenheit außer Haus. Erst Valentins Drohung, sie samt Kindern zu verlassen, ändert ihre Meinung. Flottwell ist indessen zur Ruine seines ersten Schlosses gestiegen, um auf den Trümmern sein Leben zu beenden. Da tritt ihm Azur entgegen und überreicht ihm einen Schatz – all die Gaben, die er einst von dem Verschwender erbettelt hatte. Auch Cheristane zeigt sich ihm noch einmal, ein Wiedersehen in der Liebe grenzenlosem Reich verheißend. Als Valentin Flottwell gefunden und Verzeihung für das Handeln seiner Frau erbeten hat, erfährt er, daß sein Herr wieder in den Besitz eines ansehnlichen Vermögens gekommen ist und dieses mit ihm und seiner Familie teilen wird. Ein fröhlicher Schlußgesang mit einem Jodelrefrain der Senner und Sennerinnen bildet den Ausklang.

Zu dem reichen Inhalt des Stückes gehören sowohl die Feenwelt und die Zaubersphäre der Cheristane wie auch die eindrückliche, halb phantastische, halb realistische Zeichnung des Bettlers Azur. Seine natürlichste Begabung entfaltet der Dichter dort, wo er dem Wiener Lokalton und dessen lebensnahem Realismus huldigt. So wird Valentin, Sinnbild der Treue und Dankbarkeit, zum eigentlichen Helden des *Verschwenders*; er ist Raimunds eigene, mit besonderer Sorgfalt gestaltete Rolle gewesen. Auch sein weibliches Widerspiel, Rosa, die Realistin neben dem Idealisten, ist eine Charaktergestalt unvergänglicher Prägung. Die Musik schrieb Konradin Kreutzer (1780–1849), doch ist die Melodie des Hobelliedes, ebenso wie diejenige des Aschenliedes im *Mädchen aus der Feenwelt*, Ferdinand Raimunds Eigentum. (Reclams UB 49.)

JOHANN NESTROY

* 7. Dezember 1801 in Wien, † 25. Mai 1862 in Graz

Nestroy sollte eigentlich Jurist werden wie sein Vater. Doch von jener ›Theatromanie‹ ergriffen, die in Wien stets in der Luft lag, wandte er sich der Bühne zu, zunächst als Sänger, der als Sarastro in der »Zauberflöte« debütierte, dann als Schauspieler. 1831 faßte er als Komiker, zu dem er sich hauptsächlich in seinem Grazer Engagement entwickelt hatte, im Theater an der Wien festen Fuß. Bald zählte er zu den beliebtesten Volksschauspielern und Possendichtern. 1845 siedelte er mit dem Direktor Carl, der ihn entdeckt hatte, in das Theater in der Leopoldstadt über, an dessen Stelle 1847 das Carl-Theater trat. Nach Carls Tod (1854) leitete Nestroy selbst diese Bühne bis 1860. Dann zog er sich zurück und verbrachte seinen Lebensabend in Graz und Ischl. 1861 und 1862 sahen ihn die Wiener in zwei längeren Gastspielen wieder; seine letzte Rolle war der Knieriem in

»Lumpazivagabundus«. Ganz Wien war bei seiner Beerdigung auf den Beinen, um einem seiner größten Lieblinge das letzte Geleit zu geben.

Über Nestroys Bedeutung für das Wiener Volksstück wird man sich am besten klar, wenn man ihn mit dem Antipoden seiner frühen Jahre, Ferdinand Raimund, vergleicht, der ebenfalls Dichter und Schauspieler in einer Person war. Beide gingen vom Zaubermärchen und der Zauberposse aus. Nestroy war jedoch nicht etwa ein Nachahmer seines Konkurrenten. Im Widerspiel zu dem mehr passiven, sich behaglich im Zuständlichen ergehenden Humor Raimunds ist Nestroys Komik ausgesprochen aggressiv. Nicht zufällig fühlte er sich zur Parodie, seinem Mittel zur Entwürdigung des Pathetischen, gedrängt. Er hat diese Gattung durch einige geniale Würfe bereichert: *Robert der Teuxel* (nach Meyerbeer), *Judith und Holofernes* (nach Hebbel; Reclams UB 3347), *Tannhäuser* (R. Wagner). Kennzeichnen Humor und Idealismus die Welt Raimunds, so ist es der scharfe Intellekt, der das Werk Nestroys bestimmt. Sein Hang zum Realismus, sein aggressiver Sprachwitz, seine satirischen Angriffe auf die zeitgenössische Gesellschaft und die menschlichen Schwächen lassen ihn zuweilen als kalten Zyniker erscheinen. Den Rahmen der Zauberposse, die er mit Skepsis vorträgt, gab er nach dem großen Erfolg des *Lumpazivagabundus* (1833) zugunsten der Zeichnung eines realistischen Gegenwartsmilieus auf. Seine ›Wiener Sittengemälde‹ kritisieren, als Komödien getarnt, den repressiven Stillstand der Metternich-Ära. Aus der großen Zahl dieser Stücke gelten als besonders gelungen: *Zu ebener Erde und erster Stock* (1835), *Der Talisman* (1840), *Das Mädl aus der Vorstadt* (1841), *Einen Jux will er sich machen* (1842), *Der Unbedeutende* (1846). Die kunstvolle Charakterzeichnung verleiht diesen Possen eine überzeitliche Komödienwirkung. Mit der Revolution von 1848 hat sich Nestroy in der satirischen Komödie *Freiheit in Krähwinkel* (1848; Reclams UB 8330) auseinandergesetzt. In die Zukunft weisende, den dichterischen Realismus vorbereitende Gehalte bergen, die Linie des *Unbedeutenden* fortsetzend, die sozial betonten Sittenstücke *Der alte Mann mit der jungen Frau* (1849) und *Kampl* (1852). Als Direktor des Carl-Theaters schrieb Nestroy jene ›Schauspielerstücke‹, die auf die Hauptdarsteller seines Hauses zugeschnitten waren, besonders auf seinen kongenialen Antipoden

Wenzel Scholz. Auch an der Einbürgerung der Offenbachschen Operette in Wien hat er aktiven Anteil genommen und mehrere Burlesken dieser Art bearbeitet, wie *Häuptling Abendwind* (1857; Reclams UB 3347). Neu belebt wurden in jüngerer Zeit besonders *Frühere Verhältnisse* (1862; Reclams UB 4718) und *Höllenangst* (1849; Reclams UB 8382).

Nestroys dramaturgische Technik, obwohl unmittelbar aus der Praxis des Theaters entwickelt, ist verhältnismäßig einfach, mitunter schablonenmäßig, seine Stoffe werden meist fremden Vorlagen, besonders französischen Vaudevilles, entnommen, jedoch durch ihre geniale Verarbeitung ganz sein eigen. Seine gelungenen Neubearbeitungen haben wiederum die französische Boulevardkomödie eines Eugène Labiche prägend beeinflußt. Unerschöpflich ist er im Ersinnen wirksamer und witziger Bühnensituationen, sein Dialog ist eine Kette geistvoller Pointen und Repliken, ein Ironiegefunkel, eine aus dem Wissen um die menschliche Unzulänglichkeit geborene satirische Kraft, die auch heute noch fasziniert und hinreißt.

Der böse Geist Lumpazivagabundus

oder Das liederliche Kleeblatt

Zauberposse mit Gesang in drei Akten
Erste Aufführung: 11. April 1833 in Wien

Hauptpersonen: Stellaris, Feenkönig – Fortuna, Beherrscherin des Glücks – Brillantine, ihre Tochter – Amorosa, Beschützerin der Liebe – Lumpazivagabundus, ein böser Geist – Mystifax, alter Zauberer – Hilaris, sein Sohn – Knieriem, Schustergesell – Zwirn, Schneidergesell – Leim, Tischlergesell – Hobelmann, Tischlermeister in Wien – Peppi, seine Tochter – Signora Palpiti – Camilla, Laura, ihre Töchter – Herr von Windwachel – Herr von Lüftig – Zauberer, Musikanten, Gäste, Kellner, Kellnerinnen, Handwerksleute.
Ort und Zeit: Die Handlung spielt teils in Ulm, teils in Prag, teils in Wien, teils im Feenreich.

Vor dem Thron des Feenkönigs Stellaris erheben alte Zauberer, geführt von Mystifax, Klage gegen Lumpazivagabundus, den Verführer ihrer Söhne zu liederlichem Lebenswandel. Auf königliches Gebot gibt Fortuna den jungen Leuten ihr vergeudetes Vermögen zurück, aber Lumpazivagabundus spottet dieser Maßnahme, denn Reichtum wird die Jugend nie bessern.

Zur Bestätigung erklärt Hilaris, Mystifax' Sohn, das erreiche nur die Liebe, und fordert die Hand Brillantines, der Tochter der Glücksgöttin. Fortuna weigert sich, obwohl Amorosa für die Liebenden Partei ergreift. Schließlich bietet Fortuna folgende Wette: drei lockere Gesellen aus der Menschenwelt sollen mit Gaben ihres Füllhorns überschüttet werden; machen nur zwei unter ihnen von dem Reichtum weisen Gebrauch, bleiben Brillantine und Hilaris ewig getrennt, treten aber zwei ihr Glück mit Füßen, dann ist Amorosa Siegerin. Vor den Toren der Stadt Ulm treffen der sternengläubige Trinker Knieriem, ein Schustergesell, der leichtlebige Schneider Zwirn und der durch den Verlust seiner geliebten Peppi melancholisch gewordene Tischlergeselle Leim zusammen. In der Nacht läßt Fortuna den Träumenden die Nummer 7359 erscheinen, bei Tagesanbruch kaufen sie mit ihren letzten Groschen das Lotterielos, das sie 100000 Taler gewinnen läßt. Jeder will nun nach Wunsch und Gefallen leben, Leim seine geliebte Peppi doch noch zu erringen suchen, Zwirn mehr das Leben eines Don Juan als eines Schneiders führen, Knieriem, durch die Sterne von der Tatsache baldigen Weltuntergangs überzeugt, vom Bier zum Wein übergehen. Man scheidet mit der Verabredung, sich nach Ablauf eines Jahres im Hause des Meisters Hobelmann in Wien, des vermutlichen Schwiegervaters Leims, zu treffen. – In Wien findet Leim die verloren gewähnte Peppi noch unvermählt und treu wie Gold. Meister Hobelmann gibt mit Freuden seine Einwilligung zur Heirat. Zwirn hat sich inzwischen in Prag etabliert und ist ein Lebemann geworden. Seine Freunde Windwachel und Lüftig wissen reichen Gewinn aus seinen vornehmen Passionen zu ziehen. Noch schwächer zeigt sich Herr von Zwirn dem weiblichen Geschlecht gegenüber. – Das Jahr ist verstrichen. In abgerissenem Zustand klopfen Zwirn und Knieriem an Hobelmanns Tür. Zunächst läßt sich Leim verleugnen, um das gute Herz seiner lockeren Kameraden zu erproben. Diese Prüfung bestehen zwar die beiden, aber von einem Solidwerden, von Seßhaftigkeit und Familiengründung, wie Leim meint, wollen sie nichts wissen. Es zieht sie wieder hinaus auf die Landstraße. Als sie in einer Bauernschänke ihr Luderleben fortsetzen wollen, tritt der Feenkönig dazwischen. Fortuna erklärt sich durch die Unverbesserlichkeit der beiden für besiegt, Hilaris und Brillantine werden ein Paar. Amorosa aber gibt die Hoffnung nicht auf: Durch die Macht der Liebe wird sie auch Zwirn und Knieriem zu anständigen und glücklichen Menschen machen. Das Schlußbild zeigt, daß dies gelungen ist. In *einem* Hause arbeiten in verschiedenen Stockwerken die drei ehemaligen Gesellen und jetzigen Meister, umgeben von Frau und Kindern, bis der Feierabend sie zu Tanz und Lustbarkeit ruft.

Lumpazivagabundus geht auf die Erzählung *Das große Los* (1827) von Karl Weisflog, einem Epigonen E. T. A. Hoffmanns, zurück. Als Dramatiker konzentrierte Nestroy die Vorlage zeitlich und handlungsmäßig. Sein Realismus ließ ihn den Zauberrahmen knapp gestalten, sein Interesse galt dem liederlichen Kleeblatt. Dieses verrät eine hochentwickelte Kunst der Charakterzeichnung, zugleich aber gibt es dem Darsteller die Möglichkeit zu weiterer schauspielerischer Ausgestaltung. Der Dialog scheint stellenweise geradezu darauf angelegt, die Geister der Improvisation und der aus der Laune des Augenblicks quirlenden ›Lazzi‹ zu beschwören. Schon Nestroy selbst, der in der Uraufführung den Knieriem verkörperte, hat ausgiebigen Gebrauch davon gemacht. Auch die Ansiedlung des Geschehens im Wiener Lokalkolorit ist durchaus Nestroys Werk. Die Musik schrieb, wie für die meisten Possen Nestroys, der ungemein leicht produzierende Adolf Müller (1801–85), der noch den Komödien Anzengrubers das musikalische Geleit auf die Bühne gegeben hat. (Reclams UB 3025.)

Eine 1834 erschienene Fortsetzung des *Lumpazivagabundus* mit dem Titel *Die Familien Zwirn, Knieriem und Leim oder Der Weltuntergang*, die die drei Gesellen als rückfällige Sünder zeigt und die Möglichkeit der Besserung bezweifeln läßt, vermochte sich nicht durchzusetzen.

Zu ebener Erde und erster Stock oder Die Launen des Glücks. Lokalposse mit Gesang in drei Akten (1835). – Die gesamte Handlung vollzieht sich bei geteilter Bühne. In dem ärmlichen Zimmer unten haust die zahlreiche Familie des Tandlers Schlucker, Mann, Frau, Kinder und Schwager Damian, während oben der Spekulant und Millionär Goldfuchs mit seiner Tochter Emilie ein üppiges Leben führt. Fortunas Gunst, die als Zeichen der einsetzenden Industrialisierung mit ihren schnellen Wechselfällen gedeutet werden kann, ist wandelbar, und so ist es möglich, daß im Verlaufe des Stückes aus oben unten und aus unten oben wird. Während bei

Schluckers die Glücksbotschaften durch Lotteriegewinn, vornehme Gönnerschaft und Erbschaft nicht mehr abreißen wollen, prasselt auf Goldfuchs Unglück über Unglück in Gestalt geschäftlicher Verluste und Fehlspekulationen hernieder. Ein Ausgleich wird allerdings dadurch geschaffen, daß die ehemalige Millionärstochter und Schluckers Pflegesohn Adolf, der sich schließlich als der langgesuchte Neffe des Hausherrn Zins entpuppt, heiraten.

Die Lokalposse ist das Vorbild zahlreicher ähnlicher Stücke, der späteren Vorder- und Hinterhauskomödien, geworden. Die Vorteile der geteilten Bühne sind von Nestroy mit dem ihm eigenen dramaturgischen Geschick und elementarem Bühnensinn genutzt worden. Bis in die letzten Kleinigkeiten hinein korrespondieren die beiden Sphären. Während unten die Kinder nach Brot jammern, wird oben ein köstliches Mahl aufgetragen, während unten eine durstige Seele zur Wasserflasche greift, knallen oben die Champagnerpfropfen, wenn unten Frau Sepherl zu äußerster Sparsamkeit mahnt, wirft man oben Fett ins Herdfeuer, damit dieses besser brenne. Die Charakterisierung der unteren Stände ist im allgemeinen lebensvoller geraten als die der oberen. Die Figur der Frau Sepherl in ihrer rührend besorgten Mütterlichkeit widerlegt den Vorwurf von Nestroys ›Gemütlosigkeit‹. Mit dem Diener Johann, den der Autor selbst verkörperte, ersteht ein aus den späteren Stücken nicht mehr verschwindender Typ des kaltschnäuzigen Verstandeszynikers, der ins Diabolische hinüberspielt. Sein Gegenstück bildet die Figur des ewigen Pechvogels Damian, dessen Herzenseinfalt etwas Bezwingendes hat. (Reclams UB 3109.)

Der Talisman. Posse mit Gesang in drei Akten (1840). – Der Barbierjunge Titus Feuerfuchs leidet ebenso wie die Gänsehüterin Salome Pokerl unter einem Makel: sie haben rote Haare. Dies ist ihrem persönlichen und beruflichen Glück abträglich, da sie von ihrer Mitwelt geschnitten werden. Ein Zufall in Gestalt einer schwarzen Perücke scheint Titus auf die Karriereleiter zu befördern. Damen der Gesellschaft hofieren ihn, lassen jedoch von ihm ab, wenn ein anderer Zufall seinen wahren Rotkopf zum Vorschein bringt. Das Spiel setzt sich mit andersfarbigen Perücken fort, bis ein Onkel Titus einen Friseurladen einrichtet. Der gewitzte Feuerfuchs heiratet Salome Pokerl und nicht eine der Damen, die ihn anders wünschen, als er ist.

Die Handlung geht auf ein französisches Vaudeville *Bonaventure* von Duperty und de Courcy zurück. Nestroy hat aus der Vorlage eine seiner im Aufbau geschlossensten, zügigsten, an heiteren Situationen reichsten Komödien gemacht, an der heute noch jedes Wort, jede Szene lebendig wirken. Den raschen Aufstieg des rothaarigen Helden dadurch anschaulich zu machen, daß jede seiner Gönnerinnen ihn in die Kleider ihres verstorbenen Mannes steckt, ist ein ebenso einfacher wie genialer Einfall. (Reclams UB 3374.)

Das Mädl aus der Vorstadt oder Ehrlich währt am längsten. Posse in drei Aufzügen (1841). – Die Gefühle des vertrottelten Herrn von Gigl gegenüber seiner Verlobten, der launischen Frau von Erbsenstein, sind etwas erkaltet, seit er die sittsame Strickerin Thekla, ein ›Mädl aus der Vorstadt‹, gesehen hat. Aus der Hochzeit, die die Verlobten im Hause des reichen Spekulanten Kauz feiern wollen, wird nichts. Schnoferl, ein Schnüffler, lotst Gigl in ein Vorstadtetablissement, um ihn auf andere Gedanken zu bringen. Dort treffen sie Kauz, der Madame Storch nachstellt. Ein gemeinsames Souper soll die pikante Situation retten. Der Zufall führt sowohl Thekla als auch die Erbsenstein vorbei. Bevor die erste Gigl das Geheimnis ihrer Herkunft anvertrauen kann, enthüllt es die zweite: sie ist die Tochter des Kassierers Stimmer, der Kauz um eine bedeutende Geldsumme betrogen haben soll und gezwungen ist, im verborgenen zu leben. Schnoferl, den Kauz mit der Begleichung eines Auftrags hinhält, klärt die Affäre auf: Kauz spielte den Betrogenen, um ein Legat nur tröpfchenweise an die Verwandtschaft ausbezahlen zu müssen. Schnoferl bereitet es sichtlich Vergnügen, Kauz eine hohe Entschädigung für den rehabilitierten Stimmer und seine Tochter Thekla abzupressen. Zu guter Letzt können sich Thekla und Gigl ebenso wie Frau von Erbsenstein und Schnoferl, der diese schon längere Zeit verehrt hatte, verbinden.

Die Handlung folgt einem belanglosen französischen Vaudeville, *La jolie du Faubourg*, einer Mischung aus Kriminalmotiven und Lustspielklischees. Nestroys Sprachartistik und Ironie machen daraus ein dramatisches Juwel. Er selbst stand Anfang der 1840er Jahre auf dem Höhepunkt seiner schriftstellerischen und schauspielerischen Meisterschaft und spielte mit großem Erfolg den Schnoferl, einen Spötter voller Melancholie. (Reclams UB 8553.) *E. F.*

Einen Jux will er sich machen. Posse mit Gesang in vier Akten (1842). – Der Handlungsgehilfe Weinberl hat den Auftrag erhalten, während der Abwesenheit seines Chefs, des Gewürzkrämers Zangler, den ihm anvertrauten Kramerladen zu bewachen. Statt dessen begibt er sich, von unbezähmbarem Verlangen nach einem Abenteuer ergriffen, mit dem Lehrbuben Christopherl in die nahe Großstadt. Als erster begegnet dort den Ausreißern Meister Zangler, vor dem sie in den Modesalon der Madame Knorr flüchten. Nach dem Grund seines Erscheinens gefragt, gibt sich Weinberl als der neugebackene Ehemann der Witwe von Fischer aus, die bald darauf den Laden betritt. Zunächst erstaunt über die Keckheit, geht diese schließlich aus weiblicher Neugier auf das Spiel ein. Aus der angenommenen Rolle erwachsen Weinberl und seinem Begleiter die peinlichsten Situationen, zumal auch Zanglers Nichte Marie mit ihrem dem Onkel unerwünschten Bräutigam in die Stadt entwichen ist und Weinberl mit diesem August Sonders verwechselt wird. Nach tausend Fährnissen in die Heimat zurückgekehrt, gelingt es Weinberl, durch Verhinderung eines Einbruchs in die Kramerei die verwirkte Gunst des Chefs zurückzugewinnen und das Herz der jugendlichen Witwe endgültig zu erobern. Auch Marie und August werden ein Paar, da eine reiche Erbschaft des letzteren alle Schwierigkeiten aus dem Wege räumt.

Das Stück stellt den Typus einer reinen Posse ohne etwaige ideelle Hintergründe dar. Nestroy bediente sich der Komödie John Oxenfords *A Day Well Spent* (1834) als Vorlage. Sein Spiel mit den Dramenelementen im Drama selber ist ein dramaturgisches Meisterstück, ebenso das geschickte Durcheinanderschlingen des Geschehens, das zu den tollsten Verwicklungen führt. Die Rolle des Weinberl hat sich Nestroy auf den Leib geschrieben, auch die Gestalt des Christopherl zählt zu den liebenswürdigsten Eingebungen seiner Muse. Die Figur des Hausknechtes Melchior ist mit ihrem stereotypen Ausspruch »Das ist klassisch!« eine so köstliche Verkörperung menschlichen Phlegmas, daß man über ihre mangelnde dramaturgische Notwendigkeit gerne hinwegsieht. (Reclams UB 3041.)

Der Zerrissene

Posse mit Gesang in drei Akten
Erste Aufführung: 9. April 1844 in Wien

Personen: Herr von Lips, ein Kapitalist – Stifler, Sporner, Wixer, seine Freunde – Madame Schleyer – Gluthammer, ein Schlosser – Krautkopf, Pächter auf einer Besitzung des Herrn von Lips – Kathi, seine Anverwandte – Staubmann, Notar – Bediente bei Lips – Knechte bei Krautkopf.
Ort und Zeit: Die Handlung spielt im 1. Akt im Landhause des Herrn von Lips, im 2. und 3. Akt acht Tage später auf Krautkopfs Pachthof.

Der steinreiche Herr von Lips ist ein ›Zerrissener‹. Wegen seines Wohlstandes ist er der Welt und ihrer Freuden überdrüssig geworden, da sie ihm nichts mehr als Langeweile zu bieten scheint. Im Kreise seiner Freunde und Zechgenossen tut Lips, dem man zum Ehestande als dem ihm noch einzig Neuen und Unbekannten rät, den Schwur, die erste Frau, die ihm an jenem Tage begegne, zu heiraten. Gleich darauf wird Madame Schleyer gemeldet, die, zur Aufbesserung ihrer bescheidenen Finanzen, einen Ball veranstaltet und Lips hierfür Karten anbietet. Seinem Schwur getreu, beehrt sie Lips mit einem Heiratsantrag, der zuerst überrascht, dann aber freudig angenommen wird. Der Schlosser Gluthammer, der sich wegen Reparaturarbeiten im Schloß befindet, erkennt in Madame Schleyer seine langvermißte Geliebte Mathilde wieder. Da Lips auf seinen Heiratsabsichten beharrt, kommt es zu einer Rauferei zwischen ihm und dem wutentbrannten Schlosser, in deren Verlauf die Ringenden über das noch unbefestigte Geländer des Balkons in den unten vorbeiströmenden Gebirgsbach stürzen. Ein Entsetzensschrei, denn beide scheinen den Tod gefunden zu haben. Lips, der sich aus den Fluten retten konnte, Gluthammer jedoch ertrunken glaubt, flieht vor der Justiz in den Hof seines Pächters Krautkopf. Dort arbeitet sein Patenkind Kathi als Wirtschafterin. Ihr gelingt es, ihren Patenonkel unerkannt als Knecht unterzubringen. Gluthammer, der ebenfalls den Sturz überlebt hat, sich jedoch für den Mörder von Lips hält, wird von seinem Freund Krautkopf im Speicher verborgen. Die Eröffnung des Lipsschen Testaments, das die Freunde Stifler, Sporner und Wixer zu Erben des Hofes macht, zeigt Lips deren wahre Gesinnung. Daher benützt er einen günstigen Augenblick, um dem auf dem Tisch liegengebliebenen Testament einen Zusatz anzufügen, der Kathi zur Alleinerbin macht. Der Notar Staubmann entdeckt bei nochmaliger Lesung des letzten Willens den Zusatz und läßt keinen Zweifel an dessen Rechtsgültigkeit. Die reiche Erbin Kathi wird sowohl von den drei Freunden als auch von Krautkopf um die Wette umworben. Lips entbrennt in wachsender Eifersucht, wird aber von Kathi durch die Versicherung beruhigt, sie werde den ganzen Besitz zu Bargeld machen und ihm dieses ins Ausland, wohin er zu fliehen gedenkt, nachsenden. Den Freunden gefällt die Vertrautheit Kathis mit dem Knechte gar nicht, und als Stifler diesen am Kragen fassen will, erkennt er den Totgewähnten. Beschämt schweigen die Freunde, aber um so lauter erklärt Notar Staubmann, daß er Lips wegen Mordverdachts festnehmen müsse. Über Nacht wird Lips bis zum Eintreffen der Polizei im Getreidespeicher eingeschlossen. Dort entschlüpft in der Dunkelheit Gluthammer seinem Versteck, und beide glauben, den Geist des Ermordeten vor sich zu sehen. Auf das Geschrei eilen die übrigen herbei; die Sache findet ihre Aufklärung, versöhnt reichen sich Lips und Gluthammer die Hände. Aber während in diesem die »Mathildenlieb'« erkaltet ist, ist in Lips die »Kathilieb'« erwacht, und der Zerrissene kann endlich durch die ihm bisher fehlende eheliche Hälfte ein Ganzes werden.

Die Vorlage des *Zerrissenen* ist ein französisches Vaudeville *L'Homme blasé* von Duvert und Lanzanne. Der in der Figur des Lips zumAusdruck gebrachte Weltschmerz war bereits in Raimunds *Der Alpenkönig und der Menschenfeind* behandelt worden. Obwohl Nestroy dem Original fast Szene für Szene folgt, wird das Stück unter seinen Händen ein völlig anderes, insbesondere durch die vertiefende Charakterbehandlung. Die Figur des Lips ist eine der interessantesten, auch schauspielerisch ergiebigsten, die Nestroy geschaffen hat. Die saftige Komik des Gluthammer ist ebenso des Bearbeiters Eigentum wie Kathis kernig-naive Art. Der Dialog in seiner bald naiven, bald humorsprühenden, stets lebendigen Diktion ›verwienert‹ vollends das französische Stück in einer Weise, daß es durchaus als Originalwerk anmutet. *Der Zerrissene* gehört zu den für Nestroy charakteristischsten Schöpfungen. Hinter dem sprudelnden Parlando verbirgt sich tiefes Leiden, das halb ernsthaft, halb parodierend durchgespielt wird. (Reclams UB 3626.)

W. Z.

LUDWIG ANZENGRUBER

* 29. November 1839 in Wien, † 10. Dezember 1889 ebd.

Den aus einer oberösterreichischen Bauernfamilie stammenden Vater, einen Beamten, der sich auch literarisch versucht hatte, verlor Anzengruber in jungen Jahren. Die Mutter, eine Wienerin, sorgte mit ihrer kärglichen Pension für die Erziehung. Den jungen Buchhändlergehilfen lockt das Theater. Doch erste schriftstellerische Mißerfolge lassen ihn eine kleine Stellung bei der Wiener Polizei annehmen. Nach dem Erfolg seines »Pfarrer von Kirchfeld« (1870) gewinnt er das Selbstvertrauen zurück. Rasch folgen in den nächsten Jahren weitere Dramen. 1882–85 redigierte Anzengruber das Familienblatt »Heimat«, seit 1884 bis zu seinem Tode die humoristische Wochenschrift »Figaro«. Zu gleicher Zeit schrieb er, außer Bühnenwerken, Romane, Erzählungen und Kalendergeschichten, unter denen manche wie die sechs »Märchen des Steinklopferhanns« (1874/75), »Der Schandfleck« (1876) und »Der Sternsteinhof« (1884) die künstlerische Höhe der dramatischen Werke erreichen. 1878 wurde Anzengruber der Schillerpreis, 1887 der Grillparzerpreis zuerkannt. Der Fünfzigjährige starb an einer Blutvergiftung.

Anzengrubers Ausgangspunkt ist das Wiener Volksstück, das von ihm bevorzugte Milieu das bäuerliche, auf das ihn Berthold Auerbachs *Schwarzwälder Dorfgeschichten* gebracht hatten. Kaum weniger vertraut war er mit dem Wiener Großstadtmilieu der unteren Volksschichten. Von der erzieherischen Aufgabe des Theaters überzeugt, machte er seine Gestalten zu Ideenträgern dessen, was er vom Fortschrittsgedanken für die Menschheit erhoffte. Er selbst hat die ›Aufklärung des Volkes‹ als eine seiner Lebensaufgaben betrachtet. Den bäuerlichen Schauspielen und Tragödien *Der Pfarrer von Kirchfeld* (1870), *Der Meineidbauer* (1871), *Der ledige Hof* (1876) stellt Anzengruber heitere Widerspiele in *Die Kreuzelschreiber* (1872), *Der Gwissenswurm* (1874) und *Die Trutzige* (1877) gegenüber. *Doppelselbstmord* (1875) läßt das zugrunde liegende Romeo-und-Julia-Motiv dank der Natürlichkeit des bäuerlichen Liebespaares nicht tragisch, sondern heiter-versöhnlich enden. Sein Wiener Dreifamilienstück *Das vierte Gebot* (1877) wurde in seiner Bedeutung erst nach Anzengrubers Tod erkannt, als die Berliner

Freie Volksbühne ihn als Wegbereiter des Naturalismus präsentierte.

Verglichen mit der Reform des Volksstücks, die Anzengrubers Verdienst ist, mutet die Bühnentechnik, besonders die schwerfälligen Expositionen, etwas primitiv an. Die dem Lokalstück eigenen Musikeinlagen, ein Erbe des Barockdramas, behielt Anzengruber bei; für das Melodrama hegte er eine besondere Vorliebe. Erst in späteren Werken löst er diesen Zusammenhang mit der Tradition.

Der Meineidbauer. Volksstück mit Gesang in drei Akten (1871). – Der Kreuzweghofbauer Matthias Ferner hat den Hof seiner Väter dadurch an sich gerissen, daß er die mit der ledigen Vroni Burger erzeugten Kinder seines älteren Bruders durch Testamentsbeseitigung und Meineid vor Gericht um ihr Erbe geprellt hat. Der einzige Zeuge der Testamentsverbrennung ist der damals noch im Kindesalter stehende Sohn von Matthias, Franz Ferner, gewesen. Um sein Verbrechen zu verbergen, ist der Kreuzweghofbauer ein frommer Sohn der Kirche geworden, seinen Sohn Franz hat er wider dessen Willen zum Studium der Theologie gezwungen. Überall gilt Matthias für einen ›halben Heiligen‹. Von den Kindern seines Bruders ist Jakob ein Vagabund geworden, Vroni Magd auf dem Adamshof. – Matthias Ferner verhandelt mit dem Adamshofbauern Höllerer über eine Heirat ihrer beiden Kinder Crescenz und Toni. Deshalb verläßt Vroni den Adamshof. Sie findet Unterschlupf bei ihrer Großmutter, der Burgerliese, die hoch oben im Gebirge eine Schankwirtschaft betreibt. Vronis Bruder, der Vagabund Jakob, hat sich mit letzter Kraft zur Großmutter geschleppt, um nicht in der Fremde, sondern im Angesicht der heimatlichen Berge zu sterben. Als er der Schwester als einziges Vermächtnis das Gebetbuch des Vaters überreicht, fällt ein Brief des Matthias Ferner heraus, in dem dieser den Empfang des Testaments bestätigt, zugleich sich aber darüber beklagt, daß er und seine Familie zugunsten der Kinder der Magd leer ausgehen sollen. Nun hält Vroni die Waffe in der Hand, mit der sie den Kreuzweghofbauern bekämpfen kann. – Auf dem Kreuzweghof hat Franz seinem Vater erklärt, daß er das Theologiestudium aufgeben und Bauer werden wolle. Inzwischen zeigt Vroni Matthias den Brief und kündigt ihm offen Feindschaft an. Franz versichert Vroni seiner Freundschaft und warnt sie vor seinem Vater.

Zu ihrer Sicherheit verspricht er, in der Nähe bleiben zu wollen. Kaum hat er sich durchs Fenster geschwungen, als auf dem gleichen Wege Matthias Ferner erscheint. Mit vorgehaltener Flinte will er das Mädchen zwingen, ihm den Brief auszuhändigen. Vroni rettet sich durch die Notlüge, sie habe das Schriftstück an Franz gegeben, der sie soeben verlassen habe. In wilder Hast stürmt Ferner seinem Sohne nach, stellt ihn in einer Schlucht und schießt den vermeintlichen Besitzer des Briefes nieder. – Vor dem losbrechenden Unwetter hat sich der Kreuzweghofbauer in die Hütte der Baumahm gerettet. Hier wird er Zeuge einer Erzählung der Alten, deren Inhalt sich mit seinem eigenen Schicksal zu decken scheint. In wildem Trotz sucht er die Stimme des bösen Gewissens zu beschwichtigen und sinkt, als er die Schwurhand zum Kreuzschlagen vor dem höllischen Erzfeind erheben will, vom Schlage gerührt zusammen. Noch vor Ferners Tod hat Vroni den verhängnisvollen Brief verbrannt. Franz, der nur verwundet wurde, macht sie zur Kreuzweghofbäuerin. Crescenz wird mit Toni vereint, das Geheimnis des alten Ferner in den Herzen der Wissenden begraben. Ein neues Leben hebt an, denn, so jubelt Vroni, »da sein neue Leut', und die Welt fangt erst an«. (Reclams UB 133).

Die Kreuzelschreiber. Bauernkomödie mit Gesang in drei Akten (1872). – Im Dorfwirtshaus von Zwentdorf, wo der grauhaarige Dorfphilosoph, der Steinklopferhanns, mit den jungen Burschen fröhlich zecht, zeigt sich zum ersten Male, seit er Josepha, die Erbin des Hofes, heimgeführt, der Gelbhofbauer. Gefolgt von älteren Bauern betritt er die Gaststube und unterbreitet den Männern von Zwentdorf eine Dankschrift an den »frummen, g'studierten alten Mann in der Stadt« (gemeint ist Ignaz von Döllinger) für seinen mannhaften Widerstand gegen das päpstliche Unfehlbarkeitsdogma. Obwohl sie nichts vom Inhalt der Adresse verstehen, unterzeichnen die Bauern doch mit ihren die Namensunterschrift ersetzenden drei »Kreuzeln«. Die jungen Burschen schließen sich allerdings nicht an und folgen dem Steinklopferhanns, der meint, er werde, einerlei, ob mit oder ohne Unterschrift, auch weiterhin seine Steine klopfen müssen. – Im »Gelben Hof« wird der Bauer von seiner jungen Frau Josepha wegen der Unterschrift zur Rechenschaft gezogen. Der Dorfkaplan hat von der Geschichte erfahren und den Bäuerinnen geraten, die eheliche Gemeinschaft so lange zu verweigern, bis die Unterschriften von dem ketzerischen Schriftstück zurückgezogen seien. Außerdem müßten die Unterzeichner zur Buße ihrer Sünden eine Wallfahrt nach Rom unternehmen. – Nach sich zuspitzenden Ereignissen, u. a. einem Selbstmord, weiß der Skeptiker Steinklopferhanns die Männer dahin zu bringen, daß sie scheinbar auf die Romfahrt eingehen, läßt aber die Wallfahrer durch eine Kongregation der Zwentdorfer Jungfrauen begleiten. Während man zur Abfahrt rüstet, schürt er die Eifersucht der Ehefrauen, vor allem Josephas, die sich zur Sprecherin für alle macht. So kommt es, daß der Pilgerzug, ehe er noch begonnen, sein Ende findet und die feindlichen Parteien sich versöhnen.

Diese in Anlage und Durchführung glücklichste Komödie Anzengrubers überträgt das Aristophanische *Lysistrate*-Motiv ins Bäuerliche. Mit der stofflichen Anknüpfung verband sich zugleich eine geistige Wahlverwandtschaft mit der Komödie des griechischen Dichters. In keiner anderen Figur hat Anzengruber seine eigenen Anschauungen in künstlerisch so überzeugender Form darzulegen vermocht wie im Steinklopferhanns.

Der Gwissenswurm. Bauernkomödie mit Gesang in drei Akten (1874). – Der reiche Bauer Grillhofer deutet den leichten Schlaganfall, der ihn gestreift hat, als einen Wink des Schicksals und gedenkt dabei einer Jugendsünde mit der Riesler-Magdalen, die er trotz der Folgen hat sitzen lassen. Sein Schwager Dusterer, dem sich Grillhofer vertraut, nützt dessen Gewissensbisse erbschleicherisch aus. Er behauptet, sie im Traum im Fegefeuer gesehen zu haben, aus dessen Pein sie nur durch die Bußfertigkeit ihres Verführers gerettet werden könne. Grillhofer ist bereit, diese Buße durch die Verschreibung des Hofes an seinen Schwager vorzunehmen, als er zufällig erfährt, daß die Jugendgeliebte noch am Leben ist. Er trifft sie als Frau des Poltnerbauern, zufrieden und mit ihrem Schicksal versöhnt. Über den Verbleib des Kindes schweigt sie sich jedoch aus. Hier setzt Dusterer mit einem zweiten Vorstoß ein. Die im Fegefeuer Gesehene sei Magdalens ihr ähnliche Tochter gewesen. Aber auch diesmal kommt der Frömmler nicht zum Ziele. Die frohgemute Horlacher-Lies, die erst vor kurzem als Magd auf dem Grillhoferschen Anwesen eingestanden ist, entpuppt sich nämlich als die verloren geglaubte Tochter. Sie hat auch schon einen Mann ihres Herzens gefunden: Wastl, Grillhofers tüchtiger

Großknecht. Dusterer wird vom Hof verbannt, und Grillhofer will nur noch seine Kinder sehen.

Das Stück lebt von einer geradlinig durchgeführten Fabel und der originellen Charakterfigur des Dusterer, dieses Dorf-Tartuffes, dessen Drastik an Typen des Volksschwanks und des Fastnachtsspiels erinnert. (Reclams UB 215.)

Das vierte Gebot. Volksstück in vier Akten (1877). – Hedwig Hutterer, die ihren Klavierlehrer Frey liebt, wird von ihren Eltern gezwungen, den reichen August Stolzenthaler zu heiraten. Der junge Priester Eduard Schön, Sohn von Hutterers Gärtner, antwortet auf Hutterers Frage, was Kindespflicht sei: »Gehorchen und das Glück Gott anheimstellen.« Im Nebenhause führt der Drechslermeister Schalanter mit seiner Familie ein lustig-liederliches Leben. Die Tochter Josepha, bisher die Freundin Stolzenthalers, wird von diesem aufgeklärt, das Verhältnis müsse ein Ende haben, da er Hedwig Hutterer heiraten werde. Martin, der Sohn, ist zum Militär gemustert worden. – Ein Jahr später hat Hedwig, nun Frau Stolzenthaler, ein krankes Kind geboren, an dessen Siechtum der lockere Lebenswandel des Vaters nicht schuldlos ist. Schalanter hat jede geregelte Arbeit aufgegeben, als Kellnerin in einem übelbeleumdeten Beisel ernährt Josepha die Familie. Martin fügt sich als Soldat nicht in Zucht und Ordnung. Sein Feldwebel ist der ehemalige Klavierlehrer Frey, der nach der Abweisung durch Hutterer wieder zum Militär gegangen ist. Durch einen Zufall werden Vater und Sohn Schalanter Zeugen eines Gesprächs, in dem Frey Hedwig bittet, ihm zu ihrer eigenen Sicherheit seine früheren Briefe auszuhändigen, die sie bisher wie einen Schatz bewahrt hatte. Schalanter weiß nichts Eiligeres zu tun, als Stolzenthaler von der Unterredung in Kenntnis zu setzen. Hedwig wird von ihrem Manne derart mißhandelt, daß sie sein Haus verläßt und zu den zu spät zur Einsicht gekommenen Eltern zurückkehrt. – Frey ist an einem Ausflugsort in der Nähe Wiens mit der Familie Schalanter zusammengetroffen. Martin deutet seinem Vorgesetzten an, daß er um Freys und Hedwigs Geheimnis wisse. Als Frey ihm erwidert, es lasse sich vom Sohn einer Kupplerin und eines Säufers nichts Besseres erwarten, wird er von Martin niedergeschossen. Der Mörder ist zum Tode veruteilt worden. Durch seine Schwester Josepha läßt er den Jugendfreund Eduard um eine letzte Aussprache bitten. Im

Garten trifft der junge Priester auch Hedwig, die, gebrochen an Leib und Seele, ihrem nahen Ende entgegensieht. Eduard, in dem bereits sein Vater Bedenken erweckt hat, gehen bei dieser Begegnung die Augen darüber auf, was er mit seinem vorschnellen »Gehorchen« angerichtet hat. Martin erwartet im Kerker die Exekution. Eduards Frage, ob er nicht seine Eltern noch einmal sehen wolle, wird schroff abgelehnt. Dafür empfängt Martin in freudiger Erschütterung den Besuch der Großmutter, die, obwohl selbst dem Zusammenbrechen nahe, gekommen ist, um dem Enkel in seiner letzten Stunde beizustehen. Sein eigenes Schicksal noch einmal überdenkend, mahnt Martin den Priesterfreund: »Wenn du in der Schul' den Kindern lernst: ›Ehre Vater und Mutter‹, so sag's auch von der Kanzel den Eltern, daß 's danach sein sollen.« (Reclams UB 418.) *W. Z.*

GUSTAV FREYTAG

* 13. Juli 1816 in Kreuzburg (Schlesien)
† 30. April 1895 in Wiesbaden

Freytag war der Sohn eines Arztes und späteren Bürgermeisters. Er studierte in Breslau und Berlin. Von 1839 bis 1844 wirkte er als Privatdozent für deutsche Sprache und Literatur an der Universität Breslau. 1847 gab er die akademische Laufbahn auf und siedelte nach Sachsen über (Dresden und Leipzig). Über zwei Jahrzehnte betätigte er sich als Schriftleiter und Mitherausgeber der Zeitschrift »Die Grenzboten«. Im Kriege 1870/71 hielt er sich als eine Art Kriegsberichterstatter im Hauptquartier des preußischen Kronprinzen auf. In der Nähe von Gotha besaß er ein Landgut, auf dem er seit 1851 häufig weilte. Seinen Lebensabend verbrachte er von 1879 ab in Wiesbaden.

Gustav Freytag, der Verfasser vielgelesener kulturhistorischer Romane (u. a. *Soll und Haben*, 1855) und Studien, bemühte sich auch um das Theater. Sein Lustspiel *Die Journalisten* (1852) wird bisweilen heute noch als einziges seiner Dramen aufgeführt. Dem letzten Bühnenwerk des Dichters, das er selbst für sein bestes erklärte, dem Römerdrama *Die Fabier* (1859), war kein Erfolg beschieden. Seine zuerst 1863 erschienene und öfters neu aufgelegte *Technik des Dramas* (Reclams UB 7922) wurde zu einem der wichtigsten dramaturgischen Lehrbücher des 19. Jahrhunderts.

Die Journalisten. Lustspiel in vier Akten (1852). – Professor Oldendorf, Journalist der liberalen Zeitung »Union«, hat sich als Kandidat für Kammerwahlen aufstellen lassen. Oberst Berg läßt sich vom Gutsbesitzer Senden und dem Redakteur Blumenberg vom konservativen »Coriolan« als Gegenkandidat der Konservativen gewinnen. Er hofft, daß Oldendorf, mit dem er freundschaftlich verbunden ist, zu seinen Gunsten verzichtet, zumal sich der Professor um die Gunst seiner Tochter Ida bemüht. Da aber beide von ihrer Kandidatur nicht ablassen wollen, spitzt sich der Konflikt zu. Im rechten Augenblick greift die reiche Adelheid Runeck ein. Sie vermittelt nicht nur zwischen den entzweiten Freunden, sie gewinnt sich dabei gleichzeitig ihren alten Jugendfreund, den Redakteur der »Union«, Dr. Konrad Bolz, zurück, der die eigentliche geistige Triebkraft der »Union« ist und der inmitten der Wahlmanöver derart geschickt operiert, daß die Wahl im letzten Augenblick zugunsten Oldendorfs ausfällt. Ihm gelang ein geschickt getarnter Stimmenfang eines wichtigen Wahlmanns. Der Rivalitätskampf der Parteien ist aber nach der Wahl keineswegs zu Ende. Um die liberale »Union« und ihre Anhänger trotz des Wahlsieges lahmzulegen, kauft die konservative Partei hinter dem Rükken der »Union«-Redakteure die Zeitung auf. Damit scheint für die »Union«-Partei alles verloren. Oldendorf gibt, empört über diese Niedertracht, den Journalistenberuf auf. Da entpuppt sich als der wirkliche Drahtzieher im Hintergrund und Aufkäufer der Zeitung jedoch jemand anderes: Adelheid Runeck. Sie überträgt alle Rechte zur Weiterführung des Blattes auf den Jugendfreund Konrad Bolz, dem sie zugleich ihre Hand zum Lebensbund reicht. Der Oberst und der Professor versöhnen sich, und auch Ida erhält ihren geliebten Oldendorf wieder.

Als Kulturbild aus der Zeit, in der die Kinder die Eltern mit »Sie« anredeten, die Politik anfing, im Bürgertum Wurzel zu schlagen, und der moderne Journalismus in den Kinderschuhen steckte, kommt dem Werk zeitgeschichtliche Bedeutung zu. Neben den Hauptfiguren sind die Mitarbeiter der Zeitungen mit wenigen Strichen scharf profiliert, auf der Seite der »Union« der verhinderte Lyriker Bellmaus, auf der Seite des »Coriolan« der als Typus berühmt gewordene unterdrückte Zeitungsschreiber Schmock, der ebenso für die rechte Partei schreiben kann wie für die linke. (Reclams UB 6003.)

EUGÈNE SCRIBE

* 24. Dezember 1791 in Paris, † 20. Februar 1861 ebd.

Scribe, der Sohn eines Pariser Modehändlers, studierte Jura, widmete sich aber bald ausschließlich der Literatur. Seine Bühnenlaufbahn begann 1811 mit einem Mißerfolg, doch steigerte er in den Jahren zwischen 1820 und 1850 seine Dramenproduktion auf ungefähr 350 Stücke. 1836 wurde er Mitglied der Académie Française. In seiner Dankesrede resümierte er sein Programm: Es komme beim Bühnenstück nicht auf Gedanken oder Widerspiegelung des Lebens, sondern darauf an, fesselnd zu unterhalten. Als guter Kaufmann, der den Wert des literarischen Werkes zu schätzen wußte, sorgte er für die Einrichtung der Tantieme (finanzielle Beteiligung des Autors an den Einnahmen der Theater an Stelle von Pauschalhonorierung) und verdiente Millionen. Im Alter mußte er es freilich erleben, daß seine Stücke aus der Mode kamen.

Scribe ist der Schöpfer der sog. »pièce bien faite«, des ›gut gemachten Stückes‹. Er hat seine Theaterstücke zum Teil mit verschiedenen Mitarbeitern als eine raffiniert ausgeklügelte dramaturgische Werkstattproduktion zur Wirkung gebracht. Ein vertauschter Hut, eine unsichtbare Tür, ein Brief, ein Klingelzeichen betreiben – statt der Personen oder Charaktere – das dramaturgische Uhrwerk. So machte Scribe als überall erfolgreicher glänzender Theatertechniker in ganz Europa Schule. Neben dem abendfüllenden Theaterstück widmete er sich auch dem kurzen Unterhaltungsspiel mit musikalischen Einlagen, dem sog. »Vaudeville« (der Name stammt wahrscheinlich von dem Städtchen Vaux de Vire). Auch schrieb er 60 Operntextbücher und zahlreiche Grundrisse für Ballette. Rossini, Boieldieu, Auber, Meyerbeer, Halévy, Verdi und andere Opernkomponisten bedienten sich seiner. Von seinen Lustspielen lebt heute noch auf den Bühnen *Das Glas Wasser* (1840). Gelegentlich begegnet man auch noch dem *Damenkrieg* oder der *Camaraderie* (*Eine Hand wäscht die andere*).

Das Glas Wasser oder Ursachen und Wirkungen (*Le Verre d'eau*). Lustspiel in fünf Akten (1840). – Das Lustspiel kreist um den historischen Gegensatz des Viscount von Bolingbroke und des Herzogs von Marlborough als Vertreter der Parteien der Tories und Whigs in England zur Zeit der großen Erbfolgekriege in Europa zu Beginn des 18. Jahrhunderts. Bolingbroke ist für Beendigung des Krieges auf dem Festland, die Herzogin von Marlborough (als Stellvertreterin ihres Gatten) für Fortsetzung des Krieges, der geeignet ist, dem Herzog neuen Kriegsruhm zu bringen. Zwischen beiden steht die schwankende Königin Anna von England. Scribe zeigt, daß auch in der Politik ›große Wirkungen durch kleine Ursachen‹ herbeigeführt werden. Er wählte für diesen Zweck das einfachste Mittel, das es gibt, um seine These glaubhaft zu machen: die Liebe. Nicht nur die ehrgeizige Herzogin von Marlborough ist in den hübschen jungen Fähnrich im Garderegiment, Masham, verliebt, sondern auch die Königin. Beide Damen bewahren ihr Geheimnis für sich und protegieren, lieben und handeln im verborgenen. Masham seinerseits liebt die kleine Juwelenhändlerin Abigail, die im Zuge der Liebes- und Hofintrigen zur Dame der Königin avanciert, und wird von ihr wiedergeliebt. Ehe die jungen Leute aber heiraten können, geht es durch einen wahren Irrgarten von Palastintrigen, Eifersüchteleien, Fallstrikken, Beschuldigungen und Erpressungen, deren heimlicher Drahtzieher der Viscount von Bolingbroke ist. Ein Glas Wasser, das (nach wohlvorbereiteter Einführung als Kennzeichen der Neigung der Königin zu Masham) der Herzogin die Augen über ihre Nebenbuhlerin öffnet, führt zum Skandal. Am Ende hat Bolingbroke sein Ziel erreicht: der französische Gesandte wird von der Königin empfangen, die Partei Bolingbrokes wird mit der Regierung beauftragt, der Herzogin ihr Einfluß bei Hofe entzogen und Abigail in die Arme Mashams geführt, wobei das junge Paar noch gleichzeitig zur Ehrenrettung der Königin dient, deren heimliche Neigung zu Masham vertuscht werden muß.

Die Kunst der Handlungsführung ist bewundernswert, der Dialog witzig und mit geistvollen Wahrheiten aus der Welt der Diplomatie durchsetzt, das Spiel mit dem Requisit bleibt

›gekonnt‹. Die Charakterzeichnung fällt entsprechend blaß aus; es kommt eben nur darauf an, den Zuschauer immer wieder zu überraschen, zu verblüffen und in neue Spannung zu versetzen. (Reclams UB 145.)

ALFRED DE MUSSET

* 11. Dezember 1810 in Paris, † 2. Mai 1857 ebd.

Musset, der einem Adelsgeschlecht entstammte, studierte nach glänzendem Schulabschluß am Collège Henri IV Musik, Medizin und Jura, ohne jedoch ein Studium abzuschließen. Wegen seiner Schönheit, seines eleganten Auftretens in der Gesellschaft und seiner geistreichen Konversationskunst war er glänzender Mittelpunkt der Pariser Salons. Mit 18 Jahren war er das jüngste Mitglied des »Cénacle«, eines um Victor Hugo versammelten Dichterkreises, der sich den Idealen der Romantik verschrieb. Seine leidenschaftliche Beziehung zu der Schriftstellerin George Sand, auch eine gemeinsame Italienreise (1833/34) waren Anlaß für »Die Bekenntnisse eines Kindes seiner Zeit« (1836). Seine ausschweifende Lebensweise und Alkoholmißbrauch führten zu frühem Tod.

Das »enfant du siècle« drückt in seinem Werk die Gefühle einer zutiefst verunsicherten Generation voller Skepsis und Melancholie aus. Musset will sich von der Regelhaftigkeit der französischen klassischen Dichtung befreien und eine moderne Sensibilität auf die Bühne bringen. Sein dramatisches Schaffen gilt als wichtiges Zwischenglied des französischen Theaters zwischen Marivaux und Giraudoux. Der Sammelband *Un spectacle dans un fauteuil* (1832) deutet schon die Eigenart vieler seiner Stücke an: es sind Lesedramen. Um die gleiche Zeit entstanden seine bekannteren Werke wie *André del Sarto* (1833), *Les Caprices de Marianne* (1833), *Fantasio* (1834), *Lorenzaccio* (1834) und *On ne badine pas avec l'amour* (1834). Die meisten dieser Stücke wurden erst nach Mussets Tod aufgeführt. In *Scherzt nicht mit der Liebe* bearbeitet er originell die Komödienwelt von Shakespeare und Marivaux, läßt jedoch seine Helden Perdican und Camille scheitern, da diese die Liebe wie ein Gesellschaftsspiel betreiben. Die seelische Auslotung der Figuren, ja die Suche nach einer möglichen Identität steht im Zentrum der Dramen von Musset. Deshalb distanzierte er sich 1832 von den Romantikern des Cénacle, die sich immer mehr gesellschaftlich engagierten. Seine ›Charakterstudien romantischer Jünglinge und Mädchen‹, scheinbar mit leichter Hand hingeworfen, zeigen den Einfluß von E. T. A. Hoffmann und Jean Paul an; sie sind Komödien und Tragödien in einem. *E. F.*

Lorenzaccio (*Lorenzaccio*). Drama in fünf Akten (erste Auff. in einer gekürzten Fassung 1896). – Das 1834 entstandene Stück wurde mit Sarah Bernhardt in der Titelrolle uraufgeführt. Den Stoff entnahm Musset der *Storia fiorentina* des Benedetto Varchi. Deutliche Anspielungen auf Mussets eigene Zeit zeigen an, daß der Rückgriff auf die italienische Renaissance, der Gegensatz zwischen der Despotie der Medici und dem republikanischen Aufbegehren der Strozzi, nur die Aufgabe haben, den Tyrannenmord des Titelhelden als Tat romantisierter Identitätsfindung und deren Scheitern aufgrund politischer Unreflektiertheit aufzuzeigen. – Lorenzo de Medici hat nach Lektüre antiker Autoren allen Tyrannen seine Feindschaft geschworen. Um als ›moderner Brutus‹ seinen Verwandten, den tyrannischen Alexandro, töten zu können, sieht er sich gezwungen, seine republikanische Gesinnung zu verleugnen und dessen Ausschweifungen zu teilen. Lorenzo erhält den verächtlichen Namen Lorenzaccio; tatsächlich droht der zunächst äußerliche Zynismus zu seiner Wesensart zu werden. Um der Identitätsspaltung zu entgehen, begeht Lorenzaccio schließlich den Mord. Allerdings zu einem politisch unmöglichen Zeitpunkt; er wird von Alexandros Anhängern erschlagen, und auf Alexandro kann Cosimo als neuer Tyrann folgen.

Obwohl das Drama wegen seiner Überlänge nie ganz aufgeführt wurde, ist es aufgrund seiner konsequenten Durchführung, seines ausgefeilten Szenenwechsels zu einem exemplarischen Stück der französischen Romantik geworden. Die Generation Mussets, die anfangs in Napoleon ihren Abgott sah, von dem sie enttäuscht ablassen mußte, ohne an neue Ideale anknüpfen zu können, sah sich außerstande, ihre Hoffnungen zu verwirklichen und richtete sich in einem dandyhaften Zynismus ein. Gerade die Schwierigkeiten, eine gestaltende Aufgabe zu finden, verleihen Mussets Drama in einer immer prosaischer werdenden Welt seine Aktualität. *E. F.*

EUGÈNE LABICHE

* 5. Mai 1815 in Paris, † 23. Januar 1888 ebd.

Der Sohn einer Notarsfamilie studierte Rechtswissenschaft, war zeitweise Bürgermeister in der Sologne und erlangte seine Berühmtheit durch mehr als 170 Komödien, von denen er viele in Zusammenarbeit mit anderen Autoren verfaßte. In seiner Aufnahmerede vor der Académie Française (1880) bekannte sich Labiche als »Parteigänger der guten Laune« und resümierte: »Wir haben gelacht, andere zum Lachen gebracht; ich hoffe, man vergibt uns das.«

Die Ingredienzien des Erfolgs von Labiche gründen in handwerklichem Können (»la pièce bien faite«) sowie in der Vorführung zeitgenössischer Gesellschaft als Dekor für das ›bürgerliche Heldenleben‹. Dessen idyllische Ordnung muß mit allen Mitteln aufrechterhalten werden. Angedeutete Dreiecksbeziehungen, Beinahe-Seitensprünge, kurz, die Wechselfälle des Ehelebens, dem bürgerlichen Publikum vertraute Gefährdungen, bilden den Grundstock für anspruchslose Unterhaltung. Kritisch betrachtet werden höchstens Unruhestifter wie Parvenus und Intellektuelle.

Labiches Erstling *Edgar et sa bonne* (1852) wurde zu Beginn des Zweiten Kaiserreichs ebenso geschätzt wie Dumas' *Kameliendame*. Der heute noch gespielte *Florentinerhut* (1856) gibt die Struktur seiner erfolgreichsten Komödien wie etwa *Le Voyage de Monsieur Perrichon* (1860) und *La Cagnotte* (1864) vor: die Lust am Wiedererkennen des Bekannten und die neu hinzugekommene Großstadterfahrung mit ihrer zerstreuten Wahrnehmung. Die rasende Geschwindigkeit der Stücke von Labiche läßt sein Publikum Vertrautes halb erkennen und darüber lachen. Die angedeuteten bedrohlichen Seiten der menschlichen Natur lassen sich dann leichter überspielen bzw. übersehen.

Mit der alten Bürgerherrlichkeit hat sich auch Labiche von den Spielplänen verabschiedet. In seinem Repertoire weisen einige Momente in die Zukunft; die frenetischen, zirkulären Bewegungen und slapstickartigen Szenen des *Florentinerhuts* boten sich zur Verfilmung an (René Clair, 1927, und Wolfgang Liebeneiner, 1938). Die seit den 70er Jahren zu beobachtende

Renaissance einiger Stücke Labiches dürfte dem latent Alptraumhaften zu danken sein, das sich seinen Stücken entlocken läßt, sobald seinen Figuren mit dem Kontrollverlust über ihre Wohlanständigkeit der ökonomische oder moralische Ruin bevorsteht. *E. F.*

Der Florentinerhut (*Un Chapeau de paille d'Italie*). Komödie in fünf Akten (1851). – Die Sache beginnt harmlos. Eine kleinbürgerliche Hochzeitsgesellschaft befindet sich auf der Suche nach einem Florentinerhut, da das Pferd des Bräutigams einen solchen verspeiste. Die Besitzerin des Huts ging fremd und wagt es nicht, ohne Ersatz ihrem Ehemann vor die Augen zu treten. Nichtsahnend folgt die Hochzeitsgesellschaft dem Bräutigam durch ganz Paris, um ein passendes Stück aufzutreiben. Die Jagd steigert sich ins Absurde, bis auf dem Höhepunkt der Spannung die Hochzeitsgeschenke geöffnet werden, unter denen sich ausgerechnet der langersehnte Strohhut befindet. Die Ausgangssituation ist wieder erreicht, ein Ehebruch kann vertuscht, eine andere Ehe kann geschlossen werden. *E. F.*

Das Sparschwein (*La Cagnotte*). Komödie in fünf Akten (1864). – Die Honoratioren einer Provinzstadt treffen sich wöchentlich zum Kartenspiel. Als es gilt, das Sparschwein mit den darin enthaltenen Spielgewinnen zu schlachten, faßt die Runde den verwegenen Entschluß, eine Reise nach Paris zu wagen. Die als Vergnügungsreise begonnene Tour droht im Fiasko zu enden. In der ›Hauptstadt der Welt‹ angekommen, geraten die Provinzler an Hochstapler, werden mit einer Diebesbande verwechselt und landen auf dem Polizeirevier. Nachdem das Publikum genug über die Provinztölpel lachen konnte, kommen die Figuren schließlich mit einem blauen Auge davon und dürfen wieder zurück in die Provinz. Die tempobetonte Komödie spielt die Gefahren durch, die aus einem Ausbruch aus den Normen provinzieller Wohlanständigkeit erwachsen können. *E. F.*

ALEXANDRE DUMAS

* 27. Juli 1824 in Paris
† 27. November 1895 in Marly-le-Roi

Alexandre Dumas war der uneheliche Sohn des Romanschriftstellers und Dramatikers Alexandre Dumas (1802–70), dessen historische Romane (»Die drei Musketiere«, »Der Graf von Monte Christo«) und Bühnenwerke (»Henri III«, »Kean« u. a.) in ihrer Zeit großen Erfolg hatten und Schule machten. Als sein bestes Werk pflegte Dumas selbst aber seinen Sohn zu bezeichnen, der ihn in dichterischem Talent unbedingt übertraf. Bereits mit 17 Jahren trat Alexandre Dumas-fils (d. h. Sohn, im Unterschied zu seinem Vater, Dumas-père) mit einem Gedichtband hervor. Früh kam er mit dem Vater auf Reisen nach Spanien und Ägypten. 1846 erschien sein erster Roman. Mit Vorliebe behandelte er Frauenprobleme. »Die Kameliendame«, sein berühmtestes Werk, dem ein Kurtisanenschicksal seiner Zeit zugrunde liegt, erschien 1848 als Roman, 1852 als Schauspiel. 1855 folgte ein zweites Stück dieser Art, »Le demi-monde«, durch das der Begriff »Halbwelt« geprägt wurde.

Dumas gehört zu den Schöpfern des französischen Sittenstükkes, das für die Literatur Frankreichs im 19. Jahrhundert charakteristisch ist. Fragen der Moral, besonders der ehelichen, werden in seinen Werken immer wieder aufgegriffen; die Prostitution wird literaturfähig gemacht. Manche Kritiker erblickten in ihm einen »Moralisten und Weltverbesserer, ähnlich wie Beaumarchais«. Dumas griff das Schicksal der schwindsüchtigen »grande Cocotte« Marie Duplessis heraus, die von Dichtern und Literaten zu Grabe getragen wurde, während ihre adligen Freunde dem Begräbnis fernblieben. Sie wurde in seinem Roman und Schauspiel zum Fanal der Anklage und Rechtfertigung zugleich, als *Dame aux camélias* (Kameliendame) zur unsterblichen Bühnenfigur, die (nach triumphalen Erfolgen mit den größten Darstellerinnen auf der Sprechbühne) in Verdis Oper *La Traviata* noch eine besondere Vertiefung nach der menschlichen Seite hin erfahren sollte. In der Schöpfung vornehmlich dieser Gestalt beruht Dumas' Beitrag zum Theater.

Die Kameliendame (*La Dame aux camélias*). Drama in fünf Akten (1852). – Im Salon der Marguerite Gautier treffen sich ihre Freundinnen und Freunde in zwangloser Weise. Sie geht ebenso freigebig wie leichtsinnig mit Geld um. Ihre Lieblingsblume ist die Kamelie, nach der ihr die Freunde den Beinamen gegeben haben. Obwohl sie schon zu vielen Männern in Beziehung gestanden hat, ist ihr die wahre Liebe bisher fremd geblieben. Der junge Armand Duval, der sie seit zwei Jahren in romantischer Weise verehrt, beeindruckt sie tief. Nach anfänglicher Zurückhaltung geht sie auf Armands Werbung ein. In einem einsamen Landhaus genießen beide das große Glück. Aber es ist nur von kurzer Dauer. Armands Vater bewegt Marguerite zum Verzicht auf diese von der feinen Gesellschaft verurteilte Mesalliance, da sie einer standesgemäßen Heirat von Armands Schwester im Wege stünde. Um die Trennung herbeizuführen, gibt sie vor, in ihr altes Leben zurückgesunken zu sein und geht zum Schein mit einem früheren Verehrer, dem Baron v. Varville, eine allen sichtbare Verbindung ein. Obwohl sie Armand ausweicht, kommt es im Salon ihrer Freundin Olympia zu einer Begegnung. Armand beschimpft die Geliebte in übler Weise. Marguerite, schon gesundheitlich angeschlagen, erholt sich von diesen Angriffen nicht mehr. Der Todkranken hat Vater Duval geschrieben, daß er Armand die wahren Zusammenhänge mitgeteilt habe und, selbst tief beeindruckt von ihrer Handlungsweise, einer Verbindung Marguerites mit Armand nichts mehr in den Weg legen wolle. Die Liebenden sehen sich noch ein letztes Mal in der Todesstunde Marguerites. In der Aussöhnung mit Armand stirbt Marguerite.

Bei aller Neigung zur Sentimentalität zeichnet sich das Stück durch gelungenen Aufbau und farbig dargestellte Umwelt aus. Die Titelfigur, eine Starrolle, in der eine Sarah Bernhardt und Eleonora Duse Triumphe feierten, gehört auch heute noch zu den großen Aufgaben für eine berufene Schauspielerin, die in ihr die ganze Gefühlsskala eines ergreifenden Frauenschicksals durchlaufen kann. (Reclams UB 245; über die Gestaltung der *Kameliendame* als Oper durch Verdi siehe Reclams Opernführer.)

VICTORIEN SARDOU

* 7. September 1831 in Paris, † 8. November 1908 ebd.

Sardou studierte zunächst Medizin, wurde dann aber Lehrer und Journalist. Nach den ersten großen Erfolgen auf der Bühne widmete er sich ganz der Theaterschriftstellerei, in der er es zu europäischer Geltung und großem Reichtum brachte. 1878 wurde er Mitglied der Académie Française. In seinen späteren Lebensjahren war er Besitzer eines Schlosses in Marly und Freund der Schauspielerin Sarah Bernhardt, für die er zahlreiche Rollen schrieb.

Sardou setzte die Tradition der »pièce bien faite« (des gut gemachten Stückes) von Scribe fort und versuchte seinen Vorgänger noch zu übertreffen. Wie Scribe bediente er sich des öfteren verschiedener Mitarbeiter. Die Zahl seiner Stücke reicht an die hundert. Sein erster weitreichender Erfolg war die Komödie *Les Pattes de mouche* (1860), ein geschickt gebautes Stück um einen kompromittierenden Brief. Die politische Komödie *Rabagas* (1872), eine Satire auf den Volksführer Gambetta und die Parteiwirtschaft, gilt vielen als sein bestes Werk. Große Triumphe als Lustspieldichter feierte er mit *Cyprienne* (1880), mit dem er der neuzeitlichen französischen Gesellschaftskomödie den Weg bahnte. *La Tosca* (1887), für Sarah Bernhardt geschrieben, zeigt seine Vorliebe für das Grausige und den kalt berechneten Effekt und wurde durch Puccinis Oper ein Welterfolg (siehe Reclams Opernführer). *Madame Sans-Gêne* (1893), eine Komödie um die zur Marschallin von Frankreich avancierte ehemalige Wäscherin, brachte ihm einen letzten großen Erfolg.

Cyprienne

(*Divorçons*). Komödie in drei Akten
Erste Aufführung: 6. Dezember 1880 in Paris

Personen: Herr von Prunelles – Cyprienne, seine Gattin – Adhémar von Gratignan, ihr Vetter, u. a.
Ort und Zeit: Salon bei Prunelles und in einem eleganten Restaurant, 2. Hälfte des 19. Jahrhunderts.

Herr v. Prunelles lebt mit seiner jungen Gattin Cyprienne nicht eben in der besten Ehe. Er hat in ihr »nach einer etwas stürmischen Jugend« nicht die Ruhe gefunden, die er suchte, und die junge kapriziöse Frau hat sich bereits in Gestalt ihres Vetters Adhémar einen Liebhaber zugelegt. Die Ehescheidungsfrage, die in der Abgeordnetenkammer diskutiert wird, beeinflußt auch ihre Gedanken. Prunelles überrascht Cyprienne bei einem Tête-à-tête mit dem Freund. Es kommt zur Aussprache zwischen den Gatten. Cyprienne hält Prunelles schonungslos vor, warum sie von ihm enttäuscht ist. »Was ist denn die Ehe für Euch? Die letzte Station! Für uns dagegen ist sie die erste.« Sie wünscht sich einen Gatten, der alle ihre Jugendträume erfüllt und für sie zugleich »Held und Geliebter« ist. Sie verfügt nach einem wohlbehüteten Mädchendasein auch über keine Erinnerungen an Abenteuer, die denen des Mannes gleichen und die ihr jetzt Ersatz für die Enttäuschungen bieten könnten, die für sie die Ehe bedeutete. Ihr Entschluß steht fest: »Geht die Scheidung durch, so begreifen Sie wohl, daß ich nicht so töricht sein werde, die Ausgangstür, die der Gesetzgeber öffnen wird, mir nicht zunutze zu machen.« Prunelles willigt zum Schein in die Scheidung ein. Nachdem sich der erste Freudentaumel über die wiedergewonnene Freiheit bei Cyprienne gelegt hat, können die Gatten alle Geheimniskrämerei fallenlassen. Sie erzählt ihm die Schliche, die sie anwandte, um sich heimlich mit Adhémar zu treffen, woraus Prunelles zu seiner Freude entnimmt, daß seine Frau nie zu weit ging. Als sie mit der Beichte fertig ist, tritt er offiziell dem glücklicheren Nebenbuhler alle Ansprüche auf seine Frau ab. Sehr bald stellt sich nun heraus, daß Prunelles mit seinem Spiel richtig gehandelt hat. Liebe ohne Geheimnis, ohne List, ohne Gefahr ist für Cyprienne langweilig. Als Prunelles in einem eleganten Restaurant soupieren will, vermutet sie sofort ein Rendezvous mit einer ihrer Freundinnen. Prunelles, amüsiert über diesen »Anfall von postumer Eifersucht«, versucht vergeblich, ihr auszureden, daß er sich mit jemand verabredet habe. Deshalb fordert Prunelles seine Gattin auf, mit ihm zu gehen und sich vom Gegenteil zu überzeugen. Bei diesem ›Scheidungssouper‹ bricht die volle Erkenntnis durch: »Der Ehemann hat alle Fehler, der Liebhaber alle Vorzüge.« Und als Adhémar auf der Suche nach der entschwundenen Geliebten erscheint und nicht einmal Cypriennes Füßchen erkennt, das ihm »längs des

Wandschirms« am Chambre séparée gezeigt wird, ist der Sieg des Gatten vollständig.

Das reizende Lustspiel, das Sardou zuammen mit Emile de Najac verfaßte, kann als Typ der französischen Salonkomödie gelten, die sich aus der Tradition des französischen Intrigen- und Sittenstücks eines Scribe und Dumas entwickelte und ihrerseits Schule machte. Spritziger Dialog, pikante Situationen und das Ehebruchsthema in leichtgeschürzter Form, ohne Problematik, sind die Kennzeichen dieser Gattung, die als Boulevard-Theater sich die alte und neue Welt eroberte.

Madame Sans-Gêne (*Madame Sans-Gêne*). Komödie in drei Akten (1893). – Das Stück verdankt seinen Namen der Titelfigur: Cathérine Hubscher ist eine Waschfrau, die, egal welchen sozialen Rang sie einnimmt, ihre Meinung immer geradeheraus sagt und mit Mutterwitz die spannendsten Situationen zu meistern weiß. So im 1. Akt, während der Französischen Revolution, als sie dem Aristokraten Graf Neippberg beisteht gegen die Revolutionäre, die ausgerechnet von ihrem Verlobten, dem Sergeanten Lefèvbre, angeführt werden. Das Empire machte Neippberg und seine Frau zu Grafen von Danzig. Ein Rededuell zwischen der Schwester Napoléons und Cathérine wird so deftig ausgetragen, daß nachher Napoléon Lefèvbre nahelegt, sich von Cathérine zu trennen. Als Höhepunkt der Komödie kommt es zu einer direkten Begegnung zwischen ihr und Napoléon, der in ihr seine einstige Retterin erkennt. Er zeigt sich beeindruckt von ihrer Natürlichkeit und unbedingten Liebe zu Lefèvbre. Der 3. Akt variiert den ersten: Cathérine unterstützt wieder den Grafen Neippberg, der der Kaiserin Marie-Louise zu starke Aufwartungen gemacht hat. Es gelingt ihr mit Hilfe Fouchés, Neippberg die Flucht zu ermöglichen. *E. F.*

GEORGES FEYDEAU

* 8. Dezember 1862 in Paris, † 5. Juni 1921 in Rueil

Feydeau stammte aus einer alten Adelsfamilie. Er schrieb bereits mit 21 Jahren Komödien und war dem Theater zeitlebens verfallen. Während seiner Militärdienstzeit entstand sein erstes er-

folgreiches Stück »Der Damenschneider«. »Der Floh im Ohr« brachte ihm große Einnahmen, aber er verstand nicht mit dem Geld umzugehen.

Feydeau schrieb 39 Stücke des leichten Genres, u. a. *Monsieur Chasse*, *Occupe-toi d'Amélie* und *La Dame de chez Maxim's*. Der in der Belle Epoque erfolgreiche Autor gestaltete seine Situationskomödien tempobetont. Sie spielen in der vornehmen Pariser Gesellschaft oder der Halbwelt. Die Komödienfiguren träumen vom Ausbrechen aus der bürgerlichen Ehe, verstricken sich aber vor Angst, ihren guten Ruf aufs Spiel zu setzen, in geradezu groteske Situationen. Am Schluß sind sie froh, wieder in den ungeliebten, aber geregelten Ehealltag zurückkehren zu können.

Der Floh im Ohr (*La Puce à l'oreille*). Komödie in drei Akten (1907). – In diesem Stück werden alle Register gezogen, die jemals für starke Wirkung auf ein lachfreudiges Publikum eingesetzt wurden: die Verwechslung der handelnden Personen, der Überraschungseffekt im Personentausch beim Rendezvous, der anonyme Brief, der die Verwicklungen heraufführt, der eifersüchtige Ehemann, der mit Pistolen hantiert, der Mann mit dem Sprachfehler und, als Hauptakzent, die Doppelrolle, die hier der des Seitensprungs verdächtigte Ehemann in Personaleinheit mit dem Hausdiener im Hotel »Zum galanten Kätzchen« zu spielen hat. Wenn auf diese Weise der Ehemann die obligaten Fußtritte von seiten des Hotelchefs bekommt anstelle des Hausdieners, sind alle guten Geister der Schwanktechnik losgelassen. Die Handlung ist um den 2. Akt herum gebaut, der alle Mitspieler im Hotel garni auf Abwegen zeigt, vereint und durcheinanderwirbelt, sei es als wirkliche Sünder oder als eifersüchtige Beobachter. Ein reisender Amerikaner, der hier abgestiegen ist und auf ein Abenteuer hofft, tut das übrige. Wie bei allen solchen Stücken fällt der 3. Akt ein wenig ab. Doch hat es der Autor geschickt verstanden, den Knoten der Handlung bis zum Schluß hin zu knüpfen und ihn erst aufzulösen, wenn der Vorhang fällt. Das Stück verrät die Tradition der französischen Bühnentechnik des 19. Jahrhunderts, die hier noch einmal wahre Triumphe an Witz und überlegener Szenenführung feiert.

EDMOND ROSTAND

* 1. April 1868 in Marseille
† 2. Dezember 1918 in Paris

Rostand, aus einer wohlhabenden Marseiller Bürgerfamilie stammend, kam 1884 nach Paris, wo er nach Abschluß des Gymnasiums das Studium der Rechte aufnahm. Er hat jedoch einen Beruf als Jurist nie ausgeübt, sondern sich ganz der Schriftstellerei gewidmet. Nach dem glänzenden Erfolg seines »Cyrano de Bergerac« wurde er 1901, erst dreiunddreißigjährig, in die Académie Française gewählt. Als der Erfolg sich nicht wiederholen ließ, zog sich der an einer Lungenentzündung leidende Autor verbittert nach Cambo-les-Bains im französischen Baskenland zurück. Er starb im einundfünfzigsten Lebensjahr in Paris.

Rostands frühe Stücke, *Le Gant rouge* (1888) und *Les Deux Pierrots* (1891), blieben ebenso erfolglos wie seine Gedichtsammlung *Les Musardises* (1890). Mit der Verskomödie *Les Romanesques* (1894) kündigte sich der Durchbruch für den Dramatiker an; es folgten zwei Stücke für Sarah Bernhardt, *La Princesse lointaine* (1895), das die Lebensgeschichte des Troubadours Jaufre Rudel dramatisiert, und *La Samaritaine* (1897). *Cyrano de Bergerac* (1897) war ein triumphaler Erfolg beim Publikum, wurde von der Kritik jedoch zwiespältig aufgenommen. Sarah Bernhardt spielte die Hauptrolle in *L'Aiglon* (1900), der Vorlage für die gleichnamige Oper von Arthur Honegger und Jacques Ibert (1937). Das Stück behandelt das Schicksal des Herzogs von Reichstadt, dem Sohn Napoleons, und fand nicht das Echo, das Rostand erhofft hatte. Fast völlig unbeachtet blieb das Versdrama *Chantecler* (1910), das Motive aus der mittelalterlichen Tierfabel aufgriff. *La dernière nuit de Don Juan*, 1913 entstanden, wurde 1921 postum aufgeführt. Als Dramatiker ist Rostand (der viel lieber als Lyriker reüssiert hätte) heute einzig aufgrund seines für das gehobene Unterhaltungstheater geschriebenen *Cyrano* von Bedeutung, mit dem er eine Art nationalen Helden schuf und eine Wiederbelebung des romantischen Versdramas bewirkte.

Cyrano de Bergerac

Verskomödie in fünf Akten
Erste Aufführung: 28. Dezember 1897 in Paris

Personen: Cyrano de Bergerac – Christian de Neuvillette – Le Bret, Cyranos Freund – Roxane, Cyranos Cousine, u. a.
Ort und Zeit: In Paris und vor Arras, 1640; wieder in Paris, 1655.

Der Haudegen und geistreiche Spötter Cyrano de Bergerac, der ebenso elegant zu fechten wie zu formulieren versteht, ist von der Natur mit einer überdimensionalen Nase ausgestattet und darf ob dieser Entstellung auf Erfolg bei den Frauen kaum hoffen. Seinem Freund Le Bret gesteht er seine Liebe zu der schönen und feinsinnigen Roxane, seiner Cousine, der er sich nicht zu erklären wagt. Roxane ihrerseits hat ein Auge auf den hübschen jungen Christian de Neuvillette geworfen. Sie bittet nun ausgerechnet ihren Cousin, dem noch unerfahrenen Christian, der im gleichen Regiment rauhbeiniger Gascogner Dienst tut wie Cyrano, seinen besonderen Schutz angedeihen zu lassen; wenig später bittet ihn Christian, ihm in seinem Werben um Roxane behilflich zu sein. Cyrano sagt beiden seine Hilfe zu und verfaßt fortan nicht nur Christians Liebesbriefe, sondern schlüpft auch bei einer nächtlichen Balkonszene direkt in die Rolle seines Schützlings und bringt Roxane mit wohlgesetzten Worten dazu, dem Verehrer einen Kuß zu gewähren – den Christian empfängt. Dank einer geschickt eingefädelten Intrige, bei der wiederum Cyrano als unersetzlicher Helfer fungiert, gelingt es Roxane noch, die Ehe mit Christian zu schließen, ehe sein Regiment ins Feld geschickt wird. – Bei der Belagerung von Arras sind die Franzosen in einer aussichtslosen Lage. Kurz vor einem Scharmützel trifft dort Roxane ein, die es in Paris ohne ihren Christian, von dem sie täglich einen Brief erhält, nicht mehr ausgehalten hat. Christian wird tödlich verwundet und hinterläßt Roxane einen letzten, wie alle vorigen auch von Cyrano verfaßten, Brief. Er stirbt, bevor er die Wahrheit enthüllen kann. – Fünfzehn Jahre später erwartet Roxane im Garten des Klosters, in dem sie seither lebt, wie jeden Samstag den Besuch Cyranos, der sie allwöchentlich über die Neuigkeiten aus der Stadt auf dem laufenden hält. Erstmals verspätet sich Cyrano, bei einem Mordanschlag hat er eine tödliche Kopfverletzung erlitten. Mit letzter Kraft schleppt er sich ins Kloster; Roxane bemerkt zunächst nichts und liest dem Sterbenden Christians letzten Brief vor, den sie wie einen Schatz stets bei sich trägt. Als dann Cyrano in der hereinbrechenden Nacht die letzten Zeilen aus dem Gedächtnis zitiert, erkennt sie, daß er es gewesen ist, der sie all die Jahre liebte und dem, als dem wirklichen Verfasser der an sie gerichteten Briefe, auch ihre Liebe galt.

Vorbild für die heroisch-romantische Komödie, die ganz im Vers des klassischen französischen Dramas, dem Alexandriner, verfaßt ist, sind Persönlichkeit und Lebensgeschichte des französischen Schriftstellers und Freigeistes Savinien Cyrano de Bergerac (1619–55), hier allerdings ins Phantastische und Groteske übersteigert. Mit ihm brachte Rostand zu einer Zeit, da das nationale Ehrgefühl der Franzosen durch die Niederlage im Krieg von 1870/71 einen empfindlichen Einbruch erlitten und die Dreyfus-Affäre die Nation in eine innenpolitische Krise gestürzt hatte, die Inkarnation gallischen Wagemuts und schlagfertigen Esprits auf die Bühne. Das Stück war bei seiner Premiere ein immenser Erfolg und verschaffte seinem Autor eine ungeheuere Popularität. Über ein Jahr lang war jede Aufführung ausverkauft, allein bis März 1899 ging es vierhundert Mal über die Bühne. Dank seiner turbulenten Handlung, seiner burlesken Komik und seines überschäumenden Sprachwitzes ist *Cyrano de Bergerac* zum meistgespielten französischen Theaterstück geworden und hat bis heute nichts von seinem Unterhaltungswert verloren. (Reclams UB 8595.) *D. M.*

ALEXANDER S. GRIBOJEDOW

* 15. Januar 1795 in Moskau
† 11. Februar 1829 in Teheran

Alexander Sergejewitsch Gribojedow, dem Rußland sein erstes nach Europa gedrungenes Stück verdankt, entstammte einem alten Adelsgeschlecht. Mit 15 Jahren begann er ein Studium an der Moskauer Universität. Zwei Jahre später (1812) brach der Krieg mit Napoleon aus; Gribojedow trat in die Armee ein und führte das übliche lustige Leben der jungen Husarenoffiziere.

Nach Kriegsende kam er in Petersburg in Berührung mit literarischen Zirkeln. Zum Teil unter Mitarbeit anderer entstanden seine ersten theatralischen Versuche, Lustspiele, ein wenig von den Franzosen beeinflußt: »Die jungen Ehegatten« (1815 in Petersburg uraufgeführt); »Der Student«, eine zum Teil sehr merkwürdige Komödie in drei Akten (1817, gemeinsam mit P. Katenin); später aber auch das unterhaltsame Operettenlibretto: »Bruder oder Schwester« (gemeinsam mit dem Fürsten Wjasemski, 1823). Zweiundzwanzigjährig trat er, nachdem er den Militärdienst quittiert hatte, in das »Staatliche Kollegium für auswärtige Angelegenheiten« ein, doch widmete er sich dem Dienst nur wenig. Er wurde Freimaurer und war mit den späteren Führern des Dekabristenaufstandes befreundet. (Diese soziale Bewegung hatte sich die Schaffung einer parlamentarischen Staatsform und die Abschaffung der Leibeigenschaft zum Ziel gesetzt.) Seine Neigung zur Dichtung entwickelte sich lebhafter, man weiß, daß er Schiller, Goethe und Shakespeare auswendig kannte. Mit 24 Jahren wurde er zum Sekretär der russischen Gesandtschaft in Teheran ernannt (1819). Er war ein besonders fähiger Diplomat, einer der besten Kenner des Ostens. Während eines längeren Urlaubs, den er in Moskau und Petersburg verbrachte, vollendete er seine schon in Persien begonnene Komödie »Verstand schafft Leiden«, die aber unter den damaligen Zensurbedingungen weder gedruckt noch gespielt werden konnte. Es existieren jedoch unzählige Abschriften, die von der Beliebtheit der Dichtung zeugen. Unmittelbar nach dem Dekabristenaufstand wurde er verhaftet, doch ließ man ihn bald frei, da man ihm nichts nachweisen konnte. Mit 33 Jahren wurde er zum Gesandten in Persien ernannt; als 1829 persischer Pöbel die Gesandtschaft stürmte, wurde Gribojedow, eben 34jährig, ermordet.

Leben und Schaffen des jung verstorbenen Dichters konzentriert sich in seiner Komödie, die erst zwei Jahre nach seinem Tode ihre Uraufführung in Moskau fand (1831) und erst weitere zwei Jahre später mit starken Zensurstrichen in Buchform erschien. Seit dieser Zeit ist sie nie wieder vom Spielplan der russischen Theater verschwunden und genießt mit Recht den Ruf, eine der klassischen russischen Komödien zu sein, deren Hauptrolle Ziel jedes ehrgeizigen jungen Schauspielers ist.

J. v. G.

Verstand schafft Leiden

(*Gore ot uma*). Komödie in vier Akten
Erste Aufführung: 1831 in Moskau

Personen: Famussow, Direktor einer Behörde – Sophie, seine Tochter – Lisette, deren Zofe – Moltschalin, Famussows Sekretär und Hausgenosse – Tschazki – Oberst Skalosub – Herr und Frau Goritsch – Sagoretzki und andere aus der Moskauer Gesellschaft.
Ort und Zeit: Moskau, im Hause Famussows, etwa 1822.

Im Moskauer Hause des hohen Beamten Famussow waren dessen hübsche Tochter Sophie und der Held Tschazki gemeinsam aufgewachsen, zwei empfindsame Seelen in dem konventionellen gesellschaftlichen Milieu, darin Heuchelei und Arroganz die dominierende Rolle spielen. Der Vater, ein skrupelloser und ehrgeiziger Beamter, für den lediglich Geld und Karriere etwas bedeuten, träumt von einem begüterten Schwiegersohn in hoher Stellung. Tschazki liebt Sophie, in die er allerdings weit mehr hineinlegt, als in Wahrheit in ihr steckt. Da ihn jedoch sein Wissensdurst fortreißt, unternimmt er eine dreijährige Reise, die ihn weit herumführt. Den Kopf voll von neuen Gedanken und weitgesteckten Reformplänen, kehrt er, beschwingt von seiner Liebe, nach Moskau zurück und muß feststellen, daß seine Jugendliebe ihn in der Zwischenzeit vergessen zu haben scheint. Bekümmert erkennt er, daß sie sich in den Sekretär ihres Vaters, Moltschalin, einen kleinen, verdorbenen Kriecher, verliebt hat, der mit ihr, die sentimental gezeichnet ist, zwar die Nächte bei Musik, Plauderei und Anbetung verbringt, in Wirklichkeit aber viel handgreiflichere Vergnügungen bei ihrer Zofe Lisette sucht, um die sich auch der ehrenwerte Herr Papa kümmert. Enttäuschte Liebe, zum Teil auch Eifersucht, bewirken, daß der hochfliegende Geist des jungen Tschazki heftig mit der sturen Dumpfheit des gesellschaftlichen Ungeistes im Beamtentum und Adelsmilieu, in dem er aufgewachsen ist, zusammenstößt, was zu erregten Dialogen (und Monologen) führt, in deren gut aufgebauter konsequenter Steigerung die schockierte Gesellschaft sich nur damit zu retten weiß, daß Tschazki von ihr, zum Teil auf Betreiben der hübschen Sophie, die ihn loswerden will, für verrückt erklärt und damit ausgestoßen wird. Halb freiwillig, halb gezwungen wendet er Moskau den Rücken. Währenddessen entlädt sich über Sophie, Lisette und

Moltschalin ein kleines Gewitter der Aufdeckung, das jedoch friedlicher verläuft, als man glauben möchte, weil Richter wie Schuldige gleichermaßen verstrickt erscheinen.

Verstand schafft Leiden, auch *Geist bringt Kummer* genannt, ist eine »Komödie in vier Akten in Versen«, eigentlich in fünf Bildern. Die Verse sind entgegen den Gesetzen der französischen klassischen Komödie keine paarweise gereimten Alexandriner, sondern Jamben von wechselnder Länge mit verschieden gesetzten Reimen; sie sind von einer auch heute noch wirksamen aphoristischen Eleganz, viele von ihnen haben sich als lebendiges Sprachgut in der russischen Sprache erhalten.

Das Ganze ist eine unübertreffliche satirische Sittenschilderung der damaligen Zustände in der oberen Gesellschaft und ein Kampf gegen die Überheblichkeit und Dummheit einer Klasse, deren Bräuche der Dichter dank seiner Herkunft nur zu gut kannte. Doch nicht nur dieser Kampf hat der Komödie ihre Vitalität verliehen, sondern auch der Enthusiasmus des jungen Helden. Das zweite Bild des 3. Aktes mit dem Sich-Verdichten des Gerüchtes, Tschazki sei wahnsinnig, ist außerordentlich bühnenwirksam und ebenso der Schlußakt, der mit großer dramatischer Zuspitzung die Lösung bringt. *J. v. G.*

ALEXANDER S. PUSCHKIN

* 6. Juni 1799 in Moskau
† 10. Februar 1837 in Petersburg

Alexander Sergejewitsch Puschkin war Sproß eines berühmten Adelsgeschlechts. Seine Erziehung genoß er in dem Lyzeum von Zarskoje Selo, wo er bereits als Zwölfjähriger Verse zu schreiben begann, die früh gedruckt wurden. Der Dienst später im »Kollegium für auswärtige Angelegenheiten« ließ ihm Muße und Zeit für ein mit Vergnügungen erfülltes Gesellschaftsleben; dabei schrieb er Verse und Verserzählungen, die ihn schnell bekannt machten. Einige politische Verse bewirkten, daß er nach dem Süden strafversetzt wurde. Er wohnte in Kischinjow und Odessa, bereiste die Krim und den Kaukasus, langweilte sich, dichtete, machte schönen Frauen den Hof und setzte seinem Vorgesetzten mit satirischen Epigrammen zu, die eine weitere

Bestrafung zur Folge hatten, da gleichzeitig atheistisch gefärbte Äußerungen des Dichters der Zensur bekanntgeworden waren. Er wurde aus der Liste der Beamten gestrichen und auf das unwirtliche Gut seiner Mutter im Norden verbannt. Hier las er Shakespeare und Goethe, studierte die Bibel und die russischen Chroniken und sammelte Volksdichtung. Nach dem Dekabristenaufstand 1825 durfte Puschkin wieder in die Hauptstadt übersiedeln. Der neue Zar Nikolaus I. wurde selber sein Zensor: ein zweischneidiges Schwert. Es folgte eine Periode intensiver schriftstellerischer Arbeit, vornehmlich in Petersburg, wo Puschkin die Archive geöffnet wurden. Der Dichter heiratete 1831 in Moskau eine gefeierte junge Schöne, die sein Lebenskamerad war, ihm vier Kinder gebar und dennoch sein Verhängnis wurde. Eine Intrige, die am Hof gegen den unbequemen Dichter geschmiedet wurde, führte zu einem Duell mit einem französischen Hochstapler. Den Folgen dieses Duells erlag Puschkin am 10. Februar 1837. *J. v. G.*

Neben kleineren Stücken, *Der steinerne Gast* (ein Don-Juan-Stück, 1830), *Der geizige Ritter, Mozart und Salieri* (Reclams UB 8094, russ./dt.) schrieb Puschkin in der Verbannung sein großes historisches Drama *Boris Godunow* (1825).

Boris Godunow. Tragödie in 23 Szenen (entst. 1825, erste Auff. 1870). – Der Stoff der Tragödie stammt aus der *Geschichte des russischen Reiches* von Nikolaj M. Karamsin. Die Handlung setzt 1598 ein: Da der eigentliche Kronprätendent Dmitri ermordet wurde, versuchen die Bojaren die bevorstehende Wahl von Boris Godunow zum Zaren zu verhindern. Sie wiegeln das Volk auf, doch Boris bleibt davon unbeeindruckt. So gelingt es ihm, den Hof auf seine Seite zu ziehen. Nach fünf Jahren erwächst Godunow ein gefährlicher Gegner. Ein junger Mönch, der von dem Mord am Zarewitsch erfährt, beschließt, sich als Dmitri auszugeben, dessen Alter er hat. Am Hof des Königs von Polen in Krakau wird ihm Hilfe zuteil, da er Rußland katholisieren will. Er versammelt um sich ein Heer und zieht gegen Moskau. Der verunsicherte Boris Godunow läßt sich noch einmal die Ermordung des Kronprätendenten bestätigen und seinem Sohn Fjodor von den Bojaren huldigen. Wie der Adel vorher zu Boris Godunow überlief, so ergreift er nun schnell die Partei des falschen Dmitri und tötet sogar Fjodor.

Einzig das Volk verweigert dem neuen Herrn die Huldigung und »verharrt in Schweigen«, als es zu Ovationen aufgefordert wird.

Dieses erste Trauerspiel in fünffüßigen Shakespeare-Blankversen gehört zu der großen Reihe der Dramen um den falschen Demetrius, die mit einem Stück von Lope de Vega beginnen. Man hat Puschkins Drama als eine Dichtung aus dem Schaffensraum um Shakespeare bezeichnet, doch handelt es sich hier nicht um eine Königstragödie; das einfache Volk tritt so entscheidend in den Vordergrund, daß man eher an eine griechische Tragödie erinnert wird. Die Gestaltung dagegen ist shakespearisch, denn die Helden (der Zar Boris und sein Gegenspieler, der falsche Dmitri) werden nicht nur in dramatisch bewegten Situationen gezeigt, sondern auch in reicher Farbgebung mit ihren guten und schlechten Seiten gemalt. Wie in allen Demetrius-Stücken treffen die beiden Antagonisten nie zusammen, so daß zwei Parallelhandlungen nebeneinander ablaufen. *Boris Godunow* wurde zu Lebzeiten des Dichters weder gedruckt noch gespielt. (Reclams UB 2212.) 35 Jahre nach seiner Niederschrift jedoch wurde das Stück von Modest Mussorgski zu einer Oper verwandt, die Welterfolg errang und in der Überarbeitung von Rimski-Korsakow (1896) noch bekannter wurde (siehe Reclams Opernführer). *J. v. G.*

MICHAIL J. LERMONTOW

* 15. Oktober 1814 in Moskau
† 27. Juli 1841 in Pjatigorsk

Wie man in Deutschland neben Goethe Schiller nennt, pflegt man in Rußland oft Puschkin und Lermontow nebeneinanderzustellen. Michail Jurjewitsch Lermontow war Sproß eines verarmten Adelsgeschlechtes, dessen schottischer Urahne George Learmont in russische Dienste getreten war. Mit 13 Jahren schrieb der Jüngling schon vollendete Verse, er besuchte die Moskauer Universität, ging aber dann plötzlich zur Petersburger Kavallerieschule über. Hier schrieb er zur Belustigung seiner Kameraden Pornographien, begann jedoch auch mit der Abfassung einiger Theaterstücke. Lermontows berühmtes Gedicht auf

Puschkins tragischen Tod (1837) bewirkte, daß der Kornett in ein Dragonerregiment im Kaukasus verbannt wurde, wo er seine schönsten Dichtungen schrieb. Er kehrte zwar bald wieder nach Petersburg zurück, um sein früheres Gesellschaftsleben erneut aufzunehmen, doch es kam zu einem Duell, so daß er wieder in den Kaukasus in ein Linienregiment versetzt wurde. Hier nahm er an den Kämpfen gegen die Tscherkessen teil und fand das von ihm in einem seiner Gedichte vorhergesagte Ende: er fiel am 27. Juli 1841 mit 27 Jahren in einem völlig sinnlosen Zweikampf.

Mit Lermontows modernem psychologischem Roman *Ein Held unserer Zeit* (1840) beginnt die Reihe der großen russischen Seelenanalysen, die jahrzehntelang führend in die Weltliteratur drangen. Seine Stücke (eines trägt den deutschen Titel *Menschen und Leidenschaften*) sind leidenschaftliche Auseinandersetzungen mit sich selber, unerhört privat und darin an den deutschen Stürmer und Dränger J. M. R. Lenz erinnernd, doch eines davon, *Der Maskenball* (1835), versucht mit großem Schwung über das Private hinaus ein Zeitbild großen Stiles zu geben: es ist ein Versdrama, dessen Reimtechnik entfernt an Gribojedows *Verstand schafft Leiden* erinnert. Die düstere Leidenschaft dieses Trauerspiels hat sich auf der Bühne bisher nur selten bewährt, obwohl unmittelbar vor dem Ersten Weltkrieg einer der größten russischen Regisseure damit Erfolg errang. *J. v. G.*

NIKOLAJ W. GOGOL

* 31. März 1809 in Sorotschinzy
† 4. März 1852 in Moskau

Nikolaj Wassiljewitsch Gogol war Ukrainer, Sohn eines theaterbegeisterten Landedelmannes; er kam 1828 nach Petersburg, wo er eine kleine Beamtenstellung erhielt. Sein Traum, Schauspieler zu werden (er deklamierte seine lautlich vollendeten Werke oft selbst), ließ sich nicht verwirklichen. Nach einem gescheiterten Versuch, nach Amerika auszuwandern, schrieb Gogol Erzählungen aus der Ukraine, die unter dem Titel »Abende auf dem Vorwerk bei Dikanka« erschienen und sogleich Erfolg hatten. Gogol wurde Puschkin vorgestellt, dem entscheidenden Genius, der Gogols Entwicklung von da ab bestimmte. Nach einem Zwischenspiel als Lehrer an einer Mädchenschule, wozu Gogol sich so wenig eignete wie zum Beamten, kam ein verunglückter Versuch, Geschichte an der Universität Petersburg zu lehren. Um so mehr Erfolg hatten 1835 seine Petersburger Novellen. Im gleichen Jahr begann Gogol sich auch dem Theater zuzuwenden; es entstand sein »Revisor«, dessen Thema ihm Puschkin geschenkt hatte. Hätte nicht Zar Nikolaus die Aufführung persönlich angeordnet, wäre das Stück in den Netzen der Zensur hängengeblieben. Der sensationelle Sturm von Haß und Jubel, den der »Revisor« auslöste, führte Gogol abermals ins Ausland, von wo er erst 1848 endgültig nach Rußland zurückkehrte. Er hielt sich hauptsächlich in Italien auf und vollendete dort sein Hauptwerk, die »Toten Seelen« (1842), jenes einzigartige Buch des »Lachens unter Tränen«. Anfeindungen und Selbstzweifel folgten. Zurück in Rußland, am zweiten Teil seiner »Toten Seelen« arbeitend, vernichtete er immer wieder alles Geschriebene. Unter dem Vorwand, sich zur Kommunion vorzubereiten, verweigerte Gogol schließlich die Nahrungsaufnahme und starb unter großen Qualen. *J. v. G.*

Der Revisor

(*Rewisor*). Komödie in fünf Akten
Erste Aufführung: 19. April 1836 in Petersburg

Personen: Anton Antonowitsch Skwosnik-Dmuchanowski, Polizeimeister – Anna Andrejewna, seine Gattin – Maria Antonowna, deren Tochter – Iwan Alexandrowitsch Chlestakow, Beamter aus Petersburg – Ossip, sein Lakai – Beamte der Kleinstadt und deren Frauen – Polizeibeamter, Kellner, Bediente u. a.
Ort und Zeit: Russische Kleinstadt, in den dreißiger Jahren des 19. Jh.s.

In einer kleinen Provinzstadt wird ein Revisor erwartet. Der Polizeimeister hat schon längst eine Postzensur eingeführt, und so hat man durch einen der abgefangenen Briefe erfahren, daß ein Revisor, der das benachbarte Gouvernement inspiziert, kommen wird. Beim Polizeimeister melden zwei Klatschmäuler die Ankunft eines jungen Mannes, der im Gasthaus wohnt und seine Rechnungen nicht bezahlt. Das muß der erwartete Revisor sein! Chlestakow, ein kleiner Beamter, der auf seiner Heimreise aus Petersburg infolge Geldmangels hier Station machen mußte, ist gerade so weit, vor dem drohenden Gastwirt, der Geld sehen will, zu kapitulieren, da erscheint der Polizeimeister, um dem vermeintlichen Revisor schönzutun, und – ein Mißverständnis folgt dem anderen – er drängt ihn in sein Haus. Dabei ist dieser gestrenge Revisor ein blutjunger Mensch, der es nur darauf anlegt, den Provinzdamen die Köpfe zu verdrehen, dem es Spaß macht, aufzuschneiden, und der selber an seine Märchen glaubt, durchaus kein Hochstapler und ganz und gar kein böswilliger Schuft, sondern ein durch und durch korruptes charmantes Bürschlein, auf das die erfahrenen, Kummer und Elend gewohnten Beamten samt und sonders hereinfallen. Man besticht ihn mit prächtigem Essen, mit Geld und Devotion. Der Polizeimeister sucht ihn mit allen Mitteln zu fesseln, und seine Frau und seine Tochter sind angenehme Lockvögel. Er glaubt nämlich, daß seine feinen Petersburger Manieren den ganzen turbulenten Empfang verursacht haben, er ergreift mit beiden Händen sein Glück, da ihm, der zuerst verlegen drangeht, sein Raubzug immer mehr glückt, je dreister er vorgeht. Aber nicht nur die Beamten, auch die interessierte Kaufmannschaft und die Privatpersonen geben gerne, um nur ja mit einem blauen Auge davonzukommen, und schließlich wird der vermeintliche Revisor sogar noch der Bräutigam der Tochter des Polizeimeisters. Indes, Chlestakow wird der Boden zu heiß: auf den Rat seines mürrisch-pessimistischen Dieners erklärt er, zur Verlobung die Einwilligung seines (nicht existierenden) Erbonkels einholen zu müssen, und fährt prunkvoll ab auf Nimmerwiedersehen. Der Polizeimeister, dem eine sagenhafte Karriere in der Hauptstadt sicher scheint, wohin ihn sein mächtiger Schwiegersohn holen wird, träumt von Abrechnung mit seinen Feinden und genießt gerade die Wonnen gewaltiger Vorschußlorbeeren, als die Bombe platzt: unter den Briefen hat der Postmeister einen von unserem Bürschlein frech geschriebenen Brief über die Annehmlichkeiten der komischen Kleinstadt gefunden, und nun werden dicke Enthüllungen vorgebracht. Ein Polizist erscheint und lädt die Anwesenden vor, sich dem soeben eingetroffenen *wahren* Revisor vorzustellen. Tableau.

Diese Komödie gegen die Korruption im zaristischen Alltag wurde von links und rechts bejubelt. Sie wurde unzählige Male in Rußland wie in allen Kulturländern der Welt gespielt, was beweist, daß es überall bestechliche Staatsdiener gibt. Es existieren zahlreiche deutsche Übersetzungen und Bearbeitungen. Die

Rolle des Polizeimeisters und die des vermeintlichen Revisors sind Glanzpartien für alle ehrgeizigen Schauspieler. (Reclams UB 837.) Werner Egk schrieb nach Gogols Vorlage eine Oper (UA 1957, siehe Reclams Opernführer). *J. v. G.*

Die Heirat (*Schenitba*). Komödie in zwei Akten (1842). – Mit diesem komplex angelegten lustigen Stück hat Gogol die Welt der russischen Kaufleute erschlossen, aus der später Ostrowski seine Stoffe schöpfte. – Was tut ein russischer Beamter, der heiraten will, damit Ordnung in sein Leben kommt? Er wendet sich an eine Heiratsvermittlerin, die vor allem die ledigen Bräute aus dem Kaufmannsstande bedient, wohlhabende, etwas dümmliche, ›vollschlanke‹ Dinger, mit einem unmenschlichen Appetit, was recht Feines zu heiraten. Ein Beamter hat eine solche Heiratsvermittlerin in Trab gebracht, veranlaßt durch seinen Freund, der ihn verheiraten will (und der dabei der Heiratsvermittlerin deren Verdienst mißgönnt). Bei der Brautschau stellt sich nun das ganze Spektrum von Freiern aus allen Ständen ein: Beamte, Kaufleute, Mariniers a. D. und dergleichen. Unser Beamter freilich ist trotz seiner sichtbaren Chancen unschlüssig, versucht auszureißen, wird aber immer von seinem Freund geschickt gedrängt. Diesem gelingt es, alle anderen Bewerber aus dem Feld zu schlagen; als es aber so weit ist, zur Kirche zu gehen, um die Trauung zu vollziehen, springt der Bräutigam einfach aus dem Fenster und sucht mit einer Droschke das Weite.

Ein Stück, das nicht nur unterhaltend ist, sondern aufschlußreich für jenes Rußland der Kaufleute und Beamten, dem es beschieden war, in der zweiten Hälfte des 19. Jh.s Weltruf zu erlangen, da, geführt von Ostrowski, viele Dramatiker dieses ergiebige Milieu wählten. (Reclams UB 7687.) *J. v. G.*

IWAN S. TURGENJEW

* 9. November 1818 in Orjol
† 3. September 1883 in Bougival bei Paris

Iwan Sergejewitsch Turgenjew entstammte einem alten russischen Adelsgeschlecht, das bereits einen literarischen Namen hatte. Er verbrachte einen Teil seiner Jugend auf dem elterlichen

Gute, ein Umstand, der auf sein späteres Schaffen eingewirkt hat. Er studierte zuerst in Petersburg und längere Zeit in Berlin. Paradoxerweise hing er als der Dichter russischer Themen stark am Westen. Seine ersten novellistischen Arbeiten fanden sofort Anklang. 1852 erschien sein erstes Buch, die »Aufzeichnungen eines Jägers«, das größtes Aufsehen hervorrief, zumal da es die Leibeigenschaft anklagte. Auf jeden Fall hielt es die Regierung für gut, den unbequemen Autor für mehrere Jahre auf seinem Gut festzusetzen. Deshalb reiste Turgenjew ins Ausland. Er lebte lange in Baden-Baden und schloß Freundschaft mit deutschen Schriftstellern. Nach dem Kriege 1870/71 zog er nach Paris, wo er sich den französischen Dichtern anschloß und in freundschaftlichen Beziehungen zu Flaubert und Zola stand. Die Sommerzeit verbrachte er zuweilen in seiner Heimat. Turgenjew starb in Bougival bei Paris.

Der Welterfolg seiner nihilistisch gefärbten Romane überschattete seine dramatischen Arbeiten, obwohl von diesen eine, die Komödie *Ein Monat auf dem Lande*, nicht nur in Rußland, sondern auch in Europa Erfolge erzielte. Aber man sollte über diesem Stück auch seine anderen dramatischen Arbeiten nicht vergessen wie z. B. sein Jugendwerk *Die Unvorsichtigkeit*, die Komödie *Der Hagestolz*, den Einakter *Das Provinzdämchen* und die Komödie *Der Kostgänger*. *J. v. G.*

Ein Monat auf dem Lande

(*Mesjaz w derewne*). Komödie in fünf Akten
Erste Aufführung: 13. Januar 1872 in Moskau

Personen: Islajew, reicher Gutsbesitzer – Natalja, seine Frau – Kolja, deren Sohn – Verotschka, deren Ziehkind – Schaaf, ein deutscher Erzieher – Rakitin, der Freund des Hauses – Alexej Beljajew, Student, Hauslehrer – andere Nachbarn und Dienstpersonal.
Ort und Zeit: Auf dem Lande, zu Beginn der 40er Jahre des 19. Jahrhunderts.

Der reiche Gutsbesitzer Arkadi Islajew ist mit einer jungen, schönen Frau verheiratet, Natalja, die sich auf dem Lande langweilt, zumal ihr Mann in seiner Arbeit aufgeht. Sein bester Freund, Michajlo Rakitin, ein kluger und ästhetisch feiner Mann, ist Hausgenosse der Islajews, er macht der jungen Frau den Hof, ja, er liebt sie und wird ihr Gesellschafter, ohne daß es zwischen beiden zu einer Affäre kommt. Im Gegenteil, Natalja, die sich sonst in Gesellschaft ihrer bejahrten Schwiegermutter und deren Gesellschafterin Lisaweta, die stets mit dem deutschen Hauslehrer Schaaf, der dem zehnjährigen Söhnchen Kolja deutsche Stunden gibt, Karten spielen, übermäßig langweilen würde, ist froh, unterhalten zu werden, und ist andererseits zu gescheit und zu kühl, um mit Rakitin einen Flirt anzufangen, obwohl sie genau weiß, daß er sie wirklich liebt, und ihn dementsprechend zu tyrannisieren versteht. Das alles ändert sich, als für den netten Buben ein russischer Hauslehrer engagiert wird, der Student Alexej Beljajew. Ob sie es wollen oder nicht, alle verlieben sich in den Studenten: Natalja, die neunundzwanzigjährige Hausfrau, Verotschka, die siebzehnjährige Pflegetochter Islajews, und sogar das Dienstmädchen Katja, hübsch und gerade zwanzig. Der Student treibt sich mit seinem Zögling herum und bemerkt nichts von der Liebe um ihn her, obwohl auch die in ihn verliebte, noch sehr kindliche Verotschka an seinen Spielen teilnimmt. Daß sich unter der anscheinend so harmonischen Oberfläche ein Sturm entwickelt, bemerkt man erst an der Nervosität Nataljas, die zum erstenmal wirklich liebt. Der in sie hoffnungslos verliebte Rakitin reagiert zuerst, sie aber bringt, da sie auf die Siebzehnjährige eifersüchtig wird, die Begebenheit ins Rollen, als sie ihre Schutzbefohlene ausfragt und dabei nicht nur feststellt, daß das junge Mädchen in den Studenten verliebt ist, sondern auch, daß die beiden, schon weil sie beide sehr jung sind, vertrauter miteinander reden als mit den Erwachsenen. Gleichzeitig hält der etwas zynisch gezeichnete Hausarzt im Namen eines älteren wohlhabenden Nachbarn und Gutsbesitzers von 48 Jahren bei Natalja um die Hand Verotschkas an, die natürlich, ihrem jungen Gefühl hingegeben, nicht daran denkt, diese Werbung ernstzunehmen. Natalja dagegen ertappt sich bei dem Gedanken, daß es nicht schlecht wäre, auf diesem Wege die Pflegetochter loszuwerden, auf die sie immer eifersüchtiger wird. Doch auch der Arzt fällt ihr auf die Nerven und vor allem ihr Anbeter Rakitin. Außerdem fürchtet sie sich nicht nur vor den neuen Empfindungen, sondern auch vor dem Edelmut ihres Gatten, der ohne sie nicht leben kann. Bei einem ernsthaften Gespräch zwischen ihr und Rakitin kommt ihr Gatte dazwischen, der, da er beiden restlos vertraut, zwar nichts äußert, doch von der eigenartigen Situation überrascht ist. Dann stört Natalja ein Abschiedsgespräch des Studenten, dem sie verraten hat, daß Verotschka ihn liebt, mit der Pflegetochter, denn sie hat dem jungen Menschen, um seine Gefühle zu erproben, nahegelegt, das Haus zu verlassen, da ja das junge Mädchen ihn hoffnungslos liebe, und wird nun, nachdem sie sich dem Studenten gegenüber verraten, von Rakitin im letzten Augenblick zurückgehalten, nur um erneut vom Gatten überrascht zu werden, der jetzt freilich annehmen muß, daß zwischen Natalja und seinem Freunde geheimnisvolle Beziehungen spielen. Somit bleibt Rakitin nichts übrig, als das Haus zu verlassen, er gewinnt jedoch auch den Studenten dazu, das Haus ohne Abschied zu verlassen. Verotschka dagegen hat, empört über das Verhalten ihrer Pflegemutter, der Werbung des bejahrten Nachbarn stattgegeben, um nicht mehr den Launen einer anderen Frau ausgeliefert zu sein. Alles wirbelt auseinander. Natalja wird sich nach diesem »Monat auf dem Lande« weiter mit ihrem zu anständigen Gatten langweilen müssen.

Die Komödie entstand 1848–50 und erschien 1855 im Druck. Die Uraufführung fand jedoch erst nach 22 Jahren in Moskau statt. Das auf den ersten Blick novellistisch anmutende Hin- und Herspiel sich überschneidender Liebesgeschichten hat sehr starke dramatische Akzente, vor allem in der Entwicklung des naiven, lustigen Studenten, der nichts von Liebe wissen will und der Hausfrau fremd gegenübersteht und der dann, als er erfährt, wie die Dinge stehen, wider Willen in das Spiel der Liebe hineingezogen wird und die schöne, um acht Jahre ältere, reife und kapriziöse Frau zu lieben beginnt. Die ehrlichen Empfindungen aller Handelnden nehmen dem Stoff den anrüchigen Haut-Gout eines Ehebruchdramas im Entstehen. Die hemmunglose Liebe der um einiges älteren und doch so unerfahrenen reifen Frau zu dem jüngeren Mann wird mit großer Delikatesse behandelt. (Reclams UB 7685.) *J. v. G.*

ALEXANDER N. OSTROWSKI

* 12. April 1823 in Moskau
† 14. Juni 1886 in Schtschelykowo

Alexander Nikolajewitsch Ostrowskis Vater war kleiner Beamter; man wohnte im Kaufmannsviertel des alten Moskau, wo man ein besonderes Leben mit eigenartigen Sitten und Gebräuchen führte. Der junge Alexander besuchte das damals einzige Gymnasium der Stadt und war häufig im Moskauer »Kleinen Theater«. Nach Beendigung der Schule studierte er an der Moskauer Juristischen Fakultät. Er wurde zunächst Kanzleibeamter am Schiedsgericht, zwei Jahre darauf am Handelsgericht; hier wie dort sah er viel Interessantes und Dramatisches: böswillige Bankrotte, arge Winkelzüge, dummschlaue Umgehungen der Gesetze, kurz, er lernte die zukünftigen handelnden Personen seiner Kaufmannskomödien kennen.

Das erste Stück, mit dem er durchdrang, hieß *Der Bankrott*, später *Es bleibt ja in der Familie* genannt, allerdings wurde es erst elf Jahre nach seiner Drucklegung von der Zensur zur Aufführung zugelassen. Zwischenzeitlich brachte Ostrowski elf weitere Stücke zur Aufführung, darunter *Armut ist kein Laster* und *Das Gewitter*. Mit erstaunlicher Konsequenz schrieb der Dramatiker jedes Jahr mindestens ein neues Stück. Insgesamt hat er 47 Komödien, Dramen und dramatische Chroniken verfaßt, außerdem Stücke von Shakespeare, Cervantes und Goldoni bearbeitet. Besonderes Interesse verdienen seine Komödien über den Abstieg des Adels, vor allem die Lustspiele *Tolles Geld* und *Eine Dummheit macht auch der Gescheiteste* und sein spätes resolutes Stück *Wölfe und Schafe*. Mit Vorliebe hat Ostrowski das Theater selber gezeichnet, seine bekannteste Komödie *Der Wald* steht hier neben den anklagenden *Die schuldlos Schuldigen* und *Talente und ihre Anbeter*. – Nachdem Ostrowski 1850 den Staatsdienst quittiert hatte, widmete er sich nur noch seinem dramatischen Schaffen, was sich für ihn wegen komplizierter Theaterverhältnisse als schwierig erwies. Ostrowskis Energie wurde jedoch durch seine materiell ungünstige Lage nicht gehemmt. Er schuf 1874 die »Gesellschaft russischer dramatischer Schriftsteller und Opernkomponisten«. An der Kommission zur Durchsicht der Theatergesetze nahm er ebenfalls teil. 1886 erhielt er eine Ehrung: er wurde zum Chef des Repertoireteiles der Moskauer Theater und zum Vorsteher der Theaterschule ernannt. Noch im gleichen Jahr starb er am 14. Juni an einer Angina pectoris. *J. v. G.*

Das Gewitter

(*Grosa*). Drama in fünf Akten
Erste Aufführung: 16. November 1859 in Moskau

Personen: Dikoj, Kaufmann – Boris, sein Neffe – Marfa Kabanowa, Kaufmannswitwe – Tichon, ihr Sohn – Katerina, seine Frau – Warwara, seine Schwester – Wanja Kudrjasch, dient in Dikojs Kontor – Bürger und Dienstboten.
Ort und Zeit: Die fiktive Stadt Kalinowo am Ufer der Wolga, russische Provinz, Mitte des 19. Jahrhunderts.

Je reicher und älter die Kaufleute werden, desto ausgeprägter tritt ein Typus unter ihnen hervor, den der Russe »samodur« nennt, ein Starrkopf voll von Selbstüberheblichkeit, roh, ungebildet und tyrannisch. Dieser Typus ist in beiden Geschlechtern zu finden, und je kleiner und abgelegener das Städtchen, desto blühender die Vertreter dieses Menschenschlages. – In einem Kalinowo genannten Wolgastädtchen leben zwei solcher Typen: der reiche und angesehene Kaufmann Dikoj und die bejahrte Kaufmannswitwe Kabanowa; die deutsch nicht wiederzugebenden Familiennamen charakterisieren alles: Dikoj kommt von ›wild, roh‹ und Kabanowa von ›Eber‹. Die Witwe Kabanowa hat einen stillen und freundlichen Sohn Tichon, der dem Handelshause vorsteht, und eine fröhliche Tochter Warwara. Tichons Frau ist Katerina, die Hauptfigur des Dramas. Die Witwe Kabanowa nörgelt den ganzen Tag an ihrem Sohn und dessen junger Frau herum. Nach altrussischer Sitte, die absoluten Respekt vor den Eltern verlangt, wagen die beiden nicht, sich gegen die tyrannische Alte aufzulehnen. Die Ehe der beiden leidet aber sichtlich unter dem Willkürregiment der Kabanowa. So kommt es, daß Katerina im schwiegermütterlichen Hause todunglücklich geworden ist. Da Tichon, der Ehemann, für kurze Zeit geschäftlich verreisen muß, soll die Mutter die junge Frau beaufsichtigen. Warja dagegen, die lustige Schwester, hat beschlossen, diese Zeit auszunützen, der Schwägerin, die sie sehr gern hat, etwas Vergnügen zu gönnen. – Der Kaufherr

Dikoj, Kabanowas männliches Gegenstück, hat einen Neffen Boris, einen wohlerzogenen jungen Mann, an dem er genauso erbarmungslos herumnörgelt, da ihm der sensible junge Mann aufs tiefste mißfällt. In seinem Kontor arbeitet als Handlungsgehilfe der junge Wanja Kudrjasch (Hans Lockenkopf), mit dem Boris befreundet ist; dieser Lockenkopf ist gleichzeitig Warjas Liebhaber. Nun weiß Warwara es so einzurichten, daß sie und die Schwägerin während der Abwesenheit des Mannes im Gartenhäuschen schlafen. Katerina und Boris kennen sich zwar nur flüchtig und fast nur vom Sehen, doch das hat genügt, daß diese beiden jungen Menschen einander liebgewonnen haben. Warja hat derweilen beschlossen, sich die Nacht mit dem Lockenkopf zu vertreiben, und hat außerdem Boris zum Gartentor bestellt. In einem überaus zärtlichen und romantischen Bilde findet nun die Begegnung der zwei Paare auf dem Abhang hinter dem Kabanowschen Garten statt. Es kommt, wie es kommen muß, die Liebe findet zur Liebe, und das eingekerkerte Herz erschließt sich einer kurzen süßen Freiheit. Als Katjas Mann plötzlich unerwartet zurückkehrt, gerät das arme, zerrissene Frauengemüt außer sich. Reue und Skrupel nagen an ihr, die Gewitterangst Katerinas kommt dazu, die Stille des Mannes und die Wut der Schwiegermutter erzwingen das Eingeständnis ihrer Schuld. Die beiden selbstgerechten Dünkler peinigen die so selig und unverhofft in Schuld geratenen jungen Herzen derart, daß Katerina den Tod in der Wolga sucht und der (wie immer bei Ostrowski zu schwache) Liebste Boris sich dem zornigen Onkel nicht widersetzen kann, der ihn nach Sibirien schickt.

Unter dem Titel *Katja Kabanowa* vertonte Leoš Janáček 1921 Ostrowskis Tragödie. *J. v. G.*

Der Wald

(*Les*). Komödie in fünf Akten
Erste Aufführung: 1. November 1871 in Petersburg

Personen: Raissa Gurmyschskaja, Witwe und reiche Gutsbesitzerin – Axinja, eine arme Verwandte – Alexej Bulanow, ein junger Mann, dem es nicht glückte, das Gymnasium zu absolvieren – Wosmibratow, Kaufmann – Pjotr, sein Sohn – Gennadius, genannt der Unglückliche, Arkadius, genannt der Glückliche, wandernde Schauspieler – Nachbarn, Bediente.
Ort und Zeit: Russisches Landmilieu, Mitte des 19. Jahrhunderts.

Wir werden auf das Gut der reichen Witwe Raissa Gurmyschskaja geführt, 20 Werst von einer Kreisstadt mitten im dichten Wald gelegen. In ihrem Hause leben ihre entfernte Verwandte Axinja, die sie streng erzieht, ein Mädchen von 20 Jahren, der rüstige Lakai Karp, die eklige Beschließerin Ulita und schließlich der dumme, aber hübsche junge Mann Alexej Bulanow, dem es nicht glückte, das Gymnasium zu absolvieren. In diesen ist die 50 Jahre alte, geizige und sittenstrenge Witwe und Gutsbesitzerin verliebt. Um allem Gerede zu entgehen, will sie, daß er Axinja heiraten soll. Diese jedoch liebt Pjotr, den aufrichtigen und schlichten Sohn des Kaufmanns und Holzhändlers Wosmibratow, der als Kaufmann ein rechtes Schlitzohr ist. Die Witwe, reich und geizig, ist gleichzeitig ungeschickt in Geldsachen, verkauft Wald und Land, kurz alles, was zu verkaufen ist, wovon natürlich der Holzhändler profitiert, aber auch der junge Bulanow, dem viel davon zukommt. Mit ihrem Geld will sie sich Leute gewogen machen; sie möchte nur wenig vererben. Ihren einzigen nahen Verwandten, den Neffen ihres verstorbenen Mannes, hat sie seit 15 Jahren nicht mehr gesehen. Er soll ihr Universalerbe werden. Da sie ihn in seiner Jugend zu hart erzogen hatte, ging er davon. Er schickt ihr jedes Jahr kleine Geschenke, nur Briefe schreibt er nicht, somit weiß sie auch nicht, welchen Beruf er ausübt. Dieser Neffe, der Schmierenkomödiant Gennadius, genannt der »Unglückliche«, da er tragische Rollen spielt, befindet sich gerade in Begleitung seines Kollegen Arkadius, genannt der »Glückliche«, da er Komiker ist, restlos abgerissen auf einer Fußwanderung zum Gute eben dieser Tante. Die beiden sind einander zufällig begegnet und haben sich dann zusammengeschlossen. Gennadius will nicht, daß die Tante erfährt, daß er Schauspieler ist, und so zwingt er den anderen, sich als seinen Lakai auszugeben. Ein herrliches Durcheinander- und Aneinandervorbeispielen im Hause der Tante bringt die beiden so grundverschiedenen Schauspielercharaktere wunderbar zur Geltung. Der »Unglückliche« Gennadius erfährt von der Not seiner Cousine Axinja, die Bulanow nicht nehmen will und Pjotr nicht bekommen kann, weil dessen Vater seinem Sohn nur eine Frau mit Mitgift zugedacht hat. Die Cousine bittet Gennadius, den sie für reich hält, um Geld. Er gesteht ihr nicht nur, wie es um ihn bestellt ist, sondern rettet auch der Verzweifelten das Leben, als sie sich ertränken will, da sie keinen Ausweg mehr sieht. Sie soll als seine Tochter zur

Bühne gehen. Zu diesem Zweck zwingt er die Tante, ihm das Geld, das sie ihm noch schuldet, auszuhändigen, und schon hängen ihm und seinem Kollegen die Himmel voller Geigen, da stellt sich heraus, daß die Cousine Axinja doch nicht von ihrem Pjotr lassen kann. Der hochherzige Gennadius schenkt sein Geld, das er mit viel Mühe von der Tante erhalten hat, dem Mädchen als Mitgift und zieht arm wie er kam mit seinem Kameraden wieder auf die Wanderschaft, derweil die alte Tante den jungen Nichtsnutz heiratet.

Diese Komödie, die 1870 entstand, ist angefüllt mit jenem Humor, der ein »Lachen unter Tränen« ist. Die beiden Rollen des »Unglücklichen« und des »Glücklichen« waren bis zum Weltkrieg die Starrollen der großen russischen Schauspieler, doch bietet das Stück daneben eine Reihe farbiger Nebenrollen. (Reclams UB 7673.) *J. v. G.*

Eine Dummheit macht auch der Gescheiteste (*Na wsjakogo mudreza dowolno prostoty*). Komödie in fünf Akten (1868). – Dieses Stück ist die Komödie eines ehrgeizigen und gerissenen jungen Mannes, der Karriere machen will und dem jedes Mittel dazu recht ist. Er und sein ebenso gerissenes Mütterchen verstehen es gut, der ebenso korrupten wie reichen Verwandtschaft und Bekanntschaft, die sich nur zu gern dazu hergibt, die »Würmer aus der Nase zu ziehen«. Dieser vulgäre Ausdruck paßt zu der Situation. Heimlich aber führt der intelligente Karrieremacher ein allzu offenherziges Tagebuch, in welchem er die Leute, mit denen er zu tun hat, bösartig schildert und karikiert. Das Tagebuch wird ihm entwendet und dadurch seine Heimtücke ans Licht gebracht; alle wenden sich entrüstet von ihm ab und gestehen sich doch heimlich, daß sie ihn sehr bald wieder holen werden, da sie sein kluges Köpfchen nur zu gut gebrauchen können. *J. v. G.*

Tolles Geld (*Beschenye dengi*). Komödie in fünf Akten. – Dieses 1869 entstandene Stück vom degenerierenden Adel und vom heraufkommenden neuen Stand der Unternehmer ist der unbestreitbare Vorgänger des *Kirschgartens* von Tschechow, andererseits kehren Motive aus Ostrowskis Gesamtwerk wieder. – Sawwa Wassilkow, ein Unternehmer aus der Provinz mit dem untrüglichen Sinn für profitable Geschäfte, verliebt sich in eine junge Dame aus verarmtem Adel, Lydia Tscheboksarowa, eine eiskalte, verspielte, verwöhnte Schöne, deren Mutter zu der Zahl jener raffinierten Mütter gehört, die über Leichen gehen, um der Tochter eine gute Partie zu verschaffen. Die schöne Lydia, die der Unternehmer kraft seines energischen Auftretens und seines Geldes zur Frau erhält, ist von einer Reihe adliger Verehrer umgeben, großen Herren, Besitzern des »Tollen Geldes«, das sich nicht hält, denn »jetzt ist sogar das Geld klüger geworden, es geht immer nur noch zu den ernsthaften Leuten und nicht zu uns. Früher, da war das Geld dümmer. Und eben solch ein Geld täte Ihnen not ... Tolles Geld. Auch ich habe stets nur tolles Geld bekommen, das man unter keinen Umständen in der Tasche halten kann ...« Lydia wird Wassilkows Frau, verläßt ihn aber schon bald, weil er sich weigert, ihre Rechnungen in dem Ausmaß zu bezahlen, das ihr standesgemäß erscheint. Sie glaubt, ihre alten Freunde würden es als eine Ehre ansehen, ihr luxuriöses Leben zu unterhalten, aber die Schwerenöter haben ja selber kein Geld. Sie sind zwar amüsant und witzig und viel geistreicher als der schwerfällige und schwerblütige Geldmensch Wassilkow, aber völlig unzuverlässig. Daher muß sich die stolze und schöne Frau Lydia entschließen, zu Sawwa zurückzukehren, der nun seinerseits Bedingungen stellt. Er will sie gewiß zurücknehmen und ihr sogar mit der Zeit ein luxuriöses Leben gönnen, wenn sie erst gelernt hat, vernünftig zu wirtschaften. Sie stößt sich am Wort. Er nimmt es jedoch nicht zurück und erklärt ihr, was sie alles zu lassen habe. Völlig entsetzt und gebrochen muß sie sich schließlich fügen. Sie tut es jedoch nicht ohne Grazie.

Diese klug ersonnene Gesellschaftskomödie hat starke Partien, die nicht verblaßt sind, wenn uns auch heute von jener Gesellschaft des untergehenden Zarismus eine Welt trennt. Beide Schichten, die des untergehenden Adels wie die des aufsteigenden Handelsbürgertums, werden nicht unsympathisch dargestellt und kommen zu ihrem Recht. *J. v. G.*

Wölfe und Schafe

(*Wolki i owzy*). Komödie in fünf Akten
Erste Aufführung: 8. Dezember 1875 in Petersburg

Personen: Meropa Mursawezkaja, ältere Gutsbesitzerin – Apollon Mursawezki, ihr Neffe – Glafira, eine arme Verwandte – Jewlampia Kupawina, reiche junge Witwe – Wassili Berkutow, Nachbar der Kupawina – Michail Lynjajew, Ehrenfriedensrichter – Wukol Tschugunow, Geschäftemacher – Klawdi, sein Neffe – Bediente und Unternehmer.
Ort und Zeit: Russische Provinz, letztes Drittels des 19. Jahrhunderts.

Die ledige, bejahrte und resolute Gutsbesitzerin Meropa Mursawezkaja ist eine markante Vertreterin des von dem Dichter so gern geschilderten Typus der selbstgerechten Starrköpfe. Sie schreckt sogar nicht vor kriminellen Übergriffen zurück und weiß dabei mit erfahrenem Heuchlertum ihr Gesicht zu wahren. Meropa und ihr Gehilfe Wukol Tschugunow, dem es auf ein paar Fälschungen mehr oder weniger nicht ankommt, legen alle Menschen, mit denen sie geschäftlich zu tun haben, herein und korrumpieren alles, mit dem sie in Berührung kommen. Daher spielt das alte Fräulein Meropa eine gewichtige Rolle im Gouvernement, und alle beugen sich ihren Launen. Sie plant, ihren törichten Neffen Apollon, einen versoffenen Jäger ohne Jagdglück, mit der hübschen und reichen jungen Witwe Jewlampia Kupawina zu verheiraten, um deren Vermögen in die Hände zu bekommen. Im Falle einer Ablehnung droht sie ihr unter Zuhilfenahme betrügerischer Manipulationen ihres Gehilfen mit einem Prozeß, der die Witwe um ihr ganzes Vermögen bringen kann. In ihrem Hause lebt Glafira, eine arme Verwandte, die wie ein Nönnchen bescheiden gekleidet herumlaufen muß, stets den Launen und der Willkür der alten reichen Verwandten ausgesetzt. Dem Gehilfen der Mursawezkaja, dem Herrn Tschugunow, der gleichzeitig Bevollmächtigter der reichen, aber in Geldsachen unerfahrenen Witwe ist, gelingen seine Manipulationen so gut, weil sein Neffe Klawdi, ein junger ausgelassener Bursche, ein Meister der Schönschreibekunst ist, der tadellos Handschriften auf Wechseln zu imitieren weiß und der ein willenloses Werkzeug in den Händen seines Onkels ist. Am Schluß stellt sich jedoch heraus, daß die als Wölfe gezeichneten Personen in Wahrheit die Schafe sind, die von den wirklichen, bisher unentdeckt gebliebenen Wölfen mit Haut und Haar gefressen werden. Das ist die gute und überraschende Pointe dieses minutiös aufgebauten Stückes. Denn der wirkliche Wolf ist der kleine Gutsbesitzer Berkutow, ein Nachbar der Witwe, der jetzt in der Hauptstadt seinen Geschäften nachgeht, der aber noch zu Lebzeiten des Gatten der Witwe mit dieser einen kleinen Flirt begann, weil es in seinen Berechnungen auf lange Sicht lag, sich selber des Vermögens und der Hand der jungen, schönen Frau zu bemächtigen. Dieser eiskalte Geldmensch, der, mit allen Wassern gewaschen, auch mit allen Zungen zu reden weiß, kommt zur rechten Zeit, die in den Schlingen des Fräuleins Meropa schon zappelnde Witwe Jewlampia zu befreien, die Dame Meropa und ihren getreuen Tschugunow durch Aufdeckung von deren Manipulationen unschädlich zu machen und elegant an die Wand zu drücken und sich das Vermögen mitsamt der hübschen Frau einzuverleiben. Als ihm ebenbürtige Wölfin erweist sich das arme, wie ein Nönnchen gekleidete Mädchen Glafira, der mit einem reichen Gutsbesitzer, der an nichts Böses gedacht hat, dasselbe gelingt. In einer großartigen Schlußszene müssen sich die vormaligen Wölfe gedemütigt gestehen, daß sie nur mit knapper Not mit dem Leben davongekommen sind.

Diese Komödie, ein bedeutendes Spätwerk Ostrowskis, ist ein weiterer Beitrag über den Niedergang des russischen Adels, in seiner Art ein Pendant zum *Tollen Geld*. Obwohl das Werk daran leidet, daß der wirkliche Wolf Berkutow, der das Stück entscheidet, wie ein Deus ex machina erst zum Ende des Stückes auftritt, muß das bittere Stück mit seiner Unmenge dankbarer Rollen doch zu den aufregenden Stücken der Weltliteratur gerechnet werden, da die geniale Zeichnung der wirklichen Wölfe hervorragend ist, ganz abgesehen von der einmaligen Rolle des alten Fräuleins mit ihrer unberechenbaren dünkelhaft-närrischen Herrennatur. *J. v. G.*

LEO N. TOLSTOI

* 9. September 1828 in Jasnaja Poljana (Gouv. Tula)
† 20. November 1910 in Astapowo (Gouv. Tambow)

Graf Lew Nikolajewitsch Tolstoi wurde auf seinem väterlichen Gut »Jasnaja Poljana« (›helle Lichtung‹) geboren. Er verlor seine Eltern in frühester Jugend und kam schon mit 15 Jahren auf die Universität Kasan, wo er sowohl an der Fakultät für orientalische Sprachen als auch an der juristischen Fakultät Schwierigkeiten hatte. 1851 trat er als Fähnrich in ein Artillerieregiment ein, bei dem er vier Jahre im Kaukasus verbrachte. Die schrecklichen Erfahrungen des Krimkrieges führten zu der für ihn konsequenten Entscheidung, 1856 den Militärdienst zu quittieren. Seine Versuche, Kontakte zu den Petersburger Autoren aufzunehmen, waren nicht sehr erfolgreich. Nach wenig fruchtbaren Erfahrungen im Ausland kam Tolstoi wieder nach Hause und heiratete als Vierunddreißigjähriger die achtzehnjährige Tochter eines Moskauer Arztes. Jetzt erst wurde er richtig seßhaft. Im Kreise seiner Familie (er hatte viele Kinder) verbrachte er die vielleicht schönsten, bestimmt aber fruchtbarsten Jahre seines Lebens, in denen er seine bedeutendsten Romane (»Krieg und Frieden«; »Anna Karenina«) schuf. Es sind dies die Jahre, in denen er seinen Ruf als Autor der Weltliteratur begründete. Als Moralphilosoph lehnte er danach Kultur, Zivilisation, Wissenschaft und Kunst ebenso radikal ab wie Staat und Kirche. Er lehrte das »Nichtankämpfen wider das Böse« als Hauptpostulat seiner Philosophie. In dieser Zeit gelangen ihm weitere wichtige Werke wie seine »Volkserzählungen« oder die beiden Stücke, die hier behandelt werden. Dies war auch die Zeit einiger äußerlicher Wandlungen, in der er seinen berühmten russischen Bauernkittel anzog, der ihn im Ausland vielleicht noch populärer machte als seine Dichtungen. Kurz vor seinem Tode verließ Tolstoi am 10. November 1910 heimlich sein Haus. Er starb einsam auf einer kleinen Bahnstation am 20. November. In seinem Nachlaß fand sich das Drama »Und das Licht scheinet in der Finsternis« (Reclams UB 5434), ein autobiographisches Bekenntnis seiner letzten Jahre. Es geht der Frage nach, wie der Geist der Bergpredigt auf Erden zu verwirklichen sei. *J. v. G.*

Die Macht der Finsternis

(*I swet wo tme swetit*). Drama in fünf Akten
Erste Aufführung: 10. Februar 1888 in Paris

Personen: Pjotr, ein reicher Bauer – Anissja, seine Frau – Akulina, seine Tochter aus erster Ehe – Anjutka, seine Tochter – Nikita, sein Knecht – Akim, dessen Vater – Matrjona, dessen Mutter – Bauern und Nachbarn.
Ort und Zeit: Russisches Dorf, Ende des 19. Jahrhunderts.

Dieses Drama, 1886 entstanden, gehört in die späte Schaffensperiode des Dichters. Seine eindringlichen Charakterschilderungen und milieugenaue Handlung machten es zu einem Vorbild des kämpferischen französischen und deutschen Naturalismus. Bezeichnend für den Geist dieses Bauernstücks ist das ihm vorangestellte Motto aus dem Evangelium Matthäi (5,28/29): »Ich aber sage euch: wer ein Weib ansiehet, ihrer zu begehren, der hat schon mit ihr die Ehe gebrochen in seinem Herzen. Ärgert dich aber dein rechtes Auge, so reiß es aus und wirf es von dir. Es ist dir besser, daß eins deiner Glieder verderbe, und nicht der ganze Leib in die Hölle geworfen werde.« – Der reiche, aber kränkliche Bauer Pjotr ist in zweiter Ehe mit der zehn Jahre jüngeren, zweiunddreißigjährigen eitlen Anissja verheiratet, die ihm ein Mädchen geboren hat; aus erster Ehe lebt in seinem Hause seine Tochter Akulina, etwas töricht und dazu schwerhörig. Zwischen diesen und seinem zu Beginn des Stükkes dreiundzwanzigjährigen eitlen Knecht Nikita spielt sich die Tragödie ab. Nikitas Eltern sind gekommen, ihn heimzuholen, weil er dort in der Heimat einem Mädchen die Ehe versprochen hat. Sein Vater ist ein guter Bauer alten Schlages, die Mutter eine verschlagene Kupplerin. Sie bekommt gleich heraus, daß die junge Bäuerin ein Liebesverhältnis mit Nikita begonnen hat, und sie steckt dieser ein Schlafmittelchen für deren Mann zu. Der Knecht Nikita ist eine primitive, verliebte Seele, ewig hinter den Frauen her, und wird roh, wenn er sie loswerden will. Die junge Bäuerin ist ihm hörig, sie gibt ihrem Mann das ›Schlafmittel‹, an dem dieser stirbt. Vorher jedoch suchen die Frauen sein Geld, das seine Frau auch findet, da er es bei sich trägt. Sie stiehlt es und gibt es ihrem Liebhaber zur Aufbewahrung. Nikita heiratet sie zwar, das Geld aber behält er für sich und verbummelt es in der Stadt, wohin er auch des Verstorbenen erste Tochter Akulina mitnimmt, die eigentliche Erbin; er beginnt mit dieser ein Verhältnis. Sie wird in der Stadt herausstaffiert, und beide behandeln die Ehefrau immer herausfordernder. Akulina ist als Erbin eine gute Partie geworden, und so kommen Freier, sie anzuschauen. Aber sie hat ein Kind von Nikita geboren, und dieses Neugeborene wird umgebracht, damit Akulina heiraten kann. Zu dieser Hochzeit ist jedoch auch jenes Mädchen gebeten, jetzt eine gutverheiratete Frau, die Nikita einst so elend im Stich gelassen hatte; sie treffen zusammen, und nun rührt sich in Nikitas Innern, was tief verborgen lag. Er will nicht zu den Gästen, er will sich lieber aufhängen; seiner Mutter und seiner Frau gelingt es freilich, ihn ins Haus zu locken, wohin er ihnen nur folgt, um vor allen Hochzeitsgästen und dem ganzen Volk seine schwere Sünde zu gestehen. Er nimmt alles auf sich, auch die Schuld seiner Frau. *J. v. G.*

Der lebende Leichnam (*Schiwoj trup*). Drama in sechs Akten (1911). – Das Stück entstand 1900, wurde jedoch erst aus dem Nachlaß herausgegeben. In seinen zwölf Bildern wird ein Motiv aufgenommen, das auch schon früher in der Literatur auftrat: das Enoch-Arden-Motiv des Ehegatten, der totgeglaubt wird und dann wieder auftaucht. Fjodor Protassow und Lisa Protassowa haben zwar ein Kind, aber ihre Ehe ist zerrüttet, obwohl beide einander lieben. Fjodor, ein schwacher Mensch, ist aus dem Hause gegangen, nachdem er das Vermögen seiner Frau durchgebracht und zum Schluß sogar noch Geld unterschlagen hat. Lisa bittet ihren Jugendfreund Viktor Karenin, ihren Gatten trotzdem heimzubringen; Karenin, der sie liebt, dessen Auffassungen von Ehe und Moral aber sehr streng sind, stimmt zunächst zu. Er findet Fjodor bei den »Zigeunern«, so nennt man die Mitglieder der in Rußland so beliebten Zigeunerchöre. Fjodor bewundert die junge Sängerin Mascha; er weigert sich, nach Hause zu kommen. Er zieht mit Mascha zusammen. Karenin seinerseits will jetzt Lisa heiraten, er kann das aber nur, wenn Lisa von Fjodor geschieden wird. Fjodor verspricht alles im Sinne der beiden zu tun, damit sie heiraten können, und täuscht seinen Tod vor, indem er an seine Frau einen Abschiedsbrief schreibt und darin vorspiegelt, sich zu ertränken. Karenin und Lisa heiraten und sind zufrieden, bis Fjodor von einem üblen Menschen in einer Schenke erkannt und angezeigt wird. Fjodors Verhaftung bringt Lisa und Karenin eine Anklage wegen Bigamie ein. Da die Gerichtsverhandlung für beide bela-

stende Momente ergibt und ihnen eine Verurteilung droht, zieht Fjodor, der zum Schluß völlig heruntergekommen war, die Konsequenzen aus einem sinnlosen Leben: um Lisa zu helfen, erschießt er sich.
Das Stück wurde seinerzeit sehr kontrovers aufgenommen, weniger seiner poetischen Qualität, sondern seiner moralischen Aussage wegen. *J. v. G.*

ANTON P. TSCHECHOW

* 29. Januar 1860 in Taganrog
† 15. Juli 1904 in Badenweiler

Sein Vater war ein kleiner Kaufmann, der mit Vieh handelte, sein Großvater war noch Leibeigener gewesen. Anton Pawlowitsch Tschechow studierte Medizin in Moskau. Da er jedoch schon als Student für den Lebensunterhalt seiner Familie zu sorgen hatte, schrieb er neben dem Studium eine große Anzahl kleinerer, meist humoristischer Geschichten. Den bald erworbenen Ruhm des Novellisten vertieften seine Erfolge als Dramatiker, obwohl eines seiner Stücke, »Die Möwe«, regelrecht ausgepfiffen wurde. Das berühmte »Moskauer Künstlertheater« machte es sich zur Aufgabe, Tschechows Dramen zum Bühnenerfolg zu verhelfen. Dies gelang so überraschend, daß eine Zeitlang der Dramatiker Tschechow den Erzähler fast in den Hintergrund drängte. Da ein Lungenleiden Tschechows immer schlimmer wurde, erwarb er ein Stück Land auf der Halbinsel Krim und ließ sich eine kleine Villa bauen. Dorthin zog er 1898 und kam nur noch nach Moskau, wenn die Theaterarbeit es erforderte. Im Frühjahr 1904 verschlimmerte sich sein Zustand so, daß ihn die Ärzte nach Badenweiler im Schwarzwald schickten; dort kam zu der Lungentuberkulose eine Herzerkrankung hinzu. Er starb mit 44 Jahren.

Läßt sich in Tschechows umfangreichem erzählerischen Œuvre ein konsequent durchgehaltener Realismus beobachten, so treten in seinen Dramen deutlich symbolistische Elemente hervor. Tschechow zieht seine Symbole aus der Lebenswirklichkeit seiner Stücke. Die auf der genauen Beobachtungsgabe eines

Die Möwe

(*Tschajka*). Komödie in vier Akten
Erste Aufführung: 17. Oktober 1896 in Petersburg

Personen: Irina Nikolajewna, Schauspielerin – Konstantin Gawrilowitsch Treplew (Kostja), ihr Sohn – Pjotr Nikolajewitsch Sorin, ihr Bruder – Nina – Trigorin, Schriftsteller – Schamrajew, Gutsverwalter bei Sorin – Polina Andrejewna, seine Frau – Mascha, seine Tochter – Medwenko, Lehrer – Dorn, Arzt.
Ort und Zeit: Sorins Landgut, Ende des 19. Jahrhunderts.

Bei der Uraufführung fiel das Stück gnadenlos durch. Zwei Jahre später jedoch gelang es dem Moskauer Künstlertheater von Stanislawski, dem Drama zu einem großen Erfolg zu verhelfen. Das Theater führte von da ab eine Möwe als sein Emblem und wurde auch das Theater Tschechows genannt. Hier trat zum ersten Male der realistische Symbolismus Tschechows in Erscheinung. Die Möwe, die zu Beginn mit traurigen Schreien rastlos über den Wassern schwebt und sucht, hat symbolische Bedeutung für den weiteren Verlauf des Stückes. Deren ziellose Suche steht ebenso für die ausweglose Traurigkeit der jungen Generation wie eine weitere, zufällig während des Stücks geschossene, die, von einem Präparator ausgestopft, von niemandem benötigt wird. – Eine berühmte Schauspielerin, egozentrisch ihrer Kunst und ihrer Verliebtheit in einen bekannten Schriftsteller hingegeben, hat einen Sohn, einen begabten jungen Dichter, der sich einer neuen Kunstrichtung, dem Symbolismus, angeschlossen hat. Ein junges, verwöhntes, schönes Mädchen, leicht in ihn verliebt, soll die Hauptrolle seiner Stücke spielen. Doch wird durch seine Empfindlichkeit und die krankhafte Egozentrik der Mutter nichts daraus. Der junge Mann scheitert in allem: das Mädchen, das er leidenschaftlich liebt, wird ihm von dem Liebhaber der Mutter, dem Schriftsteller, fortgenommen, seine Dichtung findet keinen Anklang, die stockgeizige Mutter hilft ihm nicht weiter. Er verliert jeden Auftrieb und bald jede Selbstachtung und wird schließlich von den Abreisenden auf dem Gut seines pensionierten Onkels zurückgelassen, wo er als Kostgänger lebt. Nach zwei Jahren treffen sich alle an der gleichen Stelle wieder; das vom Vater verstoßene Mädchen ist inzwischen Schauspielerin ohne Erfolg geworden, sie ist die Geliebte des Schriftstellers gewesen, der sie schließlich sitzengelassen hat, sie ist dann von Stufe zu Stufe gesunken und nun eine heruntergekommene Provinzschauspielerin, die sich die Aufmerksamkeiten der Provinzkaufleute gefallenlassen muß; der junge Dichter dagegen ist derweilen bekannt geworden und veröffentlicht seine Arbeiten in den gleichen angesehenen Zeitschriften, in denen die Arbeiten des Liebhabers seiner Mutter stehen. Tiefe hoffnungslose Melancholie hat sich trotzdem seiner bemächtigt, weil noch immer die Liebe zu diesem Mädchen an ihm zehrt. Bei einer heimlichen Unterredung gesteht sie ihm, daß sie trotz alles Häßlichen, das ihr von dem Schriftsteller angetan wurde, diesen dennoch weiterliebe (genau wie der junge Dichter sie). Sie trennt sich von ihm, um zu ihrem Provinztheater zurückzukehren, er aber hat damit den letzten Zusammenhalt mit dem Leben verloren und erschießt sich.

Trotz des tödlichen Ausgangs bezeichnete Tschechow sein Drama als Komödie. Die anatomische Beschreibung der Protagonisten in ihren von Egoismus oder Selbstmitleid getragenen Handlungen verleihen der *Möwe* einen subtil komischen Grundzug. (Reclams UB 4319.) *J. v. G.*

Onkel Wanja (*Djadja Wanja*). Szenen aus dem Landleben in vier Akten. – Das Schauspiel fand unter dem Titel »Der Waldteufel« 1889 eine kühle Aufnahme. Tschechow arbeitete es daraufhin um, so daß ein ganz neues Stück daraus wurde, das 1901 vom Moskauer Künstlertheater mit großem Erfolg aufgeführt wurde. – Ein berühmter Professor i. R., alt und eitel, lebt an der Seite einer jungen schönen Frau, die der angeblichen Kapazität ihre Jugend gegeben hat, von den Erträgen des Gutes seiner ersten, verstorbenen Frau. Um diese Erträge so zu gestalten, daß er wirklich bequem davon leben kann, bewirtschaften seine Tochter aus erster Ehe und sein Schwager dieses Gut und gönnen sich nichts, nur um den hohlen, aufgeblasenen Professor zu erhalten. Wie ein Vampir saugt er allen, die mit ihm in Berührung kommen, ihre Lebenskraft aus; seine Schwiegermutter aus erster Ehe vergöttert ihn, seine junge Frau hat ihn zwar längst durchschaut, doch sie bleibt bei ihm, sein Schwager haßt ihn, rackert sich aber trotzdem für ihn ab, er dagegen nimmt von ihnen alles an, als gehöre es sich so. Der Schwager erhebt sich empört gegen ihn, schießt auf ihn zweimal, ohne ihn zu treffen, und ergibt sich dann in sein Los. Nach der Abreise aller der Personen, durch die ein turbulenter Wirbel herbeigeführt wurde, kehren die Zurückbleibenden wieder nach und nach geduldig an ihre abtötende Alltagsarbeit für das leibliche Wohl des leeren Götzen, des Professors, zurück. Die unendlich traurige und hoffnungslose Stimmung ist anscheinend durch und durch untheatralisch und dennoch außerordentlich wirksam. (Reclams UB 8738.) *J. v. G.*

Drei Schwestern

(*Tri sestry*). Drama in vier Akten
Erste Aufführung: 31. Januar 1901 in Moskau

Personen: Andrej Sergejewitsch Prosorow – Natalja Iwanowna, seine Braut und später seine Frau – Olga, Mascha, Irina, seine Schwestern – Fjodor Iljitsch Kulygin, Lehrer, Maschas Mann – Nikolai Lwowisch Tusenbach, Baron, Leutnant – Soljony, Stabshauptmann – Tschebutykin, Militärarzt – Fedotik, Unterleutnant – Rode, Unterleutnant – Anfissa, Kinderfrau.
Ort und Zeit: Eine Gouvernementsstadt in Rußland, Ende des 19. Jahrhunderts.

Dieses Stück wurde von Tschechow eigens für das Moskauer Künstlertheater geschrieben. – Drei Schwestern, in einer Provinzstadt lebend, vergehen in ihrer Sehnsucht nach Moskau. Moskau bedeutet für sie die Erfüllung eines lebenswerten Lebens. Der Vater dieser drei schönen Schwestern war Regimentskommandeur in Moskau und wurde dann in die Provinz als Brigadegeneral versetzt. So wurden auch die Töchter in das öde Provinzstädtchen verschlagen. Die eine, Mascha, ist mit einem biederen Gymnasiallehrer verheiratet, die älteste, Olga, wird Direktorin des Mädchengymnasiums, und die jüngste und schönste, Irina, deren Bräutigam in einem sinnlosen Duell fällt, wird Volksschullehrerin werden. Alle drei waren stolz auf ihren Bruder Andrej und glaubten, daß ein Genie der Wissenschaft aus ihm werden müßte – ein saturierter Philister ist er geworden, der eine unausstehliche Philisterin geheiratet hat.

Aus dem Gefälle einer glorifizierten Vergangenheit in die Enttäuschung der Gegenwart und die Hoffnungslosigkeit der Zukunft entwickelt sich das Schauspiel vertaner, aber um so glühenderer Sehnsucht, deren Symbol die Rückkehr nach einem ›Moskau der Seele‹ ist. Das Nocturno dieses Dialoges erschließt sich nur schwer und langsam; neuartige, subtile Zwischentöne kommen mit diesem Stück in die Dramenliteratur. Tschechow entwickelt aus dem Realismus ein Theater der Seele, der passiven russischen Seele, die zur Weltseele werden will. Gerade in jüngerer Zeit haben Regisseure wie Rudolf Noelte oder Peter Stein dieses feine Seelenspiel zu neuer Intensität geführt. (Reclams UB 4264.) *J. v. G.*

Der Kirschgarten

(*Wischnjowy sad*). Komödie in vier Akten
Erste Aufführung: 17. Januar 1904 in Moskau

Personen: Ljubow Ranjewskaja, Gutsbesitzerin – Anja, ihre Tochter – Warja, ihre Pflegetochter – Leonid Gajew, ihr Bruder – Lopachin, Kaufmann – Pjotr Trofimow, Student – Charlotta, Erzieherin – Personal des Gutshofes u. a.
Ort und Zeit: Auf dem Gut der Ranjewskaja, um 1900.

Das letzte Stück Tschechows. Der Kirschgarten ist ein Symbol todgeweihter Schönheit, das Symbol vom Absterben der alten Zeit. Über das Bühnenbild, das der Dichter vorschreibt, heißt es zu Beginn: »Wenn die Läden aufgestoßen werden, sieht man durch die Fenster blühende alte Kirschbäume.« Und die letzte Regieanweisung vor dem Fallen des letzten Vorhangs lautet: »Die Fensterläden werden von außen geschlossen und zugenagelt. Und die Stille bricht herein. Und nur noch in der Tiefe des Gartens schlagen die Äxte dumpf auf das Holz der Bäume.« Der Kirschgarten ist verkauft und wird von einem Geschäftsmann der neuen Zeit abgeholzt. Dazwischen liegt die Komödie.

Frau Ljubow Ranjewskaja aus altem adligem Hause hat einen einfachen Rechtsanwalt geheiratet, keinen Adligen, und ist deswegen bei ihrer Familie in Ungnade. Sie hat nicht nur aus Verschwendungssucht ihr Geld vertan, auch die Liebe hat dabei mitgewirkt, die Villa in Mentone mußte verkauft werden, das Gut ist hoch beliehen. Als sie nun mit ihrer Tochter an einem kalten frühen Frühlingsmorgen aus Paris heimkehrt, muß sie erfahren, daß, da die Bankzinsen nicht rechtzeitig bezahlt wurden, ein Termin angesetzt ist, an dem das Gut versteigert werden soll – und mit ihm der Stolz, der alte Kirschgarten, so berühmt, daß er sogar im Konversationslexikon steht. Ihr Vertrauensmann Lopachin, ein Geldmensch, als Sohn eines vormaligen Leibeigenen auf dem Gut aufgewachsen und diesem somit verbunden, rät ihr zwar immer wieder gut zu, den riesigen

Kirschgarten abholzen zu lassen und das Terrain in Parzellen aufzuteilen, Villenparzellen, die man verpachten könnte. Damit wäre man aus allen finanziellen Schwierigkeiten heraus, allerdings müßten auch die alten Baulichkeiten abgerissen werden, wie etwa das Haus. Frau Ljubow und ihr Bruder, beide in schwerster Geldnot, lehnen das aber ebenso entschieden ab wie eine bezahlte Arbeit für Gajew. Es soll irgendwelche Generäle in der unweit gelegenen Stadt geben, die Geld auf Wechsel geben, doch diese Generäle existieren natürlich nur in ihrer Phantasie. Und die alte Erbtante würde sicher das Geld hergeben, aber die alte Erbtante kann die Familie nicht leiden, und sie wird höchstens einen Bruchteil dessen geben, was man braucht. Mit leeren Reden und Zuschauen verstreicht die Zeit; der Termin rückt immer näher, es geschieht nichts; Landstreichern gibt man, weil man grade kein Kleingeld hat, ein Goldstück, die eigenen Leute aber hungern oder kriegen nur Linsen. Am Tage der Versteigerung findet auf dem Gute ein großer Ball statt; man amüsiert sich, man ist zwar gespannt, wie die Versteigerung ausgegangen sein mag und ob sie vielleicht gar ausgesetzt worden ist, doch das hindert die allgemeine Fröhlichkeit nicht: man tanzt, amüsiert sich und vermeint so die prekäre Situation zu überspielen. Schließlich erscheinen der Bruder und der Geldmensch: der Bruder hat trotz Geldnot einige Delikatessen aus der Stadt mitgebracht, und Lopachin berichtet, das Gut mit dem Kirschgarten sei versteigert worden – und er habe es ersteigert. Und erst diese Nachricht trifft die Frau Ranjewskaja schwer: der Sohn eines Leibeigenen ist Besitzer von Gut und Kirschgarten geworden. Ranjewskaja weint. Da weint er mit: »Warum nur haben Sie nicht auf mich gehört? ... O wären wir schneller imstande, unser ganzes ungereimtes und unglückliches Leben zu verändern.« Das hindert ihn aber nicht, im gleichen Atemzuge zu rufen: »Musik, spiel lauter! Jetzt soll alles so sein, wie ich's mir wünsche! Ich bin imstande, für alles zu zahlen!« Frau Ranjewskaja fährt mit dem Geld der verachtenden Erbtante, das diese zur Bezahlung der Bankzinsen geschickt hat, nach Paris; der Bruder nimmt die 6000-Rubel-Stellung an, und die ganze Familie verliert sich aus dem Haus, während bereits Axtschläge schallen: der Kirschgarten wird abgeholzt. Das Geld der neuen Zeit hat triumphiert. Nicht der Geist. Über den Geist einer neuen glücklichen Zeit wird zwar viel gesprochen, er kommt jedoch nie zum Vorschein. Einzig Ranjewskajas Tochter Anja, mit dem Studenten Trofimow liiert, wird dem leeren Leben der ehemaligen Gutsbesitzergeneration entfliehen und sich in der Stadt den Anforderungen des Lebens stellen. (Reclams UB 7690.) *J. v. G.*

HENRIK IBSEN

* 20. März 1828 in Skien, † 23. Mai 1906 in Christiania

Ibsen war der Sohn eines Kaufmanns. Die Familie der Mutter stammte aus Deutschland. Er kam, nachdem sein Vater verarmt war, 1844 zu einem Apotheker in die Lehre. 1850 siedelte er nach Christiania (heute Oslo) über, um auf der »Studentenfabrik« das Abiturientenexamen nachzuholen. Der Versuch mißglückte. Er erhielt aber alsbald eine Stellung als Dramaturg und Regisseur an der Nationalbühne in Bergen, die er bis 1857 innehatte. Hierauf wurde er als künstlerischer Direktor an das Norwegische Theater in Christiania berufen. Als dieses Unternehmen 1862 Konkurs machte, ging Ibsen als künstlerischer Berater an das alte Christiania-Theater. Im Frühjahr 1864 verließ er nach mancherlei Mißhelligkeit Norwegen (»alle waren wider mich, ich wurde in Acht und Bann getan«), um fortan mit einem öffentlichen Stipendium und mit Freundeshilfe im Ausland zu leben. Zunächst verbrachte er vier Jahre in Italien, vorwiegend in Rom. 1868 siedelte er nach Deutschland über. Bis 1875 war Dresden sein Wohnsitz, dann bis 1891 München. Den Rest seines Lebens verbrachte der zu europäischem Ruhm gelangte Dichter wieder in Christiania, wo er 1906 starb.

Henrik Ibsen, der größte Dramatiker Skandinaviens, übte ungeheure Wirkung auf die Entwicklung des Dramas aus, in Europa, besonders auch in den USA. Er begann mit dem Römerdrama *Catilina* (1849), von dem er selbst später sagte, daß es »in nebelhaften Andeutungen« vielerlei von dem enthalte, worum seine späteren Dichtungen kreisen: »den Gegensatz von Können und Verlangen, Wille und Möglichkeit, der Menschheit und des Individuums, Tragödie und Komödie«. Mit dem zweiten Werk, dem einaktigen Wikingerschauspiel *Das Hünengrab* (1850), gelangte er erstmalig auf die Bühne des Bergener Theaters. Es folgten, für dieselbe Bühne geschrieben, die Märchenkomödie *Johannisnacht* (1852), das nationale Schauspiel *Frau Inger auf Oestrot* (1854) und das romantische Schauspiel *Das Fest auf Solhaug* (1855), für das 1890 Hans Pfitzner eine Bühnenmusik schrieb. Sage und Geschichte bilden wie bei den zuvor genannten Werken auch für das romantische Schauspiel *Olaf Liljekrans* die Grundlage, das letzte der für das Bergener Theater geschriebenen Stücke. Das Schauspiel *Die Helden auf Helgeland* (1857, in der deutschen Übersetzung 1876 *Nordische Heerfahrt*) behandelt den Sagenstoff der Nibelungen. Das nächste Werk, das Versspiel *Komödie der Liebe* (1862), stellt einer philisterhaften Scheinwelt den Dichter gegenüber, der sich im Streben nach Wahrheit aus ihren Bindungen befreit; es hat vor allem biographische Bedeutung. Wie in den *Helden auf Helgeland* einen Sagenstoff gestaltete Ibsen dann in den *Kronprätendenten* (1863) einen großen historischen Stoff aus der mittelalterlichen Geschichte Norwegens: die erbitterten, langwährenden Kämpfe des letzten Königs aus Norwegens Glanzzeit, Haakon Haakonssohn, um Thron und Reich. Die beiden in Italien entstandenen Werke: das Schauspiel *Brand* (1866) und das dramatische Gedicht *Peer Gynt* (1867) bedeuten eine Abrechnung des Dichters mit seinen norwegischen Landsleuten. In *Brand* zeigte er in der Titelfigur des Pfarrers Brand, eines nach dem Grundsatz ›Alles oder nichts‹ handelnden Idealisten, wie seine Landsleute sein sollten, im *Peer Gynt* zeichnete er sie so, wie er sie sah. Mit dem Lustspiel *Der Bund der Jugend* (1869), einer politischen Satire, kündigt sich erstmals der Gesellschaftskritiker an, der das spätere Schaffen bestimmen sollte. Zuvor entstand in Dresden das zehnaktige Doppeldrama *Kaiser und Galiläer* (1873), das Ibsen als ›Hauptwerk‹ seines Lebens ansah. Es stellt die faszinierende Gestalt des spätrömischen Kaisers Julian Apostata in der Zeitenwende zwischen der absterbenden Antike und dem heraufsteigenden Christentum dar. Mit der Übersiedlung nach München 1875 setzte dann die Reihe der sogenannten ›Gesellschaftsdramen‹ ein. In ihnen entlarvte und attackierte Ibsen in schonungsloser Offenheit und mit kritischem Gespür die Lebenslüge, die gesellschaftliche Heuchelei und die Selbstgerechtigkeit der oberen Schichten seiner Zeit. Dabei gelang dem Psychologen und inzwischen sein Handwerk beherrschenden Dramatiker, soziales Milieu und atmosphärische Stimmungen ästhetisch überzeugend über die Rampe zu bringen. Den Anstoß zu dieser bedeutsamen Wendung gaben die *Vorlesungen über die Hauptströmungen in der Literatur des 19. Jahrhunderts* des dänischen Literaturhistorikers Georg Brandes, die Ibsen als epochemachend erkannte. In ununterbrochener Folge erschienen nun in Abständen von etwa zwei Jahren jene zwölf berühmten Stücke, deren jedes begierig aufgegriffen wurde, zu heftigen Diskussionen Anlaß gab und oft Skandale hervorrief. Relativ günstig wurde das erste Werk der neuen Richtung aufgenommen, *Die Stützen der Gesellschaft* (1877; Reclams UB 958), das von Björnsons *Fallissement* ausgeht, den Einzelfall unehrlichen Verhaltens im Handelsleben aber auf die gesamten gesellschaftlichen und sittlichen Zustände ausdehnt und in seinem optimistischen Ausgang den Ruf nach dem ›Geist der Wahrheit und Freiheit‹ triumphieren läßt. Mit dem weltberühmt gewordenen Ehedrama *Ein Puppenheim* (1879, dt. *Nora*), in dem die Frau sich als gleichwertiger Partner gegenüber dem Mann durchsetzt, begannen die Diskussionen. Die *Gespenster* (1881) riefen einen Sturm der Entrüstung, vor allem in den nordischen Ländern, hervor. Das Werk unterlag zeitweise der Zensur, die erst mit der Aufführung 1894 am Deutschen Theater in Berlin als aufgehoben gelten konnte. *Ein Volksfeind* (1882) brachte eine Abrechnung des Dichters mit seinen Gegnern. *Die Wildente* (1884) behandelt das Thema der Lebenslüge in einer tragikomischen Variation, die auch ihre positive Funktion deutlich macht. Die Liebestragödie des Schauspiels *Rosmersholm* (1886) zeigt eine Vertiefung im Schaffen des Dichters an. *Die Frau vom Meer* (1889) bringt im Gegensatz zu *Nora* die nicht-tragische Lösung eines Ehekonfliktes. In dem Schauspiel *Hedda Gabler* (1890) ist abermals eine Frauengestalt, die schönheitstrunkene, von starken Instinkten getriebene Generalstochter, der Mittelpunkt tragischer Auseinandersetzungen. Mit der Künstlertragödie *Baumeister Solness* (1892) beginnt das symbolisch-mystische Alterswerk des in seine Heimat zurückgekehrten Dichters, dem die Nachwelt noch drei gedankentiefe Schauspiele verdankt: die Kindertragödie *Klein Eyolf* (1894), das winterlich-dunkle, tief pessimistische Schauspiel *John Gabriel Borkman* (1896; Reclams UB 8673) und schließlich den dramatischen Epilog *Wenn wir Toten erwachen* (1899). Der Einfluß, den Ibsen auf die Dramatik des ausklingenden 19. und des beginnenden 20. Jahrhunderts ausgeübt hat, war beispiellos. Der Naturalismus und der moderne Symbolismus haben ebenso in ihm ihre

Wurzeln wie der Impressionismus, der Expressionismus und der Existentialismus. Gerhart Hauptmann, G. B. Shaw, Strindberg, Wedekind, Kaiser, aber auch Jean-Paul Sartre und Jean Anouilh und das amerikanische Theater von O'Neill und Arthur Miller sind ohne Ibsen nicht denkbar. Von seiner Dichtung bekannte er selber: »Alles, was ich gedichtet habe, hängt aufs engste zusammen mit dem, was ich durchlebt habe, wenn auch nicht erlebt habe«, sowie: »Jede neue Dichtung hat für mich selbst den Zweck gehabt, als geistiger Befreiungs- und Reinigungsprozeß zu dienen. Man steht niemals ganz über aller Mitverantwortlichkeit und Mitschuld in der Gesellschaft, der man angehört. Deshalb habe ich einmal als Widmungsgedicht dem Exemplar eines meiner Bücher folgende Zeilen vorangesetzt: Leben heißt – dunkler Gewalten / Spuk bekämpfen in sich, Dichten – Gerichtstag halten / über sein eigenes Ich.«

Brand. Dramatisches Gedicht in fünf Akten (1866, erste Auff. 1885). – Auf den Schneefeldern des norwegischen Hochgebirges begegnen wir dem Pfarrer Brand, einem Mann von strengen Grundsätzen und kompromißloser Haltung. Dem Jugendfreund Ejnar, einem leichtlebigen Künstler, erscheint er als »der reine Gletschermann«. Ihm und seiner Braut Agnes hält Brand die eigene Lebensauffassung vor: er sieht ringsum die Zeit krank, von Halbheiten und Schlaffheiten zerfressen. Sein Gott ist Sturm, wo der der andern nur flauer Wind ist. Während Ejnar diesen Ansichten gegenüber skeptisch bleibt, ist Agnes tief berührt von der Gewalt der Brandschen Worte. Und als Brand unten am Fjord, wo die Bevölkerung in Hungersnot lebt, durch die Tat beweist, daß er ein ganzer Mann ist – er scheut sich nicht, trotz eines Unwetters über den Fjord zu setzen, um einem sterbenden Sünder beizustehen –, verläßt Agnes den Bräutigam und folgt Brand ins Boot, das zu besteigen Ejnar zu feige war. Die mutige Tat verschafft Brand Ansehen bei der Gemeinde. Die Leute bitten ihn, als Pfarrer bei ihnen zu bleiben. Nach anfänglichem Zögern – Brand glaubt sich zu größeren Aufgaben berufen – nimmt er an. Agnes wird sein Weib, obwohl er sie darauf hingewiesen hat, daß er in keiner Sache, auch nicht in persönlichen Dingen, einen Kompromiß kennt. »Alles oder nichts« ist seine Losung. Wie ernst es Brand damit ist, zeigt sein Verhalten der eigenen Mutter gegenüber. Brand weiß, die Mutter hängt an nichts so sehr wie an ihrem Geld und Gut. Brand verlangt, daß sie es opfern soll. Und als sie das verweigert, löst er sich von ihr und läßt sie selbst in ihrer Sterbestunde allein, da sie nur bereit ist, einen Teil zu opfern, nicht das Ganze. »Keinen feigen Kompromiß«, sagt Brand und begründet seine Auffassung mit der Nachfolge Christi. Es genügt nicht, das Leid zu tragen, man muß es wollen. Als Brand das letzte Wort der sterbenden Mutter erfährt: »Gott ist so hart nicht wie mein Sohn«, sieht er auch hierin nur die gleiche Lüge. In furchtbarer Weise muß jedoch der Eiferer bald nach dem Tode der Mutter die Konsequenz seiner Ideologie selbst erleben. Seinem Söhnchen Alf bekommt das Leben in dem rauhen Klima des Pfarrhofes am sonnenlosen Felsenhang nicht. Brand ist entschlossen, wegzuziehen, als der Doktor ihm Inkonsequenz vorwirft. Brand bleibt nun und hält bei der Gemeinde aus, die seiner bedarf. Das Söhnchen stirbt. Auch Agnes zerbricht schließlich an der Starrheit der Brandschen Grundsätze und seinem unerbittlichen Wesen. Brand baut mit dem von der Mutter ererbten Geld eine neue, größere Kirche. Als sie eingeweiht werden soll, führen ihm Gespräche mit dem Probst, einem zu Kompromissen bereiten Durchschnittstheologen, und mit dem alten Schulfreund Ejnar, der inzwischen nach einem wüsten Leben Missionar (ohne wirkliche innere Berufung) geworden ist, die Halbheit der herrschenden Kirchenlehre und Kirchenpraxis vor Augen. Er sperrt die Tür der neuen Kirche zu, wirft den Schlüssel in den Bach und hält an die Gemeinde eine flammende Ansprache, in der er sie auffordert, mit dem alten Kompromißgeist zu brechen, mit ihm durch die Lande zu ziehen und eine neue Zeit mit neuen Idealen heraufzuführen. Das Volk, von seinem Anruf mitgerissen, folgt ihm. Bei den ersten auftretenden Schwierigkeiten und Verlockungen läßt das Volk jedoch von Brand ab und treibt ihn mit Steinwürfen in die Felseneinöde. Hier hält er Rückschau auf sein Leben. In einer weiblichen Gestalt (Agnes als nebulose Traum-Erscheinung) tritt noch einmal die große Versuchung an ihn heran. Was er verlor und was ihm teuer war: Mutter, Weib und Kind, soll ihm wiedergegeben werden, wenn er auf die drei Wörtlein »Alles oder nichts« Verzicht leiste. Doch Brand bleibt hart und konsequent. Eine herabstürzende Lawine begräbt den Furchtlosen, der bis zum Tode mit seinem Gott ringt. Auf seine letzte Frage, ob nicht der starke Wille allein zur Seligkeit genüge, antwortet eine mystische Stimme, die den Lawinendonner übertönt: »Gott ist Deus caritatis!« –

Brand ist die große Abrechnung Ibsens mit seinen norwegischen Landsleuten, die Reaktion auf ihr Verhalten ihm gegenüber nach seiner ›Verbannung‹ ins Ausland. Die Dichtung ist, wie Georg Brandes sagt, »eine Vermahnungs- und Strafpredigt«. Ibsen war aber viel zu sehr Dichter, um in der bloßen Tendenz steckenzubleiben. Sein Pfarrer Brand ist eine großartige, von ihrer Mission durchdrungene starke Persönlichkeit, die an der Halbheit und Zwiespältigkeit der Umwelt ebenso scheitert wie an der Maßlosigkeit ihres kategorischen Imperativs »Alles oder nichts«. Das Schlußwort der Dichtung »Gott ist Deus caritatis« macht deutlich, daß Ibsen die verzeihende göttliche Liebe als das Höhere betrachtete gegenüber den Forderungen Brands nach Regeneration des gesamten öffentlichen Lebens in entschiedener Strenge und Kompromißlosigkeit. Von Einfluß auf die Idee und zahlreiche Einzelheiten der Dichtung waren Vorgänge in Ibsens Zeit. Vorbild für die Gestalt Brands war der Geistliche Gustav Adolf Lammers, der als Pfarrer nach seinem Austritt aus der Landeskirche 1865 eine freie Gemeinde gegründet hatte, mit der er auf die Bergeshöhen hinauszog, um seine Gottesdienste unter freiem Himmel abzuhalten. In den Forderungen Brands nach freiwilligem Märtyrertum und freudigem Selbstopfer klingen Gedankengänge Sören Kierkegaards an, dessen Kampf gegen das offizielle Christentum seiner Zeit und für die volle existentielle Verwirklichung der christlichen Botschaft hier einen Niederschlag gefunden hat. Ibsen selbst wollte von dieser zweifellos vorhandenen Beziehung zu dem dänischen Religionsphilosophen nur bedingt wissen: »Kierkegaard war zu sehr Stubenagitator, Lammers dagegen, der war gerade solch ein Freiluftagitator, wie Brand einer ist«, lautete sein Kommentar. Die erste Aufführung fand am 24. März 1885 in Stockholm statt, die erste deutsche (zum 70. Geburtstag Ibsens) am 17. März 1898 in Berlin.

Peer Gynt

Dramatisches Gedicht in fünf Akten
Erste Aufführung: 24. Februar 1876 in Christiania

Personen: Aase, eine Bauerswitwe – Peer Gynt, ihr Sohn – Solvejg – Der Haegstadbauer – Ingrid, seine Tochter – Drei Sennerinnen – Der Dovre-Alte – Trolle aller Art – Master Cotton – Monsieur Ballon – Herr v. Eberkopf – Herr Trumpeterstraale – Anitra, Tochter eines Beduinenhäuptlings – Professor Begriffenfeldt, Vorsteher des Tollhauses zu Kairo – Mehrere Tollhäusler – Ein norwegischer Schiffskapitän – Ein fremder Passagier – Ein Schiffskoch – Ein Knopfgießer u. a.
Ort und Zeit: Im Gudbrandstal in Norwegen, im Hochgebirge, an der Küste von Marokko, in der Wüste Sahara, im Tollhaus zu Kairo, auf See u. a., 1. Hälfte des 19. Jahrhunderts.

Peer Gynt neigt zu aufschneiderischen Geschichten. Er könnte den durch den Vater verkommenen Hof retten, wenn er Ingrid, die Tochter des steinreichen Haegstadbauern, heiraten würde, die ihm wohlgesinnt ist. Aber auch das hat er versäumt. Die Hochzeit Ingrids mit dem törichten Mads Moën steht unmittelbar bevor. Bei der Hochzeitsfeier Ingrids findet Peer Gynt als ungebetener Gast nicht viel Gegenliebe. Aus Rache entführt er die Braut, läßt jedoch nach einer Nacht von ihr ab, da er immer an Solvejg, die ihn während der Feier bezauberte, denken muß. Nach gelungener Flucht, auf der ihm zum ersten Mal die wundersamen Trolle begegnen, baut er sich in der Einsamkeit eine Hütte. Als Solvejg zu ihm findet, scheint er zur Ruhe zu kommen. Als jedoch ein Trollwesen ihn an seine wüste Vergangenheit erinnert, ergreift er die Flucht. Ehe er in die große Welt aufbricht, kehrt er noch einmal in der Hütte seiner Mutter ein. Er kommt gerade recht zu Aases Todesstunde. Wie einstmals setzt er sich an ihr Bettende und spielt mit ihr die Schlittenfahrt nach dem Soria-Moria-Schloß. Als er sich nach ihr umdreht, ist Aase tot. – In Afrika, wohin es Peer verschlagen hat, finden wir ihn als reichen Sklavenhändler wieder. Umgeben von Schmarotzern, sinnt er, durch seinen Reichtum »das Gyntsche Selbst« zu realisieren: er will Kaiser werden. Die Befreiungskriege der Griechen gegen die Türken böten die Gelegenheit dazu. Weder Gynt noch seine Kumpane wollen kämpfen. Als letztere ohne Gynt aufbrechen wollen, wirkt sein Stoßgebet, und die Jacht versinkt. Nach romantischen Erlebnissen mit der Tochter eines Araberhäuptlings verfällt Gynt auf die skurrile Idee, die Welt chronologisch zu durchwandern. Vor der Pyramide in Gizeh fällt er in die Hände von Professor Begriffenfeldt, einem wahnsinnigen Psychiater. In dessen Irrenhaus in Kairo wird Peer zum Kaiser der Selbstsucht gekrönt. – Wieder sind Jahre vergangen, bis wir Peer Gynt, jetzt »ein kräftiger alter Mann mit eisgrauem Haar und Bart«, an Bord eines Schiffes vor Norwegens Küste sehen. Er droht zu versinken, rettet sich aber, indem er den mit den Wellen ringenden Schiffskoch, einen Familienvater, brutal von den Planken des Bootes stößt. Doch der unheimliche »fremde Passagier«, der ihm an Bord begegnet und auf seinen Leichnam spekuliert, jagt ihm Furcht und Schrecken ein. Aus den Fluten des Meeres gerettet, geht er unerkannt an den Stätten seiner Jugend vorüber und erfährt, wie er im Gedächtnis der Leute lebt. In die Nähe der alten Hütte im Hochgebirge gelangt, wo Solvejgs Stimme zu ihm dringt, kommt Peer Gynt zur Einsicht: »Mein Kaisertum war hier.« Am Kreuzweg begegnet er dem »Knopfgießer«, der ihn in seiner Kelle umgießen will, weil er nichts Ganzes und nichts Halbes war, weder gut noch schlecht, ein Mann, der niemals er selbst gewesen. Peer Gynt will das Gegenteil beweisen und erkauft sich damit eine Galgenfrist. Doch niemand will ihm dies bezeugen. Selbst der »Magere« (Personifikation des Teufels im Priesterrock und mit einem Vogelstellernetz auf der Schulter), dem Peer Gynt noch einmal alle Stationen seines lasterhaften Lebens aufzählt: den Negerhandel, das Prophetenspielen, seinen brutalen Egoismus beim Schiffsuntergang usw., sieht in allem nur den »Halbwegsschnack«. Zu einem wirklichen Sünder reicht das Register nicht aus. Am Schluß seines Lebens findet Peer Gynt die Kraft, »mittendurch« und nicht mehr »außen herum« zu gehen wie bisher. Er tritt Solvejg gegenüber, an der er am meisten im Leben gesündigt hat. Sie hat ein ganzes Leben auf ihn gewartet. Sie soll das Übermaß seiner Schuld aussagen. Doch Solvejg, glücklich, daß er zurückgekehrt ist, spricht nur davon, daß ihr Leben durch ihn zu einem »schönen Gesang« wurde. Er war, auch wenn er ferne weilte, immer in ihrem Glauben, ihrem Hoffen und ihrem Lieben. Erschüttert birgt Peer Gynt sein Haupt in ihrem Schoß. Sie singt ihm ein Wiegenlied, wie eine Mutter ihrem Jungen. Hier ist er vor den Dämonen seines Lebens geschützt.

Die Dichtung wuchs Ibsen über der Absicht, seine Landsleute zu kritisieren, zu einem allgemeinen Menschheitsgedicht, dem man mit Recht den Titel eines ›nordischen Faust‹ beigelegt hat.

Es gibt viele Parallelen zu Goethes Werk, nicht zuletzt in der glorifizierenden Kraft, die der weiblichen Reinheit und Treue zugemessen wird. Dennoch ist der Charakter Peer Gynts von dem Fausts grundverschieden, ebenso der Entwurf des Werks. Meisterhaft ist der phantastische Zug in Peer Gynts Wesen, das Spiel mit der Lüge und der Wirklichkeit, herausgearbeitet. Auch sein ›Kaisertum‹, das er von früh an sucht, um es schließlich in Solvejgs reiner Liebe zu finden, erfährt die mannigfachsten Varianten. Als ein ›halber Sünder‹ ist Peer Gynt typisch für den Oberflächenmenschen des 19. Jahrhunderts. Neben Peer haben vor allem die beiden Frauengestalten der Mutter Aase und der Geliebten Solvejg starkes Eigenleben. Die Sterbeszene der Aase gehört zu den großen Momenten der abendländischen Bühne. Solvejgs unerschütterlicher Glaube an Peer Gynt, ihre Treue und ihr Dulden ergreifen um so mehr, als sie sichtbar über ihr ganzes Dasein hingebreitet erscheinen. Die zahlreichen märchenhaften Elemente des Stückes, die großenteils, ebenso wie die Gestalt Peer Gynts, aus älteren nordischen Volksmärchen stammen, sprengen den Rahmen des Nur-Realistischen und lassen mythische Urgründe in neuzeitlicher Form lebendig werden. Symbolische Figuren, wie der Große Krumme, der fremde Passagier, der Knopfgießer, der Magere u. a., leiten das Symboldrama der Neuzeit ein. Die Titelrolle ist in ihrer Entwicklung vom Jüngling zum Greis eine ebenso schwierige wie dankbare Aufgabe für einen Schauspieler großen Formats. (Reclams UB 2309.) Das lockere Gefüge der Handlung kann bei szenischer Wiedergabe durch die Musik Edvard Griegs, die Ibsen selbst anregte, eine die Bühnenwirkung sehr fördernde Bindung und Stütze erfahren. Werner Egk bearbeitete in den 30er Jahren den Stoff sehr frei als Oper (siehe Reclams Opernführer).

Nora oder Ein Puppenheim

(*Et dukkehjem*). Schauspiel in drei Akten
Erste Aufführung: 21. Dezember 1879 in Kopenhagen

Personen: Torvald Helmer, Rechtsanwalt – Nora, seine Frau – Christine Linde, Noras Freundin – Dr. Rank – Krogstad – Ein Hausmädchen und ein Kindermädchen bei Helmers – Die drei kleinen Kinder Helmers – Ein Dienstmann.
Ort und Zeit: Salon in Helmers Wohnung, 2. Hälfte des 19. Jahrhunderts.

Am Weihnachtsnachmittag herrscht frohe Stimmung bei Helmer und Frau Nora, seinem »Eichkätzchen«, seinem »lockeren Zeisig«, seiner geliebten »Lerche«. Helmer hat nach schweren Jahren endlich die Stellung eines Bankdirektors bekommen, und das zur Verschwendung neigende »Frauchen« glaubt, sich nun keine Zügel mehr anlegen zu brauchen. Sie erhält Besuch von ihrer Freundin Christine Linde, die sie lange nicht gesehen hat. Aus dem Gespräch mit ihr erfahren wir, daß doch nicht alles so rosig aussieht, wie es den Anschein hat. Helmer war gleich nach der Hochzeit schwer erkrankt. Nora besorgte mit einer verzeihlichen Unterschriftsfälschung das nötige Geld für die teure Kur. Krogstad, durch eine Wechselfälschung von einer bürgerlichen Karriere ausgeschlossen, durchschaute das Manöver. Er ist Angestellter bei Helmers Bank und soll entlassen werden. Dies will er nun durch Erpressung Noras verhindern. Nora, die zunächst an das Furchtbare der Situation nicht recht glauben will, unternimmt alle Versuche, ihren Gatten zur Wiedereinstellung Krogstads zu bewegen. Doch Helmer, der Krogstads Vergangenheit kennt, will sich unbedingt von ihm lösen, damit er sein neues Amt ohne jede Belastung antreten kann. Einen Augenblick erhofft sich Nora in ihrer verzweifelten Lage Rettung durch den Freund des Hauses, Dr. Rank, von dem sie Rat und Tat erbitten könnte. Doch dieser, an einer unheilbaren Rückenmarkskrankheit leidend, die er dem lustigen Leutnantsleben seines Vaters zu verdanken hat, macht in Vorahnung seines baldigen Endes Nora ein Liebesgeständnis, so daß diese mit ihren eigenen Sorgen gar nicht zu Worte kommt. Krogstad will mittlerweile nicht nur in die alte Stellung zurück, sondern mit dem verhängnisvollen Schein noch weit mehr von Helmer erpressen. Nora hofft einerseits auf ein eintretendes »Wunderbares«, wenn sie ihrem Mann die wahren Gründe ihres Handelns enthüllt, spielt aber gleichzeitig mit dem Gedanken an Selbstmord. Auf jeden Fall soll der Zweite Weihnachtstag mit seinem Maskenball – sie als neapolitanisches Fischermädchen – gerettet werden, wenn auch Krogstads Erpresserbrief schon im Briefkasten liegt. Die Aussprache der Eheleute nach dem Fest führt zur entscheidenden Wende: Voller Empörung und in ›heiligem‹ Zorn stellt Helmer seine Frau zur Rede, nachdem er Krogstads Brief gelesen hat. Seine Karriere glaubt der »Unangreifbare« ruiniert. Nora sei schuld daran, und in eitler Selbstbespiegelung spricht er ihr jegliche moralische Reife ab, auch für die Erziehung der Kinder. Keinen Augenblick versetzt er sich in Noras Lage, die die Fälschung nur aus Liebe zu ihm und wegen seiner gefährdeten Gesundheit begangen hatte. Ebenso schnell möchte er den alten Zustand wiederhergestellt wissen, als ein Brief von Krogstad eintrifft, der unter dem Einfluß von Christine auf alle weiteren Schritte Verzicht leistet, ja sogar den verhängnisvollen Bürgschein zurückschickt. »Ich bin gerettet! Nora, ich bin gerettet!« ruft Helmer aus. Nora verlangt darauf ein »ernstes Gespräch« mit dem Gatten, das erste in ihrer achtjährigen Ehe. Schonungslos hält nun sie ihm vor, daß sie nur seine »Puppenfrau« in einem »Puppenheim« war, daß er ihr jetzt ein Fremder geworden ist, den sie nicht mehr lieben könne, und daß es keinen anderen Ausweg für sie gibt, als ihn auf der Stelle zu verlassen. Auch die Kinder können sie nicht zurückhalten. Ehe sie sich wieder der Kindererziehung widmen will, muß sie sich selbst erziehen, und Helmer ist nicht der Mann, ihr dabei zu helfen. Das »Wunderbare«, auf das sie gehofft hatte, ist nicht eingetreten. Es bleibt nur die letzte, allerdings vage Hoffnung auf das »Wunderbarste«, daß aus ihrem Zusammenleben doch noch einmal eine Ehe werden könnte.

Ibsens *Nora* ist ein gesellschaftskritisches Stück ersten Ranges, das durch seine dichterischen wie theatralischen Qualitäten weit über seine Entstehungszeit reicht. Ibsen selbst betonte, er habe »keines seiner Stücke mit solcher Befriedigung ausgearbeitet wie dieses«. Es ist unter dem Einfluß der zu Ende des 19. Jahrhunderts immer stärker diskutierten Frauenfrage entstanden, doch hat Ibsen Recht und Unrecht in diesem spannungsvollen Ehedrama nicht einseitig-tendenziös verteilt, wenn ihm auch Noras Anliegen in erster Linie wichtig war. (Reclams UB 1257.)

Gespenster

(*Gengangere*). Familiendrama in drei Akten
Erste Aufführung: 20. Mai 1882 in Chicago

Personen: Helene Alving, Witwe des Hauptmanns und Kammerherrn Alving – Oswald, ihr Sohn – Pastor Manders – Tischler Engstrand – Regine Engstrand, im Hause der Frau Alving.
Ort und Zeit: Auf Frau Alvings Landgut an einem großen Fjord im westlichen Norwegen, 2. Hälfte des 19. Jahrhunderts.

In der Nähe des Landguts von Frau Alving soll ein Kinderheim eingeweiht werden, das zum Andenken an den vor zehn Jahren verstorbenen Kammerherrn, Hauptmann Alving, aus Familienmitteln erbaut wurde. Da es unter Gottes Segen stehen soll, wird es nicht versichert. Pastor Manders, Freund des Hauses, ist dazu ebenso erschienen wie der einzige Sohn, der junge Maler Oswald aus Paris. Als Pastor Manders Kritik an den Auffassungen Oswalds übt, die dieser über das freie Leben der Künstlerkreise in Paris äußert, und der Mutter vorwirft, den Sohn nicht in den richtigen Anschauungen erzogen zu haben, hält Frau Alving ihm vor, wie es in Wahrheit um ihre Ehe mit dem verstorbenen Kammerherrn bestellt war: neunzehn Jahre lang hat sie ein Martyrium durchgemacht. »Die Wahrheit ist, daß mein Mann genauso ruchlos starb, wie er immer gelebt hatte.« Ihre ganze Ehe war ein »verschleierter Abgrund«. Nach kaum einjähriger Ehe hatte Helene Alving erkannt, daß ihr Mann ein unverbesserlicher Wüstling war, und sie war vor ihm in die Arme Pastor Manders' geflohen, dem sie sich nicht nur anvertraut, sondern von dem sie auch unmittelbar Schutz und Hilfe erhofft hatte. Der sittenstrenge und selbstgefällige Geistliche war aber dem Konflikt ausgewichen, hatte der jungen verzweifelten Frau ihre »überspannten Pläne« ausgeredet und sie »auf den Weg der Pflicht und in das Heim ihres ehelichen Gemahls« zurückgeführt. Daß es so schlimm stand, wie er jetzt erfährt, hatte der Pastor allerdings nicht gewußt, ebenso wie ihm auch bisher unbekannt geblieben war, daß Regine, halb Bediente, halb Tochter im Hause Alving, in Wahrheit die leibliche Tochter des Kammerherrn ist, Frucht seiner Beziehungen zu dem Kammermädchen Johanne, die man dann, um den peinlichen Fall zu vertuschen, an den Tischler Engstrand verheiratet hatte. Gespenster scheinen der entsetzten Frau Alving im Hause umzugehen, als sie hören muß, wie im Speisezimmer – eben dort, wo sie einstmals ihren Mann mit dem Kammermädchen Johanne überrascht hatte – jetzt ihr Sohn Oswald mit Regine schäkert. Immer tiefer führen die Gespräche in das Dunkel der Vergangenheit. Während Pastor Manders die einstige Zurückweisung der auch von ihm geliebten Frau als den größten Sieg seines Lebens, den Sieg über sich selbst, preist, spricht Frau Alving von der »kläglichsten Niederlage«, die er erlitten. »Heute sitzen Sie bis über beide Ohren in Ämtern und Kommissionen«, sagt sie dem selbstsicheren Pfarrer ins Gesicht,

»und ich sitze hier und kämpfe gegen Gespenster – in mir selbst und um mich her.« Als der Tischler Engstrand die Hilfe des Pfarrers für »sowas wie ein Seemannsheim« erbittet, das er in der Stadt begründen will, in Wirklichkeit ein Bordell, in das er Regine als Attraktion mitnehmen will, fällt dieser ohne weiteres auf die scheinheiligen Beteuerungen des alten Heuchlers herein. Frau Alving kommentiert: »Sie sind und bleiben ein großes Kind, Manders.« Zur Katastrophe führen die Enthüllungen und Nachwirkungen des in der Vergangenheit Geschehenen, als Frau Alving vor Oswald und Regine die wahren Zusammenhänge aufdeckt. Regine verläßt das Haus, um dem Tischler Engstrand in sein zweifelhaftes Seemannsheim zu folgen. Oswald, schon in Paris von furchtbarem Kopfweh und quälenden Angstvorstellungen geplagt, erliegt der Krankheit, die ihm sein Vater als Erbteil seines ausschweifenden Lebens hinterließ: der Gehirnparalyse. Das Kinderheim ist, noch ehe es eingeweiht war, durch rätselvolle Ursache in Flammen aufgegangen. Über dem Wahnsinnsausbruch Oswalds und den Verzweiflungsschreien der Mutter geht die Sonne auf, der der erlöschende Geist Oswalds entgegenlallt.

Ibsen schrieb mit der Tragödie *Gengangere* sein düsterstes Werk. Theodor Fontane folgerte daraus: »Wer sich verheiraten will, heirate nach Neigung, aber nicht nach Geld« – und: »Wer sich dennoch nach Geld verheiratet hat und seines Irrtums gewahr wird, [...] beeile sich, seinen fauxpas wieder gut zu machen, und wende sich [...] dem Gegenstand seiner Liebe zu. Bleiben diese Thesen unerfüllt, so haben wir eine hingeschleppte, jedem Glück und jeder Sittlichkeit hohnsprechende Ehe, darin im Laufe der Jahre nichts zu finden ist als Lüge, Degout und Kretinschaft der Kinder. [...] Sind diese Thesen richtig? Ich halte sie für falsch.« Meisterhaft wendet Ibsen die dramaturgische Technik der tragischen Analysis an. Die Spannung liegt ausschließlich in den ›Enthüllungen‹ der Vergangenheit. Wir erleben in gedrängter Form das Endstadium einer Familientragödie. Den szenischen Geschehnissen entspricht die Atmosphäre des Stückes mit dem Hintergrund einer »düsteren, von einem gleichmäßigen Regen verschleierten Fjordlandschaft« in den beiden ersten Akten, während die Katastrophe dieser quälenden Tragödie von der aufgehenden Sonne als Sinnbild ewigen Lebens überstrahlt wird.

Die erste deutsche Aufführung fand am 4. April 1886 in Augsburg statt als »Generalprobe unter Ausschluß der Öffentlichkeit für geladenes Publikum«. Über dem Werk stand bis 1894 ein Zensur-Verbot. (Reclams UB 1828.)

Ein Volksfeind

(*En folkefiende*). Schauspiel in fünf Akten
Erste Aufführung: 13. Januar 1883 in Christiania

Personen: Dr. Tomas Stockmann, Badearzt – Frau Stockmann – Petra, beider Tochter – Ejlif und Morten, ihre Söhne – Peter Stockmann, Bruder des Doktors, Stadtvogt – Morten Kiil, Frau Stockmanns Pflegevater – Hovstad und Billing, Redakteure des »Volksboten« – Horster, Schiffskapitän – Aslaksen, Buchdrucker, u. a.
Ort und Zeit: In einer Küstenstadt des südlichen Norwegen, 2. Hälfte des 19. Jahrhunderts.

Der Badearzt Dr. Stockmann hat das Verdienst, seiner Heimatstadt zu Wohlstand und Ansehen dadurch verholfen zu haben, daß er die Idee hatte, sie zum Badeort zu machen. Sein älterer Bruder, Peter Stockmann, Stadtvogt, Haupt der Polizei und Vorsitzender der Badeverwaltung, hat die Sache »in Gang gebracht«. Bei den Kurgästen aufgetretene Krankheiten veranlassen Tomas Stockmann mittlerweile zu weiteren Forschungen, die ergeben, daß die Bäder von Fäulnisstoffen aus einer nahegelegenen Fabrik verseucht sind. Es gibt für den unbestechlichen, idealistischen Doktor, der sich für seine Vaterstadt verantwortlich fühlt, keinen anderen Weg, als die Dinge sofort publik zu machen und Abhilfe zu schaffen. Hierbei stößt er aber auf Widerstände verschiedener Stellen. Zunächst scheint die Mehrzahl aller »rechtlich denkenden Bürger« auf seiner Seite zu stehen, ebenso die Presse. Als Peter Stockmann auf die gravierenden Nachteile der Bäderschließung aufmerksam macht, kippen alle um. Selbst ein flammender Aufruf von Tomas Stockmann wird nicht mehr gedruckt; an seine Stelle treten beruhigende Worte seines Bruders. Tomas Stockmann, dem es längst nicht mehr allein »um das Wasserwerk und die Kloake«, sondern um »das ganze Gemeinwesen« geht und dem sich »unendliche Perspektiven« zu eröffnen scheinen, gibt den Kampf aber keineswegs auf und will ihn nun erst recht führen, auch wenn ihm seine Absetzung als Badearzt droht und er mit seiner Familie einer ungewissen Zukunft und der Niederträchtigkeit der Masse ausgeliefert wird. Im Saal des Hauses von Kapitän Horster, der als einziger Bürger der Stadt zu ihm hält, kommt es zu einer Bürgerversammlung, bei der Tomas Stockmann seine Ideen vortragen und seine Anklagen erheben kann. Aus den Erfahrungen der jüngsten Erlebnisse heraus steigern sich diese aber zu so weitgehenden, über das ursprüngliche Ziel hinausreichenden »Enthüllungen«, daß auch die ihm noch wohlwollenden Bürger nicht mehr mitmachen. Tomas Stockmanns Anklage gilt jetzt nicht mehr nur der »Bagatelle, daß unsere Wasserleitung vergiftet ist und unser Kurbad auf verpestetem Boden steht«. Er glaubt die Entdeckung gemacht zu haben, »daß die Quellen unseres gesamten geistigen Lebens vergiftet sind und daß unsere ganze bürgerliche Gesellschaft auf dem verpesteten Boden der Lüge steht«. Und er richtet schwerste Angriffe gegen »die grenzenlose Dummheit unserer Behörden« und gegen »die verdammte, kompakte, liberale Majorität«. Diese ist es, die seiner Ansicht nach die geistigen Lebensquellen vergiftet und den Boden unter den Füßen verpestet. Und als er sich dazu versteigt, »die niederen Klassen«, »den Haufen«, »die Masse« auf Kosten der stets an Zahl geringeren »geistig vornehmen Persönlichkeiten« zu schmähen, hat er sich auch die letzten Sympathien verscherzt. Die ganze Versammlung brüllt: »Er ist ein Volksfeind«, jagt ihn davon und demoliert sogar sein Haus. Seiner Tochter Petra, einer Lehrerin, die zu ihm hält, wird gekündigt, er selbst aus seiner Stellung als Badearzt entlassen, ja auch Kapitän Horster, der Stockmann und seine Familie mit nach Amerika nehmen wollte, wird von seinem Reeder gekündigt. Um das Maß der Verwirrung voll zu machen, kauft Stockmanns Schwiegervater, Kiil, von dem Erbteil, das er Stockmanns Frau und Kindern zugedacht hatte, alle Badeaktien des Ortes auf. Nun liegt es an Dr. Stockmanns weiterem Verhalten, ob diese Aktien in Zukunft noch irgendeinen Wert haben. Als die Journalisten von dieser Wendung der Dinge hören, stellen sie sich sofort bei ihm ein, im Glauben, das Ganze sei nur ein Spekulationsmanöver gewesen. Dr. Stockmann bleibt aber bis zuletzt der unbeugsame, kompromißlose Kämpfer und Idealist, der er immer war. Er will am Ende allen Widerständen zum Trotz auch im Ort bleiben und den Kampf um Wahrheit, Sauberkeit und Recht fortsetzen. Er fühlt sich ihm durchaus gewachsen, und das Fazit, das er aus allem zieht, ist: »Der stärkste Mann hier auf dieser Welt, das ist der, der ganz für sich allein steht.«

En folkefiende ist Ibsens Kampfansage an die bürgerliche Welt seiner Zeit, die er von der ›Lebenslüge‹ zerfressen sieht. In Dr. Stockmann aber ausschließlich ein Sprachrohr Ibsenscher Ideen zu erblicken, wäre falsch. Ibsen sah in ihm durchaus eine Charakterfigur, »zum Teil einen grotesken Burschen und einen Strudelkopf«, wie er zu einem Freunde nach einer Aufführung des Stückes im Berliner Lessingtheater äußerte. In der Mischung von sozialkritischer Anklage und Satire liegt die Eigenart des Stückes. (Reclams UB 1702.)

Die Wildente

(*Vildanden*). Schauspiel in fünf Akten
Erste Aufführung: 9. Januar 1885 in Bergen

Personen: Werle, Großkaufmann – Gregers, sein Sohn – Der alte Ekdal – Hjalmar Ekdal, sein Sohn, Fotograf – Gina, Hjalmars Frau – Hedwig, ihre Tochter – Frau Sörby, Haushälterin bei Werle – Relling, Arzt – Molvik, gewesener Theologe, u. a.
Ort und Zeit: In Werles Haus und bei Hjalmar Ekdal, 2. Hälfte des 19. Jh.s.

Der Wahrheitsfanatiker Gregers Werle erfährt von seinem Jugendfreund Hjalmar Ekdal, daß dieser seit dem Ruin seines Vaters ein kleines Fotografengeschäft betreibt, das der alte Werle ihm einrichtete, und daß er die frühere Haushälterin bei Werles, Gina, geheiratet hat. Gregers begnügt sich nicht mit diesen Mitteilungen. Er will von seinem Vater wissen, warum es zu der Katastrophe im Hause Ekdal kam und welche Voraussetzungen zu der Heirat Ginas mit Hjalmar führten. Er bezichtigt den Vater, an der Betrugsaffäre, die den alten Ekdal ins Gefängnis brachte, beteiligt gewesen zu sein und mit Gina ein Verhältnis gehabt zu haben, das er durch die Verkuppelung Ginas an Hjalmar zu verdecken suchte. Das Schlimmste in Gregers' Augen ist dabei, daß Hjalmar nichts von diesem Betrug weiß und daß das, was er sein Heim nennt, auf eine Lüge gegründet ist. Gregers, der von einem ›akuten Rechenschaftsfieber‹ ergriffen ist, sieht es nunmehr als seine Aufgabe an, Hjalmar über die wahren Zusammenhänge aufzuklären. Er verläßt voller Entrüstung das Haus seines Vaters, der sich mit seiner derzeitigen

Haushälterin, Frau Sörby, nochmals zu verheiraten beabsichtigt, und mietet sich bei den Ekdals ein. Das Milieu, in dem diese sonderbaren Menschen wohnen und in dem sich alles Weitere abspielt, ist höchst eigenartig. Das Fotografengeschäft, das die Familie erhält, besorgt in erster Linie Frau Gina. Ihre vierzehnjährige Tochter Hedwig hilft ihr dabei, und die beiden Frauen wetteifern, Hjalmar, der irgendeiner »Erfindung« nachjagt, zu verwöhnen. Mittelpunkt des allseitigen Interesses ist nicht so sehr das Atelier, sondern der Bodenraum der Wohnung, in dem Großvater Ekdal, ehemaliger Leutnant und Bärenjäger, eine Art Jagdrevier aus vertrockneten alten Weihnachtsbäumen mit Hühnern, Tauben, Kaninchen und (als Glanzstück) einer angeschossenen, flügellahmen Wildente eingerichtet hat. Zuweilen kracht dort sogar ein Schuß, wenn Großvater und Hjalmar auf Kaninchenjagd gehen. Das Kind Hedwig hängt mit rührender Liebe an Hjalmar, und dieser bespiegelt sich im Mitleid für den armen, alten, weißhaarigen Vater, den »schiffbrüchigen Mann«, an dessen skurrile Unternehmungen er seine Zeit ebenso verschwendet wie an seine vermeintliche »Erfindung«. Gelegentlich gesellt sich noch der Kandidat Molvik zu ihnen, ein verkrachter Theologe, und Doktor Relling, ein resoluter Kerl, aber gleichfalls eine verbummelte Existenz. In diesem Milieu der »Lüge und Heimlichkeit« aufzuräumen, hält Gregers für seine »Lebensaufgabe«. Mit der Aufdeckung der früheren Verbindung zwischen dem alten Werle und Gina erreicht er keineswegs die große Regeneration (»die Grundlage für ein ganz neues Leben – für ein gemeinsames Leben im Geiste der Wahrheit, ohne jedes Verschweigen«) zwischen Hjalmar und Gina, wie er es sich erhofft hatte, sondern nur das Gegenteil: Hjalmar, aus der geruhsamen Sicherheit seiner bürgerlichen Existenz aufgescheucht, glaubt es sich schuldig zu sein, das Haus der Schande, in dem er lebt, verlassen zu müssen, findet aber nicht einmal die Kraft dazu, ein Frühstück auszuschlagen, das ihm die lebenskluge Gina nach einer mit Dr. Relling und Molvik verbummelten Nacht vorsetzt. Und Gregers muß es sich von Dr. Relling sagen lassen, daß die »Lebenslüge« in diesem Falle nicht nur nicht ausgerottet werden darf, sondern als »das stimulierende Prinzip« geradezu kultiviert werden muß. »Warum verwenden Sie eigentlich das ausländische Wort Ideale? Wir haben dafür doch das gute, einheimische Wort: Lügen.« So wird alles beim alten bleiben.

Das einzige Opfer dabei ist die kleine Hedwig. Sie wird ungewollt Zeuge des Gespräches, das Hjalmar mit Gregers über ihre dunkle Abkunft hat – die Vaterschaft ist ungeklärt –; und da sie ihren vermeintlichen Vater Hjalmar abgöttisch liebt, dieser aber bereit wäre, sie aufzugeben, richtet sie auf der Bodenkammer die Pistole nicht gegen die Wildente, die sie zum Beweis ihrer Opferbereitschaft auf Veranlassung von Gregers töten wollte, sondern gegen sich selbst. Hjalmar und Gina glauben freilich, daß die Pistole nur unglücklich losgegangen sei. Dr. Relling stellt aber Gregers gegenüber eindeutig fest, daß es kein zufälliger Schuß, sondern nur Selbstmord gewesen sein kann und daß kein Jahr ins Land gehen werde, ohne daß »Klein-Hedwig« für Hjalmar nichts anderes als ein schönes Deklamationsthema geworden sein wird, um von dem Kinde zu sprechen, »das dem Vaterherzen zu früh entrissen« wurde.

Vildanden ist eine beißende Tragikomödie. Ibsen arbeitet hier mit allen Mitteln der tragischen Ironie, der Symbolik und des doppelbödigen Dialogs. Das Thema der ›Lebenslüge‹ erfährt eine Variante nach einer ganz neuen Seite hin, die in den Worten Dr. Rellings zusammengefaßt erscheint: »Wenn Sie einem Durchschnittsmenschen seine Lebenslüge nehmen, so bringen Sie ihn gleichzeitig um sein Glück.« (Reclams UB 2317.)

Rosmersholm

Schauspiel in vier Akten
Erste Aufführung: 17. Januar 1887 in Bergen

Personen: Johannes Rosmer, Eigentümer von Rosmersholm, ehemals Oberpfarrer – Rebekka West, im Hause Rosmers – Rektor Kroll, Rosmers Schwager – Ulrich Brendel – Peter Mortensgaard – Madam Helseth, Haushälterin auf Rosmersholm.
Ort und Zeit: Auf Rosmersholm, einem alten Herrensitze, nicht weit von einer kleinen Fjordstadt im westlichen Norwegen, 2. Hälfte des 19. Jahrhunderts.

Auf dem Herrensitz Rosmersholm lebt der angesehene Johannes Rosmer. Er hat seinen Beruf als Pfarrer aufgegeben, da er sich durch die kirchlichen Anschauungen zu sehr gebunden fühlte. Seine Ehe mit Beate ist nicht glücklich gewesen. Sie ist kinderlos geblieben, und Beate hat sich vor etwa einem Jahre durch einen Sturz in den Mühlgraben das Leben genommen. Sie galt als gemütskrank. Auf dem Herrensitz führt seitdem

Rebekka West, die als Pflegerin Beates ins Haus gekommen war, »eine Art Regentschaft im Namen der Hausfrau«. Rebekka ist etwa 30 Jahre alt, Rosmer 43. Die Konservativen und Freisinnigen möchten ihn für ihre politischen Ziele gewinnen, aber Rosmer läßt sich von keiner Partei vereinnahmen. Ihm schwebt ein weit höheres Ziel vor: alle Leute im Lande zu frohen, unabhängigen Adelsmenschen zu machen. Die große Welt der Wahrheit und der Freiheit ist sein Ziel. Und in diesem Streben hat er sich ganz und gar mit Rebekka West gefunden. Es ist ein schöner Freundschaftsbund geworden, gegründet auf den gemeinsamen Glauben an die Möglichkeit eines reinen Zusammenlebens von Mann und Weib, eine Art ›geistiger Ehe‹. Natürlich kann es nicht ausbleiben, daß ihr Zusammenleben auf dem alten Herrensitz nach dem Tode Beates verdächtigt wird. Rektor Kroll, Beates Bruder, klagt den Schwager sogar an, am Selbstmord Beates mitschuldig zu sein. Beate war zweimal kurz vor ihrem Tode bei ihm, tief verstört darüber, daß Rosmer im Begriffe sei, von seinem Kinderglauben abzufallen. Beim zweiten und letzten Besuch sprach sie die mysteriösen Worte: »Ich habe nicht mehr viel Zeit; denn Johannes muß nun bald Rebekka heiraten.« Rosmer ist von dieser, für ihn neuen Enthüllung tief betroffen. Und er kann nun selbst den Verdacht nicht mehr loswerden, daß ihr Freitod im Wasserfall ein Opfer war, um ihm den Weg zu Rebekka frei zu machen. Rebekka versucht, ihn von diesen trüben Gedanken zu befreien. Als er, um alle bedrückenden Spannungen zu lösen, Rebekka bittet, seine Frau zu werden, jubelt sie auf, um im nächsten Augenblick sein Ansinnen abzulehnen, ja sogar damit zu drohen, den gleichen Weg wie Beate zu gehen, wenn er noch einmal darauf zurückkäme. Immer quälender bedrängt ihn nun die Frage: wie verhielt es sich in Wahrheit mit Beates Tod, und welche Rolle hat Rebekka dabei gespielt? Nach langen Kämpfen legt Rebekka vor Rosmer und in Gegenwart Krolls die Beichte ab: Sie war es, die Beate allmählich auf die Irrwege lockte, die am Ende zum Tod im Mühlgraben führten. Sie hatte Beate gegenüber durchblicken lassen, daß, wenn sie noch länger bliebe, irgend etwas geschehen könnte. So bildete sich die kinderlose Frau schließlich ein, kein Recht mehr zu haben, als Herrin auf Rosmersholm zu verbleiben, und die Pflicht zu haben, den Platz an Rosmers Seite räumen zu müssen. »Ich wollte Beate weghaben«, gesteht Rebekka offen ein. Natürlich weiß Rebekka, daß sie nicht länger auf Rosmersholm bleiben kann. Es kommt aber doch noch zu einer Aussprache zwischen ihr und Rosmer, der nach diesem Geständnis tief niedergeschlagen ist und sich wieder den Kreisen um Rektor Kroll genähert hat. In diesem letzten Gespräch offenbart sich, daß Rebekka eine große Wandlung durchgemacht hat und daß ihre Seele wirklich durch den Einfluß Rosmers geläutert wurde. Jetzt gesteht sie ihm offen ein, daß sie ihn einstmals leidenschaftlich sinnlich geliebt hat und kein anderes Ziel kannte, als ihn zu besitzen, daß das Zusammenleben mit Rosmer in ihr aber die große entsagende Liebe entwickelt habe, die sie auch den Antrag, seine Frau zu werden, ausschlagen ließ. Aber das Vergangene läßt sich nicht mehr ungeschehen machen. Was verbrochen wurde, muß gesühnt werden. Und so reift in beiden wie von selbst der Entschluß zum Tod. »Schluß mit der Feigheit jetzt, und nicht schon wieder geflohen«, sagt Rebekka. Und ich nehme dich zur »Ehe als meine rechtmäßige Frau«, sagt Rosmer. Hand in Hand schreiten sie zum Mühlsteg, um den gleichen Weg zu gehen, den Beate ging. »Die Tote hat sie beide geholt«, ist das Schlußwort der Tragödie, das die Haushälterin auf Rosmersholm, Madam Helseth, spricht.

Die analytische Technik der Vergangenheitserhellung hat Ibsen in *Rosmersholm* wieder virtuos gehandhabt. Symbol für das Geschehen sind »die weißen Pferde« (wie auch ursprünglich der Titel lauten sollte), denen niemand auf Rosmersholm entgeht. Es sind die Toten, die sich nicht von den Lebenden lösen wollen und als stürmende weiße Pferde immer wieder auftauchen. (Reclams UB 2280.)

Die Frau vom Meer

(*Fruen fra havet*). Schauspiel in 5 Akten
Erste Aufführung: 12. Februar 1889 in Weimar

Personen: Dr. Wangel, Bezirksarzt – Ellida, seine zweite Frau – Bolette, Hilde, seine Töchter aus erster Ehe – Arnholm, Oberlehrer – Lyngstrand – Ballested – Ein fremder Mann.
Ort und Zeit: Im Sommer in einer kleinen Fjordstadt des nördlichen Norwegen.

In einem Badeort an der norwegischen Küste werden wir Zeuge eines nicht sehr glücklichen Ehelebens, das der Badearzt Dr. Wangel mit seiner zweiten Frau Ellida führt. Die beiden Töchter aus erster Ehe, Bolette und Hilde, gedenken des Geburtstages ihrer verstorbenen Mutter, während Ellida, die von einer krankhaften Sehnsucht nach der Weite des Meeres erfüllt ist, den früheren Hauslehrer der Töchter empfängt, dem gegenüber sie sich aussprechen kann. Sie enthüllt ihr Geheimnis, daß sie vor der Ehe mit Wangel an einen andern Mann gebunden war, einen finnischen Seemann, der sich mit ihr verlobt hatte, der aber wegen des Verdachtes, Mörder an seinem Kapitän gewesen zu sein, fliehen mußte. Um Ellida an sich zu binden, hatte er ihre Ringe an einen Schlüsselbund gesteckt und ins Meer geworfen, worin er eine Art fester Bindung sah. Eine furchtbare Belastung dieser »Vergangenheit« blieb für Ellida die Tatsache, daß sie ein Kind von ihm gebar, das aber inzwischen gestorben ist. Im 3. Akt erscheint eines Tages dieser Seemann wieder am Zaun des Gartens und fordert Ellida auf, nunmehr ihm für immer zu folgen. Ellida ist zunächst entschlossen, dies zu tun. Die unheimliche Macht des Meeres übt noch einmal ihre ganze Gewalt über sie aus. Als dann aber Dr. Wangel es ihr selbst anheimstellt, bei ihm zu bleiben oder dem Seemann in voller Freiheit zu folgen, bleibt Ellida, von dieser Großzügigkeit überwältigt, bei ihm. Und nun wird sie auch die beiden Kinder aus seiner ersten Ehe voll und ganz in ihr Leben einschließen.

Das Stück wurde 1888 abgeschlossen. Wiederum steht, wie in *Nora*, ein Eheproblem im Mittelpunkt der Handlung. In der Ellida gestaltet der Dichter einen äußerst komplizierten Charakter, der sich ständig an der Grenze des Psychopathischen bewegt. Als Tochter eines Leuchtturmwärters war das Meer von früh an ihr ständiger Begleiter. Es war für sie stets das Unermeßliche, Unendliche, aber auch Grauenvolle und Entsetzliche. Die Leute sprachen von ihr als der »Frau vom Meere«. Und so war denn auch ihr erstes Liebeserlebnis mit einem Seemann verbunden. Die Gegenüberstellung der beiden Männer um Ellida ist von äußerster Spannung; der Schluß bleibt umstritten. Theodor Fontane meinte: »Ellida leidet an Sehnsucht nach dem Meer und dem Meermann. Freiheit heilt sie. Aber es geht mir zu flink.« Die Nebenpersonen des Stückes, die beiden Töchter, deren Liebhaber sowie der Bildhauer Ballested und der kränkelnde Lyngstrand, sind vortrefflich charakterisiert. In der *Frau vom Meer* handelt es sich um ein außerordentlich bühnenwirksames Schauspiel im Stil der »pièce bien faite« des französischen Theaters. (Reclams UB 2560.)

Hedda Gabler

Schauspiel in 4 Akten
Erste Aufführung 1891 in München

Personen: Jörgen Tesman, Staatsstipendiat der Kulturgeschichte – Hedda, seine Frau – Juliane Tesman, seine Tante – Frau Elvsted – Assessor Brack – Ejlert Lövborg – Berta, Dienstmädchen bei Tesmans.
Ort und Zeit: In Tesmans Villa, westliche Stadtgegend von Christiania, 1890.

Jörgen Tesman, ein junger Gelehrter, und Hedda, Tochter des Generals Gabler, kehren von der Hochzeitsreise zurück. Der junge Ehemann hat unterwegs mit Bienenfleiß in Archiven Material für eine wissenschaftliche Studie über die Brabanter Hausindustrie im Mittelalter gesammelt, aufgrund derer er hofft, alsbald eine Professur an der Universität zu bekommen. Sie erhalten Besuch von Frau Elvsted, einer Bekannten Heddas, die in Sorge um Ejlert Lövborg ist, den früheren Lehrer ihrer Stiefkinder, der wieder in der Stadt aufgetaucht sein soll. Wie sich aus den Gesprächen ergibt, ist Lövborg ein genialischer, aber haltloser Mensch. Sowohl Hedda als auch Frau Elvsted waren an ihm nicht uninteressiert. Auch er soll jetzt ein Buch über »Kulturentwicklung« verfaßt haben, durch das er ein Konkurrent für Jörgen Tesman werden könnte. Frau Elvsted glaubt, ohne ihn nicht leben zu können. Als weiterer Besucher erscheint Assessor Brack, ebenfalls ein Verehrer Heddas, der zu einem Herrenabend bei sich einlädt. Dieser »Herrenabend« wird zum Verhängnis für Lövborg, der dabei aus einem Werk »über die Kulturentwicklung der Zukunft« vorliest, das Manuskript aber in angetrunkenem Zustand auf dem Nachhauseweg verloren und sich noch zu einer zweifelhaften »rothaarigen Sängerin« begeben hat, wo es zu einer Schlägerei mit der Polizei kam. Im Boudoir dieser »Dame« hat man ihn erschossen vorgefunden. Das Manuskript des neuen Werkes von Lövborg, das Tesman auf der Straße aufgelesen und Hedda ausgehändigt hatte, wird von dieser verbrannt. Frau Elvsted und Tesman wollen versuchen, es aus vorhandenen Konzeptzetteln wieder herzustellen. Hedda, von allem, was rings um sie vorgeht, angeekelt, zieht sich in ihr Zimmer zurück, wo sie sich erschießt. Das Schlußwort hat Assessor Brack: »Um Gottes willen – so etwas tut man doch nicht!«

In der Generalstochter Hedda Gabler hat Ibsen abermals einen energischen Frauencharakter einer brüchigen Männergesellschaft gegenübergestellt, eine »wachsbleiche Schönheit mit verhaltenen Gesten, die Augen stahlblau mit mattem Glanz«. Sie ist als eine aufreizende Frau mit dämonischen Zügen gezeichnet, die es versteht, mit Männern zu spielen, aber auch, sich ihnen wieder zu entziehen. Obwohl ihr der trockene Forscher Tesman, der selbst auf der Hochzeitsreise in Archiven wühlt, zuwider ist, hat sie ihn geheiratet. Ihr Selbstmord am Schluß des Stückes ist nichts anderes als die Flucht vor sich selbst und die Einsicht, daß ihr Dasein ein Irrtum war – gemessen an einem Ideal von Leben »mit Weinlaub im Haar«. (Reclams UB 2773.)

Baumeister Solness

(*Bygmester Solness*). Schauspiel in drei Akten
Erste Aufführung: 19. Januar 1893 in Berlin

Personen: Halvard Solness – Aline, seine Frau – Doktor Herdal, Hausarzt – Knut Brovik, ehemals Architekt, jetzt Assistent bei Solness – Ragnar, sein Sohn, Zeichner – Kaja Fosli, Broviks Nichte, Buchhalterin – Hilde Wangel u. a.
Ort und Zeit: Im Hause des Baumeisters Solness, 2. Hälfte des 19. Jahrhunderts.

Baumeister Solness hat sich mit einer gewissen Rücksichtslosigkeit hochgearbeitet. Als »armer Bursche vom Lande« hatte er angefangen, heute steht er als einer der ersten in seinem Fach da. Seinen ehemaligen Dienstherrn, den Architekten Brovik, hat er so weit übertroffen, daß dieser auf seine alten Tage als Assistent in seinem Büro arbeiten muß. Auch Broviks Sohn Ragnar ist als Zeichner bei Solness tätig. Der kränkelnde alte Brovik möchte es gerne noch erleben, daß sein Sohn wenigstens wieder den Weg nach oben findet. Solness könnte ihm dazu verhelfen, wenn er Ragnars Zeichnungen begutachten würde. Aber Solness befürchtet, daß ihn die Jugend nur allzu schnell überflügeln könnte, und er schlägt das Ansinnen des alten Brovik brüsk, wenn auch mit allerlei schönen Begründungen ab. Schlimmer noch für Ragnar ist, daß auch seine Braut, Kaja Fosli, die gleichfalls im Büro von Solness arbeitet, von der Persönlichkeit des großen Baumeisters fasziniert ist. Solness steht aber trotz aller dieser Erfolge innerlich keineswegs so gefestigt da, wie es den Anschein hat. Sein Glücksstern begann zu strahlen, als die »Räuberburg« seiner Schwiegereltern abbrannte. Das freigewordene Terrain hatte er großzügig bebauen können. Das Brandunglück hatte aber auch den Tod seiner beiden kleinen Kinder verursacht. Seitdem ist Aline, Solness' Frau, seelisch völlig erstarrt. Mager, vergrämt und menschenscheu geht sie durchs Leben, nur noch von einem leeren Pflichtbewußtsein getragen. Solness leidet unter der Vorstellung, daß er den Brand des »alten Kastens« herbeigewünscht haben könne und dadurch zum Mitschuldigen an den Folgen geworden sei. In diesem Sinne empfindet er es »als eine Erleichterung, wenn ich dulde, daß Aline mir unrecht tut«. Am meisten fürchtet er sich aber vor dem Umschwung, der notwendig einmal auch für ihn kommen muß, wenn die Jugend auf den Plan tritt. Schneller als er es selbst geahnt hat, klopft sie an seine Tür: in Gestalt der Hilde Wangel, eines burschikosen Mädchens von etwa 22 Jahren. Sie kommt, ein altes Versprechen von ihm einzulösen, das er vor zehn Jahren dem damaligen Schulmädchen gegeben hat. Bei dem Richtfest einer von Solness gebauten Kirche hatte Solness selbst den Kranz an der höchsten Spitze des Kirchturmgerüstes aufgehängt. »Es war schrecklich spannend, da unten zu stehen und zu Ihnen hinaufzusehen«, schwärmt Hilde noch jetzt. Sie hatte ihm laut zugejubelt, und es hatte wie Harfen in der Luft geklungen. Bei dem Abendempfang im Hause ihres Vaters hatte Solness ihr dann versprochen, in zehn Jahren wiederzukommen, wie ein Troll sie als Prinzessin zu entführen und ihr ein Königreich zu schenken, das Königreich Marzipania ... Und zum Schluß hatte Solness sie genommen und geküßt. Das alles hat Hilde nie vergessen, nun fordert sie vom Baumeister die Einlösung seines Versprechens. Solness, der sich an das alles nicht mehr genau erinnern kann, empfindet jedoch Hildes Ankunft als großes Glück. Er hatte entsetzliche »Angst vor der Jugend« bekommen, und nun scheint sie ihm gerade zur rechten Stunde den Auftrieb zu geben, den er braucht. Hilde wird zunächst einmal im Hause bleiben, vielleicht sogar Kajas Stelle übernehmen können, denn an dieser ist ihm nichts mehr gelegen. Unter dem Einfluß von Hilde läßt er sich auch herbei, Ragnars Zeichnungen zu begutachten. Und schon muß er zu Hilde bekennen: »Mir scheint, es gibt kaum noch irgendeine Ecke in mir, die vor Ihnen sicher wäre.« Dem robusten, frischen Wesen Hildes gelingt es auch, mit dem Problem ihres Verhaltens zu Frau Aline fertig zu werden. Hilde will den Ehefrieden nicht stören und deshalb ihrer Wege gehen. Aber Solness soll ihr ein Schloß bauen, und mehr noch – sie wollen zusammen das Schönste bauen, das Wunderbarste, das es auf Erden gibt: Luftschlösser. Aber dazu muß Solness Hilde ein Probestück liefern und zeigen, daß er noch ebenso kühn und jugendfrisch ist wie vor zehn Jahren, als er ohne Furcht auf die Kirchturmspitze stieg. Gelegenheit dazu ist gerade jetzt gegeben. Das Richtfest für das neue Haus, das Solness für sich erbaut hat und in dem, wie er hofft, auch Aline ihren alten Kummer vergessen soll, steht bevor. Das Haus hat einen hohen Turm. Solness soll den Kranz selbst an der höchsten Spitze aufhängen. »Schrecklich spannend« wird das für Hilde werden, doppelt deshalb, weil niemand mehr daran glauben will, daß Solness auch heute noch dazu fähig sei. Aline weiß, wie sehr er zum Schwindelgefühl neigt, und möchte ihn von dem Wagnis abhalten. Doch Hilde drängt ›ihren‹ Baumeister: »Tun Sie noch einmal das Unmögliche! Nur noch ein einziges Mal!« Und Solness tut es, erklimmt die Höhe, schwingt den Kranz. Hilde jubelt. Dann stürzt er ab. »Aber ganz bis oben hinauf ist er gekommen«, sagt Hilde wie in stillem, irrem Triumph, »mein Baumeister!«

Bygmester Solness bezeichnet die letzte Epoche des Ibsenschen Schaffens. Man hat in ihm ebenso die Tragödie des alternden Künstlers erblicken wollen wie »eine allegorische Autobiographie« (Maeterlinck). Sicherlich wirkte die zarte Beziehung des einundsechzigjährigen Dichters zu der jungen Wienerin Emilie Bardach auf die Idee des Stückes ein. Die Gestalt der Hilde Wangel ist in dem Schauspiel *Die Frau vom Meer* vorgebildet, wo sie (halbwüchsige Stieftochter von Frau Ellida) als kecker Teenager gezeichnet ist, der alles unter dem Gesichtspunkt des ›Spannenden‹ betrachtet. Im *Baumeister Solness* verläßt sie (nach Ansicht von Paul Schlenther) den Schauplatz der Handlung »wie das Publikum der Stierkämpfe die Arena«. Es fragt sich aber, ob mit dieser Auslegung, der die meisten Kommentatoren folgen, die Figur erschöpfend gesehen ist. Gewiß, sie bekennt sich selbst zu dem Wikingerblut, das in ihr fließt (»Geraubt zu werden – das stelle ich mir spannend vor«). Zweifellos steckt auch ein gut Teil von echtem Idealismus der Jugend in ihr. Ihren Baumeister ›groß zu sehen‹, mit ihm Luftschlösser zu bauen, ist der eigentliche Trieb ihres Handelns. (Reclams UB 3026.)

BJÖRNSTJERNE BJÖRNSON

* 8. Dezember 1832 in Kvikne
† 26. April 1910 in Paris

Björnson war der Sohn eines Pfarrers. Auf der »Studentenfabrik« in Christiania traf er mit dem jungen Ibsen zusammen. 1857–59 leitete er das Theater in Bergen, von 1865 bis 1867 das Theater in Christiania. Dazwischen reiste er nach Italien, Deutschland und Frankreich. Auch später suchte er diese Länder noch öfters auf. 1881 reiste er nach Amerika. Von 1882 bis 1887 lebte er in Paris, dann bis zum Ende seines Lebens vorwiegend in Norwegen auf seinem Landhaus in Aulestad. 1903 erhielt er den Nobelpreis für Literatur. Der vielseitige Publizist, Politiker, eindrucksvolle Volksredner und Redakteur starb bei einem Aufenthalt in Paris.

Björnson ist neben Ibsen die bedeutendste Dichterpersönlichkeit Norwegens im 19. Jahrhundert. Doch war er nicht ausschließlich Dramatiker, er hat außer etwa 20 Theaterstücken zahlreiche epische Werke geschrieben, unzählige politische Abhandlungen und literarische Feuilletons. Als Dramatiker begann Björnson, wie Ibsen, mit Stücken, denen historische und skandinavisch-nationale Stoffe zugrunde lagen, den Schauspielen *Zwischen den Schlachten* (1856), *Die lahme Hulda* (1857), *König Sverre* (1861), der Trilogie *Sigurd Slembe* u. a. Sein Drama *Maria Stuart* (1864) behandelt die Jugendgeschichte der schottischen Königin und den Reformator John Knox. Bahnbrechend, auch für Ibsens Schaffen, wirkte das Schauspiel *Ein Fallissement* (1874), das einen Großkaufmann durch einen Bankrott hindurchgehen läßt, um ihn von unreeller Handlungsweise zur moralischen Reife zu führen. Das Stück, bereits 1875 ins Deutsche übersetzt, leitet die Epoche der Gesellschaftsdramatik ein. Seine bedeutendste dramatische Leistung gab Björnson mit dem Doppeldrama *Über die Kraft* (1883/1895). Daneben hat er sich auch mehrfach in der Komödie versucht. Dem reizenden zweiaktigen Lustspiel *Die Neuvermählten* (1865), das ein junges Mädchen in den Konflikt zwischen ihrer Liebe zu den Eltern und zu ihrem Gatten stellt, blieb die Bühnenwirkung nicht versagt. Etwas altmodisch mutet uns heute die Professorenkomödie *Geographie und Liebe* (1885) an, das Spiel um den

Gelehrten, der mit seiner Gelehrsamkeit die Frauen aus dem Hause treibt. Björnsons letztes Bühnenstück, das Lustspiel *Wenn der junge Wein blüht* (1909), von dessen Erstaufführung man dem Dichter auf dem Sterbebett in Paris berichtete, behandelt in gefälliger Form das uralte Thema der Liebe, die im Frühling die Herzen junger und auch älterer Menschen höher schlagen läßt.

Über die Kraft (*Over ævne*). Schauspiel in zwei Teilen (6 Akten; 1883/1895). – *1. Teil*: Das Drama spielt im hohen Norden Norwegens, wo fast den ganzen Winter über Nacht ist und im Sommer die Tage kein Ende nehmen. Pfarrer Adolf Sang hat sich den Ruf eines Wunderheilers erworben, da es ihm bei weiten Wanderungen mit Gebeten und Handauflegung gelingt, auch hoffnungslose Fälle zu heilen. Seine Frau Klara ist mit schwerer Krankheit (Schlaflosigkeit und Gliederstarre) ans Bett gebunden. Er will sie heilen, doch weder Klara, die Widerspenstige, noch ihre Kinder Elias und Rahel, die in der Welt Zweifel am Christentum erfahren haben, verfügen über den robusten Glauben des Pfarrers. Dieser beschließt daher, seine Frau allein zu retten. Er wird in die Kirche gehen und sie nicht eher wieder verlassen, bis er nicht aus Gottes Hand den Schlaf für seine Frau empfangen hat, der sie gesund machen und ihr auch die Möglichkeit wiedergeben soll, vom Krankenlager aufzustehen. Und fast hat es den Anschein, als ob sich die Kraft des Gebetes erneut bewähren solle. Kaum daß Sang die Kirche betreten hat, schläft die Mutter ein. Auch ein Bergsturz, der seit langem drohte, nunmehr losbricht und gerade auf die Kirche zusteuert, biegt im letzten Augenblick ab. Die Nachricht von diesen neuen Wundertaten Pfarrer Sangs verbreitet sich. Eine Volksmenge strömt herbei, sogar ein ›Missionsschiff‹ ist angekommen, um das Ende des Gebets mitzuerleben. Im Pfarrhaus treffen sich in einer abgelegenen Stube der Bischof des Landes und eine Anzahl Geistlicher, um zu beratschlagen, wie sie sich vom Kirchenstandpunkt aus zu dem ›Wunder‹ verhalten sollen. Zunächst steht einmal das Problem des Hungers im Vordergrund, den sie nach überstandener stürmischer Überfahrt mit Seekrankheit verspüren. Dann gibt es ein diplomatisches Hin und Her, bis schließlich einer von ihnen, Pfarrer Bratt, für den es – ebenso wie für Elias – von entscheidender Bedeutung sein wird, was sich weiter ereignet, ihnen ernstlich zuredet. Bratt ist von allen

Wunderorten in Europa, die er aufsuchte, enttäuscht heimgekehrt. Pfarrer Sang und sein Wirken sind ihm der letzte Halt für seinen Glauben an das Wunder (und damit an das Christentum überhaupt). Und Bratt will seinen Abschied als Geistlicher, ja von der Kirche, vom Glauben nehmen, »wenn das Wunder nicht hier ist«. Noch niemand sah je einen solchen Glauben, der in Wahrheit Berge versetzt und der dem »ganzen Geschlecht« nottut. Die Geistlichen schließen sich Bratts Auffassung an. Das Kommende wird entscheidend für sie alle sein. Und nun tritt das ›Wunder‹ ein. Nachdem der Pfarrer sein Gebet beendet hat und aus der Kirche tritt, erhebt sich Frau Klara tatsächlich nach langem Schlaf. Sie geht ihrem Manne, den die Menge mit einem tausendfachen Halleluja begrüßt, entgegen. »Du leuchtetest, als du kamst, mein Geliebter!« sagt sie – und sinkt entseelt in seine Arme. »Aber das war ja nicht die Absicht –?« sagt Sang in kindlichem Ton, sich über sie beugend. »Oder –? – – Oder – – –?« Und er fällt gleichfalls tot um.

2. Teil: Einige Jahre später. Aus Pfarrer Bratt ist inzwischen ein sozialistischer Agitator geworden, der einen großen Streik organisiert hat. Elias Sang ist sein gelehriger Schüler. Er gibt ein Blatt für die Arbeiter heraus. Rahel hat sich der Krankenpflege gewidmet und ein Hospital gegründet. Die Geschwister verwenden auf diese Weise das Geld, das ihnen aus der Erbschaft ihrer amerikanischen Tante, der Schwester ihrer Mutter, zugeflossen ist. Der Dichter führt uns zunächst in die Elendsquartiere der Arbeiterschaft, wo aus Verzweiflung eine Frau ihre beiden Kinder und sich selbst getötet hat. Dann lernen wir die Gegenseite kennen, die Fabrikbesitzer und Kapitalisten, deren rücksichtsloser und brutaler Repräsentant Holger ist. Er empfängt eine Deputation der Arbeiter, weist aber deren Forderungen brüsk zurück. Nur Rahel gegenüber zeigt er sich weniger kalt. Er schenkt ihr sein bisheriges Besitztum mit Park für ihr Hospital; die Kinder seiner Schwester allerdings, Credo und Spera, die mit rührender Liebe an Rahel hängen, will er ihrem Einfluß entziehen, um sie im Sinne seiner ›Herrenmoral‹ heranzubilden. Holger hat in seinem neuen Schloß, einer regelrechten Trutzburg, eine Versammlung aller Fabrikbesitzer des Landes einberufen, um eine Art Syndikat der Unternehmer zu bilden. Es fehlt in der Versammlung nicht an Stimmen, die davor warnen, die Gegensätze zu verschärfen. Der Chemiker Johan Sverd weist darauf hin, daß zuviel Machtanhäufung notwendig zu Übergriffen führen muß und daß es zu einem Aufstand kommen kann, »der weit erbitterter als die Religionskriege unserer Vorfahren« werden könnte. Er wird jedoch überstimmt, ebenso wie der gottesfürchtige Fabrikant Anker, der darauf hinweist, daß sie ein Leben »über die Kraft« führen, das den Anarchismus geradezu züchte. Der brutale Ketil hält ihm, unter dem Jubel der Mehrheit, entgegen, daß »von Zeit zu Zeit ein Aderlaß der Unruhestifter« nötig sei. Mit dem »Menschentier«, das im Arbeiter schlummere, könne man nicht die Direktion und das Verdienst teilen. Holger spricht das Schlußwort von der »Tradition der Herrenmacht«. Nun soll ein großes Fest mit Musik und Schloß-Illumination beginnen. Doch Elias Sang hat einen Gegenvorschlag vorbereitet. Während die ›Herren‹ auf der Burg tagten, sind alle Ausgänge verriegelt worden, als einziger noch anwesender Diener entpuppt sich Elias. Er verkündet den Fabrikherren, daß sie verloren sind: das Schloß ist mit Sprengstoffen unterminiert und wird in wenigen Augenblikken in die Luft fliegen. Holger schießt Elias nieder. Bei der allgemeinen Verwirrung, die nun eintritt, behält Holger die Fassung. Er fordert die Herren auf, das Unvermeidliche mit Würde zu tragen: »Einen Tod müssen wir alle sterben.« Bei dem Ausruf Ankers »Gott schütze das Vaterland!« bricht die Burg zusammen. Ein kurzes Nachspiel im Park von Rahels Hospital bringt den Ausklang: Holger überlebte als einziger die Katastrophe, aber als Krüppel, der an den Rollstuhl gebunden ist. Der an der Sprengung unbeteiligte Bratt ist irrsinnig geworden. Rahel leidet schwer unter dem Tod des Bruders, richtet sich aber an den Kindern Spera und Credo auf, die ihr nun ganz anvertraut sind. Sie will auch zwischen den Arbeitern und Holger vermitteln. »Denn einer muß den Anfang machen mit dem Vergeben.«

Das im Titel des Doppeldramas ausgedrückte Leitmotiv wird in zwei gewaltigen Akkorden angeschlagen, einmal in der religiösen Fragestellung und dann in der sozialen. Der über menschliches Maß hinausgreifenden Wirksamkeit Pfarrer Sangs bleibt letztlich ebenso der Erfolg versagt wie der »Religion des Martyriums«, die sein Sohn Elias vertritt. Das brutale Herrenmenschentum Holgers ist ebenso gefährlich wie das agitatorische Wirken Bratts. Lediglich die verzeihende Güte Rahels überlebt die Katastrophen (»Das Größte bei der Güte ist, daß sie schöpferisch ist«). Das etwa sind die Grundgedanken dieses bedeutendsten Werkes von Björnson, das die Summe seiner

Tschechow, Drei Schwestern

Ibsen, Die Wildente

Zur Geschichte des Schauspiels

Vom Beginn bis zur Mitte des 20. Jahrhunderts

Der Zeitabschnitt, in dem die im zweiten Teil dieses Schauspielführers behandelten Werke entstanden sind, umfaßt rund 90 Jahre. Die Dichter, mit denen er beginnt, stehen auf dem Boden, den Björnson und Ibsen bereitet hatten*, dem Boden des bürgerlichen Realismus. Dabei ist aber zu beachten, daß die um 1880 einsetzende Bewegung in Skandinavien und Deutschland sich viel mehr auf den zornigen Wahrheitssucher und anklägerischen Gesellschaftskritiker Ibsen stützte als auf den ewig sonnigen, ewig begeisterten ›Fortschrittler‹ Björnson. Ibsen hatte die Herrschaft des französischen Salonstücks auf dem europäischen Theater gebrochen und ihm, seine Technik übernehmend, das moderne Gesellschaftsstück entgegengestellt. Damit hatte er die Bühne endgültig in den Dienst jener Bestrebung gestellt, die man summarisch als die Grundtendenz der gesamten literarischen Entwicklung des 19. Jahrhunderts bezeichnen kann – der Wirklichkeitssuche. (Der geniale Vorstoß, den Georg Büchner schon in den dreißiger Jahren mit seinem »Woyzeck« und »Dantons Tod« in dieser Richtung unternommen hatte, war ohne Folgen geblieben.) Die Naturwissenschaften hatten in diesem Jahrhundert das Weltbild mächtig erweitert und geschärft, es freilich auch dunkler und an trüben Einsichten reicher gemacht. Dem positivistischen Fortschrittsenthusiasmus stellte sich bald die Erkenntnis zur Seite, daß aus den Triumphen der Wissenschaft letztlich kein anderer Schluß gezogen werden könne, als daß der Mensch auf eine partikulare Existenz in den beiden Bereichen Natur und Gesellschaft beschränkt sei, in der er in zunehmender Gottferne dahinleben müsse; dies sei seine einzige Wirklichkeit, allein aus

* Der Leser möge bedacht bleiben, daß hier nicht die allgemeine literaturgeschichtliche Entwicklung dargestellt, sondern nur eine kurze Zusammenfassung der geistigen Tendenzen des Dramas gegeben wird, die freilich die bewegenden Impulse des Gesamtverlaufs widerspiegeln. Die Beschränkung des Themas entschuldigt das Fehlen vieler wichtiger Namen, hier gleich am Anfang z. B. derjenigen Zolas und Dostojewskis.

ihr könne er selbst begriffen werden. So setzte sich auch die Kunst das Ziel, ein möglichst getreues Abbild dieser Wirklichkeit zu geben.

Mit dieser erklärten Absicht trat der *Naturalismus* auf den Plan, dessen literarisches Programm genau die beherrschenden Ideen der Zeit, das naturwissenschaftliche Denken und den Sozialismus, reflektierte. Bezeichnend, daß damals der Biologe Wilhelm Bölsche eine Schrift über die »Naturwissenschaftlichen Grundlagen der Poesie« (1887) veröffentlichte und der streitbare *Arno Holz* (1863–1929), der führende Theoretiker der neuen Richtung, in seiner Schrift »Die Kunst. Ihr Wesen und ihre Gesetze« (1891) die These aufstellte: »Die Kunst hat die Tendenz, wieder die Natur zu sein.« Holz belegte seine Anschauungen z. T. in Gemeinschaftsarbeit mit seinem Freund *Johannes Schlaf* (1862–1941) durch eine Reihe naturalistischer ›Musterstücke‹, von denen hier nur »Die Familie Selicke« (Reclams UB 8987) sowie die zusammen mit *Oskar Jerschke* geschriebenen Schauspiele »Traumulus« und »Büxl« genannt seien. Seiner Überzeugung, daß nur der »konsequente Naturalismus« (für den Johannes Schlaf 1892 mit seinem Drama »Meister Oelze« – Reclams UB 8527 – das markanteste Beispiel geliefert hatte) die Wirklichkeit mit unbedingter Wahrhaftigkeit und höchster Lebenstreue einzufangen vermöge und darum die allein mögliche und gültige Kunst der Zeit sei, wurde bald ein Stoß versetzt, als der begabteste Repräsentant der jungen, von der Berliner »Freien Volksbühne« getragenen Bewegung, *Gerhart Hauptmann*, in seinem Schaffen schon sehr früh eine Wendung zur Neuromantik nahm. 1889 hatte der berühmte Theaterskandal bei der Uraufführung von »Vor Sonnenaufgang« gezeigt, wie erschrocken das an die Epigonendramatik eines *Adolf Wilbrandt* (1837–1911) und *Ernst von Wildenbruch* (1845–1909) gewöhnte bürgerliche Publikum über den Einbruch der ›Häßlichkeitsdichtung‹ auf der Bühne war, aber schon sieben Jahre später durfte es sich an der poetischen Märchenwelt der »Versunkenen Glocke« entzücken. Das heißt aber nichts anderes, als daß die Revolution der Wirklichkeitsfanatiker bereits im Verlauf eines knappen Jahrzehnts die ästhetische Gegenrevolution hervorgerufen hatte. Ihr Zentrum war, wenn auch Hauptmann dort mindestens mit einem Teil seines Schaffens ihre Ziele zu vertreten schien, nicht Berlin, sondern Wien.

Für das Theater hatte der Naturalismus die Befreiung der Darsteller von Schwulst und falschem Pathos, von verlogener Pose und geleckter Routine gebracht; das war eine Tat, die bis heute nachwirkt, denn damals wurde zum erstenmal die These aufgestellt, daß nicht der der beste Schauspieler ist, der sein Wesen in tausend Masken verstecken kann, sondern derjenige, der es in der zu verkörpernden Rolle völlig darbringt. In der Erziehung zu künstlerischer Ehrlichkeit hat der Naturalismus Bedeutendes geleistet – der Preis dafür war die Gefahr einer Verkümmerung der Phantasie, einer Verengung des Blickfeldes, das nur noch bestimmte (soziale) Schichten und Probleme erfaßte. Gewiß bedeutete es schon eine Auflockerung und Verfeinerung, wenn auch keine Umbildung des naturalistischen Weltbilds, daß der in der großen französischen Malerei der zweiten Jahrhunderthälfte weltgültig dokumentierte *Impressionismus* auch in der Literatur Eingang fand; aber in ihm steckt ja auch noch ein wissenschaftliches Element – die ›Sehweise‹ –, und die zweite bewegende Kraft, die die Grobschlächtigkeit des doktrinären Naturalismus zusehends differenzierte, kam vollends von der Wissenschaft her, nämlich in Gestalt des Wiener Arztes und Seelenforschers Sigmund Freud (1856–1939), des Begründers der Psychoanalyse. Die Verfeinerung und Sensibilisierung in der Charakterschilderung von der wissenschaftlichen, die Auflockerung und Nuancierung der Darstellungsmittel von der künstlerischen Seite her bewirkten in Wien namentlich im dramatischen Schaffen *Arthur Schnitzlers* die feine Nerven- und Sinnenkunst des literarischen Impressionismus, der die für die Flüchtigkeit und Unbeständigkeit der von ihm mit Vorliebe dargestellten erotischen Empfindungen, Reize und Genüsse so adäquate Form des Einakters zu hoher Virtuosität entwickelte. In seiner geistigen Haltung ist der Impressionismus, der sich zum Naturalismus verhält wie das Rokoko zum Barock, gleichfalls antimetaphysisch. Er schätzt an der dramatischen Kunst wie jener vor allem das Dokumentarische, nur daß er dem sozialrevolutionären Eifer, mit dem die bieder fortschrittsgläubigen Naturalisten der Aufbruchsjahre diese Wertfunktion der Bühnendichtung priesen, seinen relativierenden Zweifel entgegensetzte. Mit seiner Skepsis und seinem müden Sensualismus war der literarische Impressionismus die bürgerliche Spielart, man könnte auch, härter, sagen: die Decadence des Naturalismus und insgeheim der Wegbereiter der ästhetischen Gegenbewegung der Neuromantik.

War der Naturalismus zeitbezogen, materialistisch, prosaisch und vornehmlich großstädtisch, ohne Metaphysik und ohne erkennbares Verhältnis zur Religion, so gab sich die *Neuromantik* zeitflüchtig, idealistisch, poetisch und naturverbunden, dem Metaphysischen, Mythischen und Mystischen zugeneigt. Viel einströmende ausländische Einflüsse halfen ihr den Boden bereiten; von Frankreich her namentlich der Symbolismus (Charles Baudelaire, Paul Verlaine), von Italien Gabriele d'Annunzio, und (mit Teilen ihres Werkes) von England her Oscar Wilde und von Schweden August Strindberg. Auch Friedrich Nietzsche hat seinen mächtigen Schatten über diese künstlerische Bewegung geworfen, die in extremem Gegensatz zum Naturalismus das ›Schöne‹ über das ›Wahre‹ stellte und ihre Anhänger ungeachtet aller individuellen Verschiedenheit im Zeichen eines mehr oder weniger weltflüchtigen Ästhetizismus vereinte. Nur Hauptmann, dessen elementare Potenz ihn befähigte, gleichzeitig im Lager der Naturalisten und der Neuromantiker zu stehen, hielt sich von der ästhetisierenden Fin-de-siècle-Stimmung fern; auch als Neuromantiker bleibt er naiv, weltnah und gefühlsstark. Das Märchen ist mehr seine Domäne als die idealisierte Historie oder Legende, und im Ästhetischen ist er eher ein Versager. Hier ist die Führung unstreitig auf den jungen Wiener *Hugo von Hofmannsthal* übergegangen, der das vom Naturalismus verworfene Wunder und Geheimnis, den Traum und die Entrückung mit gleichsam spielerischer Hand auf die Bühne zurückruft, die ein sozialkritisches Forum geworden war, und zugleich eine neue, nun bewußt kunstvoll und erlesen gebildete Sprache von ihr herabklingen läßt. Von Wien auf Deutschland übergreifend, findet die Neuromantik eine Generation von Dramatikern, die – heute kaum noch lebendig – die Bewegung gewissermaßen ›programmatisch‹ repräsentiert. Dazu gehören *Eduard Stucken* (1865–1936), der die Sagenwelt des Königs Artus und des Grals in Versdramen von mächtigem rhetorischem Prunk abseits von Wagner (und doch in seinem Bannkreis stehend) auf der Bühne wiederzuerwecken suchte, *Henry von Heiseler* (1875–1928), der einzige Dramatiker aus dem Kreis Stefan Georges, mit seinen um das Zentralmotiv des Todes geordneten Schauspielen aus der russischen Geschichte (Heiseler war wie Stucken in Rußland geborener Deutscher) und *Ernst Hardt* (1876–1947), der anfänglich Hofmannsthals Sprachgebärde in seinem Einakter »Ninon de Lenclos« (in Reclams UB

9720) aufnahm und dann mit den bis zum Manierismus kunststreng gebauten Sagendramen »Tantris der Narr« und »Gudrun« häufig gespielt wurde. Viel leere Wortdekoration umhüllt die einem gänzlich veräußerlichten Schönheitskult huldigenden Bühnenwerke des Schwaben *Karl Vollmoeller* (1878–1948), von denen »Das Mirakel«, eine von Max Reinhardt inszenatorisch großartig aufgezogene Zirkuspantomime ohne jede dichterische Substanz, kurz vor dem Ersten Weltkrieg eine Theatersensation war. Reinhardt war mit seiner österreichisch-barocken, sinnenhaften und bildgesättigten Bühnenphantasie überhaupt der geborene theatralische Wegbereiter der Neuromantik, so wie der Hamburger Otto Brahm mit seiner peniblen Sachlichkeit und Solidität der große Regisseur des Naturalismus gewesen war. Nur mit einigen Werken (»Der natürliche Vater«, »Alles um Geld«, »Belinde«) ist der Rheinländer *Herbert Eulenberg* (1876–1949) der Neuromantik zuzurechnen; im Zentrum seiner großen, aber diffusen und bedenklich kritiklosen Begabung wirkten vielmehr Kräfte nach, die die Sturm-und-Drang-Zeit aufgewirbelt hatte. Auch *Wilhelm Schmidtbonn* (1876–1952), Eulenbergs in seiner Dichtung disziplinierterer Landsmann, durchlief zwischen seinem dreißigsten und vierzigsten Lebensjahr die Stilphase der Neuromantik (»Der Graf von Gleichen«, »Der Zorn des Achilles«), von der aus *Franz Dülberg* (1873–1934) schon zum Sprung in den Expressionismus (»König Schrei«, »Das Korallenkettlin«) anzusetzen scheint. *Rudolf Borchardt* (1877–1945) steht mit seiner aus dem Geist hochmütig-strenger Sprachformung vorgenommenen Wiedererweckung mittelalterlicher Mysterienspiele als bewußt zeitabgewandter Dichter neuromantischer Herkunft konsequent abweisend noch mitten im expressionistischen Katarakt der zwanziger Jahre, wogegen der ›Progressist‹ *Stefan Zweig* (1881–1942) damals längst vergessen haben dürfte, daß neuromantisches Lebensgefühl ihn einst auch einmal zum Drama (»Tersites«, »Das Haus am Meer«) gedrängt hatte.

Die Neuromantik, mit ihrer starken Beziehung zum Irrationalen eine literarische Bewegung, die deutscher Eigenart sehr entgegenkam, hat außerhalb des deutschen Sprachgebiets nur in Skandinavien, Irland und Belgien (also wiederum Ländern des germanischen Kulturkreises) Bedeutung erlangt. In Schweden war es *August Strindberg*, der in seinem die ganze Entwicklung vom Naturalismus bis zum Surrealismus vorausnehmenden Riesenwerk mit den Märchenspielen »Die Kronbraut« und »Schwanenweiß« die neuromantische Richtung einschlug – sie ist dort, wo man dem benachbarten norwegischen Naturalismus ebensoviel Widerstand entgegensetzte wie der mitteleuropäischen Artistik der Decadence, die herrschende geblieben. In Irland war die Begründung der ›keltischen Renaissance‹ durch *William Butler Yeats* (1865–1939) die nationale Form, in der sich dort die Neuromantik manifestierte; der Rückgriff auf den nationalen Geist, den nationalen Mythos und die nationale Geschichte ist ja ein Wesensmerkmal jeder Romantik. Belgien aber stellte in *Maurice Maeterlinck* (1862–1949), da Hofmannsthals Entwicklung nach seinen neuromantischen Anfängen in anderen Bahnen verlaufen war, den wohl ausgeprägtesten und konsequentesten Repräsentanten dieser Bewegung innerhalb der gesamten europäischen Literatur: Er hat wie kein anderer das Erbe des Symbolismus in seine Zeit übernommen und in der subtilen Stimmungskunst seiner Dramen, wie z. B. in der einst viel gespielten »Monna Vanna« oder in dem von Debussy komponierten »Pelleas und Melisande« (Reclams UB 9427), lebendig erhalten.

Den Neuklassizismus *Paul Ernsts* (1866–1933) und *Ernst Bacmeisters* (1874–1971) kann man aus dem Bestreben deuten, der oft mehr atmosphärischen als plastischen, in Klängen und Stimmungen zerfließenden Dramatik der Neuromantiker eine feste, auf wenige entscheidende Grundlinien der Handlung und der Charaktere reduzierte Bühnendichtung gegenüberzustellen, die bewußt auf jeglichen Psychologismus verzichtet und das komische oder tragische Element wieder ›rein‹ zum Ausdruck bringen will. Aber hinter diesem Bestreben steht mehr kunsttheoretische Absicht als vitaler künstlerischer Impuls, und sowohl Paul Ernsts Lustspiele (»Der heilige Crispin«, »Pantalon und seine Söhne«) wie Bacmeisters auf der Forderung einer ›Tragik ohne Schuld und Sühne‹ beruhende Tragödien (»Der Kaiser und sein Antichrist«, »Kaiser Konstantins Taufe«, »Theseus«) sind in erster Linie Modellausführungen ihrer kunstphilosophischen Ideen – Gedankendichtungen, die sich trotz immer wieder unternommener Aufführungsversuche auf der Bühne nicht halten konnten. In die von Paul Ernst gewiesene Richtung tendierte auch das Schaffen *Curt Langenbecks* (1906–53), der sich für eine Erneuerung des deutschen Dramas aus dem Geist der Antike einsetzte (»Alexander«, »Der Hochverräter«, »Das Schwert«) und sich in der dramaturgischen

Diskussion in die Ablehnung Shakespeares und der intuitiven dramatischen Phantasie verbiß. Der Neuklassizismus blieb indessen eine Abspaltung der Neuromantik, die nur wenig Boden gewann und die Entwicklung nicht zu bestimmen vermochte. Diese entschieden vielmehr Kräfte, die inzwischen das ganze europäische Theater zu erfassen und es sowohl aus dem Ästhetizismus der Neuromantik wie aus der engen Gegenständlichkeit des daneben ja noch keineswegs abgetakelten Naturalismus herauszuführen begannen. Das waren in England *George Bernard Shaw*, in Schweden *August Strindberg* und in Deutschland *Frank Wedekind*.

Der Rationalist *G. B. Shaw*, der um der Kunst willen nie eine Zeile geschrieben hätte, hat gewiß in seinem Leben niemals etwas mit Neuromantik zu tun gehabt. Aber genauso wenig läßt er sich in den Naturalismus einordnen, wenn er auch dessen gesellschaftskritische Tendenzen als erster in England verfocht (denn die Gesellschaftskritik *Oscar Wildes* zielte ja nicht auf wirkliche Verbesserung, sondern lediglich auf intellektuelles Amüsement ab). Shaw, der von Anfang an keiner Richtung angehörte, sondern lediglich ›er selbst‹ war, setzte der weltmüden, die Untergangsstimmung der Jahrhundertwende ästhetisch genießenden Skepsis der europäischen Decadence die eifernde, aggressive Skepsis des aktiven Weltverbesserers entgegen und pflügte mit der Schärfe seiner Argumente und der Schneide seines Witzes den Boden, auf dem bislang die bildschönen, fragilen oder prunkvoll leuchtenden, aber in seinem Sinn gänzlich unnützen Gewächse der neuromantischen Dichtung gediehen waren, gründlich um. Was er säte, war eine neue Aufmerksamkeit für die Situation des Menschen; unter Shaws Einfluß begann man zu bemerken, daß sie schief und gefährlich wurde, daß man es nicht dabei bewenden lassen konnte, sie im Drama nur zu dokumentieren (wie es die Naturalisten taten) oder gar sie zu ignorieren (wie die Neuromantiker), sondern daß man sie ändern müsse. Shaw trug entscheidend dazu bei, daß die Dichtung in die Realität zurückkehrte (nicht in den Realismus!), daß sie von den ›Problemen‹ wieder zu den ›Stoffen‹ zurückfand, wenngleich er selbst sich um konkrete Stoffe nie sonderlich gekümmert hat. Er stellte ihr aktuelle Themen, er griff neben den sozialen auch politische und ökonomische Fragen auf, er erinnerte das Theater an seine humane Aufgabe. Teils tat er das als zorniger Prediger, teils als capriolierender Spaßmacher. Sein einziges Ziel war, von der Bühne herab Erkenntnis zu verbreiten. Daß man auf ihr auch Bekenntnisse aussprechen könnte, wäre ihm absurd erschienen.

Dennoch hat ein Dichter, der sein Leben lang nichts anderes tat, als Bekenntnisse auszusprechen, gleichzeitig mit dem irischen Moralisten das Theater seiner Zeit in seinen Bann gezogen und die von der Neuromantik zum Expressionismus führende Entwicklung entscheidend mitbestimmt. *August Strindberg*, der sich zuerst mit der ganzen monomanischen Besessenheit seines Charakters dem naturwissenschaftlichen Denken des 19. Jahrhunderts überantwortet hatte, war auch einer der ersten, die sich davon wieder lösten. »Nach Damaskus« ist das Zeichen dieser Wandlung – das Zeichen der Verzweiflung darüber, daß mit den Methoden der Wissenschaft keine Klarheit in den letzten Fragen, insbesondere über das Verhältnis des Menschen zu Gott, zu gewinnen war, und des Ringens um eine neue Gläubigkeit. In Strindberg brach heftiger als in irgendeinem anderen Dichter um die Jahrhundertwende die große Krise der Zeit aus, die schreckliche Ernüchterung und Enttäuschung einer Generation, die plötzlich sah, daß das ›Jahrhundert des Fortschritts‹ an den Rand des Nichts geführt hatte – dahin, daß der Mensch im Begriff war, in sich seine Seele, über sich Gott zu verlieren. Schon in seiner naturalistischen Zeit hatte Strindberg noch eine Tragik außerhalb der sozialen Sphäre entdeckt, die Tragik des Geschlechts, welche eine Tragik des Menschen selbst, nicht nur seiner Umstände war. Von hier aus ist Strindbergs enormer Einfluß nicht allein auf Dichtung und Theater, sondern auch auf viele andere geistige Erscheinungsformen seiner Zeit zu erklären. Die Kunst drängte wieder zum Menschen hin, nachdem sie lange genug nur mit seiner pathetisch dekorierten Attrappe (in der Epigonenkunst der Gründerjahre) oder nur mit seinen Verhältnissen (im doktrinären Naturalismus) zu tun gehabt hatte. Die Neuromantik konnte diesem Drang nicht genügen, denn ihr Idol war der poetisierte, der ›exklusive‹ Mensch, der sein Leiden nicht durchlebte, sondern es zelebrierte. Bei Strindberg aber wurde das Leiden – wenn es vornehmlich auch nur *sein* Leiden war – zum erstenmal wieder ernst und wirklich genommen. Sein »Traumspiel«, ein dramaturgisch schwaches und in der künstlerischen Symbolik fragwürdiges Stück, wirkte deshalb so stark, weil sich im irdischen Erlebnis der Indra-Tochter die Erkenntnis menschlichen Leids mit ebenso erschütternder Eindringlichkeit ausgesprochen fand wie in »Nach Damaskus« die Sehnsucht nach Glauben. Der Naturalismus hatte den in seinem sozialen Dasein bedrohten Menschen in den Mittelpunkt seiner Dichtung gestellt, Strindberg stellte (mit vielen Rückfällen in die schreckliche Enge seiner ›speziellen‹ Lebensfrage, der Qual und Quälerei des Geschlechts) den daseinsbedrohten Menschen schlechthin als Zentralfigur auf die Bühne. Er ist diese Zentralfigur bis auf den heutigen Tag, also jetzt fast ein Jahrhundert lang, geblieben.

In Deutschland war es *Frank Wedekind*, der das naturalistisch verengte und neuromantisch poetisierte Menschenbild auf dem Theater zu verdrängen begann, wobei nicht zu übersehen ist, daß sein eigenes Schaffen sowohl im Naturalismus (»Erdgeist«) wie in der Neuromantik (»König Nicolo«) wurzelte. Wenn Shaw durch die agitierende Kraft seiner Vernunft, Strindberg durch die stellvertretende Kraft seines Leidens am Ich die bisherige Kunstanschauung revolutionierten, so tat es Wedekind durch die angreiferische Kraft seines Temperaments. Auch ihm ging es um den ganzen Menschen, deshalb griff er ihn in seiner provozierendsten Teilexistenz, nämlich im ›Bürger‹, an. In Wedekinds Stücken erscheint die Vorform der Karikatur des Bürgers, ohne die später der Expressionismus in seinem Typenarsenal nicht mehr auskam, ebenso aber auch sein Gegenbild, der ›Außenseiter‹, der niemals in der bürgerlichen Ordnung Heimische und Geduldete – der tragisch Vereinzelte, der, nach Brüderlichkeit fiebernd, die eigentliche, sozusagen paradigmatische Schicksalsfigur des Expressionismus werden sollte. Wedekind war, wenn man von dem innerhalb seiner Zeit in jedem Fall unbegreiflichen Phänomen Georg Büchner absieht, der erste Über-Realist der deutschen dramatischen Literatur, der erste, der die Groteske (die auf dem französischen Theater von Molière bis Georges Courteline [1860–1929] und Jean Anouilh immer heimisch geblieben ist) als Stilelement bewußt anwandte. Seine rebellische Bürgerfeindlichkeit nahmen, ohne seine karikierende Kraft, zwei Autoren auf, die diesen Mangel durch exzentrische Thematik und die exzessive Darbietung menschlicher Triebhaftigkeit zu verdecken suchten: Der Schwabe *Hermann Essig* (1878–1918) mit der monströsen Tragödie »Mariae Heimsuchung« und der Groteskkomödie »Die Glückskuh«, und der im Wahnsinn gestorbene Bayer *Heinrich Lautensack* (1881–1919) mit der einst sensationell wirkenden »Pfarrhauskomödie« (Reclams UB 7905), einem Stück in der Art der erotischen Schwänke Boccaccios, doch völlig ohne dessen Grazie. Ohne das Vorbild Wedekinds wäre auch die schneidend angreiferische, im Eisesglanz eines geradezu artistisch-satirischen Witzes funkelnde Komödienreihe »Aus dem bürgerlichen Heldenleben« *Carl Sternheims* nicht denkbar gewesen, dessen konstruierte Dialogsprache nur zeitlich mit der Sprachzertrümmerung des Expressionismus parallel geht, aber wesensmäßig nichts mit ihr zu tun hat.

Worum ging es dem *expressionistischen Drama*? Um die Wiedergewinnung der Innerlichkeit, um die Wiederentdeckung der Seele, darüber hinaus aber um die Wiederauffindung des Menschen als Kreatur. Der Naturalismus hatte den Menschen von seinem Milieu, der Impressionismus und die Kunst des Fin de siècle hatten ihn von seinen Nerven (seit Freud: von seinen ›Komplexen‹) her zu erfassen versucht; der Neuromantik war er vor allem Gegenstand einer poetischen Verklärung und Entrükkung. Die Dichtergeneration, die kurz vor dem Ersten Weltkrieg auf den Plan trat, suchte ihn wieder in die Wirklichkeit hereinzuholen – freilich nicht mehr in die äußere seines sozial, psychologisch oder sonstwie bedingten Lebens, sondern in die innere Wirklichkeit seiner Seele. Sie stellte ihn gleichsam in seiner geschöpflichen Nacktheit in die Welt – nicht mehr das determinierte Individuum, sondern den ›Bruder Mensch‹. Verbrüderung aus der Solidarität des Menschseins heraus war eine der Grundthesen des Expressionismus, der Kunst, die den ›Ausdruck‹, den Ruf und die Schau aus dem Innern gestalten, das (fast photographisch getreu wiedergegebene) Außenbild der Welt durch das Innenbild verdrängen wollte. Nichts ist dafür bezeichnender, als daß das expressionistische Drama den vom Naturalismus als nicht der Wirklichkeit entsprechend abgelehnten Monolog wiedereingeführt hat. Die Sprache des Expressionismus war ekstatisch, eruptiv, glühend; oft schleuderte sie nur Satzfetzen heraus (die um 1910 entstandenen Dramen »Mörder, Hoffnung der Frauen« und »Der brennende Dornbusch« des 1886 geborenen großen Malers *Oskar Kokoschka*), oft war sie, wie bei *Georg Kaiser*, nur noch eine Art Gedankenstenogramm. Was dabei unvermeidlich war – der Zerfall der Form – wurde hingenommen um des höheren Zieles willen, den neuen, brüderlichen Menschen aus der völligen Entbundenheit des Gefühls, aus der grenzenlosen Verströmung des schmerzlich vereinsamten Ichs in die Welt, zu schaffen. Die Anrede ›O Mensch‹ kam zumal in der Lyrik des Expressionismus so oft vor, daß sie der ganzen literarischen Epoche den Namen gab; man sprach von der ›O-Mensch-Dichtung‹. Die brüderliche Hingabe an die Welt war als ein Grundgefühl des Expressionismus in einem schon 1911 erschienenen Gedichtband *Franz Werfels* (1890–1954) ausgesprochen, der den bezeichnenden Namen »Der Weltfreund« trug.

Zu den Bahnbrechern des expressionistischen Dramas gehörten *Reinhard Johannes Sorge* (1892–1916) mit dem mystischen Schauspiel »Der Bettler« (Reclams UB 8265), *Reinhard Goering* (1887–1936), der aus dem Erlebnis des Ersten Weltkriegs das packende Drama »Seeschlacht« (Reclams UB 9357) schrieb, und *Walter Hasenclever* (1890–1940), dessen Schauspiel »Der Sohn« das den Expressionismus so stark beschäftigende Problem des Zwiespalts zwischen den Generationen und des Widerstandes jugendlicher, weltoffener Herzen gegen eine erstarrte Autorität gestaltete. Es war selbstverständlich, daß das Lebensgefühl der frühexpressionistischen Dichter, die fast alle am Ersten Weltkrieg teilnahmen, sich gegen das Morden wenden mußte; der Geist der Brüderlichkeit bedingt ihre leidenschaftlich pazifistische Haltung, wie sie *Fritz von Unruh* in seinen Dramen (»Ein Geschlecht«, »Platz«, »Rosengarten«) vertrat. Daß sich der Verbrüderungsgedanke leicht mit (damals noch kaum kompromittierter) kommunistischer Ideologie verbinden ließ, bewies *Ernst Toller* (1893–1939), ein exaltierter Idealist, der die sozialrevolutionären Stücke »Masse Mensch« (Reclams UB 9944) und »Maschinenstürmer« und die Tragödie des Kriegsverstümmelten »Hinkemann« (Reclams UB 7950) schrieb. Für ihn wie für den Arzt und Schriftsteller *Friedrich Wolf* (1888–1953) war Dichtung vor allem Agitation; Wolf, der nach seiner Rückkehr aus der Emigration in Ost-Berlin hohe Ämter bekleidete, schrieb, schon losgelöst vom eigentlichen Lebensimpuls des Expressionismus, gegen Militarismus (»Die Matrosen von Cattaro«) und ›sozialreaktionäre‹ Gesetze (»Kolonne Hund«, »Cyankali«), während einer der einstigen Wortführer des Hochexpressionismus, der 1889 in Prag geborene *Paul Kornfeld*, nach seinen Dramen »Die Verführung« und »Himmel und Hölle« später, wie übrigens auch Hasenclever, entschlossen auf das Gebiet der gehobenen Unterhaltungskomödie abschwenkte (»Palme oder Der Gekränkte«, Hasenclevers

»Ein besserer Herr«, »Ehen werden im Himmel geschlossen«, »Napoleon greift ein«). Als die unerbittlichste, schärfste und in ihrem ebenso furcht- wie schonungslosen moralischen Rigorismus bedeutendste polemische Auseinandersetzung mit dem Thema Krieg muß hier die in den Jahren 1914–17 geschriebene tragische Satire »Die letzten Tage der Menschheit« des großen Wiener Publizisten und (wie ihn der Dichter Georg Trakl nannte) »Hohenpriesters der Wahrheit« *Karl Kraus* (1874–1936) genannt werden – ein kaum aufführbares, aus Szenen und Dokumenten zusammengesetztes Monstre-Drama, das jedoch an geistigem Gewicht und in der Schärfe der Diagnose einer kommenden Entwicklung zum Unheil die gesamte ekstatische Antikriegs-Dramatik der eigentlichen Expressionisten weit hinter sich läßt. Im Expressionismus wurzelten auch noch der noble, für die deutsch-französische Verständigung wirkende Elsässer *René Schickele* (1883–1940) mit den Dramen »Hans im Schnakenloch« und »Am Glockenturm«, der Sudetendeutsche *Anton Dietzenschmidt* (1893–1955), der von erotischen zu religiösen Themen überging, der Prager *Max Brod* (1884–1969), der mit der Dramatisierung von *Kafkas* Roman »Das Schloß« dem Theater ein gewichtigeres Werk gab als mit dem eignen Schauspiel »Lord Byron kommt aus der Mode«, und der in dostojewskischer Selbstqual wühlende und um innere Befreiung ringende Ostpreuße *Alfred Brust* (1891–1934), dessen Tragödie »Der ewige Mensch (Drama in Christo)« dem Expressionismus eine Wendung ins betont Religiöse gab. Auch das umfangreiche dramatische Werk *Rolf Lauckners* (1887–1954), des Stiefsohns von Hermann Sudermann, steht in seinen Anfängen (»Der Sturz des Apostels Paulus«) im Zeichen expressiver Gefühlssteigerung, begrenzt sich aber später mehr und mehr auf eine lange Reihe von psychologisch nicht uninteressanten Gesellschaftsschauspielen, Komödien (»Der Hakim weiß es«) und historischen Stücken (»Bernhard von Weimar«, »Der letzte Preuße«, »Caesar und Cicero«). Der einstige, mit dem Drama »Der König« und dem Grabbe-Stück »Der Einsame« als Begabung aufgefallene Expressionist *Hanns Johst* (1890–1978) warf sich mit trunkener Begeisterung der Ideologie des Nationalsozialismus in die Arme.

Der Expressionismus (Beispiele in »Einakter und kleine Dramen des Expressionismus«, Reclams UB 8562) war die vorläufig letzte in sich geschlossene literarische Bewegung in Deutschland. Wie die Entwicklung weitergegangen wäre, wenn die nationalsozialistische Herrschaft sie nicht jählings und brutal in ihrer Kontinuität unterbrochen hätte, ist schwer zu sagen. Der große Strom, der in Deutschland gestaut und zurückgedrängt wurde, versickerte in vielen kleinen Adern und kam manchmal weit entfernt wieder ans Tageslicht: Der ›Klassiker‹ des Expressionismus, *Georg Kaiser*, wurde in seinem Vaterland erst mundtot gemacht und dann zur Emigration gezwungen, aber seine Welt- und Menschensicht, ja sogar seine Technik, hat in manchen Werken des modernen amerikanischen Theaters, z. B. in der »Rechenmaschine« von *Elmer Rice* (1892–1967) und der »Glasmenagerie« von *Tennessee Williams* deutliche Spuren hinterlassen. Die in Deutschland vor allem noch in der bildenden Kunst klar manifestierte Rückkehr zur Formverfestigung und Dinglichkeit (gegenüber der reinen Seelenhaftigkeit des Expressionismus), der man den Namen ›Neue Sachlichkeit‹ gegeben hatte, schien auch auf das Drama überzugreifen. Der Österreicher *Arnolt Bronnen* (1895–1959), der von Anfang an expressionistische und schroff naturalistische Elemente miteinander verband (»Vatermord«, »Exzesse«, »Anarchie in Sillian«), wurde später zum Neonaturalisten (»Rheinische Rebellen«, »Reparationen«), der das dramaturgische Schreibreglement des ›Dritten Reichs‹ mit vorbereiten half, wenn er auch freilich von diesem immer nur mit halbem Mißtrauen akzeptiert wurde.

Es kennzeichnet die Schwierigkeit, die dem abklingenden Expressionismus etwa von 1925 an folgende Entwicklung begrifflich zu fassen, daß man ihr keinen eine geistige Bewegung charakterisierenden Namen zu geben vermochte, sondern sich mit dem Verlegenheitsausdruck *Zeittheater* begnügen mußte. Darunter fiel die dramatische Diskussion aktueller Tagesfragen wie z. B. der damals zutage getretenen Defekte erotisch mißleiteter oder pädagogisch mißhandelter junger Menschen (*Ferdinand Bruckners* »Krankheit der Jugend«, *Peter Martin Lampels* »Revolte im Erziehungshaus«), der Justizkrise (*Finkelnburgs* »Amnestie«, *Alsbergs* »Voruntersuchung«) und des sich immer anmaßender erhebenden Antisemitismus (*Corrinths* »Trojaner«). Darunter fiel aber auch die Anwendung gesellschaftskritischer Erkenntnisse auf das bislang hinter einer Art heimatschützlerischem Sicherheitszaun gedeihende Volksstück, das dadurch stark satirisch und polemisch angeätzt wurde, wie etwa die gegen das Duliöh-Wien der Operette und der Heurigenfilme gerichtete Komödie »Geschichten aus dem Wiener Wald« des deutsch schreibenden Ungarn *Ödön von Horváth* oder *Marieluise Fleißers* (1901–74) »Fegefeuer in Ingolstadt« (1926) und »Pioniere in Ingolstadt« (1929), mit denen der verlogenen Kleinstadtidyllik ein recht unsanfter Stoß versetzt wurde. Als Zeittheater – genauer genommen: zeitkritisches Theater – konnte man auch einige der ihren Esprit zumeist mit einer lässigen Arroganz zur Schau stellenden Komödien des österreichischen Aristokraten *Alexander Lernet-Holenia* (1897 bis 1976) ansehen, der die Linie der Lustspiele Hugo von Hofmannsthals in seiner »Österreichischen Komödie«, in »Parforce« und »Kavaliere« (allerdings ohne Hofmannsthals geistige Distinktion und Musikalität) fortzusetzen bemüht war. Sein Landsmann und Altersgenosse *Hermann Heinz Ortner* (1895 bis 1956) verarbeitete in seinen rund zwei Dutzend Theaterstükken historische und legendäre Stoffe, neuromantische, expressionistische und neonaturalistische Elemente mit geschickter dramaturgischer Technik – er war ursprünglich Schauspieler und Regisseur –, ohne jedoch mehr als gefällige Wirkungen zu erzielen. (Man kann auch gefällige Tragödien schreiben.) Der mitten im Ersten Weltkrieg gegen den Massenmord aufstehende große Erzähler *Leonhard Frank* (1882–1961), der aus seiner freiwilligen Emigration nach Amerika wieder nach Deutschland zurückkehrte, schrieb mit dem Schauspiel »Karl und Anna« (1927; Reclams UB 8952) das von tiefer Menschlichkeit erfüllte deutsche Heimkehrer-Drama. *Erwin Guido Kolbenheyer* (1878 bis 1962) aber, der seine biologische Philosophie auch in seiner Kunsttheorie zur Anwendung bringen und zum Zeittheater ein Weltanschauungsdrama (»Giordano Bruno«, »Gregor und Heinrich«, »Die Brücke«, »Jagt ihn – ein Mensch«) entgegenstellen wollte, wandte sich später dem ›Dritten Reich‹ zu.

Von der offiziellen Dramatik der nationalsozialistischen Zeit mit ihrer bornierten thematischen Enge und Simplifizierung, mit ihrer geistigen Armut und sprachlichen Aufgequollenheit ist hier nicht zu reden. Einige Autoren verdankten ihre damaligen Erfolge zum Teil eklatanten Mißverständnissen, wie der kulturpolitisch zwar infizierte, aber als Dramatiker keineswegs linientreue *Hans Rehberg* (Mißverständnis: daß seine Preußendramen Glorifizierungen des ›Fridericus‹-Geistes seien) oder *Richard Billinger* (Mißverständnis: daß man ihn für einen ›Blut-und-Boden‹-Dichter hielt), andere wußten sich zu tarnen, wie der in der Widerstandsbewegung tätige und später wegen Hochverrats ins Zuchthaus geworfene *Günther Weisenborn* (1902–69) – aus seinen Erlebnissen entstand 1947 die Tragödie »Memorial« – oder *Erich Kästner* (1899–1974). *Manfred Hausmanns* (geb. 1898) dramatische Ballade »Lilofee« war ein zartes, von schwermütigem Naturzauber umflossenes Märchen, gegen das selbst die Kunstfeldwebel der Diktatur nichts einwenden konnten. Gegen Komödien waren sie mißtrauischer; wenn ihre sture Humorlosigkeit versteckte Angriffe witterte, wie in *Hans Hömbergs* (1903–82) »Der tapfere Herr S.« oder *Max Christian Feilers* (1904–74) »Die sechste Frau«, waren sie mit Verboten rasch bei der Hand. Manches rutschte ihnen einfach durch, manches wurde mit innerem Widerstreben geduldet, weil das Theater Stücke und das Publikum, namentlich im Krieg, Zerstreuung brauchte; so konnte es geschehen, daß Komödien, die keineswegs der offiziell proklamierten Familienmoral entsprachen, sich zum Vergnügen der ›inneren Emigranten‹ auf den Spielplänen hielten, wie etwa *Axel von Ambessers* (1910–88) »Wie führe ich eine Ehe?« und »Lebensmut zu hohen Preisen«, *Hans Schweikarts* (1895–1975) »Ich brauche dich« und »Lauter Lügen«, *Josef Nowaks* (1901–88) »Spuren im Schnee« und sogar, wenigstens noch eine gewisse Zeit, die Stücke von *Curt Goetz*.

Unberührt von Expressionismus, Neuer Sachlichkeit und Nazismus stand über dem ganzen Wechsel der Richtungen und Bewegungen die gewaltige Erscheinung *Gerhart Hauptmanns*, allein getreu dem Gesetz der eignen dichterischen Individualität, berauscht und bekümmert von allem Menschlichen wie eh und je, keiner Kunsttheorie verfallen und keiner Kunstform erlegen als der selbstgeschaffenen, freilich im siebenten und achten Jahrzehnt seines Lebens mehr und mehr an der furchtbaren Zeit leidend, deren herandrängendes Chaos er schon vor dem Ersten Weltkrieg in seinem erst 1956 in Düsseldorf zur Uraufführung gekommenen Schauspiel »Magnus Garbe« vorausgeahnt hatte und dessen Ausbruch ihm die grandiose Schreckvision seiner Atriden-Tetralogie (seines letzten vollendeten Werkes) aufzwang. Mit ihm ging eine Epoche zu Ende, in der Dichtung noch eine ins Leben hineinwirkende Kraft, der Dichter noch bei der geistigen Organisation der Welt mitbestimmend gewesen war.

Und die Zeit nach dem Zweiten Weltkrieg – was hat sie in Deutschland auf dem Gebiet des Dramas hervorgebracht? Eines ist sicher: Der erwartete Zustrom an bedeutsamen Werken, die man in den Jahren der Unterdrückung entstanden und vor dem Zugriff ihrer Büttel sorglich versteckt wähnte, ist ausgeblieben. Eine literarische Bewegung, die das tief erschreckende und die Menschen bis in ihren innersten Daseinsgrund verstörende, ja sie zu Millionen aus diesem herausreißende Erleben hätte gestalten können, wie es im und nach dem Ersten Weltkrieg der Expressionismus getan hat, hat sich nicht gebildet. Die Kräfte des Chaos waren übermächtig – das deutsche Drama schien verstummt. Einmal glaubte man seine Stimme wieder zu vernehmen, in *Wolfgang Borcherts* Schauspiel »Draußen vor der Tür«, das aus der tiefsten Verzweiflung des in ein sinn- und lieblos gewordenes Leben zurückkehrenden namenlosen Soldaten den neuen, nüchternen, desillusionierten und doch dichterischen Ton der Passion einer verlorenen Jugend aufklingen ließ. Aber das Stück blieb ein Einzelfall. Sein Verfasser starb mit 26 Jahren 1947 in der Schweiz an einem Lungenleiden, das er sich im Kriege zugezogen hatte, eine große Hoffnung mit ins Grab nehmend. Der suchende Blick fällt auf die starke, aber reißerischen Effekten zuneigende Begabung des Österreichers *Fritz Hochwälder* (»Das heilige Experiment«, »Der öffentliche Ankläger«), auf das gedanklich diszipliniert, aber im Grunde bühnenfremde Schaffen von Henry von Heiselers Sohn *Bernt von Heiseler* (1907–69), der ein Cäsar- und mehrere Hohenstaufen-Dramen geschrieben hat, auf *Walter Erich Schäfer* (1902 bis 1981), der die Verfolgungsmaschinerie des totalitären Staates in seinem Schauspiel »Verschwörer« mit einer kalten, sachlichen Präzision und gerade darum so unheimlich wirkend vor den Augen des Zuschauers auf der Bühne in Gang setzt und in seinem faszinierend geschichtsdialektisch angelegten Drama »Aus Abend und Morgen« die Todesstunde Friedrich Wilhelms des Ersten von Preußen nicht als die Stunde der Befreiung, sondern als die des beginnenden Untergangs seines Staates deutet. (Daß Schäfer eine echte dramatische Begabung besitzt, hat er schon mit früheren Werken, vor allem »Schwarzmann und die Magd« und »Der Leutnant Vary« bewiesen.) Zwei norddeutsche Dramatiker, deren Stimme lange unterdrückt war, bedeuteten wirkliche Ereignisse des deutschen Theaters nach dem Zweiten Weltkrieg: *Hans Henny Jahnn*, der Hamburger Orgelbauer, mit seinem elementar-symbolischen, aus einer Hamsun-nahen, panisch-kreatürlichen Nordlandswelt stammenden Schauspiel »Armut, Reichtum, Mensch und Tier« und der Dichtertragödie »Thomas Chatterton«, und der große Bildhauer *Ernst Barlach* mit seinem protestantischen Mysterium »Der Graf von Ratzeburg«.

Zu den Rückkehrern gehören auch zwei Dichter, die, in Charakter und künstlerischer Zielsetzung völlig verschieden, dank der Bedeutung ihres dramatischen Werks schon vor 1933 ihren festen Platz in den deutschen Spielplänen hatten: *Bert Brecht* und *Carl Zuckmayer*. Brechts »Dreigroschenoper« (1928) war vielleicht der größte Bühnenerfolg jener Jahre überhaupt – die (in Gemeinschaft mit dem später in Amerika gestorbenen Komponisten Kurt Weill) geschriebene aggressivste sozialkritische Satire deutscher Sprache, bei der man im Genuß der genialen Parodie alter Theatermittel vergaß, daß das Ganze den schärfsten Angriff auf die bestehende Gesellschaftsordnung darstellte, der seit der Rebellendichtung der Sturm-und-Drang-Zeit unternommen worden war. Von neuen Werken Brechts lernte man nach seiner Rückkehr aus der Emigration nach Ost-Berlin »Mutter Courage und ihre Kinder«, »Herr Puntila und sein Knecht Matti«, »Der kaukasische Kreidekreis«, »Der gute Mensch von Sezuan« u. a. kennen, in denen der radikale Marxist seine Lehre von der notwendigen Änderung der Welt mit großer dichterischer Kraft verkündet. Dieser unermüdlich experimentierende, die Gesetze der Poetik, Dramaturgie und Darstellungskunst ständig untersuchende und in seinen ›Lehrstücken‹ anwendende Autor hatte schon in seinen ersten Stücken (»Baal«, »Trommeln in der Nacht«, beide 1919) kaum noch Beziehungen zum Expressionismus gehabt, für dessen Ekstatik er zu nüchtern war. *Zuckmayer* dagegen begann als reiner Expressionist (»Kreuzweg«, 1921), bis mit dem »Fröhlichen Weinberg« seine der prallen, lebensvollen Realität zugewandte Natur jählings durchbrach und sich in einer Reihe von lyrisch unterströmten Werken manifestierte, in denen eine an Gerhart Hauptmann erinnernde Kraft der Menschengestaltung zutage trat. Mit dem großartigen »Hauptmann von Köpenick« stand Zuckmayer auf der Höhe seines Erfolgs, als er für das deutsche Theater für »untragbar« erklärt wurde – mit »Des Teufels General« kehrte der Farmer aus Vermont (USA) wieder zurück, um es von neuem im Sturm zu erobern.

Wie hier ein Stoff aus der deutschen Binnenwelt unter dem Naziregime gestaltet wurde, so gab es auch Versuche, das grauenvolle Erlebnis des von den Machthabern des ›Dritten Reichs‹ entfesselten Krieges dramatisch zu verarbeiten. Von den Stücken, die zur Diskussion gestellt wurden, seien hier nur die ursprünglich als Hörspiel geschriebene Dialogfolge »Das Bild des Menschen« von *Peter Lotar* (1910–86), ein Requiem auf die von dem Blutrichter Freisler verurteilten Männer des 20. Juli, sowie »Die Legende von Babie Doly« von *Margarethe Hohoff* (geb. 1920) genannt, ein Schauspiel, dem das zwischen Sensationsstory und antikem Schicksalsdrama stehende Erlebnis jener vier jahrelang in einem unterirdischen Marinebunker bei Danzig eingeschlossenen deutschen Soldaten zugrunde liegt, die kaum damit rechnen konnten, noch jemals ins Leben zurückzukehren. *Leopold Ahlsen* zog in seinem Schauspiel »Philemon und Baukis« eine gleichnishafte Parallele zwischen der antiken Erzählung und einem Vorkommnis bei den Partisanenkämpfen in dem von den Deutschen besetzten Griechenland. Von Brecht und Kaiser beeinflußt zeigt sich *Claus Hubaleks* (geb. 1926) Komödie »Der Hauptmann und sein Held«, in der die perfekte Absurdität einer militärischen Verwaltungsmaschinerie scharf und treffend glossiert wird.

Eine andere Aufgabe, die sich bald nach dem Kriege stellte, konnte jedoch schon sehr rasch – etwa vom Jahr 1947 an – erfolgreich in Angriff genommen werden: Diejenige nämlich, das deutsche Publikum wieder in die Welt blicken zu lassen und es mit den Werken bekannt zu machen, die inzwischen außerhalb Deutschlands entstanden waren und von denen es zwölf Jahre lang nichts hatte wissen dürfen. Es begann die Zeit des ›Nachholens‹ – keiner geringen Aufgabe, wenn man bedenkt, daß das deutsche Theater seit der Romantik immer Welttheater gewesen war und sich der dramatischen Dichtung aller Nationen erschlossen hatte. Nun strömte wieder herein, was man seit 1933 innerhalb des deutschen Sprachgebiets allein auf österreichischen und schweizerischen Bühnen (und seit dem ›Anschluß‹ nur noch in der Schweiz) hatte sehen können, nun kam vor allem die Flut der amerikanischen Stücke, in denen so viele Elemente des europäischen Dramas umgeschmolzen und zum Teil auch, wie von *Eugene O'Neill* und *Thornton Wilder*, in überraschend neue Formen gegossen worden waren. Das neue amerikanische Theater im allgemeinen stellte sich jedoch in den Stücken von *Tennessee Williams, Arthur Miller, Paul Osborn* (geb. 1901), *Maxwell Anderson* (1888–1959), *Robert Ardrey* (1908–80), *Sidney Kingsley* (geb. 1906), *Clifford Odets* (1906–63), *Irwin Shaw* (geb. 1913), *John van Druten* (1901–57, gebürtiger Engländer) und vielen andern, auch weiblichen Dramatikern als thematisch oft eng begrenzter Reflex des europäischen Naturalismus, Psychologismus und Surrealismus dar, und es scheint, als ob es sich insgesamt an Rang und Bedeutung nicht mit der eigentlichen überragenden Leistung der amerikanischen Literatur im 20. Jahrhundert, dem Roman, messen könnte. Zwar ist jenes Hinabtauchen »in den Abgrund des menschlichen Leidens und der Sünde«, das Walther Rathenau vor vielen Jahren als die Voraussetzung dafür bezeichnete, daß Amerika eine Seele bekäme, inzwischen längst vollzogen, aber es sieht so aus, als ob die amerikanischen Bühnenautoren in der von ihnen bevorzugten Gattung des Familienstücks den ganzen Problemkreis des europäischen Dramas der letzten fünfzig Jahre noch einmal ausschreiten wollten – von der sozialen Anklage (Millers »Tod des Handlungsreisenden«) bis zur ironischen Gesellschaftskritik (Clare Booth-Luces »Frauen von New York«), von der humanitären Predigt (Robert Sherwoods »Abe Lincoln in Illinois«) bis zur Psychoanalyse (Tennessee Williams' »Endstation Sehnsucht«). Den spezifisch amerikanischen Typ der Burleskposse, von der zahlreiche Unterhaltungsbühnen des Broadway jahrelang leben, vertrat *John C. Holms* und *George Abbotts* glänzend gemachtes Klamaukstück »Drei Mann auf einem Pferd«. Die großen Themen, mit denen die moderne realistische Epik Amerikas Weltgeltung gewonnen hat, griffen im Bereich des Dramas aber nur *O'Neill, Wilder* und *William Faulkner* auf, die einzigen, die dafür auch wirklich neue und kühne Formen fanden.

Auch von *England* kam Neues. Inmitten eines gepflegt realistischen, besonders an guten Gesellschaftsstücken wie z. B. *William Somerset Maughams* (1874–1965) »Die heilige Flamme« oder »Der Kreis« reichen Theaters, auf dem der große Moralist G. B. Shaw aber die Rolle eines Außenseiters (und beinahe mehr einer kontinentalen als einheimischen Zelebrität) spielte und der ebenfalls sozialkritische und moralistische, aber antirationalistische *John Boynton Priestley* sich erst durchsetzen mußte – inmitten dieses auf eine keinesfalls muffige Art bürgerlichen und konservativen Theaters erschienen zwei Dichter, die diese kultivierte, aber nicht eben aufregende Sphäre durchstießen und dem britischen Theater neue geistige Ziele wiesen: *Thomas Stearns Eliot* und *Christopher Fry. Eliot*, in Amerika geboren, aber in England naturalisiert und zur Hochkirche übergetreten, vertrat eine betont christliche Haltung, die ihre oberste Aufgabe darin sieht, dem Menschen das Heil zurückzugewinnen, oder, genauer gesagt, ihn für das (schwer zu erlangende) Heil ›reif‹ zu machen. Mit diesem religiösen Ziel verband Eliot zugleich ein poetisches – die Wiedergewinnung des Verses für das Drama. So entstanden in einer eigentümlichen Verbindung von oxfordischem Traditionalismus und erneuertem Symbolismus, von Klassizität und Modernität Dramen, die unter der Oberfläche von Gesellschaftskomödien metaphysische Schichten aufdekken, die wie elegante Dialogstücke angelegt scheinen und Mysterien sind, wie »Der Familientag« und »Die Cocktail-Party«. Mit dem Schauspiel »Mord im Dom« hat T. S. Eliot, der auch als Lyriker Bahnbrecher für neue Ausdrucksformen und als Essayist ein hervorragender Repräsentant des abendländischen humanistischen Kulturbewußtseins war, das mittelalterliche Mirakelspiel mit neuem Geist erfüllt. Seine Leidenschaft für den dramatischen Vers teilt *Christopher Fry*, der ›Poet‹ des zeitgenössischen Theaters, der über eine geradezu bestürzende Sprachphantasie verfügt und die Metaphorik der englischen Dichtersprache Shakespeares und des 17. Jahrhunderts auf eine durchaus eigenständige und originelle Weise wieder zum Blühen gebracht hat. Auch Fry bekennt sich zu einem religiös betonten Humanismus, und wie alle Romantiker zieht ihn das Mystische als ein Weg zur Erkenntnis des Gottesgeheimnisses (»Der Erstgeborne«) oder des Seelen- und Naturgeheimnisses (die Komödien »Die Dame ist nicht für's Feuer« und »Venus im Licht« und das Schauspiel »Das Dunkel ist licht genug«) mächtig an. Die alte englische Vorliebe für Feen, Geister und Gespenster, deren meist fröhlich turbulente Eingriffe in das Alltagsleben moderner Menschen zahlreiche britische Autoren für ihre Komödien ausnutzen – in Deutschland bekannteste Beispiele: *James Matthew Barries* »Peter Pan« und »Mary Rose« und *Noël Cowards* »Geisterkomödie« –, hat *Peter Ustinov*, einen englischen Schauspieler und Dramatiker slawischer Abstammung, auf den amüsanten Einfall gebracht, die vier großen Alliierten des Zweiten Weltkriegs als moderne Dornröschen-Prinzen auf die Bühne zu bringen (in der tiefsinnig-satirischen Komödie »Die Liebe der vier Obersten«). Der bedeutende, auch als Filmautor (»Der dritte Mann«; Reclams UB 9180, engl.) bekanntgewordene Romancier *Graham Greene* (1904–91) ist 1953 mit dem Schauspiel »Der letzte Raum« als Dramatiker hervorgetreten.

Italien, das nach 1945 mit seinen neoveristischen Filmen so wesentliche Beiträge zur künstlerischen Gestaltung brennender Zeitprobleme geliefert hat, trat auf dem Gebiet des Dramas nur wenig hervor. Das scheint in einem Land, in dem der Begriff ›Theater‹ fast gleichbedeutend mit ›Oper‹ ist, kaum verwunderlich. Das italienische Sprechtheater hat in den ersten Jahrzehnten des hier betrachteten Zeitabschnitts so gut wie völlig von der Nachahmung französischer Boulevarddramatiker gelebt, und auch als *Gabriele d'Annunzio* (1863–1938) mit seinen von höchster Sprachmeisterschaft geformten Bühnenwerken (»Die tote Stadt«, »La Gioconda«, »Francesca da Rimini«, »Das Schiff«, »Phädra« u. a.) hervortrat, geschah es im Gefolge des französischen Symbolismus, dessen artistisches Raffinement d'Annunzio mit seinem französisch geschriebenen Drama »Das Martyrium des heiligen Sebastian« (das ihn in Konflikt mit der Kirche brachte) auf einen Gipfel hob. Die wenigen dramatischen Versuche der Futuristen, die auf dem Gebiet der bildenden Kunst immerhin neues Leben in den erstarrten Traditionalismus ihres Landes gebracht hatten, blieben ohne Resonanz. Erst der Sizilianer *Luigi Pirandello* gab dem italienischen Drama neue Aspekte, indem er die psychologische Problematik des modernen Menschen in einer ihm sehr eigentümlichen unauflöslichen Verbindung von Ernst und Ironie darstellte und – übrigens von der deutschen Romantik angeregt – sein Leben als ein unaufhörliches Wechselspiel von Wirklichkeit und Schein gestaltete. Pirandello war nach dem Ersten Weltkrieg so etwas wie eine Sensation des gesamteuropäischen Theaters, bei seinem Tode (1936) schien er beinahe vergessen zu sein, doch heute werden die Stücke des italienischen ›Denkspielers‹ wieder häufiger aufgeführt. Gewisse Nachwirkungen Pirandellos lassen sich in dem dramatischen Werk des hohen römischen Juristen *Ugo Betti* (1892–1953, »Die unschuldige Irene«, »Der Spieler«, »Die Flüchtende«) feststellen, dessen Schauspiele gleichsam wie Prozesse die Generalthemen Schuld und Unschuld, Recht und Unrecht mit einer bohrenden Logik nach allen Richtungen hin untersuchen. Aber auch Betti ist wieder ein Zeuge für die immer latente Tendenz des italienischen Schauspiels, sich an die gleichzeitige französische Literatur anzulehnen; Einflüsse von Cocteau und Sartre machen sich bei ihm bemerkbar, der Existentialismus liefert den geistigen Hintergrund. Die soziale Not der süditalienischen Bauern und Landarbeiter hat in *Ignazio Silone* (1900–78) einen beredten Ankläger gefunden, der wegen seiner Feindschaft gegen den Faschismus lange Jahre in der Schweiz verbrachte; sein Drama »Und er verbarg sich« überträgt die ethische Intensität seiner großen realistischen Romane mit einer noch am ehesten an die rücksichtslose Wahrhaftigkeit der neoveristischen Filme erinnernden Härte auf die Bühne.

Die Stimme eines großen *spanischen* Dichters drang erst nach Deutschland, als der Mund, aus dem sie tönte, schon lange verstummt war: *Federico García Lorca* wurde 1936 ein Opfer des Bürgerkriegs; Falangisten haben ihn ermordet. Dieser Andalusier besaß eine elementare poetische Kraft, die sich in seinen Bühnenwerken mit dem harten und magischen Realismus verbindet, der von allem Anfang an ein Wesensmerkmal der spanischen Kunst ist. Befreiung der erotischen Sehnsucht junger, von der strengen Sitte des bäuerischen Lebens in ihren Triebregungen unterdrückter Frauen ist, beidemal mit tödlichem Ausgang, das Thema seiner Tragödien »Bluthochzeit« und »Bernarda Albas Haus«, die großartige Einfachheit echter Symbolik besitzen. Um diese bemüht sich auch García Lorcas Landsmann *Alejandro Casona* (1903–65) in seinem Schauspiel »Frau im Morgengrauen«, aber seine Symbolik stammt mehr aus dem Arsenal bewährter Theatermittel als aus imaginativer Phantasie. Ungefähr gleichzeitig mit den Spaniern erschienen zwei *Schweizer* Autoren auf den deutschen Spielplänen nach 1945, die vordem aus dem Land der Eidgenossen nur die epigonalen, wenngleich bühnensicheren historischen Schauspiele des 1949 gestorbenen *Caesar von Arx* verzeichneten: *Max Frisch* und *Friedrich Dürrenmatt* – ein kluger Skeptiker mit Neigung zu einer gleichsam unter Glas betrachteten Romantik der eine, von eruptiver Phantasie getriebener Apokalyptiker und skurriler moralisierender Humorist der andere, beide mit großem (und gern etwas schweizerisch belehrendem) Verantwortungsbewußtsein um die Prüfung und (vielleicht) mögliche Festigung der erschütterten Daseinsgrundlagen des heutigen Menschen bemüht. Dessen hoffnungs- und ausweglose Isolierung selbst innerhalb der engsten Familiengemeinschaft hat der *Däne Hans Christian Branner* (1908–66) in seinem Schauspiel »Geschwister« mit einer peinigenden, aber sehr um Wahrheit besorgten Psychologie dargestellt.

Noch weniger umfassend als dieser notwendig summarische Überblick schon im allgemeinen ist, kann leider der Blick auf *Frankreich* sein. Denn dieses Land ist das europäische Literaturland par excellence geblieben. Frankreich ist an allen literarischen Bewegungen des hier zusammengefaßten Zeitabschnitts mit Ausnahme des sehr deutschen Expressionismus maßgeblich, oft sogar führend beteiligt gewesen – d. h., Frankreich hat die Muster geschaffen und die Antriebe gegeben, die dann in anderen Ländern aufgenommen und anverwandelt (oder abgewandelt) wurden. Schon Ibsen hat sich für die dramatische Kritik an seiner Zeit der Technik des französischen Gesellschaftsstücks bedient, und der deutsche Naturalismus wäre auch auf der Bühne nicht denkbar gewesen ohne die epischen Vorbilder in Zolas riesiger Romanreihe der »Rougon-Macquart«. Der Wiener Impressionismus, die Decadence-Dichtung der Jahrhundertwende, die Neuromantik in Skandinavien, Deutschland, Belgien – sie alle stehen, wie übrigens auch in Italien d'Annunzio, auf dem Boden des französischen Symbolismus, der ohne Zweifel die bedeutendste und weitestreichende literarische Richtung seiner Zeit war. In der Betonung des musikalisch-romantischen Elements, die historisch als Reaktion gegen die formstrenge Latinität der ›Parnassiens‹ zu betrachten ist, kamen die gegenpoligen Kräfte zur Klassizität des französischen Geistes zum Durchbruch, und in dem Spannungsfeld, das sich dabei bildete, formten sich die großartigsten Potenzen der modernen französischen Dichtung: *André Gide, Paul Valéry* und *Jean Giraudoux*. Zwar haben Gide (1869–1951) und Valéry (1871–1945) das Theater in ihrem dichterischen Gesamtwerk nur gestreift – Gides »König Kandaules« und »Ödipus«, Valérys »Mein Faust« –, aber ihr Einfluß macht sich im Bühnenschaffen vieler anderer Dichter bemerkbar. Giraudoux insbesondere hat es nicht nur seinem freilich überragenden Talent, sondern vor allem auch den Anregungen Gides zu verdanken, daß er der erste Dramatiker Frankreichs wurde; in seinem Werk ist die Spannung zwischen klassischer ›clarté‹ und romantischer Irrationalität zu einer ungemein reiz- und geistvollen Verbindung geworden, an der sich der für alle geistigen Reize so empfängliche *Jean Cocteau* so delektierte, daß er sie für sein eignes Schaffen übernahm. Giraudoux war vielleicht der letzte große französische Dichter, der seinen trotz aller Skepsis unerschütterlichen Humanismus noch mit spielerischer Grazie vorzutragen wußte; denn die Generation der ›*Littérature engagée*‹, die nach ihm kam, vertritt den Humanismus der Verzweiflung.

Welch ein Weg des französischen Dramas von der reinen Lust am brillanten, sich selbst genügenden Theater eines *Victorien Sardou* und seiner zahllosen Nachfolger, unter denen *Edouard Bourdet* (1887–1945) und *Sacha Guitry* (1885–1957), *Marcel Achard* (1899–1974) und *Louis Verneuil* (1897–1952) auch in Deutschland sehr bekannt wurden, bis zu jener ›Littérature engagée‹, die sich allein der aktuellen Situation des modernen Menschen annahm und ihr geistiges Oberhaupt in *Jean-Paul Sartre* fand. Der 1905 geborene, von dem deutschen Philosophen Martin Heidegger beeinflußte Hauptrepräsentant des atheistischen Existentialismus in Frankreich hat mit seinen technisch virtuosen Bühnenwerken (auch außer- und oberhalb der modischen Sensation, die sie hervorriefen) der fundamentalen Erschütterung der Lebenssicherheit der heutigen Menschheit faszinierenden Ausdruck gegeben und eine literarische Bewegung hervorgerufen, der immerhin so starke Talente wie *Jean Anouilh* und *Albert Camus* zuzurechnen sind. Der alte Zweifel am Sinn des Lebens ist ihnen zur Gewißheit seiner Unsinnigkeit geworden, er hat sich ausgedehnt auf alle bisher als allgemeingültig angesehenen Werte und den Menschen zur Erkenntnis einer absoluten Freiheit gebracht, zu der er ›verurteilt‹ ist. So erfüllt ein abgründiger, nirgends zu einem Ausweg gelangender Pessimismus die Werke dieser Autoren, der in der schauerlich grotesken, nihilistischen Ironie der düsteren Farce »Warten auf Godot« des französisch schreibenden Iren *Samuel Beckett* im Pariser Theaterwinter 1952/53 bis zu einer anscheinend letzten Konsequenz gelangt ist – der totalen Ent-stellung des Menschen auf dem Theater, das zwei Jahrtausende lang dessen Darstellung zum Ziel hatte. Im weiteren Umkreis gehören auch noch Autoren wie *Jean Vercors* (geb. 1902), der Flame *Michel de Ghelderode* (1898–1962) und der Holländer *Jan de Hartog* (geb. 1914) zu diesen Dramatikern der existentiellen Angst und totalen Zurückgeworfenheit auf das einsame Selbst.

Demgegenüber steht in Frankreich der mächtige Block des *literarischen Katholizismus* um die ragende Erscheinung *Paul*

Claudels, dessen gesamtes Schaffen um die Manifestation des Göttlichen in der Diesseitswelt und um die Prüfung des Menschen für die Gnade Gottes kreist. Sein vierteiliges Riesendrama »Der seidene Schuh« ist Mysterium und grandioses Welttheater in einem. Den gleichen bedingungs- und kompromißlosen Glaubensernst wie Claudel vertreten andere führende Dichter des französischen ›Renouveau Catholique‹, so *Georges Bernanos*, der Kämpfer gegen die »lauen Christen«, in seinem Schauspiel »Die begnadete Angst«, *François Mauriac* (1885–1970), der unerbittlich die Einsamkeit des Menschen ohne ein Leben im Geiste Gottes schildert und seine Dramentechnik (»Asmodée«) an Racine schulte, und *Henry de Montherlant*, der zuerst einem heroischen Vitalismus huldigte und im Glauben ein Mittel der Disziplin fand, ein Dramatiker von strenger und zuweilen etwas affektierter aristokratischer Geistigkeit (»Die tote Königin«, »Malatesta«, »Das Land, dessen König ein Kind ist«, »Port Royal«). Als der eigentliche Gegenpol zu Sartre ist in diesem Lager der katholische Existentialist *Gabriel Marcel* (1889–1973) zu betrachten, dessen Gedankendramen indessen keinesfalls die Durchschlagskraft der Stücke seines Widersachers erreichen; man hat den Eindruck, als ob Marcel sich nur zur Verfechtung seiner philosophischen Thesen des Theaters bediente, das für Sartres dramatische Begabung zweifellos die legitime Wirkungsstätte ist.

Man sieht selbst in diesem ganz sporadischen Überblick, wie das reiche, spannungsvolle literarische Leben in Frankreich das Theater befruchtet. Der große, in diesem Land nie abreißende Strom des lateinischen Traditionalismus mit all seinen Gegen- und Unterströmen fließt auch über die Bühnen, und fast in jeder Spielzeit hat das Pariser Theater, auf dem sich ja die ganze französische Bühnenkunst konzentriert und das sie repräsentiert, sein ›Ereignis‹. Literatur ist in Frankreich noch immer eine Angelegenheit des allgemeinen Interesses, sie nimmt im Leben der Nation noch immer eine beherrschende Position ein. Die Resonanz des französischen Theaters in Deutschland ist bedeutend – das zeigt sich nicht nur in der Menge der hier aufgeführten Stücke, sondern auch in der Beliebtheit der vielen Gastspiele französischer Ensembles. *K. H. R.*

In *Rußland* überwand *Maxim Gorki* das lähmende Sündenbewußtsein Tolstois und das resignierende Endzeitgefühl Tschechows. In »Nachtasyl« (1902) äußerte sich die Zukunftshoffnung noch als Schwadronieren im Geiste Nietzsches, aber in den nächsten Jahren stellte Gorki sich auf die realen Verhältnisse ein. Der Krieg gegen Japan erschütterte das Zarenreich, revolutionäre Terrorakte gipfelten 1905 in schweren Unruhen und drakonischen Gegenmaßnahmen. Gorki wurde verhaftet, gegen Kaution freigelassen und schrieb als politischer Flüchtling in Amerika das erste Drama des Klassenkampfs: »Feinde« (Erstausgabe Berlin 1906). Es gilt inzwischen als Muster für sozialistischen Realismus. Schon der gewohnte Realismus, den Friedrich Engels als »getreue Wiedergabe typischer Charaktere unter typischen Umständen« definierte, war gesellschaftskritisch, nun kam kämpferische Tendenz hinzu. Für Gorkis Dramen der ›mittleren Periode‹ (bis zum Ersten Weltkrieg) ist Kritik an der sozialen Haltung der Intellektuellen typisch.

Der Oktoberrevolution (1917) folgte eine stürmische Entwicklung der Künste, auch ein ›Theateroktober‹. Er wurde weniger von Dramatikern als von Regisseuren markiert: *Wsewolod Meyerhold* (1874–1942), *Alexander Tairow* (1885–1950) und *Jewgeni Wachtangow* (1883–1922), alle drei rebellische Schüler des großen *Konstantin Stanislawski* (1863–1938), der 1898 sein ›Moskauer Künstlertheater« gründete, nach dem Vorbild der »Freien Bühne« (1889) von Otto Brahm in Berlin und des »Théâtre libre« (1887) von André Antoine in Paris. Stanislawski setzte in Rußland zunächst den Naturalismus durch, dem er Tschechows Dramen beugte, danach den Symbolismus und Surrealismus. Die Revolution machte Stanislawski ratlos, sein Künstlertheater gastierte 1922–24 im Ausland, um Abstand und eine neue Position zu gewinnen. Stanislawski hatte seinen Schülern den Betrieb von Studios ermöglicht, Tairow experimentierte seit 1914 im »Moskauer Kammertheater« mit der Ausdruckskraft des menschlichen Körpers, Wachtangow arbeitete an einer von Gorki angeregten Improvisationsmethode. Inszenierungen von Werken Strindbergs, Maeterlincks, Gozzis und einer jüdischen Legende machten ihn 1921/22 berühmt, weil sie in dieser Periode des Bürgerkriegs und des Hungers als Visionen einer glücklichen Zukunft aufgefaßt wurden. Stanislawskis begabtester Schüler Meyerhold inspirierte und lenkte als Direktor der Sektion Theater beim Kommissariat für Volksbildung sowjetische Theaterformen: ›Agitprop‹ (für ›Agitation und Propaganda‹), ›Proletkult‹ (für ›proletarische Kultur‹) und intellektuellen Avantgardismus. Zum ersten Jahrestag der Revolution inszenierte Meyerhold das utopische Szenarium »Mysterium buffo« (1918) von *Wladimir Majakowski* (1893–1930), das einige Proletarier als einzige Überlebende einer Sintflut in ein technifiziertes Paradies gelangen läßt. Meyerhold inszenierte mathematisch genaue Abläufe von schauspielerischen Bewegungen (›Biomechanik‹) in desillusionierenden technischen Szenerien. Dieser Stil beeinflußte Erwin Piscator (1893–1966), der 1920–31 in Berlin revolutionäres Theater machte.

Nach Lenins Tod (1924) errichtete Stalin eine Bürokratie der Funktionäre. Majakowski beschimpfte sie als ›Bonzen‹ und ›rote Kapitalisten‹, er schrieb die Satiren »Die Wanze« (1928) und »Das Schwitzbad« (1929), die Meyerhold 1929 und 1930 zur Empörung der Funktionäre inszenierte. Im Jahre 1934 dekretierte Stalins Chefideologe Andrej Shdanow den sozialistischen Realismus. Die neue Dramatik ist optimistisch, kämpferisch und oberflächlich, Paraphrase des jeweiligen politischen Kurses. Gorki, der 1928 endgültig in die Sowjetunion zurückkehrte, wurde nicht ›gleichgeschaltet‹, die Dramen seiner letzten Periode, darunter die Zweitfassung von »Wassa Schelesnowa«, sind nicht konformistisch, spiegeln allerdings immer noch die Zeit vor der Oktoberrevolution. Die Freiheit des Theaters wurde als ›bürgerliches Ästhetentum‹, ›Kosmopolitismus‹ und ›Formalismus‹ erst verleumdet, dann abgewürgt. Die international bekannte Bühnenprominenz hatte relativ lange Schonzeit. Meyerholds Theater wurde erst 1938 geschlossen, er selbst 1939 verhaftet und 1942 ermordet, Tairows Kammertheater erst während der Kampagne gegen den ›Kosmopolitismus‹ 1948/49 geschlossen, doch es war längst bedeutungslos. Stanislawski verabscheute die Tendenzdramatik und perfektionierte sein Ideal, die wirklichkeitsgetreue Darstellung. So entstand ein System, das Ausbildung von Schauspielern sowie Inszenierungsgrundsätze umfaßt und zum offiziellen Muster für Theaterarbeit ernannt wurde. Es dient dazu, schematisch hergestellte Dramatik schematisch zu inszenieren. Stanislawski starb 1938 hochgeehrt als Vater des Sowjettheaters. Shdanow blieb bis zu seinem Tod (1948) der Großinquisitor der Kunst. *H. D.*

AUGUST STRINDBERG

* 22. Januar 1849 in Stockholm
† 14. Mai 1912 in Stockholm

Der Vater betreibt eine Schiffsagentur, die Mutter war Kellnerin – zeitlebens fühlt sich Strindberg als »Sohn einer Magd« benachteiligt. Früher Tod der Mutter, düstere Jugend, die Schule empfindet er als »Lehrzeit für die Hölle«. Auch im Beruf eine Kette von Mißerfolgen: als Medizinstudent in Uppsala, als Lehrer, beginnender Schauspieler, Journalist, Sekretär an der Stockholmer Bibliothek. 1877 heiratet er Siri von Essen, 1883–89 unsteter Aufenthalt im Ausland, um vor den Konflikten in der Ehe zu flüchten: Paris, Schweiz, Bayern, Kopenhagen, 1889–92 wieder in Schweden, dann erneut unterwegs: Berlin, London, Österreich, Berlin, 1899 endgültig Rückkehr nach Stockholm. Nach der Scheidung von Siri (1892, 3 Kinder: Karin – als Schriftstellerin unter dem Namen Smirnoff, Greta und Hans) heiratet er 1893 die österreichische Journalistin Frida Uhl (Scheidung 1897, Tochter Kerstin) und 1901 die Schauspielerin Harriet Bosse (Scheidung 1904, Tochter Anne-Marie). Gemeinsam mit August Falck gründet er 1907 in Stockholm das »Intime Theater«, das 1910 nach großen Verlusten geschlossen wird. Auch im Alter kann er sich seiner Erfolge nicht freuen, da im Jahr seines 60. Geburtstags der Nobelpreis an Selma Lagerlöf geht. Nochmals trägt er in den Zeitungen große öffentliche Fehden gegen seine Kritiker aus, weil sie sein Werk abtun als subjektive Bekenntnisliteratur. Er streitet mit einer Schmähschrift gegen den populären Forscher Sven Hedin und kämpft als Pazifist gegen die Aufrüstung Schwedens vor dem Ersten Weltkrieg. Tod durch Magenkrebs.

Ein schon in den Ausmaßen riesiges, vielgestaltiges Werk – Emil Scherings deutsche Gesamtausgabe umfaßt 46 Bände, davon fast 60 Theaterstücke. Zeitlebens stand Strindberg durch seine schizophrene Gefährdung unter einem unermüdlichen Schreibzwang, war besessen vom Drang, sich darzustellen und zu rechtfertigen, seine Haßgefühle, Ängste, Abrechnungen mit sich selbst und der Umwelt in literarischen Gestalten auszuleben. In acht Autobiographien hat er sich mit seinem zerrütteten Leben auseinandergesetzt. Auch seine Stücke haben stets einen autobiographischen Ausgangspunkt. Die Anlässe entnimmt er dem Leben, aber er übersteigert die Fakten, verzerrt sie ins Maßlose und Monströse. Literarische Gestaltung heißt für Strindberg: sich abreagieren in Selbstprojektionen und Wahnbildern: »Es kommt mir vor, als wandele ich im Schlaf; als wären Dichtung und Leben vermischt [...]. Durch das viele Dichten ist mein Leben zu einem Schattendasein geworden; ich habe nicht mehr das Gefühl, auf der Erde zu gehen«, schreibt er in einem Brief an Axel Lundegård. Zugleich sind diese literarischen Selbstbekenntnisse wieder Maskierungen und Fiktionen, um die eigene Person um so besser zu verstecken, ein unerschöpfliches Spiel mit Wunschbildern und Angstträumen. Auch die Autobiographien sind solche Projektionen: *Der Sohn einer Magd* (Strindbergs Jugend), *Entwicklung einer Seele, Die Beichte eines Toren* (seine Ehe mit Siri), *Inferno, Legenden, Entzweit, Einsam, Okkultes Tagebuch.*

Ebenso uferlos und unerschöpflich wie in seinen Figuren und Situationen ist Strindberg auch in der Form. Stets erprobt er Neues. Es gibt bis heute keine Stilrichtung des modernen Theaters, die sich nicht auf ihn berufen kann oder von ihm entscheidende Anregungen erhielt. Strindberg führt das realistische Gesellschaftsstück über Ibsen hinaus und wird wichtiges Vorbild für O'Neill und Tennessee Williams, wenn er naturalistisch erfaßte Figuren hintergründig und bizarr verzerrt und ihnen nachspürt ins Psychopathische. Aus seiner Traumspiel-Dramaturgie entwickelt sich das symbolistische und expressionistische Theater, z. B. die Gottsucher-Dramen von Ernst Barlach. Seine irrlichternd visionären Bilderfindungen, die Schreckensbilder aus dem Unbewußten, die nur noch aus Erinnerung bestehenden Ich-Träume werden fortgeführt von Beckett und Ionesco. Das von ihm entwickelte Stationendrama, der Bilderbogen seiner Historien weist bereits auf das epische Theater eines Bertolt Brecht.

Strindbergs Werk als persönliches Bekenntnis wäre nicht so lebendig geblieben bis heute, wenn er in seiner Person nicht die wesentlichen Konflikte seiner Zeit mit ausgetragen hätte. Er, der sich als *Sohn einer Magd* gesellschaftlich unterdrückt sah, leidet am Klassenkonflikt. Er leidet an der Glaubenskrise seiner Zeit, in der angesichts des naturwissenschaftlichen Fortschritts Gott überflüssig erscheint. Strindberg hat seinen Bibelglauben verloren und verzweifelt zugleich am Materialismus, er bricht zusammen unter Sündenangst und dem Bewußtsein, verworfen zu sein, er ringt nach Vergebung und Erlösung – und weiß doch nicht, woher er eine neue Sinngebung nehmen soll für seine Existenznot. In seinen Werken entlarvt er die irdischen Versuchungen – Herrschaft, Reichtum, Ehre und Liebe, er entlarvt Ehe und Familie als Kampfplatz, als Ritual gegenseitiger Vernichtung. Liebe ist immer Kampf um die Oberherrschaft, um den Besitz des anderen, ein Kampf, der mit List, Tücke und Lust am Quälen geführt wird. Die Neurosen der bürgerlichen Gesellschaft werden ohne Beschönigung ausgespielt.

Immer wieder setzt Strindberg auf weltanschauliche Leitfiguren, um aus den Widersprüchen seiner Zeit zu finden: er steht in Briefwechsel mit Nietzsche (»Ich glaube, Nietzsche macht mich blind, mein Gehirn ist wie eine Wunde!«), er nimmt den Pessimismus von Schopenhauer auf, den Monismus von Ernst Haeckel, Eduard von Hartmann, Kierkegaard, die Mystik eines Swedenborg und die Erlösungslehren Buddhas. Und er bleibt aktuell bis heute, da er die Angst des modernen Menschen durchleidet am Zerfall der Wertordnung, den Zweifel an Gott, aber auch an den sozialen Bindungen, an Familie, Ehe, an der Partnerschaft der Geschlechter. Drei Ehen hat Strindberg geführt – stets waren es emanzipierte, selbständige, künstlerisch tätige Frauen, die aus dem Ausland kamen, die gewohnt und auch fähig waren, sich durchzusetzen. Der weiche, zerfahrene, unstete Strindberg mußte solche Überlegenheit als böse Herausforderung erleben. Er schwankte zwischen anbetender Überhöhung der Frau, der er sich unterwerfen kann, und gepeinigter Auflehnung aus dem Gefühl eigener Minderwertigkeit. Er suchte sich freizumachen von der Bindung, indem er das Objekt seiner Sehnsucht herabsetzte und verteufelte. Er erhoffte von der Frau Erlösung und Erleuchtung – Indras Tochter in ihrer Christus-Rolle ist nicht umsonst weiblich. Und da sie solch hochgespannte Erwartung enttäuschen muß, verfolgt und schmäht er die Frau und in ihr die eigene Enttäuschung und Verletztheit.

Das Thema des Geschlechterkampfs ist auch zeitbedingt. Strindbergs weibliche Negativfiguren sind ein Gegenentwurf zu Ibsens *Nora.* Ibsens Forderung nach Gleichberechtigung der Frau und ihrem Recht auf freie Selbstentfaltung wird von Strindberg bekämpft. Für ihn herrscht nicht Partnerschaft, sondern naturgegeben Kampf zwischen den Geschlechtern, da sie beide ausgeliefert sind ihren Sexualnöten.

Wie für Ibsen und Shaw wurde auch für Strindberg das deutsche Theater ein Sprungbrett zur literarischen Weltgeltung. Emil Schering als Übersetzer und unermüdlicher Helfer, besonders aber der Regisseur Max Reinhardt, der mit seinen Ensemblegastspielen in Skandinavien Strindberg erst in der Heimat durchsetzte, haben ihrer Zeit die Augen geöffnet für das bahnbrechend Neue in diesem Werk. Bisher hatte man Strindbergs Familienbilder naturalistisch ausgemalt. Reinhardts Modellaufführungen zeigten in irrlichtender Phantastik auch die Dämonien, die Hintergründe und Abgründe in diesem Werk. In jüngerer Zeit war es der Regisseur Ingmar Bergman, der immer wieder eine zeitgemäße Annäherung an Strindberg versuchte.

Schon Strindbergs erste Theaterversuche sind verwickelte Psychodramen: *Eine Namenstagsgabe* (*En namnsdagsgåva*, 1869) schildert den Kampf des Sohns gegen den Vater um die Liebe der Stiefmutter. Der Text, den Strindberg nach seinem Scheitern als Schauspieler und nach seinem Selbstmordversuch schrieb, ging verloren. In *Der Freidenker* (*Fritänkaren*, 1869) ringt der Student und beginnende Volksschullehrer (autobiographisch!) Karl um einen persönlichen Gottesbegriff. Er gerät in Konflikte mit den materialistischen, glaubenslosen Kameraden, aber auch mit den Gewohnheitschristen in seiner Familie und verliert als Ketzer seine Stellung. Dann wendet sich Strindberg historischen Stoffen zu: *Hermione* (zunächst unter dem Titel *Das sinkende Hellas*, 1870) ist eine antike Judith-Tragödie. Hermione verliebt sich in den Mazedonierkönig Philipp, den sie ermorden will, um ihre Vaterstadt Athen zu retten. *In Rom* (*I Rom*, UA 13. 9. 1870 Stockholm) ist ein Künstlerdrama um den Bildhauer Thorwaldsen, der in Rom an seinem Talent zweifelt. *Der Geächtete* (*Den fredlöse*, UA 16. 10. 1871 Stockholm) führt nach Island ins 12. Jahrhundert. Der heidnische Kriegsheld Jarl Thorfinn kämpft gegen das Christentum und bekehrt sich erst sterbend nach einer Reihe von Niederlagen. *Meister Olof* (*Mäster Olof*, Prosafassung 1872, Versfassung 1875/77; UA 30. 12. 1881 Stockholm) ist der schwedische Reformator und Bibelübersetzer Olaus Petri (1493–1552). Er gerät zwischen die politischen Fronten. Er lehnt sich auf gegen die katholische Kirche, wendet sich aber auch gegen die radikale Bewegung der Wiedertäufer unter Führung des Buchdruckers Gert Bokpräntare. Olof dient seinem König Gustav Vasa als Domprediger und erkennt, daß es dem Herrscher nicht um die Glaubensfrei-

Hofmannsthal, Jedermann

Strindberg, Totentanz

heit, sondern nur um die eigene absolutistische Macht geht. Das ist Strindbergs erster großer Wurf, den er später mit den Stükken *Gustav Vasa* und *Erich XIV.* zur Vasa-Trilogie erweitert. *Anno Achtundvierzig* (*Anno fytioatta*, 1876/77) ist eine Spießersatire im Schatten der Revolutionstage von 1848 in Stockholm. *Das Geheimnis der Gilde* (*Gillets hemlighet*, UA 3. 5. 1880 Stockholm): Die mittelalterliche Ballade um den Dombau von Uppsala schildert den Streit der beiden rivalisierenden Baumeister Jacques und Sten. *Frau Margit* (*Herr Bengts hustru*, UA 25. 11. 1882 Stockholm) handelt vom Ehekonflikt zwischen dem derben, vitalen Burgherrn Bengt und seiner übersensiblen, vom Kloster geprägten Frau Margit im 16. Jahrhundert – eine Vorwegnahme von *Fräulein Julie*. Für die nächsten 10 Jahre widmet Strindberg sich ausschließlich Stoffen aus seiner Zeit und Gesellschaft: Konflikte um Ehe und Familie, Kampf zwischen Mann und Frau – Enthüllungsdramen von einer für die damalige Zeit schockierenden psychologischen Tiefenschärfe: in der vieraktigen Komödie *Kameraden* (*Kamraterna*, 1887; zunächst unter dem Titel *Marodeure*; UA 24. 10. 1905 Wien) attackiert er satirisch die Frauenemanzipation und seinen Gegenspieler Ibsen, der seit seiner *Nora* (1879) als Wortführer der Feministinnen galt. Die Malerin Bertha quält und demütigt ihren Mann Axel, sucht ihn als Künstler zu ruinieren und auszustechen, zerstört sein Selbstgefühl, bis er mit ihr abrechnet und sich eine Geliebte nimmt. Bei Strindberg ist Kameradschaft zwischen den Geschlechtern nur eine Falle für den Mann. Auch *Der Vater* (1887) und *Fräulein Julie* (1888) weisen mit ihrer Verzweiflungshaltung, ihrer Zerstörungswut auf die zunehmende Krise in Strindbergs Ehe mit Siri von Essen. Zehn weitere Einakter sind Psycho-Skizzen, Kampfszenen um Vernichtung und Selbstbehauptung: In *Gläubiger* (*Fordringsägare*, UA 9. 3. 1889 Kopenhagen) hat Thekla mit ihrem früheren Mann Gustav abgerechnet, indem sie den Mann als Idioten bloßstellt. Er rächt sich und bricht in ihre jetzige Ehe mit Adolf ein, vor dem er Thekla als einen seelenlosen, lüsternen Vampir entlarvt. *Die Stärkere* (*Den starkare*, UA 9. 3. 1889 Kopenhagen) ist eine Schauspielerin, die ihren Mann in virtuosem Rededuell von der Freundin zurückerobert. *Paria* (UA 9. 3. 1889 Kopenhagen) zeigt zwei Forscher, die beide eine unbewältigte kriminelle Vergangenheit verdrängen. *Samum* (UA 25. 3. 1890 Stockholm) führt nach Algerien unter die französischen Kolonialtruppen. Das Arabermädchen

Biskra treibt einen französischen Leutnant in den Wahnsinn. *Die erste Warnung* (*Första varningen*, UA 22. 1. 1893 Berlin): Eifersuchtsqualen eines Mannes, der seine Frau bereits sechsmal verlassen hat und doch nie von ihr loskommt. *Debet und Kredit* (*Debet och kredit*, UA 13. 5. 1900 Berlin): ein Forscher, der von seinen Gläubigern geplagt wird. *Vor dem Tode* (*Inför döden*, UA 22. 1. 1893 Berlin): Der bankrotte Inhaber einer Pension begeht Selbstmord, um durch die Versicherungssumme die Zukunft der Kinder zu sichern. *Mutterliebe* (*Moderskärlek*, UA 1894 auf der Tournee Messthaler): Eine Mutter, früher ein Strichmädchen, verleumdet den Vater ihrer Tochter, um das bereits erwachsene Mädchen an sich zu fesseln und jeden Kontakt zur Außenwelt zu verhindern. *Mit dem Feuer spielen* (*Leka med elden*, UA Dezember 1893 Berlin): Der Herzensbrecher Axel ist einem Seitensprung mit der Frau eines Malers nicht abgeneigt. Als er die Geliebte jedoch heiraten soll, flieht er die Verantwortung. *Das Band* (*Bandet*, UA 11. 3. 1902 Berlin bei Max Reinhardt): Beim Scheidungsprozeß kämpft der Baron gegen seine Frau um den Besitz des Sohns. Gegenseitige Haßausbrüche, Verleumdungen, Tiefschläge bis zum Meineid – Strindberg zeichnet hier den eigenen Scheidungsprozeß gegen Siri nach. Brotarbeit ist die Dramatisierung seines eigenen Romans *Die Hemsöer* (*Hemsöborna*, UA 29. 5. 1889 Stockholm).

Nach den Einaktern, die eine naturalistische Bestandsaufnahme der eigenen Situation sind – Ehekrise, Geldnot, Zukunftsangst – sucht sich Strindberg nach der »Inferno-Krise« in symbolhaften, gedankenschweren Mysterien und Traumspielen zu verwirklichen: Gottsuche, Erlösungssehnsucht, Glaubensnot, Zweifel am Sinn des Lebens stellen den Menschen in diesen Spielen vor die Zerreißprobe. Die Trilogie *Nach Damaskus* (1889, erst 1901 mit Teil III abgeschlossen), *Ein Traumspiel* (1901), *Rausch* (1899) sowie die drei Jahresfestspiele (*Advent*, 1889, *Mittsommer*, 1900, *Ostern*, 1900) sind religiös gestimmte Läuterungsspiele um Schuld und Vergebung, Tod und Erlösung. *Mittsommer* (*Midsommar*, UA 17. 4. 1901 Stockholm) ist ein Zeitstück über das Älterwerden, in dem die Freiheit der Jugend aufgegeben wird zugunsten von Pflicht, Leistung, Selbstbescheidung. *Totentanz* (1900) bringt wieder ein Ehe-Inferno von suggestiver psychologischer Charakterzeichnung.

Gleichzeitig wendet sich Strindberg erneut dem Historienstück zu. Er überträgt auf die schwedischen Herrscherfiguren der Vergangenheit die moderne Psychologie und läßt sie die eigenen persönlichen Konflikte um Schuld, Sühne, Läuterung austragen. Seine Geschichtsdramen sind ein bewußt widersprüchlicher Gegenentwurf zu zeitgenössischen Autoren wie Verner von Heidenstam (1859–1940), Erik Geijer (1783–1847), die in ihren Romanen die schwedische Nationalgeschichte als heroisch-monumentale Saga verherrlicht hatten. Strindberg nimmt sich Shakespeares Königsdramen zum Vorbild, arbeitet mit realistischen Momentaufnahmen, Massenszenen, Figuren aus dem Volk. Mit solch bilderreicher, beschreibender Chronik weist er auf Brechts episches Theater voraus. In Deutschland hat Max Reinhardt diese historischen Breitwandgemälde zum Erfolg geführt, wobei die Persönlichkeit großer Darsteller diese Figuren geprägt hat: Elisabeth Bergner als Königin Christine, Ernst Deutsch als Erich XIV., Heinrich George als Karl XII. und Rudolf Forster als Gustav III. fanden zu solch suggestiver Einheit von Person und Rolle, daß sie bisher auch ohne Nachfolger geblieben sind. Die zwölf Königs- und Regentendramen spannen den Bogen vom Mittelalter bis an die Schwelle des 19. Jahrhunderts. *Der Jarl von Bjälbo* (*Bjälbo-Jarlen*, auch unter dem Titel *Der Jarl*, UA 26. 3. 1909 Stockholm) zeigt in Jarl Birger (1250–66) den gescheiterten Helden, der im Alter seine Macht zerfallen sieht und schließlich von seinem Sohn Magnus aufs Altenteil auf die Insel Visingsö gedrängt wird. *Die Folkungersage* (*Folkungasagan*, UA 25. 1. 1901 Stockholm) ist eine breitangelegte Chronik um König Magnus Eriksson (1319–63). Zunächst ein strahlender Held, durchleidet er den Sturz: seine Mutter Ingeborg verbündet sich gegen ihn mit dem Herzog Knut Porse, sein Sohn verschwört sich gegen ihn, seine Frau Blanche verliert er an den Günstling Algotson, die Russen fallen ins Land, die Pest vernichtet sein Volk. Um für die Sünden der Väter zu büßen, erduldet der König ein Hiob-Schicksal, worin Strindberg die eigenen Erfahrungen auf den Mythos überträgt. *Engelbrecht* (*Engelbrekt*, UA 3. 12. 1901 Stockholm) ist dem schwedischen Freiheitshelden des Mittelalters gewidmet, der als Bergarbeiter 1434/36 einen Volksaufstand gegen die Vögte und König Erik XIII. anführt. *Der letzte Ritter* (*Siste riddaren*, UA 22. 1. 1909 Stockholm) schildert den Kampf des Reichsverwesers Sten Sture (1512–20) gegen den machthungrigen Erzbischof Gustav Trolle, der sich mit dem

Dänenkönig Christian verbündet hat. Die Fortsetzung dazu bringt *Der Reichsverweser* (*Riksförestandaren*, UA 31. 1. 1911 Stockholm): Trolle hat sich die Macht erobert und wird wiederum bekämpft von Gustav Eriksson, der aus dem dänischen Exil heimkehrt und 1523 als Gustav Vasa den Thron erobert. Hier schließt sich die Vasa-Trilogie an: *Meister Olof* (1872) als Jugendwerk, dann *Gustav Vasa* (UA 17. 10. 1899 Stockholm), das Charakterporträt des schwedischen Nationalhelden (1496 bis 1560), der mit der Befreiung Schwedens von der dänischen Herrschaft den Aufstieg zur Weltmacht einleitet und die Königsdynastie begründet. Durch Wortbruch schlägt er den Volksaufstand der Dalekarlier nieder, läßt den Anführer der Bauern hinrichten, setzt sich durch gegen seinen Sohn Erik, gegen den Lübecker Geldgeber Herman Israel und dessen listige Verträge, er gewinnt die Liebe des Volks zurück, sobald das Reich bedroht ist – ein zwielichtiger, aber immer hinreißender Pragmatiker der Macht und zugleich für Strindberg ein Wunschbild der eigenen Person. Den Abschluß der Trilogie bildet *Erich XIV* (UA 30. 11. 1899 Stockholm). Gustav Vasas Sohn, König Erich (1560–68), ist ein haltloser Neurotiker, der Willkür und Schrecken verbreitet, überall Verrat wittert und aus nichtigem Anlaß die Adelssippe der Sture ausrottet. Sein Gegenspieler Göran Persson übt als Mann des Volks die Regierung aus. Der russische Regisseur Jewgeni Wachtangow machte 1921 am Moskauer Künstlertheater aus dem Text eine expressionistische Version vom Triumph des Volks über eine verrottete Monarchie. *Gustav Adolf* (UA 4. 12. 1903 Stockholm) ist ein überlanges Heldenepos, das König Gustav Adolfs (1611–32) Feldzug als Stationendrama über 16 Schauplätze und mit über 60 Rollen von der Landung des Heeres auf der Insel Usedom, die Schlachten im Dreißigjährigen Krieg bis zu seinem Tod in der Schlacht von Lützen nachzeichnet. Der König zieht aus als Streiter für Toleranz und Freiheit, verstrickt sich in Machtansprüche, stirbt zuletzt zermürbt und gescheitert. Das Stück *Königin Christine* (*Kristina*, UA 27. 3. 1908 Stockholm) ist ganz auf Strindbergs dritte Frau Harriet Bosse zugeschrieben. Diese Königin (1644–54), eine faszinierende, kokette, in immer neuen Facetten brillierende Schauspielerin, probt gleichsam mit jeder Situation einen neuen unerwarteten Auftritt. Launisch und unberechenbar gegenüber ihrem früheren Günstling de la Gardie, herablassende Herrscherin vor dem Schneider Holm, hilfsbedürftig und kindlich vor dem greisen Kanzler Oxenstierna, verführerisch vor dem Spanier Pimentelli und unverstellt Liebende vor Klas Tott. Das Volk empört sich über ihre Günstlingswirtschaft, ihren Luxus, den Ehrgeiz, womit sie einen sinnlosen Krieg beginnt. Sie wird zur Abdankung gezwungen. *Karl XII.* (UA 13. 2. 1902 Stockholm) schildert das klägliche Ende des Königs (1697–1718), der durch falschen militärischen Ehrgeiz, Streben nach Weltherrschaft sein Land in den Ruin treibt. Ein Attentat räumt den gescheiterten, verlassenen Phantasten hinweg und macht den Weg frei für die Zukunft. Strindberg setzt dieses Negativbild gegen die patriotische Verherrlichung des Welteroberers Karl durch Heidenstam und dessen Stück (*Karl XII. und seine Krieger*, 1897). *Gustav III.* (1902; UA 25. 1. 1916 Stockholm): Der König (1771–92) ist ein Salonheld und schillernder Poseur, ein in die eigene Wirkung verliebter Schauspieler, der den Adel mit Hilfe der Bürger entmachten will. Die Höflinge beseitigen den König auf einem Hofball durch ein Attentat – hier hat auch Verdi den Stoff gefunden für seine Oper *Ein Maskenball.*

Zuweilen nutzt Strindberg den historischen Vorwurf auch zu romantischen Balladen: *Die Kronbraut* (*Kronbruden*, UA 24. 4. 1906 Helsinki) ist eine Volksballade um das Bauernmädchen Kersti, die heimlich ihr uneheliches Kind beseitigt, um moralisch unbescholten als »Kronbraut« vor den Traualtar zu treten, aber ihre Tat zuletzt büßt und sich im See ertränkt. *Schwanenweiß* (*Svanevit*, UA 8. 4. 1908 Helsinki) ist ein lyrisches Märchen nach dem Vorbild Maeterlincks um die Herzogstochter, die von der bösen Stiefmutter als Aschenbrödel gehalten wird und durch ihre reine Unschuld ihren toten Prinzen zu Leben und Glück erweckt.

Weitere historische Gestalten bringt Strindberg auf die Bühne: *Die Nachtigall von Wittenberg* (*Näktergalen i Wittenberg*, UA 5. 12. 1914 Berlin) verfolgt über 14 Stationen Luthers Lebensweg. Dabei ist die Kulturgeschichte der Reformationszeit breit aufgearbeitet mit Lucas Cranach, Erasmus, Hans Sachs, Ulrich von Hutten, Franz von Sickingen, Kurfürsten und Kaiser. Dr. Johannes Faust tritt immer wieder als Bote des Schicksals auf und weist Luther den Weg. Übergroße Wegbereiter der Menschheitsentwicklung stellt Strindberg ins Zentrum seiner welthistorischen Trilogie: so verfolgt *Moses* (*Genom öknar till arvland*, UA Herbst 1922 Hannover) in 21 Bildern den alttestamentlichen Zug von Ägypten ins Gelobte Land Kanaan, so bringt *Sokrates* (*Hellas*, UA Herbst 1922 Hannover) in 21 Bildern das antike Athen mit Perikles, Phidias, Euripides auf die Bühne, und *Christus* (*Lammet och vilddjuret*, UA Herbst 1922 Hannover) versucht in 15 Bildern das Leben der Jünger gegen die monströsen Gewalttäter auf dem Kaiserthron, Caligula, Claudius und Nero, zu stellen.

Einen letzten Höhepunkt in der Theaterarbeit bilden die vier Kammerspiele. Vorübergehend verfolgt Strindberg 1906/07 den Plan, in Stockholm ein eigenes Theater zu gründen, das »Intime Theater«. Dafür schreibt er die folgenden Kammerspiele – knappe, auf einen Schauplatz verdichtete Kurzdramen mit wenig Personen und überschaubarem, zugespitztem Konflikt. In *Wetterleuchten* (*Oväder*, UA 30. 12. 1907 Stockholm) hat der »Herr« mit Leidenschaften und Lebenskampf abgeschlossen. Er genießt ein ruhiges, beschauliches Pensionärsdasein. Da wird er eingeholt von der Vergangenheit und sieht, wie seine frühere Frau und seine Tochter einem vulgären Lebemann zum Opfer fallen. Aber er mischt sich nicht mehr ein und bleibt unbeteiligt. *Die Brandstätte* (*Brända tomten*, UA 5. 12. 1907 Stockholm): Der Fremdling findet nach langer Abwesenheit in USA das Elternhaus nur als Brandstelle wieder. Er geht den Ursachen nach und erkennt, daß die wohlanständige Färberfamilie Valström, der er angehört, ein Abgrund ist an Verlogenheit und Verbrechen. Sie lebten von Schmuggel, das Haus wurde eingeäschert, um sich an einem Versicherungsbetrug zu bereichern. Der Färber lenkt den Verdacht auf einen unschuldigen Studenten, da er in ihm einen Liebhaber seiner Frau vermutet. Nicht mehr um Mitleid mit den Menschen (wie im *Traumspiel*), nur noch um Strafe geht es hier – »Es ist über alle Maßen furchtbar zu leben!« ist die trostlose Erkenntnis. Ebenso sind *Die Gespenstersonate* (1907) und *Der Scheiterhaufen* (1907) beklemmend mitleidlose Enthüllungsdramen.

Zwischenzeitlich versucht sich Strindberg auch an naiven Märchenstoffen: *Glückspeters Reise* (*Lycko-Pers resa*, UA 22. 12. 1883 Stockholm) zeigt einen 15jährigen Per im Glück, der mit seinem Wunschring Macht, Reichtum und Erfolg gewinnt und dem dennoch die Liebe versagt bleibt. *Die Schlüssel zum Himmelreich* (*Himmelrikets nycklar*, 1892; UA Herbst 1926 Bad Godesberg) ist ein melancholisches Märchen vom Schmied, der umsonst den Himmel sucht, um die dazu passenden Schlüssel anzufertigen. *Kaspars Fastnacht* (auch unter dem Titel *Kasperls muntere Friedhofsreise*, UA 16. 4. 1901 Stockholm): Die Figuren eines Puppenspiels erwachen zu Lust und Liebe in einem tollen Verwirrspiel. *Abu Casems Pantoffeln* (*Abu Casems tofflor*, UA 28. 12. 1908 Gävle) ist ein Spiel in Versen nach Motiven aus *Tausendundeine Nacht*. Das fünfte Kammerspiel *Der schwarze Handschuh* (*Svarta handsken*, UA Weihnachten 1909 auf Tournee in Schweden) ist ein Weihnachtsspiel um die Bewohner eines Mietshauses. Eine hartherzige, boshafte Mutter wird durch die Entführung ihrer kleinen Tochter zur Mitmenschlichkeit erzogen. *Die große Landstraße* (*Stora landsvägen*, UA 19. 2. 1910 Stockholm) meint wieder eine allegorische Lebenswanderung. Ein Jäger zieht durch die Welt auf der Suche nach seiner verlorenen Seele, er erlebt die Natur, das Treiben der Literaten, die Begegnung mit seinen Kindern, mit dem Tod. Strindbergs letztes Stück als verschlüsselte Bilanz seines Lebens.

Bisher hat sich jede Generation aus Strindbergs vielgestaltigem, widersprüchlichem Werk neue Herausforderungen und Irritationen geholt: »Strindberg war ein Getriebener, ein Kranker, ein Narr und ein Genie – und sein Genie war es, das Getriebensein, das Kranksein und die Narrheit so einzigartig darzustellen, daß sich nicht die Krankengeschichte des Individuums August Strindberg, sondern der Zustand der Welt aus den Texten ablesen ließ und ablesen läßt« (Hans Weigel).

Der Vater

(Fadren). Trauerspiel in drei Akten
Uraufführung: 14. November 1887 in Kopenhagen
Deutsch von E. Brausewetter 1888, E. Schering 1905, W. Reich 1957, H. E. Gerlach 1971

Personen: Der Rittmeister – Laura, seine Frau – Bertha, deren Tochter – Dr. Östermark – Der Pastor, Lauras Bruder – Margret, die alte Amme des Rittmeisters – Nöjd, ein Soldat – Svärd, Diener.
Ort und Zeit: Wohnzimmer im Haus des Rittmeisters bei Stockholm, um 1887.

Der Konflikt zeichnet übersteigert Strindbergs eigene Kämpfe mit seiner ersten Ehefrau Siri nach: seine Eifersuchtsattacken gegen die Frau, die er eine »Lohnhure« nennt, die ihn für geisteskrank hält und sich die Unterstützung eines Schweizer Arztes sichert; den Streit um das Kind, Strindbergs Zweifel an der Vaterschaft. Auch der Rittmeister fühlt sich in seinem Haus »wie in einem Tigerkäfig« von weiblichen Raubtieren umstellt, die ihn zerreißen wollen: neben seiner Frau Laura noch die Schwiegermutter und seine alte Amme, für die er zeitlebens »der kleine Herr Adolf« bleibt. Laura will die Macht haben über die Menschen in ihrer Umgebung. Doch ihre Freiheit und finanzielle Existenz sind abhängig von der Position des Mannes. Um sich die Freiheit als Frau zu erobern, muß sie in dieser patriarchalischen Gesellschaft des bürgerlichen Zeitalters zu tückischen Mitteln greifen. Sie unterschlägt die Briefe ihres Mannes, um seine wissenschaftliche Arbeit als Gesteinsforscher zu behindern und ihn vom Kauf kostspieliger Fachliteratur abzuhalten. Sie streut Gerüchte aus, ihr Mann sei wahnsinnig. Sie erfindet neurotische Symptome und läßt sich von der Umwelt bedauern. Der Arzt Dr. Östermark kommt neu in die Gegend. Sogleich versichert sich Laura seines Mitleids und Beistands. Der Streit der Eheleute steigert sich, als über die Zukunft der Tochter Bertha zu entscheiden ist. Laura sieht in dem Mädchen eine geniale Künstlerin und will es zur Malerin ausbilden lassen. Der Vater will Bertha als Lehrerin versorgt wissen. Er will sie in der Stadt unterbringen, um sie den spiritistischen Experimenten der Schwiegermutter zu entziehen, die das Mädchen als Medium benutzt. Laura kann sich von der Tochter nicht trennen. Um dem Rittmeister das Vaterrecht zu entziehen, verunsichert sie ihn mit der Möglichkeit, daß Bertha, die im dritten Jahr ihrer Ehe geboren wurde, vielleicht gar nicht sein Kind sei. Im Rittmeister, der in Bertha sein Ebenbild und Vermächtnis sah, frißt von nun an der Zweifel. Er sieht sich als betrogener Ehemann. Für den Arzt sind seine Ängste nur ein weiterer Beweis für die geistige Zerrüttung. Geschickt bereitet Laura die Entmündigung vor. Der Rittmeister kündigt seiner Frau den Selbstmord an – als letztmöglichen Triumph, um ihr dadurch den Pensionsanspruch zu nehmen. Laura steigert seinen Zorn, bis er die brennende Lampe nach ihr wirft. Nun kann sie eine Bedrohung nachweisen und den Arzt mit der Zwangsjacke kommen lassen. Der Rittmeister ist nun wirklich dem Wahnsinn nahe; der Sinn seines Lebens, sein Kind, seine Ehre – alles ist ihm genommen, seit er die Untreue seiner Frau für möglich hält. Als er Bertha erschießen will, überlistet ihn die Amme, plaudert von tröstlichen Kindheitserinnerungen und steckt ihn dabei in die Zwangsjacke. Der Rittmeister bricht aus in eine große antike Klage über die naturgegebene Feindschaft zwischen Mann und Frau. Umsonst sucht er nach dem Sinn hinter seinem zerstörten Leben. Ein Schlaganfall streckt ihn nieder. Der Pastor, der das Unglück gleichmütig mitverfolgt hat und nun zum Vormund des Rittmeisters gemacht wird, bewundert die unerbittliche Härte der Frau: »Ein kleiner unschuldiger Mord, dem mit dem Gesetz nicht beizukommen ist. – Ein unbewußt begangenes Verbrechen.«

Die psychologisch eindringliche Situationsbeschreibung steigert sich unaufhaltsam zur Katastrophe. In bewundernswerter Ökonomie ist die Einheit von Zeit, Ort und Handlung erreicht. Auch diesen naturalistischen Stoff überhöht Strindberg durch mythologische Verweise: seinen Uniformrock vergleicht der Rittmeister mit der schützenden Löwenhaut des Herakles. Seine Demütigung bezieht er auf die Erniedrigung, die Herakles bei Omphale zu erdulden hat. Wörtlich zitiert er Shylocks Klage aus Shakespeares *Kaufmann von Venedig*. Beklagt Shylock seine Rolle als Jude, die ihn zum verfolgten Außenseiter macht, so sieht der Rittmeister sich in seiner Rolle als Ehemann und Vater angefeindet und von der Frauenwelt vernichtet. Die eindringlichste Aufführung der letzten Jahre verdanken wir Fritz Kortner: in München 1949 übernahm er neben der Regie auch die Titelrolle; in Hamburg 1967 inszenierte er mit Werner Hinz und Maria Wimmer in den Hauptrollen. (Reclams UB 2489.)

Fräulein Julie

(Fröken Julie). Ein naturalistisches Trauerspiel (Einakter)
Uraufführung: 14. März 1889 in Kopenhagen
Deutsch von E. Brausewetter 1889, E. Schering 1904, W. Reich 1957; H. E. Gerlach 1966, P. Weiß 1967

Personen: Fräulein Julie – Jean, Bedienter – Kristine, Köchin.
Ort und Zeit: Küche im Schloß des Grafen, Mittsommernacht.

Auch diesen Stoff entnimmt Strindberg seinem Leben: die Gräfin Frankenau, auf deren Schloß Skovlyst in Dänemark er 1888 lebte, hatte ein Verhältnis mit ihrem Gutsverwalter. Die Mittsommernacht mit ihrem ausgelassen festlichen Treiben wird dem adligen Fräulein Julie zum Verhängnis. Sie nutzt die Abwesenheit ihres Vaters, des Herrn Grafen, um sich beim Tanz in der Scheune auszutoben und über die eben gescheiterte Verlobung hinwegzutrösten. Immer wieder fordert sie den Diener Jean zum Tanz auf. Es macht ihr Spaß, den vitalen Burschen durch Koketterie zu reizen, ihn durch ein raffiniertes Wechselspiel aus Zärtlichkeit und Zurückweisung zu quälen. Julie fühlt sich so sicher geborgen in ihrer gesellschaftlichen Position, daß sie sich dies herausfordernde Spiel mit dem Feuer unbedenklich leistet. Jean wehrt zunächst ab. Er fürchtet um den Ruf des Fräuleins, hat auch seinen Stolz als Diener, der nicht Spielzeug einer herrschaftlichen Laune sein will. Julie reizt es, die Liebelei des Dieners mit der Köchin Kristine zu zerstören. Sie setzt ihn unter Alkohol. Jean erinnert sich an seine Kindheit, da er von fern das Fräulein im rosa Kleid wie einen unerreichbaren erotischen Wunschtraum angeschwärmt hat. Einst mußte er sich aus dem gräflichen Pavillon mit halsbrecherischer Flucht in Sicherheit bringen. Heute ist es das Fräulein, das aus der Küche in Jeans Kammer flüchtet, um mitten in der Nacht nicht von den zechenden Bauern überrascht zu werden. Der Diener nutzt die Gelegenheit und macht die Grafentochter zu seiner Geliebten. Danach erwartet Julie romantische Beteuerungen von Liebe und Treue, während Jean nüchtern die Zukunftsmöglichkeiten sondiert. Julie soll dem Vater das nötige Kapital entwenden und dann mit ihm fliehen. Gemeinsam könnten sie in der Schweiz ein Hotel übernehmen. Für Julie, das adlige Luxusgeschöpf, ist ein solches Leben voller Arbeit und Banalität undenkbar. Haß, Wut, Vorwürfe, Enttäuschung brechen zwischen ihnen auf. Er beschimpft sie als Hure, sie ihn als Dieb. Für Julie ist kein Platz mehr auf der Welt: zurück in ihre alte gesellschaftliche Rolle kann sie nicht mehr, und zu einer neuen, veränderten sozialen Wirklichkeit ist sie unfähig. Jean, der sich nach der Rückkehr des Grafen wieder in den beflissenen Diener verwandelt, suggeriert ihr den Selbstmord als einzig möglichen Ausweg. Er überläßt ihr sein Rasiermesser. Und Julie schneidet sich damit die Kehle durch.

Diese naturalistische Studie vollzieht sich mit der Unerbittlichkeit einer Schicksalstragödie. Strindberg zeichnet nicht nur den Konflikt zweier Menschen, die Opfer einer Situation werden, er arbeitet auch heraus, wie diese Tragödie psychologisch und gesellschaftlich bedingt ist. Der Kampf der Geschlechter ist zugleich Klassenkampf zwischen einem vitalen Aufsteiger und dem degenerierten Luxusgeschöpf. Jean hat das resolute Selbstgefühl des Proletariers, der sich der blutleeren, parasitären Adelsclique überlegen fühlt – wie Strindberg selbst als *Sohn einer Magd* gegenüber seiner adligen Ehefrau Siri von Essen. Nebenhandlungen variieren den Konflikt: Julies hochgezüchtetes Rassehündchen gerät an einen ordinären Köter und erkrankt nach dieser Liebesaffäre; Jean köpft mit dem Rasiermesser Julies Zeisig, da er auf der Flucht hinderlich ist – und bereitet damit die Schlußkatastrophe vor; er läßt sich von Kristine wie ein Pascha bedienen und imitiert die Untugenden seiner Herrschaft. So ergibt sich ein enges Geflecht dramaturgischer Verweise. Strindberg gibt dem Stück ein programmatisches Vorwort mit und entwickelt darin die Theorie des naturalistischen Dramas. In diesem Sinn sind die Figuren durch Vererbung und Umwelt geprägt. Das Stück wurde zunächst von der Zensur verboten und konnte 1889 nur als Privatvorstellung im Studentenverein gezeigt werden. Erst die Berliner Aufführung in Otto Brahms *Freier Bühne* 1892 mit Rosa Bertens und Rudolf Rittner und 1923 bei Max Reinhardt mit Elisabeth Bergner und Heinrich George sicherten den Erfolg. Berühmt wurde 1949 die Stockholmer Aufführung unter Alf Sjöberg, der das Stück 1950 mit Ulf Palme und Anita Björk auch verfilmte. Bis heute bleibt *Fräulein Julie* Strindbergs meistgespieltes Stück, das auch zur Oper (N. Rorem 1965; A. Bibalo 1975) und zum Ballett (Birgit Cullberg 1950) umgearbeitet wurde. (Reclams UB 2666.)

Nach Damaskus

(Till Damaskus). Drama in drei Teilen
Uraufführungen: I. Teil (5 Akte) 19. November 1900 in Stockholm, II. (4 Akte) und III. Teil (4 Akte) 9. Juni 1916 in München
Deutsch von E. Schering 1912, W. Reich 1957, H. E. Gerlach 1979

Hauptfiguren: Der Unbekannte – Die Dame – Der Bettler – Der Arzt – Der Konfessor – Cäsar.

Auch dieses Stück – eine großangelegte Trilogie in 34 Bildern – ist Lebensbeichte. Strindberg zeichnet ein Selbstporträt in der Figur des »Unbekannten«, der – sich selbst unbekannt und auf der Suche nach dem Sinn seiner Existenz – von Station zu Station wandert. Immer neu erfährt er Selbstzweifel, Angst, Enttäuschungen. Er kämpft um Selbstbehauptung und Freiheit gegenüber Gott und Mitwelt, er sucht den Erfolg als Schriftsteller und Forscher. Aber sein metaphysischer Gegenspieler – Strindberg spricht von den »Mächten des Unsichtbaren« – zermürbt ihn auf der Lebenswanderung durch Leiden und Strafen. Der »Unbekannte« unterwirft sich schließlich nach 34 symbolhaft überhöhten Szenen der Gnade Gottes und gibt in der Kapelle des Klosters demütig sein Leben in die Hand des Schöpfers zurück.

In Teil I sind die Schauplätze symmetrisch angeordnet: der »Unbekannte« durchläuft sieben Stationen vom Platz vor der Kirche bis zum klösterlichen Asyl und dann wieder absteigend durch alle Orte der Wiederbegegnung bis zur Kirche. Anfangs hat er sich geweigert, das Gotteshaus zu betreten, zuletzt akzeptiert er einen flüchtigen Aufenthalt: »Ich kann ja einmal hindurchgehen. Aber stehenbleiben werde ich nicht!« Der »Unbekannte« ist ein Schriftsteller, der bereits 40 Jahre vergeudet hat – ziellos wartend und sinnlose Zeichen in den Sand kritzelnd. Überall wittert er Feinde, sieht sich verfolgt als Opfer eines tückischen Systems, worin die kurzen Momente von Glück und Freude nur Fallen des Schicksals sind. Er klagt der Dame, die er erst seit ein paar Stunden kennt, wie heimatlos und entfremdet er dahinlebt. Begegnungen verstören ihn, von denen er nicht weiß, ob sie Wirklichkeit oder Ausgeburten seiner Ängste, Projektionen des Unbewußten sind: in einem philosophierenden Bettler, der aus dem Wirtshaus geworfen wird, entdeckt er sich selbst; ein gespenstischer Leichenzug zieht vorbei – der »Unbekannte« sieht in dem, der gerade beerdigt wird, sein Ebenbild. Er bestürmt die Dame, mit ihm in die Welt zu fliehen. Sie aber nimmt ihn zu sich. Sie ist mit einem Arzt verheiratet, den sie haßerfüllt Werwolf nennt. Der »Unbekannte« ist gekommen, dem Arzt die Frau zu nehmen. Schuldbewußt erkennt er in ihm einen Schulkameraden, der bereits früher unschuldig für ihn gebüßt hat. Ein Geisteskranker, der sich für Caesar hält und hier wie ein Haustier gehalten wird, versetzt den »Unbekannten« in Schrecken, denn auch in ihm erkennt er ein Zerrbild der eigenen Person: »Wer verfolgt mich? Warum kehrt alles wieder ... Leichen und Bettler und Irre und Menschenschicksale und Jugenderinnerungen?« Der »Unbekannte« flieht mit der Dame – Zwischenstationen sind ein trostloses Hotelzimmer und der Strand am Meer – zu deren Eltern ins Gebirge, er kommt in den Bergen fast um und findet im Asyl »Die gute Hilfe« Genesung. Seine Fieberphantasien und verzweifelten Selbstbezichtigungen bannt der Konfessor, ein Dominikanerpater, mit der altbiblischen Formel des Deuteronomions. Der »Unbekannte« kehrt um und versucht ein neuer Mensch zu werden. Der Bettler, in dem sich Christus verbirgt, zeigt ihm die rechte Spur: »Sie glauben nur Böses und bekommen deshalb nur Böses! Versuchen Sie jetzt einmal, Gutes zu glauben!« Der »Unbekannte« erhofft mit der Dame eine gemeinsame glückliche Zukunft. Denn endlich ist auch das langerwartete Geld vom Verlag eingetroffen. Alles scheint nur ein böser, unnötiger Angsttraum gewesen zu sein: »Es war meine eigene Dummheit oder Bosheit ... Ich wollte nicht des Lebens Narr sein, und deshalb wurde ich es!« Zögernd folgt er der Dame in die Kirche.

In Teil II treibt der Konfessor, der nun mit dem Bettler identisch ist, den »Unbekannten« in weitere Zwangslagen, um ihn zu läutern und seine Selbstherrlichkeit zu brechen. Die Ehe mit der Dame ist gescheitert in gegenseitigem Mißtrauen und Haßliebe: »Sie sollen einander quälen bis zum Kreuz ... Das Leiden ist grenzenlos wie die Gnade.« Der Mann hat sich die Frau umgeschaffen nach seinen Vorstellungen, und so ist sie zu einem bösen Zerrbild geworden. Er nennt seine Frau Ingeborg Furie. Sie ist eifersüchtig auf seinen Sohn aus erster Ehe, er fühlt sich wiederum erdrückt vom Schatten seines Vorgängers, des Werwolfs. Und die Dame macht sich einen boshaften Spaß daraus, den »Unbekannten« in die Kleider ihres ersten Mannes zu stecken. Wie in *Der Vater* unterschlägt die Frau den Briefwechsel ihres Mannes, sie isoliert ihn von der Umwelt und verhindert seine wissenschaftlichen Forschungen. Der »Unbekannte« erforscht die Elektrizität, um sich den Blitz gefügig zu machen – eine neuzeitliche Variante des Prometheus-Motivs –, er experimentiert mit Goldmacherei, um die kapitalistische Wertordnung zu zerstören: »Ich bin der Zerstörer, der Auflöser, der Weltenverbrenner, und wenn alles in Asche liegt ... habe ich das letzte Blatt in der Weltgeschichte geschrieben, die damit für abgeschlossen gelten kann.« Auf einem Festbankett soll er als der »größte Mann des Jahrhunderts« geehrt werden. Aber der ruhmvolle Augenblick verkehrt sich in die schlimmste Demütigung. Die Honoratioren und Professoren, die dem »Unbekannten« huldigen, entpuppen sich als Säufer und Landstreicher. Die Veranstaltung ist ein Hohnspiel der Saufbrüderschaft. Der »Unbekannte«, der in der öffentlichen Ehrung den Glauben an sich selbst wiederfinden wollte, sieht sich erneut getäuscht, erniedrigt, verhöhnt, vom Schicksal genarrt. »Das ist ja die göttliche Strafe. Er mußte der Lüge glauben, weil er die Wahrheit nicht haben wollte.« Da er nichts mehr zu verlieren hat, vertraut er sich dem Konfessor an und folgt ihm zum Kloster.

Teil III verfolgt den mühsamen Aufstieg des »Unbekannten« zum Berggipfel, wo ihn der Frieden des Klosters erwartet. Der Konfessor begleitet ihn und fordert die Gelübde der Demut und des Gehorsams. Noch hat der »Unbekannte« die Versuchungen des Lebens zu bestehen. Ernüchtert sieht er, daß seine Tochter Sylvia für ihn ein fremder, abweisender Mensch geworden ist. Er nimmt Abschied von der Dame, versöhnt sich endlich mit ihr und fühlt sich erlöst. Der Konfessor begründet die Haßliebe zwischen Mann und Frau als Teil des göttlichen Heilsplans: »Das Böse in ihm war zu stark, und du hast es in dich aufnehmen müssen, um ihn zu befreien. Du mußtest unter dem Bösesein alle Qualen der Hölle leiden, um seinetwillen leiden, und die Versöhnung zustande bringen!« Im Kloster findet der »Unbekannte« vor dem altersweisen Prior endlich Frieden – befreit von Schuldgefühlen und Rechtfertigungszwang. In Bruder Isidor findet er den Arzt aus Teil I wieder, dem er in der Jugend Unrecht zufügte und der ihm vergibt. In den Lebensgeschichten von Pater Uriel und Pater Clemens erkennt er die Nichtigkeit des menschlichen Wissens und Forschens. Nur der Glaube zählt hier. Pater Melcher führt ihn durch die Galerie, wo die bedeutenden Köpfe der Geschichte – ob Luther, Goethe, Napoleon oder Bismarck – jeweils zwei Köpfe tragen, die einander widersprechen. In Hegels Zusammenführung von These und Antithese finden auch die Klosterbrüder die Lösung: nicht mehr der Kampf zwischen »entweder – oder« soll gelten, sondern die Toleranz im Pluralismus von »sowohl – als auch« – »Humanität und Resignation«. Der »Unbekannte« überläßt sein altes Ich dem Tode, um ein neuer Mensch zu werden.

Wieder überhöht Strindberg die persönlichen Erfahrungen

zur Krise des modernen Menschen, der den Glauben, die Bindung an Gott verloren hat, der immer neue Standorte erprobt und um einen Sinn für sein vergängliches Leben kämpft. Strindberg wählt die Form des epischen Stationendramas, läßt Ängste, Alpträume und unbewältigte Vergangenheit durch Figuren lebendig werden und nimmt damit die therapeutische Methode des Psychoanalytikers vorweg, sich im freien Spiel von einem Trauma zu befreien. Diese im Zeitalter des naturalistischen Theaters geradezu revolutionären Neuerungen haben fortgewirkt auf das Drama des Expressionismus, des Surrealismus bis hin zum absurden Theater. Auf dem deutschen Theater wurde das sperrige Gedankendrama durch das Schauspieler-Ehepaar Helene Fehdmer und Friedrich Kayssler durchgesetzt. Problematisch blieben Versuche, alle 3 Teile zu einer einteiligen Aufführung zu verdichten (z. B. durch Hans Schweikart, München 1956). Heute wird nur noch Teil I gespielt, z. B. von Erwin Axer inszeniert mit Martin Benrath in der Hauptrolle (München 1983). (Reclams UB 9950.)

Advent *(Advent).* Ein Mysterium in fünf Akten. 1898; UA 28. 12. 1915 München. Deutsch von E. Schering 1899, W. Reich 1964. – Der Richter und seine Frau wollen am Ende des Lebens sich ein pompöses Mausoleum errichten und damit selbstgerecht der Nachwelt ihren Wert beweisen. Da werden sie durch Traumbilder und Angstvisionen aus ihrer bösen Vergangenheit eingeholt. Tod und Teufel bedrängen den Richter, die Opfer seiner Fehlurteile stehen auf gegen ihn. Die Richterin büßt ihren Hochmut durch Erfrierungstod im Sumpf. Erst in der Hölle läutert sich das Paar und darf dem Adventsstern als christlicher Verheißung folgen und das Kind in der Krippe schauen. Strindbergs Abrechnung gilt den Eltern seiner zweiten Frau Frida Uhl, die sich zu Lebzeiten ein Grabdenkmal erbauten. Er macht daraus ein Mysterienspiel um Leiden und Läuterung, Versuchung zum Bösen und Vergebung.

Rausch *(Brott och Brott).* Komödie in vier Akten. UA 26. 2. 1900 Stockholm. Deutsch von E. Schering 1899, W. Reich 1955. – Den Stoff entnimmt Strindberg eigener Erfahrung. Wie er in seiner Autobiographie *Inferno* berichtet, hatte er sich den Tod seiner Tochter Kerstin gewünscht, um sich von deren Mutter, seiner zweiten Frau Frida Uhl, zu lösen. Im Stück wünscht der Dramatiker Maurice den Tod seiner Tochter und das Ende seiner Bindung an Jeanne, um ganz der neuen Leidenschaft für die Bildhauerin Henriette zu leben. Als das Kind stirbt, gerät Maurice in den Verdacht, der Mörder zu sein. Durch den Skandal verliert er auch als Autor sein Publikum. Erst nach einer religiösen Krise verzichtet er auf beide Frauen, büßt sein Verbrechen, das er nur als Wunschtraum begangen hat, und erlebt sein Damaskus-Erlebnis der Läuterung. Strindberg, der stets die Wirklichkeit verzerrt durch seine Einbildung erlebt, stellt sich hier der »Verantwortung des bösen Willens und dem Selbstbestrafungsrecht des Individuums«. 1902 kann Max Reinhardt in Berlin Strindberg mit diesem Stück – in den Hauptrollen Emanuel Reicher und Gertrud Eysoldt – für den deutschen Sprachraum durchsetzen.

Ostern *(Påsk).* Modernes Passionsspiel in drei Akten. UA 9.3.1901 Frankfurt a.M. Deutsch von E. Schering 1901, W. Reich 1955. – Zwischen Karfreitag und Ostern spielt dieses Passionsspiel unter Kleinbürgern. Unter Zukunftsangst, Selbstverachtung, Reue ist das Leben in der Familie Heyst erstarrt. Wegen Unterschlagung von Mündelgeldern verbüßt der Vater eine Gefängnisstrafe; darüber ist die Familie zu verachteten Außenseitern geworden. Der Sohn Elis ist Lehrer, nicht aus Neigung zu diesem Beruf, sondern um für den Unterhalt der Familie aufkommen zu können. Er fürchtet den Gläubiger Lindquist, der die Schulden eintreiben und sie jederzeit aus dem Haus werfen könnte. Seine Schwester Eleonore hat krankhafte Angst, man könnte sie wegen einer Narzisse, die sie im Laden mitnahm, als Diebin verurteilen. Der Gymnasiast Benjamin fürchtet die Schule, weil er in Latein versagt hat. Alle diese Ängste steigern sich. Die Menschen hier befürchten stets das Allerschlimmste von der Umwelt und leben in düsteren Vorahnungen. Die gepeinigte Familie erfährt dann Trost im Oster-Erlebnis. Der Gläubiger Lindquist erläßt ihnen die Schulden, er übt Gnade statt Gerechtigkeit. Auch alles andere, was sie bedroht, wird ausgelöscht durch die österliche Glaubenshoffnung. In der schwermütigen Eleonore, die aus der Heilanstalt entwichen ist und als »Blumenmädchen« zur Familie zurückkehrt, um durch stellvertretendes Mitleiden »Christus im Menschen« zu verwirklichen, idealisiert Strindberg seine Schwester Elisabeth, die früh in geistiger Umnachtung starb.

Totentanz

(Dödsdansen). Drama in zwei Teilen
Uraufführungen: 29. September (Teil I), 30. September (Teil II) 1905 in Köln
Deutsch von E. Schering 1917, W. Reich 1955

Personen: Edgar, Kapitän bei der Festungsartillerie – Alice, seine Frau – Kurt, Quarantänemeister.
In Teil II außer den Genannten noch: Allan, Kurts Sohn – Judith, Edgars Tochter – Der Leutnant.

Kapitän Edgar und seine Frau Alice könnten gerade Silberne Hochzeit feiern, aber ihre Ehe ist eine Zwangsgemeinschaft aus Haß, Bösartigkeit, unaufhörlicher Quälerei. Jeder gibt dem anderen die Schuld an seinem gescheiterten Leben und will die Niederlagen dem Partner heimzahlen. Der Kapitän hat im Beruf versagt, das Lehrbuch der Gewehrlehre, das er einst verfaßt hat, ist ein längst überholter Ladenhüter. Er wurde auf eine kleine Insel abgeschoben und muß hier in einem verfallenen Turm, einem früheren Gefängnis, unwichtige Aufseherdienste tun. Alice träumt von Erfolgen als Schauspielerin, die sie durch ihre Ehe versäumt hat. Mit allen auf der Insel ist das Paar verfeindet. Von der Gesellschaft ausgestoßen, leben sie in bitterster Armut. Einzige Verbindung zur Außenwelt ist der Telegrafenapparat mit seinen Morsezeichen. Denn der Kapitän mißtraut auch dem Postfräulein. Zuweilen erhalten sie Nachricht von Sohn und Tochter, die in der Hauptstadt studieren und Geld fordern. Immer wieder fällt der Kapitän in einen Dämmerzustand, stiert vor sich hin, ist nicht mehr ansprechbar – höhnisch und schadenfroh verfolgt seine Frau jedes Anzeichen des nahenden Tods, der sie endlich frei machen würde: »Jetzt kann nur der Tod uns trennen; das wissen wir, und darum warten wir auf ihn als den Befreier.«

Kurt, der Vetter der Frau, wurde als Quarantänemeister hierherversetzt. Nach seiner gescheiterten Ehe hat er viele Jahre in Amerika verbracht. Er will nur zu einem Höflichkeitsbesuch vorbeikommen, doch das Paar stürzt sich auf ihn wie auf eine Beute. Gleich wird er zum Zankapfel zwischen ihnen. Jeder will ihn als Bundesgenossen vereinnahmen gegen den anderen. Kurt ist entsetzt: »Was geschieht hier? Es riecht wie giftige Tapeten, und man wird krank, wenn man nur hereinkommt... Es liegt eine Leiche unter dem Fußboden; und hier wird so gehaßt, daß es schwer ist, zu atmen.« Alice hat nicht das Geringste im armseligen Haushalt, was sie dem Gast anbieten könnte. Dafür spielt sie auf dem Klavier den *Einzug der Bojaren* und verleitet damit ihren Mann zu einem besessenen Tanz. Halbtot vor Erschöpfung bricht er danach zusammen. Der Arzt, mit dem Edgar – wie mit allen anderen – verfeindet ist, weigert sich zu kommen. Edgar erfaßt Panik vor dem Tod. Alice sieht in ihrem Mann einen Menschenfresser, einen Vampir: »[...] in fremde Geschicke eingreifen, aus fremder Existenz Interesse saugen, für Fremde bestimmen und anordnen, da sein eigenes Leben ihm absolut interesselos ist.« Mit letzter Kraft schleppt sich der Kapitän am anderen Morgen in lächerlich altmodischer Paradeuniform aufs Festland und setzt seine letzten Teufeleien gegen die anderen ins Werk. Er veranlaßt, daß Kurts Sohn Allan aus dessen geschiedener Ehe auf die Insel versetzt und dem Kapitän unterstellt – also mit ins Inferno hineingezogen wird. Und er zerreißt sein Testament und beantragt die Scheidung von Alice, damit er seine Frau nach 25 Jahren endlich hinauswerfen kann.

Erst ganz zum Schluß stellt sich heraus, daß dies nur Erfindungen des Alten sind, Finten, um seine Frau zu quälen. Alice wehrt sich und will ihren Mann endgültig vernichten – sie droht, ihn wegen eines Mordversuchs und Unterschlagungen ins Zuchthaus zu bringen. Um Edgar zu treffen, macht sie Kurt zu ihrem Liebhaber. Und der Quarantänemeister, der anfangs voller Menschlichkeit und Mitleid bemüht war, zu verstehen und zu vermitteln, wird immer tiefer hineingezogen in den Sog der Zerstörung: »Du hast das wilde Tier in mir geweckt ... ich fühle die ganze Kraft des Bösen; das Häßliche wird schön, das Gute wird häßlich und schwach!« Als er erkennt, daß er stets nur Waffe ist im Duell der Ehepartner, verläßt er sie. Erschöpft von den Kämpfen und ratlos bleiben sie in ihrer Einsamkeit: »Dies sind die ewigen Qualen! Gibt es denn kein Ende? ... Vielleicht wenn der Tod kommt, beginnt das Leben! ... Durchstreichen und weitergehen! – Also: laß uns weitergehen!«

Das Stück – um 1900 entstanden, heute das meistgespielte von Strindberg – ist in seinen Ekstasen der Verzweiflung, seinem nihilistischen Leidensdruck von größtem Einfluß auf das moderne Theater. Bereits zur Jahrhundertwende wagt es die Grenzüberschreitung von der realistischen Darstellung hin zur wahnwitzigen Groteske, zum Theater des Absurden – lange vor Sartres existentialistischer Erkenntnis, daß die Hölle des Menschen seine Mitmenschen sind. Die Isolation von Menschen, die einander ausgeliefert sind, die nur noch in Haß und Selbstzerstörung sich verwirklichen können, begegnet wieder in den Stücken von O'Neill, Albee (*Wer hat Angst vor Virginia Woolf?*), Thomas Bernhard, Dürrenmatt, der eine stilisierte Neufassung vorlegt: *Play Strindberg* (1969). Die Wiederholungszwänge und leitmotivisch eingesetzten Sprachklischees, worin sich der tägliche Leerlauf ausdrückt, die Flucht ins Rollenspiel haben sichtlich Ionesco und Beckett beeinflußt. Schon Strindberg sieht seine Figuren anti-illusionistisch: gespenstisch ins Monströse verzerrt, in den Alptraum getrieben – der Bereich des Wirklichen ist durchbrochen.

1905 bringt Strindberg noch einen zweiten Teil als Fortsetzung auf die Bühne, der heute kaum noch gespielt wird: Zwischen Kurts Sohn Allan und Judith, der Tochter des inzwischen pensionierten Kapitäns, spielt eine romantische Liebesgeschichte. Sie wird vom Kapitän zerstört, der Kurt durch eine Intrige in den Bankrott treibt, Allan in ein verlassenes Nest im hohen Norden versetzt und Judith mit einem alten Oberst verheiraten will. Die Tochter hat den unbändigen Willen des Vaters geerbt. Sie lehnt sich auf, düpiert den Oberst und folgt Allan. Über dieser Eigenmächtigkeit trifft Edgar der Schlag. Der Regisseur Rudolf Noelte hat 1971 unter dem Titel *Todestanz* (das entspricht dem schwedischen Original *Dödsdansen*) eine dramaturgische Neufassung aus beiden Teilen erarbeitet und am Berliner Schillertheater aufgeführt. Bis heute ist der erste Teil auch als Schauspielerstück eine Bewährungsprobe für große Charakterdarsteller. (Reclams UB 8860.)

Ein Traumspiel

(Ett drömspel). Dramatisch-lyrische Phantasie
(Drei Akte mit einem Vorspiel)
Uraufführung: 17. April 1907 in Stockholm
Deutsch von E. Schering 1903, W. Reich 1955, P. Weiß 1963

Hauptfiguren: Indras Tochter – Der Offizier – Der Vater – Die Mutter – Der Zettelankleber – Die Pförtnerin – Der Glasermeister – Der Advokat – Der Dichter – Der Magister – Der Quarantänemeister – Der Blinde – Der Lordkanzler und die Dekane der vier Fakultäten.

Strindberg definiert den Stil seines *Traumspiels*: »Alles kann geschehen, alles ist möglich und wahrscheinlich. Die Gesetze von Raum und Zeit sind aufgehoben ... ein Gemisch von Erinnerungen, Erlebnissen, freien Erfindungen, Ungereimtheiten und Improvisationen. Personen spalten sich, verdoppeln sich, vertreten einander, gehen in Luft auf, verdichten sich, zerfließen, treten wieder zusammen. Aber ein Bewußtsein steht über allem: das des Träumers. Für dieses gibt es keine Geheimnisse, keine Inkonsequenz, keine Skrupel, kein Gesetz.«

Indras Tochter verläßt aus Mitleid mit den Menschen ihre göttliche Sphäre, sie steigt herab auf die Erde als Trost und Verheißung für die Welt. Sie will die Ursachen des menschlichen Leids selbst erfahren und mischt sich unerkannt unter die Menschen. Vor dem Theatereingang hockt die alte Pförtnerin, bei der all die Vorübergehenden ihre Sorgen abladen, und häkelt an einer Sternendecke – eine Variation der Parzen. Indras Tochter, die sich nun Agnes nennt, tauscht mit ihr den Platz und verfolgt voller Mitleid, wie die Menschen um sie her scheitern: Eine Sängerin erfährt, daß ihr Engagement nicht verlängert wird. Immer schon hat sich der Zettelankleber ein grünes Fischnetz gewünscht – da sein Lebenstraum nun erfüllt wurde, ist er enttäuscht. Die Illusion hat ihn betrogen. Der Offizier wartet mit einem Rosenstrauß vor der Bühnenpforte auf die Sängerin Viktoria. Er hat bereits die Hochzeitstafel bestellt. Aber die Jahre vergehen, die Geliebte verläßt niemals das Theater. Er vertut sein Leben sinnlos mit Warten. Zuletzt ist er ein zerlumpter Greis, der immer noch die Stiele der längst verwelkten Blumen in der Hand hält. Agnes schenkt einem

Advokaten ihre Liebe, da er der Ärmste, Häßlichste unter den Menschen ist. Denn er ist von all dem Haß, den Verbrechen und Gemeinheiten gezeichnet, die er täglich von seinen Klienten übertragen bekommt. Ihre Ehe scheitert am täglichen Elend, an Armut, Schmutz, schlechtem Essen. Agnes verläßt Mann und Kind, um dem Offizier zu folgen. Sie sieht das Elend der Menschen am »Strand der Schande«, wo der Quarantänemeister über Krüppel und Pestkranke herrscht. An der Seite des Dichters erfreut sich Agnes in Fingals Höhle am Frieden der Natur. Und sie erkennt, daß die Schönheit des Meers nur ablenkt von der Verzweiflung, Not und sozialen Ungerechtigkeit unter den Menschen. Sobald sie Widerspruch anmeldet gegen die Zustände, wird sie von der Obrigkeit – Universitätskanzler und die Dekane der vier Fakultäten verkörpern die Institutionen – verdächtigt und verhöhnt. Man will sie steinigen und kreuzigen. Indras Tochter leidet daran, daß sie auch selbst in dieser Welt schuldig geworden ist. Sie hat ihr Kind und den Advokaten aufgeopfert, um ihre Mission zu erfüllen. Sie geht zurück ins pflanzenhaft wachsende Schloß, von dem aus sie die irdische Wanderung begann. Es geht in Flammen auf, und die Menschen werfen symbolisch ihre Not ins Feuer: der Offizier seinen verdorrten Rosenstrauß, die Pförtnerin ihren Schal, der Advokat seine Protokolle. Durch die Flammen gereinigt und erlöst, kehrt die Tochter zurück zum göttlichen Vater, und das Schloß verwandelt sich in die Riesenblüte einer Chrysantheme.

»Eine Bittschrift der Menschheit an den Herrscher der Welt, verfaßt von einem Träumer« – so definiert der Dichter diese Szenen von Indras Tochter. Die Welt ist voll von Leid und Verzweiflung. Die Abgesandte des Himmels vermag nicht zu helfen, nur zu klagen: »Es ist schade um den Menschen.« Die Erfahrung der Sinnlosigkeit, des Elends, der banalen Wiederholungszwänge im Leben, das menschliche Dasein als Leidensweg – das wird hier in jeder Situation neu vorgeführt. Die schwärmerische Begeisterung für die junge Schauspielerin Harriet Bosse, die seine dritte Frau wird, führt Strindberg zur idealisierten, von Mitleid getriebenen Mädchenfigur der Agnes – die Frau als himmlisches Wesen, als Vorbotin der Erlösung. Die Welt ist Schein, ist Traumbild und Phantom – hier läßt sich der Dichter von der indischen Religionswelt, aber auch von Schopenhauer anregen: »Lese über die Lehren der indischen Religion. Die ganze Welt nur Schein ... Die göttliche Urkraft ... ließ sich von Maja oder dem Zeugungstrieb verführen. Dadurch versündigte sich der göttliche Urstoff gegen sich selbst (Liebe ist Sünde; deshalb ist Liebesqual die größte Hölle, die es gibt). Die Welt besteht somit nur auf Grund einer Sünde, wenn sie überhaupt besteht – denn sie ist nur ein Traumbild (deshalb mein Traumspiel ein Bild des Lebens), ein Phantom, dessen Vernichtung die Aufgabe der Askese ist.« Diese Tagebuchnotiz vom 18. 11. 1901 ist bezeichnend dafür, wie es Strindberg versteht, seine intimsten persönlichen Konflikte zu einer Privatmythologie mit dem Anspruch auf Allgemeingültigkeit zu überhöhen. Die drei Gegenfiguren der Tochter – Offizier, Advokat und Dichter – sind wieder Selbstporträts Strindbergs.

Nahezu gleichzeitig mit der wissenschaftlichen Erforschung des Traums durch Sigmund Freud macht Strindberg die Kräfte des Unterbewußtseins zur Struktur seines Spiels. Die Dramaturgie der gleitenden Übergänge, die Kurzszenen, die sich überlagern, die zeit- und ortlos bleiben, die verschwimmende Vieldeutigkeit dieser Parabelbilder war bahnbrechend für die moderne Literatur – von Kafka bis zu Beckett und Ionesco, vom deutschen Expressionismus bis zum amerikanischen Psychodrama eines Tennessee Williams *(Camino Real)* und Edward Albee *(Winzige Alice)*. Das allegorische Thema des Engels, der herabsteigt auf die Erde und zum Prüfstein wird für die Menschen, hat Friedrich Dürrenmatt in *Ein Engel kommt nach Babylon* (1953) wieder aufgegriffen.

Auch dieses Stück hat Max Reinhardt zuerst in Berlin und dann auf Gastspielen in Skandinavien zum Erfolg geführt – durch seine suggestive, poetische Stimmungsmalerei und die großen Schauspielerleistungen von Helene Thimig, Eugen Klöpfer, Werner Krauss. Das heutige Theater, das angesichts der Not des Menschen nach den gesellschaftlichen Ursachen fragt, verweigert sich weitgehend Strindbergs poetischen Visionen, seiner unkritischen, nur lyrischen Klage. Ingmar Bergman erarbeitete zwei Inszenierungen (Stockholm 1970, München 1977): Bei ihm rollt das Stück ab als Strindbergs eigener Verzweiflungstraum – stets ist der Dichter am Schreibtisch gegenwärtig und mischt sich unter die Ausgeburten seiner Ängste. Oscar Fritz Schuh bot eine auf die Archetypen von C. G. Jung gegründete Interpretation: 1955 in Berlin mit Maria Wimmer, 1963 in Hamburg mit Joana Maria Gorwin als Tochter. (Reclams UB 6017.)

Gespenstersonate

(*Spöksonaten*, 3 Akte). Ein Kammerspiel
Uraufführung: 21. Januar 1908 in Stockholm
Deutsch von E. Schering 1908, W. Reich 1955, H. E. Gerlach 1969

Personen: Student – Der Alte – Milchmädchen – Pförtnerin – Fräulein – Oberst – Die Alte – Der Tote – Johannsson – Der vornehme Herr – Die Dame – Das Dienstmädchen – Bengtsson – Mumie – Braut – Köchin.

Alle Figuren sind Zerrbilder ihrer bösen Vergangenheit: Der alte Jakob Hummel nennt sich Direktor und beherrscht von seinem Rollstuhl aus die Welt – ein bedrohlicher Drahtzieher, der mit Andeutungen, Versprechungen, Drohungen alle Menschen zu Marionetten seines Spiels macht. Den Studenten Arkenholz spricht er auf der Straße an, gibt sich zu erkennen als Feind und zugleich Wohltäter seines verstorbenen Vaters. Hummel lenkt die Schwärmerei des jungen Mannes auf das Fräulein Adele, verhilft ihm zu einer Einladung bei dessen Vater, dem Oberst, zum alljährlichen Gespenster-Souper. Hier werden alle diese durch Haß und Schuld aufeinander fixierten Menschen zusammengeführt zur letzten Abrechnung: »Verfehlungen, Geheimnisse und Verbrechen binden uns ja! Wir haben miteinander gebrochen, wir haben uns entzweit, aber immer wieder werden wir zusammengetrieben ...« Einst hatte der Oberst Hummels Braut verführt. Und Hummel hat wiederum der Frau des Obersts ein Kind gemacht. Es ist nun herangewachsen zum Fräulein Adele aus dem Hyazinthenzimmer. Unrettbar siecht sie unter dem erstickenden Duft der Blumen dahin. Ihre Mutter hat sich unter dem Druck der Schuld in eine Mumie verwandelt: sie versteckt sich vor der Welt im Wandschrank und krächzt wie ein Papagei. Hummel treibt seine Rache weiter: durch Wechselschulden ist der Oberst ihm ausgeliefert. Er nimmt dem Offizier Namen und Ehre, da er sowohl den militärischen Rang als auch sein Adelswappen als Betrug entlarvt und ihn als ehemaligen Diener bloßstellt. Hummel hat sich alle gefügig gemacht. Er will nun seine Tochter dem Studenten geben, der als einziger in dieser Welt eine gute Tat bewirkt und ein Kind bei einem Hauseinsturz gerettet hat. Der Jugend soll eine bessere, unbelastete Zukunft gehören. Aber da erhebt sich die Mumie und erinnert Hummel an das Milchmädchen, dessen Tod er einst verschuldet hat, erinnert an seine Verbrechen als Wucherer. Sie zwingt ihren früheren Liebhaber, im Wandschrank ihren Platz einzunehmen und sich darin zu erhängen. Der Student bekennt dem Fräulein seine Liebe, aber sein Traum vom Glück erweist sich in dieser verstörten Welt als Trug. Das Fräulein sieht sich von dem fetten Monstrum einer Köchin bedroht, die nur Speisen ohne Nährwert auftischt und die Familie im Auftrag Hummels unmerklich aushungert. Die Dienstboten helfen nicht, sondern erschöpfen das Fräulein durch zusätzliche Arbeit. Überall Mühsal, Tücke, Leiden, die als unabänderliche Prüfung hingenommen werden. In dieser Welt aus Banalität und Verbrechen ist der Tod eine Erlösung. Das Fräulein stirbt, und Arnold Böcklins Bild von der »Toteninsel« erscheint als Schlußtableau.

Strindberg setzt wieder die dramaturgische Technik des Traumspiels ein: Figuren – wie das längst verstorbene Milchmädchen – erscheinen, nur für einzelne sichtbar. Gespräche werden unhörbar für die Zuschauer, verlagern sich in eine andere Dimension. Strindbergs Dramaturgie, die Figuren nur als Funktion und Symbol auftreten zu lassen – der Alte, die Braut, der Tote –, wird vom Drama des Expressionismus übernommen. Alles, was in diesem Stück geschieht, erweist sich als Trug und Illusion. Als lichte Idylle beginnt das Spiel: Ein friedlicher Sonntagmorgen mit Glockengeläut, plätschernden Springbrunnen, bunten Blumen. Nach und nach verdüstern Gespenster und Vampire die schöne Welt. Die Offiziersfamilie, zunächst ein Beispiel an Wohlstand, Bildung, Harmonie, entlarvt sich als Schlangengrube: erschwindelte Rollen, gefälschte Existenzen. Die Figuren verkörpern ein grelles Melodram aus Rache und Leidenschaft, sind aber zugleich allegorische Zeichen, Todesbilder, Traumsymbole, Verschlüsselungen, suggestives Spiel mit dem Absurden – »schauderhaft wie das Leben selbst«, nennt Strindberg diesen Alptraum, der Kafka, Beckett, Ionesco vorwegnimmt. Die Regisseure des Impressionismus wie Max Reinhardt (in Berlin 1916 mit Paul Wegener als Hummel, Gertrud Eysoldt als Mumie) und Otto Falckenberg (München 1915) brachten das Werk zu suggestiv irrlichternder Wirkung, magische Düsternis wie in den Bildern von Edvard Munch. Heute wird das Stück nur noch selten auf das Theater gebracht: von Hans Bauer (Köln 1955), Ingmar Bergman (Stockholm 1955 mit Naima Wifstrand als Mumie). Hans Neuenfels erprobte den

Text als wüstes, grelles Horror-Spektakel (Stuttgart 1971). (Reclams UB 8316.)

Der Scheiterhaufen, auch unter dem Titel Der Pelikan *(Pelikanen).* Kammerspiel. UA 26. 11. 1907 Stockholm. Deutsch von E. Schering 1908, W. Reich 1957, H. E. Gerlach 1969. – Strindbergs Abrechnung mit seiner Schwester Anna schafft hier das haßerfüllte, hexenhafte Zerrbild einer Frauengestalt. Die Mutter hat das Haushaltsgeld unterschlagen, läßt die Kinder hungern, betrügt den Vater mit dem Leutnant Axel, den sie mit ihrer Tochter verheiratet. Der Sohn hat nur noch Abscheu gegen dieses Leben. Er legt Feuer ans Haus und verschuldet den Tod der Mutter. Auch die Geschwister kommen um – der Tod ist eine Erlösung. (Reclams UB 8316.)

KNUT HAMSUN

* 4. August 1859 in Lom/Gudbrandsdal (Norwegen)
† 19. Februar 1952 in Nørholm b. Grimstadt (Norwegen)

Knud Pedersen, Sohn eines kleinen Schneiders, kommt 1863 mit der Familie nach Hamarøy am Hamsund ins Nordland. Hamsund wählt der junge Pedersen auch als Schriftstellernamen – ein Druckfehler macht daraus zufällig Hamsun. Da sechs Geschwister im Haus sind, wächst Knud bei seinem Onkel Hans Olsen auf, einem hartherzigen, bigotten Pfarrer. In vielen Gelegenheitsjobs als Gehilfe im Kramladen, Hütejunge, Schusterlehrling, Hausierer, Schullehrer tätig. Seit 1877 schreibt er Geschichten für die Zeitung. 1882–84 und 1886–88 in den USA: als Straßenarbeiter, Tramp, Arbeiter auf den Weizenfeldern, Kabeljaufischer auf Neufundland, Straßenbahnschaffner, Handlungsgehilfe führt Hamsun ein entbehrungsvolles, abenteuerliches Leben. Die ungeschminkte Schilderung dieser Elendsjahre im Roman »Hunger« (1890) bringt ihm den ersten literarischen Ruhm. 1893–96 in Paris, wo er Kontakt hat mit Paul Gauguin, Edvard Munch, August Strindberg. 1898/99 Reise durch Finnland, Rußland, Persien, Türkei. 1898 heiratet er Bergljot Bech, die Frau eines österreichischen Konsuls, 1906 Scheidung (Tochter Victoria). 1909 heiratet er die 22 Jahre jüngere Schauspielerin

Marie Andersen, die als Marie Hamsun eine Kinderbuchautorin von Rang wird: »Die Langerud-Kinder«. Dieser zweiten Ehe entstammen vier Kinder. Seit 1918 lebt er mit seiner Familie auf dem Gut Nørholm, das er selbst bewirtschaftet. 1920 Nobelpreis für Literatur. Seine Vorliebe für Deutschland und die deutsche Literatur – der deutsche Verleger Albert Langen hatte Hamsuns Romane weltweit durchgesetzt – machen den Schriftsteller zu einem Parteigänger Hitlers und Quislings, 81jährig und fast taub vermag er die politische Tragweite seiner Sympathien nicht zu überschauen. Seit seiner Jugend hatte Hamsun eine auf bitteren Erfahrungen gegründete Abneigung gegen Amerika. Bereits 1889 hat er in einer Streitschrift mit der »seelenlosen« Massengesellschaft der USA abgerechnet. Sein konservatives Ideal vom erdverbundenen, bäuerlichen Helden, der sich im Kampf mit der Umwelt durchsetzt oder heroisch untergeht, ließ sich durchaus für die faschistische Ideologie vereinnahmen. Nach 1945 wird er in einer psychiatrischen Anstalt interniert und wegen Landesverrats vor Gericht gestellt. Hamsuns Vermögen und Tantiemen werden vom Staat eingezogen. Er stirbt mit fast 93 Jahren auf seinem Hof Nørholm. Tankred Dorst hat in seinem Stück »Eiszeit« Hamsuns Alterstragödie um die politische Verantwortlichkeit des Schriftstellers behandelt.

Hamsun ist einer der großen Erzähler der Weltliteratur, unerschöpflich im Erfinden von Figuren und Konflikten, im Schildern von Landschaft. Er entwickelt moderne und doch zeitlose Mythen um Segen und Fluch der Erde, um Leidenschaft und Not. Schon früh prangert er die Verwüstungen an, die Zivilisation und Technik an der Natur anrichten, und singt das Preislied auf ein kreatürliches, eigentlich geschichtsloses Dasein. Hamsuns Theaterarbeit nimmt sich bei sechs Stücken, die mit einer Ausnahme in einem knappen Jahrzehnt 1895–1906 entstehen, klein aus gegenüber dem epischen Lebenswerk. Zeitlebens steht er dem Theater skeptisch gegenüber.

Seine Stücke handeln wie viele Romane von Außenseiterexistenzen wie Kareno, starke Abenteurernaturen wie die Königsjuliane oder Munken Vendt. Sie alle entfalten sich eher episch als in einem dramatisch zugespitzten Konflikt. Wenn Hamsun von sich sagt: »Ich weiß leider, daß ich starke Gefühle habe und mich ihnen immer ungeteilt hingebe«, so gilt dies auch für seine Bühnenfiguren. Die Kareno-Trilogie knüpft zwar an Ibsens

Enthüllungsdramaturgie und deren kritische Entlarvung der Lebenslüge an, versucht aber symbolistisch überhöht eine ganze Lebenswanderung einzufangen. 1902 erscheint das Versdrama in 8 Akten *Munken Vendt* (deutsch von G. J. Klett 1904, P. Schwenzen 1934; UA 1926 in Heidelberg mit Heinrich George): eine Ballade um Liebe und Tod zwischen dem wilden Abenteurer Vendt, dem unehelichen Sohn einer Magd, und der reichen Bauerstochter Iselin, die einem andern Mann gehört. Das ist eine poetisch stimmungsstarke, epische Fabel um Hamsuns Themen Natur, Leidenschaft, Schicksal, die deutlich *Peer Gynt* zum Vorbild hat. *Königin Tamara* (*Dronning Tamara*, UA 1904 in Christiania) führt in ein wildes Kaukasien um 1200. Die Königin zwingt ihren Mann und Prinzregenten Georgi, Oberhaupt der Feinde zu werden und gegen Tamara Feldzüge zu führen, bis er seine Selbstbehauptung als Mann durchsetzt. Das ergibt ein exotisches Heldendrama mit viel Edelmut und Pathos, ganz im Geschmack der Jahrhundertwende. Auch *Vom Teufel geholt* (1910) bietet wirkungssicheres Theater, das wegen seiner Bravourrolle beliebt war.

Kareno-Trilogie

Im Mittelpunkt der drei Stücke *An des Reiches Pforten*, *Spiel des Lebens* und *Abendröte* steht Ivar Kareno, der als radikaler Gesellschaftsveränderer beginnt, doch opportunistisch angepaßt endet. Diese Haltung zielt satirisch auf Hamsuns Autorkollegen Björnstjerne Björnson (1832–1910), der seine Schriftstellerei stets mit viel Enthusiasmus in den Dienst der gerade aktuellen Zeitfragen gestellt hat. Kareno fühlt sich im Sinne Nietzsches als Ausnahmemensch, als verkannter aristokratischer Außenseiter, der seine Herrenmoral der Mitwelt aufzwingen will. Er ist ein Möchtegern-Genie und politischer Don Quixote, der an der Wirklichkeit strandet und sich dabei selbst als »Prinz Vogelfrei« verklärt.

An des Reiches Pforten *(Ved Rigets Port).* Schauspiel in vier Aufzügen. UA 28. 10. 1896 Kristiania. Deutsch von M. Herzfeld 1895. – Kareno, Kandidat der Philosophie, kämpft eifernd gegen die gerade herrschenden Ideale seiner Zeit – den Liberalismus, den Glauben an den sozialen und humanitären

Fortschritt. Er lehnt die Methoden der positivistischen Wissenschaft ab, erfaßt alles intuitiv. Sein Besitz wird gepfändet, seine Frau Elina geht mit Endre Bondesen durch, einem journalistischen Blender. Karenos Studienfreund Carsten Jerven macht als Opportunist Karriere. Doch je bedrängter für Kareno die reale Situation wird, um so verbissener fühlt er sich als Prophet und Vorkämpfer der wahren Lehre verkannt.

Spiel des Lebens *(Livets Spil).* Schauspiel in vier Aufzügen. UA 4. 12. 1896 Kristiania. Deutsch von Ch. Morgenstern 1910. – Zehn Jahre später wirkt Kareno auf dem Gut des Kaufmanns Oterman. Er hat sich hier im hohen Norden einen gläsernen Turm errichtet, experimentiert mit Lichtbrechungen, verfolgt weiter seine extreme Philosophie. Otermans Tochter Teresita erprobt an allen hier in der Einsamkeit lebenden Männern ihre Verführungskünste: an Ingenieur Brede, am Telegraphenbeamten Jens Spir, den das durchtriebene Spiel um Liebe und Eifersucht fast in den Selbstmord treibt, und an Kareno. Der abweisend nur seiner Forschung lebende Außenseiter fordert Teresitas Koketterie besonders heraus. Sobald er Feuer fängt – sinnbildlich geht auch der Turm mit all seinen Manuskripten in Feuer auf –, stößt ihn das Mädchen zurück und weidet sich an seiner Verzweiflung. Teresita wird durch eine verirrte Pistolenkugel getötet – wieder sinnbildlich ist ein geheimnisvoller Greis hierfür die Ursache, der den Spitznamen »Gerechtigkeit« trägt. Vater Oterman verliert den Verstand, da eine Gruppe windiger Geschäftemacher ihn um seinen wertvollen Marmorsteinbruch betrogen hat. Kareno findet wieder zu seiner Frau Elina zurück und hofft auf einen neuen Anfang. Hamsun, der hier eine Parabel des Mannes zwischen Idee und Natur, Geist und Leidenschaft zu schreiben versucht, befrachtet sein Stück allzusehr mit Symbolen.

Abendröte *(Aftenrøde).* Schauspiel in drei Aufzügen. UA 10. 10. 1898 Kristiania. Deutsch von Ch. Morgenstern. – Wieder zehn Jahre später steht Kareno 50jährig an der Schwelle des Alters. Nach wie vor ist er arm und erfolglos, aber für eine Gruppe junger politischer Enthusiasten mit seinen Sprüchen und Polemiken die radikale Vaterfigur. Insgeheim zweifelt er bereits selbst am Sinn seiner eifernden, aber tatenlos bleibenden Tiraden. Der Journalist Bodensen lockt ihn mit dem Angebot einer

Kandidatur für den Reichstag ins bürgerlich-liberale Lager, das Kareno bisher so erbittert bekämpft hat. Bodensen, der auch der wahre Vater von Karenos Tochter Sara ist, verhilft Kareno nun zu einem satten, spießbürgerlichen Lebensabend. Und mit einiger Selbstverachtung muß sich der bekehrte Gesellschaftsverweigerer eingestehen, daß Anpassung und Selbstaufgabe das vorgezeichnete Ende für allen jugendlichen Idealismus sind.

Vom Teufel geholt *(Livet ivold)*. Schauspiel in vier Akten. UA 16. 11. 1910 Kristiania. Deutsch von C. Morburger 1911. – Zwischen Groteske und Tragik läßt Hamsun die psychologische Studie einer alternden Frau abrollen. Die Gier nach Lust, nach Leben, Liebe, Jugend reißt Frau Gihle, die einst als »Königsjuliane« ein Star des Varietés war, sogar zum Mordversuch hin. Ausgelassen feiert sie den Geburtstag ihres senilen Ehemanns und umgibt sich mit ihren Anbetern: Ihr früherer Liebhaber Peter Bast ist als reicher exotischer Nabob aus Argentinien heimgekehrt und hat im Korb eine giftige Kobra mitgebracht. Julianes derzeitiger Liebhaber Alexander Blumenschön will überwechseln zur jungen Fanny Norman. Die Königsjuliane möchte die Rivalin beseitigen und preßt in hinterhältigem Überraschungsangriff die Hände des Mädchens in den Korb mit der Schlange. Bast rettet Fanny und wird dabei selbst tödlich gebissen. Juliane verfällt dem farbigen Diener, da sie nun mal ganz ohne Liebhaber nicht leben kann. Dieses effektvolle Melodram hat Max Reinhardt 1914 mit Gertrud Eysoldt und Alexander Moissi zum Erfolg geführt und 1929 mit Lucie Höflich wiederaufgenommen. Später fanden Käthe Dorsch und Maria Becker darin eine Bravourrolle.

GERHART HAUPTMANN

* 15. November 1862 in Obersalzbrunn (Schlesien)
† 6. Juni 1946 in Agnetendorf (Riesengebirge)

Er wird als viertes Kind des Hoteliers Robert Hauptmann geboren, der 1877 mit seinem Kurhotel »Preußische Krone« in Obersalzbrunn Pleite macht und darauf die Bahnhofswirtschaft in Sorgau übernimmt. Nach der Realschule versucht sich Haupt-

mann 1879 als Landwirtschaftseleve, dann 1880/82 als angehender Bildhauer auf der Kunstschule in Breslau. 1884 in einer Zeichenklasse in Dresden. 1882/83 Universitätsstudium in Jena, 1883/84 als Kunststudent in Rom. 1885 Heirat mit Marie Thienemann und erste Buchveröffentlichung: »Promethidenlos«. 1889 wird er mit der umstrittenen Uraufführung »Vor Sonnenaufgang« zum Wortführer der Naturalisten, 1893 setzt er sich mit »Die Weber« endgültig als Autor durch und wird in den folgenden Jahrzehnten zum erfolgreichsten, mit Ehrungen überhäuften Repräsentanten der deutschen Literatur. Reisen nach Amerika (1894, 1932), nach Griechenland (1907). Seit 1901 lebt Hauptmann in seinem Haus »Wiesenstein« in Agnetendorf, daneben Wohnsitze in Kloster auf der Insel Hiddensee und in Rapallo. In zweiter Ehe heiratet er 1904 Margarete Marschalk. Nach Kriegsende wird von den polnischen Behörden Hauptmanns Ausweisung aus Agnetendorf angeordnet – der Tod kommt dem zuvor. Am 6. Juni 1946 stirbt Hauptmann mit 84 Jahren – »Bin ich noch in meinem Haus?« ist sein letztes Wort. In einer Franziskanerkutte wird er auf der Insel Hiddensee beigesetzt.

In 46 abgeschlossenen Theaterstücken hat Hauptmann eine Überfülle an Gestalten und Themen ausgebreitet, ein Werk, das man dem Umfang nach mit dem Goethes und Shakespeares verglichen hat. Stark und von seltener Unmittelbarkeit ist Hauptmanns schöpferische Kraft, Figuren zu erfassen, sie in Tonfall und Erscheinung lebenswahr hinzustellen, den Zuschauer durch sie mitleben und mitleiden zu lassen. Diese unmittelbar sinnliche Wahrnehmungsgabe verdankt er vielleicht – wie übrigens auch Günter Grass – seiner Zweitbegabung als Bildhauer. Die Kraft zur suggestiven Schilderung ist weniger ein dramatisches als ein episches Stilmittel. Und so sind auch Hauptmanns Figuren meist passiv. Hilflos sind sie ihrem Schicksal ausgeliefert, leiden an der Umwelt oder den eigenen Leidenschaften, gehen daran zugrunde, flüchten oft in den Selbstmord. Hauptmann ist einer der letzten Stückeschreiber, der noch im Selbstgefühl des klassischen Dichters den Mut hat, Schuld und Sühne, Läuterung und die Frage nach dem tieferen Sinn des Lebens auszudrücken.

Er beginnt als Bahnbrecher des naturalistischen Theaters, als engagierter Sozialkritiker, der sich den Unwillen der Behörden zuzieht. Anders als sein Vorbild Ibsen sucht er seine Stoffe unter den Kleinbürgern und Proletariern, er zeigt an aktuellen Konflikten, wie unfrei und ausgeliefert der Mensch vegetiert unter dem Zwang seiner Erbanlagen und seines Milieus. Später entspricht er mit neuromantischen, naturmystischen Stoffen ganz dem herrschenden Zeitgeist. Ein beispielloser Erfolg belohnt ihn, eine Wirkung, wie sie noch kein lebender Autor erreicht hat: *Die Weber* haben zwischen 1892 und 1942 allein 253 Buchauflagen, *Die versunkene Glocke* kommt zwischen 1896 und 1930 auf 160 Auflagen. Er ist der meistgespielte Dramatiker dieser Jahre. Die Zeitgenossen machen ihn zum Dichterfürsten, verleihen ihm dreimal den Grillparzer-Preis, die Ehrendoktorate von Oxford, Leipzig und Prag, den Nobelpreis 1912. Er wird übersetzt in über 30 Sprachen. So wird er zum Staatsdichter und Klassiker der Weimarer Republik, gerät angesichts der großen Erwartungen der Öffentlichkeit auch in einen Produktionsdruck, womit er, frei von Selbstkritik, auch schwache, unfertige, belanglose Werke auf den Markt wirft. 1933 nach der Machtergreifung durch die Nationalsozialisten behält er seine gefeierte Rolle als deutscher Dichterfürst bei – nicht frei von Eitelkeit, orientiert er sich in Aussehen und majestätisch-imposantem Auftreten immer mehr am Geheimrat Goethe. Dieses hoheitsvoll-naive Posieren hat Thomas Mann im *Zauberberg* in der Figur des Mijnheer Peeperkorn ironisiert und sich mit dieser Parodie den Zorn des Olympiers Hauptmann zugezogen. Später wird ihm vom Kritiker Alfred Kerr, aber auch von Thomas Mann vorgeworfen, daß er 1933 – bereits 71 Jahre alt – nicht emigriert ist. Dieser Zwiespalt, Aushängeschild eines Systems zu sein, dessen Barbarei er innerlich abgelehnt hat, verdüstert das Spätwerk der *Atriden-Tetralogie*.

Schon mit seinem ersten Stück *Vor Sonnenaufgang* machte sich Hauptmann zum Wortführer der umstrittenen neuen Richtung des Naturalismus. Der Bauer Krause gelangt durch Kohlengruben zu plötzlichem Reichtum und verkommt in Suff, Faulenzerei, Profitsucht und sexueller Gier, die auch die eigene Tochter nicht verschont. Dem Mädchen bleibt nur der Selbstmord. Denn ihr Freund sagt sich aus Furcht vor den üblen Erbanlagen von ihr los. (In: Reclams UB 8412.) Die Uraufführung am 20. Oktober 1889 in der Freien Bühne in Berlin wurde zu einer von Tumulten erfüllten Theaterschlacht, die später als Geburtsstunde des naturalistischen Theaters in Deutschland gilt. Der Vergewaltigungsversuch des betrunkenen Bauern an der

Tochter, der Schrei einer Gebärenden aus dem Nebenzimmer waren für das bürgerliche Publikum ein Schock. Die konservative Kritik verurteilte Hauptmann als den »unsittlichsten Bühnenschriftsteller des Jahrhunderts«. Auch die weiteren Stücke handeln, wofür Ibsens *Gespenster* (1882) das Vorbild gab, vom Zwang der Vererbung. *Das Friedensfest* (UA 1. 6. 1890 Berlin): eine Familienkatastrophe am Weihnachtsabend, die der Vater nicht überlebt. *Einsame Menschen* (UA 11. 1. 1891 Berlin): der Wissenschaftler Vockerath steht zwischen zwei Frauen, kann sich nicht aus seiner bürgerlichen Ehe lösen und flüchtet in den Selbstmord. Was er in seinen fortschrittlichen Theorien propagiert, vermag er für sich selbst nicht zu verwirklichen. Mit *Die Weber* (1893) setzte sich Hauptmann als Autor durch; Kaiser Wilhelm II. kündigte aus Protest die kaiserliche Loge. *Kollege Crampton* (UA 16. 1. 1892 Berlin) ist ein verbummelter, trinkfroher Maler, der mit seiner Liederlichkeit und Phantasterei allen Spießern ein Ärgernis ist, der seinen Rausschmiß aus der Akademie riskiert und nur von Freunden immer wieder vor dem Zusammenbruch bewahrt wird. Die Diebskomödie *Der Biberpelz* (1893) ist bis heute das Erfolgsstück des frühen Hauptmann geblieben, mit *Hanneles Himmelfahrt* (1893) begann bereits die stilistische Abkehr vom Naturalismus, der im *Florian Geyer* (1896) nochmals für das große Historienstück genutzt wurde.

Die versunkene Glocke (UA 2. 12. 1896 Berlin), diese neuromantische märchenselige Naturballade, wurde für die Zeitgenossen der überragende Erfolg. Glockengießer Heinrich will in faustischem Ringen eine herrliche Wunderglocke schaffen, aber sein Werk mißlingt. Er scheitert an der »Erdenschwere«, zerbricht an seiner Liebe zum Elfenwesen Rautendelein und der Bindung an die Menschenwelt. Da spielen Waldschratt und Wassermann mit, Naturschwärmerei und von Nietzsche, Faust und Peer Gynt beeinflußte Verherrlichung des Künstlers und Ausnahmemenschen; nicht zuletzt die Verkörperung Heinrichs durch den genial-virtuosen Schauspieler Josef Kainz hat das Stück zu einem intensiven, aber vergänglichen Zeitereignis gemacht, worin eine ganze Generation ihre Sehnsüchte nach dem Jugendstil erfüllt fand.

Fuhrmann Henschel (1889), *Michael Kramer* (1900), *Rose Bernd* (1903) und *Die Ratten* (1911) sind ergreifende Charakterstudien, Meisterwerke, die in ihrer Menschendarstellung auch heute noch unmittelbar und überzeugend geblieben sind. In

Schluck und Jau (UA 3. 2. 1900 Berlin; Reclams UB 8655) ist die Rahmenhandlung aus Shakespeares *Der Widerspenstigen Zähmung*, zum handfesten Possenspiel erweitert: Zwei Landstreicher werden durch die Laune eines Schloßherren für einen Tag in ein fürstliches Dasein versetzt. Sie verlieren ihre Identität. Schluck lebt sich aus als gröhlender Tyrann und findet sich schließlich wieder als armer, hungernder Tippelbruder. Alles war für ihn nur ein wirrer Traum. *Der rote Hahn* (UA 27. 11. 1901 Berlin) setzt die Lebensgeschichte der Mutter Wolffen aus dem *Biberpelz* fort: Die liebenswerte Gaunerin von damals kriminalisiert zur Brandstifterin, die skrupellos den unschuldigen Dorftrottel zum Täter stempelt. Dem Zeitgeschmack folgend wandte sich Hauptmann immer wieder den deutschen Mythen und Heldenfiguren zu, er versuchte sie psychologisch zu deuten und durch moderne Sexualproblematik zu aktualisieren – denn Sigmund Freud war bahnbrechend für jene Jahrzehnte. *Der arme Heinrich* (UA 29. 11. 1902 Wien; Reclams UB 8642) geht stofflich auf das mittelalterliche Versepos des Hartmann von Aue zurück. Der vom Aussatz befallene Ritter Heinrich wird durch die reine Liebe des Bauernmädchens Ottgebe geheilt – seinerzeit wieder eine Paraderolle von Josef Kainz. *Elga* (UA 4. 3. 1905 Berlin) dramatisiert die Grillparzer-Novelle *Das Kloster von Sendomir* – Dank dafür, daß *Hanneles Himmelfahrt* mit dem Grillparzer-Preis ausgezeichnet wurde. *Kaiser Karls Geisel* (UA 11. 1. 1908 Berlin) beleuchtet die Altersleidenschaft Karls des Großen zu einem lüsternen Kind, zur Lolita-Figur Gersuind. Erst der Mord an diesem verführerischen Heidenmädchen vermag den Greis aus dieser Hörigkeit zu befreien. Den Stoff für *Griselda* (UA 6. 3. 1909 Berlin und Wien) fand Hauptmann in Boccaccios *Dekamerone*: Der Graf von Saluzza schindet aus Eifersucht und verquerer Leidenschaft seine Frau Griselda. Er entzieht ihr das Kind, um die Frau ganz für sich zu haben. Alle diese Stücke kamen nicht über den Achtungserfolg hinaus – nicht besser erging es den historischen Spätwerken: *Ulrich von Lichtenstein* (UA 11. 11. 1939 Wien) macht aus dem Minnesänger einen vom Wahn bedrohten Liebesjünger. *Die Tochter der Kathedrale* (UA 3. 10. 1939 Berlin) ist eine mittelalterliche Parabel: Im Kampf der beiden Herzogtümer Andorra und Foix kommt es zum Frieden und zur Aussöhnung zwischen Christen und Heiden, zur Erneuerung der Welt durch Gemeinsamkeit. Sehr literarisch gibt sich *Die goldene Harfe* (UA 15. 10. 1933 München): Komtesse Juliane schwankt in ihrer Liebe zwischen den gräflichen Zwillingen, dem Dichter Günther und dem Komponisten Alexis von Saltern – ein opernhafter Stoff wie *Capriccio* von Richard Strauss. Dazu Schloßromantik und Mondnacht, schmachtendes Posthorn und Waldpoesie – nachempfundene Eichendorff-Romantik. *Hamlet in Wittenberg* (UA 19. 11. 1935 Leipzig) dramatisiert die Vorgeschichte von Shakespeares Trauerspiel: Hamlet als Student, der bei einem Zigeunermädchen seine erste leidenschaftliche Liebe erlebt. Ähnliche Geschichtsballaden sind *Magnus Garbe* (UA 4. 2. 1956 Düsseldorf) – Hexenprozesse, Folter, sektiererischer Vernichtungsrausch richten eine Stadt zugrunde – und *Winterballade* (UA 17. 10. 1917 Berlin) nach der Erzählung *Herrn Arnes Schatz* von Selma Lagerlöf: Entlassene Söldner verwüsten mit Raub und Mord ein schwedisches Pfarrhaus. Der Täter fällt in eine Gewissenskrise, er büßt mit Wahnsinn und Tod.

Daneben griff Hauptmann immer wieder psychologische Gegenwartsthemen auf, die an seine naturalistischen Anfänge anknüpfen: *Die Jungfern vom Bischofsberg* (UA 2. 2. 1907 Berlin) sind vier ausgelassene junge Schwestern, die mit ihren Verehrern allerlei launigen Schabernack treiben. *Gabriel Schillings Flucht* (UA 14. 6. 1912 Bad Lauchstedt) ist die Tragödie eines Malers, der zwischen zwei Frauen steht. Um sich von dem Zwiespalt zu befreien, ertränkt er sich im Meer. *Peter Brauer* (UA 1. 11. 1921 Berlin) ist ein hochstapelnder Maler, *Dorothea Angermann* (UA 20. 11. 1926 Wien, München u. a.) die Tragödie einer verführten Pfarrerstochter. *Vor Sonnenuntergang* (1932) dramatisiert die Geschichte einer Altersliebe. Beim späten Hauptmann nimmt die Vorliebe zu für monumentale, mythische Stoffe. Oft sind sie der nordischen Mythologie entnommen: *Veland* (UA 19. 9. 1925 Hamburg) steigert die Sage von Wieland dem Schmied zu einer düsteren Rachetragödie. *Der weiße Heiland* (UA 28. 3. 1920 Berlin): Die Unterwerfung des mexikanischen Inka-Reiches durch die spanischen Eroberer besiegelt auch den Untergang des Sonnenkönigs Montezuma, der sich voller Vertrauen und Hoffnung seinen Feinden ausliefert. *Indipohdi* (UA 23. 2. 1922 Dresden) versetzt Prospero, den weisen Magier aus Shakespeares *Sturm*, in den aztekischen Kulturbereich: Im Zwiespalt, ob er schuldig werden und den eigenen Sohn töten oder leidend untergehen soll, wählt Prospero den Tod.

Auch mit der griechischen Antike setzte sich Hauptmann auseinander seit seiner Griechenlandreise 1907, die er in einem poetischen Reisetagebuch *Griechischer Frühling* festhielt. *Der Bogen des Odysseus* (UA 17. 1. 1914 Berlin) schildert die Heimkehr des verschollenen Königs nach Ithaka und die Rache an den Freiern seiner Frau. Die Heimaterde, die mystische Einheit von Scholle und Schicksal, wie Hauptmann sie damals naiv und sehr zeitbedingt verherrlichte, machen aus Odysseus den neuen Menschen. Auch die letzten Lebensjahre wandte Hauptmann an eine Neugestaltung der griechischen Tragödie: an die *Atriden-Tetralogie.*

Mit Hauptmanns Werken hat sich seit 1889 ein Großteil der Entwicklung auch des modernen Theaters in Deutschland vollzogen. Seine Stücke sind durchweg Rollenstücke, Herausforderungen für große Schauspieler, die – ob Albert Bassermann, Josef Kainz oder Werner Krauss, Else Lehmann, Lucie Höflich oder Käthe Dorsch – an den psychologisch differenzierten Figuren ihre Kunst der Menschendarstellung entfalten konnten. Deshalb sind auf dem heutigen Theater auch die naturalistischen Gesellschaftsstudien lebendig geblieben – weniger durch ihre Themen, die verjährt sind, als durch ihre unverwechselbaren, meisterhaft gezeichneten Figuren.

Die Weber

Schauspiel aus den vierziger Jahren in fünf Akten
Uraufführung: 26. Februar 1893 in Berlin

Personen: Dreißiger, Barchentfabrikant – Frau Dreißiger – Pfeifer, Expedient – Neumann, Kassierer – Weinhold, Hauslehrer bei Dreißigers Söhnen – Pastor Kittelhaus – Frau Kittelhaus – Heide, Polizeiverwalter – Kutsche, Gendarm – Welzel, Gastwirt – Frau Welzel – Anna Welzel – Tischler Wiegand – Ein Reisender – Ein Bauer – Ein Förster – Schmidt, Chirurgus – Hornig, Lumpensammler – Der alte Wittig, Schmiedemeister – Die Weber: Bäcker – Moritz Jäger – Der alte Baumert – Der alte Ansorge – Frau Heinrich – Der alte Hilse – Frau Hilse – Gottlieb Hilse – Luise, Gottliebs Frau – Mielchen, ihre sechsjährige Tochter – Reimann – Heiber – Färbereiarbeiter, Hauspersonal bei Dreißiger, viele Weber und Weberfrauen.
Ort und Zeit: An verschiedenen Orten im Eulengebirge in Schlesien, in den vierziger Jahren des 19. Jahrhunderts.

Schon der Untertitel – »aus den vierziger Jahren« – weist auf die historische Vorlage: den Aufstand der schlesischen Leinenweber im Juni 1844, der durch Militärgewalt niedergeschlagen wurde. Hauptmann, dessen Großvater selbst Weber war, benutzte neben den Familienerinnerungen auch zeitgenössische Berichte. So gibt das Schauspiel ein genaues Zustandsbild des sozialen Elends und ist zugleich ein Milieustück in schlesischem Dialekt: *De Waber* lautete ursprünglich der Titel. Für die Uraufführung in Berlin, die der Zensur wegen als Privatveranstaltung der »Freien Bühne« stattfinden mußte, näherte Hauptmann den Text dem Hochdeutschen an. Formal ist das Stück der erste Versuch eines Kollektivdramas: nicht mehr eine Einzelfigur steht als Held im Mittelpunkt, sondern eine Gruppe, die, von gemeinsamem Willen beherrscht, agiert wie ein einzelner. Diese Dramaturgie des Massenstücks wird später im Expressionismus weiterentwickelt – z. B. verfaßte Ernst Toller *Die Maschinenstürmer* (1922) über den englischen Weber-Aufstand. Hauptmanns Stück, von den Polizeibehörden Wilhelms II. als »Umsturzdrama« beargwöhnt, hatte aufrüttelnde Wirkung auf die damalige Arbeiterbewegung – verstärkt noch durch den Zyklus der Weber-Radierungen von Käthe Kollwitz. Der Kritiker Alfred Kerr begrüßte in dem Stück »den *Wilhelm Tell* einer empordringenden Menschheitsgruppe. Den Ruf zum Aufbruch«.

In fünf Bildern stellt Hauptmann die soziale Not der schlesischen Weber dar. In Heimarbeit schuften Frauen und Kinder an den Webstühlen für Hungerlöhne. Schon die Szenenanweisung zeichnet einprägsam die Elendsfiguren: Die Weber, »halb zwerghaft, halb schulmeisterlich, sind in der Mehrzahl flachbrüstige, hüstelnde, ärmliche Menschen mit schmutzigblasser Gesichtsfarbe: Geschöpfe des Webstuhls, deren Kniee infolge vielen Sitzens gekrümmt sind«. Der Fabrikant Dreißiger kann den Lohn beliebig drücken und die Ware als Ausschuß abwerten – in den abgelegenen Dörfern hat er hinreichend Arbeitssklaven, die ihm ausgeliefert sind. Unter dem jungen Weber Bäcker, der von den neuen sozialistischen Ideen erfüllt ist, und dem Reservisten Moritz Jäger, der aus seiner Kaserne ein Stück großstädtisches Selbstbewußtsein ins Gebirge zurückbringt, schließen sich die Weber zusammen. Der Aufstand eskaliert aus Zufälligkeiten. Da ihnen verboten ist, ihr angestammtes Kampflied zu singen, bedrohen sie den Gendarm. Und als ihr Wortführer Jäger von den Handlangern des Fabrikanten eingesperrt wird, stürmen sie die Villa, verwüsten den bürgerlichen Salon. Militär greift ein, und das erste Opfer wird ein völlig Unbeteiligter: der alte Weber Hilse, der als frommer Pietist die Gewalt ablehnt und sich aus den Krawallen heraushält, wird von einer verirrten Kugel niedergestreckt. (In: Reclams UB 8412.)

Hauptmann gelingt ein überzeugend durchgezeichnetes Sozialgefüge. Noch die kleinste Randfigur ist in ihrer Haltung, in ihrer Bewußtseinslage scharf umrissen: der salbungsvolle, von seinen Idealen tönende Fabrikant, der sich als Leuteschinder einen Aufsteiger, den Expedienten Pfeifer, hält – der Pastor, der sein Amt als Beistand und Beglaubiger der Reichen ausübt und dafür gehätschelt wird – der Hauslehrer, der für soziale Gerechtigkeit eintritt, sich aber keine Gesinnung leisten darf, solange er im Dienst des Fabrikanten steht. Das Stück begründete Hauptmanns Ruhm als »Dichter des sozialen Mitleids«.

Der Biberpelz

Diebskomödie in vier Akten
Uraufführung: 21. September 1893 in Berlin

Personen: Von Wehrhahn, Amtsvorsteher – Krüger, Rentier – Dr. Fleischer – Philipp, sein Sohn – Motes – Frau Motes – Frau Wolff, Waschfrau – Julian Wolff, ihr Mann – Leontine, Adelheid, ihre Töchter – Wulkow, Schiffer – Glasenapp, Amtsschreiber – Mitteldorf, Amtsdiener.
Ort und Zeit: Irgendwo um Berlin in den achtziger Jahren.

Hauptmann erneuert die alte Gattung der Gaunerkomödie. Dabei gelingt ihm eine sozialkritische Studie voller Situationskomik und lebendiger Charakterisierung – eines der seltenen deutschsprachigen Lustspiele, gleichrangig neben *Minna von Barnhelm* und *Der zerbrochne Krug*. Betrug und Selbstbetrug als sehr menschliche Schwächen – sichtbar gemacht an einigen Diebsfällen. Konsequent ist die Geschichte aufgebaut: Im ersten und dritten Akt geht es um je einen Diebstahl, wobei sich die Gaunerei steigert, im jeweils folgenden zweiten und vierten Akt um die Aufklärung, die immer wieder am bornierten Amtsvorsteher von Wehrhahn scheitert. Er, dessen Pflicht es wäre, für Gerechtigkeit zu sorgen, verkörpert die Ungerechtigkeit. Politisch verblendet, wittert er überall Aufrührer und Verfassungsfeinde, er will als strammer Reserveoffizier a. D. »mustern und säubern«, hört auf Spitzel, verfolgt Unschuldige. Die Aufklärung eines Diebstahls ist diesem ebenso ehrgeizigen wie fanatisierten Staatsdiener einfach zu simpel. Hauptmann bringt hier eigene Erfahrungen ein, da man ihn als »Sozialisten« verdächtigt und mit Verboten belegt hatte.

Die pfiffige Mutter Wolffen erkennt, daß sie im Wilhelminischen Kaiserstaat allein durch ihrer Hände Arbeit als Waschfrau nicht hochkommt. So hilft sie dem Glück durch Gaunereien nach. Mal wird ein gewilderter Rehbock verkauft, dann dem reichen Rentier Krüger das Brennholz geklaut. Der bestohlene Krüger macht sich beim Amtsvorsteher mit seiner Anzeige nur verdächtig. Mutter Wolffen dagegen vermag mit plumpen Schmeicheleien die Obrigkeit für sich zu gewinnen. Sie fühlt sich sicher genug, um auch noch Krügers kostbaren Biberpelz zu entwenden und ihn an den Schiffer Wulkow zu verschachern. Und wieder blitzt der Geprellte mit seiner Anzeige ab und muß sich von dem dümmlich-hochnäsigen Herrn von Wehrhahn noch als Querulant beschimpfen lassen. Mutter Wolffen aber wird als »brave ehrliche Haut« gepriesen. Wehrhahn und Wolffen gehören zu den reizvollsten Aufgaben großer Charakterdarsteller. Nach dem Erfolg des *Biberpelz* schrieb Hauptmann eine Fortsetzung: *Der rote Hahn.* Darin erkauft sich Mutter Wolffen weiteren sozialen Aufstieg durch moralischen Abstieg, aus der verschmitzten Ganovin wird eine gerissene Brandstifterin. (In: Reclams UB 8412.)

Hanneles Himmelfahrt. Traumdichtung in zwei Teilen. UA 14. 11. 1893 Berlin. – Mit diesem Stück löste sich Hauptmann vom konsequenten Naturalismus und erprobte erstmals einen irrealen, märchenhaften Stoff. Das alte Motto der Romantiker »Per aspera ad astra« (Durch das Dunkel hin zum Licht!) interpretiert Hauptmann hier religiös in den Visionen eines sterbenden Kindes: »Erdenpein schuf Himmelsseligkeit«. Dabei läßt er offen, ob das Stück klinisch exakt die Halluzinationen zeigt und so im Realen bleibt oder ob in mystischer Gläubigkeit der überirdische Bereich als Realität einbezogen ist.

Das vierzehnjährige Hannele wollte sich aus Angst vor dem Vater, dem prügelnden, versoffenen Maurer Mattern, im winterlichen Dorfteich ertränken. Aus ihrem Elend will sie sich in den Himmel zur verstorbenen Mutter flüchten. Halbtot wird sie gerettet und im Armenhaus des Dorfs notdürftig untergebracht. In den Fieberphantasien des sterbenden Mädchens mischen sich reale Erfahrungen und Sehnsüchte nach einer reinen paradiesischen Welt. Durch ihren Angsttraum tobt der betrunkene Vater, der sie zum Betteln auf die Straße schickt. Ihre Schulklasse erscheint, um ihr abzubitten, daß man sie als Lumpenprinzessin verspottet hat. Märchenfiguren kleiden sie prächtig ein; der Todesengel schreckt sie, aber Schwester Martha, die als Diakonissin für die Pflege da ist, verwandelt sich in einen tröstenden Engel. Der Lehrer Gottwald, den das halbwüchsige Mädchen in ihrer ersten pubertären Liebe anhimmelt, wird ihr im Traum zum Heiland, der sie mit Engelschören und lyrisch begeisterten Versen in den Himmel führt. In der Armenstube stellt der Arzt den Tod fest.

Einprägsam die Nebenfiguren: Der Amtsvorsteher im preußischen Militärdrill ist eine Vorstudie zum Wehrhahn aus dem *Biberpelz*, die diebischen, zänkischen Obdachlosen überzeugen als naturalistische Milieustudien. In diesem Werk der Neuromantik begegnet erstmals der irreale mystische Zug in Hauptmanns Schaffen, der später zu den religiösen Themen (episch in *Der große Traum, Der Narr in Christo Emanuel Quint*) führt. Etwas vom grüblerischen schlesischen Pietismus schlägt hier durch, der bis ins Barock zurückreicht zu Jacob Böhme, dessen Schriften Hauptmann studiert hat.

Florian Geyer

Die Tragödie des Bauernkrieges
Schauspiel in einem Vorspiel und fünf Akten
Uraufführung: 4. Januar 1896 in Berlin

Personen: Bischof Konrad von Würzburg – Markgraf Friedrich, Hauptmann der Besatzung auf »Unserer Frauen Berg« – Gilgenessig, bischöflicher Schreiber – Florian Geyer – Wolf von Hanstein, Georg von Wertheim, Götz von Berlichingen, Wilhelm von Grumbach und viele andere Ritter – Tellermann, Florian Geyers Feldhauptmann – Karlstatt – Rektor Besenmeyer – Lorenz Löffelholz, Feldschreiber Geyers – Jakob Kohl und fünf andere Bauernführer – Schäferhans – Marei, Lagerdirne – Anna von Grumbach – Ritter, Bauernführer, Bürger von Rothenburg, Boten, Knechte, Mönche und Pfaffen, Reisige, Musikanten, Volk.
Ort und Zeit: In der Maingegend zwischen Würzburg, Schweinfurt und Rothenburg, 1524/25.

Ein überbreites Kolossalgemälde aus dem mainfränkischen Bauernkrieg 1524/25, mit über 80 Rollen wieder als Massendrama angelegt wie *Die Weber*, freilich diesmal mit einem individuellen Helden. Im Gegensatz zu Goethes *Götz von Berlichingen* will Hauptmann die ganze epische Fülle der Umbruchepoche einfangen, alle sozialen und politischen Widersprüche und Gruppenkonflikte der Reformationszeit an einer oft verwirrenden Fülle von Figuren und Fakten sichtbar machen. Das Vorspiel zeigt die Flucht des Bischofs von Würzburg vor den siegreichen Bauernhaufen, die in ihren »Zwölf Artikeln« soziale Gerechtigkeit vor Willkür und Ausbeutung durch die Grundherren fordern. Dann folgt in fünf Akten Schritt für Schritt der Zusammenbruch des Aufstands und die blutige Rache der Fürsten. Florian Geyer hat sich mit seiner »Schwarzen Schar« den Bauern angeschlossen. Die Wahl eines Feldhauptmanns scheitert an der Uneinigkeit. Einer mißtraut hier dem anderen: Geyer dem Götz von Berlichingen, die Ritter den Bürgern, diese wiederum den Habenichtsen von Bauern. Streit herrscht zwischen Lutheranern und den Anhängern von Karlstatt oder Thomas Münzer, zwischen entlaufenen Studenten, Humanisten, Sektierern, radikalen Plünderern. Gezänk, Interessenschacher, Beschuldigungen. In dieser Situation dringt Geyer mit seiner Utopie von einem geeinten deutschen Reich nicht durch. Während einer der ziellosen Beratungen spricht Sartorius, eine Nebenfigur, das Motto »Der deutschen Zwietracht mitten ins Herz!«, mit dem man später das Stück zum deutschen Nationaldrama erhob, indem man aktuelle Parallelen zum Wilhelminischen Kaiserreich, dann aber auch zur Weimarer Republik gesehen hat. Gegen Geyers strategischen Plan versuchen die Bauern ohne Geschütz den Sturm auf die Würzburger Festung und erleiden eine schwere Niederlage. Geyer wird mit seiner Schar von den kaiserlichen Truppen geschlagen und versteckt sich auf der Burg seines Schwagers Grumbach, der rasch die Partei gewechselt hat und wieder seinem Fürsten dient. Durch Verrat wird Geyer aufgestöbert und aus dem Hinterhalt erschossen – eine Szene, die Hauptmann mit einfachen monumentalen Mitteln der Ölbergszene Christi nachgestaltet. Bereits der dritte und vierte Akt schließen jeweils mit der Sterbeszene eines von Geyers Getreuen – von dem Schreiber Löffelholz und dem Söldner Tellermann: stimmungsstarke Leitmotive für den Zusammenbruch.

Mit den Mitteln des Naturalismus und der Psychologie versucht Hauptmann, einen großen historischen Stoff zu bewältigen. Seit Schiller und Hebbel hatten deren Nachahmer Geschichte stets im pathetisch-klassizistischen Jambendrama auf die Bühne gebracht. Der Versuch eines naturalistischen Historienstücks scheitert: die breiten Zustandsbilder lassen vor lauter Detailmalerei keine Handlung zu. Was szenisch sichtbar wird, sind die Beratungen, die Wortgefechte. Belagerungen und Kämpfe, die Taten und Niederlagen dagegen werden von Boten berichtet. Befremdend wirkt die altertümelnde, oft wörtlich der Lutherzeit entlehnte Sprache. Dieser für die Jahrhundertwende bezeichnende historisierende Geschmack, wie er auch in Hofmannsthals *Jedermann* begegnet, erschwert heute den Zugang. Früher war der Bühnenerfolg eng an Schauspieler gebunden wie Rudolf Rittner (Lovis Corinth hat ihn als Florian Geyer gemalt) und Eugen Klöpfer. Sie haben sich voll mit der Figur identifiziert, sie zur »deutschen Passion« verherrlicht und so das Stück als nationales Festspiel bis zum Ende des Zweiten Weltkriegs auf den Spielplänen erhalten. (Reclams UB 7841.)

Fuhrmann Henschel

Schauspiel in fünf Akten
Uraufführung: 5. November 1898 in Berlin

Personen: Fuhrmann Henschel – Frau Henschel – Hanne Schäl – Bertha – Pferdehändler Walther – Siebenhaar – Karlchen – Wermelskirch – Frau Wermelskirch – Franziska, deren Tochter – Hauffe – Franz – George – Fabig – Meister Hildebrandt – Tierarzt Grunert – Feuerwehrmänner.
Ort und Zeit: Der Gasthof »Zum grauen Schwan« in einem schlesischen Badeort, sechziger Jahre des 19. Jahrhunderts.

Seit die Frau des Fuhrmanns Henschel nach der Geburt ihres Kindes bettlägerig dahinsiecht, versorgt die junge Magd Hanne Schäl den Haushalt. Deren aufreizende Sinnlichkeit verfolgt die Kranke mit Eifersucht. Ihrem Mann nimmt sie sterbend das Versprechen ab, daß er Hanne nie heiraten und das kleine Kind dieser Stiefmutter ausliefern werde. Nach dem Tod der Frau wittert Hanne die Chance, sich hier durch ihre Jugend und derbe Körperlichkeit eine Existenz zu schaffen und gesellschaftlich aufzusteigen. Sie bricht sogleich ihre Liebschaft mit dem

Hilfskutscher Franz ab und setzt Henschel unter Druck, indem sie erklärt, sie müsse als ehrbares Mädel schon wegen ihres Rufs den Haushalt des Witwers verlassen. Der Fuhrmann heiratet Hanne, weil sie ihm gefällt und weil es bequem ist, in der gewohnten Ordnung zu bleiben. Mit ihrer Vitalität reißt sie in Haushalt wie Geschäft das Kommando an sich. Hauffe, der altgewordene Kutscher, wird entlassen. Henschels Abwesenheit nutzt sie, um sich mit dem flotten, prahlerischen Kellner George einzulassen. Bald stirbt das Stiefkind seiner Mutter nach. Zum Unwillen Hannes holt Henschel ihr eigenes uneheliches Kind, das bisher bei ihrem versoffenen Vater verkam, ins Haus. Der Fuhrmann will die Wahrheit über seine zweite Frau, worüber die Leute in der Schenke klatschen, nicht erkennen. Er verrennt sich in einen bösartigen Trotz und wütet gegen alle, die Hanne nicht hofieren. Er wird aggressiv, brutal – schließlich von allen gemieden. Als er endlich seine Situation durchschaut, fühlt er sich als Opfer eines tückischen Schicksals: »ane Schlinge ward mir gelegt, und in die Schlinge da trat ich halt 'nein ... Schlecht bin ich gewor'n, bloß ich kann nischt dafier ... Ich bin halt bloß immer grad'aus gegangen.« Er glaubt sich verfolgt und ausgeliefert, Opfer seines gebrochenen Versprechens und seiner toten Frau. Vor seinen Zweifeln und Schuldgefühlen flüchtet er in den Selbstmord.

Fuhrmann Henschel ist eine Alltagstragödie, die in beklemmender Zwangsläufigkeit abrollt. Den Konflikt hatte Hauptmann bereits 1888 in der Novelle *Bahnwärter Thiel* (Reclams UB 6617) behandelt. Henschel, dieser gutmütige Kraftkerl mit dem weichen Herzen, ist ein Opfer der Umstände und seiner eigenen Unentschlossenheit. Auch Hanne ist kein Weibsteufel, sondern ein Mensch, der von unten kommt und sich das nimmt, was er kriegen kann. Sie muß sich den alternden Mann ködern, um ihr Fortkommen zu sichern. Wie Frau John in den *Ratten* und Mutter Wolffen im *Biberpelz* ist sie eine von Hauptmanns lebenstüchtigen proletarischen Frauen, die sich gegen schwache Männer durchsetzen. Psychologisch eindringlich gezeichnet sind wieder die Nebenfiguren, die sozialen Absteiger aus dem Bürgertum: mit dem glücklosen Hotelier Siebenhaar, der sich von Henschel Geld leihen muß und schließlich in Konkurs geht, erinnert Hauptmann an das gleichfalls gescheiterte Kurhotel seines Vaters; im schlesischen Badeort ist unschwer die Heimatstadt Salzbrunn zu erkennen. Der verkrachte Schauspieler

Wermelskirch, der zum Pächter der Kneipe abgewirtschaftet hat, aber auch in diesem Geschäft scheitert, da er es nur geniert und halbherzig betreibt, ist wieder eine der tragikomischen, von sich verblendeten Künstlerfiguren wie Hassenreuter in *Die Ratten* und *Kollege Crampton*. Trotz seiner unmittelbaren Wirkung wird das Stück heute wenig gespielt, da der schlesische Dialekt mehr denn je Besetzungsschwierigkeiten schafft.

Michael Kramer. Drama in vier Akten. UA 21.12.1900 Berlin. – Ein Künstlerdrama, das als pessimistisches Gegenstück zu *Kollege Crampton* und *Peter Brauer*, den anderen autobiographisch beeinflußten Malerfiguren, den Konflikt zwischen Künstler und Gesellschaft mit dem Generationskonflikt zwischen Vater und Sohn verbindet. An vier gegensätzlichen Charakteren, die alle die Erfüllung in der Malerei suchen, zeichnet Hauptmann abgestuft die Selbsterfahrung des schaffenden Künstlers nach: Selbstzweifel, Versagen, Überforderung, Verkanntsein. Michael Kramer sieht seine Kunst als priesterlichen Dienst an der Schöpfung. Er ist ein Arbeitsfanatiker, der sich quält mit seinem Pflichtbewußtsein und bereits acht Jahre an einem Christuskopf malt, ohne das Bild auch nur herzuzeigen. »Kunst ist Religion ... der Ort, wo du stehst, ist heiliges Land«. In seinem Sohn Arnold, der gleichfalls Maler wurde, will er sein Ideal verwirklicht sehen, sein Ebenbild im Jüngeren erleben. Aber der Sohn will keine Gemeinsamkeit mit dem Alten. Arnold ist häßlich, verwachsen, krank, voller Haß und Auflehnung gegen die Welt, aber – wie der Vater voller Gram und Bewunderung eingesteht – ein genialer Künstler. Während der Alte über die Kunst, über die ewigen Werte sinniert, hockt der Junge in verräucherten Kneipen und wirft genialisch Skizzen aufs Papier. Der Vater bettelt um Vertrauen und Zuneigung. Er wird belogen, abgewiesen. Arnold verweigert sich der Familie. Hoffnungslos ist er in das kokette Wirtsmädchen Liese Baensch verliebt und wird zum Gespött einer betrunkenen, hämischen Spießerrunde. Mit dem Revolver macht er seinem Leben ein Ende. Vor dem aufgebahrten Toten meditiert der Vater über die Geheimnisse von Kunst und Leben. Jetzt im Tode kann er dem Sohn endlich nahe sein. Er stilisiert ihn zum Genius des ewig Schöpferischen, bezieht in diese Verherrlichung auch pathetisch Christus und Beethovens Totenmaske ein.

Zwei weitere Künstlernaturen sind Episoden: Arnolds Schwester Michaline ist das durchschnittliche Talent, das den Mangel an ursprünglicher Begabung durch verbissenen Fleiß wettmachen will. Und ihr Kollege Lachmann ist der in einem Brotberuf gestrandete Künstler, der sich nur noch ein paar Erinnerungen und Selbstgefälligkeiten aus seiner Bohemezeit bewahrt hat. Thomas Mann und Rainer Maria Rilke haben aus ihrer verwandten Geisteshaltung heraus dieses Werk, wie es den verkannten und durch Leiden auserwählten Künstler feiert, begeistert gewürdigt. Hauptmann führt seine naturalistische Alltagssprache beim Schlußmonolog in freie Rhythmen über und verstärkt so die monumentale, fast schon klassische Tragödienwirkung. (Reclams UB 7843.)

Rose Bernd

Schauspiel in fünf Akten
Uraufführung: 31. Oktober 1903 in Berlin

Personen: Bernd – Rose Bernd – Marthel – Christoph Flamm – Frau Flamm – Arthur Streckmann, Maschinist – August Keil, Buchbinder – Hahn, Heinzel, Golisch, Kleinert, Arbeiter bei Flamm – Die alte Golischen, die Großmagd, die Kleinmagd, alle in Flamms Diensten – Ein Gendarm.
Ort und Zeit: Das Stück spielt auf dem Lande in Schlesien, kurz nach 1900.

Die Geschichte entnahm Hauptmann seiner Erfahrung als Geschworener: im schlesischen Hirschberg mußte er über ein Bauernmädchen wegen Tötung eines Neugeborenen und Meineid urteilen. Zugleich erneuerte er mit dem Thema der Kindsmörderin eine Sozialanklage, die seit dem Sturm und Drang (in Goethes *Urfaust* oder in *Die Kindermörderin* von Heinrich Leopold Wagner) bis hin zu den heutigen Stücken von Franz Xaver Kroetz nichts an Brisanz verloren hat.

Wie *Fuhrmann Henschel* zeichnet das Stück die Zerstörung eines Menschen nach, einen Niedergang, der sich mit der Zwangsläufigkeit einer antiken Schicksalstragödie vollzieht. Der Gutsbesitzer und Landrat Flamm, dessen Frau im Rollstuhl dahinkränkelt, hat die junge Rose Bernd, die bei ihm als Magd arbeitet, verführt. Das stramme Mädel erwartet ein Kind. Maschinist Streckmann, der brutale Weiberheld, macht sich ihr Geheimnis zunutze, um sie zu erpressen und zu vergewaltigen.

Dem Drängen ihres Vaters gibt Rose nach und verlobt sich mit dem schwindsüchtigen, langweilig braven August Keil. Der alte Bernd hofft, beim künftigen Schwiegersohn, der es als strebsamer Buchbinder schon zum eigenen Haus gebracht hat, sein Auskommen zu finden. Er ist mit Keil durch eine pietistisch-sektierische Frömmigkeit verbunden. Solch puritanischer Tugendstolz fordert Streckmann heraus. Er spottet über Roses angeblich guten Ruf, und Vater Bernd antwortet mit einer Verleumdungsklage. Rose will sich vor Gericht durch einen Meineid retten. Heimlich bringt sie auf dem Feld das Kind zur Welt und tötet es, da sie halb wahnsinnig vor Angst keinen anderen Ausweg weiß. Die ganze Männerwelt – auch Flamm, der Urheber der Tragödie, und der selbstgerechte Vater – sagen sich in moralischer Entrüstung von ihr los. Sie ist rettungslos allein: »Ma' is halt zu sehr ei d'r Welt verlass'n! Ma' is eemal zu sehr alleene dahier!«

Hauptmann erweist sich in erschütternder Unmittelbarkeit als Dichter des »sozialen Mitleids«. Rose ist wie ein gehetztes Wild umstellt von den Männern und deren egoistischen Erwartungen. Um Ruhe zu haben, gibt sie nach – den Forderungen des Vaters wie des Arbeitgebers Flamm oder dem einschüchternden Streckmann. Diese Negativfigur ist nicht umsonst Maschinist, also technokratischer Fremdling unter den Bauersleuten, und verkörpert Hauptmanns Skepsis gegen den technischen Fortschritt. Der alte Bernd ist wie Pastor Spitta in den *Ratten* einer jener mitleidlos selbstgerechten Kirchgänger, während die kranke Frau Flamm eine selbstlose Humanität lebt, die in dieser Tragödie unwirksam bleibt.

Und Pippa tanzt. Ein Glashüttenmärchen in vier Akten. UA 19. 1. 1906 Berlin. – In diesem Symbolspiel voll Naturmystik, künstlicher Naivität, Anklängen an Nietzsche, an den Jugendstil versucht Hauptmann die Polaritäten und Widersprüche von Natur gegen Kunst, von kalter nordischer Winterstarre gegen die Sehnsucht nach dem hellen frühlingshaften Italien, von Trieb gegen Geist, Wirklichkeit gegen Traum in ein märchenhaftes Gleichnis zu fassen, das wieder im heimatlichen Schlesien angesiedelt ist. Pippa ist die lockende Kindfrau, Tochter eines italienischen Glaskünstlers, der beim Streit in der Schenke erstochen wird. Für Hauptmann ist Pippa »Symbol der Schönheit in seiner Macht und Vergänglichkeit ... nach dem sich unsere Seele sehnt«, zerbrechlich und fein wie die Schöpfungen aus dem Glasofen. Alle Männer in diesem Stück sind von diesem fremdartigen, zauberhaften Geschöpf gefangen. Der alte Huhn, verwittert und elementar wie ein Bergdämon, »ein starkes, wildes Raubtier«, raubt sich das Mädchen. Michel Hellriegel, ein junger treuherziger Wandergeselle, der auf seiner Okarina spielt und den es nach Italien, dem Land seiner Sehnsucht zieht, befreit sie. Das Paar findet Zuflucht beim uralten Wann, der in seiner Hütte wie ein Magier den Kosmos erforscht und in lateinischen Sentenzen meditiert. Huhn taucht auf, will sich Pippa zurückholen und verführt sie zu einem wilden bacchantischen Tanz, der beiden den Tod bringt. Hellriegel erblindet, da er den Tod erblickt hat. Er gewinnt dafür den »allsehenden Blick« nach innen, den Blick der dichterischen Inspiration. – Hauptmann selbst erklärte seine Fabel allegorisch als »eine Vermählung des deutschen Genius in Gestalt des Michel mit dem Ideal südländischer Schönheit, wie es sich in Pippa verkörpert«. Für den Dichter war das Stück auch biographisch wichtig. In Pippa (wie später auch in *Kaiser Karls Geisel* und *Wanda*) verarbeitete er seine leidenschaftliche Romanze mit der Schauspielerin Ida Orloff, die alle diese dämonischen, lockenden Zauberwesen auf der Bühne verkörpert hat. Das heutige Theater hat dieses symbolüberfrachtete Traumspiel zwischen Schwulst und überanstrengtem Tiefsinn seit längerem nicht mehr gespielt. (Reclams UB 8322.)

Die Ratten

Berliner Tragikomödie in fünf Akten
Uraufführung: 13. Januar 1911 in Berlin

Personen: Harro Hassenreuter, ehemaliger Theaterdirektor – Seine Frau – Walburga, seine Tochter – Pastor Spitta – Erich Spitta, Kandidat der Theologie, sein Sohn – Alice Rütterbusch, Schauspielerin – Nathanael Jettel, Hofschauspieler – Käferstein, Dr. Kegel, Schüler Hassenreuters – John, Maurerpolier – Frau John – Bruno Mechelke, ihr Bruder – Pauline Piperkarcka, Dienstmädchen – Frau Sidonie Knobbe – Selma, ihre Tochter – Quaquaro, Hausmeister – Frau Kielbacke – Schutzmann Schierke.

Ort und Zeit: In einer ehemaligen Kavalleriekaserne im Berliner Osten, im Fundusmagazin Hassenreuters und in der Wohnung des Maurerpoliers John, um 1910.

Zunächst hat die Kritik das Stück abgelehnt mit dem Vorwurf, es fehle die geschlossene Handlung. Heute erweist sich dieses Berliner Zeitbild, das an den Bewohnern einer tristen Berliner Mietskaserne die Gesellschaftsgruppen des Wilhelminischen Kaiserreichs sozialkritisch durchleuchtet, neben dem *Biberpelz* als das meistgespielte und überzeugendste Stück des Dichters. Die Ratten dienen als Sinnbild dafür, daß hinter Pomp und nationalem Dünkel des Hohenzollernstaates die Gesellschaft morsch ist, unterhöhlt von menschlichem Ungeziefer und sozialen Spannungen, reif zum Zusammenbruch, der wenige Jahre später mit dem Ende des Ersten Weltkriegs erfolgen wird. Im Mittelpunkt steht die Muttertragödie der Frau John. Da sie ihrem Mann, der als Maurerpolier auswärts in Altona arbeitet, nicht das sehnlich erwartete Kind schenken kann, verstrickt sie sich in ein gewagtes Betrugsmanöver. Sie handelt dem polnischen Dienstmädchen Pauline Piperkarcka, die nach einer Liebelei schwanger ist und aus Furcht vor der Schande ins Wasser gehen will, das noch ungeborene Kind ab. Heimlich findet auf dem Dachboden die Entbindung statt. Freudestrahlend kann Frau John das Baby ihrem Mann und der Nachbarschaft als ihr eigenes präsentieren. Nach einigen Wochen verlangt Pauline jedoch das Kind zurück, sie schaltet die Behörden ein und treibt Frau John immer weiter in die Enge. Nebenan wohnt Sidonie Knobbe, eine drogensüchtige Alkoholikerin, die ihren Säugling verkommen läßt. Umsonst versucht Frau John, dieses armselige Wesen, das während der Auseinandersetzung unmerklich hinstirbt, Pauline unterzuschieben. Sie will die Polin mit Geld abfinden und setzt schließlich ihren Bruder Bruno, einen zwielichtigen Ganoven, auf das Mädchen an, um sie einzuschüchtern. Im Streit erschlägt er das Mädchen. Frau John, die ihr Leben hindurch immer rechtschaffen war, muß voller Entsetzen als Helfershelferin eines Totschlägers dessen Flucht decken. Ihr Betrug wird entdeckt, ihr kleiner Liebling, für den sie alles aufs Spiel gesetzt hat, soll ins Waisenhaus. Ihr Mann sagt sich voller Selbstgerechtigkeit von ihr los. Die verzweifelte Frau weiß keinen anderen Ausweg: sie stürzt sich aus dem Fenster und sucht den Tod. Das Kind hat seine wahre Mutter verloren – Vorwegnahme des Motivs aus Brechts *Kaukasischem Kreidekreis*.

Die Nebenhandlung schildert den heruntergekommenen Theaterdirektor Hassenreuter, der auf dem Dachboden einen

Kostümfundus verwahrt und dort einigen Schülern klassische Deklamationen einpaukt. Seine Tochter Walburga, die den verkrachten Theologiestudenten Spitta liebt, traktiert er mit Moralregeln, während er selbst sich hier mit einer koketten Schauspielerin zum Schäferstündchen trifft. In der Figur des idealistischen Spitta zeichnet sich Hauptmann selbst, wenn der Schauspielschüler gegen das überholte Hoftheaterpathos Hassenreuters aufbegehrt und auch auf dem Theater die schlichte, wahrhaftige Menschendarstellung fordert: die damals heftig umkämpfte Wende zum naturalistischen Theater, wie sie Otto Brahm mit seiner »Freien Bühne« seit 1889 gerade für die Stücke Hauptmanns und Ibsens vollzog. Auch in diesem Stück stellt Hauptmann eine Fülle plastischer Figuren hin, in denen Haltungen und Fehlhaltungen der Zeit sichtbar werden: das Elend der ledigen Dienstmädchen, für die eine Schwangerschaft zur Katastrophe wird; die doppelte Moral, wenn der Arbeiter John mit seiner Forderung nach einem Stammhalter seine Frau in die Zwangslage treibt und sie dann entrüstet verurteilt, dazu der mitleidlos-tugendhafte Pastor Spitta neben dem heruntergekommenen Hassenreuter, der überheblich und eitel als Künstler posiert. Ein großartiges Charakterporträt ist Frau John: zunächst herzlich und hilfsbereit, wird sie durch den Besitz des Kindes hart und abweisend gegen die Umwelt, kennt nur noch die eigenen Interessen, die es zu verteidigen gilt. Das Täuschungsmanöver aus Mutterliebe wächst sich aus zu einem Netz aus Lügen und Verbrechen, in dem sie rettungslos untergeht. Hauptmann hat das mit der unerbittlichen Zwangsläufigkeit einer Tragödie entwickelt. (In: Reclams UB 8412.)

Vor Sonnenuntergang. Schauspiel in fünf Akten. UA 16. 2. 1932 Berlin. – Schon im Titel stelllt Hauptmann den Bezug her zu seinem ersten Stück *Vor Sonnenaufgang*. In beiden Werken wird eine Zeitwende geschildert, an der eine Familie zerbricht. In seinem Frühwerk von 1889 ist Hauptmann der leidenschaftliche Parteigänger der Moderne. In diesem Stück 43 Jahre später verklärt er die alte Zeit und trauert über ihren Untergang.

Geheimrat Matthias Clausen hat als Großverleger und Zeitungszar ein mächtiges Lebenswerk errichtet. Er ist mehr Gelehrter als Konzernherr, ein philosophierender Schöngeist, der in schwärmerischer Goethe-Verehrung alle seine Kinder –

Wolfgang, Bettina, Ottilie und Egmont – mit Vornamen ausstattet, die sich auf den Weimarer Dichter beziehen. Da er nun siebzig wird, sucht ihn Schwiegersohn Klamroth, ein grober dynamischer Jungunternehmer, der das Verlagsimperium wie eine Fabrik rein nach Profit ausrichten will, auf das Altenteil zu drängen. Clausen hat in der neunzehnjährigen Kindergärtnerin Inken Peters den einzigen Menschen gefunden, von dem er sich verstanden fühlt. Er will das Mädchen heiraten. Da bekommt der Familienclan Angst um Einfluß und Erbschaft. Den Egoismus maskiert man hinter der sittlichen Entrüstung über die fünfzig Jahre Altersunterschied, die zwischen den Liebenden liegen. Durch bösartige Intrigen soll die Außenseiterin zur Strecke gebracht werden. Man setzt Inkens Mutter unter Druck, bietet eine Ablösesumme für ihr Verschwinden, bringt anonyme Briefe in Umlauf, die den lang zurückliegenden Selbstmord des Vaters zu einem Kriminalfall aufbauschen. Bei einer feierlichen Familientafel wird Inken von der Familie brüskiert. Außer sich vor Empörung wirft der Geheimrat die mißgünstige Sippe aus dem Haus, enterbt sie, zertrümmert die Familienerinnerungen. (Diese Raserei ist bewußt *König Lear* nachgebildet, der über den Undank seiner Töchter den Verstand verliert – zunächst wollte Hauptmann sein Stück *Der neue Lear* nennen.) Die Familie beantragt bei Gericht die Entmündigung und setzt einen Justizrat als Vormund über den Vater. Der Alte zerbricht an dieser Entwürdigung, gegen die er sich nicht wehren kann. Ursprünglich endete die Fassung in fünf Akten mit dem Selbstmord Clausens. Werner Krauss, der Darsteller der Uraufführung, veranlaßte den Dichter zu einer auf vier Akte verdichteten Umarbeitung, in der Clausen vom Herzschlag gefällt wird. Das Alterswerk verbindet die Resignation vor der gesellschaftlichen Umbruchsituation – die alten Humanitätsideale werden abgelöst vom Zeitalter des Managements – mit dem Einsatz für die freie Selbstbestimmung auch des alten Menschen. Wirkungssicher sind wieder die Randfiguren entworfen: der Machtmensch Klamroth, die Schwiegertochter Paula, eine geborene von Rübsamen mit dem Dünkel einer verarmten Offizierstochter, und die altjüngferliche Tochter Bettina, die sich frömmelnd und eifersüchtig zur Ersatzfigur für die verstorbene Mutter entwickelt hat. Das Stück wurde zweimal verfilmt mit Emil Jannings (1937) und Hans Albers (1956) in der Hauptrolle.

Die Atriden-Tetralogie

Angst und Verzweiflung im Inferno des Zweiten Weltkriegs, der Zusammenbruch der Wertordnung und Humanitätsideale, die er in seinem Werk bisher verkündet und nun durch das System des ›Dritten Reiches‹ ins Gegenteil verkehrt sah, der sich abzeichnende Verlust der schlesischen Heimat, persönliche Leiderfahrungen und ausweglos-pessimistische Endzeitstimmung bringt Hauptmann ein in seine Neufassung des antiken Mythos. Nicht mehr die Sicht der deutschen Klassik von der »edlen Einfalt und stillen Größe«, womit Goethe oder Hölderlin die antiken Gestalten zu zeitlosen Vorbildern idealisiert hatten, überhöht hier die alten Stoffe. Schon in seinem Reisetagebuch *Griechischer Frühling* (1907) deutet Hauptmann die griechische Tragödie als ein abstoßend schreckliches, blutgeschwärztes Elementarereignis: »Tragödie heißt: Angst, Not, Gefahr, Pein, Qual, Marter, heißt Tücke, Verbrechen, Niedertracht, heißt Mord, Blutgier, Blutschande.«

Wenn er nun den blutigen Untergang der Atriden-Sippe nachzeichnet, die sich mit Kindesopfer, Gattenmord, Muttermord und zuletzt Selbstmord selbst zerstört, wird hinter den antiken Vorgängen stets Hauptmanns Klage um die eigene Zeit hörbar, die in Barbarei und Vernichtungsrausch untergeht: »Gewöhnt Euch an das Fürchterliche – hat die Welt sich längst ja doch daran gewöhnt! Vergeblich ist's, dawider sich zu wehren . . . Der Wahnsinn herrscht! Ganz Hellas ist sein fürchterlicher Herd, auf ihm verbrennt zu Asche, was den Griechen dem Unflat der Barbarenwelt enthob, und köpflings stürzt er sich in ihren Blutsumpf.«

Die Menschen sind hilflos den Göttern ausgeliefert. Die außerirdischen Mächte tragen ihre Eifersucht, ihre Rivalitäten aus, indem sie stellvertretend die Menschen gegeneinander hetzen, sie durch Orakel und Gebote in Kämpfe und Verbrechen verstricken, sie leiden und untergehen lassen. Hauptmann greift auf Aischylos *(Die Orestie)*, auf Sophokles *(Elektra)* und Euripides *(Iphigenie in Aulis)* zurück, um in seinem Vierteiler eine archaische Antike zu beschwören.

Iphigenie in Aulis. Tragödie in 5 Akten. UA 15. 11. 1943 Wien. – Hauptmann folgt der gleichnamigen Tragödie des Euripides. Artemis, die Göttin der Jagd, hält das Griechenheer durch Windstille und Hitze fest, sie verhindert so den Kriegszug nach Troja. König Agamemnon soll seine Tochter Iphigenie opfern, um die Göttin zu versöhnen. Er gehorcht dem Orakel und zieht damit den Haß seiner Frau Klytaimnestra auf sich. Während Iphigenie bei Euripides von Artemis auf einer Wolke gerettet wird, läßt Hauptmann düstere Schreckgespenster aus der Unterwelt auftauchen: zwei Priesterinnen der Todesgöttin Hekate verschleppen das Mädchen nach Tauris.

Agamemnons Tod. Einakter. UA 10. 9. 1947 Berlin. – Hier liefert Aischylos mit dem ersten Teil seiner *Orestie* die Vorlage. Klytaimnestra hat sich mit ihrem Geliebten Aigisth verbunden. Als Agamemnon nach zehnjähriger Abwesenheit aus dem Trojanischen Krieg heimkehrt, wird er von seiner Frau in eine Falle gelockt und mit dem Beil erschlagen. Sie frohlockt, endlich habe sie für Iphigenie Rache genommen. Orest und Elektra, die Kinder Agamemnons, rüsten sich, um wiederum den Tod des Vaters zu rächen.

Elektra. Einakter. UA 10. 9. 1947 Berlin. – Der Stoff ist der gleichnamigen Tragödie von Sophokles und den *Choephoren* aus der *Orestie* des Aischylos entnommen. Orest, der vor der Mutter und dem Stiefvater ins Ausland geflohen war, kehrt heimlich als Rächer zurück. Gemeinsam mit Elektra hält er über Klytaimnestra und Aigisth das blutige Strafgericht. Hauptmann verstärkt die Greueltaten: Klytaimnestra selbst ist es, die in sich die Mutterliebe erstickt und den Sohn anfällt. In halber Notwehr sieht Orest sich zum Muttermord gezwungen. Die Täter fallen in Wahnsinn, flüchten voreinander.

Iphigenie in Delphi. Tragödie in drei Akten. UA 15. 11. 1941 Berlin. – Der Schlußteil – den *Eumeniden* des Aischylos folgend – bringt die Entsühnung. Orest erfüllt die Forderung der Artemis und bringt ihr Bild aus dem barbarischen Tauris zurück in den heimatlichen Tempel von Delphi. Zugleich kehrt Iphigenie heim – die drei Geschwister treffen im Heiligtum aufeinander: Elektra wird vom Wahn geheilt. Orest tritt die Herrschaft im Land Agamemnons an. Nur Iphigenie bleibt dem Totenreich verfallen und stürzt sich vom Felsen. Ihr Opfer ist der Preis für die Erlösung der anderen.

HERMANN SUDERMANN

* 30. September 1857 in Matziken (Memelland)
† 21. November 1928 in Berlin

Im Kampf um den Naturalismus galt Hermann Sudermann, der Sohn eines ostpreußischen Bierbrauers, als die zweite große dramatische Potenz neben Gerhart Hauptmann. Seine ersten Bühnenwerke *Die Ehre* (1889; Reclams UB 7825), *Sodoms Ende* (1890) und *Heimat* (1893; Reclams UB 9978) waren Sensationserfolge und blieben es bei dem Publikum auch, als die sehr wache und spürsinnige Berliner Kritik unter Führung des jungen Alfred Kerr (1867–1948) Sudermann bereits deutlich von Hauptmann distanziert hatte. Aus der historischen Perspektive betrachtet, steht der in seinen Erzählungen (z. B. den *Litauischen Geschichten*) meisterhafte Schilderer der Landschaft und Menschen des äußersten deutschen Nordostens als Dramatiker den Repräsentanten des Pariser Konversations- und Kolportagetheaters von der Art des jüngeren Dumas, Victorien Sardous, Henry Batailles und Henry Bernsteins viel näher als den Berliner Naturalisten. Seine Welt ist flacher, seine Gestalten sind schablonenhafter, aber seine dramaturgische Technik ist viel brillanter und ›regelrechter‹ als die von Hauptmann, Arno Holz und Johannes Schlaf. Hätte es damals schon den erst zwischen 1920 und 1930 aufgekommenen Begriff ›Gebrauchsstück‹ gegeben, man hätte den größten Teil von Sudermanns Bühnenwerken von *Es lebe das Leben* (1902) bis zu den durch Paul Wegener noch einmal berühmt gewordenen *Raschhoffs* (1919) mit ihm kennzeichnen können: Stücke, die ein Zeitproblem aufgreifen, es theatergemäß zubereiten, wirksame Rollen enthalten und letztlich doch die Antwort auf die meist schon recht oberflächlich gestellte thematische Frage schuldig bleiben. Der Nachfolger Sudermanns in dieser Hinsicht war Hans José Rehfisch (1891 bis 1960), Verfasser der Tragikomödie *Wer weint um Juckenack?*, der Schauspiele *Affäre Dreyfus*, *Brest-Litowsk*, *Wasser für Canitoga* u. a.

Die Witterung für Zeitfragen kann man Sudermann freilich nicht absprechen. Er spürte die beginnenden Emanzipationsbestrebungen im Bürgertum und ergriff in der Geschichte von der weltberühmten Sängerin, die einst von ihrer Familie verstoßen wurde, für sie Partei *(Heimat)*; er beobachtete im Berlin der neunziger Jahre das Aufkommen neuer Vermögensschichten aus der sich wandelnden Sozialstruktur der werdenden Weltstadt und hielt es in dem auf der Bühne noch wenig bekannten Milieu der Kunsthändler und Bodenspekulanten fest *(Die gutgeschnittene Ecke)*; er bemerkte die besonders in sozialistischen Kreisen mit viel Idealismus genährten Tendenzen zu einer »praktischen Humanität des arbeitenden Volkes« und stellte sie in dem Steinmetzmeister dar, der seinen Glauben an das Gute im Menschen dadurch bewährt, daß er entlassene Sträflinge beschäftigt, wobei sich dann manchmal ›Schicksale‹ herausstellen *(Stein unter Steinen)*. Prüft man aber die psychologischen Voraussetzungen der Dramen Sudermanns, so findet man, daß sie ebenso billig sind wie ihre Konflikte banal, und mit der Bühnenwirkung der einst sogenannten Bombenrollen allein ist es auch nicht mehr getan, seit das reisende Virtuosen- und Protagonistentheater zum Aussterben kam. Paul Wegener ging gern mit Sudermann-Stücken auf Tournee, und Eleonora Duse ist als Magda in *Heimat* überhaupt entdeckt worden (auf einer Gastspielreise in den baltischen Ländern). *Fritzchen*, der Titelheld eines technisch brillanten Einakters, in dem ein kleiner Leutnant einen Ehebruch mit seinem Leben büßen muß, war eine Lieblingsrolle von Josef Kainz. Die einst viel gespielte Komödie *Die Schmetterlingsschlacht* lebt von den dramatisierten Witzblattfiguren der umsichtig-beflissen kuppelnden Mutter, die ihre drei unversorgten Töchter unter die Haube bringen muß, des flotten Reisevertreters und des ›tiefveranlagten‹ Fabrikantensohnes, der dann schließlich der Jüngsten standesgemäßer Bräutigam wird.

Ein Werk Sudermanns aber verläßt den Umkreis der gehobenen Theaterkolportage und pocht an die Pforte der Dichtung – das 1900 erschienene Schauspiel *Johannisfeuer*. Wie in Halbes *Strom* das westpreußische winterliche, so ist hier das ostpreußische Land mit seinem herben und glühenden, von panischen Kräften durchströmten Sommer suggestiv festgehalten. Seine Stimmung umgibt seltsam erregend die Menschen des Gutshofs, den derb lebensfrohen Besitzer Vogelreuther, seine Tochter Trudchen und deren Verlobten Georg, der im feurigen Glanz der Johannisnacht dem halb hausmütterlichen (und darum ›Heimchen‹ genannten), halb irrlichtigen Mädchen Marikke verfällt, dessen Mutter, die diebische und versoffene Weßkalnene, beinahe so etwas wie eine litauische Erdhexe ist. Wenn man das

Schauspiel nicht naturalistisch, sondern aus einer panischen landschaftlichen Vision spielt (wie in der grandiosen Inszenierung Jürgen Fehlings im Berliner Staatstheater 1943, kurz vor dessen Zerstörung), dann müßte auch heute noch zu erkennen sein, daß Sudermann nicht nur die dramaturgische Routine eines talentierten Schülers der Pariser Boulevarddramatiker, sondern auch etwas von jener Kraft besaß, die eine Voraussetzung des Dichterischen ist – Phantasie, die nicht nur Menschen und Begebenheiten, sondern auch dahinter sieht. *K. H. R.*

ARTHUR SCHNITZLER

* 15. Mai 1862 in Wien
† 21. Oktober 1931 in Wien

Studiert als Sohn eines Wiener Arztes Medizin (1879–85) und wirkt seit 1886 in einer Klinik. Ab 1893 frei praktizierend als Arzt, später als freier Schriftsteller. Befreundet mit Hugo von Hofmannsthal, Felix Salten, Richard Beer-Hofmann, Hermann Bahr. Kontakt zu Sigmund Freud, der Schnitzler seinen geistigen »Doppelgänger« nennt. In den letzten Lebensjahren vorwiegend Erzähler.

Lange hat man Schnitzler abgestempelt als Dichter des Fin de siècle, der Wiener Dekadenz, als Stimmungsmaler der lebensmüden, ironisch-frivolen Salongesellschaft der bereits auseinanderbrechenden k. u. k. Donaumonarchie. Erst nach 1960 wurde er ebenso wie Tschechow als einer der großen Menschenzeichner erkannt, der mit analytischem Scharfblick und subtiler Charakterisierung sehr gegenwartsnahe Konflikte um Freiheit und Selbstaufgabe, Lebenslüge und Wirklichkeit, um Einsamkeit, Entfremdung und den Druck gesellschaftlicher Konventionen diskutiert. »Wir wissen nichts von andern, nichts von uns«, heißt es in *Paracelsus*. Die Verunsicherung des modernen Menschen, der sich selbst und dem die Umwelt zum Problem wird, der aber noch in den überkommenen Gesellschaftsstrukturen seine Rolle spielen muß – für dieses Mißverhältnis in einer Umbruchsituation findet Schnitzler immer neue, psychologisch aufschlußreiche Konflikte. Im Mittelpunkt steht der Typ des

Abenteurers, der vor sich selbst auf der Flucht ist, der frivole, zweifelnde, lebenssüchtige Spieler – ob er nun Anatol heißt oder Casanova (*Die Schwestern oder Casanova in Spa*, 1920), Fritz Lobheimer, Fichtner, Paracelsus oder Hofreiter. Er kämpft gegen die Vergänglichkeit, indem er immer neue Rollen erprobt, auch neue Liebeserfolge. Er flüchtet immer tiefer in Illusionen: »Es fließen ineinander Traum und Wachen, / Wahrheit und Lüge. Sicherheit ist nirgends.« Oft sind es Literaten und Theatermenschen, die diese Welt verkörpern, in der alles zu Masken und Posen, zu Ausflüchten, zu Verstellung wird.

Neben dem Abenteurer sind auch die anderen Figuren Typen in einem gesellschaftlichen Rollenspiel: das süße Mädel und die mondäne Dame, der einsame, resignierende Père noble und der Freund als ironisch kommentierender Stichwortgeber. Es sind Typen und zugleich unverwechselbare, in sich widersprüchliche Individualitäten. Die von der Gesellschaft, von Herkunft und Umwelt bestimmte Rolle steht oft gegen die freie Entfaltung des Menschen, aus dieser aufgezwungenen Rolle auszubrechen, die Erwartungen der Gesellschaft zu düpieren. Das führt zu Schnitzlers Leitmotiv der Freiheit gegen die Bindung, der Wirklichkeit gegen die Illusion. Formal bringt Schnitzler den Impressionismus aufs Theater. Er schreibt Kammerspiele, deren leicht hingeplauderte Konversation nur Fassade ist – die Pausen, das Verstummen, die Verlegenheitsgesten reißen oft den Abgrund auf, der hinter den Worten liegt. Hofmannsthal hat für seinen älteren Freund Schnitzler zu *Anatol* einen Prolog geschrieben, der die Zerbrechlichkeit dieser Welt, die Entfremdung ihrer Figuren, die Flucht in die formvollendete Grazie spielerisch in einigen Versen erfaßt: »Also spielen wir Theater, / Spielen unsre eignen Stücke, / Frühgereift und zart und traurig, / Die Komödie unsrer Seele, / Unsres Fühlens Heut und Gestern, / Böser Dinge hübsche Formel, / Glatte Worte, bunte Bilder, / Halbes, heimliches Empfinden, / Agonien, Episoden ...«

Nach Gedichten und Prosa entstanden 1888–91 die szenischen Skizzen *Anatol*, die als Zyklus erst 1910 zur Uraufführung kamen. *Das Märchen* (UA 1. 12. 1893 Wien) führt in die Welt des Theaters – die Freiheit der Kunst muß mit der sozialen Ächtung bezahlt werden. Der Dichter Fedor liebt die Schauspielerin Fanny, kann sich aber nicht damit abfinden, daß sie eine Frau mit Vergangenheit ist. Mit *Liebelei* (1895) gelang dem jungen Schriftsteller der Einzug ins Burgtheater. *Freiwild* (UA

1. 11. 1896 Berlin) übt scharfe Gesellschaftskritik an den Privilegien der Offizierskaste: Die Schauspielerin Anna ist Freiwild für einen liebeshungrigen Oberleutnant. Als ihr Jugendfreund Paul Rönning den Offizier mit einer Ohrfeige in die Schranken weist, aber nicht in der Lage ist, ein Duell zu bestehen, wird er von seinem Gegner niedergeschossen – Freiwild für dessen Ehrbegriff. Es folgten *Reigen* (Privatdruck 1900), dann *Das Vermächtnis* (UA 8. 10. 1898 Berlin): Der Sohn, durch einen Unfall jung aus dem Leben gerissen, hinterläßt seiner noblen Familie sein uneheliches Kind und dessen Mutter als Vermächtnis. Moralinsauer und überheblich entledigen sich die feinen Herrschaften der Pflicht, bis das Kind stirbt. Tragische Verstrickungen, Psychostudien um Freiheit und Bindung schildern *Der einsame Weg* (1904), *Zwischenspiel* (UA 12. 10. 1905 Wien) – das Zerbrechen einer Künstlerehe – und *Der Ruf des Lebens* (UA 24. 2. 1906 Berlin): Hier tötet die junge Marie Moser ihren Vater, den Major, weil er ihrer Liebe im Weg steht. Der Major wiederum zieht ein ganzes Regiment in den Untergang – der Fetisch Offiziersehre wird über den Ruf des Lebens triumphieren. *Fink und Fliederbusch* (UA 14. 11. 1917 Wien) ist eine Satire auf die Gesinnungslosigkeit des Journalisten, der mal als Fink pro, dann wieder als Fliederbusch contra schreibt und sich unter seinen Decknamen so wüst attackiert, daß er schließlich ein Duell gegen sich selbst austragen müßte. *Komödie der Verführung* (UA 11. 10. 1924 Wien) erneuert das Anatol-Thema: Der Verführer Max erobert drei sehr unterschiedliche Frauen, Aurelie, Judith und Seraphine. Jede gehört zu einer anderen Gesellschaftsklasse und muß anders mit der Enttäuschung fertig werden. Doch diesmal steht die Handlung unter dem Zeichen des ausbrechenden Weltkriegs. *Im Spiel der Sommerlüfte* (UA 21. 12. 1929 Wien) erinnert in seiner pointillistischen Dramaturgie an Gorkis *Sommergäste*: die Realität löst sich auf in Reflexe, in flüchtige Eindrücke, Bruchstücke von Dialogen – haltlos und unfrei treiben die Menschen durchs Leben.

Immer wieder griff Schnitzler historische Stoffe auf: Dabei begnügte er sich nicht mit dem damals üblichen Kostümstück, er gab auch den Figuren der Vergangenheit die Selbstzweifel, die widersprüchliche Psyche der Jahrhundertwende. *Paracelsus* (UA 1. 3. 1899 Wien) ist nicht nur der große Arzt, er ist auch ein Magier, der mit den Menschen spielt, der die irrealen Tiefenschichten der Realität aus Traum und Wunsch aufdeckt. *Der grüne Kakadu* (1898) spielt in der Französischen Revolution, die Renaissancetragödie *Der Schleier der Beatrice* (UA 1. 12. 1900 Breslau) führt nach Bologna, das durch den Eroberer Cesare Borgia vom Untergang bedroht ist. Der Dichter Filippo Loschi verstößt seine Geliebte Beatrice, er verliert sie an den Herzog und begeht darüber Selbstmord. Der Hochzeitsschleier, den sie beim toten Dichter vergißt, verrät ihre Liebe, und sie wird vom eigenen Bruder erdolcht. Das ist ein schwelgerisches Liebe- und Rache-Spektakel ganz im Geschmack der Zeit. *Der junge Medardus* (UA 24. 11. 1910 Wien) wurde zum 100. Jahrestag der Schlacht von Aspern geschrieben, dem österreichischen Sieg über Napoleon, und brachte Schnitzler den Raimund-Preis ein. Medardus will den Tod seines Vaters an Napoleon rächen, wird aber ahnungslos und unfreiwillig zu dessen Retter. Denn aus Eifersucht tötet er die Prinzessin von Valois und verhindert damit deren Attentat auf den Kaiser. Wieder einmal zeigt Schnitzler so den Menschen als Spielball der Zufälle und Gelegenheiten.

Schnitzlers Vorliebe für die pointierte szenische Skizze, die in der Episodenform mancher abendfüllender Werke wie *Anatol* und *Reigen* sichtbar wird, brachte auch eine Reihe Einakter, Stimmungsbilder, Gespräche zwischen zwei, höchstens drei Personen hervor, die zuweilen thematisch zu Zyklen verbunden sind: *Die überspannte Person* (1894); *Halbzwei* (1894); *Die Gefährtin* (1898); *Silvesternacht* (1900); der Zyklus *Lebendige Stunden* (1901): neben dem Titelstück noch *Die Frau mit dem Dolche*, *Die letzten Masken* (Reclams UB 7959), *Literatur* (Reclams UB 7959). Der Zyklus *Marionetten* (1904): *Der Puppenspieler*, *Der tapfere Cassian*, *Zum großen Wurstel*; *Komtesse Mizzi* (1907); der Zyklus *Komödie der Worte* (1915): *Stunde des Erkennens* (Reclams UB 7959); *Große Szene*, *Das Bacchusfest*. Stets geht es um die Stunde der Wahrheit, in der Illusionen zerstört, Verlogenheiten aufgedeckt werden. Oft wird die Welt der Literatur und des Theaters als Scheinwelt, werden ihre gefeierten Künstler als Egoisten und Traumtänzer entlarvt.

Bis 1914 gehörte Schnitzler zu den vielgespielten Autoren der Moderne, der neben dem Wiener Burgtheater auch im Berliner Theaterleiter Otto Brahm einen engagierten Wegbereiter fand. In den zwanziger Jahren bis zu seinem Tod 1931 galt er als überholt, als Chronist einer versunkenen Gesellschaft. Das ist mit ein Grund, daß sich der späte Schnitzler der Novelle zuwandte. Im ›Dritten Reich‹ war er verfemt. Erst um 1960 setzte eine Renaissance ein, nicht zuletzt durch seinen Sohn Heinrich Schnitzler als Regisseur, die bis heute anhält.

Liebelei

Schauspiel in drei Akten
Uraufführung: 9. Oktober 1895 in Wien

Personen: Hans Weiring, Geiger – Christine, seine Tochter – Mizi Schlager, Modistin – Katharina Binder – Fritz Lobheimer – Theodor Kaiser – Ein Herr.
Ort und Zeit: Wien, Gegenwart.

Der Student Fritz Lobheimer hat ein Verhältnis mit einer verheirateten Dame der Gesellschaft. Um ihn abzulenken von dieser verzweifelten, hoffnungslosen Liebe arrangiert sein Freund Theodor einen Flirt mit Christine, dem jungen, schwärmerischen Vorstadtmädel. Für sie wird Fritz, der mit der Noblesse des eleganten Herrn aus großem Haus auftritt, zur großen, einzigen Liebe ihres Lebens. Anders als ihre Freundin Mizi Schlager, die sich mit Theodor ein paar vergnügte Wochen macht und weiß, daß dieses Glück keinen Bestand hat, lebt sie ganz aus ihrem tiefen Gefühl. Fritz wird von seiner Vergangenheit eingeholt. Der Ehemann seiner früheren Geliebten fordert ihn zum Duell, er wird getötet. Am Vorabend noch nutzt er die Abwesenheit des alten Weiring, Christines Vater, aus, der als Geiger im Josefstädter Theater spielen muß, um das Mädchen zu besuchen. Trügerisch bestärkt er Christine in der Sicherheit ihres Glücks. Als sie von seinem Tod erfährt, den er für eine andere erlitten hat, verzweifelt sie und verliert jeden Halt: »Und ich ... was bin denn ich? Was bin denn ich ihm gewesen? ... Ich bin ihm nichts gewesen als ein Zeitvertreib – und für eine andere ist er gestorben! Und ich – hab ihn angebetet!« Sie stürzt davon, wohl in den Selbstmord. Und der alte Weiring weiß: Sie kommt nie wieder.

Mit Christine hat Schnitzler den Idealtyp des »süßen Wiener Mädels« geschaffen, das ganz aus dem naiven Gefühl heraus lebt, aus einer Herzensunschuld, die oft an der Wirklichkeit zugrunde geht. Die Gestalt wird zu einem vielfach abgewandelten literarischen Modell und wirkt weiter bis zu den geschundenen, mißbrauchten Mädchenfiguren bei Ödön von Horváth. *Liebelei* gehört zu Schnitzlers erfolgreichsten Werken, Darsteller wie Alexander Girardi, Hans Moser, Paul Hörbiger als Weiring haben es populär wie ein Volksstück gemacht. Es wurde bisher sechsmal verfilmt, u. a. von Max Ophüls 1932 (mit Luise Ullrich, Magda Schneider, Paul Hörbiger) und von Gaspart-Huit 1958 (mit Romy Schneider und Alain Délon).

Der grüne Kakadu. Groteske in einem Akt. UA 1. 3. 1899 Wien. – Der Wirt Prospère hat sein Lokal »Zum grünen Kakadu« in Paris als Verbrecherherberge eingerichtet. Allabendlich spielt er hier mit einer Schauspieltruppe seinen noblen Gästen aus der Aristokratie Unterwelt vor. Gegen gute Bezahlung können die feinen Herrschaften miterleben, daß sie anscheinend unter Mördern und Einbrechern sitzen, daß sie als gruselige Sensation von Verbrechen hören, die nie begangen wurden. Auch am 14. Juli 1789 wird hier gespielt, lassen sich die Gäste von den Ganoven beschimpfen und bedrohen, während draußen auf den Straßen von Paris die Revolution tatsächlich losbricht und der Sturm auf die Bastille beginnt. Star unter den Schauspielern ist Henri, der sich auf Verbrechen aus Leidenschaft spezialisiert hat. Heute agiert er besonders effektvoll: Er schildert, wie er seine Frau Léocadie beim Stelldichein mit dem Herzog von Cadignan überrascht, wie er den Kavalier aus Eifersucht erstochen hat. Alle sind überzeugt, Henri habe den Mord begangen, denn Léocadie ist wirklich die Geliebte des Herzogs. Henri durchschaut nachträglich den Zusammenhang und tötet den Herzog, als er zufällig die Kneipe betritt. Und die höchst private Rache des Ehemanns wird sogleich zur patriotischen Tat, zum Fanal für die anbrechende Revolution verklärt.

Dieser Tanz auf dem Vulkan behandelt virtuos und in vielfacher Brechung Schnitzlers Leitmotiv von Spiel und Wirklichkeit. Für die republikanisch gesinnten Schauspieler ist das Spiel Wirklichkeit, um ihren politischen Protest auszuleben. Für die Aristokraten ist die Wirklichkeit Spiel und das Spiel, sobald sie sich durch die Illusion mitreißen lassen, wieder Wirklichkeit. Wie später im *Jungen Medardus* zeigt Schnitzler, daß selbst Fakten ihre Bedeutung wechseln, daß Henris Tat sogleich umzuinterpretieren ist. Diese Doppelbödigkeit von Schein und Sein, Denken und Tun ist auch Zentralthema in den Stücken von Pirandello. Was dort aber oft abstraktes Denkspiel bleibt, wird hier lebendig als effektvoll-theatralischer Reißer. (Reclams UB 8399.)

Der einsame Weg. Schauspiel in fünf Akten. UA 13. 2. 1904 Berlin. – Nach Jahren begegnet der Maler Julian Fichtner wieder Gabriele. Einst hatte er sie verführt und verlassen, um seine Freiheit als Künstler nicht aufzugeben. Sie hat den Akademieprofessor Wegrat geheiratet, hat inzwischen in Felix und Johanna zwei herangewachsene Kinder. Keiner ahnt, daß der Ulanenleutnant Felix den Maler zum Vater hat. Gabriele ist vom Tod gezeichnet und entdeckt den Kindern die Wahrheit. Aber Felix weist Fichtner ab, der in seinem vereinsamten Alter auf einmal das Bedürfnis hat nach Nähe und Familienglück. Felix bekennt sich zu Wegrat – dem falschen Vater und echten Menschen. Johanna sperrt sich gegen die Zukunft, die ihre Mutter für sie vorbereitet: sie verlobt sich nicht mit dem jungen Arzt Reumann, sondern liebt Herrn von Sala, den alternden Literaten, in dem eine tödliche Krankheit wächst. Tod und Einsamkeit sind stets gegenwärtig für all diese verlorenen Menschen: Johanna geht ins Wasser, da sie weiß, daß der Tod die einzig mögliche Vereinigung mit Sala ist. Sala begeht Selbstmord und flüchtet so vor dem langsamen Sterben. Gabriele stirbt, nachdem sie endlich Klarheit in ihr Leben gebracht hat. Für Fichtner, Wegrat und die Schauspielerin Irene Herms bleibt der einsame Weg ins Alter. *Der einsame Weg* ist ein herbstliches Stück, ein Schauspiel der Vereinzelung, der Enttäuschung und Hoffnungslosigkeit. Das subtile Charakterporträt Salas hat jahrzehntelang Albert Bassermann zur berühmten Gastierrolle gedient. Später war damit Leopold Rudolf erfolgreich – mit Hans Söhnker als Fichtner. (Reclams UB 8664.)

Anatol

Zyklus von 8 Einaktern
Uraufführung: 3. Dezember 1910 in Wien und Berlin

Personen: Anatol – Max – Cora – Gabriele – Bianca – Emilie – Annie – Ilona – Else – Annette.

Anatol ist ein echter Kavalier der Wiener Schule: jung, fesch, wohlhabend, gelangweilt. Sein einziger Beruf und Lebenszweck liegt darin, immer in irgendwelche amouröse Abenteuer verstrickt zu sein. In allen Episoden ist Max der Freund und Ratgeber, ein Stichwortgeber, der die einzelnen Situationen auch mit seinen Kommentaren begleitet. I. *Die Frage an das Schicksal*: Anatol versetzt Cora in Hypnose, um endlich herauszubekommen, ob sie ihm wirklich treu sei. Doch er verzichtet auf die Frage aus Angst, seine Illusion zu verlieren. II. *Weihnachtseinkäufe*: Ihrer Ehe zuliebe hat Gabriele Anatols Liebeswerben widerstanden. Wehmütig hört sie nun, wie er von seiner derzeitigen Freundin, dem einfachen »süßen Mädel« aus der Vorstadt schwärmt. Sie schickt der glücklicheren Rivalin Blumen mit dem Gruß von einer Frau, »die vielleicht ebenso lieben kann wie du und die den Mut dazu nicht hatte«. III. *Episode*: Stolz schwelgt Anatol in der Erinnerung, daß er für die Zirkusreiterin Bianca wohl ein einmaliges Erlebnis war. Wie herb ist die Enttäuschung, als die flotte Dame ihn gar nicht mehr erkennt, da sie gerade in Max verliebt ist. IV. *Denksteine*: Allerlei Juwelen hat Emilie als kostbare Erinnerung an ihre wechselnden Liebhaber gesammelt. Anatol will sie heiraten, verlangt aber, daß sie sich von ihrer amourösen Hinterlassenschaft trennt. Er wird enttäuscht, denn sie behält heimlich zwei ihrer Gedenksteine. V. *Abschiedssouper*: Wegen einer anderen will Anatol der Tänzerin Annie den Laufpaß geben. In seiner Eitelkeit verletzt, muß er feststellen, daß er zuvor schon von seiner Freundin betrogen wurde und bereits einen Nachfolger hat. VI. *Agonie*: Anatol ist diesmal der Geliebte Elses, einer verheirateten Frau. Er ist gekränkt, daß sie zwar das amouröse Abenteuer mit ihm genießen, aber keineswegs für ihn ihre Ehe aufgeben will. VII. *Anatols Hochzeitsmorgen*: Die letzte Nacht seiner Junggesellenzeit verbringt Anatol mit der Schauspielerin Ilona. Es kommt nicht zum geplanten Abschied. Auch als Ehemann wird er die Freundin wieder treffen. Anatol geht zum Ehegelöbnis mit dem festen Entschluß, es nicht zu halten. VIII. *Anatols Größenwahn*: Im Alter blickt Anatol zurück auf seine vergänglichen Abenteuer und Illusionen. In der Begegnung mit der jungen Annette wird deutlich, daß nicht die Frauen, sondern daß er selbst immer der Betrogene im flüchtigen Liebesspiel war.

»Böser Dinge hübsche Formel« nennt Hofmannsthal in seinem Prolog diese Szenen. Und wirklich liegt hinter diesen galant verspielten Plaudereien ein Abgrund an Einsamkeit, Egoismus, Gefühlsroheit, zynischer Seelenkälte, Leiden an der Vergänglichkeit.Anatol gehört zu einer um die Jahrhundertwende sehr häufigen literarischen Leitfigur: der mit sich selbst zerfallene Mensch, der die Wirklichkeit versäumt, weil er stets nur spielt und sich dabei zusieht, sich unentwegt kommentiert. Der Poseur, der nur nach dem Selbstgenuß seiner Eitelkeiten schielt und zugleich wieder durch Selbstironie zerstört. Wegweisend ist die Form: die lockere Folge von Episoden, die in sich abgeschlossen sind und jeweils einen Wesenszug der Titelfigur herausstellen, weist bereits voraus auf Strukturen des epischen Theaters. Schnitzler wird diese neue Dramaturgie im *Reigen* nochmals erproben. (Reclams UB 8399.)

Das weite Land. Tragikomödie in fünf Akten. UA 14. 10. 1911 Berlin. – Der Fabrikant Friedrich Hofreiter ist ein Herzensbrecher und Lebensgenießer, der während seiner Ehe mit Genia kein Abenteuer ausläßt. Er braucht stets eine Liebelei nebenher zur Selbstbestätigung, zum Amüsement, zur Illusion von Freiheit. Gerade hat er in Genias Freundin Erna Wahl seine neueste Eroberung gemacht. Genia erträgt die Seitensprünge ihres Mannes mit Takt und Verständnis. Sie ist so unerschütterlich treu und überlegen, daß der Luftikus Hofreiter sich durch die Gelassenheit seiner Frau gedemütigt fühlt. Aber Genias Überlegenheit ist nur gespielt. Sie nimmt die Herausforderung ihres Mannes an, will ihn eifersüchtig machen, ihn zurückerobern. Deshalb gibt sie dem Werben des jungen Schiffsleutnants Otto von Aigner nach. Hofreiter entdeckt den Betrug, fordert zum Duell, um der gesellschaftlichen Konvention zu entsprechen. Er erschießt Otto aus Rache – nicht um den Ehebruch zu rächen, sondern um die Jugend zu töten, weil er ihr die Zukunft nicht gönnt. Er hat damit auch seine Ehe zerstört. Wie so oft in Schnitzlers Spätwerk ist der Ausblick düster, resignierend, verbittert. Einsames Altern nach einem sinnlos zugebrachten Leben. *Das weite Land* ist der Bereich der Seele, der diesen Figuren abgründig und gefährlich erscheint, vor dem sie sich abschirmen mit ihren Gesellschaftsspielen, mit nichtiger Konversation und tändelnden Posen.

Reigen. Zehn Dialoge. UA in ungarischer Sprache 13. 10. 1912 Budapest. – Zehn Liebesszenen, zehn sexuelle Begegnungen, wobei Schnitzler sich zum Entsetzen seiner Zeitgenossen nicht damit begnügt, die Liebesvereinigung dezent mit dem üblichen Kuß oder einer Umarmung anzudeuten. Er demonstriert für die jeweilige Figur psychologisch aufschlußreich die Strategie des Liebesspiels, verdunkelt dann die Szenen bzw. setzt im Text die beredten Pünktchen als Zeichen des Geschlechtsaktes und setzt den Dialog fort mit dem Nachspiel voller Ernüchterung, Desillusion, Katzenjammer. Stets findet die eine Figur in der nächsten Liebesszene einen neuen Partner, der anschließend wieder weitergereicht wird an die übernächste Situation – ein Reigen der Sexualität entsteht, der eigentlich ein Totentanz ist: die Dirne mit dem Soldaten, der Soldat mit dem Stubenmädchen, das Stubenmädchen mit dem jungen Herrn, der junge Herr mit der jungverheirateten Dame, die jungverheiratete Dame mit ihrem Ehemann, der Ehemann mit dem süßen Mädel, das süße Mädel mit dem Dichter, der Dichter mit der Schauspielerin, die Schauspielerin mit dem Grafen, und der Graf mit der Dirne. Der Kreis, die zwanghafte Abfolge hat sich geschlossen. Das Ziel ist immer gleich; die Täuschungsmanöver, die Verlogenheiten, die Technik, zu überrumpeln, brutal einzuschüchtern, gefügig zu machen, ist jeweils anders. Schnitzler charakterisiert mit wenigen Sätzen, mit kurzem Situationsumriß die Figur und ihren gesellschaftlichen Hintergrund, ihre Standesrolle. Stets muß in der Liebe geheuchelt werden, muß von Liebe und Sehnsucht geschwärmt werden, wenn der sexuelle Erfolg, die augenblickliche Befriedigung gemeint ist. Die Figuren, die keine Eigennamen besitzen, erweisen sich – die gesellschaftliche Stufenleiter hinauf wie herunter – als austauschbar in ihrer Sexualität. Und ebenso austauschbar sind die moralischen Konventionen – ob Prostitution, ob eheliche Pflichterfüllung. Das mußte damals die nationalen Tugendwächter erbittern; die Skandale gegen das Stück in den zwanziger Jahren hatten zudem bereits eine antisemitische Stoßrichtung.

Schnitzler hat mit diesem Werk, das in seiner kühlen, diagnostischen Verhaltensanalyse zu seinen Meisterwerken gehört, seine Zeitgenossen schockiert. 1900 ließ er den Text als Privatdruck von 200 Exemplaren nur im Freundeskreis verbreiten. 1903 erschien die erste öffentliche Buchausgabe in Wien und wurde 1904 in Deutschland verboten. 1912 mußte die Uraufführung in ungarischer Übersetzung stattfinden. 1920/21 wurden Aufführungen in Wien, München, Berlin nach Publikumstumulten untersagt. In Berlin mußte sich im berüchtigten »Reigen-Prozeß« Gertrud Eysoldt als Theaterleiterin vor Gericht verantworten. Schnitzler untersagte darauf jede Aufführung. Als 1982 die Sperrfrist ablief, häuften sich die Neuinszenierungen. Der Reigen wurde mehrmals verfilmt, u. a. 1950 durch Max Ophüls *(La Ronde)* mit Adolf Wohlbrück und 1964 durch Roger Vadim mit Jane Fonda.

Professor Bernhardi

Komödie in fünf Akten
Uraufführung: 18. November 1912 in Berlin

Personen: Dr. Bernhardi, Direktor des Elisabethinums – Dr. Ebenwald, Vizedirektor – Dr. Cyprian – Dr. Pflugfelder – Dr. Filitz – Dr. Tugendvetter – Dr. Löwenstein – Dr. Schreimann – Dr. Adler – Dr. Oskar Bernhardi und Dr. Kurt Pflugfelder, Assistenten Bernhardis – Dr. Wenger, Assistent Tugendvetters – Hochroitzpointner, Kandidat der Medizin – Ludmilla, Krankenschwester – Professor Dr. Flint, Unterrichtsminister – Hofrat Dr. Winkler, im Unterrichtsministerium – Franz Reder, Pfarrer der Kirche zum Heiligen Florian – Dr. Goldenthal, Verteidiger – Dr. Feuermann, Bezirksarzt in Oberhollabrunn – Kulka, ein Journalist – Ein Diener bei Bernhardi – Ein Diener im Elisabethinum – Ein Diener im Unterrichtsministerium.
Ort und Zeit: Wien um 1900.

Professor Bernhardi ist als Internist eine Kapazität unter den Wiener Ärzten, von wissenschaftlichen Erfolgen und gesellschaftlichen Ehrungen überhäuft: er ist Leibarzt bei Hof, verkehrt mit Ministern und Aristokraten, ist Direktor der Privatklinik »Elisabethinum«. Jäh wird er persönlich diffamiert und von der Gesellschaft ausgestoßen, als er sich gegen die Norm stellt, um seinem Gewissen, seiner Verantwortung als Arzt zu folgen. Eine Patientin, die bereits im Sterben liegt, klammert sich mit wahnwitzigem Optimismus noch ans Leben, hofft bis zum letzten Atemzug auf Rettung. Der Arzt will ihr diesen euphorischen Selbstbetrug, der sie glücklich macht, erhalten. Ludmilla, die geistliche Schwester, besteht auf dem katholischen Kirchengesetz: sie ruft den Priester zur Letzten Ölung. Aus Barmherzigkeit mit der Sterbenden verweigert Bernhardi dem Geistlichen den Zutritt: er erspart ihr die Wahrheit und schenkt ihr ein Sterben ohne Angst. Mit dieser Entscheidung löst der Professor im katholischen Österreich einen Skandal aus. Denn

Bernhardi ist Jude. Von den Geldgebern der Klinik wird er zum Rücktritt als Direktor gedrängt. Man stellt ihn wegen Religionsstörung vor Gericht, verurteilt ihn zu zwei Monaten Gefängnis, diffamiert ihn, er habe mit Gewalt den Pfarrer an dessen Auftrag gehindert. Und der jesuitische Geistliche läßt die Lüge unwidersprochen weiterwirken, da die emotionale Entrüstung der Gläubigen, die sich steigert bis zu einer Protestnote ans Parlament, den Interessen der Kirche dient. Privat teilt er Bernhardis Entscheidung und würde ebenso gehandelt haben. Nach der Verurteilung wird Bernhardi von der Presse als Märtyrer gefeiert. Was der Professor aus Pflichtbewußtsein getan hat, schlachten andere als antiklerikale Demonstration aus. Zugleich macht Schnitzler deutlich, daß für die Gesellschaft und ihre diversen Vertreter das Ärgernis, das Bernhardi erregt, nur Vorwand ist, um persönliche Aggressionen gegen den erfolgreichen Arzt loszuwerden, um ideologische Vorurteile gegenüber dem Juden auszuleben und ihn – der sich durch Leistung und Ansehen längst in die Gesellschaft integriert hat, ja sogar zu deren Leitbild geworden ist – wieder zum Staatsfeind, zum Außenseiter zu stempeln. Dr. Ebenwald, der Vizedirektor, nutzt die Stunde für seine Karriere. Die Kollegen sind Opportunisten, Minister Flint ist ein geschmeidiger Politiker, der sich aus dem Konflikt heraushält. Als Schnitzler den Stoff 1910 als typischen Ibsen-Konflikt ausarbeitete – wie in dessen *Volksfeind* stellt sich ein einzelner mit seiner Gewissensentscheidung und moralischen Verantwortung gegen eine verrottete Gesellschaft –, war für ihn der Antisemitismus noch ein Randthema, das sich in Komödienform ansprechen ließ. Dennoch enthielt das Stück auch schon für das Habsburgerreich politischen Zündstoff – die Aufführung wurde verboten. Seit 1945 aber wird *Professor Bernhardi* als frühe Warnung vor der Judenverfolgung gesehen – besonders Ernst Deutsch in zahlreichen Inszenierungen, aber auch Leopold Rudolf und Günther Lüders haben die Titelfigur in diesem Sinn interpretiert.

HERMANN BAHR

* 19. Juli 1863 in Linz (Donau)
† 15. Januar 1934 in München

Vorfahren: schlesische und oberösterreichische Bauern. Studium in Wien, Czernowitz und Berlin: klassische Philologie, Jura, Nationalökonomie; Reisen nach Frankreich und Spanien. Durch Brahm Berufung in die Vorstandschaft der »Freien Bühne«, Berlin. Dann in Rußland und in der Schweiz, seit 1894 in Wien. Erzähler, Essayist, Theaterkritiker, Dramatiker. Schaffen für die Bühne zwischen 1887 und 1926. Verheiratung 1909 mit der großen Wagner- und Strauss-Darstellerin Anna von Mildenburg. 1912 Übersiedlung nach Salzburg. 1918 im Direktorium des Burgtheaters. Danach in München. Konversion während des Ersten Weltkrieges.

Bezeichnend heißt das erste Bühnenstück *Die neuen Menschen* (1887). Denn die wechselnde Folge von über dreißig Spielen – unter ihnen: *Der Athlet* (1895), *Wienerinnen* (1900), *Der Krampus* (1902), *Der Meister* (1903), *Sanna* (1905), *Das Konzert* (1909), *Die Kinder* (1911), *Das Prinzip* (1912), *Die Stimme* (1916; dramatische Bekräftigung des endgültigen Übertritts zum Katholizismus) – kreist letztlich um die Erneuerung des zu seiner inneren Freiheit aufbrechenden Menschen. In der Fülle dieser vielgestaltigen Varianten seines Grundthemas erreicht ein schöpferischer und zugleich kritischer Geist, voll szenischer Erfindungsgabe, Charakterisierungskraft, Herzenswärme und ironischer Dialektik einen Gipfel des zeitkritischen Gesellschaftsstückes zu Beginn des 20. Jahrhunderts, vornehmlich der Wiener Gesellschaftskomödie. Zugleich einer der großen Essayisten der Zeit, fing Bahr eine ganze Epoche europäischer Kulturgeschichte zwischen Naturalismus und Expressionismus in seinen kunstkritischen Schriften auf und experimentierte dichterisch selbst, höchst beweglich, in den verschiedensten Ideologien und Stilen, denen er meist führend voranging. Seinen weltanschaulichen, politischen und künstlerischen Wandlungen wohnt der unveränderliche Grundzug eines steten Kampfes gegen Unnatur und Konvention für eine organische Entfaltung lebendiger Menschlichkeit inne. *K. G.*

Das Konzert

Lustspiel in drei Akten
Uraufführung: 23. Dezember 1909 in Berlin

Personen: Gustav Heink, Pianist – Marie, seine Frau – Dr. Franz Jura – Delfine, seine Frau – Eva Gerndl – Pollinger – Frau Pollinger – Fräulein Wehner – Heinks Schülerinnen.
Ort und Zeit: In Heinks Wohnung und in seiner Berghütte, 1. Hälfte des 20. Jahrhunderts.

Wirbeliger Trubel im Hause des gefeierten Pianisten: der Meister, umdrängt von seinen Schülerinnen, schickt sich an, für kurze Zeit zu verreisen – zu einem Konzert, wie er vorgibt. Die geistes- und herzenskluge Marie, nach elfjähriger Ehe mit Heink das Muster einer verstehenden Künstlerfrau, durchschaut den wahren Sachverhalt, und der reisefertige Gatte gesteht ihr, daß ihm das Konzert nur zum Vorwand dient, um, ungestört von der Anbetung seiner Schülerinnen, seine strapazierten Nerven wenigstens ein paar Tage auf seiner Gebirgshütte zu erholen. Im Schwarm der zum (ausfallenden) Unterricht versammelten Elevinnen macht die eifersüchtige Eva Gerndl die aufregende Entdeckung, daß eine einzige ihrer Mitschülerinnen fehlt: Frau Delfine Jura. Folglich weiß Delfine um die geheimnisvolle Reise. Evas Mißtrauen wittert, daß die Rivalin bereits mit dem Verehrten auf der Fahrt zur Hütte ist. Entschlossen, den Meister vor dieser ›gefährlichen Person‹ zu retten, setzt Eva telegraphisch Delfines Mann in Kenntnis, flüchtet dann aber, verängstigt durch die möglichen Folgen ihrer Tat, hilfesuchend zu Frau Marie. Der gute Doktor Jura freilich ist von einer gänzlich anderen Art, als die exaltierte Eva sich vorstellen kann: ein selbstdenkender, originaler Kopf von vorurteilsloser Menschlichkeit. Grundgescheit und grundgütig, wäre er sogar bereit, seine Frau, die er liebt, freizugeben, falls sie wirklich mit einem anderen glücklich würde. Aber er kennt den andern nicht und befürchtet für sein erst siebzehnjähriges Delfindl eine herbe Enttäuschung. Frau Marie hingegen kennt ihren Mann viel zu genau, um zu wissen, daß er sie braucht und niemals auf sie verzichten kann. Mit Marie, die Jura in seinem Dilemma aufsucht, versteht sich der Doktor sofort ausgezeichnet: hellen Verstandes und wachen Herzens denken die beiden den Fall konsequent durch und beschließen, die Ausreißer auf die Wahrheit ihrer Gefühle zu prüfen. Jura und Marie fahren also auch zur Hütte. Dort ist Heink mit Delfine eingetroffen. Anderthalb Jahre schon hat er kein ›Konzert‹ mehr veranstaltet. Die neugierige Schwärmerin wäre durch die frostigen Galanterien des alternden Routiniers, dessen wachsendem Bequemlichkeitsbedürfnis die gewohnte Rolle eines heißblütigen Verführers zu seinem eigenen, nicht geringen Erstaunen mit einemmal sauer wird, schon zur Genüge bestraft, selbst wenn der erste Abend nicht bereits die überraschende Ankunft der beiden ergänzenden Ehehälften brächte. Wie der verlassene Ehemann und die betrogene Ehefrau ihrerseits nun die Verliebten spielen, sozusagen legitim vor den zwei Ertappten (und darüber ernsthaft aneinander Gefallen finden), zwingt ihre List das ungleiche Paar, Farbe zu bekennen. Der verblüffte Virtuose und sein von einer Verlegenheit in die andere geklemmtes ›Opfer‹ durchlaufen sämtliche Stadien zwischen Trotz, Eifersucht, Angst vor dem drohenden Gattentausch und Nachgiebigkeit, bis Heink das Spiel durchschaut, sich mit Jura anfreundet und endlich befreit aufatmet, als Delfine, von Marie gelenkt, ihren geliebten Franz aller Gefahr entreißt. Heilfroh, seiner Frau wieder sicher zu sein, verspricht Heink ihr Besserung. Kaum aber erscheint, von Furcht und Erwartung beflügelt, die enthusiastisch schmelzende Eva in der Hütte, schmelzen auch des Meisters Vorsätze – und ein neues »Konzert« kann beginnen.

Die auf der Höhe Bahrscher Darstellungskunst stehende Komödie glossiert nicht allein Künstlereitelkeit, Männcheneitelkeit und das vielberufene ›Kind im Manne‹, ihr »vertrauender Lebenshumor« gibt zugleich das Rezept der »glücklich verhinderten Ehebrüche«, mit Verstand und gutem Willen »klare Verhältnisse herzustellen« (Bahr). Der durchlaufende Dialog zwischen Franz und Marie (der ausgeglichensten Frau und dem innerlich jugendlichsten Mann seines Gesamtwerks) hebt, neue und bessere Menschheitszüge aufspiegelnd, diese »aphoristisch blendende Kritik der Ehe, ihrer Freiheiten und ihrer Unfreiheit« (Handl) über das Niveau ähnlicher Ehewirrwarr-Lustspiele. (Reclams UB 8646.) *K. G.*

MAX HALBE

* 4. Oktober 1865 in Güttland (Westpreußen)
† 30. November 1944 in Neuötting (Oberbayern)

Sohn eines Gutsbesitzers, Gymnasium in Marienburg, Jurastudium in Heidelberg, Germanistik und Geschichte in München und Berlin, Dr. phil. 1888 in München. Lebt als freier Schriftsteller in Berlin, Kreuzlingen, seit 1895 in München, wo er sich dem Literatenkreis um Frank Wedekind, Hartleben, Keyserling und Ludwig Thoma anschließt. Von 1924 bis zu seinem Tod lebt er auf seinem Gut Burg bei Neuötting.

Schon die Vorliebe für symbolkräftige Titel – *Jugend*, *Strom*, *Lebenswende*, *Mutter Erde*, *Das tausendjährige Reich*, *Freiheit*, *Scholle und Schicksal* – weisen auf Halbes Bemühen, elementare Naturgewalt und die Seelenkämpfe seiner Figuren melodramatisch und oft am Rande des Kitsches miteinander zu verbinden. Die westpreußische Landschaft um Güttland, die Küste bei Danzig, der mächtige Strom der Weichsel, der alljährlich beim Eistreiben im Frühling die Deiche bedroht und die Bewohner in Todesgefahr bringt – diese Naturgewalten werden in stimmungsstarken szenischen Balladen lebendig. Halbe, der früher oft mit Hauptmann verglichen wurde, nutzt dabei nur äußerlich die Technik des Naturalismus, ohne über dessen subtile Psychologie und aktuelle Fragestellungen zu verfügen. Er schreibt Schicksals- und Heldendramen. Figuren und Konflikte begnügen sich oft mit Schwarzweißmalerei und suchen den Breitenerfolg, indem sie Vorurteile bestätigen durch nationale, antiklerikale, verschwommen-irrationale Töne. Damit bewährten sie sich bis 1945 auf dem Spielplan. Den Stoff für *Jugend* (1893) nimmt Halbe aus der eigenen Erfahrung, seiner Studentenliebe zum Bäschen Adele während eines Ferienbesuchs beim Onkel Rumpf, dem Pfarrer von Griebenau. *Der Strom* (UA 19. 10. 1903 Wien; Reclams UB 8976) erinnert an den Dammbruch der Weichsel 1855: Naturkatastrophe und Familienkatastrophe (das Eifersuchts- und Rachedrama des Deichvogts und seiner Brüder) sind effektvoll wie bei einem Kinoreißer gegeneinandergesetzt. Auch *Eisgang* (UA 7. 2. 1892 Berlin) verbindet den todbringenden Dammbruch der Weichsel mit dem Untergang einer Familie: die alte feudale Welt der Junker steht gegen die rebellierenden Söhne, die mit ihren neuen sozialistischen und naturwissenschaftlichen Ideen die Zeit verändern. *Mutter Erde* (UA 18. 9. 1897 Berlin) verherrlicht in einem Heimkehrerschicksal die Ideologie vom Bauernland und verteufelt die Großstadt wegen ihrer intellektuell-zersetzenden Einflüsse.

Jugend. Liebesdrama in drei Aufzügen. UA 23. 4. 1893 Berlin. – Auf der Durchreise widerfährt dem Studenten Hans Hartwig im Pfarrhaus seines Onkels eine schwärmerische Romanze mit dem blutjungen Bäschen Anna. Verwirrt und unsicher erlebt das Mädchen ihre erste Liebe. Der polnische Kaplan Schigorski, ein fanatischer Asket, ängstigt Anna mit Vorwürfen, hält ihr Verworfenheit und Sündhaftigkeit vor. Er will sie ins Kloster treiben. Dort soll sie für ihre verstorbene Mutter, die sie einst unehelich zur Welt brachte, büßen und beten. Annas schwachsinniger Stiefbruder Amandus haßt in Vetter Hans den Nebenbuhler. Er schießt auf ihn – das Mädchen wirft sich dazwischen und stirbt den Opfertod. Solche wirkungsvolle Theatralik, die schwärmerischen und sentimentalen Effekte verhalfen dem Stück zu einem großen, aber vergänglichen Erfolg. Geschickt arbeitet Halbe die politischen Zeitstimmungen ein: der verbissene, dazu noch polnische Eiferer in der Soutane entspricht den antiklerikalen Ressentiments des damaligen Kulturkampfs. Auch, daß ein geistig Behinderter als triebhaft-dumpfer Verbrecher das Unglück über die Edelmenschen bringt, entspricht einer simplen Schwarzweißtechnik. Stimmungshaft ist die westpreußische Frühlingslandschaft einbezogen, die Natur auf seiten der Jugend.

LUDWIG THOMA

* 21. Januar 1867 in Oberammergau
† 26. August 1921 in Rottach am Tegernsee

Der Sohn eines kgl. bayerischen Oberförsters kam nach anfänglichem Forststudium zur Jurisprudenz und wurde Rechtsanwalt in Dachau und München. Der Erfolg seiner ersten Novellen und Erzählungen bereitete ihm den Weg zur Mitarbeit und bald auch in die Redaktion der berühmten politisch-satirischen

Wochenschrift »Simplicissimus«. Mehrmals kam er wegen Majestätsbeleidigung und ähnlicher obrigkeitsfeindlicher Delikte ins Gefängnis, was seinen Ruhm als couragierter Schriftsteller jedoch nur mehrte. Später zog er sich in sein Landhaus am Tegernsee zurück und teilte sein Leben zwischen Landwirtschaft und Literatur.

Ludwig Thoma, den man wegen des bayerischen Lokalkolorits in vielen seiner Romane, Erzählungen, Kurzgeschichten und Bühnenstücke auch heute noch manchmal für einen Heimatdichter hält, ist in Wahrheit eines der sehr seltenen echten satirischen Talente der deutschen Literatur gewesen. Seine fingierten Briefe des bayerischen Landtagsabgeordneten Josef Filser, die zuerst im *Simplicissimus* erschienen, gehören in der Schärfe der Charakterzeichnung, der Genauigkeit der Milieudarstellung und der monumentalen Drastik der Sprache zu den großen Meisterwerken des humoristisch-satirischen Schrifttums; eine glänzendere und dabei volkstümlichere Persiflage auf politisch-konfessionellen Opportunismus und Obskurantismus ist seitdem in Deutschland nicht mehr geschrieben worden. In dem Einakter *Erster Klasse* (1910) hat Thoma seinen Abgeordneten Filser auch auf die Bühne gebracht. Wie dieser zünden die Schwänke *Die Lokalbahn* (Reclams UB 9951) und *Die Medaille* (beide 1901) auch heute noch durch die witzige, vom typisch bayerischen Vergnügen am Jux durchpulste Schilderung politisch-gesellschaftlicher Kleinstadtverhältnisse um die Jahrhundertwende, die auch die erzählenden Schriften Thomas aus dieser Zeit (*Assessor Karlchen*, *Lausbubengeschichten*, *Tante Frieda* u. a.) auszeichnet. Das einst viel aufgeführte Lustspiel *Lottchens Geburtstag* (1911), mehr vom harmlosen Ulkhumor der *Fliegenden Blätter* als vom aggressiven Witz des *Simpl* erfüllt, unterscheidet sich dagegen kaum von der Routineproduktion der damals bühnenbeherrschenden Schwankautoren. Daß es Ludwig Thoma aber auch gelang, die Tradition des alpenländischen Volksstücks Anzengruberscher Prägung fortzuführen, ohne in heimatpoetischer Begrenztheit steckenzubleiben, beweist sein Schauspiel *Magdalena*, ein bayerisches Dorfdrama (1912), das in meisterlicher Gedrungenheit und Konzentration der Handlung, knapp wie eine Kalendergeschichte, aber ohne jede Sentimentalität und Krafthuberei das Schicksal eines nach den engen bäuerischen Moralbegriffen der Zeit ›gefallenen‹

Mädchens erzählt. Magdalena, die ›Leni‹ des Bauern Thomas Mayr aus einem Dorf im Dachauer Bezirk, ist in der Stadt von einem schlechten Kerl verführt, um ihre Ersparnisse gebracht und sitzengelassen worden. Ein haltloses und primitives Geschöpf, gerät sie vollends in die Gosse, bis sie per Schub aus der Stadt entfernt und zu ihren redlichen Eltern zurückgebracht wird. Die ganze hämische Bosheit und Giftigkeit des Dorfes entlädt sich gegen die Mayrs-Leute, die ›so eine‹ zur Tochter haben. Die Mutter stirbt, der Hilfsknecht Lorenz verläßt den Hof, um bei den ›Gerechten‹ nicht ins Gerede zu kommen, der Bürgermeister macht dem Vater der Leni ein heuchlerisches Kaufangebot auf sein Haus, um damit ihn und seine Tochter zum Wegzug zu veranlassen. Die Leni erkennt mit ihrem dumpfen Verstand, daß sie die Ursache des hinterhältigen Treibens ist, und will heimlich das Dorf verlassen. Weil sie aber gar kein Geld hat, hat sie einen Burschen, den sie in ihre Kammer ließ, um ein paar Mark gebeten. Nun droht dem Mayr Thomas die Dorfexekution, denn es ist zwar durchaus üblich, daß die Mädchen den Burschen beim ›Fensterln‹ ihre Gunst gewähren, aber eine Sünd' und Schand' ist's, dafür Geld zu nehmen. Thomas Mayr, der seine Tochter hart und streng behandelt und fast eingesperrt gehalten hat, wie um sie schon in diesem Leben für ihre einstige Sünde büßen zu lassen, sieht, daß die Leni, aber auch er selbst, dem ganzen aufgehetzten Dorf zum ›Ärgernis‹ geworden ist. Als der Bürgermeister mit einem johlenden Haufen junger Burschen zu ihm kommt, um die Leni aus dem Dorf zu verjagen, sticht er, ein bäuerischer Odoardo Galotti, seine Tochter nieder.

Man hat von diesem Volksstück gesagt, es sei Hauptmannscher Naturalismus in bayerischer Ausgabe. Das trifft zu, soweit die Genauigkeit der Milieu- und Charakterschilderung damit gemeint ist. Nur daß Thoma eben Charaktere ganz anders schildert als Hauptmann – viel aggressiver, viel ›aufsässiger‹. Er hat viel weniger Mitleid mit seinen Geschöpfen als der schlesische Dichter. Auch in diesem tragischen Volksstück verbirgt sich der Polemiker, der gegen Pharisäertum und Herzenshärte in seiner Zeit und Umwelt mutig zu Felde zieht.

Moral

Komödie in drei Akten
Uraufführung: 20. November 1908 in Berlin

Personen: Fritz Beermann, Rentier – Seine Frau – Seine Tochter – Bolland, Kommerzienrat – Prof. Wasner, Gymnasiallehrer – Justizrat Hauser – Dobler, ein Dichter – Fräulein Koch-Pinneberg, Malerin – Frau Lund, eine alte Dame – Freiherr von Simbach, herzoglicher Polizeipräsident – Assessor Ströbel – Kammerherr von Schmettau – Reisacher, Schreiber – Mme. Ninon de Hauteville, eine Private.
Ort und Zeit: In der Wohnung von Rentier Beermann und im Amtszimmer des Assessors Ströbel im Polizeipräsidium einer mitteldeutschen Residenzstadt, etwa 1905.

Rentier Beermann, konservativ-bürgerlicher Reichstagskandidat und Vorsitzender des Sittlichkeitsvereins, hat Gäste in seinem Haus. Die freigeistige alte Frau Lund macht sich über die Moralheuchelei im gehobenen Bürgertum lustig. Frau Beermann findet die Tugendphrasen ihres Gatten und seiner Freunde, des Kommerzienrats Bolland und des Gymnasialprofessors Wasner, ebenfalls reichlich abgeschmackt. Auch der sarkastisch-joviale Justizrat Hauser ergreift die Partei der Damen und erzählt, während sich die drei Vereinsbrüder zu einem Skat niedersetzen und Professor Wasner mit markigen Tacitus-Worten die Sittenreinheit der Germanen preist, beiläufig, daß eine Dame von sehr galanten Talenten, die ein äußerst gastfreies Haus geführt habe, gerade von der Polizei verhaftet worden sei. Ein sorgfältig geführtes Verzeichnis ihrer Besucher sei bei der Verhaftung beschlagnahmt und als Corpus delicti im Polizeipräsidium sichergestellt worden. – Polizeiassessor Ströbel, der die Untersuchung im Falle Ninon de Hauteville (richtig Therese Hochstetter) führt, berichtet seinem Chef, dem Präsidenten Freiherrn von Simbach, über den Stand der Angelegenheit; mit Hilfe des Verzeichnisses werde es leicht sein, die Besucher der ›Person‹ ausfindig zu machen und als Zeugen zu vernehmen. Herr von Simbach warnt den Assessor vor amtlichem Übereifer. Es könne sein, daß Männer von gesellschaftlichem Ansehen und staatstragender Gesinnung in dem Buch stünden, die keinesfalls kompromittiert werden dürften. Falls die Herren vom Sittlichkeitsverein in dieser Sache Auskünfte erbäten, die ja die Notwendigkeit ihrer verdienstvollen Bestrebungen zur Reinigung der öffentlichen Moral eklatant erwiese, seien sie mit besonderer Verbindlichkeit zu behandeln. Ströbel, in seinem Tatendrang beträchtlich zurückgepfiffen, läßt die Hauteville vorführen, um wenigstens bei ihr mit der Autorität des Amtes aufzutrumpfen. Aber auch hier hat er wenig Glück. Madame trägt das reizende Näschen sehr hoch und erklärt, wenn die Öffentlichkeit erführe, *wen* sie bei ihrer Verhaftung gerade als Besucher bei sich gehabt und rasch in ihrem Kleiderschrank verborgen hätte, würde das Verfahren sofort niedergeschlagen, und man müsse sich obendrein bei ihr entschuldigen. Trotz des Drängens von Ströbel, dem es etwas schwummerig wird, bleibt sie diskret, spart aber nicht mit maliziösen Anspielungen. Rentier Beermann sucht den Assessor auf und bittet, doch um Gottes willen keinen Gebrauch von dem Verzeichnis zu machen, die ganze bürgerliche Familienmoral der Stadt könne dadurch ruiniert werden. Während Ströbel mit dem Präsidenten telephoniert, gelingt es Beermann, einen Blick in das fatale Büchlein zu werfen und seinen Namen mehrmals darin zu entdecken. Rasch steckt er es in seinen Paletot und empfiehlt sich schleunigst. Der Präsident erscheint mit dem Adjutanten des Erbprinzen, Freiherrn von Schmettau, und nun bricht das Unheil vollends über den armen Assessor herein; denn jener Besucher, den Madame Ninon mit soviel Diskretion umgab, war niemand anders als Seine Hoheit. Herr von Schmettau brandmarkt die subalterne Plumpheit der Verhaftung einer so taktvollen und liebenswürdigen Dame aufs schärfste und verlangt, daß die Sache schnellstens und ohne jedes Aufsehen rückgängig gemacht werde. Der Präsident verbürgt sich dafür; man werde Frau von Hauteville sofort aus der Haft entlassen. Assessor Ströbel ist zerschmettert. – In seinem Zimmer durchblättert Beermann verzweifelt das entwendete Tagebuch; immer wieder stößt er auf seinen Namen. Auch Professor Wasner bekennt, den Reizen jener Circe erlegen zu sein. Um sein Gewissen zu erleichtern, habe er den anonymen Brief an die Polizei geschrieben, der zu Ninons Verhaftung geführt hat. Beermann ist darüber außer sich, zumal ihn auch noch seine Frau bittet, doch endlich seine Tugendheuchelei aufzugeben. Der von der ganzen Sache höchlichst amüsierte Justizrat Hauser verspricht den angstbebenden Sündern seine Hilfe und nimmt zunächst einmal das ominöse Tagebuch an sich, damit es nicht bei Beermann gefunden wird. Assessor Ströbel läßt sich melden: genau umgekehrt wie zuvor in seinem Amtszimmer beschwört *er* nun Beermann, alles zu tun, damit der Prozeß vermieden wird, und erzählt ihm die Affäre mit dem Erbprinzen. Madame Ninon, im Gefühl ihrer absoluten Unanfechtbarkeit, weigere sich, eine Pro-Forma-Kaution in Höhe von 5000 Mark verfallen zu lassen und aus der Stadt zu verschwinden – im Gegenteil, sie verlange als angemessene ›Entschädigung‹ für die mit ihrem Wegzug verbundene Aufgabe eines blühenden Geschäfts runde 10 000. Als nun auch noch Herr von Schmettau erscheint und zur Wiederherstellung der staatserhaltenden Moral an Beermanns patriotisch-dynastische Gesinnung appelliert, erklärt dieser sich im Namen des Sittlichkeitsvereins bereit, die 15 000 Mark aufzubringen und an Madame Ninon zu zahlen. Mit dem Prädikat ›von‹ winkt ihm dafür der Hausorden Emils des Gütigen.

Der Geist des *Simplicissimus* in seiner größten Zeit hat diese glänzende Komödie gegen die Verlogenheit der bürgerlichen Moral inspiriert, die, wenn auch unter ganz anderen gesellschaftlichen Voraussetzungen geschrieben, ihre Wahrheit heute noch ebenso behauptet wie zur Zeit ihrer Entstehung. Sie ist eines der besten Lustspiele der deutschen Bühne – in der obrigkeitsfrommen Epoche der Monarchie bedeutete sie einen imponierenden Beweis für die Zivilcourage ihres Verfassers – und das ebenso vergnüglich wie schlagkräftig formulierte Urteil über die Plüschmöbelzeit, gesprochen von einem Satiriker, der sie nicht, wie der Moralist Wedekind, aus den Angeln heben, aber mit echt bayerischer Lust an der ›Gaudi‹ bloßstellen wollte. (Reclams UB 7929.) *K. H. R.*

KARL SCHÖNHERR

* 24. Februar 1867 in Axams (Tirol)
† 15. März 1943 in Wien

Als Sohn eines früh verstorbenen Dorflehrers hat Schönherr eine entbehrungsreiche Jugend in Schlanders (Vinschgau), er besucht das Gymnasium in Bozen, studiert in Innsbruck und Wien Medizin und Germanistik, wird Dr. med. und praktiziert 1896–1905 in Wien als Arzt. Dann freier Schriftsteller in Telfs (Tirol) und Wien.

Schönherr schreibt realistische, stets bühnenwirksame Gebrauchsdramatik, psychologisch genau erfaßte Bauernstücke. Oft sind es Ehekonflikte: In *Der Bildschnitzer* (1900) opfert sich der kranke Ehemann, um seiner Frau die Heirat mit dem Freund zu ermöglichen; in *Frau Suitner* (1916) sucht eine Krämersfrau aus ähnlichen Motiven zugunsten ihres Mannes den Selbstmord; in *Kindertragödie* (1919) gehen drei Kinder über dem Ehebruch der Mutter zugrunde. Soziale Spannungen im Bauernalltag behandeln *Karrnerleut* (1905) – es geht um die Not der Landfahrer – und *Sonnwendtag* (1902): Hier wird ein Seminarist, der sich kurz vor der Priesterweihe von der Kirche lossagt, von seinem Bruder erschlagen; denn der verlöre Hof und Existenz, wenn durch den Ex-Geistlichen ein liberales Sonnwendfeuer auf seinem Grund abgebrannt würde. In der Tragikomödie *Erde* (UA 13. 1. 1908 Düsseldorf; Reclams UB 8758), Schönherrs Meisterwerk, steigert sich das Volksstück zur bösen, abgründigen Groteske: Der Altbauer Grutz herrscht immer noch über den Hof und seinen längst erwachsenen Sohn Hannes. Umsonst hofft Hannes auf den Tod des Alten, um endlich den Weg frei zu haben für die Heirat mit Mena und ein eigenes Leben. In höhnischem Triumph zerstört der Greis das Leben derer, die nach ihm kommen. *Der Weibsteufel* (UA 8. 4. 1915 Wien) verpflanzt ein Strindberg-Thema ins Bäurische: Der Mann fordert die Liebelei seiner Frau mit dem Grenzjäger, um ungestört sein Schmugglergewerbe treiben zu können. Auch der junge Grenzjäger ist von seinem Kommandanten aufgefordert, der Frau schöne Augen zu machen, um so den Schmuggler zu überführen. Als die Frau durchschaut, daß sie nur Reizobjekt ist in den Spekulationen der Männer, hetzt sie beide durch eine Intrige aufeinander. Der Grenzjäger tötet den Mann und kommt ins Gefängnis. Die Frau hat sich die Freiheit erobert.

Daneben entstehen oft als Kolportage Sozialskizzen aus dem Ärztealltag, über die materielle Not der jungen Mediziner, über Postengerangel, Protektion bei den Ämtern, die Praktiken der Kurpfuscher, die dem Arzt die Patienten abwerben: *Der Kampf* (1920) – in Neufassungen *Vivat Academia!* (1922) und *Haben Sie zu essen, Herr Doktor?* (1930) –, *Narrenspiel des Lebens* (1918), *Der Armen-Doktor* (1927). Die historischen Dramen mit ihrem patriotischen Pathos waren damals besonders beliebt: *Glaube und Heimat* (UA 17. 12. 1910 Wien) mit dem Untertitel *Tragödie eines Volkes* zeigt die Vertreibung der protestantischen

Bauern aus dem katholischen Alpenland durch die Gegenreformation: aufrechte Lutheraner gegen grausame kaiserliche Reiterei, Spekulanten, die den Aussiedlern ihre Höfe abpressen, Opportunisten, die sich anpassen und katholisch werden. *Volk in Not* (1916) führt in den Tiroler Bauernaufstand von 1809 und die Kämpfe am Berg Isel gegen die Franzosen. *Der Judas von Tirol* (1897) bringt das Schicksal des verratenen und hingerichteten Andreas Hofer als Märtyrerstück.

HUGO VON HOFMANNSTHAL

* 1. Februar 1874 in Wien
† 15. Juli 1929 in Rodaun bei Wien

Der Vater, Bankdirektor, entstammt einer Familie jüdischer Seidenfabrikanten, die 1835 geadelt worden war, die Familie der Mutter kommt aus Mailand. Schon als 16jähriger Gymnasiast veröffentlicht Hofmannsthal Lyrik und muß deshalb das Pseudonym Loris wählen. 1892 Jurastudium, dann Romanistik, 1898 Dr. phil. mit einer Dissertation über die »Dichter der Plejade«. Will sich mit einer Arbeit über Victor Hugo habilitieren, gibt den Plan einer wissenschaftlichen Karriere auf zugunsten der literarischen Arbeit. Heiratet 1901 Gertrud Schlesinger (3 Kinder: Franz, Raimund, Christiane). Lebt seit 1901 im Barockschlössel aus der Zeit Maria Theresias in Rodaun. Viele Reisen, Freundschaften mit Hermann Bahr, Arthur Schnitzler, Stefan George, Leopold von Adrian, Eberhard von Bodenhausen, Rudolf Pannwitz, umfangreicher Briefwechsel. Im Ersten Weltkrieg in diplomatischer Mission unterwegs. Seit 1917 Mitbegründer der Salzburger Festspiele. Am 13. Juli 1929 begeht der älteste Sohn Franz Selbstmord. Am Tag von dessen Beerdigung stirbt Hofmannsthal an einem Herzanfall.

Hofmannsthal, neben Schnitzler der wichtigste Vertreter der »Wiener Schule«, fühlt sich an der Schwelle des 20. Jahrhunderts als Spätgeborener, als Erbe unter der Last der Tradition – »frühgereift und zart und traurig«, drückt er es in Versen aus – der all das sich in schöpferischer Umformung aneignet, was ihm die abendländische Kultur seit der Antike überliefert hat. Schon als Schüler ist er imstande, Homer und Dante, Voltaire und Shakespeare jeweils in der Originalsprache zu lesen. Mühelos handhabt er die Formen der Vergangenheit, er versetzt sich in die Antike der *Elektra* ebenso wie ins Mittelalter des *Jedermann*, in orientalische Mythen *(Die Frau ohne Schatten)*, in die Commedia dell'arte *(Ariadne)*, in die Glaubenswelt des Barock *(Das große Welttheater)*, wie ins Venedig der Goldoni-Zeit *(Cristinas Heimreise)* und ins Wien des Rokoko. Er spielt nicht nur mit den Formen der Vergangenheit, er versteht es, sich mit traumhafter Sicherheit einzuleben in fremde Sprach- und Gefühlswelten. So verschiedenartig die Stoffe auch sind, zwischen denen Jahrhunderte liegen, sie sind durch Leitmotive und Leitfiguren miteinander verbunden, in denen Hofmannsthal das Krisenbewußtsein seiner eigenen Gegenwart ausspricht. Im *Chandos-Brief* hat er 1901 beklagt, daß die Wirklichkeit im nachgestalteten literarischen Kunstwerk nie aufgehen kann, daß alle Gestaltung unzulänglich bleibt. Das Eigenleben der Worte, die Fülle an Bedeutungen, an Spielmöglichkeiten, die sich bei der literarischen Gestaltung vor die Realität schieben und das, was gemeint ist, verdunkeln – das läßt Hofmannsthal verzweifeln.

Ebenso quälend empfindet er, daß keinerlei Dauer, kein Festhalten des Augenblicks gegönnt ist. Er leidet an der Vergänglichkeit, die den Ewigkeitsanspruch des Menschen aufhebt: »Dies ist ein Ding, das keiner voll aussinnt, / Und viel zu grauenvoll, als daß man klage: / Daß alles gleitet und vorüberrinnt ...«, trauert er im Gedicht *Terzinen über die Vergänglichkeit.* Auch in den Theaterstücken taucht dieser Konflikt immer wieder auf. Die Figuren begehren auf gegen die Flüchtigkeit der Zeit, sie wollen Dauer und Sicherheit wie Elektra, wie Ariadne und Jedermann, oder sie fügen sich mit lächelnder Resignation drein in die Vergänglichkeit wie die Feldmarschallin des *Rosenkavalier*, wie *Der Schwierige.* Wie bei seinem Freund Schnitzler kehrt die Figur des Casanova, des leichtlebig-impulsiven Abenteurers immer wieder: Octavian, der junge Herr aus großem Haus, Claudio, Jedermann, Florindo u. a. sowie als weibliche Variante Zerbinetta. Sie sind die Gegenfiguren in diesem Konflikt.

In vielen Werken steht Hofmannsthal vor uns als Bewohner des Elfenbeinturms, als überkultivierter Schöpfer reiner Poesie. Und dennoch ist gerade er auch ein Praktiker des Kulturbetriebs. Wie oft schreibt er seine Werke in enger Partnerschaft und Abstimmung: Libretti für die Musik von Richard Strauß, Auftragswerke für Inszenierungsideen von Max Reinhardt, für den Choreographen Diaghilew entwirft er das Ballett *Josephslegende* (1914). Er ist produktiv als Herausgeber, ist Mitbegründer der »Salzburger Festspiele«, wirkt unermüdlich in Aufsätzen und Reden als Volkserzieher, der nach dem politischen Zusammenbruch des Habsburgerreichs die geistigen Werte der Vergangenheit erhalten will. Als konservativer Erneuerer arbeitet er daran, seinen Zeitgenossen eine neue wertorientierte Sinngebung, ein kulturelles humanistisches Selbstbewußtsein zu schaffen. *Das Schrifttum als geistiger Raum der Nation* oder *Wert und Ehre deutscher Sprache* sind nicht nur Werktitel, sondern Zielsetzungen. Deshalb gibt er seit 1915 in 26 Bänden eine *Österreichische Bibliothek* heraus, ebenso ein *Deutsches Lesebuch* (1922) – verschollene, vergessene Texte aus der Vergangenheit sollen zur Selbstbesinnung der Zeitgenossen beitragen. Deshalb widmet er sich über fünf Jahre der Zeitschrift *Neue Deutsche Beiträge* und betreibt gemeinsam mit seinen Freunden Rudolf Alexander Schröder und Rudolf Borchardt die *Bremer Presse*.

Das literarische Wunderkind, das unter dem Pseudonym Loris Gedichte veröffentlichte, hatte Felix Salten, Hermann Bahr, Richard Beer-Hofmann bezaubert und veranlaßte Stefan George, dem jungen Dichter die Mitarbeit an seinen exklusiven *Blättern für die Kunst* anzubieten. Auch die ersten Stücke Hofmannsthals stehen der Lyrik nahe und sind zarte Spiele in Bildern und Versen, die eher gelesen, als auf der Bühne verkörpert sein wollen. Der Einakter *Gestern* (1890/91; UA 26. 3. 1928 in Wien) weist bereits auf Hofmannsthals Leitmotiv: Andrea, ein leichtlebiger Abenteurer der Renaissancezeit, erfährt an sich die Macht der Vergangenheit und der Vergänglichkeit. *Der Tod des Tizian* (1892; UA 14. 2. 1901 München, als Totenfeier für Arnold Böcklin) nimmt sich den Dialog Platons zum Vorbild, um den Gegensatzzusammenhang von Tod und Leben, Kunst und Wirklichkeit in stimmungsstarken Versen zu feiern. *Der Tor und der Tod* (1894) erneuert die mittelalterliche Form des Totentanzes. Es folgen *Das kleine Welttheater oder Die Glücklichen* (1897; UA 6. 10. 1929 München) und der Einakter *Die Frau am Fenster* (UA 15. 5. 1898 in Berlin), ein Eifersuchtsdrama aus der Renaissance: Madonna Dianora büßt ihren Ehebruch mit dem Tod. *Der weiße Fächer* (1897; UA 1927 Wien): Fortunatus und Miranda, beide verwitwet, finden aus ihrer Trauer und Daseinsverweigerung heraus zu neuer, glücklicher Gemeinschaft. *Der Kaiser und die Hexe* (1897; UA 17.11.1927 Wien) ist ein Märchen um den Kaiser, der aus der Wirklichkeit in den Sog der Geisterwelt gerät – eine Vorstufe zur *Frau ohne Schatten.* Der Einakter *Die Hochzeit der Sobeide* (1897; UA 18.3.1899 Berlin mit Josef Kainz; Wien am Burgtheater mit Adolf Sonnenthal und Lotte Medelsky) ist eine orientalische Legende um die Frau, die an ihrer Liebe zu einem unerreichbaren Mann stirbt. Gleichzeitig uraufgeführt wird *Der Abenteurer und die Sängerin oder Die Geschenke des Lebens* (1898): Baron Weidenstamm, ein ruheloser Frauenheld, entdeckt, daß sein Rivale um die Gunst einer Tänzerin sein eigener Sohn ist, von dessen Existenz er bisher nichts wußte. Die fünfaktige Tragödie *Das Bergwerk zu Falun* (1899; UA 4.3.1949 Konstanz durch Heinz Hilpert) dramatisiert die Novelle von E.T.A. Hoffmann: der Bergmann Elis Fröbom flüchtet aus der Wirklichkeit ins Erdinnere zur Bergkönigin.

In zwei Werken setzt sich Hofmannsthal mit der griechischen Antike auseinander. Schon 1893 hat er *Alkestis* von Euripides neu übersetzt (UA 14.4.1916 München durch Otto Falckenberg). Es folgten *Elektra* (1903; in Reclams UB 7742) und *Ödipus und die Sphinx* (UA 2.2.1906). Mit *Elektra* beginnt 1906 die Zusammenarbeit mit Richard Strauß. Wie die Lyrik im Frühwerk, wie das Spiel mit historischen Formen und Kulturen wird auch die Musik für Hofmannsthal ein Mittel zur Sublimierung, um in immer neuen Brechungen Figuren und Situationen zu erfassen und zugleich wieder aufzuheben. Die Oper *Der Rosenkavalier* (UA 26.1.1911 Dresden) ist eine einfache Geschichte: Der derbvitale Schwerenöter Baron Ochs verliert die ihm zugedachte Braut an den jüngeren Rosenkavalier Octavian. Und dessen Geliebte, die Feldmarschallin Werdenfels, läßt ihren Kavalier in resignierender Überlegenheit ziehen. Dabei gibt Hofmannstahl dieser Figur tiefe Einsichten mit über Zeit und Vergänglichkeit, Selbstbescheidung und Demut vor dem Leben. Zugleich zeichnet er treffsicher ein soziales Panorama des Wien unter Maria Theresia mit seinen Dienstboten und Intriganten, bürgerlichen Aufsteigern und in Schulden absackendem Adel. Die Oper *Ariadne auf Naxos* (UA 25.10.1912 Stuttgart durch Max Reinhardt) wird zunächst entworfen als musikalisches

Nachspiel zur Molière-Komödie *Der Bürger als Edelmann.* Da diese Klitterung nicht überzeugt, erarbeitet Hofmannsthal eine zweite Fassung (UA 4. 10. 1916 Wien) mit einem musikalischen Vorspiel: Komponist und Haushofmeister, pathetische Operntragöden und muntere Spaßmacher bereiten im Haus eines reichen Gönners ihre Darbietung vor. Wieder steht das Erleben der Zeit im Mittelpunkt: die verlassene Ariadne lebt in der Vergangenheit, sie will keine Veränderung und keine Zukunft. Gott Bacchus muß ihr als Tod erscheinen, um sie für sich zu gewinnen. Als Gegenfigur die launisch-kokette Zerbinetta, die nur dem flüchtigen Augenblick lebt und stets mit ihm wechselt. *Die Frau ohne Schatten* (UA 10. 10. 1919 Wien) ist ein tiefsinniges, allegorisches Märchen um die Kaiserin, die sich einen Schatten gewinnen muß, um zum wirklichen Erdenmenschen und zur Mutter zu werden. In *Die ägyptische Helena* (UA 6. 6. 1928 Dresden) hat Helena die Chance, sich der Strafe ihres Gatten Menelaos zu entziehen und ihre Schuldlosigkeit zurückzugewinnen. Sie will aber Mensch bleiben mit allen Fehlern und Versuchungen. Die nächste Oper *Arabella* – (nach der Erzählung *Lucidor*, 1910; UA 1. 7. 1933 Dresden) entspricht eher dem vitalen Komödiantentemperament von Richard Strauß: Die verarmte Grafentochter Arabella findet nach einigen Hindernissen im slawischen Landjunker Mandryka die große Liebe.

Neben diesen Operntexten – der *Rosenkavalier* wird bisweilen als Komödie ohne Musik aufgeführt – entstehen historisierende Werke: *Das gerettete Venedig* (UA 21. 1. 1905 Berlin), eine Nachdichtung der gleichnamigen Tragödie des Shakespeare-Epigonen Thomas Otway (1652–85), ist im Konflikt der beiden Freunde – des empfindsamen, schwächlichen Jaffier gegen den starren Willensmenschen Pierre – ein Spiegelbild des Gegensatzes zwischen Hofmannsthal und Stefan George. Die Uraufführung wird ein Mißerfolg, obwohl der geniale Theaterreformer Edward Gordon Craig das Bühnenbild entwirft. Auch *Cristinas Heimreise* (1910), *Jedermann* (1911) und *Das Salzburger große Welttheater* (UA 12. 8. 1922 Salzburg), das auf Wunsch von Max Reinhardt als barockes Mysterienspiel nach Calderons Vorlage für die Salzburger Kollegienkirche entsteht, erneuern historische Formen. Der Bettler, der hier aufbegehrt, der nicht weiterhin ausgebeutet und entrechtet sein will, erhebt die Axt gegen seine Unterdrücker. Durch Gott wird er geläutert und fügt sich in seine Rolle. Was Hofmannsthal als Warnung eines

Konservativen vor Chaos und Umsturz dichtete, erscheint heute als reaktionäre Beschwichtigung. *Der Turm* (1928), ebenso auf Calderon zurückgehend, ist nicht weniger politisches Ideendrama. Lebendig geblieben sind die beiden Gesellschaftskomödien *Der Schwierige* (1921) und *Der Unbestechliche* (1923).

Der Tor und der Tod. Lyrisches Drama. Entstanden 1893; UA 13.11.1898 München (Privataufführung). – Der junge Claudio, der als Künstler empfindet, ohne jedoch seine Empfindungen zum Werk zu gestalten, hat sich von der Wirklichkeit ferngehalten, hat sie leidenschaftslos als ästhetisches Schauspiel betrachtet »mit kleinem Leid und schaler Lust«. Der Tod führt ihm nochmals die Partner zu, die ihm im Leben begegnet sind – Mutter, Geliebte, Freund. Keiner von ihnen ist ihm wirklich nahegestanden. Die Besorgtheit der Mutter war ihm lästig. Das Mädchen hat er durch seine Lieblosigkeit enttäuscht und in den Tod getrieben. Dem Freund hat er einst die Hilfe verweigert. Nun, da es zu spät ist, zeigt ihm der Tod seine Versäumnisse, seine Schuld vor dem Leben, dem er sich verweigert hat. Claudio folgt dem Tod, um sein vertanes Leben zu sühnen: »Da tot mein Leben war, sei du mein Leben, Tod.«

Dem 19jährigen Hofmannsthal gelingt hier ein subtiles Sprachkunstwerk, vollendet in der Musikalität der Reime, der Bildersprache. Es wird zu einem ungemein wirksamen Stück Literatur – allein in der Insel-Bücherei 26 Auflagen mit 275000 Exemplaren. Hofmannsthals persönliche Erfahrung, das Leben nicht wirklich zu leben, nur noch nachzuempfinden und zu reflektieren, sich als Spätgeborener zu fühlen unter der Last der Überlieferung, der Vorbilder in Kunst und Wissenschaft, nur noch zu schweben in Traum und Illusion und sich dabei selbst zuzusehen – diese Erfahrung war das Generationserlebnis der Jahrhundertwende. (In: Reclams UB 7742.)

Cristinas Heimreise. Lustspiel. UA 11.2.1910 Berlin. – Auch hier begegnet Hofmannsthals Hauptmotiv von der Vergänglichkeit und der Dauer. Wir sehen die Veränderung einer Frau, die zu sich selbst findet. Den Stoff hat Hofmannsthal einer Episode aus Casanovas Memoiren entnommen. Das Dorfmädchen Cristina ist aus den heimatlichen Bergen unter dem Schutz ihres Onkels, des Pfarrers, nach Venedig gereist, um dort einen Ehemann zu finden. In Florindo, einem leichtfertigen, leichtlebigen Kavalier, erlebt sie ihre erste große Liebe. Sie wird verlassen, überwindet die Enttäuschung und schließt mit dem biederen Kapitän Tomaso eine mehr von Pflicht als von Neigung bestimmte Heirat. Zwei Schwierige stehen sich da gegenüber – der alternde, durch sein Leben auf Java entwurzelte, schwerfällig gewordene Kapitän und die enttäuschte, strenge, herbe Cristina. Jedes Wort kann zwischen diesen wundgescheuerten, überaus empfindlichen Figuren ein Wort zuviel sein. Zögernd wird die Scheu, die Unbeholfenheit der Herzen überwunden, wird aus beiden ein Paar. Als Florindo auf der Durchreise als kurze Versuchung wieder auftaucht, kann er Cristina in ihrer Entscheidung nicht mehr wankend machen. Florindo, diese Casanova-Figur, selbst ohne Bestand und Treue, führt Cristina vielmehr zur Treue und Selbstverwirklichung. Ähnlich symbolhaft ist die Heimkehr vom verwirrenden, auf Wassern schwankenden Venedig hinauf in die in sich ruhende Gebirgswelt von Friaul – Gegenwelten, die Hofmannsthal auch in seinem Romanfragment *Andreas oder Die Vereinigten* als Zeichen einsetzt. Im Dienerpaar Pedro und Pesca wird nach altem Lustspielbrauch das Liebesspiel in derberer Variante wiederholt. In der Uraufführung waren Alexander Moissi Florindo und Else Heims, die erste Frau von Max Reinhardt, Cristina.

Jedermann

Das Spiel vom Sterben des reichen Mannes
Uraufführung: 1. Dezember 1911 in Berlin

Hauptpersonen: Jedermann – Sein guter Gesell – Seine Mutter – Buhlschaft – Dicker Vetter – Dünner Vetter – Der arme Nachbar – Der Schuldknecht und sein Weib – Der Tod – Der Teufel – Mammon – Jedermanns gute Werke – Glaube.

Im Prolog sendet Gott der Herr den Teufel aus, um Jedermann vor das Jüngste Gericht zu holen. Jedermann ist ein reicher, junger Lebensgenießer, der gerade für seine Geliebte, die »Buhlschaft«, ein neues Lusthaus errichten läßt. Hartherzig verweigert er dem armen Nachbarn eine milde Gabe. Den Schuldknecht läßt er in den Turm werfen, da er ihm die Schulden nicht bezahlen kann. Die Mahnungen seiner frommen alten Mutter weist er unwillig ab. Für seine Freunde und Vettern hält er ein festliches Bankett. Doch diesmal ist Jedermann von Todesahnungen bedrückt: er hört sich mahnend beim Namen gerufen, wird geängstigt von Glockenschlägen. Unversehens tritt der Tod hinter ihn und greift ihm gebieterisch ans Herz. Alles ergreift entsetzt die Flucht. Jedermann erbittet vom Tod einen kurzen Aufschub, um sich einen Begleiter zu suchen für seinen letzten Weg. Aber weder die Vettern noch der gute Gesell oder die Buhlschaft sind bereit für den Freundschaftsdienst. Jedermann will seine Geldtruhe als Trost mitnehmen. Höhnisch klettert der Mammon heraus und beweist, daß Jedermann der Sklave seines Besitzes ist. Der Reichtum bleibt, die Nutznießer wechseln. Nur seine recht gebrechlichen »guten Werke« und der »Glaube« sind bereit, Jedermann zu begleiten und ihm vor dem letzten Gericht beizustehen. Der Glaube ist stark genug, Jedermann vor dem Zugriff des Teufels zu bewahren und ihn sicher in die Ewigkeit zu geleiten.

Das Gleichnisspiel um den Menschen, der vom Tod geholt wird und vor Gott Rechenschaft ablegen muß über sein irdisches Tun, stammt aus dem Mittelalter. Hofmannsthal nutzt für seine Nachdichtung die englische Moralität *Everyman* (1509; Reclams UB 8326) sowie ein Spiel von Hans Sachs (*Ein Comedi von dem reichen sterbenden Menschen, der Hecastus genannt*, 1549), das wiederum eine Eindeutschung des lateinischen Schuldramas *Hecastus* (1539) von Georg Macropedius ist. Die Figuren sind Personifikationen von Ideen, sozialen Bindungen und geistigen Haltungen. Hofmannsthal bemüht sich durch gereimte Knittelverse und eine altertümlich-naive Bildersprache um ein schlichtes Gleichnis. Zunächst im riesigen Zirkus Schumann in Berlin uraufgeführt, ist das Stück seit 1920 als Freilichtspiel auf den Domplatz alljährlicher Höhepunkt der Salzburger Festspiele: Erbauungsspiel und touristische Attraktion. Bis heute blieben szenische Einrichtung und Regie von Max Reinhardt nahezu unverändert beibehalten in der Mischung aus raffinierter Einfachheit und barock-opernhaftem Schaugepränge. Obwohl die Kritik seit Alfred Kerr das Stück als Kitsch und Kunstgewerbe belächelt hat, wurde es Hofmannsthals größter Erfolg. Die theatralische Titelfigur ergab eine Bravourrolle für Schauspieler seit der Uraufführung mit Alexander Moissi über Attila Hörbiger, Will Quadflieg, Curd Jürgens, Ernst Schröder bis zu Klaus Maria Brandauer.

Der Schwierige

Lustspiel in drei Akten
Uraufführung: 8. November 1921 in München

Personen: Hans Karl Bühl – Crescence, seine Schwester – Stani, ihr Sohn – Helene Altenwyl – Altenwyl – Antoinette Hechingen – Hechingen – Neuhoff – Edine, Nanni und Huberta, Antoinettes Freundinnen – Agathe, Kammerjungfer – Neugebauer, Sekretär – Lukas, erster Diener bei Hans Karl – Vinzenz, ein neuer Diener – Ein berühmter Mann – Bühlsche und Altenwylsche Diener.

Der »Schwierige« Hans Karl Graf Bühl ist eine privatere Variante zu Robert Musils *Der Mann ohne Eigenschaften*. Zunächst hat Hofmannsthal den Titel *Der Mann ohne Absichten* erwogen. Bühl will keinerlei Festlegung treffen, um nicht die Möglichkeiten eines Mitmenschen dadurch zu beschneiden. Er vermeidet jede Zielstrebigkeit aus Diskretion und Respekt vor der Freiheit des anderen. So wird er um so tiefer verstrickt in die zielstrebigen Wünsche seiner Umwelt. Er soll die flatterhafte Antoinette Hechingen, die immer wieder aus ihrer Ehe ausbricht zu kurzlebigen Abenteuern, mit ihrem biederen, aber rührend um sie besorgten Mann versöhnen und sie erziehen für die Ehe. Und er soll auf Wunsch seiner Schwester Crescence für seinen eitlen großsprecherischen Neffen Stani die Heirat mit der Komtesse Helene Altenwyl arrangieren. Bühl, gänzlich ungeeignet für solche Salonintrigen, bringt alles durcheinander, stiftet aber in dieser Unordnung die eigentliche tiefere Ordnung. Er selbst liebt Helene, ist aber viel zu scheu und lebensfern, um sich diese Möglichkeit eines Glücks je einzugestehen: »Es liegt doch geradezu etwas Unverschämtes darin, daß man sich heranwagt, gewisse Dinge überhaupt zu erleben. Um gewisse Dinge zu erleben und sich dabei nicht indezent zu finden, dazu gehört ja eine so rasende Verliebtheit in sich selbst und ein Grad von Verblendung, den man vielleicht als erwachsener Mensch im innersten Winkel in sich tragen, aber niemals sich eingestehen kann.«

Bühl wirbt in Stanis Namen um Helene für die ideale Ehe und gewinnt so ihre Liebe. Als er die Abendgesellschaft verläßt, will die Komtesse ihm sogar auf die Straße nachlaufen und einen Skandal ertragen, sie als Frau muß ihm sogar die Liebeserklärung machen – »das ist doch eine Enormität, daß Sie mich das sagen lassen!« –, bis sie endlich, endlich all die Vorbehalte, die

Ausflüchte und Verkrochenheiten überwindet, hinter denen er sich vor der Wirklichkeit versteckt. Sie werden das ideale Paar, und Stani kann sich selbstgefällig damit trösten, daß Helene auf ihn Verzicht leistet, nur um Onkel Kari nicht zu brüskieren.

Diese umwegereiche Liebeswerbung zwischen einer lebenstüchtigen Frau und einem schwierigen, von sich selbst belasteten Mann erinnert an Minna von Barnhelm und ihren schwierigen Tellheim. Hofmannsthal wie Lessing wußten beide das subtile Charakterporträt einzubetten in eine abgestuft typisierte Gesellschaftskomödie. Hofmannsthal bringt ein satirisch gezeichnetes Gesellschaftspanorama der Wiener Nachkriegsgesellschaft. Baron Neuhoff, der unsensibel schnoddrige »Piefke« aus dem Norden, die geistlos mit allem Geistigen renommierende Edine, der in Gelehrsamkeit prunkende Professor Brück, die kokette Salonschlange Antoinette, Stani als dummer altkluger Bub – in der zeitgenössischen Salonwelt läßt Hofmannsthal die alten Muster der Commedia dell'arte und der Molièreschen Typenkomödie durchschimmern. In der Figur des Kari Bühl gelingt ihm eine Meisterleistung – eine Spiegelung des österreichischen Wesens zwischen feinfühligster Noblesse und Lebensunfähigkeit. Ein liebenswerter Abgesang auf das alte Österreich mit Figuren, die das Spiel ihrer gesellschaftlichen Rollen spielen, sich dabei zusehen und nicht ganz ernst nehmen.

In der Münchner Uraufführung von 1921 waren Gustav Waldau und Elisabeth Bergner das Paar Bühl und Helene. Später haben Robert Lindner, Leopold Rudolf, O. W. Fischer sowie Helene Thimig und Aglaja Schmidt diese Gestalten voller Leichtigkeit und voll Gefährdung verkörpert. Bühl definiert sich selbst, wenn er den Clown Furlani beschreibt: »Er spielt seine Rolle: er ist der, der alle begreifen, der allen helfen möchte und dabei alles in die größte Konfusion bringt ... alle anderen lassen sich von einer Absicht leiten ... er aber tut scheinbar nichts mit Absicht – er geht immer auf die Absicht der andern ein.« Wieder erneuert hier Hofmannsthal seine Skepsis gegenüber Sprache und Formen: wie fragwürdig ist es, sich der Sprache und der gesellschaftlichen Übereinkünfte zu bedienen und dabei seine Persönlichkeit in den vorgegebenen Formeln aufzugeben. Aber ohne Gebrauch solch allgemeiner Muster ist keine Beziehung möglich. Diesen Widerspruch, der unauflösbar ist, wendet Bühl sogar gegen sich selbst: »Ich versteh' mich selbst viel schlechter, wenn ich red', als wenn ich still bin.«

Der Unbestechliche. Lustspiel in fünf Akten. UA 16. 3. 1923 Wien. – Wieder geht es um das Leitthema der Vergangenheit, der Dauer und der Veränderbarkeit. Baron Jaromir ist ein jugendlicher Luftikus, der, zwar mit Anna verheiratet und Vater zweier Kinder, von den Liebeleien seiner Junggesellenzeit nicht abläßt. »Bei ihm gibt es keine Vergangenheit. Bei ihm ist nichts vorüber. Um etwas aufzugeben, dazu gehört eine innerliche Reinlichkeit.« Nun wird Jaromir zu dieser moralischen Reinlichkeit vom Diener Theodor, dem »Unbestechlichen«, erzogen. Er ist hier Diener, aber zugleich derjenige, der nach dem Willen der Frau Baronin »die Aufsicht über das Ganze in den Händen hält«, der eigentliche Herr im Haus. Jaromir hat sich zwei Freundinnen von ehedem – die schmachtende Maria am Rain und die trotz ihrer Heirat gerissen kokettierende Melanie – aufs Schloß eingeladen. Theodor, der im allzu flotten Lebenswandel des jungen Herrn »eine fortgesetzte Beleidigung meiner Person« sieht, kündigt seine Lebensstellung, um sozusagen als Privatperson Ordnung zu schaffen und mit einigen Intrigen Jaromirs Herzensdamen hinauszuekeln. Zerknirscht wie der Graf in der Schlußszene von *Figaros Hochzeit* bekennt Jaromir seiner Frau, daß es gelungen ist, »mich zu mir selber zu bringen und dadurch auch ganz zu dir«.

Der Mozartsche Konflikt zwischen Figaro und seinem Grafen, zwischen pfiffiger Menschlichkeit und egoistischem Standesvorrecht, wird erneuert. Und zugleich wird der inzwischen ausgestorbenen sozialen Institution des Dieners ein literarisches Denkmal gesetzt. Theodor ist kein Dienstbote, sondern »das Gewissen und zugleich die Karikatur seiner Herrschaft«, untrennbar fürs ganze Leben mit dem Herrn verbunden als dessen derbere, vitalere Variante. Die Rolle wurde für Max Pallenberg geschrieben. Später haben Romuald Pekny, Josef Meinrad, Otto Schenk diesen rabiaten Rechthaber verkörpert.

Der Turm

Trauerspiel in fünf Aufzügen
Uraufführung: 4. Februar 1928 in München (1. Fassung) und Hamburg (2. Fassung)

Personen: König Basilius – Sigismund, sein Sohn – Julian, der Gouverneur des Turms – Anton, dessen Diener – Bruder Ignatius, ein Mönch, ehemals Kardinalminister – Olivier, ein Soldat, später Rebellenführer – Ein Arzt – Graf Adam, ein Kämmerer – Der Beichtvater des Königs – Simon, ein Jude – Eine Bauernfrau – Woiwoden und Bannerherren, Höflinge, Kämmerer, Pagen, Offiziere, Soldaten, Diener, Mönche, Aufrührer.
Ort und Zeit: Im Königreich Polen, im 17. Jahrhundert.

Hofmannsthal verzweifelt an der neuen Zeit und ihren Parteikämpfen. Sein aristokratischer Humanismus findet zur modernen Massengesellschaft keinen Zugang. Über Jahre ringt er mit der Nachdichtung von Calderons Barockdrama *Das Leben ist ein Traum* (1635), um darin »den Einbruch chaotischer Kräfte in eine vom Geist nicht mehr getragene Ordnung deutlich zu machen«. Er verlegt sein Ideendrama nach Polen ins 17. Jahrhundert. König Basilius lebt in Angst, seit ein Orakel ihm verkündet hat, sein eigener Sohn Sigismund werde sich gegen ihn empören und ihn töten. Seitdem hält er den Sohn im Turm gefangen. Dort wächst er unter Aufsicht des Gouverneurs Julian in völliger Abgeschiedenheit als idealistisch-reiner Tor heran. Basilius macht den Versuch, den Sohn in die Wirklichkeit zurückzuholen und ihn als Thronfolger zu erproben. Sobald Sigismund erfaßt, daß er um sein bisheriges Leben betrogen wurde, fällt er den Vater an und wird zum Tode verurteilt. Das Volk rebelliert, befreit ihn und erhebt ihn zu seinem »Bettlerkönig«. Auch die Adelsfamilien der Woiwoden schlagen sich auf seine Seite, da sie sich vom neuen Herrscher die Unabhängigkeit erhoffen. Julian und der brutale Olivier, der sich vom Gefreiten zum Führer der Revolutionshaufen aufschwang, suchen Sigismund als politisches Werkzeug der eigenen Pläne einzusetzen. Sigismund, der Träumer und Dichter in seinem weltfernen Idealismus, ist unfähig, mit der Macht umzugehen. Sobald er hinderlich wird für Olivier, läßt ihn der Volkstribun durch den vergifteten Dolch einer Zigeunerin beseitigen. Sterbend gibt Sigismund die Macht weiter an den Kinderkönig, der ganz ohne Waffen und ohne Schrecken künftig in voller Unschuld regieren soll: »Wir haben Hütten gebaut ... und schmieden die Schwerter zu Pflugscharen um. Wir haben neue Gesetze gegeben, denn die Gesetze müssen immer von den Jungen kommen.«

In der 2. Fassung setzt Hofmannsthal, bedrückt von den politischen Erfahrungen der zwanziger Jahre, deutlich negative Akzente: der Turm, bisher das zu überwindende Gefängnis, wird nun zur Zuflucht für den unzeitgemäßen Prinzen, der vergebens Frieden und Gewaltlosigkeit verwirklichen will. Er wird auf Befehl Oliviers von Schergen niedergeschossen. Olivier übernimmt unangefochten die Herrschaft und errichtet die Diktatur. Sigismund, der »Zwischenkönig«, war nur ein Zeichen, eine rasch verlöschende, ungenutzt bleibende Hoffnung im Gang der Weltgeschichte: »Gebet Zeugnis, ich war da, wenngleich mich niemand gekannt hat.«

Sigismund ist eine reinere, bessere Möglichkeit des Menschseins, halb Kind, halb weiser Narr, eine Erlöserfigur, die in dieser irdischen Welt scheitern muß. Zeichen für eine Utopie, mit der auch der tief desillusionierte Dichter sich aus der Wirklichkeit zurückzieht. Diese Mischung aus Historienstück und Gleichnisdrama hat sich auf der Bühne als recht spröd erwiesen. Es wird nur noch als repräsentatives Festspiel gegeben – wie 1958 von Ernst Lothar in der Felsenreitschule für die »Salzburger Festspiele« inszeniert mit Maximilian Schell und Ernst Ginsberg in den Hauptrollen.

FRANK WEDEKIND

* 24. Juli 1864 in Hannover
† 9. März 1918 in München

Die Eltern – der Vater war Arzt, die Mutter Sängerin – lebten bis 1864 als Auswanderer in San Francisco und blieben amerikanische Staatsbürger. Die Familie übersiedelt 1872 in die Schweiz, da der Vater 1848 an der Paulskirchen-Bewegung beteiligt und ein Gegner der Bismarckschen Reichsgründung war. Der Vater kauft die Lenzburg im Kanton Aarau, wo Frank (Benjamin Franklin – auch die Vornamen verweisen auf die US-Verbundenheit des Vaters) mit seinen fünf Geschwistern die Schulen besucht. Seit 1884 Studien in Lausanne, Münster, München:

Germanistik, Jura auf Wunsch des Vaters. Vorübergehend Werbetexter bei der Firma Maggi in Kemptal / Zürich. Der Tod des Vaters 1888 macht ihn finanziell unabhängig. Er widmet sich ganz dem Boheme- und Theaterleben in Berlin, München, 1892–95 in Paris. Reisen nach London. Seit 1896 in München unter dem Pseudonym Hieronymus Jobs Mitarbeiter des »Simplicissimus«, den Wedekinds Verleger Albert Langen herausgibt. 1898 Theatersekretär beim Ibsen-Theater von Carl Heine, dann Dramaturg und Regisseur am Münchner Schauspielhaus (heute: Münchner Kammerspiele) bei Georg Stollberg. Flucht in die Schweiz, da ein Spottgedicht auf die Palästinafahrt Kaiser Wilhelms II. Anklage wegen Majestätsbeleidigung zur Folge hat. Langen fordert von dem mittellosen Schriftsteller im Exil immer radikalere Verse, um damit den Umsatz seiner Zeitung zu steigern, und nimmt den Boykott Wedekinds auf dem Theater in Kauf. So kommt es zum Bruch mit dem Verleger Langen. 1899 stellt sich Wedekind freiwillig dem Gericht und verbüßt sieben Monate Festungshaft. Seit 1901 Mitwirkung beim Münchner Kabarett »Die elf Scharfrichter«, Tourneen auch als Darsteller in eigenen Stücken. 1906 heiratet er die Grazer Schauspielerin Tilly Newes, die mit ihm gemeinsam den Wedekind-Stil entwickelt. In Wien Förderung durch Karl Kraus. 1906–08 Engagement bei Max Reinhardt in Berlin, seit 1908 in München. 1906 Geburt der Tochter Pamela, die später Carl Sternheim heiratet, 1911 Geburt der Tochter Kadidja. Seit 1914 zieht eine mißglückte Blinddarmoperation wiederholte Bruchoperationen nach sich, die zum Tod im Alter von 54 Jahren führen. Auch das Begräbnis auf dem Münchner Waldfriedhof wird zum Skandal, da Münchens Strichmädchen ihm als Vorkämpfer der freien Liebe die letzte Ehre erweisen und am offenen Grab der Schriftsteller Heinrich Lautensack einen Wahnsinnsanfall erleidet.

Wie Jean Genet, Henry Miller und Charles Bukowski in der jüngeren Literatur war Frank Wedekind für seine Zeitgenossen ein Enfant terrible und Bürgerschreck. Die Gesellschaft, die sich abgesichert und bestätigt hatte in ihren Tabus, wurde durch ihn herausgefordert und schockiert. Sie hat ihn abgewehrt als Störenfried und verfolgt mit Zensur und Gerichtsurteilen. Wedekind ist einer der ersten, der die Sexualität als Elementarereignis darstellt, als chaotische Naturgewalt, die einbricht in das sonst von der Zivilisation und ihren Konventionen gesteuerte, entfremdete Bürgerdasein. Wedekind antwortet auf die gesellschaftlich abgesicherten Formen des Sexualverhaltens, auf Ehe und Familie, auf die Pikanterie des raschen Seitensprungs, wie ihn die Lebemänner riskierten, mit der Dämonisierung der Sexualität. Andere – wie Oskar Panizza, Hans Henny Jahnn, George Bataille – sind ihm darin später gefolgt. Nachdem sich die Tabuzwänge auf andere Gebiete verlagert haben und Sexualität eher versachlicht ist, wirkt Wedekinds Mythisierung überanstrengt und komisch. Wichtig bleibt, daß er zum Vorkämpfer wird für den von Vorurteilen und Prüderie freien Umgang mit der Sexualität: »daß es in der Natur überhaupt gar keine unanständigen Vorgänge gibt, sondern nur nützliche und schädliche, vernünftige und unvernünftige«.

Schon auf dem Gymnasium war Wedekind unter den Einfluß der pessimistischen Weltsicht Schopenhauers geraten, für den die Sexualität der »Brennpunkt des Lebenswillens« ist. Aus den Schriften von Nietzsche und Eduard von Hartmann entwickelt er seine materialistische Überzeugung, daß Egoismus allein Antrieb jedes gesellschaftlichen Handelns ist. Und die gesellschaftliche Form von Egoismus heißt: Geschäft. »Die gute Gesellschaft ist die Gesellschaft, in der man gute Geschäfte macht« *(Schloß Wetterstein).* Und der *Marquis von Keith* mokiert sich: »Sünde ist eine mythologische Bezeichnung für schlechte Geschäfte ... Das glänzendste Geschäft in dieser Welt ist die Moral.« Die Ideale des Bürgertums – Liebe, Ehe, Ehre – betrachtet Wedekind nüchtern als Geschäftsbeziehungen. Prostitution, käufliche Liebe erscheint als die eigentliche freie, da freiwillige Liebe, während er in der Ehe die gekaufte, mit Versorgung und gesellschaftlichem Ansehen bezahlte Liebe sieht – in *Lulu*, *Schloß Wetterstein*, *Franziska.*

Neben dem Konflikt zwischen Sexualität und Gesellschaft stellt Wedekind noch ein zweites Thema heraus, das in der Literatur der Jahrhundertwende geradezu eine Modeerscheinung war: der Künstler gegen die Gesellschaft. Für Wedekind, der sich zuweilen selbst wehleidig von der Welt verkannt sieht, ist der unangepaßte Künstler Symbol für Widerstand und Verweigerung – in *König Nicolo*, in *Der Liebestrank*, in *Schloß Wetterstein.* Der Künstler kann auch zum Spießer werden, zum Gewerbetreibenden seines Talents – wie *Der Kammersänger*, der Maler Schwarz in *Erdgeist* oder in *Musik* die verhinderte Sängerin Hühnerwadel. Auch *Franziska*, die als weiblicher

Faust im Geschlechtertausch die eigene Existenz zum Kunstwerk macht, und *Herakles*, der tatenfroh mit der Welt experimentiert, sind Künstlerdramen.

Wedekinds Figuren setzen stets auf das Extrem, auf vitale Leidenschaft, rückhaltlose Besessenheit – ob es die sexuelle Besessenheit seiner Kraftnaturen ist oder die ideologische Besessenheit seiner Moralisten, die nach ihrer utopischen Idee die ganze Welt umschaffen wollen – wie Keith, Scholz, Dr. Schön, Veit Kunz, Hetmann, Rüdiger Wetterstein. In seinen Stilmitteln wird Wedekind einer der wichtigsten Wegbereiter des modernen anti-illusionistischen Theaters. Er nutzt die Wirkung der Trivialkünste, von Zirkus, Varieté, Moritat, Revue, Kabarett für das literarische Theater. Gegen die Stimmungsmalerei und naturalistische Nachahmung der Wirklichkeit setzt er auf die groteske, clowneske und satirische Überzeichnung: »Eine Verteidigung und Rechtfertigung körperlicher Kunst gegenüber geistiger Kunst. Verteidigung des Persönlichen in der Kunst gegenüber Engherzigkeit, Schulmeisterei und Unnatur.« Da er über lange Jahre als Bänkelsänger im Münchner Kabarett *Die elf Scharfrichter* und als Darsteller seiner Werke viel erfolgreicher war denn als Schriftsteller, konnte er gemeinsam mit seiner Frau Tilly diesen expressiven, bissigen Grotesk-Stil auch durchsetzen.

Er wird Vorbild für das expressionistische Drama, für Carl Sternheim und Georg Kaiser. Bertolt Brecht, dessen lebenssüchtiger *Baal* (1922) wie die Übertragung der *Lulu* ins Männliche erscheint, führt Wedekinds sachlich-lapidaren Balladenton in seiner Lyrik weiter. Geradezu überschwenglich Brechts Bekenntnis zu Wedekind: »Es war die enorme Lebendigkeit dieses Menschen, die Energie, die ihn befähigte, von Gelächter und Hohn überschüttet, sein ehernes Hohelied auf die Menschlichkeit zu schaffen ... Er gehörte mit Tolstoi und Strindberg zu den großen Erziehern des neuen Europa. Sein größtes Werk war seine Persönlichkeit.« Auch Dürrenmatts groteske Parabeln, wo Tragik umschlägt in die bitterböse Farce, sind eine Weiterentwicklung von Wedekinds Dramaturgie.

Als Jura-Student in München spekuliert Wedekind 1886 mit seinem ersten Theaterstück *Der Schnelldenker oder Kunst und Mammon* (UA 29. 7. 1916 München), das er eine »Originalcharakterposse« nennt, vergeblich auf den kommerziellen Erfolg. Um 1887 entsteht das Dramenfragment *Elins Erweckung* um einen jungen Theologen, der durch eine verführerische Lulu-Gestalt vom Pfad der bürgerlichen Tugenden gelockt wird. 1889 folgt das Lustspiel *Kinder und Narren* (später unter dem Titel *Die junge Welt*; UA 2. 4. 1908 München): eine Auseinandersetzung mit Gerhart Hauptmann, der Wedekinds konfliktreiches Familienleben für sein Stück *Das Friedensfest* ausgeschlachtet hatte. 1890/91 entsteht *Frühlings Erwachen*, das bis 1906 auf die Uraufführung warten muß, dann aber ein dauerhafter Erfolg wird. Angeregt durch das Pariser Varieté- und Zirkusmilieu, wo sich Wedekind begeistert einlebt, wo er sich mit dem fahrenden Künstler Willy Rudinoff anfreundet, dessen naive Lebenslust ihn fasziniert, ist der Schwank *Der Liebestrank* (später unter dem Titel: *Fritz Schwigerling*; UA 28. 9. 1900 Zürich). Verkrustetes Adelsmilieu und freies, spontanes Zirkusleben, das Wedekind romantisch verklärt, werden gegeneinander ausgespielt. Fürst Rogoschin will durch Dressur und einen Liebestrank sein junges Mündel Katharina für sich gewinnen, während der Zirkusreiter Fritz Schwigerling dem Mädchen ein freies Leben in der Manege bietet. Schwigerling geht mit Katharina durch, während der geprellte Rogoschin nicht ahnt, daß seine Gattin, die würdige Fürstin Cordelia, eine abgetakelte Trapezkünstlerin und Schwigerlings erste Frau ist. Dem Zirkus widmet Wedekind in seinen Pariser Jahren auch die drei Pantomimen *Die Flöhe oder Der Schmerzenstanz*, *Der Mückenprinz*, *Bethel die Traberstute*. In Paris entstehen 1892–95 die ersten Entwürfe zur *Lulu*-Tragödie. 1899 folgt der Einakter *Der Kammersänger*. Das Schauspiel *Der Marquis von Keith* entwickelt sich in mehreren Anläufen, die Fragment bleiben: *Ein Genußmensch* (1898) und *Der gefallene Teufel* (1899). Der Mißerfolg der *Keith*-Uraufführung (1901) trifft Wedekind so, daß er in *So ist das Leben* (späterer Titel: *König Nicolo*, 1902) sich selbst als verkannten Künstler auf die Bühne bringt, eine sentimentale Selbstfeier, die er später distanziert betrachtet: »ich schäme mich des fünf Akte langen Gejammers«.

Das Schauspiel *Hidalla oder Sein und Haben* (später unter dem Titel: *Karl Hetmann, der Zwergriese*; UA 1. 2. 1905 München) entwirft wie das Romanfragment *Mine-Haha oder Über die körperliche Erziehung der jungen Mädchen* (1903) utopische Erziehungsmodelle für eine künftige Gesellschaft. Karl Hetmann, der häßliche Zwerg, ist besessen vom Ideal körperlicher

Schönheit und hat einen Verein zur Züchtung von »Rassemenschen« gegründet. Hetmann muß die Leitung des Vereins dem eitlen Großmeister Morosini überlassen, da er selbst dem Schönheitsideal nicht entspricht. Hetmanns Fanatismus, die Menschheit zu veredeln, wird vom Sozialwissenschaftler und Verleger Launhart (eine Karikatur von Wedekinds eigenem Verleger Albert Langen), von Publizisten und Demagogen ausgenutzt und vermarktet. Sobald Hetmann nicht mehr gefügiges Instrument ist für seine Ausbeuter, sperrt man ihn in die Irrenanstalt. Er schlüpft in die Rolle eines Zirkusclowns und flüchtet zuletzt in den Selbstmord.

In *Totentanz* (später unter dem Titel *Tod und Teufel*; UA 2. 5. 1906 Nürnberg) sucht die Frauenrechtlerin und Lehrerin Elfriede von Malchus den Mädchenhändler Casti-Piani (der bereits in der *Lulu*-Tragödie auftritt) zur Moral zu bekehren. Bisher hat er das Bordell als Ort der freien, vorurteilsfreien Sinnlichkeit verherrlicht. Nun erkennt er darin die »satanische Menschenschlächterei«. Während das ältliche Fräulein Elfriede in grotesker Enthemmtheit zur Sinnenfreude erweckt ist und Casti-Piani mit ihrer Leidenschaft verfolgt, zieht er die Konsequenz aus seiner gescheiterten Ideologie und erschießt sich. In dem »Sittengemälde« *Musik* (1908) parodiert Wedekind das bürgerliche Rührstück. *Die Zensur* (UA 27. 7. 1909 München) nennt Wedekind eine »Theodizee in einem Akt«: ein Streitgespräch zwischen dem Schriftsteller Buridan und dem bischöflichen Sekretär und Zensor Dr. Prantl um Sinnlichkeit und Sittlichkeit, Nutzen und Schaden der Wahrheit auf die Öffentlichkeit. Buridan ist so verrannt in seine Ideen, daß er die Wirklichkeit, die Liebe seiner Freundin Kadidja, verspielt, die sich vom Balkon in den Tod stürzt. Im Schauspiel *Oaha – Die Satire der Satire* (später unter dem Titel: *Till Eulenspiegel*; UA 20. 12. 1911 München) rechnet er in Gestalt des Schriftstellers Max Bouterweck mit seinem Verleger Albert Langen ab, von dem er sich ausgenutzt fühlt.

Die letzten Werke erscheinen wie die sarkastische Zurücknahme dessen, was Wedekind im Frühwerk an Reform und Gesellschaftsveränderung gefordert hat: Effie in *Schloß Wetterstein* (1909/10) verkörpert nicht mehr den Naturmythos einer Lulu, sondern ihre Liebessucht ist profan das Symptom einer Gallenkrankheit. Und *Franziska* (1912), das Mysterienspiel um einen weiblichen Faust, endet in einer brav angepaßten Ehe- und

Mutterrolle. Es folgen zwei mythologische Versdramen: *Simson oder Scham und Eifersucht* (UA 24. 1. 1914 München mit Friedrich Kayßler und Tilla Durieux) erzählt die biblische Geschichte. Durch Dalilas Verrat wird Simson an die Philister ausgeliefert und geblendet. Mit seiner Rache geht auch er zugrunde. *Herakles* (UA 1. 9. 1919 München, bereits als Gedächtnisfeier auf den toten Autor mit Albert Steinrück) zeigt den antiken Helden als unglücklichen »Bastard zwischen Mensch und Gott« in immer neuen Begegnungen mit der Wirklichkeit: mit der Kindfrau Iole, die ihm verweigert wird, mit der Venuskönigin Omphale, mit der Ehefrau Deianeira und schließlich im Olymp mit der göttlichen Hebe, dem Symbol ewiger Jugend. Ein Zugeständnis an den nationalen Überschwang des Wilhelminismus ist das historische Drama *Bismarck* (entstanden 1915; UA erst 30. 10. 1926 in Weimar, da während des Ersten Weltkriegs ein Stoff über den preußisch-österreichischen Konflikt für die Zensur nicht akzeptabel war). Der eiserne Kanzler wird verherrlicht als überlebensgroßer Tatmensch und Gründer des Reichs.

Frühlings Erwachen

Eine Kindertragödie
Uraufführung: 20. November 1906 in Berlin

Personen: Melchior Gabor – Herr Gabor, sein Vater – Frau Gabor, seine Mutter – Wendla Bergmann – Frau Bergmann, ihre Mutter – Ina Müller, Wendlas Schwester – Moritz Stiefel – Rentier Stiefel, sein Vater – Otto, Robert, Georg Zirschnitz, Ernst Röbel, Hänschen Rilow und Lämmermeier, Gymnasiasten – Martha Bessel und Thea, Schülerinnen – Ilse, ein Modell – Rektor Sonnenstich – Hungergurt, Knochenbruch, Affenschmalz, Knüppeldick, Zungenschlag und Fliegentod, Gymnasialprofessoren – Habebald, Pedell – Pastor Kahlbauch – Ziegenmelker, Freund Rentier Stiefels – Onkel Probst – Diethelm, Reinhold, Ruprecht, Helmuth und Gaston, Zöglinge der Korrektionsanstalt – Dr. Prokrustes – Ein Schlossermeister – Dr. von Brausepulver, Medizinalrat – Der vermummte Herr – Gymnasiasten – Winzer – Winzerinnen.

Frühlings Erwachen – damit ist die aufbrechende Sexualität unter Jugendlichen gemeint. Sie leiden unter der Dressur der Schule im Obrigkeitsstaat Wilhelms II., sie revoltieren gegen die Prüderie im Elternhaus, sie quälen sich mit den immer gleichen Fragen und Nöten herum, verheddern sich, abgewiesen von der

Elterngeneration, in Schuldkomplexe und Verdrängungen. Die 14jährige Wendla Bergmann will endlich von ihrer Mutter aufgeklärt werden: »Du kannst doch im Ernst nicht verlangen, daß ich bei meinen 14 Jahren noch an den Storch glaube.« Geniert weicht Frau Bergmann aus, wimmelt die Fragen der Tochter ab. Auch die Gymnasiasten Melchior Gabor und Moritz Stiefel versuchen den Tabus um Zeugung und Geburt auf die Spur zu kommen. Melchior, der bei seiner liberalen Mutter einigen Rückhalt hat, verfaßt für seinen Freund eine Aufklärungsschrift »Der Beischlaf«. Moritz, verträumt und ängstlich, durchdrungen von selbstzerstörerischer Besessenheit, wird noch mehr verunsichert. Er versagt in der Schule, überläßt sich seinen Obsessionen, träumt davon, in Amerika unterzutauchen vor dem Druck der Umwelt, jagt sich schließlich eine Kugel durch den Kopf. Auch die lebensfrohe Ilse, die von den Bürgern zwar als verworfenes Geschöpf gebrandmarkt ist, aber in ihrer Welt der Kneipen und Künstler ihre Lebens- und Liebeslust frei ausleben kann, vermag Moritz nicht aus seinen Ängsten zu retten.

Melchior und Wendla entdecken beim heimlichen Stelldichein auf dem Heuboden die Liebe. Wendla erwartet ein Kind. Um den Skandal zu vertuschen, reden die Eltern dem Mädchen ein, es habe die »Bleichsucht«. Zur Behandlung wird eine gewisse Frau Schmidt ins Haus geholt. Sie nimmt die Abtreibung vor. Wendla stirbt durch die Pfuscherin. Da Melchior inzwischen als der Verfasser der Schrift entdeckt wurde, fliegt er von der Schule. Er kommt in die Besserungsanstalt, der Vater sieht ihn als »im innersten Kern seines Wesens angefault«. Die Lehrerkonferenz – ein Bestiarium aus grotesken Paukerfiguren, versehen mit hämischen Namen wie Sonnenstich, Hungergurt, Affenschmalz – hat nach dem Schülerselbstmord nur die eine Sorge, ob die Lehrer durch »ein hohes Kultusministerium für das hereingebrochene Unglück« zur Verantwortung gezogen werden. Sie machen Melchior zum Sündenbock. Melchior flüchtet aus der Anstalt und versteckt sich nachts auf dem Friedhof zwischen den frischen Gräbern von Wendla und Moritz. In gespenstischer Vision erscheint ihm sein toter Freund. Er trägt den Kopf unterm Arm und will Melchior bewegen, auch mit dem Leben Schluß zu machen. Da tritt ein vermummter Herr in elegantem Abendanzug und Zylinder dazwischen – die ironische Verkörperung des Lebens – und nimmt den Jungen mit sich in die Welt der Erwachsenen.

Bei der Uraufführung machte dieses Stück Skandal als Kampfansage gegen eine muffige Spießerwelt der Alten, als mutige Auseinandersetzung zwischen der ratlosen Jugend und ihren verknöcherten Vätern über Tabus, die heute keine mehr sind. Zeitlos ist das Stück, da es zeigt, wie alleingelassen die Jugend ist, wie sie sich zerstört und aufreibt an ihren Sehnsüchten, Fragen, Begierden. 1890/91 entstanden, muß der Text bis 1906 auf die Uraufführung durch Max Reinhardt (mit Alexander Moissi, Camilla Eibenschütz, Albert Steinrück, Gertrud Eysoldt in den Jugendstildekorationen von Karl Walser) warten. Erst 1912 wird das Stück endgültig durch Gerichtsentscheidung zur Aufführung freigegeben. In locker gefügten Situationen von sich überstürzender Unmittelbarkeit, die die offene Szenenführung von Lenz und Büchner weiterentwickelt, bezieht Wedekind die verschiedensten Spielarten pubertärer Sexualität ein: die homoerotische Balgerei im Weinberg zwischen Hänschen Rilow und Ernst Rödel, Onanie, gegenseitige Quälerei als Ventil verzweifelter Entfremdung. Das Stück wird Vorbild der vielen Knaben-Tragödien im Expressionismus: von Walter Hasenclever *Der Sohn* (1914), Paul Kornfeld *Die Verführung* (1916), Hanns Johst *Der junge Mensch* (1916), Arnolt Bronnen *Vatermord* (1920). Der Generationskonflikt, die falsche Erziehung der Jugend durch eine verfehlte Gesellschaft wird ein Hauptthema der Literatur seit der Jahrhundertwende: Emil Strauß, *Freund Hein* (1902); Heinrich Mann, *Professor Unrat* (1905); Robert Musil, *Die Verwirrungen des Zöglings Törleß* (1906); Peter Martin Lampel, *Revolte im Erziehungshaus* (1929); Friedrich Torberg, *Der Schüler Gerber* (1930). Wichtige Neuinterpretationen des Stücks verdanken wir Peter Zadek (Bremen 1964), der vor den Fotowänden von Wilfried Minks fast klinisch exakt das Verhaltensmodell herausarbeitete, und David Mouchtar-Samorai (Heidelberg 1982), der die Szenen wie einen erschreckenden Fiebertraum aus der subjektiven Sicht der Jugendlichen vorbeiziehen läßt. (Reclams UB 7951.)

Die Lulu-Tragödie

1913 hat Wedekind, den Bedürfnissen des Theaters entsprechend, die beiden Stücke *Erdgeist* und *Die Büchse der Pandora* in eine einteilige Fassung von fünf Akten gebracht, die sich heute auf dem Spielplan durchgesetzt hat.

Erdgeist

Tragödie in vier Aufzügen
Uraufführung: 25. Februar 1898 in Leipzig

Personen: Lulu – Medizinalrat Dr. Goll – Schwarz, Kunstmaler – Dr. Schön, Chefredakteur – Alwa, sein Sohn – Schigolch – Prinz Escernay, Afrikareisender – Gräfin Geschwitz – Rodrigo Quast, Artist – Hugenberg, Gymnasiast – Verschiedene Nebenpersonen.
Ort und Zeit: Eine deutsche Großstadt, Ende des 19. Jahrhunderts.

Der erste Teil der Lulu-Tragödie schildert Lulus Aufstieg und die vergeblichen Versuche ihres Gegenspielers Dr. Schön, sich ihrer Lockung zu entziehen. Im Prolog preist der Tierbändiger dem Publikum in Marktschreierton die Sensation seiner Menagerie an: Lulu, das Tier in verführerischer Weibsgestalt, »das wahre Tier, das wilde, schöne Tier ... Sie ward geschaffen, Unheil anzustiften, / zu locken, zu verführen, zu vergiften – / zu morden, ohne daß es einer spürt.«

Dr. Schön, der Großverleger und Pressezar, hat sich Lulu als halbwüchsiges Mädchen aus der Gosse geholt, er hat sie ihrem Besitzer, dem zwielichtigen Trunkenbold Schigolch abgehandelt und sich zur Geliebten gemacht. Da er nun in die obere Gesellschaft einheiraten will, schiebt er Lulu ab und verheiratet sie mit dem alten Medizinalrat Goll. Lulu verführt den Kunstmaler Schwarz, während sie ihm Modell sitzt für ein Porträt. Vor Eifersucht trifft Goll der Schlag. Dr. Schön ist Lulus neugewonnene Freiheit unangenehm. Also macht er Lulu zur Gattin des Malers und arrangiert dessen Karriere. Sobald der Maler erfaßt, daß Lulu auch weiterhin die Geliebte des Verlegers bleibt und er als moralisches Alibi einfach ausgehalten wird, schneidet er sich mit dem Rasiermesser die Kehle durch. Alwa Schön, der Sohn des Verlegers, führt Lulu in die Theaterwelt ein. Sie feiert

Triumphe als Tänzerin. Sie benutzt den Prinzen Escernay, einen Afrikaforscher, der sie anbetet, als Lockmittel, provoziert einen Streit während der Vorstellung, um Dr. Schön endgültig an sich zu fesseln. Lulu diktiert ihm den Abschiedsbrief an seine Braut und heiratet ihn, der ihr erster Liebhaber war. In der Ehe zahlt sie ihm heim, daß sie lebenslang sein Opfer war. Sie zerstört seinen Ruf, seine Selbstachtung, füllt seinen vornehmen Salon mit schmierigen Existenzen, wechselt wahllos die Liebhaber bis hinab zum Lakaien. Da ist der prahlerische Zirkusathlet Rodrigo Quast, die in Lulu hoffnungslos verliebte lesbische Gräfin Geschwitz, der schwärmerische Gymnasiast Hugenberg. Auch Schigolch drängt sich wieder als Schmarotzer heran. Sogar Alwa hat sich inzwischen unter die Liebhaber seiner Stiefmutter eingereiht. Dr. Schön will sich durch einen Gewaltstreich befreien aus dieser wahnwitzigen Situation, da sich in allen Zimmerecken, sogar unterm Tisch die Liebhaber seiner Frau eingenistet haben wie Ungeziefer. Er drängt Lulu den Revolver auf, mit dem sie sich selbst richten und töten soll. Sie aber erschießt Dr. Schön: »Der einzige, den ich geliebt«. Umsonst sucht Lulu sich vor der Verhaftung zu retten, indem sie Alwa ewige Treue schwört.

Die Büchse der Pandora

Tragödie in drei Aufzügen
Uraufführung: 1. Februar 1904 in Nürnberg

Personen: Lulu – Schigolch – Alwa Schön – Rodrigo Quast – Gräfin Geschwitz – Gymnasiast Hugenberg – Marquis Casti-Piani – Kungu Poti, kaiserlicher Prinz aus Afrika – Dr. Hilti, Privatdozent – Jack – Gäste der Abendgesellschaft und andere Nebenfiguren.
Ort: Eine deutsche Stadt, dann Paris und London.

In einem »Prolog in der Buchhandlung« diskutieren Verleger, Autor und Leser mit dem Staatsanwalt über Zensur und die Freiheit in der Kunst. Das ist eine satirische Stellungnahme Wedekinds in eigener Sache, da die Lulu-Tragödie inzwischen immer wieder verboten wurde.

Lulu, wegen des Gattenmords mit Zuchthaus bestraft, wurde durch die ergebene Gräfin Geschwitz befreit, die dafür ihr Vermögen opfert und selbst ins Gefängnis geht. Rodrigo will

Lulu als Zirkusattraktion ausbeuten – sein Plan scheitert an Lulus angeschlagener Gesundheit. Sie heiratet Alwa, da er durch das Erbe des Vaters vermögend ist, fährt mit ihm nach Paris und erneuert dort ihr Luxusleben. Sie gerät in die Hände von Erpressern. Der Mädchenhändler Casti-Piani, der sich als Marquis ausgibt, testet Lulu erst selbst als Liebhaber, um sie dann in ein orientalisches Bordell zu verschachern. Rodrigo droht ihr mit der Polizei. Sie setzt ihr Werkzeug Schigolch ein, um den Kunstturner zu beseitigen. Vor der Polizei flieht Lulu mit Alwa nach London und bringt sich in den Slums armselig als Strichmädchen durch. Ihre Freier holt sie sich in die schäbige Dachkammer. Alwa ist herabgesunken zum Taschendieb, der den Kunden seiner Frau die Kleider filzt. Im Streit mit dem afrikanischen Potentaten Kungu Poti wird er erschlagen. Der Privatdozent Dr. Hilti aus der Schweiz stolpert über die Leiche und ergreift die Flucht. Gräfin Geschwitz, immer noch Lulu verfallen, bringt das Porträt, das Schwarz einst von Lulu als Frau Medizinalrat gemalt hat. Die Gräfin will sich erhängen, aber sogar das mißlingt ihr. Jack the Ripper, der Lustmörder, ist der letzte Mann in Lulus Leben. Er sticht die Gräfin, das »arme Tier«, nieder, dann tötet er Lulu.

Lulu verkörpert die Inkarnation weiblicher Sexualität – ein Triebwesen, dem die Männer einer nach dem anderen zum Opfer fallen. Bei aller Laszivität ist sie tierhaft unschuldig wie ein Stück Natur, ein elementarer Erdgeist. Sie ist die eigentlich Betrogene in diesem Liebesspiel, in dem sie jeden betrügt. Sie wird ausgebeutet von der Männergesellschaft, auch wenn sie als männermordender Dämon erscheint. »Die kann von der Liebe nicht leben, weil ihr Leben die Liebe ist.« *Erdgeist* zeigt die großbürgerliche Welt, *Die Büchse der Pandora* die kriminelle Halbwelt – die Tausch- und Handelspraktiken auf dem Schlachtfeld Liebe sind dieselben.

Das Werk wird für Wedekind und seine Frau Tilly zum erfolgreich-berüchtigten Gastierstück, worin der Autor im Lauf seines Lebens fast alle Männerrollen von Dr. Schön bis Schigolch verkörpert. Aufsehen erregt die Aufführung bei Max Reinhardt (Berlin 1918) mit Gertrud Eysoldt, Werner Krauss als Schigolch, Emil Jannings als Rodrigo, Hermine Körner als Geschwitz. Später verkörpern Maria Orska (mit Fritz Kortner als Schön), Elfriede Irrall, Angelika Domröse die Titelrolle. Dieter Dorn gibt dem Stück eine realistisch-psychologische

Deutung (München 1977 mit Cornelia Froboess). Peter Zadek macht outriertes Theater (Hamburg 1988 mit Susanne Lothar und Ulrich Wildgruber). 1928 verfilmt durch G. W. Papst mit Louise Brooks und Fritz Kortner. Alban Berg vertont den Stoff, aber seine Oper bleibt Fragment (UA der Oper 7. 3. 1953 Essen). (Reclams UB 8567.)

Der Kammersänger. Drei Szenen. UA 10. 12. 1899 Berlin. – Der Kammersänger Gerardo, als Wagner-Star von Erfolgen und Terminen gehetzt, hat auf der Durchreise drei tragikomische Begegnungen im Hotelzimmer. Die 16jährige Miß Coeurne hat sich voller Enthusiasmus für ihren Tristan hinter einem Vorhang versteckt. Sie bietet dem Heldentenor ihre Liebe an, aber der Künstler vertröstet sie mit einem Autogramm. Der alte Musikprofessor Dühring bemüht sich um Protektion. Sein ganzes Leben hat er an einer Oper komponiert. Sinnlos hat er sich für die Kunst aufgeopfert, da kein Theater das moderne Werk aufführen will. Für den Kammersänger ist die Kunst kein Ideal, sondern ein florierendes Geschäft. Er singt Tristan, weil Wagner gerade gefragt ist: »Wir Künstler sind ein Luxusartikel der Bourgeoisie.« Dühring ist ihm ebenso lästig wie schließlich die junge Helene Marowa, die ihm während des Gastspiels als flüchtige Liebelei diente. Sie nimmt die Liebe ernst, ist vom Ehemann und ihren zwei Kindern davongelaufen und fordert von Gerardo eine gemeinsame Zukunft. Er weist sie ab und sie erschießt sich – als tragikomische Schlußpointe zum Kapitel: Das Ideal und die Wirklichkeit. Der Kammersänger jagt nach Brüssel zum nächsten Auftritt. Die »brutale Intelligenz« des Kammersängers, der zynisch auf der Höhe seiner Zeit steht, gehört zu Wedekinds geschlossensten Figuren; in Ferdinand Bonn, Rudolf Forster, Heinrich George bis zu Will Quadflieg (in Rudolf Noeltes Fernsehinszenierung 1964) fand er überzeugende Interpreten. Der verkannte Künstler Dühring ist ein Selbstporträt Wedekinds, das bereits auf *König Nicolo* verweist.

Der Marquis von Keith. Münchner Szenen. Schauspiel in fünf Aufzügen. UA 11. 10. 1901 München. – Mit Feuerwerk und phantastischen Plänen will der Marquis von Keith, ein Hochstapler, der eigentlich der Sohn eines simplen Hauslehrers ist, die Spießerwelt zum Lebensgenuß bringen und zugleich ihre

Erwartungen und Vorurteile vermarkten. Er gründet eine AG, um einen »Feenpalast« zu finanzieren, ein Haus der Illusionen, das zugleich auch ein profitables Geschäft werden soll. Sein Gegenspieler ist Ernst Scholz, der als Idealist die Gesellschaft verändern und sich unter Keiths Anleitung zum Genußmenschen entwickeln will. Wedekind definiert sein Figurenpaar bewußt als dialektische Positionen: »Das Wechselspiel zwischen einem Don Quijote des Lebensgenusses (Keith) und einem Don Quijote der Moral (Scholz). Keith will sich als Mittel zu seinem Zweck der Moral bemächtigen. Scholz will sich als Mittel zu seinem Zweck des Lebensgenusses bemächtigen. Beide erleiden Niederlagen auf dem eigenen Gebiet wie auf dem, das sie als Mittel zum Zweck verwenden wollen.«

Keith hat sich seinen falschen Adelstitel durch eine windige Adoption zugelegt. Dagegen hat Scholz freiwillig auf seinen Titel eines Graf von Trautenau verzichtet. Keith steht zwischen zwei Frauen: Molly Griesinger, die ihn treu und hoffnungslos liebt, und der Salonschlange Gräfin Werdenfels, der er zur Karriere als Sängerin verhelfen will. Da Keith unbekümmert mit gefälschten Unterschriften hantiert und es ablehnt, seinen Geldgebern ordentliche Geschäftsbücher vorzulegen, läßt ihn der Aufsichtsrat fallen. Konsul Casimir wird Keiths Ideen erfolgreich ausbeuten. Casimir gewinnt sich auch die Gräfin Werdenfels als Luxusweibchen, das stets dem Erfolgreichen gehört. Keith, der auszog, die Gesellschaft zu betrügen, wird zuletzt von ihr benutzt und betrogen. Molly ertränkt sich in der Isar. Der Skandal um ihren Selbstmord kostet dem Marquis den letzten Rückhalt in der Gesellschaft. Scholz geht freiwillig ins Irrenhaus (ein Motiv, das Dürrenmatt später erneut verwenden wird), aber Keith will ihn nicht begleiten. Er wählt auch nicht den für Bankrotteure üblichen Abgang in den Selbstmord. Er kokettiert nur mit dem Revolver, legt ihn dann weg und konstatiert: »Das Leben ist eine Rutschbahn!«, um anderswo sein schwankendes Glück zu versuchen.

Vorbild für den skrupellos-unbekümmerten Lebenskünstler Keith war der dänische Kunsthändler und Bilderfälscher Willy Grétor, der Wedekind seit 1894 in Paris gefördert und ihn durch seinen luxuriösen Lebensstil beeindruckt hatte. Grétor verdankt der junge Wedekind auch die Verbindung zu seinem Verleger Albert Langen. Wedekind hat immer wieder die Titelrolle verkörpert. Erst Leopold Jessner hat durch die Stilmittel des expressionistischen Theaters (Fritz Kortner als Keith und Lothar Müthel als Scholz) in seiner Berliner Aufführung von 1920 das Stück als dialektisch zugespitztes Pointenspiel zum Erfolg geführt. Später nur noch vereinzelte Versuche durch Gustaf Gründgens (Berlin 1947), Hans Schalla (Bochum 1955), Hans Schweikart (München 1957). (Reclams UB 8901.)

König Nicolo oder So ist das Leben. Schauspiel in drei Aufzügen und neun Bildern mit einem Prolog. UA 22. 2. 1902 München. – Wedekind verpackt seine persönliche Enttäuschung – die Ablehnung seiner Stücke durch Publikum und Presse, die wiederholten Anklagen vor Gericht wegen Majestätsbeleidigung, den Kampf gegen die Zensur – in ein Künstlerdrama, das er als historische Parabel aus der italienischen Renaissance gestaltet. Nicolo, der König von Umbrien, wird vom Metzger Pietro Folchi (in ihm hat man eine Karikatur von Wedekinds erfolgreicherem Literaturkollegen Max Halbe erblickt) gestürzt, flieht mit seiner Tochter Alma als Bettler durchs Land, fühlt sich verkannt und ausgestoßen, scheitert auch als Gehilfe eines Schneiders und wird erneut vertrieben. Nur als Possenreißer auf dem Jahrmarkt und später als Hofnarr bei Pietro, dem neuen, erfolgreichen König, kann er seine Wahrheit verkünden, die von der Gesellschaft als gelungene Posse verlacht und applaudiert wird. »So ist das Leben!« stellt Nicolo (= Wedekind) resignierend fest und macht diese bittere, leidvolle Erfahrung zugleich zum ursprünglichen Stücktitel.

Musik. Sittengemälde in vier Bildern. UA 11. 1. 1908 Nürnberg. – Klara Hühnerwadel, die von der Laufbahn einer Wagner-Sängerin träumt, wird von ihrem Gesangslehrer Professor Josef Reißner verführt. Sie erwartet von ihm ein Kind, läßt es abtreiben und wird dafür mit Gefängnis bestraft. Else, die Frau des Professors, erwirkt beim Großherzog die Begnadigung. Und wieder lebt Klara im Haus des Professors, nimmt bei ihm Unterricht, schwärmt von der holden Kunst und wird von ihm erneut schwanger. Sie schont seine Ehe, opfert ihr Erbteil für seine Schulden, zieht sich aufs Land zurück und bringt dort das Kind zur Welt. Aber auch Mutterglück ist Klara nicht gegönnt. Das Kind stirbt. Mittellos ist sie der Verachtung der bürgerlichen Gesellschaft ausgesetzt. Dafür steht der Verursacher ihres Unglücks vor der Welt als ihr selbstloser Freund und

Helfer da, und der Verdacht der Vaterschaft fällt auf Franz Lindekuh, den tragikomischen Schriftsteller. Wedekind scheut nicht die faustdicke Kolportage, um zu zeigen, wie eine private Tragödie objektiv zur Parodie ihrer selbst wird – lächerlich, banal und völlig unsinnig. Das Stück, das auf Vorfälle anspielt, die sich in der Münchner Gesellschaft zugetragen hatten, löste deshalb einen Skandal aus. Wedekind hat es mit seiner Frau Tilly gespielt. Später haben Gerhard F. Hering (Frankfurt a. M. 1955) und Hans Schweikart (München 1965) versucht, parodierten Kitsch und Rührstück zu verbinden.

Schloß Wetterstein. Schauspiel in drei Akten. UA 17. 11. 1917 Zürich mit Wedekind und Elisabeth Bergner. – Das Stück setzt sich aus den drei Einaktern *In allen Sätteln gerecht*, *Mit allen Hunden gehetzt*, *In allen Wassern gewaschen* zusammen, die zunächst selbständig konzipiert sind, und ist eine Kettenreaktion von monströsen Situationen und Handlungen, mit denen Wedekind erneut gegen die Institution von Ehe und Familie anrennt. Im Duell hat der Freiherr Rüdiger von Wetterstein den Major von Gystroa getötet, um dessen Frau Leonore heiraten zu können. Sie geht, von Abscheu hingerissen, die Ehe mit dem Mörder ein. Um sich zu bereichern, hat der Freiherr bei seinem Geschäftsfreund Luckner Diamanten unterschlagen. Der erpreßt ihn nun und fordert die Hingabe von Leonore. Zum Schein opfert sich Leonore für ihren Mann und treibt Luckner mit einem Trick in den Selbstmord. Ihre Tochter Effie, eine Lulu-Figur, unterwirft sich auch ihren Stiefvater Rüdiger, bringt ihren Ehemann, den Grafen d'Armont zum Selbstmord, errichtet auf Schloß Wetterstein ein Edelbordell, ein Reich der freien Liebe und Lust mit Universitätsprofessor Scharlach als Leibarzt, dem Geldmenschen Salzmann als Finanzminister, dem Sänger Schigabek als Hofnarren, dem abtrünnigen Priester Taubert als Leibphilosophen, dem Kraftkerl Heiri Wipf als Vertreter des Volks und einem Prinzen als repräsentatives Aushängeschild. Zuletzt gerät Effie an Mr. Tschamper, einen steinreichen Blaubart, der sich ihrer Sinnlichkeit überlegen zeigt. Sie vergiftet sich. Dieses ekstatische Thesenstück, das immer neue Duelle zwischen Mann und Weib vorführt, hat auf Dürrenmatts *Die Ehe des Herrn Mississippi* gewirkt und wegen der ähnlichen Anfangsszene auch einen grotesken Plagiatsstreit mit Wedekinds Witwe ausgelöst.

F r a n z i s k a. Ein modernes Mysterium in fünf Akten. UA 30. 11. 1912 München. – Um der bürgerlichen Ehe mit dem bieder-durchschnittlichen Dr. Hofmiller zu entgehen, schließt die 18jährige Franziska mit dem Versicherungsvertreter und Abenteurer Veit Kunz einen Pakt: Er will sie zur Sängerin ausbilden, ihr vollkommenen Genuß und absolute Freiheit verschaffen, indem er sie in einen Mann verwandelt. Dafür soll sie ihm später als Sklavin dienen. Aus Franziska wird ein verführerischer Franz Eberhard, der die Liebe von Sophie gewinnt. Als Sophie die Doppelgeschlechtlichkeit ihres Partners erkennt, begeht sie Selbstmord, während Franziska von Veit ein Kind erwartet. Am Hof des Herzogs von Rotenburg mischen sich Franziska und Veit in ein Festspiel, verwirren den Fürsten und treiben dessen Geliebte in den Tod. Veit, dieser neuzeitliche Mephisto, bleibt auch bei Wedekind der Geprellte. Er verliert Franziska, die er als sein Geschöpf betrachtet, an den Sexprotz Breitenbach und später an den naiven, jungen Maler Almer, mit dem sie eine Durchschnittsehe führt. Das Heimchen ist an den Herd zu seiner Bestimmung als Ehefrau und Mutter zurückgekehrt. Grimmig parodiert Wedekind die Ziele der Emanzipation. Zuletzt hat Hans Neuenfels mit Elisabeth Trissenar als Franziska (Wien 1978 u. Berlin 1985) dieses früher von der Zensur attakkierte Mysterium um Faustine zur Diskussion gestellt.

ELSE LASKER-SCHÜLER

* 11. Februar 1869 in Elberfeld
† 22. Januar 1945 in Jerusalem

Sechstes Kind des Bankiers Aron Schüler, heiratete 1894 den Berliner Arzt Berthold Lasker, 1901 Georg Levin, der unter dem von ihr geprägten Namen ›Herwarth Walden‹ einer der führenden Theoretiker des Expressionismus geworden ist (Scheidung 1912). Sie floh 1933 vor den Nationalsozialisten nach Zürich, lebte 1934 und 1937 vorübergehend, seit 1939 für den Rest ihres Lebens in Palästina.

Vor allem als Lyrikerin war Else Lasker-Schüler in den zwanziger Jahren sehr erfolgreich. Sie lebte unstet, extravagant, unbürgerlich. Geld und Leben zerrannen ihr sozusagen unter den Fingern. Einerseits lebte sie in einer Phantasiewelt und belegte sich (›Jussuf, Prinz von Theben‹), Freunde und Feinde mit Phantasienamen, andererseits fällte sie bewundernswert klare und kritische Urteile über Kunst und Politik.

Arthur Aronymus und seine Väter (aus meines geliebten Vaters Kinderjahren). UA Dezember 1936 Zürich. – Diese Folge von fünfzehn Bildern »aus meines geliebten Vaters Kinderjahren« wurde nur zweimal gespielt. Der (1968 verstorbene) Bühnenbildner Teo Otto notierte während der Arbeit an den Bühnenbildern: »Immer wieder fällt mir Else Lasker-Schüler ein, wenn ich heute den Aufstand der Herzen einer jungen Generation erlebe. Sie hätte – glaube ich – viel Zuneigung zu den Beatles und Hippies gehabt und war ihnen nicht unverwandt ... Wie ein verirrter Paradiesvogel wirkte Else Lasker-Schüler. Sie war ein hinreißendes Ärgernis in dieser Welt der Rechnungen, Ziffern und Zahlen.«

Arthur Aronymus heißt der frühreife Liebling des frommen jüdischen Gutsbesitzers Schüler in Hexengäsecke, einem katholischen Dorf in Westfalen. Das achte Kind, Dora, ist nervenkrank und wird darum von den abergläubischen Dörflern als Hexe verlästert. Pogromstimmung kommt auf, doch der Bischof von Paderborn und der Dorfkaplan ersticken das Unheil rechtzeitig. Juden und Christen, Altes und Neues Testament, feiern Versöhnung. Eine Biedermeier-Ballade aus dem Bergischen Land, voller Aberglauben, Furcht, Armut und Poesie. Die Hauptfiguren sind mit sanfter Kritik oder Ironie gesehen, die Nebenfiguren mit einer schlichten Würde aufgewertet. *K. H. R.*

Die Wupper. Schauspiel in fünf Aufzügen (6 Bildern). UA privat 27.4.1919 Berlin, öffentlich 15.10.1927 Berlin. – Ein poetisches Stimmungsbild aus dem Wuppertal zu Beginn des Industriezeitalters. Einerseits die Armut der Färber und Industriearbeiter, erbärmliche und erbarmungswürdige Roheit, Dreck, der auch Herzlichkeit schmutzig macht, andererseits der verfallende Wohlstand der Fabrikantensippe Sonntag. Überschneidung der Sphären auf dem Rummelplatz, wo der haltlose Juniorchef dem minderjährigen Lieschen Puderbach zutreibt und wo rundum die Wonnen der Gewöhnlichkeit erblühen – bis die drei Penner, die durch das ganze Stück schwanken, mit fegender Gebärde über den Platz tappen: »Wir wollen den Garten nu reinigen von der Sünde.« (Reclams UB 9852.) *H. D.*

Ich und Ich. Eine theatralische Tragödie. UA 10.11.1979 Düsseldorf. – Zwischen 1941 und 1944 in Jerusalem in der Emigration entstanden, kommt dieser lyrisch überfrachtete Text erst aus dem Nachlaß von Else Lasker-Schüler 1979 zur Uraufführung. Ein Höllenspektakel, das mal als Zeitkabarett, dann wieder mythisch im Oratorienstil die aktuelle Geschichte der jüdischen Verfolgung aufarbeiten will. Faust und Mephisto treten hier an zum endlos philosophierenden Streitgespräch über Himmel und Hölle, über den Sinn des Bösen in unserer Welt und das Scheitern des Geistes vor der Wirklichkeit, die stets neu vom Ungeist der Gewalt und der Willkür beherrscht wird. Die Verkörperung des Bösen sind die NS-Machthaber Göring, Heß, Goebbels, Schirach. Sie treten als die Marionetten Hitlers auf, der sich zum Höllenfürsten aufschwingt. Darüber thront Gott Baal in seinem Himmel. Die Könige des Alten Testaments – Saul, Salomon, David – sind Denkmäler geworden, unfähig, in die Geschichte einzugreifen und ihre jüdischen Nachkommen vor der Massenvernichtung zu retten. Den Rahmen dieser allegorischen, aber auch autobiographischen Szenen bildet eine Theaterprobe, die Max Reinhardt, umgeben vom Schwarm seiner Assistenten, leitet. Else Lasker-Schüler bringt sich selbst als die »Dichterin« ins Spiel, die den Ablauf der Szenen verfolgt und kommentiert.

ERNST BARLACH

* 2. Januar 1870 in Wedel (Holstein)
† 24. Oktober 1938 in Güstrow

Sohn eines Arztes, Ausbildung zum Bildhauer und Grafiker an der Gewerbeschule in Hamburg (1888–91) und der Dresdener Akademie (1891–95). Studien in Paris (1895–97) und die Rußlandreise 1906 vermitteln wichtige künstlerische Impulse. 1909 Stipendium für Florenz, Freundschaft mit Theodor Däubler. Ab

1910 lebt er mit Sohn und Mutter in Güstrow (Mecklenburg). 1924 erhält er den Kleist-Preis, 1933 den Orden Pour le mérite. In der NS-Zeit ist Barlach politisch verfolgt: seine Bildwerke gelten als »entartet« und »ostisch«, seine Schriften werden verbrannt, er erhält 1937 Ausstellungsverbot und wird aus der Preußischen Akademie der Künste ausgeschlossen. Die Trauerfeier nach seinem Tod 1938 wird unter Beteiligung von Käthe Kollwitz, Karl Schmidt-Rotluff, Hermann Hesse, Max Planck zu einer mutigen Demonstration gegen den Nationalsozialismus.

Die Forderung des Expressionismus nach Aufbruch und Erneuerung, nach dem neuen Menschen macht Barlach auf sehr nordisch-grüblerische, protestantisch-spröde Art zu seinem Leitthema. Seine Menschen sind stets »Werdende«, die jäh herausgerissen sind aus ihrem Alltag, die einen Anruf verspüren, Gott zu suchen und das Bibelwort buchstäblich zu erfüllen. Sogar Gott wird von Barlach als ewig werdend begriffen: »Er schafft und wird vom Geschaffnen neu geschaffen« *(Die Sündflut)*. Diese erweckten, werdenden Menschen brechen mit ihrem bisherigen Leben, dem »faulen Selbstsein« *(Der arme Vetter)*, wollen aus dem Fleisch *(Der blaue Boll)*, aus dem »Habeglück« *(Die echten Sedemunds)*. Sie sind im wörtlichen Sinn Besessene, denn ein höherer Auftrag hat Besitz ergriffen von ihnen: »Ich habe keinen Gott, aber Gott hat mich!« *(Der Graf von Ratzeburg)*. Getrieben von Heilserwartung, von Erlösungssehnsucht, sind sie unterwegs: »Ein Weg braucht kein Wohin, es genügt ein Woher« *(Der tote Tag)*.

So entsteht mystisches Gleichnistheater, das zugleich erfüllt ist von sinnlich erlebtem Naturmythos, von nächtlichen Dämonen der norddeutschen Landschaft. Barlachs Doppelbegabung als Bildhauer und Dichter formt auch seine Theaterfiguren: schwer, wuchtig, monumental und sehr erdhaft treten sie auf. Seine fünf düster-ekstatischen, symbolüberfrachteten Läuterungsspiele mit ihrem alttestamentarischen Pathos, den allegorischen Figuren sind heute in den Hintergrund getreten:

Der tote Tag (UA 22. 11. 1919 Leipzig) ist eine mystische Legende, ein tödlich verlaufender Kampf zwischen Mutter und Sohn um Freiheit und Zukunft. Aus Eifersucht hat die Mutter den Vater Kule ausgeschaltet, der nun als blinder Bettler durch die Welt tappt. Aus Eifersucht tötet sie dem Sohn das Wunderroß Herzhorn, mit dem Kule seinem Sohn den Ritt ins Leben schenken will. Mutter und Sohn töten sich gegenseitig – der Tag ist tot. *Die Sündflut* (UA 27. 9. 1924 Stuttgart): Das alttestamentliche, archaisch-monumentale Mysterienspiel stellt den zynischen Machtmenschen Calan, der durch Verbrechen und Verneinung Gott herausfordern will, gegen den frommen Dulder Noah. Gott wandert als machtloser Bettler durch seine Schöpfung und sieht entsetzt, wieviel Not und Unrecht hier herrschen: »Mein Werk höhnt meiner selbst!« Erst Leid und Tod führen Calan zur Läuterung. *Der Findling* (UA 21. 4. 1928 Königsberg) ist wieder ein Mysterienspiel voller Symbole und Allegorien. Die Menschen sind abstoßende Kreaturen auf der Flucht vor der Schreckensherrschaft des »Roten Kaisers«, sie erschlagen einander und fressen sich gegenseitig auf, um zu überleben. Der Findling, »ein krätziges Kind mit krummen Beinen ... ein Spiegel der Fratze des verzweifelten Gottes«, erfüllt alle mit Abscheu. Erst als Elise, die Tochter des Wucherers, sich überwindet und des Jammerwesens erbarmt, verwandelt es sich zu einem wunderschönen Geschöpf, zum Heiland für diese Welt. *Die gute Zeit* (UA 28. 11. 1929 Gera) führt auf eine idyllische Insel, wo für die Reichen dieser Welt ein künstliches Paradies voller Luxus und ohne Leid errichtet ist. Die Fürstin Celestine (= die Himmlische), die wegen einer Abtreibung angereist ist, wandelt sich zum neuen Menschen und erleidet stellvertretend das Martyrium der Kreuzigung. So verbindet Barlach das Läuterungsspiel mit einer Satire auf die moderne Zivilisation. *Der Graf von Ratzeburg* (UA 25. 11. 1951 Nürnberg) ist ein mittelalterliches Legendenspiel. Graf Heinrich erniedrigt sich, zieht als einfacher Knecht auf den Kreuzzug, wird Galeerensklave und Wüstenpilger, besteht Versuchungen und Qualen, bis er endlich den Märtyrertod findet, den er stellvertretend für seinen Sohn Wolf auf sich nimmt.

Mehr als mit diesen Dramen setzt sich das heutige Theater mit Barlachs realistischen Stücken aus der norddeutschen Kleinbürgerwelt auseinander. Stets ist es Kleinstadtmief, kleinlicher, egoistischer Alltag, die Enge des mecklenburgischen Provinzialismus, aus dem die Figuren unversehens in die Gewissenskrise geraten, in ein Chaos stürzen aus Zweifeln, Ängsten, Verlorensein und Glaubenshoffnung. Stets bricht etwas Unruhestiftendes ein in die bürgerliche Welt der Übereinkünfte, ein »Stachel im Fleisch« des schlechten Gewissens – sei es der ausgebrochene, Angst und Schrecken verbreitende Löwe in *Die echten*

Sedemunds (1921), der aufrüttelnde Selbstmord des *Armen Vetters* (1919), der religiöse Wahn und Vernichtungswunsch der armen Grete in *Der blaue Boll* (1926). Mitten in der realistisch gezeichneten und doch abgründigen Welt der Kleinstadt stehen plötzlich die Gottsucher auf und sind mit einer wüsten, fanatisierten Inbrunst nach ihrem Seelenheil unterwegs. Sie verwandeln und missionieren aber nicht die Welt, sie fliehen aus ihr – ob in den Tod (Ivers) oder ins Irrenhaus (Grete, der junge Sedemund): Barlach ist Realist genug, die Heilserwartung nicht als Happy-End zu sehen. Und um diese einsamen Gottsucher wimmelt eine Fülle bizarrer, unheimlicher Gestalten, die das Kleinstadtleben zum grotesk irrlichternden Alptraum verzerren. »Das Leben selbst des Alltags fängt an, mir unheimlicher, sage dreist mythischer zu werden als andern die Visionen«, bekennt Barlach in einem Brief am 7. 12. 1913. Dieses visionäre zweite Gesicht der Alltagsrealität wird zu einer Herausforderung für jede Aufführung. Barlach hat bisher nur wenige Regisseure gefunden wie Jürgen Fehling, Hans Lietzau, Gustav Rudolf Sellner und Hans Bauer, die diesen Anspruch einlösen konnten.

Der arme Vetter. Drama in fünf Akten. UA 20. 3. 1919 Hamburg. – Ein Ostertag an der Niederelbe, Ausflügler genießen die frühlingshafte Natur. Banale und skurrile Gestalten durchstreifen die Idylle: Die vulgäre Frau Keferstein schlägt sich mit der nächstbesten Zufallsbekanntschaft – diesmal ist's der Schiffer Bolz – in die Büsche. Aus dem Lehrer Voß, den man aus dem Amt gejagt hat, ist ein philosophierender Landstreicher geworden. Dr. Engholm verfolgt die Angst um die kranken Kinder bis hierher. Fräulein Isenbarn unternimmt mit ihrem Verlobten Siebenmark, einem farblosen, korrekten Spießer, einen Spaziergang. Sie, die alle ganz mit sich und ihren Bedürfnissen beschäftigt sind, werden unversehens mit dem Selbstmordversuch des jungen Hans Iver konfrontiert. Widerwille und Ekel gegen die korrupte Welt der Vätergeneration treiben Iver in den Tod. Seine Tat der Verweigerung wirkt als moralische Initialzündung auf Fräulein Isenbarn, mit dem bisherigen Leben ebenfalls Schluß zu machen. Sie sagt sich von ihrem Verlobten los, der als Ausbund engstirniger Bürgerlichkeit nur Siebenmark heißen kann, und sucht den eigenen Weg durchs Leben. Aber auch für Siebenmark, der als Geschäftsmann das

Problem Iver mit einigen Geldscheinen lösen will, bricht die bisherige problemlos scheinheilige Fassade seines Lebens zusammen. Iver, der arme Vetter eines hohen Herrn, setzt alle, denen er begegnet, seinem moralischen Anspruch aus. Diesen Anruf des Gewissens, der tieferen Lebensverantwortung formuliert er als biblisch überhöhtes Gleichnis: »... haben Sie nicht manchmal Momente, wo Sie verarmter Vetter den hohen Herrn in seinem Glanz vorüberfahren sehen? Das heißt: Sie spüren in sich, als käme Ihnen etwas nahe, von dem ein Verwandtes zu sein Ihnen wißbar wird. Und das Herz stockt Ihnen, Sie schnappen nach Luft, und Sie brüllen wie ein Vieh auf in Ihrem Elend, Sie ... brüllen Sie nicht auch manchmal über Ihr Elend?« Siebenmark verzweifelt an sich, an seinem bisherigen selbstgerechten Leben, an dem Verlust der Braut, die sich für den todgeweihten Rivalen Iver entscheidet. Siebenmark ist auf den Hund gekommen in buchstäblichem Sinn – wenn er in einer gespenstischen Nachtszene am Strand winselnd, heulend, beißend aus seiner Haut fahren will –, ein frühes, visionär geschautes Bild des mit sich zerfallenen Menschen. Iver reißt sich den Verband von der Schußwunde und verblutet: »Es gibt bloß noch hinauf, hinüber, trotz sich – über sich.« Fräulein Isenbarn wird die Magd jenes hohen Herrn, den ihr Iver verheißen hat: »... ihr Kloster ist die Welt, ihr Leben – als Gleichnis.« (Reclams UB 8218.)

D i e e c h t e n S e d e m u n d s. Drama. UA 23. 3. 1921 Hamburg. – Der junge Gerhard Sedemund ist wie viele Gestalten Barlachs ein »Werdender«, der mit dem satten Spießertum seines Vaters und des schwadronierenden Onkels Waldemar bricht. Die Sippe will den unbequemen Erben ins Irrenhaus sperren. Dort ist auch der hintergründige Gewissensmahner Grude zu Haus, der mit einer Eulenspiegelei die braven, selbstgerechten Bürger des Städtchens in Schrecken versetzt und zur schmerzhaften Wahrheit zwingt. Er streut das Gerücht aus, aus der Menagerie des Italieners Franchi sei der Löwe ausgebrochen. Die Kleinstädter werden nun alle zu Jägern, die dem Raubtier nachstellen, und zugleich zu Gejagten, denen die Angst im Nacken sitzt. Barlach läßt keinen Zweifel daran, wie allegorisch das gemeint ist, denn »wir haben alle einen unhörbar brüllenden Löwen hinterm Rücken. Das ist noch das Beste an uns, daß uns jemand in Majestät fangen und fressen will.«

Grude täuscht den echten, den alten Sedemunds vor, Gerhard sei gestorben. So findet sich die Familie erleichtert auf dem Friedhof ein, um unter prächtigen Kränzen das Ärgernis endgültig loszuwerden. Zwischen den Gräbern kommt es zur Abrechnung um den ungeklärten Tod von Gerhards Mutter. Der alte Sedemund, dessen miese Vergangenheit vor der Öffentlichkeit aufgedeckt wird, ergreift die Flucht nach vorn und zeigt nun die anderen faulen Stellen in der ehrenwerten Gesellschaft auf. Die Furcht vor dem Löwen und die vor dem eigenen Gewissen treibt ihn aus dem bisherigen selbstzufriedenen Dasein als »Kofferträger seines Selbst». Da bekennt Grude die Täuschung, zeigt allen das Fell des bereits toten Löwen. Und die Bürger können sich wieder zurückfallen lassen in ihr altes, scheinheiliges Spießerleben. Auch Wachtmeister Lemchen darf die Schandtaten, die da dekuvrierend zur Sprache kamen, beruhigt vergessen. Und der junge Sedemund geht freiwillig in die Irrenanstalt – aus Lebensekel und Resignation vor dieser unverbesserlichen Welt.

Der blaue Boll. Drama. UA 13. 10. 1926 Stuttgart. – Grete Grüntal, die Frau des Schweinehirten von Parum, ist von ihrer Familie davongelaufen. In religiösem Wahn will sie das Fleisch abtöten und ihre Kinder vergiften, um sie aus der Welt und aus der Sünde zu schaffen. Da trifft sie auf den Gutsbesitzer Boll, den Inbegriff des Fleisches: einen satten, feisten Lebensgenießer. Und Boll kippt durch diese Begegnung aus seiner eingefahrenen Behaglichkeit. Er wird sich selbst fremd, es treibt und gärt in ihm nach Veränderung: »Boll muß Boll neu gebären.« Voller Wirklichkeitsüberdruß und Erlösungsdrang will er aus sich einen neuen Menschen machen. Er beschützt Grete vor dem Ehemann, der die Frau zurückholen will, und flüchtet sich mit ihr in den verlassenen Kirchturm. Beide sind sie einander nicht recht geheuer und doch aufeinander fixiert. Grete gerät in eine miese Spelunke. Im Wirt Elias, der sie gleich in sein Bett schleppt, wittert sie den Teufel, sie rast in Höllenvisionen und wird schließlich von Boll gerettet. Künftig wird sich der Gutsherr für die Frau des Schweinehirten verantwortlich fühlen. Radikal setzt Boll seinen neuen Lebenswandel fort und verstört seine Mitwelt. Einen Fremdling, der hinkend durchs Städtchen stolpert, bittet er als Gast an den Tisch und setzt ihn der Familie als Herrgott vor. Vetter Prunkhorst, sein alter Zechkumpan, der sich nicht ändern und läutern will, wird prompt vom Schlagfluß ereilt. Die Schlußszene in der Kirche zeigt als Ritual, wie umstürzlerisch diese neue Ordnung der Nächstenliebe ist: Grete küßt Frau Boll die Hand, aber die Dame Boll muß dies ebenso an der Magd tun und sie zum Wagen geleiten. Auch in diesem Stück drängen die Figuren nach Veränderung, nach Entwicklung und können doch kaum aus ihrer Haut. Alles in diesem mecklenburgischen Städtchen hat zwischen Spießerposse und Mysterienspiel seinen doppelten Umriß, zielt ins Jenseitige, ins Irreale. Um die Alltagswirklichkeit wetterleuchtet es von Hintergründen und Abgründen.

CARL STERNHEIM

* 1. April 1878 in Leipzig
† 3. November 1942 in Brüssel

Sohn eines Bankiers, der auch Eigentümer des »Hannoverschen Tageblatts« und Theaterkritiker ist. Sternheim studiert in München, Berlin, Leipzig Jura, Literatur- und Kunstgeschichte, Philosophie in Heidelberg bei Heinrich Rickert. 1900–06 Ehe mit Eugenie Hauth; 1907–27 ist er mit Thea Bauer verheiratet, die als Tochter eines Schraubenfabrikanten ihm den feudalen Lebensstil sichert. Er erbaut sich Schloß Bellemaison in Höllriegelskreuth bei München mit eigenem Theatersaal, gibt mit seinem Freund Franz Blei die Zeitschrift »Hyperion« heraus. 1912 übersiedelt er nach Belgien, wo er in La Hulpe bei Brüssel sich wiederum einen prächtigen Herrensitz errichtet: Clairecolline. Da der Besitz 1918 enteignet wird, weicht er in die Schweiz aus nach St. Moritz und Uttwil. Durch ein Nervenleiden immer häufiger im Sanatorium. 1930 dritte, kurze Ehe mit Pamela Wedekind. Während des Dritten Reichs lebt Sternheim unter Obhut einer Pflegerin im Exil in Brüssel. Unbeachtet und von der deutschen Besatzung totgeschwiegen, stirbt er körperlich und geistig zerrüttet an einer Lungenentzündung.

»Aus dem bürgerlichen Heldenleben« – diesen Obertitel gibt Sternheim ironisch seinen Komödien *Die Hose*, *Die Kassette* und *Der Snob*, doch auch die übrigen Hauptwerke lassen sich diesem Thema zuordnen. Die satirische Bloßstellung des Kleinbürgers im Wilhelminischen Kaiserreich, in dem seine Stücke bis 1918 immer wieder verboten und zensiert wurden, bleibt Sternheims Thema. Als Gesellschaftskritiker wird er für die nationalistische, auf Wohlstand und Reputation versessene Gründerzeit ebenso zum Ärgernis wie sein großes Vorbild Molière für die höfische Gesellschaft des Sonnenkönigs. Wie Molière verdichtet er seine Figuren zu Typen – z. B. der Snob, der Stänker, der Literat, der subalterne Beamte. Sternheim nennt die Zeit am Vorabend des Ersten Weltkriegs das *Juste Milieu* und entlarvt dessen großsprecherische Tugenden, die Scheinheiligkeit und doppelte Moral. Im kleinen Beamten Maske und im Proletarier Schippel schildert er hemdsärmelige Strebertypen und Aufsteiger ins Bürgertum. Sie passen sich an und lernen die Spielregeln dieser miesen Gesellschaft: »Wir müssen uns strecken, anpassen; das ist Weltordnung!« erläutert Oberlehrer Krull das Lebensrezept dieser Figuren. Insgeheim aber leben sie sich aus, sind besessen und besitzergreifend in ihrem Egoismus, in ihrer vitalen Alltagsbrutalität. Die gesellschaftliche Fassade zu wahren, sich aber dahinter rücksichtslos auszuleben – das sind die Pole von Sternheims Kleinbürgerwelt: »Führt man sich nach außen hin hinreichend mitbürgerlich konventionell auf, kann man innerlich entschlossen ein zyklopisch zu sich gewillter Viechskerl sein, Leben zu eigenem Nutzen und Frommen radikal abweiden.«

Auch Sternheims Motive erinnern an Molière: Habgier, Bildungsdünkel und Sex, wobei der Seitensprung nie den wohlanständigen Ruf gefährden darf. Sternheims Sprache ist verkürzt zum Telegrammstil, versachlicht und auf die knappste Information gebracht. Jeder Unterton an Gefühl oder Stimmung ist diesen Sätzen ausgetrieben. Sternheim skelettiert die Sprache, um das Marionettenhafte der Figuren und ihrer Haltungen herauszuarbeiten. In grotesker Verformung bleibt oft nur grammatisches Gestänge übrig: z. B. »Behauptest Du, auszusagen, braucht's Satz? Gibt das Dingwort nicht klarste, allgemeinste Vorstellung ... wir verständigen uns stenographisch. Sag Wahrheit!« *(Das Fossil).*

Erst nach dem Zusammenbruch des Wilhelminischen Kaiserreichs 1918 war Sternheim vom Zugriff der Zensur befreit und wurde häufiger gespielt. Max Reinhardt in Berlin sowie Gustav Hartung in Frankfurt und Darmstadt setzten sich für ihn ein.

Im Dritten Reich verfemt, wurde Sternheim später durch den Regisseur Rudolf Noelte wiederentdeckt. Noelte beweist in eindringlichen, psychologisch exakt durchgearbeiteten Aufführungen (*Die Kassette* 1959 mit Theo Lingen; *Der Snob* 1964 mit Boy Gobert), daß Sternheim nicht nur formelhaft stilisiert, sondern auch mit hintergründigem Realismus darzustellen ist.

Sternheims Theaterarbeit beginnt mit biblischen Stoffen (*Der Heiland*, 1898; *Judas Ischariot*, 1901), die allerdings unaufgeführt bleiben. Auch auf Vorlagen von Molière wird zurückgegriffen: *Don Juan* (UA 1912 Berlin), *Der Geizige* (UA 16. 4. 1917 Berlin, Inszenierung: Max Reinhardt). Mit dem Lustspiel *Die Hose* setzt 1911 der Zyklus »Aus dem bürgerlichen Heldenleben« ein, der Sternheim als Satiriker auf den deutschen Spießer-Alltag bekannt macht: *Die Kassette* (1911), *Bürger Schippel* (1913), *Der Snob* (1914), *1913* (1919), *Das Fossil* (1923). Nach einem Stück von Flaubert (1874) entsteht die politische Komödie *Der Kandidat* (UA 6. 12. 1915 Wien): der Fabrikant Russek will Abgeordneter werden und opfert diesem Ziel alles. Er verkuppelt seine Tochter, er verliert seine Frau an den Journalisten Bach, um sich ein günstiges Presseecho einzuhandeln. Er biedert sich an bei allen, schwadroniert mal konservativ, mal liberal oder sozialistisch.

Tabula rasa (UA 25. 1. 1919 Berlin; Reclams UB 9907): Vor der Öffentlichkeit gibt sich der Glasbläser Wilhelm Ständer als Mustersozialist. Mit seinen Parolen zu Solidarität und Klassenkampf beutet er aber seine Haushälterin aus und paktiert längst mit dem Unternehmer. Er veranstaltet für die unzufriedenen Arbeiter wortreiche ideologische Schaukämpfe, während er heimlich das eigene Aktienpaket vergrößert und behaglich als Spießer lebt. *Der Stänker* (auch unter dem Titel *Perleberg*, UA 9. 9. 1917 Frankfurt a. M.) schildert satirisch den Geschäftskrieg des Gastwirts Frisecke gegen seinen Schwager Adolf Kramer. Durch Reklame wird eine schäbige Kneipe im Provinznest Perleberg zum Kurhotel hochgejubelt. Der lungenkranke Lehrer Tack, ein versponnener Idealist, in dem man einen Nobelgast wittert, wird zum Opfer in dieser Welt der Spekulanten. Der Stoff zu *Die Marquise von Arcis* (UA 5. 9. 1919 Frankfurt a. M.) entstammt dem Roman *Jacques le Fataliste* von Denis Diderot: Das Straßenmädchen Henriette, durch Heirat zur Marquise geworden, wird durch die Intrigen einer Rivalin von ihrer Vergangenheit eingeholt. *Der entfesselte Zeitgenosse* (UA

17. 2. 1921 Darmstadt): Der Jurist Klette, ein idealistischer Tolpatsch, gewinnt mit seiner Naivität Herz und Mitgift der Schloßherrin Klara und überrundet alle aufs Geld versessenen, gerissenen Nebenbuhler. Ein faustdickes Happy-End ereilt ihn, reinster Hohn auf die Wirklichkeit. Das Lustspiel *Der Nebbich* (UA 9. 10. 1922 Darmstadt) persifliert in drei Freunden, die trotz aller ideologischer Fehden brav im selben Wanderverein marschieren, das politische Kräftespiel der Weimarer Republik. Der Nebbich Fritz Tritz ist der ewige Spießer. Die Liebelei mit einer Operndiva öffnet ihm die große Welt, er könnte dort Filmproduzent und Zeitungsboß werden. Durch Bluff und Dreistigkeit macht er sich zum vielbestaunten Erfolgsritter (»Was ist Genie? Zielsicherheit!«), kehrt aber schließlich zurück in seine behagliche, unauffällige Durchschnittlichkeit. *Oskar Wilde* (UA 31. 3. 1925 Berlin) dramatisiert Glanz und Elend des gesellschaftlichen Außenseiters, das Lustspiel *Die Schule von Uznach oder Neue Sachlichkeit* (UA 21. 9. 1926 Hamburg, Köln und Mannheim) persifliert die Bildungsutopien der Zeit.

Maske-Zyklus

Die Hose – Der Snob – 1913 – Das Fossil

Diese zwischen 1911 und 1922 entstandenen vier Stücke um Aufstieg und Niedergang der Familie Maske erscheinen wie die Stationen einer Familienchronik. Zugleich ist die zeitliche Abfolge einer Chronik ironisch aufgehoben: denn der Sohn, zu dessen Zeugung sich Theobald Maske um 1910 entschließt, zählt 1912 im Fortsetzungsteil *Der Snob* bereits 36 Jahre und begeht dann *1913* seinen 70. Geburtstag. Offensichtlich tritt die Zeit im Wilhelminischen Zeitalter auf der Stelle – dafür überlagern sich in dieser Windstille ohne Entwicklung und Fortgang die Situationen einer typischen Karriere.

Die Hose

Ein bürgerliches Lustspiel in vier Aufzügen
Uraufführung: 15. Februar 1911 in Berlin

Personen: Theobald Maske, ein Beamter – Luise, seine Frau – Gertrud Deuter – Frank Scarron – Benjamin Mandelstam, Friseur – Ein Fremder.
Ort und Zeit: Wohnzimmer bei Maske, um 1911.

Hellsichtig entlarvt Sternheim bereits in diesem Frühwerk alle Typen des Untertanen-Ungeistes und wirbelt sie zu einer pfiffigen Posse durcheinander. Der Zensur erschien bereits der Titel unzüchtig, so daß die Uraufführung in *Der Riese* umbenannt wurde. Die Hose, die Luise auf offener Straße aus dem Rock rutscht, während sie der Truppenparade zusieht, läßt ihren Mann um Beamtenehre und Reputation fürchten. Aber gerade der pikante Vorfall führt ihm mit dem Literaten Scarron und dem schwindsüchtigen Friseur Mandelstam zwei lüsterne Untermieter ins Haus, deren Quartiergeld ihm erst den weiteren Aufstieg sichert: nun wird er sich ein Kind leisten können. Theobald Maske ist ein rechter Haustyrann, brutal und jovial, ein höchst menschlicher Unmensch, der seine Frau verprügelt, weil er selbst Angst hat vor dem Skandal, sich aber gleich wieder besänftigen läßt durch einen saftigen Hammelbraten. Massiv thront er auf seinen vier Buchstaben und auf seinen Grundsätzen. Er allein kommt auch sexuell ans Ziel seiner Wünsche. Während die beiden Untermieter seine Frau anschmachten, vernascht er die Nachbarin, das ältliche Fräulein Deuter, und spart sich dabei jedes Gerede von Liebe und Sehnsucht. Maske pflegt seinen feisten Egoismus, sein Behagen und ist jeder Obrigkeit dienstbar, korrekt bis zum schnurgerade gezogenen Scheitel. Gegen die Juden hat er an sich nichts, aber er will sie lieber weit weg ans Rote Meer. Und alle anderen, die schwächer sind, zu ducken schafft ihm das reinste Vergnügen. Wie in solchen Spießern der zunächst unpolitische, häusliche Faschismus heranwächst, stellt Sternheim überzeugend heraus.

Luise ist ein raffiniertes Weibchen, naiv und durchtrieben zugleich. Sie weiß, daß sie in dieser Männerwelt nur durchkommt, wenn sie für jeden den richtigen Augenaufschlag und viel entwaffnende Hilflosigkeit bereit hat. Im Seitensprung mit Scarron erhofft sie die romantische Flucht. Wie bitter enttäuscht ist sie, als Scarron wie Mandelstam von bombastischen Idealen faseln, von Nietzsche, Wagner, Menschheitszielen – und Luise als Frau dabei einfach vergessen. Die Aussicht auf das Kind, die ihr Maske eröffnet, ist für sie ein Urteil: Lebenslänglich! Das bürgerliche Heldenleben aus Plüsch und Phrasen erscheint als eine Kumpanei schwadronierender Männer, denen die Frauen nur Lustobjekt und zugleich mißhandelte Dienstboten sind. So braucht Scarron die Verliebtheit in Luise nur als Anreiz für seine Poeterei. Der Friseur Mandelstam muß bereits 1911 seine jüdische Herkunft hinter verkrampfter Deutschtümelei verstecken – eine argwöhnisch herumwieselnde Kreatur, die sich zwanghaft umkrempeln muß, um in dieser Welt zu bestehen. Sternheim ist hier ein ebenso vergnügliches wie hintersinniges Lustspiel geglückt mit vitalen Rollen. Charakterspieler wie Albert Bassermann, Heinrich George, Martin Held haben die Figur Maske zum Erfolg geführt.

Der Snob

Komödie in drei Aufzügen
Uraufführung: 2. Februar 1914 in Berlin

Personen: Theobald Maske – Luise, seine Frau – Christian Maske, sein Sohn – Graf Aloysius Palen – Marianne, dessen Tochter – Sybil Hul – Nebenfiguren.
Ort und Zeit: Berlin um 1912.

Christian Maske, Theobalds Sohn, hat sich emporgearbeitet: er ist Großaktionär und Boß einer Bergwerksgesellschaft, welche die Minen in Deutschsüdwestafrika ausbeutet. Den wirtschaftlichen Aufstieg will er nun gesellschaftlich bestätigen. Er sieht seine kleinbürgerliche Herkunft als Schwachpunkt und Gefahr an für die weitere Karriere. Die Spielregeln der oberen Klasse übernimmt Christian ebenso perfekt und bedingungslos wie einst sein Vater diejenigen des Bürgertums. Um Schwiegersohn von Graf Palen zu werden, räumt der junge Maske zielsicher ein Hindernis nach dem anderen aus dem Weg. Er trennt sich kaltschnäuzig von ihm nahestehenden Menschen wie von einer unergiebig gewordenen Kapitalanlage. Denn für den Snob ist alles Berechnung und Strategie im Aufstiegskampf: »Kein Fehler in der Addition und im Kalkül ... Das Leben eines Menschen meiner Art setzt sich aus Fakten zusammen.« Seine langjährige Geliebte, die Schauspielerin Sybil Hul, erhält einen Scheck und muß abtreten. Ihr verdankt er das gesellschaftliche Auftreten, denn sie hat ihn dressiert zum Salonhelden. Ebenso sollen seine Eltern auf einen Alterssitz in die Schweiz verschwinden, da sie ihn vor der neuen gräflichen Verwandtschaft blamieren könnten. Vor Graf Palen gibt sich der Snob als Findelkind aus. Sobald es ihm dienlich scheint, schwenkt er um, spielt die Rolle des braven Sohns und weist dem Grafen das »ärmlich, aber reinlich gekleidete Elternpaar« vor. Nach der Hochzeit mit dem gräflichen Gänschen Marianne gefällt sich der Snob darin, mit dunklen Andeutungen seiner Mutter einen Ehebruch anzudichten, nur um als illegitimer Sproß eines Vicomte zu gelten. Sternheims beißende Ironie: Der Snob sucht Ehre einzulegen, indem er seiner Mutter die Ehre nimmt, ihr aber dafür ein pompöses Grabmal stiftet.

Stets geht es um die glänzende Fassade, die den Hohlraum dahinter zu kaschieren hat. Entlarvend dafür ist die Szene, in der der Snob sich den Kopf zermartert, um auf die Einladung seines gräflichen Schwiegerpapas einen eleganten Antwortbrief zu verfassen. Er will der Einladung folgen, ist aber vom Tonfall der Floskel »Pränumerando« so fasziniert, daß er daraus die bombastische Phrase »Mannigfaltigkeit der Geschäfte« fabriziert und mit tönendem Schwulst die Einladung ablehnt. *Der Snob* wurde zur Paraderolle für virtuose Darsteller wie Gustaf Gründgens (1946), Boy Gobert (1964), Klaus Maria Brandauer (1983).

1913

Schauspiel in drei Aufzügen
Uraufführung: 23. Januar 1919 in Frankfurt a. M.

Personen: Freiherr Christian Maske von Buchow, Exzellenz – Philipp Ernst, Ottilie und Gräfin Sofie von Beeskow, seine Kinder – Graf Otto von Beeskow, sein Schwiegersohn – Hartwig Prinz Oels – Wilhelm Krey, Sekretär – Friedrich Stadler – Easton, Schneider – Nebenfiguren.
Ort und Zeit: Schloß Buchow in Deutschland, 1913.

Christian Maske, ehemals der Snob, feiert seinen 70. Geburtstag. Durch die Gunst des Kaisers ist er inzwischen ein Freiherr Maske von Buchow geworden und herrscht über ein Industrie-Imperium. Doch in der dritten Generation der Maskes zeigt sich in den Kindern der Abstieg. Die Tochter Sofie will den Vater verdrängen. Gegen seinen Willen hat sie mit Holland Waffenlieferungen abgeschlossen, während der alte Maske den kommenden Weltkrieg ahnt und seine Rüstungsindustrie für Kaiser und Reich, aber zugleich für profitablere Preise freihalten will. Dafür wechselt man auch die Religion – Sofie drapiert sich als Protestantin, ihr Vater wechselt über zum Katholizismus. Die beiden übrigen Kinder sind unfähig für die Macht: Philipp Ernst, der einzige Sohn, ist ein selbstgefälliger Playboy, der nur an Mode und Vergnügungen denkt. Ottilie als Freud-Anhängerin macht mit ihrem emanzipierten Sex Jagd auf Vaters Sekretär Krey. Krey selbst, ein deutschnational volkstümelnder Phrasendrescher, der von germanischen Tugenden, Lodenmänteln und »vaterländischer Verbrüderung« schwärmt, findet in Friedrich Stadler einen Jünger, der ihn zum Führer ausruft. Das Stück wurde von der Zensur verboten und konnte erst nach dem Zusammenbruch des Kaiserreichs gespielt werden, in der Uraufführung mit Albert Bassermann, später auch mit Heinrich George und Albert Steinrück als Maske.

Das Fossil

Drama in drei Aufzügen
Uraufführung: 6. November 1923 in Hamburg

Personen: Traugott von Beeskow, General der Kavallerie a. D. – Seine Frau – Ursula, seine Tochter – Otto, sein Sohn – Sofie, geb. von Maske, Ottos Frau – Ulrike, Achim, deren Kinder – Ago von Bohna – Frl. von Rauch, Gouvernante – Föhrkolb, Chauffeur.
Ort und Zeit: auf dem Lande in Preußen, 1921.

Der Schlußpunkt zum unaufhaltsamen Aufstieg der Maskes spielt 1921 nach dem Zusammenbruch des Kaiserreichs. Zunächst wählt Sternheim *1921* als Stücktitel. Der Bürger kommt in diesem Gesellschaftspanoptikum nicht mehr vor: nur noch Adel als Militärführer und Wirtschaftskapitän sowie bolschewistische Schwärmer als Vorboten einer neuen Gesellschaft. *Das Fossil* ist der Reitergeneral a. D. Traugott von Beeskow, der auch in der Weimarer Republik Kaisers Geburtstag noch in großer Uniform, zackig den Säbel schwingend, feiert – auch wenn ihm nach dem verlorenen Krieg nur noch das Schaukelpferd für die Attacke geblieben ist. Sein Sohn Otto, der Sofie Maske geheiratet hat und sich zum Erben des Wirtschaftsimperiums aufschwingen konnte, hat ein hochwirksames Giftgas erfunden, womit er die deutsche Rüstungsindustrie wieder ankurbeln will. Sie beide sind Fossile, Stützen einer untergegangenen Gesellschaft, aber sie träumen davon, sich auch in der neu errichteten Republik die Macht zu erobern. Der General setzt seine Enkelin Ulrike als amourösen Köder ein, um Ago von Bohna, der in russischer Kriegsgefangenschaft zum Kommunismus bekehrt wurde, für die deutschnationale Sache zu gewinnen. Aber der Alte erschießt das Pärchen, sobald seine politische Strategie an der Liebe der jungen Leute scheitert. Gleichmütig läßt er sich von seinem Chauffeur, dem für die Revolution kämpfenden Proletarier Föhrkolb, vor Gericht bringen. Denn »Was soll mir heutzutag passieren?«

Die Kassette

Eine Komödie in fünf Aufzügen
Uraufführung: 24. November 1911 in Berlin

Personen: Heinrich Krull, Oberlehrer – Fanny, seine zweite Frau – Lydia, seine Tochter aus erster Ehe – Elsbeth Treu – Alfons Seidenschnur, Photograph – Nebenfiguren.
Ort und Zeit: Wohnzimmer bei Krull, 1911.

Die ältliche Tante Elsbeth hält mit ihrer Kassette voller hochverzinster Wertpapiere die ganze Familie in Bann. Oberlehrer Krull, der gerade von der Hochzeitsreise zurückkehrt, vernachlässigt sein liebeshungriges Frauchen Fanny, da er nur noch an die Erbschaft der Tante denkt. Auch beim Photographen Seidenschnur, der sich die Damenwelt mit bombastischen Literaturphrasen ins Bett lockt – vom Dienstmädchen über Krulls enttäuschte Ehefrau bis zu dessen Tochter Lydia aus erster Ehe –, ist schließlich die Gier aufs Geld heftiger als die Lust auf Sex. Zuletzt vermacht die Tante ihr Geld der Kirche, während die geprellten Spießer sich weiterhin austricksen und ums Goldene Kalb scharwenzeln. Sternheim zeigt anfangs eine trauliche Familienidylle, um sie mit grimmiger Ironie nach und nach zu demaskieren. Jeder kämpft hier gegen jeden mit Scheinheiligkeit und Lügen. Habgier und Egoismus halten das bürgerliche Endspiel in Gang. Hier gelingt Sternheim ein Meisterwerk – knapp, präzis, folgerichtig. Oberlehrer Krull haben Albert Bassermann, später Theo Lingen (1959 in der Inszenierung von Rudolf Noelte) als dämonischen Spießer ausgeleuchtet, lächerlich und tragisch zugleich.

Bürger Schippel

Eine Komödie in fünf Aufzügen
Uraufführung: 5. März 1913 in Berlin

Personen: Der Fürst – Tilmann Hicketier, Goldschmied – Jenny, seine Frau – Thekla Hicketier, seine Schwester – Heinrich Krey, fürstlicher Beamter – Andreas Wolke, Buchdrucker – Paul Schippel – Nebenfiguren.
Ort und Zeit: Hicketiers Haus in einer deutschen Kleinstadt, um 1912.

Dem Gesangsquartett der gefühlvollen Besitzbürger Hicketier, Krey und Wolke ist der Tenor weggestorben. Notgedrungen muß man Schippel, der unehelich geboren, ein armer, ungebildeter Prolet ist, aber eine herrliche Stimme hat, als Außenseiter in die bürgerliche Runde aufnehmen. Er wird von den Spießern verachtet. Doch als Hicketiers Schwester Thekla nach einem nächtlichen Liebesstündchen beim Fürsten ihren Ruf einbüßt, ist Schippel dem Goldschmied auch als Schwager willkommen, um den Skandal zu vertuschen. Aber Schippel – wie Theobald Maske begierig, ins bürgerliche Milieu aufzusteigen – hat inzwischen die bürgerlichen Vorurteile übernommen und weist die gefallene Braut empört zurück. Er wird von Krey, der sich ebenfalls als Heiratskandidat fühlt, in ein Duell verwickelt, das die beiden Anti-Helden angstschlotternd bestehen. Daß Schippel seinen Gegner zufällig verwundet und plötzlich als Held dasteht, bringt ihm die Bewunderung der Kleinstädter ein: nun ist er endgültig zum vollwertigen Spießbürger emanzipiert. Auch hier zeigt Sternheim die Verlogenheiten, den Kitsch als Selbstbestätigung dieser Spießerwelt. Hinter dem Gefühlsplüsch leben sich handfeste Egoismen aus.

GEORG KAISER

* 25. November 1878 in Magdeburg
† 4. Juni 1945 in Ascona (Schweiz)

Sohn eines Versicherungskaufmanns, die Eltern stammen aus Bauernfamilien. Er verläßt vorzeitig das Gymnasium, wird Lehrling in einer Handelsfirma , fährt 1898 als Kohlentrimmer auf einem Frachtdampfer nach Südamerika, arbeitet bis 1901 als Kontorist in Buenos Aires im Büro der AEG, kehrt 1901 malariakrank nach Europa zurück. Lebt in finanziellen Schwierigkeiten als freier Schriftsteller in Magdeburg, ab 1908 in Seeheim (Bergstraße) und Weimar. Im Ersten Weltkrieg beim Roten Kreuz tätig. Seit 1918 in München. Schulden. Als er das Inventar einer von ihm angemieteten Villa verkauft und verpfändet, sich Filmverträge, auf die er hofft, wieder zerschlagen, wird er 1920 verhaftet, wegen Betrugs und Unterschlagung angeklagt, zu einem Jahr Haft verurteilt. Lebt 1921–38 in Grünheide bei Berlin, bis 1933 der meistgespielte Autor des deutschen Theaters. 1933 erhält er wegen »jüdischer Tendenzen« Publikations- und Aufführungsverbot. Er wird von der Preußischen Akademie der Künste ausgeschlossen, am 10. Mai 1933 werden seine Bücher öffentlich verbrannt. Er flieht nach Amsterdam. Ab 1938 Emigration in der Schweiz, wo ihn der Dramatiker Cäsar von Arx freundschaftlich unterstützt. Er lebt in Engelberg, Zürich, Tessin, erhält keine Einreisegenehmigung für die USA. Stirbt einsam und fast vergessen und wird in Morcote am Luganer See beigesetzt.

Spät – erst mit 39 Jahren – hat sich Georg Kaiser auf dem Theater durchgesetzt. Dann hatte er für zwei Jahrzehnte enorme Breitenwirkung – mit über 40 Uraufführungen zwischen 1917 und 1933 – und war neben Gerhart Hauptmann der führende Stückeschreiber. Er wird der wichtigste Vertreter des expressionistischen Dramas, ohne sich auf diese Stilrichtung festzulegen. Er schreibt Stücke, die zur klassizistischen Neuromantik gehören, andere sind geprägt von der Neuen Sachlichkeit. Die Theaterleiter Arthur Hellmer und Carl Zeiß in Frankfurt a. M., Otto Falckenberg an den Münchner Kammerspielen, Gustav Lindemann in Düsseldorf sowie Bernhard Diebold als einflußreicher Kritiker der *Frankfurter Allgemeinen Zeitung* sind die Wegbereiter für Kaisers Erfolg. Kaiser stellt sich selbst unter unerschöpflichen Produktionszwang. Er verfaßt 74 Stücke mit immer gerade aktuellen Themen, neuen Formexperimenten, erprobt Elemente des Films und der Revue fürs Theater. Er bezeichnet sich selbst als »Dramen-Täter«, der »mit brennender Begierde ... die grenzenlose und herrliche Buntheit des Erlebens« einfangen will in Gestaltung.

Sein Thema ist durchaus idealistisch: die Utopie von der Erneuerung des Menschen. Meist werden seine Figuren gewaltsam herausgerissen aus ihrem bisherigen Leben. Sie treten die Flucht nach vorn an und suchen eine neue Wirklichkeit, neue Selbstverwirklichung: ein Kassier auf der Flucht, ein Pfandleiher auf der Suche. Oft schafft ein unerwarteter Geldsegen die große Veränderung: *Zwei Krawatten*, *David und Goliath*; oft erweist sich auch der Tod als die entscheidende Selbstverwirklichung: *Die Bürger von Calais*, *Gas*, *Das Floß der Medusa*, *Der Brand im Opernhaus*. Stets geht es um gelebten Protest, um Verweigerung gegenüber der materialistischen Gesellschaftsordnung. Diebold bezeichnet Kaiser als »Denkspieler«, der Figuren und Situationen auf dem Theater nur benutzt, um in unerbittlicher Folgerichtigkeit Ideen zu entwickeln. Kaiser selbst hat dies ebenso gesehen: »Das Drama schreiben ist: einen Gedanken zu Ende denken.« Seine Dramaturgie ist geprägt von der Faszination, die damals die Technik auf fast alle Zeitgenossen ausgeübt hat. »Überall enthüllt Kaiser eine Mechanik des Geschehens: die Technik als dramatisches Mittel und die Technik als Zeitgeist ... Wie ein Ingenieur baut er das Drama als eine durchsichtige Architektur aus Glas und Eisen, in der er den dramatischen Motor aufmontiert. In gewollter Symmetrie werden die Akte zu Konstruktionen ... oft karge Szenarien; technische Instruktionen für den ordnungsgemäßen Ablauf der Schicksalsmaschine; ein Worttext aus Befehlen, aus abgerissenen Affektworten« (Diebold). Gerade die Verbindung von ausgeklügeltem Konstruktivismus und idealistischer Missionierung macht die Texte Kaisers für das heutige Theater oft unverdaulich.

Kaisers Theaterarbeit setzt 1895/96 ein mit *Schellenkönig*: Machtkampf und Revolution in einem märchenhaften Königreich. *Der Fall des Schülers Vegesack* (UA 11. 2. 1915 Wien) und *Rektor Kleist* (UA 26. 1. 1918 Königsberg) sind sozialkritische Schülertragödien, Generationskonflikte unter dem Einfluß von Wedekinds *Frühlings Erwachen*. *Die jüdische Witwe* (1908/10;

UA 31. 1. 1921 Meiningen) ist die biblische Judith, die den Feldherrn Holofernes tötet, um endlich ihr weibliches Recht auf Liebesgenuß durchzusetzen. Ihr impotenter Ehemann Manasse hat sie als jungfräuliche Witwe zurückgelassen. Nun will sie sich den König Nebukadnezar erobern und beseitigt deshalb Holofernes. Ihre sexuellen Wünsche gehen dennoch nicht in Erfüllung, denn als Retterin des Vaterlands macht das Volk sie zur Priesterin. *König Hahnrei* (1913; UA 5. 5. 1931 Berlin, Regie: Jürgen Fehling mit Heinrich George) ist der alte König Marke. Unfähig, die junge Isolde selbst zu besitzen, mißbraucht er Tristan als seinen Stellvertreter.

Zu den wichtigsten Theaterleistungen des Expressionismus gehören *Von morgens bis mitternachts* (1912), die »soziale Trilogie« *(Die Koralle – Gas – Gas. Zweiter Teil)* und das symbolistische Läuterungsspiel *Hölle Weg Erde* (UA 5. 12. 1919 Frankfurt a. M. und Berlin): der »Spazierer« kann nur helfen und Gutes tun, indem er einen Juwelier ausraubt. Daneben entwirft Kaiser auch neuromantisch-klassizistische Parabeln: *Die Bürger von Calais* (1912/13), *Der gerettete Alkibiades* (UA 29. 1. 1920 München): Sokrates, hier ein verkrüppelter Bildhauer, wird von der Umwelt als Kriegsheld und großer Weiser gefeiert – und keiner ahnt, daß alle seine Leistungen, womit er die Welt beeindruckt, nur unfreiwillig hervorgerufen sind durch eine lächerliche Wunde und einen schmerzhaften Dorn, den er vor der Welt verbergen muß. Erst wird Sokrates für die Rettung des Alkibiades gefeiert, zuletzt wegen eben dieser Tat hingerichtet. *Europa* (1915; UA 5. 11. 1920 Berlin) ist ein anmutiges mythologisches Spiel mit Tanz und Musik. Die Königstochter Europa hat all die schönen, weichlichen Jünglinge satt. Zeus muß ihr animalisch als wilder Stier kommen, um ihre Liebe zu erringen. Zwischen Satire und realistischem Zeitstück stehen das Volksstück *Nebeneinander* (1923), die Komödie *Kolportage* (1923/24), das Revuestück *Zwei Krawatten* (1929), die Komödie *David und Goliath* (1922); die Tragikomödie *Kanzlist Krehler* (UA 14. 2. 1922 Berlin) zeigt ebenfalls den Ausbruchsversuch aus dem banalen Spießerdasein. Aber Ehefrau und Chef ducken Krehler zurück in den Alltag. Da stößt er den Schwiegersohn vom Balkon, da er ihn um seinen Erfolg beneidet, und begeht Selbstmord. Die Komödie *Das Los des Ossian Balvesen* (UA 26. 11. 1936 Wien) zeigt einen kleinen Postbeamten, der über dem Millionengewinn im Lotto fast sein ruhiges Spießerglück verspielt. Zuweilen kleidet Kaiser seine Konflikte auch historisch. *Der Brand im Opernhaus* (UA 16. 11. 1918 Hamburg, Nürnberg, Berlin) führt ins Paris von 1763. Ein Mann macht den Ehebruch seiner Frau für sich ungeschehen, indem er sie für tot erklärt, als Opfer einer Brandkatastrophe. Die Frau nimmt die Rolle an, die er ihr zugedacht hat, und sühnt durch den Tod in den Flammen. *Gilles und Jeanne* (UA 2. 6. 1923 Leipzig): der brutale Condottiere und Wüstling Gilles de Rais als Widersacher von Jeanne d'Arc. Aus Rache, daß er die Jungfrau nicht besitzen kann, bringt er sie auf den Scheiterhaufen und wird später geläutert zum eigenen Opfertod. Das Künstlerdrama *Die Flucht nach Venedig* (auch unter dem Titel *Literatur und Leben*; UA 9. 2. 1923 Nürnberg) zeigt die Schriftstellerin George Sand, die unentwegt ihre Liebhaber wechselt, um daraus Stoff zu gewinnen für ihre literarische Produktion. Ihr Partner Alfred de Musset verzweifelt daran, da sich ihre Gefühle sofort umsetzen in kunstvolle Formulierungen. Auch *Zweimal Oliver* (UA 15. 4. 1926 Dresden und in acht weiteren Städten) ist ein Künstlerdrama und greift wieder das Motiv des Doppelgängers auf: der Verwandlungskünstler Oliver verrennt sich derart in seine Maskeraden, daß er sich dabei selbst abhanden kommt und irrsinnig wird – in Berlin eine Paraderolle für Alexander Moissi. In *Papiermühle* (UA 26. 1. 1927 Dresden) sieht der Kritiker Duchut, wie seine biographischen Forschungen über den Dichter Ollier unversehens eingreifen in seine eigene Wirklichkeit und in seine Ehe mit Francine, die Olliers Geliebte und Modell für seinen Roman ist.

Zuweilen erprobt Kaiser Stoffe von mystischer Innerlichkeit: Im Schauspiel *Oktobertag* (UA 13. 3. 1928 Hamburg durch Gustaf Gründgens) rettet ein junger Leutnant die Ehre der schwangeren Cathérine und bekennt sich zur Vaterschaft, obwohl das Mädchen ihr Kind in schwärmerischer Entrücktheit von einem derben Schlachtergesellen empfing. *Rosamunde Floris* (1936/37; UA 6. 2. 1953 Stuttgart; Oper von Boris Blacher, 1960): Um ihre Liebe zu William rein zu erhalten von der Wirklichkeit, sucht sich Rosamunde einen fremden Vater für Williams Kind und begeht einen Mord nach dem anderen, um die Aufklärung ihrer Vergangenheit zu verhindern. Das Schauspiel *Die Spieldose* (1942; UA 12. 10. 1943 Basel; auch als Oper von Robert Hanell): Als Soldat hat Paul Chaudraz sein Gedächtnis verloren. Er gilt als tot, seine Braut heiratet seinen

Vater. Er kehrt zurück, und die Spieldose aus seiner Kindheit bringt die Erinnerung zurück. Er tötet den Vater und will sein früheres Leben wiederherstellen. Zuletzt sühnt er, indem er sich als Geisel von den deutschen Besatzern erschießen läßt.

Der Gärtner von Toulouse (1938; UA 22. 12. 1945 Mannheim) entdeckt, daß seine Ehefrau früher im Bordell gearbeitet hat und er selbst der Liebhaber ihrer früheren Puffmutter wurde. Gewaltsam erhält er sich die Reinheit seiner Illusion, indem er die Lebedame erwürgt und für den Mord seine Frau bestrafen läßt.

In der Emigration stellt Kaiser das Thema der Gewalt in den Mittelpunkt. Schon *Die Lederköpfe* (UA 24. 11. 1928 Frankfurt a. M.) sind eine politische Parabel um Gewalt, Unterdrückung, Widerstand gegen die Diktatur. Um sein abschreckend verstümmeltes Gesicht zu verbergen, trägt der Hauptmann eine Ledermaske. Auf Befehl seines Feldherrn Basileus sollen nun alle aufständischen Soldaten verstümmelt und zu Lederköpfen gemacht werden. Der Hauptmann opfert sich für die anderen und gibt mit seinem Tod das Signal zum Freiheitskampf. *Napoleon in New Orleans* (1941) wählt ebenso historische Distanz wie *Der Soldat Tanaka* (UA 2. 11. 1940 Zürich). Kaiser knüpft hier an Büchners *Woyzeck* an. Der japanische Soldat Tanaka, bisher ein treuer Kämpfer für seinen Kaiser, rächt seine Ehre, als er seine Schwester als Bordellmädchen trifft. Er tötet sie und ihren Freier, einen Unteroffizier. Aber er beugt sich nicht unters Gesetz wie Woyzeck, sondern erhebt vor seiner Hinrichtung Anklage gegen das unmenschliche System, das die Bauerntöchter aus Hunger auf den Strich treibt.

Das Floß der Medusa (1940; UA 24. 2. 1945 Basel) erneuert das Thema des Opfers aus *Die Bürger von Calais*: Eine Gruppe Kinder treibt schiffbrüchig auf dem Meer. Der junge Allan geht freiwillig für die anderen in den Tod und läßt sich von einem feindlichen Patrouillenboot abknallen. Der Stoff geht auf einen authentischen Unglücksfall zurück, als 1940 ein Dampfer mit evakuierten englischen Kindern von einem deutschen Torpedo versenkt wurde. Zugleich nutzt Kaiser das Bild *Medusenfloß* von Géricault zur Überhöhung. Zuletzt legt er drei fast klassizistische Griechen-Dramen in Versform vor: das Künstlerdrama *Pygmalion* (1944; UA 16. 12. 1953 München), *Zweimal Amphitryon* (UA 29. 4. 1944 Zürich) als psychologische Variante auf Kleist und *Bellerophon* (1944; UA 21. 11. 1953 Saarbrücken) als

Legende um den antiken Helden, der sich den Pegasus zähmt und mit ihm den Himmel stürmen will.

Die Bürger von Calais. Bühnenspiel in drei Akten. UA 29. 1. 1917 Frankfurt a. M. Oper von Rudolf Wagner-Régeny, 1939. – Die monumentale Figurengruppe des französischen Bildhauers Auguste Rodin (1895) regt Kaiser zu diesem Historienstück um Opfer und Selbstüberwindung an. Den Stoff entnimmt er der mittelalterlichen Chronik von Jean Froissart (um 1400). 1346 fordert König Edward III. von England, der Calais belagert, das Leben von sechs Bürgern als Preis für die Rettung der Stadt. Da melden sich sieben Geiseln freiwillig, um für ihre Mitbürger zu sterben. Einer ist zu viel, keiner will zurücktreten, und doch hofft jeder von ihnen insgeheim, verschont zu bleiben. Eustache de Saint-Pierre, der Wortführer unter den Opfern, macht aus ihrer Zwangslage eine moralische Prüfung. Er vereitelt eine Entscheidung durch das Los und überläßt die Wahl dem Gewissen des einzelnen: wer von ihnen sich zuletzt einfindet am Morgen der Hinrichtung, der soll frei sein. Er selbst ist es, der am nächsten Tag fernbleibt. Wut und Verachtung richten sich gegen den offensichtlich Wortbrüchigen. Da wird Eustache tot auf der Bahre herbeigetragen. Er ist als Vorbild und Ermutigung den Gefährten vorausgegangen in den Tod, um die Einheit ihrer Opfergemeinschaft zu erhalten. Der König, dem in der Nacht ein Thronfolger geboren wurde, begnadigt die anderen, und Calais ist gerettet. Eugen Klöpfer als Eustache hat die Uraufführung zum Erfolg geführt. Später hat Gustav Lindemann zu Kaisers 50. Geburtstag den Text als abstraktes Weihespiel inszeniert (Düsseldorf 1928).

Von morgens bis mitternachts. Stück in zwei Teilen. UA 28. 4. 1917 München. – Ein kleiner Bankkassier wird durch den Anblick einer fremden Dame aufgestört. Ihn packt die Sehnsucht nach dem freien Leben, er will sich zu einem neuen, spontanen Menschen entwickeln. Er raubt die Kasse, sucht das Abenteuer beim Sechstagerennen, im Ballsaal, bei der Heilsarmee. Umsonst! Als er bei einem Mädchen die große Liebe zu finden glaubt, wird er enttäuscht. Die Geliebte will nur die Belohnung, die man auf den Flüchtling ausgesetzt hat, und holt die Polizei. Der Kassier erschießt sich. Vergeblich hat er das gestohlene Geld eingesetzt, um sich damit ein erfülltes Leben zu erkaufen. Dieses visionäre, symbolhaft überhöhte Läuterungsdrama, das mit einer Analogie auf den Kreuzestod Christi endet, gilt als ein Hauptwerk des expressionistischen Theaters. Der Charakterkomiker Max Pallenberg hat seit der Uraufführung den Kassier immer wieder verkörpert als gequälte, von Angst getriebene Kreatur in wilder, sinnloser Flucht nach vorn. (Reclams UB 8937.)

Gas. – Trilogie. Kaisers »soziale Trilogie« ist keine Auseinandersetzung mit der realen Arbeitswelt, sondern der expressionistische Ausbruchsversuch hin zur Utopie vom neuen Menschen. *Die Koralle.* Schauspiel in 5 Akten. UA 27. 10. 1917 Frankfurt a. M. – Aus Angst vor dem Elend, die seine Jugend zerstört hat, häufte der Milliardär seinen Reichtum an. Da entdeckt er in seinem Sekretär, der ihm als Doppelgänger dient, einen zufriedenen Menschen mit glücklicher Kindheit. Er erschießt ihn, schlüpft in seine Rolle, trägt künftig auch dessen Koralle als glücksbringendes Amulett, um sich selbst zu entkommen. Schließlich läßt er sich zum Tode verurteilen, da man dem vermeintlichen Sekretär den Tod des Milliardärs anlastet. In *Gas* (Schauspiel in 5 Akten. UA 28. 11. 1918 Frankfurt a. M. und Düsseldorf) will der Sohn des Milliardärs als humaner Unternehmer nach einer Explosion auf den Wiederaufbau des Gaswerks verzichten und statt der Industrie grüne, gesunde Landschaft schaffen. Aus Gewinnsucht empören sich die Arbeiter gegen ihn und seine grüne Utopie. Sie erschlagen den Störenfried des technischen Fortschritts und steigern unter Leitung eines vom Fortschrittswahn besessenen Ingenieurs weiter die Produktion. In *Gas. Zweiter Teil* (Schauspiel in 3 Akten. UA 19. 10. 1920 Brünn) bereiten sich die Menschen durch ihren Rüstungswahnsinn bereits den Weltuntergang. Die Fabrik erzeugt Giftgas für den Krieg, den die »Blaufiguren« gegen die »Gelbfiguren« führen. Das Werk wird vom Feind besetzt, der die Arbeiter versklavt. Der Urenkel des Milliardärs – er nennt sich Milliardärsarbeiter in sozialer Synthese – beschwört die Menschen zur Umkehr und zum Frieden. Da der Großingenieur weiter zum Kampf der Massen aufruft, vernichtet der Milliardärsarbeiter durch Giftgas die Welt. Dieses Warnspiel vor dem Fortschrittswahn, vor der Technokratie und der Massengesellschaft wird in den zwanziger Jahren durch Inszenierungen von Erich Engel, Gustav Lindemann, Berthold Viertel, Leopold

Jeßner zu Kaisers größtem Bühnenerfolg. Die Reduktion der Figuren auf soziale Statussymbole, dazu chorische Elemente, Massenszenen, ekstatische Sprache als Stilmittel sind bezeichnend für das expressionistische Drama.

David und Goliath. Komödie in drei Akten. UA 19. 3. 1922 Minden. – Der kleine Beamte Möller hat das große Los gewonnen, und keiner weiß, daß es schon seit zehn Jahren verfallen ist, da Möller das Geld seiner Mitspieler aus der Verwandtschaft für den Klavierunterricht seiner Tochter Dagmar verbraucht hat. Die Hoffnung auf den Gewinn alarmiert nicht nur die Mitspieler, sondern auch den reichen Bierbrauer Magnussen. Durch scheinbar großzügige Geschenke an Häusern und Bauplätzen will er die neureichen Gewinner zu Spekulationen verleiten, sie finanziell überfordern und dann um so sicherer ausplündern. Möller überlistet den Goliath des Geldes: er wird Direktor in der Brauerei und verheiratet seine Tochter mit dem Sohn des Brauers. Denn um in dieser Welt hochzukommen, genügt es, im Geruch des Gelds zu stehen – man braucht es gar nicht zu besitzen, damit die Kredite fließen. Kaiser hat diese in der dänischen Kleinstadt angesiedelte Spießerkomödie bereits 1905 mit dem Titel *Großbürger Möller* geschrieben und später mehrfach umgearbeitet.

Nebeneinander. Volksstück 1923. UA 3. 11. 1923 Berlin. – Ein Pfandleiher findet in einem versetzten Frack den Abschiedsbrief der betrogenen Luise, die in ihrer Liebesenttäuschung ihrem Ex-Geliebten Neumann den Selbstmord ankündigt. Der kleine Pfandleiher wird durch die Nachricht aus seinem Alltag gerissen, er will das Leben retten, unternimmt mit seiner Tochter Nachforschungen, wird dabei auf falsche Fährten gelockt, stolpert von Station zu Station, wird verhöhnt und in einer halbseidenen Gesellschaft als Dieb verdächtigt, kommt vor Gericht und verliert den Gewerbeschein. In seiner ausweglosen Lage dreht er zuletzt den Gashahn auf. Luise hat sich inzwischen längst getröstet. Bei ihrer Schwester in der Familie des Schleuseninspektors sucht sie Zuflucht und findet als Braut von Franz Krüger ein bescheidenes Glück. Und der zynische Verführer Neumann steigt groß ein in die Filmbranche. Nur der Pfandleiher, der den Anruf seines Gewissens ernst genommen hat bis zum eigenen Untergang, bleibt in diesem hektischen

Großstadtpanoptikum auf der Strecke. Die 1923 aktuelle tragische Satire wurde in der Inszenierung von Berthold Viertel mit den Bühnenbildern von George Grosz, mit den Hauptdarstellern Leonhard Steckel und Rudolf Forster für Kaiser zum ersten großen Erfolg. (Reclams UB 9875.)

Kolportage. Komödie in einem Vorspiel und 3 Akten nach zwanzig Jahren. UA 27. 3. 1924 Berlin und Frankfurt a. M. – Der Verwechslungsschwank persifliert, wie fragwürdig und zufällig das gesellschaftliche Rollenspiel ist. Der Sohn der Bettlerin Appelblom wird irrtümlich im Haus des Grafen Stjernenhö höchst aristokratisch als Stammhalter aufgezogen, während der echte Adelssproß ins hemdsärmelige Milieu amerikanischer Geschäftsleute kommt. Was man damals als Baby vertauscht hatte, wird nun zum 21. Geburtstag der Kinder aufgeklärt und sorgt für gehörige Verwirrung.

Zwei Krawatten. Musikalische Revue. Musik von Mischa Spoliansky. UA 5. 9. 1929 Berlin. – Um einem Hochstapler zur Flucht zu verhelfen, tauscht der Kellner Jean seine schwarze Frackschleife, Statusmerkmal des Bedienten, mit der weißen des Ballgastes. Und schon trägt es ihn empor in die besten, d. h. betuchtesten Kreise. Er gewinnt eine Luxusreise in die USA, die Liebe einer Dollarprinzessin, die Kumpanei eines einflußreichen Senators. Zuletzt aber flüchtet Jean vor dieser Eskalation des Erfolgs wieder zurück nach Berlin zu seiner Verlobten Trude, die er sitzenließ. Aber das kesse Berlinerkind ist ihm im Zwischendeck nachgereist und hat sich mit Hilfe des skurrilen Anwalts Bannermann zur Millionenerbin gemausert. So kann Jean seinem Happy-End einfach nicht entgehen. Wie in Nestroys *Talisman* darf ein belangloses Requisit Schicksal spielen. In beiden Stücken dieselbe Ernüchterung: Ob Perücke oder Krawatten – der Mensch ist, was er gerade an- oder aufhat. Die Vorurteile der anderen machen den Erfolg aus. Bei Kaiser gerät die Abrechnung mit der Allmacht des Images oberflächlicher als bei Nestroy, dafür liefert er eine Persiflage auf das Berlin der tollen zwanziger Jahre und sein Hoppla-Selbstverständnis – eine Welt des Glimmer-Flimmer, die so munter in die Wirtschaftskrise steppt. Hans Albers und Marlene Dietrich haben die Uraufführung zum Erfolg geführt.

Napoleon in New Orleans. Tragikomödie in neun Bildern. 1937; UA 28. 1. 1950 Karlsruhe. – Nicht der große Korse tritt hier auf, sondern der kleine Baron Dergan, der als Emigrant in New Orleans im Namen Napoleons von Welteroberung und Endsieg träumt. Er sammelt die Reliquien seines Führers und opfert das Glück seiner Tochter Gloria wie sein Vermögen, um seinen Helden aus dem Exil auf St. Helena zu befreien und erneut zum Herrn der Welt zu machen. Drei Ganoven geben sich als Napoleon samt Gefolge aus, spielen dem Baron eine Machtergreifung vor und schröpfen ihn bis zum Bankrott. Auch Gloria wird mitgerissen vom Ehrgeiz und läßt sich blenden von der Farce einer Kaiserhochzeit. In allem betrogen und vernichtet, geht Dergan mit seinem Haus in einer Feuersbrunst zugrunde. Fast gleichzeitig mit Walter Hasenclevers Komödie *Napoleon greift ein* (1930), die den Franzosenkaiser als Wachsfigur in ein Raritätenkabinett stellt, nutzt auch Georg Kaiser die Figur des Welteroberers, um mit Führermythos und Nationalkult abzurechnen.

FRITZ VON UNRUH

* 10. Mai 1885 bei Koblenz
† 25. November 1970 in Diez/Lahn

Der Expressionismus sah nicht ohne Grund in dem aus altpreußischem Adel stammenden ehemaligen Offizier Fritz von Unruh eine seiner stärksten dichterischen Begabungen. Eine kleistsche Natur voll innerer Zerrissenheit, rebellisch und ekstatisch, ein Pathetiker des Gefühls und der dauernden seelischen Überwältigung, »riß er sich«, wie der Kritiker Bernhard Diebold es ausdrückte, »das Herz aus dem Leibe, sagte Nein zu den Gespenstern, die einst ihm und den Seinen ein volles Ja gewesen ... und schritt aus der Ehrenpforte seiner Herkunft die Straße zu den Weltbürgern«. Die Gespenster, von denen hier die Rede ist, waren Hohenzollern-Anbetung und preußische Pflichtvergötterung, Machtanspruch des Militäradels und ein in engsten Traditionsbegriffen dynastisch-konservatives Weltbild. Unruh sprengte es schon mit seinem 1911 erschienenen Schauspiel *Offiziere*, das zur Zeit des Herero-Aufstands in Südwestafrika spielt und das Problem des Gehorsams auch gegenüber einem als sinnlos erkannten Befehl mit treffsicherer, zuweilen etwas ironischer Milieucharakterisierung behandelt, dann aber mit der vollen Stoßkraft der innerlich vollzogenen Wandlung in dem dramatischen Gedicht *Vor der Entscheidung* (1915), das in den Kriegsszenen mit der geballten Gedrungenheit seiner Sprache an Kleist *(Robert Guiskard)* erinnert. Von hier aus war es nur noch ein Schritt zu der Tragödie *Ein Geschlecht*, die, 1918 erschienen, einen ragenden Gipfel des expressionistischen Dramas darstellt: in der großartigen Gestalt der Mutter sammelt sich alle Empörung des Mütterlichen gegen das sinnlose Verbrechen des Krieges und drängt mit einer eruptiv-pathetischen Kraft zum Ausbruch. Den Kampf des von ihr verkündeten Ethos einer neuen »Brüderschaft der Liebenden« gegen das in den »Kasernen der Macht« konzentrierte Treiben der militaristischen Reaktion, der Profitler und (in dem wedekindisch grotesken Zeitgenossen Christlieb Schleich verkörperten) Schieber schildert als Fortsetzung das Schauspiel *Platz* (1920), das jedoch gegenüber dem Monumentaleinakter *Ein Geschlecht* schon die Merkmale des rhetorischen Zerfließens und der motivischen Aufgequollenheit zeigt, der Unruh in seinen späteren Dramen *Stürme* (1922, Umarbeitung einer schon 1914 skizzierten Fassung) und *Rosengarten* (1923) völlig erlag: es sind Gesinnungsdokumente eines ekstatischen Pazifismus, aber theatralische Monstrositäten. Auch die Bemühung um eine stärkere dramaturgische Konzentration in dem Schauspiel *Bonaparte* (1927) und der vom Stofflichen her fesselnden Komödie *Phaea* (1930), die zum erstenmal das sich neu bildende wirtschaftliche Machtzentrum der Filmindustrie mit ihrem rücksichtslosen Menschenverschleiß auf die Bühne bringt, blieb angesichts der überwuchernden und verworrenen Fülle der Motive und Handlungselemente erfolglos. Unruh erhielt, für einige Zeit aus Amerika nach Deutschland zurückgekehrt, 1948 den Frankfurter Goethepreis. Die Ehrung gebührt dem mutigen Verkünder der Menschlichkeit und Kämpfer gegen jegliche Diktatur und Tyrannei; der Dichter Unruh konnte, wie auch sein 1952 in Frankfurt uraufgeführtes Stück *Wilhelmus* beweist, darauf kaum noch Anspruch erheben.

Ein bedeutendes Werk Unruhs ist neben dem *Geschlecht* das Drama *Louis Ferdinand, Prinz von Preußen* (1913). Zwar steht Unruh darin noch ganz im Banne des Preußen-Mythos, den der

Dichter mit dem Tod Louis Ferdinands bei Saalfeld 1806 in der Aura einer tragischen Verklärung untergehen sieht – die Schlußworte der Königin Luise: »Sucht Preußen – es gibt kein Preußen mehr« –, aber der Schwung der dramatischen Konzeption scheint noch aus dem Impuls zu kommen, der hundert Jahre zuvor Kleists *Prinz von Homburg* hervorgebracht hat. Das Schauspiel ist nicht nur eine Huldigung an den in dem strahlenden Hohenzollernprinzen verkörperten deutschen Jünglingsgenius, es ist auch selbst ein Dokument dieser Jünglingsgenialität, die aus der Weltliteratur heute so gut wie völlig verschwunden ist. *K. H. R.*

ANTON WILDGANS

* 17. April 1881 in Wien
† 3. Mai 1932 in Mödling bei Wien

Entstammt einer Juristenfamilie, arbeitet nach seinem Jurastudium zwei Jahre bei Gericht, hat hier Einblick in soziale Mißstände, die ihn zu seinen Mitleidsdramen führen. Seit 1912 freier Schriftsteller, zunächst mit Lyrik. 1921/23 und 1930/31 Direktor des Wiener Burgtheaters.

Auch in seinen Stücken bleibt Wildgans Lyriker, der die sozialkritischen Stoffe zu visionären Gleichnissen überhöht und eine österreichische, stimmungshaftere Form des Expressionismus entwickelt. *In Ewigkeit Amen* (UA 24. 5. 1913 Wien) entnimmt er der eigenen Gerichtspraxis: Ein in seiner Selbstgerechtigkeit unmenschlicher, vergeltungssüchtiger Richter bauscht eine im Jähzorn begangene Prügelei so auf, daß sie den Angeklagten zugrunde richtet. *Armut* (UA 16. 1. 1915 Wien) zeigt das soziale Elend in der Familie eines kleinen Postbeamten. Vor der Umwelt muß man als etwas Besseres erscheinen, die letzten Habseligkeiten wandern zum Pfandleiher. Der Sohn studiert, die Tochter ist von den Nachstellungen eines betuchten Untermieters bedroht. Der Beamte Josef Spuller, der einzige Ernährer, ist schwer erkrankt, doch das Geld fehlt zur Genesung. Er muß sterben und wird von einem geheimnisvollen Fremden ins bessere Jenseits geleitet. Wildgans zielt auf poetische Überhöhung ab, wenn er die einzelnen Bilder mit »Actus mysticus«, »Requiem con sordino«, »Comedia interposita« überschreibt.

Liebe (UA 18. 11. 1916 Wien): Eine Ehekrise, in der das Paar zwischen Versuchung zum Seitensprung und Läuterung schließlich in expressiven Versen zu neuer Gemeinschaft findet. *Dies irae* (UA 8. 2. 1919 Wien und Halle) ist eine der für den Expressionismus typischen Vater-Sohn-Tragödien, diesmal aus der Anklage eines »ungewollten Kindes«. Von klein auf war der Abiturient Hubert Vallmer Zankapfel zwischen den Eltern, Waffe in ihrem Haß aufeinander. Als er in der Freundschaft zu Rabanser, in seiner ersten Liebe zu Rosl enttäuscht wird, flüchtet er in den Selbstmord. Auch hier ist die krasse Geschichte überhöht durch einen »Actus phantasticus«: Knabenchöre von »Millionen Hingestorbener am Frevel der Zeugung« klagen tönend aus dem Jenseits herüber. Mit dem biblischen Drama *Kain* (1920) schließt Wildgans seine Theaterarbeit ab.

MAX MELL

* 10. November 1882 in Marburg a. d. Drau
† 13. Dezember 1971 in Wien

Studium der Philosophie und Germanistik in Wien, Dr. phil. 1905. Im Ersten Weltkrieg Artillerieoffizier, an der Front beginnt seine Freundschaft mit Hans Carossa. Einfluß von Rilke und Hofmannsthal. Neben den Dramen auch Landschaftslyrik und Erzählungen.

Die Forderung des Expressionismus nach dem »Neuen Menschen« führt bei Mell zum religiösen Gleichnistheater aus naiver Frömmigkeit, mystischem Katholizismus und Volksnähe, schlicht und bewegend wie Raimunds Zaubermärchen, die mittelalterlichen Krippenspiele und die Läuterungsdramen der Barockzeit. Bewußt einfach und kunstlos, oft in holprigen Knittelreimen abgefaßt, wurden seine Stücke bewährte Spielvorlagen für das christliche Laientheater. *Das Wiener Kripperl von 1919* (1921) läßt die Fahrgäste in einer Straßenbahn, typische Figuren für Elend und Verrohung der Nachkriegszeit, durch ein mystisch verklärtes Wagenpersonal zur Weihnachtskrippe fahren und dort das Wunder ihrer Bekehrung erleben. In *Das Apostelspiel* (UA 1. 1. 1924 Graz) wollen zwei Strolche einen einsamen Hof in den Bergen überfallen und in anarchistischem Welthaß niederbrennen. Sie werden von der kindlich-frommen Magdalen, der die biblischen Geschichten reale Lebenswirklichkeit sind, für die unerkannt auf der Erde wandelnden Apostel Petrus und Johannes gehalten. So beharrlich werden sie von dem naiven Mädchen ausgefragt nach Jesus und dem Evangelium, daß sie widerstrebend die biblischen Rollen annehmen, um das Kind nicht zu enttäuschen, daß sie sich läutern und als gewandelte Menschen weiterziehen. *Das Schutzengelspiel* (1923) zeigt die Bekehrung einer selbstgerechten, tugendstolzen Tochter, die sich über ein Mädchen mit unehelichem Kind ereifert, zu christlicher Demut und Barmherzigkeit. *Das Nachfolge-Christi-Spiel* (1927) erneuert das mittelalterliche Legendenspiel: der Märtyrertod eines oststeirischen Burgherren in den Türkenkriegen bezwingt seine Mörder, die unter dem Zeichen der Sühne und Bekehrung zum Kreuzzug ins Morgenland aufbrechen. – Später nimmt Mell ältere literarische Stoffe auf, die er in christlich-abendländischer Kulturbejahung und sittlicher Würde erneuert: *Die Sieben gegen Theben* (1932), *Der Nibelunge Not* (1943/50), *Jeanne d'Arc* (1956), *Paracelsus und der Lorbeer* (1964).

RICHARD BILLINGER

* 20. Juli 1890 in St. Marienkirchen bei Schärding (Oberösterreich)
† 7. Juni 1965 in Linz

Bauernsohn, der nach dem Willen der Eltern Priester werden soll, aber als Boxer und Athlet hervortritt. Literaturstudium in Innsbruck, Kiel und Wien. Beginnt mit Naturlyrik, setzt sich als Dramatiker mit »Rauhnacht« durch, wofür er 1931 den geteilten Kleist-Preis erhält.

Spukhaft, ekstatisch, hexenhaft, dämonisch verzerrt und von animalischer Vitalität sind Billingers Figuren und Geschichten –

voll vom Brauchtum seiner Innviertler Heimat, wo noch heidnische Walddämonen und Nachtmahre die Gemüter ängstigen und Unheil heraufbeschwören. Überlieferte Naturmystik mischt er geschickt mit moderner Tiefenpsychologie und reißerischer Theatralik. Das bescherte ihm in den dreißiger Jahren Erfolg. Sein panhafter Naturkult war damals auch in den Romanen von Hamsun, Waggerl, Stehr präsent und traf einen Nerv der Zeit. Seine Konflikte begnügen sich später mit plakativer Schwarzweißzeichnung: gesundes bäuerliches Land gegen die sündige Stadt, Brauchtum gegen Fortschritt, Natur gegen moderne Technik. *Das Perchtenspiel* (1928): Der Mann sieht sich zwischen seine besitzgierige Frau und die lockende Perchtin, ein dämonisches Naturwesen, gestellt und geht an seiner Leidenschaft zugrunde. *Rauhnacht* (UA 10. 10. 1931 München): Der heidnische Teufels- und Hexenspuk der Innviertler gipfelt in dem Lustmord des in afrikanischen Götzenkulten befangenen ehemaligen Missionars und Bauern Simon Kreuzhalter an dem halbwüchsigen sinnlich-hysterischen Mädchen Kreszens. *Rosse* (UA 19. 4. 1931 München): Da die Ackergäule durch den Traktor ersetzt werden, tötet der Knecht als Pferdenarr den Händler und erhängt sich. *Die Hexe von Passau* (UA 13. 11. 1935 Augsburg) führt in Bauernkrieg und Hexenverfolgung. In *Der Gigant* (UA 21. 10. 1937 Berlin) verfällt ein Bauernmädchen den Lockungen der Großstadt Prag – in der Verfilmung *Die goldene Stadt* wurde dieses Rührstück ein melodramatischer Erfolg für die junge Kristina Söderbaum. *Stille Gäste* (UA 5. 12. 1933 Leipzig): eine Komödie mit Liebes- und Eifersuchtsgeplänkel zwischen einem Pärchen aus der Großstadt und den handfesten Dorfbewohnern. Nach 1945 gelingen Billinger mit *Bauernpassion* (UA 9. 7. 1960 Bad Hersfeld), einem Läuterungsspiel aus dem Bauernkrieg, und *Donauballade* (UA 31. 8. 1959 Wien), einem politischen Flüchtlingsschicksal als dämonisches Horrorspektakel am Eisernen Vorhang, kaum noch Achtungserfolge. Bezeichnend ist, daß Billingers emotional gesteigerte Stoffe immer wieder Komponisten wie Ottmar Gerster und Wilfried Zillig zur Veroperung anregten.

FRANZ WERFEL

* 10. September 1890 in Prag
† 26. August 1945 in Beverly Hills (Kalifornien)

Franz Werfels dramatisches Werk gliedert sich deutlich in zwei Abschnitte. Der erste, die Dichtungen *Spielhof*, *Spiegelmensch* und *Bockgesang* (1920/21) umfassend, hat heute wohl nur noch Bedeutung als dokumentarisches Bekenntnis des Expressionismus, zu dessen führenden Lyrikern der junge Prager schon vor dem Ersten Weltkrieg zählte. Damals ist auch schon seine Nachdichtung der *Troerinnen* des Euripides entstanden, der Werfel in dem aufbrechenden Weltverbrüderungsgefühl der ersten expressionistischen Generation eine deutliche Antikriegstendenz gegeben hatte. Mit dem Schauspiel *Juarez und Maximilian* kündigte sich im Jahr 1924 ebenso wie in dem zur gleichen Zeit erschienenen Roman über das Leben Giuseppe Verdis eine fast radikale Wandlung des gefühlsüberströmenden Ausdruckshymnikers zum Realisten, eine scharfe Wendung aus der Seelen- in die Wirklichkeitswelt an. Bei genauerer Betrachtung offenbart sich indessen doch der innere Zusammenhang dieser dann mit den Dramen *Paulus unter den Juden* (1925) und *Das Reich Gottes in Böhmen* (1930) fortgesetzten Werkreihe mit denen der ersten Periode. Der österreichische Erzherzog Maximilian, jüngerer Bruder des Kaisers Franz Josef, der unter dem Einfluß seiner ehrgeizigen Gemahlin Charlotte von Belgien den mexikanischen Kaiserthron bestieg und 1867 nach der siegreichen Revolution des eingeborenen Politikers Benito Juarez hingerichtet wurde – dieser gegen seinen eigenen Instinkt in die Neue Welt getriebene Habsburger ist im Grunde eine Natur wie der ›Spiegelmensch‹ Thamal, der sich ein ›eigenes Leben‹ vortäuscht, ein Träumer, der seinen guten Willen für ausreichend hält, das Leben zu bewältigen, das tatsächlich in ganz anderen Bahnen verläuft; in denen nämlich, die ihm von primitiven, aber vitalen Menschen wie dem (im Stück übrigens niemals selbst auftretenden) Juarez, seinem General Porfirio Diaz und dessen Anhängern gewiesen werden. Werfels Maximilian ist ein Nachkömmling von Hofmannsthals jungem Edelmann Claudio aus *Der Tor und der Tod*: sein Kaiserreich ist ihm eine beinahe magische Spiegelung des ›prädestinierten‹ Lebens, und er findet erst zu seiner eigenen Wirklichkeit, als ihm, wie jenem Claudio, die Wirklichkeit des Todes unabweisbar vor Augen steht. Diese Entwicklung der Hauptgestalt vollzieht sich in einem exotisch getönten, sehr farbig gesehenen Hofmilieu und in einer Folge von Bildern, die Werfels Begabung für das Theater auch durch die Sicherheit ihrer technischen Anlage deutlich hervortreten lassen.

Ein Thema, das den mit religiösen Problemen immer wieder beschäftigten Dichter – der selbst nie vom Judentum zum Katholizismus übergetreten ist – besonders fesselte, war die Verwirklichung des Glaubens in der Geschichte, der Durchbruch des sich neu verkündenden göttlichen Geistes in einer Welt der nur noch erstarrten Gesetzeserfüllung; diesem Thema galten das Paulus-Drama und das Hussiten-Drama, die vor 1933 viel gespielt wurden.

In der Emigration, die ihn aus Wien über Frankreich in die Vereinigten Staaten führte, schrieb Werfel sein letztes Stück *Jacobowsky und der Oberst* (1942), die Komödie einer Flucht. Vieles von dem, was er selbst auf seinem Fluchtweg erlebt hat, mag in das Bühnenschicksal des bescheidenen, freundlichen, innerlich heiteren und abgeklärten Ostjuden Jacobowsky mit hineingeflossen sein, dieses ganz und gar unmilitärischen Menschen, der in seinen Gesprächen mit einem polnischen Oberst die innere Souveränität eines weisen Mannes auch unter der Bürde schwerer Lebenserfahrungen in einer fast fröhlichen Gelassenheit offenbart. Ein später Abglanz von jener Weltfreundschaft, die der junge Werfel einst in seinen ersten Gedichten mit erfüllt gebliebenen Versen – »O Erde, Abend, Glück, o auf der Welt sein!« – verkündet hatte, liegt auf dieser heiteren Variation eines sehr ernsten Themas. *K. H. R.*

CURT GOETZ

* 17. November 1888 in Mainz
† 12. September 1960 in Grabs bei St. Gallen

Als der Schauspieler Curt Goetz 1921 mit der Komödie *Ingeborg*, einer sehr graziösen Variante des alten französischen Dreieckslustspiels – die Frau zwischen zwei Männern –, seinen ersten großen Autorenerfolg hatte, verdankte er diesen seiner

Begabung, einen liebenswürdig-eleganten und ohne penetrante Pointenhascherei gescheiten Dialog mit wirksamen, durch schauspielerische Erfahrung gesicherten szenischen Situationen verbinden zu können. Sein Können bewährte sich noch glänzender in der Komödie *Der Lügner und die Nonne* (1928), in der zwar eine junge Klosternovize nicht die Mutter des Babys, das man bei ihr findet, wohl aber der junge Mann, der sie gerettet hat, als sie, um einen Skandal zu vermeiden, ins Wasser gesprungen war, des Kindes Vater und zugleich der Sohn des weltweisen Kardinals ist, der im letzten Akt die ganze Sache souverän in Ordnung und die beiden jungen Leute zusammenbringt.

In anderen Stücken ging Goetz einen Schritt weiter auf Pirandello und den Surrealismus zu, indem er z. B. in *Hokuspokus* (1925) die vorgetäuschte Realität der Bühne noch einmal durchbrach, das Theater als Gerichtssaal wieder Theater werden ließ und die Figuren – es geht um die Befreiung einer reizvollen jungen Dame von einem auf ihr lastenden Mordverdacht – virtuos durch mehrere Individualitäten hindurchjonglierte. Schon hier zeigte sich, daß Goetz die ganz seltene Begabung besaß, mit Entsetzen Scherz treiben zu können; dem Zuschauer kommt es dank seinem graziös-frechen Witz kaum zum Bewußtsein, daß es hier um Kriminaldelikte, ja um ein drohendes Todesurteil geht. Die Voraussetzung dabei ist ein mit sicherstem Instinkt die Grenzen erkennendes Taktgefühl, und in dieser Beziehung hat er mit der 1932 uraufgeführten Komödie *Dr. med. Hiob Prätorius* (Reclams UB 8445) ein Meisterstück geliefert. Denn hier läßt er in der Gestalt des Faktotums Shunderson (einer überaus geistvollen Parodie auf die geheimnisvollen Butler und unheimlichen Chinesen der englischen Kriminalstücke) nicht nur einen Menschen durch die Handlung schlürfen, der wegen eines Mordes bereits am Galgen hing und als Scheintoter in der Anatomie von Professor Prätorius wieder zum Leben erweckt und als Diener angestellt wurde – er läßt auch den die Musik, die Liebe und das Leben liebenden Frauenarzt nebst seiner berückend spanisch aussehenden, aber sächsisch redenden Gattin bei einem Autounfall ums Leben kommen, weil er vor Lachen über eine Bemerkung Violettas gegen einen Baum gefahren ist: in vollendeter Konsequenz seiner Lebensmaxime, daß das Lachen der beste Helfer der Ärzte ist, hat Hiob Prätorius sich totgelacht. In der Rahmenhandlung spielt der berühmte Detektiv Sherlock Holmes eine Rolle; dramaturgisch ist das Ganze eine Mischung aus ironisiertem Kriminalreißer, Konversationsstück und Charakterkomödie, zusammengehalten durch überlegene Technik, intellektuellen Charme und einen jeglichen ›Geist der Schwere‹ bannenden Humor.

In der aus einem älteren Einakter *Die tote Tante* entstandenen schwankhaften Komödie *Das Haus in Montevideo* (1945) stellte Goetz die aus dem Geschlecht von Ludwig Thomas Professor Wasner entsprossene Gestalt des teutonischen Oberlehrers Traugott Nägler in den Mittelpunkt einer etwas anrüchig-pikanten Erbschaftsgeschichte, durch die er ein reicher Mann wird. In *Towarisch* (nach einem französischen Lustspiel von Jacques Deval) steht ein aus heroischer Entsagung zu neuem gesellschaftlichem Glanz aufsteigendes russisches Fürstenpaar im Zentrum einer Skandalaffäre, die ein ehemaliger bolschewistischer Kommissar, nunmehr Mitglied einer sowjetischen Handelsdelegation, im Hause eben jenes Pariser Industriellen hervorruft, bei dem der Fürst und die Fürstin als Diener angestellt sind.

In seiner Bearbeitung des berühmten klassischen Schwankes der Brüder Schönthan *Der Raub der Sabinerinnen* hat Goetz die Gestalt der Frau Theaterdirektor Striese, von der im Original immer nur gesprochen wird, in Person auf die Bühne gebracht. 1959 nahm er Abschied vom Theater mit *Miniaturen*, den drei Einaktern *Die Rache*, *Herbst*, *Die Kommode*. *K. H. R.*

FERDINAND BRUCKNER

* 26. August 1891 in Wien
† 5. Dezember 1958 in Berlin

Der Wiener Theodor Tagger war schon als expressionistischer Schriftsteller und (Anfang der zwanziger Jahre) als Direktor des Berliner Renaissance-Theaters in den literarischen Kreisen der ehemaligen Reichshauptstadt bekannt, bevor er unter dem Namen Ferdinand Bruckner als Autor der Schauspiele *Krankheit der Jugend* und *Die Verbrecher* (beide 1929) zu einer auch das breitere Publikum faszinierenden Theatersensation wurde. Diese beiden Stücke des zunächst vom Geheimnis des Großen

Unbekannten umwitterten Verfassers brachten Zeitprobleme von damals brennender Aktualität mit psychoanalytischer Deutlichkeit und reißerhaft packender Handlungsführung auf die Bühne und zeigten, was der Krieg mit seiner Erschütterung des gesamten gesellschaftlichen Gefüges aus jungen Menschen gemacht hatte: zur Liebe kaum noch fähige, malträtierte Sklaven einer krampfhaften, hektischen Erotik, die durch die äußeren Verhältnisse (Wohnungsnot, Arbeitslosigkeit, Inflation) noch tiefer in ihre innere Ausweglosigkeit gestoßen werden und schließlich, wenn nicht im eindeutig kriminellen, so doch im dostojewskischen Sinn zu ›Verbrechern‹ werden müssen. Würde man die Stücke heute wieder spielen, so zeigte sich wahrscheinlich, daß sie doch mehr sind als nur ›Interessantheits‹-Diagramme zur Zeitgeschichte, daß sie bei aller kühl beobachtenden Schärfe in der Darstellung menschlicher Deroutiertheit doch die schockhafte Erschütterung spüren lassen und das tiefe Erschrecken über den Zusammenbruch eines ganzen, wenn auch eigentlich schon seit der Jahrhundertwende nur noch fiktiv aufrechterhaltenen Lebensgefühls. (Ganz abgesehen davon, daß das Ende des Zweiten Weltkriegs die inneren Verwüstungen aufs krasseste bestätigt hat, die man schon nach dem Ersten als seelische Hinrichtungen – wenngleich auch als theatralische Leckerbissen – empfand.)

Von den zahlreichen weiteren Bühnenwerken Ferdinand Bruckners, der 1933 Deutschland verließ und nach langer Exilwanderung durch Österreich, die Schweiz, Frankreich und Amerika 1951 wieder nach Berlin zurückkehrte, ist vor allem das Schauspiel *Elisabeth von England* (Reclams UB 8433) bekannt geworden. In der Personencharakteristik ebenso fesselnd wie in der Szenentechnik, entwickelt es auf einer Simultanbühne (also in einer Dekoration, die gleichzeitig mehrere Schauplätze nebeneinander aufweist) den Kampf zwischen der britischen und der spanischen Weltmacht, zwischen der protestantischen und katholischen Glaubensherrschaft. Philipp II., asketisch und fanatisch, ringt für den Sieg einer Idee, Elisabeth ›Gloriana‹, gekrönte Sonne im fröhlichen, wenn auch keineswegs ungefährlichen Alt-England, kämpft mit männlichem Verstand und weiblicher List für ihren Vorteil. In ironischer Perspektive erscheint das Problem der ›Rechtfertigung vor der Geschichte‹: mit fast den gleichen Worten bitten – abwechselnd auf den beiden Schauplätzen – Elisabeth und Philipp Gott um den Sieg, mit fast den gleichen Argumenten empfehlen sie ihm jeweils die eigene Sache als die ›gute‹, die in Seinem Namen getan werde. In die Elisabeth-Handlung schlingt sich noch, mit Bruckners ausgeprägtem Sinn für psychologische ›Würze‹ eingefügt, der alternden Königin tragikomisches Liebesverhältnis mit Lord Essex – gleichsam als privater Kontrapunkt zur politischen Haupthandlung. Das alles ist mit wachem Bühnensinn und dramaturgischer Souveränität gestaltet, nicht Dichtung, aber mehr als nur vordergründiges Theater: ein gescheiter und fesselnder szenischer Kommentar zu einer weltgeschichtlichen Konstellation, die nicht nur historisch interessant, sondern auch amüsant ist, weil eine Frau dabei im Spiel ist; siehe Shaws *Cäsar und Cleopatra*.

Nach dem Krieg wurden von Bruckners neueren Bühnenwerken die *Heroische Komödie* (mit der französischen Schriftstellerin Madame de Staël und ihrem Kampf gegen Napoleon als Mittelpunkt), das psychologisch treffsichere Schauspiel *Fährten* und die nach Racines *Andromache* gestaltete Tragödie *Pyrrhus und Andromache* (mit der von Grillparzer begonnenen, von Hofmannsthal fortgesetzten Rückspiegelung eines modernen, nervös-differenzierten Lebensbewußtseins in die Antike) durch Aufführungen an deutschen, schweizerischen und österreichischen Bühnen bekannt. *K. H. R.*

HANS HENNY JAHNN

* 17. Dezember 1894 in Hamburg-Stellingen
† 29. November 1959 in Hamburg

Jüngster Sohn eines Schiffbauers. 1914 Abitur an der Oberrealschule. 1915–18 emigriert er gemeinsam mit seinem Freund Gottlieb Harms nach Norwegen, um als Pazifist und Kriegsdienstverweigerer zu leben. Stiftet 1920 die pantheistisch-heidnische »Glaubensgemeinde Ugrino«, führt mit Harms 1921–33 den Ugrino-Musikverlag. Seit 1922 Orgelbauer, begründet gemeinsam mit Günter Ramin und Albert Schweitzer die »deutsche Orgelreform«. 1926 Heirat mit Ellinor Philips. Schon während der Schulzeit literarische Arbeiten, 1920 Kleist-Preis für »Pastor Ephraim Magnus«. 1933–45 Verbot seiner Bücher und zweite Emigration nach Dänemark, wo er auf der Insel Bornholm auf seinem Hof Bondegaard Pferdezucht und Hormonforschung betreibt. 1945 wegen seiner deutschen Staatsbürgerschaft enteignet. Seit 1950 wieder in Hamburg, wird Präsident der »Freien Akademie der Künste«. Politisches Engagement als Mitbegründer der »Kampfgruppe gegen den Atomtod«.

Stets war Jahnn ein unangepaßter Zeitgenosse, der in leidenschaftlichem Widerspruch gegen seine Zeit gelebt hat. Er ist bereits 1914 Wehrdienstverweigerer. Bereits 1933–45 ist er ein Grüner, der auf Bornholm mit Biokulturen und Hormonen ökologisch experimentiert. Und er ist schon in den fünfziger Jahren einer der engagiertesten Atomgegner. Zugleich taucht Jahnn zurück in vorzeitlich-mythische Kulturen. In seiner »Ugrino-Gemeinde« plant er Dombauten und Grabgewölbe. Er erneuert altägyptische Totenkulte und heidnisch-antike Naturmagie in der Heiligung des Pferdes, in der Verherrlichung des Jünglings, in der dionysisch-rauschhaften Feier des Todes. Er wendet sich gegen das Christentum, dem er die Körperfeindschaft, die asketische Verteufelung der Sinnlichkeit vorwirft, und wird dennoch der bedeutendste Orgelbauer seiner Zeit. Als Musikforscher und Organist ediert er in seinem Ugrino-Verlag unter großen finanziellen Opfern Gesamtausgaben vergessener Orgelmeister aus der Zeit vor Bach wie Vincent Lübeck, Arnold Schlick, Samuel Scheidt, Dietrich Buxtehude und bringt die Renaissance-Madrigale von Gesualdo, Fürst von Venosa, an die Öffentlichkeit.

In seinen Werken lehnt er Psychologie, Kausalzusammenhänge, realistische Beschreibung ab und hebt dunkle, abschrekkende Mythen ans Licht: eine Welt der Ängste und Bedrängnisse, der Greuel und des Blutrausches. Der Tod ist eine gesteigerte, endgültige Form des Lebens und der Liebe. Deshalb die vielen Selbstmorde und Morde in diesen Stücken, die immer Opfertaten und geheime Lustmorde sind. Eros wird – im Gegensatz zur sezierenden Psychoanalyse – als dämonische, chaotische Elementargewalt erlebt. Hier erfährt der Mensch sich in tierhafter Kreatürlichkeit, außerhalb der Bahnen genormter Zivilisation, er wird sich selbst unbegreiflich. Der Dionysiker Jahnn übersteigert und dämonisiert, um zu pantheistisch-kosmischen Bereichen vorzudringen. So erklärt sich das oft wiederkehrende Motiv des Androgynen, wenn die Grenzen zwischen

Frau und Pferd fließend sind wie in *Armut, Reichtum, Mensch und Tier*, abgewandelt in *Die Krönung Richard des Dritten* und in *Der Arzt, sein Weib, sein Sohn*, wenn Männlich und Weiblich vertauschbar sind in *Thomas Chatterton*, und *Medea*. Das führt Jahnn auch zu den tabuisierten, zerstörerischen Extremformen der Sexualität: Inzest, Blutschande, Geschwisterliebe, Homosexualität, Sodomie – nur der Tod bringt Erfüllung. Vieles, was die Zeitgenossen schockiert und Jahnn zum verfemten Außenseiter gemacht hat, ist allegorisch aufzufassen als mythische Zeichensetzung, Sagenmotiv als ritualisierte Situation, wie das Bild der Zwillingsbrüder (aus dem *Gilgamesch*-Epos) oder die Geschwisterliebe (aus dem Kult um Isis und Osiris). Jahnn mißtraut den rationalen, intellektuellen Kräften und verherrlicht alles, was in die irrationalen, visionären Bereiche des reinen Gefühls führt. Wie sein Zeitgenosse Ludwig Klages, der sein Hauptwerk *Der Geist als Widersacher der Seele* überschreibt, läßt er sich fortreißen zu radikaler Geistfeindlichkeit. Unreflektiert, aber in mitreißender Begeisterung und Sprachgewalt verkündet er die Utopie vom unmittelbar kreatürlichen Dasein.

Schon Jahnns Erstling *Pastor Ephraim Magnus* (1923) wirkt auf die Öffentlichkeit als blasphemische Herausforderung und stempelt seinen Autor für sein weiteres Schriftstellerleben zum umstrittenen Außenseiter. Die Kritik reagiert überwiegend mit wütender Ablehnung: »Es erübrigt sich, den einzelnen Windungen dieses erotomanisch-symbolistisch-allegorischen Monologendramas nachzugehen ... die maßlos schwelgerische Perversität eines krankhaften Gehirns gibt vor, dichterisch zu gestalten ... diese Schmach von der Kunst abzuwaschen, gibt es nur einen Weg: man stampfe dieses Drama so schnell wie möglich ein« (Edgar Groß in *Das literarische Echo*, Stuttgart 1921). Daß dieses so heftig befehdete Werk von Oskar Loerke mit dem Kleist-Preis ausgezeichnet wurde, damals die wichtigste literarische Würdigung, entfacht noch weitere Polemik. In *Die Krönung Richard des Dritten* (1922) und *Medea* (1926) greift Jahnn auf vorgegebene Stoffe zurück, um jeweils eine rettungslos vereinsamte, aus der Welt verstoßene Figur zu zeigen, deren Not und Verlassensein umschlägt in wütenden, tobenden Blutrausch.

Der Arzt, sein Weib, sein Sohn (UA 1. 4. 1928 Hamburg, durch Gustaf Gründgens) zeigt den berühmten Chirurgen Menke als Aussteiger aus dem Beruf des Arztes, da er es nicht mehr erträgt, den von der Natur vorgegebenen Tod künstlich durch die Wissenschaft aufzuhalten. Er zieht sich in die Bergwildnis zurück, treibt einen Stollen in den Berg, um sich mythisch ein Grabgewölbe zu errichten. Sein halbwüchsiger Sohn Karl bestürmt seine noch junge Mutter mit Liebeswerbungen. Und sie nimmt sich seinen Freund Ulrich zum Liebhaber, um sich in der Gestalt Ulrichs mit Karls Seele zu verbinden. Solch mythischer Gestaltentausch ist ein wiederkehrendes Motiv bei Jahnn. Die Frau vergiftet sich, die beiden Jungen begehen Selbstmord aus Lebensekel, der Arzt bleibt einsam zurück. Das ist übersteigerter Expressionismus wie die Tragödie *Der gestohlene Gott* (1925): Geschwisterliebe sucht den letzten Ausweg darin, sich lebendig in einem alten Sarkophag zu begraben. Altägyptische Kulte und archaische Rituale sind wie befremdliche Fundstücke eingesetzt in eine Kleinbürgerwelt, deren Pubertätskonflikte an *Frühlings Erwachen* erinnern. Die Uraufführung von *Straßenecke. Ein Ort. Eine Handlung* (1931) wurde nach 1933 von Goebbels verboten (UA 25. 2. 1965 Erlangen). Auf den jungen Neger James richtet sich die Leidenschaft aller Figuren. Durch Aggressionen, Verfolgung, schließlich Lynchjustiz machen sich die Figuren frei von dem Außenseiter, dessen Sinnlichkeit sie verstört.

Nach den Jahren der Emigration kehrt Jahnn mit der Ballade *Armut, Reichtum, Mensch und Tier* (1948 von Gustaf Gründgens uraufgeführt) auf das deutsche Theater zurück. *Spur des dunklen Engels* (1952, UA 6. 12. 1969 Münster) besingt in einem alttestamentlichen Bilderbogen die Knabenfreundschaft zwischen David und König Sauls Sohn Jonathan, dem Thronfolger. Jonathan verrät seinen Vater, um immer wieder den Freund, die Inkarnation des Dichters, zu schützen. Und stets wird er vom Dichter der Psalmen mit der Rücksichtslosigkeit des Genies mißbraucht und verraten. *Neuer Lübecker Totentanz* (UA 16. 4. 1954 Köln) erneuert das mittelalterliche Mysterienspiel: allegorisch überhöhte Figuren – Mutter und Sohn, Knecht und Prinz, der Wanderer, der feiste und der magere Tod, die arme Seele des guten Menschen – sprechen in lyrischen Versen von Schuld, Sühne, Vergänglichkeit. In seinen letzten Werken – wie *Thomas Chatterton* (1956) oder das von Erwin Piscator uraufgeführte Zeitstück *Die Trümmer des Gewissens* (1961) aus dem Nachlaß – nähert sich Jahnn einem realistischen Stil.

Jahnn, eine sprachmächtige, visionäre Erscheinung in der

modernen deutschen Literatur, blieb auf dem Theater bisher Außenseiter. Seine Romane *Perrudja* (1929) und *Fluß ohne Ufer* (1949/59) fanden Anerkennung als großangelegte Entwürfe des Menschenbilds im 20. Jahrhundert, vergleichbar dem Werk von Robert Musil oder Hermann Broch.

Pastor Ephraim Magnus. Drama. UA 23. 8. 1923 Berlin. – In seinem mit dem Kleist-Preis ausgezeichneten, von Bertolt Brecht und Arnolt Bronnen uraufgeführten Erstlingswerk ringt Jahnn in ekstatisch-visionären Szenen um zwei Varianten radikaler Selbstverwirklichung und Erlösung: um das »Mysterium der Lust« und das »Mysterium der Qual«. Während Pastor Ephraim die unmenschlichsten Qualen (freiwillige Kreuzigung, Kastration, Blendung) auf sich nimmt, um Gott zu erreichen, geht sein Halbbruder Jakob den Weg der exzessiven Lusterfüllung – bis hin zum Lustmord, für den er hingerichtet wird. Stets zielt dieses Theater der Grausamkeit auf den Ewigkeitsanspruch des Menschen und auf die Verzweiflung darüber, daß dieser Ewigkeitsanspruch durch die Hinfälligkeit des Körpers, durch Tod und Verwesung zuschanden wird.

Die Krönung Richard des Dritten. Drama in drei Akten. UA 6. 2. 1922 Leipzig. – Jahnn versucht Shakespeares *Richard III.* an abgefeimter Grausamkeit zu übertrumpfen: jeder Mord wird zum Lustmord, zur Folterung, Vergewaltigung, Gier nach neuen Lüsten bis hin zum Menschenfraß, wobei als Antrieb für all die Untaten letztlich Sehnsucht nach Gott, nach Erlösung wirkt. Richards wüstes Schlachten, sein Vernichtungsspiel, das er mit Menschen wie mit Puppen treibt, zeigt dieselbe verzweifelte Herausforderung wie später *Caligula* bei Camus: »Warum sollen wir nicht Unrecht tun unter uns, die wir gleich sind, Ausgestoßene, abgeurteilt und verworfen? Wir beleidigen niemand, rufen keinen Fluch auf uns. Wird Gott um Kot und Mist und üblen Dunst, der unsertwegen eingescharrt wird, in Zorn geraten?« Richard muß jeden töten, den er liebt und nach dessen Liebe er sich sehnt. Er heiratet die Königinwitwe Elisabeth, die mit ihm wetteifert an Bestialität, an Blutrausch, um in sich die Angst vor Alter und Einsamkeit zu betäuben. Sie stirbt im Kindbett, ihre Kinder, die rechtmäßigen Thronerben, läßt Richard – um kein königliches Blut zu vergießen – lebendig begraben. Er geht nicht unter wie bei Shakespeare, sondern bleibt – zur Gewalt verurteilt – weiter an der Macht. Jahnn übersteigert die Angstvisionen eines Genet und Arrabal und überfordert die Möglichkeiten der szenischen Darstellung wie der Aufnahmefähigkeit des Zuschauers. Nach der Uraufführung schrieb der Kritiker Herbert Jhering: »Jahnns *Richard* scheint für Instrumente, nicht für Sprechstimmen gedichtet zu sein. Er hat eine Atemführung, die das menschliche Organ kaum durchhalten kann. Eine Ausdruckssteigerung, die nur Instrumente nachzeichnen können . . . Greuel werden kaum tatsächlich, inhaltlich empfunden, sondern als dunkle oder schrille, klagend gezogene oder schroff abbrechende Dissonanzen gehört.«

Medea. Tragödie. UA 4. 5. 1926 Berlin. – Jahnn nähert sich dem antiken Stoff nicht mit der klassischen Überhöhung eines Grillparzer (1821), auch nicht psychologisierend wie Jean Anouilh (1948) oder in pathetischer Verherrlichung des Naturmenschen gegen die morbide Zivilisation wie Robinson Jeffers (1947). Jahnn verschärft den Konflikt bis ins Unsagbare, er beschwört eine archaisch-blutgeschwärzte Antike. Medeas Vernichtungswut, ihre Rachsucht sind allerletzter Notschrei einer aus der Gemeinschaft ausgestoßenen, vertriebenen, fast zum Tier gewordenen Kreatur: »In grauenhafter Einsamkeit steh ich / Und böse wird der Einsame. / Und wird er geil am Lebenden, / so tötet er's. Und wird er geil / am Toten, so zertrümmert er's.« Medea, die aus Liebe zu Jason ihre Heimat Kolchis verlassen hat, ihm nach Griechenland gefolgt ist und ihn nun an die jüngere Königstochter Kreusa verliert, ist bei Jahnn ein altes, abstoßend häßliches Niggerweib, ein »ergrautes Nachtgespenst der Hölle«. Durch Zauberkraft hat sie Jason die ewige Jugend und Schönheit beschert. So tritt aber auch das Naturgesetz in Kraft, daß er Medea verstößt und die Jüngere wählt, die ihm wesensgleich ist. Jahnn verschärft das Thema des Verrats, indem Jason bei Kreusa zunächst als Brautwerber für den eigenen Sohn auftritt. Medea, die sich schon als glückliche Brautmutter sah, läßt einem unschuldigen Boten die Augen ausstechen, sie vernichtet Kreusa samt deren Vater Kreon und reißt in ihrer Verzweiflung die ganze Umwelt in den Untergang. Jahnn sucht für seine Medea mythische Sinnbildlichkeit, die an Bachofens Deutung asiatischer Mutterkulte erinnert: Medea als Verkörperung der erdhaften Urmutter, die gebiert, um das Geborene wieder zu vernichten und hinabzunehmen in die Unterwelt. Das Theater hat sich mit diesem sperrigen Werk selten, dann aber mit exemplarischen Aufführungen auseinandergesetzt. Die Uraufführung inszenierte Jürgen Fehling mit Agnes Straub in der Titelrolle, später haben die Regisseure Hansgünther Heyme (1964) und Ernst Wendt (1981) sich dieser Herausforderung gestellt. (Reclams UB 8711.)

Armut, Reichtum, Mensch und Tier. Drama in vier Akten. UA 25. 6. 1948 Hamburg. – In dieser Naturballade, angesiedelt in der Einöde des nördlichen Norwegen, lebt der Bauer Manao Vinje in brüderlicher Gemeinschaft mit den Elementargeistern und Sagengestalten, mit Trollen, Wassermann, Elfen, der wunderbaren Stute Falada ein vorzeitliches, ganz kreatürliches Dasein. Zwei Frauen kämpfen um seine Liebe: die stolze, herrschsüchtige Anna Frönning häuft Verbrechen und Intrigen, um Manao der sanften Magd Sofia abzujagen und sich die Heirat zu ertrotzen.

Thomas Chatterton. Tragödie in fünf Akten. UA 26. 4. 1954 Hamburg. – Am historischen Fall des jungen Dichters Chatterton zeigt Jahnn das Scheitern eines Außenseiters, an dem die Gesellschaft schuldig wird. Thomas Chatterton (1752–70) aus Bristol hat frühreif und von genialer Sprachbegabung schon mit fünfzehn Jahren Dichtungen entworfen und sie als die Werke eines von ihm erfundenen mittelalterlichen Mönchs Rowley ausgegeben, um sie bei den skeptischen Zeitgenossen durchzusetzen. Diese Literaturfälschung hat ihr Vorbild in den *Ossian*-Gesängen, die angeblich aus sagenhaft-keltischer Vorzeit stammten. Mit dieser fingierten »Entdeckung« hatte der Schotte Macpherson einige Jahre vor Chatterton seine Zeitgenossen, darunter auch Goethe und Herder, hereingelegt. In einem historischen Bilderbogen zeichnet Jahnn Einsamkeit und Unverstandensein des jungen Poeten nach, der in der Liebe und im Brotberuf scheitert, sich immer auswegloser mit dem von ihm erfundenen Rowley identifiziert und mit achtzehn Jahren in den Selbstmord flüchtet. Immer wieder taucht Aburiel auf, ein geheimnisvoller Todesbote und Berater, der nicht von dieser Welt stammt. So verzichtet Jahnn auch bei dieser für ihn ungewöhnlich gegenständlichen, auf handfester Psychologie gegründeten Geschichte nicht auf die Projektion ins Irreale.

Die Trümmer des Gewissens (auch unter dem Titel: *Der staubige Regenbogen*). Drama in 11 Bildern. UA 17. 3. 1961 Frankfurt a. M. – Dieses mit Thesen und Kolportage überfrachtete Warnspiel schildert die Auswirkungen eines Reaktorunfalls: die Menschen sind atomar verseucht, Tausende gehen zugrunde. Wissenschaftler planen, durch Völkermord in den Entwicklungsländern, die Vorherrschaft der dezimierten weißen Rasse zu sichern. Der Physiker Chervat lehnt sich gegen solch mörderische Politik auf und wird mit seinen idealistischen jungen Helfern vom Geheimdienst getötet. Was 1961 als grell überzogenes Horrorspektakel weitgehend auf Unverständnis und Befremden stieß, erweist sich dreißig Jahre später von alarmierender Aktualität: ein engagierter Beitrag, um mit den Mitteln des Theaters den Vernichtungswettlauf aufzuhalten.

CARL ZUCKMAYER

* 27. Dezember 1896 in Nackenheim (Rheinhessen)
† 18. Januar 1977 in Visp (Wallis)

Der Vater ist ein kleiner Fabrikant im Weinstädtchen Nackenheim. 1900 übersiedelt die Familie nach Mainz, wo Zuckmayer bis 1914 das humanistische Gymnasium besucht. Freiwillig meldet er sich an die Front und macht den Ersten Weltkrieg bis 1918 als Leutnant mit. 1917 erste expressionistische Gedichte in der linksradikalen pazifistischen Wochenschrift »Aktion«. 1918–20 unsystematisches Studium in Frankfurt a. M. und Heidelberg (Naturwissenschaft, Philosophie), Einfluß durch den SPD-Politiker Carlo Mierendorff und das expressionistische Theater. Zuckmayers erstes Stück »Kreuzweg« vermittelt der Regisseur Ludwig Berger 1920 nach Berlin ans Staatstheater. Zuckmayer übersiedelt nach Berlin, durchlebt nach dem Mißerfolg der Uraufführung einige entbehrungsvolle Jahre: Aushilfsjobs als Statist, Regieassistent. 1922 Reise nach Lappland, dann Dramaturg in Kiel und München. Seit 1924 wieder in Berlin als Dramaturg am Deutschen Theater bei Max Reinhardt. 1925 heiratet er in zweiter Ehe Alice Frank, geb. von Herdan, und erhält für den »Fröhlichen Weinberg« den Kleist-Preis. 1926–38 lebt er in Henndorf bei Salzburg. Nach dem Anschluß Öster-

reichs an Deutschland emigriert er in die Schweiz und 1939 in die USA. Zunächst Drehbuchautor in Hollywood, Dozent für Dramaturgie in New York. 1940–46 bewirtschaftet er mit seiner Frau eine Farm in den »Grünen Bergen« Vermonts. 1946 kehrt er als amerikanischer Staatsbürger und Beamter des US-Kriegsministeriums ins zerstörte Deutschland zurück und beteiligt sich aktiv am Aufbau einer demokratischen Ordnung. Seinen Lebensabend verbringt er seit 1958 in Saas-Fee (Wallis) im Schweizer Hochgebirge.

Zuckmayer ist vielleicht der letzte naive und deshalb wirklich volkstümliche Dramatiker, der seine Menschen mit Herz und Schmerz, Rührung und Humor auf die Bühne stellt. In seiner Autobiographie *Als wär's ein Stück von mir* (1966) weiß er sich selbst recht genau einzuordnen: »Ich hatte weder die Gabe noch die Absicht, eine neue literarische Epoche, einen neuen Theaterstil, eine neue Kunstrichtung zu begründen. Aber ich wußte, daß man mit Kunstmitteln, die überzeitlich sind, mit einer Art von Menschenkunst, die nie veraltet sein wird, solange Menschen sich als solche begreifen, eine neue Lebendigkeit der Wirkung und der Werte erreichen kann. ... Ich wollte an die Natur heran, ans Leben und an die Wahrheit, ohne mich von den Forderungen des Tages, vom brennenden Stoff meiner Zeit zu entfernen.« Zuckmayer schildert Heldenfiguren, starke, naive, gemüthafte Charaktere, die fest in ihrer Umwelt wurzeln – wie Schinderhannes, Gunderloch, General Harras, den alten Knie bis hin zu Tabor und dem Rattenfänger. Das Leitmotiv aus *Katharina Knie* – »Man muß nur wisse, wo man hingehört« – ist das innere Gesetz all dieser Figuren, die stets nach Heimat und Identität unterwegs sind. Einige, wie die Leute vom *Fröhlichen Weinberg* und *Katharina Knie*, haben sie gefunden. Andere, wie *Der Hauptmann von Köpenick* und *Des Teufels General*, scheitern auf dieser Suche. Zuckmayer, ein glänzender Theatraliker, spielt mit Wirkungen, mit Spannung und Sentimentalität, mit melodramatischen Effekten. Zugleich gelingen ihm immer wieder anrührende Situationen und Figuren von dichterischer Intensität und Einfachheit. Getragen sind sie von dionysischer Lebenslust, von vitaler Liebe zum Menschen und zum einfachen kreatürlichen Dasein. Das ist Zuckmayers persönliches Glaubensbekenntnis, das er in nahezu allen Werken in naiver Begeisterung verkündet. Sein erster Theaterversuch *Kreuzweg* (UA

10. 12. 1920 Berlin) erfährt heftige Ablehnung und wird nach drei Vorstellungen abgesetzt. Die lyrische Ballade vom Bauernaufstand gegen den bösen Burgherrn ist ganz Pathos und expressionistischer Überschwang. *Pankraz erwacht oder Die Hinterwäldler* (UA Februar 1925 Berlin) führt in die Pionierzeit Amerikas und wird für Heinz Hilpert zum Durchbruch als Regisseur. Im gleichen Jahr setzt auch Zuckmayer sich durch mit *Der fröhliche Weinberg*; *Schinderhannes* (1927), *Katharina Knie* (1928) und *Der Hauptmann von Köpenick* (1931) sind weitere Erfolge. Anschließend *Der Schelm von Bergen* (UA 21. 10. 1934 Wien), eine lyrische Ballade von einer Kaiserin, die sich in den Sohn des Scharfrichters verliebt und so dem Land den lang erwarteten Thronerben schenkt. Das Kostümstück erinnert an die neuromantischen Historien von Hofmannsthal, Gerhart Hauptmann und so manchen Zeitgenossen. Nach Kriegsende erobert sich Zuckmayer mit *Des Teufels General* (1946) die deutschen Bühnen und steht mit diesem Zeitkonflikt im Mittelpunkt der Diskussion. Er selbst konstatiert »den Ausbruch einer allgemeinen Erschütterung, wie sie nur selten von einem Theaterstück erregt werden kann. Die Menschen erkannten sich selbst im Spiegel ihrer Zeit.« *Barbara Blomberg* (UA 30. 4. 1949 Konstanz) folgt als ein historischer Bilderbogen um die Bürgersfrau aus Regensburg, die plötzlich zu einer Figur der Weltpolitik wird. In ihrer Jugend begegnet sie Kaiser Karl V. und bringt ihm den unehelichen Sohn Don Juan d'Austria zur Welt. Jahre später, da der Sohn als Sieger der Schlacht von Lepanto und Statthalter der Niederlande ihr wiederbegegnet, tritt sie inmitten der Machthaber für Menschlichkeit und Freiheit ein. Wieder sind es die aktuellen moralischen Fragen der Zeit um Gewalt, persönliche Verantwortung, Menschenwürde, Ideologie – übertragen auf ein barockes Staatstheater. Wie Max Frisch (*Nun singen sie wieder*, 1945) wählt auch Zuckmayer für *Der Gesang im Feuerofen* (UA 3. 11. 1950 Göttingen) die Form des Läuterungsspiels, um sich mit den Kriegsverbrechen der Hitler-Armee auseinanderzusetzen. Eine Gruppe französischer Widerstandskämpfer geht der SS in die Falle und wird verbrannt – wie die Jünglinge in der biblischen Legende, die unter Nebukadnezar den Märtyrertod im Feuerofen erleiden. Zuckmayer ruft in seinem ins Irreale überhöhten Gleichnis zur Versöhnung auf, wenn er Gut und Böse auf Freund wie Feind verteilt und die Rollen der Deutschen und der französischen Gegenspieler

jeweils demselben Darsteller anvertraut. *Ulla Winblad* (UA 17. 10. 1953 Göttingen) ist eine opernhafte Ballade um den liederlich-genialen Kraftkerl Carl Michael Bellman (1740–95), der als Bürgerschreck und hinreißender Liedersänger die Rokokogesellschaft am schwedischen Königshof schockiert. In Ulla findet er die Geliebte, die für ihn aus ihrer Ehe mit dem Baron Lindkrona ausbricht, von Flucht und großer Leidenschaft träumt, aber ihren Geliebten nur noch sterbend antrifft.

In den späten Stücken versucht Zuckmayer Zeitkonflikte mit den Mitteln des effektvollen Illusionstheaters zu psychologisieren – und scheitert. Inzwischen hat sich für solch aktuelle politische Themen das Dokumentarstück auf den Bühnen durchgesetzt. *Das kalte Licht* (UA 3. 9. 1955 Hamburg) geht auf den Fall des Atomspions Klaus Fuchs zurück. Der Physiker Wolters begeht Verrat aus Idealismus und arbeitet als amerikanischer Atomforscher und heimlicher Kommunist mit den Sowjets zusammen, um das Gleichgewicht des Schreckens zwischen Ost und West wiederherzustellen. *Die Uhr schlägt eins* (UA 14. 10. 1961 Wien) mit dem Untertitel *Ein historisches Drama aus der Gegenwart* benutzt die Generations- und Ehekonflikte in der Familie des Fabrikanten Holtermann als Aufhänger für aktuelle, aber auf knalligste Kolportage gebrachte Sozialprobleme. *Das Leben des Horace A. W. Tabor. Ein Stück aus den Tagen der letzten Könige* (UA 18. 11. 1964 Zürich) ist eine naiv-opernhafte Heldenballade aus Amerikas Pioniertagen: Aufstieg und Fall eines Westernhelden, der zum König der Silberminen, zum Gouverneur und Senator sich aufschwingt und alles wieder verliert. Der Einakter *Kranichtanz* (UA 8. 1. 1967 Zürich) führt ebenfalls ins Western-Milieu: das Psychodrama einer enttäuschten Farmersfrau, die mit ihrem Leben abrechnet und ihren Mann erschießt. *Der Rattenfänger* (UA 22. 2. 1975 Zürich) ist eine moralisierende Heldenlegende, diesmal im Mittelalter angesiedelt. 1284 ist die Stadt Hameln – ein Spiegel unserer Wohlstandsgesellschaft – von Unterdrückung, Egoismus, Chaos und Ratten geplagt. Bunting, der fahrende Sänger, erlöst mit seiner Flötenmelodie die Stadt vom Ungeziefer und wird von der Obrigkeit um den ausgehandelten Lohn betrogen. Er entführt die Jugend, die von der Väterwelt angewidert ist und sich mit Drogen betäubt, in eine bessere Zukunft. Erfolg brachte in den letzten Lebensjahrzehnten nur die Autobiographie *Als wär's ein Stück von mir* (1966), da sie als Zeitdokument aufschlußreich ist.

Neben dem Theater interessiert sich Zuckmayer schon früh für den Film und schreibt 1929 nach Heinrich Manns Roman *Professor Unrat* das Drehbuch *Der blaue Engel*, mit Marlene Dietrich und Emil Jannings verfilmt. Auch seine Stücke erweisen sich in ihrer epischen Struktur, ihrer volkstümlichen Mischung aus Spannung, Rührung und Humor als ideale Filmvorlagen.

Der fröhliche Weinberg

Lustspiel in drei Akten
Uraufführung: 22. Dezember 1925 in Berlin

Personen: Jean Baptiste Gunderloch, Weingutsbesitzer – Klärchen, seine Tochter – Eismayer, Landskronenwirt – Babettchen, dessen Tochter – Knuzius, Assessor, Klärchens Verlobter – Jochen Most, Rheinschiffer – Annemarie, seine Schwester – Rindsfuß, Vogelsberger, Stenz, Weinhändler – Frau Rindsfuß – Fräulein Stenz – Hahnesand, Löbsche Bär, Weinreisende – Kurrle, Beamter – Raunz, Küfermeister – Studienassessor Bruchmüller – Chinajockel, Stopski, Ulaneschorsch, Veteranen, Weinbauern, Musikanten, Polizei.
Ort und Zeit: Rheinhessen, Weinlese, Spätnachmittag bis zur Frühe des nächsten Morgens, 1921.

Ein Kraftkerl ist der verwitwete Weingutsbesitzer Gunderloch, der sich nun aufs Altenteil zurückziehen will. Die Hälfte seiner Weinberge soll seine Tochter Klärchen mit ihrem Verlobten, dem Assessor Knuzius, übernehmen. Den Rest will er verkaufen. Die Heirat stellt er unter eine alte Bauernregel: Erst muß der Schwiegersohn für Nachwuchs sorgen, dann gibt's die Hochzeit. Der verknöcherte Knuzius, der mit nationalen Phrasen angibt und vor dem Bauernvolk den schneidigen Korpsstudenten herauskehrt, paßt schlecht in die derbe, weinfrohe Runde. Auch Klärchens Zuneigung gilt eher dem biederen Rheinschiffer Jochen Most. Um Knuzius etwas auf Distanz zu halten, flunkert sie ihm eine Schwangerschaft vor. Gunderloch traut dem blutleeren Studenten und Mitgiftjäger nicht so ohne weiteres einen Stammhalter zu, was Knuzius zeternd als Angriff auf seine Mannesehre abwehrt. Auf dem Weinfest im Gasthof »Landskrone« entladen sich die Gegensätze: eine weinfrohe Spätsommernacht, in der gesungen und gesoffen, getanzt und geprügelt, die Liebe im Heu gesucht und gefunden wird – die Natur läßt die Menschen ein paar nächtliche Stunden lang ausbrechen, versetzt sie in einen Rausch der Vitalität und Lebenslust: »Der Weinberg guckt uns zu, sonst keiner, un der Weinberg is fröhlich drum, der lacht und juchzt und dudelt un kreischt vor Freud!!!« Die alten Invaliden aus dem Chinakrieg, die mit ihren Spitznamen Ulaneschorsch und Chinajockel die glorreichen Erinnerungen feiern, werden freigehalten und sorgen für lärmende Munterkeit. Jochen provoziert seinen Rivalen Knuzius, der hier mit seinem Wunsch nach Satisfaktion gehörig abblitzt. Er tröstet sich mit Babettchen Eismayer, die als Wirtstochter nach Höherem strebt und den Schwadroneur gebührend anhimmelt. Gunderloch, dem Jochens Schwester Annemarie den Wirtshaushalt führt, findet zunehmend Gefallen an der resoluten Haushälterin. Eben hat man noch gesungen, da kommt Streit auf und die Dorfprügelei als Höhepunkt des Winzerfests bricht los. Jochen rechnet mit Knuzius ab. Gunderloch wirft beide Streithähne aus dem Fenster. Knuzius landet zum allgemeinen Jubel auf dem Misthaufen, wo er seinen Rausch ausschlafen kann. Gunderloch zieht mit Annemarie in die verschwiegene Liebeslaube, die später auch noch Jochen und Klärchen Unterschlupf bietet, um Vaters Heiratsbedingung zu erfüllen. Am nächsten Morgen, als sich der feuchtfröhliche Spaß mit dem Schlachtfest fortsetzt, präsentieren sich gleich vier glückliche Paare: Gunderloch, der nun nicht mehr an Verkauf und Alterssitz denkt, mit seiner Annemarie; Jochen mit Klärchen und Knuzius mit Babettchen. Und auch der Weinagent Hahnesand ist in der tollen Nacht mit der Tochter von Weinhändler Stenz einig geworden. Das übliche Happy-End der Komödie wird durch Vervielfachung zum tollen Schlußpunkt.

Diese drastische, von bacchantischem Lebensüberschwang erfüllte Volksposse wirkt 1925 in einer Theaterlandschaft, die noch von den abstrakten Denkspielen des Expressionismus geprägt war, wie ein Paukenschlag. Zuckmayer erhält dafür von Paul Fechter den Kleist-Preis. In Berlin läuft das Stück über zwei Jahre, wird von 100 Bühnen nachgespielt, löst 63 wütende Theaterskandale aus. Die Konservativen entrüsten sich über die sexuellen Freizügigkeiten. Die völkischen Burschenschaften fühlen sich in der Figur des Knuzius angegriffen. Im Münchner Landtag rufen die Nationalsozialisten nach Verbot und Zensur, da es sich »um eine ganz unglaubliche Schweinerei handelt, die die christliche Weltanschauung, die deutschen Sitten, die deutsche Frau, die deutschen Kriegsverletzten, das deutsche Beamtentum in der gemeinsten Weise verhöhnt«. Auch Zuckmayers Geburtsort Nackenheim am Rhein fühlt sich diffamiert – erst 1952 wird die Winzergemeinde offiziell mit ihrem Sohn Frieden schließen und ihm die Ehrenbürgerschaft zuerkennen.

Schinderhannes. Schauspiel in vier Akten. UA 13. 10. 1927 Berlin. – Johann Bückler, genannt Schinderhannes, sorgt als »edler Räuber« im Hunsrück für soziale Gerechtigkeit: er kämpft mit seiner Bande gegen die Truppen Napoleons, plündert die Kriegsgewinnler aus, hilft den unterdrückten Bauern. Julchen Blasius, die als Bänkelsängerin durch die Schenken zieht, folgt ihm in die Wälder und schenkt ihm ein Kind. Durch Verrat wird er verhaftet und 1803 in Mainz gemeinsam mit 19 seiner Kameraden hingerichtet – vor 15 000 Schaulustigen. Solch imponierende Kulisse ist sein letzter Trost.

Zuckmayer macht aus Schinderhannes, dessen Figur ihm aus frühester Jugend durch Volksballaden und Moritaten vertraut ist, einen edlen, patriotischen Helden. Der Freiheitskampf gegen die Franzosen war für die Zuschauer der Uraufführung in den Jahren der Rheinlandbesetzung bis 1930 ein aktuelles zugkräftiges Thema. Dazu bunte Volksszenen, Hunsrück-Romantik, eine rührende Liebesgeschichte – das alles zielt auch auf dem Theater auf melodramatische Wirkung. Die Verfilmung fand 1958 mit Curd Jürgens und Maria Schell statt, Regie Helmut Käutner.

Katharina Knie. Ein Seiltänzerstück in vier Akten. UA 21. 12. 1928 Berlin. – Ein kleiner Wanderzirkus unter dem alten Seiltänzer Knie kämpft sich durch die Inflationsjahre 1923/24: die Zuschauer bleiben aus, der Gerichtsvollzieher treibt die Steuern ein, die junge Katharina muß für ihr Eselchen den Hafer beim Großbauern Rothacker klauen. Dem Landwirt gefällt das Mädchen, er behält sie als Stütze seiner Mutter auf dem Hof. Übers Jahr ist aus Rothacker und Katharina ein Paar geworden. Der Tod des alten Knie, der bis zuletzt auf die Rückkehr der Tochter zum freien Zirkusleben gehofft hat, scheint das Ende zu sein für die Handvoll Artisten. Da verzichtet Katharina auf ihre Liebe und die sorglose Zukunft. Sie übernimmt das schwere Erbe, entscheidet sich – wie im idealistischen Drama der Klassik – gegen die Neigung und für die Pflicht, die freilich hier die

Welt der Fahrenden ist, eine untergehende Welt, in der noch Freiheit und Poesie herrschen. Zuckmayer verherrlicht zugleich die Treue zu sich selbst, die Verbundenheit mit der Familie, mit dem Bodenständigen: »Die Hauptsach is, daß einer weiß, wo er hingehört mit Herz, Lung, Leber und Nier, un auch mit sein Kopp un mit seine Händ, un mit all seine Blutstroppe un mit Müh un Plag un Lust un Freud, mit der ganze Lebsucht.« Zuckmayers naiver Überschwang für diese irrationalen Kräfte klingt heute eher befremdlich. Der alte Knie ist durch seine sentimental wirkungsvolle Sterbeszene eine Bravourrolle für Charakterdarsteller wie Albert Bassermann (in der Uraufführung), Eugen Klöpfer (in einer Verfilmung), Attila Hörbiger.

Der Hauptmann von Köpenick

Ein deutsches Märchen in drei Akten
Uraufführung: 5. März 1931 in Berlin

Personen: Wilhelm Voigt, Schuster – Frau Marie Hoprecht, seine Schwester – Friedrich Hoprecht, deren Mann – Bürgermeister Dr. Obermüller – Frau Mathilde Obermüller – Adolf Wormser, Uniformschneider – Wabschke, Zuschneider – Hauptmann von Schlettow – Zeitgenossen aller Art.
Ort und Zeit: Berlin und Umgebung, erster Akt um 1900, zweiter und dritter zehn Jahre später.

Zuckmayer benutzt eine wahre Begebenheit, die sich am 17. Oktober 1906 abgespielt hat, zur Satire auf den deutschen Untertanengeist, auf den Mythos der Uniform, die als »Kaisers Rock« im Wilhelminischen Deutschland zum Fetisch dieser Gesellschaft wurde. Wilhelm Voigt, der kleine Schuster, sucht Arbeit in Berlin. Man weist ihn ab, da er keine Aufenthaltserlaubnis hat. Und die Behörde stellt ihm diese Erlaubnis nicht aus, weil er ohne Arbeit ist. Aus dieser tragikomischen Zwickmühle der Instanzen, die sich alle für nicht zuständig erklären, kommt er auf legalem Weg nicht mehr heraus. Bereits einmal hat Voigt versucht, sich einen falschen Paß zu beschaffen, und ist dafür fünfzehn Monate im Gefängnis gesessen. Mit seinem Kumpel Kalle bricht er nun ins Polizeirevier Potsdam ein, will sich dort Formulare und Stempel holen, die ihm zur Existenzberechtigung verhelfen. Voigt wird geschnappt und wandert wieder für zehn Jahre ins Zuchthaus. Danach sucht er bei seiner Schwester Marie und Schwager Friedrich Hoprecht in Rixdorf Unterschlupf. Voigt weiß keinen Ausweg mehr. Er zweifelt an der rechten Ordnung in dieser Welt, am Sinn der vielgepriesenen kaiserlichen Staatsautorität: »Unterordnen. Jewiß! Aber unter wat drunter?! Det will ick janz jenau wissen! Denn muß de Ordnung richtig sein, Friedrich, det isse nicht! ... Erst der Mensch, Friedrich! Und dann de Menschenordnung!« Für Hoprecht, den korrekten Beamten, ist das Anarchie. Auch ihn hat der Staat enttäuscht, hat ihm die Beförderung zum Vizefeldwebel versagt – aber er fügt sich als braver Untertan, sieht auch die Ungerechtigkeit ein, da sie von oben kommt. Voigt erhält die Ausweisung, muß auf Polizeibefehl die Schwester verlassen. Da stößt er beim Trödler Krakauer auf die verschlissene Uniform eines Hauptmanns der preußischen Garde. Er kauft sie samt Zubehör – Säbel, Feldbinde, Mütze.

Diese Uniform hat in einer wechselvollen Vorgeschichte immer wieder im Lauf des Stücks die Wege des kleinen Schusters gekreuzt. Vor zehn Jahren hat sie der Uniformschneider Wormser dem schneidigen Hauptmann von Schlettow anprobiert – gerade als Voigt wieder mal vergebens um Arbeit nachfragte. Wenig später gerät Hauptmann von Schlettow als Zivilist in eine Schlägerei wegen der koketten Plörösenmieze. Er muß wegen des Zwischenfalls seinen Dienst quittieren und gibt deshalb die Uniform dem Schneider zurück. Der nächste Käufer ist Dr. Obermüller, soeben zum Leutnant der Reserve ernannt. Nach Jahren – er ist inzwischen Bürgermeister von Köpenick geworden – wird sie ihm zu eng. Wormser erhält sie wieder zurück und überläßt sie als Ballkostüm seiner Tochter Viktoria, bis die Uniform verblichen und fleckig beim Trödler landet. Voigt verkleidet sich als Hauptmann, kommandiert mit der Autorität seiner Uniform einen Zug Soldaten, der gerade vorbeimarschiert, zu einem Sonderauftrag ab, besetzt das Rathaus von Köpenick, verhaftet Dr. Obermüller und beschlagnahmt die Stadtkasse. Allein den Paß, den er sich durch diesen Handstreich erhofft, erhält er nicht, da Köpenick keine Paßbehörde besitzt. So taucht Voigt wieder unter. Ganz Berlin amüsiert sich über die Eulenspiegelei. Der Schuster stellt sich freiwillig, nachdem man ihm den Paß verspricht. Und bevor er wieder ins Gefängnis wandert, darf er sich vor dem Spiegel als Hauptmann bewundern. Er allein lacht über die Knallcharge, die den Zeitgenossen so viel Respekt eingeflößt hat.

»Ein deutsches Märchen« nennt Zuckmayer diese Tragikomödie, die am Vorabend der nationalsozialistischen Machtergreifung auch aktuelle politische Zündkraft besaß. In seiner Autobiographie *Als wär's ein Stück von mir* hebt er hervor: ». . . wenn auch die Geschichte mehr als zwanzig Jahre zurücklag, so war sie gerade in diesem Augenblick, im Jahre 1930, in dem die Nationalsozialisten als zweitstärkste Partei in den Reichstag einzogen und die Nation in einen neuen Uniformtaumel versetzten, wieder ein Spiegelbild, ein Eulenspiegel-Bild des Unfugs und der Gefahren, die in Deutschland heranwuchsen – aber auch der Hoffnung, sie wie der umgetriebene Schuster durch Mutterwitz und menschliche Einsicht zu überwinden.« *Der Hauptmann von Köpenick* ist Zuckmayers Meisterwerk, ein treffsicher karikierender Bilderbogen von 21 Szenen und 73 Figuren. Trotz solcher Fülle von Situationen und Gestalten gelingt dem Autor ein klarer dramaturgischer Aufbau: der Abstieg der Uniform und die Entwicklung des Schusters sind kunstvoll verzahnt. Alle Figuren stehen im Schatten der Montur, erhalten von diesem »Requisit« ihre Motive und Charakteristik. Ironisch doppelbödig auch die Entsprechung, daß Schlettow, der echte Hauptmann, in seiner Karriere scheitert, weil er keine Uniform trägt, während Voigt, der falsche Hauptmann, sich in der echten Uniform durchsetzt. Schuster Voigt zählt zu den wichtigsten Aufgaben großer Charakterkomiker von Werner Krauss und Erich Ponto bis Rudolf Platte. Auch als Film (1931 mit Max Adalbert, 1956 mit Heinz Rühmann in der Regie von Helmut Käutner) bewies das »deutsche Märchen« von der Uniform seine Breitenwirkung.

Des Teufels General

Drama in drei Akten
Uraufführung: 14. Dezember 1946 in Zürich

Personen: Harras, General der Flieger – Lüttjohann, sein Adjutant – Korrianke, sein Chauffeur – Friedrich Eilers, Oberst und Führer einer Kampfstaffel – Hartmann, Writzky, Hastenteufel, Pfundtmayer, Fliegeroffiziere – Siegbert von Mohrungen, Präsident des Beschaffungsamts für Rohmetalle – Baron Pflungk, Attaché im Außenministerium – Dr. Schmidt-Lausitz, Kulturleiter – Der Maler Schlick – Oderbruch, Ingenieur im Luftfahrtministerium – Anne Eilers – Waltraut von Mohrungen, genannt Pützchen, ihre Schwester – Olivia Geiß, Diva – Diddo Geiß, ihre Nichte – Lyra Schoeppke, genannt die Tankstelle – Otto, Restaurateur – François, Herr Detlev, Kellner – Buddy Lawrence, amerikanischer Journalist – Zwei Arbeiter – Ein Polizeikommissar.

Ort und Zeit: In Berlin, Herbst 1941.

Fliegergeneral Harras ist zwar ein Gegner Hitlers, aber als begeisterter Flieger und Draufgänger ein erfolgreicher, mit Auszeichnungen überhäufter Soldat in dessen Diensten – des Teufels General: »Nirgends in der Welt hätte man mir diese Möglichkeiten gegeben – diese unbegrenzten Mittel – diese Macht.« Er ist ein Weiberheld und Lebensgenießer, trinkfest und kritisch aufmüpfig. So muß er den Argwohn der puritanischen Parteifunktionäre auf sich ziehen. Dr. Schmidt-Lausitz, als »Kulturleiter« getarnter Agent des Sicherheitsdienstes, sucht die Nähe des Generals auf dessen ausgelassenen Festen, sammelt Material gegen ihn. Noch sonnt sich Harras im Gefühl, für das Regime unentbehrlich zu sein. Auf Bitten seiner Freundin Olivia verhilft er einem jüdischen Arzt zur Flucht. Hartmann, den jungen Leutnant, der voller Idealismus an seinen Führer glaubt, versucht er für den Wert des Lebens jenseits jeder Ideologie zu begeistern. Der Leutnant verzweifelt, weil ihm seine Braut, das kokette Industriellentöchterlein Pützchen, den Laufpaß gibt, da er keinen lupenrein arischen Stammbaum nachweisen kann. Vergebens will sich Pützchen den General angeln, der gerade in die junge Schauspielerin Diddo Geiß verliebt ist.

Eine Serie ungeklärter Abstürze erregt den Verdacht, daß in den Flugzeugwerken, für die Harras die Verantwortung trägt, Sabotage betrieben wird. Die Gestapo stellt dem General ein Ultimatum bis zur Aufklärung. Auch Oberst Eilers, des Generals bester Freund, verunglückt wegen eines unerklärlichen Motorschadens. Seine Witwe klagt Harras an als Mörder, der den Idealismus der Untergebenen ausbeute. Indessen ist Harras selbst kurzfristig verhaftet worden. Er entdeckt in Oderbruch, seinem eigenen Chefingenieur, den Urheber der Sabotage. Um den Krieg zu beenden, hat Oderbruch das Kriegsmaterial unbrauchbar gemacht: »Wir brauchen die Niederlage. Wir dürsten nach Untergang. Wir müssen dazu helfen – mit eigener Hand. Nur dann können wir, gereinigt, auferstehn.« Harras löst den Fall auf seine Weise: Er steigt mit einer der fluguntaug-

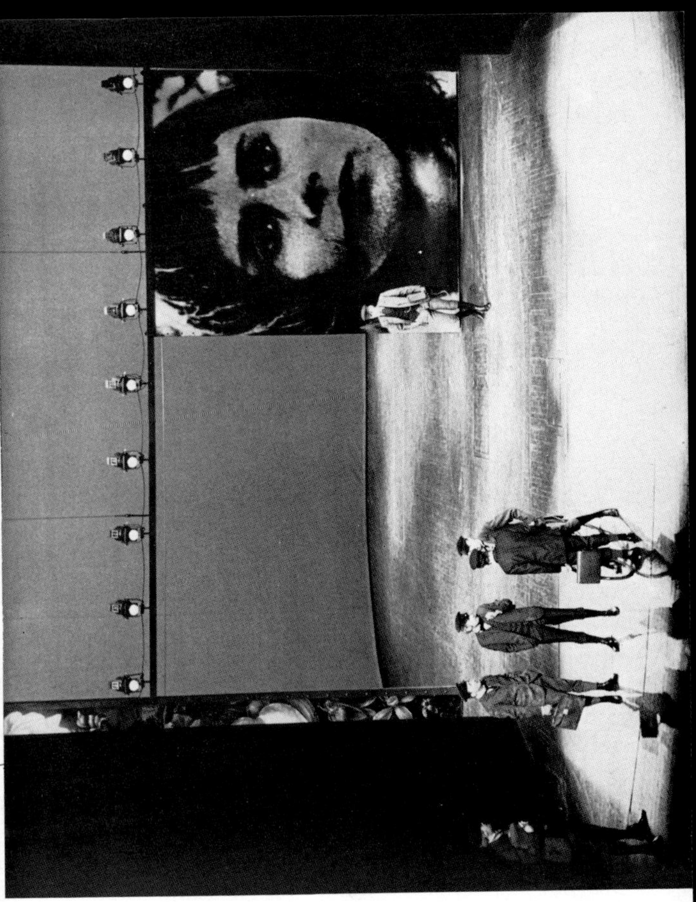

Wedekind, Frühlings Erwachen

Brecht, Der gute Mensch von Sezuan

lichen Maschinen auf und stürzt ab: »Wer auf Erden des Teufels General wurde und ihm die Bahn gebombt hat – der muß ihm auch Quartier in der Hölle machen.« Die Gestapo, die ihn zur Strecke gebracht hat, nutzt noch sein Ende propagandistisch für die Öffentlichkeit aus: Harras erhält ein Staatsbegräbnis – für Pflichterfüllung bis zum Heldentod.

Zuckmayer hat Fakten aus dem Leben des Fliegerhelden Ernst Udet, mit dem er befreundet war, auch dessen Tod bei einem ungeklärten Absturz, benutzt, um in kontrastsicheren Typen eine Gesellschaftsbeschreibung aus dem ›Dritten Reich‹ zu entwerfen – Scharfmacher, Mitläufer, sogenannte Unpolitische und Widerstandskämpfer. Diese charakterisierende Leistung wurde mit Recht bewundert, da der Autor die Verhältnisse nur gleichsam intuitiv aus Amerika nachvollziehen konnte. Da ist der junge, ideologisch verblendete Leutnant Hartmann; die Kriegerwitwe Anna Eilers, die durch die Politik um ihr Leben betrogen wird; der Großindustrielle und Aristokrat von Mohrungen, der aus Gewinnsucht mit dem herrschenden System paktiert und sich dafür den imposanten Titel eines »Wehrwirtschaftsführers« einhandelt. Und im Mittelpunkt steht die faszinierende Heldenrolle des Generals mit Herz und Schnauze, eine Prachtrolle für Männerspieler wie Gustav Knuth (in der Uraufführung 1946), O. E. Hasse, Carl Raddatz und Curd Jürgens (im Film von Helmut Käutner 1954). Nach Kriegsende hat man das Stück mit enormem Erfolg als zutreffende Situationsbeschreibung der Kriegsjahre und als moralischen Beitrag zur Vergangenheitsbewältigung gefeiert. Heute wirkt es eher als Politkolportage, die in vereinfachender Typologie als Beschönigung und Verharmlosung wirkt.

BERTOLT BRECHT

* 10. Februar 1898 in Augsburg
† 14. August 1956 in Ost-Berlin

Sohn eines Angestellten, der später zum Prokuristen und Kaufmännischen Direktor einer Augsburger Papierfabrik aufsteigt. Bis zum Abitur in Augsburg. Schon früh veröffentlicht Brecht Gedichte und Aufsätze in den »Augsburger Neuesten Nachrich-

ten«. Klassenkamerad ist Caspar Neher, der später als Bühnenbildner einer seiner wichtigen Mitarbeiter wird. 1919 bringt Paula Banholzer Brechts ersten Sohn Frank zur Welt, der 1943 als russischer Soldat im Zweiten Weltkrieg fällt. 1919–24 ist Brecht in München, studiert Medizin und bei Arthur Kutscher Theaterwissenschaft, singt eigene Bänkellieder zur Gitarre, ist fasziniert vom Münchner Volkskomiker Karl Valentin. Befreundet mit Lion Feuchtwanger, Arnolt Bronnen, Marieluise Fleißer. 1922 Kleist-Preis durch Herbert Jhering. 1922–24 dramaturgischer Mitarbeiter der Münchner Kammerspiele unter Otto Falckenberg. 1922–27 Ehe mit der Sängerin Marianne Zoff, 1923 Geburt der Tochter Hanne (Hiob). 1924–33 in Berlin. Lebt bei Helene Weigel (1924 Geburt des Sohns Stefan, 1929 Heirat, 1930 Geburt der Tochter Barbara). Freundschaft mit Kurt Weill, mit dem Soziologen Fritz Sternberg, der zum Studium des Marxismus anregt. 1924–26 dramaturgischer Mitarbeiter am Deutschen Theater bei Max Reinhardt, ab 1928 für Erwin Piscator (Theater am Nollendorfplatz) und das Theater am Schiffbauerdamm tätig. Dort wird Brecht durch das Theaterereignis der »Dreigroschenoper« zum führenden Dramatiker seiner Zeit. Februar 1933 emigriert er vor den Nationalsozialisten über Prag, Wien, die Schweiz, Paris nach Dänemark, wo er 1933–39 in Svendborg auf der Insel Fünen ein Exil findet. Reisen nach London, Moskau, New York. 1939/40 Übersiedlung nach Schweden auf die Insel Lidingö vor Stockholm, 1940/41 in Finnland auf dem Gut Marlebäk von Hella Wuolijoki. Monatelang wartet Brecht auf ein Visum für die USA. Als es eintrifft, reist er mit seiner Familie in drei Monaten über Leningrad, Moskau, Sibirien, Wladiwostok, Manila nach Los Angeles. 1941–47 in Santa Monica / Hollywood. Emigrantenkontakte mit Lion Feuchtwanger, Theodor W. Adorno, Max Horkheimer, die persifliert werden im »Tui-Roman«, mit Hanns Eisler. Auseinandersetzung mit Thomas Mann über den Aufbau eines demokratischen Deutschland nach dem Krieg. Zusammenarbeit mit Charles Laughton beim »Galilei«. Am 30. Oktober 1947 muß sich Brecht vor dem »Ausschuß für anti-amerikanische Umtriebe« in Washington verantworten. Richard Nixon, später Präsident, ist Beisitzer. Brecht bestreitet, Mitglied einer kommunistischen Partei zu sein, und verläßt unmittelbar nach dem Verhör die USA. 1947–49 in Zürich. Kontakte zu Max Frisch, enge Zusammenarbeit mit Caspar Neher. Pläne für eine Mitarbeit an den Salzburger Festspielen.

Da Brecht kein Visum für die amerikanische Zone Deutschlands erhält, fährt er über Prag am 20. Oktober 1948 nach Ost-Berlin und erreicht hier die Endstation seines Lebenswegs. Unter der Leitung von Helene Weigel wird das »Berliner Ensemble« aufgebaut, das erst 1954 – nachdem die Berliner Volksbühne ihr eigenes Haus bekommen hat – als Stammquartier das Theater am Schiffbauerdamm bezieht. 1950 erhält Brecht die österreichische Staatsbürgerschaft und damit ein Stück politische Unabhängigkeit. Hohe Auszeichnungen: Nationalpreis (1951), Stalin-Preis (1954), Vizepräsident der Akademie der Künste. Kränkelnd, Tod durch Herzinfarkt.

Durch die Radikalität und Neuartigkeit seiner Fragestellungen, durch seinen Widerspruchsgeist, seine Experimentierlust mit neuen Ausdrucksmitteln, nicht zuletzt durch seine unerschöpfliche Produktivität ist Brecht wohl zum wesentlichsten Theatermann dieses Jahrhunderts geworden. Sein ganzes Leben hindurch hat er in bewußter Zeitgenossenschaft die Entwicklungen und politischen Turbulenzen wahrgenommen und stets engagiert als Marxist und materialistischer Gesellschaftskritiker darauf reagiert. Als Theoretiker war er pragmatisch wie sonst keiner und als Praktiker wiederum analytisch und auf die Theorie bezogen.

Nach der Erkenntnis von Karl Marx, daß das Bewußtsein vom Sein bestimmt wird, zeigt Brecht, wie das Verhalten des Menschen bedingt ist durch seine soziale Rolle: »Ein guter Mensch sein! Ja, wer wär's nicht gern? / Doch leider sind auf diesem Sterne eben / Die Mittel kärglich und die Menschen roh. / Wer möchte nicht in Fried und Eintracht leben? / Doch die Verhältnisse, sie sind nicht so!« Brecht verdeutlicht diesen Widerspruch immer wieder in der Doppelnatur seiner Figuren im *Guten Menschen von Sezuan*, in *Puntila*. Die Ausbeuter und Kapitalisten, ob der Fleischkönig Mauler oder der Gutsherr Puntila, erliegen immer wieder der Versuchung, gut und menschlich zu sein – aber stets erweist sich ihre gesellschaftliche Rolle, der Zwang ihrer Klasse als stärker. Wenn Brecht seine Negativfiguren schlecht handeln läßt, sind es keine schlechten Menschen, sondern Menschen in einer schlechten, weil kapitalistischen Gesellschaftsordnung. Der marxistischen Weltsicht entsprechend, glaubt Brecht an die Veränderbarkeit und Verbesserbarkeit der Verhältnisse. Das Theater soll zum Ort des

Vergnügens, aber auch der vergnüglichen Belehrung werden, um bei jedem einzelnen Zuschauer den Lernprozeß zum Sozialismus zu fördern. Immer wieder greift Brecht auf Leitfiguren zurück: Jeanne d'Arc erscheint im Lauf der Jahre in drei Varianten, immer wieder zeigt er die Mutter in Courage, Grusche, Carrar, Gorkis Mutter. Brecht setzt bewußt auf den Wiedererkennungswert bestimmter Figuren und Situationen in seinem didaktischen Konzept.

Brecht, der einer der großen Lyriker unserer Zeit ist, wirkt weiter auch als Sprachschöpfer. Er schreibt eine einleuchtend einfache, epigrammatisch knappe Sprache, bildhaft wie das Lutherdeutsch der Bibel, die der Atheist Brecht durchaus als wichtigste Anregung nutzt. Brecht entwickelt eine gestisch beredte Sprache, die neben der Kommunikation stets auch ästhetisches Ausdrucksmittel und Bezeichnung ist für die jeweilige soziale Situation.

Brechts erste Stücke sind vom Expressionismus beeinflußt: *Baal* (1918/19), die Einakter *Die Kleinbürgerhochzeit* (1919), *Lux in Tenebris* (1919, UA 12. 6. 1969 Essen), *Der Fischzug* (1919, UA 11. 1. 1967 Heidelberg). Auf die Bühne gelangt als erstes Werk 1922 *Trommeln in der Nacht* – vom Kritiker Herbert Jhering begeistert begrüßt: »Der 24jährige Bert Brecht hat über Nacht das dichterische Antlitz Deutschlands verändert ... Das Geniezeichen Brechts ist, daß mit seinen Dramen eine neue künstlerische Totalität da ist, mit eigenen Gesetzen, mit eigener Dramaturgie. Seine Dramen ... sind neue dichterische Weltkörper.« Jhering wird für Brecht ein wichtiger Förderer und Meinungsmacher – wie später in den USA Eric Bentley. Jherings rückhaltlose Begeisterung bewirkt allerdings die ebenso entschiedene Ablehnung durch den Starkritiker Alfred Kerr. Brecht verarbeitet die faszinierend neuen Erfahrungen des 20. Jahrhunderts, die aus den USA kommen: Jazz und Boxsport, Enthusiasmus für Technik, Wolkenkratzer, Geschwindigkeitsrausch, aber auch die Vereinsamung des einzelnen in der Massengesellschaft. Beispielhaft dafür ist das Kampfstück *Im Dickicht der Städte* (1923). 1923/24 bearbeitet Brecht gemeinsam mit Lion Feuchtwanger das Elisabethanische Historienspektakel von Christopher Marlowe *Leben Eduards des Zweiten von England* (UA 18. 3. 1924 München). Er erprobt bereits die Stilmittel des epischen Theaters in dieser szenischen Chronik um König Eduard. (Aus Liebe zu seinem Günstling, dem

Metzgerssohn Gaveston, der von den Peers beseitigt wird, sinnt Eduard II. nur noch auf Rache, macht sich die Königin zum Feind, löst einen Aufstand aus, verliert schließlich Reich und Leben.)

Bereits früh erprobt Brecht in Zusammenarbeit mit dem Komponisten Kurt Weill die Möglichkeiten des Musicals: *Die Dreigroschenoper* (1928), *Aufstieg und Fall der Stadt Mahagonny* (1930) sowie *Happy End* (UA 31. 8. 1929 Berlin), das er gemeinsam mit Elisabeth Hauptmann unter dem Pseudonym Dorothy Lane herausbringt. Wie Lilian, das Mädchen aus der Heilsarmee, dort den bösen Gangsterboß bekehren will – das ist bereits eine Vorstudie zu *Die heilige Johanna der Schlachthöfe* (1929/31). *Mann ist Mann* (1926) legt die Mechanismen der Massengesellschaft frei. 1926–33 arbeitet sich Brecht in die Schriften von Karl Marx ein und setzt sich in seinen *Lehrstücken* mit der Haltung des Einzelmenschen zum Kollektiv, zu Partei und Parteilichkeit auseinander: *Der Ozeanflug* (UA Juli 1929 unter dem Titel *Der Flug der Lindberghs* in Baden-Baden; in Reclams UB 8503 [4]) ist ein Radiolehrstück um den Flugpionier. *Das Badener Lehrstück vom Einverständnis* (UA 28. 7. 1927 im Radio Baden-Baden) spielt unter abgestürzten Fliegern und preist die Auslöschung der Persönlichkeit durch ständige Fortentwicklung: »Habt ihr die Welt verbessert, so / verbessert die verbesserte Welt. / Gebt sie auf. / Verändert die veränderte Menschheit.« Die beiden Schulopern *Der Jasager* (UA 23. 6. 1930 Berlin) und *Der Neinsager* (1931) demonstrieren an zwei gegensätzlichen Verhaltensweisen das freiwillige Opfer des einzelnen für die Gruppe. *Die Maßnahme* (UA 10. 12. 1930 Berlin) wird zu einem der ideologisch umstrittensten Stücke Brechts: Da ein junger idealistischer Genosse mehr seinem menschlichen Mitleid als der Strategie der Partei gehorcht, wird er von den kommunistischen Funktionären liquidiert. *Die Ausnahme und die Regel* (1930, UA Juli 1938 in Palästina): Ein Kaufmann fühlt sich von seinem Kuli bedroht und erschlägt ihn vorsichtshalber, als er ihn auf der Wüstenwanderung vor dem Verdursten retten will. Zwischen den Klassen ist kein Raum für Menschlichkeit. *Die Mutter* nach Gorki (1932) hat den revolutionären Lernprozeß einer Mutterfigur zum Thema. 1927/30 entsteht das Fragment *Der Untergang des Egoisten Fatzer* (UA 1976). Das Fragment *Das wirkliche Leben des Jakob Geherda* (1936, UA 7. 10. 1983 Düsseldorf durch

Peter Palitzsch) zeigt bereits den Menschen als Doppelnatur zwischen äußerlicher Angepaßtheit und Freiheitstraum.

Künstlerisches Ergebnis des Paris-Aufenthalts 1933 ist das Ballett *Die sieben Todsünden der Kleinbürger* (UA 7. 6. 1933 Paris mit Lotte Lenya). Anna I und Anna II, eine Sängerin und eine Tänzerin, führen die Verkäuflichkeit der Liebe vor. In den folgenden Jahren der Emigration setzt sich Brecht immer wieder mit der Bedrohung durch den Faschismus auseinander, ob modellhaft in der Parabel oder realistisch im Zeitstück. Die Parabelform wählt er für *Die Rundköpfe und die Spitzköpfe* (UA 4. 11. 1936 Kopenhagen), ein Warnspiel um Rassenwahn und Judenverfolgung. Die Spitzköpfe rotten unter Führung des demagogischen Schädelverteilers Iberim (= Hitler) die Rundköpfe aus – der Pächter Callas versteht es, sich zwischen den Fronten opportunistisch zu arrangieren. *Die Horatier und die Kuratier* (1934, UA 26. 4. 1958 Halle) bringt den Kampf zweier Völker und die List der unterlegenen Partei – eingekleidet in die Rituale des chinesischen Theaters. Das Hörspiel *Das Verhör des Lukullus* (UA 12. 5. 1940 Radio Beromünster) zeigt, daß die großen Taten nicht durch den Helden der Historie, sondern durch die namenlosen kleinen Leute vollbracht werden. Das überzeugendste Schlüsselstück auf das Dritte Reich gelingt mit *Der aufhaltsame Aufstieg des Arturo Ui* (1941). Die realistischen Zeitstücke gegen Hitler-Deutschland sind *Furcht und Elend des Dritten Reiches* (1938), *Flüchtlingsgespräche* (1940, UA 1962), *Schweyk im Zweiten Weltkrieg* (1943), gegen den Faschismus außerhalb Deutschlands *Die Gewehre der Frau Carrar* (1937) und *Die Gesichte der Simone Machard* (1941/43, UA 1957).

In der Emigration entstehen Brechts Meisterwerke, die auch die Entwicklung des modernen Theaters stark beeinflussen. Die großen Parabeln *Der gute Mensch von Sezuan* (1940) und *Der kaukasische Kreidekreis* (1944), die modellhaft ausgestellten Historien *Leben des Galilei* (1938) und *Mutter Courage und ihre Kinder* (1939) sowie das kritische Volksstück *Herr Puntila und sein Knecht Matti* (1940, UA 1948).

Nach Kriegsende sind die Neuschöpfungen gering: *Die Tage der Commune* (1948/49, UA 1956) als historischer Bilderbogen; die szenische Kantate *Herrnburger Bericht* (UA 17. 6. 1951, Musik Paul Dessau) über westdeutsche Jugendliche, die zu den Weltjugendspielen nach Ost-Berlin reisen und deshalb durch Grenzposten verhört werden; *Turandot oder Der Kongreß der*

Weißwäscher (1953) als Auseinandersetzung mit dem westdeutschen Materialismus der »Frankfurter Schule«. In den letzten Lebensjahren leistet Brecht viel praktische Theaterarbeit. Er bearbeitet Sophokles (*Die Antigone des Sophokles*, UA 15. 2. 1948 Chur mit Helene Weigel), Lenz (*Der Hofmeister*, UA 15. 4. 1950 Ost-Berlin), Webster (*Die Herzogin von Malfi* UA September 1946 Boston), Shakespeare (*Coriolan*, 1951/52), Seghers (*Der Prozeß der Jeanne d'Arc zu Rouen 1431*, UA 23. 11. 1952 Ost-Berlin), Molière (*Don Juan*, UA 19. 3. 1954 Ost-Berlin), Farquar (*Pauken und Trompeten*, UA 19. 9. 1955 Ost-Berlin).

Konfliktreich und widersprüchlich verläuft Brechts Auseinandersetzung mit dem Medium Film. Er verfaßte sieben Drehbücher, die meist nicht realisiert wurden. Die erste Verfilmung der *Dreigroschenoper* endet mit einem Prozeß, da die Produktionsfirma Warner Brothers ein gefälliges Ganovenmärchen ausmalt und die marxistische Grundhaltung unterschlägt. Der *Courage*-Film unter Wolfgang Staudte wird abgebrochen, da Brecht es ablehnt, die Verkaufschancen des Films durch internationale Stars wie Simone Signoret (Yvette), Bernard Blier (Koch) zu steigern. 1931 schreibt Brecht für den Regisseur Slatan Dudow das Drehbuch *Kuhle Wampe* über das Schicksal eines Arbeitslosen. Der Film wird 1932 von den Nazis sogleich verboten. Bleiben wird auch der Film von René Allio *Die unwürdige Greisin* (1965) mit Sylvie nach einer Kalendergeschichte von Brecht.

Bahnbrechend wurde Brecht als Theoretiker wie Praktiker des modernen Theaters. In seinen dramaturgischen Schriften – *Der Messingkauf* (1937), *Kleines Organon für das Theater* (1948), den *Anmerkungen* zu den Stücken – entwickelt er einen Gegenentwurf zur bisher geltenden aristotelischen Dramaturgie: das »epische Theater«. Während das aristotelische Theater die Wirklichkeit auf der Bühne nachahmt und sich zum Illusionstheater entwickelt hatte, das seine Figuren erklärt durch Psychologie und Milieu, will das »epische Theater« vorzeigen, statt vortäuschen. Durch Verfremdung (V-Effekt) will Brecht dem Zuschauer die Distanz bewußt machen, die zwischen Aussage und eigentlichen Absichten einer Figur liegen. Die Situationen sind abgehoben und sollen vom Zuschauer als Modell durchschaut und begriffen werden. Die Parabel, oft demonstrativ im Stück als Spiel im Spiel hervorgehoben, soll die Widersprüche offenlegen und Wege aufzeigen zur Veränderung. Dieses dialektische Theater will in allen Details einer Aufführung stets Theater als Theater bewußt machen: Brecht setzt Musik, erklärende Songs, Pantomime, Masken als Mittel ein, viele Anregungen dafür liefern das fernöstliche Theater und die Commedia dell' arte, die Grotesken des Volkskomikers Karl Valentin und die Slapsticks des amerikanischen Stummfilms. »Deutlichkeit und Leichtigkeit« sind die erklärten Ziele dieser Theaterarbeit: »Die Kunst sollte ein Mittel der Erziehung sein, aber ihr Zweck ist das Vergnügen.«

Nicht nur als Theatermann, auch als Stückeschreiber hat Brecht die kollektive Arbeit praktiziert. Waren in seiner Frühzeit Lion Feuchtwanger und Arnolt Bronnen wichtige Mitarbeiter, so haben später Elisabeth Hauptmann (1897–1973), Margarete Steffin (1908–41), Ruth Berlau (1904–74) selbstlos die eigenen Projekte aufgegeben und sich völlig der oft jahrzehntelangen Zusammenarbeit mit Brecht zur Verfügung gestellt. Auch am »Berliner Ensemble« war ein großer Kreis von Assistenten und Zuarbeitern um Brecht geschart. Diese Brecht-Schüler – die Regisseure Benno Besson, Manfred Wekwerth, Peter Palitzsch, Egon Monk, Joachim Tenschert – haben dazu beigetragen, daß Ziele und Arbeitsweisen des »epischen Theaters« zeitweise zur führenden Stilrichtung auf dem Theater wurden. Auch ausländische Regisseure – man denke an Giorgio Strehler, Joan Littlewood, Roger Planchon, Ariane Mnouchkine – finden in der Auseinandersetzung mit Brecht zu ihrer eigenen Form. Am »Berliner Ensemble« wird der Regisseur Erich Engel für Brecht der wichtigste Partner. Während des Brecht-Boykotts im Westen setzt sich Harry Buckwitz in Frankfurt a. M. unbeirrt für den Stückeschreiber ein, der in der Bundesrepublik politisch als Kommunist verfemt ist. Für die damals junge Autoren-Generation – Max Frisch, Friedrich Dürrenmatt, Peter Weiss, Edward Bond, Peter Hacks, Heiner Müller u. a. – wird Brechts Dramaturgie der Parabel, des demonstrativen Modells zur weiterführenden Anregung. Brechts Vermächtnis *An die Nachgeborenen* heißt: »Wir / Die wir den Boden bereiten wollten für Freundlichkeit / Konnten selbst nicht freundlich sein. / Ihr aber, wenn es soweit sein wird / Daß der Mensch dem Menschen Helfer ist / Gedenkt unser / Mit Nachsicht.«

B a a l. Stück. UA 8. 12. 1923 Leipzig. Als radikalen Gegenentwurf zum Grabbe-Drama *Der Einsame* (1917) von Hanns Johst stellt Brecht einen kraftstrotzenden, vitalen Viechskerl hin, der unersättlich frißt, säuft und hurt. Asozial und anarchisch fordert Baal die Spießerwelt heraus. Er gehorcht nur seinen Instinkten, preßt alles, was nur der Augenblick als Genuß hergibt, heraus. Er haust in einer Dachkammer, dichtet stimmungsstarke Balladen von Liebe, Tod und Einsamkeit, krakeelt als Bürgerschreck in den Wirtsstuben herum, ist stets trunken von Lebensgier und Freiheitsdrang. Seinem Freund Johannes spannt er die Braut aus, wird ihrer nach der ersten Nacht überdrüssig – das Mädchen geht ins Wasser. Baal treibt es indessen mit einem Schwesternpaar, das gerade der Schule entlaufen ist. Um sich die tägliche Ration Schnaps zu sichern, unterhält er die Gäste eines Nachtlokals mit Obszönitäten. Sophie, die ihn liebt und retten will, geht zugrunde an ihrer Illusion. Mit dem Vagabunden Ekart strolcht Baal durchs Land, ersticht seinen Kumpel im Streit um eine Kellnerin, wird verfolgt von den Landjägern, krepiert schließlich wie eine Ratte im Wald.

Brecht schwelgt in einer Romantik des Abstoßenden, der Ernüchterung, des Fäkalischen und Obszönen ... mit der zynischen Verherrlichung des Poète maudit. Anregung dafür holt er sich in den antibürgerlichen Lebensläufen von Villon, Verlaine, Rimbaud und überhöht seine Vorbilder zur mythischen kleinasiatischen Lebens- und Erdgottheit Baal, die er auch mit einem Choral feiert: »In der Sünder schamlosem Gewimmel / Lag Baal nackt und wälzte sich voll Ruh; / Nur der Himmel, aber immer Himmel / Deckte mächtig seine Blöße zu.« Unter Brechts eigener Regie spielte Oscar Homolka 1926 in Berlin die Titelrolle. Zur Wiener Erstaufführung schrieb Hofmannsthal einen Prolog in feinziselierten Versen zu dem Stück, das ihm so fern lag. In den letzten Jahren häufiger gespielt, wird die Titelfigur dieses Jugendstücks zum Modell des asozialen Außenseiters in einer asozialen Gesellschaft, immer eindrucksvoll durch die Sprachkraft der eingestreuten Balladen (Inszenierungen von Hans Neuenfels in Hamburg 1974; von Jürgen Flimm in Köln 1981; Oper von Friedrich Cerha 1981).

T r o m m e l n i n d e r N a c h t. Drama in fünf Akten. UA 30. 9. 1922 München. – Berlin 1918/19: Als Andreas Kragler nach vier Jahren Kriegsgefangenschaft heimkehrt, erfährt er sich als Außenseiter in einer veränderten Welt. Seine Braut Anna hat sich inzwischen mit dem jungen Streber Friedrich Murk verlobt und erwartet ein Kind. Ihr Vater, der Fabrikant Balicke, stellt seine Produktion um von der Kriegsindustrie auf Kinderwagen. Während die Straßenkämpfe des Spartakusaufstands losbrechen, erobert Kragler lieber die Braut für sich zurück, will nicht für die neue Gesellschaft kämpfen, sondern entscheidet sich für eine unpolitische Spießerexistenz: »Mein Fleisch soll im Rinnstein verwesen, daß eure Idee in den Himmel kommt? Seid ihr besoffen? ... Und darum macht euch's bequem auf dem kleinen Stern, es ist kalt hier und etwas finster, roter Herr, und die Welt ist zu alt für bessere Zeiten und der Himmel ist schon vermietet ...« Das ist Brechts Beitrag zum expressionistischen Zeitstück, das er aber zugleich verfremdet – etwa mit Schrifttafeln für den Zuschauer: »Glotzt nicht so romantisch!« Das Stück erhielt von Herbert Jhering den Kleist-Preis zuerkannt, Otto Falckenberg hat es in München und Berlin inszeniert und den jungen Brecht damit als Theaterautor durchgesetzt.

Im Dickicht der Städte. Der Kampf zweier Männer in der Riesenstadt Chicago. Schauspiel in 11 Szenen. UA 9. 5. 1923 München. – Chicago 1912–15: Der Malaye Shlink kämpft um den jungen George Garga. Der Kampf um ihn wird zum Kampf gegen ihn bis zur Vernichtung. Im Dschungel der Großstadt entartet die Liebe. Sie will den Partner besitzen, verschlingen, Macht ausüben über ihn. Indem die Menschen in der Massengesellschaft vereinsamen und sich entfremden, wird der Kampf gegeneinander zum letzten, verzweifelten Versuch, Zweisamkeit und Partnerschaft herzustellen. Shlink nimmt Garga, der in einer Leihbibliothek arbeitet, die Stellung, er macht Gargas Braut Jane und seine Schwester Marie zu Huren, er drängt ihm die eigene Rolle als Holzhändler auf. Garga fühlt sich eingekreist und schlägt zurück: er richtet das Geschäft des Gegners zugrunde, er verkauft eine Holzladung zweimal und geht für dieses Betrugsmanöver für drei Jahre ins Gefängnis. Unterdessen schuftet Shlink als Kohlenträger, um Gargas Familie wirtschaftlich durchzubringen. Er demütigt sich, um Garga unentbehrlich zu werden. Garga denunziert den Malayen als Sittenstrolch und hetzt ihm den weißen Pöbel an den Hals. Wegen seiner gelben Haut soll er gelyncht werden. Durch Gift rettet er sich vor den Verfolgern, verlassen stirbt er am Strand, während

Garga aufbricht in ein neues Leben nach New York: »Allein sein ist eine gute Sache. Das Chaos hat sich aufgebraucht. Es war die beste Zeit.«

Brecht läßt dieser schwer faßbaren Geschichte von einem, der auszieht, um sich selbst aufzugeben, um sich aufzuopfern und zu zerstören, nur damit er sich als der »bessere Mann« fühlen kann, letztlich ihre schockierende Unerklärbarkeit, er läßt ihr den Widersinn, nimmt sie als verzweifelt absurdes Elementarereignis. Die Bindung zwischen Shlink und Garga interpretiert er nicht als homosexuelle Hörigkeit, er erklärt sie auch nicht aus dem Milieu, auch nicht aus dem sportlichen Wettstreit und dem Willen zum Sieg. Von all dem spielt aber etwas herein, ohne daß es Eindeutigkeit erlangt. In diesen Vernichtungskampf bringt Brecht auch seine Begeisterung für den Boxsport ein: wie im Boxring »sollte in meinem Stück ein Kampf an sich, ein Kampf ohne andere Ursache als den Spaß am Kampf, mit keinem anderen Ziel als der Festlegung des ›besseren Mannes‹ ausgefochten werden«. In diesem Sinn hat Klaus Michael Grüber 1972 in Frankfurt a. M. das Stück in einer Landschaft aus verlassenen Schuhen angesiedelt – ein Endspiel sinnloser, erschöpfender Zielstrebigkeit. Adolf Dresen hat es 1983 als grelles Kintopp-Melodram wie von Fassbinder inszeniert: Liebe ist kälter als der Tod.

Mann ist Mann. Die Verwandlung des Packers Galy Gay in den Militärbaracken von Kilkoa im Jahre 1925. Lustspiel in 11 Bildern. Musik von Paul Dessau. UA 25. 9. 1926 Darmstadt. – Eine englische Maschinengewehr-Mannschaft hat bei einem Raubzug auf eine Pagode den vierten Mann verloren. Für ihn schnappen sich die Soldaten den irischen Packer Galy Gay. Er war gerade auf dem Weg zum Fischmarkt, hat sich aber von der lüsternen Kantinenwirtin Begbick statt des Fischs eine Gurke aufschwatzen lassen, denn Gay ist ein Mann, »der nicht nein sagen kann«. Die Soldaten pressen ihn in die Uniform, locken ihn mit einem betrügerischen Elefantenhandel, bereiten ihm einen grotesken Prozeß, täuschen seine Hinrichtung und seine Beerdigung vor. Gay darf auf sein früheres Ich sogar die Leichenrede halten. »Hier wird heute ein Mensch wie ein Auto ummontiert.« Gay wächst in die Rolle seines Vorgängers Jip hinein, der inzwischen vom Bonzen in einen Götzen, einen einträglichen Kultgegenstand umfunktioniert wurde. Der Sergeant Fairchild, der »blutige Fünfer«, macht aus Gay einen perfekten Schlächter, der begeistert in den nächsten Kolonialkrieg gegen Tibet marschiert. Mit erläuternden Songs, epischen Szenenüberschriften, demonstrativ ausgestellten Positionen gibt Brecht ein Modell für die Verführbarkeit des einzelnen durch Gewalt und Ideologie, durch den Druck des Kollektivs. Ewald Balser und Heinrich George waren Galy Gay in den ersten Inszenierungen. Brechts eigene Regie in Berlin 1931 mit Peter Lorre und Theo Lingen zeigte ein groteskes Warnspiel auf Stelzen, mit Masken und monströs verzerrten Körperformen.

Die Kleinbürgerhochzeit. Einakter. UA 11.12.1926 Frankfurt a. M. – Eine schmausende Hochzeitsgesellschaft an festlich geschmückter Tafel: was zu Beginn wie ein Ritual bürgerlicher Honorigkeit abläuft – man macht Konversation, tauscht Komplimente aus –, endet in Streit und Chaos. Die Braut erweist sich als schwanger, die Möbel zerbrechen, das Fest mißlingt. Diese Farce Brechts auf die Fassadenwelt des Spießbürgers hat später in den Stücken *Hochzeit* von Elias Canetti und *Schweig Bub!* von Fitzgerald Kusz seine Fortsetzung gefunden.

Die Dreigroschenoper

Vorspiel und drei Akte. Musik von Kurt Weill.
Uraufführung: 31. August 1928 in Berlin

Personen: Macheath, genannt Mackie Messer – Jonathan Jeremiah Peachum, Besitzer der Firma »Bettlers Freund« – Celia Peachum, seine Frau – Polly Peachum, seine Tochter – Brown, oberster Polizeichef von London – Lucy, seine Tochter – Die Spelunken-Jenny – Pastor Kimball – Filch – Ein Moritatensänger – Mackies Bande – Bettler – Huren – Konstabler.
Ort und Zeit: London im 18. Jahrhundert.

John Gay (1685–1732) hat 1728 seine *Bettleroper (Beggar's Opera)* als Satire auf die heroisch-pathetischen Barockopern von Händel entworfen und dazu erstmals Huren und Ganoven auf die Opernbühne gebracht, um die stadtbekannten Laster und Gaunereien in der Londoner Oberschicht um den Minister Walpole bloßzustellen. Brecht verlegt seine Neufassung ins Viktorianische Zeitalter. Seine Verbrecher verhalten sich nach den Spielregeln der Unternehmer und bürgerlichen Ehrenmänner der Gründerzeit. Alles ist Mittel zum Geschäft – ob es nun um Moral, Liebe, Heirat, Freundschaft oder um Mord, Bestechung, Verrat geht. John Gay bringt »verkleidete Kritik an offenen Mißständen«, Brecht dagegen »offene Kritik an verkleideten Mißständen« (W. Hecht).

Auf dem Jahrmarkt von Soho macht ein Bänkelsänger mit der *Moritat von Mackie Messer* dessen Verbrecherlaufbahn bekannt: »Und der Haifisch, der hat Zähne ...« Mackies Konkurrent ist der Bettlerkönig Peachum, der die Ausbeutung der öffentlichen Wohltätigkeit im Stil des Großunternehmers betreibt, an seine angestellten Bettler Konzessionen, Standplätze und mitleiderregende Requisiten ausgibt und bei ihren Erträgen absahnt. In einem leeren, mit Diebsgut wohnlich gemachten Pferdestall hält Mackie gerade Hochzeit mit Polly, der Tochter dieses Bettlerkönigs. Während Polly die Bande ihres Angetrauten mit dem *Song von der Seeräuber-Jenny* unterhält (Das Schiff mit den 50 Kanonen wird Vergeltung üben an den Bürgern, und Jenny wird dann jeden abgeschlagenen Kopf nur mit einem Hoppla registrieren), erinnern sich Tiger-Brown, der es durch Bestechung bis zu Londons Polizeichef gebracht hat, und Mackie mit dem *Kanonen-Song* an gemeinsame blutige Taten in ihrer Kolonialzeit. Als Imperialisten haben sie damals aus den Völkern der dritten Welt ihr »Beefsteak Tartar« bereitet: »Soldaten wohnen / Auf den Kanonen / Vom Cap bis Couch Behar ...« Peachum kann den Verlust der Tochter nicht verwinden und hetzt den Polizeichef auf Mackie. Im ersten *Dreigroschen-Finale* bekräftigt der Bettlerkönig seine Weltsicht: »Wer möchte nicht in Fried und Eintracht leben? / Doch die Verhältnisse, die sind nicht so!«

Mackie, der bei allen bürgerlichen Gewohnheiten auch in den Flitterwochen nicht auf den Bordellbesuch verzichtet, wird vom Straßenmädchen Jenny an die Polizei verraten. Im Gefängnis tröstet er sich mit der *Ballade vom angenehmen Leben* frei nach François Villon: »Nur wer im Wohlstand lebt, lebt angenehm!« Vor seiner Zelle indessen zankt sich Lucy, die Tochter Tiger-Browns und Mackies Exfreundin, mit Polly um ihr Verhältnis zu diesem Schwerenöter. Lucy verhilft Mackie zur Flucht. Das zweite *Dreigroschen-Finale* gibt die Nutzanwendung: »Erst kommt das Fressen, dann kommt die Moral ... Der Mensch lebt nur von Missetat allein.« Da Tiger-Brown gegen seinen

Freund Mackie nicht energisch genug durchgreift, droht Peachum, gegen den Krönungszug der Königin seine Bettlerscharen zu mobilisieren. Im *Lied von der Unzulänglichkeit menschlichen Strebens* entwickelt er zynisch die Bankrotterklärung all der Planer und Macher: »Der Mensch lebt durch den Kopf / Der Kopf reicht ihm nicht aus / Versuch es nur, von deinem Kopf / Lebt höchstens eine Laus ... Ja, mach nur einen Plan / Sei nur ein großes Licht! / Und mach dann noch 'nen zweiten Plan / Gehn tun sie beide nicht ... Denn für dieses Leben / Ist der Mensch nicht schlau genug.« Brown läßt Mackie erneut festnehmen, und Peachum pfeift dafür seine Elendskolonnen zurück. Mackie wird zur Hinrichtung geführt, da er die Bestechungssumme für die Freilassung nicht aufbringen kann. Mit einer Villon-Ballade leistet er vor dem Tod Abbitte: »Ihr Menschenbrüder, die ihr nach uns lebt / Laßt euer Herz nicht gegen uns verhärten ... Und bittet Gott, er möge mir verzeihn.« Aber da besteht der Bettlerkönig auf einem opernhaften Happy-End, mag es auch noch so verlogen sein: »Damit ihr wenigstens in der Oper seht / Wie einmal Gnade vor Recht ergeht. / Und darum wird, weil wir's gut mit euch meinen, / jetzt der reitende Bote des Königs erscheinen.« Durch den reitenden Boten erhält Mackie die Begnadigung, dazu ein Schloß, den Adelsbrief und eine Rente. Und zu Orgelgebraus versammelt sich alles zum hämischen Schlußgesang: »Verfolgt das Unrecht nicht zu sehr, in Bälde / Erfriert es schon von selbst, denn es ist kalt / Bedenkt das Dunkel und die große Kälte / In diesem Tale, das von Jammer schallt.«

Schon die zündenden Songs von Kurt Weill sicherten dem Werk den Erfolg. Bis heute blieb es ein frechfröhlicher Theaterspaß, was der späte Brecht mit Mißbehagen registriert: »Der Charakter dieses Stücks ist zwiespältig, Belehrung und Unterhaltung stehen auf einem Kriegsfuß miteinander.« Schon die Uraufführung war der erfolgreiche Start des von Ernst Josef Aufricht gegründeten Theaters am Schiffbauerdamm. Erich Engel inszenierte im Bühnenbild von Caspar Neher mit Harald Paulsen, Erich Ponto, Lotte Lenya, Ernst Busch – 1960 wiederholt Engel seine Inszenierung mit Wolf Kaiser und Regine Lutz. Auch Ingmar Bergman (1950), Giorgio Strehler (1956 und 1973) sind wichtige Interpretationen zu danken. Zwei Verfilmungen: 1931 durch G. W. Papst mit Rudolf Forster, Carola Neher, Lotte Lenya – gegen diese Fassung strengt Brecht einen Prozeß an; 1962 durch Wolfgang Staudte mit Curd Jürgens, Hildegard Knef und Sammy Davis. Der Kritiker Alfred Kerr erhebt wegen der wörtlichen Verwendung von Villon-Versen den Vorwurf des Plagiats. Brecht kontert mit dem Hinweis auf seine »grundsätzliche Laxheit in Fragen geistigen Eigentums«. Im *Dreigroschenroman* (1934) spinnt er den Stoff fort und versetzt die Verbrecher-Figuren Mackie und Peachum unter die Bankiers und Großunternehmer.

Aufstieg und Fall der Stadt Mahagonny. Oper in 20 Szenen. Musik von Kurt Weill. UA 9. 3. 1930 Leipzig. – Eine Story aus dem Wilden Westen: Um ans Geld der Holzfäller und Goldgräber zu kommen, gründet die Bordellwirtin Leokadja Begbick mit einigen Ganoven die Vergnügungsstadt Mahagonny, ein Abbild der kapitalistischen Gesellschaft. Hier ist alles erlaubt – Lieben, Fressen, Saufen, sogar Morden – solange einer nur bezahlen kann. Der Holzfäller Paul Ackermann aber wird konsequent zum Tod verurteilt: »wegen Mangel an Geld / Was das größte Verbrechen ist« in dieser Welt. Auch die Liebe zum Straßenmädchen Jenny – Brecht legt dem Paar eines seiner schönsten Liebesgedichte von den dahinfliegenden Kranichen in den Mund – kann ihn nicht retten vor dem elektrischen Stuhl. Die plakative Geschichte wird mitreißend durch die Songs und die Jazz-Rhythmen von Kurt Weill.

Die heilige Johanna der Schlachthöfe. Stück in zwölf Bildern. UA 30. 4. 1959 Hamburg. – Nach der Funksendung 1932 (Johanna ist Carola Neher, Mauler Fritz Kortner) mußte das Stück nahezu dreißig Jahre auf die szenische Uraufführung warten. Brecht nutzt die Vorlage der romantischen Tragödie von Schiller, um aus marxistischer Sicht Börsenspekulation und Wirtschaftskämpfe vor dem Hintergrund der Wirtschaftskrise von 1929 anzuprangern. Johanna Dark ist hier ein Mitglied der »Schwarzen Strohhüte« (Heilsarmee), die sich um die hungernden Arbeitslosen vor den Fleischfabriken Chicagos kümmert. Als Gegenspieler fungiert der Fleischkönig Pierpont Mauler, der über die Börse herrscht und dort durch Verknappung des Vieh-Angebots, durch Dumpingpreise und Massenentlassungen die übrigen Unternehmer in den Bankrott treibt. Johanna will ihn zur Nächstenliebe bekehren und verhindert einen Streik, womit die Arbeiter gewaltsam Arbeit und Auskommen erzwingen wollen. So wird sie mit ihrem Idealismus zum Helfer der Ausbeuter. Als sie stirbt, wird sie von den Fabrikanten zur Märtyrerin verklärt, mit Weihrauch und Lobgesängen verherrlicht, da sie nun unschädlich ist. Sterbend bekehrt sie sich zur Revolution gegen den Kapitalismus: »Es hilft nur Gewalt, wo Gewalt herrscht, und / Es helfen nur Menschen, wo Menschen sind.«

Noch zweimal setzt sich Brecht mit der Figur Jeanne d'Arc auseinander: in *Die Gesichte der Simone Machard* (1937) und in *Der Prozeß der Jeanne d'Arc zu Rouen 1431* (1952) nach dem Hörspiel von Anna Seghers. Brecht zeigt darin die heilige Johanna nicht als Märtyrerin und Werkzeug Gottes, sondern als Aufklärerin, die in materialistischer Vernünftigkeit gegen die Herrschaft der Kirche antritt. Die UA 1959 inszenierte Gustaf Gründgens, da er das Stück bereits 1932 zur Aufführung angenommen hatte, mit Hanne Hiob und Hermann Schomberg. Weitere bedeutende Darsteller: Käthe Reichel mit Hans Mahnke (Stuttgart 1961), Valentina Cortese in der Strehler-Inszenierung (Mailand 1970), Therese Affolter (Bochum 1979).

Die Mutter. Leben der Revolutionärin Pelagea Wlassowa aus Twer. Stück in 14 Bildern. UA 17. 1. 1932 Berlin mit Helene Weigel und Theo Lingen. – Nach dem Roman von Maxim Gorki zeigt Brecht den Lernprozeß der Witwe Pelagea. Zunächst will sie ihren Sohn Pawel vor den Gefahren der Revolution bewahren – zuletzt nimmt sie selbst vom erschossenen Arbeiter Smilgin die rote Fahne auf und wird zur Vorkämpferin. Wegweisend für die Theaterarbeit des »Berliner Ensemble« wird die von Brecht selbst inszenierte Aufführung von 1951, die auch im Modellbuch dokumentiert ist. Im Bühnenbild von Caspar Neher, den Foto-Projektionen von John Heartfield spielen Helene Weigel, Ernst Busch, Angelika Hurwicz, Regine Lutz u. a. In der Inszenierung von Peter Stein an der Berliner Schaubühne 1970 übernimmt Therese Giehse die Titelrolle.

Furcht und Elend des Dritten Reiches. 24 Szenen. Mitarbeit Margarete Steffin. UA 21. 5. 1938 Paris. – *Deutschland – ein Greuelmärchen* untertitelt Brecht in Anlehnung an Heinrich Heine diese Momentaufnahmen aus dem Nazi-Deutschland, die er aus Zeitungsnotizen und Augenzeugenberichten zusammenstellt. Es sind Alltagsskizzen, die den Gesinnungsschwund, die geistige Unmoral im bürgerlichen Lager unter dem Druck des NS-Regimes abheben von den proletarischen Widerstandskämpfern. Ein Richter, der es mit seinem Fehlurteil dem Parteistaat recht machen will. Der Studienrat mit seiner Angst, der eigene Sohn könne ihn bespitzeln. Der Pfarrer, der sich zwischen Bibelwort und NS-Ideologie arrangieren muß. Der Arzt, der willig und vernünftig einsieht, daß es besser ist, sich von seiner jüdischen Frau zu trennen. Krakeelende SA-Schergen, Terror im KZ. Brecht gibt knappe Berichterstattung, zeigt die Endstation unter dem Druck des staatlichen Terrors. Heutige Aufführungen machen deutlich, daß da Neigungen liegen, die mit dem Dritten Reich keineswegs ausgestanden sind, Neigungen sich anzupassen und einzupassen, schön pragmatisch und unauffällig jeweils mit dem Zeitgeist zu marschieren.

Die Gewehre der Frau Carrar. Einakter. UA 16. 10. 1937 Paris. – Wie in *Courage* und *Die Mutter* zeigt Brecht den Lernprozeß einer Mutterfigur. Teresa Carrar, Witwe eines Fischers, will ihre Söhne aus den Kämpfen des Spanischen Bürgerkriegs heraushalten. Da wird der ältere Sohn von den Franco-Milizen als Unbeteiligter erschossen. Die Mutter schließt sich daraufhin der Revolution an und zeigt den Partisanen das von ihr bisher gehütete Waffenversteck. Die Titelfigur war schauspielerisch für Helene Weigel entworfen.

Leben des Galilei

Schauspiel in fünfzehn Bildern
Uraufführung: 9. September 1943 in Zürich

Personen: Galileo Galilei – Frau Sarti, Galileis Haushälterin, Andreas Mutter – Andrea Sarti, Federzoni, kleiner Mönch: Mitarbeiter Galileis – Ludovico Marsili, ein reicher junger Mann – Der Kurator der Universität Padua, Herr Priuli – Sagredo, Galileis Freund – Virginia, Galileis Tochter – Cosmo de Medici, Großherzog von Florenz – Pater Clavius, Astronom – Der Kardinal Inquisitor – Kardinal Barberini, später Papst Urban VIII. – Kirchliche und weltliche Würdenträger, Gelehrte, Höflinge, Mönche, Volk.
Ort und Zeit: Oberitalien und Rom, 1610–37.

In den fünfzehn Bildern werden die Lebensstationen Galileo Galileis zwischen 1609 und 1637 von Padua über Florenz und Rom bis zum Lebensende in Florenz abgeschritten. Brecht setzt seine Figur immer neuen Partnerschaften und Gegnerschaften zwischen Landesfürsten, Kirche, Volk aus, um in diesen Konfrontationen die Entscheidungszwänge des Forschers darzustellen. 1609 hat der Astronom, Mathematiker und Physiker Galilei ein schlechtbezahltes Lehramt an der Universität Padua. Um sein Gehalt aufzubessern, nimmt er den jungen Edelmann Ludovico Marsili als Privatschüler an. Ludovico kommt gerade aus Amsterdam und beschreibt seinem Lehrer das Fernrohr, das dort als sensationelle Entdeckung gehandelt wird. Galilei nutzt die Information und bietet den Senatoren der Republik Venedig das Fernrohr als eigene Erfindung an. Die Venezianer, knausrig, wenn es um die für sie unnütze mathematische Forschung geht, belohnen nur Neuheiten, die sich praktisch auswerten lassen. Durch das Fernrohr kann Galilei den Beweis liefern für die kopernikanische Lehre: die Erde bewegt sich nachweisbar um die Sonne und ist nicht Mittelpunkt des Alls. In Florenz hofft Galilei umsonst auf die Gunst des neunjährigen Großherzogs Cosmo. Die Kirche hält an der aristotelischen Lehrmeinung fest: die Erde muß Mittelpunkt der göttlichen Weltordnung bleiben. Die von Galilei entdeckten Monde des Jupiter dürfen nicht existieren, auch wenn sie durchs Fernrohr sichtbar sind. 1616 untersagt die Inquisition weitere Forschungen, die in Widerspruch zur Theologie stehen. Der resignierende Galilei zieht sich mit seinen Schülern Andrea Sarti und dem kleinen Mönch auf harmlosere Forschungsfelder zurück, etwa das Verhalten schwimmender Gegenstände. Auf die Nachricht, Kardinal Barberini, der einer vorurteilsfreien Forschung gegenüber offen ist, sei zum neuen Papst Urban VIII. gewählt worden, hofft Galilei auf den Durchbruch seiner Lehre und setzt die verbotene Arbeit fort. Er opfert dafür auch das Glück seiner Tochter Virginia. Ludovico, der mit ihr verlobt war, sagt sich von der Familie los. Da Galileis Erkenntnisse aber die Autorität der Kirche erschüttern, wird Galilei von der Inquisition verhaftet. Im Prozeß beugt er sich der Gewalt und widerruft: »Ich ... schwöre ab, was ich gelehrt habe, daß die Sonne das Zentrum der Welt ist ...« Dafür gewährt ihm die Kirche einen friedlichen Lebensabend. Seine Schüler verzweifeln an diesem Selbstverrat. Andrea Sarti beginnt seinen Lehrer, der wider besseres Wissen die Wahrheit leugnet, zu hassen. Galilei lebt bis zu seinem Tod 1642 in Schutzhaft der Kirche in einem Landhaus bei Florenz. Aus Virginia ist eine verbitterte alte Jungfer geworden, die ihr vertanes Leben mißgünstig am fast erblindeten Vater rächt. Zwar benutzt der alte, vom Tod gezeichnete, von Mönchen überwachte Galilei noch Andrea, um das Lebenswerk seiner *Discorsi* in die freie Welt nach Amsterdam zu schmuggeln, zugleich aber lehnt er jedes Wagnis, jede Verantwortung dafür ab. Andrea ist versöhnt, da er nun Galileis Widerruf rechtfertigt als List des freien Geistes, um die Gewalthaber zu unterlaufen. Voll zynischer Selbstverachtung widerspricht Galilei der naiven Beschönigung seines Schülers. Es war nicht List, es war einfach Angst vor dem Terror, vor den Folterkammern der Inquisition. Galilei fühlt sich schuldig, daß er alle getäuscht hat, die an ihn und seine Wahrheit glaubten. Der Wissenschaftler habe zu seiner sozialen Verantwortung zu stehen und mit seiner Forschung die Entwicklung der Menschheit voranzutreiben: »Es setzt sich nur soviel Wahrheit durch, als wir durchsetzen ...«

Wie verantwortlich ist der Wissenschaftler für seine Erkenntnisse? Ist er schuldig zu sprechen für Gebrauch und Mißbrauch, den die Politiker mit seiner Forschung treiben? Seit der Erfindung der Atombombe werden diese Fragen auf dem Theater diskutiert von Kipphardts *In der Sache J. Robert Oppenheimer* bis zu Dürrenmatts *Physikern.* Brecht hat bereits 1938 in der Figur Galilei diese Konfliktsituation aufgegriffen. In drei Fassungen interpretiert er den Physiker sehr unterschiedlich: in der ersten Fassung, wie sie 1943 in Zürich uraufgeführt wird, läßt Brecht Galilei als einen Meister der Anpassung triumphieren, dem alle Mittel zum Zweck dienen. Zwischen Schweyk und Herrn Keuner angesiedelt, spiegelt sich hier Brechts eigene Lebensauffassung der listig-unauffälligen Indifferenz. In zwei späteren Bearbeitungen – 1945/47 in den USA entstanden und 1954/56 für das »Berliner Ensemble« weiter umgeformt – verwirft Galilei den Widerruf als soziales Verbrechen. Galileis List der Vernunft ist zu schäbiger, opportunistischer Vernünftelei verkommen. Galileis Lebensklugheit wird gebrandmarkt – er hat seine Verantwortung vor der Gesellschaft an die eigene Bequemlichkeit und Sicherheit verraten. Er hat die zweckfreie Wissenschaft manipulierbar gemacht und der jeweiligen eigennützigen Pragmatik der Politiker ausgeliefert. Als negativer

Held soll Galilei nun das mitschuldige Opfer gesellschaftlicher Mißstände verkörpern.

Galilei ist ein jovialer Kraftkerl, ein Lebensgenießer, der seine Lust am Experimentieren und Forschen ebenso wie seine Alltagslust am guten Essen aus sinnlich erfahrener Vitalität entwikkelt. »Er ist heiter und laut, schlau und tief, freundlich und voller Tücken«, charakterisiert ihn Brecht. Ein rüder Bursche, der auch die krummen Wege sucht, um sein Ziel zu erreichen. Die venezianischen Geldgeber haut er übers Ohr mit dem Schwindel des angeblich erfundenen Fernrohrs. Glück und Heirat seiner Tochter zerschlägt er unbekümmert, um weiter seine Forschung zu treiben. In der UA hat Leonard Steckel die Titelrolle gespielt, die Zweitfassung 1947 in den USA der schwergewichtige Charles Laughton in der Inszenierung von Joseph Losey. Später waren Ernst Busch, Wolfgang Heinz, Martin Held, Ernst Schröder und Will Quadflieg wichtige Interpreten.

Mutter Courage und ihre Kinder

Eine Chronik aus dem Dreißigjährigen Krieg in 12 Bildern
Uraufführung: 19. April 1941 in Zürich

Personen: Mutter Courage – Ihre Tochter Kattrin – Ihre Söhne, Eilif und der jüngere Fejos, genannt »Schweizerkas« – Der Feldwebel – Der Werber – Der Koch – Der Feldprediger – Der Feldhauptmann – Der Zeugmeister – Yvette – Der Schreiber – Der Fähnrich – Soldaten, Bauern und Bäuerinnen.
Ort und Zeit: Feldlager in Dalarne (Schweden) und Norddeutschland, 1624–36.

Als Marketenderin Courage zieht Anna Fierling durch den Dreißigjährigen Krieg, immer hinter den Heeren und Schlachten her. Sie verdient am Krieg und hofft, ihre drei Kinder Eilif, Schweizerkas und die stumme Kattrin gut durch die schlimme Zeit zu bringen. Dieser Krieg aber, den sie für sich und ihre Geschäfte auszunutzen glaubt, richtet Courage zugrunde, nimmt ihr alle Kinder, wenngleich sie unbelehrbar bleibt: »Ich laß mir den Krieg von euch nicht madig machen. Es heißt, er vertilgt die Schwachen, aber die sind auch hin im Frieden. Nur, der Krieg nährt seine Leute besser.«

1624 in Schweden verliert die Courage ihren ältesten Sohn, den kühnen Eilif, an die Soldatenwerber. Sie will dem Feldwebel eine neue Gürtelschnalle aufschwatzen, doch er macht das Geschäft und listet ihr den Sohn ab: »Wer vom Krieg leben will, muß ihm auch etwas geben!« Polen 1626: Als Soldat erntet Eilif Lob vom Feldhauptmann, da er den Bauern unbarmherzig das Vieh abjagt. Als kleine Illustration singt er für den Koch und den Feldprediger das *Lied vom Weib und dem Soldaten* und führt den Säbeltanz vor. Einige Jahre später wird er als Mordbrenner hingerichtet – wofür man ihn ausgezeichnet hat im Krieg, das wird im kurzen Zwischenspiel des Friedens als Verbrechen bestraft. Das konnte der Bursche, der nur den Krieg kennt, nicht wissen. Auch den jüngeren Sohn Schweizerkas preßt man in den Soldatendienst. Wegen seiner Redlichkeit wird er erschossen, da er, von den Kaiserlichen gefangen, immer noch den Schweden und der ihm anvertrauten Regimentskasse die Treue hält. Courage feilscht zu lange, um ihm die Freilassung zu erkaufen, und wird mitschuldig an seinem Tod. Unverdrossen paßt sie sich an, singt das *Lied von der großen Kapitulation* und verzichtet darauf, ihr Recht bei der Obrigkeit einzuklagen. Koch und Feldprediger schließen sich der Marketenderin an und begleiten ihren Planwagen. Die stumme Kattrin verstößt mit ihrer Menschlichkeit immer wieder gegen den Geschäftssinn der Mutter. Das Mädchen schielt begehrlich nach den roten Stiefeln der Lagerhure Yvette, sie nimmt sich auch eines Säuglings an, der nach dem Tod seiner Mutter hilflos im zerstörten Haus wimmert. Der Koch macht der Courage einen Antrag. Da er in Utrecht eine kleine Kneipe geerbt hat, bietet er ihr ein Zuhause – allerdings ohne Kattrin. Courage lehnt ab und will die Tochter nicht im Stich lassen. *Das Lied vom König Salomo* bekräftigt: In diesen finsteren Zeiten sind Menschlichkeit und Tugenden gefährlich und überflüssig – »beneidenswert, wer frei davon!« Jene Menschlichkeit richtet Kattrin zugrunde, als sie 1636 durch wildes Getrommel die Stadt Halle vor dem Überfall der Landsknechte warnt und von der Soldateska vom Dach heruntergeschossen wird. Zuletzt spannt Courage sich allein vor den Wagen und zieht ihn weiter, immer weiter im Kreislauf der rotierenden Drehbühne: »Ich muß wieder in'n Handel kommen.«

Courage wechselt die Fronten so oft wie die Länder, alles fürs Geschäft. Der Feldprediger sieht in ihr eine »Hyäne des Schlachtfelds«. Aus der Sicht Brechts ist Krieg die »Fortsetzung der Geschäfte mit anderen Mitteln«. Das hat auch Courage durchschaut: »Wenn man die Großkopfigen reden hört, führen die Krieg nur aus Gottesfurcht und für alles, was gut und schön ist. Aber wenn man genauer hinsieht, sinds nicht so blöd, sondern führen den Krieg für Gewinn. Und anders würden die kleinen Leut wie ich auch nicht mitmachen.« Sie will in ihrem Gewinnstreben es den »Großkopfigen« gleichtun, und so ermöglicht sie durch ihr Mitmachen den Krieg.

Zum großen Erfolg des Stücks hat neben den Songs von Paul Dessau auch beigetragen, daß Courage als leidende, Mitleid erweckende Mutterfigur den Zuschauern zu Herzen ging – im Widerspruch zu Brecht, der sie als negative Figur sieht, die sich am Krieg bereichert und ihn mitträgt: »Ihr Händlertum hält sie für Muttertum, aber es zerstört ihre Kinder, eins nach dem anderen.« Den Stoff hat er dem Barockroman *Trutz Simplex: Oder ausführliche und wunderseltzame Lebensbeschreibung Der Ertzbetrügerin und Landstörtzerin Courasche* (1670) von Hans Jakob Christoffel von Grimmelshausen (1622–76) entnommen. Brecht setzt mit dieser balladenhaften Geschichte sein »episches Theater« in die Praxis um. Über 12 Jahre umfassen die Episoden, immer wieder wechseln die Schauplätze, die nur durch Ortstafeln über den Szenen auf der fast leeren antiillusionistischen Bühne zu unterscheiden sind.

Seit der UA ist die Titelfigur eng mit der Verkörperung durch Therese Giehse verbunden, die ihre Courage nochmals 1946 in Zürich, 1950 in München, 1958 in Frankfurt a. M. spielte. Im »Berliner Ensemble« wurde mit Helene Weigel als Courage 1949 unter der Regie von Brecht und Erich Engel, Bühnenbild Theo Otto, eine Modellinszenierung geschaffen, die bis 1961 über 400 Aufführungen erzielte und in zahlreichen Auslandsgastspielen ein Dokument wurde für den Theater-Stil Brechts: mit der halbhohen Brecht-Gardine, den Szenenüberschriften, der leeren, stets hell ausgeleuchteten Bühne, dem immer weiter geschleppten Planwagen, der auf der laufenden Drehbühne kaum von der Stelle kommt. Neben Helene Weigel waren Werner Hinz, Paul Bildt, Angelika Hurwicz (Kattrin) wichtige Stützen dieser Aufführung. Ein Modellbuch hielt 1958 alle wichtigen Szenen, ein DEFA-Film 1960 (Regie Peter Palitzsch/Manfred Wekwerth) die ganze Aufführung fest, nachdem eine Verfilmung durch Erich Engel/Wolfgang Staudte 1956 abgebrochen wurde. Später waren Lotte Lenya, Ida Ehre, Hilde Krahl, Mila Kopp wichtige Interpretinnen der Courage.

Der gute Mensch von Sezuan

Parabelstück in zehn Bildern
Uraufführung: 4. Februar 1943 in Zürich

Personen: Die drei Götter – Shen Te – Shui Ta – Yang Sun, ein stellungsloser Flieger – Frau Yang, seine Mutter – Wang, ein Wasserverkäufer – Der Barbier Shu Fu – Die Hausbesitzerin Mi Tzü – Die Witwe Shin – Die achtköpfige Familie – Der Schreiner Lin To – Der Teppichhändler und seine Frau – Der Polizist – Der Bonze – Der Arbeitslose – Der Kellner – Die Passanten des Vorspiels.
Ort und Zeit: Die ziemlich europäisierte Hauptstadt von Sezuan. Gegenwart.

Die drei Götter sind aus ihrem Himmel zur Erde herabgestiegen. Sie wollen beweisen, daß ihre Schöpfung die beste aller Welten sei und deshalb keine Veränderung nötig habe. In Sezuan erhalten sie beim Straßenmädchen Shen Te ein Nachtquartier. Zum Dank schenken sie dem Mädchen 1000 Silberdollar. Shen Te gründet sich damit eine solide Existenz, indem sie einen Tabakladen betreibt. Aber sie ist auch wehrlos in ihrer Menschlichkeit den habgierigen Verwandten, den Schmarotzern aus der Nachbarschaft, den Gläubigern ausgeliefert. Und da sie in ihrer Hilfsbereitschaft nicht nein sagen kann, erfindet sie sich vor ihrem Bankrott den Vetter Shui Ta. So verkleidet, rettet Shen Te sich und ihren Laden, indem sie brutal und in egoistischer Vernünftigkeit ihren eigenen Vorteil durchsetzt. Den arbeitslosen Flieger Sun bewahrt Shen Te vor dem Selbstmord. Sie verliebt sich in ihn, verschuldet sich, um ihm eine Stellung zu erkaufen. Sun aber beutet ihre Liebe aus und will sich durch Heirat in den Besitz des Ladens setzen. In ihrer Not muß »der gute Mensch« Shen Te erneut den bösen Vetter zu Hilfe holen, d. h. sich verwandeln. Shui Ta baut ein paar baufällige Baracken zur Tabakfabrik aus. Er macht alle, die bisher Shen Tes Nutznießer waren, zu Arbeitskulis. Der skrupellose Sun wird seinem Talent entsprechend als gefürchteter Aufseher eingesetzt. Da Shen Te verschwunden bleibt, muß sich Shui Ta vor Gericht – die Götter haben sich mit einem Trick das Tribunal erschwindelt – wegen Mordes verantworten. Shui Ta demaskiert sich als Shen Te und zeigt, daß er in dieser schlechten Welt nur angepaßt als schlechter Mensch überleben kann: »Euer einstiger Befehl / gut zu sein und doch zu leben / zerriß mich wie ein Blitz in zwei Hälften ... gut sein zu andern / Und zu mir konnte ich nicht zugleich. / Ach, eure Welt ist schwierig! / Zu viel Not, zu viel

Verzweiflung! ... Wer den Verlorenen hilft, ist selbst verloren!« Die Götter sind unfähig, diesen Widerspruch zu lösen. Sie schweben wieder huldvoll winkend zurück in ihren Himmel und lassen die Menschen ratlos zurück.

Im Epilog gibt Brecht die Frage weiter an die Zuschauer als Denkanstoß für jeden einzelnen, die politische Folgerung zu ziehen: »Wir stehen selbst enttäuscht und sehn betroffen / Den Vorhang zu und alle Fragen offen ... Verehrtes Publikum, los, such dir selbst den Schluß! / Es muß ein guter da sein, muß, muß, muß!« Auch die von Paul Dessau vertonten Songs, wie *Das Lied vom Sankt Nimmerleinstag*, das *Lied von der Wehrlosigkeit der Götter und Guten* oder *Das Lied vom achten Elefanten* sind angewandtes Lerntheater. Brecht hat das Stück 1938 im dänischen Exil begonnen und in den USA 1942 fertiggestellt. Aus marxistischer Sicht, wonach das Sein das Bewußtsein bestimmt, zeigt er den Widerspruch zwischen Moralanspruch und Ökonomie: Leben bedeutet stets auf Kosten anderer leben. Güte ist Unvernunft sich selbst gegenüber, Egoismus ein Gebot der Selbsterhaltung. Stillschweigend setzt Brecht dabei voraus, daß Gut und Böse nicht vom Charakter des einzelnen, sondern jeweils von seiner sozialen Lage bestimmt sind. Brecht gibt dem auf die Reichen gemünzten Bibelspruch vom Kamel, das eher durchs Nadelöhr geht, die marxistische Verschärfung: Wer reich ist, kann nur schlecht sein, sonst wäre er nicht reich! »Die Guten / Können in unserem Lande nicht lang gut bleiben. / Wo die Teller leer sind, raufen sich die Esser. / Ach, die Gebote der Götter / Helfen nicht gegen den Mangel.«

In der Zürcher UA unter der Regie von Leonard Steckel war Maria Becker Shen Te – daneben Ernst Ginsberg, Karl Paryla. In der DDR hat Benno Besson bisher drei beispielhafte Inszenierungen erarbeitet (1957 mit Käthe Reichel, 1970 und 1971 mit Ursula Karusseit, Bühnenbild Achim Freyer), zu nennen sind Giorgio Strehler (1958 mit Moretti, 1977 in Hamburg, 1983 in Mailand jeweils mit Andrea Jonasson), Harry Buckwitz 1969 mit Gisela Stein sowie Juri Ljubimow am Moskauer Taganka-Theater.

Herr Puntila und sein Knecht Matti

Volksstück
Uraufführung: 5. Juni 1948 in Zürich

Personen: Gutsbesitzer Puntila – Matti, sein Chauffeur – Eva, seine Tochter – Attaché Eino Silakka, Evas Verlobter – Der Richter – Der Advokat – Der Probst – Die Pröbstin – Schmuggler-Emma – Apothekerfräulein – Kuhmädchen – Telephonistin – Arbeiter und Gesinde auf Puntila.
Ort und Zeit: Tawasthus, Lammi und Puntila in Südfinnland, Gegenwart.

Der *Puntila* beutet den Klassengegensatz Herr – Knecht in bezug auf seine komischen Möglichkeiten aus. Er wurde 1940 in Finnland geschrieben und geht auf eine Idee von Hella Wuolijoki zurück. Brecht schrieb 1940 in seinen *Anmerkungen über das Volksstück:* »Der ›Puntila‹ ist alles andere als ein Tendenzstück. Die Rolle des Puntila darf also keinen Augenblick und in keinem Zug ihres natürlichen Charmes entkleidet werden; es wird eine besondere Kunst nötig sein, die Betrunkenheitsszenen poetisch und zart, mit so viel Variation wie möglich und die Nüchternheitsszenen so ungrotesk und unbrutal wie möglich zu bringen.« Aber auf dem Theaterzettel des Deutschen Theaters in Ost-Berlin nannte Brecht den Puntila ein kapitalistisches Ungeheuer, »auszulachen im Suff, verabscheuungswürdig in der Nüchternheit«. Paul Dessau vertonte 1949 das »Puntilalied«, das die Handlung in acht Strophen zusammenfaßt.

Der Gutsbesitzer Puntila hat in zweitägiger Mühe ein paar Honoratioren unter den Tisch gesoffen. Anschließend beklagt er sich bei seinem Chauffeur Matti über regelmäßige Anfälle von Nüchternheit. Sie treffen mit zweitägiger Verspätung auf dem Gut Kurgela ein, wo Puntilas Tochter Eva mit ihrem Bräutigam, dem Attaché Silakka, auf ihn wartete. (2) Eva verweigert dem Vater weiteren Alkohol. Daraufhin fährt Puntila weg, um im Dorf Schnaps zu besorgen. Bei dieser Gelegenheit verlobt er sich mit dem Apothekerfräulein, dem Kuhmädchen, der Telephonistin und der Schmuggler-Emma. (3) Zusammen mit Matti engagiert Puntila auf dem Gesindemarkt zwei Arbeitskräfte. Die Tagelöhner beargwöhnen Puntilas Leutseligkeit und wahren ihrerseits Distanz. (4) Zu Hause versöhnt Puntila sich sogar mit dem Waldarbeiter Surkkala, dem er kündigen wollte, weil er ›rot‹ sei. Dann geht er in die Sauna und trinkt Kaffee. Matti weiß im voraus, was der bevorstehende Anfall von Nüchternheit bringen wird. Puntila schickt sofort die eben angeworbenen Arbeiter weg und macht Matti schwere Vorwürfe. (5) Eva zieht Matti ins Vertrauen: sie möchte den Attaché loswerden. Matti erbietet sich, Eva zu kompromittieren. Sie gehen gemeinsam in die Badehütte. Puntila weist Matti zurecht, aber der angehende Schwiegersohn beschwichtigt ihn. Er will seiner Schulden wegen Eva unbedingt heiraten. Eva bemüht sich in der Folgezeit ernsthaft um Matti. (6) Die vier Bräute Puntilas stellen sich tatsächlich ein; sie hoffen auf einen kleinen Spaß auf Puntilas Kosten. Leider haben sie das Pech, ihren gemeinsamen Bräutigam nüchtern anzutreffen. Bevor Matti diesen Schaden beheben kann, wirft Puntila die Mädchen hinaus. (7) Auf der Verlobungsfeier seiner Tochter erreicht Puntila wieder seinen Normalzustand. Sein Exzeß geht so weit, daß er beginnt, sozial zu denken. Er schickt den Attaché zum Teufel und will Eva mit Matti verloben. Eva willigt ein, doch dem Matti ist eine ›feine‹ Frau zu unpraktisch. Er examiniert Eva vor allen Gästen, und sie versagt. Puntila verstößt daraufhin seine Tochter. (9) Am nächsten Morgen ist Puntila wieder nüchtern und macht alles rückgängig. Sogar den ›roten‹ Waldarbeiter entläßt er. Er beschließt, nie wieder zu saufen, und läßt sich alle Schnapsflaschen bringen, um sie zu zerschlagen. Diesen ›unabänderlichen Beschluß‹ feiert er mit einem Gläschen und ist bald wieder betrunken. Er möchte mit Matti einen Berg besteigen und befiehlt, daß aus dem Mobiliar ein Berg gebaut wird. Auf den Trümmern seiner Möbel preist Puntila die Schönheit Finnlands. (11) Da der Suff diesmal besonders furchtbar war, geht Matti der Ernüchterung aus dem Wege, indem er seinen Herrn verläßt. (12) Obendrein treibt ihn die Solidarität mit dem kommunistischen Waldarbeiter. Er verabschiedet sich mit einem klassenkämpferischen Epilog:

»'s wird Zeit, daß deine Knechte dir den Rücken kehren.
Den guten Herrn, den finden sie geschwind
Wenn sie erst ihre eignen Herren sind.«

K. H. R.

Der kaukasische Kreidekreis

Vorspiel und fünf Akte
Uraufführung: 4. Mai 1948 in Northfield (Minnesota)

Personen im Vorspiel: Arkadi Tscheidse, der Sänger – Die dreiköpfige Truppe des Sängers – Vier Delegierte vom Ziegenzuchtkolchos Galinsk – Sechs Vertreter vom Obstbaukolchos Rosa Luxemburg – im 1. Akt: Georgi Abaschwili, der Gouverneur – Natella Abaschwili, seine Frau – Simon Chachava, Soldat, Grusches Verlobter – Grusche Vachnadze, eine Magd – Arsen Kazbeki, der fette Fürst – Bizergan Kazbeki, sein Neffe – Ärzte, Baumeister, Gesinde, Soldaten – im 2. Akt: Ein alter Milchbauer – Eine Bäuerin – Ein Bauer, ihr Mann – im 3. Akt: Lavrenti Vachnadze, Grusches Bruder – Aniko Vachnadze, seine Frau – Bäuerin, vorübergehend Grusches Schwiegermutter – Jussup, ihr Sohn, vorübergehend Grusches Mann – Michel, das Gouverneurskind – Viele Hochzeitsgäste, Kinder und Soldaten – im 4. Akt: Azdak, Dorfschreiber, später Richter – Schauwa, Polizist, später Öffentlicher Ankläger – Der flüchtende Großfürst – Zahlreiche Bittsteller, Zuschauer, Zeugen – im 5. Akt: Illo Schuboladze, Anwalt – Sandro Oboladze, Anwalt – Eine Alte – Ein Alter.
Ort und Zeit: Ein zerschossenes kaukasisches Dorf, bald nach dem Zweiten Weltkrieg.

Brechts *Kreidekreis*, 1945 in der Emigration entstanden und am 4. Mai 1948 in Northfield (Minnesota) zum erstenmal (in englischer Sprache) aufgeführt, verändert die alte chinesische Legende im Rahmen marxistischen Denkens. Im Original und in den zahlreichen bisherigen Bearbeitungen bringt es die wahre Mutter nicht über sich, ihr Kind aus dem Kreidekreis zu zerren, während die falsche gleichzeitig herzlos Gewalt anwendet. Bei Brecht ist es die falsche, die proletarische Ziehmutter, welche dem Kind nicht wehtun will; die hochgeborene leibliche Mutter des Kindes wird als roh und besitzgierig charakterisiert. Dem Recht auf Grund der Geburt wird das Anrecht gegenübergestellt, das durch Arbeit und Fürsorge erworben wurde. »Das Muttertum wird hier sozial bestimmt.« Daher wurde die Fabel in einem Land entsprechender Sozialstruktur angesiedelt, in Sowjetrußland. Politische Tendenz und Elemente eines Volksstückes sind untrennbar miteinander vermischt.

Im Vorspiel bewilligt die Kolchose der Ziegenzüchter die Einbeziehung eines umstrittenen Tals in den Bewässerungsplan des Obstbaukolchos. Zu Ehren der Ziegenzüchter spielen die Obstbauern, angeleitet durch den Volkssänger und seine Truppe, eine Parabel, welche symbolisieren soll, daß das Anrecht auf das Tal von der Arbeit für den Ertrag abhängig ist.

1. »Das hohe Kind.« Der Gouverneur und seine Familie gehen zur Kirche, gefolgt vom Dienstpersonal. Der fette Fürst macht seine Reverenz. Grusche lernt den Soldaten Simon kennen. Nach dem Gottesdienst kommt der Aufstand zum Ausbruch, den der fette Fürst anzettelte, begünstigt durch eine schlechte Wendung im persischen Krieg. Die Herrschaft flieht. Eilig geben sich Grusche und Simon das Eheversprechen. Die Frau des Gouverneurs rettet ihre Kleider, aber nicht ihr Kind. Grusche flieht mit dem Säugling.

2. »Die Flucht in die nördlichen Gebirge.« Zwei Panzerreiter verfolgen Grusche. Hunger und Teuerung herrschen, sie kann das Kind kaum ernähren. Eine Bäuerin willigt ein, es als ihr eigenes aufzunehmen; aus Angst vor den Soldaten verrät sie sich aber. Grusche schlägt den einen hinterrücks nieder und flieht unter Lebensgefahr über einen Gletschersteg, den die Soldaten nicht zu betreten wagen.

3. »In den nördlichen Gebirgen.« Mit letzter Kraft erreicht Grusche den Hof ihres Bruders. Der Bruder beschwichtigt seine bigotte Frau mit frommen Lügen. Doch nach dem Winter muß Grusche weiter. Sie heiratet einen Sterbenden, damit sie aus dem Haus ist und das Kind einen Vater bekommt. Die Trauung durch einen versoffenen Mönch, der Klatsch der Gäste und die plötzliche Genesung des Gatten, der alle hinauswirft, sind Szenen derber Komik. Im Laufe der Zeit fordert der Bauer immer ungehaltener seine ehelichen Rechte, die Grusche ihm aus Treue zu Simon verweigert. Der Krieg geht siegreich zu Ende, Simon findet Grusche, aber gleichzeitig fordern Panzerreiter von ihr das Kind. Der Soldaten wegen behauptet Grusche, sie sei die Mutter, worauf Simon sie verläßt. Die Soldaten nehmen das Kind mit in die Hauptstadt.

4. »Die Geschichte des Richters.« Der Dorfschreiber Azdak wird von den Soldaten zum Richter ernannt. Der neue Richter Azdak schröpft die Reichen und hilft den Armen.

5. »Der Kreidekreis.« Die Gouverneursfrau und Grusche haben sich zum Prozeß um die Mutterschaft eingefunden. Unter den Zuschauern befindet sich Simon, der inzwischen die Wahrheit erfuhr und schwören will, der Vater des Kindes zu sein. Azdak verlangt die Probe mit dem Kreidekreis, aber Grusche weigert sich: »Ich hab's aufgezogen! Soll ich's zerreißen? Ich

kann's nicht.« Azdak spricht Grusche das Kind zu und scheidet ihre Ehe mit dem Bauern. Es herrscht allgemeine Freude unter den proletarischen Zuschauern. Der Volkssänger aus der Rahmenhandlung verkündet die gesellschaftspolitische Nutzanwendung: »daß da gehören soll, was da ist, denen, die für es gut sind«. *K. H. R.*

Schweyk im zweiten Weltkrieg. Acht Szenen mit Vorspiel, Nachspiel und zwei Zwischenspielen. UA 17. 1. 1957 Warschau. – Brechts Version von Jaroslav Hašeks (1883–1923) bravem Soldaten Schweyk (Schwejk), den schon Max Brod und Hans Reimann auf die Bühne gebracht haben, wurde in Deutschland zuerst am 1. März 1958 in Erfurt gespielt. Der Hundefänger Schweyk ist berühmt geworden für seine List, sich dumm zu stellen. Er benutzt das Brett vor dem Kopf als Schutzschild. Vor der kleinbürgerlichen List des schlecht Regierten wird alle Ideologie zuschanden – auch der Antifaschismus. Schweyk ist weder Saboteur noch Deserteur, sondern ein übereifriger Mitläufer. Als Brecht 1941 Hašeks ironische Fabel der Destruktion wieder einmal las, fand er Schweyks Weisheit »umwerfend«. Seine »Unzerstörbarkeit macht ihn zum unerschöpflichen Objekt des Mißbrauchs und zugleich zum Nährboden der Befreiung«. Er verpflanzte Hašeks Beispiel für unbotmäßige Anpassung aus dem Ersten in den Zweiten Weltkrieg. Realität und Surrealität wurden dabei miteinander verschränkt. In den ›niederen Regionen‹ ducken sich die Tschechen vor den Eroberern, in den ›höheren‹ beraten ab und zu die Nazi-Götter. Es sind wirkungsvolle (»Und was bekam des Soldaten Weib«) und stimmungsträchtige Lieder (»Am Ufer der Moldau wandern die Steine«) eingefügt.

In Frau Kopeckas Wirtschaft »Zum Kelch« verkehren SS-Leute, denen die Wirtin den frühen Tod aus der Hand liest, und der Spitzel Bretschneider, der sich Hoffnung auf die Wirtin macht, anderseits Tschechen, wie der ewig hungrige Baloun und sein Freund Schweyk. Frau Kopecka meidet politische Gespräche, doch Schweyk nimmt an allem Unangenehmen lauthals und freundlich Interesse. Prompt wird er ins Hauptquartier der Gestapo geschafft. Dort beträgt er sich so kriecherisch und nazistisch, daß der Scharführer Bullinger ihn als Idioten laufen läßt. Schweyk verspricht ihm einen Hund, den Spitz vom Ministerialrat Vojta. Der ist leider ein Kollaborateur, kein Jude, das erschwert die Sache. Nach dem Hundediebstahl werden Baloun und Schweyk aufgegriffen und zur Arbeit auf dem Güterbahnhof geschickt. Auch dort stiftet Schweyk Verwirrung. Bullinger ist empört, daß Schweyk 200 Kronen für den Spitz verlangt. Eine brutale Haussuchung im »Kelch« bringt den Spitz zutage, aber Bullinger erkennt ihn nicht. Er hat sich nämlich in ein Fleischpaket für Baloun verwandelt. Schweyk kommt wegen Schwarzhandel ins Militärgefängnis, wo er wieder demoralisierenden Trost verbreitet, und von da an die Front: »Guten Tag, wo geht der Weg nach Stalingrad?« Im Nachspiel trifft Schweyk im Schneetreiben eine überlebensgroße Gestalt: Hitler. Der kann ihm auch keinen Rat geben »bei diesen verrotteten bolschewistischen Verkehrsverhältnissen«.

Der Schlußchor aller Darsteller tröstet im *Lied von der Moldau* mit dem Ausblick auf die Veränderbarkeit der Gesellschaft: »Es wechseln die Zeiten. Die riesigen Pläne / Der Mächtigen kommen am Ende zum Halt. / . . . / Am Grunde der Moldau wandern die Steine / Es liegen drei Kaiser begraben in Prag. / Das Große bleibt groß nicht und klein nicht das Kleine.«

Brecht hatte bereits 1927/28 in Zusammenarbeit mit Erwin Piscator den Hašek-Roman dramatisiert. Seinen gegen die Nazis kämpfenden Schweyk schreibt er 1941–44 im Exil in den USA. Für Brecht ist Schweyk die Verkörperung des Volks, das sich duckt, schlau und kriecherisch anpaßt, um zu überleben.

K. H. R.

Der aufhaltsame Aufstieg des Arturo Ui. Drama. UA 10. 11. 1958 Stuttgart. – Die Machtkämpfe in der Weimarer Republik, der Vormarsch der Nationalsozialisten, die Berufung Adolf Hitlers zum Reichskanzler durch den Präsidenten Hindenburg, der Reichstagsbrand, der von den Nationalsozialisten zum Anlaß genommen wurde, mit den politischen Gegnern abzurechnen – all diese Fakten der deutschen Zeitgeschichte zeichnet Brecht 1941 in einem Schlüsselstück nach, das er nach Chicago ins Milieu der Gangster und Schieber verlegt. Dazu Brecht: »Der *Ui* ist ein Parabelstück, geschrieben mit der Absicht, den üblichen gefahrvollen Respekt vor den großen Tötern zu zerstören. Der Kreis ist absichtlich eng gezogen: er beschränkt sich auf die Ebene von Staat, Industriellen, Junkern und Kleinbürgern . . . Die großen politischen Verbrecher müssen durchaus preisgegeben werden, und vorzüglich der Lächerlichkeit. Denn sie sind vor allem keine großen politischen Verbrecher, sondern die Verüber großer politischer Verbrechen, was etwas ganz anderes ist.« Der Gangster Arturo Ui (= Hitler) arbeitet mit den Kapitalisten vom Karfioltrust zusammen. Uis Helfer, der hinkende Givola (= Goebbels), der als Blumenhändler auch ein blumiger Propagandist ist, und der Schlächter Giri (= Göring) schüchtern mit Terror und Mord die kleinen Ladenbesitzer ein und erpressen Schutzgelder. Das Stadtoberhaupt Dogsborough (= Hindenburg) wird durch Geschenke gefügig und schließlich erpreßbar gemacht. Die Herren vom Karfioltrust zwingen ihn, Ui zu seinem persönlichen Mitarbeiter zu machen. Ui läßt Feuer in einen Speicher legen und in einem Schauprozeß einen unschuldigen Vagabunden hinrichten. Dann läßt er Dullfeet (= Dollfuß) ermorden und die kleine Nachbarstadt Cicero (= Österreich) in seine Gewalt bringen. Dieses groteske Schauerdrama im Stil eines Al Capone unterlegt Brecht immer wieder mit Zitaten aus der klassischen Literatur, mit Parodien aus bekannten Shakespeare-Szenen oder der Gartenszene aus *Faust I.*

Coriolan. UA 22. 9. 1962 Frankfurt a. M. – Bearbeitung des gleichnamigen Trauerspiels von Shakespeare. Brecht hat den Stoff in den Jahren 1951/52 bearbeitet und die ersten Proben 1953 geleitet, im Jahre des Volksaufstandes. Günter Grass geht davon aus in seinem ›deutschen Trauerspiel‹ *Die Plebejer proben den Aufstand.* »Es mag dabei bleiben, daß es sich für den Coriolan lohnt, seinen Stolz so maßlos auszuleben, daß Tod und Untergang nicht ins Gewicht fallen. Aber schließlich zahlt die Gesellschaft, bezahlt Rom mit; es kommt ebenfalls in die Nähe des Untergangs dadurch. Und was den Helden betrifft, ist die Gesellschaft an einem anderen Aspekt interessiert, ... nämlich dem Glauben des Helden an seine Unersetzlichkeit ... Das setzt sie in unabdingbaren Gegensatz zu diesem Helden« (Brecht). Die Bearbeitung endet mit einer Sitzung des Senats, der den Antrag abschlägt, den Namen des Coriolan am Kapitol zu verewigen. Die Gesellschaft hat den Helden beseitigt und tilgt auf Antrag der Volkstribunen die Erinnerung an ihn. Anders als bei Shakespeare hat das Volk die Ernennung von Volkstribunen erzwungen, um sich im Senat besser vertreten zu wissen. Coriolan wird nicht zum Konsul gewählt, weil er sich als Volksfeind entlarvte, als die Tribunen ihn nach seinem Programm fragten. Brechts Eingriffe machten Coriolan zum Klassenfeind, an dem die Volksvertreter ein Exempel statuieren. *H.D.*

Turandot oder Der Kongreß der Weißwäscher. – Der Mißbrauch des Intellekts ist ein Themenkomplex, der Brecht seit den dreißiger Jahren bis zu seinem Tod beschäftigt hat. In einem fragmentarischen Roman, Erzählungen, Traktaten, Kurzgeschichten und einem 1954 zu Ende geschriebenen, am 5. Januar 1969 in Zürich uraufgeführten Theaterstück stellte Brecht die Denkweise der Intellektuellen dar, der ›Tellekt-Uell-Ins‹, kurz ›Tuis‹ genannt. So entstand ein Seitenstück zum *Arturo Ui.* Der Diktator erscheint diesmal als der Straßenräuber Gogher Gogh. Eine gute Baumwollernte hat dem Baumwollmonopol des Kaisers geschadet. Der Kaiser stellt den Ministerpräsidenten vor die Alternative, die Ernte verschwinden zu lassen oder sich mit dem Rücktritt des Kaisers abzufinden. Im Teehaus der Tuis werden Meinungen verkauft, da trifft die Meldung ein, die Baumwolle werde konfisziert. Das Verschwinden der Baumwolle empört das Volk. Der Bund der Kleidermacher konspiriert gemeinsam mit dem Bund der Kleiderlosen. Kai Ho hat eine ganze Provinz aufgewiegelt. In einem Flugblatt erinnert er daran, daß der erste Mandschukaiser nur einen einzigen Mantel besessen habe. Man sagt, das Volk hänge so lange am Kaiser wie dieser Mantel im Tempel an seinem Strick hänge. Auf einer außerplanmäßigen Tui-Konferenz, dem ›Kongreß der Weißwäscher‹, erlügen die Tuis Gründe für das Verschwinden der Baumwolle. Der Kaiser verspricht seine Tochter demjenigen, der das Volk überzeugt. Keinem gelingt es. Sie lügen sich um Kopf und Kragen. Turandot besichtigt die Köpfe der Tuis, dabei trifft sie den Räuber Gogher Gogh, der nach vergeblichen Versuchen, die Tui-Würde zu erkaufen, nun drakonische Maßnahmen empfiehlt. »Majestät, geben Sie mir 24 Stunden Zeit, und Sie werden Ihre Hauptstadt nicht wiedererkennen.« Mit Hilfe seiner Räuberbande führt Gogh ein Schrekkensregiment. Turandot ist hingerissen. Den halben Vorrat an Baumwolle läßt Gogh verbrennen und beschuldigt andere der Brandstiftung. Der Preis steigt wieder. Der Bauer Sen, der in die Hauptstadt gekommen ist, um dort zu studieren, erklärt seinem Enkel: »Man verkauft Meinungen wie Fische, und so ist das Denken in Verruf gekommen ... Doch ist das Denken das

Fleißer, Fegefeuer in Ingolstadt

Horváth, Geschichten aus dem Wiener Wald

Nützlichste und Angenehmste, was zu tun es gibt.« Er erwartet von Kai Ho eine Boden- und Gedankenreform. Jeder soll dann studieren können. Im Mandschutempel will Gogh Turandot heiraten, die allerdings für Denker schwärmt. Unruhen verzögern die Zeremonie. Der Mantel des Mandschukaisers ist verschwunden. Ein eindringender Soldat ruft im Namen der draußen wartenden Menge: »Weg mit euch!« *H. D.*

Der Untergang des Egoisten Fatzer. Fragment. UA 11. 3. 1976 West-Berlin. – Aus dem Nachlaß hat die Berliner Schaubühne dieses Fragment von 1929 zur Diskussion gestellt. Fatzer desertiert mit drei Kameraden aus dem Ersten Weltkrieg und taucht im Ruhrgebiet unter. Fatzer ist ein anarchistischer Einzelgänger, der brutal und mutig immer wieder das Überleben der Gruppe sichert. Die Kumpels, die bequeme Mitläufer sind, wollen nichts vom revolutionären Kampf wissen. Da Fatzer ihr Versteck an die Polizei verrät, macht die Gruppe ihm den Prozeß und richtet ihn hin. Diese Studie erinnert in Figuren und Milieu an *Trommeln in der Nacht* und weist zugleich auf Brechts Lehrstücke (*Die Maßnahme*, *Der Jasager* u. a.).

MARIELUISE FLEISSER

* 23. November 1901 in Ingolstadt
† 1. Februar 1974 in Ingolstadt

Tochter eines Eisenwarenhändlers. 1914–19 streng katholische Erziehung im Regensburger Internat der Englischen Fräulein. 1919 in München Studium der Germanistik und Theaterwissenschaft (Arthur Kutscher). Der Kontakt zu Lion Feuchtwanger und Bert Brecht ermutigt sie zum Schreiben. Über fünf Jahre im Kreis um Brecht, der durch Themenvorschläge und Änderungswünsche ihre Arbeiten in die eigene programmatische Richtung zwingt. Er ermöglicht auch die ersten Aufführungen, provoziert 1929 mit der Berliner Inszenierung der »Pioniere in Ingolstadt« bewußt einen Theaterskandal, durch den Fleißer für die nächsten Jahrzehnte zum Außenseiter wird. Der Oberbürgermeister von Ingolstadt strengt einen Prozeß an, der eigene Vater ver-

hängt Hausverbot, die Ingolstädter empören sich gegen das »Schmäh- und Schandstück« und seine Verfasserin. Sie löst sich von Brecht und reist mit dem konservativen Autor Hellmut Draws-Tychsen nach Schweden und Andorra. 1933 kehrt sie nach Ingolstadt zurück und heiratet den Jugendfreund Josef Haindl, in dessen Tabakwarenhandel sie mitarbeiten muß. Da sie im ›Dritten Reich‹ unter Schreibverbot steht, verzichtet sie nahezu ganz auf literarische Arbeit. 1938 für ein halbes Jahr in einer Nervenheilanstalt. Seit 1951 künstlerische Rehabilitierung, mehrere Literaturpreise. Gemeinsam mit der Wiederentdeckung Horváths erobert sich auch Fleißer durch den engagierten Einsatz junger Regisseure wie Rainer Werner Fassbinder, Jürgen Flimm, Peter Stein, Niels-Peter Rudolph das Theater.

Ingolstadt ist das Zentrum von Marieluise Fleißers Leben, an dem sie sich wundreibt: unduldsamer Katholizismus, kleinbürgerliche Enge, Duckmäusertum und Unfreiheit der Provinz, Selbstgerechtigkeit und Habgier, unterdrückte Sexualität, Zwang durch die Familie, durch die Kirche und die herrschenden Vorurteile – das sind ihre eigenen Erfahrungen und zugleich der Stoff ihrer Stücke. Sie zeigen Zustandsbilder, kurze Momentaufnahmen, in denen Haltung und Fehlhaltung der Figuren in knappstem Umriß erscheinen – Menschen im Kleinstadtmief, geistig und seelisch verkrüppelt durch den Druck der Provinz. Die Menschen leiden unter ihrem Ausgestoßensein, und zugleich drängen sie nach Anpassung und Unterwerfung. Es ist immer die Spannung da zwischen analytisch genauem Befund der sozialen Beschädigungen und dem unheimlich und visionär ins Groteske gesteigerten Alptraum.

Entscheidend ist die Begegnung mit Brecht, der sie sogleich als Schriftstellerin wie als Frau beansprucht und vereinnahmt. In der Erzählung *Avantgarde* (1963) beschreibt sie diese Zerreißprobe. Wie Lena Christ und Oskar Maria Graf zeichnet sie eindringlich die Figuren ihrer bayrischen Heimat. Aber die Zusammenarbeit mit Brecht, der ihre Stoffe radikalisiert, öffnet ihr den Blick für soziale Konflikte und gesellschaftliche Ursachen. Fleißer beschreibt die Figuren und die Grausamkeiten, die sie einander zufügen, als eine »unerlöste Gesellschaft, die tritt, damit sie nicht getreten wird«. Ähnlich wie Horváth setzt sie die Sprache als Signal der Entfremdung ein: die Figuren finden sich in ihren eigenen Worten nicht mehr wieder und nicht in ihren Handlungen, die aus Furcht vor Annäherung oft Würgegriffe sind.

Als man nach 1960 das sozialkritische Volksstück entdeckt, Figuren, die durch ihre Verhältnisse deformiert sind, die nur noch in Phrasen und Schlagwörtern sich aussprechen können, beginnt zugleich mit Ödön von Horváth auch die Entdeckung der Fleißer. Eine ganze Generation junger Stückeschreiber (Kroetz, Turrini, Sperr, Sommer, Fassbinder) sehen in ihr das literarische Vorbild, übernehmen ihren Stil. Dabei erhalten ihre Stücke eine politische Interpretation, die der Autorin selbst nie bewußt war: »Sicher lassen sich meine Stücke gesellschaftskritisch interpretieren. Aber mich würde es langweilen, wenn ich politisch schreiben würde. Ich schreibe Leben – aus Betroffenheit heraus.«

Fegefeuer in Ingolstadt (1926) und *Pioniere in Ingolstadt* (1928) machen Marieluise Fleißer bekannt und umstritten. 1929/1930 entsteht *Der Tiefseefisch* (UA 16. 4. 1980 Wien), eine Verschlüsselung ihrer privaten Situation zwischen Brecht und dem autoritär-konservativen Lyriker Draws-Tychsen. Sie zeichnet sich als Gesine zwischen zwei Literaturcliquen: auf der einen Seite Tütü (= Brecht), der seine Texte als aktuell wirkende Zeitdokumente in Kollektivarbeit herstellt und Literatur nüchtern als Handwerk sieht. Ihm gegenüber Laurenz (= Draws-Tychsen), der weihevoll sich zelebrierende Dichter alter Schule, der sich mythisch als Tiefseefisch interpretiert: »Meine Augen sehen in eine Tiefe, für die ihr blind seid. Meine Poren stehen unter einem Druck, den ihr nicht fühlt. In meine Gesetze könnt ihr nicht eindringen. Ich bin ein Tiefseefisch.« Gesine als Frau ist das willenlose Opfer der beiden von ihrer Sendung überzeugten selbsternannten Literaturpäpste. – 1937–44, in den Jahren ihres Verstummens, schreibt Fleißer am historischen Trauerspiel *Karl Stuart*: der Leidensweg des englischen Königs, der schwach und unentschieden nur auf seinen Günstling Stafford vertraut, den Bürgerkrieg auslöst und nach dem Sieg Cromwells 1649 hingerichtet wird. Diese Nebenarbeit blieb bisher unaufgeführt.

Fegefeuer in Ingolstadt

Schauspiel in sechs Bildern
Uraufführung: 25. April 1926 in Berlin; Uraufführung der Neufassung: 30. April 1971 in Wuppertal

Personen: Berotter – Olga – Clementine – Christian – Roelle – Frau Roelle – Protasius, ein Individuum – Gervasius, sein Schützling – Peps – Hermine Seitz – 2 Ministranten – Crusius – 3 Gymnasiasten.

Die Pubertätstragödie ist in eine weit schärfere Konsequenz hochgetrieben als bei Wedekinds *Frühlings Erwachen*, radikaler durch die brüchige Gesellschaftsordnung nach dem Zusammenbruch des Kaiserreichs. Aus dem »Zusammenprall meiner katholischen Klostererziehung und meiner Begegnungen mit Feuchtwanger und Brecht« entwickelt Fleißer ein Puzzle aus widersprüchlichen Situationen und Haltungen: ein früher Versuch mit dem epischen Theater. Nicht die psychologische Entwicklung von Einzelfiguren wird gezeigt, sondern soziale Modellsituationen. In alptraumhaft irrlichternder Szenenfolge, die an Lasker-Schüler erinnert, zieht eine Hexenjagd vorbei, mit der eine kleinbürgerliche Gesellschaft ihre Außenseiter verfolgt. Die Autorin definiert ihre Geschichte als »ein Stück über das Rudelgesetz und die Ausgestoßenen ... Es war um die Verwirrungen der Pubertät herumgeschrieben, mit Kleinstadtdumpfheit und verklemmt-katholischen Vorstellungen geladen; eine schwere Gebundenheit war in seinen Menschen, die sich loszuringen versuchten«.

Die Schülerin Olga Berotter erwartet von ihrem Freund Peps ein Kind. Peps hat in Hermine Seitz bereits eine neue Freundin gefunden. Olga, von der Klosterschule geprägt, von Sündenangst gepeinigt, wird vom jungen, in seiner pubertären Verzückung abstoßenden Roelle verfolgt. Seine sexuellen Wünsche mischen sich mit religiöser Schwärmerei – er prahlt mit Visionen. Ein obskurer Wissenschaftler nutzt diese psychopathischen Verstiegenheiten für seine medizinischen Studien und setzt mit Protasius und Gervasius zwei zwielichtige, kafkaeske Helfer auf Roelle an, die ihn überwachen. Roelle weiß von Olgas Schwangerschaft und einem Abtreibungsversuch. Er erpreßt sie, entwendet Geld aus der Ladenkasse seiner Mutter für den Eingriff, prahlt vor den Schulkameraden, er sei der Vater des Kindes.

Olgas Schwester Clementine wiederum ist auf Roelle versessen und rächt ihre Enttäuschung an Olga. Die Schüler leben in wechselnder Gruppenbildung Haß und Aggressionen mal an Olga, mal an Roelle aus. Dabei sind die beiden Opfer die ärgsten Mitmacher, wenn es gerade gegen den anderen geht. Olga sucht in ihrer Verzweiflung den Tod im Wasser und wird von Roelle gerettet. Er drängt ihr ein Messer auf, will durch die Geliebte den Tod finden, da ihm als gläubigem Katholiken der Selbstmord verwehrt ist. Aber auch mit diesem irrwitzigen Plan scheitert Roelle und schlingt – wieder ein symbolischer Akt – seinen Beichtzettel hinunter. Er erlebt seine Jugend bereits als vorweggenommene Hölle: »Ich bin bei den Teufeln und allen verworfenen Menschen. Und das hört nie auf, überhaupt nicht. Eine noch größere Grausamkeit gibt es doch gar nicht.«

Roelle ist das Muster des durch Erziehung, Umwelt und Selbstkasteiung deformierten Menschen. Er ist seelisch, geistig und körperlich beschädigt, verunstaltet durch einen häßlichen Blähhals, unterdrückt durch eine herrschsüchtige, ihn zum Abgott idealisierende Mutter, geängstigt durch die Gebote der Kirche. Er ist wasserscheu und wird in einem grausamen, demütigenden Ritual von den Mitschülern in einen Wasserbottich gepreßt – *Die Fußwaschung* heißt ursprünglich der Titel als negative Umkehrung des biblischen Vorgangs. Roelle reagiert seine Einsamkeit, die Erniedrigungen, die er von der Umwelt erfährt, in Tierquälerei und besessenen Träumen ab. Die Erwachsenen sind in diesem Fegefeuer der Jugend kaum präsent: Vater Berotter läßt die Töchter mit ihren Konflikten allein und flüchtet in epileptische Anfälle. Roelles Mutter vergöttert den Sohn und macht ihn völlig zu ihrem Geschöpf. Seit 1971 wird das Stück von führenden Regisseuren der jungen Generation erprobt und hat seither seinen festen Platz im Spielplan.

P i o n i e r e i n I n g o l s t a d t. Komödie in 14 Bildern. UA 25. 3. 1928 Dresden; UA der dritten Fassung: 1. 3. 1970 München. – Ingolstadt 1926: Zum Brückenbau ist hier für einige Wochen ein Zug Pioniere stationiert. Um sich von dem militärischen Drill zu erholen, sehen die Soldaten in den Dienstmädchen sexuelles Freiwild. »Den ganzen Tag muß ich mich schikanieren lassen, bei den Weibern lasse ich mich aus. Das muß eine einsehn.« Das Dienstmädchen Berta aber erträumt vom Pionier Korl (in der Neufassung: Karl) ihre große Liebe, obwohl er sie immer wieder warnt, wie lästig ihm Gefühle sind. Bertas Arbeitgeber ist der Unternehmer Benke (Neufassung: Unertl), der seinen verklemmten Sohn Fabian auf das Mädchen ansetzt, damit er an ihr die ersten sexuellen Erfahrungen sammelt. Berta weigert sich und wird vom Chef schikaniert: »Sie bringe ich noch auf die Knie, Sie Person. Ich werde Sie schon sekkieren. Sie sollen spüren, daß man Sie in der Gewalt hat.« Um sich am Pionier zu rächen, beschädigt Fabian die Strickleiter über dem Fluß. Der Feldwebel, ein brutaler Leuteschinder, stürzt ins Wasser und rächt sich an der Truppe mit nächtlichem Strafdienst (in der Neufassung kommt er ums Leben und wird durch den gleichen Typ ersetzt). Fabian, der seine Schwäche durch Gemeinheit kompensiert, wird als Zivilist wiederum von den Soldaten gequält und mißhandelt. Kurz vor dem Abmarsch erreicht Berta bei Korl das, was sie als Glück erträumt hat, und ist enttäuscht: »Wir haben was Wichtiges ausgelassen. Die Liebe haben wir ausgelassen.« Ihre durchtriebene Freundin Alma hat immer gerade mit dem angebändelt, der das meiste zu bieten hatte. Sie verführt Fabian, wird von ihm stolz zu seiner Braut erklärt und mit sozialem Aufstieg belohnt.

Unter dem Einfluß Brechts stellt Fleißer die Unterdrückungs- und Ausbeutungsmechanismen heraus – Ausbeutung der Frau in der Männerwelt, der Lohnabhängigen in der Besitzgesellschaft, die Unterdrückung von oben nach unten in der Militärhierarchie, die Unterdrückung des Nicht-Soldaten durch die Uniformträger. Die Neufassung von 1968 verschärft noch die sozialkritischen Konflikte. Die Berliner Aufführung 1929 am Theater am Schiffbauerdamm führt durch die von Brecht betriebene polemische Zuspitzung zum Theaterskandal und zur Verfemung der Autorin im ›Dritten Reich‹. 1968 holt Rainer Werner Fassbinder das Stück für sein Münchner Büchner-Theater wieder hervor, erarbeitet daraus gemeinsam mit Peer Raben eine Collage mit dem Titel *Zum Beispiel Ingolstadt* und führt sie auf – trotz Einspruch von Autorin und Verlag. 1971 hat Fassbinder das Werk nochmals in Bremen und außerdem für das Fernsehen inszeniert.

Der starke Stamm. Komödie in vier Akten. UA 7. 11. 1950 München. – Die resolute Balbina Puhlheller lebt von der Dummheit und Gutgläubigkeit der Bauern. Systematisch beutet sie die Glückserwartungen der kleinen Leute aus. Zunächst installiert sie in den Dörfern Spielautomaten, die nur Geld schlucken, aber kaum Gewinn bringen. Aber das Geschäft läuft flau, sie kommt in Schwierigkeiten mit den Ratenzahlungen. Auch der Handel mit Pornographie, den sie heimlich im erzkatholischen Niederbayern betreibt, bringt kaum Umsatz. Da stirbt ihre Schwester Zenta, und geschäftstüchtig will sie den Witwer, den Sattlermeister Leonhard Bitterwolf, samt seinem Haus übernehmen. Dem ist die junge Magd Annerl lieber, die er dem eigenen Sohn Hubert ausspannt. Und Annerl läßt sich vom Alten ein Kind machen, um Heirat und Aufstieg zur Frau Meisterin zu sichern. In ihrer Enttäuschung treibt Balbina über ihre Mutter bei Bitterwolf alte Schulden ein und schickt den Gerichtsvollzieher ins Haus. Ihre Geschäftspraktiken bringen sie für einige Tage ins Gefängnis, und dort startet sie einen neuen Coup: Da die alten Bauernweiblein wegen einer angeblichen Marienerscheinung in Heroldsbach verzückt sind, wird Balbina künftig Wallfahrten und Anbetungen organisieren: »Ich hab mich bekehrt. Ich hab die Reue erweckt und das Leid. Ich habs eingesehen. Das kann ja nichts werden, wenn man sich mit den glaubenslosen Menschen einlaßt, die nichts suchen, wie den leichten Profit. Das muß ja zurückschlagen auf einen selber. Ich bin jetzt mehr für ein gutes Werk. Ich halte mich an die, wo was glauben. Mit denen gehts leichter um ...« Bei so viel Scheinheiligkeit wird der starke Stamm immer wieder auf einen grünen Zweig kommen.

Diese bitterböse Komödie erinnert an Horváth und dessen ironische Demaskierung des Kleinbürgers. Ihre Figuren bestehen nur aus Habgier, Geiz, Erbschleichertum, Heuchelei, aber das sind auch die einzigen Mittel, um in dieser Gesellschaft zu überleben. In der Uraufführung hat Therese Giehse ihre Balbina an die monströsen Erwerbshyänen von Gorki *(Wassa Schelesnowa)* und Brecht *(Mutter Courage)* herangespielt.

ÖDÖN VON HORVÁTH

* 9. Dezember 1901 in Fiume
† 1. Juni 1938 in Paris

Schon seine turbulente Jugend erweist Horváth als Sohn des habsburgischen Vielvölkerstaats: geboren in Fiume (heute Rijeka) im damaligen Königreich Kroatien, erlebt er verschie-

dene Wohnorte, wie es beim Sohn eines ungarischen Diplomaten die Laufbahn des Vaters ergibt. Er wächst heran in Belgrad, Budapest, München, Preßburg, Wien: »Während meiner Schulzeit wechselte ich viermal die Unterrichtssprache und besuchte fast jede Klasse in einer anderen Stadt. Das Ergebnis war, daß ich keine Sprache ganz beherrschte. Als ich das erstemal nach Deutschland kam, konnte ich keine Zeitung lesen, da ich keine gotischen Buchstaben kannte, obwohl meine Muttersprache die deutsche ist. Erst mit vierzehn Jahren schrieb ich den ersten deutschen Satz.« Er beginnt sein Studium 1919 in München, arbeitet für den »Simplicissimus«, übersiedelt 1924 nach Berlin, setzt sich dort literarisch durch. Über achtzehn Theaterstücke und zwei Romane entstehen in knapp zehn Jahren. 1931 bringt das Theater am Schiffbauerdamm die Uraufführung von »Italienische Nacht« und im führenden »Deutschen Theater« inszeniert Heinz Hilpert »Geschichten aus dem Wiener Wald« mit den Stars des Max-Reinhardt-Ensembles: Hans Moser, Lucie Höflich, Carola Neher, Paul Hörbiger. Auf Vorschlag von Carl Zuckmayer erhält er den Kleist-Preis (gemeinsam mit Erik Reger), damals die wichtigste literarische Würdigung. Zugleich verschärft dieser Erfolg die Angriffe der Nationalsozialisten gegen Horváth. Nach der Machtergreifung Hitlers 1933 werden die Proben zu »Glaube Liebe Hoffnung« untersagt. Horváth kommt vorübergehend in sog. Schutzhaft, flieht nach Wien und später nach Henndorf bei Salzburg. Da die Aufführungsmöglichkeiten auf dem deutschsprachigen Theater angesichts der politischen Entwicklung immer geringer werden, schreibt Horváth zeitkritische Romane (»Jugend ohne Gott«, »Ein Kind unserer Zeit«, beide 1938). Beim Anschluß Österreichs an das NS-Deutschland muß Horváth erneut fliehen. Über Ungarn, Prag, Amsterdam erreicht er Paris. Und dort ereilt ihn ebenso zufällig wie absurd der Tod: während eines Gewitters wird er auf den Champs-Elysées von einem niederbrechenden Baumstamm erschlagen.

Nach Jahrzehnten der Vergessenheit wurde Horváth mit den siebziger Jahren einer der meistgespielten Autoren und ein Vorbild für zeitgenössische Stückeschreiber wie Kroetz, Sperr, Turrini. Denn sein Verfahren, Zustände zu beschreiben und sie in der Beschreibung exakt zu analysieren, ist ebenso aktuell wie auch die Darstellung des Einzelschicksals als Symptom allgemeiner gesellschaftlicher Notstände. Er bezeichnet seine Werke als »Volksstücke« und entwickelt damit eine neue Form des sozialkritischen Zeitstücks, das aufklärerisch wirken und das »Bewußtsein demaskieren« soll. »Mit vollem Bewußtsein zerstöre ich nun das alte Volksstück, formal und ethisch – und versuche die neue Form des Volksstückes zu finden. Dabei lehne ich mich mehr an die Tradition der Volkssänger und der Volkskomiker an, denn an die Autoren der klassischen Volksstücke.« Es sind Gegenwartsstücke aus der Zeit der Inflation und Massenarbeitslosigkeit zwischen den Weltkriegen. Sozialbefunde aus dem Alltag der kleinen Leute – aus Not und Lebensangst werden sie kriminell und böse, oft auch in ihrer Gesinnung käuflich und damit zu Mitläufern und Stimmvieh der heraufziehenden Naziherrschaft. Die Hilflosigkeit und Not dieser Figuren wird deutlich in der Hilflosigkeit ihrer Sprache, die Horváth als »Bildungsjargon« definiert: »um einen heutigen Menschen realistisch schildern zu können, muß ich also den Bildungsjargon sprechen lassen. Der Bildungsjargon (und seine Ursachen) fordern aber natürlich zur Kritik heraus – und so entsteht der Dialog des neuen Volksstückes, und damit der Mensch, und damit erst die dramatische Handlung – eine Synthese aus Ernst und Ironie«. Horváths Kleinbürger drücken sich nur noch in Phrasen aus, leeren Denkmustern, Klischees – eine unpersönliche, nichtssagende, vorgeprägte Ausdrucksweise, die das Bewußtsein und das Denken verkümmern macht. Sprachverlust, der wieder das entfremdete, zwanghafte Verhalten dieser Figuren bestimmt. Was auch immer diese Spießbürger in ihrem Volksstück als gemüthaft und gemütlich erleben, ihre Rührseligkeit, ihren Kitsch – Horváth zeigt die Brutalität und Gemeinheit hinter der seelenvollen Fassade.

Wie seine Zeitgenossen beginnt Horváth übersteigert expressionistisch. *Mord in der Mohrengasse* (1923/24) ist ein Melodram um einen verlorenen Sohn. Um die Familie zu retten, begeht er den Raubmord an einem Juwelenhändler. *Die Bergbahn* (1926) handelt von Arbeiterunruhen, als aus Ehrgeiz und Gewinnsucht ein Kumpel den Tod findet. Die Komödie *Zur schönen Aussicht* (1926): Abgewirtschaftete Inflationsexistenzen streiten sich mit schäbigen Tricks um die junge Christine, da sie eine Erbschaft gemacht hat. *Sladek, der schwarze Reichswehrmann* (1930), bringt erstmals politische Aktualität: Protest gegen die Fememorde der rechtsradikalen Freikorps und zugleich Werdegang des jungen Arbeitslosen Sladek. Nur um versorgt zu sein, schließt er sich den »Hakenkreuzlern« an, sieht zu, wie seine Freundin als Sicherheitsrisiko liquidiert wird, marschiert mit in den Faschismus. *Rund um den Kongreß* (1928/29): eine Posse über einen Kongreß zur Bekämpfung der Prostitution – ein satirischer Hieb auf die Generalsekretäre und Delegierten, die an der Prostitution gleich gut verdienen wie all die Zuhälter, die sie zu bekämpfen vorgeben. Das ist eine aktuelle Attacke auf die vielen Konferenzen der »Völkerbund-Jahre«, die ebenso aufwendig wie unfruchtbar waren, sich immer nur selbst verwaltet und vertagt haben. Auch *Italienische Nacht* (1931) sucht politische Brisanz: eine Auseinandersetzung mit dem Faschismus auf Dorfebene.

Geschichten aus dem Wiener Wald (1931) und *Kasimir und Karoline* (1932) bringen Horváth die endgültige Anerkennung als Autor. Die späteren, bereits in der Emigration entstandenen Stücke sind eher Parabeln als Volksstücke: Läuterungsdramen mit irrationalem Einschlag, so *Die Unbekannte aus der Seine* (1933), so *Himmelwärts* (1934), ein modernes Mysterium um einen Theaterdirektor, den buchstäblich der Teufel holt. *Hin und her* (1934): die tragische Posse um einen Drogisten, der ohne Paß im Niemandsland zwischen zwei Staaten herumgestoßen wird – eine bittere Glosse des immer wieder vertriebenen Horváth zur eigenen Situation. *Don Juan kommt aus dem Krieg* (1936) und *Figaro läßt sich scheiden* (1937) übertragen klassische Stoffe in die Gegenwart. *Ein Dorf ohne Männer* (1936/37) versetzt die sehr aktuellen Themen Rassenwahn und Verfolgung in ein historisches, spielzeughaft buntes Ungarn. *Der jüngste Tag* (1935; Reclams UB 8908): Ein kleiner Bahnbeamter verschuldet einen Unfall, kann seine Schuld am Tod von achtzehn Menschen durch den Meineid der Zeugin Anna verheimlichen und tötet schließlich die Mitwisserin, um die böse Vergangenheit endlich loszuwerden. Zuletzt stellt er sich dem Gericht. Das endet ebenso als Bekehrungsdrama wie *Pompeji, Komödie eines Erdbebens* (1937): Der römische Sklave Toxilus kann in dieser Unrechtsgesellschaft nur durch Gaunerei sein Recht auf Liebe und Menschsein verwirklichen. Man verhaftet ihn, will ihn den Löwen vorwerfen. Erst das Inferno des Vulkanausbruchs und die Hoffnung auf die neue Ordnung durch das Christentum läßt ihn überleben – Weltkriegspanik, rückgeblendet in die Antike.

Italienische Nacht

Volksstück in sieben Bildern
Uraufführung: 20. März 1931 in Berlin

Personen: Stadtrat – Kranz – Engelbert – Betz – Wirt – Karl – Martin – Martins Kameraden – Ein Kamerad aus Magdeburg – Ein Faschist – Der Leutnant – Der Major – Czernowitz – Adele – Anna – Leni – Die Dvorakische – Zwei Frauenzimmer – Frau Hinterberger – Geschwister Leimsieder – Republikaner und Faschisten.
Ort und Zeit: Süddeutsche Kleinstadt, 1930–?

Die politische Situation der Weimarer Republik, der latente Bürgerkrieg zwischen rechts und links, der Zerfallsprozeß der Demokratie – eingefangen in eine Stammtischposse. 1930 war Horváth in Murnau in eine von SA-Schlägern provozierte Saalschlacht geraten und mußte später als Augenzeuge auch vor Gericht gegen die Nazis auftreten. Die Figuren präsentieren die aktuellen politischen Konflikte. Bei den Wahlen im September 1930 erhalten die Nationalsozialisten 107 Sitze im Reichstag. Reichskanzler Brüning regiert mit seinem »Kabinett der Frontkämpfer« gegen das Parlament, die Sozialdemokraten weichen dem Konflikt aus, passen sich an. Diese tagespolitischen Gegensätze überträgt Horváth nun in ein bayrisches Wirtshaus und in den dörflichen Vereinshader. Die Drastik des Schwanks verdeutlicht das Unsinnige der politischen Situation. Der Gastwirt Lehninger vermietet seine Wirtschaft am Nachmittag an die Nazis für deren »deutschnationalen Tag«, abends an den Republikanischen Schutzbund, der für seine Mitglieder eine »italienische Nacht« mit Lampions und Tanz abhalten will. Lehningers Geschäft blüht, dafür zieht er einmal die schwarzweißrote, dann die schwarzrotgoldene Fahne hoch.

Stadtrat Ammetsberger, der Vorstand des Republikanischen Ortsvereins, steht als satirische Figur für die verbürgerlichten, angepaßten Sozialdemokraten der Weimarer Republik: ein schwadronierender Opportunist, der die eigenen Widersprüche gar nicht mehr wahrnimmt. Er fühlt sich als alter Sozi und beruft sich auf Marx, ist aber zugleich ein listiger Grundstücksspekulant. Er verkündet Phrasen von Freiheit und Menschenwürde, aber seine Frau Adele wird von ihm gedemütigt und schikaniert. Die jüngeren Genossen unter ihrem Wortführer Martin lehnen sich auf gegen die spießbürgerlichen Parteihonoratioren, die sich weniger für Politik und mehr für die gemütliche Tarockrunde interessieren. Sie sabotieren deren Tanzvergnügen. Dafür droht ihnen der Stadtrat prompt mit dem Parteiausschluß.

Unbekannte haben das Denkmal des früheren Landesvaters, der längst abgedankt hat, mit roter Farbe verschandelt. Ein alberner Streich – die Nationalen bauschen ihn auf zur staatsgefährlichen Majestätsbeleidigung und besetzen das Wirtshaus, um mit dem »Roten Gesindel« abzurechnen. Ihr Anführer, ein schneidiger Exmajor, trägt noch immer die Uniform, in der er im Dienst des Kaisers die Eingeborenen in den Kolonien gedrillt hat. In brutaler Schlägermanier erpressen sie vom Stadtrat die Unterschrift unter eine Selbstbezichtigung, er sei ein Schweinehund. Nur Adele, die von ihrem Mann geduckte, immer bespöttelte graue Maus, rafft sich auf und leistet Widerstand, bis Martin mit seinen Freunden die Schläger verjagt. Aber der faschistische Denkzettel war für Stadtrat Ammetsberger keine Warnung. Er flüchtet sich wieder in Selbstberuhigung und drischt weiter seine Phrasen: »Von einer akuten Bedrohung der demokratischen Republik kann natürlich keineswegs gesprochen werden. Solange es einen republikanischen Schutzverband gibt – und solange ich hier die Ehre habe, Vorsitzender der hiesigen Ortsgruppe zu sein, solange kann die Republik ruhig schlafen!« Auf so viel Verblendung kann Martin nur noch hämisch »gute Nacht!« wünschen an eine Demokratie, die sich selbst aufgegeben hat.

Der Konflikt zwischen Martin und dem Stadtrat demonstriert den Zerfallsprozeß der Sozialdemokratie in der Weimarer Republik, die den politischen Gegner mit ideologischer Verbissenheit immer in den eigenen Reihen suchte und sich damit selbst aufgerieben hat (bereits 1917 Spaltung in SPD und USPD). Der Stadtrat und sein Klüngel sind längst bürgerliche Honoratioren geworden. Wer sich Kritik herausnimmt, soll als »Krakeeler« sofort aus der Partei geworfen werden. Martin mit seiner jungen Garde tut zwar revolutionär, ist aber ebenso untauglich, den Faschismus zu verhindern. Dafür sind sie so engstirnig, einen Genossen abzuweisen, nur weil er aus Magdeburg stammt und sie als bayrische Sozis unter sich bleiben wollen. Scharfsichtiger ist selten aus zeitgenössischer Sicht der Weimarer Republik das Urteil gesprochen worden.

Geschichten aus dem Wiener Wald

Volksstück in drei Teilen
Uraufführung: 2. November 1931 in Berlin

Personen: Alfred – Die Mutter – Die Großmutter – Der Hierlinger Ferdinand – Valerie – Oskar – Ida – Hawlitschek – Rittmeister – Eine gnädige Frau – Marianne – Zauberkönig – Zwei Tanten – Erich – Emma – Helene – Der Dienstbot – Baronin – Beichtvater – Der Mister – Der Conférencier.

Ort und Zeit: Wien, Wienerwald und draußen in der Wachau, in unseren Tagen.

Mit diesem Werk, das 1931 den Kleist-Preis erhielt, gelingt Horváth eines der wesentlichsten Stücke für die Entwicklung des modernen Dramas im Sinne eines kritischen Realismus: genaue Zustandserfassung und ihre kritische Demaskierung, die Darstellung des Menschen und seiner Haltungen als gesellschaftlich vermittelt, die Beschreibung von Entfremdung, Desillusionierung – das hat alles das Selbstverständnis der heutigen Autoren entscheidend mitgeprägt. Horváth siedelt diese böse, grausame Geschichte im idyllischen, ach so gemütlich lieben Wien an und zerstört das Operettenklischee: er zeigt das goldene Gemüt und die süß schmelzenden Lieder, aber entlarvt sie als Tünche für alltägliche Gemeinheit und Brutalität. Er führt uns an die schönen, kitschverklärten Schauplätze – ein »stilles« Biedermeiergasserl, idyllische Natur an der »schönen blauen Donau« und »draußen in der Wachau«, den andachtsvollen Stephansdom – aber an diesen romantischen Plätzen wird erpreßt, geschlagen, verkuppelt, geheuchelt, ein Baby beseitigt. Bezeichnend für Lethargie und Resignation in dieser Welt ist, daß sich hier am Schluß wieder dieselben Paare finden wie am Anfang: keine Veränderung, keine Entwicklung. Viel ist geschehen, aber nichts wurde bewirkt. Das Mädchen Marianne wollte ausbrechen aus seinen tristen Verhältnissen und muß für diesen Versuch zur Emanzipation bitter bezahlen.

Die junge Marianne soll auf Drängen ihres Vaters, des skurrilen Zauberkönigs, den Fleischer Oskar heiraten. Sie ist abgestoßen von dem derben, brutalen Mann, aber sie wird bei ihm ein sicheres Auskommen haben. Um Versorgung statt Liebe ist es auch dem flotten Ganoven Alfred zu tun, der auf Rennplätzen spekuliert und sich von der reichen Witwe Valerie aushalten läßt. »Eine rein menschliche Beziehung wird erst dann echt, wenn man was voneinander hat.« – Das ist das Motto dieser Welt, in der auch die Liebe ihren Preis hat. Marianne verliebt sich in Alfred und läßt die Verlobung mit Oskar platzen. Für Alfred ist sie ein nettes Abenteuer. Ihre Verbindung mit Oskar aber will er keinesfalls verhindern, da Marianne als Besitzerin eines Fleischerladens für ihn sicher noch attraktiver wäre. Marianne bricht mit ihrer Umwelt, idealisiert den feschen Alfred, träumt vom großen Glück. Ein Jahr später lebt das Paar in einer schäbigen Absteige. Ein Baby hat sich eingestellt, Alfred ist als Vertreter für kosmetische Artikel gescheitert. Sie streiten sich, schieben einander die Schuld zu an der miesen Situation. Alfred hat seine Freundschaft mit dem dubiosen Geschäftsmann Hierlinger erneuert. Der gibt den Tip, Marianne müsse halt anschaffen gehen. Er könne da ein exquisites Etablissement vermitteln. Managerin ist eine Baronin mit »internationalen Verbindungen« und zweifelhaften Geschäften – eine Sozialstudie für den nach dem Zusammenbruch des Kaiserreichs abgewirtschafteten Adel. Um nicht zu verhungern, wird Marianne Tänzerin in einer Porno-Show. Den Säugling bringt Alfred in die Wachau zu seiner Familie. Die Großmutter, eine bigotte Hexe, setzt Alfred mit Geld unter Druck, daß er endlich Marianne verläßt. Das Kind will sie von »solchen Eltern« befreien – schiebt es in die Zugluft und wartet mit frommen Sprüchen seinen Tod ab, da es ohnehin unehelich und ein Geschöpf der Sünde ist. Umsonst sucht Marianne im Stephansdom Trost von der Kirche – ein Zitat der Domszene Gretchens aus dem *Faust*. Sie wird vom Priester abgewiesen, da sie das Leben des Kindes nicht bereuen kann, sondern sich darüber freut. Der Zauberkönig hat mit einer betrunkenen Gesellschaft zufällig Mariannes Nacktauftritt besucht. Er, der hier auf sein Vergnügen aus war, spielt den moralisch entrüsteten Ehrenmann und sagt sich von der Tochter los, bemitleidet sich und diese Schande. Dabei ist er als Vater, der das Mädchen ohne Berufsausbildung ließ, sie nur als Ladenhilfe für seine Zauberartikel eingesetzt hat und sie verkuppeln wollte, mitschuldig an diesem verpfuschten Leben. Verzweifelt will Marianne einem betrunkenen Amerikaner einige Geldscheine klauen. Der Diebstahl bringt sie ins Gefängnis. Valerie, die sich unterdessen mit dem zackig-deutschnationalen Studenten Erich getröstet hat, nutzt die Gelegenheit, sich Alfred zurückzuholen. Marianne, nunmehr vorbestraft, versöhnt sich mit Oskar und hofft, damit die Zukunft ihres Kindes gesichert zu haben. Als sie es holen will, steht sie vor dem kleinen Leichnam. Sie bricht zusammen. Ihr bleibt nichts als die wütende Anklage gegen Gott und die Welt, wie bösartig und sinnlos man ihr mitgespielt hat. »Ich hab mal Gott gefragt, was er mit mir vorhat. Er hat es mir aber nicht gesagt, sonst wär ich nämlich nicht mehr da. Er hat mir überhaupt nichts gesagt. Er hat mich überraschen wollen. Pfui! Pfui!« Und während hier ein Mensch zugrundegerichtet und vom Fleischer Oskar wie eine Beute zur Schlachtbank in diese Ehe abgeschleppt wird, ist »in der Luft ein Klingen und Singen, als spielte ein himmlisches Streichorchester die G'schichten aus dem Wiener Wald von Johann Strauß«. Eine derart unerbittliche Abrechnung mit dem Talmi der Wiener Gemütlichkeit, mit Schmalz und Schmäh des walzerseligen Kakanien hat erst wieder Thomas Bernhard gewagt.

Kasimir und Karoline

Volksstück
Uraufführung: 18. November 1932 in Leipzig

Personen: Kasimir – Karoline – Rauch – Speer – Der Ausrufer – Der Liliputaner – Schürzinger – Der Merkl Franz – Dem Merkl Franz seine Erna – Elli – Maria – Der Mann mit dem Bulldoggkopf – Juanita – Die dicke Dame – Die Kellnerin – Der Sanitäter – Der Arzt – Abnormitäten und Oktoberfestleute.
Ort und Zeit: Münchener Oktoberfest, in unserer Zeit.

Das fröhliche Münchener Oktoberfest ist Schauplatz einer traurigen Liebesgeschichte. Die Menschen sind so elend, daß sie sich Liebe und Menschlichkeit, diesen Luxus, nicht mehr leisten können. ». . . die Menschen wären doch gar nicht schlecht, wenn es ihnen nicht schlecht gehen tät. Es ist eine himmelschreiende Lüge, daß der Mensch schlecht ist.« Hier gibt's kein Happy-End für die Liebenden, sondern für den, der am meisten zu bieten hat. Kasimir geht mit seiner Freundin Karoline auf den Rummelplatz. Er hat gerade seine Arbeit als Chauffeur verloren. Das lebenslustige Mädchen, das sich heute abend amüsieren und den über München schwebenden Zeppelin, die Sensation des Tages, bewundern will, muß auf ihn verletzend wirken. Dazu argwöhnt er, daß sie, die in einem Büro an der Schreibmaschine sitzt, sich für etwas Besseres hält und ihm, dem Arbeitslosen, ohnehin den Laufpaß geben will. Die beiden lieben sich, aber sie leben sich auseinander – die soziale Notlage macht sie zu Gegnern. Kasimir ist aufsässig, wenn Karoline fröhlich sein will. Er demütigt sie, weil er sich selbst gedemütigt fühlt. Karoline bandelt mit dem Zuschneider Schürzinger an. Und der überläßt das Mädchen wieder seinem Chef, dem ältlichen Kommerzienrat Rauch, der mit seinem Freund, dem Kammergerichtsrat Speer, auf dem Oktoberfest ein Flittchen erobern will. Karoline ist durch Kasimirs Abweisung verunsichert und wittert hier ihre große Chance: »Das Leben ist hart, und eine Frau, die wo etwas erreichen will, muß einen einflußreichen Mann immer bei seinem Gefühlsleben packen.«

Noch ein zweites Liebespaar streift durch den Jahrmarkt: Kasimirs Freunde – der Merkl Franz und Erna – sind die schäbige, abstoßende, vom Leben noch weiter zersetzte Variante von Kasimir und Karoline. Der Mann ist ein brutaler Schläger, der sich die Frau zu einem lethargischen, versoffenen Jammerlappen zugerichtet hat. Merkl knackt ein Auto, wird verhaftet, wandert zurück ins Gefängnis, wo er schon die letzten Jahre zugebracht hat. Kasimir muß sich um Erna kümmern. Karoline soll den Kommerzienrat, ihren neuen betuchten Gönner, zu einer Fahrt ins flotte Abenteuer – ausgerechnet nach Altötting – begleiten. Da bricht der bejahrte Kavalier am Steuer des Wagens mit einem Herzanfall zusammen, Karoline rettet ihm das Leben, da sie als frühere Braut eines Chauffeurs den Wagen zum Stehen bringen kann. Dafür wird sie nun rasch weggeschickt, um den Kommerzienrat nicht zu kompromittieren. Nochmals wollen sich Kasimir und Karoline versöhnen. Umsonst. Zwischen ihnen stehen nur Mißtrauen, Trotz, Verhärtung, gegenseitige Vorwürfe. Resigniert begnügen sie sich mit dem, was ihnen der Zufall eingebracht hat: Karoline bleibt bei Schürzinger, Kasimir bei Erna. »Du brauchst einen Menschen, Karoline –«, nimmt Schürzinger das Mädchen in Besitz. »Es ist immer der gleiche Dreck«, stellt sie fest, fügt sich, weil doch alles egal ist. Vorurteile, verletzte Eitelkeit, Banalitäten haben diese Menschen unfrei gemacht. Unfähig, sich menschlich unmittelbar zu verhalten, reagieren sie zwanghaft auf Konventionen. Das »deformierte Bewußtsein« der Kleinbürger, ausgestellt in einem scharf umrissenen Sozialbefund.

Glaube Liebe Hoffnung. Ein kleiner Totentanz in fünf Bildern. UA 13. 11. 1936 Wien. – Mit diesem »Totentanz« will Horváth aufrütteln zu einem humaneren Strafvollzug – gegen die »bürokratische und verantwortungslose Anwendung der kleinen Paragraphen«. Den Stoff übernimmt er aus einem Tatsachenbericht, den der Münchener Gerichtsreporter Lukas Kristl aufgegriffen hat (*Münchner Post* vom 13./14. 7. 1929). Die junge Elisabeth hat keinen Gewerbeschein und geht dennoch hausieren, weil sie nicht verhungern will. Sie erhält eine Strafe – für den Arbeitgeber ein Grund, sie auf die Straße zu setzen. Aus einem geringfügigen Vergehen entsteht eine Kettenreaktion, an deren Ende die Vernichtung der Existenz steht. Elisabeths Verlobung mit einem Polizisten geht zu Bruch, da er als Ehrenmann und Beamter mit »so einer« nichts zu tun haben will. Das Mädchen geht ins Wasser, da sie »nichts zu fressen hat«. Alle sind mitschuldig an diesem Tod, da alle sich stets an Vorschriften und Vorurteile hielten.

Figaro läßt sich scheiden. Komödie in drei Akten. UA 2. 4. 1937 Prag. – Den von Beaumarchais und Mozart vorgegebenen Stoff setzt Horváth fort als bittere Emigrantenkomödie. Die Französische Revolution hat stattgefunden, aber Figaro bleibt mit seiner Frau Susanne bei den gräflichen Herrschaften und geht in die Emigration. Er führt in Großhaddersdorf einen Friseurladen und buckelt jetzt vor der Kundschaft wie früher vor dem Grafen: »Meine Freiheit äußert sich nicht zuletzt darin, daß ich heucheln darf, und geheuchelt muß werden, sonst liegen wir eines Tages draußen im Dreck!« Und wie vordem vom Grafen Almaviva wird Susanne nun vom Forstadjunkten bedrängt. Sie nimmt ihn zum Liebhaber und Figaro läßt sich scheiden. Schließlich verwaltet er das Schloß des Grafen und macht daraus ein nützliches Kinderheim. Immer hat er sich mit den jeweiligen Gewalthabern arrangiert: erst ein Vorkämpfer der Revolution, dann ein opportunistischer Spießer und schließlich ein tatkräftiger Realist ohne ideologische Scheuklappen: »Jetzt erst hat die Revolution gesiegt, indem sie es nicht mehr nötig hat, Menschen in den Keller zu sperren, die nichts dafür können, ihre Feinde zu sein.« So nimmt er die ins Nachtleben abgerutschte Susanne wieder auf, er gönnt auch dem Grafen, der als Hochstapler gerade eine Gefängnisstrafe verbüßt hat, ein behagliches Altersplätzchen.

Die Unbekannte aus der Seine. Komödie in drei Akten und einem Epilog. UA 2. 12. 1949 Wien. – Unter diesem Titel vertreibt die Kitschindustrie die Totenmaske einer jungen unbekannten Selbstmörderin mit »einem verblüffend mysteriösen Lächeln«. Horváth erfindet dazu eine bittere Geschichte: Bei einem Einbruch begeht Albert, ein junger Arbeitsloser, einen Totschlag. »Die Unbekannte aus der Seine«, eine junge Pennerin, ist einziger Zeuge – sie schweigt aus Mitleid und rettet ihm die Existenz. Sobald Albert sich sicher weiß, verleugnet er das Mädchen, schüttelt sie ab: »Ich hab dich sehr gebraucht«, fertigt er sie ab. Und die »Unbekannte« sieht die egoistische Folgerichtigkeit ein: »Das ist schön, einen Menschen zu brauchen – aber es ist schlimm für den Menschen, den man braucht –.« Albert ist ganz beruhigt, daß das Mädchen aus Verzweiflung und Einsamkeit ins Wasser geht. Zehn Jahre später hat er sich ein behagliches Spießerdasein aufgebaut. Er verschönt sich nun mit der Totenmaske das Schlafzimmer – keine Spur von Schuldgefühl für jene, die er in den Tod getrieben hat. Dafür die sentimental-kitschige Verklärung von einem »Engel, der zur Strafe auf unser irdisches Jammertal hat hinabmüssen und dann durch den Tod erlöst worden ist«.

Don Juan kommt aus dem Krieg. Schauspiel in drei Akten. UA 12. 11. 1952 Wien. – Dieser Don Juan kommt aus dem Ersten Weltkrieg und wirkt stumpf, müde, wie ein Heimkehrer aus *Draußen vor der Tür.* Er sucht die Verzeihung seiner Braut, die er einst sitzenließ und die darüber gestorben ist. Dazwischen aber ziehen ihn die Frauen in einen Reigen von Abenteuern – ob ältliche Zimmerwirtin oder Schülerin, lesbische Kunstgewerblerin oder verheiratete Gesellschaftsdame. Fünfunddreißig Bräute läßt Horváth im Verlauf der dreiundzwanzig Szenen auftauchen. Don Juan ist der verführte Verführer, der von den Frauen gejagt wird. »Die tragische Schuld Don Juans ist, daß er seine Sehnsucht immer wieder vergißt oder gar verhöhnt, und so wird er zum zynischen Opfer seiner Wirkung, aber nicht ohne Trauer.« Er will nach dem Kriegselend ein neuer, besserer Mensch werden, doch die Frauen wollen ihn stets in der alten Rolle erleben. So wird er zu ihrem Opfer. In jeder von ihnen sucht er die verlorene Braut, fällt von Enttäuschung zu Enttäuschung. Zuletzt wird er vom Gericht wegen angeblicher Verführung einer Minderjährigen verfolgt und stirbt auf dem Grab der Braut den Erfrierungstod. Halb Zeitsatire, halb Läuterungsspiel: ein Mensch will sich ändern, aber er wird die Vergangenheit nicht los. *S. K.*

ELIAS CANETTI

* 25. Juli 1905 in Rustschuk (Bulgarien)

Stammt aus einer Familie spanischer (sephardischer) Juden, die auch noch im damals türkischen Exil als Muttersprache ein altmittelalterliches Spanisch pflegen. 1911 wandert die Familie nach Manchester aus. Nach dem Tod des Vaters läßt sich die Familie 1913 in Wien, ab 1916 in Zürich nieder. 1921–24 Gymnasium in Frankfurt a. M. Canetti lernt Deutsch als Fremdsprache und wählt sie dennoch zu seiner literarischen Ausdrucksform. 1924–29 Studium der Chemie in Wien, Promotion zum Dr. phil. Als Übersetzer und freier Schriftsteller tätig. 1938 emigriert er über Paris nach London, wo er noch heute lebt. 1981 Nobelpreis für Literatur.

Canettis Hauptwerk *Masse und Macht* (1960) ist eine großangelegte sozialgeschichtliche und anthropologische Studie über Massenpsychosen und Ideologien. Auch seine drei Theaterstücke entspringen einem theoretischen Interesse. Sie sind kollektive Verhaltensstudien, analytische Beweisführungen zum Thema Massenwahn. Es ist ein stark wissenschaftlich-hypothetischer Gesichtswinkel, der Canetti zu diesen szenischen Fallstudien führt: »Dieses dringliche Gefühl, daß ich alles über alle Menschen wissen muß, wann und wie immer sie gelebt haben, als hinge meine Seligkeit von jedem ab, seiner Eigenart, seiner Einmaligkeit, seinem Verlauf, und dann noch von dem, was sie zusammen sein sollten.« Stets isoliert er bestimmte psychische Haltungen – Sexualität und Besitzgier in *Hochzeit* (entstanden 1931/32), Todesfurcht in *Die Befristeten* (entstanden 1952), Selbstbestätigung in *Komödie der Eitelkeit* (entstanden 1933/34) – und macht sie zum Motor oder zum Tabu, aber immer zum bestimmenden Antrieb in einem geschlossenen Gesellschaftssystem. So entstehen Modellsituationen, deren Zwangsläufigkeit in einem Denkspiel durchexerziert wird – die Figuren verkörpern Thesen und Hypothesen in einer exakten Demonstration. Canetti ist ein unbestechlicher Moralist, der Warnspiele schreibt für unser 20. Jahrhundert und seinen politischen Extremismus. *Die Blendung* (1960) nennt er seinen ersten Roman – und ideologische Blendungen, kollektive Verblendungen sind sein Thema.

Die Befristeten. Stück in einem Prolog und zwei Teilen. UA 5. 11. 1956 Oxford. – Diese utopische Satire führt in eine Zeit, in der die Menschen ihren Todestag kennen, also ihre verfügbare Lebenszeit genau einteilen wie einen zubemessenen Vorrat: »Mit einem bestimmten Kapital Leben kommt man zur Welt. Es nimmt nicht ab, es nimmt nicht zu ... Es ist dir allein bekannt, wieviel du hast; so kann dir niemand dreinreden ... Verstehst du es dir einzuteilen, so hast du was von deinem Leben. Du mußt einfach wissen, was du mit deiner Zeit kaufst.« Jeder trägt sein Sterbedatum in einer versiegelten Kapsel bei sich, hütet aber vor der Mitwelt sein Alter als höchstes Geheimnis. So sind die Menschen befreit von der Todesfurcht, entwikkeln aber daraus weit schlimmere Zwänge. Der Wert jedes Menschen liegt in seiner Lebenszeit. Ein Herr 88 gilt viel, während das Kind 8 ein Versager ist. In dieser funktional festgelegten Gesellschaft darf allein der Kapselan als oberster Machthaber die Kapsel einsehen. Ein Außenseiter, die Figur 50, zweifelt die Ideologie dieser Kapsel-Gesellschaft an, er rebelliert gegen das System und muß sich unterwerfen. Da rafft er sich auf zum Sakrileg, öffnet die Kapsel und findet sie leer. Die ganze Staatsreligion ist als Schwindel entlarvt, die Menschen sind wieder frei – zugleich sind sie preisgegeben der Todesfurcht, der Willkür ihrer Leidenschaften, dem Verbrechen. Und sie verspielen ihre Freiheit in der anarchistischen Selbstverwirklichung.

Komödie der Eitelkeit. Drama in drei Teilen. UA 6. 2. 1965 Braunschweig. – Auch hier konstruiert Canetti ein Tabu, um die sozialen Konsequenzen daraus in einer Verhaltensstudie abzuleiten. Durch Gesetz sind alle Requisiten der Eitelkeit, alle Spiegel und Fotos, Bilder und Gläser verboten und zerstört. Die Menschen haben ihr Konterfei verloren, haben keine Möglichkeit mehr, sich selbst in ihrem Aussehen zu erfahren. Damit sind die Menschen nicht nur sich selbst, sondern auch der Mitwelt unzugänglich. Die Gesellschaft entdeckt Marktlücken, entwickelt Ersatzlösungen, um doch noch die verpönte Selbstbestätigung zu erlangen. Franzl Nada, früher Dienstmann, findet als professioneller Schmeichler, der gegen Bezahlung jeden mit Lob überschüttet, einen neuen Beruf. Hausierer vermieten kleine Spiegelscherben, womit sich die Menschen ein bißchen Selbstgenuß wie eine Droge verschaffen. Erpresser und Spitzel profitieren von dem Verbot auf ihre miese Art. Wieder ist es ein Außenseiter, der gegen diesen methodischen Wahn ankämpft. Emilie Fant richtet ein Spiegelkabinett ein. Hier gerät Heinrich Föhn in so starke Begeisterung über sein Aussehen, daß er eine neue Lehre ausruft: die Wiedergeburt des Ich – einen Kult, der nun ins andere Extrem umschlägt: in die Ideologie vom Nur-Ich, vom Über-Ich, das nun alles beherrscht. Das totalitäre System des Spiegel-Dogmas wird abgelöst durch das Dogma der Selbstbespiegelung. Der Massenwahn bleibt unveränderbar. (Reclams UB 7678.)

Hochzeit. Einakter. UA 3.11.1965 Braunschweig. – Das 1930/31 entstandene Stück erinnert als grelle, wüste Abrechnung mit der verrotteten bürgerlichen Gesellschaft an den Expressionismus. Die Attacke fällt noch wütender aus als bei Wedekind, Brecht *(Kleinbürgerhochzeit)* und nimmt schon den dämonischen Weltuntergang vorweg, den Witold Gombrowicz oder die Filme von Buñuel *(Der diskrete Charme der Bourgeoisie)* dem Bürgertum bereiten. Oberbaurat Segenreich feiert die Hochzeit seiner Tochter Christa mit Festtafel und honorigen Gästen. Aber alles an dieser Familienfeier ist abstoßend, gemein und fratzenhaft verzerrt, ein Hexensabbat der gestörten Beziehungen. Die Braut ist alles andere als unschuldig und wechselt von Liebhaber zu Liebhaber. Der Bräutigam wird von ihrer Schwester, dem vierzehnjährigen Mariechen, mit lüsterner Zielstrebigkeit verführt, ist aber auch der Liebhaber der Mutter. Der uralte Hausarzt Dr. Bock sucht unter der Festtafel kriechend seine sexuelle Beute. Frau Gilz, die Hausbesitzerin, wird von ihrer schon auf die Erbschaft versessenen Enkelin fast zu Tode gebracht. Aber ihr Lebenswille läßt sich nicht unterkriegen. Auch die Hausmeisterin liegt im Sterben, ihr Mann hält einen Arzt für überflüssig: »Beten kommt billiger!« Horch, der den idealistischen Schwärmer spielt und auch zu Christas Liebhabern gehört, schlägt ein Gesellschaftsspiel vor: Angenommen, der Weltuntergang bricht herein – was würde jeder von ihnen tun, um den Menschen zu retten, den er am liebsten hat. Die Diskussion darüber entlarvt Gier, Egoismus und Verlogenheit der Figuren. Da schlägt das Spiel um in Wirklichkeit. Ein Erdbeben bringt das Haus zum Einsturz. Jeder will nur sich selbst retten. Als Segenreich die Flucht der Kinder zu verhindern sucht, wird er niedergeschlagen. Die Apothekerin will ihren Mann beseitigen und wird von ihm erwürgt. Die Menschen sind angesichts des Todes heulende, mordgierige, unmenschliche Monster geworden, die mit allen Mitteln dem rettenden Ausgang zustreben – doch hinter der Tür wartet der Sturz in den Abgrund. Und nach dem Inferno regen sich behende die Spekulanten des Wiederaufbaus, die das große Geschäft wittern und die Preise hochtreiben.

MAXIM GORKI

* 16. März 1868 in Nischni Nowgorod (= Gorki)
† 18. Juni 1936 in Moskau

Geboren als Alexej Maximowitsch Peschkow. Nach dem frühen Tod des Vaters verlebt er beim Großvater, einem bankrotten Färber, harte Jahre, er arbeitet als Lumpensammler. Als Zehnjähriger verläßt er die Familie. Verschiedene Lehrstellen bei einem Zeichner, beim Ikonenmaler, Tellerwäscher auf einem Dampfer, Lastträger, Gärtner, Obsthändler, Stallbursche beim Zirkus, Bierkutscher, Bahnarbeiter. Damit verdient er sich seit 1884 sein Studium an der Universität von Kasan. 1887 Lungendurchschuß nach einem Selbstmordversuch. 1891/92 durchwandert er Rußland während der Hungersnot. Unter dem Einfluß des Schriftstellers Wladimir Korolenko erste literarische Versuche, Kaljuschny vermittelt 1892 die erste Erzählung »Makar Tschudra« unter dem Pseudonym Gorki an die Tifliser Zeitung. Korolenko bringt Gorki als Redakteur in Samara, später in Nischni unter. 1896 heiratet Gorki die Korrektorin J. P. Wolschina. Wiederholte Verhaftung wegen politischer Aktivitäten. Sein »Lied vom Sturmvogel« (1901) wird zum Kampflied der Revolution. In Jalta entsteht unter dem Einfluß von Tschechow und Stanislawski das erste Stück: »Die Kleinbürger.« 1900 tritt

Gorki in den Verlag »Snanije« in Petersburg ein. Nach dem Petersburger »Blutsonntag« am 9. Januar 1905, als eine friedliche Demonstration von 200 000 Arbeitern zusammengeschossen wird, entwirft er einen Aufruf und wird verhaftet. Proteste aus ganz Europa (Rodin, Curie, Jaurès, der portugiesische König u. a.) erzwingen seine Freilassung. Er geht ins Ausland: Reisen in Finnland, Deutschland, Schweiz, Frankreich, USA. 1907–13 Exil auf Capri, wegen seines Lungenleidens. 1913 ermöglicht eine Amnestie die Rückkehr nach Petersburg. Gorki gibt 1915/16 die pazifistische Zeitschrift »Letopis« heraus, distanziert sich nach 1917 zunehmend von den blutigen Ausschreitungen der Oktoberrevolution. Seine Lungenkrankheit lindert er ab 1921 in Berlin, 1924–28 in Sorrent. Dann kehrt er wieder in die UdSSR zurück und wird dort als Staatsdichter gefeiert: er erhält den Lenin-Orden, Theater und Straßen, ja sogar seine Heimatstadt Nischni Nowgorod werden nach ihm benannt. 1936 stirbt er an einer Grippe und erhält ein Staatsbegräbnis. Gerüchte, er sei auf Befehl Stalins beseitigt worden, sind bis heute nicht geklärt.

Mit Bedacht wählt Peschkow sein Pseudonym Gorki (= der Bittere). Scharf und bitter ist die Sozialkritik, die er mit seinen Elendsschilderungen an den Zuständen im Zarenreich übt. Mit einer Ausnahme (*Somow und andere*, 1931) spielen seine Stücke vor der Revolution, zeigen in typischen Konflikten und Figuren die Zeit der Gärung und des Klassenkampfs in der Umbruchsituation mit ihren sozialen und psychologischen Auswirkungen vor dem großen Sturm: der Proletarier als Mann der Zukunft steht gegen die Typen der abgewirtschafteten Gesellschaft, gegen die Kleinbürger, Militärs und haltlosen Intellektuellen. Die beginnende Industrialisierung durch Fabriken, durch den Ausbau der Eisenbahn verschärft im bisherigen russischen Agrarland die Konflikte. Gorki glaubt an Vernunft und tätige Veränderung, er will seinem Publikum stets eine optimistisch aufrüttelnde Botschaft mitgeben: »Das Leben verlangt Licht und Klarheit!« Das trennt ihn von Tschechow, der den Idealen der Revolution skeptisch und ablehnend gegenübersteht.

Den Kleinbürger greift Gorki als miese Ausgeburt seiner Zeit an, da er selbstgerecht und egoistisch, ein ewiger Spießer und Anpaßler, durch seine engstirnig unpolitische Haltung den Fortbestand des zaristischen Systems ermöglicht. Das Zarentum, das erst 1861 die Leibeigenschaft aufgab, sich erst 1905 durchringt zu Parlament und Verfassung, stemmt sich auch zu Gorkis Zeit mit eiserner Knute, mit Zensur, Prügelstrafe und Deportationen gegen jeden Fortschritt. Gorki wird früh in der sozialistischen Untergrundbewegung aktiv, sammelt Geld und verfaßt Aufrufe. 1907 nimmt er als Delegierter am V. Parteitag der russischen Arbeiterpartei in London teil und unterstützt die bolschewistische Fraktion unter Lenin gegen die Menschewiki. Da Gorki am historischen Materialismus seine Zweifel hat, da er mehr an die humane Evolution als an revolutionäre Gewalt glaubt, kommt es zur Entfremdung gegenüber Lenin. Erst in seinen letzten Lebensjahren wird er unter Stalin als Staatsdichter gefeiert und muß als Erster Vorsitzender des Sowjetischen Schriftstellerverbands das Literatur-Dogma vom »sozialistischen Realismus« beglaubigen.

Zunächst hat Gorki mit Geschichten und Romanen Erfolg, mit Stoffen, die er der eigenen Erfahrung entnimmt. Wie Jack London und Knut Hamsun führt er jahrelang ein wildes, entbehrungsreiches Leben als Landstreicher und Gelegenheitsarbeiter. Er macht daraus ein für die Zeitgenossen schockierend unmittelbares vitales Stück Literatur: »Das Leben rollte vor mir ab wie eine endlose Kette von Feindschaft und Grausamkeit, wie ein ununterbrochener widerwärtiger Kampf um den Besitz von Nichtigkeiten.« Erst 1902 entsteht das erste Stück: *Die Kleinbürger*. Schon das nächste – *Nachtasyl* (1902) – bringt den großen Erfolg. *Die Sommergäste* (1904) werden als politische Abrechnung mit dem herrschenden System begrüßt bzw. verfolgt. Nach seiner Haft muß Gorki die nächsten Stücke – *Barbaren* (1905) und *Kinder der Sonne* (*Deti Solnzna*, UA 12. 10. 1905 Petersburg) – bereits im finnischen Exil schreiben. *Kinder der Sonne* ist die Tragikomödie um den Wissenschaftler Protassow, der besessen an einem utopischen Plan zur Reform der Menschheit arbeitet und alle zu glücklichen *Kindern der Sonne* machen will, aber darüber fast seine Frau Jelena an den Maler Wargin verliert. Auch seine Schwester Lisa zögert zu lange, dem Tierarzt Tschepurnoi ihre Liebe einzugestehen. Und als er sich in seiner Enttäuschung erhängt, flüchtet sie in den Wahnsinn. Auf der USA-Reise 1906 entsteht *Feinde*, während des Exils auf Capri *Die Letzten* (1908), die erste Fassung von *Wassa Schelesnowa* und *Komische Käuze* (beide 1910). *Die Letzten* (*Poslednije*, UA 1910 in Berlin bei Max Reinhardt) sind wieder eine grelle, wütende Abrechnung mit dem Kleinbürger:

Der Polizeikommissar Kolomijzew ist ein tragikomisches Monster: liederlich, bestechlich, armselig, brutal nach unten, kriecherisch nach oben. Durch falsche Zeugenaussage will er einen revolutionären Studenten an den Galgen bringen. Seine Kinder gehen an ihrer Umwelt zugrunde, passen sich an, werden bösartige Zyniker: »Wir wälzen uns im Staub der Zerstörung und hindern die Menschen am Gehen. Sie stoßen sich mit den Füßen an uns und wir fügen ihnen einen sinnlosen Schmerz zu.« *Komische Käuze* (= *Sonderlinge*, *Tschudaki*) zeigt den Frauenhelden und Schriftsteller Mastakow mit seinen Affären und billigen Ausflüchten – wieder eine ätzende Satire auf die absterbende Gesellschaft. Die Stücke *Die Sykows* (*Sykowy*, 1913) und *Der Alte* (*Starik*, 1914) führen wieder unter Kleinbürger, die brutal und gewitzt als Händler und Handwerker ihren Aufstieg im Kapitalismus suchen, die durch Wucher und Betrugsmanöver oft vom Gesetz bedroht sind, mit eiserner Hand die Familie regieren, durch Mitgiftschacher die Kinder ins Unglück stürzen, oft eingeholt werden von der Schuld der Vergangenheit. Seine letzten Stücke will Gorki zum Zyklus über die Revolution ausbauen: *Somow und andere* (*Somow i drugije*, 1931) zeigt im Ingenieur Somow die Kaste der Technokraten, die sich gegen die Parteidiktatur Stalins auflehnen und sie sabotieren. *Jegor Bulytschow und andere* (*Jegor Bulytschow i drugije*, UA 25. 9. 1932 Moskau/Leningrad) zeigt einen reichen, todkranken Kaufmann, der sich angesichts des Todes zum Volk und zur Revolution bekehrt. *Dostigajew und andere* (*Dostigajew i drugije*, UA 6. 11. 1933 Leningrad) ist die szenische Fortsetzung und schildert Bulytschows Nachkommenschaft: eine Gesellschaft, die zwischen Unterordnung und revolutionärem Umsturz haltlos und unentschieden schwankt.

Auch heute noch wird Gorki als einer der großen Vorkämpfer für Humanität und soziale Gerechtigkeit anerkannt: »Ein unversöhnlicher Feind alles Schmachvollen und Armseligen in den menschlichen Wünschen, will ich, daß jeder, der Menschenantlitz trägt, auch wirklich ein Mensch sei!« Dabei wird auf dem zeitgenössischen Theater weniger die revolutionäre Aufbruchsstimmung herausgestellt als die Bruchstellen und Widersprüche, die Gruppenprozesse in der abgewirtschafteten bürgerlichen Gesellschaft. Seit 1902 ist das Moskauer Künstlertheater unter Stanislawski Gorkis wichtigste Bühne. Dessen Theaterreform mit den Mitteln der Psychologie und Illusion wirkt auch auf Gorkis Schreibweise. Für die heutige Gorki-Rezeption haben der russische Regisseur Georgi A. Towstonogow am Leningrader Gorki-Theater, Giorgio Strehler am Piccolo Teatro in Mailand und Wolfgang Heinz am Deutschen Theater in Ost-Berlin weiterführende Akzente gesetzt.

Die Kleinbürger

(Mestschanje). Dramatische Skizze in vier Aufzügen
Uraufführung: 26. März 1902 in Petersburg
Deutsch von A. Scholz 1902, A. Clemen 1974

Personen: Bessemjonow, wohlhabender Kleinbürger – Akulina, seine Frau – Pjotr, Tatjana, seine Kinder – Nil, Pflegesohn – Pertschichin – Polja, seine Tochter – Jelena Kriwzowa, Witwe – Teterew, Kirchensänger – weitere Kostgänger.
Ort und Zeit: Wohnzimmer bei Bessemjonow in einer kleinen russischen Provinzstadt, Jahrhundertwende.

Szenen im Hause Bessemjonows nennt Gorki im Untertitel das Stück, das am Verhalten einer Familie die Konflikte und Widersprüche seiner Zeit nachzeichnet. Als engstirniger Haustyrann herrscht der Malermeister Bessemjonow, der sich durch Fleiß und Sparsamkeit emporgearbeitet hat bis zum Vorsteher der Innung, über der Familie. Sein Sohn Pjotr wurde wegen politischer Aufmüpfigkeit von der Universität gejagt, die Tochter Tatjana arbeitet widerwillig und unfroh als Lehrerin. Sie hofft auf den Heiratsantrag des Pflegesohns Nil, der als Lokomotivführer und Sozialist vital, derb, vernünftig und voll proletarisch zupackender Herzlichkeit die neue Zeit verkörpert. Doch er wendet seine Liebe klassenbewußt Polja zu, dem armen Nähmädchen, das hier als Dienstbote sich abrackern muß. Aus Enttäuschung will sich Tatjana umbringen, aber auch dies mißlingt – es ist unabwendbar: aus ihr muß eine hysterische alte Jungfer werden. Zum Unwillen des Vaters läßt sich Pjotr von der jungen koketten Witwe Jelena angeln. Einige Zaungäste in diesem Haus sehen mit Schadenfreude, wie der materielle Aufstieg des Hauses Bessemjonow bereits auch der Zusammenbruch ist. Der Kirchensänger Teterew, den man einst aus dem Priesterseminar geworfen hat, der darüber ein Vagabund und versoffener Philosoph wurde, begleitet die Auseinandersetzungen mit gleichmütigem Zynismus, daneben der Vogelhändler

Pertschichin, Poljas Vater – ein betrunkener, liebedienerischer Schmarotzer.

Der Patriarch Bessemjonow sieht die Familie und sein Lebenswerk ebenso auseinanderbrechen wie die ihm sehr ähnliche Wassa Schelesnowa. Er ist als Kleinbürger der Vertreter jener Vätergeneration, die etwas aufgebaut hat und daraus das Recht ableitet, über die folgende Generation zu bestimmen: »Was habt ihr geleistet? Wir haben gelebt, gearbeitet, Häuser gebaut, für euch gesündigt.« Nil, der erste sozialistische Held auf dem Theater, ist sein Gegner: »Herr einer Sache ist derjenige, der sie erzeugt hat!« Durch diese Frontstellung ist das Stück erstaunlich gegenwärtig geblieben. (Reclams UB 8096.)

Nachtasyl

(*Na dne*). Sozialkritisches Schauspiel in vier Akten
Uraufführung: 18. Dezember 1902 in Moskau
Deutsch von A. Scholz 1903, A. Clemen 1975

Personen: Kostylew, Wirt einer Nachtherberge – Wassilissa, seine Frau – Natascha, deren Schwester – Medwedjew, der Polizeimann, deren Onkel – Wasska Pepel – Satin – Der Baron und andere Bewohner der Nachtherberge – Nastja und Kwaschnja, Bewohnerinnen der Nachtherberge – Luka, ein Pilger.
Ort und Zeit: Nachtherberge in einer russischen Stadt, um die Jahrhundertwende.

Arbeitslose, Säufer, Kriminelle, Prostituierte bevölkern das Obdachlosenasyl, das vom Ehepaar Kostylew geführt wird. Ein Haufen gestrandeter Penner stolpert da durcheinander, zankt sich, schnorrt einige Kopeken, säuft, gibt an mit seinen Erinnerungen und Illusionen. Die Handlung spielt sich meist in beiläufigen Zweierszenen ab, die übrigen Figuren sind dabei Zuschauer: lauernd, gleichgültig, hilflos, unbeteiligt, unfähig zu trauern. Der Schlosser Kleschtsch sieht gleichmütig an, wie seine Frau hier verröchelt. Das Straßenmädchen Nastja verschlingt Kitschromane und träumt sich daraus eine Liebesromanze um einen schönen unerreichbaren Grafen zurecht. Der Mützenmacher Bubnow ist Quartalssäufer, da er den Ehebruch seiner Frau mit einem Gesellen nicht verwinden kann. Satin ist ein Totschläger, der nun sein Leben mit Falschspiel fristet. Den verkommenen, abgestumpften Baron haben Unterschlagungen aus der Bahn geworfen. Ein Schauspieler prahlt mit seinen früheren Erfolgen und träumt von seiner Rückkehr auf die Bühne. Auch der Pilger Luka macht für einige Tage hier Station. Gütig, fromm, lebensklug findet er für alle, die hier im Elend sind, ein tröstendes Wort, eine Hoffnung, auch wenn sie eine Lüge aus Barmherzigkeit ist. Frau Kleschtsch stirbt erleichtert, da er ihr das Paradies verheißt. Dem kleinen Dieb Wasska Pepel malt er eine goldene Zukunft als Pionier in Sibirien aus. Den Schauspieler bestärkt er, durch eine Entziehung vom Alkohol loszukommen. Doch mit dem moralischen Anspruch, den Luka stellt, ist der Schauspieler überfordert; er durchschaut den Selbstbetrug und erhängt sich. Auch unter den übrigen bahnt sich eine Katastrophe an. Wassilissa, die Frau des Herbergsvaters, führt mit klirrendem Schlüsselbund und kaltem Egoismus ein scharfes Regiment. Sie kämpft um ihren Liebhaber, den jungen Wasska, der sich ihrer jüngeren Schwester Natascha zuwendet. Wassilissa hetzt ihren Ehemann, den alten, polternden Haustyrannen Kostylew, gegen das Mädchen, sie verbrüht ihr in bösartiger Rachsucht die Beine mit kochendem Wasser. Wasska läßt sich in seiner Wut hinreißen und erwürgt Kostylew. Die Beteiligten verschwinden in Polizeihaft, doch der Nachfolger steht schon bereit. Wassilissas Onkel Medwedjew zieht seine Polizistenuniform aus und wird Herbergsvater. Die Pastetenverkäuferin Kwaschnja, ein kesses Flittchen, wird ihn und die anderen im Asyl kommandieren. Nichts hat sich geändert.

Der große russische Regisseur Stanislawski, für dessen Moskauer Künstlertheater Gorki das Stück geschrieben hat, steigerte für die Uraufführung diese wechselnden Situationen mit naturalistischen Mitteln zum traurig-schönen Elendspanorama, zum stimmungsvollen Mitleidsdrama, das die Zuschauer aufgewühlt hat. Auch die Berliner Inszenierung bei Max Reinhardt 1903 setzte auf die krasse, mitreißende Milieustudie und erzielte einen Sensationserfolg: bis 1905 kam die Inszenierung auf über 500 Vorstellungen: mit Max Reinhardt als Luka, mit Eduard von Winterstein, Gertrud Eysoldt, Emmanuel Reicher. In Frankreich hat Eleonora Duse 1905 ihr Publikum erschüttert. Weitere wichtige Inszenierungen erarbeiteten Erwin Piscator 1926 in Berlin, Giorgio Strehler 1947 und 1971. Heute – etwa in der anti-naturalistischen Aufführung von Jürgen Gosch in Köln 1981 – bemüht sich das Theater weniger um das Rührstück als

Milieuschilderung eines Nachtasyls, heute geht man von Gorkis Untertitel aus: *Szenen aus der Tiefe*, und zeichnet die Gruppenprozesse von Menschen in einer Extremsituation nach. (Reclams UB 7671.)

Sommergäste

(Datschniki). Szenen
Uraufführung: 11. November 1904 in Petersburg
Deutsch von A. Scholz 1906, A. Clemen 1971, Helene Imendörfer 1975

Personen: Bassow, Sergej Wassiljewitsch, Rechtsanwalt – Warwara Michailowna, seine Frau – Kaleria, Bassows Schwester – Wlass, der Bruder von Bassows Frau – Suslow, Pjotr Iwanowitsch, Ingenieur – Julia Filippowna, seine Frau – Dudakow, Kirill Akimowitsch, Arzt – Olga Alexejewna, seine Frau – Schalimow, Jakow Petrowitsch, Literat – Rjumin, Pawel Sergejewitsch – Marja Lwowna, Ärztin – Sonja, ihre Tochter – Dwojetotschije, Semjon Semjonowitsch, Suslows Onkel – Samyslow, Nikolai Petrowitsch, Bassows Gehilfe – Simin, Student – Pustobaika, Sommerhauswächter – Kropilkin, Wächter – Sascha, Stubenmädchen der Bassows – Eine Frau mit verbundener Wange – Herr Semjonow, eine Dame im gelben Kleid, ein junger Mann im karierten Anzug, ein Fräulein in Hellblau, ein Fräulein in Rosa, ein Fähnrich, und ein Herr mit Zylinder, Liebhaber der dramatischen Kunst.

Ein breites Gesellschaftspanorama des entwurzelten, an Egoismus, Selbstentfremdung und Langeweile erstickenden Bürgertums. Drei Ehepaare mit ihren Freunden verbringen einige Sommertage auf dem Land. Alle Beziehungen sind gestört, ausgelaugt, nur noch von Gewohnheit, Haß und dem Leerlauf der Konventionen zusammengehalten. Der Rechtsanwalt Bassow flüchtet vor den idealistischen Lebensansprüchen seiner Frau Warja in den Suff. Der Ingenieur Suslow verfolgt seine aufreizend kokette Frau Julia mit Eifersucht. Der vom Beruf verschlissene Arzt Dudakow ist in seiner Ehe mit der nörgelnden Olga ebenso gescheitert. Weitere Typen in diesem Zerrspiegel der Gesellschaft sind der aufgeblasene Erfolgsliterat Schalimow und die mal elegisch, mal zynisch posierenden Salonhelden Rjumin und Samyslow. Zwischen den Figuren spielen sich nun in wechselnder Partnerschaft Liebelei und Eifersüchtelei ab, Katzenjammer und Abrechnungen voller Selbstmitleid, Langeweile und Resignation. Die positive, für Gorki zukunftweisende Figur ist die Ärztin Maria Lwowna, die nach einer gescheiterten

Ehe in nüchternem Idealismus für die soziale Erneuerung arbeitet, um »den uns nahestehenden Menschen, die ihre Tage in harter Arbeit verbringen und in Schmutz und Finsternis verkommen, die helfende Hand zu reichen, ihr Leben umzuformen, zu erleuchten und erträglicher zu gestalten«. Für diese humanitäre Aufgabe gewinnt sie auch die junge Generation – ihre Tochter Sonja und Warjas Bruder Wlass. Auch Warja befreit sich aus ihrer Ehe und beginnt ein eigenes Leben. Die Männerwelt bleibt unter sich, macht weiter mit ihren Weibergeschichten, mit Besäufnis, Angeberei, rührseligen Erinnerungen.

Gorki hat mit dieser schonungslosen Zeitkritik bei der Uraufführung einen Skandal ausgelöst. Für das heutige Theater wurde das Stück durch die dramaturgische Neufassung von Botho Strauß und deren Berliner Musteraufführung 1974 durch den Regisseur Peter Stein gewonnen. (Reclams UB 9791.)

Barbaren *(Warwary).* Szenen aus einer Kreisstadt in vier Akten. UA Mai 1905 Kursk. Deutsch von I. Frapan-Akunian 1906, P. Urban 1972. – Die beiden Ingenieure Zyganow und Tscherkun kommen zum Eisenbahnbau in ein abgelegenes Städtchen in der Provinz und reißen dort die Spießbürger aus ihrer Behaglichkeit und Lethargie: »Wir bahnen einen neuen Weg und zertrümmern euer altes Leben.« Der vitale Genußmensch Tscherkun stellt auch die moralische Ordnung der Kleinstadt in Frage. Er hat neben seiner Frau Anna noch die kapriziöse Aristokratin Lidija und die schwärmerisch leidenschaftliche Nadjeshda an sich gebunden – die letztere begeht Selbstmord, da sie Tscherkuns Zynismus nicht erträgt. Der Zusammenstoß des alten Rußland mit dem technischen Fortschritt und dessen »Barbaren, sie zerbrechen alles, alles stürzt durch sie zusammen« – das läuft auf eine grelle, tragische Farce hinaus.

Feinde *(Vragi).* Schauspiel in drei Aufzügen. UA 1906 Berlin. Deutsch von O. D. Potthof 1906, P. Urban 1974. – Das Stück führt in die Arbeiterunruhen von 1903. Der Kapitalist Michail Skrobotow provoziert mit kompromißloser Härte gegen die Arbeiter, die unter Führung des revolutionären Kontoristen Sinzow gegen einen Leuteschinder unter den Werkmeistern protestieren, einen Aufstand. Skrobotow setzt sich auch gegen den humaneren, vermittelnden Fabriksbesitzer Sachar Bardin durch, führt mit der Pistole die Verhandlungen und findet in der Auseinandersetzung den Tod. Die Polizei verhaftet die Beteiligten. Für den an Skrobotows Tod schuldigen Familienvater geht in sozialistischer Solidarität ein unbeteiligter, aber unverheirateter Genosse ins Gefängnis. Voll revolutionärem Optimismus der Ausblick: »Ihr löscht uns mit keinem Schrecken mehr aus; ihr löscht uns nicht aus.«

Wassa Schelesnowa. UA der zweiten Fassung 1936 Moskau. Deutsch von I. Berend-Groa (o. J.), A. Clemen 1974. – Zielstrebig und autoritär hält Mutter Wassa Geschäft wie Familie zusammen. Skrupellos hat sie ihre Reederei ausgebaut. Den Ehemann Sergej, dem ein Prozeß wegen Verführung einer Minderjährigen droht, setzt sie so unter Druck, daß er in den Selbstmord flüchtet. So gelingt es ihr, den geschäftsschädigenden Skandal zu vermeiden und sich zugleich von dem Schwächling zu befreien. Ihr Schwager Prochor ist ein liederlicher Versager, der nur noch in Suff und Prahlerei bestehen kann. Auch ihre beiden Töchter sind unfähig, das Geschäft weiterzuführen: Ljudmilla ist geistig zurückgeblieben, ein naives Kindergemüt, und Natalja ist eine bösartige, vom Alkohol zerstörte Zynikerin. Fjodor, der Sohn, lebt mit seiner Frau Rachel in Paris, er siecht an der Schwindsucht hin. Seinen Sohn Kolja läßt Wassa auf dem Land aufwachsen und will ihn zum Erben des Unternehmens heranziehen. Seine Mutter Rachel, die als Revolutionärin aus dem Untergrund für eine neue bessere Zukunft kämpft, fordert von Wassa das Kind zurück. Der Kampf der beiden starken Mutternaturen, die beide von ihrer Lebensaufgabe besessen sind, ist zugleich der Kampf der alten gegen die neue ideologische Ordnung. Um ihr Enkelkind für sich zu retten, will Wassa die Schwiegertochter an die Polizei verraten. Ein Herzschlag beendet Wassas Leben. Das ist für Rachel die Rettung und für die übrige Familie das Signal, gierig über das Erbe herzufallen und Wassas Lebenswerk zu vergeuden.

Gorki zeichnet ein melodramatisches Mutterschicksal und zugleich die Selbstzerstörung des Kapitalismus, der an seiner Maßlosigkeit zugrunde geht: das Charakterporträt einer Kleinbürgerin, die sich zur Unternehmerin emporkämpft und darüber zum Raubtier werden muß. Denn der Kampf ums Leben kann in dieser Gesellschaftsordnung nur ein Kampf sein um

Besitz und Profit, wobei Menschlichkeit und Freiheit verlorengehen. Wassa sieht nicht, daß alles, was sie für den Fortbestand der Familie tut, dafür auch Schuld und Verbrechen häuft, nur noch rascher die Familie zerstört – eine uneinsichtige, tragische Mutterfigur wie Brechts *Courage*. Große Charakterdarstellerinnen wie Therese Giehse und Inge Meysel haben das Stück auf dem Theater durchgesetzt.

JEWGENI SCHWARZ

* 25. Oktober 1896 in Kasan
† 18. Januar 1958

Sohn eines Arztes; er brach das kurz vor dem Ersten Weltkrieg in Moskau begonnene Jurastudium ab, als der Vater eingezogen wurde. Gab Unterricht, spielte Theater, begann zu schreiben, war seit 1930 freier Schriftsteller.

Schwarz verfaßte ungefähr 25 Theaterstücke, viele davon nach Märchenmotiven (Brüder Grimm, Andersen, russische Volksmärchen), denen er aktuelle Bedeutung gab. *Der Drache* beispielsweise ist 1943 als Protest gegen den Faschismus verstanden, dann aber mit Rücksicht auf den Stalinismus verboten worden. *H. D.*

Der Schatten *(Teni)*. Märchenkomödie in drei Akten. Deutsch von I. Tinzmann. – Die Uraufführung des Stückes fand in deutscher Sprache am 3. April 1947 in Berlin statt, in der Sowjetunion gelangte es erstmals 1960 in Leningrad auf die Bühne. In irgendeiner Märchenstadt kehrt ein junger Gelehrter ein; er sieht die Königstochter. Sie soll sich nach dem Wunsch ihres inzwischen verstorbenen Vaters einen redlichen Freier suchen, keine Hofschranze nehmen, wie die Wirtstochter Annunziata dem Gast berichtet. Der Schatten des Gelehrten folgt der Königstochter an den Hof, macht sich dort zum König. Der Gelehrte entlarvt den Schatten, der Schatten läßt ihn dafür hinrichten, überlebt die Tötung aber selbst nicht und wird mit dem Wasser des Lebens wiedererweckt, was auch dem Gelehrten zugute kommt. Der wendet nun die Zauberformel an, die ihm für Notfälle mitgeteilt worden ist: »Schatten, wisse, wo dein Platz ist!« Da ist es aus mit der Schattenherrschaft. Der junge Gelehrte verläßt mit Annunziata das Land. *H. D.*

Der Drache *(Drakon)*. Märchenkomödie in drei Akten. UA 7. 1. 1961 Nowa Huta (Polen). Deutsch von D. Müller. Deutsch erstmals gespielt im Dezember 1962 in Stuttgart. – Ein Drache fordert alljährlich ein Mädchen, diesmal Elsa, die Tochter des Archivars. Die Bürger haben sich längst damit abgefunden, immerhin schützt sie dieser Drache vor anderen Drachen. Der fahrende Ritter Lanzelot besiegt den Drachen, wird aber dabei selbst verwundet und zieht sich in die Berge zurück. Daraufhin läßt der Bürgermeister sich selbst als Sieger feiern und heiratet Elsa. Lanzelot kehrt zurück, sieht, wie schlecht die Freiheit genutzt wurde, setzt den Bürgermeister ab, heiratet Elsa und wird in der Stadt bleiben, bis keine Rückfälle mehr zu fürchten sind. *H. D.*

FERENC MOLNÁR

* 12. Januar 1878 in Budapest
† 1. April 1952 in New York

Molnár war der Sohn eines Arztes, wuchs in Budapest auf und studierte dort und in Genf Jura. Ab 1896 arbeitete er für Budapester Zeitungen, im Ersten Weltkrieg als Kriegskorrespondent. Seine ersten Novellen erschienen 1897, das erste Lustspiel 1907. Mit seinen virtuos gearbeiteten Stücken errang er Weltruf, war daneben auch ein Meister des Feuilletons. Er emigrierte nach Amerika, wo er in Hollywood auch an Filmen mitarbeitete.

Unter den erfolgreichen ungarischen Dramatikern (Ferenc Herczeg, Menyhért Lengyel, Sándor Márai) der erfolgreichste, fand Molnár schon mit seinem ersten Theatererfolg *Der Teufel* (1907) internationale Beachtung. Zwei Jahre später zeigte sich der Filou *Liliom* erstmals im Rampenlicht und verhalf in der Folgezeit dem feinorganisierten Volksstück zum Bühnentriumph. Es folgte (1910) *Der Leibgardist*, dessen Vorwurf ehemännlicher Untreue *Das Märchen vom Wolf* (1912) erneut abwandelte. *Der Schwan* (1920) goß seinen Spott über absurde Erscheinungen des Hoflebens. *Die rote Mühle* (1922) versuchte sich, als Lebensmühle, symbolistisch, *Der gläserne Pantoffel* (1924), mit einem Budapester Serviermädel im Mittelpunkt, neuromantisch. Die Einakter (insbesondere *Souper* und *Eins, zwei, drei*, 1926) üben mit wendigen Bühneneffekten satirische Sozialkritik. Doch je hurtiger sich der glänzende Theatertechniker zwischen den Stilen und den Zielen seines Witzes bewegte, desto spürbarer verlor er an Substanz. Die Komödie *Spiel im Schloß* (1926) holte noch einmal den großen Erfolg zurück, mit selbstironischem Spaß demonstriert sie geistvoll das fixe Handwerk des Stückeschreibers. *Olympia* (1928) attackierte wiederum das Große Leben, *Die Fee* (1930) weht die Platzanweiserin eines Budapester Theaters in ihrem Wunsch, allen Gutes zu tun, durch einen Wirbel von Abenteuern. – Molnárs beste Stücke haben einen menschlichen Hintergrund, auf dem sich die Vorzüge seines Theatertalents: die eigentümliche Durchdringung von tragischen und humorigen Elementen, die Schlagkraft der szenischen Situationen und der Charme seines Witzes entfalten.

Liliom

Vorstadtlegende in sieben Bildern und einem szenischen Prolog
Uraufführung: 7. Dezember 1909 in Budapest. Für die deutsche Bühne bearbeitet von Alfred Polgar.

Personen: Liliom – Julie – Marie – Frau Muskat – Luise – Frau Hollunder – Ficsur – Der junge Hollunder – Wolf Beifeld – Der Drechsler – Linzmann – Der Stadthauptmann – Berkovics – Der Polizeikonzipist – Ein alter Schutzmann – Zwei berittene Polizisten – Der Ofner Polizist – Zwei Detektivs – Arzt – Dr. Reich – Stephan Kadar.
Ort und Zeit: Budapest, um 1910.

Andreas Zavoczki, genannt Liliom, ›Hutschenschleuderer‹ und Ausrufer am Karussell der Frau Muskat auf dem Vergnügungsplatz im Budapester Stadtwäldchen, umschwärmt von den weiblichen Fahrgästen und ob seiner Rauflust von den Burschen gefürchtet, faßt eine stumme Zuneigung zu dem jungen Dienstmädchen Julie Zeller. Die wütend eifersüchtige Karussellbesitzerin verbietet dem Mädchen ihr Etablissement, und als Liliom Julies Partei ergreift, setzt die Muskat ihren ehemaligen Geliebten auf die Straße. Trotzdem eine Razzia die Unerfahrene vor dem Dienstbotenverführer warnt, läßt Julie ihm zuliebe ihre Stellung fahren. Liliom, im Grunde ein großes Kind, wie versiert er sich auch als der verfluchte Kerl gibt, ist von der Bedingungslosigkeit ihres Gefühls getroffen, ihm dämmert die dumpfe Hoffnung, »doch noch ein Mensch zu werden«. Der entlassene Schaukelbursche heiratet das entlassene Dienstmädchen. Sie leben bei einer alten Verwandten Julies in der Bretterbude des Schnellphotographen Hollunder im Stadtwäldchen. Mutter Hollunder, die »nur mit dem Maul bös ist«, gibt ihnen freies Quartier. Liliom hat kein Handwerk gelernt und geht nicht in Taglohn, er ist unglücklich, daß er nichts arbeitet, und er schlägt seine Frau, weil sie recht hat. Doch sie spürt seine Schläge nicht; denn sie weiß, daß er seine eigene Verletzlichkeit hinter seiner Brutalität verbirgt und daß sein Trotz ihn stets das Gegenteil dessen aussprechen läßt, was er empfindet. Nur wenn er den neuen Leierkasten von ›seinem‹ Karussell herüberhört, wird er zahm. Fast gelingt es Frau Muskats Lockungen, Liliom um den Preis der Trennung von Julie in seine wahre Heimat und unter ihre Fittiche zurückzuziehen – da gesteht ihm Julie, die Gefahr witternd, daß sie ein Kind erwartet. In jäher Freude sagt Liliom der Muskat endgültig ab. Nun aber braucht er den Spezi, mit dem er sich jetzt ständig herumtreibt, den Einbrecher Ficsur, um rasch zu Geld zu kommen. Ficsur hat einen sauberen Plan ausgeheckt: er verführt Liliom zu einem gemeinsamen Überfall auf den Juden Linzmann, der als Kassierer der Lederfabrik jeden Samstag auf dem Feldweg neben dem Eisenbahndamm den Wochenlohn für die Arbeiter allein zur Fabrik bringt. Das geraubte Geld soll ein halbes Jahr vergraben werden, dann wollen die beiden mit Julie und dem Kind nach Amerika auswandern. Ficsur zerstreut Lilioms Furcht vor einer Verantwortung im Jenseits, wo es fürs Lumpenvolk doch nur ein höheres Polizeikommissariat gibt. Auf Ficsurs Drängen steckt Liliom Frau Hollunders Küchenmesser zu sich. – Am Bahndamm lauern die beiden auf den Kassierer, sie vertreiben sich die Zeit mit Kartenspiel, wobei Ficsur seinem Komplicen schon im voraus den erwarteten Raubanteil abgewinnt. Unverhofft taucht der Kassierer auf, der Anschlag mißlingt. Der stämmige Linzmann zwingt Ficsur in die Knie und hält Liliom mit seinem Browning in Schach. Gleichzeitig reiten zwei Polizisten heran. Mit einem mächtigen Ruck befreit sich Ficsur und entkommt, Liliom, den

Pistolen Linzmanns und der Polizisten ausgeliefert, sticht sich das Küchenmesser in die Brust. Der Schwerverletzte wird auf einer Bahre in Hollunders Behausung gebracht. Im Wundfieber nimmt Liliom zwischen Trotz, Rechthaberei und Zärtlichkeit Abschied von seinem Weib und stirbt. Mit dem Toten allein, gesteht sie ihm zum erstenmal alle ihre Liebe. Dann ist Einsamkeit um den Toten. Aus tiefer Finsternis treten zwei Männer der Polizei Gottes an die Bahre, erwecken den Selbstmörder und holen ihn, daß er Rechenschaft ablege, mit hinüber. Bei der himmlischen Vernehmung nützt dem Liliom kein Ableugnen und keine Verstockung: aus Liebe zu Julie und dem Kind unter ihrem Herzen hat er sich das Leben genommen. Damit der Hochmut aus seiner trotzigen Seele gebrannt werde, muß er auf 16 Jahre ins rosafarbene Feuer. Wenn seine Tochter 16 Jahre alt sein wird, darf Liliom einen Tag zur Erde hinab, um durch eine gute Tat an seinem Kind die Läuterung seiner Seele zu beweisen. Der Tag ist da, der Erdenwanderer steht vor seiner Witwe und seiner Tochter, die ihm ausnehmend gefällt. Als angeblicher Bekannter des Liliom erzählt er ihr so viel schlechte Dinge über den Strizzi von Vater, daß ihn Julie entrüstet von der Schwelle weist. Der zudringliche Besucher aber möchte seiner Tochter noch etwas besonders Schönes antun, als Mitbringsel hat er einen leuchtenden Stern vom Himmel gestohlen. Luise weist dem Dieb energisch die Türe, da schlägt ihr Liliom erbittert auf die Hand. Das Unglück ist geschehen, doch das Mädchen hat den Schlag gar nicht gespürt. Bestürzt erinnert sich Julie ihrer eigenen Erfahrung ... Zwei himmlische Detektive geleiten den Unverbesserlichen an den Ort seiner Reinigung zurück.

Das schwermütig verhangene Mollthema der Liebe des Liliom und seiner Julie hat zum lustigen Gegenthema die geschwätzige Dreigroschenseligkeit ihrer Freundin Marie, während die hellhörige Menschlichkeit des Stückes mehr aus dem Unausgesprochenen, atmosphärisch Untergründigen kommt. Dies Ausgesparte gibt dem impressionistisch durchnuancierten Szenengefüge einen sublimen Stimmungsreiz und eine dichterische Transparenz, der das Hinübergleiten aus der sozial-realistischen Wirklichkeitssphäre in das leis ironisierte Sinnbild des Legendenspiels fugenlos gelingt. In deutscher Sprache wurde *Liliom* (Reclams UB 9937) erstmals 1912 in Wien aufgeführt, die Übersetzung und Bearbeitung stammte von Alfred Polgar.

K.H.R.

LUIGI PIRANDELLO

* 28. Juni 1867 in Girgenti (Sizilien)
† 10. Dezember 1936 in Rom

»Der geheimnisvolle Italiener« studierte in Rom und Bonn Philosophie und Sprachwissenschaften und war dann Professor für Literaturgeschichte an einem römischen Lehrerseminar. Nachdem er zuerst nur realistische Erzählungen und Romane, meist aus der Umwelt seiner sizilischen Heimat, veröffentlicht hatte, begann er, schon über 50 Jahre alt, für die Bühne zu schreiben. Mit seinen Stücken rasch zu Erfolg gelangt, gründete er 1925 in Rom ein eigenes Theater, mit dessen Ensemble er viele Gastspiele im Ausland, darunter auch in Deutschland (wo er in Berlin besonders gefeiert wurde) unternahm. 1934 erhielt er den Nobelpreis.

Eine so typisch deutsche Literaturbewegung wie der Expressionismus konnte in den romanischen Ländern den Realismus nicht ablösen, der in Italien das Schrifttum und das Theater (unter stärkstem französischem Einfluß) bis zum Ersten Weltkrieg beherrscht hatte. Der Futurismus, der dazu berufen schien – in keinem anderen europäischen Land hat sich eine ›avantgardistische‹ Gegenbewegung gegen Realismus und Naturalismus schon kurz nach 1900 mit so viel herausforderndem Umsturzwillen bemerkbar gemacht –, blieb seltsamerweise ohne Echo und Wirkung. So war es nur Gabriele d'Annunzio (1863–1938), der in seinen Wandlungen vom Symbolismus über die Dekadenz des Fin de siècle bis zum ästhetisch-heroisch drapierten Nationalismus die verschiedensten Strömungen einer antinaturalistischen Kunstgesinnung in sich vereinte, bis mit dem Auftreten des Dramatikers Pirandello auch das italienische Theater aus den Fesseln einer (meist noch provinziell verengten) naturalistischen Bühnentradition befreit wurde.

Pirandellos einziges Thema, das er in allen seinen Stücken mit einer bohrenden Dialektik abwandelt, ist die ständige Umkehrbarkeit von Schein und Sein und der daraus entspringende Zweifel »an der Kontinuität des persönlichen Ichs«. Der Mensch ist weder als natürliches noch als gesellschaftliches Wesen eindeutig fixierbar und einer eigenen Wirklichkeit nie völlig sicher. Pirandello nimmt – als psychologische Konsequenz dieser durch und durch skeptischen Haltung – die

›Lebensangst‹ voraus, die nach dem Zweiten Weltkrieg insbesondere von der französischen ›Littérature noire‹ als das Grundgefühl des heutigen Menschen proklamiert wurde – freilich mit dem Unterschied, daß Pirandellos merkwürdige, ohne Zweifel der deutschen Romantik verwandte (und durch seine Beschäftigung mit dieser während seiner Bonner Studienzeit geförderte) Ironie auch dieses Gefühl selbst erfaßt und zuweilen wieder aufhebt. Der Titel *Maschere nude (Nackte Masken)*, den er seinem zehn Bände umfassenden dramatischen Werk gibt, ist sehr bezeichnend für die Eigenart dieses um 1925 zu weltweitem Ruhm gelangten und ein Jahrzehnt danach trotz des Nobelpreises beinahe schon wieder vergessenen Dichters: die Maske (der Schein) verhüllt das Nackte (das Sein), aber die paradoxe Möglichkeit, daß in der Maske das Nackte auch hervortreten kann, verhindert jede Gewißheit über die Wahrheit und Wirklichkeit der menschlichen Existenz. So bleibt auch in Pirandellos Stükken, von denen *Heinrich IV.* (das Drama einer Bewußtseinsspaltung) beinahe die Tragödie streift, der Ausgang immer offen. Pirandello ist der ›Denkspieler‹ des romanischen Theaters; aber all seine eminent gescheite Dialektik führt nicht über die resignierte Erkenntnis hinaus, daß das Leben blind und unerbittlich über alles Denken hinwegflutet, durch das es zur Offenbarung seines Sinnes gezwungen werden soll. Die meisten Bühnenwerke des originellen Sizilianers sind mehr Stückskizzen als fertige Stücke, und doch ist in ihnen allen etwas von der philosophischen Problematik des menschlichen Daseins eingefangen: Grund genug, daß das Theater sich ihrer wieder einmal annehmen sollte.

Sechs Personen suchen einen Autor

(Sei personaggi in cerca d'autore). Ein Stück, das gemacht werden soll
Uraufführung: 10. Mai 1921 in Rom
Deutsch von H. Feist 1925, G. Richert 1964

Personen: Der Vater – Die Mutter – Die Stieftochter – Der Sohn – Der kleine Junge und das kleine Mädchen (stumme Personen) – Madame Pace – Der Theaterdirektor, die Schauspieler und Schauspielerinnen, der Inspizient, der Requisiteur, der Souffleur, das technische Personal, der Theatersekretär und der Theaterdiener.
Ort und Zeit: Auf der Bühne eines Theaters am Vormittag.

ßers, bis er, 1895 wegen sittlicher Verfehlungen zu einer zweijährigen Zuchthausstrafe verurteilt – ihr literarischer Niederschlag ist die berühmte »Ballade vom Zuchthaus zu Reading« –, von der Gesellschaft ausgestoßen und verfemt wurde. Er ging nach Paris, wo er zum Kreis des gesellschaftlich ebenfalls »anrüchigen« genialen Malers Henri de Toulouse-Lautrec gehörte. Arm und gebrochen ist er dort schon im Alter von 46 Jahren gestorben.

Wilde, der Meister des geistvoll-paradoxen Bonmots, mit dem er das Theaterpublikum heute noch verblüfft und erheitert, war selbst eine im tieferen Sinn paradoxe Existenz. Narzißhaft in seinen eigenen funkelnden Geist verliebt, verachtete er die Gesellschaft, die doch sein Lebenselement war und die er, indem er sie mit seinen Frechheiten und Sottisen empörte, zugleich aufs glänzendste unterhielt. In seinen Komödien porträtierte er sie, obgleich es ihm auf die Ausbildung wirklicher Charaktere und lebensvoller Gestalten überhaupt nicht ankam, mit verblüffendem Scharfblick. Seine Stücke verdeutlichen eine bestimmte Lebensart, eben die der englischen ›high society‹ seiner Zeit, als solche – weniger die Menschen, die ihr Leben in dieser Art führten. Solange Wilde sich an die Spielregeln der Gesellschaft hielt, erlaubte man ihm, sich auf der Bühne über sie lustig zu machen; man applaudierte und entzückte sich an dem ironischen Witz und der aphoristischen Eleganz, mit der er das tat, aber man lauerte auch insgeheim auf eine Gelegenheit, ihm die Überheblichkeit heimzuzahlen, mit der er die ›bürgerliche Moral‹ verspottete. Bekennertum war Wildes Sache nicht. Verteidigte er, wie in seiner Komödie *Eine Frau ohne Bedeutung* (1892; Reclams UB 8780), ein ›Opfer‹ der Gesellschaft, so nicht, um Mißstände anzuprangern, sondern um sich über sie zu amüsieren. Das ist, im schärfsten Gegensatz zu dem Moralisten Shaw, die Haltung des Ästheten, der das Leben völlig ›jenseits von Gut und Böse‹ spielerisch genießt. Höchster Ausdruck dieses Ästhetentums ist sein sprachlich mit einer Überfülle kühner und bizarrer Bilder prunkendes, dem Verruchtheits- und Schönheitskult des französischen Symbolismus entstammendes (und in französischer Sprache geschriebenes) einaktiges Drama *Salome* (1891), das in der Vertonung von Richard Strauss 1905 ein Welterfolg wurde. (Siehe Reclams Opernführer.) Als Wilde nach der Skandalaffäre mit dem jungen Lord Alfred

Douglas 1895 zu zwei Jahren Zuchthaus verurteilt wurde, hatte die Gesellschaft endlich die Möglichkeit, sich an ihrem arroganten Kritiker und mokanten Spaßmacher zu rächen. Die Tiefe menschlichen Leids, in die das triumphgewohnte Enfant terrible der Londoner Salons stürzte, fand ihren erschütternden Ausdruck in der Bekenntnisschrift *De profundis*, die neben dem Künstlerroman *Das Bildnis des Dorian Gray* (1890) und den bezaubernden Märchen (1888 bis 1891) die versteckteren Züge in Wildes aus hochmütiger Blasiertheit und poetischem Phantasiedrang seltsam widersprüchlich zusammengesetzter Persönlichkeit hervortreten läßt: ein melancholischer Ernst wirft seine Schatten auf das brillante Bild des blendenden, skeptisch-frivolen und spöttisch-sentimentalen Genußmenschen.

Lady Windermeres Fächer

(Lady Windermere's Fan). Komödie in vier Akten
Uraufführung: 22. Februar 1892 in London
Deutsch von K. Epple

Personen: Lady Windermere – Lord Windermere – Lord Darlington – Lord Augustus Lorton – Mr. Dumby – Mr. Cecil Graham – Mr. Hopper – Die Herzogin von Berwick – Lady Carlisle, ihre Tochter – Lady Stutfield – Lady Jedburgh – Mrs. Erlynne – Parker, Butler u. a.
Ort und Zeit: Innerhalb von 24 Stunden in London in den Häusern von Lord Windermere und Lord Darlington, Ende des 19. Jahrhunderts.

Lady Windermere, mit der Vorbereitung einer großen Gesellschaft zu ihrem Geburtstag beschäftigt, erfährt von Lord Darlington, der eine heimliche Neigung für sie empfindet, daß ihr Mann Beziehungen zu einer Dame von etwas zweifelhaftem Ruf unterhält. Darlingtons Vorschlag, sich dafür zu »revanchieren«, lehnt die Lady zwar ab, doch seine Bemerkung, es könne sein, daß sie bald einen Freund brauche, gibt ihr zu denken. Die konfuse und klatschsüchtige Herzogin von Berwick bestärkt sie in ihrem Verdacht: jene »schreckliche Frau«, eine gewisse Mrs. Erlynne, die vor einem halben Jahr ziemlich mittellos nach London gekommen sei, habe plötzlich ein reizendes Haus in Mayfair und lebe auf großem Fuß, seit sie »den armen, lieben Windermere« kenne. Ein Skandal scheint unvermeidlich, als Lord Windermere verlangt, seine Frau solle Mrs. Erlynne zu ihrer Geburtstagsfeier einladen. Ihre empörte Weigerung beantwortet der Lord damit, daß *er* das Einladungsbillet schreibt und zu Mrs. Erlynne bringen läßt. Seine Frau erklärt ihm, daß sie ihm in dem Augenblick, in dem Mrs. Erlynne gemeldet würde, vor allen Gästen den Fächer, den er ihr zum Geburtstag geschenkt hat, ins Gesicht schlagen werde. – Als Mrs. Erlynne am Abend tatsächlich zu dem Fest erscheint, läßt Lady Windermere ihren Fächer nach einem Augenblick krampfhafter Anspannung fallen. Darlington hebt ihn auf und verläßt mit der Lady, die den unwillkommenen Gast fast verächtlich kühl behandelt, kurz darauf den Saal. Die Gesellschaft tuschelt über die Erlynne, der die Herren jedoch sichtlich mit galantem Interesse begegnen. Darlington kehrt mit der Lady zurück; er versucht sie davon zu überzeugen, daß sie mit einem Mann, der ihr die Schmach dieser Einladung angetan habe, nicht länger zusammenleben könne, und gesteht ihr seine Liebe. Als er gegangen ist, verläßt auch Lady Windermere das Haus. Den Abschiedsbrief, den sie ihrem Mann geschrieben hat, findet Mrs. Erlynne. Nach kurzem innerem Kampf öffnet sie ihn und liest ihn mit größter Bestürzung. – Mrs. Erlynne ist Lady Windermere in Darlingtons Wohnung nachgeeilt. Sie beschwört die Lady, sofort nach Hause zurückzukehren, wird aber höhnisch abgewiesen. Als Mrs. Erlynne sie jedoch an ihr kleines Kind erinnert, läßt die Lady sich umstimmen. In dem Augenblick, als die beiden Frauen aufbrechen wollen, kommt Lord Darlington mit einigen Freunden, darunter Lord Windermere und Lord Augustus Lorton, der sich sehr um Mrs. Erlynnes Gunst bemüht, zurück. Die Damen verbergen sich, wobei Lady Windermere ihren Fächer in der Eile liegenläßt. Ihr Gatte, der dem nun anhebenden Gespräch entnommen hat, daß Darlington in eine verheiratete Frau verliebt ist, findet beim Abschied den Fächer und wird von einem furchtbaren Verdacht befallen. In diesem Augenblick tritt Mrs. Erlynne ins Zimmer und erklärt, während Lady Windermere das allgemeine Erstaunen dazu benutzt, um unbemerkt hinauszuschlüpfen, daß *sie* bei Lord Windermeres Gesellschaft offenbar ihren eigenen Fächer mit dem seiner Frau verwechselt habe. Die Verwirrung steigt auf den Gipfel: Lord Windermere ist nun überzeugt, daß die Erlynne eine Liebesabenteurerin ist und ihren schlechten Ruf verdient, Lord Augustus schickt sich an, seine Neigung zu begraben, und Darlington sieht sich wütend und erstaunt der

Fatalität ausgesetzt, in den Augen der Londoner Gesellschaft als Mrs. Erlynnes Liebhaber zu erscheinen. – Lady Windermere, wieder in ihrem Haus, macht sich Gedanken über die Motive von Mrs. Erlynnes Opfer; die ›zweifelhafte‹ Frau erscheint ihr nun in einem ganz andern Licht. Als diese ihr den Fächer zurückbringt, verlangt Lord Windermere, daß sie aus seinem Lebensumkreis für immer verschwinde; es werde ihr gewiß nicht schwerfallen, denn sie habe ja schon einmal ihr Kind verlassen und sei mit einem Liebhaber durchgebrannt. Dieses Kind aber ist niemand anders als Lady Windermere, die ebensowenig weiß, daß Mrs. Erlynne ihre Mutter ist, wie der Lord das Opfer versteht, das diese dem gesellschaftlichen Ansehen ihrer Tochter gebracht hat. Mrs. Erlynne wird England verlassen – als Lady Augustus Lorton, nachdem sie ihren künftigen Gatten davon überzeugt hat, daß ihr Besuch bei Darlington durchaus nicht das bedeutete, was er vermutete. Als Abschiedsgeschenk bittet sie sich Lady Windermeres Fächer aus, den diese ihr gern überläßt – überzeugt, daß er in die Hände einer klugen und guten Frau kommt.

In seiner ersten Komödie, dem ›Stück von einer guten Frau‹, zeigt sich Wilde noch um eine einigermaßen glaubhafte Psychologie bemüht, vor allem in der Gestalt der Lady Windermere, deren anfänglicher gesellschaftlicher Hochmut gegenüber der etwas zwielichtigen Mrs. Erlynne mehr und mehr einer menschlichen Zuneigung weicht, ohne daß die Lady erfährt, wer die Frau, deren Charakterwerte sie schätzen lernt, in Wahrheit ist. Eine köstliche, nicht nur durch ironische Belichtung (wie die andern Gesellschaftstypen), sondern vom Wesen her komische Figur ist der Lord Augustus Lorton, und in der Herzogin von Berwick ist die Gestalt der zerfahren-amüsanten, klatschsüchtigen und halb liebenswürdigen, halb gefährlichen Salonbestie französischen Ursprungs (die Herzogin von Marlborough in Eugène Scribes *Glas Wasser*) auf das englische Theater gelangt, die sich seitdem bis zu Thomas Stearns Eliots Julia Shuttlethwaite in der *Cocktail-Party* ihre feste Stellung in der Gesellschaftskomödie bewahrt hat. (Reclams UB 8981 und 9187, engl.)

Ein idealer Gatte

(An Ideal Husband). Schauspiel in vier Akten
Uraufführung: 3. Januar 1895 in London
Deutsch von K. Epple

Personen: Der Earl von Caversham – Viscount Goring, sein Sohn – Sir Robert Chiltern, Unterstaatssekretär im Außenministerium – Vicomte de Nanjac, Attaché an der französischen Botschaft – Mr. Montford – Lady Chiltern, Sir Roberts Frau – Lady Markby – Mrs. Marchmont – Die Gräfin von Basildon – Miß Mabel Chiltern, Sir Roberts Schwester – Mrs. Cheveley – Mason, Kammerdiener bei Sir Robert – Phipps, Kammerdiener bei Lord Goring, u. a.
Ort und Zeit: In London, im Hause von Sir Robert Chiltern und bei Lord Goring, Ende des 19. Jahrhunderts.

Auf einem Ball im Haus des Unterstaatssekretärs Sir Robert Chiltern versucht die im Ruf einer etwas abenteuerlichen Existenz stehende Mrs. Cheveley, eine Schulkameradin der Lady, den Hausherrn für ein Kanalprojekt in Argentinien zu interessieren, an dem sie finanziell beteiligt ist. Mit Hilfe eines in ihrem Besitz befindlichen kompromittierenden Dokuments über Sir Roberts Vermögensgrundlage gelingt es ihr rasch, den anfänglichen Widerstand des ehrgeizigen Politikers zu brechen. Mabel Chiltern, mit der der reiche, mokant-gescheite Lord Goring flirtet, findet eine Brosche; Goring nimmt sie an sich – vor Jahren hat er sie einmal einer Dame zum Geschenk gemacht. Nachdem die Gäste das Haus verlassen haben, bittet Lady Chiltern ihren Gatten, der für sie das Ideal eines untadeligen Ehrenmannes ist, sich nicht in Geschäfte mit der schon in der Schule als Lügnerin verrufenen Mrs. Cheveley, von der sie sich sehr betont distanziert hat, einzulassen. Vergebens versucht Sir Robert, seine Frau von der politischen Zweckmäßigkeit der Verbindung mit dem Projekt der Cheveley zu überzeugen; in anrüchige Dinge will sie ihn nicht verstrickt sehen. In einem Brief an Mrs. Cheveley widerruft Sir Robert seine Zusage. – Sein Freund Goring empfiehlt ihm, seiner Gattin die Wahrheit zu sagen, aber Chiltern fürchtet, die Liebe seiner Frau zu verlieren, wenn er nicht mehr der ›ideale Gatte‹ ihrer Träume sein kann. Goring wird vorsichtig versuchen, Lady Chiltern auf eventuelle Schwierigkeiten, die ihrem Mann begegnen könnten, vorzubereiten. – Im Hause Chiltern kommt es zwischen Mrs. Cheveley, die sich nach ihrer verlorenen Diamantbrosche erkundigt, und Lady Chiltern zu einem erregten Auftritt. Gereizt durch die offenkundige Verachtung der Dame des Hauses, gibt die Cheveley den Makel preis, der an Sir Robert haftet: er hat vor Jahren einem Börsenmann ein Kabinettsgeheimnis um einen sehr hohen Geldbetrag verkauft und damit sein Vermögen begründet. Der Unterstaatssekretär muß, dazukommend, mit anhören, wie die Cheveley das Idealbild, das seine Frau sich von ihm gemacht hat, zerstört. Vergebens wendet er ein, daß es ja gerade dieses eigensinnig erschaffene und festgehaltene Trugbild sei, dem seine Frau ihre Liebe zugewendet habe und dessen Vernichtung ihn nun öffentlich bloßstellen werde. Lady Chiltern sieht mit der Ehrenhaftigkeit ihres Gatten auch ihre Ehe zusammenbrechen. – Im Wohnzimmer Lord Gorings findet Mrs. Cheveley einen Brief Lady Chilterns, die dem Freund ihres Mannes ihren Besuch ankündigt, um sich mit ihm zu beraten. Sie will den Brief an sich nehmen, wird aber durch Gorings Vater gestört und eilt in ein Nebenzimmer. Als der Earl gegangen ist, erscheint Sir Robert. Während er mit dem Freund die aussichtslose Situation erörtert, entdeckt er, durch ein Geräusch aufmerksam gemacht, im Nebenzimmer die Cheveley, die er für Gorings Geliebte hält. Das ist zuviel – verzweifelt und empört verläßt er Goring, der seinerseits Lady Chiltern erwartet hatte und höchst betroffen nun der Cheveley gegenübersteht. Diese erklärt ihm, sie sei bereit, das den Staatssekretär belastende Papier auszuliefern, wenn Goring sie heirate und damit gesellschaftlich legitimiere. Aber Goring pariert die Intrige: er weiß, daß Mrs. Cheveley die Brosche, die Mabel Chiltern fand, gestohlen hat, denn er hat sie früher einmal seiner Cousine geschenkt. Das Dokument für die Brosche – das ist die Bedingung, unter der er die Diebin nicht verraten wird. Sie muß sich fügen, droht aber dennoch triumphierend, sie werde den Brief Lady Chilterns an Goring als Beweis für ein Rendezvous Sir Robert senden. – Da, auf dem Höhepunkt des wechselseitigen Ränkespiels, wendet sich alles zum Guten. Sir Robert hat im Unterhaus, Charakter über Karriere stellend, eine große Rede *gegen* das argentinische Kanalprojekt gehalten und sich seiner Frau damit von neuem als idealer Gatte präsentiert. Lord Goring erfährt von seinem Vater im Hause Chiltern diese glückliche Wendung, und in seiner Freude darüber macht er Mabel Chiltern, die ihn schon seit langem anbetet, eine Liebeserklärung. Da auch Mrs. Cheveleys sauberer Plan, Lady Chiltern mit Hilfe des Briefes an Goring der ehelichen Untreue zu verdächtigen, fehlgeschlagen ist, steht der Versöhnung der Ehegatten nichts mehr im Wege.

Deutlicher als in seinen anderen Bühnenwerken tritt in *Ein idealer Gatte* die Technik des französischen Intrigenstücks zutage, die Wilde von den Virtuosen des Pariser Boulevard-Theaters (Scribe, Sardou) gelernt hatte. Da werden Fallen gestellt, aus denen man doch wieder herauskommen, Schlingen gelegt, denen man doch wieder entschlüpfen kann, da spielen Verwechslungen und Mißverständnisse eine bedeutende Rolle, da wird geblufft und Trumpf um Trumpf ausgespielt. Die dramaturgische Apparatur läuft wie auf Kugellagern. Was dem Schauspiel die persönliche Farbe gibt, ist die Brillanz des Wildeschen Witzes, das Glitzern und Funkeln der gesellschaftskritischen Aphorismen, die so elegant formuliert sind, daß der Zuschauer im Theater gar nicht danach fragt, ob sie wirkliche Kritik oder nur Sottisen enthalten. So ist es auch mit den Figuren des Stückes – sie sind so amüsant, daß man darüber hinwegsieht, daß es unter wirklichen Menschen kaum so permanente Charme- und Geistproduzenten wie Lord Goring und kaum so exemplarisch durchtriebene Salonbestien wie Mrs. Cheveley gibt. Erheiternd effektvolle Bühnenexistenz ersetzt hier unbekümmert menschliche Substanz. (Reclams UB 8641.)

Bunbury
oder Die Bedeutung, ernst zu sein

(The Importance of Being Earnest). Triviale Komödie für ernsthafte Leute
Uraufführung: 14. Februar 1895 in London
Deutsch von R. Kohlmayer

Personen: Jack Worthing – Algernon Moncrieff – Lady Bracknell – Gwendolen, ihre Tochter – Cecily Cardew, Jacks Mündel – Miß Prism, ihre Gouvernante – Kanonikus Chasuble, Pastor in Woolton – Mr. Crisby, Rechtsanwalt – Lane, Diener bei Algernon – Merriman, Diener bei Jack.
Ort und Zeit: Algernons Wohnung in London, der Garten und das Gartenhaus Jacks in Woolton, Ende des 19. Jahrhunderts.

Bunbury ist unter allen Bühnenstücken Oscar Wildes das witzigste und amüsanteste, freilich auch das in der Handlung lockerste und in der Technik saloppste, das er geschrieben hat. Schon die Gattungsbezeichnung »Eine triviale Komödie für ernsthafte Leute« unter dem ursprünglichen Titel »Die Kunst, ernst zu sein« ist ein Witz, denn gerade ernsthafte Leute schütteln über dieses Stück, in dem jeder Satz ein Aphorismus, ein Aperçu oder mindestens ein Bonmot, also das Gegenteil von ›trivial‹; ist, die Köpfe. Es ist eine richtige Farce und eigentlich mehr ein freilich höchst geistvoller Studentenulk als ein (wenigstens der Technik nach seriöses) Bühnenlustspiel, die Ausgeburt einer Laune, um nicht zu sagen ein Streich, wie er oft genug in den alten College-Häusern von Oxford, die Wilde als Student kennengelernt hatte, ausgeheckt worden sein mag. Die Hauptfigur ist ein Phantom, ein Lügengeschöpf, das gar nicht existiert – Jack Worthings ›Bruder‹, der von seinem Freund Algernon Moncrieff gespielt wird und, da zwei vergnügte junge Damen auf den Spaß eingehen, allerhand beträchtliche Verwirrungen anrichtet. Eine Handlung kann nicht erzählt werden, denn es gibt keine, sondern nur Situationen, die aus fortwährenden Verwechslungen entstehen. Der tiefere Sinn – wenn es dem Dichter überhaupt darauf ankam – liegt wohl darin, zu zeigen, wie substanzlos eine Gesellschaft ist, die ein Phantom ernst nimmt, wenn seine Erfinder nur ihrerseits ernst genug zu bleiben vermögen, um es als real hinzustellen. So finden sich denn gerade in *Bunbury* die witzigsten und spritzigsten Einfälle der Wildeschen Gesellschaftsglossierung, denn von einer Gesellschafts-*Kritik*, wie sie Ibsen und später Shaw betrieben, kann hier noch weniger als in Wildes anderen Komödien die Rede sein. Die Gestalt der Lady Bracknell ähnelt der Herzogin von Berwick in *Lady Windermeres Fächer* – die in allen Salons gefürchtete und dennoch unentbehrliche ›grand old Lady‹ mit raschem, wenn auch kurzem Verstand, Falkenaugen hinter dem Lorgnon und einem zermalmend bissigen Mundwerk. Man nehme *Bunbury* nicht als Stück, sondern als Jux, als Darbietung des spezifisch britischen Talents, mit Charme albern sein zu können, und sehe über die Eitelkeit hinweg, mit der Wilde sich als ein Magnat dieses Talents produziert. (Reclams UB 8498 und 9267, engl.) *K. H. R.*

GEORGE BERNARD SHAW

* 26. Juli 1856 in Dublin
† 2. November 1950 in Ayot St. Lawrence (Herfordshire)

Der Vater macht als Getreidehändler Konkurs, ist schwerer Alkoholiker – diese abstoßenden Kindheitserlebnisse machen aus Shaw zeitlebens einen Abstinenzler. Die Mutter verläßt ihren Mann, zieht ohne den Sohn mit den beiden Töchtern nach London, schlägt sich dort als Musiklehrerin durch. Shaw leidet an der Schule, geht 1871 mit 15 Jahren als Bürolehrling zu einem Immobilienmakler. 1876 zieht er zur Mutter nach London. Entbehrungsreiche Jahre, mißglückte Versuche als Journalist und Romanautor: fünf Romane finden keinen Verleger. 1882 studiert Shaw »Das Kapital« von Karl Marx im Lesesaal des Britischen Museums, wo das Werk auch entstanden ist, und wird kämpferischer Sozialist. Seit 1884 mit Sidney Webb, E. R. Pease, Annie Besant in der Fabian Society, einer politischen Reformbewegung, die für anti-autoritäre Erziehung, die Gleichberechtigung der Frau und sozialen Ausgleich eintritt. 1885 Musikkritiker der »Dramatic Review«, Literaturkritik in der »Pall Mall Gazette«, Kunstkritik für »The World«, ab 1887 unter dem Pseudonym »Corno di Bassetto« (= Bassetthorn, Sonderform der Baßklarinette) Musikkritiker für die Abendzeitung »The Star« – begeisterter Parteigänger von Wagner und Verdi, ablehnend gegenüber Brahms und Schubert. 1895–98 einflußreicher Theaterkritiker unter dem Signum G.B.S. für »The Saturday Review«. 1891 erscheint sein Essay »The Quintessence of Ibsenism«, der zur theoretischen Grundlage seiner Theaterarbeit wird. Mit »Die Häuser des Herrn Sartorius« 1892 versucht er sich erstmals als Dramatiker, das Stück wird nach zwei Aufführungen abgesetzt. Erst der Erfolg des »Teufelsschülers« in den USA bringt für Shaw die Anerkennung als Theaterautor. Von jetzt an arbeitet er mit dem Royal Court Theatre in London und dessen Leiter Granville Barker zusammen. 1898 heiratet er die reiche Erbin Charlotte Payne-Townshend, wirkt 1897–1903 auch politisch als Stadtrat in einem kleinen Londoner Bezirk. Ab 1905 wird Shaw nach Shakespeare zum meistgespielten englischen Dramatiker und für die jungen Intellektuellen zum Meinungsbildner. 1926 erhält er den Nobelpreis, 1928 Reisen nach Rußland, 1931 in die USA.

Mit über 50 Theaterstücken, 5 Romanen, einer Vielzahl kritischer Aufsätze war Shaw der wichtigste Meinungsmacher in seiner Zeit – ein skeptischer Aufklärer, der mit seinen Figuren kritische, aber immer vergnügliche Erziehungsarbeit an den Zeitgenossen leistete. Sprachlich spielt Shaw mit Pointen und Paradoxen, mit seinen Stoffen bezieht er sich auf Zeitfragen. Erst im Alter von 36 Jahren beginnt er nach langen Jahren politischer und journalistischer Arbeit Stücke zu schreiben, und er wird auch auf der Bühne den tagesaktuellen, oft polemischen Journalismus nie ganz ablegen. Indem er seine Dramen einteilt in *erquickliche* und *unerquickliche Stücke*, in *Komödien des Unglaubens*, in *Stücke für Puritaner*, zeigt sich die Distanz eines Kritikers zur eigenen Arbeit. Ebenso charakteristisch sind Shaws Vorreden zu den Stücken, die sich zu umfangreichen, sprachlich geschliffenen Theorien und Leitartikeln auswachsen. Shaw ist in seiner Zeit ein provozierender Widerspruchsgeist, ein Entlarver mit den Waffen des Witzes, ein Moralist, der den Clown hervorkehrt: »Ich bin ein Spaßmacher. Meine Methode ist: finde das Richtige zu sagen und dann sage es mit größtmöglicher Leichtfertigkeit ... Jeder Spaß ist ein Ernst im Schoße der Zeit ... wenn etwas lustig ist, suche man darin nach einer verborgenen Wahrheit, und durch Lachen allein kann man das Böse ohne Boshaftigkeit zerstören und Freundlichkeit ohne Gefühlsseligkeit übermitteln.«

Sein Widerspruchsgeist verkehrt die Legenden seiner Zeit ins Gegenteil: Geschichtsheroen wie Caesar, Napoleon und die heilige Johanna werden entheroisiert, Don Juan wird ein Anti-Liebhaber, der König in *Der Kaiser von Amerika* entpuppt sich als recht demokratisch. Die ehrenwerten Stützen der Gesellschaft werden als Lumpen entlarvt, der Arzt als Wegbereiter des Todes. Immer geht es darum, durch Aufklärung herrschende falsche Konventionen und Illusionen richtigzustellen. Zunächst sind es soziale Themen, die Shaw kritisch aufgreift: Bauspekulation, Mietwucher, Prostitution. Keine Verbrechernaturen sind da am Werk, sondern nette, joviale Menschen, die in ihren dunklen Geschäften genauso hart arbeiten und gedankenlos gegenüber den Folgen sind wie die braven Bürger im Zuschauerraum. Damit stellt Shaw, der Reformsozialist, die kapitalistischen Methoden seiner Gesellschaft insgesamt in Frage. Er kämpft gegen Tabus im Bereich des Sexuellen wie des Sozialen, er fordert die Emanzipation der Frau: *Pygmalion*, *Die heilige Jo-*

hanna. Immer wieder zeigt er Aussteiger aus der sogenannten guten Gesellschaft, die ihr Rollenverhalten mit dem gesunden Menschenverstand und einem Bekenntnis zur unverstellten Wirklichkeit vertauschen. Meist sind es starke, selbstsichere Frauengestalten, die zu sich selbst kommen und auch für ihre Mitwelt ein klares, vernünftiges Lebenskonzept entwickeln. Die lebenspraktische Überlegenheit der Frau finden wir bereits bei Molière und seinen tatkräftigen Dienstmägden, später bei Anouilh und seinen störrischen, rebellischen kleinen Mädchen. Bei Shaw sind es Eliza und Major Barbara, Candida, Cicely und die heilige Johanna, die mit Herz und Humor, Vernunft und psychologischem Feingefühl ihre Umwelt verändern, entwikkeln, erziehen – unverbesserlich optimistisch.

Formal übernimmt Shaw von seinem Vorbild Ibsen das Konversationsstück, um auf der Bühne gesellschaftskritisch diskutieren zu können und Widersprüche aufzudecken. Aber Shaw verblüfft und irritiert den Zuschauer in dieser üblichen Form des Salonstücks oder der Intrigenkomödie durch eine unerwartete Wendung, eine paradoxe Situation. Der wiederholte Fall einer ungeklärten Herkunft, eines bisher unbekannten Vaters *(Frau Warrens Gewerbe, Man kann nie wissen, Major Barbara)* entsprechen dem übernommenen Lustspielklischee, weisen aber auch auf Shaws Biographie.

Oft entläßt er mit einem Fragezeichen. Kein Happy-End, sondern ein offener Schluß wie in *Pygmalion*, *Der Arzt am Scheideweg.* Oft kommt es zum dialektischen Rollentausch der Figuren: *Der Teufelsschüler*, *Kapitän Brassbounds Bekehrung*, *Pygmalion*, *Candida.* Shaw ist ganz in der Nähe Brechts, wenn er das Theater als Instrument der Belehrung und Information einsetzt. Er sieht hier die Wechselwirkung mit dem öffentlichen Leben: »Das öffentliche und private Leben wird täglich theatralischer, der moderne Kaiser (oder Diktator) ist der Hauptdarsteller auf der Bühne seines Landes, ... Die Wahrheit ist, daß die Kunst des Dramatisierens der erste Versuch des Menschen ist, zu intellektuellem Selbstbewußtsein zu kommen.«

Zunächst versucht sich Shaw erfolglos als Romanautor: *Junger Wein gärt* (1879), *Die törichte Heirat* (1880), *Künstlerliebe* (1881), *Cashel Byrons Beruf* (1881), *Der Amateursozialist* (1883). Es sind weitschweifige, konfliktreiche Geschichten aus dem Künstler- und Sportmilieu. Auffallend sind allenfalls das

Übergewicht an Dialogszenen und die satirisch überzeichneten Gesellschaftstypen. Der Einstieg ins Theaterleben ergibt sich fast zufällig: Der private Theaterclub »The Independent Theatre« hatte sich unter begeistertem Zuspruch des Kritikers Shaw ganz Ibsen und dem neuen Zeitstück verschrieben. Umsonst bemühte man sich auch um ein zeitgenössisches englisches Stück. Da sprang Shaw selbst ein und schrieb nach einem liegengebliebenen Entwurf, den er bereits 1885 gemeinsam mit dem Kritiker William Archer skizziert hatte, *Die Häuser des Herrn Sartorius* (*Widowers' Houses*, UA 9. 12. 1892 London). Das Stück ist ein Zerrspiegel auf die übliche romantische Liebesgeschichte, der das Publikum bewußt schockieren sollte. Die junge Blanche Sartorius verdankt ihre Mitgift den anrüchigen Geschäften ihres Vaters, der sich durch Mietwucher in den Slums bereichert. Sie ist kokett und skrupellos genug, um auch ihren Verlobten Harry Trench, der sich so moralisch gibt, zum Bodenspekulanten zu machen: Profit geht über Ideale! In *Der Liebhaber (The Philanderer*, UA 20. 2. 1905 London), einer Satire auf emanzipierte Frauen, die von der freien Liebe und dem neuen Menschen schwärmen, sagt ein Arzt durch eine Fehldiagnose seinem Freund den baldigen Tod voraus und ist erbittert, als er sich in seiner Voraussage irrt. Nach *Frau Warrens Gewerbe* (1902) stellt Shaw diese drei ersten Dramen unter den Oberbegriff *Unerquickliche Stücke*. Sie haben tatsächlich die Öffentlichkeit mit ihrer aggressiven Sozialkritik schockiert, oft nur wenige Aufführungen in privaten Clubs erlebt, Skandale und Zensur ausgelöst. Shaw läßt drei *Erquickliche Stücke* folgen: *Helden* (1894), *Candida* (1897) und *Der Mann des Schicksals* (*The Man of Destiny*, UA 1. 7. 1897 Croydon) – letzteres ein Einakter, der Napoleon als Alltagsmenschen zeigt und eine Vorstufe für die ironische Heldendemaskierung der Historien ist. Die nächsten drei Werke sieht Shaw als *Stücke für Puritaner*: *Der Teufelsschüler* (1897), *Cäsar und Cleopatra* (1901) und *Kapitän Brassbounds Bekehrung* (1900). *John Bulls andere Insel* (*John Bull's other Island*, UA 1. 11. 1904 London) ist eine beißende Satire auf die Briten, die Irland ausbeuten, und macht in ihrer frechen Direktheit Shaw erstmals in England populär. *Mensch und Übermensch* (*Man and Superman*, UA 21. 5. 1905 London): Shaws Deutung des Don Juan stellt das Thema auf den Kopf. Sein moderner Juan, der als John Tanner Londons Salongesellschaft brüskiert, ist ein Frauenfeind und Freigeist, der ein Handbuch für Revolutionäre verfaßt hat. Zuletzt wird er durch die Verführungskünste seines Mündels Ann Whitefield eingefangen. Shaw, der sein Stück im Untertitel *Eine Komödie und eine Philosophie* nennt, verbindet Nietzsches Idee vom Übermenschen mit der Lebensphilosophie Bergsons: Die »Lebenskraft« (life force) der Frau setzt sich durch gegen die Männerwelt und sichert den Fortschritt der Menschheit. Ein Zwischenspiel *Don Juan in der Hölle*, zuweilen auch getrennt aufgeführt, ist ein Streitgespräch zwischen Satan, Don Juan, Donna Anna und dem Komtur, der sich aus dem langweiligen Himmel davongemacht hat. Shaw zeigt uns die Hölle als Ort des romantischen Selbstbetrugs, des sinnlichen Vergnügens, der billigen Illusionen – das sind die Sündenfälle des Kleinbürgers, gegen die Shaw zeitlebens mit Spott und Argumenten gekämpft hat. Den *Komödien des Unglaubens* (*Major Barbara*, 1905; *Der Arzt am Scheideweg*, 1906) stehen die *Komödien des Glaubens* gegenüber (*Die heilige Johanna*, 1923; *Androklus und der Löwe*, UA 1. 9. 1913 London). Die durch den spätantiken Schriftsteller Aulus Gellius überlieferte Märtyrerlegende nutzt Shaw, um sich mit Religion und Opfersinn auseinanderzusetzen. Der kleine Schneider Androklus ist ein Pantoffelheld, hat aber in seiner Tierliebe einen Löwen vom Dorn geheilt. Als er nun während der Christenverfolgung dem Löwen zum Fraß vorgeworfen wird, verschont ihn das Raubtier aus Dankbarkeit. Was von der Kirche als Wunder gefeiert wird, ist für Shaw nur mehr zweckmäßig und logisch. *Pygmalion* (1913) wird für Shaw der erste nachhaltige Welterfolg.

Während des Ersten Weltkriegs bleibt Shaw seiner pazifistischen Überzeugung treu und verfaßt die gegen die allgemeine patriotische Kriegsbegeisterung gerichtete Schrift *Common Sense about the War.* Politiker wie Öffentlichkeit fallen sogar mit Morddrohungen über den unbequemen Außenseiter her. In dieser Verdüsterung schreibt Shaw *Haus Herzenstod* (*Heartbreak House*, UA 10. 11. 1920 New York): Der alte Seebär Shotover hat sich sein Haus als Schiff eingerichtet – Sinnbild des Lebensschiffs, aber auch Englands in seiner Insellage. Alles, was den seltsam unwirklichen Figuren hier widerfährt, ist Enttäuschung, Hochstapelei, Betrug. Bomben zerstören zuletzt diese Welt, die keine bessere Zukunft verdient. *Zurück zu Methusalem* (*Back to Methuselah*, UA 27. 2. 1922 New York) ist ein sich auf drei Theaterabende erstreckendes Riesenwerk – Shaws philosophische Spekulation über die schöpferische Fortentwicklung der Menschheit. Das beginnt im Paradies bei Adam und Eva, persifliert kabarettistisch die zeitgenössischen Politiker und endet im Jahr 31920 in einer skurrilen Utopie unter Menschen, die vollentwickelt aus Eiern schlüpfen. Auch in den letzten Lebensjahrzehnten schreibt Shaw unbeirrt weiter Einakter und Komödien, von denen besonders *Der Kaiser von Amerika* (1929) und *Die Millionärin* (1936) weitere Verbreitung fanden.

Shaws weltweite Wirkung geht anfangs nicht von England, sondern von den deutschen Aufführungen in Berlin aus. Entscheidend dafür war der österreichische Kritiker Siegfried Trebitsch, der zunächst auf eigenes Risiko die Stücke übersetzt und den mächtigen Theaterzaren Max Reinhardt für den kommenden Autor interessiert hat. Georg Brandes und Hermann Bahr haben mit ihren Aufsätzen Shaws Breitenwirkung gefördert. In den siebziger Jahren wurden die Trebitsch-Übersetzungen durch eine zeitgemäße Eindeutschung ersetzt. Namhafte Autoren wie Heinrich Böll, Wolfgang Hildesheimer, Martin Walser, Harald Mueller, H. G. Michelsen betätigen sich als Shaw-Übersetzer.

Heute scheint Shaw mit seinem reformerischen Elan, mit seiner optimistischen Fortschrittsgläubigkeit aus der Mode gekommen. Viele seiner witzigen Attacken haben an Wirkung verloren, weil ihr aktueller Anlaß längst verpufft ist. Bissig, aber treffend zieht der Kritiker Hans Weigel das Resümee: »Shaw ist sehr alt geworden, aber sehr gründlich gestorben ... Sein Witz ist nun schal, sein Ernst hohl, seine Ironie ist Leerlauf und seine Antiquiertheit ist nicht rührend, sondern peinlich.« Präsenter als mit seinen Stücken ist er im heutigen Theater durch seinen Briefwechsel mit Mrs. Patrick Campbell, den Jerome Kilty in die szenische Fassung *Geliebter Lügner* (1959) gebracht hat – Bravourauftritte für Altstars wie Elisabeth Bergner und O. E. Hasse, Maria Casarès und Pierre Brasseur.

Frau Warrens Gewerbe

(Mrs. Warren's Profession). Drama in vier Akten
Uraufführung: 5. Januar 1902 in London. Deutsch von S. Trebitsch 1904, M. Walser 1971

Personen: Frau Kitty Warren – Vivie, ihre Tochter – Sir George Crofts – Praed, Architekt – Pastor Samuel Gardner – Frank, sein Sohn.
Ort und Zeit: In Vivie Warrens Landhaus, im Pfarrgarten und einem Büro, in der Nähe von London, Ende des 19. Jahrhunderts.

Frau Warren stammt aus den Londoner Slums und konnte sich nur als Prostituierte vor dem Verhungern retten. Später wendet sie die kapitalistischen Spielregeln auf ihr Gewerbe an und baut ein florierendes internationales Bordell-Kartell auf. So kann sie ihrer Tochter Vivie den Luxus einer hochmoralischen Erziehung und ein Universitätsstudium in Cambridge ermöglichen. Das Mädchen gerät in eine Gewissenskrise, als sie erkennt, wie sehr die idealistischen Maßstäbe, die man ihr anerzog, mit der Wirklichkeit in der eigenen Familie in Widerspruch stehen: jeder in dieser Komödie hat ein doppeltes Gesicht. Sir Croft, der ehrenwerte Aristokrat, ist mit seinem Vermögen an Frau Warrens Liebesmarkt beteiligt. Der fromme Pfarrer Gardner entpuppt sich als Ex-Liebhaber ihrer Mutter, und vielleicht ist sein Sohn Frank, mit dem Vivie sich verloben will, gar ihr Halbbruder. Diese nur als Möglichkeit angedeutete Blutschande war für die englische Öffentlichkeit so anstößig, daß das Stück fast dreißig Jahre auf die erste öffentliche Aufführung (1925) warten mußte.

Vivie rechnet mit der Mutter ab, sie sagt sich von ihr und der Vergangenheit los. Mutter Warren hat ihrer Tochter zwar moralische Prinzipien vermittelt, aber wenig Menschlichkeit und auch nicht die Einsicht, daß sie sich als Mutter für Vivie aufgeopfert hat. Frau Warren wird nun ihre Einsamkeit und Enttäuschung noch skrupelloser an der Gesellschaft rächen: »Von nun an ... werde ich unrecht tun und unrecht tun und immer wieder unrecht tun. Und ich werde dabei reich werden.«

In diesem Frühwerk begnügt sich Shaw noch, soziale Mißstände und die scheinheilige Moral des Bürgertums anzuprangern, ohne eine Lösung aufzuzeigen. Eine knallige, melodramatische Enthüllungsgeschichte, wie sie damals auch in den Stükken von Pinero, Bourget, Galsworthy effektvoll und für das breite Publikum auch oft herzerweichend aufbereitet wurden – aber Shaw hebt sich davon ab durch sorgsam differenzierte Figuren. Bezeichnend wieder die gegenläufige Entwicklung, der moralische Rollentausch: Vivie, anfangs Sympathieträger, zeigt sich zuletzt als engherziger, kalter Charakter, Frau Warren dagegen, die skrupellose Kapitalistin, hat schließlich als Opfer der Verhältnisse unser Verständnis. (Reclams UB 9166, engl.)

Helden *(Arms and the Man)*. Komödie in drei Akten. UA 21.4.1894 London. Deutsch von S. Trebitsch. – Den Schauplatz entlehnt Shaw bewußt der obligaten Balkan-Operette, wo der Schweizer Hauptmann Bluntschli als pfiffiger Anti-Held mit gesundem Menschenverstand alle nationalen, romantischen und sentimentalen Verstiegenheiten ad absurdum führt. Er führt Krieg als Söldner, um vom Krieg zu leben, anders als die Enthusiasten, die für ihre Ehre sterben wollen. Auf der Flucht im serbisch-bulgarischen Krieg (1885) versteckt er sich im Schlafzimmer Rainas, der Tochter des bulgarischen Majors Petkoff. Er läßt ihre Verlobung mit dem Kriegshelden Sergius Saranoff platzen, der kühn, aber sinnlos sein Leben in der Schlacht riskiert. Bluntschli als Pragmatiker hat seine Erfolge bei den Friedensverhandlungen, beim Austausch der Gefangenen. Sergius darf sich mit dem Stubenmädchen Louka trösten, während Bluntschli durch eine unverhoffte Erbschaft sich Herz und Hand Rainas erwirbt. Oscar Straus macht aus dem Stück eine Operette (*Der Pralinesoldat*, 1909), Udo Jürgens 1972 ein Musical. Große Breitenwirkung hat die Verfilmung 1958 mit O. W. Fischer und Liselotte Pulver.

Candida

(Candida). Ein Mysterium in drei Akten
Uraufführung: Frühjahr 1897 Aberdeen
Deutsch von S. Trebitsch 1905, A. und H. Böll 1971

Personen: Pastor Jakob Morell – Candida, seine Frau – Burgess, Candidas Vater – Alexander Mill, Hilfspfarrer – Proserpina Garnett, Sekretärin Morells – Eugen Marchbanks, ein junger Dichter.

Ort und Zeit: Die St. Dominikpfarre, Viktoriapark, London East; Oktober 1894.

Pastor Morell ist ein religiöser Eiferer, der seine Gemeinde mit seinem Sprachtalent hinreißt, seine Auftritte auf der Kanzel wie ein Schauspieler genießt und sich von seiner Sekretärin Proserpina, einem ältlichen Mädchen, anschmachten läßt. Er ist stolz auf seine glückliche Ehe mit Candida, er ist selbstsicher und zufrieden mit sich und seiner Position. Eine Gefährdung seines häuslichen Friedens scheint ihm undenkbar. Er hat den jungen Lyriker Marchbanks ins Haus geholt, einen fahrigen, übersensiblen, empfindsamen Jüngling, der sogleich Candida in romantischer Verklärung anhimmelt. Er attackiert den Ehemann mit Vorwürfen, solch eines Himmelsgeschöpfs gar nicht wert zu sein. Der Pastor will den ungehobelten Gast vor die Tür setzen. Mit Charme, Ironie und Mütterlichkeit weiß Candida die beiden Streithähne zu begütigen. Behutsam macht sie dem Pastor seine Schwächen bewußt und führt auch den romantischen Schwärmer an die Wirklichkeit heran. In offener Konfrontation stellt sie die beiden Bewerber um ihre Liebe vor die Entscheidung: sie werde dem Schwächeren von beiden angehören. Sie will ihr Glück darin finden, den anderen glücklich zu machen. Und sie bleibt bei Morell, da dessen anscheinend so gediegene Bürgerlichkeit allein durch sie und den Halt in der Familie Bestand hat. Marchbanks wird durch Enttäuschung und Zurückweisung nur noch sicherer in seiner Anti-Haltung zur Welt, er ist von sich und seiner literarischen Sendung überzeugt: »Ich habe ein besseres Geheimnis in meinem Herzen.« So verläßt er das Ehepaar.

Shaw erneuert die im Boulevardstück übliche Dreieckssituation der Frau zwischen zwei Männern. Und ihm gelingt ein hervorragendes Rollenstück, das bald zu einem Theatererfolg wird. Denn es ist weniger kritisch als sentimental und romantisch. Shaws Haltung als kritischer Aufklärer erweist sich in der gegenläufigen Entwicklung der Figuren: der Pastor, zu Beginn ein imponierendes Vorbild, wird nach und nach als Versager demaskiert. Und der hilflose, labile Dichter entwickelt sich zum zielstrebigen, völlig von seiner Aufgabe durchdrungenen Charakter. Psychologisch kontrastreich und widersprüchlich angelegt ist Candida. Sie ist ein Gegenentwurf zu Ibsens Nora – nicht die Frau, sondern der Ehemann erweist sich als Marionette im Puppenheim, hilflos und ohne eigene Statur. Shaw selbst sieht in Candida (= die Reine) die »jungfräuliche Mutter«, eine recht irdische Madonnengestalt des gesunden Menschenverstands – nicht umsonst gibt er dem Stück den Untertitel »Mysterium«. In Candida ist die übliche Salondame ausgeweitet zur Charakterrolle, vieldeutig in den subtilen Zwischentönen von Trauer und Glück – als Interpretinnen bleiben Agnes Sorma, Paula Wessely, Käthe Gold, Marianne Hoppe, Heidemarie Hatheyer in Erinnerung.

Der Teufelsschüler *(The Devil's Disciple).* Ein Melodrama in drei Akten. UA 1. 10. 1897 Albany (USA). Deutsch von S. Trebitsch. – Richard Dudgeon ist in den Augen seiner spießbürgerlichen Umwelt in Neuengland von 1777 ein Teufelsschüler, da er mit den bürgerlichen Konventionen aufräumt und als Freigeist, statt Haß und Dogmatismus zu vertreten, auch für den Teufel noch psychologisches Verständnis findet. Er ist Shaws Sprachrohr als ein aufgeklärter vorurteilsfreier Sozialist. Im Unabhängigkeitskrieg läßt er sich als Geisel für den Pfarrer Anderson festnehmen. Er wird verhaftet, verhört, zum Tode verurteilt und im letzten Augenblick vor der Hinrichtung vom Pfarrer gerettet, der inzwischen seine Leidenschaft für das Kriegshandwerk entdeckt hat, während der Teufelsschüler in diesem Rollentausch sich als echter Christ und Puritaner erwies. Diese bewegte Geschichte von der verfolgten, sich heldenmütig aufopfernden Unschuld entspricht dem melodramatischen Rührstück und bringt Shaw endlich den Breitenerfolg in den USA, der sich 1959 noch einmal in der Verfilmung mit Laurence Olivier, Kirk Douglas und Burt Lancaster fortsetzte.

Cäsar und Cleopatra

(Caesar and Cleopatra). Eine Historie in fünf Akten
Uraufführung: 15. März 1899 Newcastle-on-Tyne
Deutsch von S. Trebitsch 1904, A. und H. Böll 1965

Personen: Cäsar – Cleopatra, Königin von Ägypten – Ptolemäus, ihr zehnjähriger Bruder – Rufio, römischer Befehlshaber – Britannus, Cäsars Sekretär – Pothinus, Vormund des Ptolemäus – Theodotus, sein Erzieher – Achillas, Heerführer – Ftatateeta, Amme der Cleopatra – Apollodorus, ein Sizilier – Belzanor, Kommandant der Leibwache Cleopatras – Ein Perser aus der Leibwache Cleopatras – Bal Affris, Tempelwächter.
Ort und Zeit: Ägypten, 48 und 47 v. Chr.

Im Gegensatz zu Shakespeares monumentaler Tragödie wird Caesar hier in der Rolle eines Privatmanns und fast demokratischen Bürgers gezeigt, der sich eitel über seine Glatze ärgert und im übrigen lässig und ironisch als überlegener Psychologe seine Umwelt steuert. Er ist der heitere, skeptische Vernunftmensch, dem in Cleopatra, der sechzehnjährigen Königin von Ägypten, ein kokettes, raffiniertes Lolita-Geschöpf entgegentritt. Sie will den alternden Feldherrn für sich gewinnen. Doch erweist sich in diesem erotischen Geplänkel, daß sie für ihn stets nur ein amüsantes Spielzeug ist. Im Sinne Shaws bewirkt Caesar an der halbwüchsigen Königin ein Erziehungswerk zum vernünftigen, selbstbewußten Leben: er befreit sie von der Bevormundung durch ihre Amme Ftatateeta, die als einschüchterndes Monstrum im Palast regiert. Er sorgt für den Ausgleich mit ihrem Bruder Ptolemäus, besiegt die Aufständischen und schafft in Alexandrien Ordnung. Zuletzt schickt er ihr noch den jungen, strahlenden Helden Marc Anton, damit auch die Gefühle der kleinen Königin zu ihrem Recht kommen.

Diese ironische Geschichtsbetrachtung, worin Machtpolitik aufgelöst erscheint in geschliffene Bonmots und paradoxe Situationen, hat auf die parodistischen Geschichtsdramen von Giraudoux und Anouilh weitergewirkt. Caesar wurde zur Bravourrolle großer Schauspieler wie Gustaf Gründgens, O. E. Hasse, Werner Krauss. 1945 erregte die aufwendige Verfilmung durch Gabriel Pascal mit Claude Rains und Vivien Leigh die Öffentlichkeit: die immensen Kosten von 1,25 Mill. Pfund lösten den Einspruch der Gewerkschaften aus. Daß Britannus, der ungehobelte Sklave und Schreihals, als Karikatur eines Engländers der Hofnarr dieser römischen Welt sein muß, ist eine besondere Spitze des Iren Shaw gegen sein Londoner Publikum.

Kapitän Brassbounds Bekehrung *(Captain Brassbound's Conversion).* Ein Abenteuer in drei Akten. UA 16. 12. 1900 in London, Privataufführung. Deutsch von S. Trebitsch. – Shaw wählt die bunte, haarsträubend unwahrscheinliche Szenerie eines Abenteuerromans in Marokko, um wieder den Erziehungsprozeß an einem verbitterten Menschenfeind zu vernünftiger, zwischenmenschlicher Lebensbewältigung zu zeigen. Brassbound wurde durch seinen Onkel Hallam, einen korrupten Richter, um sein Erbteil betrogen. Aus Haß gegen die Ungerechtigkeit der Welt hat er sich nach Afrika geflüchtet und ist hier Anführer einer Piraten- und Schmugglerbande geworden. Der Zufall bringt Hallam in seine Gewalt. Brassbound will sich rächen und den dunklen Ehrenmann in die Sklaverei verkaufen. Lady Cicely Waynflete – wie Candida eine Frau von resolutem Charme und bezwingender Menschlichkeit – bekehrt den Kapitän, auf die Rache zu verzichten. Shaw entwarf die Figur der Cicely für die Schauspielerin Ellen Terry, mit der er jahrelang befreundet war.

Major Barbara

(Major Barbara). Komödie in drei Akten
Uraufführung: 28. November 1905 in London
Deutsch von S. Trebitsch 1909, H. Ritzerfeld 1972

Personen: Andrew Undershaft, ein Rüstungsfabrikant – Lady Britomart Undershaft, seine Frau – Stephan, sein Sohn – Barbara, Sarah, seine Töchter – Charles Lomax – Adolphus Cusins – Mitglieder der Heilsarmee und Leute, die von ihnen versorgt werden.
Ort und Zeit: In London, zu Beginn des 20. Jahrhunderts.

Die junge Barbara, Major in der Heilsarmee, ist ein leidenschaftlicher Soldat Christi, der die Hungernden speist und mit flammenden Predigten für das Himmelreich begeistert. Auch ihren Vater, den millionenschweren Rüstungsfabrikanten Andrew Undershaft, will sie bekehren, sein todbringendes Gewerbe aufzugeben. Aber der lebenserfahrene Kanonenkönig bekehrt ganz im Sinne des Realisten Shaw seine Tochter, indem er ihren gefühlvollen Idealismus zurechtrückt. Für ihn ist Armut die Hauptsünde, denn ohne Geld und Macht läßt sich nichts Gutes bewirken. Er finanziert die Heilsarmee mit seinem Blutgeld, und er beweist Barbara, daß den ausgebeuteten Arbeitern nicht durch Wohltätigkeit, sondern allein durch Waffen und eine soziale Revolution dauerhaft zu helfen ist. Zynisch zeigt er die Beschwichtigungsfunktion der Kirche auf: »Bestechung der Armen mit Brot, Bestechung der Reichen durch das Versprechen ewiger Seligkeit!« Und als er der Tochter auch noch seine musterhafte Arbeitersiedlung vorweist, wo größtmöglicher Profit zugleich größtmögliche soziale Fürsorge und Menschlichkeit bedeutet, da ist Barbara zur kapitalistischen Leistungsgesellschaft bekehrt: gemeinsam mit ihrem Mann, dem

Griechischprofessor Cusins, wird sie das Rüstungsimperium übernehmen. Denn Cusins ist Findling und entspricht so der Forderung Undershafts, daß nur ein Mann ohne Familientradition und Vergangenheit vorurteilsfrei auch die schmutzigsten Geschäfte betreiben kann. Und Ex-Major Barbara wird den satten und wohlhabenden Arbeitern auch noch in Teestunden das Christentum nahebringen.

Wie in *Frau Warrens Gewerbe* ist der Gewissenskonflikt zwischen Moral und Geschäft im Generationskonflikt ausgedrückt. Wieder ist es die Geschichte einer Umerziehung, einer Bekehrung zur Wirklichkeit. Anders als Frau Warren mit dem Gehabe des Emporkömmlings ist Undershaft ein vernunftklarer Pragmatiker – einer, der Krieg und Zerstörung einkalkuliert als Motor der Entwicklung. Wie sehr die Heilsarmee abhängig ist von den Geldbossen, gegen die sie ankämpft – das wird in einer sehr ähnlichen Auseinandersetzung später Bert Brecht in der *Heiligen Johanna der Schlachthöfe* herausstellen. In Cusins, der von der griechischen Klassik schwärmt und zugleich einsteigt ins Rüstungsgeschäft, attackiert Shaw den Humanisten, der sich für jede beliebige Ideologie verfügbar hält. Ein weiterer ironischer Seitenhieb gilt Barbaras Bruder Stephan, der so unbegabt ist, daß er nur noch Politiker werden kann.

Der Arzt am Scheideweg

(The Doctor's Dilemma). Tragödie in fünf Akten
Uraufführung: 20. November 1906 in London
Deutsch von S. Trebitsch 1909, H. G. Michelsen 1970

Personen: Sir Colenso Ridgeon, Sir Patrick Cullen, Sir Ralph Bloomfield Bennington, Dr. Cutler Walpole, Dr. Blenkinsop, Dr. Loony Schutzmacher, sämtlich Ärzte – Louis Dubedat, Maler – Jennifer, seine Frau – Redpenny, Ridgeons Assistent – Emmy, seine Wirtschafterin – Minnie Tinwell, ein Dienstmädchen – Ein Reporter.
Ort und Zeit: London, 1900.

Sir Colenso Ridgeon hat ein Serum gegen die Tuberkulose entwickelt. Zwei schon vom Tod gezeichnete Patienten bewerben sich um den einzig noch freien Platz in seiner Klinik und die rettende Therapie: den Scheideweg des Arztes, mit seinem Medikament entweder den kreuzbraven, beschränkten Armenarzt Blenkinsop oder mit dem Maler Dubedat einen genialen, aber liederlichen Burschen zu retten, türmt Shaw auf zur Entscheidung des Arztes über Gut oder Böse, Nützlich oder Schön. Dazu als pikanter Unterton noch das Motiv, daß Ridgeon an Dubedats Frau Jennifer Gefallen findet und sich auch persönlich etwas davon verspricht, das leckere Frauchen bald als Witwe zu sehen. Ridgeon gibt der Versuchung nach und überläßt die Behandlung des Malers seinem Kollegen Bennington, einem arroganten, aber unfähigen Modearzt. Wie von Ridgeon erwartet, wendet er das Serum falsch an und verschuldet den Tod des Malers. Dieser nutzt noch seine Sterbeszene zu einer überheblichen Scharlatanerie, die von einem Reporter begierig für die Nachwelt verbreitet wird. Dubedat war ein Schwindler und Betrüger, aber für seine Frau wird er zum Märtyrer seiner Kunst. Ridgeon hat gehofft, wenigstens nach Dubedats Tod Jennifer die Wahrheit über ihren Mann aufdecken zu können. Aber für die Frau bleibt der Tote ein Idol, ein frühvollendetes Genie, dem sie mit einer Gedächtnisausstellung huldigt. Ridgeon ist mit seiner Taktik gescheitert. Er hat sich nur die Verachtung der geliebten Frau zugezogen, die sich inzwischen in einer zweiten Ehe getröstet hat.

Von Molière bis Jules Romains und Anouilh haben die Komödienschreiber immer wieder die Ärzte und deren oft überhebliches Herrschaftswissen verspottet. Auch Shaw gehört seit seinem Einakter *Der Liebhaber* zu den Verächtern der Medizin. Wirkungsvoll sind die Medizinerkarikaturen aus Ridgeons Kollegenkreis: der Chirurg Walpole hat sich in seine Standarddiagnose von der verschleppten Blutvergiftung verrannt, Dr. Schutzmacher ist ein selbstgefällig feister Routinier der Heilkunst, Cullen ein betulich kauziger Greis fern allen medizinischen Fortschritts, Blenkinsop rührend unbeholfen als Armenarzt. Das Stück ist ein Spiel mit Thesen, zersplittert zwischen Satire und melodramatischem Künstlerdrama, hat dazu noch den Ansatz zu einer Kriminalkomödie, dann wieder zur Moralität. Dennoch hat es sich als ergiebige Rollenvorlage für Gustaf Gründgens, Paul Wegener (mit Tilla Durieux als Jennifer), Max Paulsen, Werner Krauss und Will Quadflieg bewährt.

Pygmalion

(Pygmalion). Komödie in fünf Akten
Uraufführung: 10. Oktober 1913 in Wien
Deutsch von S. Trebitsch 1913, H. Mueller 1970

Personen: Frau Higgins – Professor Henry Higgins, ihr Sohn – Oberst Pickering – Alfred Doolittle, ein Müllkutscher – Eliza, seine Tochter – Frau Eynsford Hill – Freddy, Clara, ihre Kinder – Frau Pearce, Wirtschafterin bei Professor Higgins, u. a.
Ort und Zeit: London, zu Beginn des 20. Jahrhunderts.

Der Sprachforscher Professor Higgins hat sich das Blumenmädchen Eliza Doolittle, die ihrem Milieu entsprechend einen schauderhaften Cockney-Dialekt spricht, als Versuchsobjekt ins Haus geholt. Mit seinem Freund Oberst Pickering hat er gewettet, daß er in einigen Wochen dieses Geschöpf aus der Gosse in eine vollendete Gesellschaftsdame umwandeln und diese bei einem Bankett als Herzogin ausgeben könne. Durch eisernen Drill schafft es Eliza, sich tadellos auszudrücken und elegant zu bewegen. Higgins, der trockene, steife Junggeselle, der nur auf seine Wissenschaft fixiert ist, übersieht, daß in dem Mädchen mit dieser anerzogenen Haltung einer Dame auch Bewußtsein und Bedürfnisse eines neuen Menschen entstehen. Die Mutter des Professors macht sich Sorgen, daß das umfunktionierte Blumenmädchen weder im alten Milieu noch in der feinen Salongesellschaft sich zurechtfinden wird. Higgins sieht nur seine phonetische Demonstration: »Wenn ich mit ihr fertig bin, können wir sie ja in die Gosse zurückstoßen.« Er gewinnt seine Wette: Eliza brilliert als vermeintliche Herzogin. Dann lehnt sie sich gegen ihren Meister auf, den sie liebgewonnen hat und durch dessen Egoismus, dessen Gleichgültigkeit sie sich immer wieder verletzt fühlt. Sie flüchtet zu seiner Mutter und wird künftig ihr Leben selbst in die Hand nehmen. Higgins ist durch den Widerspruch seines Geschöpfs erstmals verunsichert. Dennoch ist er unfähig, in ihr die gleichberechtigte, emanzipierte Partnerin anzuerkennen. So beschert Shaw statt des obligaten Happy-Ends wieder einen offenen Schluß mit nachdenklichen Fragen an den Zuschauer. Auch Elizas Vater, der Müllkutscher Doolittle, macht eine Entwicklung durch. Anfangs ist er ein fröhlicher, versoffener Lump, der für 5 Pfund die Tochter an den Professor verschachert. Durch dessen Hilfe kommt er zu Vermögen, muß sich in den Frack zwängen und sogar seine langjährige Geliebte heiraten, um in der Gesellschaft zu bestehen. Eliza hat durch die Prozedur der Umerziehung Freiheit und Menschenwürde gewonnen, aber Doolittle hat sie verloren. Hämisch setzt Shaw wieder diesen paradoxen Kontrapunkt.

Auch hier entwirft Shaw ein aufklärerisches Erziehungsstück. Die Sage vom griechischen Bildhauer Pygmalion, der sich in seine schöne Statue Galatea verliebt hat und sie durch Götterhilfe zum Leben erweckt, findet sich in Ovids *Metamorphosen* (um 8 n. Chr.). Shaw stellt die Aussage wieder auf den Kopf: Higgins will mit seiner Dressur den urwüchsig vitalen Menschen Eliza in eine Puppe verwandeln und ist schockiert, als er es wider Erwarten mit einem fühlenden Menschen zu tun bekommt. Wiederum erweist sich die Frau als der stärkere Charakter – sie verwandelt und verunsichert den verknöcherten Forscher zum Menschen, der sich für die Folgen seines Tuns verantwortlich zu fühlen beginnt. Phonetik war zeitlebens ein Steckenpferd von Shaw – testamentarisch bestimmte er sein Vermögen für die Ausarbeitung eines phonetischen Englischalphabets mit mindestens 40 statt der bisher üblichen 24 Buchstaben. Denn er war überzeugt, daß Sprache und äußeres Auftreten entscheidend sind für den sozialen Aufstieg.

Shaw hat das Stück für die Schauspielerin Stella Patrick-Campbell geschrieben, und es ist einer der größten Theatererfolge geworden. Käthe Dorsch, Paula Wessely, Grete Mosheim haben als Eliza, Max Paulsen, Werner Krauss, Oscar Homolka haben als Higgins brilliert. Als Musical *My fair Lady* von Lerner/Loewe wurde Pygmalion seit 1956 ein neuer Welterfolg, der durch die Verfilmung von George Cukor mit Rex Harrison und Audrey Hepburn noch übertroffen wurde. (Reclams UB 9266, engl.)

Die heilige Johanna

(St. Joan). Dramatische Chronik in sechs Szenen
und einem Epilog
Uraufführung: 28. Dezember 1923 in New York
Deutsch von S. Trebitsch 1924, W. Hildesheimer 1966

Personen: Johanna – Der Dauphin (später Karl VII. von Frankreich) – Dunois, Bastard von Orléans – Richard von Beauchamp, Graf von Warwick, englischer Feldherr – La Trémouille, Marschall von Frankreich – Hauptmann La Hire – Robert

von Baudricourt, Schloßhauptmann – Bertrand von Poulengey – Gilles de Rais, Blaubart – Herzogin von Trémouille – Der Erzbischof von Reims – Peter Cauchon, Bischof von Beauvais – Johann von Stogumber, englischer Kaplan – Der Inquisitor – Bruder Martin Ladvenu – D'Estivet, Domherr – Courcelles, Domherr von Paris – Ein Schloßverwalter – Der Scharfrichter von Rouen – Ein englischer Soldat – Ein Herr aus dem Jahr 1920 – Edelknaben, Hofleute, Mönche, Soldaten.
Ort und *Zeit:* In den Jahren 1429, 1431 und 1456 in Frankreich.

Mit Enthusiasmus und Überzeugungskraft gelingt es dem Bauernmädchen Johanna, ihr patriotisches Ziel, das sie sich in den Kopf gesetzt hat, zu erreichen: Orléans von den Engländern zu befreien und den Dauphin in Reims zum König von Frankreich zu krönen. Dem Schloßhauptmann von Baudricourt schwatzt sie Rüstung und Pferd ab, um ins französische Lager zu reiten. Im Ritter Bertrand von Poulengey gewinnt sie sich einen wehrhaften Begleiter. Ihr Scharfsinn findet den Thronfolger, der sich furchtsam verkrochen hat, unter dem Gefolge heraus, und sie erzieht ihm etwas Selbstbehauptung gegenüber den Hofleuten an. Einige glückliche Zufälle – im rechten Augenblick entdecken die Hühner von Baudricourt ihre Legefreude, bläst der Wind für den Feldherrn Dunois in die rechte Richtung – sichern ihr den Ruf einer Wundertäterin. Mit dem Kampfruf »Gott und die Jungfrau!« begeistert sie das entmutigte französische Heer, übernimmt das Kommando, befreit Orléans und erreicht die Krönung des Dauphins in Reims. Johanna will nun den militärischen Erfolg nutzen und ganz Frankreich von der englischen Herrschaft befreien. Aber da die Krisensituation bewältigt ist, will man auch die Ausnahmeerscheinung Johanna gern loswerden. Der frischgebackene König Karl VII. schielt nach einem bequemen Frieden. Der Erzbischof und die Militärs pochen auf ihre alten Vorrechte. Und da die Jungfrau ihrer weiblichen Eitelkeit nachgibt und ihre auffallende Prunkrüstung trägt, wird sie von den Burgundern erkannt und gefangengenommen. Gegen ein Lösegeld gerät sie in die Gewalt der Engländer und wird in Rouen vor das Tribunal der Inquisition gestellt. Der englische Feldherr Warwick sieht in Johannas Appell an die Franzosen zur nationalen Einigung die Staatsordnung des Mittelalters bedroht, wo allein der jeweilige Lehnsherr, nicht aber die Nation der ideelle Mittelpunkt sein durfte. Und Cauchon, der Bischof von Beauvais, verfolgt in Johanna die Ketzerin, weil sie direkt – ohne Vermittlung der Priester – die Gebote des Himmels erfüllt. Der englische Kaplan Stogumber, Zerrbild eines nationalistischen Eiferers, will in pathologischem Vernichtungsrausch das Mädchen brennen sehen. Johanna wird zum Tod auf dem Scheiterhaufen verurteilt. In einem Augenblick der Verzagtheit widerruft sie und wird zu lebenslänglicher Haft begnadigt. Solch lebendiger Tod im Kerker scheint ihr noch schrecklicher. Sie zieht den Widerruf zurück und stirbt auf dem Scheiterhaufen. Stogumber bricht während der Hinrichtung zusammen – er kann es nicht ertragen, die grauenhaften Folgen seines Fanatismus mit anzusehen. Ein Epilog, 25 Jahre später angesiedelt, ironisiert die Vergangenheitsbewältigung aller Beteiligten, die durchweg ihre Mitschuld verharmlosen. Ein Kirchenbeamter aus dem 20. Jahrhundert berichtet, daß Johanna am 16. Mai 1920 heiliggesprochen wurde. Für alle wird sie nun zum Kultgegenstand. Aber ihren Vorschlag, auf die Erde zurückzukehren und dort für das Gute zu wirken, lehnen sie entsetzt ab. Johanna bleibt auch jetzt der Außenseiter, der mit seinem moralischen Anspruch für die Menschen nur ein Störenfried ist: »O Gott, der du diese wunderschöne Erde geschaffen hast, wie lange wird es dauern, bis sie bereit sein wird, deine Heiligen zu empfangen, wie lange, o Gott, wie lange!«

In Johanna gelingt Shaw das überzeugendste Modell seines Menschenbilds: der tatkräftige, selbstsichere, vernünftige Mensch, der mutig gegen die überholte Gesellschaft antritt und für eine bessere Zukunft kämpft. Im Gegensatz zum Heldenmädchen bei Schiller (*Die Jungfrau von Orléans*, 1801), der einfältigen Dorfschönen bei Voltaire (*La Pucelle d'Orléans*, 1755) und der mystisch entrückten Heiligen bei Claudel (*Johanna auf dem Scheiterhaufen*, 1938) begegnet uns hier eine sehr irdische, aber in ihrer selbstverständlichen Menschlichkeit dennoch überwältigende Johanna. Die Stimmen, die ihr den rechten Weg weisen, sind keine Heiligenerscheinung, sondern die innere Stimme des Gewissens – das eigene Gewissen als Mittler zwischen Gott und Mensch ist ein Grundzug des Protestantismus. Zu Recht sieht Cauchon hier eine Gefahr für die Allmacht der Kirche, er muß Johanna beseitigen, um die alleinseligmachende Institution zu bewahren. Und auch Warwick als Vertreter der feudalen Staatsmacht muß zu ihrem erbitterten Gegner werden, da Johannas patriotische Begeisterung die übernationale Herrscheridee des Mittelalters außer Kraft setzt. Johanna scheitert, weil sie ihrer Zeit voraus ist. Sie wird vom Konservativismus, der für Shaw stets des Teufels ist, vernichtet.

Auch die Heiligsprechung von 1920 sieht Shaw als Farce, veranstaltet von den unverändert konservativen Gegnern, die sich heftig gegen eine lebendige, revolutionäre Johanna verwahren, die sie in Frage stellen könnte.

Johanna wirkt ihre Wunder wie alle Figuren Shaws durch Erziehung und Aufklärung, durch Mutterwitz, Entschlußkraft, überlegene Psychologie. Sie erzieht den kleinmütigen Dauphin zum Herrscher – wie Caesar die kleine Kleopatra. Sie gibt den verzagten Franzosen ein Ziel, eine patriotische Aufgabe. Und sie scheitert schon vor ihrer Gefangennahme, da sie die Mitläufer des Königs überfordert, deren Durchschnittlichkeit verunsichert und sie so zu Gegnern macht. Die Rolle hat immer große Darstellerinnen gefunden – Elisabeth Bergner, Sybil Thorndike, Paula Wessely, Käthe Gold.

Der Kaiser von Amerika

(The Apple Cart). Eine politische Phantasie
Uraufführung: 14. Juni 1929 in Warschau
Deutsch von S. Trebitsch 1929, A. u. H. Böll 1971

Personen: König Magnus – Mathilde, seine Frau – Orinthia, seine Geliebte – Alice, seine Tochter – Proteus, Premierminister – Nicobar, Minister des Äußern – Boanerges, Handelsminister – Pliny, Schatzkanzler – Crassus, Kolonialminister – Balbus, Innenminister – Amanda, Ministerin für Verkehrswesen – Lysistrata, Wirtschaftsministerin – Sempronius und Pamphilius, Sekretäre des Königs – Vanhattan, der amerikanische Botschafter.
Ort und Zeit: Im Arbeitszimmer des Königs, im Boudoir Orinthias und auf der Gartenterrasse des königlichen Schlosses, zu Ausgang des 20. Jahrhunderts.

Diese in die Zukunft verlegte Persiflage auf die englische Politik ist Ende des 20. Jahrhunderts angesiedelt. Großbritanniens Staatsoberhaupt ist König Magnus. Die Labour-Party stellt die Regierung aus Hohlköpfen und Opportunisten, darunter eine Postministerin und eine recht kraftlose Ministerdame für Kraftwerke. Der König ist der einzig Überlegene in diesem Kreis, der geistreich und sarkastisch die Menschen durchschaut und mit seiner Kritik die Politiker öffentlich bloßstellt. Durch einen Vertrag wollen sie ihn zwingen, künftig den Mund zu halten. Sein Gegenspieler ist Handelsminister Boanerges, ein derber Gewerkschaftsboß, der mit dem Selbstgefühl des Volkstribuns sich wie der Elefant im Porzellanladen aufführt. Magnus setzt die Politiker unter Druck: er will abdanken und sich künftig als einfacher Bürger um einen Parlamentssitz bewerben. Alle wissen, daß Magnus mit seinem Naturtalent des witzigen Entertainers die Massen blenden und sich zum Regierungschef aufschwingen kann. Also werden ihm die Regierenden auch künftig lieber den Rang des Königs und das Recht zur freien Meinung belassen. Durch den US-Botschafter Vanhattan erhält Magnus ein Angebot: Die Vereinigten Staaten wollen ins Commonwealth zurückkehren und Magnus zum Kaiser von Amerika machen. Der König durchschaut den Schachzug, der auf die Kolonialisierung Europas durch die Neue Welt abzielt, und lehnt ab. Hinter den glänzenden öffentlichen Auftritten von König Magnus verbirgt sich ein klägliches Privatleben: er steht zwischen seiner kapriziösen, anstrengenden Geliebten Orinthia und der Königin, einer kleinbürgerlichen resoluten Hausfrau, die ihn zum Pantoffelhelden macht.

Shaws Spaß an Paradoxen, an kabarettistischen Verzerrungen und Geschichtsverdrehungen kann sich in dieser Politsatire wieder vergnüglich ausleben. Die zunehmende Weltmachtstellung der USA parodiert er mit dem Einfall, daraus ein anachronistisches Kaiserreich zu machen. Und er nimmt die Schwachstellen und Zufälligkeiten des englischen Parlamentarismus aufs Korn, die Klassengegensätze im politischen Alltag zwischen Lordschaften und hemdsärmeligen Arbeiterführern, zwischen Journalisten und Funktionären. Wieder erfolgt die überraschende, desillusionierende Kehrtwendung, wenn sich der überlegene Erfolgsmensch und brillante Plauderer (wie schon Shaws Don Juan) beherrschen läßt von einer geistlosen, aber vitalen Frau.

JOHN MILLINGTON SYNGE

* 16. April 1871 in Rathfarnham bei Dublin
† 24. März 1909 in Dublin

Er war das achte Kind eines Rechtsanwalts, vernachlässigte das Brotstudium zugunsten der Musik, reiste im Herbst 1893 mit seiner musikalischen Cousine Mary nach Deutschland, um dort seine Musikstudien fortzusetzen. »Ich bemerkte, daß die Deut-

schen eine unendlich größere Begabung in musikalischen Dingen hatten als ich, so daß ich mich entschloß, die Musik an den Nagel zu hängen und mich lieber der Literatur zu widmen«, schrieb er an seinen Übersetzer Meyerfeld. In Würzburg begann er, Gedichte und Dramenentwürfe zu schreiben. Von 1895 an studierte er an der Sorbonne Gälisch, Französisch und Italienisch. Auf Anraten von William Butler Yeats suchte er 1896 schriftstellerische Anregung auf den Aran-Inseln. In den folgenden Jahren lebte er wechselweise auf den Inseln, in Paris und in Dublin. Im Jahre 1903 schloß er sich der Irish National Theatre Society in Dublin an, deren Präsident Yeats war. Synge widmete sich immer mehr der Theaterarbeit, inszenierte Sudermann und Molière, doch seine schwache Gesundheit behinderte erst, verhinderte dann die Arbeit.

»Wirklichkeit und Fröhlichkeit« sollen seine Dramen ausstrahlen, notierte Synge. Sie taten es in einem Maße, das zu seinen Lebzeiten überall Skandal machte. Die erste Synge-Premiere *Die Nebelschlucht (In the Shadow of the Glen)*, am 8. Oktober 1903 in Dublin, spaltete die Irish National Theatre Society. Es liegt eine alte gälische Volkserzählung zugrunde, die Geschichte von dem Mann, der sich totstellt, um seine Frau bei einem andern zu erwischen. Synge-Premieren erweckten moralische, klerikale und nationale Entrüstung. *Kesselflickers Hochzeit* (*The Tinker's Wedding*, UA 1909 London) darf noch heute in Irland nicht gespielt werden: es wird gefeilscht, geflucht, betrogen und geprügelt wegen einer Hochzeit, die dann doch nicht zustande kommt. *Reiter ans Meer* (*Riders to the Sea*, UA 1904 Dublin) zeigt den Fatalismus von Inselbewohnern, die Jahr für Jahr Ertrunkene zu beklagen haben. Die Zentralfigur, Mutter Maurya, hat ihren Mann, ihren Schwiegervater und sechs Söhne verloren. Brecht hat diese Gestalt benutzt für sein Schauspiel *Die Gewehre der Frau Carrar* (1937). *H.D.*

Der Held der westlichen Welt *(The Playboy of the Western World).* Komödie in drei Akten. Deutsch von A. E. Wiede und P. Hacks. – Bei der Uraufführung am 26. Januar 1907 in Dublin hat das Stück einen großen Skandal verursacht. Heute überall als bedeutendes irisches Volksstück und als bestes Werk von Synge anerkannt, wurde es mehrfach ins Deutsche übersetzt, darunter vom Ehepaar Böll und vom Ehepaar Hacks.

Die Version von Hacks übt Gesellschaftskritik, auch in hinzugefügten Songs (»Wehe den Mördern, die kein Bargeld haben!«). In Ost-Berlin wurde bei der Aufführung des Berliner Ensembles der Begriff ›Western World‹ tagespolitisch verdreht. Für Synge war die ›Western World‹ der Westen Irlands, die Grafschaft Mayo. Der Playboy von Synge genießt den Ruhm, ein Vatermörder zu sein. Ängstlich sucht er in einer Schenke Schutz, ist erstaunt, daß ihn sein Geständnis zum Helden des Tages macht, und findet Geschmack an der Rolle. Als der totgeglaubte Vater racheschnaubend auftaucht, ist der Sohn ruiniert. Ehrensache, daß Vater noch einmal den Spaten über den Schädel bekommt. Doch die Verehrer des Helden sind durch diese Untat vor ihren Augen ernüchtert. Sie wollen den Kerl der Polizei übergeben. Da taucht der Vater wieder auf, endlich von der Tatkraft des Sohnes überzeugt und darum zum Frieden bereit. Der Mörder und der so ziemlich Ermordete ziehen gemeinsam davon, dem Ruhm entgegen, den ihnen die Besonderheit ihres Verhältnisses einbringen wird.

»In *Playboy of the Western World* habe ich, wie auch in meinen anderen Bühnenstücken, nur wenige Worte benutzt, die ich nicht unter dem irischen Landvolk gehört oder in meiner eigenen Kinderstube gesprochen habe, ehe ich noch lesen konnte«, schrieb der Autor, »und ich bekenne mit Freuden, wieviel ich der urwüchsigen Phantasie dieses prachtvollen Menschenschlages verdanke.« (Reclams UB 9211, engl.)

H. D.

SEAN O'CASEY

* 31. März 1884 in Dublin
† 18. September 1964 in Torquay (Devon)

Er war das jüngste Kind von acht, fünf wuchsen auf, der Vater starb bald, die Mutter mußte die Kinder allein durchbringen. Die schlechte Ernährung schädigte die Augen des kleinen John, der darum kaum etwas lernte und sich später das Nötigste selber aneignete, sogar Gälisch und den gälischen Vornamen Sean. Vom Laufburschen diente er sich zum Eisenbahner empor. Er wurde Sekretär der irischen Transportarbeiter-Gewerkschaft und des Dubliner Theatervereins. Sean O'Casey beteiligte sich 1916 am Osteraufstand der Irish Citizen Army und entging dem Standgericht nur zufällig. Er trat der Sozialistischen Partei bei. Als im Jahre 1923 am Abbey-Theater in Dublin seine Tragödie »Der Rebell, der keiner war« Erfolg hatte, war O'Caseys weiterer Lebensweg klar. Engstirnigkeit trieb ihn nach England ins ›freiwillige Exil‹. Dort wurde er berühmt. Er war befreundet mit Shaw und vertrat einen idealen Kommunismus, ungetrübt von sowjetischer Praxis. O'Casey experimentierte mit Formen und Motiven, die dem Märchen, dem Symbolismus, Expressionismus und der Posse entstammen. »Die meisten Stücke auf dem heutigen Theater zeigen das Leben mit dem Kopf im Gasofen, entschlossen, allem ein Ende zu machen. Meine Anschauung ist das genaue Gegenteil.«

Der Rebell, der keiner war (The Shadow of a Gunman), die Geschichte einer Opfertat (UA 12. 4. 1923 Dublin, deutsch 1960 Ulm) und *Der Pflug und die Sterne (The Plough and the Stars*, UA 11. 2. 1926, deutsch 1931 Osnabrück) gehen beide vom Erlebnis des Aufstands von 1916 aus, bei dem die Unabhängige Irische Republik ausgerufen und von den Engländern blutig zerschlagen wurde. In beiden Fällen wird der irische Patriotismus verspottet. Die Reaktionen auf *Der Pflug und die Sterne* veranlaßten O'Casey, in dem von ihm so geschmähten England zu leben. Die irische Welt mit dem Bündnis mächtiger Grundbesitzer und sinnenfeindlicher Priester gegen ein Landproletariat, das der Liebe mißtraut und dem Schnaps erliegt, wird in breiten Bildern noch einmal gemalt in *Das Freudenfeuer für den Bischof* (1955), einem »betrüblichen Stück nach Art einer Polka« *(The Bishop's Bonfire).* *H. D.*

Juno und der Pfau *(Juno and the Peacock).* Tragödie in drei Akten. Deutsch von M. Hamburger und A. Dresen. – In dem 1924 in Dublin uraufgeführten Stück stehen die beiden Titelgestalten für das Ehepaar Boyle: er eitel wie ein Pfau, sie eine derbe, mutterwitzige Proletarierin. Sie ist die einzige kernfeste Person inmitten von Schwätzern, die sich klassenkämpferisch oder fromm gebärden. Ein Volksstück, das weltberühmt geworden ist. *H. D.*

Der Preispokal *(The Silver Tassie)*. Tragikomödie in vier Akten. Deutsch von T. Dorst. – Der Pokal, der dem 1929 in London uraufgeführten Stück den Titel gibt, ist eine Fußball-Trophäe, die der F. C. Avondales dem Entscheidungstor verdankt, das Harry Heegan schoß. Er und seine Kameraden müssen in den Ersten Weltkrieg, und als sie wiederkommen, gibt es ein paar Krüppel in der ehemaligen Mannschaft. Harrys Beine sind gelähmt, sein Mädchen tanzt mit einem andern, er wirft ihr den Preispokal vor die Füße und hadert mit Gott und der Welt. Eine bittere Darstellung des Lebens kleiner Leute in angeblich großer Zeit. *H. D.*

Purpurstaub *(Purple Dust)*. Deutsch von H. Baierl und G. Simmgen. – Die ›abwegige Komödie‹ wurde 1945 zum erstenmal aufgeführt. Darin haben zwei reiche Engländer irgendwo in Irland ein verfallendes Herrenhaus aus der Tudor-Zeit gekauft und wollen dort ihren Traum vom Herrenleben nach Urvätersitte realisieren. Aber die irischen Handwerker demolieren das Haus beim Reparieren, die irischen Freundinnen der Engländer gehen mit den Handwerkern durch. Eine »Wolke von Purpurstaub« ist alles, was die beiden uninspirierten Raffkes von den spirituellen Werten der irischen Vergangenheit erhaschen können. Zum Schluß zeigt sich der metaphorische Strom der Zeit als reale Überschwemmung und überflutet das Zurückgebliebene und die Zurückgebliebenen. *H. D.*

THOMAS STEARNS ELIOT

* 26. September 1888 in St. Louis (Missouri)
† 4. Januar 1965 in London

Eliots Vorfahren wanderten im 17. Jahrhundert aus England ein. Großvater und Vater gehörten zur Unitarischen Kirche, und puritanischer Geist beherrschte Thomas Eliots Erziehung. Stearns ist der Familienname der Mutter, deren literarische Begabung er geerbt hatte. Ab 1906 studierte er Philosophie und Philologie an der Harvard-Universität, machte 1910 sein Examen und studierte anschließend an der Sorbonne und in

Oxford. Mit einem Stipendium reiste er 1914 nach Europa, den Kriegsausbruch erlebte er in England. Vorübergehend arbeitete er als Lehrer und im Bankfach, gab von 1922 bis 1939 die literarische Zeitschrift »Criterion« heraus, erwarb 1927 die britische Staatsangehörigkeit und trat der anglikanischen Hochkirche bei, zu deren rechtem Flügel, dem Anglo-Katholizismus, er gehörte. Er war Lyriker, Kritiker, Essayist, Dramatiker und zuletzt Verlagsleiter. 1948 erhielt er den Nobelpreis.

Shaw und Galsworthy belieferten das englische Theater mit aktuellen Diskussionsstücken, mit Sozialkritik und Gesellschaftssatire. Im bewußten Widerspruch dazu stellte sich Eliot mit seinem Theater der überhöhten Form und der Verssprache. Er erneuert das Ideendrama. 1927 war er zum katholischen Glauben übergetreten. Auch seine Beschäftigung mit dem Theater stellt er in den Dienst seines Sendungsbewußtseins – die religiöse Herausforderung gegenüber einer Gesellschaft, die ihren Glauben verloren hat: »Je fließender, je chaotischer die religiösen Glaubensgrundsätze sind, um so mehr muß das Drama zum Liturgischen hinstreben. Es würde also eine ständige Beziehung zwischen dem Drama und der Religion der Zeit bestehen« (*Dialog über dramatische Dichtung*, 1932).

Deshalb durchdringen sich bei ihm modernes Psychodrama und christliches Läuterungsspiel. Eins wird ausgedrückt im anderen, denn beide Formen – Psychodrama und Läuterungsstück – haben dasselbe Ziel: sie wollen verworrene Beziehungen zur Klärung und Heilung führen, sie wollen die Menschen in ein festumrissenes Ordnungsgefüge stellen, sie wollen überzeugen – die einen mit der naturwissenschaftlichen Therapie, die anderen mit religiösen Dogmen. Eliot sieht hier eine so enge Beziehung, daß er in das Salonstück eine Märtyrerlegende und in die Therapie eines Psychiaters auch eine Bekehrung einbringen kann.

Aber nicht nur mit seinen Stoffen stellt Eliot einen bewußt abstrakten Gegenentwurf her zum realistischen, sozialkritischen Zeittheater. Er erneuert auch das Versdrama, rhythmisiert die Sprache seiner Theaterfiguren und gestaltet ein Theater der überhöhten Form. Seine Figuren und Situationen entsprechen meist dem Klischee des Salonstücks: der Seitensprung des Biedermanns, die Ehekrise, Lebenslügen, alte Sünden aus der Vergangenheit werden aufgedeckt.

Erst spät beginnt Eliot, der 1948 den Nobelpreis für seine Lyrik erhält, die Auseinandersetzung mit dem Theater. *Sweeney Agonistes* (1924–26), eine Gesellschaftssatire, die Aristophanes erneuern will, kommt über zwei Kurzszenen nicht hinaus. Bürger Sweeney war bereits eine Hauptfigur in Eliots früher Lyrik gewesen – in *Sweeney among the Nightingales* (1919) und *Sweeney Erect* (1920). 1934 schreibt Eliot sein erstes Stück *Der Fels (The Rock)*, ein religiöses Weihespiel. 1935 entsteht als Auftragsarbeit für die Canterbury Festspiele *Mord im Dom*, 1939 *Der Familientag* als erster Versuch, Psychodrama und christliches Erweckungsdrama zu verbinden. Im gleichen Stil folgen *Die Cocktail-Party* (1949), *Der Privatsekretär* (1953) und *Ein verdienter Staatsmann* (*The Elder Statesman*, UA 1958 London). In diesem letzten Stück sucht Eliot bewußt Entsprechungen zu dem Alterswerk von Sophokles *Ödipus auf Kolonos* (401 v. Chr.). Auch hier wird der Konflikt zwischen Scheinexistenz und Identität, zwischen Lebenslüge und dem Mut zur Wahrheit ausgetragen. Lord Clavertons Rechtfertigung und Beichte vor der Tochter Monica erinnern an den Dialog zwischen Ödipus und Antigone, ebenso der Schluß mit dem friedlichen Tod unter dem Baum, ein Tod, der zum Segen und Vermächtnis werden soll für die Nachwelt.

Nicht zufällig werden alle Stücke seit der *Cocktail-Party* bei den Edinburgh-Festspielen uraufgeführt. Sie treffen genau die Erwartungen einer Festspielgemeinde – sie sind repäsentativ, der Wirklichkeit enthoben und poetisch durchgeformt. Auf dem heutigen Theater ist Eliot indirekt mit einem possierlichen Nebenwerk lebendig, das Andrew Lloyd Webber zum Musical *Cats* inspiriert hat: *Old Possums Katzenbuch* (*Old Possums 's Book of Practical Cats*, 1939).

Mord im Dom

(Murder in the Cathedral). Geistliches Spiel
Uraufführung: Juni 1935 in Canterbury
Deutsch von R. A. Schröder

Personen: Erzbischof Thomas Becket – Drei Priester – Vier Versucher – Vier Ritter – Ein Bote – Chor der Frauen von Canterbury.
Ort und Zeit: Canterbury, 1170.

Das kultisch-chorische Drama, als festliches Weihespiel für Canterbury geschrieben, in dessen Dom der Erzbischof Thomas Becket (29. 12. 1170) ermordet wurde, der später zum Nationalheiligen Englands emporstieg, ist ein Erneuerungsversuch des mittelalterlichen Mysterienspiels in der Verbindung mit antiken Formelementen aus modern-christlichem Geist. (Deutsche Übertragung von Rudolf Alexander Schröder, deutsche Erstaufführung am 20. 10. 1947 in Köln und München.)

Thomas Becket, Kanzler und Freund des die Staatshoheit Englands gegen die päpstlichen Ansprüche verteidigenden Königs Heinrich II., vermochte nach seiner Wahl zum Erzbischof und Primas der englischen Kirche im Gehorsam zu Rom sein weltliches Amt nicht mehr mit seiner geistlichen Sendung zu vereinen und mußte vor dem Zorn des Königs nach Frankreich fliehen, wo er sieben Jahre blieb. Dann erst bereitete eine formelle Aussöhnung mit Heinrich dem Erzbischof wieder den Weg in die Heimat.

Der Chor der Frauen von Canterbury wartet auf die Rückkehr ihres Oberhirten und fürchtet, in der Angst vor einer gewaltsamen Auseinandersetzung mit dem König, für sich und die Stadt nahendes Unheil. Die Rückkunft des Erzbischofs bezeugt seinen unbeugsamen Willen, auf der Kraft seines geistlichen Auftrages zu beharren. Die Zwiesprache des Erzbischofs mit seinen Gedanken und den Spannungen seines Innern wird in die Erscheinung von vier Versuchern nach außen projiziert: sie nähern sich ihm als Verlockung zur Sinnenlust seines vorherigen Hoflebens, zur Macht und Herrlichkeit des weltlichen Amts, zu Rebellion und Umsturz, und, am gefährlichsten, weil mit dem eigenen Wunsch verführend, zur ewigen Glorie des Märtyrertums. Thomas Becket widersteht dem Drang geistlichen Hochmuts nach der Märtyrerkrone. Die Weihnachtspredigt des Erzbischofs am Tag des hl. Stephanus als des ersten Blutzeugen erklärt der Gemeinde in unmißverständlicher Bezüglichkeit einen Märtyrertod nicht als Bekundung menschlichen Willens, vielmehr stets als die Absicht Gottes. Am vierten Tag nach dem Fest dringen vier Ritter »auf Königs Befehl« zu Becket vor, beschuldigen ihn der Konspiration mit dem Papst und dem französischen König, des Mißbrauchs des Kirchenbanns und des Hochverrats. Sie fordern Zurücknahme seiner Übergriffe und laden ihn vor den König, wogegen Thomas seine Sache vor den Papst zu bringen droht. Schützend drängen die Priester ihren Oberhirten zum Gottesdienst an den Altar und verriegeln die Pforten des Doms. Der Erzbischof läßt die Türen aufwerfen, Christi Kirche auch seinen Feinden zu öffnen. Die Ritter haben sich Mut angetrunken, überwältigen den Unbeugsamen und töten ihn. Der Chor, von Entsetzen getroffen, ruft seine Anklage über die Fäulnis der Welt. In diesem Augenblick zerspringt plötzlich die bisher gehaltene dramatische Form, und ein Stilbruch ohne Beispiel, inspiriert von der ironisch-aggressiven Ansicht des Dichters, schiebt sich, den Zuschauer attackierend, in den Ablauf der Geschehnisse. Wie in einer modernen Gerichtsverhandlung treten die vier Ritter in die Schranken und verteidigen vor dem Publikum den Mord. Ihre in die heutige Terminologie gefaßte Argumentation bedient sich des seit je gebräuchlichen Vokabulars der Rechtlichkeit, Uneigennützigkeit und staatspolitischen Notwendigkeit, dessen abgegriffene Floskeln noch immer die Wahrheit verdrehten, wenn es galt, den politischen Gewaltakt zu legitimieren. Durchdrungen vom Bewußtsein ihres Rechts, verlassen die Ritter den Tatort. Der Abschluß des Spiels schwingt, liturgisch überhöht, in die vorige Stilhaltung zurück mit der Totenklage der Priester und ihrem Lobpreis des neuen Heiligen, mit der Lobpreisung Gottes durch den Chor im Tedeum. *K. G.*

Der Familientag

(Family Reunion). Schauspiel in zwei Teilen
Uraufführung: 21. März 1939 in London
Deutsch von R. A. Schröder

Personen: Amy, verwitwete Lady Monchensey – Ivy, Violet, Agatha, ihre jüngeren Schwestern – Oberst Gerald Piper, Charles Piper, Brüder ihres verstorbenen Mannes – Mary – Harry, Lord Monchensey, Amys ältester Sohn – Downing, sein Diener – Dr. Warburton – Sergeant Winchell – Die Eumeniden.
Ort und Zeit: Schloß Wishwood in Nordengland, Gegenwart.

Die alte Lady Amy versammelt an ihrem Geburtstag zum erstenmal seit acht Jahren die Mitglieder der Familie auf dem Adelssitz in Nordengland. Ihre drei Söhne werden erwartet. Lord Harry, der älteste von ihnen, durchreiste inzwischen die halbe Welt und soll nun nach seiner Rückkunft die Herrschaft in Wishwood übernehmen. Vor einem Jahr verlor Harry seine

Frau, sie wurde im Mittelatlantik »von Deck gefegt mitten in einem Sturm«. Die Mutter plant seine Wiederverheiratung mit Mary, einer jüngeren Verwandten des Hauses, die sie von Anfang an zu ihrer Schwiegertochter bestimmt hatte. Als Harry das Elternhaus betritt, starren ihm aus dem Fenster die Eumeniden entgegen. Seit dem Tod seiner Frau spürt er die Rachegeister stets näherdringen, sichtbar werden sie seinen Augen erst auf der väterlichen Schwelle. Verstört gesteht der Heimgekehrte einer ungläubigen Umgebung seine Schuld am Tod seiner Frau: er selbst stieß sie über Bord. Was die anderen, schon ihrer Reputation halber, als neurotische Zwangsvorstellungen von Harrys zerrütteter Gesundheit abtun wollen, ist sein Erlebnis dieser zwiegesichtigen, zutiefst kranken Welt. In der Zuflucht des Vaterhauses, wo er sich vor den Gespenstern sicher hoffte, nistet in allen Winkeln eine rätselhafte Bedrohung, hier bleiben ihm die Eumeniden stets gegenwärtig. Wollen die Ewigen ihn auf ein Geheimnis weisen, ihm »irgendeinen Ursprung des Jammers« zeigen? Agatha, die jüngste Schwester seiner Mutter, sieht hinter die Dinge, weiß sie sibyllisch zu wahren und zu deuten. Tante Agatha enthüllt dem Ratsuchenden das Geheimnis seiner Familie: kurz bevor der älteste Sohn geboren wurde, belud sich Harrys Vater aus Leidenschaft zu Agatha mit der Gedankenschuld, seine Frau zu beseitigen, und nur die Geliebte hielt ihn, des Kindes wegen, vor dem Mord zurück. Ist es nun so, daß der Sohn vollzog, was der Vater in seiner Absicht trug? Auch auf der Mutter liegt schwere Gedankensünde: Mary glaubt, die Willensstarke habe die Schwiegertochter durch ihren Willen getötet. Harry sieht sein Leben wie einen Traum, »geträumt durch mich hindurch von Geistern anderer«. Das Wissen um die vom Vater überkommene Schuld befreit den Sohn bis zur Beglückung. Denn nun begreift er die Eumeniden nicht mehr als die rächenden Verfolgerinnen, sondern als seine Weiserinnen zur innersten, reinigenden Selbstbesinnung. Aus diesem Bewußtsein zieht Harry die bedingungslose Folgerung eines völligen Neubeginns seiner inneren Existenz. Erwählt, die Last des ganzen Hauses auf sich zu nehmen, den Fluch durch selbstgewählte Sühne zu lösen, folgt er, wenn auch das alte Leben der Mutter über seinem Abschied verlischt, »den hellen Engeln« auf dem einzig möglichen, harten, einsamen Weg ins Ungewisse, »irgendwohin jenseits der Verzweiflung«, wo eine ferne Versöhnung wartet.

Das Bild der Familie will nicht das Porträt einer englischen Familie zeichnen, es weitet sich zum erschreckenden Abbild einer aus ihrer Ordnung stürzenden Welt. Diesem unseligen Haus sind helfende Kräfte zugestimmt, die in der Doppelfunktion von Mithandelnden und ›als Wächter‹ und ›Warter‹ eines höheren Auftrages stehen, sie nennen sich hier Agatha und Mary. Der sittlichen Absicht des Dichters ist die Fassade eines Gesellschaftsstückes vorgeblendet, doch bald durchlichtet sich das anfängliche Alltagsgeschwätz und wird transparent. Ein Chorus hat sich formiert aus den gestuften Individualitäten irgendwelcher Onkel und Tanten, spricht wie unter höherem Zwang und von fern her den Kommentar der inneren Vorgänge, um danach jedesmal wieder in die vorige Bedeutungslosigkeit auseinanderzufallen. Mit dem Chorquartett und dem Erscheinen der Eumeniden sind antikische Elemente eingeführt, wie sich hier allenthalben antike, zeitbezogene und christliche Motive durchdringen. *K. G.*

Die Cocktail-Party

(Cocktail Party). Komödie in drei Akten
Uraufführung: 22. August 1949 in Edinburg
Deutsch von N. Wydenbruck

Personen: Edward Chamberlayne – Lavinia Chamberlayne – Julia Shuttlethwaite – Celia Coplestone – Alexander MacColgie Gibbs – Peter Quilpe – Der unbekannte Gast, Sir Henry Harcourt-Reilly – Sekretärin – Diener.
Ort und Zeit: In Chamberlaynes Wohnung, Gegenwart.

Auch *Die Cocktail-Party* ist ein Ideendrama und ein Mysterium, auch dies vielfältig verschlüsselte Werk gibt sich den Anschein eines englischen Gesellschaftsstückes, auf weite Strekken hin überdies getarnt als Konversationskomödie. Des Dichters hintergründige Ironie bedient sich in raffiniertem Täuschungseffekt zunächst des bewährten Dreieck- und Ehebruch-Schemas, um allmählich die flach verstellten Tiefenräume zu öffnen, aus denen das Geheimnis der christlichen Heilsbotschaft dringt, und wieder mit dem Vexierspiel abzuschließen.

Das Ehepaar Chamberlayne hat zu einer Cocktail-Party geladen, aber man vermißt die Hausfrau. Angeblich ist sie zu einer Tante gefahren, in Wahrheit hat Lavinia, wie der Hausherr einem unbekannten Gast der Party eingesteht, ihren Mann verlassen, ohne die Gründe zu nennen. Edward Chamberlayne, durch eine fünfjährige Ehe an seine Frau gewöhnt, wenn er sie auch nicht eigentlich liebt, wünscht Lavinia zurück. Zwar unterhält er mit der schönen und begabten Celia Coplestone ein Liebesverhältnis, besitzt aber nicht die Liebesfähigkeit, sich im Augenblick der ihm überraschend zurückgegebenen Freiheit für die ihn Liebende zu entscheiden. Wie der Fremde dem Hausherrn voraussagt, kommt seine Frau zu ihm zurück: ein Schock trieb Lavinia aus dem Haus, nachdem sie entdecken mußte, daß der junge Peter Quilpe, den sie in ein Verhältnis gezwungen hatte, Celia zu lieben begann. Das Zerwürfnis zwischen den Eheleuten besteht weiter. Auf den Rat Celias und seines Freundes Alexander konsultiert Edward den berühmten Psychotherapeuten Sir Henry Reilly. Erstaunt erkennt Edward in Reilly den fremden Gast seiner Party. Wochen zuvor schon hatte Lavinia ohne Wissen ihres Mannes den Psychiater aufgesucht, jetzt stellt Reilly die beiden Gatten unerwartet einander gegenüber. Die unter seiner Führung erfolgende Auseinandersetzung entblößt den Kern ihres Wesens, die Diagnose für jeden der Partner ist erbarmungslos: »Ein Mann, der sieht, daß er nicht imstande ist, zu lieben, und eine Frau, die sieht, daß kein Mann sie lieben kann.« Reilly demonstriert den beiden, wieviel Durchschnittlich-Gemeinsames sie haben, es ist »das gleiche Ausgeschlossensein«, die zugeschüttete Vereinzelung der heutigen Menschen. So bleibt den Chamberlaynes nur übrig, »aus einer heillos verfahrenen Lage das Beste zu machen«. Sie werden zurückgeschickt, auf dem Gemeinsamen ihr Leben zu bauen und ihre Ehe, so gut es geht, wiederherzustellen. Celia, die als Sir Henrys dritte Patientin ihre Seele erforscht, ist von anderer Beschaffenheit. Sie spürt den verzweifelten Zustand der Welt, ahnt ungewiß, daß sie mitwirken müsse an der Bereitung des Guten, empfindet deshalb ihre gegenwärtige Existenz als sinnentleert und wird von »einem Gefühl der Sünde«, ja des Sühnen-Müssens bedrängt. Der Berater zeigt ihr die möglichen Wege, der eine verläuft in der bewußten Begrenzung eines desillusioniert sich begnügenden Daseins, der andere verlangt den Mut des außerordentlichen Wagnisses, den Entschluß des »Glaubens, der aus der Verzweiflung entspringt«. Celia wählt den zweiten Weg. Sie trägt die Substanz in sich, aus der sich die Heiligen bilden. Reilly schickt sie auf »eine grauenvolle Reise«.

Das Pauluswort (des Philipperbriefs), mit dem er seine Besucher zu entlassen pflegt, gibt er der Scheidenden mit auf die Reise: »Gehe hin in Frieden und schaffe, daß du selig wirst, mit Eifer.« ... Nach den Konsultationen seiner drei Patienten zieht der Seelenarzt das Fazit ihrer inneren Situation, assistiert von zwei geheimen Helfern, die sich bislang unter der Maske schaler Gesellschaftskonvention verbargen: in Wahrheit sind Julia Shuttlethwaite, das betuliche Originalexemplar einer geschwätzigen Society, und der versierte Weltmann Alexander Gibbs zu ›Wächtern‹, ›Nothelfern‹ durch eine höchste Instanz bestellt, die der geheimnisumgebene Sir Henry mit dem ganzen Anspruch seines Amtes vertritt. – Die Ehe der Chamberlaynes ist nach Reillys Rezept tatsächlich wiederhergestellt. Und während sie aufs neue die Gäste einer Cocktail-Party erwarten, berichtet Alexander, von einer Reise in die Tropen zurück, über das Schicksal Celias. Vor zwei Jahren trat sie einem strengen Schwesternorden bei und wurde in den Dschungel einer tropischen Insel geschickt, pestkranke Eingeborene zu pflegen. Bei einem Aufstand wollte sie die Sterbenden nicht verlassen, fiel in die Hände der Aufständischen und wurde von ihnen auf grausame Weise ums Leben gebracht. Ihren Märtyrertod preist Reilly, aus dem verborgenen Tiefenraum katholischer Gläubigkeit, einen glücklichen Tod. Als er Celia Coplestone zum erstenmal bei jener Party traf, sah er hinter der mondänen jungen Dame ihr Todesbild. Alles, was er für sie tun konnte, war, »sie auf den Weg der Vorbereitung zu weisen«.

Wie Harry Monchensey im *Familientag* »aus einer Welt des Wahnsinns« in die Transzendenz aufbricht, so hier, in fast wörtlicher Entsprechung, Celia Coplestone. Aber wenn dort Harry die brüchige Welt seiner erlittenen Erfahrung verläßt, um den Weg durch die ihn umlauernden Schrecken in die einsame Ferne jenseits aller Erfahrung einzuschlagen, folgt er seiner Verheißung in hellster Bewußtheit. Celia dagegen, nichts als Unschuld, erahnt nur die tieferen Zusammenhänge, wie entschieden sie auch, von ihren Schutzgeistern bewacht, den freigewählten »Weg zur Verklärung« betritt und bis zum Ende ausschreitet. Die gegensätzlichen Voraussetzungen einer verschwisterten Thematik zeitigen zwei entgegengesetzte Ergebnisse. Während im voraufgehenden Stück der innere Aufbruch Zug um Zug szenisch umgesetzt und in aller Deutlichkeit miterlebbar wird, entschwindet hier Celia nach dem entscheidenden

Entschluß, ihre weitere Entwicklung ist hinter die Szene gelegt, und erst das Endresultat wird mitgeteilt und soll überzeugen. Auf solche Weise ist das frühere Bühnengedicht Drama geworden und behält das spätere den Grundzug des Mysteriums, selbst wenn (oder weil) die Kernfigur der in ihrer vielschichtigen metaphysischen Dialektik höchst geistreich geformten Komödie – dies ist sie im Sinne Dantes – unüberhörbar Sir Henry Reilly heißt, der entsandt wurde, um in der Rolle eines modernen Nervenarztes (wie ein wertvoller Deutungsversuch interpretiert) »den in die Hölle des eigenen Ich eingekerkerten Menschen« dieser Zeit »Heilung durch das Heil« zu bereiten. *K. G.*

Der Privatsekretär

(The Confidential Clerk). Komödie in drei Akten
Uraufführung: 25. August 1953 Edinburger Festspiele
Deutsch von N. Wydenbruck und P. Suhrkamp

Personen: Sir Claude Mulhammer – Eggerson – Colby Simpkins – B. Kaghan – Lucasta Angel – Lady Elizabeth Mulhammer – Mrs. Guzzard.
Ort und Zeit: London, Büro und Salon bei Mulhammer, Gegenwart.

Dieses Bühnenwerk (1954 deutsche Erstaufführung bei den Ruhrfestspielen in Recklinghausen) ist, von Euripides' *Ion* beeinflußt, dem äußeren Anschein nach die Komödie einer Familie mit höchst verwickelten Verwandtschaftsverhältnissen. Die Handlung ist einfach, die Beziehungen der einzelnen Personen zueinander sind überraschend und kompliziert. Äußerlich geht es um die Einarbeitung des jungen Mr. Colby Simpkins als Privatsekretär des erfolgreichen Londoner City-Geschäftsmanns Sir Claude Mulhammer, dessen früherer Sekretär Eggerson, auch jetzt noch Sir Claudes Freund und Berater, seinen Posten verlassen und sich in der Nähe von London aufs Land zurückgezogen hat. Sir Claude hofft, daß Eggersons Nachfolger auf seine gerade aus der Schweiz zurückgekehrte Gattin Elizabeth, die sich viel auf ihre ›Intuition‹ zugute tut, einen günstigen Eindruck macht. Denn Colby Simpkins ist ein Sohn Sir Claudes, von dem Lady Elizabeth nichts weiß; da sie ihrerseits noch immer mit ihren Gedanken an einem Sohn hängt, den sie vor ihrer Ehe mit Sir Claude besaß und den sie verloren hat, hofft ihr Gatte, daß sie ihm den Vorschlag machen wird, Colby zu adoptieren, wenn der junge Mann ihr gefällt. Seine musischen Neigungen – Colby wollte ursprünglich Organist werden, wie Sir Claude selbst am liebsten Kunsttöpfer und Keramiker geworden wäre – werden ihn der sprunghaften und zerfahrenen, aber menschenfreundlichen und gutherzigen Lady Elizabeth sicher sympathisch machen. In der Tat ist sie sogleich für ihn eingenommen und glaubt alles aufs beste geordnet, als die familiären Komplikationen beginnen. Denn da ist eine junge Dame namens Lucasta Angel, befreundet mit einem jungen Mann namens B. Kaghan, die, von Colbys Klavierspiel entzückt, einen Flirt mit dem neuen Privatsekretär beginnt, ohne zu wissen, daß sie seine Schwester ist: eine Tochter Sir Claudes, die von manchen für seine Geliebte gehalten wird, obwohl Lady Elizabeth sie kennt und von ihrer wirklichen verwandtschaftlichen Beziehung zu ihrem Gatten weiß. Colby ist schmerzlich betroffen, als Lucasta ihm diesen Sachverhalt mitteilt, gibt sich ihr gegenüber mit Rücksicht auf den gemeinsamen Vater jedoch nicht als ihr Halbbruder zu erkennen. Lucasta glaubt, daß Colby sie verachte, und wendet sich wieder betont ihrem Freund B. Kaghan zu, der ihr und Colby erzählt, daß er ein Findelkind sei, »ganz ohne jede Herkunft«; daher sein Bestreben, es in der City zu Macht und Ansehen zu bringen. Als die beiden gegangen sind, meint die inzwischen in Colbys Wohnung erschienene Lady Elizabeth, sie seien »etwas zu gewöhnlich« und nicht ganz der richtige Umgang für ihn. Im Verlauf des Gesprächs glaubt sie auf Grund einiger Namen, die Colby nennt, in dem wohlerzogenen jungen Mann ihren verlorenen Sohn wiederzuerkennen. Sir Claude, dem sie aufgeregt diese Vermutung mitteilt, eröffnet ihr nunmehr, daß Colby *sein* Sohn sei. Um der Verwirrung ein Ende zu machen, beschließen beide, ihn als ihren gemeinsamen Sohn anzusehen, aber Colby, der elternlos aufwuchs, meint, dies wäre für ihn viel leichter zu akzeptieren, wenn er wirklich weder mit Sir Claude noch mit Lady Elizabeth verwandt wäre. Man beschließt, eine gewisse Mrs. Guzzard, die Colby als Tante erzogen hat, aus Teddington nach London kommen zu lassen und sie zu bitten, das Geheimnis um seine Abstammung aufzuklären.

Das erste, was man von Mrs. Guzzard erfährt, ist, daß auch sie ein Kind verloren hat. Des weiteren stellt sich heraus, daß Colby dieses Kind ist, das Mrs. Guzzard, als ihr Mann, ein

Organist auf dem Lande, früh starb und sie arm zurückließ, Sir Claude als Kind ihrer Schwester unterschob, um des Bübchens Karriere zu sichern. Denn die Schwester, die mit Sir Claude ein Liebesverhältnis hatte, starb, bevor das tatsächlich erwartete Kind zur Welt kam; so war es möglich, den damals in Kanada weilenden, noch nicht geadelten Mulhammer zu täuschen. Nun könnten Sir Claude und Lady Elisabeth Colby als ihren Sohn adoptieren, da sein Wunsch, Adoptiveltern zu haben, mit denen er nicht verwandt ist, ja erfüllt ist. Aber Colby will sich nun zu seinem richtigen (verstorbenen) Vater bekennen und wie dieser Organist auf dem Land werden; Eggerson, der mit ebenso zarter wie geschickter Hand die Fäden entwirren half, verspricht ihm, in seinem Dörfchen eine gerade vakant gewordene Stelle für ihn freizuhalten. Bei Sir Claude und seiner konfusen Gattin aber bleiben Lucasta, die wirklich Sir Claudes Tochter ist, und B. Kaghan – der verloren geglaubte Sohn von Lady Elizabeth.

Hinter der Fassade dieses Gesellschaftslustspiels stellt Eliot die Frage nach dem Woher und Wohin des Menschen, nach seinen Sehnsüchten und seinen Wünschen, denen er sich, sind sie einmal erfüllt, anpassen muß. (»Das kann ein schmerzhafter Prozeß sein«, wie Mrs. Guzzard zu wissen glaubt.) Im Grunde ist diese kuriose Familie Mulhammer nicht kurioser als die Menschenfamilie in ihrer Koexistenz überhaupt, die ständig von Unwirklichem umflossen ist, so wirklich sie sich selbst auch in ihren Beziehungen vorkommt. Von einem religiösen Auftrag, wie in der *Cocktail-Party*, ist im *Privatsekretär* nicht die Rede, wohl aber von der Notwendigkeit der Selbstprüfung und der Rechtfertigung des menschlichen Handelns. *K. H. R.*

JOHN B. PRIESTLEY

* 13. September 1894 in Bradford (England)
† 14. August 1984 in Stratford-on-Avon

John Boynton Priestley, Lehrerssohn aus der Grafschaft Yorkshire, kam erst nach einer Kaufmannslehre und Teilnahme am Ersten Weltkrieg zum Studium in Cambridge. Als Dreißigjähriger begann er zu schreiben. Er unternahm viele Reisen, auch in die Sowjetunion, deren sozialistische Experimente er mit großem Interesse verfolgte. Priestley mußte ziemlich lange um seine Anerkennung kämpfen.

Mit Shaw teilt Priestley zwar das Bekenntnis zum Sozialismus und den reformatorischen Eifer, keinesfalls aber besitzt er Shaws ironischen Witz und rationalistische Logik. Im Gegenteil – man kann Priestley eher einen Anti-Rationalisten nennen, der der Mechanistik der modernen Weltanschauungen seine Überzeugung vom Fortbestand metaphysischer Kräfte entgegenstellt. In seinem umfangreichen, Romane, Bühnenstücke und Essays umfassenden schriftstellerischen Werk tritt zu dem exakten, sozialkritisch betonten Realismus seiner Schilderung des mittelständisch-bürgerlichen Lebens im heutigen England oft eine surreale Dimension, aus der warnende, mahnende und zu Selbstbesinnung rufende Stimmen an die für menschliche Verpflichtungen ziemlich tauben Ohren der Zeitgenossen dringen. Von Priestleys dramatischen Werken erregten *Die Zeit und die Conways* (1937) und *Johnson über Jordan* (1939) in England beträchtliches Aufsehen. Auf den deutschen Bühnen ist vor allem *Ein Inspektor kommt* (1945) wegen seines unmittelbar nach dem Krieg besonders eindringlich wirkenden Appells gegen Selbstüberhebung und Herzensverhärtung viel gespielt worden. Daneben wurden auch *Die gefährliche Kurve* (1932), die amüsante Komödie *Seit Adam und Eva* (1947) und *Solange es Tag ist* (1948) bekannt. Nach einem Atomkrieg spielt *Sommertagstraum* (1949). In *Schafft den Narren fort!* (1955) stößt clowneske Romantik mit entseelt funktionierender, technisierter Geschäftigkeit zusammen. *K. H. R.*

Ein Inspektor kommt

(An Inspector Calls). Schauspiel in drei Akten
Uraufführung: Sommer 1946 in Moskau
Deutsch von J. Strudthoff

Personen: Arthur Birling – Sybil Birling, seine Frau – Sheila, seine Tochter – Eric, sein Sohn – Gerald Croft, Sheilas Bräutigam – Edna, Hausmädchen – Inspektor Goole.

Ort und Zeit: Im Eßzimmer der Birlings in Brumley, einer nordenglischen Industriestadt, an einem Frühlingsabend im Jahre 1912.

Arthur Birling, ein vermögender Fabrikbesitzer in der englischen Provinz, hat soeben mit seiner Familie und Gerald Croft, dem Verlobten seiner hübschen Tochter Sheila, gut zu Abend gespeist, und nun unterhält man sich beim Portwein über die künftige Zusammenlegung der Firmen Birling und Croft, die bislang miteinander konkurrierten, und erörtert die Weltlage, deren Aspekte Arthur Birling recht optimistisch beurteilt. Während Mrs. Birling, die ihrem Mann sozial und an Bildung überlegen ist, sich mit ihrer Tochter für kurze Zeit zurückzieht, meldet das Dienstmädchen die Ankunft eines Polizei-Inspektors, der Mr. Birling sprechen möchte. Es handelt sich, wie der unauffällige, aber sehr bestimmt wirkende Mann mitteilt, um den Freitod einer jungen Arbeiterin, die Salzsäure getrunken hat. Sie war früher einmal in Birlings Fabrik beschäftigt. Im Verlauf der Erhebungen, die der Inspektor nun anstellt, erweist es sich, daß alle vier Birlings und auch Gerald Croft irgendwie mit dem Schicksal des Mädchens verknüpft waren, und zwar hat jeder aus der kurz vorher noch so vergnügten Gesellschaft irgendeine Schuld auf sich geladen, so daß alle zusammen, wenn auch nicht direkt, die Verzweiflung des jungen Geschöpfs und schließlich auch seinen Selbstmord herbeigeführt haben. Selbstverständlich sind alle empört, mit dieser undelikaten Affäre in Zusammenhang gebracht zu werden – nur Sheila erkennt, daß der geheimnisvolle Inspektor weniger aus kriminalistischen als aus Gründen der Gewissenserforschung gekommen ist, und ist als erste bereit, ihre Schuld einzugestehen. Die Selbstsicherheit der andern gerät erst ernstlich ins Wanken, als sich herausstellt, daß Eric Birling der Vater des Kindes ist, das die Selbstmörderin erwartete.

Als der Inspektor mit den mahnenden Worten »Wir sind füreinander verantwortlich. Und ich sage Ihnen, die Zeit wird kommen, in der die Menschen das lernen werden, es unter Feuer und Blut und Tränen lernen werden« gegangen ist, äußert Sheila ihre Vermutung, daß dieser merkwürdige Mann kein gewöhnlicher Polizei-Inspektor gewesen sei, und ihr Bruder, für den die Sache am schlechtesten aussieht, stimmt ihr bei. Da kommt Gerald Croft, dem Sheila ihren Verlobungsring zurückgegeben hatte und der nach seiner Vernehmung gegangen war, mit der Neuigkeit zurück, daß es einen Inspektor Goole bei der städtischen Polizei überhaupt nicht gebe und daß niemand ihn je gesehen habe. Birling überzeugt sich durch einen Anruf beim

Polizeikommando, daß es sich tatsächlich so verhält. Während Sheila und Eric darauf beharren, daß dies an ihrer Schuld und ihrem Schuldbewußtsein gar nichts ändere, fällt den Alten ein Stein vom Herzen; sie glauben, einem Schwindler oder allenfalls einem Jux zum Opfer gefallen zu sein, und haben nichts Eiligeres zu tun, als ihre Reue von vorhin zu vergessen. Denn nun ist ja die Gefahr eines öffentlichen Skandals beseitigt, und das soziale Selbstbewußtsein hat zwar einen Stoß erlitten, braucht aber keine Niederlage einzugestehen. Die gute Stimmung kehrt zurück, nur Sheila behält ihre Beklommenheit und ungewisse Angst, die von den andern für Hysterie gehalten wird. Da klingelt das Telephon: Die Polizei teilt mit, ein Mädchen habe durch Einnehmen von Salzsäure Selbstmord begangen und ein Inspektor sei auf dem Weg zu den Birlings, um ein paar Fragen zu stellen ...

Die Spannungstechnik des Kriminalstücks wird hier sehr geschickt benutzt, um Priestleys Hauptanliegen, die Aufforderung zur Gewissenseinkehr, auf theatralisch fesselnde Weise an das Publikum heranzubringen. Das Element des Überwirklichen, das die Gestalt des undurchschaubaren Inspektors umhüllt, bringt einen weiteren Spannungsreiz in die an sich sehr einfache Bühnenhandlung, obgleich es sich dabei um mehr als die auf dem englischen Theater heimische und sehr beliebte Spielart der spiritistischen Komödie handelt. Denn dieser Inspektor Goole – ein mehr kleinbürgerlicher Vorläufer von Eliots berühmtem und gleichfalls höchst geheimnisvollem Nervenarzt Sir Henry Harcourt-Reilly aus der *Cocktail-Party* – ist ja der Vertreter sehr ernster, sehr dringlicher ethischer Forderungen, ein ›Seelenretter‹, von dem wir annehmen dürfen, daß er mindestens noch an die Beeinflußbarkeit junger Menschen (Sheila und Eric) zum Guten glaubt. Das Stück ist ein Beispiel für die undoktrinäre und unschulmeisterliche Art, mit der englische sozialistische Autoren ihre Überzeugungen und Forderungen von der Bühne herab zu verkünden verstehen. (Reclams UB 7883 und 9218, engl.) *K. H. R.*

NOËL COWARD

* 16. Dezember 1899 in Teddington
† 26. März 1972 auf Jamaika

Coward wurde als Sohn eines Musikers geboren und stand schon als Kind auf der Bühne. Als Autor, Schauspieler, Regisseur, Komponist und Chansonsänger bei Theater und Film wurde er gleichermaßen bekannt.

Von den vielen erfolgreichen Stücken Noël Cowards sind die Komödien *Weekend* und *Geisterkomödie* (UA 1941 London) an deutschen Bühnen am häufigsten gespielt worden. Auch *Quadrille* hat Erfolg gehabt. Die Vorzüge dieser Stücke: unterhaltsame Fabel, sympathische, humorvoll gesehene Figuren, amüsante Dialoge und verblüffende szenische Situationen. Ein Schuß Shawscher Sozialkritik und die ironische Belichtung gesellschaftlicher Zustände, Moden und Torheiten geben den leichtgefügten Bühnenstücken Cowards, der mit *Cavalcade* auch das ernsthafte Drama einer Familienentwicklung geschrieben hat, über das reine Unterhaltungstheater hinausgehendes Gewicht und persönlichen Charakter. Der in England so beliebte Umgang mit Geistern und Gespenstern ist das Ziel seines Spottes in der von Curt Goetz bearbeiteten *Geisterkomödie*, doch scheint es, als habe sich der Autor in seinen überaus anmutigen, kapriziösen und koketten Geist Elvira selbst so verliebt, daß aus der ursprünglich wohl als Gesellschaftssatire gedachten Komödie ein reizendes, sehr fideles und ein wenig frivoles Märchen um den Schriftsteller Charles Condomine, seine Frau Ruth und seine erste Frau Elvira geworden ist, die ihm bei einer spiritistischen Sitzung in seiner Wohnung als Geist erscheint und aus alter Anhänglichkeit gleich dableibt. Auf ihre Nachfolgerin eifersüchtig, führt sie einen Autounfall herbei, der Ruth das Leben kostet, so daß diese ebenfalls als Geist zu ihrem Mann zurückkehrt. Nach unsäglichen Verwirrungen gelingt es der Beschwörerin Madame Arcati endlich mit Hilfe des Dienstmädchens, die süßen Quälgeister wieder zu vertreiben, die ihrem Abschied von dem gemeinsamen Gatten durch stückweise Demolierung seiner Wohnung einen durchaus zünftigen Aplomb geben. Das Gruselige zum Anlaß für einen ausbündigen Jux zu nehmen, ist – man denke an Wildes *Gespenst von*

Canterville – eine sehr eigenartige Fähigkeit des spezifisch englischen Humors: das Ungewöhnliche, ja Unbegreifliche wird, wenn es erst einmal hereingebrochen ist, mit Gleichmut in die gewohnte Lebensordnung herübergenommen, und man ist als Gentleman – in tiefstem Respekt vor dem obersten Gebot »Du sollst nicht auffallen!« – verpflichtet, auf elegante und korrekte Art damit fertig zu werden. *K. H. R.*

CHRISTOPHER FRY

*18. Dezember 1907 in Bristol

Ursprünglich dem Lehrerberuf zuneigend, wurde Christopher Fry 1927 Schauspieler in der südenglischen Bäderstadt Bath. Nach einem abermaligen Zwischenspiel als Lehrer übernahm er 1934 die Leitung einer angesehenen Theatergruppe, für die er auch seine ersten Stücke – Schäferspiele mit z. T. eigener Musik – schrieb. 1940 wurde Fry Direktor des Oxford Playhouse, dann leistete er als Pionier vier Jahre Kriegsdienst. Nach seiner Rückkehr hatte er mit seinen Stücken große Erfolge.

Die Erscheinung Christopher Frys bedeutete nach Eliot die zweite große Umwälzung für das britische Theater der jüngsten Vergangenheit. Mit ihm ergriff nämlich die poetische Phantasie wieder Besitz von einer Bühne, die bis dahin ganz von der rationalistischen Ironie und dem moralistischen Kritizismus Shaws und der mehr oder weniger ernsthaft zeit- und gesellschaftsanalytischen Produktion Priestleys, Robert Cedric Sheriffs (des Verfassers des bekannten Kriegsstücks *Die andere Seite*), Somerset Maughams, Charles Morgans, Noël Cowards u. a. beherrscht gewesen war. Die Diskussionssprache Shaws, die Konversations- und Pointensprache der Komödienschreiber wird in den Werken Frys abgelöst von einer von Bildern und Metaphern überströmenden, poetischen Sprache, die die Anschaulichkeit der altenglischen Theatersprache Ben Jonsons, Marlowes und Shakespeares und die der großartigen Barockdichtung der ›Metaphysicals‹, ohne auch nur mit einer Zeile in die Stilkopie zu verfallen, wiedererweckt. Fry schreibt seine Stücke in einem lockeren, musikalisch schwingenden Versrhythmus, der gesprochen kaum wahrnehmbar ist, dem Sprecher aber von vornherein eine unnaturalistische, von rhythmischen und melodischen Gesetzen bestimmte Diktion auferlegt. Über die Absicht seiner Dichtung hat sich der von der englischen Kritik zuerst mit Erstaunen, dann mit Entzücken begrüßte Autor in der Londoner Zeitschrift *Adelphi* folgendermaßen ausgesprochen: »Die Komödie ist eine Flucht, doch nicht eine Flucht vor der Wahrheit, sondern vor der Verzweiflung: eine enge Pforte zum Glauben. Sie glaubt an einen allgemein gültigen Ursprung der Freude, obwohl die Erkenntnis dieses Ursprungs uns immer wieder genommen wird ... Irgendwie müssen die Charaktere unangreifbar werden: das Leben bejahen, sich den Tod vertraut machen – und an der Freude festhalten ... doch nicht durch einen leicht verwundbaren Optimismus, sondern durch eine hart erkämpfte Freude. Die Fröhlichkeit ist zu lange auf seiten des Teufels gewesen – und so ist eine der wichtigsten Forderungen unserer Zeit, sie zurückzugewinnen.« Die knappste szenische Exegese dieses ›Programms‹, das sich sozusagen verkürzt auch im Titel seines den Winter symbolisierenden Spiels *Das Dunkel ist licht genug* (1953) ausdrückt, hat Christopher Fry in seinem charmanten, nur scheinbar frivolen Einakter *Ein Phönix zuviel* gegeben, der das alte, schon von Lessing zu einem (geplanten) Lustspiel herangezogene Thema der Witwe von Ephesus auf eine ebenso kühne wie anmutige Weise neu gestaltet: die Fröhlichkeit überwindet die Trauer, das Leben besiegt den Tod. Der Grundzug des Dichters Fry ist ein vitaler Enthusiasmus, der die Naturmächte, wie sie z. B. den Jahresablauf bestimmen, auch auf den Menschen hinüberleitet und im Wirken der Elemente und Gestirne die Kräfte sieht, die ihm neue, freudige Lebensimpulse zuleiten. Fry steht genau am Gegenpol zu der ›Littérature noire‹, wie sie im und nach dem Kriege in Frankreich und z. T. auch in Amerika aufgekommen ist – ein Verkünder des siegreichen Lebens, der die Phantasie über den Intellekt setzt, freilich ohne sich einer platten und primitiven Intellektfeindlichkeit zu überlassen; dazu ist er zu klug – und zu sehr Engländer, als daß er das Emotionale aus der Kontrolle der Vernunft, das Gefühl aus der des Verstandes entließe. *K. H. R.*

Die Dame ist nicht für's Feuer

(The Lady 's Not for Burning). Komödie in drei Akten
Uraufführung: 10. März 1948 in London
Deutsch von H. Feist

Personen: Hebble Tyson, Bürgermeister – Thomas Mendip, ein entlassener Soldat – Margaret Devize – Nicholas, Humphrey, ihre Söhne – Alizon Eliot – Richard, ein Schreiber – Jennet Jourdemayne – Ein Kaplan – Edward Tappercoom, Richter – Matthew Skipps.
Ort und Zeit: Im Haus des Bürgermeisters Hebble Tyson in dem kleinen englischen Marktflecken Cool Clary, 1400, mehr oder weniger, oder auch ganz genau.

Der entlassene Soldat Thomas Mendip überrascht den Schreiber Richard des Bürgermeisters Tyson mit der Mitteilung, er wünsche gehängt zu werden. Das Mädchen Alizon Eliot, siebzehnjährig, kommt voll Unruhe dazu, denn sie soll Humphrey Devize heiraten, weiß aber, daß auch dessen Bruder Nicholas in sie verliebt ist. Nicholas folgt ihr auf dem Fuß, und gerade, als er sie wegtragen will, kommt auch die Mutter der beiden Nebenbuhler herein und verfällt über den Streit ihrer Söhne in komisches Entsetzen. Thomas meldet sich wieder und verlangt, endlich gehängt zu werden; dem inzwischen auch noch erschienenen Bürgermeister versichert er, sein Wunsch sei durchaus nach Recht und Gesetz, denn er habe den Lumpensammler Matthew Skipps umgebracht und gleich auch noch irgendeinen Zuhälter mit zum Teufel geschickt. Während Tyson, vergeblich nach einem Präzedenzfall suchend, noch mit dem ungewöhnlichen Bittsteller streitet, meldet Nicholas seinem bürgermeisterlichen Onkel, daß ihn eine Hexe zu sprechen wünsche. Das ist zuviel auf einmal für den Wackeren, besonders als nun auch noch eine zwar etwas ramponierte, aber offensichtlich sehr hübsche junge Dame eintritt und vom Bürgermeister ebenfalls Recht und Gesetz fordert, was dessen Schwester Margaret zu der erstaunten Frage veranlaßt: »Beide verlangen bestraft zu werden! Ist Tod denn heute die modernste Art zu leben? Bei dieser Jugend überrascht mich nichts mehr.« Jennet Jourdemayne – so heißt die Hexe – belehrt sie aber, daß sie keineswegs bestraft zu werden wünsche, sondern Schutz vor einer tobenden Menge verlange, die sie der unsinnigsten Zaubereien bezichtige. Dieselbe Menge sucht aber auch den Missetäter, der den Lumpensammler und den Kuppler umgebracht habe, und Thomas Mendip, der zu all den Verwirrungen – Hochzeitsvorbereitung, Hexenjagd und Mörderverfolgung – auch noch für abends den Weltuntergang voraussagt, begehrt, indessen sich die Jugend immer mehr auf die Seite Jennets schlägt, nunmehr energisch den Galgen, bevor er sich rettungslos in die inzwischen abgeführte Hexe verliebt.

Der Bürgermeister berät mit dem bratschespielenden Kaplan und dem Stadtrichter Tappercoom, was man mit den beiden lästigen Inkulpaten anfangen soll: Thomas gesteht immerzu, ohne auch nur den Schatten eines Beweises für seine angeblichen Morde beizubringen, und Jennet leugnet hartnäckig die Hexereien, deren man sie anklagt. Auf der Straße geht der Aufruhr, durch Weltuntergangshysterie verstärkt, weiter. Nicholas Devize bekam, als er eine Ansprache an die Leute halten wollte, einen Ziegelstein an den Kopf, während sein Bruder Humphrey, der Alizon heiraten soll, den Gefangenen einen Besuch abstattete; es stellte sich heraus, daß auch Nicholas dort war, und die beiden Brüder streiten sich, was wohl die Gründe für ihr Interesse an dieser Unternehmung gewesen sein könnten. Während die andern sich zur weiteren Beratung zurückziehen, bringt der Schreiber Richard Jennet, die Hexe, und Thomas, in dem man vielleicht den Teufel vermuten könnte, in das Zimmer, dessen Boden er schrubben soll, um das Gespräch der beiden zu belauschen. Thomas bemüht sich, Jennet seine Teufelsnatur zu explizieren, während sie ihn umgekehrt zu überzeugen sucht, daß sie, obwohl die Tochter eines reichen Alchimisten und mit dessen Laboratoriumskünsten ein wenig vertraut, keineswegs eine Hexe sei. Das ganze Gespräch ist nichts anderes als ein hinter Ironie und zärtlicher Provokation verborgenes Geständnis der beiderseitig erwachenden Liebe, das jählings endet, als Jennet erfährt, daß sie am nächsten Tag als Hexe verbrannt werden soll. Sie fällt in Ohnmacht, erholt sich aber bald wieder und hört, daß Thomas wegen »Misanthropie, Galle und Selbstmordsucht« dazu verurteilt wird, den Abend in froher Gesellschaft auf Alizons Hochzeit zu verbringen. Er ist nur bereit, in diesen Aufschub vom begehrten Galgen zu willigen, wenn die Dame Jennet teilnimmt »an den großartigen Festlichkeiten der Nacht«, nach der beide, wie sie gemeinsam bekennen, kein großes Interesse an der Welt mehr haben dürften.

Die Festlichkeiten indessen sind nicht sehr heiter. Wegen des vorausgesagten Jüngsten Gerichts sind nur wenig Gäste gekommen, die Hexe Jennet hat die Herzen der Brüder Devize verwirrt, so daß Humphrey sich nur dunkel erinnert, daß eigentlich seine Vermählung mit Alizon gefeiert werden soll, und Thomas Mendip ist mit sich und der Welt, die ihm den Galgen vorenthält, zerfallen. Jennet erscheint in einem kostbaren Kleid, das ihr Mutter Devize geliehen hat, hin- und hergerissen in ihren Gedanken zwischen dem nahen Feuertod und der Liebe zu Thomas. Dieser bedrängt den Bürgermeister, von der Verbrennung abzusehen, und verläßt, als jener nicht darauf eingeht, entrüstet den Raum, so daß der Richter Tappercoom meint, er habe sich davongemacht, und nun seien sie diese ganze lästige Affäre mit dem juristisch nicht zu legitimierenden Galgen los. Indessen steigen die Verwirrungen der Nacht weiter an. Die Hexe bezaubert alle durch ihre Anmut und Vernunft, und Alizon bekennt dem Schreiber Richard ihre herzliche Zuneigung. Beide beschließen zu fliehen. Jennet sucht Thomas, immer verfolgt von den Brüdern Devize, die alles um sich her vergessen; Humphrey will als Ratsmitglied sogar Gründe herbeibringen, um die Verbrennung aufzuschieben – da erscheint Thomas Mendip durchs Fenster und gesteht Jennet, daß er sie liebe. Prompt erwidert sie ihm, daß er seine ganze Mordgeschichte nur erfunden habe, um die Aufmerksamkeit der Stadt von der Hexenjagd abzulenken. Zum Beweis schwankt, stockbesoffen, der alte Skipps herein. Nunmehr kann Richter Tappercoom den Fall Thomas Mendips Rechtens für abgeschlossen erklären und ihm und Jennet empfehlen, sich in der Stille der Nacht, die ohne Hochzeit und Weltuntergang endet, aus dem Staube zu machen. So geschieht es, denn die Dame, die durch ihren Zauber Falsches in Ordnung gebracht, Alizon vor einer verkehrten Heirat bewahrte und den rechten Mann finden ließ – die Dame ist nicht für's Feuer. *K. H. R.*

Venus im Licht

(Venus Observed). Spiel in drei Akten
Uraufführung: 18. Januar 1950 in London
Deutsch von H. Feist

Personen: Der Herzog von Altair – Edgar, sein Sohn – Reedbeck, sein Verwalter – Dominic, dessen Sohn – Perpetua, Reedbecks Tochter – Rosabel Fleming – Jessie Dill – Hilda Taylor-Snell – Kapitän Fox Reddleman, Hausmeister des Herzogs – Bates, zweiter Diener.
Ort und Zeit: Im heutigen England, teils im Sternwartzimmer, teils im »Tempel der antiken Tugenden« in Stellmere Park, dem Besitztum des Herzogs.

Der etwa fünfzigjährige, früh verwitwete Herzog von Altair, ein Freund und Kenner der Frauen und der Sterne, gedenkt sich wieder zu verheiraten und hat deshalb unter dem Vorwand, sie auf seiner Privatsternwarte eine Sonnenfinsternis beobachten zu lassen, drei seiner ehemaligen Geliebten auf sein Besitztum eingeladen. Bevor die Damen Rosabel Fleming (eine Schauspielerin), Jessie Dill und Hilda Taylor-Snell eintreffen, bittet der Herzog seinen fünfundzwanzigjährigen Sohn Edgar, sich unter ihnen eine Mutter auszusuchen; er soll, wie einst Paris, der Erwählten einen Apfel reichen. Eine weitere junge Dame erscheint – Perpetua, die Tochter des herzoglichen Verwalters Reedbeck, die aus Amerika zurückkommt. Der Herzog, sogleich von ihr entflammt, bittet seinen Sohn, ihr den Apfel zu reichen, aber Edgar, vom Reiz des Mädchens nicht minder hingerissen, weigert sich, denn dann würde er ja die Wahl für seinen Vater treffen. Edgar bittet Perpetua, abends mit ihm zum Allerheiligentanz zu gehen, sie lehnt jedoch ab, sie sei zu müde. In Wahrheit hat sie dem Herzog versprochen, in sein Observatorium zu kommen, zu einer Stunde Unterweisung in den Gestirnen. – Während sie das Fernrohr auf den Saturn richten, erzählt der Herzog Perpetua, daß Mädchen, die in der Allerseelennacht in einen Spiegel blicken, darin das Bild ihres künftigen Gatten sehen. Als Perpetua sich dem Spiegel zuwendet, stellt der Herzog sich so hinter sie, daß sie auch ihn sehen muß. Aber jählings dreht sie sich um und sagt ihm, sie habe das Bild seines Sohnes Edgar gesehen. Der Herzog überhört, daß er verloren hat.

Feuer bricht aus, Rosabel Fleming hat es gelegt. Sie wollte die Sternwarte vernichten, um den Herzog zu den Menschen hinabzuziehen. Er verzeiht ihr, da er dorthin gelangt sei, »wo die Qual des einsamen Menschentums ganz unbekannt ist«, denn er glaubt sich von Perpetua geliebt. Doch Perpetua widerspricht. Endlich erkennt der Herzog, woran er ist: »Venus stand uns im Licht, uns und sich selbst.« Er beschließt, Rosabel, die ihn als einzige wirklich liebt, nach Verbüßung ihrer Gefängnisstrafe zu heiraten.

Die Dame ist nicht für's Feuer und *Venus im Licht* gehören zu Frys Jahreszeitenzyklus, den er mit der Komödie *Ein Hof voll Sonne* (*A Yard of Sun*, UA 9. 7. 1970 Nottingham) abschloß (s. auch *Das Dunkel ist licht genug*). In *Die Dame ist nicht für's Feuer* ist es der April, der mit seinen wilden Frühlingsspäßen ein braves mittelalterliches Städtchen hexentoll macht, in *Venus im Licht* der Herbstrausch des leuchtenden Oktober, der die Melancholie des erstarrenden Jahres noch einmal durchbricht und mit seinen Sternen und Früchten (dem symbolischen Apfel!) Unruhe und Verwirrung schafft. Christopher Fry, einem Dichter des naturfernen 20. Jahrhunderts, das seine eigentliche Aufgabe in der totalen Überwindung und Unterwerfung der Natur sieht, ist es hier gelungen, die Natur noch einmal ganz elementar zu sehen, als das Reich der panischen Verzauberung, wie sie Shakespeare im *Sommernachtstraum* (und danach noch ein einziges Mal Hauptmann in *Schluck und Jau*) gesehen hat. In diesem Reich ist auch der merkwürdige, halb skurril-spukhafte, halb trocken-sarkastische Humor beheimatet, der den Schabernacksgeist des Shakespeareschen Puck zu neuem Leben erweckt und sogar seine Sprache mit dem begrifflich abstrahierenden Vokabular der Gegenwartssprache neu gestaltet hat. In der stark verdüsterten Welt des modernen Dramas steht Fry eindeutig auf der Seite des Lebens und der Jugend, die in den beiden Komödien vom Frühling und vom Herbst siegreich ihr Recht behauptet. Die Kraft der poetischen Phantasie erschafft bei diesem Dichter das Welt- und Menschenbild – ein Gegenbild zu jenem, das so viele andere als das einer durchaus mißgeschaffenen Welt nur skeptisch und ironisch zu sehen vermögen, wenn sie es nicht gar voller Angst, Ekel und Verzweiflung anstarren. *K. H. R.*

Das Dunkel ist licht genug

(The Dark is Light Enough). Winterkomödie in drei Akten
Uraufführung: 23. März 1954 in Brighton
Deutsch von R. Schnorr

Personen: Jakob – Dr. Kassel – Belman – Stefan – Bella – Franz – Gelda – Richard Gettner – Gräfin Rosmarin Ostenburg – Oberst Janik – Graf Peter Zichy – Soldaten, Posten.

Ort und Zeit: Das Landhaus der Gräfin Ostenburg in der Nähe der ungarischen Grenze, Winter 1848/49.

Im Haus der Gräfin Ostenburg herrscht Aufregung. Die Ungarn haben revoltiert. Sie fordern die Herausgabe eines Deserteurs, des Hauptmanns Richard Gettner, der früher mit der Tochter der Gräfin verheiratet gewesen ist. Inzwischen ist die Tochter eine Gräfin Zichy. Die Ungarn, deren Wortführer ein Oberst Janik ist, haben den Grafen gefangen und wollen Zichy gegen Gettner tauschen. Die Damen lehnen ab. Sie verteidigen Gettners Recht, sein eigenes Leben zu leben. Der Verfolgte taucht auf, wird von seinem ehemaligen Schwager Stefan Ostenburg provoziert und dadurch zum Duell gezwungen. Gettner meldet, Ostenburg erschossen zu haben. Das erweist sich als Irrtum, Ostenburg wurde nur leicht verwundet, doch die Gräfin ist vor Schreck erkrankt.

Die Revolution ist niedergeschlagen. Nun bittet Oberst Janik um ein Versteck. Es wird ihm gewährt. Kaum ist der Oberst in Gettners ehemaligem Versteck verschwunden, da tritt Gettner herein. Er habe gehört, die Gräfin liege im Sterben. Unvermittelt macht er ihr einen Heiratsantrag, denn er glaubt, sie habe ihn aus Liebe gerettet. Die Gräfin lehnt ab. Auf die Frage, was er ihr denn bedeutet habe, erwidert sie: »Einfach, was jedes Leben bedeutet.« Freilich habe sie ihn manchmal gern gehabt. Immer sei sie in ihrem Leben »verliebt in irgend etwas« gewesen, und das sei sie auch jetzt, in ihren letzten Augenblicken.

Auch in diesem Schauspiel, das in Frys Jahreszeiten-Spielen den Winter vertritt, verkündet der Dichter seine Lebensbotschaft: Kein Dunkel ist so tief, daß es ein Licht nicht doch durchdränge. *K. H. R.*

PETER USTINOV

* 16. April 1921 in London

Entstammt einer 1896 aus Rußland eingewanderten Familie. Der Vater ist Kunstkritiker, die Mutter Nadja Benois arbeitet als Bühnenbildnerin. Bereits mit 19 Jahren erzielt Ustinov mit »House of Regrets« (1940) den ersten Bühnenerfolg. Er arbeitet als Schauspieler, als Revuedarsteller. Große Erfolge beim Film: als Nero in »Quo vadis?«, »Topkapi«, »Spartakus«. Dreimal Oscar-Preisträger. Auch als Romanautor, Opernregisseur, Zeichner von Karikaturen, Entertainer beim Fernsehen erfolgreich.

Peter Ustinov – das ist ein Theaterautor und ein Filmstar, ein Romanschreiber und ein Opernregisseur, ein Zeichner und ein Journalist, ein Entertainer, der zugleich sechs Jahre lang Rektor der kleinen schottischen Universität von Dundee war. Ustinov ist ein lebendiger Widerspruch – gewaltig an Leibesfülle wie an Talentvielfalt, stets »halb auf dem Baum«, wie er eines seiner Stücke nennt, schwer einzuordnen und immer irgendwo dazwischen: »Mein Grundgefühl bei allem ist: das Tragische ist das Komische, das schiefgegangen ist, und das Komische ist das Tragische, das schiefgegangen ist.« Er ist ein Meister in der selten gewordenen Kunst, auf intelligente Art zu unterhalten und dabei hintergründige Satire und vordergründige Gags zu mischen. Er wuchert mit seinen Talenten, denn er hat festgestellt: »Bescheidenheit ist die ungesündeste Form der Selbstbewertung.«

In seinen Theaterstücken führt er vor, wieviel Theater, auch Schmierentheater, in der hohen Politik steckt. Und wieviel Politik, auch hohe Politik, man braucht, um im täglichen Leben zurechtzukommen.

In der Komödie *Die Liebe der vier Obersten* (*The Love of Four Colonels*, UA 23. 5. 1951 London) verbindet er den Beginn des kalten Kriegs zwischen West und Ost mit Märchenmotiven. Je ein Oberst aus den USA, aus England, Frankreich und der Sowjetunion befehden sich als Vertreter der alliierten Militärregierung am Konferenztisch, bis sie unversehens in der hintersten deutschen Provinz das schlafende Dornröschen hinter der Dornenhecke entdecken und jeder von ihnen auf seine Art auf

Eroberung auszieht. Auch *Romanoff und Julia* (*Romanoff and Juliet*, UA 9. 4. 1956 Edinburgh) gewinnt dem Ost-West-Konflikt amüsante Seiten ab, wenn die Liebe zwischen einem sowjetischen Marineoffizier und einem College-Girl aus USA keinerlei Rücksicht nimmt auf die ideologisch verfeindeten Väter. *Endspurt* (*Photo Finish*, UA 26. 3. 1962 Dublin) zeigt einen 80jährigen Schriftsteller, der sich gleichzeitig in vier verschiedenen Altersstufen erlebt und dabei gehörig in Konflikt mit der eigenen Persönlichkeit gerät. Der Zwanzigjährige verlobt sich gerade mit Stella, der Vierzigjährige ist ein ungehobelter Gesellschaftsverweigerer geworden, der aus der Ehe ausbrechen will, aber durch ein Baby an Stella gebunden bleibt. Mit sechzig ist der Schriftsteller ein erfolgreicher Medienstar, der die Erwartungen des Publikums perfekt erfüllt. Und mit 80 Jahren hat er resigniert und schreibt an seinen Memoiren: »Ich ändere meinen Charakter, verkaufe nach und nach meine Seele, nur um des lieben Friedens willen – und jede dieser Veränderungen hat etwas Beschämendes.« Daß diese widersprüchlichen Varianten eines Menschen gleichzeitig auf der Bühne stehen, macht den komödiantischen Reiz dieser psychologischen Spiegelfechterei aus. *Der leere Stuhl* (*The Empty Chair*, UA 1956 London) ist der Prunksessel des hingerichteten Königs Ludwig XVI., der auch all seinen Gegnern von Danton bis Robespierre zum Verhängnis wird. *Das Leben in meiner Hand* (*The Life in my Hands*, UA 1965 Nottingham) ist ein Zeitstück, das tagesaktuell eingriff in die öffentliche Diskussion um die Abschaffung der Todesstrafe und die Beweisführung durch Indizien.

Halb auf dem Baum (*Halfway up the Tree*, UA 13. 5. 1967 Berlin) ist eine originelle Variante des Generationenkonflikts. Ein alter General läßt sich nicht mehr vom Gammellook und den Langhaarmähnen seiner aufmüpfigen Kinder schockieren. Mit Erfolg schockiert er die junge Generation nun seinerseits, indem er deren Verhalten übernimmt und sich als Beatnik auf einen Baum zurückzieht. Als die Kinder aus Oppositionsgeist bürgerlich werden, steigt er wieder herab. Er gesteht: »Zukunft hat die Sache nicht – wenn ich auch begeisterte Reden schwinge. In unserem Alter ist man einfach zu sehr an den alten Trott gewöhnt. So hoch man auch steigt – im Geiste ist man doch nur halb auf dem Baum.« *Der unbekannte Soldat und seine Frau* (*The Unknown Soldier and his Wife*, UA 6. 7. 1967 New York) zeichnet in historischem Bilderbogen nach, wie von der Antike bis heute stets der kleine Mann für das Heldentum der Politiker und Eroberer bezahlen muß. In der Komödie *Abgehört* (*Overheard*, UA 28. 4. 1981 London) flüchtet ein Dissident in die englische Botschaft eines Ostblockstaates. Er bringt dort nicht nur die Politik, sondern auch die Herzen der Damen gehörig durcheinander. In *Beethovens Zehnte* (UA 9. 5. 1983 London) läßt Ustinov den Komponisten aus dem Jenseits in unsere Gegenwart zurückkehren und allerlei Befremdliches erleben mit einem Musikkritiker, mit der heutigen Technik und der modernen Gesellschaft.

Nur etwas ist noch theatralischer als Ustinovs Theater: das ist seine Familiengeschichte. In seiner Autobiographie *Ach du meine Güte* erfahren wir von einer Großtante, die Hofdame war am äthiopischen Kaiserhof, und wie ein Großvater das Moskauer Bolschoitheater errichtet und ein anderer es in Venedigs Markuskirche zum Organisten gebracht hat; wie Ustinovs Vater den Ersten Weltkrieg als deutscher Offizier mitmacht, wie er später deutscher Presseattaché und schließlich britischer Geheimdienstmann wird. Wenn man in Ustinovs Komödien Klischees findet, sind sie meist als Realität nachzuweisen: »Klischees sind einfach fürchterlich, aber man muß die Wahrheit sagen. Am Ende zeigt sich's, daß alle Klischees wahr sind. Und das ist fast noch schlimmer zu ertragen als die Wahrheit.«

EUGENE O'NEILL

* 16. Oktober 1888 in New York
† 27. November 1953 in Boston

Sohn eines aus Schottland stammenden Schauspielers, der ihn bei seinen Gastspielen durch die Vereinigten Staaten mitnahm, lernte Eugene Gladstone O'Neill schon früh das Theater kennen. Nachdem er wegen Unbotmäßigkeit mit 19 Jahren von der Universität Princeton verwiesen worden war, wurde er nacheinander Goldsucher, Schauspieler, Seemann, Weltreisender und Journalist. Er lernte die Werke von Ibsen, Strindberg, Shaw und Wedekind kennen, daneben las er auch Nietzsche und Sigmund Freud. 1914 trat er in George Pierce Bakers »Workshop« für das Drama an der Harvard-Universität ein. 1916 begann er Büh-

nenstücke zu schreiben, die seinen Namen rasch in den Staaten und bald auch in Europa bekanntmachten. Schon zweimal hatte er den amerikanischen Pulitzerpreis empfangen, als er 1936 für sein bis zu diesem Zeitpunkt vorliegendes Gesamtwerk den Nobelpreis erhielt. Unmittelbar danach ging er auf sein Landgut nach Kalifornien und verharrte fast ein volles Jahrzehnt in völligem Schweigen, bis er 1946 mit seinem Schauspiel »Der Eismann kommt« seinen Ruhm als Amerikas bedeutendster Dramatiker von neuem bestätigte.

Bevor O'Neill auftrat, gab es in Amerika nur reines Unterhaltungstheater, dessen Repertoire ausschließlich vom Kassenrapport bestimmt wurde. Unter dem Eindruck des großen europäischen Dramas entdeckte er die Psychologie für die amerikanische Bühne. Er bringt Ibsens und Strindbergs dramaturgische und analytische Technik mit, aber er verachtet ihre Probleme. Sie erscheinen ihm zu gesucht, zu gequält, zu morbid – die Probleme eines ›alten‹ Erdteils. Mit der Psychologie des europäischen Theaters dringt er in die urwüchsigere, robustere Welt Amerikas ein, mit ihr stellt er deren Menschen in ihre ›ewigen Dilemmas‹, seziert er »die düsteren, heftigen Leidenschaften ihrer hoffärtigen Leiblichkeit«. *Der haarige Affe* ist die Tragödie eines primitiven Schiffsheizers (1921), *Gier unter Ulmen* zeigt zerstörerische Leidenschaft inmitten der scheinbaren Idyllik ländlichen Lebens (1924). Die Welt der amerikanischen Neger brachte er in *Kaiser Jones* (1920) und *Alle Kinder Gottes haben Flügel* (1923) auf die Bühne. Erst 1956 brachte Frankfurt die deutsche Erstaufführung von *Die Marco Millionen* (1925), ein gesellschaftskritisches Stück, das Marco Polo in satirischer Sicht als Exponenten skrupelloser Händlerzivilisation in Gegensatz stellt zu der Lebensform altchinesischer Weisheit. O'Neills Drang, die Seelen der Menschen zu enthüllen, ihre geheimen Gedanken, gierigen Wünsche und verborgenen Triebe ans Tageslicht zu bringen, hat mitunter etwas Grausames; jedoch bewirkt er damit auch eine merkwürdige Transparenz des Traumhaften, eine Vertauschung des Wirklichen mit dem Imaginären wie in seinem *Seltsamen Zwischenspiel* (1927), das zu den eigenartigsten Werken der zeitgenössischen dramatischen Literatur überhaupt gehört, oder aber auch eine heilsame Seelendurchleuchtung, die durchaus ›therapeutisch‹ gedacht und darum von einem stark dosierten Humor unterstützt ist, wie in dem als »Komödie der Erinnerung« bezeichneten Stück *O Wildnis* (1932). Es ist eines der auf dem amerikanischen Theater ungemein beliebten Familienschauspiele, in dessen Mittelpunkt ein in der ›Wildnis‹ der Pubertät um Klarheit und rechte Lebenseinstellung ringender Junge steht – ein Reflex von Wedekinds *Frühlings Erwachen* und Halbes *Jugend* in der Literatur der Neuen Welt, deren ungebrochene Lebenskraft und unerschütterlicher Glaube an die Vernunft (hier auf dem Gebiet der Erziehung) die düsteren Schatten jener europäischen Vorbilder aber gar nicht erst aufkommen läßt. Autobiographischen Charakter hat das Familiendrama *Eines langen Tages Reise in die Nacht* (1940).

Die Erscheinung O'Neills ist nicht eindeutig zu fassen. In der mächtigen Kraft des Lebensimpulses fast Thomas Wolfe verwandt, wechselt er zwischen schöpferischer Originalität und bedenkenloser Routine, dokumentiert er in seinen Werken bald eine urwüchsige, kühn in den Dschungel der menschlichen Natur einbrechende Potenz, bald eine bittere, menschenverachtende Resignation. Zuweilen schlägt er seine Geschöpfe, wie von Ekel gepackt, brutal mit der Faust nieder, zuweilen hilft er ihnen liebe- und humorvoll, eine Ordnung in ihrem Dasein zu finden. Über seinen Realismus fallen nicht selten romantische Schleier. Unbestreitbar aber ist seine Fähigkeit der interessanten stofflichen Erfindung, der Erregung fesselnder und packender Konflikte, der kraftvollen Menschengestaltung. Als eigentlicher Begründer des modernen amerikanischen Dramas hat er den Nobelpreis erhalten, und daß sein Schaffen, wiewohl im Vitalen verwurzelt, der geistigen Beziehung zur großen abendländischen Dichtung nicht entbehrt, beweist sein europäischer Erfolg, der in Deutschland in seinem bedeutendsten Werk, der Trilogie *Trauer muß Elektra tragen*, gipfelt. *K. H. R.*

Der große Gott Brown *(The Great God Brown).* Deutsch von Konrad Maril. – Das am 23. Januar 1926 in New York uraufgeführte Schauspiel basiert auf dem bis zu tragischer Unauflöslichkeit vorgetriebenen Neben- und Miteinander von Sein und Schein. Zwei junge Männer, William A. Brown und Dion Anthony, beide Söhne von Bauunternehmern und beide zur Zeit ihrer Schulentlassung in dasselbe Mädchen, Margaret, verliebt, beginnen ihren Lebensweg: William Brown, genannt Billy, ist ein strebsam nüchterner Mensch, bei dem – er wird auf

Wunsch der Eltern Architekt und Chef einer gut florierenden Baufirma – die geschäftlichen Talente die künstlerischen bei weitem überwiegen, Dion Anthony dagegen eine phantastische, ja dämonische Natur, die ihre innere Sensibilität, Reizbarkeit und Empfindsamkeit hinter der Maske eines Zynikers und mephistophelischen Verneiners verbirgt. Aus dieser ›Maskiertheit‹ der Seele entwickelt O'Neill in einer höchst eigentümlichen und faszinierenden dramaturgischen Technik das Maskenspiel der Handlung, in deren Verlauf Dion Anthony, der Margaret geheiratet hat und von ihr leidenschaftlich geliebt wird, an seiner inneren Zerrissenheit zugrunde geht, während Billy Brown, den Dion wegen seiner etwas billigen praktischen Lebenserfolge mit ironischer Verachtung »den großen Gott Brown« nennt, in einer unheimlichen seelischen Verwandlung in dessen Charakter und Gestalt eingeht und sein (Dions) Leben an der Seite Margarets weiterlebt, bis auch er in dem wahrhaft ›bodenlosen‹ Abgrund dieser Doppelexistenz versinkt. Das technische Mittel der Verdeutlichung dieser Gespaltenheit ist die Maske, die von den Schauspielern getragen und jeweils abgenommen wird, wenn das ›wahre Gesicht‹ zum Vorschein kommt. Es wandelt sich im Verlauf der Handlung, die sich über 14 Jahre erstreckt, in der Weise, in der das Leben seine Zeichen in ein Menschenantlitz eingräbt, aber auch die Maske wandelt sich, denn sie ist ja auch ihrerseits ein Reflex der Lebenssituation. Als Kontrastfigur zu den drei tragischen Gestalten des Schauspiels – Dion, Billy und Margaret – verkörpert die Dirne Cybel (der Name ist abgeleitet von dem der kleinasiatischen Erdgöttin Kybele, der ›Magna Mater‹ der Alten) die unzerstörbare mütterliche Lebenskraft, die stärker ist als alle Masken, auch als die der Verworfenen, die Cybel selbst trägt.

In kaum einem andern Stück O'Neills kommt eine so tiefe religiöse Verzweiflung zutage, wie sie die Gestalt des Dion Anthony erfüllt. Sein vergebliches Bemühen, Gott zu erkennen, um aus dieser Erkenntnis den Sinn seines gepeinigten und auf jeder Station seines Weges wieder verlorenen Lebens zu begreifen, bricht in die hinter der Maske des grinsenden Zynikers hervorgestoßene, blasphemische Anrede an seinen Jugendfreund Billy Brown aus, der ihm in seinem Architektenbüro eine Stellung verschafft hat: »Der alte Spaßmacher da oben hat mir nur schwache Augen gegeben, ich konnte ihn nicht erkennen, und so muß ich jetzt abschwören mein Forschen nach ihm und statt dessen eintreten für den Allgegenwärtigen, Erfolgreichen, Gediegenen, für den großen Gott Mr. Brown.« Mit diesem Augenblick beginnt die geheimnisvolle innere Verwandlung Billy Browns, dessen Maske die Züge von Dions wahrem Gesicht annimmt – das Zeichen, daß er vorm Gericht der ewigen Wahrheit ebensowenig zu bestehen vermag wie jener, dessen Rolle er spielt, weil er nur in Dions Maske die Liebe Margarets auf sich zu wenden vermag, die ihn als Billy Brown verachtet. Nachdem der wahre und der falsche Dion gestorben sind, ist diese Maske das letzte Stück der Erinnerung an ihre große Liebe, das Margaret an ihrem Herzen birgt. *K. H. R.*

Trauer muß Elektra tragen

(Mourning Becomes Electra). Trilogie
Uraufführung: 26. Oktober 1931 in New York
Deutsch von M. Wentzel

Personen: Brigadegeneral Ezra Mannon – Christine, seine Frau – Lavinia, ihre Tochter – Orin, Leutnant der Infanterie, ihr Sohn – Peter Niles, Artilleriehauptmann – Hazel Niles, seine Schwester – Adam Brant, Kapitän eines Seglers – Seth Beckwith, Amos Ames, Abner Small und andere Nebenfiguren.
Ort und Zeit: Das Haus des Brigadegenerals Ezra Mannon in New England, die Handlung beginnt kurz nach Beendigung des Amerikanischen Bürgerkriegs 1865 und endet im darauffolgenden Jahr.

Erster Teil: *Heimkehr (Homecoming).* Spiel in vier Akten. – General Ezra Mannon, der aus dem Bürgerkrieg als einer der Truppenkommandeure der siegreichen Nordstaaten in seine Heimat zurückkehrt, findet sein Haus merkwürdig verändert vor. Christine, seine schöne Frau, hat ihre leidenschaftliche Liebe seinem Vetter, dem Kapitän Adam Brant, zugewandt, der in der puritanischen Familie Mannon als verfemt gilt, denn er ist der Sproß der freien Verbindung seines Vaters mit einem verachteten Kanuckenmädchen. Lavinia, des Generals Tochter, weiß um die Schuld ihrer Mutter und verfolgt sie mit doppeltem Haß: einmal, weil sie den abgöttisch geliebten Vater betrogen hat, zum andern aber, weil sie, Lavinia, selbst von einer glühenden Liebe zu dem halbblütigen Kapitän verzehrt wird. Um ihrer Leidenschaft freie Bahn zu schaffen, tötet Christine Mannon ihren Gatten durch Gift. Mit dem geschärften Instinkt der rasenden Eifersucht errät Lavinia die Zusammenhänge und das Verbrechen ihrer Mutter. Außer sich vor Haß und Schmerz zischt sie der nach dem Mord ohnmächtig zu Boden Gesunkenen ins Ohr: »Du sollst es büßen.«

Zweiter Teil: *Die Gejagten (The Hunted).* Stück in fünf Akten. – Leutnant Orin Mannon, der Sohn des Generals, ist ebenfalls aus dem Krieg zurückgekehrt. Dem Vater Ezra und dem Onkel Adam auffallend ähnlich, ist er sensibler als die beiden Älteren; eine Kopfverwundung macht ihn darüber hinaus reizbar und überempfindlich. Eine seltsame, hektische Liebe verbindet ihn mit seiner Mutter – darum ist es ein furchtbarer Schlag für ihn, als er durch Lavinia von dem ehebrecherischen Bund zwischen Christine und Brant erfährt. Auch in ihm lodert die Eifersucht auf und peitscht ihn in die ›Pflicht‹, die Ermordung des Vaters zu rächen: er tötet Brant in dessen eigner Kapitänskajüte und treibt die geliebte Mutter durch sein Geständnis dieses Mordes in den Tod.

Dritter Teil: *Die Verfluchten (The Haunted).* Spiel in vier Akten. – Lavinia, die die Rache an der Mutter mit unerbittlicher Härte betrieben hat, macht nach deren Tod eine seltsame Verwandlung durch. Die Elemente der mütterlichen Natur, triebhafte Sinnlichkeit und weibliche Faszination, ergreifen von ihr Besitz und drängen das väterlich-puritanische Erbe zurück. Sie steigert sich mit ihrem Bruder, der ihr an Willenskraft weit unterlegen ist, in den romantischen Traum eines Lebens der ›Verheißung‹, in dem Liebe und sinnliche Leidenschaft nicht Sünde sind – aber der Fluch der Schuld liegt schon auf den Geschwistern, und die Sünde ihrer Rachemorde wiegt zu schwer, als daß sie sich von den Qualen ihres Gewissens befreien könnten. Orin nimmt sich, verzweifelt über den von ihm verschuldeten Tod der Mutter und inbrünstig die Wiedervereinigung mit ihr suchend, das Leben. Lavinia aber erkennt mit der erbarmungslosen Klarheit ihres Verstandes, daß weder die Flucht in den romantischen Paradiesestraum noch der Ausweg des Bruders (in den Selbstmord) sie von ihrer Schuld befreien könne. Sie muß die Sühne für die Greuel ihrer Familie allein und in ihrer ganzen Schwere auf sich nehmen – Trauer tragen bis ans Ende ihrer Tage, eingeschlossen in den verödeten Räumen mit den Gespenstern der Toten, die sie hetzen werden, bis der Fluch getilgt ist. Sie läßt alle Blumen hinauswerfen und die Fenster vernageln, bevor sie »hölzernen Schrittes« ins Haus geht, sich einer furchtbareren Gerechtigkeit zu unterwerfen, als Tod oder Kerker es je sein könnten.

Nicht die äußere Parallelisierung der Handlung mit der *Orestie* des Aischylos macht die Bedeutung von O'Neills Trilogie aus, sondern die Verwandlung der klassischen Atridentragödie in ein modernes psychologisches, ja psycho-analytisches Schauspiel. Die Gestalten entsprechen genau denen des antiken Dramas: Ezra Mannon dem Agamemnon, Christine der Klytaimnestra, Adam Brant dem Aigisth, Lavinia und Orin sind die Gegenbilder zu Elektra und Orest. Der Chor des griechischen Theaters wird hier auf eine Reihe von Nebenfiguren verteilt, Angestellte und Nachbarn der Mannons, die die Vorgänge im Haus des Generals mit kleinbürgerlicher Neugier und Hinterhältigkeit verfolgen und an Stelle des allgemeinen Gewissens, das der antike Chor vertrat, den allgemeinen Klatsch setzen. Gewiß, man kann gegen O'Neill in verstärktem Maß einwenden, was man schon vor bald fünfzig Jahren gegen Hugo von Hofmannsthals *Elektra* vorbrachte: daß er den Menschen nicht mehr der Macht des (antiken) Schicksals, sondern der Macht der Triebe unterworfen zeige, daß sein Verhängnis nicht mehr von den Göttern, sondern von der Begierde (der Freudschen ›Libido‹) komme; doch ist dies ja gerade eine moderne, wenn auch einigermaßen verzweifelte Erkenntnis, daß seine Triebe dem Menschen zum Schicksal werden können.

Wesentlich ist noch eine weitere Umdeutung, die O'Neill an dem klassischen Thema vornimmt. Dort beginnen die Greuel des Atridenhauses mit einem grausamen Akt der Staatsräson – der Opferung Iphigeniens, um die Ausfahrt des Griechenheeres gegen Troja zu sichern. Der Unmenschlichkeit der Staatsräson entspricht bei O'Neill die Unmenschlichkeit der Familienräson, die aus moralischer Überheblichkeit Adam Brant, den Sohn einer freien Liebe, ächtet. Die heroische Hybris, der Schicksalstrotz des antiken Menschen, wandelt sich bei dem amerikanischen Dichter – und man möchte da fast von einer grausamen Parodie sprechen – zur puritanischen Hybris, die der Liebe (als einer Triebsünde) trotzen zu können glaubt. Der Gewalt seiner Triebe aber entgeht der seelisch gespaltene, überdifferenzierte moderne Mensch ebensowenig, wie der antike sich der Gewalt des Schicksals zu entziehen vermochte. Im Gegensatz zu diesem aber bleibt ihm die Entsühnung durch die Götter, die Aischylos mit der Einsetzung des Araiopags durch Athene am Schluß der

Orestie vornimmt, versagt. Die furchtbare Strafe, die O'Neills puritanische Elektra über sich verhängt, endet erst mit ihrem Tod. *K. H. R.*

Ein Mond für die Beladenen *(Moon for the Misbegotten).* Drama in vier Akten. Deutsch von M. Wentzel. – Man hat O'Neill den ›Dramatiker der Neurose‹ genannt. Das 1943 beendete, am 20. Februar 1947 in Columbus (Ohio) uraufgeführte, fünf Jahre später in Buchform veröffentlichte vieraktige Schauspiel *Ein Mond für die Beladenen* (deutsche Erstaufführung September 1954 in Berlin) könnte die Berechtigung dieser Bezeichnung, wenn sie auch nur einen Teil seiner Eigenart trifft, erweisen. Wie so oft in seinen Stücken – besonders auch in dem Spätwerk *Der Eismann kommt* – schildert O'Neill in dem auf einer Farm in Connecticut spielenden Drama das vergebliche Bemühen der Menschen, ihr Mißbehagen an der Wirklichkeit des Lebens durch die Flucht in eine Illusion zu vergessen. Das Mädchen Josie, die kräftige, an harte Arbeit gewöhnte Tochter des ewig schimpfenden, gewalttätigen und jähzornigen Farmers Phil Hogan, deren Brüder längst vor dem klobigen Vater davongelaufen sind, liebt einen begüterten jungen Mann, den Eigentümer der Farm, die der alte Hogan gepachtet hat. Um sich über die Unerfülltheit dieser Liebe hinwegzutäuschen, phantasiert sich die unberührte Josie ganze Kolonnen von Liebhabern zusammen, denen sie schon angehört haben will; selbst ihr Vater glaubt, daß das sonst so tüchtige, ihm allein Widerpart bietende Mädchen in dieser Beziehung ein Luder sei. Josie weiß, daß sie von James (»Jim«) Tyrone wiedergeliebt wird, aber sie weiß auch, daß der haltlose, den Härten des Daseins nicht gewachsene Junge jeder Versuchung erliegt, dem Alkohol verfallen ist und sich aus Ekel vor sich selbst immer wieder mit den Dirnen des New Yorker Broadways herumtreibt. Eine Sommermondnacht führt Josie und Jim, während Phil Hogan im Wirtshaus sitzt, auf der Farm zusammen. Sie offenbaren einander ihre Liebe, aber während ihres langen, aus der Einsamkeit der Nacht aufsteigenden Gesprächs fällt der Mondstrahl auch in den Abgrund der Seele Jims, und Josie erkennt die Wüste, zu der das Leben darin verdorrt ist. Jim, von Whisky schwer betrunken, schläft ein; Josie bettet seinen Kopf in ihren Schoß – das ist die ganze, von aller Erfüllung weit entfernte Wirklichkeit der Liebesnacht eines Mädchens, das andern gegenüber mit seinen »hundertfachen Erfahrungen« renommiert. Als Jim am Morgen erwacht, wird er sich wieder der Trost- und Aussichtslosigkeit seiner zerbrochenen, verfallenen Existenz bewußt. Aber ganz auf dem Grund seiner Seele schlummert noch das Bewußtsein einer sittlichen Verantwortung, das mit vom scharfen Licht des Tages geweckt wird und ihm gebietet, das Schicksal des Mädchens nicht an sein verlorenes Leben zu ketten. Mit einem Abschiedskuß verläßt er sie für immer, wissend, daß kein Mond den Weg des Säufers in den Abgrund mehr erhellen wird. Josie erwartet weiter ein Leben harter Arbeit, des unaufhörlichen Kampfs und der trotzigen Selbstbehauptung gegenüber dem Vater – ein Leben der Mühsal und der Beladenheit.

Der nach wenigen Stunden vor der Tageswirklichkeit versinkende Zauber der Mondnacht ist Symbol für die Flüchtigkeit aller Illusionen, die nach des sechzigjährigen Dichters bitterer Erkenntnis den Menschen niemals vom Zwang des Entschlusses zu Verzicht und Entsagung zu befreien vermögen. *K. H. R.*

Eines langen Tages Reise in die Nacht

(Long Day's Journey into Night). Schauspiel in vier Akten
Uraufführung: 10. Februar 1956 in Stockholm
Deutsch von U. und O. F. Schuh 1960

Personen: James Tyrone – Mary Cavan Tyrone, seine Frau – James Tyrone jr., ihr ältester Sohn – Edmund Tyrone, ihr jüngster Sohn – Cathleen, Hausmädchen.
Ort und Zeit: Wohnzimmer im Sommerhaus der Tyrones an einem Augusttag im Jahre 1912.

O'Neill sagte von diesem stark autobiographischen Stück, es sei »geboren aus frühem Schmerz« – in die Figur des Edmund hat er sein eigenes Erleben einfließen lassen.

Wenn der erste Akt beginnt, ist es Morgen an einem Augusttag 1912, am Schluß des Stückes ist es Mitternacht des gleichen Tages. Dazwischen wird das Leben und das Leiden der Familie deutlich: James Tyrone, der Vater, erfolgreicher Schauspieler, der mit immer der gleichen Rolle durch die Vereinigten Staaten reist; Mary, die Mutter, seit 36 Jahren sein unstetes Leben teilend; James, der Sohn, Jamie genannt, Schauspieler ohne innere Überzeugung, dem Alkohol und den Dirnen verfallen; Edmund, nach dem Versuch, in Abenteuern und Ausschweifungen seinen Weg zu finden, lungenkrank und mittellos im elterlichen Sommerhaus gelandet.

Der Vater gilt als geizig. Seine hohen Gagen verwendet er fast ausschließlich zum Kauf von Grundstücken, bei dem er oft übervorteilt wird, und für Whisky, denn sein Alkoholkonsum ist beträchtlich. Dafür spart er an allem andern, wohnt auf seinen Tourneen in zweitklassigen Hotels, läßt nur billige Ärzte gelten und läuft zu Hause in den ältesten Anzügen herum. Nichts fürchtet er mehr als ein Alter im Armenhaus; sein Vater hatte Frau und Kinder verlassen, so daß er als Junge schon die Not kennenlernte; nur Grund und Boden hält er für wertbeständigen Besitz – nicht zufällig ist er stolz auf seine irische Abstammung. Mit seiner kräftigen Natur geht er rücksichtslos um, aber für seine Familie hat das Folgen. Mary ist an diesem Leben zerbrochen. Nach der Geburt Edmunds wurde sie schwer krank; der Arzt linderte ihre Schmerzen auf dem bequemsten Wege: mit Morphium. Damit begann ihr Verhängnis. Jetzt ist sie von einer Entziehungskur nach Hause zurückgekehrt, aber sie schafft es nicht, das Gift zu meiden. Edmunds Beschwerden jagen ihr Angst ein: ihr Vater ist an der Schwindsucht gestorben. Und gegen Edmund hat sie stets ein schlechtes Gewissen: nachdem sie ihr zweites Kind durch Krankheit verloren hatte (sie glaubt, daß Jamie damals den Kleinen aus Neid absichtlich ansteckte), wollte sie kein Kind wieder, denn Kinder müßten ein Zuhause haben. Doch Edmund kam zur Welt, nervös, sensibel, zart. Während Jamie von seinem Vater auch zum Schauspieler gemacht wurde, versuchte sich Edmund in verschiedenen Berufen. Fernweh trieb ihn zur See, seine schlechte Gesundheit zwang ihn an Land, er schrieb für Zeitungen. Er liebt Baudelaire, Dowson, Nietzsche und leidet an dem Leben seines Vaters. Was er sagt und wie er es sagt, läßt den Dichter in ihm ahnen. Jamie waren während der Schulzeit glänzende Anlagen bescheinigt worden, aber schon im Internat begann er zu trinken. Er leidet nicht zuletzt an dem großen Erfolg seines Vaters, den er im Grunde als Schmierenkomödianten durchschaut, und an der Geschäftsmäßigkeit und den Intrigen des Theaterbetriebs.

Am Morgen des Tages weiß Jamie, daß die Mutter in der Nacht wieder zur Morphiumspritze gegriffen hat. Der Vater und Edmund wollen es noch nicht wahrhaben. Nicht wahrhaben will auch die Mutter Edmunds Krankheit, sie spricht immer nur von einer ›Sommergrippe‹. Am Nachmittag soll der Vater Edmunds Arzt besuchen. Am Mittag ist Marys Morphiumrausch stärker, sie hat sich wieder gespritzt. Draußen ist Nebel aufgekommen. Am Telephon erfährt der Vater schon, daß Edmund Schwindsucht hat, er wird am Nachmittag mit dem Arzt über einen Sanatoriumsaufenthalt zu sprechen haben. Am Abend ist die Mutter aus der Stadt zurückgekehrt, sie hat neues Morphium eingekauft und taucht nun immer tiefer in die Vergangenheit ein. Der Vater und Edmund kommen nach Hause. Angeekelt von den gegenseitigen Vorwürfen der Eltern geht Edmund wieder hinaus – in den nun schon starken Nebel. Um Mitternacht sitzt der Vater allein mit seiner Whiskyflasche in der Diele. Edmund kommt herein, er war am Strand im dichten Nebel, dann James, schwer betrunken aus dem Freudenhaus. In die Versuche von gegenseitigem Verständlichmachen und Verstehen, von Vorwürfen und Selbstvorwürfen hinein vollzieht sich der gespenstische Auftritt der Mutter in völliger Entrücktheit. Ihr Brautkleid hinter sich herschleifend ist sie in ihrer Erinnerung bei ihrer Jungmädchenzeit angelangt: »Ja, ich erinnere mich. Ich verliebte mich in James Tyrone und war so glücklich eine Zeitlang.«

In langen Monologen und Dialogen, in sorgfältig ausgefeilten Regieanweisungen läßt der Dichter diese Zusammenhänge und Wechselwirkungen deutlich werden. James, Mary und Jamie sind drei egozentrische Menschen, leidvoll aneinander gebunden, kaum fähig, sich aus diesem Geflecht von Abhängigkeiten zu lösen. Edmund, der schon versucht hat, einen Weg aus diesem Haus zu suchen, wird in ein Sanatorium gehen, um seine Krankheit auszukurieren, ein Schritt aus dem Teufelskreis. (Reclams UB 8530 und 9252, engl.) *K.H.R.*

Fast ein Poet

(A Touch of the Poet). Schauspiel in vier Akten
Uraufführung: 29. März 1957 in Stockholm
Deutsch von U. Schuh

Personen: Cornelius Melody – Nora, seine Frau – Sara, beider Tochter – Mickey Maloy, Schankkellner – Jamie Cregan, ehemaliger Korporal – Dan Roche, Paddy O'Dowd, Patch Riley, irische Siedler – Mrs. Harford – Nicholas Gadsby, Anwalt.
Ort und Zeit: Speiseraum in Melodys Gasthof, nahe Boston, 27. Juli 1828.

Es handelt sich um das Fragment eines dramatischen Riesenwerkes, das in neun Dramen, die meist acht bis zehn Stunden Aufführungsdauer beansprucht hätten, 150 Jahre amerikanischer Geschichte darstellen sollte. Das Stück bietet großartige Rollen, die Charaktere sind außergewöhnlich und zugleich typisch in der Auseinandersetzung der alten mit der jungen Generation, obendrein sind sie Teile historischen Schicksals. Die strikte Bindung an die drei klassischen Einheiten (der Handlung, der Zeit und des Ortes) erbrachte eine musterhafte Geschlossenheit des Dramas, wurde aber dadurch erkauft, daß Entscheidendes außerhalb des Bühnenraums geschieht. (Deutschsprachige Uraufführung: 29. Juli 1957 in Salzburg.)

In den ersten zwei Akten definieren die Personen einander in Gesprächen, erst im dritten entlädt sich die angestaute Spannung in Aktion. Die zentrale Figur ist der Gastwirt Cornelius Melody, ein ehemaliger Offizier, den nur seine militärische Vergangenheit aufrecht hält. Er versucht geheimzuhalten, daß sein Vater ein Wucherer war, der seinem Sohn allerdings eine erstklassige Erziehung gekauft hat. Eines Ehrenhandels wegen mußte Cornelius den Dienst in der englischen Armee quittieren und kaufte sich nahe Boston an. Dabei wurde er dermaßen übers Ohr gehauen, daß er nun Besitzer einer verschuldeten Kneipe ist. Darum haßt er die Yankees, von denen er andererseits als gleichrangig anerkannt werden möchte. Obendrein verachtet er die irischen Einwanderer, weil sie ihn an seine Herkunft erinnern. Melody markiert auf Kosten seiner Familie den Herrn, er arbeitet nicht, zitiert mit Vorliebe Byron, reitet aus, ist auch immer noch eine stattliche Erscheinung, besonders in Uniform. Er ist ein schwerer Trinker und läßt, vor allem wenn er betrunken ist, Frau und Tochter ihre Unbildung fühlen. In Momenten der Schwäche sieht er ein, daß er nur ein Poseur ist. Er erweckt dann widerwilliges Mitleid. Seine verhärmte Frau, der man ihre einstige Schönheit noch ansieht, ist seine Dienerin. Sie liebt »Con« bedingungslos und empfindet ihre Liebe als ein Wunder, aus dem sie immer neue Kraft schöpft. Andererseits hält sie zu ihrer Tochter. Die Tochter Sara haßt ihren Vater, weil er seine Familie ausnutzt. Sie versucht vergeblich, ihn zu zwingen, seine Erbärmlichkeit einzugestehen. Sara ist schön, sie will diesen Vorzug ganz nüchtern nützen und nicht so enden wie ihre Mutter. Gegenwärtig läßt sich ein romantisch veranlagter junger Mann, dessen Vater begütert ist, von Sara gesundpflegen. Ihn hat sie ausersehen, um voranzukommen. Im zweiten Akt erscheint eine Mrs. Harford, die Mutter des Patienten, um nach dem Rechten zu sehen. Sara ahnt eine Feindin, wird aber aus ihr nicht klug. – Am Abend (dritter Akt) feiert der alte Melody in scharlachroter Galauniform den Jahrestag einer Schlacht. Er hat einige irische Trunkenbolde eingeladen, die er zwar verachtet, aber braucht, weil sie ihn um des Schnapses willen als General behandeln. Frau und Tochter müssen dem Gesindel servieren. Im Verlauf des Abends erklärt der Vater, er habe dem jungen Harford abgeraten, Sara zu heiraten, denn das würde die gleiche Mesalliance sein, unter der er selbst leide. Bald darauf erscheint der Anwalt der Harfords und bietet 3000 Dollars, wenn Sara verzichtet. Das kränkt den Vater denn doch, er läßt den Unterhändler hinauswerfen und zieht mit seinen Kumpanen los, um dem alten Harford einen Denkzettel zu geben. Sara verführt ihren Patienten, die Heirat zu erzwingen. Ihrer Mutter erzählt sie glücklich (vierter Akt), sie habe das Wunder der Liebe erfahren, an das sie nicht glauben konnte. Der erstrebte Vorteil ist ihr gleichgültig geworden. Plötzlich versteht sie ihre Mutter. Der Vater kommt verprügelt und in zerrissener Uniform heim. Er hat die Illusionen verloren und erschießt sein Reitpferd. Künftig wird er die Wonnen der Gewöhnlichkeit nicht mehr mit schlechtem Gewissen, sondern mit selbstzerstörerischer Genugtuung genießen. *K. H. R.*

THORNTON WILDER

* 17. April 1897 in Madison (Wisc.)
† 7. Dezember 1975 in New Haven (Conn.)

Thornton Wilder ist Sohn eines Zeitungsverlegers und einer Pastorstochter. Sein Leben verlief jedenfalls äußerlich ohne Risiko. Über eine englische (1911) und eine deutsche Missionsschule (1912) in Shanghai, wo der Vater Generalkonsul war, ging der Bildungsweg zur Berkeley High School in Kalifornien, zum Oberlin-College in Ohio, zur Yale-Universität, zu archäologischen Studien in Rom, zum akademischen Grad »Master of Arts« in Princeton (1925). Gegen Ende des Ersten Weltkriegs diente Wilder einige Monate als Küstenartillerist, im Zweiten gehörte er drei Jahre lang als Offizier zu einem amerikanischen Luftwaffenstab in Afrika und Italien. Wilder war Professor für vergleichende Sprachwissenschaft in Chicago, er war 1950/51 Professor für Dichtkunst in Harvard, er leitete 1952 die amerikanische Delegation der Unesco-Konferenz in Venedig. 1957 Friedenspreis des Deutschen Buchhandels.

Wilders bekannteste Arbeiten sind Weiterentwicklungen von Bildungsgütern. So kam er schon in relativ jungen Jahren zu bleibenden Ergebnissen. Seine Dreiminutenspiele (1928) und Einakter (1931) bieten christliches Welttheater in der verkürzenden und auf illusionistische Mittel verzichtenden Spielweise des asiatischen Theaters. Zwei abendfüllende Spiele dieser Art machten dann Epoche, und zwar formal wie inhaltlich: *Our Town*, 1938 (*Unsere kleine Stadt*, 1939) und *The Skin of Our Teeth*, 1942 (*Wir sind noch einmal davongekommen*, 1944). Diese mit Pulitzerpreisen bedachten Parabeln vom Leben und Überleben haben wesentlichen Anteil an der Wiedererweckung des deutschen Theaters nach dem Zweiten Weltkrieg.

Das Weiterleben der Antike bildet das Thema des ersten Buches von Wilder *The Cabala*, 1926 (*Die Cabala*, 1929). Der Kurzroman *The Bridge of San Luis Rey*, 1927 (*Die Brücke von San Luis Rey*, 1929) wirft unentschieden die Problematik von Theodizee und Prädestination auf. Er wurde mit dem Pulitzerpreis ausgezeichnet. In der Erzählung *The Woman of Andros*, 1930 (*Die Frau von Andros*, 1931) und in dem Drama *Alcestiad*, 1955 (*Die Alkestiade*, 1960) entfaltet sich die Auseinandersetzung zwischen antikem und christlichem Glauben. Als erzählerisches Hauptwerk gilt der Caesar-Roman *The Ides of March*, 1948 (*Die Iden des März*, 1949).

Thornton Wilder ist weniger Schöpfer als Vermittler zwischen den Kulturen, ein geistiger Botschafter der Vereinigten Staaten. Er ist nicht originell, steht so fest in der Überlieferung, daß er eher ein Abendländer als ein Amerikaner zu sein scheint. Nur zwei seiner Bücher entstammen der amerikanischen Gegenwart: *Heaven's my Destination*, 1934 (*Dem Himmel bin ich auserkoren*, 1935), die Auseinandersetzung Wilders mit seiner eigenen puritanischen Erziehung und der wirtschaftlichen Depression in den frühen dreißiger Jahren, und das Alterswerk *The Eighth Day*, 1967 (*Der achte Schöpfungstag*, 1968), das Kritik an amerikanischer Lebensart und Denkweise mit mystischem Trost mischt: der Mensch sei »Geschöpf des achten Tages«, die Menschheit stehe erst am Beginn der zweiten Woche.

Das Theater Thornton Wilders besagt: In einer in ihrem ganzen äußeren Bestand brüchig, in ihrem gesamten (politischen, moralischen, wirtschaftlichen, ja selbst technischen) Ordnungssystem fragwürdig gewordenen Welt, die immer mehr von zentrifugalen Kräften getrieben wird, hat sich der Mensch als Substanz in einer geradezu erstaunlichen Weise als haltbar erwiesen. Es ist seine erste Aufgabe, mit der ihm zugewachsenen Kraft und Widerstandsfähigkeit auch die Welt und ihre Ordnungen so haltbar zu machen, daß sie nicht endgültig zerfallen. Der immense Glaube, der hinter der Zuweisung einer so gewaltigen Verantwortung an den Menschen steht, stellt Thornton Wilder an den Gegenpol des Katholizismus Claudelscher wie des Existentialismus Sartrescher Prägung. *K. H. R.*

Unsere kleine Stadt

(Our Town). Schauspiel in drei Akten
Uraufführung: 22. Januar 1938 in Princeton
Deutsch von H. Sahl

Personen: Der Spielleiter – Dr. Gibbs – Mrs. Gibbs – George, Rebekka, ihre Kinder – Mr. Webb – Mrs. Webb – Emily, Willy, ihre Kinder – Joe Crowell jun. – Howie Newscome – Prof. Willard – Simon Stimson – Mrs. Soames – Polizist Warren – Si Crowell – Joe Stoddard – Sam Craig – Mr. Carter – Mehrere Nebenpersonen, ein Gesangverein, Baseball-Spieler und verschiedene Tote.
Ort und Zeit: Grover's Corners in New Hampshire, 1901–13.

Auf der leeren, halberleuchteten Bühne, die weder einen Vorhang noch irgendeine Dekoration aufweist, erscheint der Spielleiter und erklärt den Zuschauern den nicht vorhandenen Schauplatz – die kleine Provinzstadt Grover's Corners in New Hampshire (USA), dicht an der Grenze von Massachusetts. Nach und nach treten einige Personen auf, Bürger dieser Stadt, die ihren Tag beginnen: zuerst Mrs. Gibbs, die Frau des Arztes Dr. Gibbs, die für ihre Kinder das Frühstück bereitet, bevor sie in die Schule gehen; das gleiche tut ihre Nachbarin Mrs. Webb, dann kommt Dr. Gibbs von einer Geburt zurück und beginnt ein Gespräch mit dem Zeitungsausträger Joe Crowell jun., der dann, wie man von dem Spielleiter erfährt, die Technische Hochschule in Boston besucht und eine glänzende Laufbahn als Ingenieur vor sich hatte, aber leider als Soldat in Frankreich gefallen ist. Auf diese Weise werden, immer von dem Spielleiter vorgestellt, alle handelnden Personen ins Spiel gebracht und in ihren gegenseitigen Beziehungen erklärt. Was dabei mit Hilfe der zu ständiger Mitarbeit aufgerufenen Phantasie des Zuschauers entsteht, ist kein ›Schauspiel‹ im überlieferten Sinn, sondern eine Art gesprochener Pantomime; die Darsteller tragen zwar Kostüm und Maske, aber sie spielen ohne Bühnenbild und Requisiten. Alles wird nur gestisch angedeutet, aber akustisch realisiert, z. B. das Knarren der Räder an Howie Newscomes Milchwagen und das Hufestampfen der alten Bessie, die ihn (imaginär) zieht. Mit Hilfe dieser Technik eines ›gesehenen Hörspiels‹ ist es möglich, das Publikum in einer Abfolge von längeren und kürzeren episodischen Szenen durch das Alltagsleben einer kleinen amerikanischen Stadt und ihrer Menschen zu führen, die den Zuschauern eben durch die Abwesenheit alles bühnenüblichen Beiwerks so nahekommen, als lebten sie mitten unter ihnen. Die menschliche Substanz dieser unauffälligen, durch keinerlei irgendwie bemerkenswertes Schicksal ›interessanten‹ Durchschnittsamerikaner ist so stark, daß sie in der mitproduzierenden Einbildung des Zuschauers eine dichtere Wirklichkeit gewinnen, als wenn sie in der perfekten Scheinrealität einer gegenstandstreuen Bühnenillusion stünden. Die ›Handlung‹ ist darum auch weniger wichtig – vielmehr kommt es Wilder darauf an, das Verhalten normal guter und normal schlechter, im ganzen also braver Mitmenschen in bestimmten Situationen und zu bestimmten Vorgängen des Lebens (z. B. Liebe und Hochzeit, Abschied und Trennung, Tod und Begräbnis) zu zeigen und die im Parkett Sitzenden nicht mit einem unverbindlichen ›Seht, so sind *sie*‹, sondern mit einem nachdenklichen ›Seht, so sind *wir*‹ nach Hause zu entlassen. Die Projektion des ganzen, in seinem Wirklichkeitsbild so einfachen und übersichtlichen, in seiner Bühnenform so kühnen, an die Phantasie statt an die Illusion appellierenden Spiels auf einen symbolischen Welthorizont wird noch einmal mit den letzten Sätzen des Spielleiters unternommen, in denen er auf diesen nach allgemeiner gelehrter Annahme einzigen bewohnten Stern im Weltall zu sprechen kommt: »Nur dieser eine hier müht sich ab; er müht sich die ganze Zeit ab, um etwas aus sich zu machen. Die Mühe ist so groß, daß die Menschen sich alle sechzehn Stunden niederlegen müssen, um auszuruhen ... Gute Nacht.« (Deutsche Erstaufführung 9.3.1939 Zürich; Reclams UB 9168, engl.) *K.H.R.*

Wir sind noch einmal davongekommen

(The Skin of Our Teeth). Schauspiel in drei Akten
Uraufführung: 15. Oktober 1942 in New Haven
Deutsch von H. Sahl

Personen: Mr. George Antrobus – Mrs. Antrobus – Henry, ihr Sohn – Gladys, ihre Tochter – Sabine, das Dienstmädchen – Viele Nebenpersonen, Nachbarn, Badegäste, Bingo-Spieler.
Ort und Zeit: Excelsior in New Jersey, zu unbestimmter Zeit.

Thornton Wilders bedeutendstes Werk, eines der wichtigsten Stücke des zeitgenössischen Theaters überhaupt, umschließt alle Formen des Bühnenspiels vom Kabarettulk bis zum Mysterium. Sein Kern ist das Familienstück – der Typus, dem mit einigen ganz wenigen Ausnahmen (Steinbeck, einiges von O'Neill) alle amerikanischen Schauspielautoren in ihrem Schaffen fast ausschließlich huldigen. Aber was ist aus diesem Familienstück in der Hand Wilders geworden! Ein Stück Welttheater von ungeheurer symbolischer Kraft; in seinen Gestalten verkörpern sich Elementartypen der Menschheit, in ihren Beziehungen stellen sich Elementarordnungen der irdischen Gesellschaft dar. Mr. George Antrobus ist der schaffende, planende, erfindende Mann, seine Frau das sorgende, hütende, schirmende Weib. Das negative männliche Prinzip inkarniert sich in ihrem Sohn, dem Zerstörer und Rebellen, das negative weibliche in dem Dienstmädchen Sabine, der ewigen Verführerin und Buhlerin. Unschwer erkennt man in dieser Gruppierung die Konstellation Adam (= Antrobus) zwischen der biblischen Eva (= Mrs. Antrobus) und der talmudischen Lilith (= Sabine) und dem Empörer und Mörder Kain (= Henry). Diese Urfamilie und ihre Widersacher, von denen einer ja dem Schoß der Familie selbst entstammt (und als erster die Hand gegen den Vater erhebt, nachdem er als Kriegskommandeur seine Menschenbrüder getötet hat), diese Keimzelle des Menschengeschlechts und seiner Gesellschaft wird in drei Katastrophen gestellt, welche beide zu vernichten drohen: das Hereinbrechen der Eiszeit, der Sintflut und des Bombenkriegs. Immer kommt Familie Antrobus, d. h. das Menschengeschlecht, noch einmal davon, aber von Mal zu Mal wird die Warnung des Dichters dringlicher. Es ist eine Warnung, die aus der Liebe zum Menschen und dem Glauben an den Menschen kommt, dem die Kraft gegeben wurde, immer wieder ins Leben zurückzufinden, sogar auch noch – wie lange noch? – nach Katastrophen, die nicht in außermenschlichen Naturereignissen (Sintflut), sondern im Willen des Menschen selbst (Krieg) ihre Ursache haben.

Um den Zuschauern seine Warnungen und seinen Glauben einzuhämmern, greift Wilder zu den verblüffendsten szenischen Mitteln. Seine drei Akte sind sozusagen ein surrealistisch-metaphysischer Jux, der stellenweise so jäh in die Tragödie wie andererseits in die ausschweifende Burleske führt, Raum und Zeit ständig durcheinanderschüttelt und sogar die Hauptfiguren gleichzeitig auf zwei verschiedenen Zeitebenen agieren läßt. So sind Mr. und Mrs. Antrobus im ersten Akt zugleich Gegenwarts- und Eiszeitmenschen, halten sich ein perfektes Dienstmädchen mit Schürzchen und Häubchen und Dinosaurier und Mammut als Haustiere. Unter ihren Nachbarn, die vor dem Kältetod infolge der Vereisung der Welt am Kamin der Antrobus' Schutz suchen, befinden sich der alttestamentliche Moses und der Sänger Homer. Die Sintflut bricht herein, kurz nachdem Sabine am Badestrand von Atlantic City zur Schönheitskönigin gewählt wurde (zweiter Akt). Im dritten Akt, als Mrs. Antrobus mit ihrer Tochter und deren Kind aus dem Luftschutzkeller kriecht, enthüllt das Mal auf der Stirn in dem als ewiger Landsknecht und Aufrührer aus dem Krieg zurückkehrenden Henry den biblischen Brudermörder Kain. So bewegt sich das Stück ständig auf mehreren einander fortwährend durchdringenden Ebenen, zu denen gelegentlich auch noch das Theater als solches kommt, wenn sich die Schauspieler mit ihren privaten Namen anreden und über die totale ›Unverständlichkeit‹ des Stückes oder die ›Zumutung‹ ihrer Rollen unterhalten. Um so erstaunlicher ist es dann, wenn auf diesem Theater der romantischen Ironie und der Aufhebung aller auch nur annähernden Wahrscheinlichkeit der Mensch plötzlich in seiner existentiellen Wirklichkeit dasteht, die sich immer gleichbleibt.

Noch stärker als in der *Kleinen Stadt* appelliert Wilder in *Wir sind noch einmal davongekommen* an die Phantasie des Zuschauers, noch raffinierter durchlöchert er die Illusion der Bühne. Mit den ›auflösenden‹ Formmitteln einer destruktiven Zeit demonstriert er die Überzeugung von der menschlichen Fähigkeit, die Einbrüche des Destruktiven wohl nicht aufhalten, aber sich wieder aus ihnen befreien zu können. (Erstaufführung in deutscher Sprache: Zürich 1944.) *K. H. R.*

Die Heiratsvermittlerin *(The Matchmaker).* Farce in vier Akten. Deutsch von H. Sahl. – UA 23. 8. 1954 Edinburg. – Diese neue Fassung des bereits 1938 gespielten *Merchant of Yonkers* ist eine Huldigung des amerikanischen Dichters an den Geist des Wiener Volkstheaters. Die Handlung folgt fast genau derjenigen von Nestroys berühmter Posse *Einen Jux will er sich machen.* Wilder machte aus der Posse vom reichen Provinzler, der sich einen Jux in der Hauptstadt machen will, die Farce von einer Heiratsvermittlerin, die sich das beste Objekt selbst sichert. Er verlegte Zeit und Ort vom biedermeierlichen Wien in das New York von 1880. Zu einem Welterfolg kam der Stoff 1964 als Musical *Hallo Dolly!* *K. H. R.*

Die Alkestiade *(A Life in the Sun).* Schauspiel in drei Akten mit einem Satyrspiel. – Eine dramatische Bearbeitung der griechischen Sage von der Thessalierkönigin Alkestis, in der sich Poesie und Posse, christliche und antike Gedanken mischen. Die Uraufführung fand am 24. August 1955 während der Festspiele in Edinburg statt; am 27. Juni 1957 erstmals in deutscher Sprache (Zürich), die dritte Fassung am 5. Oktober 1957 in Frankfurt am Main. Die drei Akte der *Alkestiade* liegen jeweils zwölf Jahre auseinander, jeder zeigt einen Tagesablauf im Hinterhof des Palastes von König Admetos, »viele Jahrhunderte vor der großen Zeit Griechenlands«.

1. Akt: Prinzessin Alkestis will König Admetos nicht heiraten und Priesterin werden. Sie erfleht von Apoll ein Zeichen. Der Seher Teiresias, hier ein uralter Trottel, bringt die Nachricht, Apoll werde als einer von vier dreckigen Hirten, die vor dem Tore stehen, am Hofe weilen. Alkestis faßt dies als das ersehnte Zeichen auf. – 2. Akt: Einer der Hirten hat im Rausch Admetos tödlich verletzt, nur ein Opfertod könnte ihn retten. Alkestis stirbt für ihn. Herakles, ein betrunkener Rüpel, beschließt, Alkestis der Unterwelt zu entreißen. – 3. Akt: Admetos ist inzwischen gestorben, Alkestis lebt als alte Sklavin am Hofe des

Usurpators Agis. Die Pest herrscht, und Agis stellt dem herandringenden Volk Alkestis als Schuldige hin. Ihr Sohn kehrt heim, um die Mutter zu rächen. Alkestis weiß den Sohn, den König und das Volk zu beschwichtigen. Sie bleibt allein zurück und wird von Apoll ins ewige Leben geleitet. – An dieses Schauspiel schließt sich ein Satyrspiel *Die beschwipsten Schwestern.* Apoll, als Küchenjunge verkleidet, erschleicht von den Parzen die Zusage, das Leben des Admetos zu verlängern. Allerdings bestehen die Parzen darauf, daß ein anderer freiwillig für Admetos stirbt. Apoll ahnt, was kommen wird, und läuft schreiend davon. *K. H. R.*

JOHN STEINBECK

* 27. Februar 1902 in Salinas (Kalifornien)
† 20. Dezember 1968 in New York

John Steinbeck, von deutsch-irischer Abstammung, studierte zuerst Naturwissenschaften und führte dann das für so viele amerikanische Autoren bezeichnende, anfangs recht kärgliche Wanderleben zwischen zahlreichen Berufen; er war u. a. Chemiker, Plantagenarbeiter, Maler, Maurer und Journalist. Der Roman »Eine Handvoll Gold« (1929) war sein erster Erfolg, einige Erzählungen, die er schon vorher geschrieben hatte, waren unbeachtet geblieben. Im Zweiten Weltkrieg ging er als Frontberichterstatter nach Frankreich und Italien. Der Roman »Früchte des Zorns«, durch den Steinbeck international bekannt wurde, erhielt 1940 den Pulitzerpreis. 1962 wurde Steinbeck mit dem Nobelpreis ausgezeichnet.

Steinbecks Theaterstücke sind nicht für die Bühne konzipiert, sondern dramatisierte Romane. Er ist ein Erzähler von großer Schärfe und Genauigkeit der Beobachtung – das gibt auf der Bühne klar umrissene, lebensnahe Gestalten. Er liebt die handlungsreiche, dramatische Story – das bedeutet dramaturgisch eine fesselnde Fabel und spannungsvolle Situationen. Er schreibt einen knappen, manchmal fast kargen Stil, dem verhaltene Zartheit ebenso eignet wie explosive Kraft – das sichert einen konzentrierten, schlagkräftigen, im Poetischen nie süßlichen, im Ausbruch nie kraftmeierischen Dialog. Bei Steinbeck ereignet sich der seltene Fall, daß die Vorzüge des Romanciers auch dem Bühnenautor zugute kommen; seine Epik ist schon latent dramatisch.

Die Jahre, in denen Steinbeck sich als Baumwollpflücker in den Südstaaten der USA sein Brot verdienen mußte, haben seinen sozialkritischen Sinn geschärft, aber sie ließen ihn nicht in agitatorische Schwarzweißmalerei verfallen. Gerade weil Steinbeck die Zustände, die die soziale Lage z. B. der wandernden Farmarbeiter bestimmen, objektiv darstellt, erreichte er für seine kalifornischen Kameraden eine wirkliche Besserung. Die Exaktheit des Naturwissenschaftlers ist dem Dichter Steinbeck aus seiner Biologenzeit geblieben; sie beherrscht seine Psychologie und gibt ihm die Möglichkeit, auch im Alltagsleben die Spannungen zu entdecken, die zu echten Konflikten und Schicksalen führen. Von einer Literatur, die immer nur Grenzbereiche des Seelischen aufsucht und von ›extremen Situationen‹ lebt (wie die existentialistische), hält er nicht viel. Ihn interessiert das Menschliche schlechthin, und er kämpft für seine Befreiung von Zwang und Unterdrückung, sei es durch soziale Ungerechtigkeit, durch doktrinäre Ideen oder politische Machtverhältnisse. Das überzeugendste Manifest dieser humanitären Gesinnung ist John Steinbecks in Deutschland nur in einer Hörspielbearbeitung bekanntgewordenes, in Österreich und der Schweiz aber viel gespieltes Stück *Der Mond ging unter*, das – eine Dramatisierung des Romans *The Moon is Down* – den norwegischen Widerstandskampf gegen die deutsche Besatzung behandelt. Die Grundthese dieses die Position beider Parteien vorurteilslos und gerecht darstellenden Schauspiels ist, daß die Besetzung eines fremden Landes als Akt der Machtpolitik ebenso wider alle ethische und praktische Vernunft ist wie die Auflehnung dagegen. Die Menschen sollen dafür sorgen, daß es keine Unterdrückung mehr gibt – dann entfällt auch die fatale Notwendigkeit, Widerstand zu leisten und dadurch immer wieder neuen Haß zu erzeugen. Steinbeck weiß, wie schwer es ist, eine positive Lösung für dieses durch die menschliche Unzulänglichkeit hervorgerufene schreckliche Dilemma zu finden. Er hütet sich vor geschwätzigem, idealtrunkenem Optimismus, aber er glaubt an die Chance einer von Zwängen freien Lebensordnung. *K. H. R.*

Von Mäusen und Menschen *(Of Mice and Men).* UA 23. 11. 1937 New York. Deutsch von G. Hofer. – Keines seiner Werke läßt die menschliche Haltung und die dichterische Stärke John Steinbecks deutlicher hervortreten als das auf einer südkalifornischen Großfarm spielende Stück von den heimatlosen Landarbeitern, deren tiefste Sehnsucht es ist, einmal auf einem eignen Stückchen Boden seßhaft zu werden. Der atmosphärische Realismus dieses packenden Schauspiels umfaßt Partien von großer idyllisch-lyrischer Zartheit, wenn der Traum von der endlich gefundenen Heimat die einfachen Menschen befällt, um derentwillen sie die Mühe und Plage ihres Daseins immer wieder auf sich nehmen.

Auf dem Weg zu einer Farm, auf der sie sich als Feldarbeiter verdingt haben, rasten George und Lennie am Flußufer und spinnen wieder ihr Lieblingsgarn: ein bißchen eignen Landbesitz, auf dem Lennie, der gutmütige, bärenstarke Tölpel mit dem Spatzengehirn, eine Kaninchenfarm einrichten kann. Mit seinen Riesenpranken streichelt er gern alles, was klein und zart ist, aber die Leute verstehen das nicht immer so harmlos, wie es gemeint ist. George denkt für den ungefügen, infantilen Klotz mit und sucht ihn vor Torheiten seines armseligen Verstandes zu bewahren, die sie beide dann ihre Stellung kosten, wie eben gerade an ihrem letzten Arbeitsplatz, den sie verlassen mußten, weil Lennie ein Mädchen gestreichelt hatte. Eindringlich mahnt George den Freund, sich auf der neuen Farm zusammenzunehmen, und Lennie verspricht es, halb zerknirscht und halb betrübt, denn er hat doch nun mal den Drang, zu allen kleinen Geschöpfen, seien es Mäuse oder Menschen, liebevoll und zärtlich zu sein. Zunächst läßt sich alles gut an, die beiden finden einen Arbeitskameraden, der etwas Geld zurückgelegt hat und bereit ist, mit ihnen zusammen eine Parzelle zu erwerben. Die Kameradschaft ist überhaupt gut auf der Curley-Farm, aber die von ihrer Ehe mit dem Sohn des Besitzers unbefriedigte und vom Landleben gelangweilte junge Frau Curley, ein lüsternes, kokettes Weibchen, sucht die Männer aufzureizen. Es ist schwer, sich ihrer Zudringlichkeit zu erwehren, doch die Leute wissen, daß, wer sich mit ihr einläßt, erbarmungslos fliegt, und Arbeit und Verdienst sind ihnen lieber. Dennoch gibt es Krach und Schlägereien, und George hat genug zu tun, die Fäuste Lennies dabei vom allzu harten Zuschlagen zurückzuhalten. Die Frau aber gibt keine Ruhe. Sie stellt dem starken Lennie nach, der jedoch viel weniger ihren Verführungskünsten als seinem Drang, ihr glänzendes Haar und die schimmernde Seide ihres Kleides zu streicheln, erliegt. Plötzlich bekommt sie allerdings vor der plumpen Kraft des Bären Angst und will um Hilfe rufen. Lennie selbst aber denkt daran, daß George ihm gesagt hat, er werde nie zu seiner Kaninchenfarm kommen, wenn er wieder Dummheiten mache, und hält ihr den Mund zu. Sie wehrt sich, und als sie wieder schreien will, drückt er ihr seine Faust so fest ins Gesicht, daß sie erstickt. In panischem Entsetzen flieht Lennie in den Buschwald am Fluß, wo George ihn findet, als der Mann der Toten mit den andern Farmarbeitern schon die Verfolgung des Mörders aufgenommen hat. George weiß, daß sie Lennie lynchen, wenn sie ihn fangen, und davor will er seinen Freund bewahren. Während er ihm noch einmal von der Kaninchenfarm erzählt und Lennie beseligt in kindlicher Freude zuhört, streckt er den armen Kerl durch einen Schuß in den Kopf nieder, in dem so wenig Gedanken Platz hatten außer dem einen, kleine, weiche Wesen zu streicheln ...

Vielleicht wirkt dieser Schluß wie ein brutaler Effekt, um die Handlung, wenn schon nicht zur Lösung, so doch zum Ende zu bringen. Aber er hat doch auch symbolische Bedeutung: Die Sehnsucht der Plantagenarbeiter nach eignem Landbesitz bleibt immer nur ein Traum, dessen Erfüllung sich die Wirklichkeit eines sozial gedrückten Daseins nicht nur mit der Unzulänglichkeit der Gesellschaftsordnung, sondern auch mit der Brutalität des Lebens entgegenstellt. (Reclams UB 9253, engl.) *K. H. R.*

TENNESSEE WILLIAMS

* 26. März 1914 in Columbus (Mississippi)
† 25. Februar 1983 in New York

Thomas Lanier Williams wählte das Pseudonym Tennessee aus Verbundenheit zu seiner Heimat in den Südstaaten. Der Sohn eines Handelsvertreters studierte Publizistik und Theaterwissenschaft, war Praktikant bei Erwin Piscators »Dramatic Workshop« in New York. Viele Gelegenheitsjobs als Fabrikarbeiter, Hotelportier, Kellner, Liftboy zeigen ihm die Schattenseiten der amerikanischen Gesellschaft und liefern ihm die Stoffe. Schon früh Flucht in den Alkohol, Krisen, die er mit Hilfe der Psychoanalyse zu bewältigen versucht. Nachlassende Kreativität und Mißerfolge verdüstern die letzten Jahre.

Theaterarbeit war für Williams stets Selbsttherapie, rückhaltlose Lebensbeichte – wie er sie kurz vor seinem Tod auch in einer schonungslosen Autobiographie zum Abschluß bringt. Wie Ibsen will er auf der Bühne die Illusionen und Lebenslügen der Figuren entlarven. Aber anders als Ibsen ist er nicht mehr überzeugt, daß es eine eindeutige, klar definierbare Wahrheit geben kann. »Ich möchte den Wahrheitsgehalt von Menschen darstellen, jenes flackernde, umwölkte, schwer zu fassende – aber fieberhaft mit Spannung geladene! – Zusammenspiel lebendiger Wesen in der Gewitterwolke einer gemeinsamen Krise.« Seine Figuren und Geschichten holt er aus der heimatlichen Welt der Südstaaten – wie Thomas Wolfe, Truman Capote, William Faulkner. Die brüchig gewordene Gesellschaft des Südens ist Hintergrund für seine Menschen, die alleingelassen sind mit ihren Sehnsüchten und triebhaften Wünschen. Die Träume lassen sich nicht mehr verwirklichen, also flüchten diese Menschen in die Lüge, den Rausch, die künstlichen Paradiese von Drogen, Suff und Sex. Durch ihre Sucht geraten sie in Widerspruch zur Gesellschaft, werden Außenseiter, leben sich aus bis zur Selbstzerstörung, sind unfähig zur Anpassung und zu den Scheinlösungen, die ihnen die Gesellschaft verordnen will.

Für diese Figuren, die sich so leidenschaftlich ineinander verbeißen, die stets zwischen Selbstmitleid und Aggression, Lebensgier und Todesangst taumeln, hat man den Begriff »Psychorealismus« verwendet. Williams, der 1940 bei dem aus Berlin emigrierten Regisseur Erwin Piscator an dessen New Yorker »Dramatic Workshop« das dramaturgische Handwerk erlernte, nutzt europäische Vorbilder: die Enthüllungsdramaturgie des Ibsen-Stücks, Schuld und Versagen einer Figur aus deren Vergangenheit aufzudecken; Strindbergs analytische Methode, Gestalten zu durchleuchten; Tschechows Sicht, eine Figur aus ihrem persönlichen Lebensraum zu deuten; von hier stammt Williams' Vorliebe für die stimmungsstarken poetischen Symbole – Glasmenagerie, tätowierte Rose, eine Straßenbahn namens Sehnsucht, der süße Vogel Jugend. Zuweilen nutzt er sie als allzu plakative Signale aus der psychoanalytischen Werkstatt von Sigmund Freud. In den späteren Werken setzt er spekulativ auf den pathologischen Extremfall, liefert klinische Studien als Theater. Vergebens sucht er damit den Erfolg zurückzuzwingen. Mit der Vielzahl seiner Figuren gehört Williams zu den wichtigen Zeitchronisten der fünfziger Jahre und erlebt seit 1980 auf dem deutschen Theater eine unerwartete Wiederkehr. Um 1950 hat seine Offenheit, die Sexualität zum Thema zu machen, reinigend und befreiend auf das Theater und dessen Tabuzwänge gewirkt. Er hat eine grausame Welt voller Opfer und Gewalttätigkeit gezeigt, er hat in seinen Figuren Hauptmanns Drama des sozialen Mitleids erneuert mit Blick auf die heutigen Verletzungen und Abgründe hinter der Wohlstandsfassade des Nachkriegs-Amerika – schon früh ein Anwalt für die Randgruppen.

Seine Theaterarbeit beginnt um 1934 mit Kurzszenen und Einaktern – einer dieser Versuche, *Phoenix in Flammen* (1941), gilt dem sterbenden Romanautor D. H. Lawrence. *Moonys Kindchen weint nicht (Moony's Kid don't cry)* wird 1940 ausgezeichnet. Zwei andere Einakter, *Der abgebrochene Aufenthalt oder Das unbefriedigte Abendessen (The Long Stay Cut Short or The Unsatisfactory Supper)* und *27 Waggons Baumwolle (27 Waggons Full of Cotton)*, arbeitet Williams später um zum Film *Baby Doll* (1956) für den Regisseur Elia Kazan. Stets geht es in den Einaktern um Konflikte zwischen Eltern und Kindern, Ehepartnern, Sozialpartnern, Außenseitern, Versagern, Momentaufnahmen aus der Arbeitswelt, aus der Subkultur.

Die Glasmenagerie (1944) bringt den Durchbruch – Literaturpreise und in New York eine Serie von 561 Aufführungen. Den Erfolg baut Williams weiter aus mit *Endstation Sehnsucht* (1947), *Die tätowierte Rose* (1951), *Die Katze auf dem heißen Blechdach* (1955), *Orpheus steigt herab* (1957), *Plötzlich letzten Sommer* (1958) und *Süßer Vogel Jugend* (1959). Die Regisseure Elia Kazan und Berthold Viertel entwickeln den für diese Texte angemessenen Stil zwischen emotionalem Psychodrama und symbolhafter Überhöhung. Einzelversuch auf dem Gebiet des poetischen Theaters bleibt *Camino Real* (1953). Williams' Stücke bewähren sich als glänzende Spielvorlagen für den Film. Hollywood macht daraus effektvolle Melodramen für seine Stars und führt auch die schwächeren Nebenarbeiten zum Erfolg. *Der steinerne Engel*, auch unter dem Titel *Sommer und*

Rauch (*Summer and Smoke*, UA 6. 10. 1948 New York): Die Liebe zwischen der Pfarrerstochter Alma und dem jungen Arzt John scheitert an den anerzogenen Vorurteilen und Mißverständnissen. *Zeit der Anpassung oder Hochpunkt über einer Höhle* (*Period of Adjustment; High Point over a Cavern*, UA 10. 11. 1960 New York) zeigt an zwei Ehepaaren eine klinische Studie: Seelenkrüppel beichten ihre Neurosen, Verdrängungen, Traumata – im Film (1962) Prachtrollen für Jane Fonda und Jim Hutton. *Die Nacht des Leguan* (*The Night of the Iguana*, UA 28. 12. 1961 New York): gescheiterte Existenzen in einem Hotel in den Tropen – Alkohol, Sex, selbstquälerische Lebensbeichten. John Huston machte daraus ein Film-Melodram für Richard Burton, Ava Gardner, Deborah Kerr. *Der Milchzug hält hier nicht mehr* (*The Milk-Train doesn't stop here any more*, UA Juli 1962 Spoleto): der Todeskampf einer von Alkohol und Drogen verwüsteten Millionärin, die sich einen allerletzten jungen Liebhaber leistet, einen Dichter, der sich als ihr Todesengel erweist. *Sturmwarnung* (*Small Crafts Warning*, UA 2. 4. 1972 New York) sowie *In einer Hotelbar in Tokio* (*In the Bar of a Tokyo Hotel*, UA 11. 5. 1969 New York) schildern wiederum gescheiterte Existenzen, die am Tresen der Bar mit der Vergangenheit hadern. *Königreich auf Erden* (*Kingdom of Earth*, UA 27. 3. 1968 New York) wirkt wie ein Zitat von Max Halbe: der Konflikt zweier Halbbrüder, der eine durch Tuberkulose sterbenskrank, der andere Negermischling und Außenseiter. Sie kämpfen um die Frau am Ufer des Mississippi, dessen Hochwasser todbringend ansteigt. *Ein schöner Sonntag für Creve Coeur (A lovely Sunday for Creve Coeur*, UA Mai 1978 Spoleto Festival / USA) zeigt vier gescheiterte Frauen, die mit Illusionen, mit Selbstmitleid und Selbstbetrug die Leere ihres Lebens ausfüllen. In *Theater für Zwei (Two-Character Play*, UA 18. 10. 1980 New York) will ein Geschwisterpaar, armselige Schauspieler auf einer Tournee, im Theaterspiel die bösen Erfahrungen der Kindheit bewältigen und seine trostlose, einsame Gegenwart vergessen. *Vieux Carré* (UA Mai 1977 New York) führt ins Franzosenviertel von New Orleans. In einer billigen Absteige fristet eine Handvoll Menschen zwischen Suff, Resignation und Todessehnsucht ihr armseliges Dasein.

Die Glasmenagerie

(The Glass Menagerie). Spiel der Erinnerung. Schauspiel in zwei Teilen
Uraufführung: 26. Dezember 1944 in Chicago
Deutsch von B. Viertel

Personen: Amanda Wingfield, die Mutter – Laura, ihre Tochter – Tom, ihr Sohn – Jim O'Connor, der Herr zu Besuch.
Ort und Zeit: Eine Seitengasse in St. Louis (USA), Gegenwart und Vergangenheit.

Ein Spiel der Erinnerung nennt Williams sein Stück – wie in einem Käfig sind die Figuren gefangen in ihren Illusionen und gescheiterten Hoffnungen. Tom Wingfield tritt als Erzähler vor das Publikum und blättert in Rückblenden die Geschichte seiner Familie auf. Seine Mutter Amanda schwärmt bis ins Alter von ihrer verwöhnten Jugend in einem Herrschaftshaus in den Südstaaten. Sie träumt sich in eine Vergangenheit voller Luxus hinein, da ihre Gegenwart trostlos ist. Sie hatte einen kleinen Angestellten geheiratet, wurde von ihm verlassen, hatte mühsam die beiden Kinder großgezogen. Tom arbeitet in einem Lagerhaus, bringt mit seinem Lohn die Familie durch, träumt vom Erfolg als Dichter. Seine Schwester Laura, ein spätes Mädchen, leicht hinkend und voller Komplexe, lebt kontaktlos und, eingeschüchtert von den plumpen Bemühungen der Mutter, sie endlich an den Mann zu bringen, nur im Spiel mit ihrer Glasmenagerie. Sie fühlt sich diesen Glasfigürchen, die zu zerbrechlich sind, um angefaßt zu werden, ganz zugehörig und ist selbst ein wirklichkeitsfernes, gläsernes Geschöpf geworden. Da schleppt Tom seinen Jugendfreund Jim an, der schon in der Schulzeit ein Draufgänger war und dessen Gesang Laura damals heimlich bewundert hat. Daß er plötzlich zum Abendessen eingeladen ist, setzt Laura in Verwirrung. Um ihr Selbstsicherheit zu geben, flirtet Jim mit ihr, gibt ihr einen flüchtigen Kuß. Was für ihn eine belanglose Geste ist, wird für Laura das Bekenntnis der großen Liebe. Gleich darauf erwähnt Jim, er müsse nun seine Braut vom Bahnhof abholen. Das reißt Laura aus der glücklichen Illusion. Jim erhält zum Abschied das Einhorn aus der Glasmenagerie, das er plump zerbrochen hat – als Souvenir, als flüchtige Erinnerung. Laura, die wie ihr Einhorn, das als Symbol der Jungfräulichkeit gilt, ihre Beschädigung erfuhr, bleibt zurück in ihrer toten, gläsernen Welt. Tom folgt dem Beispiel des Vaters. Er verläßt diese Scheinwelt und geht zur Marine.

Eine zarte Elegie über das ungelebte Leben – durchsetzt mit Symbolen und musikalischen Leitmotiven. Williams arbeitet hier die eigene Jugendgeschichte auf und erspielt sich damit den ersten Erfolg. (Reclams UB 9178, engl.)

Endstation Sehnsucht

(A Streetcar Named Desire). Drama in drei Akten
Uraufführung: 3. Dezember 1947 in New York
Deutsch von B. Viertel

Personen: Blanche du Bois – Stella Kowalski, geb. du Bois, ihre Schwester – Stanley Kowalski, deren Mann – Harold Mitchell – Steve Hubbell – Eunice Hubbell, seine Frau – Pablo Gonzales – Ein Arzt – Eine fremde Frau – Ein junger Mann – Verschiedene Gestalten aus dem Stadtviertel.
Ort und Zeit: Das französische Viertel von New Orleans, Gegenwart. Die Handlung erstreckt sich über Frühjahr und Sommer bis zum Herbstbeginn.

Blanche du Bois, Lehrerin für englische Literatur an einer Kleinstadtschule in Mississippi, kommt zu ihrer mit dem eingewanderten Polen Stanley Kowalski verheirateten Schwester Stella zu Besuch. Eine Straßenbahn mit der seltsamen Linienbezeichnung ›Sehnsucht‹ brachte sie zu dem Haus im Franzosenviertel von New Orleans, in dem die Kowalskis ihre Zweizimmerwohnung haben. Blanche ist eine affektierte und exaltierte Frau, die sich das Air einer vom Unglück verfolgten Dame gibt. Der Schwester erzählt sie, daß die Besitzung »Belle Rêve«, die einst der Familie du Bois und nach dem Tod aller übrigen Verwandten allein den Mädchen Blanche und Stella gehörte, »verlorengegangen« sei. Ihr Schwager Kowalski, ein robuster, vitaler Mannskerl, der Blanche zum erstenmal begegnet, interessiert sich sehr für diesen ›Verlust‹, denn nach dem in New Orleans geltenden Code Napoléon ist der Gatte Mitbesitzer des Vermögens seiner Frau; wenn »Belle Rêve« Stella gehört hat, so hat es also auch ihm gehört, und er verlangt von Blanche Rechenschaft über den Verlust. Sie wirft ihm ein Bündel Dokumente, die sie in ihrem im übrigen nur von luxuriösen, wenn auch etwas ramponierten Toiletten angefüllten Koffer mitgebracht hat, auf den Tisch. Bei der ungeheuren Verschiedenheit ihrer Naturen können sich die hysterische, fragile Blanche und der animalische, brutale Schwager, dem seine Frau – wie er ihr – in unersättlichem sinnlichem Begehren verfallen ist, von vornherein nicht sympathisch sein. Blanche sucht auf Stella einzuwirken, sie solle sich von Stanley trennen, obgleich sie ein Kind von ihm erwartet, aber diese denkt nicht daran – auch nicht, als Stanley ihr nach einem wilden Pokerabend mit einigen Freunden, erregt und angetrunken, einen Faustschlag versetzt hat. Im Gegenteil – gerade danach kriecht sie, als er kindisch wütend nach ihr schreit, zu ihm ins Bett. Blanche aber hat an Stanleys Freund Harold Mitchell, genannt Mitch, einem stillen, freundlichen und höflichen Menschen, der bei seiner alten Mutter lebt, Interesse gewonnen. Sie spielt ihm ihre feinsten Nuancen vor, gibt sich gebildet, verträumt, ätherisch, verbirgt ihm, daß sie eine heimliche Trinkerin ist, und bleibt damit nicht ohne Eindruck. Während sie ihrer Schwester vorlügt, ein reicher Ölquellenbesitzer aus Texas mache ihr den Hof, hat Stanley herausbekommen, daß sie gar nicht in »Belle Rêve«, sondern in der kleinen Stadt Laurel in einem mehr als zweideutigen Hotel gelebt hat und nicht, wie sie sagte, von ihrer Schule auf einen Erholungsurlaub geschickt, sondern entlassen wurde, weil sie sich mit ihren siebzehnjährigen Schülern eingelassen hat; und nach New Orleans mußte sie schließlich kommen, weil sie aus Laurel wegen ihres Lebenswandels ausgewiesen wurde. Alles dies hat Stanley seinem Freund Mitch berichtet, den Blanche inzwischen durch die sentimentale Erzählung vom Schiffbruch ihrer Ehe mit einem ganz jungen, degenerierten Mann völlig für sich gewonnen hatte. Mitch zieht sich daraufhin von ihr zurück, und auch zur Feier ihres Geburtstages, zu dem sie ihn eingeladen hatte, kommt er nicht.

Während des Geburtstagsessens bricht Stanleys lang verhaltene Wut gegen Blanche, die er verachtet, die ihn aber dennoch durch ihren morbiden Reiz irritiert, aus. Er fegt das Geschirr vom Tisch und präsentiert Blanche mit höhnischer Liebenswürdigkeit ein Geschenk: eine Rückfahrkarte nach Laurel per Autobus. Sie flieht entsetzt ins Badezimmer, Stanley hält Stella vor, wie glücklich sie beide waren, bevor Blanche ins Haus kam. In dieser fürchterlichen Aufregung setzen bei Stella plötzlich die Wehen ein. Stan bringt seine Frau rasch in die Klinik, kehrt aber nach ein paar Stunden wieder zurück, da man ihm gesagt hat, das Kind werde erst gegen Morgen zur Welt kommen. Zu Hause hat Blanche inzwischen eine Auseinandersetzung mit Mitch gehabt, der spät abends noch einmal vorbeigekommen ist, um ihr zu sagen, daß er sie nicht heiraten werde; dann hat sie allein ununterbrochen getrunken. In dieser Verfassung trifft Stanley sie an. Die Spannung zwischen den beiden steigert sich ins Unerträgliche: Blanche lügt Stan an, sie habe eine Einladung ihres alten Verehrers zu einer Lustreise in die Karibische See bekommen, Stan erwidert ihr brutal, daß alles Schwindel sei, daß ihre ganze Existenz nichts sei als billiges, schlechtes Theater – dann trägt er die vor Angst und Verzweiflung halb Irre, die mit einer Flasche nach ihm schlagen will, in sein Schlafzimmer und wirft sie aufs Bett. – Stella ist mit ihrem neugeborenen Kind in die Wohnung zurückgekehrt und packt mit Hilfe einer Nachbarin Blanches Sachen, während die Männer wieder beim Poker sitzen. Man hat der völlig zusammengebrochenen Blanche gesagt, daß man sie zur Erholung aufs Land schicken würde, in Wahrheit aber ihre Überführung in eine Heilanstalt vorbereitet. Blanche selbst aber glaubt, daß ihr erfundener Ölmillionär sie zu der versprochenen Seereise abholen werde, und ist sehr erschrocken, als ein unbekannter Herr und eine unbekannte, streng aussehende Dame erscheinen und sie mitnehmen wollen. Plötzlich packt die fremde Frau Blanche mit einem harten Griff und drückt sie zu Boden, aber der Herr wehrt ihr und tritt seinerseits, den Hut lüftend, sehr höflich auf Blanche zu, die ihn erst zweifelnd, dann lächelnd anblickt, während Stanley die völlig aufgelöste, schluchzende Stella beruhigt. Auch Mitch ist am Pokertisch schluchzend zusammengesunken. In der erschütternden Stille schreitet Blanche am Arm des Irrenarztes wie an dem eines neuen Anbeters entrückt lächelnd hinaus, ihrer Endstation entgegen. (Reclams UB 9240, engl.)

Endstation Sehnsucht ist wohl das stärkste Beispiel für den extremen psychologischen und psychoanalytischen Realismus der Amerikaner, das bis jetzt auf der deutschen Bühne bekannt wurde. Die grellen und brutalen Effekte der Handlung dürfen nicht dazu verführen, daß man die deskriptive Schärfe und Feinheit des Seelenbildes der Blanche du Bois übersieht, die sozusagen harte Subtilität, mit der es gezeichnet ist. Dennoch wäre dieses Bild einer Paranoikerin als Bühnenfigur uninteressant, wenn nicht zu dem beschreibenden ein poetisches Element käme – die Phantasie, die in diesem aus der Bahn geworfenen Geschöpf lebt und ihm in manchen Augenblicken die Grazie und Transparenz einer Märchenprinzessin verleiht, deren Heimat wirklich jene Gefilde sind, zu denen ihre Sehnsucht hinüberweht. Realismus und Phantastik ist ein Merkmal der ganzen amerikanischen Dramatikergeneration, die auf O'Neill fußt und zu der auch Tennessee Williams gehört. *K. H. R.*

Camino Real. Stück in 16 Stationen. Deutsch von B. Viertel. – Das Thema dieses Stückes, das am 19. März 1953 in New York zur Uraufführung kam und am 6. November 1954 in Darmstadt zum ersten Male in Europa gegeben wurde, ist die Frage nach den Möglichkeiten des Menschen, die Welt, die nichts weniger als seine Heimat ist, zu ›bestehen‹. Im Gegensatz zur psychoanalytischen Durchleuchtung dieser Welt in seinen früheren Dramen strahlt Tennessee Williams sie diesmal symbolisch an: ›Camino Real‹ (spanisch) ist ein in den iberischen und iberoamerikanischen Ländern sehr häufiger Straßenname, der in der Übersetzung doppeldeutig wird, denn er kann sowohl ›Königsweg‹ wie ›Weg in die Wirklichkeit‹ heißen. Die Gestalten, die diesen Weg in einer phantastischen Stadt in einem imaginären südamerikanischen Land bevölkern, verkörpern Möglichkeiten des menschlichen Selbst, die entweder im Traum von der Wahrheit des Daseins versinken wie der Ritter Don Quijote oder von dieser Wahrheit zusammengeschlagen werden wie der abgemusterte amerikanische Matrose Kilroy, der den Camino Real als Weg der Wirklichkeit bis zum bitteren Ende gehen mußte, so daß er nun gewürdigt wird, mit dem Ritter den Königsweg in den Zeit und Raum umfassenden Daseinstraum zu beschreiten. Zeit und Raum sind auch auf der Bühne völlig aufgehoben; neben Don Quijote erscheinen noch die historischen Gestalten Casanovas, Lord Byrons und der ›Kameliendame‹ Marguerite Gautier in dem modernen Milieu jener infernalischen Stadt, aus der alle fliehen wollen, selbst wenn es ihnen bestimmt ist, mit dem Superflugzeug ›Fugitivo‹ abzustürzen. Auch Sancho Pansa, Don Quijotes Gefährte, ist angstgepeitscht davongerannt, als er den Camino Real mit seinem Herrn betrat. Nun sucht Don Quijote einen neuen Begleiter, aber weder der abgetakelte Liebesabenteurer Casanova, dem das Dasein alle Illusionen geraubt hat, noch der literarische Griechenschwärmer Lord Byron taugt dazu. Bleibt also nur jener Seemann Kilroy, ein Mensch mit einem Herzen, so groß wie der Kopf eines Babys, den die Polizei malträtiert und der mit seinen Clownerien die Gäste des Hotelbesitzers Gutman, des kalten, geschäftsgewandten Managers am Eingang des Camino Real, unterhält. Als sein großes Herz gebrochen ist, stellt sich bei der Obduktion heraus, daß es aus purem Gold ist. Nun weiß Don Quijote, daß er seinen Gefährten gefunden hat, und mit dem Ruf »Die Veilchen in den Bergen haben die Felsen durchbrochen« gibt er das Signal zum Aufbruch.

Camino Real ist Williams' schwierigstes, aber auch sein reichstes und blühendstes Werk – ein modernes Traumspiel, das die Tiefen und Abgründe einer seelisch ruinierten Welt durchmißt und den angstvollen Herzschlag des darob verzweifelten Menschen hörbar macht, zugleich aber auch die Tapferkeit und Güte des Herzens als helfende und rettende Kräfte entdeckt: eine erschreckende, jedoch auch Hoffnung weckende Diagnose unseres Daseins mit den Mitteln der Poesie. *K. H. R.*

Die Katze auf dem heißen Blechdach *(Cat on a Hot Tin Roof)*. Stück in drei Akten. Deutsch von H. Sahl. – Es geht in diesem Schauspiel mit dem merkwürdigen Titel (UA 24. 3. 1955 New York, deutsche Erstaufführung 1955 Düsseldorf) um die Erbschaft des millionenreichen Baumwollplantagen-Besitzers Pollitt, genannt Big Daddy, im Mississippidelta. Seine Familie feiert seinen 65. Geburtstag in anscheinend fröhlichster Stimmung und herzlichster verwandtschaftlicher Zuneigung, aber in Wahrheit ahnen alle außer Big Daddy selbst, daß die Auskunft einer Klinik, er habe nur ein harmloses Darmleiden und keinesfalls Krebs, falsch ist, und die familiäre Eintracht ist nur eine Lüge; denn Big Daddy kann seine ewig exaltiert liebevolle, albern trällernde Frau Big Mama nicht ausstehen, und sein ältester Sohn, der Rechtsanwalt Cooper, beschnüffelt mit seinem gesundheitsprotzenden, ›gebärfreudigen‹ Weib Mae das unglückliche Eheleben seines Bruders Brick, den er mit allen Mitteln von der Erbschaft der Millionen und der 2800 Morgen umfassenden Plantage ausschließen will. Brick war einst ein berühmter Fußballspieler und Radio-Sportkommentator, jetzt aber ist er ein Säufer geworden, geht an Krücken und ist mit dem Leben zerfallen, obgleich seine Eltern ihn im Grunde mehr lieben als den intriganten Streber Cooper. Seine Frau Margaret lebt mit einer verzweifelt triebhaften, unerfüllten Sehnsucht neben ihm her, brünstig wie eine Katze, die sich auf einem glühendheißen Blechdach sonnt. Brick hat sie nicht mehr angerührt, seit sie seinen Freund Skipper homoerotischer Neigungen zu ihm bezichtigte, ihn zu einem blamablen Abenteuer mit ihr nötigte und ihn in den Tod trieb. Seit dieser Zeit ist Brick von einem tiefen Lebensekel erfaßt, den er im Trunk zu vergessen sucht. Cooper und Mae verhöhnen die unfruchtbare ›Katze‹ Maggie, auf ihre eigne blühende Kinderschar verweisend, in der sie ihren Anspruch auf die Erhaltung des Familienbesitzes und -vermögens begründet sehen. Big Daddy glaubt, alle Illusionen und Spekulationen über seine Nachfolge mit seiner neu erwachten Vitalität zerstören zu können, die, wie er auf Grund der schonungsvoll falschen Auskunft der Klinik annimmt, das Regiment über seine Familie, sein Land und seine Arbeiter noch viele Jahre sichern wird. Eine Aussprache mit Brick jedoch, die immer wieder durch lächerliche Aufzüge, Liedvorträge und sonstige nervenzermürbend ›lebensvolle‹ Unternehmungen der ›süßen‹ Kinder Coopers unterbrochen wird, zerreißt jählings das ganze Lügengewebe brutal, und der Säufer schleudert seinem Vater entgegen, daß alle wüßten, daß es sein letzter Geburtstag sei. Tobend vor Wut und Entsetzen rennt Big Daddy davon und verschließt sich in sein Zimmer, während die Familie die als Geburtstagsgäste anwesenden Freunde des Hauses, den Arzt Dr. Baugh und den Pfarrer Tooker, bittet, Big Mama über den wahren Zustand ihres Mannes aufzuklären, über den sie sich in ihrer trällernden Dummheit bis jetzt immer hinwegtäuschte. Nachdem sie die Wahrheit erfahren hat, glaubt Cooper mit seinen schon sorgfältig vorbereiteten Plänen für die Regelung der Erbschaft (selbstverständlich in seinem und Maes Sinn) herausrücken zu können. Dahin will es Big Mama, die sich jetzt angesichts der furchtbaren Klarheit als resoluter erweist, als man annehmen konnte, aber auf keinen Fall kommen lassen: Sie bittet Maggie, ihr zu helfen, daß Brick wieder in Ordnung kommt, daß er die Sache mit dem Haus und dem Erbe »in die Hand nimmt«. Während ein Sturm über das Land hinwegrast, kommt Big Daddy wieder herunter, um auch im Haus die Luft vom Gestank der Lüge zu reinigen. Maggie erzählt ihm, daß sie von Brick ein Kind erwarte; Big Daddy glaubt es und kann nun beruhigt von seinem ›Königreich‹ Abschied nehmen, weil er weiß, daß es nicht in Coopers gierige Hände fällt. Maggie aber hat gelogen – nicht wegen der Erbschaft, sondern um Brick zur Wiederaufnahme der ehelichen Gemeinschaft zu bewegen. Sie hofft, daß er sie nicht als Lügnerin bloßstellen wird: Es ist ihr letzter Versuch, aufs Ganze zu gehen, Brick und sich selbst zu retten. Die Katze wagt den Sprung vom heißen Blechdach.

Im Gegensatz zu seinen früheren Stücken, in denen Tennessee Williams fast immer das Leben der unteren Schichten, der Eingewanderten oder Deklassierten, in den Südstaaten der USA schilderte, führt er mit *Die Katze auf dem heißen Blechdach* in das Milieu der herrschenden Klasse. Trotz ihres Reichtums und ihrer scheinbaren Lebenskraft – Big Daddy ist ein Selfmademan großen Kalibers, die Ehe seines Sohnes Cooper ist so fruchtbar, daß das immerfort zeugende Paar mit den fast urgeschlechtlich klingenden Namen »Bruder Mann« und »Schwester Frau« angeredet wird – ist sie innerlich ausgehöhlt und verdorben, von bösen Leidenschaften und Lastern befallen und verzehrt von gegenseitigem fressendem Haß. Nachklänge des Naturalismus und der Seelenentblößung Strindbergs kreuzen sich in diesem Werk mit der amerikanischen Vorliebe für ›Analysen‹ und einem Wahrheitsdrang, dessen Schonungslosigkeit teils dem Willen zu brutal aufrichtiger Zeitkritik, teils aber auch der literarischen Marotte, das Morsche, Verbogene und Verlorene für bereits ›an sich interessant‹ auszugeben, entspringt. Den Charakter von Analysen haben auch die Theaterstücke *Orpheus steigt herab* (1956), *Süßer Vogel Jugend* (1958) und *Plötzlich letzten Sommer* (1958). Orpheus wird bei Williams zum Sonny-Boy Val Xavier, der mit seiner Gitarre und einer aufreizenden Jacke aus Schlangenhaut, die geschmückt ist mit den Autogrammen von Jazzmusikern, durch die Südstaaten zieht. In einem Provinznest jobt er in einem kleinen Laden und beschert der Frau des Krämers mit seiner Fröhlichkeit und Lebenslust ein paar glückliche Nächte. Der kränkelnde Ehemann erschießt aus Eifersucht seine Frau, weiß aber den Verdacht auf den Außenseiter zu lenken. Val wird von der Meute der Kleinbürger, die alle die Moral retten wollen, gelyncht.

Plötzlich letzten Sommer zeigt den Kampf einer Mutter um das Andenken ihres Sohns, den sie als frühverstorbenen Dichterjüngling verherrlicht hat. Erst das Wahrheitsserum eines Psychiaters enthüllt, daß der Literat von einigen Strichjungen erschlagen wurde. *K. H. R.*

ARTHUR MILLER

* 17. Oktober 1915 in New York

Miller war, um sein Studium zu finanzieren, Hafen-, Land- und Fabrikarbeiter, Tellerwäscher und Gehilfe in einem Laboratorium. Sein erstes Stück »Der Mann, der immer Glück hatte« kam 1944 heraus, wurde aber nach sechs Vorstellungen abgesetzt. Den ersten nachhaltigen Erfolg brachte ihm 1947 sein Schauspiel »Alle meine Söhne«, der aber zwei Jahre später vom »Tod des Handlungsreisenden« weit übertroffen wurde.

Die Weltwirtschaftskrise, der wirtschaftliche Zusammenbruch der USA 1929 wird für Miller zur entscheidenden Erfahrung: der Bankrott von Banken und Industrieunternehmen, die Massenarbeitslosigkeit, der Verelendung so vieler Familien. Miller wird diese Erfahrung der Not und Unsicherheit 1980 in dem autobiographischen Stück *Die große Depression* fast wie eine historische Bestandsaufnahme nachzeichnen. Der Umsturz von Verhältnissen, die anscheinend gesichert und wohlgeordnet sind – darum geht es auch in *Zwei Montage* und in *Hexenjagd*. Miller beschreibt den Menschen als Teil und Partner der Gesellschaft – ihren Interessen ist er unterworfen, für sie übernimmt er Pflichten und Verantwortung. Diese Wechselwirkung ist Millers Thema. Für seine sozialkritischen Stoffe benutzt Miller eine durchaus traditionelle Dramaturgie: es ist der klassische Konflikt des Individuums, das oft im Kampf gegen die Umwelt unterliegt, sich aber als Sieger fühlt in seiner moralischen Entscheidung. Einer leistet Widerstand gegen die bestehenden Verhältnisse und wird vom Autor bewußt als Vorbild hingestellt: »Daraus, daß einer alles in Frage stellt, was wir vorher bereitwillig hingenommen haben, lernen wir.« Gegner ist die Gesellschaft – ob es das kapitalistische Wirtschaftssystem in *Alle meine Söhne*, in *Der Tod des Handlungsreisenden* und *Der Preis*, ob es der totalitäre Staat in *Zwischenfall in Vichy* und *Das Palais des Erzbischofs* oder eine dogmatische Kirche in *Hexenjagd* ist.

Miller bekennt sich zu Ibsen als Vorbild. Er sieht ebenso wie der norwegische Stückeschreiber das Theater als Instrument der Aufklärung, als moralischen und humanitären Prüfstand, auf dem er »Gerichtstag hält«. Wie Ibsen durchleuchtet er die

Vergangenheit seiner Figuren und macht analytisch deren Fehlentwicklung bewußt. In diesem Sinn wirkt Miller traditionell – als einer der letzten Vertreter des realistischen, psychologisch schlüssigen Illusionstheaters mit folgerichtig ablaufender Handlung, gutgebauten Situationen, handfesten Rollen. Auch die traumhaften surrealen Szenen in *Der Tod des Handlungsreisenden* und *Nach dem Sündenfall* sind psychologisch schlüssig als Informationen aus der Vergangenheit.

Daß Arthur Miller der streitbare engagierte Moralist unter den Stückeschreibern unserer Zeit geblieben ist, zeigt auch seine Dramatisierung *Spiel um Zeit* (1980). Für das amerikanische Fernsehen hat er die Lebenserinnerungen der Chanson-Sängerin Fania Fénelon an ihre Leidenszeit im KZ zu einem Film gestaltet. Mit Vanessa Redgrave als Fania wurde Millers Film zum erschütterndsten Fernsehabend seit der Serie *Holocaust*.

Der Tod des Handlungsreisenden

(Death of a Salesman). Zwei Akte und ein Requiem
Uraufführung: 7. Oktober 1949 in New York
Deutsch von F. Bruckner

Personen: Willy Loman, ein Handlungsreisender – Linda, seine Frau – Biff, Happy, seine Söhne – Ben, sein Bruder – Charley, Nachbar – Bernard, dessen Sohn – Howard Wagner, Lomans Chef – Stanley, Kellner – Das Weib – Jenny – Fräulein Forsythe – Letta.
Ort und Zeit: In Willy Lomans Wohnung im heutigen New York und teilweise auch auf den imaginären Schauplätzen von Willys Erinnerungen, Gegenwart.

Willy Loman, ein dreiundsechzigjähriger Handelsvertreter, kommt müde und niedergeschlagen von einer erfolglosen Reise zu Kunden in New England in seine New Yorker Wohnung zurück. Seine Firma hat ihm, der sie mehr als dreißig Jahre aufs beste vertreten hat, jetzt, da er alt geworden ist, das Gehalt gestrichen, so daß er mit seiner Frau und seinen zwei Söhnen nur noch auf seine Provision angewiesen ist. Das Leben bedrückt ihn, er bringt kaum noch die Konzentration auf, seinen alten Chevrolet zu fahren, aber er sucht seine Angst vor dem Ruin durch einen falschen, brüchigen Optimismus und durch die krampfhaft aufrechterhaltene Illusion, was für ein überall beliebter, erfolgreicher ›Mordskerl‹ er sei, zu betäuben.

Längst weiß seine gute, geduldige Frau Linda, wie es um ihn steht, und die Söhne, die bei guten Anlagen auch nichts Rechtes geworden sind, ahnen es. Des Vaters Verhältnis zu seinem Liebling Biff ist gespannt, bald setzt er überschwengliche Hoffnungen in den immerhin schon 34 Jahre alten Jungen, bald beschimpft er ihn als Faulpelz und Nichtstuer. Oft versinkt er – dramaturgisch wendet Miller hier die Technik der Rückblende und der Irrealisierung des Schauplatzes an – in Erinnerungen an die Jugendzeit der Kinder, als sie noch große Pläne hatten und hoch hinaus wollten im Leben; dann denkt Willy Loman auch an seinen smarten Bruder Ben, der als halber Junge nach Alaska oder Afrika ging und dort reich geworden ist, oder an die eine oder andere Frau, die er früher, ein stattlicher Mann, auf seinen Vertreterreisen kennengelernt und vielleicht auch mal zu einem kleinen Seitensprung bereitgefunden hat. Aber das ist nun alles vorbei. Willy Loman will seinem Chef Howard Wagner, den er schon als kleines Kind gekannt hat, sagen, daß er nicht mehr herumreisen mag, und ihn um eine Beschäftigung bei der Zentrale in New York bitten. Biff dagegen will sich wieder bei einer Firma melden, bei der er schon einmal vor Jahren als Verkäufer tätig war, da sich der Gedanke, mit seinem schürzenjägerischen Bruder Happy irgendwo im fernen Westen eine Farm zu gründen, doch nicht verwirklichen läßt. Die ganze Existenz der Lomans hängt in der Luft. Willy, der sie alle ernähren muß, macht sich sorgenvolle Gedanken. Wenn nur die Prämien für seine Lebensversicherung immer pünktlich gezahlt werden – ein paarmal hat er schon auf seinen Reisen Unfälle mit seinem Auto gehabt! Manche Leute wollen sogar gesehen haben, daß er geradezu auf diese Karambolagen losgesteuert sei. Und Linda Loman hat an der Gasheizung im Keller einen merkwürdigen Anschlußschlauch gefunden ... Biff geht hinunter und nimmt ihn an sich.

Willy Loman begibt sich zu Howard Wagner. Auch Biff ist in Begleitung seines Bruders zu seiner alten Firma gegangen, und am Abend wollen sich die beiden Söhne mit dem Vater in einem Restaurant treffen und die beiderseitigen Erfolge mit einem guten Essen feiern. Aber Lomans Juniorchef hat für seinen alten Mitarbeiter keine Beschäftigung in New York und meint, Willy solle die Vertretung überhaupt niederlegen, sich mal eine Zeitlang ausruhen, und dann werde man schon sehen. Das heißt: Kündigung, Hinauswurf, Verdienstlosigkeit. Und Biffs einstiger Chef Oliver erinnert sich seines ehemaligen Verkäufers, der in Wahrheit nur Packer war, überhaupt nicht mehr. Dazu hat Biff noch, halb gedankenlos vom vielstündigen Warten, halb wütend, Mr. Olivers goldenen Füllfederhalter von dessen Schreibtisch mitgenommen. Aber man trifft sich doch mit dem Vater in dem vereinbarten Restaurant, greift sich sogar noch zwei Mädels – aber in einem plötzlichen Verzweiflungsausbruch stürzt Biff davon, und als eins der Mädchen meint, nun solle Happy sich doch um seinen Vater kümmern, verleugnet der den alten Mann: das sei nicht sein Vater, sondern irgendein Gast. Sie sollten Biff gemeinsam folgen, ihn zur Räson bringen und dann die Stadt auf den Kopf stellen. Willy bleibt allein zurück; die zweideutigen Mädchen haben ihn (Rückblende) daran erinnert, wie er einmal in Boston in einem Hotelzimmer mit einer Frau von seinem Sohn Biff überrascht wurde, der ihm sagen wollte, daß er in der Reifeprüfung durchgefallen sei. Verwirrt findet Loman zur Gegenwart zurück. Er erhebt sich und verläßt das Lokal. Zu Hause kommt es zu einer Auseinandersetzung mit Biff, der sich als ›Niete‹ bezeichnet und seine Eltern für immer verlassen will. Gereizt vom Verhalten des Vaters, wirft er den Gasschlauch auf den Tisch, zum Zeichen, daß er Willy Lomans Absichten durchschaut hat. Jetzt hält er die Stunde der Wahrheit endlich für gekommen. Er gesteht, daß er immer wegen kleiner Diebereien aus seinen Stellungen hinausgeflogen ist, daß er nichts kann und nichts ist – Dutzendware, wie sein Vater, die »überall beliebte Erfolgskanone«, auch. Weinend bricht Biff nach dieser Beichte zusammen, und Willy Loman erkennt zum erstenmal, daß sein mißratener Sohn ihn wirklich liebt. Nun weiß er, daß es auch für ihn Zeit ist – 20 000 Dollar beträgt die Versicherungssumme. Er geht in die Garage, man hört den Motor anspringen und ein Auto in voller Fahrt davonbrausen …

Am Grabe Willy Lomans spricht ihm sein alter Freund und Nachbar Charley das Requiem: »Willy war Handlungsreisender. Und für einen Handlungsreisenden hat das Leben keinen festen Boden. Er ist ein Mann, der irgendwie in der Luft schwebt, der mit seinem Lächeln reist und mit seiner Bügelfalte. Und wenn sein Lachen nicht mehr erwidert wird – dann stürzt eine Welt ein … Ein Handlungsreisender muß träumen. Das gehört zu seinem Beruf.« (Reclams UB 9172, engl.) *K. H. R.*

Hexenjagd

(The Crucible). Ein Drama in zwei Akten
Uraufführung: 22. Januar 1953 in New York
Deutsch von M. Wentzel

Personen: Pastor Parris – Betty Parris – Tituba – Abigail Williams – Susanna Walcott – Ann Putnam – Thomas Putnam – Mercy Lewis – Mary Warren – John Proctor – Rebecca Nurse – Giles Corey – Pastor John Hale – Elizabeth Proctor – Francis Nurse – Ezekiel Cheever – Herrick – Richter Hathorne – Unterstatthalter Danforth – Sarah Good – Hopkins.
Ort und Zeit: Salem, im amerikanischen Staat Massachusetts, Frühjahr 1692.

Der engstirnige, bigotte Pastor Parris ist voller Furcht, daß seine Feinde den allgemein umgehenden Hexenglauben dazu benutzen werden, sein eigenes Haus in Verdacht des unsauberen Treibens zu bringen; denn er hat seine Tochter Betty und seine Nichte Abigail und noch andere junge Mädchen angetroffen, wie sie nachts im Wald zu den Liedern der Negersklavin Tituba tanzten. Er glaubt sogar, daß einige von ihnen nackt waren – ein Zeichen, daß es sich um den Umgang mit dem Teufel handelt. Nun liegt Betty regungslos und mit geschlossenen Augen im Bett; niemand vermag die Ursache dieses Tiefschlafs zu ergründen, und die Nachbarn, die ungeniert hereinkommen, sind der Überzeugung, daß sich darin Hexentum und die Macht böser Geister offenbart. Die Mädchen, die an dem Tanz teilnahmen, fürchten, daß sie ausgepeitscht werden, wenn die gefährlich hysterische siebzehnjährige Abigail etwas ausplaudert; sie drohen ihr, dann ihrerseits zu verraten, daß Abigail einen Zaubertrank getrunken habe, um die Frau des Bauern Proctor zu töten, bei der Abigail im Dienst war und die sie entlassen hat, weil Abigail anfing, ihren Mann in ihre Netze zu ziehen. Als Proctor nun eintritt, erinnert ihn das Mädchen an seine leidenschaftliche Liebe und beschwört ihn, wieder zu ihr zurückzukehren. Psalmensingend kommen immer mehr Nachbarn hinzu, alle voll eifernder Überzeugung, daß Betty verhext sei, bis auf die alte Rebecca Nurse, die die andern warnt, überall nach bösen Geistern zu suchen, und sie mahnt, sich lieber im Geist zu stärken. Auch Proctor leistet dem allgemeinen Wahn Widerstand, der sich in hitzigen Debatten offenbart, bis Pastor Hale von Beverly eintritt, der als Spezialist im Kampf gegen den bösen Feind gilt und von seinem Amtsbruder Parris herbeigerufen wurde, um festzustellen, ob Betty vom Teufel besessen ist. Als Hale Abigail fragt, was sie nachts im Walde machten, antwortet sie, daß die Negerin Tituba sie veranlaßte, Blut zu trinken. Tituba gesteht in gräßlicher Angst, daß sie Umgang mit dem Bösen habe, der als seine Sendboten Frauen aus Salem zu ihr schickt. Nun stimmt auch Abigail in die Geständnisse ein: scheinbar entrückt nennt sie die Namen der Frauen, die ihr als ›Hexen‹ bekannt sind, und mit einem Mal richtet sich auch Betty auf und beginnt Namen zu schreien. Wie ein ekstatischer Jubelgesang gellen die Namen der Frauen durch den Raum, Pastor Parris liegt auf den Knien und dankt Gott, daß sich die Zungen lösten, Pastor Hale ist stolz, daß es ihm gelang, die Geständnisse hervorzurufen. In Wahrheit ›gestehen‹ Abigail und Betty aber nur, weil sie wissen, daß aller Verdacht von ihnen abfällt, wenn sie andere in Verdacht bringen.

Nun beginnt, von der grundbösen und verderbten Abigail entfacht, überall die Hexenjagd. Nachbarn, die wegen eines Stückes Land oder einer Kuh Streit miteinander haben, bringen einander in den Verdacht des bösen Zaubers. Proctors Frau Elizabeth wird verhaftet, niemand ist mehr vor Denunziationen sicher. Abigail und ein paar andere junge Mädchen, die sie mit ihrer Hysterie ansteckt, gelten als Zeuginnen Gottes gegen den Teufel. Insgeheim hofft sie, daß Proctor, wenn seine Frau als Hexe verurteilt wird, sich wieder ihr zuwendet und daß sie als Elizabeths Nachfolgerin auf dem Hof einziehen kann. Aber Proctor durchschaut ihr Spiel und ist bereit, um sie zu entlarven, vor Gericht den Ehebruch mit ihr zuzugeben, obwohl er weiß, daß darauf für ihn selbst die Todesstrafe steht; aber er will seine Frau unter allen Umständen retten. Vor dem Oberrichter Danforth und Pastor Parris, der sich aus Feigheit und Eigennutz als fanatischer Hexenjäger betätigt, führt Abigail mit ihren Gefährtinnen noch einmal eine tolle Komödie auf, als Proctor durch seine Magd Mary Warren die Lügenhaftigkeit der Anklagen gegen seine Frau beweisen will. Er gesteht den Ehebruch mit Abigail, aber Elizabeth, die aus dem Gefängnis herbeigeholt ward, behauptet, um nun ihrerseits ihren Mann zu retten, daß sie von dieser Verfehlung nichts wisse. Nun wird Proctor selbst der bösen Machenschaften und des Bundes mit dem Teufel für schuldig befunden und zum Tod durch den Strang verurteilt, nachdem er einen Widerruf verweigert hat; denn sein

Gewissen verbietet ihm, hundert andere für eine Sünde in den Tod gehen zu lassen, die sie sowenig begangen haben wie er selbst.

Der Erfolg des Stückes beruht auf seiner außerordentlichen Bühnenwirksamkeit und der Schärfe der Charakterzeichnung aller Personen bis zur kleinsten Randfigur. Dazu kommt ein echter menschlicher Konflikt in dem von einer tiefen gegenseitigen Liebe durchströmten Verhalten des Ehepaars Proctor und vor allem die durchschlagende Kraft des Sinnbildlichen, denn dieser historisch bezeugte Hexenwahn aus der amerikanischen Kolonialzeit ist ja nichts anderes als ein Gleichnis für jede Art von Massenwahn und Kollektivhysterie, die heute auf dem Gebiet der Politik nicht weniger schrecklich und gefährlich sind als damals im Bereich der Religion. (UB 9257, engl.) *K. H. R.*

Blick von der Brücke *(A View from the Bridge).* Stück in einem Bild. UA 29.9.1955 New York. Deutsch von R. Schnorr. – Die Tragödie eines Hafenarbeiters, wie sie, sinnbildlich gesehen, ein Blick von der berühmten Brooklyn-Brücke auf den Stadtteil von New York vermittelt, deren Namen sie trägt. Eddie Carbone, ein italienischer Einwanderer, ernährt sich und seine Familie schlecht und recht vom Löschen und Beladen von Schiffen im New Yorker Hafen. Bei ihm lebt seine ›angeheiratete‹ Nichte Catherine, ein Mädchen von achtzehn Jahren, an dem er mit zärtlicher Liebe hängt und das er beruflich gut versorgt wissen will; Kathie soll Stenotypistin bei einem Anwalt oder etwas ähnliches werden, aber Eddie will sie noch möglichst lange in seinem Haus behalten. Daß die Zuneigung, die er für das Mädchen trägt, mehr ist als eine nur väterliche Liebe, kommt Eddie erst zum Bewußtsein, als zwei Vettern seiner Frau Beatrice aus Sizilien auftauchen, die illegal in die Vereinigten Staaten eingewandert sind und dort arbeiten wollen, um die trostlose Lage ihrer Angehörigen in ihrem Heimatland durch regelmäßige Sendungen ersparten Geldes zu verbessern. Es gilt als ungeschriebenes Gesetz aller aus Italien stammenden, in Amerika eingebürgerten Hafenarbeiter, daß sie illegal herübergekommene Landsleute bei sich aufnehmen, ihnen Arbeit verschaffen und sie so lange wie möglich vor der Entdeckung durch die Einwanderungsbehörden schützen; denn diese schicken jeden, der nicht mit den nötigen Papieren eingereist ist, unbarmherzig wieder zurück.

So läßt auch Eddie die beiden Vettern Marco und Rodolfo, zwei Brüder, bei sich wohnen und rät ihnen, sich möglichst wenig außerhalb ihres Arbeitsplatzes im Hafen sehen zu lassen, damit sie den Behörden nicht auffallen. Marco hält sich strikt an diesen Rat, aber der junge, sehr hübsche und lustige Rodolfo, ein blonder Sizilianer, fällt schon dadurch auf, daß er bei der Arbeit singt und seine Kameraden durch allerlei Scherze unterhält, die den rauhen, grobschlächtigen Burschen irgendwie unmännlich vorkommen. Rodolfo und Catherine fassen bald starke Zuneigung zueinander, so daß in Eddie die Eifersucht erwacht. Bald wütend, bald flehend, versucht er, seine Nichte von Rodolfo zu trennen, quält seine Frau Beatrice, die zu den beiden hält – natürlich auch, um Eddies für sie peinliche Neigung für Kathie zu dämpfen –, und als alles nichts hilft, verdächtigt er Rodolfo, gar kein richtiger Mann zu sein. Im Verlauf einer erregten Auseinandersetzung nennt er ihn mehrmals »Weib« und küßt ihn sogar auf den Mund. Aber selbst nach dieser widerlichen Szene hält Catherine zu ihrem Rodolfo, und die beiden beschließen, sobald als möglich zu heiraten, denn durch die Ehe mit einer Amerikanerin wird auch Rodolfo legalisiert und darf in den Staaten bleiben. Als Eddie merkt, daß nichts Catherine von ihrem Entschluß abbringen kann und daß der Hochzeitstermin schon festgesetzt ist, tut er das Böseste und Verächtlichste, was ein Brooklyner Hafenarbeiter tun kann – er zeigt Marco und Rodolfo bei der Einwanderungsbehörde an. Marco, der stille, fleißige Arbeiter, der jeden verdienten Cent beiseite legt, um seiner darbenden Familie daheim in Sizilien zu helfen, gerät darum in einen furchtbaren Streit mit Eddie, der sein Messer zieht und auf Marco eindringt. Dieser umklammert sein Handgelenk, aber mit einemmal fährt das Messer nieder und Eddie in die Brust. Er sinkt zu Boden und stirbt.

Wie Arthur Millers frühere Stücke enthält auch *Blick von der Brücke* deutliche Anspielungen auf soziale und politische Probleme, auf das Elend der von Arbeitslosigkeit und Hunger bedrohten, überzahlreichen Proletarierfamilien in Süditalien, auf die harten und stur angewandten amerikanischen Einwanderungsgesetze, auf das Solidaritätsbewußtsein der von ihnen Betroffenen und die daraus abgeleitete Moral der Illegalität. Der Konflikt des Schauspiels entsteht jedoch nicht aus den Verhältnissen, die es zeigt, sondern aus der Leidenschaft des Mannes

Eddie für das Mädchen Catherine. Das Stück ist kein soziales Drama, sondern eine Liebestragödie. *K. H. R.*

Nach dem Sündenfall *(After the Fall).* Schauspiel in zwei Akten. Deutsch von H. Sahl. – Der Titel des am 23. Januar 1964 in New York uraufgeführten Stückes, das im gleichen Jahr nach Wien kam, meint den Moment im Garten Eden, in dem Gut und Böse zu unterscheiden waren, somit die Frage nach der Schuld beantwortet werden mußte. Miller selbst steht verkleidet als Anwalt Quentin auf der Bühne, er analysiert sein Leben. Ort der Handlung ist gewissermaßen das Gehirn der Hauptpersonen. Zwei Ehen gingen ihm in die Brüche, die zweite auf weltbekannte Weise, nämlich mit der Filmschauspielerin Marilyn Monroe (im Stück »Maggie«), die sich 1962 mit einer Überdosis Schlaftabletten vergiftete. Nach Maggies Selbstmord führt Helga (Miller heiratete 1962 eine österreichische Photographin) Quentin zu einem ehemaligen Konzentrationslager und erklärt: »Niemand ist unschuldig, den sie nicht getötet haben.« Die selbstquälerische Conférence soll die Einsicht in die Mitschuld aller vermitteln, und diese Selbsterkenntnis zum Kampf gegen das Böse aktivieren. *K. H. R.*

Zwischenfall in Vichy *(Incident in Vichy).* Deutsch von H. Sahl. – Das Stück wurde am 3. Dezember 1964 in New York uraufgeführt, im deutschen Sprachraum erstmals im Mai 1965 in Wien. Im Jahre 1942 sind in einem Haftlokal in Vichy neun Arrestanten versammelt: ein Zigeuner, zwei Christen und sechs Juden. Einer von ihnen ist von Beruf Psychiater, er erklärt einem der versehentlich verhafteten Arier: »Jude ist nur der Name, den wir den Fremden geben ... Jedermann hat seinen Juden und das ist der andere. Und auch die Juden haben ihre Juden. Und jetzt müßten Sie erkennen, daß Sie Ihren haben – den Mann, dessen Tod Ihnen das erleichternde Gefühl gibt, daß Sie nicht er sind. Und eben darum ist alles umsonst und wird alles umsonst bleiben – es sei denn, Sie erkennen Ihre Mitschuld an Ihrer eigenen Unmenschlichkeit.« Die Wartenden werden nacheinander in das Zimmer eines deutschen ›Rasseforschers‹ zur Untersuchung gebracht und kehren nicht wieder. Todesangst greift um sich. Der ›Zwischenfall‹ besteht darin, daß einer der Arier dem jüdischen Psychiater seinen Passierschein zuspielt und damit sein Leben stellvertretend opfert. *K. H. R.*

Der Preis *(The Price).* UA 7.2.1968 New York. Deutsch von H. Sahl. – Die Brüder Victor (ein Polizist) und Walter (ein Chirurg) treffen sich nach vielen Jahren absichtlicher Trennung im Vaterhaus, um über den Verkauf des Mobiliars der Eltern mit einem Trödler zu verhandeln. Bei dieser Gelegenheit ziehen sie Bilanz: Victor hat seine Karriere dem hilfsbedürftigen Vater geopfert und wirft das seinem egoistischen Bruder vor. Der Autor enthält sich des Urteils, um beide in ihrer ganzen Menschlichkeit und von ihrem jeweiligen Standpunkt aus zeigen zu können. »Wie sollen wir den idiotischen Konflikt zwischen unserer Selbstverwirklichung und dem Gefühl für die Pflichten gegenüber anderen ... beenden?« *K. H. R.*

Die Erschaffung der Welt und andere Geschäfte *(The Creation of the World and Other Business).* UA 30.11.1972 New York. Deutsch von H. Sahl. – Wie Peter Hacks in *Adam und Eva* (1973) persifliert Miller die Schöpfungsgeschichte als munter dahergeplaudertes Boulevardtheater. Gottvater, durch seine Schöpfung gelangweilt, liefert die Welt Luzifer aus, da die Menschen nur durch den Teufel in Schuld und Angst zu versetzen sind und dann auch wieder Gott nötig haben als Tröster und Erretter. Der Teufel wird künftig die Realität sein in dieser Welt, Gott aber bleibt die Hoffnung und zieht sich ins Unerreichbare zurück. Luzifer inszeniert den Sündenfall und will Eva zur Abtreibung überreden, damit die Menschheit gleich zu Beginn ausstirbt. Immer wieder reißt er die Menschen aus dem Glück, das sie sich schaffen, und ermöglicht so produktive Entwicklung, Kampf um den Fortschritt.

Die große Depression *(The American Clock).* Stück in zwei Akten. UA 24.5.1980 Spoleto Festival. Deutsch von G. und I. Greiffenhagen. – In 38 Figuren und einer Vielzahl von Kurzszenen schildert Miller die sozialen und psychischen Verheerungen, die der große Börsenkrach vom 29. Oktober 1929 in der US-Gesellschaft angerichtet hat. Bisher vertrauten die Menschen blind auf Gott und ihr Bankkonto, aber unversehens war ihr Aktienbesitz nur noch wertloses Altpapier, und Arbeitslosigkeit, Zwangsverkäufe, Obdachlosigkeit, Hunger, Elend, Kriminalität zerrütteten eine problemlos wohlgeordnete Welt, die stolz auf ihre Humanität war. Lee, der vierzehnjährige Sohn der Familie Baum, gibt mit seinen Erinnerungen und Kommentaren den Rahmen für die einzelnen Momentaufnahmen. Aus Vater Baum, dem Unternehmer, macht der Zusammenbruch der Banken einen brotlosen Vertreter. Lee kann später nicht studieren, sondern schlägt sich als Hilfsarbeiter durch. Ex-Millionäre jagen sich eine Kugel durch den Kopf. Studentinnen gehen auf den Strich. Die Menschen werden bösartig und fanatisch, sie richten ihren Haß auf die Minderheiten, auf die Juden und die Schwarzen, die schuld sein sollen am allgemeinen Elend. Lee und seine Freundin Edie richten ihre Hoffnung auf den Kommunismus. Im Epilog zieht der gealterte Lee der fünfziger Jahre den makabren Schluß, daß erst der Ausbruch des Zweiten Weltkriegs die »große Depression« beendet und den Wirtschaftsaufschwung gebracht habe. Mit diesem Stück kehrt Miller zum Psychorealismus und der filmischen Dramaturgie aus *Der Tod des Handlungsreisenden* zurück.

Im Palais des Erzbischofs (*The Archbishop's Ceiling*, UA 12. 10. 1984 Cleveland) führt in den Ostblock. Schriftsteller schwanken zwischen Anpassung und Opposition zum Regime. Mißtrauen untereinander, Wunsch nach Emigration, Angst vor dem Geheimdienst zerstören langjährige Freundschaften.

Talfahrt (*The Ride Down Mount Morgan*, UA 23. 10. 1991 London) erneuert die Spurensuche in die Vergangenheit und den Psychorealismus der frühen Stücke: Der Versicherungsmakler Lyman (nicht nur der Name erinnert an Loman, den gescheiterten Handlungsreisenden von 1949) liegt nach einem Unfall schwerverletzt im Krankenhaus. Als gleich zwei rechtmäßige Ehefrauen an sein Bett gerufen werden, fliegt auf, daß er über Jahre zwei Familienleben geführt hat. In Rückblenden zeichnet Miller den Zermürbungsprozeß eines Kleinbürgers nach, der aus Schwäche, Feigheit, Unentschiedenheit zum Bigamisten wurde.

N. RICHARD NASH

* 7. Juni 1916 in Philadelphia

Nash (eigtl. Nathan Richard Nusbaum) blieb nach dem Studium an der Universität von Pennsylvania als Spielleiter der Studentenbühne und Dozent für Theaterwissenschaft. Er schrieb Drehbücher für Film und Fernsehen sowie einige Gebrauchsstücke und versuchte sich als Librettist fürs Musical (»Wildcat«, 1960). Zum Welterfolg wurde die Komödie »Der Regenmacher« (1954) – auch durch die Verfilmung (1956). Auch dieser Stoff wurde zum Musical gemacht: »110 in the Shade« (1964).

Der Regenmacher *(The Rainmaker).* Eine romantische Komödie. UA 29.10.1954 New York. Deutsch von W. H. Thiem. – Eine Hitzewelle lastet um 1913 über dem Weideland im mittleren Westen der USA. Da schon monatelang kein Tropfen Regen fiel, fürchtet Vater Curry, der hier mit den Söhnen Noah und Jim eine Farm bewirtschaftet, um seine Herden und Felder. Tochter Lizzie muß in diesem Männerhaushalt die verstorbene Mutter ersetzen. Sie sorgt für die Familie und wird darüber unmerklich zum alternden Mädchen. Immer wieder macht die Familie plumpe Versuche, sie mit dem Sheriff File zu verloben. Aber seit ihm seine erste Frau davonlief, ist File ein scheuer, verbitterter Hagestolz geworden. Er hat Lizzie gern, weist aber aus Angst vor einer neuerlichen Enttäuschung jede Annäherung zurück. Da taucht Bill Starbuck auf – ein fröhlicher, durchtriebener Vagabund. Er stellt sich als Regenmacher vor und will für 100 Dollar das kostbare Naß vom Himmel zaubern. Skeptisch gehen die Curries auf den Handel ein und befolgen die magischen Anweisungen des Scharlatans – sie ziehen Kreidestriche ums Haus und schlagen die Trommel. Bill vermag mit seinem Optimismus auch Lizzie, die graue Alltagsmaus, zu verwandeln und ihr den Glauben an die Zukunft wiederzugeben: »Sie glauben an nichts. Nicht einmal an sich selbst. Sie glauben nicht einmal daran, daß Sie eine Frau sind. Und wenn Sie nicht daran glauben, dann sind Sie keine.« Er nennt sie schwärmerisch Melisande, wirbt um sie, schenkt ihr eine romantische Liebesnacht. Und das weckt wieder die Eifersucht des Sheriffs, der sich nun auch zu Lizzie bekennt und um sie kämpft. Lizzie, die sich auf einmal von zwei Männern begehrt sieht, entscheidet sich für File und das nüchterne Alltagsglück. Starbuck hat nicht nur an Lizzie ein Wunder vollbracht. Zu seiner eigenen Überraschung setzt Regen ein. Und der kleine Gauner kann diesmal mit ehrlich verdientem Geld weiterziehen.

Das ist ein Gebrauchsstück mit dem für die fünfziger Jahre typischen amerikanischen Lebensoptimismus, dem Lob auf die Tüchtigkeit des einzelnen, dem Glauben an Fortschritt und Zukunft: »Denn wenn jemand Schönheit in der Wahrheit findet, so ist das für mich die tiefste, wahrste Romanze des Lebens – das Symbol der unbesiegbaren Tapferkeit des Menschen« – bekennt sich der Autor zur heilen Welt. Die ausgedörrte Natur wird symbolhaft in Bezug gesetzt zu den verschmachtenden Herzen. Realistische, psychologisch einsehbare Figuren und Situationen, Humor und Rührung, Poesie und die zuversichtliche Botschaft sind typisch für die US-Stücke dieser Jahre von William Saroyan bis John Patrick.

FEDERICO GARCÍA LORCA

* 5. Juni 1898 in Fuente Vaqueros bei Granada
† 19. August 1936 bei Viznar bei Granada

Sohn eines Großgrundbesitzers und einer Lehrerin. Studiert Philosophie, Literatur und Jura in Granada und ab 1919 in Madrid. Freundschaft mit der literarischen Avantgarde: Guillén, Salinas, Aleixandre, Dámaso, Alonso, Cernuda, Pablo Neruda, Rafael Alberti, J. R. Jiménez, Otiz, mit dem Komponisten Manuel de Falla, dem Maler Salvador Dali, der Regisseurin Margarita Xirgu. Reisen nach Paris, New York (1929/30), Kuba. 1931 gründet er gemeinsam mit Eduardo Ugarte die Studentenbühne »La Barraca«, die auf Gastspielreisen durch die Provinz die spanischen Klassiker, aber auch García Lorcas eigene Stücke populär macht. 1933/34 Vortragsreise nach Argentinien. 1936 engagiert er sich im spanischen Bürgerkrieg auf seiten der Republikaner und gründet mit Alberti und J. Bergamín den »Bund antifaschistischer Intellektueller«. Im Sommer 1936 fährt er zu Freunden nach Granada. Dort wird er von der »Guardia civil« verhaftet und ohne Urteil erschossen.

Neunzehnjährig veröffentlicht García Lorca den Prosaband *Eindrücke und Landschaften* (1918), Lyrikbände folgen. Die Theaterarbeit setzt ein mit dem Marionettenspiel *Die Hexerei des Schmetterlings* (1921) und dem patriotischen Drama *Mariana Pineda* (UA 24.6.1927 Barcelona), der Freiheitsheldin von Granada, die als Witwe des Revolutionärs Pedro dessen politischen Kampf fortsetzt, den sexuellen Erpressungen des Richters Pedrosa widersteht und 1831 hingerichtet wird. *Die wundersame Schustersfrau* (*La zapatera prodigiosa*, UA 24.12.1939 Madrid, Oper von Udo Zimmermann 1982) zeigt in Form einer lockeren Jahrmarktsposse den Streit um mehr Freiheit und Selbstbehauptung, den eine Schustersfrau gegen ihren Mann mit allen Tricks der Koketterie und Eifersucht führt. *In seinem Garten liebt Don Perlimplin Belisa* (*Amor de Don Perlimplín con Belisa en su jardín*, UA 8.3.1933 Madrid, als Oper vertont von Wolfgang Fortner 1962, P.R. Olsen 1966, als Ballett *Der rote Mantel* von Luigi Nono 1954) ist die Tragödie des alternden Ehemanns, der die Liebe seiner jungen Belisa sich nur sterbend unter der Maske ihres Liebhabers erschleichen kann. *Sobald fünf Jahre vergehen* (*Así que pasen cinco anos*, 1931) bringt in surrealistischer Form bereits das Motiv des ungelebten Lebens, des vergeblichen Wartens. 1933 folgt *Bluthochzeit. Yerma* (UA 29.12.1934 Madrid) ist die Tragödie einer unfruchtbar bleibenden Bäuerin, die mit Hexenbeschwörung und Zauberformeln eine Schwangerschaft erzwingen will und schließlich ihren Mann erwürgt, da er sie nur als erotisches Spielzeug benutzt. Auch in den letzten Stücken *Doña Rosita bleibt ledig* (1935) und *Bernarda Albas Haus* (1936) geht es um die Unterdrückung der Frau.

García Lorca war eine vielseitige Begabung, er hat seine Gedichtbände selbst illustriert und auch die Bühnenmusiken zu *Bluthochzeit* und *Mariana Pineda* selbst komponiert. In den Bühnenstücken bleibt seine Herkunft von der Lyrik deutlich. Er verbindet Gesellschaftskritik mit überhöhter, von Naturmythos erfüllter lyrischer Dichtung. Stets sind es Tragödien der Unfreiheit, des gemeuchelten Lebens, der zerstörten Beziehungen, der getäuschten Hoffnungen. Den Schlußpunkt setzt der Tod als einzige Gewißheit in dieser lichtlosen Welt. Thema ist der Konflikt zwischen kreatürlichem Leben und Konvention, zwischen Natur und Unnatur als Gesellschaftszwang. García Lorca zeigt dies nicht als psychologisch motivierte Gesellschaftskritik, sondern sucht in Bildersprache und balladesker Form die überhöhte Parabel. Er definiert sein Theater als »soziale Aktion« und übernimmt Elemente des spanischen Volkstheaters, der Puppenspiele, Verskomödien und der Zarzuela, einer Form des Singspiels.

Bluthochzeit

(Bodas de sangre). Lyrische Tragödie in drei Akten und sieben Bildern
Uraufführung: 5. März 1933 Madrid
Deutsch von E. Beck

Personen: Die Mutter – Der Bräutigam – Die Braut – Der Vater der Braut – Die Magd – Leonardo – Die Frau Leonardos – Die Schwiegermutter – Der Mond – Der Tod (als Bettlerin) – Die Nachbarinnen – Mädchen – Gäste – Holzfäller – Nebenpersonen.
Ort und Zeit: Andalusien, Gegenwart.

Vor Jahren war Leonardo Felix mit der damals fünfzehnjährigen Braut verlobt. Standesdünkel und seine Armut haben die Heirat verhindert. Leonardo führt nun mit einer anderen Frau eine freudlose Ehe, kann aber die Jugendliebe nicht vergessen. Auch das Mädchen muß mit einem anderen Burschen aus der Verwandtschaft Hochzeit halten, dessen Familie mit der Sippe der Felix in Blutrache lebt. Die Mutter des Bräutigams, die bereits den Mann und den ältesten Sohn durch die Familienfehde verlor, ist von schlimmen Ahnungen erfüllt. Am Hochzeitsmorgen gesteht Leonardo, der als Gast geladen ist, der Braut seine ungebrochene Liebe. Auch die Braut, »wahnsinnig von Dulden und Harren«, läßt sich mitreißen von ihrer Leidenschaft. Während die Hochzeitsfeier stimmungshaft nach altem andalusischem Bauernbrauch abrollt mit Liedern und Tänzen, Trinksprüchen und Segenswünschen, hat Leonardo die Braut auf sein Pferd gerissen und in die Berge entführt. Der Bräutigam als Rächer seiner Ehre nimmt mit seinen Freunden die Verfolgung auf. Die kurze nächtliche Gemeinschaft der Liebenden auf der Flucht gestaltet García Lorca als dunkles Naturmärchen. Der Mond erscheint in Gestalt eines jungen Holzfällers, der Tod kauert am Weg als uralte Bettlerin. Diese Elementarwesen zeigen den Verfolgern den Weg und helfen mit, damit sich die Tragödie erfülle. Umsonst fleht die Braut, Leonardo möge sich durch Flucht retten. Er erwartet den Rivalen zum Zweikampf, den keiner von ihnen überlebt. Und wie meist bei García Lorca stehen am Schluß die Frauen allein, versteinert vor Schmerz, und tragen ihre Liebe zu Grabe: die Mutter des Bräutigams, Leonardos Frau und die Braut erfüllen die alten Grabriten der Heimat und erkennen darin ihr Schicksal, dem sie unterworfen sind: »Fisch ohne Schuppen, / Fisch ohne Fluß, / damit eines Tages, / der vorher bestimmt war, / zwischen drei Uhr und vier, / durch dies winzige Messer / zwei kraftvolle Männer / mit wachsgelben Lippen / sterbend sich strecken.«

Dieser Stoff aus Hochzeit und Entführung, Schuld und Leidenschaft, Blutrache und Bauernehre erinnert an *Cavalleria rusticana*, an die Leidenschaftsdramen des Giovanni Verga und den italienischen Verismo. Aber García Lorca überhöht den Stoff zur zeitlosen, urtümlichen Ballade. Die Figuren sind typisiert und kommen mit Ausnahme Leonardos ohne Eigennamen aus: die Braut, der Bräutigam, die Mutter. Wie in *Doña Rosita bleibt ledig* die Blumen-Metaphern ein lyrisches Zeichensystem setzen, so ist es hier der Pferde-Mythos, das leitmotivisch aufklingende Wiegenlied »vom großen Falben«: er wird auch das Paar, das nicht füreinander bestimmt ist, in den Untergang tragen. Ebenso werden die bäuerliche Erde, Baum und Fluß als zeitlose Mächte einer archaischen Welt beschworen. Immer wieder steigern sich die Prosaszenen zu lyrischen Verspartien, die das Geschehen ins Irreale überhöhen, die Naturmythos und Schicksalsmächte einbeziehen. Wie stets in der romanischen Literatur von Alejandro Casona bis Jean Cocteau erscheint der Tod als Frau. Auch der Mond ist im antiken Sinn Sinnbild des Todes und Zerstörer der Liebe, die Mutter als Gegenfigur die mythenschaffende, leidende, aber immer neu gebärende Lebensspenderin. Mit seinen zeitlosen, elementaren allegorischen Figuren hat dieses Stück immer wieder auf das Musiktheater gewirkt: J. José Castro (1956), Wolfgang Fortner (1957), S. Szokolay (1965) haben den Text als Oper vertont, D. Apivor (1953) hat daraus ein Ballett gemacht.

Doña Rosita bleibt ledig oder Die Sprache der Blumen

(Doña Rosita la soltera o el lenguaje de las flores). Granadiner Dichtung um das Jahr Neunzehnhundert. In verschiedene Gärten eingeteilt und mit Gesang und Tanz
Drama in drei Akten
Uraufführung: 13. Dezember 1935 in Barcelona
Deutsch von E. Beck

Personen: Doña Rosita – Tante – Onkel – Haushälterin – Neffe – Die drei Manolas – Drei alte Jungfern – Die Mutter der drei alten Jungfern – Die zwei Fräulein Ayola – Nebenpersonen.

Als Waise ist Doña Rosita bei Onkel und Tante aufgewachsen. Sie ist mit ihrem Vetter verlobt, der Granada verläßt und seinem Vater nach Tucumán auf die argentinische Hazienda folgt. Mit Schwüren ewiger Treue und baldiger Wiederkehr nimmt er Abschied von der Geliebten. Aber Jahr um Jahr vergeht. Die Briefe werden spärlicher. Rosita, die ewige Braut, hofft weiter und fühlt sich unabänderlich gebunden an ihr Verlöbnis, während sie ihr Leben versäumt. Die Schulfreundinnen, wie die drei Schwestern Manolas, heiraten, ihre Kinder wachsen heran. Ohne es selbst zu merken, wird Rosita, die jeden Tag dem Briefträger entgegenzittert, zum Gespött der mißgünstigen Umwelt. Aus Pflichtgefühl bietet ihr der ferne Bräutigam in einem Brief die Ferntrauung an – das kann bei den boshaften Fotografentöchtern Ayola nur Gelächter auslösen, wenn sie sich die Brautnacht ausmalen. Nach dem Tod des Onkels ist die Familie verarmt und muß das verschuldete Haus verlassen. Der Onkel hat das Familienvermögen verbraucht durch seine Blumenzucht und Rositas Aussteuer, in die man sinnlos, aber den Konventionen gehorchend, investiert hat. Mögliche Bewerber – ein vom Fortschritt schwadronierender Professor der Volkswirtschaft und der skurrile Schulmeister Don Martin, der sich als verhinderter Dichter fühlt – sie werden von Rosita, die in ihrem Traum verharrt, nicht wahrgenommen. Der Bräutigam hat sich inzwischen längst mit einer reichen Erbin verheiratet. Die Tante, die ihr Leben mit Spitzenklöppeln zubrachte, und die Haushälterin, die immer schon mit ihrem zupackenden Realitätssinn gegen die versponnene Traumwelt aufbegehrt hat, verwünschen die Männer, deren Opfer die Frauen sind. Rosita bleibt nur die Würde und die Erinnerung, um ihr leeres Leben weiter durchzustehen.

Wie in *Yerma* und *Bernarda Albas Haus* schildert García Lorca kritisch die Situation der Frau in der spanischen Männerwelt. Unter dem Druck der traditionellen Tabus hat die Frau keine Chance, zu sich selbst und ihren eigenen Möglichkeiten zu kommen. Aber García Lorca formuliert das nicht als sozialkritisches Thesenstück, sondern als lyrische Ballade. In Kanzonen und Romanzen sprechen die Figuren ihre Gefühle aus, in Metaphern von Blume und Vogelflug, Wolke, Meer und Wind. Die kostbare Rosenblüte »muta mutabilis«, die der ganze Stolz des blumenzüchtenden Onkels ist, die morgens erblüht, zur Mittagsstunde hart und glühend ist wie Koralle, aber am Abend schon fahl verbleicht und sich entblättert – dieses Blumenschicksal wird leitmotivisch zitiert als Sinnbild für Rosita, wie sie rasch und sinnlos dahinwelkt in ihrer Scheinexistenz.

Bernarda Albas Haus

(La casa de Bernarda Alba). Frauentragödie in spanischen Dörfern (Drei Akte)
Uraufführung: 8. März 1945 in Buenos Aires
Deutsch von E. Beck

Personen: Bernarda Alba – María Josefa, Bernardas Mutter – Angustias, Magdalena, Amelia, Martirio, Adela, Bernardas Töchter – La Poncia, Magd – Jüngere Magd – Bettlerin – Nebenpersonen.

Die Bäuerin Bernarda Alba, die gerade ihren zweiten Ehemann begraben hat, wird nun für die Familie – die fünf erwachsenen Töchter und ihre greise, mit 90 Jahren kindisch gewordene Mutter Maria Josefa, die wie ein Gespenst durch das Haus irrlichtert – zum Übervater aus Herrschsucht und fanatischem Standesdünkel, voll Unmenschlichkeit, Kälte und Selbstgerechtigkeit. Für acht lange Trauerjahre sperrt sie die Töchter ins Haus. Nur Angustias, die älteste Tochter, darf mit ihren 39 Jahren sich mit dem jungen Bauernburschen Pepe el Romano verloben, da sie aus Bernardas erster Ehe auch die standesgemäße Mitgift besitzt. Gier nach dem Bräutigam als dem einzigen Mann, der in erreichbarer Nähe ist, beherrscht die Träume und

Sehnsüchte aller Schwestern – Gier nach Freiheit und erfülltem Leben. Die bucklige Martirio hat bei Angustias ein Bild des begehrten Pepe entwendet und im Bett versteckt. Da sie es wieder herausrücken muß, verfolgt sie mit Haß und Neid Pepes Liebeswerben um Adela, die jüngste und hübscheste der Schwestern. Als das junge Paar sich im Stall zur heimlichen Flucht trifft, schlägt Martirio Lärm. Mit dem Gewehr verteidigt Bernarda die Familienehre und schlägt den Entführer in die Flucht. Aus Verzweiflung erhängt sich Adela im Stall, als ihr Martirio schadenfroh den Tod des Geliebten vortäuscht. Wie zu Beginn läßt Bernarda eine zeremoniöse Bestattung ausrichten. Adela wird als Jungfrau aufgebahrt. Die Tragödie wie die Schuld werden totgeschwiegen: »Die Herzen gehen mich nichts an, aber ich will eine schöne Fassade und Einigkeit in der Familie.«

Bernarda Albas Haus wirkt wie ein monumentales, archaisches, ja in seiner Einfachheit und Symmetrie antikisches Stück. García Lorca verzichtet diesmal auf lyrisches Beiwerk und folkloristische Poesie. So glückt ihm ein zeitloses Meisterwerk: die Tragödie des ungelebten Lebens, das erstickt unter dem Zwang unmenschlicher Konventionen. In diesem Frauenstück tritt der junge Liebhaber Pepe nie in Erscheinung, aber er beherrscht als Wunschtraum um so zwanghafter die Gedanken und Gefühle der Töchter. Protagonistin des Lebens und der Wirklichkeit ist wie in *Doña Rosita bleibt ledig* die Magd La Poncia: weise und wüst, böse und tröstlich, stellt sie sich als einzige Bernarda entgegen – wie ein herbes Fabelwesen aus Andalusiens alter Mythenwelt hält sie eine Ahnung vom wahren Leben wach, das in diesem Stück ausgesperrt bleibt hinter den gekalkten, von der Sonne ausgeglühten Mauern. (Reclams UB 8525.)

PAUL CLAUDEL

* 6. August 1868 in Villeneuve-sur-Fère-en-Tardenois im Departement Aisne
† 23. Februar 1955 in Paris

Der Beruf des Vaters als Steuereinnehmer und zuletzt Chef der Hypothekenkasse führt in der Kindheit zu häufigem Wechsel des Wohnorts. 1884 Abitur in Paris, Studium an der Sorbonne (Jura,

Orientalistik, Politik), Laufbahn im diplomatischen Dienst. Am 25. Dezember 1886 in Paris bei der Weihnachtsvesper in Notre-Dame Bekehrung zum Katholizismus. Die religiöse Krise dauert bis 1890, dann empfängt Claudel zum Weihnachtsfest erstmals seit der Kindheit wieder die Kommunion und lebt seitdem als bekennender Katholik. 1893 Vizekonsul in New York, dann in Boston, 1895–1909 als Konsul, später Gesandtschaftssekretär in China (Shanghai, Futschou, Hankou, Kiang-Si, Tsientsin). 1906 Heirat von Reine Sainte-Marie Perrin. 1910/11 Konsul in Prag, 1912/13 in Frankfurt a. M., darauf in Hamburg, Rom, Rio de Janeiro, 1919–21 Gesandter in Kopenhagen, 1922–26 Botschafter in Tokio, 1927–33 in Washington, 1934/35 in Brüssel. Alterssitz auf Schloß Brangues an der Rhône. 1955 ehrt Frankreich den toten Dichter mit einem Staatsbegräbnis.

Das Damaskus-Erlebnis während der Weihnachtsvesper 1886 verwandelt Claudel aus einem skeptischen Weltkind in einen glühenden Bekenner des katholischen Glaubens: »In jenem Monat Dezember ... drang der Geist des Herrn so unmittelbar in mein Herz ... wie in jener Zeit, als das Wort erging an Johannes in der Wüste ... Ich hatte plötzlich das herzzerreißende Gefühl der Unschuld, der ewigen Gotteskindschaft, eine unaussprechliche Offenbarung.« Zuvor stand Claudel unter dem Einfluß des materialistischen, rein diesseitigen, von Naturwissenschaft und Positivismus geprägten Weltbilds seiner Zeit. Schon in der Schule stieß er auf den Schriftsteller Joseph Ernest Renan (1823–1892), der in seiner Schrift *Das Leben Jesu* (1863) Christus die Göttlichkeit abspricht und ihn rein psychologisch und politisch als revolutionären Sozialreformer erklärt. Claudels literarisches Vorbild ist die sublime Sprachalchimie der Symbolisten Arthur Rimbaud und Stéphane Mallarmé, dessen esoterischen Zirkel er zuweilen in Paris angehört. Von Mallarmé übernimmt Claudel das Spiel mit Metaphern und die Überhöhung, um die beschriebene Realität zur Bedeutsamkeit eines Symbols zu verdichten, um »die Wirklichkeit aus dem Bereich des Gefühls in den Bereich des Erkennbaren, aus dem Bereich des Tatsächlichen in den der Definition, aus der Zeit in die Ewigkeit, aus dem Zufall in die Notwendigkeit zu überführen ...« (Claudel).

Nach seiner Erweckung werden theologische Schriftsteller für ihn wichtig: Blaise Pascal (1623–62) und der Prediger Jacques-

Bénigne Bossuet (1627–1704), dessen teleologische Interpretation der Weltgeschichte Claudels historische Stoffe bestimmt (*Der Bürge*, *Der seidene Schuh*, *Christoph Columbus*); Dantes *Göttliche Komödie*, worin Beatrice als Verkörperung der Offenbarung auf Claudels Frauengestalten wirkt, die so oft Wegweiser sind zu Gott; ferner die mystischen Schriften der Katharina von Emmerick, die *Summa* des Thomas von Aquin und immer wieder die Bibel: »Aber das große Buch, das vor mir aufgeschlagen war und in dem ich zur Schule ging, war die Kirche. Gelobt sei auf ewig die große, herrliche Mutter, auf deren Knien ich alles gelernt habe!« Während seines fast fünfzehn Jahre dauernden Aufenthalts in China und Japan öffnet er sich dem Einfluß der fernöstlichen Philosophie und Lyrik – Claudel übersetzt japanische Haikus – und des Taoismus.

Claudels Theater will Gleichnis sein für das Wirken Gottes in dieser Welt. Die Grundhaltungen von Opfer, Verzicht, Läuterung kehren in diesen Denkspielen und Parabeln immer wieder. Im Mittelpunkt steht meist der suchende, irrende Mensch, der ganz aus sich selbst leben, alles aus eigener Kraft heraus tun will. Diesen selbstherrlichen Draufgänger zeichnet Claudel in Figuren nach, die an die Helden aus alten Ritterromanen erinnern *(Goldhaupt*, *Don Rodrigo*, *Columbus)*, wenn sie sich mit Feuer und Schwert die Welt erobern. In Stücken, die unserer Gegenwart näher sind, wird daraus der nüchterne, gerissene Pragmatiker des Alltags wie Pollock *(Der Tausch)* oder Turelure *(Der Bürge*, *Das harte Brot)*. Auch sie kämpfen sich durch die Welt, wenn auch nicht mit dem Schwert, sondern mit der Aktienmehrheit. Dem in die Welt verstrickten Helden gegenüber steht die Frau, die im Mann die Liebe weckt und ihn losreißt aus seiner Ichbezogenheit und Selbstsucht. »Für mich«, interpretiert Claudel, »stellt die Frau immer vier Dinge vor: die menschliche Seele, die Kirche, die Allerseligste Jungfrau und die heilige Weisheit.« Erotische Liebe ist bei Claudel meist sündig und ohne Erfüllung. Aber die Qual, die Schuld, die Verzweiflung, mit der irdische Liebe gebüßt wird, macht diese Figuren, sobald sie von ihrer Leidenschaft zerstört sind, bereit für die Gnade, für die völlige Selbstaufgabe hin zu Gott. Die Liebe tritt immer entgegen als »die verbotene Frau«, die durch das Sakrament der Ehe einem andern gehört: »Ich bin das Versprechen, das nicht gehalten werden kann«, sagt Lâla *(Die Stadt)*. Auch Sünde und Schuld sind Werkzeuge Gottes in seinem Heilsplan. Das Wort von Augustinus »Etiam peccata« stellt Claudel als Motto über den *Seidenen Schuh* und interpretiert: »Auch die Sünde dient!« Die Ehe ist in diesen Dramen stets Strafe, Folter, Bußübung, Martyrium, Fegefeuer. Zweimal opfert sich Proëza im *Seidenen Schuh* in einer Ehe ohne Liebe auf – ebenso Sygne *(Der Bürge)*, Sichel *(Das harte Brot)*, Pensée *(Der erniedrigte Vater)*. Ganz nach biblischem Muster gehen Kinder aus jungfräulicher Mutterschaft hervor oder wechseln in mystischer Transfiguration den Vater *(Verkündigung, Der seidene Schuh)*.

Seinen Stoffen und Motiven entsprechend sucht Claudel in der Sprache den überhöhten, metaphorisch angereicherten Ausdruck – alles wird symbolhaft gesehen als Zeichensetzung des Überirdischen, getreu dem Goethe-Wort: »Alles Vergängliche ist nur ein Gleichnis!« Dies führt notwendig zum Verlust jeder Distanz, zum Verkündigungsanspruch, zur lyrischen Emphase, die dem heutigen Theater nicht immer angemessen ist. Oft läßt Claudel seine Bühnenfiguren freie Verse sprechen, in Langzeilen gegliederte freie Rhythmen. Bereits 1892 beginnt er, die *Orestie* des Aischylos ins Französische zu übersetzen und schult seine Sprache am monumentalen Ausdruck der Antike ebenso wie an den liturgischen Texten.

Es ist bezeichnend, wie schwer Claudels Stücke zu ihrer endgültigen Gestalt finden. In immer neuen Fassungen, zwischen denen oft Jahrzehnte liegen, versucht der Autor sie umzuschreiben und jeweils seiner letzten theologischen Sicht anzupassen. So entwickelt sich *Verkündigung* zwischen 1892 und 1948 über vier Varianten, *Mittagswende* liegt in drei Fassungen vor, alle anderen Titel in jeweils zwei sehr unterschiedlichen Ausgaben.

Fünfzehnjährig entwirft Claudel sein erstes Stück *Die Schlafende (L'endormie)*, ein Naturmärchen zwischen Faun und Nymphe, das Fragment bleibt. Ebenso *Ein vorzeitiger Tod (Une mort prématurée)* von 1888. Es folgen *Goldhaupt*, *Die Stadt*, *Das Mädchen Violaine* (später *Verkündigung*), *Der Tausch*. Das Lesedrama *Die Ruhe am siebenten Tag*, auch *Der Ruhetag* (*Le Répos du septième Jour*, 1896, Musik von Bernd Alois Zimmermann) ist eine märchenhafte theologische Parabel: der Kaiser steigt hinab in die Unterwelt, um bei Satan die Macht des Bösen, den Sinn der Sünde zu ergründen. Vom »Engel des Reiches« wird der Kaiser auf den rechten Weg gebracht – und symbolisch verwandelt sich sein Zepter in das christliche Kreuz. Dieses Werk ist ebenso wie *Mittagswende* von Claudels fernöstlicher Umwelt beeinflußt. Aus der Antike nimmt Claudel den Stoff zu *Proteus* (*Protée*, 1913): der Verwandlungszauber von Proteus gedeutet als Zeichen der Vergänglichkeit. Das ergibt eine hintergründige Farce mit Musik von Darius Milhaud.

Der Bürge, das Drama um den gefangenen Papst, wird Anlaß für André Gide (1869–1951), seinen Papst-Roman *Die Verliese des Vatikan* (1914) zu schreiben und diese atheistisch frivole Verbrechergeschichte unter ein Motto von Claudel zu stellen – diese Provokation seines früheren Freundes hat Claudel mit lebenslanger Feindschaft beantwortet. Später erweitert er den *Bürgen* durch *Das harte Brot* und *Der erniedrigte Vater* zur Familien-Trilogie. *Die Weihnachtsnacht 1914* (*La Nuit de Noël de 1914*, veröffentlicht 1915) ist eine engagiert nationalistische Abrechnung mit Deutschland: Aus Glaubenshaß töten deutsche Soldaten die Kinder und gläubigen Katholiken in Frankreich. Die Franzosen erscheinen als die rechtgläubigen Kämpfer Gottes gegen »alle Geister der Finsternis und Pestilenz, gegen Goethe, Kant und Nietzsche und ihrer aller Vater, Martin Luther, den Abtrünnigen, der mit dem Teufel ist«. Auch in seiner Kriegslyrik gibt sich Claudel blutrünstig nationalistisch. Das führt zur Auseinandersetzung mit seinem früheren Mitschüler Romain Rolland, der als Pazifist und Humanist diese Haßgesänge ablehnt. Auch später geriet Claudel durch seine erzkonservative Haltung öfter ins politische Zwielicht – etwa durch seine Parteinahme für Franco und im Zweiten Weltkrieg für Marschall Pétain und dessen Vichy-Regierung.

Nach Abschluß seines Hauptwerks *Der seidene Schuh* bringt Claudel nur noch feierlich oratorienhafte Werke mit Verkündigungsanspruch aufs Theater: *Das Buch von Christoph Columbus* (*Le livre de Christophe Colombe*, UA 5. 5. 1930 Berlin, Musik von Darius Milhaud) zeigt den Entdecker Amerikas als Helden und Werkzeug Gottes, der die Einheit der Welt und des Glaubens erkämpft. Und zugleich betrachtet er – von einem zweiten Darsteller verkörpert – »aus der Ewigkeit seine eigene Berufung«. Im dramatischen Oratorium *Johanna auf dem Scheiterhaufen* (*Jeanne d'Arc au bûcher*, UA 6. 5. 1939 Orléans, Musik von Arthur Honegger) sieht Johanna vom Scheiterhaufen aus nochmals die Stationen ihres Kampfes als epischen Bilderbogen vorüberziehen. Sie wird als »Tochter Gottes« verklärt, während ein Gerichtstribunal aus Schwein, Esel und Schafen sie böswillig und ungerecht zur Hinrichtung bestimmt. *Die Geschichte von Tobias und Sara* (*L'Histoire de Tobie et de Sara*, 1939/1953, UA 15.3.1953 Hamburg) zeichnet als Mysterienspiel die Prüfungen nach, die der junge Tobias mit Hilfe des Erzengels Raphael bestehen muß, um sich die Ehe mit Sara zu verdienen.

Claudel, der mit vielen anderen religiös engagierten Schriftstellern seiner Generation, wie u. a. Léon Bloy (1846–1917), Paul Bourget (1852–1935), Francis Jammes (1868–1938), Charles Péguy (1873–1914), Georges Bernanos (1888–1948), François Mauriac (1885–1970), Julien Green (geb. 1900), Marcel Jouhandeau (geb. 1888) und Jean Cayrol (geb. 1911), der katholischen Erneuerungsbewegung (Renouveau catholique) zuzurechnen ist, hat lange auf seine öffentliche Anerkennung als Schriftsteller gewartet. Erst 1912 – mit 44 Jahren – erlebt er mit *Verkündigung* erstmals eine Aufführung an einer Berufsbühne. 1910 fällt er mit seiner Bewerbung in die Akademie Goncourt durch, noch 1935 wird seine Aufnahme in die Académie Française abgelehnt und Claude Farrère ihm vorgezogen. Ähnlich wie bei Shaw oder später auch bei Albee wird er von Deutschland aus durchgesetzt: sein Verleger und Übersetzer Jakob Hegner (Hellerau) und der Bonner Romanist Ernst Robert Curtius setzen sich unermüdlich für ihn ein, viele Uraufführungen finden in Deutschland statt. Das gegenwärtige Theater – zumal in Deutschland – weiß mit Claudel wenig anzufangen. Er verkörpert ein Stück persönlicher Bekenntnisliteratur, die bei aller Ausdruckskraft der poetisch oft mitreißenden Bildersprache durch den eifernden Absolutheitsanspruch heute kaum jemand erreicht. Zu seiner Zeit war Claudels Widerstand gegen das mechanistische Weltbild der Naturalisten, die den Menschen festlegten auf Vererbung und Milieu, sein Schrei nach Gott, nach einer Sinngebung im Jenseits ein wichtiger Beitrag zur Zeitgeschichte.

Goldhaupt *(Tête d'or)*. Drama in drei Teilen. Entstanden 1886–89, 2. Fassung 1895, UA 26.4.1959 Essen. Deutsch von J. Hegner 1915, E. M. Landau 1959. – Simon Agnel, gen. Goldhaupt, ist wie Rodrigo *(Der seidene Schuh)* ein gewalttätiger Welteroberer: seinem Freund Cébès nimmt er die geliebte Frau, dem König rettet er als Feldherr zunächst das Reich, dann tötet er ihn und übernimmt den Thron. Erst spät in der Niederlage und angesichts des Todes überwindet Goldhaupt sich selbst und bekennt sich zur Prinzessin, die ihn liebt und als Blutzeugin des katholischen Glaubens die Kreuzigung erleidet.

Die Stadt *(La ville)*. Drama in drei Akten. Entstanden 1890, 2. Fassung 1897, UA 25. 2. 1931 Brüssel. Deutsch von E. M. Landau 1959. – Claudel macht die sozialen und politischen Gegensätze seiner Gegenwart zum Thema eines mythisch zeitlosen Läuterungsspiels. Jede der Figuren verkörpert im politischen Kräftespiel eine ideologische Gruppierung, die sich in den Besitz der Stadt (= der Welt) setzen will: der Kapitalist Isidore de Besme, ein Technokrat und Pragmatiker, sein Bruder Lambert als wendiger Machtpolitiker, die Pflegetochter Lâla als die sinnliche Versucherin und der Agitator Avare, der mit seinen Revolutionsparolen die Arbeiterschaft mobilisiert und die Stadt zerstört. Der Dichter Coeuvre bekehrt sich zum Priestertum und setzt seinen Sohn Ivors als Führer ein, der die neue Stadt Gottes auf den Trümmern der alten errichten soll. Nachdem alle diesseitigen Glücksbringer vom kapitalistischen Fortschritt bis zur revolutionären Veränderung gescheitert sind, macht sich der Dichter zum Heilsbringer der Menschheit – das ist Claudels Botschaft an seine Zeit.

Der Tausch *(L'échange)*. Drama in drei Akten. Entstanden 1893/94, UA 28. 1. 1914 Paris. Deutsch von F. Blei 1910, E. M. Landau 1956. – Zwei gegensätzliche Paare suchen im Partnertausch nach ihrer Identität. Der junge Halbindianer Louis Laine ist eine leidenschaftliche Abenteurernatur, der aus der Ehe mit der sanften, gläubigen Französin Marthe ausbricht und sich von der sinnlich raubtierhaften, nach Genuß und Erfolg strebenden Schauspielerin Lechy Elbernoon erobern läßt. Deren Partner ist der nüchtern pedantische Geschäftsmann Thomas Pollock, der Marthe mit einem Bündel Banknoten dem Ehemann abhandelt. Lady Lechy vernichtet beide Männer, die sie als ihren Besitz betrachtet. Sie legt Feuer in Pollocks Haus und läßt Louis durch ihren Negersklaven töten, damit er nicht zu Marthe zurückkehrt. Nach dem Ruin der bisherigen Verhältnisse steht – wie in *Die Stadt* – das Wagnis des Neubeginns im Glauben: Marthe und Pollock finden zueinander.

Mittagswende *(Partage de midi).* Drama in drei Akten. UA 16. 12. 1948 Paris. Deutsch von E. M. Landau. – Die verführerisch junge Ysé wird gleich drei Männern zum Verhängnis. Mit dem Postschiff ist sie gemeinsam mit ihrem Mann de Ciz, einem pedantisch trockenen Ingenieur, nach China unterwegs. Auf der Überfahrt begegnet sie dem Chinesen Mésa, der sich nach einem mönchischen gottnahen Leben sehnt, und dem flotten Herzensbrecher Amalric. Die »Mittagswende« wird für sie alle symbolhaft zur Entscheidung – »Es gibt keinen Himmel mehr, auch keine See, nur noch das Nichts, und mitten darin, daß einen das Grauen überkommt ... Welch ein Schrei in dieser Feuerwüste!« Mésa und Ysé bekennen sich ihre Liebe. Die Frau verrät ihren Ehemann, der von Mésa in den Tod geschickt wird. Für ein Jahr gehört sie dem Chinesen an und schenkt ihm ein Kind. Später überläßt sie sich Amalric und gerät mit ihm in einen chinesischen Aufstand. Sie tötet das Kind, will sich mit Amalric auf Kosten Mésas retten. Zuletzt kehrt sie zu Mésa zurück, um gemeinsam mit ihm zu sterben. In einem hymnischen Wechselgesang erkennen die Liebenden, daß ihre Leidenschaft mit aller Sünde, allen Verbrechen, in die sie verstrickt waren, ein Weg der Läuterung war: »... ich aber habe einzig diese Seele mit dem Los gezogen, sie allein auf Kosten der meinen, habe als Auftrag sie erhalten, und diesen Namen, den meinen, den ich von ihr zu fordern habe und den nur sie allein kennt ... meine Seele, die auch dein Name ist, meine Seele, die auch dein Schlüssel ist, meine Seele, die auch dein Ursprung ist ...« In mystischer Entrücktheit gehen sie in den Tod. In der Figur Mésa zeichnet Claudel die eigene Krisensituation nach: nachdem Claudel bei den Benediktinern von Ligugé als Novize gelebt und vergebens um die Berufung zum Klosterleben gerungen hatte, erlebt er auf der Schiffsreise nach China eine leidenschaftliche Affäre. Erst nach dem Tod der geliebten »verbotenen« Frau erlaubt er 1948 eine Aufführung des Stücks, das er bereits 1905 niederschrieb.

Verkündigung *(L'annonce faite à Marie).* Geistliches Spiel in vier Akten und einem Prolog. Erste Fassung 1892 unter dem Titel *Das Mädchen Violaine.* UA 20. 12. 1912 Paris. Deutsch von J. Hegner 1913, H. U. von Balthasar 1946, E. M. Landau 1958. – Ein Läuterungsspiel um Schuld und Sühne, Opfer und Martyrium, angesiedelt im mittelalterlichen Frankreich während des 100jährigen Kriegs, als Papst wider Gegenpapst, König wider Gegenkönig in einer zerrissenen, bestialischen Welt um die Macht streiten. Aus Mitleid und als Zeichen des Opfers gibt das Mädchen Violaine dem Dombaumeister Pierre de Craon den Abschiedskuß und empfängt dabei den Aussatz. Ihr Vater bricht zur Pilgerfahrt nach Jerusalem auf und verlobt zuvor Violaine mit dem Pflegesohn Jacques. Dadurch erwächst Violaine in ihrer Schwester Mara eine unversöhnliche Feindin. Mara liebt Jacques und will Herrin werden auf dem Gut des Vaters. Sie verrät Jacques das Geheimnis, das ihre Schwester mit Pierre teilt, und erobert sich den Mann. Verbannt und durch die Krankheit erblindet lebt Violaine in einer Felshöhle. Acht Jahre später erfleht Mara von ihr die Wiedererweckung ihres toten Kindes Aubaine. Violaine bewirkt das Wunder, das sich in der Christnacht unter Engelsstimmen vollzieht – die unbefleckte marianische Neugeburt des Kindes. Zugleich verkünden Trompeten, daß der König zur Krönung nach Reims zieht und die nationale Wiedergeburt Frankreichs beginnt. Aus Eifersucht will Mara ihre Schwester lebendig begraben. Sterbend wird Violaine gerettet – in der Erstfassung von Pierre, in der späteren Bühnenfassung durch ihren Vater. Noch im Tode segnet und versöhnt sie ihre Gegner. Claudel hat zwischen 1892 und 1948 den Stoff viermal umgearbeitet und die Figuren verändert, so daß im theologischen Konzept manche Widersprüche bleiben.

Die Trilogie

Der Bürge – Das harte Brot – Der erniedrigte Vater

In diesen drei Stücken arbeitet Claudel geschichtsphilosophisch die Entwicklung Frankreichs von 1812 bis 1871 auf – vom Machtstaat Napoleons über die Restauration der feudalistischen Monarchie unter Ludwig XVIII., die Verbürgerlichung unter König Louis-Philippe bis zur Überheblichkeit des Nationalstaats unter Napoleon III., aus der sich der deutsch-französische Krieg von 1870/71 entwickelt. Der Adel, die dynastischen Ideale und die katholische Wertordnung zerfallen, der Bürger übernimmt die Macht im Staat – nicht durch ererbte Privilegien wie der Adel, sondern durch persönliches Durchsetzungsvermögen als Politiker oder Unternehmer. Claudel, der Verfechter der alten, klerikalen Ordnung, verurteilt die Entwicklung des

19. Jahrhunderts zu einer kapitalistischen und materialistischen, sehr diesseitigen Gesellschaft. Er zeichnet das soziale Kräftespiel dieser Jahrzehnte als Familienchronik nach, die sich über drei Generationen erstreckt. Die Perspektive erinnert an die Romanzyklen von Balzac oder Zola, aber Claudel vermeidet die realistische oder gar psychologische Analyse, sondern bleibt beim allegorisch überhöhten Versdrama. Im Mittelpunkt agiert die Figur des brutalen Erfolgsmenschen Turelure, der immer auf der Höhe seiner Zeit steht: als Sohn eines Lakaien ist er in seiner Jugend ein blutiger Helfershelfer der Revolution, macht Karriere unter Napoleon, läuft später zu den Royalisten über und läßt sich adeln, wird ein konservativer Bürger und Spekulant unter dem Bürgerkönig Louis-Philippe.

Der Bürge *(L'otage)*. Drama in drei Akten. UA 5.6.1914 Paris. Deutsch von A. Joseph 1926, E. M. Landau 1958. – Jede der Figuren verkörpert eine ideologische Position im Frankreich von 1812: der Royalist gegen den Vertreter Napoleons, dazwischen die gläubige Anhängerin der Kirche. Sygne de Coûfontaine und ihr Vetter Georges sind die einzig Überlebenden ihres durch die Revolution ausgerotteten Geschlechts. In den Trümmern der Abtei, dem letzten noch verbliebenen Besitz, geloben sie feierlich die Zusammengehörigkeit – eine Art Eheversprechen. Georges ist ein fanatischer Royalist, der Napoleon stürzen und König Ludwig XVIII. auf den Thron bringen will. Deshalb hat er Papst Pius VII. befreit, den Napoleon auf Fontainebleau in Haft hielt. Georges hält das Kirchenoberhaupt in der Abtei versteckt, um Pius als politischen Machtfaktor im Kampf gegen Napoleon nach England zu bringen. Der Papst, der sich als »Bürge« Christi sieht, weigert sich, Napoleon zu bannen. Der Polizeichef Toussaint Turelure ist die Inkarnation des Bösen in diesem Spiel. Als Sohn einer Magd ist er einst auf Schloß Coûfontaine aufgewachsen, hat beim Ausbruch der Revolution seine Herrschaft ermordet, das benachbarte Kloster vernichtet. Unter Napoleon ist er zum Präfekten und Baron aufgestiegen. Er droht Sygne die Verhaftung des Papstes, die Hinrichtung von Georges an, wenn sie seinen Heiratsantrag ablehnt. Sygnes Beichtvater Badilon bestärkt sie, sich dem Martyrium dieser fürchterlichen Ehe zu unterwerfen und damit auch das Treuegelöbnis zu brechen, das sie Georges gab. Sygne opfert sich. Sie schließt die Ehe, um den Papst zu retten, schenkt Turelure ein Kind, setzt diesen Stammhalter des Revolutionärs in alle Rechte und Erbgüter ihres Adelsgeschlechts ein. Georges kann Sygnes Verrat, der ihn nicht nur die Liebe, sondern auch den letzten Besitz kostet, nicht fassen. Aber er gibt nach und verzichtet auf seine Ansprüche. Dafür erkaufen die beiden Coûfontaines von Turelure, daß er von Napoleon abfällt und 1814 Paris für die Truppen der Alliierten und den neuen König Ludwig XVIII. öffnet. Turelure wird vom neuen Herrscher mit dem Grafentitel belohnt. Zwischen den Rivalen Georges und Turelure kommt es zur Auseinandersetzung. Beim Kugelwechsel wirft sich Sygne vor ihren Mann und wird tödlich getroffen. Georges wird von Turelure getötet. Da in Turelure gerade das Böse überlebt, die Gemeinheit triumphiert, lehnt Sygne sterbend den Trost des Priesters ab und verweigert die Vergebung. Zweifelt und verzweifelt Sygne zuletzt am Sinn ihres Opfers und Leidens?

Das harte Brot *(Le pain dur)*. Drama in drei Akten. Entstanden 1913/14. UA 1923 Aachen. Deutsch von A. Joseph 1926, E. M. Landau 1958. – Der zweite Teil der Trilogie zeigt den gealterten Turelure. Er hat den Aufstieg des Bürgertums mitvollzogen, ist ein geschäftstüchtiger Kapitalist, ein Spekulant und Politiker geworden. Die altehrwürdige Abtei der Coûfontaines will er zur Papierfabrik umbauen. Den adligen Grundbesitz verkauft er an den jüdischen Geldverleiher Ali Habenichts, um Nutznießer beim geplanten Eisenbahnbau zu werden. Die Habgier nach Geld treibt alle Figuren in dieser materialistischen Welt um. Sie spinnen Intrigen, Mordpläne, auch die Liebe ist nur geheuchelt, ist ein Druckmittel, um sich Besitz zu verschaffen. Turelures Sohn Louis hat bei seiner Freundin Lumir, einer polnischen Baronin, die von Revolution und Freiheitskampf ihres unterdrückten Volks träumt, Schulden gemacht, er hat sogar die Gelder der polnischen Untergrundbewegung verbraucht, um mit Grundstücken in Algerien zu spekulieren. Der Vater weigert sich, die Wechsel einzulösen. Der alte Turelure will seinem Sohn die Frau wegnehmen – er macht Lumir einen Antrag und setzt seinen Reichtum ein, um die junge Frau zu kaufen. Sichel, Alis Tochter und bisher die Geliebte des alten Turelure, sieht ihre Stellung bedroht. Mit einer verwickelten Intrige räumt sie den Alten aus dem Weg. Sie umgarnt ihn mit scheinheiligen Liebesbeteuerungen und läßt sich dessen ganzen

Besitz überschreiben. Dann bedroht Louis in Sichels Auftrag den Alten mit der Pistole, erpreßt Geld von ihm und tötet den Greis durch einen Schreckschuß. Sichel und Louis folgen der wirtschaftlichen Vernunft und schließen die Ehe, die (wie meist bei Claudel) eine fürchterliche, lebenslängliche Strafe ist. Louis verschleudert das ehrwürdige Kruzifix der Coûfontaines an den Juden Ali – für Claudel Sinnbild für den Verrat der jungen Generation an der Kirche und den alten Werten.

Wegen der jüdischen Negativfiguren Ali und Sichel hat man Claudel den Vorwurf des Antisemitismus gemacht. Aus heutiger Sicht erscheint Claudel hier als naiver Eiferer, der das 19. Jahrhundert mit dessen gottfernen Pragmatismus, der Naturwissenschaft, der Industrie und dem wirtschaftlichen Fortschritt als Teufelswerk brandmarkt.

Der erniedrigte Vater *(Le père humilié)*. Drama in vier Akten. Entstanden 1915/16. UA 1928 Dresden. Deutsch von A. Joseph 1927. – Wie in *Der Bürge* tritt auch im Schlußteil der Trilogie der Papst auf und verkörpert die Heiligkeit, die von der weltlichen Politik erniedrigt und bedroht wird. Diesmal ist es Papst Pius VII., dem vom italienischen König Viktor Emmanuel die Herrschaft über die Stadt Rom genommen wird. Denn der durch die Freiheitsbewegung Garibaldis geeinte italienische Nationalstaat beansprucht Rom als Hauptstadt. Louis Coûfontaine ist in den Jahren 1869–71 als französischer Botschafter in Rom eine Randfigur des politischen Machtkampfs. Seine Tochter Pensée, ein schönes, aber blindes Mädchen, wird von zwei Brüdern, Orian und Orso de Homodarmes, Neffen des Papstes, umworben. Pensée liebt Orian, erwartet von ihm ein Kind, wird aber durch die Entscheidung des Papstes Orso zugesprochen. Orian stirbt im deutsch-französischen Krieg von 1871 den Soldatentod. Orso wird Pensée heiraten, das Kind des Bruders aufziehen, aber mit Pensée eine keusche Josefsehe führen. Claudel variiert hier wieder vertraute Motive – den Liebesverzicht, die Ehe als auferlegte Buße, doch die Verbindung mit dem politischen Hintergrund des 19. Jahrhunderts wird nicht schlüssig. Der Name Pensée (= Gedanke) und ihre Charakterisierung – die mit Blindheit geschlagene, also noch nicht zur christlichen Erleuchtung bekehrte Jüdin – weisen auf alte allegorische Muster, z. B. auf die Darstellung der Synagoge durch eine Frauengestalt mit Augenbinde in der mittelalterlichen Kirchenkunst.

Der seidene Schuh oder Das Schlimmste trifft nicht immer zu

(Le soulier de satin, ou Le pire n'est pas toujours sûr).
Eine spanische Handlung in vier Tagen
Entstanden 1919–24. Uraufführung: 27. November 1943 in Paris
Deutsch von H. U. von Balthasar

Über fünf Jahre schrieb Claudel an diesem Werk von fast 400 Buchseiten. Er sieht darin die Summe seiner Bemühung, mit den Mitteln der Dichtung und durch die Kraft seines katholischen Glaubens Antwort zu geben auf die existentiellen Fragen: nach der Bestimmung des Menschen in der Welt, nach dem Sinn des Bösen in einer von Gott gewollten Schöpfung, nach Pflicht und Opfer, Ehre und Hingabe, Selbstaufgabe und Erlösung. Sichtbar gemacht werden diese abstrakten Motive in einem weitgespannten barocken Gleichnistheater, das sich über Epochen und Erdteile erstreckt und – ähnlich wie *Faust*, *Peer Gynt* oder *Nach Damaskus* – durch die Form einer Lebenswanderung den Menschen mit den zeitlosen Bewährungsproben seiner Existenz konfrontiert. Schon Claudels erste Regiebemerkung zielt auf das große sinnbildliche Welttheater: »Der Schauplatz dieser Handlung ist die Welt, und genauer das Spanien des ausgehenden 16. Jahrhunderts, möglicherweise des anhebenden 17. Der Dichter hat sich die Freiheit genommen, Länder und Zeiten ineinanderzuschieben, dergestalt, wie aus einer gewissen Entfernung unterschiedene Bergzüge zu einem einzigen Horizont verschmelzen.« Die Tetralogie ist – der Dramaturgie des spanischen Barockdramas entsprechend – nicht in Akte, sondern in vier Tage (= jornados) gegliedert. Eine Fülle von Neben- und Zwischenhandlungen, eine Vielzahl von Figuren aus dem irdischen wie überirdischen Bereich – drastische Volkstypen, Soldaten und Höflinge, Könige, symbolhaft überhöhte Verkörperungen von Rassen und Erdteilen, Erscheinungen von Naturkräften, von Mond und Sternen, von Allegorien und Himmelsmächten, Schutzengel, Heilige, Märtyrer bis hin zur Madonna – sie alle treten auf und haben ihre Rolle in diesem Spiel, das die Welt bedeutet.

Erster Tag: Der Ansager weist auf ein von Piraten zerstörtes Schiff hin, das steuerlos im Meer treibt. Als einzig Überlebender hängt ein Jesuitenpater am Mast. Sterbend dankt der Mönch

Gott für die Gnade, leiden zu dürfen. Und er erfleht für Rodrigo, seinen Bruder im Geist, dieselbe schwere Prüfung. Nach diesem Prolog beginnt zwischen Doña Proëza – sinnbildlich trägt sie auch den Namen Doña Mirabilis (= Die Wunderbare) – und Don Rodrigo die Geschichte ihrer unerfüllten, unerfüllbaren Liebe. Der bejahrte Don Pelayo soll Statthalter des spanischen Königs in Afrika werden. Während seiner Abwesenheit vertraut er seine Gattin Proëza dem flandrischen Offizier Don Baltasar an. Proëza ist von Leidenschaft nach Rodrigo, dem strahlend jungen Helden, erfüllt und will zugleich ihrem alten, väterlichen Gatten die Treue halten. Sie weiht einen ihrer seidenen Schuhe der Jungfrau Maria, um fortan mit nacktem, hinkendem Fuß den Versuchungen des Lebens entgegenzugehen. Die Liebenden streben trotz aller Hindernisse zueinander. Auf seinem Ritt zu Proëza wird Rodrigo bei einem räuberischen Überfall verwundet und sucht Genesung auf dem Schloß seiner Väter. Proëza flieht durch Nacht und Wildnis aus Baltasars Gewahrsam und verschuldet dabei dessen Tod. Ihr Schutzengel begleitet sie auf dem Weg zu Rodrigos Burg.

Zweiter Tag: Pelayo ist seiner Frau gefolgt. Er gibt sie nicht frei, da sie durch das Sakrament der Ehe unlösbar an ihn gebunden ist. Zur Bewährung soll sie auf Schloß Mogador im fernen Afrika als Regentin des Königs wirken und den schillernden Abenteurer Don Camilo überwachen. Proëza gehorcht und zieht in die Verbannung. Der König verhängt eine noch schwerere Prüfung: Rodrigo selbst überbringt ihr nach Afrika einen Brief – die Entscheidung, ob sie hier weiter ausharrt, ist in ihre Hand gelegt. Proëza bleibt standhaft und weigert sich sogar, den Geliebten anzuhören. In seiner Enttäuschung segelt Rodrigo als Vizekönig nach Amerika und will auf der Jagd nach Herrschaft und Reichtum die Liebe vergessen.

Dritter Tag: Nach dem Tod Pelayos heiratet Proëza den verbrecherischen Camilo – sie opfert sich dem Bösen, um durch freiwillige Hingabe dessen Untaten zu verhindern, erträgt die Mißhandlungen und Erniedrigung dieser Ehe. Die Tochter Siebenschwert (= Maria von den Sieben Schwertern, in der christlichen Ikonographie sinnbildlich für Leiden und Erlösung), die sie Camilo zur Welt bringt, erweist sich in mystischer Transfiguration als die Verkörperung des fernen Rodrigo. Als Proëza in einem Augenblick der Verzagtheit eine Botschaft an Rodrigo ins Meer wirft, dauert es zehn Jahre, bis dieser Hilferuf den Ritter in Mexiko erreicht. Er eilt herbei, belagert Camilos Burg. Proëza übergibt ihm die Tochter als Frucht ihrer unerfüllten Sehnsucht. Für sich will sie kein Glück mehr, nur noch Opfer und Verzicht. Als die Festung gesprengt wird, kehrt sie freiwillig hinter die Mauern zurück und sucht darin den Tod.

Vierter Tag: Jahre nach Proëzas Tod bricht auch für Rodrigo die Zeit des Niedergangs an: alt, als Krüppel mit Holzbein kehrt er aus Amerika heim. Ein neuer König regiert. Aus dem Herz-König Karl V. ist der düstere Pik-König Philipp II. geworden. Rodrigo verliert unter dem neuen Regime Rang und Auskommen. Kläglich fristet er das Leben als Händler mit religiösen Kitschbildchen. Da man vom Sieg der Armada über England träumt, soll Rodrigo als Statthalter Großbritannien dem katholischen Glauben unterwerfen. Er entwirft die Utopie eines friedlichen Europas: »Gebt all diesen kleinen zusammengepferchten Völkern Europas, die eins dem andern auf die Füße treten, Raum, sich zu rühren! Einigt ganz Europa zu einem einzigen Strom! Dann werden sich all diese Völker, die der Irrwahn quält, weil sie sich in ihren Quellen nicht mehr begegnen können, neu in ihren Mündungen treffen!« Mit solcher Absage an den nationalen Eigennutz verspielt Rodrigo die Gunst seines Königs. Nach dem Untergang der Armada wird Rodrigo auf dem Sklavenmarkt feilgeboten und endet als Diener an der Klosterpforte. Der einstige Vizekönig verrichtet dort die niedrigste, demütigendste Arbeit und wischt den Staub von den Sandalen der Ankommenden – Schlußpunkt seines irrenden, zerklüfteten Lebens. »Seine« Tochter Siebenschwert zieht an der Seite des Feldherrn Don Juan d'Austria gegen die Türken und wird in der Schlacht von Lepanto den Sieg des katholischen Glaubens verherrlichen.

Als Motto für sein Hauptwerk wählt Claudel ein portugiesisches Sprichwort: »Gott schreibt gerade auch auf krummen Linien!« Die krummen Linien sind die Zufälle, die Irrungen und Intrigen der Menschen in diesem Drama, die Stürme und Kämpfe, die aber stets ihren Sinn erhalten durch die Zielgerade, die Gott gelegt hat hin zur Erlösung. Das ist der einfache Grundriß für dieses komplizierte, von Allegorien und szenischen Arabesken durchwirkte Riesendrama. Proëza ist der »Köder Gottes ... ein Schwert, das Rodrigos Herz durchbohrt«. Rodrigos Leidenschaft für die »verbotene Frau«, die durch das Ehesakrament stets einem anderen angehört, macht ihn frei für die Leidenschaft, Gott zu dienen. Das erkennt Proëza als ihre Aufgabe: »Darf ich ihm den Himmel nicht schenken, so kann ich ihn wenigstens der Erde entreißen. Nur ich kann ihm ein Ungenügen verschaffen, das dem Maß seiner Sehnsucht entspricht!« Rodrigo ist Sinnbild des nur diesseitigen Menschen, der alles sich selbst und der eigenen Kraft verdanken will. Er fordert seine Zeit heraus, will sich in immer neuen Abenteuern, Entdeckerfreuden, in Erfolg und Macht verwirklichen: »Ich glaube, daß ich nicht umsonst auf diese Welt kam und daß in mir etwas Notwendiges ist, das nicht entbehrt werden konnte ... Ich kam, die Erde auszuweiten! ... Für den Menschen gibt es keine andere Schranke als den Himmel! Alles, was auf Erden aus Erde besteht, gehört ihm, um darauf zu schreiten ...« Rodrigos Aufstieg und sein tiefer Fall, der zugleich der innere Aufstieg ist, sich restlos Gott anheimzugeben, ist ein Gleichnis. Wie musikalische Motive und Variationen verschlingen und entsprechen sich oft die Situationen: wenn Proëza ihren seidenen Schuh ablegt, um mit ungeschütztem, wundem Fuß durch diese irdische Welt und ihre Versuchungen zu hinken, so zeigt Rodrigo spiegelbildlich dieselbe Erfahrung, wenn er im Kampf sein Bein einbüßt und humpelnd das weitere Leben bestehen muß.

Der französische Regisseur Jean Louis Barrault hat für die Uraufführung 1943 gemeinsam mit Claudel eine gekürzte Bühnenfassung erarbeitet. Barrault ist es auch, der immer wieder in Neuinszenierungen (1958, 1963) versucht, das gigantische Werk für das Theater zu gewinnen – zuletzt 1972 als Zeltprojekt und 1980 in der ungestrichenen Urfassung von sieben Stunden Spieldauer, auf Nachmittags- und Abendvorstellung verteilt.

JEAN GIRAUDOUX

* 29. Oktober 1882 in Bellac (Limousin)
† 31. Januar 1944 in Paris

Sohn eines Ingenieurs, Gymnasium in Châteauroux, 1903/04 Germanistikstudium am Pariser Elite-Institut École Normale Supérieure und an der Sorbonne, Stipendium für Berlin und

Bonn. 1905 als Prinzenerzieher beim Herzog von Sachsen-Meiningen in München, 1906 Lektor für Französisch in Harvard. Wird 1910 (ebenso wie seine Schriftstellerkollegen Paul Morand und Paul Claudel) Berufsdiplomat, wirkt als Legationsrat in Moskau, in der Türkei, wird Pressechef des Außenministeriums, Generalinspekteur des auswärtigen Dienstes, 1939/40 Propagandaminister der Regierung Daladier. Beginnt als Erzähler, Literaturkritik in der Pariser Zeitung »Matin«, Erlebnisberichte aus dem Ersten Weltkrieg, in dem er zweimal verwundet wurde. Neben Theaterstücken auch Romane und Essays.

Rasch verflogen ist die Wirkung von Giraudoux, der noch in den fünfziger Jahren ein vielgespielter Autor war. Seine Kunst, alle Probleme geistreich und anmutig zu umspielen, sein Ästhetentum, sein plaudernder Charme, die früher so gerühmte Fertigkeit eines immer und zu allem lächelnden Poeten, kurz: seine Leichtigkeit wirkt heute eher leichtsinnig. Schon früh hat Giraudoux Skepsis angemeldet gegen die Technokraten, gegen Industrialisierung und Massenzeitalter, aber die Ideale, die er dagegensetzt, sind recht nostalgisch. Er verklärt die Welt der Romantik und des Märchens, er preist die Natur und die Menschen in ihrem paradiesischen Urzustand, hofft auf die Rückkehr zum einfachen, kreatürlichen Dasein. Auch in den düstersten Situationen findet er noch zu einem Loblied auf die Schönheit, auf das Glück – Giraudoux und seine poetischen Arabesken stammen aus einer Zeit, als das Träumen und Wünschen noch geholfen hat. Meist greift er auf vorgeprägte Stoffe zurück, die er mit Heiterkeit und Ironie spielerisch umformt und poetisch verzaubert. Stoffe aus der Antike (Trojanischer Krieg, Elektra, Lukrezia, Amphitryon), aus der Bibel (Sodom, Judith), aus der Märchenwelt (Undine). Oft spielen irreale Mächte herein in seine Stücke: antike Götter, Geister aus dem Jenseits, Märchenfiguren wie Nixe und Wasserkönig. Auch *Die Irre von Chaillot* ist in ihren Verschrobenheiten dem Alltag entrückt. Giraudoux ist meisterhaft als ein Stilist, der Sprache und Form mit geschmeidiger Eleganz handhabt. Sein Genuß am dialektischen, geistreichen Argumentieren, die lyrischen Einlagen, der Sprachwitz stehen ganz in der Tradition der brillanten romanischen Rhetorik und sind eine bewußte Absage an das naturalistische Theater. Das führt dazu, daß die Figuren oft zu Kunstfiguren werden, zu ausziselierten Verkörperungen von

Ideen und Thesen in einem genau kalkulierten Spiel. Sie haben weder Entwicklung noch Entscheidung, sie drücken nur festgelegte Positionen aus. Folgerichtig erneuert Giraudoux für diese Dramaturgie auch die klassischen Stilmittel des Monologs, der Selbstvorstellung, der Reflexion auf der Bühne.

Giraudoux beginnt als Theaterautor mit der Dramatisierung eines eigenen Romans, *Siegfried* (UA 3.5.1928 Paris): Der französische Offizier Jacques Forestier verliert durch eine Verwundung das Gedächtnis, er gerät nach Deutschland, gewinnt dort eine neue, durch und durch germanische Identität, macht sogar als deutschnationaler Minister Karriere, bis ihn die französische Vergangenheit einholt. *Amphitryon 38* (UA 8.11.1929 Paris), die 38. Version des antiken Stoffs, zeigt im Verwirrspiel um den echten Gatten und falschen Liebhaber die Überlegenheit der hausbacken klugen Alkmene, die sich ihres Gefühls sicher ist, über Jupiter, den liebeshungrigen Gott. (Reclams UB 9436.) *Judith* (UA 4.11.1931 Paris) begeht den Mord an Holofernes nach der Liebesnacht nicht – wie bei Hebbel – als patriotische Tat und Racheakt, sondern aus Liebe, um sich ihr Gefühl rein und unvergänglich zu erhalten. In *Intermezzo* (UA 27.2.1933 Paris) verwandelt das Mädchen Isabelle mit Hilfe eines Geistes aus dem Totenreich die triste Wirklichkeit einer Kleinstadt. Mit *Der Trojanische Krieg findet nicht statt* (1935) und *Elektra* (1937) benutzt Giraudoux antike Stoffe zu politischer Aktualisierung. *Undine* (UA 27.4.1939 Paris), nach der romantischen Erzählung von Friedrich de la Motte Fouqué, stellt den Menschen zwischen Ideal und Wirklichkeit. Ritter Hans muß sterben, da er der Nixe Undine die Treue nicht halten kann und zum irdischen, recht gewöhnlichen Fräulein Bertha zurückstrebt. (Reclams UB 8902.) *Der Apoll von Bellac* (UA 16.6.1942 Rio de Janeiro) ist wieder eine Komödie von der Zauberkraft des Schönen, womit die kleine Agnes den banalen Alltag verwandelt. In *Sodom und Gomorrha* (UA 11.10.1943 Paris) suchen die Engel Gottes vergeblich nach dem idealen Paar. Die Eheleute Jean und Lia sowie Ruth und Jacques erproben den Partnertausch – ein sinnloser Versuch, der nur tiefer in die Vereinzelung und Verzweiflung führt. Lia will den vollkommenen Partner und verliebt sich deshalb in den Engel. *Die Irre von Chaillot* (1945) ist ein modernes Märchen, in dem der praktischen Vernunft, der tätigen Nächstenliebe unter dem Deckmantel der Narrheit zum Erfolg verholfen wird. *Für*

Lucretia (UA 4.11.1953 Paris): Wie in Elektra scheitert die Forderung nach der einen Tugend, nach der bedingungslosen Wahrhaftigkeit an der Lebenswirklichkeit. Giraudoux schreibt seine Stücke in enger Zusammenarbeit mit dem Theaterleiter Louis Jouvet (1887–1951) und dessen Truppe. Jouvet, der zehn Uraufführungen von Giraudoux herausbringt, hat mit seinem Inszenierungsstil der poetischen Verzauberung, des sensiblen Impressionismus beigetragen zum großen, zeitbedingten Erfolg dieser Texte. Im *Impromptu de Paris* (1937) setzt Giraudoux – indem er Molières *Impromptu de Versailles* erneuert – Jouvet auch literarisch ein Denkmal.

Der Trojanische Krieg findet nicht statt

(La guerre de Troie n'aura pas lieu). Schauspiel in zwei Akten
Uraufführung: 21. November 1935 in Paris
Deutsch von A. Kolb

Personen: Hektor – Priamus – Paris – Troilus – Demokos – Olpides – Busiris – Der Geometer – Der Kapitän – Odysseus – Ajax – Andromache – Helena – Hekuba – Kassandra – Die kleine Polixenia – Die Friedensgöttin – Iris – Nebenpersonen.

1935, als die alten nationalistischen Ressentiments zwischen Deutschland und Frankreich erneut aufbrachen – die Besetzung des entmilitarisierten Rheinlands (1936) zeichnete sich bereits in den Drohgebärden der Politiker ab –, wählt Giraudoux die alte, von Homer vorgegebene Fabel, um zu Frieden, Vernunft und Völkerverständigung zu mahnen. Der Trojanerprinz Paris hat die schöne Helena, die Gattin des Spartanerkönigs Menelaos, geraubt und nach Troja entführt. Hektor, Paris' ältester Bruder, weiß, daß für die Griechen hier der Anlaß liegen wird, Troja auszurauben und zu zerstören. Als Familienvater, dessen Frau Andromache gerade Nachwuchs erwartet, will Hektor den Frieden erhalten und drängt die kapriziöse Helena zur Rückkehr in die Ehe. Denn sie ist Paris nicht aus Liebe, sondern nur aus Laune gefolgt und wird ihn bald mit dem Jüngsten der Brüder betrügen – kein Grund also, ein ganzes Volk aufzuopfern. Aber da sammelt sich in Troja die Kriegspartei: Die senilen Greise unter König Priamus berauschen sich an Helenas koketter Weiblichkeit. Der Literat Demokos mobilisiert mit seinen nationalistischen Haßtiraden das Volk gegen die Griechen.

Diese wiederum schicken den wüsten Trunkenbold Ajax nach Troja, um den Kampf zu provozieren. Der Taktiker Odysseus sieht im Krieg gegen Troja als den Konkurrenten um die Weltmacht eine zwangsläufige Entwicklung, die vom Schicksal vorgezeichnet ist: »Für die kleine Politik mögen wir Staatsmänner zuständig sein, die große Politik macht das Schicksal.« Aber der Mut zum Frieden, mit dem Hektor von Ajax sogar eine Ohrfeige ohne Gegenwehr einsteckt, setzt die Strategie des Griechen außer Kurs. Odysseus und Hektor, die beiden Gegner, finden zusammen in der privaten Gemeinsamkeit und in der Fürsorge für ihre Frauen: »Andromache hat den gleichen Augenaufschlag wie Penelope.« Odysseus zieht mit seinem Heer ab. Da stürzt sich Demokos mit seinen alten, zahnlosen Anhängern dazwischen. Sie wollen Helden spielen, nun, da sie nicht mehr an die Front müssen. Um den Frieden zu retten, sticht Hektor den Fanatiker nieder. Und sterbend beschuldigt Demokos den Griechen Ajax des Mords. Die Trojaner rächen die Tat, die Griechen fordern wiederum Rache – der Trojanische Krieg findet durch einen miesen Zufall eben doch noch statt, auch bei Giraudoux, dem Pazifisten, der resignieren muß: »Ich ziehe nur die Dummheit in Betracht, die der Menschen und die der Elemente ... Der nächste Krieg steht vor der Tür.« (Reclams UB 9163, frz.)

Elektra *(Électre)*. Tragödie in zwei Akten. UA 13.5.1937 Paris. Deutsch von H. Rothe. – Nach zwanzig Jahren ist in Mykene die Vergangenheit bewältigt, der Mord an Agamemnon längst verjährt. Das Land hat seinen Frieden gemacht, Klytämnestra und Aegisth haben sich als pragmatische Herrscher bewährt, sind resozialisiert durch ihre Verantwortung für den Staat. Nur Elektra kann den Mord nicht vergessen. Sie ist die moralisch Unbequeme, die politische Fanatikerin der reinen Idee, die zerstören will, was nicht in ihre Gerechtigkeitsideologie paßt, die Anschläge plant und von Idealen faselt, über die keiner im Land etwas hören will. So hetzt sie auch ihren Bruder Orest, der lieber ein bequemes, schuldloses Leben führen will, zum Mord. Sie bereitet damit auch der Vaterstadt, die gerade von den Korinthern belagert wird, den Untergang. Doch vor den Eumeniden, die bei Giraudoux kleine, vorlaut kichernde Mädchen sind, sonnt sie sich in ihrem Erfolg, in ihrer Selbstgerechtigkeit: »Ich habe die Gerechtigkeit, ich habe alles!« Der Konflikt der »schmutzigen Hände«, der später bei Sartre und

Anouilh wiederkehrt, ist hier ein Thesenstück von der doppelten Moral: Die menschliche Realität verträgt nicht den Absolutheitsanspruch der reinen Idee; Glück und Frieden in ihr beruhen auf der Fähigkeit zum Ausgleich und auf dem Mut, schuldig zu werden.

Die Irre von Chaillot

(La folle de Chaillot). Stück in zwei Akten
Uraufführung: 19. Dezember 1945 in Paris
Deutsch von W. M. Treichlinger und O. F. Best

Personen: Präsident – Baron – Makler – Prospektor – Kellner – Die Irre (Aurélie) – Irma, Geschirrwäscherin – Lebensretter – Polizist – Jadin – Pierre – Lumpensammler – Kloakenreiniger – Constance – Gabriele – Josefine.
Ort und Zeit: Auf der Terrasse des Café »Chez Francis«, Place de L'Alma, im Stadtviertel Chaillot und in der Kellerbehausung der Irren ebendaselbst im heutigen Paris.

Gerissene Spekulanten – der Präsident, der Baron, ein Makler und ein Prospektor – gründen eine Firma. Sie wittern Erdöl unter Paris und wollen die ganze Stadt zum Einsturz bringen, um die Bodenschätze auszubeuten. Der Staatsbeamte, der den Plan behindert, soll durch einen Bombenanschlag beseitigt werden. Aber der junge Pierre, der vom Prospektor durch Erpressung zu dem Anschlag gezwungen wird, will sich lieber in die Seine stürzen als Bomben werfen. Und die alte Aurélie, die Irre von Chaillot, ist mit Mutterwitz und Verschrobenheit die gute Fee in dieser Welt der kleinen Leute, der Lumpensammler und Gammler, der Straßenjongleure, Volkssänger und Eckensteher, der Kloakenreiniger und Blumenmädchen. Sie bringt Pierre wieder den Spaß am Leben bei. Sie entwirft einen Plan, um die Verschwörung der Profitjäger unschädlich zu machen: »Was jammert ihr alle, statt zu handeln? Könnt ihr eine Welt ertragen, in der man nicht glücklich ist vom Aufstehen bis zum Schlafengehen?« Sie hält Kriegsrat ab mit ihren Freundinnen, die ebenso bizarr sind wie sie selbst: Constance, die Irre von Passy, die ganz auf ihren verstorbenen Lieblingshund fixiert ist, den sie unsichtbar spazierenführt. Die sanft versponnene Gabriele, die Irre von Saint-Sulpice, die mit ihrem ebenfalls unsichtbaren Jugendfreund zärtliche Zwiesprache hält, und die munter auftrumpfende Josefine, die Irre von La Concorde. Ein Tribunal wird eröffnet, vor dem sich der Lumpensammler stellvertretend für alle Bösewichter des Kapitalismus verantworten und verurteilen lassen muß. Nach dieser Generalprobe schreitet Aurélie zur Tat: Sie gaukelt den Geschäftemachern eine Erdölquelle im Keller ihres Hauses vor. Und mit Hilfe des Kloakenreinigers lockt sie alle Feinde des Lebens und der Natur, die Präsidenten und Prospektoren, die Politiker und Journalisten, über die Kellertreppe in die Kloaken von Paris, aus denen keiner mehr ans Licht kommt. Dafür steigen in einer Traumszene die Retter der Tier- und Pflanzenwelt herauf und bescheren uns einen hoffnungsvollen Ausblick in eine bessere Zukunft. Und aus Pierre und der kleinen Tellerwäscherin Irma macht die resolute Aurélie, die einstmals ihr eigenes Glück aus Zaghaftigkeit versäumt hat, ein glückliches Paar. (Reclams UB 9979.)

JEAN COCTEAU

* 5. Juli 1889 in Maisons-Laffitte
† 11. Oktober 1963 in Milly-La-Forêt bei Paris

Cocteau stammt aus einer Juristenfamilie, war zunächst Journalist und Zeichner, im Ersten Weltkrieg Sanitäter und später interessanter, vielseitiger ›Avantgardist‹.

Einen Autor voll »reizender Windbeuteleien« hat der berühmte Kritiker Albert Thibaudet Jean Cocteau genannt, der das Universaltalent unter den französischen Schriftstellern dieses Jahrhunderts war. Seine Vielseitigkeit und Wendigkeit waren in der Tat phänomenal: Als Dichter war er Lyriker, Romancier und Dramatiker, dazu Essayist und Kulturkritiker. Daneben hat er Operntexte und Ballethandlungen für Igor Strawinsky, Arthur Honegger, Darius Milhaud und andere führende Musiker der Gegenwart geschrieben und für deren Aufführungen die Dekorationen und Kostüme entworfen. Seine Filme wurden wegen ihrer originellen Drehbücher ebenso berühmt wie wegen ihrer geistvollen Gestaltung (Cocteau war immer sein eigner Regisseur), und auf Gemäldeausstellungen erregten seine Bilder Entzücken. Alles, was Cocteau produzierte, hatte so viel Esprit, daß es ihm über vier Jahrzehnte hinweg gelang, die literarische Öffentlichkeit Frankreichs und Europas an seinem Schaffen wie an Sensationen zu interessieren, obgleich er im Grunde keine schöpferische Natur war, sondern vielmehr, dank seiner unheimlichen Witterung für alles, was ›in der Luft lag‹, ein Anreger, Hervorrufer und Wegbereiter größten Formats. Wenn auf irgend jemand, so paßte auf ihn die Bezeichnung ›Avantgardist‹ in voller Wörtlichkeit. Er war immer der erste, der die Parolen neuer künstlerischer Bewegungen formulierte, der spürte, was im Kommen war, der neue Möglichkeiten (z. B. des in Frankreich kaum bodenständigen Expressionismus ebenso wie des dort heimischen Surrealismus und Existentialismus) ausprobierte und der Welt präsentierte. Das alles geschah bei ihm mit einer echten Kraft der Bezauberung und mit einer Leichtigkeit, als wäre Cocteaus gesamtes Wirken nur dem Spieltrieb seines Geistes entsprungen. Er war der Jongleur der modernen französischen Literatur und bei aller Kultiviertheit und Schärfe seines eminenten Kunstverstandes immer bereit, ihr Spaßmacher zu sein. »Sein innerer Engel macht manchmal einem Harlekin Platz« – dieser Ausspruch von Ernst Robert Curtius trifft genau die Eigenart des Phänomens Cocteau.

Zu den Harlekinaden des Dramatikers Cocteau ist zweifellos ein Stück wie das Schauspiel *Der Doppeladler* (1946) zu rechnen, ein Reißer im Stil literarisch drapierter Dreigroschenromantik um ein Königinnenschicksal, das stofflich einige Ähnlichkeit mit dem der ermordeten Kaiserin Elisabeth von Österreich aufweist, nur daß hier der Mörder auch noch der Geliebte des Opfers wird, bevor er das Stilett aus den Krachledernen zieht. Ein Reißer ist auch der Einakter *Die geliebte Stimme* (1930), nicht romantisch, aber psychologisch höchst effektvoll dekoriert: das ganze Stück ist ein einziger Monolog am Telephon, das Abschiedsgespräch einer Frau mit ihrem Geliebten, der sie verlassen hat, um eine andere zu heiraten. Sämtliche Exaltationen einer bis ins Tiefste aufgewühlten weiblichen Seele stürzen gleichsam in Kaskaden der Hysterie herab ins Publikum, bis die Sprecherin sich am Schluß des bemerkenswerten Telephonats mit der Schnur des Apparates erdrosselt. Der Verbindung von außergewöhnlichen Seelenzuständen mit Manipulationen der modernen Technik gilt ebenso wie dem ›zivilisatorisch‹ reagierenden Verhalten des Menschen gegenüber mythischen Tatbeständen eine merkwürdige Vorliebe Cocteaus, der er in den beiden Schauspielen *Die Schreibmaschine* (eine Variante des dem klassischen französischen Theater gehörenden »Phädra«-Themas) und *Die Höllenmaschine* (ironische Paraphrase der Ödipus-Sage) Ausdruck gibt.

Das gewichtigste seiner Dramen ist zweifellos die (vielleicht als Kontroverse von dem für einen ästhetischen Katholizismus begeisterten Cocteau gegen Sartres *Der Teufel und der liebe Gott* geschriebene) Historie *Bacchus* (1951). Ihr Szenarium geht auf einen seltsamen altschweizerischen Brauch zurück, zur Zeit der Weinlese einen Jüngling zum ›Bacchus‹ zu wählen und ihm für einige Tage die unumschränkte Herrschaft über den Festort zu übertragen. Aus diesem Brauch der ›Regentschaft en miniature‹ entwickelt Cocteau die Tragikomödie der Güte oder vielmehr des Guten – jenes Guten, das in der Seele des unverdorbenen jungen Menschen wohnt und sich, als ein Unbedingtes vulkanisch hinausgeschleudert in die Welt des allenthalben Bedingten, dortselbst in heilloser Einsamkeit verliert. Das Schicksal des Bauernjungen Hans, der in den Wirren der Reformation in einer kleinen deutschen Stadt nahe der Schweizer Grenze seine Siebentageherrschaft als ›Bacchus‹ dazu benützen will, ein Reich des radikal und rigoros Guten zu begründen, ist das Schicksal des Idealisten, der entschlossen auf der Seite Gottes gegen den Teufel antritt und eben darum als Ketzer erscheint. Sein großer Gegenspieler ist der römische Kardinallegat Zampi, der den ›kleinen Bruder‹ zwar nicht vor dem Untergang, aber mittels einer ›frommen Lüge‹ vor der nichtswürdigen Niederlage des Selbstverrats bewahrt. Er ist der einzige, der in der Kernszene des Stückes, dem mit dem ganzen Glanz der Cocteauschen Dialektik geführten Gespräch über Schuld und Freiheit im zweiten Akt, die reine Flamme in der Seele des jungen Eiferers erkennt und deren Rettung in eben jenem Augenblick vornimmt, da er ihm mit den Worten »Sie glauben nicht an Gott« ihre scheinbare Verlorenheit ins Gesicht schleudert. Hinter dem theatralisch mit allem Raffinement von Cocteaus Bühnensinn gemachten Schauspiel erscheint im Neonlicht geistreichster literarischer Koketterie der Gedanke einer Art Theodizee – nach Cocteaus eigenen Worten die Absicht, »Gott endlich wieder mit der Intelligenz zu begaben, für die man den Teufel haftbar macht«. *K. H. R.*

MARCEL PAGNOL

* 28. Februar 1895 in Aubagne bei Marseille
† 18. April 1974 in Paris

Wächst als Sohn eines Lehrers in Marseille auf, studiert Anglistik, arbeitet seit 1915 als Englischlehrer in der Provinz, seit 1922 am Lycée Condorcet in Paris, gründet die Filmzeitschrift »Cahiers du Film«, verfaßt Drehbücher, Theaterstücke, Romane. Seit 1934 arbeitet er auch als Filmregisseur, führt eine Produktionsfirma, die neben seinen eigenen Stoffen besonders die Bücher von Jean Giono, Pagnols Landsmann aus der Provence, verfilmt. 1946 wird Pagnol in die Académie Française aufgenommen, später lebt er als portugiesischer Generalkonsul in Monaco.

Pagnol beginnt mit Versdramen und Kostümstücken in neuromantischem Pathos und Stimmungsmalerei wie bei Edmond und Maurice Rostand: *Catull* (1922), *Ulysses bei den Phönizierinnen* (1925), wendet sich der Gesellschaftssatire in der Art von Octave Mirbeau zu *(Zinsen des Ruhms)* und wird dann zum Volksdichter des französischen Südens: die kleinen Handwerker, Bauern, Schankwirte, Beamten aus der Provence und Marseille sind seine Figuren, sie sind listig und einfältig, schimpfgewaltig und gutmütig, von grober Zartheit und naiv sinnlicher Lebenslust, begabt mit unverwüstlichem Spaß am Essen, Trinken, Lieben und Prahlen wie der unverwüstliche Tartarin von Alphonse Daudet. Der aufkommende Tonfilm und eine Schar von Vollblutkomödianten, die Pagnol um sich schart, wie Raimu, Fernandel, Pierre Frésnay sorgen für die weltweite Popularität dieser lokalen Kleinleute-Welt.

Zinsen des Ruhms *(Les marchands de Gloire)*. Komödie in 5 Akten. Gemeinsam mit Paul Nivoix. UA 1925 Paris. Deutsch von W. Haug und H.-J. Pauli. – Als der kleine Beamte Edouard Bachelet erfährt, daß sein Sohn Henri im Ersten Weltkrieg umkam, findet er als Vater eines nationalen Helden zur Rolle seines Lebens. Er läßt sich feiern als Patriot und Opfer, hält Festreden über Ehre und Vaterland, wird Präsident der »Elternvereinigung der auf dem Feld der Ehre Gebliebenen«. Bürgermeister Berlureau, ein gerissener Geschäftemacher, stellt ihn als publikumswirksamen Kandidaten an die Spitze seiner reaktionären Partei. Gerade wie Bachelet als ergreifenden Wahlschlager die Beisetzung seines heldenhaften Sohns inszenieren läßt, taucht der totgeglaubte Henri auf. Statt patriotisch sich hinmetzeln zu lassen, hatte er es vorgezogen, sich in Sicherheit zu bringen und weiterzuleben. Bachelet und alle übrigen Nutznießer am Heldenkult sind sich einig: der Sohn muß verschwinden. Angeekelt von der Heuchelei dieser Honoratiorenwelt läßt auch Henri sich kaufen. Um dem Vater den Aufstieg zum Minister zu ermöglichen, wird er mit seiner Jugendliebe Yvonne untertauchen und auf Korsika ein neues Leben beginnen.

Diese Satire auf patriotische Phrasendrescherei, auf Heuchelei und politischen Opportunismus traf bei der Uraufführung den nationalen Nerv der französischen Öffentlichkeit. Seitdem schrieb Pagnol zeitlebens nur noch garantiert harmloses, gemüthaftes Volkstheater.

Das große ABC *(Topaze)*. Komödie in vier Akten. UA 9. 10. 1928 Paris. Deutsch von H. J. Pauli. – Der naive, junge Lehrer Topaze in seinem Idealismus wird von aller Welt hereingelegt: die Schüler foppen ihn, die Kollegen nutzen ihn aus, und der bestechliche Stadtrat Castel-Bénac nutzt den ehrlichen Namen des Lehrers als Deckmantel für seine Gaunereien. Durch Enttäuschungen lernt Topaze das große ABC des Lebens, wo man nur mit einer Portion Gemeinheit und Hinterhältigkeit das Klassenziel des Alltags erreicht. Zuletzt ist er gerissener als alle anderen und macht Karriere.

Zum goldenen Anker

Trilogie

Personen: Marius – César, sein Vater, Inhaber einer Kneipe im Alten Hafen von Marseille – Panisse, Segelmacher – Escartefigue, Kapitän einer Dampffähre – Brunk, Zollinspektor – Piqueoiseau, ein Bettler – Ein Obermaat – Fanny, Muschelverkäuferin – Honorine, ihre Mutter – Nebenrollen.
Ort und Zeit: Marseille, Gegenwart.

»Zum goldenen Anker« heißt die Kneipe im Hafen von Marseille, wo der Wirt César hinter der Theke thront, um polternd und jovial für die Kümmernisse seiner Stammgäste da zu sein.

Das pittoreske Hafenmilieu mit seinen Matrosen, Eckenstehern, Kartenspielern, Afrikanern, Clochards ist Hintergrund für die etwas rührselige Geschichte von Liebe, Hoffnung und edelmütigem Verzicht. Pagnol erzählt sie mit so viel Herzlichkeit und naivem Lebensoptimismus, mit Humor, Besinnlichkeit und einem Quentchen Sentimentalität, daß bislang acht Verfilmungen kein Zufall sind. Raimu und Pierre Frésnay gewannen als César und Marius das Publikum, in Deutschland nahmen Emil Jannings und Werner Krauss die Bombenrolle des César ins Repertoire.

Teil I: Marius. Schauspiel in vier Akten. UA 9. 3. 1929 Paris. Deutsch von B. Frank. – Marius, der Sohn des Wirts César, liebt die kleine Muschelverkäuferin Fanny, aber noch stärker zieht es ihn hinaus aufs Meer. Da sich der Segelmacher Panisse, ein wohlhabender, älterer Witwer, um Fanny bemüht, erobert Marius das Mädchen für sich und verbringt mit ihr eine Liebesnacht. Er will sie heiraten. Doch Fanny kennt seine Sehnsucht nach der Ferne. Sie verzichtet auf ihr Glück und hilft ihm, heimlich als Matrose für eine Fahrt in die Südsee anzuheuern.

Teil II: Fanny. Komödie in vier Akten. UA 3. 12. 1931 Paris. Deutsch von B. Frank. – Während Marius in Ägypten weilt, erwartet Fanny ein Kind von ihm. Sie gesteht dem treuherzigen Panisse, der erneut um sie wirbt, ihre Schwangerschaft. Der Alte freut sich über den künftigen Stammhalter, auch wenn er nicht der Vater ist. César will die Heirat hintertreiben und das Mädchen samt Enkel für seinen Sohn erhalten. Aber Fanny erspart ihrem Kind den Makel der unehelichen Geburt und heiratet den Segelmacher. Auch Marius, der ein Jahr später aus Australien zurückkehrt und von Panisse seine Jugendliebe zurückfordert, vermag an ihrer Entscheidung nichts zu ändern. Trotz ihrer Liebe zu Marius bleibt sie aus Treue und Dankbarkeit bei Panisse.

Teil III: César. Schauspiel in drei Akten. UA 14. 12. 1946 Paris. Deutsch von R. Blum. – Nach zwanzig Jahren einer harmonischen Ehe stirbt Panisse. Fanny entdeckt auf Drängen des Pfarrers ihrem Sohn Césariot, der inzwischen zum Studenten herangewachsen ist, seine Herkunft. Heimlich sucht er Marius auf, der in Toulon eine Garage betreibt. Nach einigen

Mißverständnissen, die Fernand, der Teilhaber von Marius, mutwillig anzettelt, scheint zwischen Fanny und Marius ein spätes Happy-End in Sicht.

Die Tochter des Brunnenmachers *(La fille du puisatier)*. Komödie in fünf Akten. UA 24. 4. 1941 als Film. Deutsch von W. Haug. – Patricia, die Tochter des Brunnenmachers Pascal Amoretti, liebt Jacques, der als Pilot nach einem Testflug in Afrika verschollen bleibt. Da Patricia ein Kind erwartet, gibt sie der Werbung des plumpen, treuherzigen Gesellen Félipe nach, der sich willig als Vater-Ersatz anbietet. Rechtzeitig kehrt Jacques zurück und sorgt für das Happy-End. Zu offensichtlich variiert Pagnol hier die Konflikte aus der Marius-Trilogie vom falschen Vater und echten Edelmut, um an den vorausgegangenen Filmerfolg anzuschließen.

Die Frau des Bäckers *(La femme du boulanger)*. Schauspiel in drei Akten. UA 15. 11. 1944 im Rundfunk. Deutsch von U. Oettinger. – Der jungen Aurélie wird der Alltag in der Backstube an der Seite ihres redlichen, bescheidenen Ehemanns zu langweilig. Sie will ihr Leben nicht versäumen und brennt mit einem italienischen Hirten durch. Die Dörfler weiden sich am Skandal und sind empört über die Ehebrecherin. Nur der Bäcker glaubt in kindlicher Naivität an das Gute und an seine Frau. So redet er sich ein, sie sei nur auf Besuch bei ihrer Mutter. Als Aurélie zurückkehrt, erspart er ihr jeden Vorwurf, jeden Argwohn – und seine selbstlose Güte verwandelt die Frau in einen neuen Menschen, der dankbar das einfache Leben annimmt und mit dem Bäcker teilt.

Judas. Schauspiel in fünf Bildern. UA 6. 10. 1955 Paris. Deutsch von W. Haug. – Pagnol versucht eine Ehrenrettung des abtrünnigen Jüngers. Judas will durch seinen Verrat nicht Christus vernichten. Er versucht, den Gottessohn in eine Zwangslage zu treiben, damit er sich in seiner Macht und Herrlichkeit offenbare und die biblische Verheißung erfülle. Nachdem Judas miterlebt, wie Jesus verurteilt und am Kreuz hingerichtet wird, ist er voller Zweifel: war Christus doch nicht Gott, sondern nur Mensch unter Menschen? Judas begeht Selbstmord, um im Jenseits endlich Gewißheit für seinen Glauben zu finden.

HENRY DE MONTHERLANT

* 21. April 1896 in Neuilly-sur-Seine
† 21. September 1972 in Paris

Sohn einer sehr alten französischen Adelsfamilie. Freiwilliger im Ersten Weltkrieg, lebte später lange in Spanien und Afrika. Montherlant, von dem in Deutschland zuerst der Stierkämpfer-Roman »Die Tiermenschen« bekannt wurde, vertrat anfangs in seinen Prosaschriften eine heroisch-vitalistische Lebenshaltung und einen etwas hochmütig-männlichen Aristokratismus, beeinflußt von Chateaubriands romantischem Royalismus und dem Nationalismus Maurice Barrès'; später unter dem Eindruck von Claudel einer der literarischen Führer des französischen »Renouveau Catholique«. K. G.

Port Royal. Drama in einem Akt. UA 8. 12. 1954. Deutsch von R. Schnorr. – Dieses mit der seltenen Auszeichnung einer Uraufführung an der Comédie Française bedachte Schauspiel gehört sicherlich zu den merkwürdigsten und bedeutendsten Werken des gegenwärtigen französischen Theaters. Merkwürdig ist dieser monumentale Einakter wegen seiner Form, der das von der klassischen Dramaturgie des 17. Jahrhunderts aufgestellte (obzwar auf einer irrtümlichen Auslegung der Aristotelischen Poetik beruhende) Gebot der ›Drei Einheiten‹ – Einheit des Orts, der Zeit und der Handlung – streng beachtet, bedeutend aber durch das Gewicht der Fragestellung, die die Handlung bewegt und die sich kurz so formulieren läßt: Ist eine Überzeugung etwas Absolutes und von jeder Konstellation Unabhängiges, oder gibt es die Möglichkeit, sie mit den wechselnden Forderungen des Augenblicks in Übereinstimmung zu bringen? Montherlants gesamtes Werk beruht auf dem Problem, mit der Widersprüchlichkeit der Welt fertig zu werden, was nach seiner These nur so möglich ist, daß man sie konsequent in sich auslebt. In *Port Royal* wird dieses Problem zu der erwähnten Frage verdichtet und mit einer großartigen Unerbittlichkeit in einer Handlung diskutiert, die so voll innerer Dramatik ist, daß der Mangel an äußeren dramatischen Momenten dem anteilnehmenden Zuschauer kaum zum Bewußtsein kommt.

Das Schauspiel führt, historisch weiter auseinanderliegende Vorgänge in den Ablauf eines einzigen Tages zusammendrängend, auf den Höhepunkt der Verfolgungen, denen die sogenannten Jansenisten im Jahr 1664 durch die französische Regierung und den Klerus ausgesetzt waren. Sie waren Anhänger der Gedanken des Bischofs Cornelius Jansenius von Ypern (1585–1638), der die augustinische Lehre von der ›Unwiderstehlichkeit der Gnade‹ durch einen Kompromiß zwischen Calvinismus und traditioneller katholisch-kirchlicher Lehre neu zu beleben suchte. Von ihrem Zentrum, dem Kloster Port Royal bei Versailles, aus bekämpften die Jansenisten, sich auf Lehre und Praxis des frühen Christentums berufend, den Opportunismus der offiziellen Kirchenrepräsentanten und sahen vor allem in der vermeintlichen Laxheit der Jesuiten eine gefährliche Abirrung vom wahren Glauben. (Einer ihrer hervorragendsten Führer war der große Physiker, Mathematiker und Philosoph Blaise Pascal.) Die Kirche ihrerseits sah durch den Jansenismus, der eine unmittelbar auf Gott gerichtete Religiosität des einzelnen erstrebte, ihren Anspruch auf das alleinige Mittlertum zwischen Mensch und Gott bedroht und ging mit den schärfsten Waffen – mehrere wichtige Glaubenssätze der Jansenisten wurden als Häresie erklärt – gegen die durch ihren hohen sittlichen Ernst weite Kreise erfassende Bewegung vor. Die Nachwirkungen dieser Kämpfe sind in Frankreich, obgleich die Anhänger des Jansenius, um der Bedrängung durch den König und die Kirche zu entgehen, ins Ausland, zumeist nach Holland, flohen oder sich schließlich in einem schwarmgeistigen Sektierertum verloren, nie ganz verschwunden.

Montherlant zeigt im Bühnenvorgang den ›schrecklichen Tag‹ des 26. August 1664, an dem der Erzbischof von Paris, M. Beaumont de Péréfixe, allen Klosterschwestern von Port Royal, die ihrer jansenistischen Überzeugung unbeirrbar treu bleiben, die Teilnahme an den Sakramenten verbietet und zwölf von ihnen, die als die ›Rädelsführerinnen‹ gelten, aus Port Royal in ein anderes Kloster deportieren läßt, das unter Leitung der Jesuiten steht. An ihrer Stelle werden, um den Geist des Jansenismus unter den Zurückbleibenden zu brechen, zwölf Nonnen aus dem den Jesuiten unbedingt ergebenen Orden zu Mariae Heimsuchung in Port Royal eingewiesen. Der Erzbischof, den Montherlant recht maliziös als einen zwar taktisch geschickten, aber leicht gekränkten und nicht gerade überragend gescheiten Mann zeichnet, hat es gegenüber den klugen, zu jedem Opfer bereiten Schwestern von Port Royal nicht leicht, die Autorität der Kirche (und ihren Anspruch darauf) zu verfechten. In seinen Augen sind die Nonnen nichts anderes als »Hochmütige«, die einen sträflichen Geist der Auserwähltheit pflegen, »wodurch«, wie er sagt, »die Tugend zu schwer für die Welt, das Evangelium übertrieben und das Christentum unmöglich erscheint«. Dem Problem der Autorität und ihres Mißbrauchs, der den Verfolgten das Recht zum Widerstand gibt, stellt Montherlant das Problem des Glaubens und der Anfechtung durch den Zweifel an die Seite, der sich dann bedrohlich erhebt, wenn die Prüfung des Unglücks über die Gläubigen kommt. Schwester Angelika vom heiligen Johannes, eine Nichte des Jansenisten-Führers Arnauld d'Andilly und Subpriorin von Port Royal, muß diesen Kampf mit dem Zweifel in ihrer eignen Seele bestehen; die große Szene, in der es zwischen ihr und der alten ehemaligen Äbtissin Mater Katharina Agnes vom heiligen Paulus (der Schwester Arnaulds und also Angelikas leiblicher Tante) zu einer Aussprache kommt, ist der innere Höhepunkt des Werkes. Sein äußerer ist die Deportation der zwölf Nonnen, die sich weigern, dem Erzbischof zu gehorchen, wobei der Verrat der unterwerfungswilligen Schwester Flavia an den Tag kommt, und die den Schluß des Stücks bildende stumme Ankunft der ganz in Schwarz gekleideten »Schwestern der Nacht«, die an Stelle der Verbannten in Port Royal einziehen. Die großartig strenge, klare und wie gemeißelte Sprache des Schauspiels, die auch in der deutschen Übersetzung von Robert Schnorr nichts von ihrer geistigen Schönheit verloren hat, empfindet man als einen modernen Reflex der Sprache Pascals, der seine berühmten *Gedanken* im Kloster Port Royal – er hatte sich nach seiner mystischen Erleuchtung im Jahre 1654 dorthin zurückgezogen —, von Krankheit und schwerem Leiden heimgesucht, niederschrieb.

K. G.

JEAN-PAUL SARTRE

* 21. Juni 1905 in Paris
† 15. April 1980 in Paris

Sohn eines Marineoffiziers. Nach dem Tod des Vaters 1907 wächst er bei den Großeltern auf. Der Großvater Charles Schweitzer, ein Deutschlehrer aus dem Elsaß, Onkel von Albert

Schweitzer, wird bestimmend für das frühe Interesse an Literatur. Gymnasium in La Rochelle und Paris, 1924–28 Philosophiestudium an der Elite-Akademie »École Normale Supérieure«, das er mit Auszeichnung abschließt. 1933/34 Stipendiat in Berlin, wo er mit der deutschen Gegenwartsphilosophie, Husserl und Heidegger, in Berührung kommt. 1934–45 Lehrer an verschiedenen Gymnasien in Le Havre, Laon, Paris. 1939–41 Militärdienst als Sanitäter und deutsche Kriegsgefangenschaft. Nach seiner Freilassung 1941 schließt sich Sartre aktiv der französischen Widerstandsbewegung an. Seit 1945 freier Schriftsteller. Seit 1924 Freundschaft mit der Schriftstellerin Simone de Beauvoir, die bis ins Alter seine Lebensgefährtin bleibt. Mit Maurice Merleau-Ponty und Simone de Beauvoir gründet er 1945 die Zeitschrift »Les Temps modernes«. Zahlreiche Reisen in die USA, UdSSR, ČSSR, nach China, Kuba, Brasilien. Immer wieder beteiligt sich Sartre an politischen Protesten: gegen die sowjetische Intervention im Ungarn-Aufstand 1956, für Kriegsdienstverweigerung im Algerien-Konflikt 1958, worauf die rechtsradikale OAS ein Bombenattentat auf ihn verübt. 1966 Teilnahme am Vietnam-Tribunal von Bertrand Russel, Protest gegen die Politik der USA. In den letzten Lebensjahren fast erblindet, identifiziert sich Sartre zunehmend mit der Studentenrevolte vom Mai 1968, mit linksradikalen Splittergruppen, deren Schriften er als Herausgeber deckt (»La Cause du Peupl«, 1970; »Die rote Hilfe«, 1971) und die ihn immer wieder in Konflikt bringen mit dem Staatsanwalt. In diesem Sinn setzt er auch 1977 mit seinem Besuch beim RAF-Terroristen Andreas Baader im Gefängnis von Stammheim ein Zeichen menschlicher Solidarität. Öffentliche Ehrungen – 1945 die Ehrenlegion, 1964 den Nobelpreis – hat er stets zurückgewiesen.

Sartre war ein radikaler Denker und Moralist, dessen Werke immer neu die Frage stellen nach Freiheit und Verantwortung, Entscheidung und Einsamkeit des heutigen Menschen. In seinen philosophischen Hauptwerken *Das Sein und das Nichts* (1943), *Ist der Existentialismus ein Humanismus?* (1946), in seiner Roman-Trilogie *Die Wege der Freiheit* (1945–49) entwickelt er seine Weltsicht des Existentialismus und unternimmt später in der *Kritik der dialektischen Vernunft* (1960) den Brückenschlag vom Existentialismus zum Marxismus. Sartre, der von der Philosophie eines Heidegger, Husserl und Jaspers beeinflußt ist, hat mit seinen Schriften den jungen Intellektuellen der Nachkriegszeit eine Generationserfahrung vermittelt, die enthusiastisch aufgenommen und nachgelebt wurde. Der Mensch sieht sich alleingelassen in einer Welt ohne Gott, und er gewinnt aus seiner Verlassenheit die Mündigkeit: »Es gibt kein anderes All als ein menschliches All, als das All der menschlichen Ichgebundenheit.« Der Mensch, »verdammt zur Freiheit«, hat die Aufgabe, auszubrechen aus dem »Sein-an-sich«, dem Existieren, und zum »Sein-für-sich«, zum Bewußtsein, zu gelangen: zur Entscheidung und zur Tat, aber auch zur bewußten Erfahrung von Angst, Einsamkeit und Verzweiflung: »Der Mensch ist, was er vollbringt.«

Um zu zeigen, wie historisch und sozial bedingt diese Selbstverwirklichung des Menschen ausfällt, hat Sartre neben seinem Dramenschaffen auch immer wieder literaturhistorisch vorgegebene Figuren untersucht und seiner existentialistischen Optik unterworfen – *Baudelaire* (1946), *Saint Genet, Komödiant und Märtyrer* (1952), *Gustave Flaubert – Der Idiot der Familie* (1971) – oder sich selbst als Schriftsteller in der Autobiographie *Die Wörter* (1964). Seine Theaterstücke sind szenische Modelle für Konflikte und Erfahrungen aus seiner Philosophie: Freiheit und Preisgabe dieser Freiheit durch die freiwillige Bindung an eine Aufgabe – das demonstriert Orest *(Die Fliegen)*. Oder das Gebundensein an vergangene Schuld (Franz in *Die Eingeschlossenen*), die Wahrheit in den zwischenmenschlichen Beziehungen – wie objektiv erfaßbar ist der Mensch unter den Mitmenschen? *(Bei geschlossenen Türen)*. Wir sind der Wahrheit, der wertenden Beobachtung durch unsere Umwelt ausgeliefert, wir erfahren uns allein durch deren Wertung: »Die Hölle, das sind die anderen« – auf solch lakonische Formel bringt Sartre den Zwang zur Selbstentfremdung und zum Selbstbetrug. *Der Teufel und der liebe Gott* zeigt als Gleichnis den Kampf des Menschen um seine Freiheit und Selbstbehauptung. Hat Orest noch gerungen um die Entscheidung zur einzelnen Tat, so geht es jetzt um ganze Lebensentwürfe. Goetz führt einen leidenschaftlichen Prozeß gegen Gott um die Rechtfertigung des Menschen. Und Sartres faustischer Mensch sieht sich auf sich selbst zurückgeworfen: »Gott sieht mich nicht, Gott hört mich nicht, und Gott kennt mich auch nicht. Du siehst diese Leere zu unseren Häupten? Diese Leere ist Gott... Das Schweigen ist Gott. Die Abwesenheit ist Gott, die Verlassenheit der Menschen ist Gott.« In allen Bühnenwerken ist es der einzelne Held, der Außenseiter, der gegen die Welt antritt, um sie zu bestehen oder an ihr zu scheitern.

Neben dem Entwurf philosophischer Weltbewältigung haben die meisten Stücke auch einen konkret politischen Bezug: der Kampf der französischen Widerstandsbewegung gegen die deutsche Besatzungsmacht in *Die Fliegen* (1943) und in *Tote ohne Begräbnis* (1946; Reclams UB 9175, frz.), die Rassendiskriminierung in *Die ehrbare Dirne* (1946), der Konflikt zwischen Ideologie und Moral in *Die schmutzigen Hände* (1948), der militante Antikommunismus in *Nekrassow* (1955), die Vergangenheitsbewältigung in *Die Eingeschlossenen* (1959). *Im Räderwerk (L'Engrenage)* entsteht 1946 als Filmdrehbuch: Das Staatsoberhaupt Aguerra, durch die Revolution an die Macht gekommen, wird wiederum durch die Gegenrevolution gestürzt. Für das Volk ändert sich gar nichts im »Räderwerk« der Machthaber. Die Vergangenheit, die sinnlos gewordene Verantwortung für ein Leben, das nicht mehr zu ändern ist – das war bereits Thema in dem Totentanz *Bei geschlossenen Türen* (1944). Sartre erneuert das Motiv in *Das Spiel ist aus* (*Les jeux sont faits*; zunächst Filmszenarium; UA der Bühnenfassung 30. 10. 1958 Münster): Der Arbeiter Pierre und die feine Dame Eveline entdecken erst nach dem Tod im Jenseits ihre große Liebe. Sie dürfen wieder auf die Erde zurückkehren, um ihr Glück zu verwirklichen. Doch sie scheitern am Klassengegensatz, an kleinlichen Mißverständnissen, an der Aufopferung für andere.

Die Fliegen

(Les Mouches). Drama in drei Teilen
Uraufführung: 3. Juni 1943 in Paris. Deutsch von G. Baerlocher

Personen: Jupiter – Aigisth – Klytaimnestra – Orest – Elektra – Pädagoge – Die Alte – Volk – Soldaten – Wachen – Diener – Drei Erinnyen – Chor der Erinnyen.
Ort und Zeit: Argos, in griechischer Vorzeit.

Sartre erneuert die antike Atriden-Tragödie: Der totgeglaubte Orest kehrt heimlich zurück in die Vaterstadt Argos, gibt sich seiner Schwester Elektra zu erkennen, tötet seine Mutter Klytaimnestra und ihren Liebhaber Aigisth. So rächt er den Mord an seinem Vater Agamemnon. Für Sartre wird die Tragödie des Muttermörders zum Modell für den Menschen, der sich gegen die Götterwelt auflehnt und durch seine Tat frei wird – der durch Entscheidung und Verantwortung zu sich selbst befreite Mensch. Orest, der sich vorsichtshalber Philebes nennt, erkundet, von seinem Erzieher begleitet, die Vaterstadt, die zu einem Ort des Grauens wurde: »Blutbeschmierte Mauern, Millionen von Fliegen, ein Geruch wie von Schlächterei, eine Hitze für Kellerasseln, verödete Straßen... terrorisierte Larven, die sich in der dunkelsten Ecke ihrer Häuser vor die Brust schlagen – und diese Schreie, diese unerträglichen Schreie...« Die Bewohner von Argos leiden seit dem Königsmord vor fünfzehn Jahren unter einem Schwarm scheußlicher Aasfliegen – es sind die Erinnyen, die Rachegeister, die Gott Jupiter zur Strafe über die Stadt geschickt hat. Der Gott tritt in Gestalt eines Kaufmanns zu den Reisenden und erklärt ihnen die Zusammenhänge: Jupiter hat sich mit dem Königsmörder Aigisth verbündet. Der göttliche und der weltliche Machthaber halten durch den Terror des Fliegenschwarms das Volk in Angst und Schrecken, in Reue, Bußkrämpfen, in dauernder Unterwerfung und Frömmigkeit. »Die Angst, das schlechte Gewissen sind ein angenehmes Düftchen für die Nasen der Götter.« Am Jahrestag des Königsmords läßt ein eigens dazu bestellter Rinderhirt nochmals den Todesschrei erschallen, die Wiederkehr der Toten wird feierlich von Aigisth beschworen, um das Volk einzuschüchtern. Nur Elektra lehnt sich auf gegen das Trauergebot, sie tanzt und jubelt, um die Verlogenheit des Königs bloßzustellen. Orest gibt sich der Schwester zu erkennen. Gemeinsam beschließen sie die Rachetat. Jupiter sieht die Gefahr, wenn die Menschen sich von der Furcht befreien und zu eigener Entscheidung aufraffen. Er warnt Aigisth: »Wir beide lassen die Ordnung herrschen, du in Argos, ich in der Welt, und das gleiche Geheimnis lastet schwer auf unseren Herzen... Das schmerzliche Geheimnis der Götter und der Könige: daß nämlich die Menschen frei sind. Sie sind frei, Aigisth. Du weißt es, und sie wissen es nicht.« Der König läßt sich von Orest töten ohne Gegenwehr, um auch die Blutschuld seinem Mörder und Nachfolger aufzuladen. Als Orest auch die Mutter tötet, wird Elektra von Reue erfaßt. Sie unterwirft sich den Erinnyen. Orest steht zu seiner Tat, erkennt sie an als Akt der Freiheit: »Glaubst du, ich wollte es ungeschehen machen? Ich habe meine Tat getan,

Elektra, und diese Tat war gut. Ich werde sie auf meinen Schultern tragen... Und je schwerer sie zu tragen ist, um so mehr werde ich mich freuen, denn meine Freiheit, das ist diese Tat.« Elektra flüchtet sich mit ihrem schlechten Gewissen in den Tempel des Apoll – da sie sich den Göttern unterwirft, wird sie von Jupiter in Gnaden aufgenommen und bleibt vor dem Angriff der Fliegen verschont. Orest verzweifelt an der Kleinmut seiner Schwester: »Erst jetzt wirst du schuldig.... Willst du denn einen anderen darüber entscheiden lassen? Warum eine Vergangenheit entscheiden lassen? Warum eine Vergangenheit entstellen, die sich nicht mehr wehren kann?« Umsonst bietet Jupiter alle Wunder und Drohungen, Donner und Blitz auf, um Orest einzuschüchtern. Orest verzichtet auf die Herrschaft über Argos, die der Gott ihm anbietet. Er verläßt die Heimat, nimmt mit seiner befreienden Tat Schuld und Verzweiflung aller auf sich, erlöst die Stadt von der Fliegenstrafe, denn die Erinnyen ziehen mit ihm. Er hat sich endgültig losgesagt von Gott: »Ich werde nicht unter dein Gesetz zurückkehren: ich bin dazu verurteilt, kein anderes Gesetz zu haben, als mein eigenes... Denn ich bin ein Mensch, Jupiter, und jeder Mensch muß seinen Weg erfinden...«

1943 enthielt die Uraufführung im von den Deutschen besetzten Paris einen aktuellen politischen Bezug: die Bewohner von Argos, die sich angstvoll verkriechen in ihren Häusern – das vermittelt die Erfahrung der unterdrückten Franzosen, die von Verfolgung, Deportation und Tod bedroht waren. Das in Reue und Bußkrämpfen, in Unterwerfungsritualen wetteifernde Argos und sein demagogischer Diktator Aigisth steht für die Vichy-Regierung von Marschall Pétain, der mit Hitler paktiert hat, um sein Frankreich zu retten. Das Stück wirkte damals als unmittelbarer Aufruf zum Widerstand. Darüber hinaus zeigt Sartre seiner Philosophie entsprechend in Orest den Entwicklungsprozeß zum freien Menschen, der sich durch Entscheidung und Tat selbst freimacht von aller auferlegter Autorität: »Wenn einmal die Freiheit in einer Menschenseele aufgebrochen ist, können die Götter nichts mehr gegen diesen Menschen.« Erst durch die Tat, die Tötung von Aigisth, findet Orest seinen Platz in der Welt, hat er sich mit seiner Vaterstadt verbunden. Freiheit im Sinne Sartres ist Bindung durch Engagement.

Bei geschlossenen Türen
(Geschlossene Gesellschaft)

(Huis-clos). Drama in einem Akt
Uraufführung: 27. Mai 1944 in Paris
Deutsch von H. Kahn

Personen: Ines – Estelle – Garcin – Der Kellner.

Ein Hotelzimmer im Stil der Gründerzeit, verschlissen, fensterlos und ohne Tageslicht, die Türen verschlossen. Dieser Ort unabänderlicher Abgeschlossenheit ist die Hölle, in die nach ihrem Tod die drei Figuren Garcin, Ines und Estelle von einem Kellner eingewiesen werden. Sie alle haben Illusionen aufgebaut über ihr früheres Leben. Nun spüren sie voreinander in schonungslosen Verhören die Wahrheit des anderen auf. Garcin, der sich als Held und Pazifist fühlt, ist in Wirklichkeit als Feigling vor dem Krieg davongelaufen und wurde als Deserteur hingerichtet. Ines, die Lesbierin, starb durch den Gashahn – letzter Ausweg aus einer von Haß und Besitzgier vergifteten Beziehung, nachdem sie den Mann ihrer Freundin in den Tod getrieben hat. Estelle hat ihren Mann betrogen, ihr Kind beseitigt, starb an einer Lungenentzündung. Da das Hotelzimmer weder Fenster noch Spiegel besitzt, können die Figuren sich nur im anderen wahrnehmen. Um sich die eigene Schönheit zu bestätigen, braucht Estelle die Bewunderung von Ines und die Liebe von Garcin. Beides wird ihr verweigert. Der Mann will als Held geachtet sein und erntet nur Verachtung. Sie quälen einander, weil sie wiederum vom anderen gequält werden. »Körperliche Folter gibts keine, nicht wahr? Und doch sind wir in der Hölle. Es kommt auch niemand. Niemand. Wir allein bleiben zusammen, bis ans Ende ... Das ist das Ganze ... Der Henker, das ist jeder von uns für die beiden anderen.« Nicht einmal töten können sie einander, denn sie sind bereits tot. So bleibt nur eines: Weitermachen – für immer!

Die Menschen sind einander ausgeliefert. Zur Selbstbestätigung brauchen sie die Qual, die sie den Mitmenschen zufügen: »Die Hölle, das sind die andern.« Das ist Sartres pessimistisch-verneinende Sicht auf den Existenzverlust, auf die Unfreiheit des Menschen. Das Stück wurde in den fünfziger Jahren zum Schlüsselstück des Existentialismus.

Die ehrbare Dirne

(La Putain respectueuse). Schauspiel in zwei Bildern
Uraufführung: 8. November 1946 in Paris. Deutsch von Ettore Cella

Personen: Lizzie – Neger – Fred – John – James – Senator – Drei Männer.
Ort: Ein möbliertes Zimmer irgendwo im Süden der Vereinigten Staaten.

In den Südstaaten der USA gerät das Straßenmädchen Lizzie auf einer Bahnfahrt in eine Auseinandersetzung: sie wird von einem Weißen belästigt. Es kommt zum Streit, und ein Neger wird von dem weißen Rowdy erschossen. Sein farbiger Kumpel muß fliehen, um nicht völlig unschuldig von der Überzahl der Weißen gelyncht zu werden. Vor seinen Verfolgern flüchtet er zu Lizzie: sie soll seine Unschuld bezeugen und ihn vor der Lynchjustiz retten.

Fred, der Sohn des Senators, der gerade bei Lizzie ein Schäferstündchen verbringt, mischt sich ein als Sprachrohr der weißen Oberschicht. Für ihn ist der Mord lediglich eine »Unbesonnenheit«, die straflos bleiben muß. Der Neger soll geopfert werden für die doppelte Moral der Weißen. Auch Senator Clark als Vertreter des Gesetzes verlangt von Lizzie die Falschaussage. Es sei ihre vaterländische Pflicht, den Neger als Täter zu überführen – und mit einem Meineid ihren Beitrag zu leisten zum nationalen Kampf gegen »Kommunismus, Gewerkschaften und Juden«. Als man Lizzie mit dem Berufsverbot droht, gibt sie nach. Sie verrät den Neger und kann künftig Vater und Sohn aus der ehrenwerten Senatorsippschaft zu ihren Kunden zählen.

Sartre hat ein aggressives, engagiertes Kampfstück gegen die Rassendiskriminierung im amerikanischen Süden geschrieben. Zugleich führt er ein Modell vor für die »gelenkte Entscheidung«: um zu überleben, muß das Straßenmädchen mit denen, die sie ausbeuten, paktieren. Als effektvolles Rollenstück erwies sich der Text sowohl auf der Bühne – Hilde Krahl in der Regie von Wolfgang Liebeneiner (Hamburg 1946) als auch im Film von Marcello Pagliero (1952). (Reclams UB 9325.)

Der Teufel und der liebe Gott

(Le diable et le bon Dieu). Stück in drei Teilen
Uraufführung: 7. Juni 1951 in Paris
Deutsch von E. Rechel-Mertens

Personen: Götz – Nasty – Heinrich – Der Erzbischof – Der Bischof – Bankier Fugger – Wormser Wachsoldaten, Bürger, Volk – Die Frau – Der Prophet – Offiziere von Götz – Katharina – Hilda – Karl – Die Ritter Schulheim, Nossak, Rietschel – Der Pfarrer – Tetzel – Zwei Mönche – Der Aussätzige – Bauernführer – Bauernvolk – Viele Episoden- und Nebenpersonen.
Ort und Zeit: Vor und in Worms, Götzens Schloß Heidenheim, 1524/25.

Sartre wählt – ebenso wie Jean Cocteau fast gleichzeitig in seinem *Bacchus* (1951) – das von Widersprüchen zerrissene Zeitalter der Reformation, um seine Thesenträger gegeneinander antreten zu lassen zum Streitgespräch um Freiheit und Zwang, Gut und Böse, Willkür und Notwendigkeit. Als Herausforderung aller moralischen Gebote genießt es Götz, unübertreffbar zu sein als Bösewicht. Als Kriegsführer im Dienst des Erzbischofs von Worms raubt, tötet, vergewaltigt er und stachelt seine Söldner zu immer schlimmeren Grausamkeiten an. Er ist stolz darauf, durch seine Gewalttätigkeit Gott herauszufordern: Er hält sich für den Mann, »der den Allmächtigen in Verlegenheit bringt... ich tue das Böse um des Bösen willen«. Der Armeleutpriester Heinrich widerlegt ihn: Alle Menschen tun Böses, alle sind sie schuldig. Auch Götz sei da keine Ausnahme, auch er stehe unter Gottes Barmherzigkeit. Daraufhin will Götz seine Freiheit beweisen und schwenkt um: von nun an wird er der »Feldhauptmann des Guten« sein. Er will ebenso radikal und besessen die Liebe erfüllen. Seinen Besitz verteilt er unter die Armen, schenkt den Bauern Land, befreit sie von der Leibeigenschaft, ruft auf zur Buße und zur Gewaltlosigkeit. Mit Hilda, die als reine Magd sich für die Kranken aufopfert, errichtet er eine »Stadt des Lichts«. Aber sein Leben als Heiliger entfesselt den Kampf zwischen Adel und Bauern, seine Stadt des Friedens stachelt nur die Haufen der aufständischen Bauern, die sich um den Sektierer Nasty geschart haben, zu neuer Bluttat auf. Die Werke des zum Guten bekehrten Götz bringen mehr Leid und Tod über das unschuldige Volk als vordem die Freveltaten des bösen Götz. Er begreift, daß er Gott hier in der irdischen Welt nicht näherkommen kann, auch nicht, als er sich die Wundmale Christi beibringt: »Die Abwesenheit ist Gott, die Verlassenheit ist Gott«. Um die Frage nach der Existenz Gottes kommt es zwischen Götz und Heinrich, der inzwischen die Kirche verlassen hat, zum Kampf. Heinrich wird getötet, und Götz übernimmt wieder die Rolle des Bösen in dieser Welt – aber diesmal bewußt. Er folgt Nastys Ruf, wird der Feldhauptmann der aufständischen Bauern, obwohl er diesen Kampf für verloren und absurd hält: »Ich muß mich abfinden, böse zu sein, um gut werden zu können.«

Gott ist in Sartres existentieller Sicht die Verkörperung des Absoluten, der Sinngebung. Um zur eigenen Existenz und Freiheit zu finden, muß der Mensch gegen Gott bestehen, ihn sogar auslöschen aus dem Bewußtsein: »Ich habe Gott getötet, weil er mich von den Menschen trennte.« Vier Figuren versuchen in diesem Stück ihre Haltung vor Gott, vor dem Absoluten zu finden: Götz als Tatmensch und Kämpfer, Heinrich als Priester, der den Anspruch Gottes vertritt in dieser Welt, der Schwärmer Nasty, der für die soziale Revolution der Bauern kämpft, und Hilda, die ganz aus Opfer und Hingabe besteht. Oft wechseln die Figuren in diesem Denkspiel ihre Position und spielen die Gegenposition durch. Um völlig Mensch zu sein und frei zu werden, muß der Gottesbegriff vernichtet sein: »Wenn Gott existiert, ist der Mensch ein Nichts!«

Auf der Bühne beeindruckte das Stück als dialektisches Denkspiel, zeitbezogen und aufrüttelnd für die Selbsterforschung der fünfziger Jahre. Die Uraufführung mit Pierre Brasseur als Götz, Jean Vilar als Heinrich war die letzte Theaterarbeit von Louis Jouvet. Für das deutsche Theater wichtig wurde die Bochumer Aufführung durch Hans Schalla mit Hannes Messemer.

JEAN ANOUILH

* 23. Juni 1910 in Bordeaux
† 3. Oktober 1987 in Lausanne

Sohn eines Schneiders und einer Pianistin. Seit 1919 Schulbesuch in Paris, wo er im Collège Chaptal Mitschüler von Jean-Louis Barrault ist. 1928 Abitur mit Auszeichnung (Ehrenpreis in Philosophie und Mathematik). Er beginnt ein Jurastudium und arbeitet in einer Werbeagentur. Als Texter von Werbefilmen schult er sein Gespür für dramaturgische Effekte. 1932 heiratet er die Schauspielerin Monelle Valentin (1933 Geburt der Tochter Catherine, die später als Schauspielerin in Anouilh-Stücken brilliert), 1953 Ehe mit Nicole Lancon. 1932 Sekretär beim Regisseur und Theaterleiter Louis Jouvet. 1932 beginnt mit »Der Hermelin« Anouilhs kontinuierliche Dramenproduktion. 1935 kann er sein Stück »Es war einmal ein Sträfling« an die US-Filmgesellschaft MGM verkaufen – der Film wird nie gedreht, aber verschafft dem Autor finanzielle Unabhängigkeit. Von nun an enge Zusammenarbeit mit führenden Theaterleuten wie George Pitoëff, André Barsacq, Roland Piétry. Jährlich mindestens ein Erfolgsstück mit Bravourrollen für die Pariser Theaterstars Pierre Fresnay, Jean Vilar, Suzanne Flon, Jean-Louis Barrault, Pierre Brasseur, Paul Meurisse u. a., bis 1964 der Erfolg nachläßt und die späten Stücke nur noch zögernd im Abstand mehrerer Jahre erscheinen und auch spärlicher aufgeführt werden.

In den sechziger Jahren hat man Anouilh als den Theaterdichter unserer Zeit gefeiert. »In seinen besten Komödien erreicht Jean Anouilh die rätselhafte Poesie shakespearescher Komödien«, begeistert sich der Kritiker Siegfried Melchinger. Zwischen 1946 und 1962 wird Jahr um Jahr die Saison in Paris mit einer Uraufführung von Anouilh eröffnet. Heute wird er kaum noch gespielt und ist abqualifiziert als oberflächlicher Boulevardschreiber, der mit banalen Effekten spielt. Anouilhs Rolle auf dem Theater der Gegenwart war ausgespielt, als man vom Theater die sogenannte »Relevanz« zu fordern begann, die engagierte Parteilichkeit. Anouilh hingegen ordnet seine Konflikte als federleichte, anmutige Spiele, wobei Spiel zuweilen übergeht in die bloße Spielerei.

Oft ist das Theater selbst, das Spiel im Spiel, der Rollentausch, die Verkleidung, Verdoppelung und Spiegelwirkung, das Thema seiner Stücke: in *Das Rendezvous von Senlis*, *Einladung ins Schloß*, *Colombe*, *Die Probe*, *Der arme Bitos*. Wenn sich Anouilhs Figuren in die Welt des theaterhaften Scheins flüchten, wenn sie immer wieder »das Spiel spielen« und aus ihrer Realität in eine andere Epoche wechseln (bevorzugt in die Welt des 17. Jahrhunderts), dann werden sie unversehens von der Wahrheit ereilt, gerade weil sie sich verstellen. Aus diesem entlarvenden Doppelspiel gewinnt Anouilh seine Wirkung. Es sind stets sehr simple, sehr menschliche, zeitlose Gegensätze, woraus er seine Konflikte baut: der Konflikt zwischen Arm und Reich, zwischen Alt und Jung, zwischen Treue und Vergänglichkeit, zwischen Illusion und Klarsicht, zwischen Selbstverwirklichung und der Unfreiheit, weil einer an die Familie, an die Gesellschaft oder an die Vergangenheit gefesselt ist und sich nicht losreißen kann. Stets ist es der Widerspruch zwischen Ideal und Wirklichkeit, die Sehnsucht nach Reinheit und Liebe, die unerfüllbar bleibt, und dagegengesetzt die Banalität des Alltags, die Routine, der Egoismus, der tägliche Wiederholungszwang mit dem Verschleiß der Gefühle und Gedanken, die Lügen und die schmutzigen Tricks, um im täglichen Leben zurechtzukommen. Diese Gegensätze, verkörpert in Kontrastfiguren, bilden eine dramaturgische Spannung, die sich von dem gewieften Theatermacher Anouilh stets in unmittelbares Spiel, in prachtvolle Rollen umsetzen läßt. Er glossiert die Widersprüche mit bitterer Ironie, aber er stellt keine Fragen, er betreibt keinerlei Ursachenforschung, er bietet keine Lösung – Anouilh wahrt die spielerische Distanz.

Anouilhs Helden sind Fanatiker der Reinheit, Kämpfer für ein ideales Leben wie Antigone, die gegen König Kreon rebelliert, gegen den Pragmatiker der Vernunft und Wirklichkeit. Diese Helden finden sich nicht ab mit dem Zustand dieser Welt, sie begehren auf, aber sie finden keine Lösung. Sie gehen für ihr Ideal in den Tod, wie Antigone, wie Jeanne und Erzbischof Becket, oder sie werden gestraft mit Lächerlichkeit, die im anderen Sinn tödlich ist. Andere flüchten in Traum und Illusion oder sie wappnen sich mit Zynismus und Selbstverachtung wie Ornifle.

Anouilh, der Sohn eines Schneiders, ist stolz darauf, ein Meister des Theaterhandwerks, des gutgebauten, wirkungssicheren Stücks zu sein mit präzis kalkulierten Auftritten, ausgefeilter dramaturgischer Technik, mit Pointen und Überraschungseffekten, die genau sitzen. Sein großes Vorbild in der amüsanten Entlarvung der Gesellschaft ist Molière, dem er mit der Komödie *Mademoiselle Molière* (*La petite Molière*, UA 1. 6. 1959 Bordeaux) auch Reverenz erweist. Auch das Personal seiner Komödien beruht auf den Rollenfächern des klassischen Lustspiels: »Die Truppe an sich, die Darsteller mit ihren genau festgelegten Rollen, der Buffo, der dicke Spaßmacher, der jugendliche Held, der Verräter, der Liebhaber... Die Schauspieler begeisterten mich«, erinnert sich Anouilh an seine frühen Theatererlebnisse. Oft greift er auf literarische Stoffe (*Antigone*, *Orpheus*, *Romeo und Julia*) oder historische Vorlagen (*Becket*, *Jeanne*, *Majestäten*, *Bitos*) zurück. Er ordnet seine Stücke in *Pièces noires* (schwarze, d. h. düstere Stücke mit tödlichem Ausgang), in *Pièces roses* (rosafarbene, d. h. heitere Stücke mit Happy-End), in *Pièces grinçantes* (grimmige, bösartige Stücke), *Pièces brillantes* (glanzvolle Stücke), *Pièces costumées* (Kostümstücke mit historischen Figuren) und *Pièces secrètes* (vertrauliche Stücke).

Mit *Der Hermelin* (*L'Hermine*, UA 26. 4. 1932 Paris) beginnt Anouilhs Theaterarbeit: Aus Liebe begeht der junge Frantz einen Raubmord – für ihn ist Reichtum der Kaufpreis für das absolute Glück. Bereits *Der Reisende ohne Gepäck* (*Le Voyageur sans bagage*, UA 16. 2. 1937 Paris) hat Erfolg: Gaston hat durch eine Kriegsverletzung das Gedächtnis verloren. Als er mit seinem früheren Leben konfrontiert wird, lehnt er es ab und verschwindet in der Anonymität. *Die Wilde* (*La Sauvage*, UA 10. 1. 1938 Paris): In seiner Liebe will der reiche Florent die kleine Thérèse aus der lichtlosen, schäbigen Welt der Musikkapelle herausholen, die im Café aufspielt. Er scheitert am sozialen Gegensatz. Die Umkehrung des Themas bringt *Das Rendezvous von Senlis* (*Le Rendez-vous de Senlis*, UA 28. 2. 1941 Paris): Durch angemietete Schauspieler muß Georges der jungen Isabelle eine anständige, ideale Umwelt vorgaukeln, da er aus einer korrupten, zynischen Familie kommt. *Der Ball der Diebe* (*Le Bal des voleurs*, UA 17. 9. 1938 Paris) ist eine Ganovenkomödie, in der sich der Gauner als anständiger und liebenswerter erweist als die Ehrenmänner, die nur auf Mitgiftjagd aus sind. Hier beginnt die Zusammenarbeit mit dem Regisseur André Barsacq, der bis 1953 alle Uraufführungen von Anouilh herausbringen wird. Vor Barsacq hat Georges Pitoëff mit seinem Theaterinstinkt dem jungen Autor den Weg gebahnt, ab 1953 ist es Roland Piétry, der mit dem Autor als Koregisseur die Erstaufführungen erarbeitet.

Das Weib Jesebel (*Jézabel*, 1932, nie aufgeführt) zeigt eine Mutter, die mit Verbrechen den erwachsenen Sohn an sich ketten will. *Leocadia* (UA 20. 11. 1940 Paris): Ein Prinz, der um seine verstorbene Geliebte trauert, wird durch die kleine Hutmacherin Amanda, die gegen Honorar die Rolle der Toten

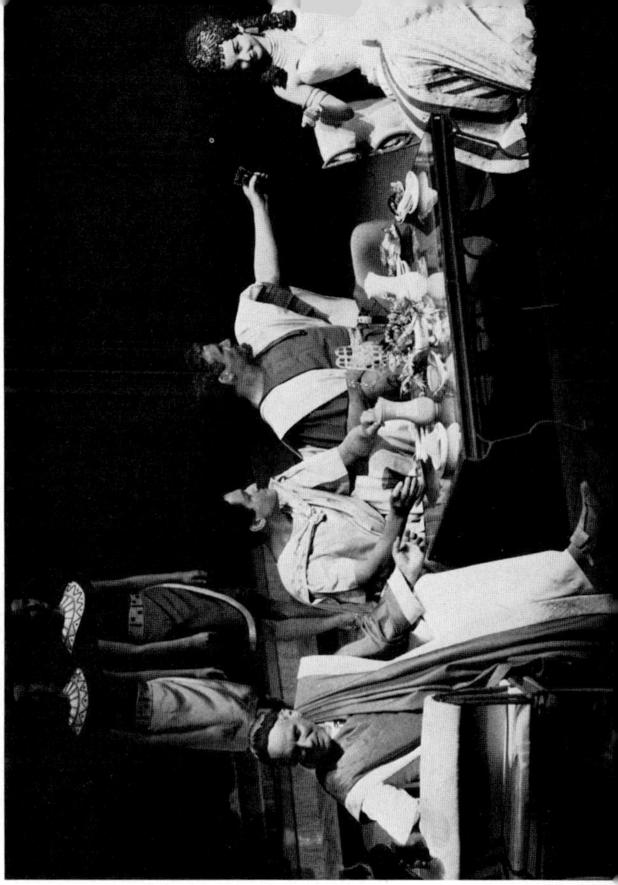

Shaw, Cäsar und Cleopatra

Gorki, Sommergäste

spielen soll, und ihre unbekümmerte Natürlichkeit wieder fürs Leben gewonnen. Drahtzieher der Intrige ist eine alte, schrullige Herzogin – Urbild für die vielen bissig-gescheiten Salondrachen bei Anouilh. *Eurydike* (1942) findet wegen der düsteren Weltsicht bei den Parisern zunächst nur wenig Anklang, während *Antigone* (1944) in der Aktualisierung sogleich ein politisches Signal setzt. In *Romeo und Jeannette* (*Roméo et Jeannette*, UA 1946 Paris) läßt Fréderic seine Julia, die eine vernünftige, solide Lehrerin ist, im Stich und verfällt der Leidenschaft zu deren Schwester Jeannette, die durch die Gemeinheit des Lebens böse und zynisch geworden ist. Um die Familie zu versorgen, läßt sie sich vom Schloßherrn aushalten. Fréderic mit seinem bürgerlichen Moralanspruch wird für sie eine neue Enttäuschung. Mit *Einladung ins Schloß* (1947) gelingt ein virtuoses Komödiantenstück. In *Ardèle oder das Gänseblümchen* (*Ardèle ou la marguerite*, UA 4. 11. 1948 Paris) wird eine bucklige alte Jungfer in den Selbstmord getrieben, weil sie sich zu ihrer Liebe bekennt und den Hauslehrer heiraten will. In der honorigen Familie, wo zwar jeder jeden betrügt, duldet man keine Wahrheit, die schockieren könnte. In *Medea* (*Médée*, UA 1948 Brüssel) bereitet Anouilh den antiken Mythos psychologisch auf als naturgegebenen Alterskonflikt. *Die Probe oder Die bestrafte Liebe* (*La Répétition ou l'amour puni*, UA 26. 10. 1950 Paris) führt in die leichtsinnig-verspielte Welt einer Adelsgesellschaft, die ihren Marivaux einstudiert und dabei ihre Liebeleien pflegt. Die kleine Lucile, die für ihre Liebe Aufrichtigkeit und Unbedingtheit fordert, bringt diese tändelnde Welt gehörig durcheinander. *Colombe* (1951) führt in die Welt des Theaters, *Der Walzer der Toreros* (1952) zum tragikomischen Familienschwank, *Jeanne oder Die Lerche* (1953) in eine bilderbuchartige Historie.

Cécile oder Die Schule der Väter (*Cécile ou l'école des pères*, UA 28. 10. 1954 Paris) bringt eine Variation von Molières *Die Schule der Frauen*: Ein alternder Lebemann wird in den Ehehafen gelockt. Auch *Der Herr Ornifle* (1955) erneuert mit Don Juan eine Molière-Figur. *Der arme Bitos oder Das Diner der Köpfe* (1956) wird zum Ärgernis für die französischen Vergangenheitsbewältiger. *General Quixotte oder Der verliebte Reaktionär* (*L'Hurluberlu ou Le Réactionnaire amoureux*, UA 5. 2. 1959 Paris) ist ein politischer Schwadroneur, der mit seinen weltfernen Idealen, seinem radikalen Bildersturm nur noch lächerlich wirkt. Mit *Becket oder die Ehre Gottes* (1959) gelingt Anouilh ein Meisterwerk desillusionierter Geschichtsbetrachtung. Der Einakter *Majestäten* (*Foire d'Empoigne*, UA 14. 5. 1960 Den Haag) betrachtet ironisch den Machtwechsel vom geschlagenen Napoleon zur Restauration durch König Ludwig XVIII. Der politische Machtpoker bleibt unverändert. Wichtig sind nicht die Ideologien, sondern die kleinen, bescheidenen Dinge des Alltags. *Die Grotte* (*La grotte*, UA 4. 10. 1961 Paris): Auf dem Schloß des Grafen wurde die Köchin erstochen. Der Polizeikommissar will den Fall durch improvisierte Spielszenen aufdecken und entlarvt zwischen Herrschaft und Dienstboten ein Geflecht von Verbrechen, von Ausbeutung und Bösartigkeit. *Das Orchester* (*L'orchestre*, UA 10. 1. 1962 Paris): Ein Damenorchester ist Schauplatz für gescheiterte Existenzen, vergebliche Hoffnungen, für Neid und Tratsch. Ziel der Sehnsüchte in dieser Damenwelt ist der kleine schäbige Pianist. Aus Eifersucht nimmt sich die Cellistin das Leben. Doch die Musik fürs Publikum muß weitergehen. *Bäcker, Bäckerin und Bäckerjunge* (*Le boulanger, la boulangère et le petit mitron*, UA 13. 11. 1968 Paris): Wieder flüchtet ein Ehepaar aus seiner gescheiterten Beziehung in die Illusionen, in imaginäre Traumexistenzen, die die Wirklichkeit ersetzen müssen.

In seinen letzten Stücken bringt Anouilh immer wieder die eigene Situation auf die Bühne: den einst erfolgreichen Theaterautor, der selbstironisch feststellen muß, daß er seiner Zeit nichts mehr zu sagen hat. In *Cher Antoine oder Die verfehlte Liebe* (*Cher Antoine ou L'amour raté*, UA 1. 10. 1969 Paris) begeht ein Dramatiker Selbstmord und hetzt durch die Testamentseröffnung nochmals die Damen aus seiner amourösen Vergangenheit gegeneinander – so gestaltet er seine allerletzte Farce. In *Wecken Sie Madame nicht auf* (*Ne réveillez pas Madame*, UA 21. 10. 1970 Paris) kommt der Theaterdirektor Julien nicht mehr mit seinem Familienalltag, mit Frau und Kindern zurecht. In *Der Operndirektor* (*Le Directeur de l'Opéra*, UA 27. 9. 1972 Paris) flüchtet der Theatermann vor den Mißerfolgen und dem Egoismus seiner Familie in die Illusionen. In *Der Nabel* (*Le Nombril*, UA 28. 9. 1981 Paris) vergräbt sich der einst gefeierte Boulevardautor, den man längst vergessen hat, vor der Welt auf den Dachboden.

Eurydike (Eurydice). Schauspiel in vier Akten. UA 8. 12. 1942 Paris. Deutsch von H. Flessa und J. Piron. – Orpheus ist Geiger im Kaffeehaus. Seine Eurydike hat schon manche Liebesaffäre hinter sich. Sie flieht vor seinem unbedingten Anspruch an Reinheit und Glück. Als sie durch einen Unfall umkommt, gestattet der Tod, der sich als Freund Hein ins Spiel mischt, dem Liebespaar einen neuen Anfang. Doch Orpheus mit seiner Eifersucht, seiner Spurensuche in die Vergangenheit der Geliebten zerstört die Gemeinschaft.

Antigone

Drama in einem Akt
Uraufführung: 4. Februar 1944 in Paris
Deutsch von F. Geiger

Personen: Antigone – Ismene – Die Amme – Eurydike (stumm) – Kreon – Hämon, sein Sohn – Drei Wächer – Ein Bote – Der Sprecher.
Ort und Zeit: Neutrales Bühnenbild, moderne Kostüme.

Anouilh verzichtet hier auf das übliche Illusionstheater. Bewußt wird der antike Stoff als Modell herausgestellt, das dem Zuschauer vorgeführt wird. Ein Sprecher wendet sich in lockerem Plauderton ans Publikum und übernimmt die Funktion, die in der klassischen *Antigone* bei Sophokles der Chor hat. Man trägt moderne Kleidung, erwähnt zwanglos Zigaretten und Auto – nicht die Antike, sondern unsere Gegenwart ist gemeint. Der Sprecher stellt die einzelnen Figuren vor, die bereits seit Beginn auf der Bühne sind. Sie schwatzen und stricken, die Wächter vertreiben sich die Zeit mit Kartenspiel – so warten sie auf ihr Stichwort.

König Kreon hat ein Gesetz erlassen, daß Polyneikes als Staatsfeind nicht beerdigt werden darf. Antigone lehnt sich auf gegen das Gebot und wird den Toten als ihren Bruder bestatten. Im großen Streitgespräch zwischen König und Antigone stehen sich zwei unversöhnliche Haltungen gegenüber. Kreon will die Staatsautorität sichern und Ordnung schaffen für die Zukunft. Mit allen Mitteln der Vernunft und Überredung kann er Antigone widerlegen: denn der tote Polyneikes war ebenso ein Verbrecher wie sein Bruder Eteokles, der nun als Held verehrt wird. Beide sind austauschbar, nur Vorwand für die Politik.

Kreon ist der Pragmatiker der Macht, für den nicht die abstrakte Moral, sondern die Zweckmäßigkeit zählt: »Sie sagen, es sei eine schmutzige Arbeit. Aber wer soll sie tun, wenn man sie nicht tut?« Doch Antigone will und kann nicht Verständnis aufbringen für den Kompromiß: »Ich bin nicht da, um zu verstehen. Ich bin da, um dir ein Nein entgegenzusetzen und zu sterben.« Sie geht aus Protest in den Tod, stolz darauf, daß ihr Tod im Grunde sinnlos ist. Kreon tut weiter seine Pflicht – alleingelassen, denn sein Sohn Hämon, der mit Antigone verlobt war, hat sich aus Verzweiflung erstochen, und Königin Eurydike schneidet sich die Kehle durch.

In Antigone begegnet uns erstmals im Werk Anouilhs – wie später in Jeanne oder Isabelle *(Einladung ins Schloß)* – das störrische kleine Mädchen, das für seine Utopie kämpft, das mit seinem Ideal von Reinheit und Wahrheit die korrupte Umwelt herausfordert. Es will sich von dieser Umwelt, von den wohlmeinenden Erwachsenen, nicht bekehren lassen zur Vernünftigkeit und zu den Kompromissen. Unvernünftig idealistisch rennt es in den Untergang und wird als Störenfried der Gesellschaft beseitigt – aber es setzt mit seinem Tod ein Zeichen für die Möglichkeit einer besseren Welt. Auch Erzbischof Becket verkörpert diese radikale Unbedingtheit.

In dieser Auseinandersetzung gibt Anouilh diesmal sowohl Kreon wie Antigone recht: hier Kreon mit der Einsicht in das Notwendige und dort Antigone als radikaler Anspruch auf Freiheit und individuelle Selbstverwirklichung. Durch diese Ambivalenz konnte das Stück 1944 bei der Uraufführung unter der Zensur der Deutschen Wehrmacht als Parteinahme für die Vichy-Regierung und wenig später als Beitrag zur Résistance-Literatur gedeutet werden. Unter den vielen Bearbeitungen des *Antigone*-Stoffes im 20. Jahrhundert von Walter Hasenclever (1917) und Jean Cocteau (1922) bis zu Bertolt Brecht (*Antigone-Modell*, 1948) und Rolf Hochhuth (Novelle *Die Berliner Antigone*, 1964), ist Anouilh die für unsere Zeit überzeugendste Neufassung geglückt. (Reclams UB 9227, frz.)

Einladung ins Schloß oder Die Kunst, das Spiel zu spielen *(L'invitation au château).* Komödie in vier Bildern. UA 5. 11. 1947 Paris. Deutsch von H. Käutner. – Der zynische Lebemann Horace engagiert die Tänzerin Isabelle, damit sie als amouröser Lockvogel seinen schüchternen Zwillingsbruder Frédéric von seiner unglücklichen Liebe heilt. Das Mädchen setzt sich zur Wehr gegen diese unwürdige Rolle, Gefühle vorzutäuschen. Sie setzt wirklich ihr Herz ein und gerät zwischen den ungleichen Brüdern (eine Doppelrolle) in Bedrängnis. Sie allein hat hier den Mut zur Wirklichkeit, während die übrigen in ihren selbstgefälligen Posen verharren.

Colombe. Komödie in vier Akten. UA Februar 1951 Paris. Deutsch von F. Geiger. – Da Julien zum Militär muß, gibt er seine junge Frau Colombe (= die weiße Taube) in die Obhut seiner Mutter, die als Madame Chérie ein pompöses, in allen Verlogenheiten und Überschwenglichkeiten ihrer Rollen schwelgendes Theatermonstrum ist. Colombe, gerade auf dem Weg ins bescheidene Hausfrauendasein, entdeckt die Welt des Theaters und sich selbst als Teil dieser Welt. Sie mausert sich zur gefeierten Schauspielerin, spielt virtuos mit ihrer Umwelt, wechselt die Liebhaber so schnell wie die Rollen. Julien verzweifelt, als er seine Frau so verwandelt wiederfindet. Doch Colombe kann seine Vorwürfe nicht verstehen: hat er sich doch selbst betrogen, als er sie nach seiner strengen, bürgerlichen Moral umformen wollte.

Der Walzer der Toreros *(La Valse des Toréadors).* Spiel in fünf Akten. UA 8. 1. 1952 Paris. Deutsch von F. Geiger. – Vor 17 Jahren hat der General auf dem Offiziersball beim *Walzer der Toreros* in Ghislaine die Liebe seines Lebens gefunden. Aber er blieb bei seiner zänkischen, boshaften Ehefrau, hatte seine kleinen Affären jeweils mit dem Dienstmädchen, träumte von seinem unerfüllbaren Glück mit Ghislaine, die darüber zur alten Jungfer wurde. Da sich nun herausstellt, daß die Generalsfrau ebenfalls untreu ist, daß sie ihre Lähmung und ihr Leben im Rollstuhl ebenfalls nur als Druckmittel gegen den Gatten vorgetäuscht hat, wäre der General frei. Doch er hat Angst, seine Illusion in die Wirklichkeit umzusetzen. So lebt er weiter das Leben, das er verabscheut.

Jeanne oder Die Lerche *(L'alouette).* Schauspiel in zwei Teilen. UA 16. 10. 1953 Paris. Deutsch von F. Geiger. – In einem Gerichtsspiel unter der Leitung des Bischofs Cauchon werden die einzelnen Stationen aus dem Leben der Jeanne d'Arc scheinbar improvisiert vorgestellt. Alle übrigen Spieler bleiben als Zuschauer dabei, sie deuten oder mißdeuten jeweils aus ihrer Sicht die Szenen. Als ironisches Bilderbuch blättert Anouilh die Geschichte der französischen Nationalheiligen auf. Nicht den Tod auf dem Scheiterhaufen, sondern den patriotischen Triumph, die Krönung des Königs in Reims stellt er an den Schluß: Jeanne ist für Frankreich die »kleine Lerche, die hell in Frankreichs Himmel singt ... diese beiden hellen Noten, dieses freudige und nutzlose Lied einer kleinen Lerche, die unbeweglich in der Sonne steht, während man vergeblich in die Luft schießt, das ist Frankreich«. Jeanne ist bei Anouilh wieder eines dieser störrischen kleinen Mädchen, die Nein sagen zu dieser angepaßten Welt und für ihr Ideal in den Tod gehen. Nach Shaw (*Die heilige Johanna*, 1923), Claudel (*Johanna auf dem Scheiterhaufen*, 1939) und den drei Johanna-Stücken von Bertolt Brecht ist hier eine sehr theaternahe, unmittelbare Vergegenwärtigung der Historie geglückt. (Reclams UB 8970 und 9249, frz.)

Der Herr Ornifle *(Ornifle ou le courant d'air).* Komödie in fünf Akten. UA 3.11.1955 Paris. Deutsch von F. Geiger. – Anouilhs zeitgenössische Don-Juan-Figur ist ein Mann des Showgeschäfts. Doch er fühlt sich auch als Herausforderer Gottes und der moralischen Instanz: »Aber ich weiß, die ganze Partie gewinnt er; er spielt mit falschen Karten. Er hat alle Asse. Aber wann spielt er sie aus?« Graf Ornifle hat sein Talent als Lyriker verraten und ist ein hochbezahlter Werbetexter und Schlagerlieferant geworden. Gelangweilt und frivol spielt er die Rolle des Lebensgenießers und Frauen-Großverbrauchers, bis der junge Arzt Fabrice auftaucht, ein unehelicher Sohn Ornifles, der mit gezückter Pistole nach zwanzig Jahren die Ehre seiner Mutter retten will. Wie der klassische Don Juan vermag Ornifle diesen Ruf zur Umkehr und moralischen Besserung nur komisch zu finden. Ihn reizt es, die blutjunge Schwiegertochter zu verführen. Aber da trifft ihn der Schlag.

Der arme Bitos oder Das Diner der Köpfe *(Le pauvre Bitos ou Le dîner des têtes).* Drama in drei Akten. UA 10.10.1956. Deutsch von F. Geiger. – Anouilh hat sich 1945 vergebens für die Begnadigung des Schriftstellers Robert Brasillach eingesetzt, der als Kollaborateur hingerichtet wurde. Mit diesem Stück setzt sich Anouilh mit der französischen Vergangenheitsbewältigung auseinander und entfesselt einen Theaterskandal. Er zeigt den Staatsanwalt Bitos, der Jagd macht auf die Erfolgreichen und sie als Kollaborateure überführt. Auf einem Fest wird Bitos von seinen Gegnern in eine Falle gelockt: er muß Robespierre, den Schergen der Revolution, verkörpern, und entlarvt sich dabei selbst.

Becket oder Die Ehre Gottes

(Becket ou l'honneur de Dieu). Drama in vier Akten
Uraufführung: 1. Oktober 1959 in Paris
Deutsch von F. Geiger

Personen: Der König (Heinrich II. von England) – Seine Mutter, seine Gattin und seine Söhne – Thomas Becket – Der Erzbischof – Gilbert Folliot, Bischof von London – Der Bischof von Oxford – Der Bischof von York – Der kleine Mönch – Die vier englischen Barone – König Ludwig von Frankreich – Zwei französische Barone – Der Papst – Der Kardinal – Gwendoline – Mönche, Soldaten, Geistliche, Sachsen, Pagen und Mädchen.
Ort und Zeit: England, Frankreich, Rom, zwischen 1155 und 1170.

König Heinrich II. macht seinen Freund Thomas Becket zum Erzbischof von Canterbury. Jahrelang war Becket der zügellose Kumpan des Königs gewesen – nun soll er ein willfähriger Kirchenfürst sein. Mit seinem neuen Amt wird Becket jedoch zum unnachsichtigen Gottesstreiter. Er wird ein »neuer Mensch«, der kompromißlos für die »Ehre Gottes« gegen die Ansprüche der Krone kämpft und sich so die Feindschaft des Königs zuzieht. Heinrich läßt ihn durch seine vier Barone ermorden und verehrt ihn später als Heiligen. Mit seiner Selbstgeißelung büßt der König den Mord an seinem Erzbischof – ein kluger Schachzug für die Öffentlichkeit, der politischen Vorteil bringt.

In Rückblendetechnik erneuert Anouilh das ironisch desillusionierte Historienstück im Sinn von Shaw. Während T. S. Eliot in *Mord im Dom* (1935) den Konflikt zwischen Heinrich und Becket als monumentales Märtyrerstück und Christopher Fry in *König Kurzrock* (1961) als realistisches Psychodrama entwikkeln, variiert Anouilh die seit seiner *Antigone* (1944) durchgespielten Grundpositionen: der Neinsager mit der Utopie vom Absoluten steht gegen den gewitzten, kompromißbereiten Alltagspraktiker.

ALBERT CAMUS

* 7. November 1913 in Mondovi (Algerien)
† 4. Januar 1960 bei Sens

Sohn eines elsässischen Landarbeiters, der 1914 in der Marneschlacht fiel, und einer spanischen Mutter. Studiert Philosophie in Algier, gründet 1935 ein Tourneetheater, seit 1937 Journalist. 1940 aus Algerien ausgewiesen, wird Camus in Frankreich Mitglied der Widerstandsbewegung und Chefredakteur der verbotenen Zeitung »Combat«. 1941 Lehrer in Oran. Durch seine »Briefe an einen deutschen Freund« (1945) leistet Camus einen wichtigen Beitrag zur Versöhnung nach Kriegsende. 1952 Bruch mit Sartre, 1955 Mitarbeit am »Express«. 1957 Nobelpreis für Literatur. 1960 stirbt Camus auf der Landstraße bei einem Autounfall. Neben den Theaterstücken sind seine Romane »Der Fremde« (1942), »Die Pest« (1947), »Der Fall« (1956) und die Essays »Der Mythos von Sisyphos. Ein Versuch über das Absurde« (1942) sowie »Der Mensch in der Revolte« (1951) wichtig für den Zeitgeist der fünfziger Jahre.

Wie Jean-Paul Sartre glaubt Camus nicht an Gott, aber er glaubt ebensowenig – und das trennt ihn von Sartre – an Karl Marx und die Konsequenz der historischen und gesellschaftlichen Entwicklung. Camus sieht die Welt als absurdes Gefüge. Und er verherrlicht den Menschen, der sich dagegen auflehnt, der kreativ und mutig einen Gegenentwurf zur sinnlosen Schöpfung wagt und sich darin human verwirklicht. Sein Ideal ist der Mensch, der revoltiert und um seine Selbstverwirklichung kämpft – nach dem Vorbild jenes mythischen Sisyphos. Camus formuliert in einem Essay den *Mythos von Sisyphos* (1942) neu: In der antiken Sage muß Sisyphos immer neu einen Felsblock bergauf wälzen – kurz vor dem Ziel rollt die Last wieder herunter, und er muß mit der Arbeit unablässig neu beginnen. Für Camus ist Sisyphos, den die Götter strafen, Sinnbild für den Menschen, der hartnäckig sein Ziel verfolgt, das er nie erreichen kann – und der dennoch nie aufgibt.

Bereits mit seinem ersten Stück *Caligula* (1938) gelingt Camus eine schillernde Theaterfigur, die im Freiheitsrausch die Weltordnung außer Kraft setzt. Das Schauspiel *Das Mißverständnis* (*Le malentendu*, UA 1944 Paris) erneuert ein Melodram, das bereits in der deutschen Romantik aufs Theater kam mit dem Schicksalsdrama *Der 24. Februar* (1809) von Zacharias Werner. Mutter und Tochter vergiften einen einsamen Wanderer, weil sie ihn berauben wollen – nachträglich erkennen sie, daß es der Sohn ist, der unerkannt aus der Fremde heimgekehrt ist. Die Absurdität des Zufalls ist hier zur höhnischen Groteske gesteigert. *Der Belagerungszustand* (1948) bringt die Bühnenfassung seines Romans *Die Pest* (1947), der zu den eindrucksvollsten Parabeldichtungen Camus' gehört. Mit den Stücken *Die Gerechten* (1949) und die *Besessenen* (*Les Possédés*; UA 30. 1. 1959 Paris), einer Bühnenbearbeitung des Romans *Die Dämonen* von Dostojewski, wendet sich Camus historischen Stoffen aus Rußland zu, die er als Modell für Moralkonflikte benutzt.

Caligula *(Caligula)*. Schauspiel in vier Akten. UA 27. 6. 1945 Paris. Deutsch von G. G. Meister. – Der junge römische Kaiser Caligula (37–41 n. Chr.) wird aus Schmerz über den Tod seiner Geliebten Drusilla zum Gewalttäter. Da er sich selbst als Opfer des Zufalls und einer sinnlosen Welt erkennt, will er diese Welt als Tyrann mit immer neuen, schlimmeren Bluttaten herausfordern. Er experimentiert bewußt als Nihilist, um die Grenzen seiner Freiheit, die Willkür ist, auszuloten und um seine Opfer zum Aufstand zu reizen. Unter Cherea sammelt sich eine Gruppe Verschwörer und beseitigt den Tyrannen. »Jede Tat mündet heute in den Mord«, schreibt Camus in *Der Mensch in der Revolte*. Später wurde dieses Drama als Schlüsselstück auf Hitler und seinen totalitären Wahn interpretiert.

Der Belagerungszustand

(L'état de siège). Schauspiel in drei Teilen
Uraufführung: 27. Oktober 1948 in Paris
Deutsch von G. G. Meister

Personen: Die Pest – Die Sekretärin – Nada – Victoria – Der Richter – Die Frau des Richters – Diego – Der Gouverneur – Der Alkalde – Die Frauen und Männer der Stadt.
Ort und Zeit: Eine spanische Stadt, befestigt, in irgendeiner legendären Gegenwart.

Eine kleine, noch mittelalterlich befestigte Stadt nach dem Vorbild von Cadiz: »Die Pest« zieht hier ein als Machthaber in Uniform, begleitet vom Tod, der verkörpert ist durch eine zickige Sekretärin. Unerbittlich verweist sie auf ihre Vorschriften und streicht ihre Opfer einfach aus dem Register – die Menschen ereilt ein bürokratisches Ende. Durch Angst und Panik, die bereits vor Ankunft der Pest die Bürger niederdrückt und wehrlos macht, haben die Angreifer leichtes Spiel. Sie verhängen über die Stadt den Belagerungszustand. Dazu brauchen sie keinerlei Waffen, nur Drohungen, einschüchternde Parolen, Gesinnungsterror: »Eine Pest – ein Volk! Konzentriert Euch, vollstreckt, beschäftigt Euch! – Deportiert, quält ...« Die bisherige Regierung des Gouverneurs unterwirft sich, Richter und Alkalde werden zu Helfershelfern der Unterdrücker. Sie bereiten einen Wahlbetrug vor, um dem Regime der Pest den Anschein der Rechtmäßigkeit zu liefern. Nur die Jugend – Victoria, die Tochter des Richters, und ihr Freund, der Arzt Diego – findet Mut zum Widerstand. Und die Sekretärin muß eingestehen, daß sie gegen die Furchtlosigkeit machtlos ist. Die Pest will das junge Paar bestechen: es soll für sich Freiheit und Glück einhandeln, dafür aber die Stadt weiter der Angst überlassen, denn »ich muß Herr sein über alles, oder ich bin es über nichts«. Diego opfert sich, er liefert sich dem Tod aus und erkauft mit seinem Leben die Befreiung der Stadt. Die Pest zieht ab, der Gouverneur kann selbstzufrieden wieder die Macht übernehmen. Es bleibt ungewiß, ob die Bürger genug hinzugelernt haben, um künftig die Bedrohung ihrer Freiheit zu bestehen.

Camus hat mit diesem Stoff, den er bereits 1947 als Roman *Die Pest* vorgelegt hat, eine Parabel vom Widerstand gegen den totalitären Staat gestaltet, eine auch politisch gemeinte Auseinandersetzung um die Haltung der Franzosen während der deutschen Besatzung zwischen Résistance und Mitmachern unter der Vichy-Regierung.

Die Gerechten *(Les justes)*. Schauspiel in fünf Akten. UA 15. 12. 1949 Paris. Deutsch von G. G. Meister. – Unerwartet aktuell und für das Theater der achtziger Jahre eine Neuentdekkung wird das Stück durch den Terrorismus von Baader-Meinhof und die Prozesse gegen die RAF. Camus, der sich im Zweiten Weltkrieg in die Résistance eingereiht hat, setzt sich ebenso wie Sartre in *Die schmutzigen Hände* mit dem politischen Mord und seiner moralischen Rechtfertigung auseinander. Eine Gruppe russischer Anarchisten beseitigt 1905 den Großfürsten Sergius durch einen Bombenanschlag. Innerhalb der Gruppe steht der schwärmerische idealistische Iwan Kaliajew, der auf den Mordanschlag verzichtet, sobald unschuldige Kinder mit unter die Opfer geraten, dem fanatisch entschlossenen Stepan gegenüber, der nur sein politisches Ziel sieht. Kaliajew tötet den Fürsten und sühnt seine Tat, indem er auf Begnadigung verzichtet und sich hinrichten läßt. Er lehnt die Ideologie, die über Leichen geht, wie sie Stepan verkörpert, ab: »Ich habe eingewilligt zu töten, um die Gewaltherrschaft zu stürzen. Aber hinter deinen Worten sehe ich eine Gewaltherrschaft aufsteigen, die, wenn sie morgen die Macht ergreift, einen Mörder aus mir macht, während ich versuche, ein Rechtsvollstrecker zu sein.«

Zur Geschichte des Schauspiels

seit 1945

Neuanfang und Kontinuität

Die politische und wirtschaftliche Situation in Deutschland nach dem Ende des Zweiten Weltkriegs bringt nicht ein neues Theater, sondern vielfach die Restauration des alten. Während 1918 mit Kriegsende und Zusammenbruch des Wilhelminischen Kaiserreichs der Expressionismus auch ein radikal neues Drama proklamiert hatte, bemüht man sich 1945 nach den Jahren der Unterdrückung und der auch geistigen Abschottung darum, die Entwicklung des Auslands nachzuvollziehen und Einflüsse aufzunehmen – oft ebenso enthusiastisch wie unkritisch. Der französische Existentialismus von *Sartre* und *Camus*, die psychologischen Charakterstudien von *O'Neill* und *Tennessee Williams*, die metaphysischen Läuterungsspiele eines *T. S. Eliot* und *Christopher Fry*, die melancholische Verspieltheit von *Thornton Wilder*, von *Giraudoux* und *Anouilh* bestimmen den deutschen Spielplan. Es war ein Nachholprozeß der Information, der Aneignung und Selbsterprobung. Berlin, die Stadt, die bisher für die Entwicklung des Theaters bestimmend gewesen war und alle Kreativität an sich gezogen hatte, verlor ihre Leitfunktion. Zwischen München und Hamburg, Stuttgart, Frankfurt a. M. und Düsseldorf setzt die Regionalisierung des Theaters ein, die pluralistische Entwicklungen, zugleich aber auch die Zersplitterung der schöpferischen Talente sowie der Rezeption durch die Öffentlichkeit mit sich bringt.

Wie im Roman stellt sich auch im Drama nach 1945 zunächst das Thema der Vergangenheitsbewältigung. Am 21. November 1947 bringen die Hamburger Kammerspiele die Uraufführung »Draußen vor der Tür« von *Wolfgang Borchert* (1921–47). Das Stück um den Kriegsheimkehrer Beckmann, der mit seinen Erinnerungen an die Front, seinem Gefühl für Verantwortung und Mitschuld nur ein lästiger Störenfried für die deutschen Zeitgenossen ist, da sie vollauf mit Wiederaufbau und der Zukunft beschäftigt sind, dieser Notschrei der verlorenen

Generation hat nachhaltige Wirkung. Vielleicht auch, weil Borchert, gerade als Autor entdeckt, einen Tag vor der Premiere des Stücks einem Leberleiden erliegt – ein Märtyrer seiner Zeit. Andere Stücke folgen – oft von Emigranten wie *Carl Zuckmayer,* so »Des Teufels General« (1946) oder »Der Gesang im Feuerofen« (1951), *Nelly Sachs* (1891–1970) mit »Eli« (1951) oder aus dem Ausland beobachtet, z. B. von *Max Frisch* »Nun singen sie wieder« (1945). Diese teils oratorienhaft überhöhten, teils realistischen Schilderungen weisen bereits auf das politische Dokumentarstück, wie es in den sechziger Jahren das deutsche Theater prägt. *Heinar Kipphardt* entwickelt seine auf Recherchen gegründete Aufarbeitung der Vergangenheit zunächst als Fernsehdokumentationen, dann als Theaterstücke, *Rolf Hochhuth* beginnt mit »Der Stellvertreter« (1963), der die Öffentlichkeit skandalisiert, die Reihe seiner politischen Enthüllungsstücke, *Wolfgang Graetz* (geb. 1926) bringt in »Die Verschwörer« (1965) das Hitler-Attentat vom 20. Juli auf die Bühne, der DDR-Autor *Rolf Schneider* (geb. 1932) legt »Prozeß in Nürnberg« (1967) und über das Schicksal des Hiroshima-Piloten »Prozeß Richard Waverly« (1963) vor. *Hans Magnus Enzensberger* (geb. 1929) greift in »Das Verhör von Habana« (1970) die amerikanische Kuba-Invasion von 1961 auf, *Dieter Forte* überträgt die Dokumentarform auf die Geschichte. Viele namhafte Autoren leisten ihren Beitrag zum damals so aktuellen Dokumentarstück als Form der politischen Auseinandersetzung: nach seinen Anfängen beim absurden Theater macht *Günter Grass* Dokumentartheater mit »Die Plebejer proben den Aufstand« (1966), ebenso *Tankred Dorst* mit »Toller« (1968), »Eiszeit« (1973), *Peter Weiss* mit »Die Ermittlung« (1965), »Vietnam-Diskurs« (1968), »Hölderlin« (1971), »Trotzki im Exil« (1970). Auch *Erwin Sylvanus* (1917–85) wählt in »Korczak und die Kinder« (1957), in »Jan Palach« (1973) und »Victor Jara« (1976) dokumentarische Stoffe: der polnische Kinderarzt Janusz Korczak geht freiwillig mit den ihm anvertrauten jüdischen Kindern in die Gaskammer des KZs Maidanek und kommt um; der Student Jan Palach verbrennt sich selbst aus Protest gegen die russische Intervention und die Niederknüpplung des Prager Frühlings; der chilenische Freiheitssänger Victor Jara wird als Parteigänger von Allende 1973 von der Militär-Junta gefoltert und ermordet – immer sind es Opfer politischer Gewalt, die Sylvanus oratorienhaft als Märtyrer verherrlicht – weniger gutes als gutgemeintes Theater.

Neben dem dokumentarischen Theater wird auf dem deutschen Theater nach 1945 immer wieder die Parabel – mal in historischer Einkleidung, mal als Zeitstück – erprobt. *Bertolt Brecht* kehrt aus der Emigration zurück und baut ab 1949 in Ost-Berlin sein »Berliner Ensemble« auf. Seine Lehrstücke und politischen Parabeln, sein Stil des epischen Theaters wirken auf *Max Frisch* und lösen bei *Friedrich Dürrenmatt* oder *Martin Walser* satirische Gegenentwürfe aus, die lieber mit grotesken Zerrbildern und Paradoxen spielen als mit politisch eindeutigen Lösungen. *Fritz Hochwälder* wählt für seine Parabeln die bewährten Mittel des Illusionstheaters, ebenso *Joseph Breitbach* (1903–80) mit »Das Jubiläum« (1960), »Genosse Veygond« (1970), »Requiem für die Kirche« (1971), während *Hans Günter Michelsen* (geb. 1920) in »Stienz« (1963), »Lappschiess« (1964), »Drei Akte« (1965), »Helm« (1965), »Frau L.« (1967) mit Stilisierung arbeitet und sich schließlich nach zehnjähriger Pause dem realistischen Zeitstück zuwendet: »Sein Leben« (1977), »Alltag« (1978), »Kindergeburtstag« (1981). *Peter Rühmkorf* (geb. 1929) findet in »Was heißt hier Volsinii?« (1973), »Lombard gibt den Letzten« (1972), »Die Handwerker kommen« (1974) zur kabarettistischen Persiflage. Analog zum Ausland (*Georges Schéhadé*, *Alexandre Rivemale*, *Paul Willems*, *William Saroyan*, *John Whiting* u. a.) beginnen auch in Deutschland Versuche mit dem poetischen Theater: *Konrad Wünsche* (geb. 1928) mit märchenhaft verspielten oder alptraumartig düsteren Szenen wie »Über den Gartenzaun« (1962), »Vor der Klagemauer« (1962), »Der Unbelehrbare« (1963), »Les Adieux oder Die Schlacht von Stötteritz« (1964), »Jerusalem Jerusalem« (1966), der frühverstorbene *Dieter Waldmann* (1926–71) mit »Von Bergamo bis morgen früh« (1960), »Atlantis« (1963), »Die Schwätzer« (1965), »Der blaue Elefant« (1959), *Richard Hey* (geb. 1926) mit »Thymian und Drachentod« (1955), »Der Fisch mit dem goldenen Dolch« (1958), »Weh dem, der nicht lügt« (1962) oder *Wolfgang Hildesheimer* (1916–91) mit seinen frühen Theaterversuchen, die bereits zum absurden Theater gehören, und *Daniel Christoff* (geb. 1926) mit »Noah ist tot« (1961) und »Rückkehr von Elba« (1963).

Das realistische Zeitstück vertreten vorwiegend Autoren, die sich später ganz dem Fernsehspiel zuwenden: *Herbert Reinek-*

ker (geb. 1914) mit »Nachtzug« (1963), *Leopold Ahlsen* (geb. 1927) mit dem Partisanenstück »Philemon und Baukis« (1956; Reclams UB 8591), mit den Historien »Sie werden sterben, Sire« (1964) und »Der arme Mann Luther« (1965), *Karl Wittlinger* (geb. 1922) mit den Parabeln »Kennen Sie die Milchstraße?« (1956) und »Seelenwanderung« (1963) sowie leichten Komödien mit Boulevardeinschlag wie »Zwei rechts, zwei links« (1960), »Corinne und der Seebär« (1966), »Zum Frühstück zwei Männer« (1963), »Scheibenschießen« (1968), *Herbert Asmodi* (geb. 1923) mit »Pardon wird nicht gegeben« (1958), »Nachsaison« (1959), »Die Menschenfresser« (1961), »Mohrenwäsche« (1964), »Stirb und werde« (1967), *Dieter Meichsner* (geb. 1928) mit »Besuch aus der Zone« (1958). In den siebziger und achtziger Jahren setzt das sozialkritische Volksstück einen neuen Akzent – wichtig genug, um zusammenfassend in einem eigenen Abschnitt dargestellt zu werden.

Das Drama der USA wird nach 1945 zunächst von *Eugene O'Neill* und seinem Psychorealismus bestimmt. Die Stückeschreiber der folgenden Generationen suchen jeweils Varianten zu diesem auf Ibsen und Strindberg gegründeten Familienrealismus. Das führt bei *Tennessee Williams* zur psychoanalytischen Durchleuchtung von Figuren, die an ihren Leidenschaften und Illusionen zugrunde gehen, bei *Arthur Miller* zum Sozialdrama. Groß ist die Zahl der Psychodramen, die Alltagsschicksale zwischen Humor, Rührung und Besinnlichkeit erzählen, die dafür publikumsattraktive Rollen schaffen und ganz auf die Bedürfnisse der Broadwaybühnen zugeschnitten sind: *S. N. Behrman* (1893–1973), *David Campton* (geb. 1924), *Charles Dyer* (geb. 1928), *Herb Gardner* (geb. 1934), *William Gibson* (geb. 1914), *Frank D. Gilroy* (geb. 1926), *Lillian Hellman*, (1905–84), *William Inge* (1913–73), *Norman Krasna* (geb. 1909), *Ted Mosel* (geb. 1922), *Richard Nash*, *Clifford Odets* (1906–63) wie auch der überaus produktive *Neil Simon* (geb. 1927) sorgen für wirkungssichere Spielvorlagen mit einsehbaren Konflikten und meist optimistischen Lösungen.

Das poetisch verspielte Theater pflegen *Thornton Wilder* und nicht zuletzt *William Saroyan* (1908–81) mit seinen märchenhaft versponnenen Stücken: »Mein Herz ist im Hochland« (1939), das die Alltagsnöte eines verhinderten Dichters mit seinem halbwüchsigen Sohn schildert. In »Tausend Clowns« wird *Herb Gardner* (geb. 1934) 1962 dasselbe Thema des

Außenseiters mit Kind wiederaufgreifen. In »Die Zeit unseres Lebens« (auch: »Ein Leben lang«, 1939) ist eine Hafenkneipe in San Francisco Schauplatz für kleine Alltagsromanzen, Sehnsüchte und Enttäuschungen. »Die Höhlenbewohner« (1956) zeigen Not und unverwüstliche Lebensfreude der Schauspieler und Vaganten, »Die Pariser Komödie« (1960) schwärmt von der Pariser Leichtlebigkeit, die auch an einem verknöcherten US-Farmer noch Wunder bewirkt. Auch die vornehmlich durch Romane bekannten Autoren *Carson McCullers* (1917–67) mit »Frankie heiratet mit« (1950) und »Die Quadratwurzel aus Wundervoll« (1957) und *Truman Capote* (1925–84) mit »Die Grasharfe« (1952) leisten ihren Beitrag zum poetischen Theater, ebenso *Paddy Chayefsky* (1924–81) mit »Der zehnte Mann« (1959) und »Gideon« (1961) oder *John Patrick* (geb. 1905) mit »Das kleine Teehaus« (1953) und »Eine etwas sonderbare Dame« (1950). Für die Erneuerung des Mythos setzen sich *Ezra Pound* (1885–1972) in »Die Frauen von Trachis« (1959), *Robinson Jeffers* (1887–1962) mit »Medea« (1947), »Die Quelle« (1950) und »Die Frau aus Kreta« (1951) und *Archibald MacLeish* (1892–1982) in »Spiel um Job« (1958) ein. Das Dokumentartheater ist mit der Dramatisierung »Das Tagebuch der Anne Frank« (1955) durch *Francis Goodrich* und *Albert Hackett* weltweit erfolgreich, ebenso *Robert Ardrey* (geb. 1908) mit seinem Stück »Schatten der Helden« (1958), das die Machtkämpfe im kommunistischen Ungarn dokumentiert.

Zunehmend verlagert sich das politische Theater in den USA auf die Kleinbühnen und Undergroundtheater des Off-Broadway und später des Off-Off-Broadway, freie Gruppen, die engagiert gegen den Kommerzbetrieb des Broadway antreten, wie das »Living-Theatre« (1951 von *Julian Beck* und *Judith Malina* gegründet) mit *Jack Gelber* als Hausautor; das »Bread-and-Puppet-Theatre« unter *Peter Schumann* engagiert sich mit politischem Straßentheater gegen Rassendiskriminierung und für die Anti-Vietnam-Bewegung, ferner das »La Mama Theatre« (1961 gegründet von *Ellen Stewart*), eng verbunden mit dem »Open Theatre« unter *Joseph Chaikin*. Im »La Mama« ist *Paul Foster* (geb. 1932) einer der Hausautoren, der mit seiner frechen Geschichtscollage »Elisabeth Eins« (1972) und »Thomas Paine« auch in der Bundesrepublik gespielt wird. Weitere Gruppen, deren Arbeit durch Einladungen zu Festivals auch nach Europa wirkt, sind die von *Ronnie Davis* 1959 gegründete »San Francisco Mime Troupe«, die mit ihren Protestst ücken gegen die Rassenschranken der Black-Panther-Bewegung nahesteht. Daneben seit 1965 das »Teatro Campesino« unter *Luis Valdez*, ein Agitationstheater für die Farmarbeiter. All diese freien Gruppen entwickeln ihre eigenen Autoren – auch *Edward Albee* hat seine Anfänge am Off-Broadway. Das Theater der Schwarzen, etwa von *Leroi Jones* oder *James Baldwin* (1924–87) mit »Blues für Mr. Charlie« (1964), findet hier ein Experimentierfeld. Andere Autoren sind *Jean Claude van Itallie* (geb. 1936) mit »Amerika, hurrah!« (1966), *Megan Terry* mit »Viet Rock« und »Sei still Mutter!«. Auch das Rock-Musical »Hair« geht aus der unkonventionellen Gruppenarbeit am »Open Theatre« hervor. Sein Erfolg wird allerdings vom Broadway ausgeschlachtet. Die Tradition des exzentrischen Clowns, der unter der Maske des Narren die Gesellschaft attackiert, nehmen in den letzten Jahren *Jango Edward* und *Carlos Trafic* wieder auf.

In England hat auch nach 1945 das elegant witzige Salonstück seine ungebrochene Tradition und Beliebtheit wie seit *Oscar Wildes* und *G. B. Shaws* Zeiten. Von *Noël Coward* (1899–1973), *Somerset Maugham* (1894–1965), *Terence Rattigan* (1911–77) wird es fortgesetzt. Rattigan verpackt seine Konflikte in leichtfaßliche Psychologie und das Quentchen Sentimentalität, das ihm die Verfilmung und den Welterfolg sichert: »Abschiedsgeschenk« (1936), »Der Fall Winslow« (1946), »Tiefe blaue See« (1952), »Der schlafende Prinz« (1953; verfilmt mit *Laurence Olivier* und *Marilyn Monroe*), »An Einzeltischen« (1954). *Peter Ustinov* versteht es, die alte Form des Konversationsstücks zur aktuellen Politsatire abzuwandeln.

Auch das literarisch ambitionierte Drama bedient sich des Salonstücks als Grundmuster. *T. S. Eliot* und *Christopher Fry* füllen das Gesellschaftsstück moralisierend mit tieferer Bedeutung – Eliot oratorienhaft orakelnd, Fry eher poetisch verspielt, *Ronald Duncan* (1914–82) in »Stratton« (1963) und »Satans Ende« (1954) mysterienhaft wie Eliot. *Graham Greene* (1904 bis 1991) nutzt ebenso das Salonstück moralisierend in »Verschlossene Räume« (1952), »Der Verbindliche Liebhaber« (1959). Realistisch handfest geraten die Parabeln, die *J. B. Priestley* mit pragmatisch sozialistischer Nutzanwendung versieht. Das Spiel mit poetischen Figuren und melancholischen Weisheiten verstehen neben Fry auch *John Whiting* (1918–63) in »Wo wir fröhlich gewesen sind« (1951), »Der Tag des Heiligen« (1951),

»Marschlied« (1953), »Die Tore des Sommers« (1956) und »Die Teufel« (1961), *Robert Bolt* (geb. 1924) in »Thomas Morus« (1960), »Blühende Kirschen« (1957), »Der Tiger und das Pferd« (1960) und »Vivat! Vivat! Regina!« (1970). Ganz auf historische Stoffe, die er psychologisch durchleuchtet, setzt *Lawrence Durrell* in »Sappho« (1959), »Actis« (1961) und »Ein irischer Faust« (1963), die sämtlich am Hamburger Schauspielhaus bei Durrells Gönner *Gustaf Gründgens* herauskommen.

Von sinnlicher Leuchtkraft, grell und zupackend ist das Theater des Iren *Brendan Behan*, farbige Balladen fabuliert der Lyriker *Dylan Thomas* (1914–53) in »Unter dem Milchwald« (1953; Reclams UB 7930) und »Der Doktor und der Teufel« (1959).

Als *John Osborne* am 8. Mai 1956 »Blick zurück im Zorn« als Abrechnung mit der Väterwelt vorstellt, wird der »zornige junge Mann«, der gegen die Umwelt revoltiert, sich der Leistungsgesellschaft verweigert und nach neuen Zielen, nach der ganz persönlichen Sinngebung für sein Leben sucht, zur Identifikationsfigur für eine ganze Generation. Das sozialkritische Zeitstück mit seinem Realismus – vom Londoner Royal Court Theatre und seinem jungen engagierten Autorenteam entwickelt – prägt für lange Jahre das englische Theater. *Arnold Wesker* (geb. 1932) verfolgt in einer Trilogie – »Hühnersuppe mit Graupen« (1960), »Tag für Tag« (1959), »Nächstes Jahr in Jerusalem« (1960) – die Generationskonflikte, die mangelnden Aufstiegschancen, den Klassengegensatz zwischen Arbeitern und Intellektuellen in der jüdischen Familie Kahn. Auch »Die Küche« (1959), »Bratkartoffeln, nichts als Bratkartoffeln« (1962), »Die Alten« (1972), »Das Hochzeitsfest« (1964) zeigen Gruppenkonflikte. *Shelagh Delaney* (geb. 1939) zeichnet sensibel die Not von Außenseitern in »Bitterer Honig« (1958, verfilmt mit *Rita Tushingham*), auch *Edward Bond* beginnt in »Gerettet« (1965) mit einem aufrüttelnden Sozialbefund, um sich dann der politischen Parabel zuzuwenden. Die als Romanautorin bekannte *Doris Lessing* (geb. 1921) stellt psychologisch eindringlich Krisen in Partnerbeziehungen zur Diskussion: »Jedem seine eigene Wildnis« (1958), »Spiel mit dem Tiger« (1962). *John Arden* (geb. 1931) wählt Sozialkonflikte, Machtmißbrauch, Verfolgung von Außenseitern: »Leben und leben lassen« (1958), »Der Tanz des Sergeanten Musgrave« (1959), »Der Packesel« (1963), »Ars longa vita brevis« (1964), »Armstrong sagt der Welt Lebwohl« (1964); für *Frank Marcus* (geb. 1928) ist die Arbeitswelt das Thema: »Schwester George muß sterben« (1965). *John Mortimer* (geb. 1923) schildert Alltagskonflikte, die er psychologisch durchleuchtet: »Das Pflichtmandat« (1958), »Mittagspause« (1960), »Regatta Tag« (1962), »Das Geständnis« (1967), »Reise in die Welt meines Vaters« (1970). *Joe Orton* (1939–67) treibt die Abrechnung mit der Gesellschaft bis zur Groteske und zum Nonsens-Klamauk: »Seid nett zu Mr. Sloane« (1964), »Beute« (1965), »Was der Butler sah« (1969). Für die Erfolgsstücke des Unterhaltungstheaters sorgen *Jack Popplewell* (geb. 1911), *Gerald Savory* (geb. 1909), *Alan Ayckbourn* (geb. 1939).

Nach dem Sozialrealismus findet das englische Drama erst mit dem absurden Drama (*Pinter*, *Saunders* u. a.) und später mit der Sophisticated Comedy von *Tom Stoppard* zu neuen Entwicklungen.

In Frankreich wirken nach 1945 die weltanschaulichen Modelle und Standortbestimmungen von *Jean-Paul Sartre*, *Albert Camus*, auch der christliche Existentialismus von *Gabriel Marcel* (1889–1973) in »Rom ist nicht mehr in Rom« (1951) und als Persiflage in »Die Wacht am Sein« (1953) auf das literarische Umfeld. Ein Glücksfall für Schauspieler und Theaterbesucher sind die verspielten, pointensicheren Komödien von *Jean Anouilh*. Wesentlich literarischer fallen die Stücke von *Jean Cocteau*, die heroisierenden Konflikte von *Henry de Montherlant* oder die melodramatisch zugespitzen Glaubenskämpfe bei *Julien Green* (geb. 1900) aus: »Der Feind« (1954), »Süden« (1953).

Ein vitales, grelles Theater der Außenseiter schuf *Jean Genet* und wird damit zum Wegbereiter des anti-illusionistischen Theaters eines *Fernando Arrabal*. Das politische Zeitstück ist vertreten durch *Emmanuel Roblès* (geb. 1914) mit »Montserrat« (1948), »Die Wahrheit ist tot« (1953), durch *Armand Salacrou* (1899–1989) mit »Der Archipel Lenoir« (1947), »Die Nächte des Zorns« (1946), »Boulevard Durand« (1960). *Armand Gatti*, *François Billetdoux*, ebenso *Michel Vinaver* (geb. 1927): »Hotel Iphigenie« (1964), »Die Koreaner« (1956) gestalten die politischen Stoffe als Traumspiele und Parabeln. Dem poetischen Theater widmen sich *Marcel Aymé* (1902–67) in »Der Herr von Clérambard« (1950), »Die Mondvögel« (1955), »Die vier Wahrheiten« (1954), *Georges Schéhadé* (1910–89) mit »Herr Bob'le« (1951), »Sprichwörterabend« (1954), »Die Geschichte von

Vasco« (1956), »Die Veilchen« (1960), »Die Reise« (1961), »Der Auswanderer« (1965), *Alexandre Rivemale* (geb. 1918) mit »Ein weißer Elefant« (1953), »Nemo taucht auf« (1956), *Marguerite Duras* (geb. 1914) mit »Gespräch im Park« (1956), »Die Viadukte« (1960), »Ganze Tage in den Bäumen« (1965), *René de Obaldia* (geb. 1918).

Das Salonstück, das in Frankreich seit *Georges Feydeau* und *Maurice Hennequin* über *Georges Courteline* und *Sacha Guitry* eine ungebrochene Tradition hat, wird nach 1945 fortgeführt von *Jacques Deval* (1894–1972) mit »Heute nacht in Samarkand« (1950), »Simone, der Hummer und die Ölsardine« (1946), »Die Hochstaplerin« (1957), *Marcel Achard* (1899–1974) mit »Die aufrichtige Lügnerin« (1960), »Sein Meisterstück« (1946), *Marc-Gilbert Sauvajon* (1910–85) mit »Die Kinder Edouards« (1949), »Bezaubernde Julia« (1954), *Marc Camoletti* (geb. 1925) mit »Boeing-Boeing« (1960), »Die Perle Anna« (1962), *André Roussin* (1911–87) mit seinen zahlreichen Komödien oder *Françoise Dorin*. Auch die Romanautorin *Françoise Sagan* (geb. 1935) pflegt dieses Genre mit bittersüßen Gesellschaftsromanzen wie »Ein Schloß in Schweden« (1960), »Valentine« (1963), »Russisches Dreieck« (1964), »Das ohnmächtige Pferd« (1966), »Ein Klavier im Grünen« (1970). Hintergründiger ist der Belgier *Félicien Marceau* (geb. 1913) mit »Das Ei« (1956), »Der Nerz« (1958), »Der Manager« (1964), »Madame Princesse« (1965), »Einmal bin ich der Wahrheit begegnet« (1967) und *Georges Neveux* (1900–82) mit »Klage gegen Unbekannt« (1946) und »Die Diebin von London« (1960), während *Claude Magnier* (geb. 1922) perfekt den handfesten Verwechslungsschwank handhabt. Wichtigste Neuentwicklung nach dem Existentialismus ist das Theater des Absurden, dessen vielfache Wurzeln und Auswirkungen eigene Behandlung erfordern.

In Italien bestimmen nach dem Zusammenbruch des Mussolini-Faschismus moralische Fragestellungen um Schuld und Verantwortung des Einzelmenschen das Theater. *Diego Fabbri* wählt dabei die alte Form des Gerichtsspiels, ebenso *Paolo Levi* (geb. 1919) mit »Der Weg ist dunkel« (1952), »Der Fall Pinedus« (1954), »Empfänger unbekannt verzogen« (1965). *Ugo Betti* (1892–1953), selbst von Beruf Richter, verherrlicht die ethische Entscheidung und Selbstüberwindung in Grenzsituationen: »Korruption im Justizpalast« (1949), »Die Ziegeninsel« (1950), »Die Königin und die Rebellen« (1951), »Die Flüchtende« (1953). *Dino Buzzati* (1906–72) mit »Das Haus der sieben Stockwerke« (1953), »Der Mann, der nach Amerika gehen wird« (1962), *Valentino Bompiani* (1898–1992) mit »Teresa-Angelika« (1954), *Vitaliano Brancati* (1907–54) mit »Raphael« (1961), *Federico Zardi* (geb. 1912) mit »Die Marsbewohner« (1960), »Die Posaunenbläser« (1956) vertreten die gesellschaftskritische Farce, die bei *Aldo Nicolaj* (geb. 1920) bereits den Salto schlägt ins Boulevard: »Die Zwiebel« (1962), »Die Welt des Wassers« (1963). Für das politische Theater engagieren sich *Indro Montanelli* (geb. 1909) mit »Träume sterben bei Sonnenaufgang« (1960), »Kibbutz« (1961), *Luigi Squarzina* (geb. 1922) mit »Romagnola« (1959), »Die Teilnahme« (1954), »Rosa Luxemburg« (1975), *Salvato Cappelli* (geb. 1911) mit »Zweihunderttausend und einer« (1966). *Cesare Zavattini* (1902–89) knüpft in »Wie ein Drehbuch entsteht« (1959) an *Pirandellos* Spiel um den Zerfall der Identität an.

Wichtigster Anstoß auch für das deutsche Theater kommt aus der Erneuerung der italienischen Volksposse, die *Eduardo de Filippo* (1900–84) zu hintergründigen Charakterkomödien (»Philomena Marturano«, 1946; »Oh, diese Gespenster!«, 1946; »Samstag, Sonntag, Montag«, 1960; »Die inneren Stimmen«, 1948, sowie virtuos im Wechsel zwischen Wirklichkeit und Theaterspiel »Die Kunst der Komödie«, 1965) und später *Dario Fo* zu scharfzüngigen, kämpferischen Politfarcen umgestalten.

In Spanien schreiben *Antonio Buero Vallejo* (geb. 1916) mit »Glühende Finsternis« (1950) und dem Goya-Stück »Der Traum der Vernunft« (1970), *Joaquín Calvo Sotelo* (geb. 1905) mit »Die Mauer« (1955), »Michaela« (1962), *Alfonso Sastre* (geb. 1924) mit »Warum sie schweigen« (1954) sozialkritische, auch politisch brisante Stücke in Opposition zum Franco-Regime. Wichtigster Beitrag Spaniens sind die exzessiven Traumspiele von *Fernando Arrabal*. In Skandinavien schreibt der Schwede *Stig Dagerman* (1923–54) düstere Parabeln über Familienzwänge: »Im Schatten des Bruders« (1948), »Der jüngste Tag« (1952). Der Schwede *Per Olov Enquist* (geb. 1934) fand mit dem Strindberg-Stück »Die Nacht der Tribaden« (1975), mit »Aus dem Leben der Regenwürmer« (1981), das den Märchendichter Andersen als unterdrückte, an der Umwelt leidende Kreatur zeigt, und mit »Verdunklung« (1980), einer psychoanalytischen Aufbereitung des Phädra-Stoffs, auch auf dem deutschen Theater Aufmerksamkeit.

Die Absage an den Realismus

Um 1950 setzt eine Gruppe jüngerer Autoren der Avantgarde einen neuen gegen die Nachahmung der Wirklichkeit gerichteten Stil durch. Sie proklamiert das Anti-Theater, das Theater des Absurden. Ausgehend von Paris, experimentieren sie auf winzigen Kellerbühnen und verunsichern die etablierten Theater. Die Traumlogik, die sich weder an Kausalzusammenhänge noch an Folgerichtigkeit hält, sondern in grotesken, alptraumhaften Figuren und Situationen auszudrücken versucht, was an unbewältigten Ängsten, Fragen, Verstörung, Ratlosigkeit die Menschen der Nachkriegsjahre bedrückt, wird zur dramaturgischen Methode. Diese Stücke sind »Endspiele« in einer Zeit, die nach der Katastrophe des Zweiten Weltkriegs nicht mehr an das beruhigende Happy-End im Theater glauben kann. Zu den Autoren, die in Paris gegen das Illusionstheater und die Erwartungshaltung des Publikums antreten, gehören *Samuel Beckett*, *Eugène Ionesco*, *Arthur Adamov* (1908–70) mit »Invasion« (1950), »Alle gegen alle« (1953), »Ping-Pong« (1955), »Paolo Paoli« (1957), *Jean Vauthier* (1910–92) mit »Kapitän Bada« (1952), »Fortissimo« (1956), »Verwandlung« (1959), *Boris Vian* (1920–59) mit »Die Reichsgründer oder Das Schmürz« (1959; Reclams UB 9239, frz.), »Generäle« (1964), *Jacques Audiberti*, *Jean Tardieu* (geb. 1903) mit den kurzen Farcen seines »Taschentheaters«, und als Vorläufer der Bewegung *Roger Vitrac* (1899–1952) mit »Victor oder Die Kinder an der Macht« (1928) und *Guillaume Apollinaire* (1880–1918) mit »Die Brüste des Teiresias« (1917; Reclams UB 8396, frz./dt.).

Diese radikale Absage an die Wiedergabe von Wirklichkeit, dafür die Auflösung dieser Wirklichkeit in eine surreale Vorstellungswelt, in widersprüchliche Traumbilder, die Umwertung in der Sicht des Menschen auf sich selbst und auf die Umwelt hat manche historische Wegbereiter. Der Arzt *Sigmund Freud* (1856–1939) mit seiner psychoanalytischen Aufarbeitung des Unbewußten ebenso wie in der Prosaliteratur *Franz Kafka* (1883–1924) und *James Joyce* (1882–1941) haben das Bewußtsein geschärft für die Brüchigkeit der Realität, für die Vieldeutigkeit der Erscheinungswelt. Auch auf dem Theater gibt es dafür historische Vorläufer: Bereits *Alfred Jarry* (1873–1907) schuf aus der Tradition des Grand Guignol, der derben, unflätigen Possenfiguren des französischen Jahrmarkttheaters seinen

»König Ubu« (Reclams UB 9208, frz.), ein fettes, rülpsendes Monstrum, das freßgierig, feig, hinterhältig sich wie eine Macbeth-Karikatur durch Mord und Gewalttätigkeit zum König macht und eine Schreckensherrschaft errichtet. Ubu begeht seine Verbrechen aber nicht wie die Shakespeare-Helden, um Ruhm und Herrschaft zu erlangen. Ubu kämpft blutrünstig um die Leberwurst und um den Regenschirm – also das triviale Statussymbol des Spießers. Die Ausgeburt des Bösen ist zugleich lächerlich banal. Der Schrecken schlägt um in makabre Komik. Der Surrealist *André Breton* (1896–1966), der Jarry viele Anregungen verdankt, bezeichnet diesen Salto vom Schrecken ins befreiende Lachen, das aber stets noch den Unterton der Bestürzung behält, als »schwarzen Humor«. »König Ubu«, den Jarry in seiner Schulzeit entwirft als Zerrbild auf den verhaßten Physiklehrer Hébert und zunächst dabei an ein Marionettenspiel denkt, entfesselt bei der Uraufführung am 10. Dezember 1896 einen wüsten Theaterskandal schon beim ersten Wort »merdre« (= Schreiße). Der nur leicht verfremdete Fäkalausdruck war für die damaligen Zuschauer ein Schock. Jarry schreibt um seine rasch berüchtigt gewordene Ubu-Figur noch drei Fortsetzungen: »Ubu Hahnrei« (UA 1946), »Der gefesselte Ubu« (UA 1937), »Der enthirnte Ubu« (UA 1901).

Antonin Artaud (1896–1948) gründet 1927 in Paris das »Theater Alfred Jarry«, um ein exzessives Totaltheater zu entwickeln. In seiner theoretischen Schrift »Le théâtre et son double« (1944) proklamiert er das »Theater der Grausamkeit« (Théâtre de la Cruauté). Seine Ideen, die ein radikaler Gegenentwurf zum realistischen Drama sind, wirken bis heute auf Stückeschreiber wie *Jean Genet*, *Fernando Arrabal*, *Jacques Audiberti*, *Peter Weiss*, *Rainer Werner Fassbinder*, auf Theatermacher wie *Jean-Louis Barrault*, *Jerzy Grotowski*, das Living Theatre unter *Julian Beck* und *Judith Malina*, die Versuche von *George Tabori*. Artaud fordert, daß »das Schauspiel ein Delirium, ein Wahn ist und sich so wie die Pest überträgt ... Ein wirkliches Schauspiel befreit das unterdrückte Unbewußte ... ein schwieriges Theater, grausam gegen die anderen und vor allem gegen mich ...«. Das »Theater der Grausamkeit« ist nicht unbedingt eine Schaustellung von Gewalt und Blutrünstigkeit. Grausamkeit ist für Artaud »Unerbittlichkeit, erbarmungslose Konsequenz, unumkehrbare absolute Bestimmtheit ... Es ist in der Grausamkeit, die man ausübt, eine höhere Bestimmung, der der

Scharfrichter selbst unterstellt ist und die er gegebenenfalls selbst ertragen muß. Die Grausamkeit ist vor allem klar, es ist eine strenge Anordnung, die Unterwerfung unter eine Notwendigkeit.«

Andere Vorläufer zum Theater des Absurden sind die szenischen Versuche der Dada-Bewegung, die *Hugo Ball*, *Richard Huelsenbeck*, *Tristan Tzara* und *Walter Serner* im »Cabaret Voltaire« entwickeln, das sie 1916 in Zürich gründen. Ähnliche Ziele verfolgen *Yvan Goll* (1891–1950) mit seinem Drama des ›Überrealismus‹ (»Methusalem oder Der ewige Bürger«, 1924), die expressionistischen Dramolette des jungen Malers *Oskar Kokoschka* (1886–1980) »Mörder, Hoffnung der Frauen« (1910; in Reclams UB 9653) und »Der brennende Dornbusch« (1917), in den USA die Versuche von *Gertrude Stein* (1874–1946) und *Conrad P. Aiken* (1889–1973).

Ausgehend von Paris, findet das Theater des Absurden zahlreiche Nachahmer: *Günter Grass* schreibt als Jungautor ebenso wie *Tankred Dorst* absurde Farcen, *Wolfgang Hildesheimer* (1916–91) spielt vieldeutig mit Paradoxen in »Pastorale oder Die Zeit für Kakao« (1958), »Die Uhren« (1959), »Landschaft mit Figuren« (1959), »Die Verspätung« (1961), ebenso *Hermann Moers* (geb. 1930) mit »Koll« (1962), »Der kleine Herr Nagel« (1964), *Peter Hirche* (geb. 1923) mit »Die Söhne des Herrn Proteus« (1962), *Herbert Meier* (geb. 1928) mit »Jonas und der Nerz« (1959). Oft sind es – wie schon Grass – gerade die namhaften Romanautoren, die sich vom Absurden faszinieren lassen: *Heinrich Böll* (1917–85) schreibt »Ein Schluck Erde« (1961), *Siegfried Lenz* (geb. 1926) »Zeit der Schuldlosen« (1961) und »Das Gesicht« (1964), *Hugo Loetscher* (geb. 1929) »Schichtwechsel« (1960) und *Dieter Wellershoff* (geb. 1925) »Anni Nabels Boxschau« (1963).

In England widmen *Harold Pinter* und *James Saunders* in den USA *Arthur Kopit* (geb. 1937) ihre ersten Versuche dem absurden Theater, *Kopit* mit »Oh Vater, armer Vater, Mutter hängt dich in den Schrank, und ich bin so krank« (1960), »Die Eroberung des Mount Everest« (1960), »Als die Huren auszogen, Tennis zu spielen« (1965), »Sing zu mir durch offene Fenster« (1965) und »Kammermusik« (1965), bis er sich mit »Indianer« (1968) und dem Anti-Atom-Stück »Das Ende der Welt mit anschließender Diskussion« (1984) dem politischen Theater, mit »Schwingen« (1980) dem Psychodrama zuwendet.

»Nirvana« (1991) ist die schrille Satire auf die Vermarktung eines Superstars der Unterhaltungsindustrie, der mit allen Mitteln der Werbetechnik zur Kultfigur aufgebaut wird. In den USA experimentieren auch *Saul Bellow* (geb. 1915) mit »Die letzte Analyse« (1964) und »Die rettenden Trümmer« (1962), *Murray Schisgal* (geb. 1926) mit »Der Tiger« (1963), »Die Tipser« (1963), »Liiiebe« (1963), *Lewis John Carlino* (geb. 1932) mit »Käfige« (1963) und »Telemachos Clay« (1964), *James Patrick Donleavy* (geb. 1926) mit »New Yorker Geschichten«, *Jack Gelber* (geb. 1932) mit »Konnex« (1959) und »Der Apfel« (1961). Auch die Anfänge von *Edward Albee* liegen hier. In Italien vertreten *Luigi Candoni* (geb. 1921) mit »Schneebälle« (1957) und *Ezio d'Errico* (geb. 1909) mit »Die Heuschrecken« (1958) und »Der Ameisenhaufen« (1960) die absurde Richtung, die besonders im Ostblock die Phantasie der Schriftsteller beflügelt: in Polen hat die surrealistische Farce bereits in den Stücken von *Stanislaw Ignacy Witkiewicz* (1885–1939) einen Vorläufer. Seine theoretischen Aufsätze zum Theater des Futurismus werden wiederentdeckt, seine grotesken Dramen (»Der Narr und die Nonne«, 1923; »Die Schuster«, 1934; »Die Mutter«, 1964; »Belzebubs Sonate«, 1925) wirken auf den Stil der polnischen Theatererneuerer *Jerzy Grotowski* (geb. 1933) und *Tadeusz Kantor* (geb. 1915), auf die Stückeschreiber *Sławomir Mrożek*, *Jerzy Broszkiewicz* (geb. 1922) mit »Lullek« (1960), *Bohdan Drozdowski* (geb. 1936) mit »Der Leichenzug« (1961) und »Der Käfig« (1962), *Tadeusz Rożewicz* (geb. 1921) mit »Die Kartothek« (1960), »Die Laokoon-Gruppe« (1962) und »Die Zeugen oder Unsere kleine Stabilisierung« (1962), besonders aber die surrealen Traumspiele von *Witold Gombrowicz* (1904–69): »Yvonne, Prinzessin von Burgund« (1957), »Die Trauung« (1963) – beide auch vertont von *Boris Blacher* bzw. *Volker David Kirchner* – sowie »Operette« (1969).

In der ČSSR nutzen *Pavel Kohout*, *Václav Havel*, *Ivan Klíma* (geb. 1931) mit »Ein Schloß« (1964), »Ein Bräutigam für Marcella« (1969), »Spiele« (1975), *Pavel Landovsky* (geb. 1936, »Wegen Desinfektion geschlossen«, 1968; »Arrest«, 1981, bereits in der Emigration entstanden) die Farce mit ihrer grotesken Überzeichnung zur verschlüsselten politischen Kampfansage.

Diese Stücke entstehen abseits der etablierten Theater in enger Zusammenarbeit mit kleinen Studiobühnen: das »Theater am

Geländer« mit *Václav Havel* als Dramaturgen und Hausautor, mit *Jan Grossman* als Spielleiter, das »Theater vor dem Tor« unter *Otomar Krejča*, das »Schwarze Theater«, die Pantomimengruppe unter *Ladislas Fialka* beflügeln mit ihren experimentellen Möglichkeiten wieder die Phantasie der Autoren – als Unterzeichner der »Charta 77« waren diese Theatermacher in Haft, von Berufsverbot betroffen oder sind emigriert.

Ähnlich wie die szenischen Demonstrationen der Dadaisten, die bewußt auf Schock und Verstörung ihres Publikums ausgerichtet waren, entdeckt man um 1960 die freie Improvisation, das Happening (engl. to happen = sich ereignen), die den Zuschauer aus der passiven Haltung des Konsumenten reißen wollen. *Hermann Nitsch* und *Otto Mühl* experimentieren seit 1957 mit ihrem »Orgien Mysterien Theater«, beziehen darin Blutrituale ein, um Theater als archaisch dionysischen Kultvorgang zu erleben. *Alf Poss* (geb. 1936) verzichtet auf Improvisation, läßt aber sein Aktionstheater (»Zwei Hühner werden geschlachtet«, 1967; »Wie ein Auto funktioniert«, 1971) ebenso entfesselt spontan ablaufen wie *Wolfgang Bauer* seine Schein-Happenings aus der Szene der Beatniks. *Bazon Brock* (geb. 1936) bezieht die Popart ein (für die Frankfurter Experimenta I: »Theater der Position«) und stellt die zufällige Wirklichkeit der Umwelt als zitierte Wirklichkeit aus. *Wolf Vostell* (geb. 1932) veranstaltet Happenings und Spontanaktionen (z. B. »Das Theater ist das Ereignis auf der Straße«, Paris 1958), ähnliche Versuche unternehmen *Allan Kaprow* und *Ken Deway* (geb. 1934) in New York, *John Cage* (geb. 1912) experimentiert mit aleatorischen Tonfolgen.

Paul Pörtner (1925–85) beteiligt in seinen Mitspielen (»Scherenschnitt«, 1963; »Entscheiden Sie sich«, 1965; »Polizeistunde«, 1975) das Publikum aktiv am Verlauf seiner Stücke: die Zuschauer entscheiden durch Abstimmung über das Verhalten der Figuren – z. B. wer in einem Kriminalfall der Täter ist. So werden sie mitbeteiligt an den Motiven und Charakterentwicklungen der Figuren, die sich – der wechselnden Zuschauerentscheidung entsprechend – in jeder Aufführung anders verhalten müssen.

Auch das politische Theater greift auf die Form des Happenings und der spontanen Demonstration zurück, wie *Max von der Grün* (geb. 1926) mit »Notstand oder Das Straßentheater kommt« (1969) oder *Michael Hatry* (geb. 1940) mit »Notstandsübung«. Diese Aktionen entstehen jeweils in enger Zusammenarbeit mit einem Theater (von der Grün gemeinsam mit Castrop-Rauxel, Hatry mit Ulm) und sind Spontanreaktionen auf die politische Aktualität.

Die Grenzen des Sozialistischen Realismus

In der Sowjetunion wird auch nach 1945 der Sozialistische Realismus nach der sehr äußerlich interpretierten Stanislawski-Methode zum Kunstdogma erhoben. Erst das Jahr 1956, die Abrechnung Chruschtschows mit Stalin auf dem XX. Parteitag der KPdSU, bringt mehr Spielraum. Die Periode des ideologischen »Tauwetters« (benannt nach der Erzählung »Ottepel« von Ilja Ehrenburg) beschert Lockerung. Man stellt wieder die Stücke von *Wladimir Majakowski* zur Diskussion, das Taganka-Theater unter *Juri Ljubimow* knüpft an die anti-illusionistischen Stilmittel von *Tairow* und *Wachtangow* an, *Oleg Jefremow* und *Georgij Towstonogow* entwickeln einen Regiestil, der von Stanislawski wegführt. Schon in den dreißiger Jahren hat *Jewgeni Schwarz* (1896–1958) mit seinen Märchenspielen, die in allegorisch verspielter Form gegen den politischen Terror des Stalinismus protestierten, den verordneten platten Naturalismus ignoriert: »Der Schatten« (1933), »Rotkäppchen« (1937), »Die Schneekönigin« (1938), »Der Drache« (1943), »Das alltägliche Wunder« (1956). *Viktor Rosow* (geb. 1913) vermenschlicht die Darstellung der politischen Kämpfe, indem er Privatkonflikte einbezieht: »Die ewig Lebenden« (auch als Film erfolgreich: »Wenn die Kraniche ziehen«, 1956), »Auf der Suche nach Freude« (1957), »Am Tage der Hochzeit« (1964), »Das Klassentreffen« (1967). *Alexander Kornejtschuk* (1905–72) aus der Ukraine verklärt in über zwanzig Dramen den sozialistischen Aufbau und wurde dafür sechsmal mit dem Staatspreis belohnt (»Die Partisanen in den Steppen der Ukraine«, 1942; »Das Holunderwäldchen«, 1950; »Eine Tagebuchseite«, 1963). *Alexej Arbusow* (1908–86) mit »Irkutsker Geschichte« (1960), »Leningrader Romanze« (1965), »Abendlicht« (1974), *Konstantin Simonow* (1915–79) mit »Die russische Frage« (1946), »Der Vierte« (1961), »Aus den Notizen Lopatins« (1973), *Nikolai Pogodin* (1900–62), im Ostblock viel gespielt, mit seiner Lenin-Trilogie »Der Mann mit dem Gewehr« (1937), »Das Glockenspiel des Kreml« (1942) und »Schlußakkord« (1958), *Leonid Leonow* (geb. 1899) mit »Ein gewöhnlicher Mensch« (1945) und »Die goldene Kutsche« (1946). Sowjetische Autoren, denen der Sprung aufs westdeutsche Theater gelang, sind *Leonid Sorin* (geb. 1924) mit »Die Warschauer Melodie« (1967) und der jungverstorbene *Alexander Wampilow* (1937–72) mit »Entenjagd« (1971), »Letzten Sommer in Tschulimsk« (1973), »Provinzanekdoten« (1974).

1949 wird aus der Sowjetischen Besatzungszone die ›Deutsche Demokratische Republik‹. Das Theater wird weitgehend von zwei Richtungen beherrscht. Da ist *Bertolt Brecht*, der sein »Berliner Ensemble« aufbaut und Autoren fördert, die sein episches Theater weiterentwickeln: *Erwin Strittmatter* (geb. 1912) mit »Katzgraben« (1953) und »Die Holländerbraut« (1960), *Helmut Baierl* (geb. 1926) mit der Courage-Figur der »Frau Flinz« (1961), »Johanna von Döbeln« (1968), »Die Lachtaube« (1974), »Der Sommerbürger« (1976), die Anfänge von *Hartmut Lange* mit »Marski« (1962) und *Peter Hacks*. Daneben entstehen nach den parteiamtlichen Richtlinien des Sozialistischen Realismus Zeitstücke. Thema sind der politische Kampf und der sozialistische Aufbau. Die beiden Bitterfelder Konferenzen (1959 und 1964) wollen mit der Losung »Greif zur Feder, Kumpel!« den Arbeiter selbst zum Literaturproduzenten und seine unmittelbare Selbstdarstellung zum Hauptthema machen. Der Plan scheitert, aber der Arbeiter wird zur Mittelpunktsfigur im Drama des Arbeiter- und Bauernstaates. *Horst Salomon* (1929–72) ist ein schreibender Arbeiter, der mit »Katzengold« (1964), »Der Lorbaß« (1967), »Genosse Vater« (1969) seinen Beitrag leistet, wie *Jochen Koeppel* (geb. 1930) mit »Heiße Eisen« (1959). *Joachim Knauth* (geb. 1931) aktualisiert ironisch historische Stoffe wie »Heinrich VIII. oder Der Ketzerkönig« (1955), »Die sterblichen Götter« (1960), »Bellebelle« (1974) u. a. *Hedda Zinner* (geb. 1907) wählt politische Konflikte: »Caféhaus Payer« (1945), »Der Teufelskreis« (1953), »Lützower« (1955), »Ravensbrücker Ballade« (1961). *Rainer Kerndl* (geb. 1928), seit 1963 als Theaterkritiker beim »Neuen Deutschland« mächtig als Meinungsmacher, bekämpft Mißstände und Abweichler in der DDR-Gesellschaft mit Beispieldramen, die vorbildlich und optimistisch ihre Konfliktlösungen anbieten: »Schatten eines Mädchens« (1961), »Ich bin einem Mädchen begegnet« (1969), »Wann kommt Ehrlicher?« (1971),

»Die wilde Rotte« (1975). »Die seltsame Reise des Alois Fingerlein« (1967) ist Kerndls Beitrag zum epischen Theater.

Die eigenwilligsten Begabungen in der DDR sind (oder wurden) in die Bundesrepublik übergewechselt: *Hartmut Lange*, *Wolf Biermann* (geb. 1936) mit seinem Spektakel »Der Dra Dra« (1971), *Thomas Brasch*, *Heinar Kipphardt*, *Jochen Ziem* (geb. 1932). Aufsehen erregt *Ulrich Plenzdorf* (geb. 1934) mit seinem aufmüpfigen Halbstarkenstück »Die neuen Leiden des jungen W.« (1972): Der neunzehnjährige Edgar Wibeau lebt zunächst musterhaft als Jungpionier und Lehrling – ganz die angepaßte, autoritätsgläubige Vorzeigefigur, wie Staat und Partei sie wünschen. Und plötzlich wird er zum aufsässigen Individualisten, der nur noch die eigenen Bedürfnisse gelten läßt und sich der Gesellschaft verweigert. Er geht nicht mehr zur Arbeit, versucht sich als Künstler, begeistert sich für Beat, sieht in Goethes »Werther« sein großes Vorbild und wird durch einen Stromschlag getötet, als er der Umwelt mit einer verwegenen Bastelei imponieren will. Edgar wird für die junge Generation in der DDR, die für Pop und Jeans schwärmt, zur Leitfigur des persönlichen Freiheitsdrangs, die von Regierung und SED mit einigem Argwohn beobachtet wurde. Auch in der Form – in Rückblenden wird der Fall des toten Edgar aufgerollt und interpretiert – geht Plenzdorf neue Wege. In »Buridans Esel« (1975) nach dem Roman von *Günter de Bruyn* versucht Plenzdorf den privaten Freiraum – diesmal auf dem Gebiet der Ehemoral – für den einzelnen Bürger zu erweitern.

Die siebziger und achtziger Jahre

Wesentlich für das deutsche Theater der siebziger Jahre wurde das sozialkritische Volksstück. Die Studentenbewegung von 1968, die Protesthaltung gegen die Institutionen, das Ziel der jungen Generation, die gesellschaftliche Realität kritisch zu durchleuchten und durch Reformen zu verändern – die Aufbruchstimmung jener Jahre erfaßt auch das Theater. Der Sozialbefund aus dem Klein-Leute-Alltag wird zum neuen, vielfach abgewandelten Thema: die Arbeitswelt mit ihren Zwängen, der Verlust an Sprache, an Bewußtsein und Persönlichkeit wird aufgezeigt am Kleinbürger, der eingespannt zwischen Leistungsdruck und den Lockungen der Konsumgesellschaft immer mehr verkümmert oder sich Luft macht in Gewalttätigkeit. Wegbereiter für diese kritischen Sozialstücke sind *Ödön von Horváth* und *Marieluise Fleißer*. Ihre Stücke schildern die sozialen und geistigen Verkrüppelungen im Kleinstadtmief, in der Wirtschaftskrise und der daraus entstehenden politischen Radikalisierung der Jahre vor dem Zweiten Weltkrieg. Um 1970 entdeckt man diese Stücke wieder für den Spielplan. Sie verdrängen hier Hauptmann und Shaw, da sie mit ihrem sozialkritischen Engagement, mit ihrer materialistischen Gesellschaftsanalyse, ihrer Sprach- und Bewußtseinskritik einen Nerv der Zeit treffen. Und eine ganze Generation junger Stückeschreiber stellt sich bewußt in die Nachfolge von Horváth und Fleißer. *Franz Xaver Kroetz* (geb. 1946), *Martin Sperr* (geb. 1944), *Harald Sommer* (geb. 1935), *Wolfgang Deichsel* (geb. 1939), *Peter Turrini* (geb. 1944), *Heinrich Henkel* (geb. 1937), *Rainer Werner Fassbinder* (1946–82), *Wolfgang Bauer* (geb. 1941), *Fitzgerald Kusz* (geb. 1944) erneuern das Dialektstück, *Karl Otto Mühl* (geb. 1923) und *Ursula Krechel* (geb. 1947) zeigen den Verschleißprozeß in der Arbeitswelt.

Auch das Historienstück wird neu erprobt: Geschichte nicht mehr als Vorlage für ein Heldendrama, sondern in materialistischer Sicht analysiert als gesellschaftlicher Prozeß. Man betrachtet die Vergangenheit nicht mehr von den großen Tätern aus, sondern von deren Opfern: *Martin Walser* führt in die Reformationszeit (»Das Sauspiel«, 1975) und ins klassizistische Weimar (»In Goethes Hand«, 1982), *Dieter Forte* verflacht die historischen Figuren zu Marionetten der vorgegebenen machtpolitischen Positionen: »Martin Luther & Thomas Münzer oder Die Einführung der Buchhaltung« (1970), »Jean Henry Dunant oder Die Einführung der Zivilisation« (1978), »Kaspar Hausers Tod« (1979). Oft rücken die Dichter und Denker – immer schon der Deutschen Lieblingsthema – in den Mittelpunkt. Diese Variante des historischen Künstlerdramas zeichnet den Dichter als machtloses Werkzeug der Mächtigen, als Alibi einer Humanität, die in der Politik nur vorgetäuscht ist. So sieht *Peter Weiss* seinen »Hölderlin» (1971), *Tankred Dorst* seinen »Toller« (1968) und Hamsun in »Eiszeit« (1973), auch den mythischen »Merlin« (1981). *Hartmut Lange* stellt Horaz und Ovid auf die Bühne (»Staschek oder Das Leben des Ovid«, 1973), *Rolf Hochhuth* wählt Hemingway (»Tod eines Jägers«, 1977), *Peter*

Hacks »Senecas Tod« (1978), *Thomas Brasch* den Lyriker Georg Heym (»Lieber Georg«, 1980) und *Edward Bond* Shakespeare (»Bingo«, 1974).

Auch die deutsche Vergangenheit vom ›Dritten Reich‹ bis zum Wirtschaftswunder der fünfziger Jahre wird immer wieder befragt: *Gerlind Reinshagen* mit »Sonntagskinder« (1976) und »Das Frühlingsfest« (1980), *Thomas Brasch* mit »Lovely Rita« (1978) und »Rotter« (1977), *Heiner Müller* mit »Germania Tod in Berlin« (1978), *Thomas Hürlimann* (geb. 1950) mit »Großvater und Halbbruder« (1981). Stets ist es der private Blick, den die Zaungäste der Geschichte auf die Katastrophen werfen und der ihnen die Perspektive vorgibt. Nicht die Macher, die Mitmacher sind es, deren Haltung den Autor interessiert. Diesen Weg geht auch das politische Zeitstück, das mal auf die Kolportage, mal auf die überhöhte Parabel setzt: *Rolf Hochhuth* (»Die Juristen«, 1980, »Ärztinnen«, 1980), *Tankred Dorst* (»Auf dem Chimborazo«, 1975; »Die Villa«, 1980), *Hartmut Lange* (»Frau von Kauenhofen«, 1977; »Pfarrer Koldehoff«, 1979), *Peter Weiss* (»Der neue Prozeß«, 1982), *Horst Laube* (geb. 1939) mit »Der Dauerklavierspieler« (1974), »Der erste Tag des Friedens« (1978).

Auf den Zerfall der zwischenmenschlichen Beziehungen, auf die Bruchstellen in unserer Gesellschaft richtet *Botho Strauß* den Blick. »Die Hypochonder« (1972), »Bekannte Gesichter, gemischte Gefühle« (1975), »Trilogie des Wiedersehens« (1977), »Groß und klein« (1978) und »Kalldewey, Farce« (1982) sind Modelle für die Ratlosigkeit, die Entfremdung, das Verlorensein des Menschen in der heutigen anonymen Leistungsgesellschaft.

Peter Handke hat seit 1966 zunächst mit seinen Sprechstükken radikal und provozierend mit den Konventionen des Theaters, mit der Erwartungshaltung des Zuschauers gebrochen. Er erarbeitet Modelle für den kritischen Umgang mit der Sprache, mit den gesellschaftlichen Haltungen, mit dem Bewußtsein und seinen eingeschliffenen Vorstellungen. Nach »Die Unvernünftigen sterben aus« (1974) setzt er für fast ein Jahrzehnt mit der Theaterarbeit aus, legt 1982 aber dann das nostalgische, klassisch überhöhte Mahnspiel »Über die Dörfer« vor, das die Rückkehr zu den ewigen Werten und großen Worten predigt. Seit seinem Erstling »Ein Fest für Boris« (1970) bietet *Thomas Bernhard* mindestens alljährlich ein neues Stück dem Theater

Dürrenmatt, Der Meteor

Beckett, Endspiel

an; eine Welt voll von Wahnwitz, Unterdrückung, erschöpfendem Leerlauf tut sich da auf – Zerrbilder, die in monomanem Wiederholungszwang immer neu Krankheit, Tod, Vernichtung, Gewalt und Gemeinheit ausmalen und sich sprachbesessen in den Untergangsrausch hineinsteigern. So entstehen Geschichten und Figuren aus einem Alptraum – grotesk, abgründig und von bösartiger Komik. Auch *Helmut Eisendle* (geb. 1939) setzt auf Sprachartistik: »A Violation Study« (1972), »Salongespräch oder Die Chronik der geistigen Wunder schimmert fahl und zweideutig« (1976), »Billard oder Das Opfer am grünen Tisch« (1979). *Ernst Jandl* (geb. 1925) nutzt in »Aus der Fremde« (1980) die Stilmittel der Konkreten Poesie, Lautmalerei und Syntaxspielereien zur Selbstdarstellung des Literatenalltags auf der Bühne. *Herbert Achternbusch* (geb. 1938) fabuliert für das Theater exzentrisch-abgründige Geschichten: »Susn« (1980), »Kuschwarda-City« (1980), »Plattling« (1982), »Der Frosch« (1982) und »Sintflut« (1984). Ausgehend von »Ella« (1978) über »Mein Herbert« (1983) und »Gust« (1984) bis zu »Weg« (1985) zeichnet er Figuren aus der eigenen Familiengeschichte: Bestandsaufnahmen des versäumten, geduckten Lebens, Eintönigkeit und Alltagszwänge – festgehalten in den Erinnerungsmonologen und Briefzitaten einiger urbayerischer Querdenker.

Ludwig Fels (geb. 1946) entwirft mit »Lämmermann« (1983) und »Der Affenmörder« (1985) Lebensläufe in der Form des Stationendramas: grotesk übersteigerte Versuche, auszubrechen aus dem festgelegten Leben und den Erwartungen der Umwelt. *Friederike Roth* (geb. 1948), vom Hörspiel herkommend, entwickelt sensible Psychostudien. Die Österreicherin *Elfriede Jelinek* (geb. 1946) zeigt die Frau als Opfer der Männergesellschaft in »Was geschah, nachdem Nora ihren Mann verlassen hatte oder Stützen der Gesellschaft« (1979), in »Clara S.« (1982) und besonders polemisch in der Farce »Burgtheater« (1985). *Klaus Pohl* (geb. 1952) bemüht sich um einen neuen Typ des Zeitstücks der brandheißen Themen. *Thomas Strittmatter* (geb. 1961) spürt der Judenverfolgung nach, wie sie gemütlich-brutal im schönen Schwarzwald betrieben wird: »Viehjud Levi« (1982). »Der Kaiserwalzer« (1986) ist ein satirischer Bilderbogen um ein altgewordenes Ehepaar, das sich in einem banalen, monströsen Endlos-Kleinkrieg erschöpft. »Untertier« (1991) beleuchtet kritisch den Polizisten-Alltag: engstirnige Männer-Kumpanei mit faschistoidem Unterton. Das vielgespielte Einpersonenstück »Der Kontrabaß« (1981) von *Patrick Süskind* (geb. 1949) zeigt den Musiker nicht als Meister, sondern als tragikomisches Opfer seines überdimensionalen Instruments. *Felix Mitterer* (geb. 1948), als Schauspieler auch in seinen Texten stets an der Theaterpraxis orientiert, bringt sozialkritische Konflikte auf die Bühne (»Kein Platz für Idioten«, 1979; »Sibirien«, 1989), provoziert mit »Stigma« (1982) die katholische Öffentlichkeit, indem er die Vermarktung eines Wunders anprangert, greift auch auf historische Stoffe zurück (»Die Kinder des Teufels«, 1989; »Das wunderbare Schicksal«, 1992): stets sehen wir Außenseiter als Opfer einer engstirnigen, auf Ausbeutung und Machterhalt bedachten Obrigkeit. »Ein Jedermann« (1991) ist ein grell aktualisierter Gegenentwurf zum Weihespiel des Salzburger Domplatzes. *Katrin Specht* (geb. 1956) siedelt ihr kritisches Volkstheater im kargen, düsteren Frankenwald an der früheren Zonengrenze an – vergessene, abgestumpfte, in sozialer Not vegetierende Menschen, die in dieser Zwangslage brutal oder apathisch geworden sind: »Das glühend Männla« (1990), »Amiwiesen« (1990), »Lila« (1990). Auch *Harald Kislinger* (geb. 1958) übt Sozialkritik, wenn er in seinen Volksstücken den Kleine-Leute-Alltag aus verquerer Sehnsuchtshoffnung und dumpfer Totschlagslust grell bis hin zu Horror-Effekten ausstellt: »Ersticken« (1987), »Steinigung einer nackten Frau« (1991), »A liebs Kind« (1992), »Heimatstöhnen« (1992), »Vom Fleischhacken und Liebhaben« (1992) – bereits die krassen Titel sind Programm.

In der DDR schreibt *Peter Hacks* weiter seine witzig eleganten Glossen, die Zeitbezug hinter historischen Masken verstekken; auch *Heiner Müller* geht auf Spurensuche in die Vergangenheit und entdeckt dort die Gegenwartskonflikte: »Horatier« (1973), »Leben Gundlings Friedrich von Preußen Lessings Schlaf Traum Schrei« (1979), »Der Auftrag« (1980), »Quartett« (1982). Andere Stücke von Müller bringen Stationen der Arbeiterbewegung (»Zement«, 1973; »Die Bauern«, 1976) oder durchleuchten die opportunistische Haltung des Kleinbürgers im ›Dritten Reich‹ (»Die Schlacht«, 1975; »Germania Tod in Berlin«, 1978). »Die Hamletmaschine« (1979), »Verkommenes Ufer Medeamaterial Landschaft mit Argonauten« (1983), »Anatomie Titus. Fall of Rome. Ein Shakespearekommentar« (1985) und »Bildbeschreibung« (1985) nutzen Fundstücke aus Mythos und Literatur als Spielmaterial, die durch Bilder des Terrors, der

Unmenschlichkeit, durch den Aufschrei aus Not und Angst verstellt und entstellt werden. *Christoph Hein* (geb. 1944) führt in Form einer zeitlosen fernöstlich verfremdeten Parabel (»Die wahre Geschichte des Ah Q.«, 1983) vor, daß auch die Revolution keinerlei Verbesserung bringt, sondern nur die alte Unterdrückung unter neuen Parolen fortsetzt. Auch *Volker Braun* beschreibt Konflikte in der DDR-Arbeitswelt (»Die Kipper«, 1972; »Hinze und Kunze«, 1968; »Tinka«, 1977; »Schmitten«, 1978) oder sucht ebenfalls die historische Konstellation: »Lenins Tod« (1970), »Guevara oder Der Sonnenstaat« (1977). *Rolf Schneider* (geb. 1932) beginnt mit Dokumentarstücken (»Prozeß Richard Waverly«, 1963; »Prozeß in Nürnberg«, 1967) und wendet sich später ebenso der historischen Modellsituation zu: »Dieb und König« (1966), »Die Mainzer Republik« (1980), »Sommer in Nohant« (1981). *Stefan Schütz* (geb. 1944) geht von alten Stoffen und Vorlagen aus (»Odysseus' Heimkehr«, 1981; »Die Amazonen«, 1977; »Heloisa und Abälard«, 1978), findet mit »Der Hahn« (1980) auch zur aktuellen Satire auf die DDR. Zum gleichen Thema liefern *Rudi Strahl* (geb. 1931) und *Helmut Baierl* (geb. 1926) vielgespielte Gebrauchsstücke.

In England entwickelt sich die »sophisticated comedy« – eine typisch angelsächsische Spielart des Zeitstücks. Mit den Stilmitteln des Boulevardtheaters, mit oft bewußt konventionellen Figuren und Situationen, mit dem leichten und leichtsinnigen Konversationsgeplänkel des alten Salonstücks deckt man die Schwachstellen unserer Gesellschaft auf – die Einsamkeit und Unsicherheit zwischen den Menschen, ihre Zweifel, ihren Selbstverlust: *Harold Pinter, Tom Stoppard, Simon Gray, Christopher Hampton* entwerfen Rollenspiele, die sich harmlos geben und voller Abgründe sind. *Edward Bond* beginnt mit naturalistischen Sozialstudien (»Gerettet«, 1965) und setzt seine späteren politischen Parabeln in ein historisches Umfeld: »Schmaler Weg in den tiefen Norden« (1968), »Trauer zu früh« (1969), »Die See« (1973), »Der Irre« (1974), »Die Schaukel« (1976), »Das Bündel« (1978), »Die Frau« (1978). Die Rückkehr zum naturalistisch krassen Sozialstück bringen *David Rudkin* (geb. 1936) mit »Vor der Nacht« (1962), »Asche« (1974), *Nigel Williams* (geb. 1948) mit »Klassenfeind« (1979), *Trevor Griffiths* (geb. 1935) mit »Komiker« (1975). *Caryl Churchill* gewinnt, indem ihre Stücke von Frauen handeln, in dieser Sozialdramatik eigenes Profil.

In den USA versuchen *Edward Albee*, *Tennessee Williams*, *Arthur Miller* immer wieder mit neuen Werken an den alten Erfolg anzuknüpfen, Erfolgsautoren wie *Neil Simon* (geb. 1927) beliefern alljährlich den Broadway, und von dort geht dann ein Stück mit Bravourrollen wie »Sonny-Boys« (1972) von *Simon* oder »Amadeus« (1979; Reclams UB 9219, engl.) von *Peter Shaffer* (geb. 1926 in Liverpool) um die Welt. *David Mamet* (geb. 1948) liefert in »Hanglage Meerblick« (1983) eine Satire auf den Geschäftsbetrieb der Makler und Spekulanten. *Sam Shepard* (geb. 1943) durchleuchtet die Schattenseiten des amerikanischen Mythos und seiner Hollywood-Klischees in »Fluch der verhungernden Klasse« (1977), in »Goldener Westen« (1981) und »Liebestoll« (1983). *John Hopkins* (geb. 1931), der bereits in »Diese Geschichte von Ihnen« (1968) den Psychoterror eines Polizeiverhörs festgehalten hat, erneuert in »Verlorene Zeit« (1979) die sexuellen Zimmerschlachten zwischen Mann und Frau, ihre Vernichtungskämpfe und Unterwerfungsrituale – und in ähnlich exzessiver Zerstörungsorgie kommt aus Schweden mit *Lars Norén* (geb. 1944): »Dämonen« (1984), »Nachtwache« (1985), »Und gib uns die Schatten« (1991), ein Psychogramm des todkranken, von der Öffentlichkeit bereits vergessenen Dramatikers Eugene O'Neill, der sich im Ehekrieg zermürbt. Wichtiger für die Entwicklung ist ein Avantgardist wie *Robert Wilson* mit »Einstein on the Beach«, »Death, Destruction & Detroit«, »Die goldenen Fenster«, belebend wirkt *Woody Allen* (geb. 1935) mit seinen Farcen »Tod« und »Gott«.

Im Zeichen von Glasnost und Perestrojka erreichen uns auch neue sowjetische Stücke: *Wladimir Gubarew* (geb. 1938) arbeitet in »Der Sarkophag« (1987) ebenso rasch wie freimütig die Reaktorkatastrophe von Tschernobyl auf. *Viktor Slawkin* (geb. 1935) zeigt in »Cerceau« (1982) eine Gruppe heutiger Sowjetbürger – als zweifelnde, haltlose Außenseiter der Gesellschaft.

Die Holländerin *Judith Herzberg* (geb. 1934) verbindet subtile Gruppenstudien mit politischen Konflikten, entgeht jedoch dem platten Beschreibungsrealismus des Zeitstücks durch surrealistische Vieldeutigkeit in »Leas Hochzeit« (1982), »Und/Oder« (1985), »Frühling, ach ja« (1991).

In Frankreich stammen die wesentlichsten Stücke von freien Theatergruppen, die sich ihre Spielvorlagen für den eigenen Bedarf erarbeiten. Das »Théâtre du Soleil« unter *Ariane*

Mnouchkine (geb. 1938) setzt sich mit unserer Zeit auseinander durch historische Spektakel wie »1789» und »1793«, mit »Das goldene Zeitalter« und zuletzt mit »Mephisto«, einer szenischen Collage nach dem Roman von Klaus Mann. Unter den jüngeren Franzosen konnten nur *Jean-Claude Grumberg* (geb. 1939) mit »Dreyfus« (1974) und »Das Atelier« (1979), *Victor Lanoux* (geb. 1936) mit »Der Büchsenöffner« (1973) sowie *Bernard-Marie Koltès* mit einigen Stücken auf dem deutschen Theater Fuß fassen. *Michel Vinaver* (geb. 1927) führt in »Flug in die Anden« (1983) das Big Management eines Konzerns in die Extremsituation. Nach dem Flugzeugabsturz beginnt in der Wildnis der Überlebenskampf bis zum Kannibalismus.

Brisanter und unmittelbarer am Nerv der Zeit als die neuen Stücke erweist sich für das deutsche Theater während der siebziger und auch in den beginnenden achtziger Jahren die Auseinandersetzung mit den Klassikern: die fantasievollsten Regisseure der jüngeren Generation von Peter Stein und Peter Zadek bis Claus Peymann, Dieter Dorn, Jürgen Flimm, Luc Bondy, Thomas Langhoff, Andrea Breth, in jüngster Zeit mit provozierend radikalem Zugriff Frank Castorf und Leander Haußmann setzen sich mit Shakespeare, mit Lessing, Goethe, Schiller, Kleist und Büchner auseinander, finden und erfinden für die alten Texte radikal neue Sehweisen. Ihre Umformung der klassischen Vorlagen vermittelt aktuelle Inhalte und Auseinandersetzungen.

MAX FRISCH

* 15. Mai 1911 in Zürich
† 4. April 1991 in Zürich

Sohn eines Architekten, studiert zunächst Germanistik, arbeitet als Journalist, besucht als Berichterstatter Sibirien, den Balkan, die Türkei. 1936–40 studiert Frisch Architektur an der ETH Zürich, gewinnt 1940 vor 82 Konkurrenten die Ausschreibung um das Freibad »Letzigraben« in Zürich, betreibt 1944–55 sein Architekturbüro. Seit 1946 ausgedehnte Reisen durch Europa, Mexiko, USA. Seit 1955 als freier Schriftsteller in Zürich, 1961–65 in Rom, dann in Berzona (Tessin) und Küsnacht bei Zürich. Nicht nur in seinen Romanen und Theaterstücken, auch in seinen Tagebüchern (»Blätter aus dem Brotsack« 1940; »Tagebuch 1946–1949«; »Tagebuch 1966–1971«) sowie zahlreichen aktuellen Aufsätzen und Reden setzt sich Frisch mit unserer Zeit auseinander.

Stärker noch als durch seine Stücke ist Frisch mit seinen Romanen (*Stiller*, 1954; *Homo Faber*, 1957; *Mein Name sei Gantenbein*, 1964; *Montauk*, 1975) bereits zum Klassiker der Moderne geworden. Auf der Bühne wie in der Prosa ist sein zentrales Thema die Frage nach der Selbstverwirklichung, nach der Identität: Wie kann der heutige Mensch, der sich so vielerlei Zwängen und Systemen unterworfen sieht, noch zu sich selbst und zum wahren Leben kommen – das ist der moralische Anspruch, dem sich bei Frisch alle Figuren zu stellen haben. Diese Suche nach der Identität geschieht in den Stücken oft gewaltsam als Ausbruch aus dem bürgerlich festgelegten Dasein *(Santa Cruz, Don Juan, Graf Öderland)*. Oft scheitern die Figuren an den Wiederholungszwängen in ihrem Leben und an den vorgegebenen Abläufen, die sie persönlich erfahren (wie *Don Juan*, Kürmann in *Biografie*) oder als politische Verhältnisse erleiden *(Biedermann, Die chinesische Mauer)*. Wenn solche Ausbruchsversuche aber glücken, dann nicht weil das utopische Land der Freiheit erreicht ist, sondern weil die Figuren eine persönliche Entwicklung durchgemacht haben, sich selbst anzunehmen und sich also im tieferen Sinn verändert haben.

Mit der Frage nach der wahren Identität stellt Frisch zugleich die Gegenfrage nach der Scheinidentität, nach den Abbildern und Trugbildern, die von der Gesellschaft als Vorurteile und Ideologien beharrlich in Umlauf gesetzt werden. Der Bibelspruch »Du sollst dir kein Bildnis machen!« hat für Frisch fundamentale Bedeutung. In *Andorra* und *Triptychon* demonstriert er, wie die Selbstverwirklichung verfehlt wird durch die prägende, aburteilende Kraft der Vorurteile und Meinungen. Für das Opfer solcher Vorurteile bleibt nur die Entfremdung, es läßt sich von außen in ein Rollenverhalten zwingen, es wird eingeholt und festgelegt durch die Wiederholungszwänge, denen es entrinnen will.

Formal ist Frisch von Brecht, mit dem er während dessen Aufenthalt in Zürich 1947 persönlich Kontakt hatte, und von seinem epischen Theater beeinflußt: Frisch läßt sich anregen durch die Form der Parabel, des Lehrstücks. Er entwickelt eine Vorliebe für modellhafte Situationen und Haltungen, für das anti-illusionistische, oft dialektische Spiel mit Varianten, die bewußt widersprüchlich und zuweilen zurücknehmbar sind. Das Gegenständliche, Reale ist für Frisch immer fragwürdig: »Was wir erleben können: Erwartung oder Erinnerung. Ihr Schnittpunkt, die Gegenwart, ist als solche kaum erlebbar«, heißt es im *Tagebuch I*.

Nun singen sie wieder (UA 29.3.1945 Zürich) ist ein Requiem auf die Opfer des Zweiten Weltkriegs: In einem Kloster, einem traumhaften Ort der Läuterung, finden sich die Toten zu friedlicher Gemeinschaft zusammen. Karl, der als deutscher Soldat Geiseln erschossen hat und den später die Schuldgefühle in den Selbstmord trieben, teilt das Brot mit den gefallenen amerikanischen Fliegern und den Bombenopfern. Sie alle finden hier zum menschlichen Miteinander, das ihnen im Leben durch die Politik nicht gegönnt war. *Santa Cruz* (UA 7.3.1946 Zürich) ist eine lyrische Romanze um das verfehlte Leben. Elviras Ehe mit dem Rittmeister wird durch Pelegrin, den fremden Vagabunden, gefährdet. Er verkörpert all die Träume von Freiheit und Glück, die im bürgerlichen Alltag unerfüllbar bleiben. Sein Tod führt das Ehepaar nach einer Krisensituation zu tieferer Gemeinsamkeit. *Die chinesische Mauer* (UA 10.10.1946 Zürich) bringt in einer kabarettistischen Farce Figuren aus Literatur und Geschichte von Romeo bis Don Juan, Cleopatra bis Napoleon als Randfiguren ins ewig gleiche Spiel der Gewalt: Revolutionen und Machthaber wechseln, der kleine Mann bleibt stets Opfer und Zaungast der Politik.

Als der Krieg zu Ende war (UA 8.1.1949 Zürich): Im Frühjahr 1945 erleben in den Trümmern von Berlin eine junge deutsche Ehefrau und ein russischer Besatzungsoffizier die Liebe, die nach wenigen Tagen an der politischen Realität zerbricht. *Graf Öderland* (UA 10.2.1951 Zürich): Ein Staatsanwalt rebelliert gegen sein Beamtendasein. Mit der Axt schlägt er auf seine Umwelt ein, um sich seinen Freiraum zu erkämpfen: »Wo käme man hin ohne Axt! In dieser Welt der Papiere, in diesem Urwald von Grenzen und Gesetzen, in diesem Irrenhaus der Ordnung ... Es gibt Augenblicke, wo man sich wundert über alle, die keine Axt ergreifen. Alle finden sich damit ab, obwohl es ein Spuk ist.« Zuletzt muß er erkennen, daß er auch durch seinen blutigen Ausbruchsversuch nicht zur Freiheit gelangen kann: »Wer, um frei zu sein, die Macht stürzt, übernimmt das Gegenteil der Freiheit, die Macht.« *Don Juan* (1953), *Biedermann und die Brandstifter* (1958), besonders aber *Andorra* (1961) machen Frisch zu einem der meistgespielten Theaterautoren. *Die große Wut des Philipp Hotz* (UA 29.3.1958 Zürich) kann als Nebenwerk gelten: die Farce um einen exzentrischen Ehemann. Die Versuche, sich gegen seine Frau Dorli zu behaupten, treiben ihn zu immer verrückteren Eulenspiegeleien. Mit dem Dialog *Jonas und sein Veteran* (UA 20.10.1989 Zürich) greift Frisch tagesaktuell in die Diskussion über die Abschaffung der Schweizer Armee ein. Das Gespräch zwischen Jonas und seinem Großvater gerät zur satirischen Abrechnung mit den Schattenseiten der Schweizer Demokratie: einer Neutralität, die sich jeweils nach den Profitinteressen ausrichtet, einer chauvinistischen Selbstgerechtigkeit und einer sublimen Unterdrückung von Minderheiten und Außenseitern.

D o n J u a n o d e r D i e L i e b e z u r G e o m e t r i e. Komödie in fünf Akten. UA 5.5.1953 Zürich. – Frisch versucht eine Neuinterpretation des alten Stoffes: Don Juan ist hier der moderne Mensch, der seinen Gefühlen mißtraut und deshalb nur zur Technik, zur exakten, unabänderlichen Geometrie und ihren klaren Gesetzmäßigkeiten Zutrauen hat. Nicht aus Glück, sondern aus Verzweiflung über die Zufälle und Banalitäten der Wirklichkeit spielt er den Verführer. Er endet als braver Spießbürger und Familienvater, gaukelt aber im Interesse der Kirche eine »Höllenfahrt« vor, damit vor der Welt der vermeintliche Sünder eine abschreckende Strafe findet.

Biedermann und die Brandstifter

Ein Lehrstück ohne Lehre
Uraufführung: 29. März 1958 in Zürich

Personen: Biedermann – Babette, seine Frau – Anna, Dienstmädchen – Schmitz, ein Ringer – Eisenring, ein Kellner – Ein Polizist – Ein Dr. phil. – Witwe Knechtling – Der Chor, bestehend aus den Mannen der Feuerwehr.

In diesem Lehrstück für die Unbelehrbaren nimmt Frisch die Mitschuld des unpolitischen, stets anpassungswilligen Kleinbürgers am Aufkommen des Faschismus satirisch aufs Korn. Immer wieder wird im Städtchen vor Brandstiftern gewarnt, und Herr Biedermann ist außer sich, daß die Behörden nicht durchgreifen. Da tauchen bei ihm zwei verdächtige Gestalten auf, der Ringer Schmitz und der Kellner Eisenring. Aus Angst, sie abzuweisen, läßt er sie bei sich wohnen und umsorgt sie als Gäste. Er sieht, wie sie mit Benzinkanistern und Zündschnüren hantieren. Aber er überläßt ihnen sogar Streichhölzer, um sich auf jeden Fall als Freund zu erweisen und Vertrauen zu zeigen. So ermöglicht er die Brandstiftung, die Einäscherung der ganzen Stadt. Der Chor der Feuerwehrmänner parodiert die griechische Tragödie und klagt, daß dieses politische Lehrstück ohne Lehre bleibt. Ein Nachspiel in der Hölle zeigt Biedermann auch hier unbelehrbar. Frisch übernimmt von Brecht die Form des Lehrstücks, setzt sie aber komödiantisch unmittelbar um.

Andorra

Stück in zwölf Bildern
Uraufführung: 2. November 1961 in Zürich

Personen: Andri – Barblin – Der Lehrer – Die Mutter – Die Señora – Der Pater – Der Soldat – Der Wirt – Der Tischler – Der Doktor – Der Geselle – Der Jemand – Der Judenschauer – Ein Idiot – Soldaten in schwarzer Uniform – Das andorranische Volk.
Ort: Der fiktive Kleinstaat Andorra.

Frisch gelingt hier ein moralisch aufrüttelndes Stück gegen den Rassenwahn, gegen die Hexenjagd auf Außenseiter, die Diskriminierung, die anwächst zur Massenpsychose eines ganzen Volkes. Im fiktiven Ländchen Andorra – der Name bezieht sich nicht auf den Kleinstaat in den Pyrenäen – täuscht der Lehrer seinen Mitbürgern vor, sein Sohn Andri sei ein jüdisches Pflegekind. Er will die allgemeine Abneigung gegen Juden am Beispiel seines nichtjüdischen Sohns ad absurdum führen. Alle sprechen hier von Toleranz, lassen aber am vermeintlichen Juden Andri ihre kleinen Bösartigkeiten aus, suchen den Vorteil auf seine Kosten, machen ihn zum Prügelknaben. Da er Außenseiter ist, braucht seinetwegen keiner der braven Bürger Gewissensbisse haben: »... plötzlich bist du so, wie sie sagen. Das ist das Böse. Alle haben es in sich, keiner will es haben, und wo soll das hin? In die Luft? Es ist in der Luft, aber da bleibt's nicht lang, es muß in einen Menschen hinein, damit sie's eines Tages packen und töten können ...« Der Tischler läßt sich den Lehrplatz für Andri teuer bezahlen. Der Soldat verprügelt Andri und nimmt ihm seine Freundin Barblin weg. Der Arzt demütigt ihn, und der Pfarrer rät, er möge sich endlich nicht mehr verteidigen, sondern sich selbst so annehmen, wie die Vorurteile der anderen ihn sehen. Als die fremde Señora, Andris Mutter, bei einem Besuch getötet wird, gibt man zur allgemeinen Erleichterung Andri die Schuld. Andorra wird von den »Schwarzen«, dem faschistischen Nachbarstaat, besetzt. Alle Bürger müssen sich der »Judenschau« unterziehen. Andri wird für sie alle zum Opfer stigmatisiert und hingerichtet. In Zwischenszenen müssen sich die Andorraner nachträglich verantworten. Sie bestreiten jede Schuld, flüchten in all die Beschönigungen, die nach dem Ende des ›Dritten Reichs‹ gebräuchlich waren: »Ich bestreite keineswegs, daß wir sozusagen einer gewissen Aktualität erlegen sind ... Niemand hat gern ein schlechtes Gewissen, aber darauf legen sie's an. Sie wollen, daß man ihnen Unrecht tut. Sie warten nur darauf ... abgesehen davon, daß ich, was meine Person betrifft, wirklich nicht weiß, warum ich mich anders hätte verhalten sollen. Was hat unsereiner denn eigentlich getan? Überhaupt nichts!« Frisch verbindet seine moralische Anklage gegen die Diskriminierung mit seinem Zentralthema: der Suche nach der Identität und nach ihrer Veränderbarkeit durch das Urteil und Vorurteil der Umwelt.

Biografie. Ein Spiel. UA 1.2.1968 Zürich. – Dieses Denkspiel fragt nach der Entscheidungsfreiheit: Wie zwangsläufig und festgelegt oder wie frei vom Menschen bestimmbar läuft das Leben ab? Unter Anleitung eines Registrators darf der Verhaltensforscher Kürmann die Entscheidungen in seinem Leben immer wieder nachträglich korrigieren und neu anfangen. Aber er vermag nur unwesentliche Details zu ändern. Stets landet er wieder in den gleichen Zwangslagen und in seiner gescheiterten Ehe mit Antoinette.

Triptychon. Drei szenische Bilder. UA 10.10.1979 Lausanne. – Frisch greift das Thema aus *Biografie* wieder auf – wie sehr Bruchstücke, Zufälligkeiten, Banalitäten ein Leben ausmachen, wie sehr die gelebten Augenblicke unabänderbar und nur noch repetierbar sind. Und er benutzt die Stilmittel aus seinen Frühwerken *Nun singen sie wieder* und *Santa Cruz*, erneuert den lyrisch und traumhaft aufbereiteten Symbolismus. So errichtet er ein Totenreich, um seine Figuren, die alle ihr Leben bereits hinter sich haben, nach Schuld, Versäumnissen, Widersprüchen abzufragen. Diese Toten stehen nicht über ihrer Vergangenheit, sie stellen vielmehr weiter Fragen, suchen sich zu rechtfertigen, machen einander Vorwürfe. In Frischs Jenseits gibt es kein Gericht, sondern nur trostlose Wiederholung dessen, was einmal geschehen und unabänderlich ist: »Die Toten ... wandeln in der Ewigkeit des Vergangenen und lecken an ihren dummen Geschichten, bis sie aufgeleckt sind.« *Triptychon* (= dreiteiliges Bild) greift in drei Szenen das Todeserlebnis auf. Zunächst die Beerdigung, die Verabschiedung des Toten aus dem Leben – das läuft ab als eine geschwätzige, banale Gesellschaftsveranstaltung, die der Verstorbene Mathis Proll mit ansieht und mit mildem Spott glossiert. Die nächste Szene zeigt die Toten untereinander: Der als Greis gestorbene Mathis trifft auf seinen jungverstorbenen Vater – sie sprechen über ihre Erinnerungen, ihre Versäumnisse. Die letzte Szene führt in den Grenzbereich: Für die Lebenden sind die Toten unerreichbar fern. Roger darf – eine Erneuerung des Orpheus-Motivs – nochmals mit seiner frühverstorbenen Frau sprechen. Sie reden aneinander vorbei. Er spricht von seinen Hoffnungen und Ängsten, immer im Bewußtsein, an einen geliebten Menschen die allerletzten Worte zu richten – die Tote kann nur das mechanisch wiederholen, was sie zufällig in ihren letzten Lebensaugenblicken gesagt und empfunden hat. Bei Frisch ist der Tod Leere und Stillstand, die abgebrochene Entwicklung ohne Hoffnung. Mitten unter den Toten irrt ein verstörter Pastor herum, der in diesem Jenseits, das keine Furcht und keine Erlösung mehr kennt, auch keine geistliche Aufgabe hat.

FRITZ HOCHWÄLDER

* 28. Mai 1911 in Wien
† 20. Oktober 1986 in Zürich

War Handwerker und nennt sich noch später mit Stolz so, im Hinblick auf seine gut gebauten Stücke. Er ging 1938 nach der Besetzung Österreichs illegal in die Schweiz und machte dort, durch die Gesetze zur Untätigkeit verdammt, sein Hobby zur Hauptbeschäftigung: das Dramenschreiben.

Das heilige Experiment (1941) schildert in frei erfundener Handlung den Untergang der von Jesuiten geleiteten Eingeborenensiedlungen, die von 1609 bis 1767 am Mittellauf von Uruguay und Paraná bestanden haben. Es ist wohl das erfolgreichste deutsche Schauspiel der Gegenwart – ein Stück ohne Liebe, ja ohne eine einzige Frauenrolle. »Bei näherer Beschäftigung mit dem Stoff«, sagt Hochwälder, »erkannte ich die einzigartige Möglichkeit, einige Probleme der Menschheit ... durch Ansiedlung in einem geschichtlichen Raum zu objektivieren und dadurch unserer Gegenwart nahezubringen.« Es blieb seine Spezialität, in alten Stoffen Aktualität zu entdecken. *Hôtel du Commerce* (UA 1946 Prag) geht auf Maupassants Erzählung *Boule de suif* zurück und entlarvt am Verhalten einer 1871 vor den Preußen fliehenden Reisegesellschaft moralische und patriotische Verlogenheit. *Der öffentliche Ankläger* (UA 1948 Stuttgart; Reclams UB 9775) ist ein Drama von der Angst der Tyrannen, dargestellt am jakobinischen Terror im Jahre 1794. Das Schauspiel *Donadieu* (UA 1953 Wien) fußt auf C. F. Meyers Ballade *Die Füße im Feuer*. Dem protestantischen Schloßherrn Donadieu bringt ausgerechnet der Mörder seiner Frau das Gnadenedikt Ludwigs XIII. Donadieu verzichtet um des Friedens seiner Glaubensgenossen willen auf Rache. Das Schauspiel *Der Flüchtling* (UA 1945 Biel/Solothurn) ist hingegen ein direktes Zeitstück. *Donnerstag* (UA 1959 Salzburg) ist ein modernes Mysterienspiel. An einem Donnerstag läuft die dreitägige Bedenkzeit ab, die der Erfolgsmensch Pomfrit zugestanden bekam, bevor er einen Teufelspakt abschließen soll. In der Komödie *Der Unschuldige* (UA 1958 Wien) wird ein Industrieller eines Mordes beschuldigt. *H. D.*

Das heilige Experiment

Schauspiel in fünf Aufzügen
Uraufführung: 24. März 1943 in Biel (Solothurn)

Personen: Alfonso Fernandez, S. J., Provinzial – Rochus Hundertpfund, S. J., Superior – William Clarke, S. J., Prokurator – Ladislaus Oros, S. J. – Don Pedro de Miura, Visitator – Don Esteban Arago und Don Miguel Villano, andere Spanier – Lorenzo Querini, Legat des Ordensgenerals – André Cornelis, holländischer Teehändler – Carlos Gervazoni, Bischof von Buenos Aires – José Bustillos, Garcia Queseda und Alvaro Catalde, Gutsbesitzer – Indianische Kaziken.
Ort und Zeit: Jesuiten-Collegio in Buenos Aires, 16. Juli 1767.

Der Pater Provinzial erwartet einen Abgesandten des Ordensgenerals in Rom (1, 2) und des Königs Visitator, der prüfen wird, ob die Anschuldigungen gegen den Jesuitenstaat berechtigt sind (1, 3). Die Bischöfe, Gutsbesitzer und Kaufleute hassen die Jesuiten wegen ihrer Erfolge. 150 000 Indios sind schon seßhaft geworden (1, 1). Der Visitator, ein spanischer Edelmann, trifft ein. Er umarmt den Provinzial freudig (1, 9) – und erklärt alle Jesuiten für verhaftet (1, 10). Die Anschuldigungen lauten: Untreue gegen den König, Verheimlichung von Silberbergwerken, Wucher, Unterdrückung der Indios (2, 1). Der Bischof von Buenos Aires behauptet, man habe das Priestertum profaniert und unter dem Vorwand der Religion eine Utopie eingerichtet. Aus den Indios seien keine Christen, sondern Materialisten geworden (2, 3). Der Visitator schließt die Untersuchungen ab: »Es ist klar – die Beschuldigungen, die man gegen euch erhoben hat, sind falsch!« Gleichzeitig zieht er ein Schreiben des Königs aus der Tasche, das alle Anklagepunkte für bestätigt erklärt und die Jesuiten verurteilt, Paraguay zu verlassen. »Weil ihr recht habt, müßt ihr vernichtet werden ... Wie lange dauert es noch – und euch gehört der ganze Kontinent! ... Narren wären wir, wenn wir euch nicht verjagten, solange es noch Zeit ist! ... Die Übergabe der Siedlungen an uns – müßt Ihr selbst befehlen! ... Eure Weigerung wäre der Untergang Eures Ordens im ganzen spanischen Weltreich!« (2, 8). Der Provinzial läßt den Visitator verhaften (2, 9). Ein Unbekannter gibt sich als Legat des Ordensgenerals zu erkennen. Er erklärt, das königliche Edikt sei dem Orden willkommen. »Wir haben uns um äußeren Erfolges willen selbst in die Netze der Macht verstrickt ... Aber Gott ist kein Politiker.« Der Provinzial unterwirft sich der

Ordensdisziplin (3, 2). Die Kaziken bitten, von den Jesuiten in den Kampf geführt zu werden (4, 2). Pater Oros, der Befehlshaber der Truppen, rebelliert. Er will kämpfen (4, 3). Im Gespräch mit den Kaziken erkennt der Provinzial, daß er jedenfalls theologisch tatsächlich im Unrecht ist: die Eingeborenen unterscheiden zwischen dem guten und nützlichen Christus der Jesuiten und dem bösen der Bischöfe (4, 4). Es kommt zum Kampf. Der Provinzial wird beim Versuch, Frieden zu stiften, verwundet (4, 6). Damit ist die Widerstandskraft der Jesuiten gelähmt. Der Visitator triumphiert: »Wir sind am Ziel. Das Reich Gottes ist beim Teufel« (4, 8). Die Patres werden zur Deportation, dreißig von ihnen zum Tode verurteilt (5, 1). Auch der Rädelsführer Oros wird zum Tode verurteilt. Der Provinzial vergibt ihm seine Sünde, damit auch ihm seine ketzerische Überzeugung, die er aber nicht bereuen kann, vergeben werde. Sterbend wendet er sich an das Bildnis des hl. Franz Xaver, des großen Ordensmissionars. Er verkündet Franz Xavers Auferstehung, die allen Menschen Erlösung bringen wird (5, 3). Der Visitator erblickt das Bild Franz Xavers und murmelt: »Und doch – ist in meinem Herzen ... etwas ... das spricht – ›Was hülfe es, wenn ich die ganze Welt gewönne, und nähme doch Schaden an meiner Seele ...‹« (5, 4). – (Die Inhaltsangabe folgt beim 5. Aufzug der 1964 erstmals im Wiener Burgtheater aufgeführten revidierten Fassung [Reclams UB 8100].) *H. D.*

Die Herberge

Dramatische Legende in drei Akten
Uraufführung: 30. März 1957 in Wien

Personen: Kavolius, der Wirt – Staschia, seine Tochter – Minjotai, Holzfäller – Berullis, Wucherer – Andusz, Fuhrmann – Smalejus, Amtmann – Simkala, Gendarm – Smelte, Sargmacher – Schimke, Wanderer.
Ort und Zeit: Dorf im Baltikum, Winternacht (im Grunde ort- und zeitlos).

Der Wucherer Berullis kehrt mit seinem Knecht und einer Kassette voller Goldstücke in der Herberge des Kavolius ein. Sein Kommen scheuchte den armen Holzfäller Minjotai, der heimlich die Wirtstochter Staschia besucht hat, in ein Versteck. Berullis geht sein Zimmer inspizieren und läßt den Knecht mit der Kassette zurück. Staschia lockt den Wächter beiseite, um ihrem Liebsten Gelegenheit zur Flucht zu geben, der verschwindet aber mit der Kassette. Der bestohlene Wucherer holt Amtmann und Gendarm. Inzwischen kommt der Dieb zurück und beschwört Staschia zu schweigen, da das Geld ihnen die Heirat ermöglichen soll (1). Da Staschia und der Knecht schweigen, bleibt das Verhör des Amtmanns ergebnislos. Minjotai kommt betteln, um den Verdacht von sich zu lenken. Als der Bestohlene dessen Namen hört, verzichtet er plötzlich auf weitere Nachforschungen (2). Der Amtmann hat die Kassette unterm Heu gefunden, dazu einen Landstreicher, den er für den Dieb hält. Als das Geständnis aus diesem herausgeprügelt werden soll, bekennt Minjotai sich schuldig. Da zeiht sich auch der Bestohlene des Diebstahls. Er hat nämlich vor vielen Jahren den Vater Minjotais um die gleiche Summe geprellt. Der Amtmann verzweifelt an der Gerechtigkeit, doch der Landstreicher tröstet ihn: »Mitten im Unrecht wohnt Gottes Gerechtigkeit – wie ein Kern in der Frucht« (3). *H. D.*

PETER WEISS

* 8. November 1916 in Nowawes bei Berlin
† 10. Mai 1982 in Stockholm

Wächst als Sohn eines Textilfabrikanten in Berlin und Bremen auf. 1934 Emigration über England, Prag (dort 1936/38 Besuch der Kunstakademie), Schweiz nach Schweden. Seit 1945 schwedischer Staatsbürger. Arbeitet zunächst als Graphiker und Filmemacher, erst 1960 vorwiegend literarische Arbeit.

Weiss beginnt mit autobiographischen, dabei aber höchst artifiziell ausgearbeiteten Geschichten – *Der Schatten des Körpers des Kutschers* (1960), *Abschied von den Eltern* (1961), *Fluchtpunkt* (1962). Und er setzt diese Entwicklung wieder ab 1971 fort mit der dreibändigen fiktiven Lebensbeschreibung *Die Ästhetik des Widerstands* (1974, 1978, 1981). Seine Arbeiten für das Theater 1962–71 scheinen ein Zwischenspiel, das für das Theater aber wichtige Akzente gesetzt hat. Stets geht es um politisch engagierte Thematik, um Anklagen gegen Unterdrückung und Gewalt, Trauerarbeit für den mißbrauchten, ausgebeuteten Menschen, um die Utopie eines idealen Sozialismus. In seiner Dramaturgie experimentiert Weiss virtuos mit den unterschiedlichsten Stilmitteln des epischen Theaters, von der Jahrmarktsposse und dem plakativen Agitprop bis hin zum Dokumentarstück und Oratorium. Sein *Marat*-Stück gibt dem modernen Regietheater wichtige Impulse und gewöhnt die Zuschauer an neue, anti-illusionistische Sehweisen.

Nacht mit Gästen (UA 14.10.1963 Berlin) ist eine Familien-Moritat um Raub und Mord, dargeboten als naiv grobschlächtiges Kasperltheater mit Knittelreimen. Mit dem *Marat*-Stück (1964) und der *Ermittlung* (1965) wird Weiss zu einem der meistgespielten Gegenwartsautoren. *Gesang vom Lusitanischen Popanz* (UA 20.1.1967 Stockholm) und *Diskurs über die Vorgeschichte und den Verlauf des lang andauernden Befreiungskrieges in Viet Nam als Beispiel für die Notwendigkeit des bewaffneten Kampfes der Unterdrückten gegen ihre Unterdrücker sowie über die Versuche der Vereinigten Staaten von Amerika die Grundlagen der Revolution zu vernichten* sind politische Thesenstücke: das erste richtet sich gegen den portugiesischen Kolonialismus in Angola, das zweite gegen den Vietnamkrieg – stets aufrüttelnd polemische Parteinahmen aus marxistischer Sicht. *Wie dem Herrn Mockinpott das Leiden ausgetrieben wird* (UA 16.5. 1968 Hannover) ist ein Lehrstück von der Selbstbefreiung des Menschen – wieder als grelles Kasperltheater. Ein Mensch wird geschunden und umfunktioniert. Erst nach Leid und Gewalt beginnt er das Wagnis zur Selbständigkeit. Mit *Trotzki im Exil* (UA 20.1. 1970 Düsseldorf) versucht Weiss ähnlich wie Hartmut Lange eine Ehrenrettung des Revolutionsführers, der dem Stalinismus zum Opfer fiel. *Hölderlin* (1971) verlagert Gesellschaftskonflikte der sechziger und siebziger Jahre in die Vergangenheit. Nach zehn Jahren Theaterabstinenz wandte sich Weiss mit der Aktualisierung von Franz Kafkas Roman *Der Prozeß* kurz vor seinem Tod wieder der Bühne zu: *Der neue Prozeß* (1982).

Die Verfolgung und Ermordung Jean Paul Marats, dargestellt durch die Schauspielgruppe des Hospizes zu Charenton unter Anleitung des Herrn de Sade

Drama in zwei Akten
Uraufführung: 29. April 1964 in Berlin

Personen: Marquis de Sade – Jean Paul Marat – Simonne Evrard, Marats Lebensgefährtin – Charlotte Corday – Duperret – Jacques Roux – Kokol, Polpoch, Cucurucu, Rossignol, vier Volkssänger – Direktor Coulmier – Patienten der Irrenanstalt.
Ort und Zeit: Badesaal der Nervenheilanstalt von Charenton, 13. Juli 1808.

Marquis de Sade entwirft als Patient der Irrenanstalt von Charenton ein Spiel um die verlorene Revolution und führt es mit seinen Mitpatienten im Badesaal der Anstalt auf: nochmals ziehen die Szenen von Freiheitstraum und Zerstörungswut vorbei. Aber inzwischen schreibt man das Jahr 1808: Kaiser Napoleon regiert, die Franzosen träumen nicht mehr von der republikanischen Freiheit, sondern von der Eroberung der Welt. Und in der Anstalt überwacht Direktor Coulmier das Spiel und mischt sich immer dann ein, wenn er die Staatsautorität angegriffen sieht. Höhepunkt des Spiels ist die Ermordung des Revolutionsführers Marat durch die junge Royalistin Corday. Über die ganze Aufführung hin sitzt Marat in seiner Blechwanne, in der er Linderung sucht gegen seine Krätze, und läßt sich von seiner Lebensgefährtin Simonne pflegen, während er Hinrichtungslisten zusammenstellt. In Sade und Marat stellt Weiss zwei gegensätzliche Haltungen heraus: Sade verweigert sich der politischen Wirklichkeit. Voller Lebensekel und Zynismus lebt er seinen Wunsch nach Freiheit in der Phantasie aus, in seinen Träumen voller Grausamkeit und Selbstzerstörung. Marat will die Welt verändern. Er übt die Schreckensherrschaft der Jakobiner aus, um die Welt leerzufegen von allen Andersdenkenden und dann die neue Zeit der Gleichheit und Brüderlichkeit zu errichten. Beide scheitern. Marat wird erstochen – von Corday, die ebenso eine Fanatikerin der Tat ist wie er selbst. Und vor Sade schützt sich die Welt, indem sie ihn in eine Heilanstalt voller prügelnder Nonnen sperrt.

In das brillante Rededuell der beiden Gegenspieler mischen sich noch andere Figuren mit ihren ideologischen Thesen: der entlaufene Mönch Jacques Roux will die Massen für die anarchistische Weltrevolution begeistern. Direktor Coulmier vertritt das satte, behäbige Bürgertum, dem die Zukunft, das anbrechende 19. Jahrhundert, gehören wird. Das Volk verkörpern vier Straßensänger, die sich mit ihren Moritaten, Spottliedern, Pantomimen immer wieder zwischen die Szenen drängen und demonstrieren – als Marionetten der öffentlichen Meinung, mal begeistert, mal voller Wut, unberechenbar als Masse und doch leicht zu steuern. Schon durch die zündende Musik von Hans-Martin Majewski sind die Auftritte dieses buntscheckigen Quartetts voller Clownerie und Satire ein Höhepunkt jeder Inszenierung.

Das ist ein grelles, hinreißend vitales Bühnenspektakel, ein Ineinander und Durcheinander der gegensätzlichsten Handlungsebenen und Stile, ein virtuos grobschlächtiges Gemisch aus Melodram und Lehrstück, Zirkus, Pantomime und intellektuellem Streitgespräch. Dabei ergeben sich immer wieder überraschende Brechungen und Umschwünge: Theaterschauspieler spielen Insassen eines Irrenhauses, die wiederum höchst unzulänglich und oft aus der Rolle fallend die historischen Figuren im Revolutionsspiel verkörpern. Zuletzt steigern sich die Irren zu einer lärmenden Huldigung auf den Kaiser – resignierendes, auch von Gegenwartserfahrungen geprägtes Eingeständnis des Autors Weiss, wie sinnlos und kurzlebig der blutige Traum von der großen Revolution war. Auf die Entwicklung des modernen Regietheaters hatte das Stück großen Einfluß. Denn sein experimenteller Stil aus Zitaten und widersprüchlichen Darstellungsformen hat nicht nur das Publikum an provozierend neue Sehweisen gewöhnt, er hat auch zur radikalen Uminterpretation der Klassiker beigetragen.

Die Ermittlung. Oratorium in 11 Gesängen. UA 19. 10. 1965 Berlin und 15 weitere Bühnen. – Zunächst plant Weiss die authentischen Protokolle des Frankfurter Auschwitz-Prozesses von 1963/64 nach dem Vorbild Dantes in ein großes Inferno-Gedicht einzubringen. Auch in der szenischen Dokumentation behält er die Gliederung in Gesänge bei. Die Berichte der 409 Zeugen sind auf 9 überlebende Opfer konzentriert – ihnen gegenüber die 18 Angeklagten mit ihrem rechtsradikalen Verteidiger. Die Vernichtungsabläufe im KZ werden ohne Emotion als reine Schilderung von Fakten vorgetragen: »Gesang vom Ende der Lili Tofler«, »Gesang vom

Bunkerblock«, »Gesang von den Feueröfen«. Gerade weil Weiss hier nicht den Ehrgeiz hat, ein realistisches Theaterstück zu entwickeln, gerade weil er sich mit der szenischen Lesung der Dokumente begnügt, hat sein Text in zahlreichen Aufführungen tiefer erschüttert und zum Nachdenken gebracht als manch andere auf konventionelle Theatermittel gerichtete Stücke wie Zuckmayers *Des Teufels General* oder Hochhuths *Stellvertreter*.

Hölderlin. Stück in zwei Akten. UA 18.9.1971 Stuttgart. – Weiss folgt in seiner Hölderlin-Interpretation dem französischen Germanisten Pierre Bertaux, der 1969 in seiner Arbeit *Hölderlin und die Französische Revolution* den deutschen Lyriker politisch analysiert als gescheiterten Gesellschaftsveränderer. Damit macht Weiss seinen Hölderlin zu einer Variante der Marat-Figur. Durch Gewalt und Zwangsjacke soll er zur Anpassung gezwungen werden. Seine Jugendfreunde Schelling und Hegel, die einst ebenso radikal und freiheitsdurstig waren, machen als gehorsame Staatsdiener Karriere. Er flüchtet in den Wahnsinn, um dem sozialen Unrecht seiner Zeit zu entgehen. Zuletzt wird Hölderlin von Karl Marx bestätigt, als Vorkämpfer der proletarischen Revolution: »Zwei Wege sind gangbar / zur Vorbereitung / grundlegender Veränderungen / Der eine Weg ist / die Analyse der konkreten / historischen Situation / Der andre Weg ist / die visionäre Formung / tiefster persönlicher Erfahrung.«

Der neue Prozeß. Stück in zwei Teilen. UA 12.3.1982 Stockholm. – Franz Kafka hat in seinem Roman *Der Prozeß* (1925) den Bankbeamten Josef K., der sich vor Gericht verantworten muß und dabei weder Anklage noch Verfahren durchschauen kann, zur Symbolfigur für den modernen Menschen gemacht, für die Bedrohung durch anonyme Instanzen und Zwänge. Mehrere Bühnenfassungen (1950 von André Gide / Jean-Louis Barrault; 1953 von Gottfried von Einem als Oper; 1966 von dem Prager Regisseur Jan Grossmann) interpretieren den Roman als existentielle Parabel, als überhöhtes Gleichnistheater. Weiss, der den Stoff bereits 1975 dramatisiert hat, versucht eine aktuelle Politisierung: Josef K. ist Angestellter eines kapitalistischen Konzerns. Da er sich für die Obdachlosen in den Slums engagiert und gegen die Rüstungsindustrie auftritt, wird er in die Pflicht genommen und immer höher die Karriereleiter hinaufgeschoben. Für die Machthaber ist er eine vorprogrammierte Schachfigur in ihrem System der Ausbeutung. Als sich K. durch Flucht entziehen will, wird er liquidiert.

FRIEDRICH DÜRRENMATT

* 5. Januar 1921 in Konolfingen bei Bern
† 14. Dezember 1990 in Neuchâtel

Sohn eines protestantischen Pfarrers und Enkel des Lokalpolitikers, Zeitungsherausgebers und Satirikers Ulrich Dürrenmatt. Studiert in Bern und Zürich Literatur, Philosophie und Naturwissenschaft. Zunächst verfolgt er den Wunsch, Zeichner und Maler zu werden. 1951–53 Theaterkritiker der »Weltwoche« in Zürich, daneben entstehen Sketche für die Kabaretts »Cornichon« und »Arche Noah«. Als Brotarbeit verfaßt er Kriminalromane – »Der Richter und sein Henker« und »Der Verdacht« werden als Fortsetzungsromane im »Schweizerischen Beobachter« gedruckt. Erste Erfolge als Hörspielautor in der Bundesrepublik (Hörspielpreis der Kriegsblinden 1957, Prix Italia 1958). Seit 1952 lebt er in Neuchâtel in der französischen Schweiz. 1968/69 Mitarbeit am Basler Theater unter Werner Düggelin, 1969 kurzfristig Mitherausgeber der Wochenzeitung »Zürcher Sonntagsjournal«, 1970/72 künstlerischer Berater und Regisseur am Schauspielhaus Zürich unter Harry Buckwitz. Zahlreiche Literaturpreise, vierfacher Ehrendoktor.

Dürrenmatt, der streitbare Pfarrerssohn, entwirft bereits in seinem ersten Theaterstück *Es steht geschrieben* 1947 eine ironische Selbstcharakteristik: »... daß der Schreiber dieser zweifelhaften und in historischer Hinsicht geradezu frechen Parodie des Täufertums nichts anderes ist als ein im weitesten Sinne entwurzelter Protestant, behaftet mit der Beule des Zweifels, mißtrauisch gegen den Glauben, den er bewundert, weil er ihn verloren ...« Dürrenmatt ist ein Moralist, der seine Figuren stets vor zeitlose, sittliche Entscheidungen stellt um Freiheit, Verantwortung, Schuld, Sühne und immer wieder Gerechtigkeit. Als Richter und Rächer treten die alte Dame und der Staatsanwalt Mississippi ebenso wie die unermüdlichen Juristen der *Panne* an und machen ihrer Umwelt den Prozeß. Kaiser Romulus und der Wiedertäufer Bockelson richten jeweils ihre Welt in buchstäblichem Sinn zugrunde. Nach Dürrenmatt kann Gerechtigkeit nur erlitten, aber nicht vom Menschen geübt werden – dann wird sie selbstgerecht und schuldig. Daraus zieht er eine unmittelbare Nutzanwendung für Zeitgenossen, die Absage an jede Art von Ideologie: »Welche Schlüsse haben wir als einzelne politisch zu ziehen? Vor allem wohl, daß uns ein neues Zeitalter der Aufklärung not tut, daß wir aus unseren politischen Systemen den Anspruch auf Wahrheit, auf Gerechtigkeit und Freiheit fallenlassen und ihn durch das Suchen nach Wahrheit und nach Gerechtigkeit zu ersetzen haben, durch Vernunft. Wir müssen unsere politischen Systeme danach prüfen, wie vernünftig sie sind«, betont Dürrenmatt in seiner Rede *Über Toleranz* (1977). Seine Stücke zeigen den Widerspruch zwischen moralischem Anspruch und der Verwirklichung: Widerspruch zwischen Glauben und Wirklichkeit (*Der Blinde*, *Der Meteor*, *Die Wiedertäufer*), Widerspruch zwischen Gerechtigkeit und Wirklichkeit *(Die Ehe des Herrn Mississippi)*, zwischen Reichtum und Moral *(Der Besuch der alten Dame*, *Frank der Fünfte)*, zwischen Wissenschaft und Moral *(Die Physiker*, *Der Mitmacher)*. Der Bruch in der Wirklichkeit wird sichtbar, der Aufruf zur persönlichen ethischen Entscheidung erfolgt. *Der Mitmacher* heißt eins der späteren Stücke. Und Mitmacher sein oder Aussteiger werden – vor diese Entscheidung stellt er viele seiner Figuren. In *Ein Engel kommt nach Babylon* verweigert sich der Bettler Akki der von König Nebukadnezar errichteten Weltordnung, *Romulus der Große* verweigert sich seiner Rolle als Kaiser, die *Physiker* flüchten ins Irrenhaus, um nicht mehr mitzumachen. Perfekte Mitmacher dagegen sind die Bürger Güllens oder die Wiedertäufer.

Dürrenmatt ist Komödienautor. Sein Spiel mit Paradoxen und Farcen, seine Lust an der Groteske sind Zeichen seiner Ratlosigkeit und tiefen Skepsis: »Die Tragödie ... setzt eine gestaltete Welt voraus. Die Komödie ... eine ungestaltete, im Werden, im Umsturz begriffene, eine Welt, die am Zusammenpacken ist wie die unsrige.« Dürrenmatts zuweilen grelle, böse Lustigkeit ist ein Theater des Pessimismus, das dennoch aufbegehrt und den Instanzen, denen es sich ausgeliefert sieht, eine Grimasse schneidet. Denn »eine Geschichte ist dann zu Ende gedacht, wenn sie ihre schlimmst-mögliche Wendung genommen hat«.

Dürrenmatts Stücke bleiben meist Entwürfe und vorläufige Versuche, die immer neu umgeschrieben werden; die Stoffe erfahren mancherlei Umwandlung: aus Hörspielen werden Theaterstücke *(Abendstunde im Spätherbst, Herkules und der Stall des Augias, Nächtliches Gespräch mit einem verachteten Menschen)*, aus dem Filmdrehbuch ein Roman *(Das Versprechen)*, aus dem Theaterstück ein Filmdrehbuch *(Die Ehe des Herrn Mississippi)*, aus einer Erzählung wird ein Hörspiel und Jahre später ein Theaterstück *(Die Panne)*. »Ein Stück neu zu bearbeiten ist der Versuch, es zu erziehen«, erklärt Dürrenmatt den Entwurfscharakter seiner Werke.

Nach einigen Erzählungen und Prosastücken legt Dürrenmatt mit dem Glaubensdrama *Es steht geschrieben* (UA 19.4.1947 Zürich; Neufassung *Die Wiedertäufer*, 1967) die erste abgeschlossene Theaterarbeit vor. Auch *Der Blinde* (UA 10.1.1948 Basel) stellt die Frage nach dem bedingungslosen Glauben: Ein blinder Herzog will nicht wahrhaben, daß sein Land vom Dreißigjährigen Krieg verwüstet ist. Er setzt sein Vertrauen in einen schurkischen Statthalter und wird dessen Opfer um der höheren Wahrheit willen. Mit *Romulus der Große* (1949), dem Grafen Übelohe in *Die Ehe des Herrn Mississippi* (1952) und dem Bettler in *Ein Engel kommt nach Babylon* (1953) variiert Dürrenmatt immer wieder den weisen Narren, der durch Verzicht, durch Verweigerung die Menschlichkeit in einer unmenschlich gewordenen Welt bewahrt. *Der Besuch der alten Dame* (1956) und *Die Physiker* (1962) bringen dem Autor den Welterfolg. *Frank der Fünfte* (1959) nach dem Vorbild der *Dreigroschenoper* von Brecht ist ein Musical, das die ehrsame Zunft der Bankiers als Mörderbande zeigt. In *Herkules und der Stall des Augias* (zunächst als Hörspiel; UA 20.3.1963 Zürich) scheitert der Held der Antike an Bürokratie und Egoismen: die Welt will weiter im Mist leben. *Abendstunde im Spätherbst* (auch unter dem Titel *Herr Korbes empfängt*; zunächst als Hörspiel; UA 17.11.1959 West-Berlin) bringt die satirische Entlarvung eines Literaturpreisträgers – ein Thema, das die Komödie *Der Meteor* (1966) wieder aufgreift.

1968/69 arbeitet Dürrenmatt als dramaturgischer Mitarbeiter des Basler Theaters. Er steuert zum Spielplan Neubearbeitungen von Shakespeare *(König Johann*, UA 18.9.1968 Basel; *Titus Andronicus*, UA 12.12.1970 Düsseldorf) und von Strindbergs *Totentanz* bei (*Play Strindberg*, UA 8.2.1969 Basel). *Porträt eines Planeten* (1970) warnt in kabarettistischen Kurzszenen vor dem atomaren Weltuntergang, *Der Mitmacher* (1973), *Die Frist* (1977) und *Die Panne* (1979) können auf dem Theater kaum überzeugen. Der Moralist ist hier stärker als der Theatermacher – so kommt er über gutgemeinte Thesenstücke nicht hinaus. *Achterloo* (1983) spielt mit historischen Figuren von Napoleon bis Richelieu die politischen Konflikte von heute durch.

Die Ehe des Herrn Mississippi

Komödie in zwei Teilen
Uraufführung: 26. März 1952 in München

Personen: Anastasia – Florestan Mississippi – Frédéric René Saint-Claude – Graf Bodo von Übelohe-Zabernsee – Der Minister Diego – Das Dienstmädchen – Drei Geistliche – Drei Männer in Regenmänteln, die rechte Hand in der Tasche – Zwei Wärter – Professor Überhuber – Irrenärzte.
Ort: Ein Zimmer in spätbürgerlicher Pracht und Vergänglichkeit, die zum Himmel stinken sollte.

Ein Mann mit dem merkwürdigen Namen Florestan Mississippi erscheint bei einer Dame namens Anastasia zu Besuch und überführt sie, während er mit ihr Kaffee trinkt, des Giftmordes an ihrem Gatten; zugleich bittet er sie um ihre Hand, da auch er seine Frau mit Gift getötet hat. Die Ehe des Herrn Mississippi soll nach dem Willen des seltsamen Hochzeiters die ›Sühne‹ der beiden Mörder sein. Denn Herr Mississippi ist von Beruf Staatsanwalt, und sein einziges Anliegen auf dieser Welt ist es, dem Gesetz Mosis in seiner ganzen unbarmherzigen Strenge wieder uneingeschränkt Geltung zu verschaffen. Er hält unter allen Staatsanwälten des Landes den Hinrichtungsrekord; er hat die ihm angetraute Frau des Treubruchs überführt und privatim hingerichtet. Deswegen sieht er nun seiner eigenen Hinrichtung in der ›fürchterlichen‹ Ehe mit der Gattenmörderin Anastasia entgegen.

In dieser Hirn und Nerven der Zuschauer weidlich strapazierenden Komödie unternimmt Dürrenmatt den Versuch, die ins Nichts-als-Existieren abgesunkene Welt und Menschheit sozusagen einem Beschuß mit Geist auszusetzen, um zu sehen, was dabei herauskommt. Er unternimmt ihn mit dem Mittel der sokratischen Ironie und in einer Form, die man als groteske

Allegorie bezeichnen könnte. Die Elemente des Kriminalstücks verbinden sich mit denen der politischen Satire, der Film spielt mit den wiederholt angewandten Kunstkniffen seiner Rückblendetechnik hinein, und hinter allem erscheint zuweilen der zynisch und sarkastisch getarnte Rigorismus Frank Wedekinds.

Die vier allegorischen Personifizierungen, die diese ebenso witzige wie bittere Komödie tragen, sind die vollkommen lieblose, absolute Gerechtigkeit in der Gestalt des Staatsanwalts Mississippi, der am Ende von Anastasia vergiftet wird, weil sich das Leben immer vom Absoluten tödlich bedroht fühlt, die vollkommene Gleichheit, repräsentiert in dem Weltrevolutionär Saint-Claude, den die Kommunistische Partei liquidiert, weil er die Idee vor die Taktik stellt, die christliche Liebe, verkörpert in dem aus der Welt Tolstois und Dostojewskis stammenden heruntergekommenen, trunksüchtigen Tropenarzt Graf Übelohe-Zabernsee, und schließlich die ›Frau Welt‹ des alten Mysterienspiels – Anastasia, das begehrenswerte, völlig amoralische Lügengeschöpf, das jedem anheimfällt und jeden verrät, das nichts als den Augenblick liebt und mit einer beschworenen Unwahrheit auf den Lippen stirbt.

Worauf läuft diese Komödie mit so vielen Toten hinaus? Auf die bittere Erkenntnis, daß die ohne Liebe, Gerechtigkeit und Brüderlichkeit bloß dahinlebende Welt ebenso der Vernichtung ausgeliefert ist wie die weltlose Idee. Von den drei donquijotischen Narren der Idee bleibt nur der Narr der Liebe, jener verkommene Graf und Arzt Übelohe-Zabernsee, am Leben, weil er, selbst zerrüttet und an Leib und Seele ruiniert, die ebenfalls ruinierte Welt liebt – so wie sie ist. Und noch einen läßt der Autor dieser grandiosen eschatologischen Komödie am Leben – einen, den das Glück in den Armen der Frau Welt so wenig anficht wie der Kampf mit den Narren, die sie durch Geist verbessern wollen: den Minister Diego, der kalt und skrupellos, »die Macht begehrend und sonst nichts, die Welt umarmte«. Das Außergewöhnliche dieser Komödie versuchte die Münchner Kritik zu kennzeichnen, die sie treffend als eine ›dämonische Revue‹ und ein ›Schlachtfeld der Weltanschauungen‹ charakterisierte. *K. H. R.*

Ein Engel kommt nach Babylon. Fragmentarische Komödie in drei Akten. UA 22.12.1953 München. – Das

Mädchen Kurrubi wird von Gott auf die Erde gesandt, um als Trost und Verheißung dem Allerärmsten unter den Menschen anzugehören. Im alten Babylon gerät sie in den Wettstreit zwischen König Nebukadnezar und dem weisen Bettler Akki. Der König will in seinem Staat die Bettler abschaffen, er will sie alle zu Steuerbeamten und damit zu unfreien Staatsdienern machen. Akki verteidigt mit List und Tücke die Freiheit seines Bettlerdaseins. Sein Betteln ist ein Protest gegen den Überfluß, von dem er die Reichen des Landes befreit. Kurrubi liebt Nebukadnezar, aber der König ist derart verrannt in seinen Wahn nach Macht und Besitz, daß er die Gottesgabe immer wieder verspielt. Der Engel ist Akki bestimmt, da er Kurrubi nicht als Recht beansprucht, sondern sie demütig als Geschenk annimmt: »Ich habe kein Recht auf dich. Zufällig tauschte ich dich ein, ein Stück Himmel blieb an mir haften, ein Faden nur seiner Gnade, schwerelos und heiter, und nun trägt ein Windstoß dich weiter.«

Der Besuch der alten Dame

Tragische Komödie in drei Akten
Uraufführung: 29. Januar 1956 in Zürich

Personen: Claire Zachanassian, geb. Wäscher, Multimillionärin – Ihre Gatten VII bis IX – Der Butler – Toby, Roby, Woby, Voby, Koby, Loby, ihr Gefolge – Ill – Seine Frau – Seine Tochter – Sein Sohn – Der Bürgermeister – Der Pfarrer – Der Lehrer – Der Arzt – Der Polizist – Bürger, Bahnbeamte, lästige Presse- und Kameraleute.
Ort und Zeit: Güllen, eine Kleinstadt, Gegenwart.

In der Kleinstadt Güllen irgendwo diesseits oder jenseits der deutsch-schweizerischen Grenze erwartet man den Besuch einer reichen alten Dame, der Multimillionärin Claire Zachanassian, die als Klara Wäscher in Güllen geboren und aufgewachsen ist. Ihr Vermögen ist unübersehbar, die Zahl ihrer Gatten bereits so groß, daß sie die einzelnen Ehemänner durcheinanderwirft; der erste war ein armenischer Ölquellenbesitzer, der ihr seinen Reichtum vererbt hat, danach hat sie sich umschichtig durch die verschiedensten Berufe durchgeheiratet und -geschieden. Augenblicklich ist sie mit Gatten VII im Anzug. Während der Bürgermeister und die Notabilitäten des einst wohlhabenden, nun aber völlig verarmten und heruntergekommenen Städtchens sich vor dem verwahrlosten Bahnhof versammeln, um Claire Zachanassian einen rührenden Empfang in der alten Heimat zu bereiten – sie hoffen natürlich, daß sie eine ansehnliche Stiftung machen wird, die die Finanzen der Stadt und den Lebensstandard ihrer Bürger wunderbarlich heben könnte –, erzählt der Kaufmann Ill, ein Mann von Mitte Sechzig, was die Kläri Wäscher für ein bildhübsches, wildes und leidenschaftliches Mädchen gewesen ist und daß leider das Leben sie nach einer stürmischen Liebe von ihm getrennt hat. Noch ehe er damit zu Ende ist, erscheint Frau Zachanassian – sie hat einfach die Notbremse des D-Zuges gezogen, der fahrplanmäßig in Güllen nicht hält – mit ihrem Gatten und ihrem Gefolge, vier unentwegt Kaugummi kauenden ehemaligen Gangstern und Zuchthäuslern, die ihre Sänfte tragen, und zwei kindisch fröhlichen, blinden Eunuchen. Die Ovationen, die ihr dargebracht werden, unterbricht sie kurz und bündig mit der Ankündigung, sie werde der Stadt die Summe von einer Milliarde stiften, unter der Bedingung, daß sie sich dafür ›Gerechtigkeit‹ kaufen könne – d. h., daß jemand sich bereit findet, Ill zu töten. Er hat sie nämlich im Jahre 1910 mit einem Kind sitzenlassen und in einem Vaterschaftsprozeß, den sie anstrengte, zwei bestochene Zeugen mitgebracht, die beschworen, ebenfalls ein Verhältnis mit Kläri Wäscher gehabt zu haben. Es sind die beiden Eunuchen, die sie, als sie reich geworden war, aufspüren, entmannen und blenden ließ und dann in ihr Gefolge aufnahm; ihr Butler aber ist der Oberrichter, der damals den Vorsitz in dem Prozeß gegen Ill führte. – Nun geht eine seltsame Veränderung in Güllen vor. Natürlich hat der Bürgermeister sich geweigert, die Milliardenstiftung unter der abstrusen Bedingung eines ›Gerechtigkeits‹-Mordes anzunehmen, aber alle Einwohner fangen mit einemmal an, auf größerem Fuß zu leben, Anschaffungen zu machen, besser zu essen und zu trinken – kurz, alle leben so, als ob sie sicher mit einem beträchtlichen Vermögenszuwachs rechnen könnten. Sie lassen überall anschreiben, und merkwürdig, die Kaufleute gewähren ihnen ebenso sorglos Kredit, wie jene ihn in Anspruch nehmen. Ill wird es unbehaglich. Zwar gewährt auch er seinen Kunden jeden Kredit, aber er fühlt, daß sich etwas gegen ihn zusammenzieht. Claire Zachanassian aber, die inzwischen Gatten VII gegen VIII, einen Film-Beau, getauscht hat und einen Nobelpreisträger als IX erwartet, sitzt ruhig im Hotel zum Goldenen Apostel und beobachtet die Entwicklung der Dinge. Als ein schwarzer Panther, den sie als Haustier bei sich hat, ausbricht und die männlichen Bewohner von Güllen infolgedessen alle mit Schußwaffen herumlaufen, fühlt Ill sich zum erstenmal wirklich bedroht. Er will die aufblühende Stadt verlassen, ist aber innerlich bereits so im Netz seiner Angst, seines schlechten Gewissens und seines Schuldgefühls verstrickt, daß er es nicht mehr vermag, ja daß er sich eines Tages, als Claire Zachanassians suggestiv-passives Abwarten genügend gewirkt hat, bereit findet, sich dem Gericht seiner Mitbürger zu stellen. Er selbst und alle wissen, wie es ausgeht, der Bürgermeister aber findet einen genialen Dreh, den moralisch verurteilten Ill nach außen hin zu rehabilitieren: Die Presse wird informiert, daß die Milliardenstiftung von Frau Zachanassian durch Vermittlung des Herrn Ill, ihres ›Jugendfreundes‹, zustande gekommen ist. Die Bürger bilden eine Gasse, durch die Ill auf einen ›Turner‹, der ihn an ihrem Ende erwartet, zuschreitet. Die Gasse schließt sich. Als sie sich wieder öffnet, liegt Ill am Boden, tot. »Herzschlag«, stellt der Stadtarzt fest, »aus Freude«, kommentiert die Presse. Claire Zachanassian läßt ihn in den Sarg legen, den sie unter ihrem Reisegepäck mitgebracht hat, und dem ankommenden Gatten IX bestellen, er werde nicht mehr benötigt: »Ich habe meinen Geliebten gefunden.« Der Bürgermeister erhält den Scheck über eine Milliarde.

Eine gallenbittere Komödie, so bitter, daß sie von Sartre sein könnte, wenn dieser die groteske Phantasie von Dürrenmatt hätte. Natürlich geht es dem Autor in diesem Stück nicht darum, die banale Wahrheit ›Mit Geld läßt sich alles kaufen‹ durch eine Bühnenparabel zu erhärten. Die makabre Automatik einer moralischen Pervertierung, die sich daraus ergibt, ist vielmehr das Thema dieser drei Akte, die wahrhaft mit Entsetzen Scherz treiben: Daß nämlich die Aussicht auf die Milliarde das ›sittliche Gewissen‹ der Güllener so mobilisiert, daß sie in der Tat Gerechtigkeit zu üben glauben, wenn sie ihren Mitbürger Ill töten. Kein Mensch hätte je danach gefragt, wenn einer aus ihrer Mitte ein armes Mädchen mit einem Kind hätte sitzenlassen – der ›Frevel‹ an der Milliardärin aber verlangt Sühne. Mag das Recht auch eine integrale Größe sein, die ›Gerechtigkeit‹ ist eine relative und wird dem zuteil, der sie zu kaufen vermag. Das ist die vernichtende Feststellung dieser wirklich tragischen Komödie, die mit einer ätzend scharfen

Parodie auf den Schlußchor der Sophokleischen *Antigone* (»Ungeheuer ist viel«) endet. *K. H. R.*

Frank der Fünfte. Oper einer Privatbank. Musik von Paul Burkhard. UA 19. 3. 1959 Zürich. – Dürrenmatt zeigt mit dieser Groteske, wie das Verbrechen in der kapitalistischen Gesellschaft sich durchaus der etablierten Geschäftspraktiken bedient. Eine Sicht, die durch Bertolt Brecht vorgegeben ist – »Was ist ein Dietrich gegen eine Aktie, was ist ein Einbruch in eine Bank gegen die Gründung einer Bank?« – und in *Die Dreigroschenoper* (1928) und *Aufstieg und Fall der Stadt Mahagonny* (1930) bereits Vorbilder hat, denen Dürrenmatt auch in der Form der lockeren Szenenfolge, der Songs, der demonstrativ überzeichneten Figuren und Spruchbanddramaturgie nacheifert. Zwei kleine Bankräuber werden von Frank V., dem Besitzer einer Privatbank, zu Mitarbeitern gemacht. Sie liquidieren Bankkunden, sobald sie ihr Konto auflösen wollen, erpressen oder inszenieren einen Versicherungsbetrug, wenn Frank durch eine fingierte Bestattung für die Öffentlichkeit verstorben ist. Aber ein anonymer Erpresser treibt das Gangstersyndikat in den Ruin. Bald müssen sich die Verbrecher gegenseitig ausrauben und umbringen, um die Forderungen zu erfüllen. Zuletzt geben sich die Erpresser zu erkennen: Es sind die im Luxusinternat aufgewachsenen Kinder des Bankiers, die Frank V. für ein Leben in Ehrbarkeit erziehen wollte und die nun die Vätergeneration an Zynismus übertreffen. Sie übernehmen das Erbe und werden noch professioneller das blutige Gewerbe fortführen.

Die Physiker

Komödie in zwei Akten
Uraufführung: 21. Februar 1962 in Zürich

Personen: Fräulein Dr. Mathilde von Zahnd, Irrenärztin – Marta Boll, Oberschwester – Monika Stettler, Krankenschwester – Uwe Sievers, Oberpfleger – Herbert Georg Beutler, genannt Newton, Patient – Ernst Heinrich Ernesti, genannt Einstein, Patient – Johann Wilhelm Möbius, Patient – Missionar Oskar Rose – Frau Lina Rose – Ihre drei Buben – Richard Voß, Kriminalinspektor – Zwei Pfleger, zwei Polizisten.
Ort: Der Salon des Privatsanatoriums »Les Cerisiers« in der Nähe einer kleinen Stadt.

In dem von der reichen buckligen Ärztin Dr. Mathilde von Zahnd geleiteten Luxus-Privatsanatorium für nervenkranke Millionäre, Bankiers und Wirtschaftsbosse leben drei berühmte Physiker – Verrückte, von denen einer glaubt, er sei Newton; der zweite hält sich für Einstein, der dritte und genialste, Möbius mit Namen, meint, daß der Geist des Königs Salomo über ihn gekommen sei. Die Kriminalpolizei ist im Haus, weil eine Krankenschwester von ›Einstein‹ mit einer Lampenschnur erdrosselt worden ist. Es ist bereits der zweite ›Unglücksfall‹ dieser Art, denn drei Monate vorher wurde eine andere Schwester unter ganz ähnlichen Umständen ein Opfer ›Newtons‹. Als auch Möbius seine Geliebte, die Schwester Monika umbringt, die ihm auf den Kopf zugesagt hat, daß er nur ›verrückt‹ spiele, um sich und die Welt vor dem Zwang der Auswertung seiner für die Menschheit mörderischen wissenschaftlichen Entdeckungen zu bewahren, kommt es an den Tag, daß alle drei Physiker Simulanten sind: Möbius spielt immerhin aus moralisch hochachtbaren Gründen den Irrsinnigen, die beiden anderen aber sind von ihren gegeneinander mißtrauischen Regierungen (einer westlichen und einer östlichen) ausgesandte Geheimagenten, die sich um jeden Preis in den Besitz der Möbiusschen Formeln setzen sollen. Doch auch in ihnen sind noch so viel ethische Skrupel lebendig geblieben, daß sie mit Möbius gemeinsame Sache machen und beschließen, freiwillig mit ihm im Irrenhaus zu bleiben, damit nicht die ganze Menschheit dem Irrsinn der Vernichtung anheimfällt. Da aber stellt sich zu ihrem Entsetzen heraus, daß die Ärztin von Zahnd sich mit der planenden Logik der wirklich Verrückten längst des Geheimnisses bemächtigt, die Möbiusschen Aufzeichnungen an sich gebracht und nun ihrerseits die Macht hat, die Welt ins Verderben zu stürzen. Sie eröffnet den dreien, daß die Rechnung aufgegangen sei, »nicht zugunsten der Welt, aber zugunsten einer alten buckligen Jungfrau«. Über dieser teuflischen Wendung der Dinge werden auch die Physiker, nun keine freiwilligen Insassen der Anstalt mehr, sondern Gefangene der irrsinnigen Ärztin, wirklich verrückt.

Mit der Spannungs- und Überraschungstechnik des Kriminalstücks britischer Herkunft (und auch mit seinem ›schwarzen‹ Humor) hat Dürrenmatt die Tragikomödie der Repräsentanten der Wissenschaft geschrieben, die wie keine zweite das Bild der gegenwärtigen Welt verändert hat und ihr Schicksal bestimmt.

Mit der Logik des Absurden wird die ausweglose Situation sowohl derjenigen geschildert, die sich, wie Beutler und Ernesti (›Newton‹ und ›Einstein‹) in den Dienst der Macht stellen und ihr Genie der Politik unterwerfen, als auch der andern, die wie Möbius ihre ethische Verantwortung gegenüber der Menschheit bejahen und sich lieber selbst auslöschen als jene. »Nur im Irrenhaus sind wir noch frei. Nur im Irrenhaus dürfen wir noch denken«, sagt Möbius, »in der Freiheit sind unsere Gedanken Sprengstoff.« Die Physiker haben keine andere Wahl, als vor der Wirklichkeit zu kapitulieren, der sie einerseits mit ihren Gedanken weit vorausgeeilt sind, die ihnen aber andererseits in der Auswertung dieser Gedanken ebenfalls davongelaufen ist. Spione zu werden oder als Irre zu gelten – das ist die verzweifelte Alternative, die Dürrenmatt ihnen in diesem nach den strengsten klassischen Regeln der Einheit des Ortes, der Zeit und der Handlung gebauten Stück läßt, das in seiner geistigen Problematik ebenso bestürzend und faszinierend wie in seiner theatralischen Wirkung fesselnd und amüsant ist. *K. H. R.*

Der Meteor

Komödie in zwei Akten
Uraufführung: 20. Januar 1966 in Zürich

Personen: Wolfgang Schwitter, Nobelpreisträger – Olga, seine Frau – Jochen, sein Sohn – Carl Koppe, sein Verleger – Friedrich Georgen, Starkritiker – Hugo Nyffenschwander, Kunstmaler – Auguste, dessen Frau – Emanuel Lutz, Pfarrer – Der große Muheim, Unternehmer – Professor Schlatter, Chirurg – Frau Nomsen, Geschäftsfrau – Glauser, Hauswart – Major Friedli, von der Heilsarmee – Schafroth, Polizeiinspektor – Kritiker – Verleger – Polizisten – Heilsarmisten.

Im Atelier des Kunstmalers Nyffenschwander, der gerade ein Aktporträt seiner Frau malt, erscheint ein höchst lebendiger Toter, der Dramatiker und Nobelpreisträger Wolfgang Schwitter, der kurz vorher in einer Klinik gestorben, aber sogleich wieder auferstanden ist. Er will endgültig in dem schäbigen Raum sterben, in dem er vor 40 Jahren seine Karriere begonnen hat. Aber auch hier ist es nichts mit einem redlichen Exitus – Schwitter bleibt so rabiat am Leben, wie er sterben will, dagegen sterben diejenigen, die das Phänomen zu bestaunen kommen und keineswegs sterben wollen; wenn sie nicht sterben, werden sie in ihrer Existenz oder ihrer gesellschaftlichen Reputation vernichtet: Irgendwie erschlägt sie der ›Meteor‹, der nicht vom Himmel, sondern aus dem Totenbett gefallen ist, alle.

Zuerst verlöscht ein Pfarrer, der vor dem ›Auferstehungswunder‹ gläubig in die Knie geht. Dem Maler Nyffenschwander eröffnet seine Frau, der Schwitter gerade unwiderleglich seine Lebendigkeit bewiesen hat, daß sie ihn fürder weder als Künstler noch als Mann ästimiere, worauf der darob begreiflicherweise völlig Verstörte einen gewaltsamen Tod findet – der ›große Muheim‹, Hausbesitzer und Schwerkapitalist, wirft ihn die Treppe hinunter, und er bricht sich das Genick. Aber auch Muheim wird ruiniert, erst als illusionsfroh der Treue seiner Gattin sicherer Ehe-, dann als Geschäftsmann – ihm winkt das Gefängnis. Schwitters nächste Opfer sind sein eigener Sohn, dessen Erbe – die dem Nobelpreisträger aus seinen schriftstellerischen Erfolgen zugeflossene Million – er verbrennt, und sein Arzt Professor Schlatter, der ihm zweimal den Totenschein ausgestellt hat; sein wissenschaftlicher Ruf ist durch die Tatsache, daß Schwitter dennoch weiterlebt, vernichtet. Dann vergiftet sich Schwitters Frau, ein früheres Call-Girl, weil sie es nicht mehr verkraften kann, immer wieder von ihm Abschied zu nehmen, denn sie liebt ihn wirklich. Vor einer von Zynismen berstenden Begegnung mit ihrer Mutter, einer moralisch gänzlich wertfreien und ihm darum als einzige gewachsenen Abortfrau, scheint Schwitter, zu Beginn des zweiten Aktes, endgültig gestorben zu sein. Er liegt von Kränzen umgeben auf seinem Bett, und der Starkritiker Georgen spricht ihm einen ›ehrenden‹, in Wahrheit niederträchtig-boshaften Nachruf. Aber Schwitter wird wieder lebendig, und jetzt ist es die Heilsarmee, die sich seiner als eines Gnadenwunders bemächtigt und ihn mit Blasmusik und Gesang feiert. Das wird selbst ihm zuviel, verzweifelt schleudert er seinen letzten Schrei ins Publikum: »Wann krepiere ich denn endlich?« *K. H. R.*

Die Wiedertäufer. Eine Komödie in zwei Teilen. UA 16. 3. 1967 Zürich. – Dürrenmatt greift hier den Stoff seines ersten Stücks *Es steht geschrieben* (1947) wieder auf und schildert – ebenso wie Franz Theodor Csokor in *Das Reich der Schwärmer* (1955) – die gesellschaftliche Utopie der Wiedertäufer, die 1534 in Münster den Bischof verjagen und einen radikalen Gottesstaat ausrufen. Aber dieses »Reich Gottes auf Erden«

endet schon nach wenigen Wochen in einem wüsten Chaos. Egoismus, Machtrausch, schrankenloser Freiheitswahn einzelner anarchistischer Sektenmitglieder und die Staatsmacht des Kaisers, der mit seinen Soldaten Münster zurückerobert, erstikken die Hoffnung auf eine neue gewaltfreie Gesellschaft. Der Schmierenkomödiant Bockelson ruft sich zum König des neuen Jerusalem auf und mißbraucht den Idealismus des Volks für den eigenen Führermythos. Gegenfigur ist Knipperdollinck, der den biblischen Auftrag so wörtlich nimmt, daß er das Amt des Bürgermeisters aufgibt, bettelarm und hilflos die Nachfolge Christi antritt und schließlich als Opfer für den Massenwahn hingerichtet wird.

Porträt eines Planeten. Ein Drama in 24 Bildern. UA 8.11.1970 Düsseldorf. – 24 Kurzszenen vermitteln kabarettistisch zugespitzt Krisenmomente aus unserem Alltag kurz vor der Katastrophe des Weltuntergangs – lauter kleine, schäbige Weltuntergänge, die sich summieren zur Apokalypse: Kriegsrüstung, Rassenkonflikt, politischer Terror, Drogenkonsum, verbissen egoistischer Kleinkrieg überall und gegen alle – ob in der Familie, im Beruf, zwischen Konzernen und Parteien. Diese Welt ist überfällig für den Untergang. Vier Götter – ähnlich wie in Brechts *Der gute Mensch von Sezuan* (1943) – sehen die Vernichtung des Menschen, die Selbstvernichtung ist, ungerührt und tatenlos mit an. Sie sind für all das, was sich da abspielt, nicht zuständig.

Der Mitmacher. Komödie in zwei Teilen. UA 8.3.1973 Zürich. – Diese schwarze Komödie zeigt eine bis ins Letzte technisierte Gesellschaft, für die Mord kein Verbrechen, sondern nur noch ein alltäglicher Vorgang von Materialbeseitigung ist – letzte, makaberste Konsequenz unserer Wegwerfgesellschaft. Der Chemiker Doc hat einen »Nekrodialysator« konstruiert, der Leichen spurlos auflöst und das perfekte Verbrechen garantiert. Der Gangsterboß und später der Polizeichef Cop organisieren ein Mordsyndikat, das auf Bestellung Menschen verschwinden läßt. Als sich Cop auflehnt gegen diese organisierte Mordmaschinerie, wird er vom Staatsanwalt und vom Gouverneur beseitigt. Die Staatsführung übernimmt künftig selbst das Geschäft der Tötung.

Die Frist. Komödie in zwei Teilen. UA 6.10.1977 Zürich. – Um General Franco, der während des ganzen Stücks röchelnd im Sterben liegt, spielt sich der Machtkampf der Nachfolger ab: Geheimdienstchef gegen Ministerpräsidenten und Kardinal, Herzogin gegen Prinzessin. Der jüdische Arzt Goldbaum, der im KZ zu medizinischen Experimenten mißbraucht wurde, entlarvt einen sowjetischen Herzspezialisten, der Franco retten soll, als den untergetauchten Schlächter eines Konzentrationslagers. Dürrenmatt liefert eine politische Satire und rechnet mit der modernen Medizin ab, die das Leben manipuliert und einen persönlichen Tod verhindert.

Die Panne. Komödie. UA 13.9.1979 Wilhelmsbad. – Die gleichnamige Erzählung aus dem Jahr 1956, die als Hörspiel den renommierten Preis der Kriegsblinden erhielt, hat Dürrenmatt schließlich auch dramatisiert. Der Textilreisende Alfredo Traps gerät durch eine Autopanne in eine vergnügt tafelnde Abendrunde aus pensionierten Juristen. Als Gesellschaftsspiel macht man ihm den Prozeß und verhört ihn. Dabei kommen recht perfide Intrigen heraus, womit Traps seinem Chef die Frau genommen und ihn vorzeitig ins Grab gebracht hat. Durch Fangfragen und moralische Entrüstung setzen die Justizfanatiker Traps so zu, daß er sich als perfekter Mörder sieht und das Urteil annimmt: er erschießt sich. Sichtlich greift Dürrenmatt auf seine älteren kabarettistischen Späße zurück und verquickt sie mit seiner bekannten Theorie, wie unmöglich im Computerzeitalter persönliche Schuld und Tragödie geworden sind.

Achterloo. Komödie in zwei Akten. UA 6.10.1983 Zürich. – Dürrenmatt liefert erneut Politkabarett: die politischen Auseinandersetzungen in Polen zwischen Parteistaat, Gewerkschaften, Kirche, zwischen Pragmatikern und Ideologen, sind persifliert in paradox überzogenen Figuren aus dem Fundus der Geschichte. Napoleon (= General Jaruzelski) als Staatsoberhaupt im Ostblock, Jan Hus (= Lech Walesa) als Arbeiterführer. Die Kirche mischt sich ein mit Kardinal Richelieu, Washington durch Benjamin Franklin, Moskau durch Robespierre und Karl Marx persönlich – eine Attentatsposse wirbelt alle durcheinander. Soviel Ungereimtes kann nur im Irrenhaus stattfinden – aber diese Erklärung hebt sich Dürrenmatt bis zuletzt auf.

HEINAR KIPPHARDT

* 8. März 1922 in Heidersdorf (Schlesien)
† 18. November 1982 in Angelsbruck (Landkreis Erding)

Medizinstudium, Fachausbildung zum Psychiater, Promotion in Düsseldorf. Arbeitet als Assistenzarzt in der Nervenklinik der Charité in Ost-Berlin. 1950–59 Chefdramaturg am Deutschen Theater Berlin unter der Intendanz von Wolfgang Langhoff. Da die Partei immer restriktiver in den Spielplan eingreift und Kipphardts Stück »Die Stühle des Herrn Szmil« verboten wird, übersiedelt er 1959 in die Bundesrepublik, lebt erst in Düsseldorf, seit 1960 in München. 1969–71 Chefdramaturg an den Münchner Kammerspielen. Auch hier bekommt Kipphardt Schwierigkeiten mit der Kulturbürokratie und verläßt nach politischen Auseinandersetzungen um das Programmheft zu Wolf Biermanns »Der Dra Dra« das Theater. Von 1972 an lebt er als freier Autor in Angelsbruck bei München. Unter den literarischen Auszeichnungen der Nationalpreis der DDR (1953), der Gerhart-Hauptmann-Preis (1964), der Adolf-Grimme-Preis (1965), Prix Italia (1976).

In seinen Stücken, aber auch den Gedichten und Erzählungen ist Kipphardt stets ein engagierter Zeitkritiker, der seine aktuellen Themen mal satirisch überzeichnet, mal dokumentarisch sachlich anpackt. Stets liegt in seinen Texten unmittelbarer Zündstoff, und meist haben sie Wirkung gezeigt in der weiterführenden öffentlichen Diskussion. Das gilt schon für das Frühwerk. Dem eigenen Berufsalltag als Theaterdramaturg entnommen ist die Satire *Shakespeare dringend gesucht* (UA 28. 6. 1953 Ost-Berlin). In Gestalt des Dramaturgen Amadeus Färbel bringt Kipphardt sich selbst und seine täglichen Nöte mit der Kulturbürokratie auf die Bühne. Färbel hat einen guten Autor entdeckt. Aber er wird abgelehnt, da er zu kritisch, zu direkt ist und nicht den Parteinormen entspricht. Seitenhiebe richten sich gegen den positiven sozialistischen Helden, der als Massenidol von oben verordnet wird, gegen den SED-Funktionärsstaat, der auch den privaten Alltag der Bürger mit immer neuen Ausschüssen, Verordnungen, Sitzungen staatlich durchsetzt, gegen die Jasager und Mitläufer, die jeden politischen Kurswechsel mit lautstarken Phrasen untermauern. Dieses aufmüpfige Stück, das sich als drastischer Schwank gibt, war nur 1953 während einer kurzen kulturpolitischen Tauwetterperiode möglich. *Die Stühle des Herrn Szmil* (entstanden 1958), eine satirische Attacke auf den Alltag in der DDR, wird dort sogleich verboten und kommt erst drei Jahre später in Wuppertal zur Uraufführung. Den Stoff übernimmt Kipphardt aus dem Roman *Zwölf Stühle* von Ilja Ilf / Eugen Petrow. Die Erbtante des kleinen Standesbeamten Szmil soll in einen der dreizehn Polsterstühle den Familienschmuck eingenäht haben. Die Jagd nach dem Reichtum führt quer durch die neue sozialistische DDR-Gesellschaft, die als höhnisch überzeichnetes Panoptikum erscheint: mit alten Spießbürgern, senilen Adligen, Kapitalisten, die auch unter der sozialistischen Fassade das alte Schmarotzerdasein weiterführen. Mit *Der Hund des Generals* (UA 2. 4. 1962 München) schaltet sich Kipphardt in die aktuelle Diskussion über Kriegsverbrecherprozesse und Vergangenheitsbewältigung ein. Ein General steht vor Gericht, weil er aus privatem Ärger – sein Lieblingshund wurde von einem Soldaten abgeknallt – sechzig Landser für ein sinnloses Himmelfahrtskommando aufgeopfert hat. Seine persönliche Schuld ist offensichtlich, aber er rechtfertigt sich mit Befehlsnotstand und muß freigesprochen werden. Die Form des Stücks als Verhör mit Rückblenden und Dokumentarteilen weist bereits auf Kipphardts wichtigstes Stück *In der Sache J. Robert Oppenheimer* hin, das bis heute nichts von seiner Brisanz verloren hat. Auch *Joel Brand* (UA 5. 10. 1965 München) greift einen authentischen Fall aus dem Jahr 1944 auf: Für 100 000 Lastwagen will die SS 1 Million Juden freigeben, die bereits für den Tod in der Gaskammer bestimmt sind. Joel Brand kämpft bei den Alliierten für dieses Geschäft, um die Menschenleben zu retten. Die britischen Militärs jedoch lehnen ab, da dieser Menschenhandel nur das Kriegspotential der Deutschen stärken und den Zweiten Weltkrieg verlängern würde. *Die Nacht, in der der Chef geschlachtet wurde* (UA 15. 5. 1967 Stuttgart) ist eine Spießer-Satire: ein kleiner Bankbeamter, der lebenslang geduckt und angepaßt dahinlebt, zahlt in seinen Träumen voller Gewalt und Terror es denen heim, die mächtiger sind als er. Der deutsche Kleinbürger als Möchtegern-Faschist, der nur auf die Gelegenheit wartet, um loszuschlagen – diesmal fällt Kipphardts szenische Analyse sehr platt und oberflächlich aus.

In der Sache J. Robert Oppenheimer

Szenischer Bericht
Uraufführung: 11. Oktober 1964 in Berlin und München

Personen: J. Robert Oppenheimer, Physiker – Der Sicherheitsausschuß: Gordon Gray, Vorsitzender – Ward V. Evans, Ausschußmitglied – Thomas A. Morgan, Ausschußmitglied – Die Anwälte: Roger Robb, Anwalt der Atomenergiekommission – C. A. Rolander, Mitarbeiter Robbs, Sicherheitsfachmann – Lloyd K. Garrison, Anwalt Oppenheimers – Herbert S. Marks, Anwalt Oppenheimers – Die Zeugen: Boris T. Pash, Geheimdienstoffizier – John Lansdale, Anwalt, ehemals Geheimdienstoffizier – Edward Teller, Physiker – Hans Bethe, Physiker – David Tressel Griggs, Chefwissenschaftler der Air Force, Geophysiker – Isadore Isaac Rabi, Physiker.
Ort und Zeit: Untersuchungszimmer 2022 im Gebäude T 3 der Atomenergiekommission in Washington. 12. April bis 14. Mai 1954.

Protokolle von Zeugenaussagen, Tonbandmitschnitte, Filme, also Dokumentarmaterial im weitesten Sinn benutzt Kipphardt, um die wichtigsten Auseinandersetzungen und Widersprüche aus dem Verhör szenisch zu rekonstruieren, das der hervorragende Physiker J. Robert Oppenheimer, der »Vater der Atombombe«, Professor in Princeton, Leiter der US-Atomforschung, vom 12. April bis 14. Mai 1954 in Washington durchzustehen hatte. Im Zug des antikommunistischen Kreuzzugs, den der Senator McCarthy gegen alle Persönlichkeiten des öffentlichen Lebens entfacht, die mal linksliberale Kontakte oder gar Gedanken hatten, war auch der gefeierte Forscher als Sicherheitsrisiko eingestuft worden. Denn Oppenheimer hatte nach dem Abwurf der Bombe von Hiroshima moralische Bedenken gegen die weitere Atomrüstung und zog sich aus der Waffenentwicklung zurück. Dies wirft man ihm nun vor als Landesverrat und indirekte Unterstützung der Sowjetunion.

Kipphardt verdichtet die vierwöchige Verhandlung auf acht Szenen. Den Stoff, den er zuerst für den Hörfunk aufarbeitet, dann in eine Fernsehfassung bringt, stellt er als »Szenischen Bericht« auf das Theater. Den Widerspruch zwischen Moral und Erkenntnis am Beispiel des Physikers haben bereits Bertolt Brecht *(Das Leben des Galilei)* und Friedrich Dürrenmatt *(Die Physiker)* bewußt gemacht. Kipphardt macht in dem Stoff höchst aktuelle Fragen sichtbar: Darf ein Wissenschaftler wertfrei seine Forschung betreiben, oder muß er sich stets für die politischen und militärischen Auswirkungen verantwortlich fühlen? Hat er seinem Staat und damit den Politikern, die ihn repräsentieren, mehr zu gehorchen als seinem eigenen Gewissen? Ist der Staatsgehorsam nicht dadurch geboten, weil die kostspielige Forschungsarbeit erst durch Steuermittel ermöglicht wird? Mit diesen Fragestellungen trifft das Stück einen Nerv der Zeit und wird in der Bundesrepublik Spitzenreiter im Spielplan 1964/65.

Seit 1980 hat das Stück erneut viele Aufführungen. Und diesmal interessiert noch ein weiteres, sehr aktuelles Thema am Beispiel Oppenheimer, der hier einer Gesinnungsprüfung unterzogen wird: Lassen sich Fakten aus der Jugend, aus der lang zurückliegenden Studentenzeit viele Jahre später zu Verdachtsmomenten erhärten, lassen sich im nachhinein argwöhnisch politische Wertmaßstäbe anlegen, die damals gar nicht gegeben waren? Läßt sich der Schutz der Freiheit durch Überwachung nicht so weit treiben, daß sie in totale Unfreiheit umschlägt? Solche Fragen und Widersprüche, die das Stück auch heute wieder brisant machen, faßt Kipphardt in der Forderung des Staatsschützers und Anklägers Roger Robb zusammen: »Ich gestehe, daß mir gerade an Oppenheimers Fall klar wurde, wie unzulänglich die Methode der bloßen Beschränkung auf Tatsachen in unseren modernen Sicherheitsverfahren ist. Wie grobschlächtig und unwissenschaftlich wir uns verhalten im Grunde, wenn wir nicht, über die Tatsachen hinaus, auch die Gedanken, Gefühle, die Motive, die zu den Tatsachen geführt haben, zum Gegenstande unserer Untersuchungen machen.«

Szenisch ist das Stück straff und karg auf die Verhörsituation, auf Argumente und Gegenargumente konzentriert. Ein Dreierkollegium mit dem Zeitungsverleger und Exstaatssekretär Gray, dem Wissenschaftler Evans und dem Industriellen Morgan sichtet die Stellungnahmen und Beweisstücke der Ankläger und Verteidiger. Als Zeugen treten die Forscher Edward Teller, Hans Bethe, Isaac Rabi und zwei Leute vom Geheimdienst auf. Alle Befragungen bleiben ohne eindeutiges Ergebnis. Jedes Verdachtsmoment enthält zugleich auch wieder Entlastendes. Doch der Zweifel bleibt und wirkt in diesem Fall gegen den Angeklagten. Oppenheimer wird die Sicherheitsgarantie entzogen, er gilt als verdächtig. Eine bittere Demütigung. Neun Jahre später wird Oppenheimer durch Präsident Johnson mit einer hohen Auszeichnung rehabilitiert. Professor Oppenheimer hat gegen Kipphardt und dieses Stück protestiert, da es Fakten verfälsche.

Mag sich Kipphardt auch über die Wirklichkeit von damals hinweggesetzt haben – die Wahrheit in diesem unlösbaren Konflikt hat er getroffen.

März, ein Künstlerleben. Schauspiel in fünf Akten. UA 11. 10. 1980 Düsseldorf. – Kipphardt, selbst als Psychiater ausgebildet, gibt – zunächst als Fernsehspiel *Leben des schizophrenen Dichters Alexander März* (1975), dann auch als Roman *März* (1976) und zuletzt als Theaterstück – die Fallstudie eines schizophrenen Patienten. Alexander März ist bereits seit Jahren in der Heilanstalt Lohberg interniert. Professor Feuerstein, der Anstaltsleiter, verwaltet ihn nur noch routiniert als hoffnungslosen Fall. Der Jungarzt Dr. Kofler gibt hingegen den Kranken nicht auf, sondern ist einfühlsam und engagiert bemüht, Zugang zu finden und einen Heilungsprozeß in Gang zu bringen. Tonbandprotokolle erschließen die Vorgeschichte. Als Kind litt März unter dem tyrannischen Vater und einer ihn übermäßig verzärtelnden Mutter. Von kleinauf verweigerte er sich den Erwartungen der Umwelt. Überall wittert er Bedrohung und verrennt sich immer tiefer in Verfolgungswahn. Paranoide Schizophrenie lautet die Diagnose. Da er im Berufsleben scheitert und im Alltag auffällig wird, weist man ihn ein in die Anstalt. Hier verkriecht er sich meist unzugänglich unter einem Sack und formuliert seine Angstvisionen in einer surrealen Bildersprache. Als er der Mitpatientin Hanna Graetz begegnet, vermag er die Isolation zu durchbrechen. Für kurze Zeit flieht das Paar auf eine Alm nach Graubünden und lebt da unter Ziegen ein fernes, idyllisches Dasein. Da Hanna schwanger ist, kehren sie zurück und hoffen mit Dr. Koflers Hilfe auf ein weiteres Zusammenleben in humaner, offener Therapiegruppe. Die Polizei verhaftet die Ausbrecher. Nicht Mitmenschlichkeit, sondern die Anstaltsstatuten setzen sich durch. März kommt in Einzelzelle und Zwangsjacke. Erneut kann er fliehen. Er setzt sich die Dornenkrone des gemarterten Christus auf und tötet sich mit einer Bombe.

März ist die Psychostudie eines Menschen, der sich den Normen der Leistungsgesellschaft verweigert und deshalb von ihr ausgestoßen wird. Kipphardt verwendet in den Anstaltsszenen und zur Schilderung der Kranken Tatsachenmaterial aus Nervenkliniken. Er bezieht auch die Lyrik des schizophrenen Dichters Herbrich ein, der zum Vorbild seines März wurde. In der Auseinandersetzung des idealistischen Jungarztes Kofler mit seinem Klinikchef beschreibt Kipphardt die Anstöße der Psychiatrie-Reform eines Ronald D. Laing gegen die herkömmliche Anstaltstherapie.

Bruder Eichmann. Schauspiel in zwei Teilen. UA 21. 1. 1983 München. – Der SS-Sturmbannführer Adolf Eichmann, im ›Dritten Reich‹ verantwortlich für die ›Endlösung‹, die Deportation von 5 Millionen Juden in die Gaskammern der Konzentrationslager, wurde vom israelischen Geheimdienst in Argentinien aufgestöbert und nach Israel entführt. Hier wartet er in einer Zelle streng bewacht auf seinen Kriegsverbrecherprozeß. Kipphardt rekonstruiert die Gespräche, die Eichmann von Mai 1960 bis zur Vollstreckung des Todesurteils am 31. Mai 1962 mit einer Psychiaterin, einem Hauptmann vom Geheimdienst, dem Pastorenehepaar Hull, seinem Anwalt und seiner Frau führt. In der Bestandsaufnahme seines Lebens erweist sich Eichmann nicht als dämonischer Verbrecher, sondern als überkorrekter, unpolitischer Technokrat, der stets den Ehrgeiz hat, alle Befehle besonders perfekt auszuführen. *Bruder Eichmann* nennt Kipphardt sein Stück – damit ist die Frage gestellt nach dem Eichmann in uns selbst, nach der Möglichkeit, daß jeder von uns im Rahmen einer gerade geltenden Ideologie zum perfekten Erfüllungsgehilfen werden könnte.

Zwischenszenen zitieren politische Gewalttaten von heute: das Planspiel zu einem Atomkrieg, wie ihn die Experten im Pentagon durchspielen; die Aggression gegen türkische Gastarbeiter; der ungeklärte Selbstmord der RAF-Häftlinge in Stammheim; die Übergriffe der Israelis im Libanon gegen die Zivilbevölkerung. Kipphardt ist kurz vor seinem Tod mit diesem Stück wieder zu den Mitteln des politischen Dokumentartheaters zurückgekehrt. Er arbeitet das Allzumenschliche bei Eichmann und das Unmenschliche bei uns Nachfolgern heraus – er stellt Zusammenhänge her, die beklemmend und verstörend sind.

KARL OTTO MÜHL

* 16. Februar 1923 in Nürnberg

Wächst seit dem sechsten Lebensjahr in Wuppertal auf, wo er noch heute lebt. Kaufmannslehre, Kriegsdienst in Afrika, kriegsgefangen in Ägypten, dann USA und England. Frühe literarische Versuche werden von Tankred Dorst beeinflußt und ermutigt. Mühl geht in die Wirtschaft, arbeitet als Verkaufsleiter für Baumaschinen, dann als Exportkaufmann in einer Metallwarenfabrik, verdrängt für lange Zeit die Literatur und geht völlig auf in seinem Beruf. Erst mit fast fünfzig Jahren tritt er als Autor an die Öffentlichkeit mit Theaterstücken und Romanen, bleibt aber trotz des literarischen Erfolgs weiterhin tätig im Export: beteiligt an und mitbetroffen von der Arbeitswelt, die er in seinen Stücken und Romanen beschreibt.

Mühl ist der Spitzweg unter den heutigen Sozialdramatikern. Wo Kroetz Schwachstellen anprangert und Systemkritik übt, da entwirft Mühl psychologisch scharf umrissene Alltagsgeschichten, Sozialminiaturen, die rührend und komisch, zuweilen auch sentimental und zufällig ausfallen, wie das Leben selbst, dem sie entnommen sind. Wo sonst in den Konflikten aus der Arbeitswelt oft nur noch gesellschaftliche Abläufe registriert werden, da zeigt Mühl Menschen und allzumenschliche Schwächen. Das hat nichts mit falscher Harmonisierung oder Verniedlichung zu tun, sondern mit Humor, der sich scheut, die Welt in Schwarz und Weiß einzuteilen. Und Voraussetzung dafür ist, daß Mühl das Typische immer im einzelnen, in den Einzelheiten, im Persönlichen aufzuspüren weiß. Dem entspricht auch die Blackout-Dramaturgie dieser Stücke: knappe Momentaufnahmen sind da aneinandergereiht, Situationsskizzen, deren Dialoge selten mehr als drei Figuren benötigen; abrupt der Szenenwechsel, schroff die Übergänge. Das ist ein Verfahren, das vom Filmschnitt herkommt und unterstreicht, daß hier Schlaglichter, Schnappschüsse aus unserer Wirklichkeit gemeint sind.

R h e i n p r o m e n a d e. Schauspiel. UA 9. 9. 1973 Wuppertal. – Der Rentner Fritz Kumetat widersetzt sich mit List und Tücke den Intentionen seiner Familie und Umwelt, ihn zwar sozial zu versorgen, aber ihn auch aufs Altenteil abzuschieben und zu entmündigen. Er klaut im Warenhaus – für sich die allerletzte Chance zur Eigeninitiative –, er schockt Tochter und Schwiegersohn, als er sich eine junge Freundin zulegt: die scheue, einfältige Kläre, die als Küchenhilfe im Krankenhaus arbeitet. Sie blüht ebenso auf wie Opa Kumetat. Man macht Ausflüge, schmiedet Zukunftspläne. Aber für die Mitwelt ist dies ein Skandal: sie verdächtigt und intrigiert so lange, bis das ungleiche Paar aufgibt. Opa stirbt und Kläre bleibt um eine Enttäuschung reicher allein.

Rosenmontag. Stück. UA 8.3.1975 Essen. – Den Packer Bajorat hat man gerade einen Tag lang als Betriebsjubilar gefeiert. Ein böser Zufall beweist ihm dann kurz darauf, wie trügerisch für ihn soziale Sicherheit und Anerkennung sind: Aus Schabernack schmuggeln ihm Kollegen ein Pornoheft unter, zwei Lehrmädchen machen sich mit der Neugier der Halbwüchsigen darüber her. Daraus wird für Bajorat ein Disziplinarfall. Die Polizei untersucht, die Betriebsleitung will ihn entlassen, die Kollegen wollen sich mit einem solchen Wüstling nicht solidarisieren. So wird eine Verkettung dummer Umstände, die Bajorat nicht durchschauen kann, für ihn zum Verhängnis. Aus Verzweiflung sucht er Trost im Alkohol, kapituliert vor den Vorurteilen der Umwelt. Der Betriebsrat erreicht schließlich, daß er nur versetzt wird. Er hat Glück gehabt, aber der Schock, die Angst, der Druck von oben, werden bleiben.

Kur in Bad Wiessee. Stück. UA 25.9.1976 Wuppertal. – Die psychologische Studie einer Frau, die im Alter ihr bisheriges Leben zerbrechen sieht und ohne eine neue Aufgabe dasteht. Wie schon in früheren Stücken veranschaulicht Mühl die Situation eines Menschen, der plötzlich erkennt, daß er völlig überflüssig ist. Während Hella Angenendt Kur macht in Bad Wiessee und romantischen Illusionen über ihre Ehe nachhängt, hat sich die Wirklichkeit völlig verändert: Ihr Mann bereitet die Scheidung vor, ihren Platz hat bereits eine Jüngere eingenommen. Lange wird ihr die Wahrheit von der Familie verheimlicht. Als Hella erkennt, wie trostlos allein sie ist, versucht sie eine Liebelei mit dem Pfleger – eine neue Niederlage.

Wanderlust. Stück. UA 23.2.1977 Bochum. – Eine Tragikomödie aus der Arbeitswelt, die einen Außenseiter für die Firma so abrichtet, daß er zwar seine Persönlichkeit verliert, aber betriebstüchtig wird. Der junge Martin ist ein rührend linkischer, weltfremder Phantast, dem alles schiefgeht. Im Umgang mit seiner Freundin Thea ist er schüchtern und unentschieden, im Betrieb will man ihm wegen seiner Untüchtigkeit kündigen. Die Begegnung mit einer resoluten Sekretärin macht ihn zu einem neuen Menschen, der genau der Erwartungshaltung der Umwelt entspricht: ein Angebertyp mit Durchsetzungsvermögen und Imponiergehabe. Sein weiterer gesellschaftlicher Aufstieg wird unvermeidlich.

Hoffmanns Geschenke. Stück. UA 3.12.1978 Bochum. – Büroalltag in einer kleinen Firma. Der alternde Bollmann wird von einem jungen Aufsteiger überflügelt, beginnt zu trinken, versucht großsprecherisch seine Fehler zu kaschieren und einen Rest von Selbstwertgefühl zu erhalten. Die Kollegen intrigieren, nutzen jede Gelegenheit, um in der Hackordnung des Betriebs eine Stufe höher zu kriechen. Zuletzt war alles umsonst: die Firma wird aufgekauft, die Arbeitsplätze werden wegrationalisiert. Und der überflüssige Bollmann, den man schon vor die Tür gesetzt hat, darf als einziger noch die Liquidation durchführen.

Kellermanns Prozeß. Stück in 25 Szenen. UA 18.4.1982 Nürnberg. – Ähnlich wie in *Rosenmontag* verliert ein braver, in seinem Alltag scheinbar problemlos abgesicherter Kleinbürger den Boden unter den Füßen: Willi Kellermann, der es in einer Kartonagenfabrik bis zum Meister gebracht hat, läßt sich in den Gelegenheitsseitensprung mit einem Lehrmädchen ein. Ein mißgünstiger Kollege macht aus der Affäre einen Kriminalfall. Kellermann wird wegen Unzucht mit einer Minderjährigen vor Gericht gestellt. Er sieht seine Ehe scheitern und wird zum Sündenbock für alle im Betrieb und in der Nachbarschaft, die sich moralisch entrüsten. Er begeht Selbstmord, da er sich aus der gewohnten Alltagswelt verstoßen sieht und als Außenseiter nicht leben kann.

TANKRED DORST

* 19. Dezember 1925 in Oberlind bei Sonneberg (Thüringen)

Sohn eines Fabrikanten und Ingenieurs. Wird 1942 Soldat. Kriegsgefangen in USA, Belgien und England bis 1947. Abitur 1950, dann Studium in Bamberg und München: Germanistik, Kunstgeschichte, Theaterwissenschaft. Bereits als Student ist Dorst am Marionettentheater »Das kleine Spiel« maßgeblich auch als Autor beteiligt. Seit 1964 Tätigkeit für Film, Hörfunk, Verlage als Herausgeber und Übersetzer. Mehrere Literaturpreise, darunter Gerhart-Hauptmann-Preis 1964. Lebt als freier Autor in München.

Seit seiner Studentenzeit ist Dorst von der Marionette, vom Puppenspiel fasziniert. Diese Vorliebe hat auch seine Sicht auf das Theater, sein Selbstverständnis als Stückeschreiber geprägt. Ein Charakteristikum des Marionettentheaters liegt in der Künstlichkeit, den unveränderbar festgelegten Typen: sie ahmen nie Wirklichkeit nach im Spiel, sondern wollen stellvertretend etwas ausdrücken wie in einem Gleichnis. In diesem Sinn will auch Dorst mit seinem Theater nicht Wirklichkeit vortäuschen, sondern Täuschungen sichtbar machen, den Widerspruch zwischen Illusion und Realität, zwischen Sprechen und Handeln aufzeigen. Die Figuren in seinen Stücken handeln in einer festgelegten Rolle – der Dichter Toller z. B. in der Rolle des Politikers, Hamsun in *Eiszeit* in der Rolle des Kollaborateurs. Sie fallen auch aus der Rolle, entwerfen für sich eine Privatrolle, die sie den Erwartungen der Umwelt entgegensetzen. Dorst beginnt mit Einaktern, kleinen Stücken, Farcen. Automatenhaft wie gelenkte Puppen agieren die Figuren und demonstrieren, wie eine Situation zwangsläufig umschlägt ins Absurde. Das entsprach dem Stil im Übergang von den fünfziger zu den sechziger Jahren: Beckett und Ionesco wirkten provozierend und anregend auf den literarischen Nachwuchs. Auch der Einakter *Die Kurve* (UA 26. 3. 1960 Lübeck) verdankt einiges diesen Vorbildern: Ein Brüderpaar lebt davon, die Unfallopfer, die regelmäßig aus der Kurve getragen werden, scheinheilig zu beklagen und zugleich auszuschlachten. Als ein Beamter den Gefahrenpunkt entschärfen will, wird er als Geschäftsstörung beseitigt. Die Wirkung des Stücks liegt im

Widerspruch zwischen dieser idyllischen Welt, die sich so harmlos und spießig gibt, und der Unmenschlichkeit, die sie praktiziert. *Freiheit für Clemens* (UA 19.11.1960 Bielefeld) beschreibt an einer Modellsituation – ähnlich wie *Kaspar* von Peter Handke –, wie ein Mensch abgerichtet wird und nur noch den Zwängen der Umwelt gehorcht. Dem Häftling Clemens wird sein Alltag in der Zelle so eingedrillt, daß er unfähig wird, jemals wieder in Freiheit zu leben. Dorst erklärt dazu: »Das Stück war für mich der Versuch, einen zunächst konturlosen Menschen auf der Bühne, im Spiel zu formen und mehr und mehr festzulegen: ein artistischer Balanceakt, ein Spielstück vor allem ...«. Die Komödie *Gesellschaft im Herbst* (UA 2.7.1960 Mannheim) gibt sich als Salonstück. Eine Gräfin ist so hochverschuldet, daß sie ihr altes Schloß verkaufen muß. Man setzt das Gerücht in Umlauf, ein Schatz wäre vergraben, und entfacht damit Habgier und Intrigen, aber auch neue Hoffnungen dieser Menschen: »... das ist der Verdacht, das ist die Täuschung, das ist die Übertreibung. Für Illusionen springt man ins Feuer, nicht für Tatsachen, Einbildungen verändern die Welt! ... Wir graben aus der Tiefe unserer Vergangenheit ein neues Leben heraus.« Den Stoff zu *Die Mohrin* (UA 25.6.1964 Frankfurt a.M.) entnimmt Dorst der altfranzösischen Novelle *Aucassin und Nicolette* und wirkt daraus ein spielzeughaft buntes Märchen: die bittersüße Liebesromanze zwischen dem Königssohn Aucassin und der Mohrin Nicolette. Der Prinz ist so vernarrt in seine Illusion, in das Traumbild, das er sich von der Geliebten macht, daß er für die wirkliche Nicolette keine Gefühle mehr aufbringt. Mit *Toller* und *Eiszeit* gelingt es Dorst, aus historischen Stoffen sehr aktuelle Fragestellungen zu vergegenwärtigen. Mit der Komödie *Auf dem Chimborazo* (UA 23.1.1975 Berlin) arbeitet Dorst Teile seiner Kindheitsgeschichte auf. *Ich, Feuerbach* (UA 18.10.1986 München) ist die Psychostudie eines gescheiterten Schauspielers. Er muß auf dem Theater vorsprechen, hofft auf die langersehnte Rolle, schwankt zwischen Imponiergehabe und Angst vor dem Versagen. Gemeinsam mit dem Regisseur Robert Wilson entwirft Dorst eine Bilderfolge um *Parzival* (UA 12.9.1987 Hamburg), Modell für einen irrenden, suchenden Menschen. *Der verbotene Garten* (UA 5.3.1987 St. Gallen) nimmt sich Stationen aus dem Leben des italienischen Dichters Gabriele d'Annunzio zum Vorwurf. Der alternde Poet beutet die Schauspielerin Eleonora Duse als

Liebhaberin und Mäzenin aus. Er liefert dem Diktator Mussolini Material zur klassischen Überhöhung. Für sich selbst errichtet er einen Kult vom Ausnahmemenschen. In *Korbes* (UA 4.6.1988 Hamburg) erneuert Dorst das Passionsspiel – doch ohne Glauben an ein besseres Jenseits. Korbes erleidet die Not und Heimsuchung eines Hiob. Aber sein Leiden bleibt in einer gottverlassenen Welt sinnlos und zufällig. In Zwischenszenen sind die Arien und Passionstexte aus Händels Brockes-Passion einbezogen – Gegenbilder, die für eine historisch gewordene Utopie der Hoffnung und Erlösung stehen. In *Karlos* (UA 6.5.1990 München) verzerrt Dorst die Figuren aus Schillers Schauspiel zu einer irrlichternden Horror-Picture-Show: der bucklige, von Ängsten und Machtrausch wahnsinnige Infant provoziert mit unsinnigen Taten den vergreisten, von der Kirche beherrschten Hof seines Vaters König Felipe und erstickt zuletzt an seinem Leibgericht Hasenpastete. Mit *Fernando Krapp hat mir einen Brief geschrieben* (UA 15.5.1992 Wien) dramatisiert Dorst eine Novelle des Spaniers Miguel de Unamuno von 1916 zu einer nie ganz durchschaubaren Spiegelfechterei mit tödlichem Ausgang: eine Frau will sich die Liebe ihres Mannes auch um den Preis eines Ehebruchs erkämpfen.

Große Schmährede an der Stadtmauer. Stück. UA 27.9.1961 Lübeck. – In der fernöstlich eingekleideten Parabel fordert eine junge Frau, die ihren Mann unter die Soldaten verlor, von der Armee ihr privates Glück zurück. Die Offiziere weisen ihr einen beliebigen Krieger zu, mit dem sie um den Preis ihres Lebens jene Szenen von Familienglück durchspielen muß, um die sie betrogen wurde. Zuletzt verschwindet der Partner hinter die Stadtmauer. Die Frau bleibt allein mit ihrer Verzweiflung: »Warum ist er fortgegangen? Warum verstehen wir uns nicht? Wir können doch sprechen! Warum stehst du da, Mauer? Warum bin ich hier unten, der Mann aber auf der anderen Seite? Warum sind alle Gesetze nichts wert? Alle Hoffnungen nichts, alle Sorgen nichts, alle Klugheit nichts, alle Liebe nichts, nichts, nichts! ... Warum stehst du da, Mauer?« Ein eindringliches Antikriegsstück, das für Dorst zum wichtigsten Erfolg seiner Anfängerjahre wird. (Reclams UB 7672.)

Toller. Szenen aus einer deutschen Revolution. UA 9.11. 1968 Stuttgart. – In den späten sechziger Jahren richtet sich in der Bundesrepublik Deutschland unter dem Einfluß der Studentenbewegung das politische Interesse auch auf die revolutionären Versuche der Vergangenheit. Eine dieser Hoffnungen, eine radikale politische Utopie zu verwirklichen, war die Münchner Räterepublik der Linkssozialisten unter dem Vorsitz des expressionistischen Dichters Ernst Toller. Die Regierungstruppen unter Noske zerschlugen schon nach kurzer Zeit die politische Tagträumerei. Die Freunde und Anhänger Tollers wurden hingerichtet. Er selbst erhielt die Privilegien eines Dichters: im Gefängnis durfte er seine Erfahrungen zu einem Buch verarbeiten, worin er sich als Held und Märtyrer darstellte. Erst Jahre später – 1939 – wird er in der Emigration Selbstmord begehen.

So weit die historischen Fakten, die Dorst in seinem Stück aufarbeitet und mit Filmeinblendungen, Dokumentationen, Puppentheater verbindet. Dorst hat genau recherchiert und das historische Material 1966 parallel als Sachbuch publiziert: *Die Münchner Räterepublik. Zeugnisse und Kommentar.* Aber Dorst will nicht nur Chronist sein: Toller ist Modell für das Verhältnis eines Intellektuellen zur Tagespolitik, eines idealistischen Träumers zur Praxis und zur Basisarbeit. Günter Grass (*Die Plebejer proben den Aufstand*, 1966) und Peter Weiss (*Hölderlin*, 1971) gehen ähnlichen Fragen nach. Dorsts Versuch, das Dokumentartheater zu nutzen, um aktuelle und zugleich zeitlose Widersprüche aufzuzeigen und Geschichte als Ursache, aber auch Ergebnis privater Haltungen und Fehlhaltungen zu zeigen, hat weiterführend auf das deutsche Theater gewirkt.

Eiszeit. Stück. Mitarbeit: Ursula Ehler. UA 17.3.1973 Bochum. – Wie bereits in *Toller* greift Dorst historische Fakten auf, um daraus aktuelle Fragen abzuleiten. Die Widersprüchlichkeit von Realität, das Auseinanderfallen von Erinnerung und Erfahrung. Vergangenheitsbewältigung – das Anliegen großer Teile der deutschen Nachkriegsliteratur – ist, so zeigt Dorst, ein unmöglich Ding, da sich politische Verantwortung kaum rückprojizieren läßt. Als alter Mann muß sich der Dichter Knut Hamsun wegen seiner Vergangenheit im Zweiten Weltkrieg verantworten. Damals im von den Deutschen okkupierten Norwegen war er deutschfreundlich und hat mit der verhaßten faschistischen Quisling-Regierung zusammengearbeitet. Jetzt lebt er im Altersheim und soll sich als Kollaborateur verantworten. Oswald, der junge Widerstandskämpfer, plant sogar ein Attentat. Den Alten erreichen die politischen Vorwürfe überhaupt nicht. Für ihn hat sich die Vergangenheit ganz persönlich und unpolitisch abgespielt: Er hat damals mit Freunden seiner Literatur diskutiert – daß diese Schöngeister zufällig in SS-Uniform auftraten, hat ihn nicht interessiert. Er hat auf seinem Bauernhof geackert, sich um Ernte und Wetter gekümmert – und das will man ihm jetzt als Landesverrat anprangern. Was er damals als wahr und naturhaft erlebt und in seinen Romanen niedergeschrieben hat, das wird heute als verlogene Idylle abgetan. In dialektischem Spiel zeigt Dorst, daß es Vergangenheit gar nicht gibt, sondern nur Vergangenheitsmomente, die immer wieder anders und gegensätzlich erinnert und interpretiert werden.

In drei Stücken arbeitet Dorst (Mitarbeit Ursula Ehler) die eigene Familiengeschichte auf und zeichnet zugleich die spezifisch deutschen Erfahrungen der letzten Jahrzehnte nach. Zentrales Thema: die Wechselwirkung von persönlichem Erleben und geschichtlicher Situation.

Heinrich oder Die Schmerzen der Vernunft (UA 16. 6. 1985 Düsseldorf): die thüringische Kleinstadt Grünitz im Kriegsjahr 1944. Der Gymnasiast Heinrich Merz begeistert sich für die Parolen des NS-Staates, träumt von der Herrlichkeit des Herrenmenschen und vom Heldentod. Freiwillig meldet er sich zum Marinelehrgang nach Stettin, nascht in Berlin am flotten Leben der Kriegsgewinnler. Um so schmerzhafter trifft ihn die Realität: der Zusammenbruch des Dritten Reichs.

Die Villa. Schauspiel in 23 Bildern. UA 20. 9. 1980 Stuttgart und Düsseldorf. – Die Fortsetzung führt ins Jahr 1948. In der DDR will man eine neue sozialistische Gesellschaft errichten aus den alten abgewrackten Menschen, die diese Veränderung nicht mitmachen wollen und können. Heinrich beginnt zu schriftstellern und schlägt sich durch als Fluchthelfer und Schmuggler.

Auf dem Chimborazo. Komödie. UA 23. 1. 1975 Berlin. – Im Schlußstück dieser Familiensaga begegnen uns die Figuren um 1970. Längst haben sie sich in der Bundesrepublik eingelebt. Selbstgefällig schwadronieren sie von der Freiheit und erweisen sich dabei als gänzlich unfrei, kleinlich, in Intrigen und Konventionen verstrickt. Die alternde Dorothea Merz unternimmt einen Familienausflug auf den Chimborazo, um von diesem fiktiven Grenzberg aus in die DDR und die eigene Vergangenheit zu schauen. Böse und selbstgerecht schikaniert sie alle: die Söhne, die ihre hochfliegenden Zukunftspläne enttäuscht haben, ebenso wie die arme, fast taube Tante Klara. Ein Stück voll von banalem Geschwätz, Sentimentalität, Heuchelei – von Dorst als höhnische Abrechnung gedacht mit einem Bürgertum, das unfähig ist, sich zu verändern.

Merlin oder Das wüste Land. *Prolog – Die Tafelrunde – Der Gral – Untergang.* 97 Szenen. UA 24. 10. 1981 Düsseldorf. – Dorst versucht die Mythen des Mittelalters um Artus und Lancelot, den Teufelssproß Merlin und Parzival, den Kampf zwischen alter heidnischer Ordnung und neuer christlicher Heilslehre aufzutürmen zu einer Parabel, die auch unsere Gegenwart trifft: die Menschen irren durch eine Zeitwende, suchen neue Werte und Orientierungen, spielen mit Selbstzerstörung und dem Weltende. Der Zauberer Merlin wird vom Teufel in die Welt gesetzt, um die Menschen zum Bösen zu verführen. Merlin gründet die Tafelrunde als eine neue Ordnung des friedlichen Miteinander. Der runde Tisch, an dem alle Plätze gleich sind, soll die alten blutigen Kämpfe um die Vorherrschaft überflüssig machen. Merlin ist die tragische Figur in diesem Spiel. Nie weiß er, ob es zum Guten oder zum Bösen ausschlägt, was er gerade plant. Satan mischt sich immer wieder – mal als schwarzer Rokokokavalier, mal als Kapitalist mit Reitpeitsche – ins Spiel und sucht ihn zu seinem Werkzeug zu machen. In diese Grundsituation verwoben sind nun die alten Sagen von König Artus und seiner Gemahlin Ginevra, von der unglücklichen Liebe des Ritters Lancelot zur Königin und von seinem Bruderkampf mit Gawain, vom Ränkespiel des Artus-Sohns Mordred, der in seinem Kampf um die Macht die ganze [illegible] in den Untergang reißt, vom reinen Toren Parzival und [illegible] lobetrotter Mark Twain, der als Pragmatiker den Wust [illegible] hen ordnen und zurechtstutzen will auf vernünftige [illegible] keit. Merlin ist ein Lesedrama von 400 Seiten, [illegible] kürzter Fassung zwei Theaterabende erfor-

GERLIND REINSHAGEN

* 4. Mai 1926 in Königsberg

Nach dem Abitur 1944 Ausbildung und Tätigkeit als Apothekerin. Seit 1956 freie Schriftstellerin. 1977 erhält sie den Mülheimer Dramatikerpreis für »Sonntagskinder«.

Gerlind Reinshagen schreibt Sozialbefunde – Gesellschaftsanalysen, die zugleich die Perspektive freigeben auf ein utopisches Ziel. Das macht ihre Stücke zu Demonstrationen gegen soziale Schwachstellen. Die Figuren und ihre Haltungen sind typisch und aussagekräftig für das Selbstverständnis einer Generation. Figuren, die reduziert, aber auch konzentriert sind auf ihr Rollenverhalten im Sozialgefüge und die Defizite, die sie dadurch erleiden: *Doppelkopf* (UA 21. 2. 1968 Frankfurt a. M.) – schon der Titel ist Hinweis auf die Zerreißprobe, der ein sozialer Aufsteiger ausgesetzt ist zwischen den Erwartungen der Chefetage und der Kumpels. *Leben und Tod der Marylin Monroe* (UA 21. 1. 1971 Darmstadt) verdeutlicht, wie ein Mensch ausgeschlachtet wird für die Kitschindustrie. *Himmel und Erde* (UA 14. 9. 1974 Stuttgart): die Trauerarbeit einer an Krebs dahinsterbenden Frau, die sich durch ihre Erinnerungen müht: Auflehnung gegen die Ärzte, Verzweiflung, Resignation, aber auch der Versuch, diesen letzten Tagen noch einen Sinn zu geben. *Die Clownin* (UA 7. 12. 1986 Düsseldorf) ist die Innenschau einer alternden Schauspielerin, die sich in ihrer Einsamkeit Emily Brontë, die Romanautorin aus dem 19. Jahrhundert, als Partnerin ihrer Träume erfindet. *Die Feuerblume* (UA 1. 10. 1988 Bremen), ein rätselhaftes Gewächs, das die Menschen fasziniert und ins Verderben stürzt, dient als Symbol für die atomare Bedrohung, für eine Technik, die vom Menschen nicht mehr beherrschbar ist. In einem vagen, poetisch verbrämten Warnspiel versucht Reinshagen, ein Gleichnis von der Selbstauslöschung der Menschheit zu geben. In *T*[illegible] *Marie!* (UA 29. 11. 1989 Darmstadt) als Schlußstück der [illegible] *schen Trilogie* (nach *Sonntagskinder* und *Das Früh*[illegible] zieht die gealterte Nachkriegsgeneration tro[illegible] sozialer Not, um alle Hoffnungen betro[illegible] von heute nur noch Ballast. *Die f*[illegible] 13. 3. 1993 Basel): jugendliche Aus[illegible] einer Sekte zusammen, die in Armut, Meditation und aufopfernder Sozialarbeit eine bessere Gesellschaft schaffen will. Der Versuch scheitert an Fanatismus, Gruppenterror, Egoismus und Anpassungszwang.

Sonntagskinder. Stück. UA 29. 5. 1976 Stuttgart. – Die Kriegszeit 1939–45 in einer deutschen Kleinstadt. Einige Kinder wachsen da heran – Elsie und ihre Schulkameraden. Als Sonntagskinder werden beneidet, die bereits alt genug sind, um in den Krieg zu ziehen und Helden zu werden für Führer und Reich. Das gemütliche, banale, schwatzhafte Kleinstadtleben ist bald geprägt vom alltäglichen Faschismus: Ein nörgelnder Buchhalter lebt sich nun aus als forscher Typ in SA-Uniform. Elsies Vater nutzt den Krieg für seine Vergnügungssucht und kommt dabei ums Leben. Der Lehrer wird ein opportunistischer Mitläufer. Die Freunde der Mädchen, denen ihre erste Liebe gilt, kehren als Krüppel heim. Die einen werden Spitzel und die anderen sind ihre Opfer, die man liquidiert. Und schließlich ist das Kriegsende da – die Erwachsenen, eben noch deutschnational, sie sind nun alle stramme Demokraten und suchen ihren Vorteil beim Wiederaufbau. Ein eindringliches, satirisches Zeitpanorama – geschildert aus dem Blickwinkel der Halbwüchsigen.

Das Frühlingsfest. Stück. UA 9. 5. 1980 Bochum. – Die fünfziger Jahre als historischer Befund: noch sind die Schatten der Vergangenheit, die Narben des Weltkriegs schmerzhaft deutlich, und schon ist auch die Vorahnung der siebziger Jahre da. Die Verdrossenheit, die Enttäuschungen, die beginnenden Verluste mitten im materiellen Überfluß, die tiefe Ratlosigkeit der Menschen in sich und vor den anderen, die man mit soviel Rastlosigkeit überspielt. Daß Reinshagen Impressionen statt Situationen hinstellt, das macht die Schwäche des Stücks aus – es tritt auf der Stelle, das aber insistierend hartnäckig. Es zeigt manche Figuren aus *Sonntagskinder* zehn Jahre später in der florierenden Bundesrepublik: Aus der kleinen Elsie, die unter Bomben und Kriegselend aufwuchs, ist die Ehefrau Elsa geworden. Ihr Mann, im Pharmageschäft tätig, kämpft mit allen Tricks um den Geldgeber für ein umstrittenes Medikament. Gegenfigur ist sein Freund Philipp, der Intellektuelle. Er durchschaut, wie brüchig und verlogen diese Wohlstandsgesellschaft ist. Er ist der Aussteiger, der sich verweigert und als einziger die schmachvolle Vergangenheit des ›Dritten Reichs‹ nicht verdrängt hat.

Eisenherz. Stück in zwei Teilen. UA 14.11.1982 Bochum und Zürich. – Stoff und Figuren entnimmt Reinshagen ihrem ersten Roman *Rovinato oder Die Seele des Geschäfts* (1981). Drei Frauen verschleißen sich im Bürobetrieb: die ältliche Bürovorsteherin Billerbeck, die muntere Sexbiene Ada und die junge Ellinor, gerade der Sucht nach Alkohol und Tabletten entronnen. Ein Student kommt als kritischer Außenseiter in den routinierten Tagesablauf der Firma und wird für jede der drei Frauen zur Herausforderung. Ellinor erlebt mit ihm eine Liebesenttäuschung. Sie beschließt, hart zu werden wie ein »Eisenherz« und aus dem täglichen Trott auszusteigen, um das wahre Leben zu suchen.

MARTIN WALSER

* 24. März 1927 in Wasserburg (Bodensee)

Sohn eines Gastwirts, studierte nach Teilnahme am Zweiten Weltkrieg in Tübingen Literaturwissenschaft, Philosophie und Geschichte und promovierte 1951 mit einer Arbeit über Kafka zum Dr. phil. Lebt jetzt nach vorübergehender Tätigkeit als Funk- und Fernsehregisseur beim Süddeutschen Rundfunk Stuttgart als freier Schriftsteller in Nußdorf am Bodensee. Nach den beiden Romanen »Ehen in Philippsburg« (1957) und »Halbzeit« (1960) und kürzeren Prosaerzählungen begann Walser mit der satirischen Farce »Der Abstecher« für die Bühne zu schreiben. Sein zweites Stück »Eiche und Angora« wurde 1962 bei den Berliner Festwochen uraufgeführt. Das Stuttgarter Staatstheater brachte die beiden folgenden Bühnenstücke Walsers zur Uraufführung: »Überlebensgroß Herr Krott – Requiem für einen Unsterblichen« (1963) und »Der schwarze Schwan« (1964). Walser, der auch eine Anzahl Hörspiele verfaßt hat, erhielt 1962 für sein Gesamtschaffen den Gerhart-Hauptmann-Preis, 1980 den Schiller-Preis und 1981 den Georg-Büchner-Preis. H. D.

Eiche und Angora. Deutsche Chronik. UA 23.9.1962 Berlin. – Im April 1945 hat der Kreisleiter Gorbach irgendwo im deutschen Südwesten den Auftrag, im Waldgelände unweit des Städtchens Brezgenburg die anrückenden Franzosen hinzuhalten, bis eine Kampftruppe der SS eintrifft. Zum ›Eichkopf‹, wo er seinen Beobachtungsstand einrichtet, begleitet ihn Alois Grübel, ein einstiger KPD-Mann, der im Konzentrationslager so gründlich umgeschult wurde, daß er nicht nur ein gläubiger Bekenner nationalsozialistischen Gedankenguts wurde, sondern auch seiner Männlichkeit verlustig ging, dafür freilich eine schmelzend schöne Stimme »wie eine Nachtigall« gewann. Sein ganzes Sehnen geht dahin, nach dem Krieg Mitglied eines Gesangvereins zu werden (denn deutsche Gesangvereine können nicht untergehen). Aus dem KZ entlassen, hat er sich mit Genehmigung der Partei der Zucht von Angorakaninchen gewidmet, was jetzt zur Kapitulation von Brezgenburg führt. Denn Alois, vom Kreisleiter, der inzwischen auf dem Eichkopf zusammen mit anderen Einsatzleitern des Volkssturms eine Art Hauptquartier errichtet hat, mit einem Auftrag in die Stadt geschickt, hat die Gelegenheit benutzt, sein Lager an Angorafellen aufzulösen, um die Bevölkerung, weil sie sich vielleicht mit den Kleiderkarten-Punkten verrechnet haben könnte, mit irgend etwas Wärmendem zu versorgen. Die Brezgenburger haben die weißen Felle aber in ihre Fenster gehängt und damit dem nahenden Feind die Kapitulationsbereitschaft ihres Städtchens kundgetan. Auf Betreiben des forschen Musik-Oberstudienrats Potz soll Alois deswegen in den allerletzten Kriegstagen als ›Rückfälliger‹ an einer der schönen deutschen Eichen auf dem Bergrücken aufgehängt werden; er bittet, vorher noch einmal »Über allen Gipfeln ist Ruh« singen zu dürfen. Inzwischen ist die Situation aber so kritisch geworden, daß sich die schleunigste Auflösung des ›Hauptquartiers‹ empfiehlt, und Alois entgeht dem Tode. Nach dem Krieg gilt er als eine Art Retter seiner Heimat und wird durch Fürsprache Gorbachs, der jetzt auf dem Eichkopf ein Höhenrestaurant erbaut, in den ›Liederkranz‹ aufgenommen, den sein ehemaliger Gegner Potz als Dirigent leitet. In seiner Dankrede bringt der gerührte Alois die schönsten Nazi-Sprüche an – sein zweiter Rückfall in eine überwundene Zeit; um die peinliche Situation zu beenden, wird er abgeführt und vorübergehend als unzurechnungsfähig in einer Anstalt untergebracht. Zehn Jahre danach soll auf dem

Eichkopf, wo jetzt Gorbachs Restaurant steht, ein Wettstreit zwischen Männerchören stattfinden; der ehemalige Kreisleiter, jetzt ›Herr Direktor‹, fürchtet aber, daß der bei Westwind herandringende Stallduft von Alois Grübels Angorakaninchen ihm die Gäste vertreibt. Grübel sieht das in seiner grenzenlosen Anpassungsfähigkeit auch ein und willigt in ihre Tötung. Danach aber befällt den ewigen Befehlsempfänger, der es allen seinen früheren Peinigern und heutigen Mäzenen immer nur recht machen wollte, zu späte und vergebliche Reue: »Ich hätt's nicht einsehen dürfen, daß die Hasen wegmüssen«, sagt er; »es ist ein Unglück, wenn man immer alles einsieht.« Ein einziges schwaches Kaninchen nimmt er, der jetzt auch nicht mehr singen will, im Rucksack mit, als er wieder freiwillig in eine Anstalt geht, nicht, um mit dem ›miekrigen Daniel‹ wieder eine Zucht zu beginnen, sondern weil er an ihn gewöhnt ist. *H. D.*

Der schwarze Schwan. Ein Stück in zwei Akten. UA 14. 10. 1964 Stuttgart. – Zwei medizinische Kapazitäten, der Chirurg Goothein und der Psychiater Liberé, miteinander befreundet, haben im ›Dritten Reich‹ als Handlanger der Euthanasie schwere Schuld auf sich geladen. Goothein ist später dafür mit einigen Jahren Zuchthaus bestraft worden und glaubt damit ausreichend gesühnt zu haben. Sein Gewissen ist beruhigt, im Gegensatz zu seinem Freund Liberé, der, einst auf den Namen Leibniz hörend, unter seinem Tarnnamen eine Nervenheilanstalt leitet, dort freiwillig unter den Bedingungen eines Gefangenen lebt, aus dem Blechnapf ißt und, um ständig an seine Schuld erinnert zu bleiben, ein geistesschwaches Kind adoptiert hat. Seiner Tochter Irm, die früher Hedi hieß, hat er erzählt, daß er die Jahre des Unheils in Indien verbracht habe; sie weiß nichts von seinen Verbrechen. Ihr Jugendfreund Rudi Goothein aber entdeckt Dokumente, die ihm die Augen über die Tätigkeit seines Vaters als Euthanasie-Arzt öffnen. In seiner Erinnerung steigen die Kinderjahre mit Hedi auf, in denen sie ›KZ‹ und ›Verbrennung‹ spielten und er, den SS-Mann darstellend, von der kleinen Gefährtin ›Schwarzer Schwan‹ genannt wurde. Stellvertretend für den Vater, vor dem er seine Entdeckungen verschweigt, regt sich in ihm das Gewissen; er verlangt vor ein Gericht gestellt zu werden, und will die Anklage, die eigentlich gegen den bewunderten Vater erhoben werden müßte, auf sich ziehen. Dieser, über Rudis ihm unerklärliches Verhalten konsterniert – er weiß nicht, daß der Sohn in seiner Vergangenheit geforscht hat –, hält ihn für psychisch gestört und bittet seinen Freund Liberé, ihn zu behandeln. In dessen Klinik wird Rudis Gewissen in Gesprächen mit dem Arzt auf eine harte Probe gestellt; er verbohrt sich immer tiefer in die Frage der Aufrichtigkeit seines Schuldgefühls und beschließt, um aus der Pein seiner widerstreitenden Empfindungen herauszukommen, den Vater zum Eingeständnis seiner (des Vaters) Schuld zu zwingen: Wie Hamlet arrangiert er in einer Art Auschwitz-Szenerie ein Theaterspiel, in dem das Bild der Erinnyen heraufbeschworen wird, aber es gelingt ihm nicht, Goothein damit den Mund zu öffnen. Rudi selbst aber wird, schlimmer als je zuvor, von der Frage gepeinigt, wie er selbst, wäre er seinerzeit in seines Vaters Situation gewesen, gehandelt hätte. Kann er so sicher sein, daß er sich als ›Gewissensheld‹ bewährt hätte? Er zwingt sich selbst in die Situation, einen völlig unschuldigen Menschen töten zu sollen: Seine Kinderfreundin Irm, Liberés Tochter, soll das Opfer eines sinnlosen Mordes sein; wenn er auf sie zielt, wird er vielleicht Klarheit über sich selbst gewinnen. Aber nicht Irm, die bereit ist, über das Vergangene Gras wachsen zu lassen, begleitet ihn zu dem Lebensbaum Thuja, unter dem die entsetzliche äußerste Gewissensprüfung stattfinden soll, sondern Tinchen, jenes schwachsinnige Mädchen, das Liberé adoptiert hat und das seinerzeit, wie alle seinesgleichen, unzweifelhaft den Euthanasietod von seiner oder Gootheins Hand hätte sterben müssen. Das hilflose Geschöpf jagt Rudi Entsetzen vor seiner geplanten Tat ein, er richtet die Pistole gegen sich selbst und tötet sich. Wie vorher das Erinnyenspiel auf seinen Vater, bleibt aber jetzt auch sein Tod auf Liberé ohne Wirkung. Nur um Rudi Goothein zum Ruhm eines mit dem Tod besiegelten Gewissensopfers zu verhelfen, fühlt er sich nicht veranlaßt, seine getarnte Existenz aufzugeben, sein Pseudonym zu enthüllen und sich den Gerichten zu stellen. (Mit diesem Schluß wurde das Stück bei der Stuttgarter Uraufführung gespielt. Walser hatte zuerst einen anderen Schluß geschrieben, bei dem Liberé seine Absicht kundgibt, die freiwillige Verbannung aufzugeben und in die Stadt zurückzukehren – was sich als innere Umkehr und Bereitwilligkeit, seine Schuld von einst nun auch vor aller Welt auf sich zu nehmen, deuten ließe.)

Eiche und Angora und *Der schwarze Schwan* sind die beiden ersten Teile einer Trilogie *Deutsche Chronik*, deren Schlußstück (mit dem vorläufigen Titel *Ein Pferd aus Berlin*) noch aussteht. *H. D.*

Die Zimmerschlacht. Übungsstück für ein Ehepaar in zwei Akten. UA 7. 12. 1967 München. – Ein Ehepaar schlägt einen Abend tot. Sie kränken und vertragen sich, können miteinander nichts anfangen. – Ursprünglich ein Hörspiel, dem der Autor auf Fritz Kortners Vorschlag hin einen zweiten Akt anhängte: Fortsetzung 15 Jahre später. Das Stück fiel durch, machte aber danach als Einakter, also ohne den zweiten Teil, die Runde über viele Bühnen. (Reclams UB 7677.) *H. D.*

Ein Kinderspiel. Stück in zwei Akten. UA 22. 4. 1971 Stuttgart. – Eine Satire auf die deutsche Wohlstandsfamilie. Vater Gerold hat die Familie mit den beiden Kindern verlassen, um bei der jungen, attraktiven Irene einen zweiten Frühling zu erleben. Der Sohn Asti und die Tochter Bille sind in ihren Berufszielen gescheitert, gammeln mit flotten Sprüchen so dahin, flüchten in Rollenspiele. Als Gerold ihnen die junge Stiefmutter vorstellt, beginnt ein ausgeklügeltes Ritual an Feindseligkeiten. Der Schlagabtausch persönlicher Aggressionen geschieht stellvertretend in der Diskussion über Filmstoffe, über ästhetische und politische Streitpunkte. Walser macht sichtbar, daß auch Engagement und Protest der jungen Intellektuellen bereits wieder ihre Konventionen und Verlogenheiten entwikkelt haben. Den Vater lassen alle Provokationen und moralischen Vorwürfe kalt. Aber er schießt auf die Tochter, sobald sie hinter die manipulierten Bilanzen seines Konzerns kommt.

Das Sauspiel. Szenen aus dem 16. Jahrhundert. UA 19. 12. 1975 Hamburg. – Walser schildert Sozialkonflikte und Klassenkampf im Nürnberg der Reformationszeit, um gegen die Zwänge des heutigen Kapitalismus zu protestieren. Die reichen Handelsherren haben die Macht. Die Wiedertäufer, ausgebeutete Metallarbeiter, predigen Freiheit und Gewaltlosigkeit und werden deshalb verfolgt. Die Künstler, ob Albrecht Dürer oder Hans Sachs und der Humanist Pirckheimer, halten zu den Mächtigen und profitieren davon. Den Musikanten Jörg Graf mißbrauchen die Gewalthaber als Spitzel gegen das Volk – dann stechen sie ihm die Augen aus. Ein mißglücktes episches Thesenstück.

In Goethes Hand. Szenen aus dem 19. Jahrhundert. UA 18. 12. 1982 Wien. – Der Titel weist auf den Spruch »In Gottes Hand« – ebenso endgültig und untrennbar ist Johann Peter Eckermann mit Goethe verbunden, ein Geschöpf und Opfer des Dichterfürsten. Nie gelangt Eckermann zu sich selbst und den eigenen Möglichkeiten: »Wenn ich Eckermann wäre. Der ich nicht geworden bin.« Als Student kommt er 1823 nach Weimar und erhofft sich für seine Gedichte die Protektion des Geheimrats. Er will Goethe ausnutzen, aber der Dichter als gewiefter Psychologe nutzt ihn aus. Eckermann bleibt bis zu seinem Lebensende in Goethes Diensten, ohne Bezahlung, aber immer wieder vertröstet mit Versprechungen auf eine Anstellung, auf den Ruhm, selbst ein großer Dichter zu werden. Er betreut die 40 Bände der Gesamtausgabe, besorgt als Sekretär die Archivarbeiten, Briefwechsel, Termine, steigert mit seinen Aufzeichnungen der »Gespräche mit Goethe« den Nachruhm seines Meisters. Indessen läßt er seine Braut Hannchen fast zehn Jahre auf die Heirat warten, lebt kümmerlich in einer Dachkammer, schindet sich bis zur Selbstaufgabe für sein Idol Goethe, gegen den er höchstens mal im Traum aufzumucken wagt. Als alter Mann erhält Eckermann 1853 durch den Dichter Freiligrath eine Ahnung von Freiheit und demokratischen Ideen, die aus der Revolution von 1848 stammen. Aber Eckermann bleibt Goethe auch nach dessen Tod verfallen. Er vermag nicht, sein Leben als Geschichte einer Ausbeutung zu durchschauen. Walser überzeichnet satirisch die Nebenfiguren: Goethes Sohn August als prahlerischer Säufer, dessen Frau Ottilie als geizige, ewig jammernde Klatschtante. Der alte Goethe erscheint als eitler, nörgelnder, egozentrischer, hohler Poseur, der für alles und jeden eine schöne Phrase bereithält. Neben *Über allen Gipfeln ist Ruh* von Thomas Bernhard ist dies der zweite Versuch zum Goethe-Jahr 1982, einen kritisch persiflierten Anti-Goethe zu zeigen, der in seinen Werken als der große Beschwichtiger wirkt und von den Machthabern dafür belohnt wird mit Privilegien.

In *Die Ohrfeige* (UA 30. 12. 1986 Darmstadt) verkalauert Walser den Konflikt zwischen Unternehmer und Arbeiter, der auf die Straße gesetzt wird, zu einem polternden, geschwätzigen Lustspiel.

GÜNTER GRASS

* 16. Oktober 1927 in Danzig

Günter Grass rückte mit seinen beiden Romanen »Die Blechtrommel« (1959) und »Hundejahre« (1963), in denen sich die Tradition des barocken deutschen Schelmenromans mit aktuellem politischem Engagement und scharf-satirische zeitgeschichtliche Kritik mit üppig wuchernder Phantastik verbinden, in die erste Reihe führender deutscher Schriftsteller der Gegenwart vor. Für die Bühne hat er, der weiterhin politisch ebenso profiliert aktiv blieb wie literarisch, eine Reihe von Stücken geschrieben, die man ob ihrer Bizarrerie zum absurden, ob ihres aggressiven, zornig grundierten Humors zum engagierten Theater rechnen kann: »Hochwasser« (UA 21. 1. 1957 Frankfurt a. M.), »Onkel, Onkel« (UA 3. 3. 1958 Köln), »Die bösen Köche« (UA 16. 2. 1961 Berlin; Reclams UB 9883). Sie blieben jedoch Einzelerscheinungen im Repertoire, dramatische Etüden ihres Autors, Anregungen für experimentierfreudige Theaterleiter und Regisseure. *H. D.*

Die Plebejer proben den Aufstand. Deutsches Trauerspiel in vier Akten. – Der Untertitel, den Grass seinem am 15. Januar 1966 im Berliner Schillertheater uraufgeführten Stück gegeben hat, ist von halb grimmiger, halb resignierender Ironie. Es spielt am Tag des Arbeiteraufstands, am 17. Juni 1953, auf der Bühne eines Ostberliner Theaters. Man probiert unter Leitung des ›Chefs‹ – einer Figur, für die Grass sich den Dramatiker und Regisseur Bertolt Brecht als Modell ausgesucht hat – die Szenen des Plebejeraufstands in Shakespeares *Coriolan*, die der ›Chef‹ ideologisch verändern will. Die Plebejer, beziehungsweise die sie zum Klassenbewußtsein erziehenden Volkstribunen, sollen gegen den Reaktionär Coriolan Recht behalten. Da erscheint eine Abordnung von Berliner Arbeitern und bittet den ›Chef‹, der als ein Freund ihrer Sache bekannt ist, seine Autorität bei dem Regime einzusetzen und sich mit einem Manifest für ihre Forderungen – weniger rigorose Arbeitsnormen, Verbesserungen ihres sozialen Status – einzusetzen. Der ›Chef‹ entdeckt sogleich Parallelen dieses realen Aufstands zu jenem, den er gerade auf der Bühne probiert, und nimmt ihn als willkommenes ›Muster‹ für die Verhaltensweise rebellischer Plebejer, an dem sich alles studieren läßt, was man für ihre (seinen Absichten entsprechende) Darstellung im *Coriolan* braucht. Die Wünsche und Forderungen der Arbeiter sind ihm völlig gleichgültig; um sie als Modelle für seine Bühnen-Aufständischen dabehalten zu können, läßt er ihnen aus der Kantine Bockwurst und Bier bringen und arrangiert nach ihren Berichten über die Straßentumulte in Berlin, Leipzig und Halle seine Szenen im alten Rom. Seine Darstellerin der Volumnia (der Mutter Coriolans), die Grass mit Zügen der Brecht-Witwe und Ostberliner Schauspielerin Helene Weigel ausgestattet hat, kommentiert seine Unempfindlichkeit für die realen Bedrängnisse der angeblich von ihm ideologisch gestützten, in Wahrheit aber gleich Coriolan verachteten Plebejer mit der maliziösen Bemerkung: »Was bist du doch für ein mieser Ästhet!«

Von anderen im Aufruhr begriffenen Städten sind Delegationen nach Berlin gekommen und begehren vom ›Chef‹ die Formulierung eines Aufrufs zum Generalstreik. Als er nicht darauf eingeht, fühlen sie sich von ihm verraten und wollen ihn und seinen Dramaturgen Erwin aufknüpfen. Nur das von diesem zitierte Gleichnis von dem Bauch und den Gliedern aus Shakespeares *Coriolan* bewahrt beide vor dem Tod. Verwundete werden gebracht, man hört die russischen Panzer rollen, eine wild agitierende Friseuse bringt den ›Chef‹ für einen Moment dahin, daß er über den Rundfunk zu den Aufständischen sprechen will. Aber es ist zu spät – Kriegsrecht und Ausnahmezustand sind verhängt, der Elan des ›Chefs‹ verpufft und es geht ihm in dieser gefährlichen Situation nur noch darum, sein Theater zu erhalten. Er taktiert geschickt und listig mit denen, die den Aufstand niedergeworfen haben, schreibt Ulbricht einen Brief, von dem er genau weiß, daß das Regime daraus nur sein Bekenntnis zur Sozialistischen Einheitspartei Deutschlands veröffentlichen wird, und läßt, um auch im Westen sein Gesicht zu wahren, Durchschläge mit dem gesamten Wortlaut an seine dortigen Anhänger und Freunde schicken. Sein Ruf als international angesehener Dramatiker und Theatermann ist nicht lädiert – wohl aber, so scheint es am Schluß des Schauspiels, ist sein Gewissen etwas angekratzt. Und sein Zynismus.

Sosehr Grass den Leser oder Zuschauer seines Stückes zwingt, angesichts der Figur des ›Chefs‹ immer wieder an Brecht zu denken, sein ›Trauerspiel‹ ist doch etwas anderes als nur eine (dramaturgisch nicht durchaus geglückte) Montage möglicher Anti-Brecht-Affekte. Es ist eine Parabel vom gegenseitigen Mißverstehen, von gegenseitiger Enttäuschung; der ›Chef‹ denkt anders, als die Arbeiter dachten, daß er dächte, und die Aufständischen vom 17. Juni 1953 sind anders, als der literarische Theoretiker und Fürsprecher proletarischer Revolutionen sie sich vorgestellt hat. Der ideologische Entwurf und das geschichtliche Faktum – sie stimmen nicht überein; Lehrmeinungen, seien sie noch so bedeutend formuliert (wie beispielsweise in den Stücken Brechts), und spontane emotionale Ausbrüche sind nicht unter einen Hut zu bringen.

Davor. Stück in dreizehn Szenen. UA 14. 2. 1969 Berlin. – Aus seinem Roman *Örtlich betäubt* bearbeitete Grass ein Kapitel für die Bühne: Der Oberschüler Scherbaum will die Berliner aufschrecken und darum mitten auf dem Kurfürstendamm zur Hauptverkehrszeit seinen Hund verbrennen. Eine Mitschülerin bestärkt ihn in seinem Plan, Studienrat Starusch versucht, ihn davon abzubringen – schließlich mit Erfolg. Enttäuschung bei Scherbaums Freundin, Resignation bei einer sympathisierenden Lehrerin, die an einem alten Schuldkomplex laboriert: sie hat im Krieg jemanden denunziert. Sarkastische Befriedigung bei Starusch: »Jetzt haben wir ihn geschafft ... Jetzt ist er erwachsen.«

H. D.

PETER HACKS

* 21. März 1928 in Breslau

Sohn eines Rechtsanwalts, studierte in München Soziologie, Philosophie, Germanistik und Theaterwissenschaft, promovierte 1956 über »Das Theaterstück des Biedermeier«, siedelte 1955 nach Ost-Berlin über, erhielt 1956 dort den Lessingpreis, 1965 den F.-C.-Weiskopf-Preis der Akademie der Künste. Hacks wurde Chefdramaturg und Hausautor des Deutschen Theaters. Seit 1963 freier Schriftsteller.

Hacks ist der Meisterschüler Brechts, man findet bei ihm ›Verfremdungen‹ und Umformungen historischer Stoffe wieder, auch Sarkasmus, desillusionierenden Witz, Neigung zu Derbheiten und populären Redensarten, deren landläufiger Sinn verdreht ist. Wie Brecht will Hacks ›Vergnügen an der Einsicht‹ vermitteln. Mit Brechts Tod 1956 haben Hacks und viele andere ihren Schutzherrn verloren. Sein Gegenwartsstück *Die Sorgen und die Macht* wurde auf dem 6. Parteitag der SED (1963) von Walter Ulbricht persönlich kritisiert. Hacks verlor daraufhin seine Stellung. Auch die Komödie um die Bodenreform, *Moritz Tassow* (1965), wurde nach wenigen Vorstellungen abgesetzt. Solche Erfahrungen erklären die zahlreichen Bearbeitungen unverfänglicher Stoffe: *Der Frieden* nach Aristophanes (1962), *Polly* nach John Gay (1963), *Die schöne Helena* nach Meilhac und Halévy (1964), *Amphitryon* nach Plautus und Kleist (1968). Mit dem Vers-Drama *Pandora* (UA 7. 10. 1982 Göttingen) erneuert Hacks ein Festspiel von Goethe aus dem Jahr 1807: in den mythischen Figuren des schaffenden Prometheus und des dichtenden Epimetheus will Hacks den Konflikt von Arbeit und Kunst, Nützlichkeit und Schönheit, Macht und Geist, Wirklichkeit und Ideal dialektisch zu Harmonie und utopischem Ausgleich bringen. Mit *Fredegunde* (UA 21. 1. 1989 Braunschweig) erneuert Hacks sein ironisches Kostümstück und persifliert die Machtintrigen am Königshof der Merowinger. In der Farce *Fafner, die Bisam-Maus* (UA 28. 5. 1992 Krefeld) entbrennt ein Bruderzwist um den Besitz einer alten Villa aus der Kaiserzeit – eine Posse um die Wiedervereinigung, verbunden mit einer Parodie auf Richard Wagner und dessen Germanen-Recken.

Die Schlacht bei Lobositz. Komödie in drei Akten (21 Bilder). – In dem am 1. Dezember 1956 in Ost-Berlin uraufgeführten Stück hat Hacks ein Kapitel der lesenswerten Erinnerungen von Ulrich Bräker (1735–98) dramatisiert. »Das Stück bildet einen Teil der menschlichen Bemühungen um Abschaffung des Krieges.« *H. D.*

Der Müller von Sanssouci. Bürgerliches Lustspiel. UA 5. 3. 1958 Ost-Berlin. – Den Stoff kennt man als patriotische Lesebuchgeschichte. Der »Alte Fritz« fühlt sich vom Geklapper einer Windmühle gestört, unterwirft sich aber auch als Preußenkönig dem Gerichtsurteil: der Müller darf die Mühle, obzwar ein Ärgernis, weiter betreiben. Hacks greift eine Idee von Brecht auf und kehrt die Geschichte um: als Despot ordnet der König die Farce des Gerichtsverfahrens an, um sich als Anti-Despot feiern zu lassen. Zugleich läßt er den einzigen Knecht des kriegsinvaliden Müllers zum Militär einziehen – und damit ist der Müller arbeitsunfähig, und die Mühle bleibt geschlossen.

Moritz Tassow. Komödie in 11 Bildern. UA 5. 10. 1965 Ost-Berlin. – Die Konflikte zwischen Freiheitsanspruch des Einzelmenschen und den kollektiven Zielen der Partei zeigt Hacks in diesem drastischen Rüpelspiel, das einen fröhlichen Anarchisten gegen die von oben verordnete Disziplin antreten läßt. Der Schweinehirt Moritz Tassow will nach 1945 auf dem Gut Gargentin den Sozialismus auf seine Weise als Freiheit des Individuums, als unmittelbare alternative Lebensform verwirklichen: »Nämlich nur der sei noch als Mensch gezählt, / Der tut, wonach ihm ist, und dem nach viel ist, / Und kratzt sich, wos ihn juckt, und nicht aus lauter / Verlegenheit woanders ...« Tassow scheitert an Bequemlichkeit und Egoismus der Genossen, an der Profitsucht der Bauern, die ihre alten Privilegien verteidigen. Parteisekretär Mattukat setzt sich gegen ihn durch. Nicht die freie persönliche Entfaltung des Individuums Tassow, sondern die gleichmacherischen Vorschriften aus dem SED-Büro werden künftig den Aufbau der DDR bestimmen. Tassow wird abgesetzt und will künftig als Schriftsteller leben: die Freiheit seiner Illusionen und Träume muß ihn künftig über die Unfreiheit der Verhältnisse hinwegtrösten.

Omphale. Komödie in vier Bildern. UA 17. 3. 1970 Frankfurt a. M. – In dieser ironischen Heldendemaskierung verwandelt sich der unbezwingbare Held Herakles aus Liebe zur Lydierkönigin Omphale in ein strickendes, praktisches Heimchen am Herd. Der unauffällige Alltagsmensch ist für die Gesellschaft wichtiger als der bombastisch strahlende Held – das ist Hacks' Nutzanwendung aus seiner antiken Fabel.

Adam und Eva. Komödie. UA 29. 9. 1973 Dresden. – Gott gab »zum höheren Ruhme der Freiheit« den Menschen freien Willen. Prompt beißt Adam wider besseres Wissen in den Apfel, er braucht gar nicht verführt zu werden. Gott ist sehr zufrieden mit dem Experiment und entläßt das Menschenpaar in die geplante Freiheit. *H. D.*

Das Jahrmarktsfest zu Plundersweilern. Nach J. W. Goethe. UA 11. 10. 1975 Ost-Berlin. – Diese Farce, in der Goethe 1773 seinen Darmstädter Freundeskreis verspottet, aktualisiert Hacks zum Hohnspiel auf die Kulturbürokratie der DDR. Ebenso wie Goethe will er »den lächerlichen Kampf der verarmten Aufklärung mit der vergammelten Empfindsamkeit« persiflieren. Drei Schauspieler verkörpern in raschem Rollentausch 18 Figuren. Die Esther-Tragödie nach einer Vorlage von Racine ist verbunden mit einer Spießerposse um Magister Schievelbusch und dessen Tochter Dörte, die mit ihrer platten Fortschrittsgläubigkeit und ihrem Nützlichkeitsdenken den kulturpolitischen Zielen der SED sehr nahe kommt.

Rosie träumt. Legende in fünf Aufzügen nach Hrosvith von Gandersheim. UA 19. 12. 1975 Ost-Berlin. – Nach dem alten Legendenspiel der Hrosvitha (935–973) entwirft Hacks eine freche Satire über Heiligenverehrung und Wunderglauben. Roswitha, die jüngste Tochter des römischen Kaisers Diokletian, hat sich heimlich zum Christentum bekehrt und bringt die antike Weltordnung durch ihre Wunder – ihre Gebete gehen stets prompt und auf absurdeste Art in Erfüllung – ganz schön durcheinander.

Prexaspes. Schauspiel in fünf Aufzügen. UA 19. 2. 1976 Dresden. – Hacks zeigt die Vasallenkämpfe am Hof des persischen Großkönigs Kambyses und meint heutige politische Konflikte. Smerdes, der Bruder des Königs, will eine demokratische Staatsform verwirklichen. Der Kämmerer Prexaspes tötet den gefährlichen Neuerer und benutzt einen Doppelgänger als Gegenkönig, um die Priester als regierende Kaste im persischen Reich durchzusetzen. Darios, der es durch taktisches Geschick vom einfachen Soldaten bis zum Thronfolger bringt, schaltet Prexaspes aus und läßt den Volkszorn mit den Priestern und Magiern aufräumen. Politik erscheint als strategischer Kampf um die Macht, wo jedes Mittel recht ist. Das Volk ist eine stumpfe Manövriermasse, die sich für jeden Zweck demagogisch mißbrauchen läßt.

Ein Gespräch im Hause Stein über den abwesenden Herrn von Goethe. UA 20. 3. 1976 Dresden. – Ein zweistündiges Monodrama, in dem Frau von Stein klagt und anklagt, verrät und vertuscht, sich und den nach Italien entwichenen Freund bloßstellt. Der Gatte bleibt stumm – eine Puppe auf einem Sofa. *H. D.*

Die Fische. UA 24.11.1978 Göttingen. – Im mexikanischen Bürgerkrieg von 1866 experimentiert Professor Simon unter dem Schutz der französischen Truppen mit Fischen, aus denen er Menschen mit besonders ausgeprägten Mordinstinkten züchten will. Sein fanatischer Forscherdrang, mit dem er die ganze Welt seinen Theorien unterwirft, reißt alle, die mit ihm zusammenarbeiten, in den Tod. Hacks zielt mit dieser Groteske auf die Dogmatiker und Führernaturen, die um des Endsiegs willen auch die Welt vernichten.

Senecas Tod. Schauspiel. UA 27.9.1980 Ost-Berlin und Dresden. – Dem römischen Philosophen und Dichter Seneca wurde von seinem Schüler, dem Kaiser Nero, der Selbstmord befohlen. Hacks zeigt ihn, wechselnd zwischen Ernst und Komödie des Lebens, auch seine Weisheit zitierend, angesichts des Todes. *H. D.*

HEINER MÜLLER

* 9. Januar 1929 in Eppendorf (Sachsen)

Nach 1945 Verwaltungsangestellter in Mecklenburg, dann Journalist, 1954/55 wissenschaftlicher Mitarbeiter beim Schriftstellerverband der DDR, 1958 Mitarbeit am Maxim-Gorki-Theater in Ost-Berlin, 1959–72 freier Schriftsteller, seit 1972 dramaturgischer Mitarbeiter beim »Berliner Ensemble«. Nach der Wiedervereinigung arbeitet Müller vorwiegend als Bühnenregisseur (1990 »Hamlet/Maschine«, eine Collage aus Shakespeare und seinem eigenen Stück »Hamletmaschine« u. a.) und tritt 1992 ins Leitungsgremium des »Berliner Ensembles« ein.

Müller geht in bewußter Nachfolge von Brecht stets von Modellsituationen aus: Widersprüche zwischen Praxis und Ideologie, zwischen Sein und Bewußtsein werden ausgetragen in beispielhaft überhöhten Konflikten, die der Antike, zurück-

Bernhard, Minetti

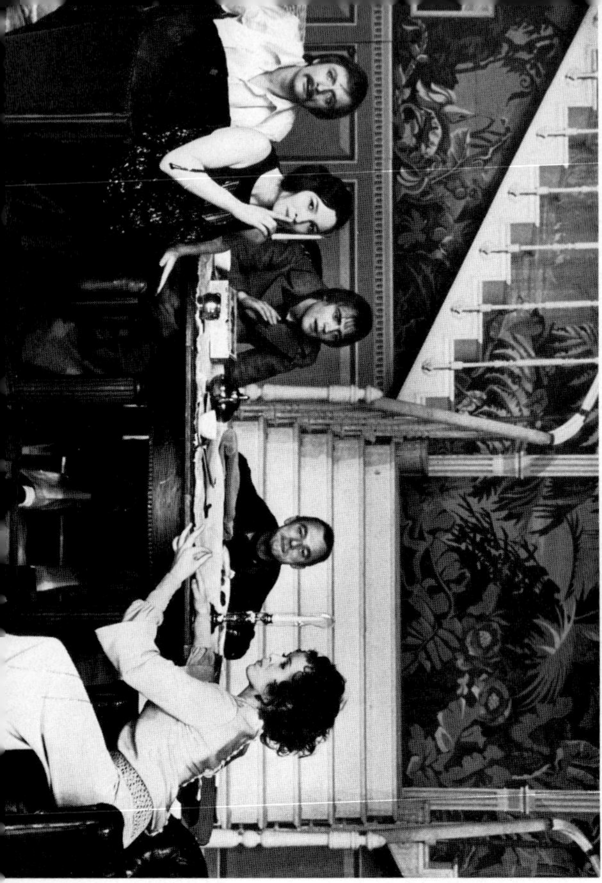

Handke, Der Ritt über den Bodensee

liegenden Revolutionsepochen (Reclams UB 8470), aber auch dem Alltag der DDR entnommen sind. Er beginnt mit Zeitstücken aus der DDR, zeigt Klassenkonflikte beim Aufbau des Sozialismus: *Die Korrektur* (UA 15.5.1958 Ost-Berlin): Konflikte in einer Arbeitsbrigade um Leistungsnorm, Egoismus, Erziehung zur Solidarität im Kollektiv. *Der Lohndrücker* (UA 23.3.1958 Leipzig): Der positive Held der Arbeit setzt sich durch gegen Drückeberger und Saboteure. Nach Schwierigkeiten mit den Parteioberen weicht Müller auf antike Stoffe aus, in die er seine aktuellen politischen Themen verpackt: *Philoktet* (UA 13.7.1968 München) erscheint als Werkzeug der skrupellosen Kriegspropaganda, *Herakles 5* (UA 9.6.1974 West-Berlin) wird zum Urbild des sozialistischen Arbeitsmenschen, der in seiner materialistischen Welt keine Götter mehr braucht. *Horatier* (UA 3.3.1973 West-Berlin) zeigt als Gegenentwurf zu Brechts Lehrstück *Die Horatier und die Kuratier* (1934), daß ein Mord im Staatsauftrag eine Heldentat, aus privaten Motiven aber ein Verbrechen ist. Die herrschende Ideologie spricht jeweils das Urteil. *Zement* (UA 12.10.1973 Ost-Berlin) beschreibt nach dem gleichnamigen Roman von Gladkow Gruppenkonflikte bei der Industrialisierung der Sowjetunion. *Die Schlacht* (UA 30.10.1975 Ost-Berlin): Momentaufnahmen aus dem Nazi-Deutschland rechnen ab mit dem faschistischen Verhalten der Kleinbürger. *Die Bauern* (UA 30.5.1976 Ost-Berlin) führt wieder in die DDR um 1950 und in die Einübung des neuen sozialistischen Bewußtseins. *Germania Tod in Berlin* (UA 20.4.1978 München) ist eine mutige Auseinandersetzung mit der deutschen Vergangenheit – von der aufgeklärten Despotie Friedrichs des Großen bis zum Aufstand des 17. Juni in der DDR. *Leben Gundlings Friedrich von Preußen Lessings Schlaf Traum Schrei* (UA 26.1.1979 in Frankfurt a.M.) zeigt die Preußenkönige als bösartige Monstren, die ihre Untertanen zugrunde richten. *Die Hamletmaschine* (UA 30.1.1979 Saint-Denis) setzt Hamlet und Ophelia den bösen Erfahrungen unseres Jahrhunderts aus. In fünf zusammenhanglosen Bildern, meist Monologen, klagen die Figuren Shakespeares über Terror und Untergang, über die Ohnmacht des einzelnen, über die Unterdrückung der Frau und die Selbstzerstörung einer Welt, die sich zu Tode rüstet. Danach Oper von Wolfgang Rihm (1987). In *Verkommenes Ufer Medeamaterial Landschaft mit Argonauten* (UA 22.4.1983 Bochum) benutzt Müller die Figuren des antiken Medea-Mythos, um heutigen Schrecken zu beschwören. Medea, Jason und die Amme sprechen in ihren Monologen von Umweltkatastrophen, Völkermord, politischem Terror, Zivilisationsschäden, Bombenkrieg. *Bildbeschreibung* (UA 6.10.1985 Graz) ist ein Monolog, der den Alkestis-Mythos erneuert und in der Klage einer todgeweihten Frau assoziative Bilder von Katastrophen, von Bedrohung und Auslöschung übereinanderschichtet. *Wolokolamsker Chaussee I–V* (UA der einzelnen Teile 8.5.1985 Ost-Berlin / 18.4.1986 Potsdam / März 1987 Potsdam / 29.1.1988 Ost-Berlin / 23.2.1988 Paris) zeigt in 5 Szenen, die von der sowjetischen Front im Zweiten Weltkrieg über den Arbeiteraufstand in der DDR von 1953 bis zur Niederschlagung des Prager Frühlings führen, jeweils den Auseinanderfall von verordneter Ideologie und Humantität.

Der Auftrag. Erinnerung an eine Revolution. UA 12.11. 1980 Ost-Berlin. – Drei Republikaner sollen um 1800 die Französische Revolution nach Jamaica tragen und dort die Sklaven befreien. Sie werden von Frankreich, wo indessen längst Napoleon herrscht, im Stich gelassen. In historischer Einkleidung will dies erscheinen wie eine heutige Trauerarbeit des Sozialisten Müller um die verlorene Zukunft, um die verspielte Utopie.

Quartett. UA 7.4.1982 Bochum. – In diesem Stück bringt Müller den französischen Briefroman *Gefährliche Liebschaften* von Choderlos de Laclos aus dem Jahr 1782 auf die Bühne. Damals war es der Abgesang der morbiden, verbrauchten Rokoko-Gesellschaft am Vorabend der Revolution, die es sich nicht verzeihen konnte, daß das vielbesungene empfindsame Herz von der Naturwissenschaft als profaner Muskel entlarvt war, daß Seele und Gefühl von banalen sekretorischen Vorgängen im Körper gesteuert wurden. Müller sieht hier aktuelle Zeitgenossenschaft: eine verzweifelte materialistische Untergangsgesellschaft, die nur noch zwanghaft und ohne Entscheidungsfreiheit reagiert, die sich der sexuellen Freibeuterei als letzter Konsequenz der Leistungsgesellschaft verschreibt. Die Liebe als Schlachtfeld, Unterwerfungspraktiken und Eroberungsstrategien, der private Zweikampf der Geschlechter als Ersatz für Krieg und militärische Erfolge. Der Vicomte Valmont schildert seiner Geliebten, der Marquise Merteuil, seine neuesten Eroberungen: Durch Erpressung und Gewalt hat er die Präsidentengattin Tourvel verführt und in den Selbstmord getrieben, dann in zynischer Zerstörungslust die kleine Klosterschülerin Solange zugrunde gerichtet.

THOMAS BERNHARD

* 9. oder 10. Februar 1931 in Heerlen (Holland)
† 12. Februar 1989 in Gmunden (Oberösterreich)

Wuchs in Wien, Seekirchen, Traunstein, Salzburg auf. 1947 verließ er vorzeitig das Gymnasium und wurde Lehrling in einem Lebensmittelladen. 1948–51 schwere Erkrankungen (Rippenfell, Lunge) mit langwierigen Aufenthalten in Heilanstalten. Unmittelbare Todeserfahrungen durch den Tod des Vaters († 1943), des Großvaters († 1949), der Mutter († 1950). Diese Erlebnisse führten Bernhard zu seinen Leitthemen: Krankheit, Verstörung, Einsamkeit, Tod. 1952–57 Musik- und Theaterstudium am Mozarteum Salzburg. Daneben Gerichtsreporter für das »Demokratische Volksblatt« in Salzburg. Seit 1965 lebte er als freier Schriftsteller fast eremitenhaft zurückgezogen auf einem Bauernhof in Ohlsdorf (Oberösterreich). Zahlreiche Literaturpreise. Bernhard war einer der produktivsten Autoren.

Wenn wir Mythos als ungeschichtlich, schicksalhaft, überdimensioniert definieren, so entwirft Bernhard Gegenwartsmythen voller Trivialpathos und Selbstquälerei, Mythen von Tod, Verfall, Zerstörung, Auflösung. Alles, was lebt, ist vorläufig, trägt den Keim seines Endes in sich. Kierkegaards Existenzbegriff vom Leben als »Krankheit zum Tode« wird für Bernhard zur fixen Idee, die alles, was er schreibt, durchtränkt. *Der Ignorant und der Wahnsinnige* betitelt er sein zweites Stück und bezeichnet damit die Haltung, in der sich seine Figuren immer wieder gegenüberstehen: die einen haben keine Ideen und die anderen sind von Ideen besessen und verstört. Für Bernhard zerfällt die Welt in Schwachsinnige und Irrsinnige. Die Schwachsinnigen vegetieren dahin, sind Statisten dieser Welt, die erkannt und interpretiert ist durch die Wahnsinnigen und deren Angstvisionen. Diese besessenen Gehirnakrobaten sind von rücksichtsloser Härte, Selbstquäler, Selbstzerstörer. Das ist trostlos und lächerlich zugleich. Und folgerichtig bezeichnet Bernhard seine Stücke als Komödien, die eigentlich Tragödien sind. Viele seiner Menschen sind Sterbende, oft ahnungslos, daß eine Todeskrankheit in ihnen zum Ausbruch drängt.

Ein Fest für Boris. Zwei Bilder. UA 29. 6. 1970 Hamburg. – Im Mittelpunkt steht eine alte Frau im Rollstuhl, die ein Unfall zum Krüppel und zur reichen Witwe gemacht hat. Sie hat sich daraufhin Boris, den häßlichsten, primitivsten der Krüppel, aus dem Asyl geholt und geheiratet. Er ist nun ihr Besitz, ein Gegenstand, über den sie ebenso unumschränkt herrscht wie über ihre Magd. Dabei wird sie nur die »Gute« genannt, weil sie mit Wohltaten alle unter ihre bösen Herrscherlaunen zwingt und quält. Zur Geburtstagsfeier darf Boris alle seine verkrüppelten Freunde aus dem Asyl einladen. Während sich die Gäste makaber ausleben, stirbt Boris unbemerkt in seinem Rollstuhl.

Der Ignorant und der Wahnsinnige. Zwei Akte. UA 29. 7. 1972 Salzburger Festspiele. – Das Stück wirkt wie eine Randglosse auf den Festspielbetrieb in Salzburg, der Stadt, in der Bernhard aufgewachsen ist und mit deren Klischees er sich in verbissener Haßliebe auseinandersetzt. Es spielt in einer banalen Theatergarderobe, in die durch den Lautsprecher von der Bühne Mozarts *Zauberflöte* herüberklingt: ein festlicher Abend, verfolgt durch die unfestliche Schlüssellochperspektive. Zwei Männer – der Ignorant und der Wahnsinnige – im Gespräch. Und d. h. bei Bernhard immer: Der eine spricht und gibt sich selbst die Antworten, der Partner (der Ignorant), ein blinder, versoffener alter Mann, hockt bloß da, kippt seine Schnäpse und wartet auf seine berühmte Tochter, die heute als gefeierte Königin der Nacht brilliert. »Der Wahnsinnige« ist ein Arzt, der exakt beschreibt, wie er einen Leichnam seziert. Angst und Hoffnungslosigkeit beherrschen die Figuren. Die Sängerin ist nur ein tönender Mechanismus, eine Kunstmaschine höchster Perfektion. Der Arzt erscheint als ein auf seine handwerkliche Virtuosität reduzierter Mensch nicht weniger als Kunstprodukt. Wie die Sängerin leidet er unter dem Zwang, seine Kunstfertigkeit endlos wiederholen zu müssen.

Die Jagdgesellschaft. Drei Szenen. UA 4. 5. 1974 Wien. – Man erwartet den General und Staatschef zur Jagd. Er ist todkrank, und der Wald, den er über alles liebt, ist vom Borkenkäfer zerfressen. Der Wald wird abgeholzt, und zugleich wird der General in die Klinik fahren – ahnungslos, daß dort die lebensgefährliche Operation auf ihn wartet. Als Gegenspieler tritt der Schriftsteller auf, der überall Tod und Wahnsinn wahrnimmt. Unter der Maske der Dichtung kann er die Wahrheit aussprechen und damit den General in den Selbstmord treiben.

Die Macht der Gewohnheit. Komödie. UA 27. 7. 1974 Salzburger Festspiele. – Der Wiederholungszwang ist hier schon im Titel ausgedrückt. Der Zirkusdirektor Caribaldi – der Name erinnert sowohl an den Revolutionär Garibaldi, aber auch an Caligari, den besessenen Dämon aus dem Stummfilm – übt mit seinem Ensemble seit 22 Jahren Schuberts *Forellenquintett.* Noch nie ist es gelungen, das Stück fehlerfrei zu Ende zu bringen. Denn die Zirkusleute hassen die Musik, sind für ihre Aufgabe völlig ungeeignet – Zeichen für das entfremdete Leben: »Wir wollen das Leben nicht / aber es muß gelebt werden.«

Der Präsident. Fünf Szenen. UA 17. 5. 1975 Wien. – Der Machthaber eines totalitären Regimes kämpft gegen die Anschläge anarchistischer Studenten, denen sich der eigene Sohn angeschlossen hat. Banal und makaber zugleich ist das Privatleben der Herrschenden: die Präsidentin verliert sich in Erinnerungen an ihren toten Schoßhund, der Präsident lädt seine Erinnerungen und Ängste bei einer Schauspielerin ab.

Die Berühmten. Fünf Szenen. UA 8. 6. 1976 Wien. – Eine satirische Paraphrase über das Leben der Bühnenstars und den Kulturbetrieb. Während der Salzburger Festspiele treffen sich prominente Künstler zu einer leerlaufenden Erinnerungs- und Freßorgie. Die von der Mitwelt wie höhere Wesen Vergötterten plappern dumm, eitel, boshaft und beschränkt vor sich hin und verwandeln sich schließlich in Tiere.

Minetti. Vier Szenen. UA 1. 9. 1976 Stuttgart. – Wieder ein Stück über Kunst und Künstler. Bernhard hat dieses Stück über einen Schauspieler dem Schauspieler Bernhard Minetti gewidmet, es ist also für Minetti, aber nicht über ihn geschrieben. Der

Untertitel »Ein Porträt des Künstlers als alter Mann« variiert Titel von Joyce und Butor. Ein alter, schäbiger Schauspieler namens Minetti stolpert in der Silvesternacht durch eine Hotelhalle in Ostende, wartet vergeblich auf ein Engagement, erinnert an seine lebenslangen, quälenden, von Wahnsinn gezeichneten Kunstanstrengungen und stirbt schließlich im nächtlichen Schneetreiben auf einer Parkbank.

Immanuel Kant. Komödie. UA 8.4.1978 Stuttgart. – Eine böse Farce, voller Paradoxe: Kant, der Philosoph des 18. Jahrhunderts, auf einem modernen Luxusdampfer. Die Leuchte der Wissenschaft, die sich rühmt, das Licht der Vernunft nach Amerika zu bringen, ist fast blind. Der einzige von ihm akzeptierte Gesprächspartner ist ein Papagei, weil allein der Vogel imstande ist, nur das wiederzugeben, was ihm der Meister vorsagt.

Vor dem Ruhestand. Eine Komödie von deutscher Seele. UA 29.6.1979 Stuttgart. – Rudolf Höller, der Gerichtspräsident, der nun vor der Pensionierung steht, eine typische Bernhard-Existenz aus Kälte, Einsamkeit, Erstarrung, war im Krieg Militärrichter in SS-Uniform. Und noch heute feiert er alljährlich an festlicher Tafel Himmlers Geburtstag. Seine Schwester Vera läßt die nationale Vergangenheit mit allen NS-Parolen wiederaufleben. Gegenspieler ist Clara, die zweite Schwester, die gelähmt im Rollstuhl sitzt und gegen die ewig Gestrigen nutzlos und ohnmächtig ihre Anklagen schreit. Wie Hochhuth seine *Juristen* hat auch Bernhard dieses Drama unter dem Eindruck der öffentlichen Auseinandersetzung um den baden-württembergischen Ministerpräsidenten Filbinger und dessen Vergangenheit als Militärrichter verfaßt. Deshalb wendet sich das Stück nicht nur zurück: Höller ist auch als Richter in der Bundesrepublik ein »furchtbarer Jurist« geblieben, für den die Menschen, über die er zu urteilen hat, Untermenschen sind, die es zu erledigen gilt durch ein Höchstmaß an Strafe.

Der Weltverbesserer. Sechs Szenen. UA 6.9.1980 Bochum. – Das ist die Farce über einen Haustyrannen, wie er lächerlich und bösartig, gelähmt und fast taub in seinem Sessel hockt und die Umwelt schindet. Von der Universität wird der Weltverbesserer für seinen Traktat ausgezeichnet, obwohl kein

Mensch seine Lehre je verstanden hat. Die Welt läßt sich nur verbessern, wenn sie total abgeschafft wird! Diejenigen, die ausgelöscht werden sollen, feiern und bewundern ihr Todesurteil.

Am Ziel. Stück. UA 18.8.1981 Salzburger Festspiele. – Mutter und Tochter haben einen jungen Schriftsteller für einige Urlaubstage ans Meer eingeladen. Der Dauermonolog der Mutter ist die Beschreibung einer zwanghaft alles verschlingenden Monomanie. Die Mutter identifiziert sich mit der Hauptfigur des Schriftstellers, sie zwingt ihm ihre Interpretation auf, die er schließlich als sein Werk anerkennen muß. Verzückt träumt sie sich in die Rolle der Anarchistin hinein, die radikaler ist als die heutige Jugend und die Welt in die Luft jagen will.

Über allen Gipfeln ist Ruh. Komödie in 11 Szenen. UA 25.6.1982 Ludwigsburg. – »Einen deutschen Dichtertag um 1980« abzuhalten, verspricht Bernhard im Untertitel. Als satirische Grimasse auf das Goethe-Jahr 1982 bringt er eine Persiflage auf den Dichterfürsten, auf den Olympier am Bildungshorizont, zu dem die Nachwelt sich zum eignen Ruhm Goethe emporstilisiert hat. Bernhard zeigt in Moritz Meister den Dichter der Nation, der gerade eine philosophisch hochtrabende »Tetralogie« vollendet hat, und seine Gattin, die eifernd seinen Ruhm und Ewigkeitsanspruch verbreitet im Kreis der Bewunderer. Das ist eine satirische Auseinandersetzung mit der deutschen Seele, mit all dem tönenden Schwulst, womit das Volk der Dichter und Denker sich selbst beweihräuchert hat, bis jeder einzelne sich als persönlicher Erbe von Goethe und Beethoven, als auserwählter Sachwalter der Innerlichkeit über alles, über alles in der Welt fühlen durfte.

Der Schein trügt (UA 21.1.1984 Bochum) zeigt den Eifersuchtskampf zweier altgewordener Brüder: der abgewirtschaftete Artist Karl gegen den gescheiterten Schauspieler Robert – ein verbissener Zwist um Illusionen, die längst untergegangen sind. Als *Der Theatermacher* (UA 17.8.1985 Salzburger Festspiele) zieht der Mime Bruscon mit seiner Truppe über die Dörfer. Die Aufführung, von der er prahlt, kommt nie zustande. Das Publikum läuft ihm weg. In *Einfach kompliziert* (UA 28.2.1986 Berlin) hadert ein alter Schauspieler mit der Vergangenheit. Wiederum eine szenische Huldigung des Autors an den 80jährigen Bernhard Minetti. *Ritter, Dene, Voss* (UA 18. 8. 1986 Salzburger Festspiele) leuchtet wieder in ein Familiengrab: ein Philosoph auf Urlaub aus dem Irrenhaus zwischen seinen beiden altjüngferlichen Schwestern, die beide aus Theaterhaß dem Theater verfallen sind. In *Heldenplatz* (UA 4. 11. 1988 Wien) flieht ein jüdischer Universitätsprofessor vor dem in Wien neu aufkommenden Antisemitismus in den Tod. Statt wie 1938 zu emigrieren, stürzt er sich aus dem Fenster. In den Gesprächen der Hinterbliebenen steigert Bernhard seine Angriffe gegen Staat, Kirche und faschistische Tendenzen im heutigen Österreich zu solcher Polemik, daß er einen monatelangen Streit in Parlament, Presse, Öffentlichkeit auslöste. Man forderte ein Verbot der Aufführung und demonstrierte vor dem Burgtheater. – *Elisabeth II.* (UA 5. 11. 1989 Berlin) zeigt wieder den gallig monologisierenden Familientyrannen, der die Menschen um sich verachtet und sie mit seiner Bösartigkeit quält.

ROLF HOCHHUTH

* 1. April 1931 in Eschwege (Nordhessen)

Verläßt vorzeitig das Gymnasium, um eine Buchhandelslehre anzutreten. 1955–63 Lektor im Bertelsmann-Verlag in Gütersloh. Nach dem Erfolg seines ersten Stücks »Der Stellvertreter« freier Schriftsteller, heute in Riehen bei Basel.

Hochhuths Start als Theaterautor 1963 mit *Der Stellvertreter* war eine Sensation. Die Frage nach der Mitverantwortung des Papstes an der Judenvernichtung löste heftigsten Meinungsstreit aus bis tief hinein in die politischen Parteien und rüttelte am Selbstverständnis der katholischen Kirche. Dabei stand weniger das Theaterstück zur Diskussion als die von Hochhuth vorgelegten Dokumente, das Ergebnis eingehender Recherchen, worüber sich die Öffentlichkeit und die Zunft der Fachhistoriker in leidenschaftlichem Pro und Kontra stritten. Und auch in den folgenden Stücken machte jeweils die Wahl des Themas, das Aufsehen erregte und als eine journalistische Enthüllung einschlug, den Erfolg aus. *Soldaten* (1967) stellt den Mythos Churchill moralisch in Frage. Mit *Guerillas* (UA 15.5.1970 Stuttgart) überträgt Hochhuth sein Verfahren, die Schwachstellen der Vergangenheit aufzuarbeiten, auf die Zukunft: der Entwurf für eine mögliche Geschichte. Ein amerikanischer Senator, der zugleich millionenschwerer Großindustrieller ist, will in den USA den Kapitalismus abschaffen und dort einen revolutionären Arbeiterstaat errichten. Er plant Terroranschläge, baut Gruppen von Stadtguerillas auf, unterwandert die Armee mit Gesinnungsfreunden. Der US-Geheimdienst schlägt zurück. Hochhuth entwickelt eine wilde, blutige Kino-Story.

Die Hebamme verbindet den Kampf gegen soziale Mißstände mit der Unmittelbarkeit des Volksstücks, mit Rührung und Humor. In *Lysistrate und die Nato* (UA 22.2.1974 Essen und Wien) überträgt Hochhuth die altgriechische Komödie von Aristophanes, in der der sexuelle Boykott der Frauen die Männerwelt zum Frieden zwingt, recht simpel in die Gegenwart von 1967 und auf eine kleine griechische Insel, die zum Nato-Stützpunkt ausgebaut werden soll. *Tod eines Jägers* (UA 11.8.1977 Salzburg) zeigt den Schriftsteller Ernest Hemingway, der kritische Bilanz zieht über sein Leben und als Eingeständnis seines Scheiterns Selbstmord begeht. Mit *Juristen* (UA 14.2.1980 Hamburg, Göttingen, Heidelberg) schaltet sich Hochhuth in die Diskussion um die Vergangenheit des damaligen baden-württembergischen Ministerpräsidenten Filbinger ein: Im Mittelpunkt des Stücks steht die Figur des Justizministers Heilmayer, eines Spitzenpolitikers der CDU, der scharf durchgreift gegen radikale linke Studenten. Da deckt man seine Vergangenheit als Militärrichter auf, der unter den Nationalsozialisten Todesurteile verhängt hat. In *Ärztinnen* (UA 9.11.1980 Mannheim) recherchiert Hochhuth Schwachstellen in der Medizin und verpackt sie in ein knalliges, wenig überzeugendes Familienstück: Mediziner, die an ahnungslosen Patienten experimentieren, Gutachter und Politiker, die von der Industrie gekauft sind – nichts ist ausgelassen an Ärgernissen, die Hochhuth, dem tapferen Moralisten, in der Gesundheitsindustrie von heute auffallen. In *Judith* (UA 9.11.1984 Glasgow) stellt Hochhuth die Frage, unter welchen Umständen der Mord an einem Politiker moralisch zu rechtfertigen sei. Er bezieht das Beispiel der biblischen Judith, die den Feind Holofernes getötet und damit ihr Vaterland gerettet hat, auf das Attentat einer russischen Partisanin, die 1943 den deutschen Statthalter von Minsk in die Luft sprengt, und zugleich auf den Mord an einem fiktiven US-Präsidenten, der fatale Ähnlichkeit aufweist mit Ronald Reagan.

Immer wieder wird Hochhuths Dramaturgie mit Friedrich Schiller verglichen und das Ungleichgewicht kritisiert, das zwischen den provozierend aktuellen Stoffen und einer unzeitgemäß im alten Illusionstheater verwurzelten Aufbereitung dieser Stoffe besteht. Gemeinsam ist auch das Geschichtsverständnis: die historischen Fakten sind für Hochhuth wie für Schiller jeweils das Ergebnis der persönlichen Entscheidung einzelner Menschen, die im Guten wie im Bösen als die großen Täter und Helden in einer Gewissenssituation gezeigt werden. Diese historische Sicht ist unserem heutigen Geschichtsbild eher fremd. Denn wir analysieren inzwischen die Vergangenheit als kompliziertes Wechselspiel von kollektiven Bewegungen, Gruppeninteressen und Sozialkonflikten. Hochhuth hindert das nicht, formal konservative Stücke zu schreiben, die aber beherzt heiße Eisen anpacken, unbequeme Fragen stellen, aufrütteln und Tabus hinwegfegen. Auch in *Unbefleckte Empfängnis* (UA 8. 4. 1989 Berlin) spielt Hochhuth ein gesellschaftspolitisch brisantes Thema durch: Die Frau eines hohen Bonner Ministerialbeamten läßt sich von ihrer jugoslawischen Haushaltshilfe ein Kind austragen und benutzt die Gastarbeiterin als Leihmutter. Sie verstößt damit gegen die Gesetze von Staat und Kirche. Hochhuth erneuert das biblische Gleichnis vom Kreidekreis, dem Streit zweier Frauen um den Besitz des Kindes. Er zeigt die Frauen, Leihmutter und verhinderte Kindesmutter, als Vertreter der Menschlichkeit verbündet gegen die harten Vertreter von Justiz und Ärztekammer. *Sommer 14* (UA 18. 12. 1990 Wien) ist der Versuch, auf fast 400 Seiten den Ausbruch des Ersten Weltkriegs szenisch aufzuarbeiten – ein gigantischer Aufmarsch an Zeitzeugen, gekrönten Häuptern, Militärs, Politikern bis hin zu Symbolfiguren wie Todesengel oder den Kentauren der Antike. Ebenso ausladend *Wessis in Weimar. Szenen aus einem besetzten Land* (UA 10. 2. 1993 Berlin), worin Hochhuth immer neue Beispiele für Sozialnot, Enttäuschung, Perspektivverlust der Neubürger aus Ostdeutschland beschreibt. Der Text macht noch vor der Veröffentlichung Schlagzeilen: man wirft dem Autor vor, er würde darin die Ermordung des Treuhandchefs Detlev Rohwedder als gerechte Notwehr rechtfertigen. Gegen die Uraufführung durch Einar Schleef, der Hochhuths Beschreibungsrealismus ersetzt durch Textumstellung, radikale Kürzung, durch Zwischenszenen von Schiller, durch Clownerien und Chorsequenzen, hat der Autor Protest eingelegt.

Der Stellvertreter

Schauspiel
Uraufführung: 20. März 1963 in Berlin

Personen: Papst Pius XII. – Baron Rutta, Reichsvereinigung Rüstung – Pater Riccardo Fontana SJ – Kurt Gerstein, SS-Obersturmführer – Der Doktor – Ein Kardinal – Prof. Hirt, »Reichsuniversität« Straßburg – Der Apostolische Nuntius zu Berlin – Luccani senior, ein katholischer Jude – Diener bei Fontana – Graf Fontana, Syndikus beim Heiligen Stuhl – Oberst Serge, beim Oberkommando des Heeres – Ein Ordensgeneral – Müller-Saale, Kruppwerke Essen – Eichmann, Obersturmbannführer – Ein Fabrikant, Häftling der Gestapo – Dr. Lothar Luccani – Dr. Fritsche, Sturmbannführer – Salzer, Chef der deutschen Polizei in Rom – Offizier der Schweizergarde (im Hause Fontana) – Julia Luccani – Ihre Kinder, ein Junge von neun, ein Mädchen von fünf – Regierungsrat Dr. Pryzilla – Ein römischer Schuhhändler – Ein Fotograf – Bruder Irenäus – Helga – Carlotta – Frau Simonetta – Ein Pater in der Nuntiatur – Witzel, Feldwebel der SS – Ein jüdischer Kapo – Jacobson – Der »Korrekte« von der faschistischen Miliz – Der wachhabende Offizier in Auschwitz – Leutnant von Rutta, Luftwaffe – Katitzky, SS-Soldat – Ein Schreiber beim Papst – Dr. Littke, Oberarzt des Heeres – Der »Ganove« von der faschistischen Miliz – Wachhabender Schweizer im Päpstlichen Palast – Die Sprecher der Monologe.
Ort und Zeit: Berlin, Rom, Auschwitz; August 1942 bis Ende 1943.

Dieses Erstlingswerk eines damals völlig unbekannten jungen Autors wurde zum öffentlichen Ärgernis. Daß ein Theaterstück so Unerhörtes wagt, die moralische Integrität des Papstes anzuzweifeln und das Theater zum Tribunal für das persönliche Versagen von Pius XII. zu machen, mußte ein Schock sein für die Öffentlichkeit. Erwin Piscator, der Regisseur der Uraufführung, seit den zwanziger Jahren als Spezialist für streitbares, politisch engagiertes Zeittheater bekannt, verstärkt durch seine kämpferische Parteilichkeit noch die Auseinandersetzung. Hochhuth stellt die unbequeme, im nachhinein kaum zu beantwortende Frage: Hätte ein Aufruf des Papstes zum Widerstand aller Katholiken gegen Hitler, hätte die öffentliche Anprangerung des Völkermords an den Juden durch den »Stellvertreter Christi« die Nationalsozialisten gezwungen, die Vernichtungslager und Gasöfen stillzulegen? Hochhuth stellt diese Gewissensfrage durch die Figur des jungen idealistischen Jesuitenpaters Riccardo Fontana. Durch den Obersturmführer Gerstein, der Mitglied der Bekennenden Kirche ist und in SS-Uniform insgeheim gegen das NS-Regime arbeitet, erfährt Riccardo von den unfaßbaren Greueln, die sich tagtäglich in den Todeslagern abspielen. Er will die katholische Amtskirche zu einer offenen Kampfansage gegen die Unmenschlichkeit der Nationalsozialisten aufrütteln. Aber seine Vorgesetzten – der Nuntius, dann der Kardinal, der Ordensgeneral und schließlich Seine Heiligkeit der Papst – lehnen ab. Sie wollen das Konkordat mit Hitler-Deutschland nicht aufkündigen, wollen durch eine Parteinahme für die Juden nicht ihre eigenen Positionen gefährden, sehen in der faschistischen Diktatur sogar langfristig einen Bundesgenossen gegen den kommunistischen Atheismus. Der Papst erweist sich nicht als Kämpfer für die Nächstenliebe, sondern als geschickter Diplomat, der über die nächste Heiligsprechung und das Mariendogma nachsinnt, der die Finanzbeteiligungen der Kurie ordnet, während täglich Tausende in die Gasöfen getrieben werden. Aus der Sicht Hochhuths ist Pius XII. »ein Neutrum, ein überfleißiger Karrieremacher, der sich später oft mit abwegigen Spielereien die Zeit vertrieb, während die gequälte Welt ... von ihm vergebens ein Wort geistiger Führerschaft erwartete«.

In seiner großen menschlichen Enttäuschung über diesen Papst wählt Riccardo für sich das Martyrium: er selbst will als Stellvertreter dieses »Stellvertreters Christi« sich opfern und für einen namenlosen jüdischen Häftling in die Gaskammer gehen: »Und da der Papst, doch auch nur ein Mensch, auf Erden sogar Gott vertreten kann: ... so wird ein armer Priester ja zur Not / auch den Papst vertreten können – dort, / wo er heute stehen müßte.« Freiwillig geht er nach Auschwitz ins Konzentrationslager. Dort trifft er auf einen neuen teuflischen Gegenspieler, einen NS-Arzt, der an den Gefangenen unmenschliche Experimente und Quälereien vornimmt. Er will den jungen Jesuiten zur Einsicht zwingen, daß selbst Gott sich angesichts der Massenvernichtungen ebenso verhält wie der Papst – auch Gott greift nicht ein und läßt die Menschen leiden und zugrunde gehen. Riccardos Plan scheitert. Durch sein Opfer vermag er keinen einzigen Juden zu retten, er wird von den KZ-Schergen erschossen. – Durch eine in Versform gebundene Sprache versucht Hochhuth die naturalistischen Vorgänge zu überhöhen.

Soldaten. Nekrolog auf Genf. Tragödie. UA 9.10.1967 Berlin. – Hier wird der Mythos des Staatsmannes Churchill kritisch durchleuchtet. Churchill erweist sich im Zweiten Weltkrieg als moralisch anfechtbarer Realpolitiker, der gegen das Gewissen handelt, wenn es nur nützlich und erfolgversprechend ist. Skrupellos gesteht er dies auch ein: »Politik ist, worüber man – nicht spricht. / Vieles muß man verschweigen, was man im Krieg getan hat ... und nur der Sieger schreibt Geschichte.« Um die deutschen Luftangriffe von den englischen Waffenfabriken abzulenken, liefert Churchill ungerührt die Zivilbevölkerung von London den deutschen Bombern aus. Oberst Sikorski, der Chef der polnischen Exilregierung, ist Churchills Freund. Sobald aber das Massaker von Katyn bekannt wird, wo Stalin polnische Offiziere hinmetzeln ließ, läßt Churchill ihn fallen. Denn Sikorski betreibt eine internationale Untersuchung gegen die Sowjetunion und gefährdet damit das Bündnis der Alliierten gegen Hitler. Offen bleibt die Frage, ob Churchill und der britische Geheimdienst beteiligt waren an dem geheimnisvollen und ungeklärten Flugzeugabsturz über Gibraltar, bei dem Sikorski umkommt. Das Stück ist als nächtliche Generalprobe eines Festspiels in den Ruinen der Kathedrale von Coventry in eine Rahmenhandlung gestellt. Commander Dorland, der als Bomberpilot an der sinnlosen, von Churchill angeordneten Vernichtung Dresdens beteiligt war, will damit 1964 als engagierter Friedenskämpfer die Welt aufrütteln und für ein internationales Luftkriegsrecht demonstrieren. Er scheitert; das unbequeme Stück wird von den Politikern verboten.

Die Hebamme. Komödie. UA 4.5.1972 Zürich, Bochum, Göttingen, Essen, Kassel. – Eine Hausbesetzung in Kassel liefert Hochhuth den Stoff, den er als Verwechslungsschwank anlegt, um darin aggressive Sozialkritik zu verpacken. Die alte Hebamme Sophie will im bundesdeutschen Alltag Gerechtigkeit durchsetzen und erreicht ihr Ziel nur, indem sie Gesetze bricht: »Ein Leben unter deutschen Vorschriften-Erlassern / hat mich gelehrt / daß sehr oft Gesetze brechen muß, wer in diesem Lande / dem Rechte zu seinem – Recht verhelfen will.« Um obdachlosen Familien Wohnraum zu verschaffen, organisiert sie die Hausbesetzung von Reihenhäusern, die von der Stadt für die Bundeswehr hergerichtet wurden. Um Geld zu bekommen für die

Asozialen, die aus dem Netz der Wohlstandsgesellschaft gefallen sind, führt sie ein Doppelleben. Sie gibt sich als Witwe eines Feldmarschalls aus und kassiert vom Staat Pension und Lastenausgleich. Als man sie vor Gericht stellt, läßt Hochhuth sie einen gnädigen Theatertod sterben. Szenischer Hintergrund ist ein satirisch überzeichnetes Kleinstadtpanorama mit korrupten Politikern und feisten Bodenspekulanten, mit Bestechung, Intrigen und Duckmäusertum.

HARALD MUELLER

* 18. Mai 1934 in Memel

Flieht bei Kriegsende mit seiner Familie nach Ostholstein, schlägt sich später als Bauarbeiter, Bergmann, Möbelpacker durch. Besucht in München die Schauspielschule und studiert Germanistik und Theaterwissenschaft. 1972–74 Dramaturg am Schiller-Theater Berlin.

Bereits Ende der sechziger Jahre bringt Mueller sozialkritische Themen aufs Theater mit *Großer Wolf* (UA 7. 3. 1970 München) und *Halbdeutsch* (UA 7. 10. 1970 München): ein Gruppenbild aus dem Pennerheim, wo ein Außenseiter als Sündenbock für die Gruppe getötet wird. Die Einakter *Stille Nacht* und *Strandgut* (UA 15. 11. 1974 Berlin) vermitteln die Alltagsbrutalität in unserer Welt des Wirtschaftswunders. Zum Spitzenreiter der Spielzeit 1986/87 nach der atomaren Katastrophe von Tschernobyl wird *Totenfloß* (UA 16. 10. 1986 Stuttgart, Düsseldorf, Basel): Nach dem Inferno eines Atomkriegs treiben vier noch Überlebende auf einem Floß den Rhein stromabwärts und demonstrieren das Endspiel einer Menschheit, die sich selbst erledigt hat. *Doppeldeutsch* (UA 9. 10. 1992 Rostock) ist eine faustdicke Wiedervereinigungs-Klamotte: die Wessis sind Profitjäger, die Ossis arme Opfer oder skrupellose Täter, denen die bewährten Stasi-Praktiken zu lukrativer Zukunft verhelfen.

DIETER FORTE

* 14. Juni 1935 in Düsseldorf

Werbefachmann, dann zwei Jahre freier Mitarbeiter beim NDR-Fernsehen in Hamburg als Lektor und Regieassistent. Seit 1969 in Basel, zeitweise dramaturgischer Mitarbeiter am Basler Theater. Verfasser auch von Hör- und Fernsehspielen.

Forte interpretiert Geschichte aus der Sicht des kritischen Materialismus. *Martin Luther & Thomas Münzer oder Die Einführung der Buchhaltung* (UA 4.12.1970 Basel): Der eigentliche Beherrscher der Welt ist der Kapitalist Fugger, der Kaiser und Fürsten finanziert und durch Kriege seine Geschäfte vorantreibt. Luther ist ein Opportunist im Sold der Herrschenden, sein Gegenspieler Münzer ein idealistischer Weltverbesserer, für dessen sozialistische Utopie die Zeit noch nicht reif ist. *Jean Henry Dunant oder Die Einführung der Zivilisation* (UA 30.3.1978 Darmstadt): Forte interpretiert den Gründer des Roten Kreuzes als Werkzeug skrupelloser Kapitalisten. *Kaspar Hausers Tod* (UA 21.4.1979 Wiesbaden) zeigt den Findling als Opfer staatlicher Unterdrückung. *Das Labyrinth der Träume oder Wie man den Kopf vom Körper trennt* (UA 10.3.1983 Basel) stellt den Massenmörder Kürten und den Völkermörder Hitler gegeneinander. *Der Artist im Moment seines Absturzes* (UA 12.10.1991 Kassel) collagiert das Schicksal eines Emigranten, der vor den Nazis in den Selbstmord flüchtet, mit den heutigen Erfahrungen von Bedrohtsein und Fluchtverlangen.

HARTMUT LANGE

* 31. März 1937 in Berlin

Nach Abbruch der Schulausbildung Gelegenheitsarbeiter, 1957–60 Studium an der Hochschule für Filmkunst in Babelsberg, die er nach Auseinandersetzungen mit der Leitung verlassen muß. 1961–64 Dramaturg am Deutschen Theater in Ost-Berlin. 1965 benutzt er eine Jugoslawienreise, um sich in den Westen abzusetzen. Lebt in West-Berlin als freier Autor, zeitweise dramaturgische Mitarbeit am Schiller-Theater.

Lange greift in seinen Stücken historische Umbruchsituationen von der Antike bis zur Gegenwart auf. Seine Figuren durchleben stets gesellschaftliche Veränderungen, Widersprüche, den Umsturz einer Wertordnung und erfahren darin ihre Identitätskrise. Die Dialektik von Sein und Bewußtsein ist Langes Thema, das er an den verschiedensten Stoffen durchspielt. Seine Vorliebe für modellhafte Aussagen führt ihn oft zur verkrampften Konstruktion und zum Klischee.

Zunächst beschreibt er den Alltag in der DDR und die Mühen beim sozialistischen Aufbau. *Marski* (1965) ist die Abrechnung mit dem ausbeuterischen Gutsherrn, *Senftenberger Erzählungen oder Die Enteignung* (1967) entlarvt den kapitalistischen Unternehmer, der die Arbeiter zum Streik gegen den Staat mobilisiert. *Der Hundsprozeß* (UA 26.4.1968 Berlin) ist ein groteskes Lehrstück um die Schauprozesse und den Gesinnungsterror der Stalinzeit. Alle, die gegen den Diktator aufmucken, erhalten Hundeköpfe. *Die Gräfin von Rathenow* (1969) ist als satirische Komödie recht erfolgreich. *Trotzki in Coyoacan* (UA 24.3.1972 Hamburg) zeigt den Revolutionär als idealistischen Weltverbesserer, der sich ohne Gegenwehr von sowjetischen Agenten abschlachten läßt. Stalin als der brutale Machtpolitiker setzt sich durch gegen Trotzki, den Moralisten. *Staschek oder das Leben des Ovid* (UA 21.12.1973 Stuttgart) schildert in antiker Einkleidung die Anpassungszwänge eines Literaten gegenüber einer brutalen Obrigkeit. *Jenseits von Gut und Böse oder Die letzten Stunden der Reichskanzlei* (UA 30.8.1975 Hamburg): In der Reichskanzlei verfolgen Nietzsche und Franz Liszt als Augenzeugen den Selbstmord Hitlers und glossieren mit unverbesserlich nationalistischen Phrasen den Zusammenbruch von 1945: die Ahnherren des teutonischen Höhenflugs als dessen Vollstrecker. *Vom Werden der Vernunft oder Auf der Durchreise nach Petersburg* (UA 13.2.1976 Berlin): Eine reichlich abstrakte Diskussion zwischen einem Vernunftmenschen mit hegelianischen Argumenten und einem romantischen Schwärmer, der schließlich Selbstmord begeht. *Frau von Kauenhofen* (UA 16.10.1977 Berlin) führt ins Berlin von heute und in die Auseinandersetzung zwischen einem verknöchert konservativen Bürgertum und einer politisch aufmüpfigen Jugend. *Pfarrer Koldehoff* (UA 15.2.1979 Berlin) erinnert an die Selbstverbrennung des Pfarrers Brüsewitz in der DDR: Psychogramm eines Geistlichen, der in einer materialistischen Welt mit den eigenen Zweifeln nicht mehr fertig wird.

Marski. Komödie. UA. 20.8.1966 Frankfurt a.M. – Mit den Mitteln einer prallen Posse stellt Lange das Theater in den Dienst der Politik. Um den Widerstand der Bauern gegen die Bodenreform in der DDR zu brechen – der Privatbesitz wird vergesellschaftet und in die Kolchosen eingebracht –, zeigt er in Marski einen vollgefressenen Gutsbesitzer, der mit Intrigen, Erpressung, öliger Freundschaft die Bauern ausbeutet. Der Kommunismus befreit die Bauern von diesem Kapitalisten und macht sie dafür zu Staats- und Parteidienern. Nach dem Vorbild von Brechts *Puntila* gelingt Lange mit der Figur des Marski ein in seinen Widersprüchen überzeugender Charakter von vitaler Unmittelbarkeit.

Die Gräfin von Rathenow. Komödie. UA 11.9.1969 Köln. – Lange verschärft den Stoff der Kleist-Novelle *Die Marquise von O.* (1808) und zeigt, wie der ehrpusselige Preußenstaat seine doppelte Moral zur Disziplinierung der Frau einsetzt. Nichtsahnend wird die Gräfin schwanger, nachdem ein französischer Offizier ihren Ohnmachtsanfall ausgenutzt hat. Von ihrer feudalen Sippschaft wird sie verstoßen und verdächtigt, den Stallknecht zum Geliebten zu haben. Die Gräfin trotzt den Moralgeboten der Gesellschaft. Sie zieht mit dem Knecht zusammen und emanzipiert sich zum freien Menschen.

Gerda Achternach. Stück in vier Akten. UA 12. 2. 1983 Göttingen. – In diesem zeitkritischen Psychodrama stellt Lange die politischen Gegensätze unserer Zeit als Familienbild heraus: Die Tochter taucht in der Terroristenszene unter. Gerdas Mann ist Staatsanwalt und verzweifelt am Rechtsstaat. Er unterstützt die Rote-Armee-Fraktion und vergiftet sich, da er auch als Aussteiger nicht leben kann. Gerdas Vater verkörpert uralt und autoritär die Ordnung des alten Preußen. Alle Figuren sind festgelegt auf ihre Rollenhaltung, in der jeder gegen jeden kämpft.

HEINRICH HENKEL

* 12. April 1937 in Koblenz

Wächst in Bad Ems (Lahn) auf, arbeitet als Anstreicher auf Werften und in der Industrie, später bei einer Malerfirma in Basel. Seit 1967 literarische Tätigkeit.

Nicht oft schafft es die Arbeiterliteratur, zu ihrer eigenen Sprache zu kommen, literarisch ihrem Stoff gewachsen zu sein und breitere Resonanz zu finden. Henkel hat sich mit seinem ersten Stück *Eisenwichser* auf dem deutschen Theater rasch durchgesetzt. Er ist dem Thema Arbeitswelt treu geblieben: In *Spiele um Geld* wird ein mieser Spielclub zum Treffpunkt gescheiterter Typen (UA 17. 9. 1971 Basel). In *Olaf und Albert* bekämpfen zwei alte Männer einander nach den perfiden Spielregeln des Kapitalismus (UA 18. 9. 1973 Basel), *Die Betriebsschließung* (UA 15. 2. 1975 Basel) zeigt, wie Arbeiter in ihrem bankrotten Betrieb um den Arbeitsplatz kämpfen und schließlich von der Polizei niedergeknüppelt werden. *Still Ronnie* (UA 17. 9. 1981 Basel) ist das Psychogramm eines jugendlichen Drogenopfers und seines hilflosen Helfers.

Eisenwichser. Ein Stück. UA 17. 9. 1970 Basel. – Henkel bringt den eigenen Berufsalltag auf die Bühne – »die Erinnerung an Eisenwichser, die wochen- und jahrelang in immensen Räumen, sei es in der Schiffs- oder chemischen Industrie, Rohre und Maschinen streichen. Ich hatte ja dieses Vergnügen«. Das ergibt einen Arbeits-, d. h. einen Lebensablauf von unmenschlicher Monotonie: Unter die kilometerlangen Rohrleitungen geduckt, durch enge Schächte kriechend, von den Chemikalien der Rostschutzmittel ruiniert, arbeiten Menschen stets in Gefahr, bei einem Rohrbruch wie Kanalratten zu ersaufen. Eisenwichser streichen im Akkord, 200 Meter Rohr in einer Schicht machen 5 Meter Tunnel. An zwei Generationstypen beschreibt Henkel die Auswirkungen der lebenslangen Produktionszwänge: Lötscher, 57 Jahre, ist zufrieden, weil abgestumpft. Volker, 20 Jahre jung, Neuling noch, reflektiert, vergleicht die Arbeitsbedingungen, kritisiert die Anordnungen des Chefs, stellt fest, daß die Sicherheitsvorschriften nicht erfüllt sind. Einige Monate später spurt auch er ohne überflüssige Gedanken. In den Pausen geht's um Fußball, Fernsehen, Sex. Dann versagt plötzlich die Ventilation, der Gestank der Nitrodämpfe putscht die beiden auf wie Drogen, läßt sie schließlich zusammenbrechen. – Die Genauigkeit dieser Zustandserfassung, die dargestellte Präzision des Ablaufs machen den Theatererfolg aus. Die Stärke des Stücks ist die Reduktion. Henkel verzichtet bewußt darauf, diesen Figuren so etwas wie Hintergrund, Vorgeschichte, Entwicklung zu geben. Sie sind eindimensional, sprechen sich aus durch ihre Tätigkeit, die sie sprachlos macht.

Altrosa. Stück in vier Akten. UA 21.1.1983 Basel. – Ein psychologisch genau durchgezeichneter Sozialbefund. Ohne beschönigend oder gar realitätsfern rosarot zu malen, bietet er einen optimistischen Ausblick an. Margret, 70 Jahre, hat ihr ganzes Leben einsam unter der Fuchtel ihrer Mutter zugebracht. Nach deren Tod entrümpelt sie die Wohnung von all den alten Erinnerungen und läßt das Zimmer altrosa streichen. Der junge Malergeselle Pascal, der im Auftrag seiner Firma die Wände tüncht, wird für die einsame alte Frau zur Verkörperung des Lebens. Auf ihn richtet sie ihre unausgelebte Mütterlichkeit, setzt ihn zum Erben ein, breitet ihr vergangenes Leben vor ihm aus. Der Bursche, der als Außenseiter im Waisenhaus aufwuchs, erlebt erstmals spontane Mitmenschlichkeit und fühlt, daß ihn jemand braucht. Die beiden Stiefkinder der Gesellschaft setzen sich über die Vorurteile der Umwelt hinweg und haben den Mut, ihre provozierend ungewöhnliche Gemeinschaft fortzuleben.

WOLFGANG DEICHSEL

* 20. März 1939 in Wiesbaden

Studium der Germanistik in Mainz, Wien, Marburg, 1971–74 Dramaturg und Mitdirektor des TAT-Theaters in Frankfurt a. M. Schreibt Puppenspiele, Hör- und Fernsehspiele, Übersetzungen, Molière-Bearbeitungen ins hessische Kleinbürgermilieu (»Schule der Frauen«, 1970; »Tartüffe«, 1971; »Misanthrop«, 1972).

Deichsel nutzt die vertrauten Muster des Volksstücks und der Posse, treibt aber dabei Situationen und Figuren in die Groteske. Seine Spießbürger, die zunächst ihre kleinen eigensüchtigen Intrigen spinnen, kommen schnell an den Punkt, wo sie sich selbst nicht mehr geheuer sind, wo sie die Welt bedrohlich und absurd erfahren. *Bleiwe losse* (= Bleiben lassen, UA 24. 10. 1971 Darmstadt): Skizzen aus dem Alltag, kleine Ärgernisse und lächerliche Banalitäten – für die kleinen Leute, die damit nicht fertig werden, wächst es sich aus zu Katastrophen. *Frankenstein. Aus dem Leben der Angestellten* (UA 30. 10. 1971 Frankfurt a. M.) sucht den Horror, den Mary Shelley in ihrem Roman-Monster von 1818 erfindet, in unserem Alltag auf: der aufsässige Chef, der brutale Polizist, der lästige Kollege sind die Monster der Umwelt. *Die Zelle des Schreckens* (UA 16. 3. 1974 Frankfurt a. M.) ist Science-fiction: Ein Professor züchtet aus Leichenteilen den künstlichen Menschen. Er schafft eine Rasse primitiver Arbeitskulis, die sich schließlich die Erde erobern. *Loch im Kopp* (UA 3. 6. 1976 Wilhelmsbad) nach Motiven von Eugène Labiche ist ein Verwechslungsschwank in Frankfurt um 1880, während der Gründerzeit mit ihrer doppelten Moral, ihren Bauspekulanten, Mitgiftjägern und Emporkömmlingen.

VOLKER BRAUN

* 7. Mai 1939 in Dresden

Nach dem Abitur arbeitet Braun in einer Druckerei, im Tiefbau, als Rohrleger und Maschinist im Kombinat »Schwarze Pumpe«. 1960–64 Studium an der Universität Leipzig, 1965/66 Dramaturg und Regieassistent am »Berliner Ensemble« in Ost-Berlin. Zunächst Lyriker, der in aufmüpfigen, an Majakowski und Brecht geschulten Versen auch die Widersprüche in der sozialistischen Gesellschaft ausspricht. Typisch dafür die Titel seiner Gedichtbände: »Provokation für mich« (1965) oder »Gegen die symmetrische Welt« (1974). Seit 1972 Mitarbeiter des Deutschen Theaters in Ost-Berlin.

Brauns Thema ist der Widerspruch zwischen Theorie und Praxis, der Konflikt zwischen den Zielen des Sozialismus und den auch für den DDR-Bürger Braun oft entmutigenden Resultaten. Stets läßt er eine Heldenfigur, die ihren moralischen Rigorismus in der von Zwängen und Kompromissen geprägten Gesellschaft nicht entfalten kann, gegen das Kollektiv antreten, das aus Selbstsucht, Opportunismus, Bequemlichkeit besteht. Es setzt ein gegenseitiger Lernprozeß ein – am Schluß sind die Widersprüche nicht aufgehoben, aber auch kein Störfaktor mehr in der Fortentwicklung zum Sozialismus.

In dem Schauspiel *Die Kipper* (UA 4. 3. 1972 Leipzig) schildert Braun im Brigadeführer Paul Bauch einen Helden des sozialistischen Aufbaus, der seine Brigade zu immer größerem Einsatz mitreißt und sie überfordert. Er verliert seinen Posten, hat aber die Arbeitsmoral und Identität der Gruppe, die sich bisher bei der Dreckarbeit der Kipper auf der Entladerampe als stumpfe Arbeitskulis fühlten, entscheidend gefördert. *Hinze und Kunze* (UA 27. 8. 1968 Weimar) zeigt in Analogie zum Pakt zwischen Faust und Mephisto zwei sozialistische Helden: Maurer Hinze ist der Idealist, der die reine marxistische Lehre leben und um sich verwirklichen will. Sein Gegenspieler, der Schlosser Kunze, vom KZ geprägt, ist der schlitzohrige Pragmatiker der Partei. Für ihn ist Hinze das nützliche Werkzeug, dessen naive Begeisterung er immer neu einspannt für die politischen Ziele. *Tinka* (UA 23. 4. 1977 Mannheim) hat sich von der Arbeiterin zum Ingenieurstudium qualifiziert. Statt ihr Wissen nun für die Produktion nutzbringend einzusetzen, erlebt sie den kleinlichen, von Vorschriften geprägten Alltag im Betrieb und kommt in Konflikt mit der Werksleitung und der Partei. *Guevara oder Der Sonnenstaat* (UA 10. 12. 1977 Mannheim) bringt wieder den Grundkonflikt um einen Idealisten (Che Guevara), der um seine Utopie kämpft, gegen den schlauen Pragmatiker (Fidel Castro), der Kompromisse schließt und sich opportunistisch durchsetzt. In *Siegfried Frauenprotokolle Deutscher Furor* (UA 12. 12. 1986 Weimar) erneuert Braun den Nibelungen-Mythos: Ein Held wird mißbraucht für die politischen Zwecke der Machthaber. *Transit Europa* (UA 30. 1. 1988 Ost-Berlin) bringt den gleichnamigen Roman von Anna Seghers von 1944 aufs Theater: Menschen auf der Flucht vor dem Naziregime drängen sich 1940 in Marseille zusammen und suchen mit allen Mitteln das rettende Visum zu ergattern zur Flucht nach Übersee. Braun verfremdet das zeitgeschichtliche Material zu einer Montage aus Traumszenen und Literaturzitaten. *Die Über-*

gangsgesellschaft (UA 24. 4. 1987 Bremen) versetzt die Figuren aus Tschechows bitterem Stück *Drei Schwestern* in die DDR: Träume und Sehnsüchte, das Fluchtverlangen und die Zukunftszweifel der DDR-Bürger – gespiegelt in den scheiternden, enttäuschten Tschechow-Figuren am Vorabend der russischen Revolution. *Böhmen am Meer* (UA 15. 3. 1992 Berlin) zeigt an einem Gruppenporträt Ratlosigkeit und Interessenkonflikte zwischen Amerikanern, Russen, Deutschen und einem Tschechen, der, um Ausgleich bemüht, zuletzt das Opfer wird. Das Ost-West-Gleichgewicht ist zerfallen, doch Mißtrauen und Aggressionen leben fort. In dem Monolog *Iphigenie in Freiheit* (UA 16. 12. 1992 Frankfurt a. M.) wird die Heimholung der ausgesetzten Agamemnon-Tochter durch Orest mit den bitteren Wende-Erfahrungen der Ostdeutschen überblendet.

WOLFGANG BAUER

* 18. März 1941 in Graz

Studium in Graz und Wien (Theaterwissenschaft, Romanistik, Jura, Philosophie). Lebt in Graz als freier Autor, zuweilen Theaterregisseur.

Kaum ein Stückeschreiber hat ein so enges Thema: das Gruppenspiel zwischen gelangweilten, frustrierten Pseudokünstlern, die nicht schöpferisch sind, aber die Selbstbestätigung brauchen, elitär zu sein, die durch Zwanglosigkeit schockieren wollen und an ihren uneingestandenen Zwängen scheitern. Selten auch wurde aus solch engem Thema, solch ewig gleichen, da unveränderbaren Figuren so viel an Einsicht über Identitätszweifel und Rollenverlust in der heutigen Gesellschaft abgeleitet wie von Bauer. Seine Stücke sind eigentlich nur wechselnde Ausschnitte aus einem einzigen Endlos-Stück der Verweigerung, aus einem Dauer-Happening, in dem Überdruß in Aggression umschlägt, Aggression in Überdruß leerläuft, in dem Selbstmitleid sich als Brutalität maskiert. Sie sind Befunde aus einer geschlossenen Gesellschaft der Popszene, die eigentlich auf sich selbst zurückgeworfen ohne Außenwelt existiert: ohne Bindung an die Arbeitswelt oder die Familie. Bereits Bauers Schauplätze

– stets Innenräume – verweisen auf die Zimmerschlachten, die sich abspielen.

Zunächst hat man Bauer, da er im Grazer Dialekt schreibt, dem sozialkritischen Neorealismus von Kroetz, Sperr, Henkel, Sommer, Turrini zugeordnet. Dabei darf die bis zur szenischen Kraftmeierei getriebene Wirklichkeitsdarstellung, die dem Theaterzuschauer den Geschlechtsakt ebensowenig unterschlagen will wie den Gang aufs WC, nicht hinwegtäuschen, daß Bauer bewußt eine Pseudorealität schildert, daß es hier statt um Wirklichkeitsdarstellung um Wirklichkeitsverlust geht und die überanstrengt exzessiven Naturalismen eher aus der Welt der Comics stammen.

Bauer versucht sich zunächst mit Einaktern und Mikrodramen an Grazer Kleinbühnen: *Der Schweinetransport*, *Maler und Farbe*, *Zwei Fliegen auf dem Gleis* (1962), *Katharina Doppelkopf* (1964). Er wird zum literarischen Enfant terrible des ›Forum Stadtpark‹ in Graz, wo er mit seiner Pop-Klassik-Show *Bauer heißt die Corneille* Skandal-Publicity erreicht. Mit *Party for Six* (UA 9. 5. 1967 Innsbruck) erreicht er das etablierte Theater, *Magic Afternoon* wird bereits von über 60 Bühnen gespielt und bringt den Durchbruch.

In den späteren Stücken macht Bauer immer wieder die Situation des Schriftstellers zum Thema, der – unmotiviert und ohne wirkliche Einfälle – durch exzentrische Wahnbilder von Gewalt und Sex, durch Drogenrausch und abstruse Traumsequenzen die eigene Phantasie zu stimulieren sucht: z. B. *Woher kommen wir? Was sind wir? Wohin gehen wir?* (UA 30. 10. 1982 Bonn), *Das kurze Leben der Schneewolken* (UA 28. 10. 1983 Stuttgart), *Herr Faust spielt Roulette* (UA 25. 1. 1987 Wien), *Ach, armer Orpheus* (UA 2. 5. 1991 Wien), *Das Lächeln des Bryan de Palma* (UA 1. 12. 1991 Graz).

Magic Afternoon. Stück. UA 12. 9. 1968 Hannover. – Symptombeschreibung ›abgeschlaffter‹ Typen: Charly verdöst mit seiner Freundin Birgit den Nachmittag. Man hört Platten, pflegt sein Selbstmitleid, stänkert, säuft, prügelt sich mit dem Partner, von dem man sich abhängig weiß, langweilt sich. Auch Joe und Monika, das zweite Pärchen, bringen keinen Aufschwung. Hektische Fröhlichkeit wechselt mit Aggressionen, Petting schlägt um in Brutalität. Der gewohnte Sex-Catch fällt diesmal ungewollt härter aus, und Monika wird mit gebrochenem Nasenbein in die Klinik gebracht. Die Burschen drehen durch im Haschrausch, wollen Birgit »fertig machen«. Aus Angst sticht das Mädchen Joe nieder. Notwehr? Charly verliert jäh seine Großspurigkeit und verkriecht sich zitternd im Schrank. Charly und Joe sind Möchtegern-Literaten, die nichts produzieren, weil sie sich selbst ständig reproduzieren und vor lauter Selbstbeobachtung gar nicht mehr zu sich selbst kommen. Schon vorab verschütten sie die Unmittelbarkeit jeder Erfahrung, da sie diese sogleich auf ihre literarische Verwertbarkeit abklopfen.

Change. Stück in 9 Bildern. UA 26. 9. 1969 Wien. – Ein Künstlerdrama über den Kunst-Schmäh. Aus Langeweile und Überdruß baut eine Künstlerclique einen unbedeutenden Hobbymaler zum Genie auf, setzt ihn dem Kreislauf von Suff, Sex und Drogen aus und läßt ihn plötzlich wieder fallen. Zur allgemeinen Gaudi soll er in den Selbstmord getrieben werden. Aber das Opfer wird zum Täter und treibt den Drahtzieher des makabren Plans in den Tod.

Silvester oder Das Massaker im Hotel Sacher. Einakter. UA 24. 9. 1971 Wien. – Der Schriftsteller Wolfgang Bersenegger (die Initialen weisen auf eine Selbstkarikatur von Wolfgang Bauer) ist ausgeschrieben, hat seit fünf Jahren nichts mehr hervorgebracht. Zur Silvesterparty ins Hotel Sacher lädt er nun einige Exzentriker ein, um den Abend unbemerkt auf Tonband mitzuschneiden. Das überdrehte Dauer-Happening aus Suff und Sex soll ein Stück ergeben, einen wirkungsvoll schockierenden Zufalls-Verschnitt. Und wieder ereignet sich zum Schluß ein Selbstmord. Die Szene persifliert den Kulturbetrieb, wo Stofflieferanten, Presseklüngel, ›Adabeis‹ literarische Moden erfinden und wieder abschaffen, die eigenen Hervorbringungen interpretieren und konsumieren. Als Rohstoff dient Bauer der Wiener Underground, Anekdotisches um die Aktionisten Otto Mühl und Hermann Nitsch, Publicity-Praktiken eines Hans Georg Behr und André Heller, Figuren wie Ossi Wiener und Hermann Schürer.

Gespenster. Stück in vier Akten. UA 5. 6. 1974 München. – Wie in *Magic Afternoon* ist die Randgruppe der Pseudo-Elitären unter sich. Fred ist Schriftsteller, Robert Soziologiestudent.

Nun sind sie Mitte Dreißig, haben geheiratet, betrachten und genießen ihren Rollenverlust, die Selbstzweifel, die Lethargie. Aus bösartiger Experimentierlust treiben sie ein naives Mädchen aus der Schweiz in den Wahnsinn.

Magnetküsse. Kriminalstück. UA 20.3.1976 Wien. – Ein Schriftsteller sieht sich plötzlich von den Figuren und Situationen aus dem Roman, den er gerade entwirft, umgeben. Diese Kopfgeburten verwandeln seine Wirklichkeit in eine wüste Comic-Welt, treiben ihn in den Wahnsinn und zum Mord an seiner Freundin.

Memory Hotel. Stück. UA 12.4.1980 Graz. – Auch hier versucht Bauer die Arbeit eines Schriftstellers, dessen Produktion auf der Reproduktion von Wirklichkeit beruht, zu dramatisieren. Ein Krimi-Autor erfährt, daß er bald an Krebs sterben muß. Er bricht aus dem bisherigen Leben aus und verjubelt sein Geld auf Jamaica. Eine wüste Phantasmagorie spielt sich ab, Sauf- und Gewaltorgien, Killerstory, Amoklauf, Zitate aus Trivialfilmen und Comics – es bleibt offen, ob diese Szenen Drogenräusche des Schriftstellers sind, Entwürfe zu seinem Roman oder abgefeimte Intrigen seiner Frau. Solches Spiel mit Fiktionen, um endlich zu einer eigenen Realität und Selbsterfahrung zu kommen, ist nicht zuletzt ein Leitmotiv der österreichischen Literatur von Gerhard Roth bis Peter Rosei.

PETER HANDKE

* 6. Dezember 1942 in Griffen (Kärnten)

Wächst bis 1948 in Berlin-Pankow auf, dann Schulbesuch in Griffen, Tanzenberg, Klagenfurt. 1961–65 Jurastudium in Graz. 1966 erregt Handke Aufsehen, als er in Princeton als Gast der »Gruppe 47« einen polemischen Protest anbringt und der dort versammelten Prominenz an Kritikern und Autoren insgesamt »Beschreibungsimpotenz« vorwirft. Umfangreiche literarische Tätigkeit (Theaterstücke, Romane, Hörspiele, Gedichte, Aufsätze, Filme), wechselnder Wohnsitz in Düsseldorf, Berlin, Köln,

Kronberg (Taunus), Paris, Salzburg. Zahlreiche Auszeichnungen: u. a. Gerhart-Hauptmann-Preis (1967), Schiller-Preis (1972), Georg-Büchner-Preis (1973).

Schon mit seinem ersten Stück *Publikumsbeschimpfung* bricht Handke 1966 radikal und provozierend mit allen Erwartungen und Theatertraditionen. Er versucht Theater exakt als das wiederzugeben, was es ist, und nicht als das, was es bedeuten und vortäuschen will. Auch in den folgenden Stücken überträgt er die Sprachkritik von Wittgenstein, Theorien der Linguistik und der Strukturalisten aufs Theater und macht bewußt, daß alle Realität nur jeweils eine vermittelte Realität sein kann. Literatur und Theater sind nicht Nachahmer des Lebens und seiner Konflikte, sondern eine eigengesetzliche Realität, eine Sprachwelt, die nichts mehr beschreiben will, sondern ihre eigene Identität ausdrückt. Handke nennt seine ersten Theatertexte *Sprechstücke* und gibt als Definition: »Die Methode meiner ersten Stücke ist deswegen eine Beschränkung der theatralischen Handlungen auf Wörter gewesen, deren widersprüchliche Bedeutung eine Handlung und eine individuelle Geschichte verhinderten. Die Methode bestand darin, daß kein Bild mehr von der Wirklichkeit gegeben wurde, daß nicht mehr die Wirklichkeit gespielt und vorgetäuscht wurde – Die Worte der Sprechstücke zeigen nicht auf die Welt als etwas außerhalb der Worte Liegendes, sondern auf die Welt in den Worten selber. Die Worte, aus denen die Sprechstücke bestehen, geben kein Bild von der Welt, sondern einen Begriff von der Welt.« Damit verbindet Handke eine kritische Sicht auf die Realitätsvermittlung, die zur Generationserfahrung der Jugend von 1968 wurde: Wiederholungsdruck, Monotonie, Rollenzwang, die Unmöglichkeit, zum eigenen Leben zu finden. Diese Mechanik von Abläufen, wo Kommunikation nur noch stattfindet als Austausch von Fertigteilen in Sprache und Bewußtsein, in den Haltungen und Erfahrungen, stellt Handke in Frage in seinen Stücken *Kaspar* und *Der Ritt über den Bodensee*. Und in *Die Unvernünftigen sterben aus* folgt der untaugliche Ausbruchsversuch. Zwischen 1974 und 1981 schreibt Handke nicht mehr für das Theater. Als Erzähler setzt er sich mit eher privaten Erfahrungen wie dem Tod der Mutter, gescheiterter Ehe, Entwicklung der Tochter auseinander. *Über die Dörfer* (1981) erscheint dann als neuer Ansatz der Theaterarbeit, *Prometheus gefesselt* (UA 10. 8. 1986, Salzburger Festspiele) als eigenwillige Erneuerung aischyläischer Tragödie. *Das Spiel vom Fragen oder Die Reise zum sonoren Land* (UA 16. 1. 1990 Wien) ist eine Parabel, ein Spiel mit zeitlosen Figuren und Motiven. Da steht der skeptische »Spielverderber« gegen den idealistisch schwärmenden »Mauerschauer«, ein uraltes Paar gegen die übermütige Jugend – sie alle mühen sich voran auf der lebenslangen Wanderung zum »sonoren Land«. Im Mittelpunkt der junge Parzival, der das Fragen, d. h. die aufgeschlossene, weltoffene Haltung gegenüber dem Leben lernen soll. *Die Stunde, da wir nichts voneinander wußten* (UA 9. 5. 1992 Wien) ist reine Pantomime, ein Ablauf ohne Worte. Auf einem Platz herrscht unaufhörliches Kommen und Gehen. Wir sehen Alte und Junge, Arme und Reiche, eine Vielzahl an Berufen, an Gemütszuständen. Dazwischen mythische Gestalten wie Moses, Äneas, Abraham oder aus der Kulturgeschichte herbeizitierte Figuren wie Papageno und Peer Gynt. Dieser Strom an Eindrücken, an agierenden und reagierenden Figuren aktiviert den Betrachter, all die Geschichten und Zustände, die da für einen Moment eingefangen sind, weiterzuspinnen.

Publikumsbeschimpfung

Sprechstück
Uraufführung: 8. Juni 1966 in Frankfurt a. M.

Personen: Vier Sprecher.

Handke überträgt die Erkenntnis der Soziolinguistik, daß der Vorgang des Darstellens nicht identisch ist mit dem Inhalt des Dargestellten, auf das Theater. Dabei gelingt ihm ein verblüffend witziges Theaterexperiment. Vorausgegangen war Handkes eigene Erfahrung mit dem Theater, die ihn zur Absage an das übliche Illusionstheater führt: »Die Geschichten auf der Bühne gingen mich nichts an, sie waren, statt einfach zu sein, immer nur Vereinfachungen. Die Möglichkeiten der Wirklichkeit waren durch die Unmöglichkeiten der Bühne beschränkt, das Theater täuschte über die Wirklichkeit hinweg. Statt einer neuen Methode merkte ich Dramaturgie. Der fatale Bedeutungsraum (die Bühne bedeutet Welt) blieb unreflektiert …

Die Methode meines ersten Stücks bestand darin, daß alle Methoden bisher verneint wurden« (*Ich bin ein Bewohner des Elfenbeinturms*, 1967). Die Zuschauer sehen eine leere Bühne mit vier Sprechern vor sich. Und sie hören Texte, die ihnen gerade die eigene Situation, die sie sonst im Theater vergessen wollen, bewußt machen: Die Zuschauer haben sich Theaterkarten besorgt, aus verschiedenen Richtungen sind sie herbeigeeilt und haben endlich im Zuschauerraum Platz genommen. Direkt werden sie von der Bühne herab angesprochen und erfahren, was hier alles nicht stattfindet und welche der üblichen Theatererwartungen heute abend enttäuscht werden. Verneinungen und Absagen machen zunächst den Text aus: »Wir zeigen Ihnen nichts. Wir spielen keine Schicksale. Wir spielen keine Träume. Das ist kein Tatsachenbericht. Das ist keine Dokumentation. Das ist kein Ausschnitt der Wirklichkeit. Wir erzählen Ihnen nichts. Wir handeln nichts. Wir spielen Ihnen keine Handlung vor. Wir stellen nichts dar. Wir machen Ihnen nichts vor. Wir sprechen nur. Wir spielen, indem wir Sie ansprechen ... Sie erleben nichts. Sie stellen sich nichts vor. Sie brauchen sich nichts vorzustellen.« Und aus all diesen Verneinungen entwickelt sich dann die Definition dessen, was sein und hier stattfinden soll: »Diese Bretter bedeuten keine Welt. Sie gehören zur Welt. Diese Bretter dienen dazu, daß wir darauf stehen. Dies ist keine andre Welt als die Ihre. Sie sind keine Zaungäste mehr. Sie sind das Thema. Sie sind im Blickpunkt. Sie sind im Brennpunkt unserer Worte ... Wir haben keine Rollen. Wir sind wir. Wir sind das Sprachrohr des Autors ... Wir stellen nichts anderes dar als wir sind. Wir stellen an uns keinen anderen Zustand dar als den, in dem wir uns jetzt und hier befinden.«

Die Sprecher machen bewußt, daß die Zeit unwiederholbar vergeht, während sie sprechen. Daß mit dieser Demonstration keine Vergangenheit, auch keine Wiederholung vorgetäuscht wird. Sie definieren die Zuschauer als geschlossene Gesellschaft, die sich für den Theaterbesuch besonders angekleidet, d. h. verkleidet hat, die in ihren Sitzreihen ein vorgegebenes Muster bilden. Daß sie als Publikum anonym und apathisch sind, sich aufgeben als Individuum und ohne Selbstbewußtsein nur noch passiv aufnehmen wollen, was ihnen hier als Bühnenvorgang szenisch vorgesetzt wird. Handke versucht nun, durch genaue Zustandserfassung den Zuschauer aus dessen Selbstvergessenheit zu reißen, ihm die eigene Situation, den eigenen Körperzustand bewußtzumachen: wie er schaut, wie er mit den Wimpern zuckt und atmet: »Sie sind sich jetzt Ihrer Gegenwart bewußt. Sie wissen, daß es Ihre Zeit ist, die Sie hier verbringen. Sie sind das Thema. Sie schürzen den Knoten. Sie lösen den Knoten. Sie sind der Mittelpunkt.« Der Vorgang des Beifalls wird genau in seine physikalischen Einzelheiten zerlegt und exakt beschrieben, ebenso die üblichen Vorbereitungen zum Theaterbesuch und die Routine nach dem Ende der Aufführung. Handke erinnert an das übliche Illusionstheater, wo immer etwas vorgetäuscht und ausgesagt werden soll: Spiel, das sich als spontane Wirklichkeit ausgibt, wird hier verworfen als Falschspielerei. Hier wird das Theater als Wirklichkeit ernstgenommen und exakt definiert: »Wir spielen nicht. Wir spielen nichts ... Wir äußern uns durch nichts als durch Worte. Wir sprechen nur. Wir äußern. Wir äußern nicht uns, sondern die Meinung des Autors. Wir äußern uns, indem wir sprechen. Unser Sprechen ist unser Handeln. Indem wir sprechen, werden wir theatralisch. Wir sind theatralisch, weil wir in einem Theater sprechen ... wir stellen nichts dar und wir sind nicht andere als die, die wir sind. Wir spielen nicht einmal uns selber. Wir sprechen. Nichts ist hier erfunden. Nichts ist nachgemacht. Nichts ist Tatsache.«

Zuletzt die »Publikumsbeschimpfung«: die Sprecher servieren den Zuschauern ironisch übersteigerte Anerkennung, Klischees aus der Kritikersprache wie »atemberaubende Darsteller, Mitspieler von seltenem Adel, unvergeßliche Szenen«. Und solche Lobhudeleien enden jeweils am Ende des Abschnitts mit einem Schimpfwort aus dem politischen oder alltäglichen Jargon: »Saujuden, Asoziale, Genickschußspezialisten, Ohrfeigengesicht, Schrumpfgermanen, Rotzlecker, rote Horden, Untermenschen«. So wirkt die Aufführung wie ein fiktives Happening, wie ein spontaner Ablauf: nicht mehr die sonst im Theater übliche vorgeprobte Reproduktion, sondern ein anscheinend freies Sich-Produzieren.

Selbstbezichtigung. Sprechstück. UA 22.10.1966 Oberhausen. – Dieser Einakter verfolgt ähnlich wie später *Kaspar* (1968) die Abrichtung eines Menschen durch Sprachdressur. Auf einer leeren Bühne stellen sich ein Sprecher und eine Sprecherin in einer Folge von Ich-Sätzen dar: »Ich bin geworden ... ich habe gesehen. Ich habe Gesehenes wiedergesehen.

Ich bin zu Bewußtsein gekommen ... Ich bin zu meiner Geschichte gekommen. Ich habe erkannt, daß ich nicht du bin. Ich habe meine Geschichte mitteilen können. Ich habe meine Geschichte verschweigen können.« Durch Wiederholung und Abstraktion bildet sich ein logisches System aus, Gesetzmäßigkeiten im Fluß der Erfahrungen, schließlich ein Weltbild nach festen Regeln und Pflichten. Und zuletzt werden Verneinung und Verweigerung in der Sprache begriffen als Chance für eine Alternative, die das bereits festgelegte und vorgeprägte Ich verspielt hat: »Ich bin nicht, was ich gewesen bin. Ich bin nicht gewesen, wie ich hätte sein sollen. Ich bin nicht geworden, was ich hätte werden sollen.«

Weissagung. Sprechstück. UA 22.10.1966 Oberhausen. – Dieser Einakter bringt Sprachkritik, wie sie in der »konkreten Poesie« eines Ernst Jandl oder Franz Mon sich als verspielte Sprachclownerie gibt. Vier Sprecher stellen in einer Litanei die abgedroschensten Vergleiche und Metaphern aus. Sprachklischees, Phrasen werden in sinnloser Gleichsetzung durch sich selbst definiert: »Die Fliegen werden sterben wie die Fliegen ... Die Engel werden wie mit Engelszungen reden«. Der Ton einer *Weissagung* ist getroffen, aber der Inhalt ist aufgehoben durch die Wiederholung. Die Weissagung hat keinen Bezugspunkt mehr: nicht ein Ereignis wird »gewiß wie der Tod sein«, sondern bei Handke wird »Der Tod gewiß sein wie der Tod«. Immer provozierend unsinniger werden die Redensarten: »Gott wird in Frankreich leben wie Gott in Frankreich ... Die Fäden werden fadenscheinig sein.« Sprachmuster, die als Nonsens bewußt werden.

Kaspar. 65 Etüden. UA 11.5.1968 Frankfurt a.M. – Der Findling Kaspar Hauser, 1828 in Nürnberg entdeckt und nach sechzehn Jahren einsamer Haft plötzlich in die Welt gesetzt – Handke macht daraus ein Modell für den Menschen, der durch Sprache und Normen zum Massenwesen abgerichtet und zugerichtet wird. Das Stück »zeigt, was möglich ist mit jemandem. Es zeigt, wie jemand durch Sprechen zum Sprechen gebracht werden kann. Das Stück könnte auch ›Sprechfolterung‹ heißen« (Handke im Vorwort). Dieser Kaspar stolpert auf die Bühne und wiederholt unablässig den Satz, der sein ganzes Denk- und Sprachvermögen ausmacht: »Ich möcht' ein solcher werden, wie einmal ein anderer gewesen ist.« Von allen Seiten füttern ihn Einsager mit Einflüsterungen und Maßregeln, dressieren sein Denken, sein Verhalten, sein Bewußtsein. Andere völlig gleiche Kaspar-Figuren drängen auf die Bühne. Alle sind sie ununterscheidbar – eine perfekt abgerichtete Massengesellschaft. Kaspar resigniert: »Schon mit meinem ersten Satz bin ich in die Falle gegangen ... Ich bin zum Sprechen gebracht. Ich bin in die Wirklichkeit übergeführt.«

D e r R i t t ü b e r d e n B o d e n s e e. Stück. UA 23.1.1971 West-Berlin. – Auch hier stellt Handke in Modellsituationen die gesellschaftlichen Übereinkünfte, Rituale, das angelernte Einverständnis in unserem täglichen Verhalten in Frage. Er entwickelt keine Geschichte, sondern er zeigt Methoden vor: »Was die Wirklichkeit betrifft, in der ich lebe ... Ich möchte sie erkennbar werden lassen in der Methode, die ich anwende ... Die Methode der Geschichte ist für mich nur noch anwendbar als reflektierte Verneinung ihrer selbst: eine Geschichte zur Verhöhnung der Geschichte« (*Ich bin ein Bewohner des Elfenbeinturms*, 1967). Fünf Figuren wartend und plaudernd im Salon. Zufällig tragen sie die Namen historischer Filmgrößen – Elisabeth Bergner, Henny Porten, Emil Jannings, Heinrich George, Erich von Stroheim –, zuletzt die Kessler-Zwillinge als munterer Störfaktor. Mit diesen Figuren spielt Handke Alltagsbeziehungen durch, wie sie in schematischen Bewegungen und Floskeln zur täglichen Routine gehören und ihre Zwangsläufigkeit entwickeln: jede Geste erfordert eine Gegenbewegung, eine ausgestreckte Hand zwingt dazu, etwas hineinzulegen. Wenn Gegenstände nicht so funktionieren, wie es der Erwartung entspricht, werden sie zu bedrohlichen Fremdkörpern. Alles muß hier seinen Zweck, seine Absicht haben, muß bereits im voraus interpretiert sein. In allen Bewegungen und Worten liegt ein Aufforderungssignal, das sogleich bei den anderen Figuren die entsprechenden Reaktionen auslöst. So entwickelt sich ein festgelegtes Ritual, eine Dressur, der sich keiner verweigern kann: »Man hat angefangen, miteinander zu verkehren, und es hat sich eingespielt ... Eine Ordnung ergab sich, und um weiter miteinander verkehren zu können, machte man diese Ordnung ausdrücklich: man formulierte sie. Und als man sie formuliert hatte, mußte man sich daran halten, weil man sie schließlich formuliert hatte«. Mit suggestiver Beredsamkeit macht Jannings

George und Porten zu seinen Befehlsempfängern. Und er besteht darauf, daß sie den Zwang freudig ertragen, da Pflicht und Neigung zusammenfallen. Der Titel zitiert eine Ballade von Gustav Schwab: Ahnungslos galoppiert ein Reiter über den zugefrorenen Bodensee. Als er nachträglich erfährt, welcher Gefahr er entronnen ist, stirbt er vor Schreck. So dünn und zerbrechlich sieht Handke auch die Eisdecke unserer täglichen Verständigungsrituale. Gedankenlos und selbstverständlich werden sie gehandhabt. Sobald dieses Agieren und Reagieren nicht mehr automatisch erfolgt, sobald sich nur eine spontane Erfahrung dazwischenstellt, funktioniert das System nicht mehr, und die Figuren stürzen ab ins Bodenlose.

Die Unvernünftigen sterben aus. Stück. UA 17.4. 1974 Zürich. – Der Unternehmer Quitt ist ein Unvernünftiger, der nicht mehr die Rolle des Kapitalisten spielen will. Er liquidiert seine Betriebe, betreibt aber den Zusammenbruch mit dem alten Erfolgsrezept: Zunächst wird die Konkurrenz zur Strecke gebracht. Die Gegenspieler aus der Welt der Wirtschaft sind vier satirisch gezeichnete Figuren: Freiherr von Wullnow als konservativer Patriarch, ein Vikar als salbungsvoller, aber nicht weniger durchtriebener Geldverwalter der Kirche, daneben der skrupellose Marktstratege Lutz, die flotte Managerin Paula Tax und der Kleinaktionär Kilb, der mit seiner Aufsässigkeit die Interessen der Großindustriellen stört. Quitt erwürgt ihn und schafft sich dann selbst aus dieser Welt, indem er mit dem Kopf gegen die Wand rennt, die hier ein Felsen ist. »Ich habe das Gefühl, der einzig Übriggebliebene zu sein, ... Was ich sehe, sind Nachbilder, was ich denke, die Nachgedanken ... Warum gibt es keine Entpersonifizierungsanstalten? ... Jetzt bin ich nur noch schwer und wund und plump von mir selber. Ein falscher Atemzug, und ich zerfalle.« Quitt erlebt die »Stunde der wahren Empfindung«, wie Handke 1977 eine Erzählung nennt: die Absage an die Vernünftigkeit, weiter mitzumachen im System der anderen. Er verweigert sich, er legt seine Rolle ab im Sozialgefüge. Und er muß zugrunde gehen, da nur in dieser Rolle seine Selbstverwirklichung liegt.

Über die Dörfer. Dramatisches Gedicht. UA 8.8.1982 Salzburg. – Gregor, der Intellektuelle, kehrt zurück ins Heimatdorf an der Grenze, wo er immer Außenseiter war. Er, der in

Strauß, Die Zeit und das Zimmer

Pinter, Niemandsland

der Fremde zum Schriftsteller wurde, begegnet seinen Geschwistern: dem jüngeren Bruder Hans, der sich als Bauarbeiter abrackert, und seiner Schwester Sophie, die als kleine Verkäuferin vom eigenen Laden träumt. Er fühlt sich schuldig, daß seine Überlegenheit, seine skeptische Nachsicht denen gegenüber, die ihm unterlegen waren, auch seine Forderung, die Geschwister müßten sich nach seinem Vorbild entwickeln, die anderen entmutigt und gedemütigt hat. Seine Ideale haben die anderen gehindert, selbst zum eigenen Leben zu kommen. In dieser lyrischen Ballade, die das biblische Motiv von der Heimkehr des verlorenen Sohns mit Elementen des antiken Theaters, mit Monologen und Chorteilen verbindet, hält Nova als schicksalhafte Instanz eine sakrale Schlußansprache – wie der Deus ex machina in der antiken Tragödie. Nova verkündet Handkes Botschaft vom einfachen Leben in der Stille, der Einkehr, der kreatürlichen Naturverbundenheit. Eine Absage an die Gegenwart, an Technik und Zivilisation – ein sehnsüchtig rückgewandtes Bekenntnis zur Geborgenheit in einer kosmischen Ordnung, erinnernd an Handkes Lieblingsautor Adalbert Stifter, aber auch an Hermann Hesse und Ernst Wiechert. Handkes Rückkehr zum Theater geschieht sehr privat und sehr nostalgisch.

CHRISTOPH HEIN

* 8. April 1944 in Heinzendorf (Schlesien)

Wächst als Sohn eines Pfarrers in Bad Düben bei Leipzig auf, arbeitet nach dem Abitur als Monteur, Buchhändler, Kellner. 1967–71 Studium der Philosophie und Logik in Leipzig und Berlin. Danach Dramaturg und Autor an der Ostberliner Volksbühne. Seit 1979 freier Autor.

Hein benutzt historische Stoffe oder die zeitlose Form der Parabel, um aktuelle politische Fragen und Widersprüche der DDR zu gestalten. *Cromwell* (UA 12. 4. 1980 Cottbus) wird bei ihm zum Revolutionär, der um 1650 von der aufstrebenden kapitalistischen Bürgerklasse als nützliches politisches Werkzeug mißbraucht wird. In *Lassalle fragt Herrn Herbert nach*

Sonja (UA 9.11.1980 Düsseldorf) stellt Hein die Gründerfigur der deutschen Sozialdemokratie in Konflikt zwischen politischer Aufgabe und privatem Geltungstrieb. *Die wahre Geschichte des Ah Q.* (UA 22.12.1983 Ost-Berlin) zeigt als fernöstlich verfremdete Parabel, daß auch die Revolution keinen sozialen Fortschritt bringt, sondern nur unter neuen Parolen die alte Unterdrückung fortsetzt. In *Passage* (UA 25.10.1987 Essen) sehen wir Menschen auf der Flucht vor den Nazis. Jüdische Emigranten versuchen 1940 über die Grenze nach Spanien zu entkommen. Die Flüchtlingsgespräche in dieser Grenzsituation zeigen Hoffnung, Resignation, Kraft zum Widerstand und Selbstaufgabe. Der Intellektuelle in der Gruppe – als Vorbild diente wohl Walter Benjamin – gibt auf und vergiftet sich. In *Die Ritter der Tafelrunde* (UA 12.4.1989 Dresden) benutzt Hein die Figuren der keltischen Sagenwelt um König Artus und Parzival für eine politische Parabel auf die DDR. Das alte, vergreiste Regime hat abgewirtschaftet. Mühsam hält es sich noch auf den morschen Stühlen, da niemand über ein Konzept für einen Neubeginn verfügt.

MARTIN SPERR

* 14. September 1944 in Steinberg (Niederbayern)

Schauspielunterricht in München und Wien, Statist, Nachtportier. 1965/66 am Theater in Bremen, wo er sich mit seinem ersten Stück »Jagdszenen in Niederbayern« erfolgreich durchsetzt. Bühnenbearbeitungen von Shakespeare (»Maß für Maß« 1967 für Peter Zadek, »Die Kunst der Zähmung« 1971 für Kurt Hübner) und Edward Bond (»Gerettet« 1967 für Peter Stein). 1972 erleidet er bei einem Reifenwechsel eine Gehirnblutung und ist für die nächsten Jahre arbeitsunfähig. 1974 erster Versuch als Schauspieler, 1976 mit »Die Spitzeder« wieder ein Bühnenstück, das aus einem Fernsehdrehbuch von 1972 umgearbeitet ist.

Sperr steht mit seinen Dramentexten in der Tradition des sozialkritischen Volksstücks von Horváth und Fleißer. Er zeigt, wie eng, bösartig und unverbesserlich faschistisch der deutsche Kleinbürger ist. Dabei gelingen ihm manche unverwechselbare

Figuren und Situationen, wenn auch die Handlung oft nicht mehr ist als knallige Kolportage. In seiner *Bayrischen Trilogie* versucht er von der Dorfgemeinde (*Jagdszenen in Niederbayern*) über die Provinzstadt (*Landshuter Erzählungen*) bis zur Großstadt (*Münchner Freiheit*) die kapitalistischen Machtstrukturen in grobschlächtigen Modellen zu durchleuchten. *Die Spitzeder* (UA: 11.9.1977 Bonn) hat dasselbe Ziel, diesmal vorgeführt am historischen Stoff einer betrügerischen Geldverleiherin im Biedermeier.

Jagdszenen aus Niederbayern

Stück
Uraufführung: 27. Mai 1966 in Bremen

Personen: Barbara, Tagelöhnerin – Abram, ihr Sohn – Tonka, Dienstmädchen – Maria, Bäuerin, bei der Abram wohnt – Rovo, ihr Sohn – Volker, Marias Knecht und Geliebter – Der Bürgermeister, Großbauer – Seine Frau – Georg, sein Knecht – Zenta, Tagelöhnerin beim Bürgermeister – Die Metzgerin – Knocherl, Totengräber – Paula, Gerichtsstenotypistin – Karl, ihr Freund – Die Flüchtlingsfrau – Anton, ihr Mann – Konrad, ihr Sohn – Der Pfarrer – Die Lehrerin – 1. Junge – 2. Junge – Bauern – Kinder.
Ort und Zeit: Das Dorf Reinöd in Niederbayern, Frühherbst nach der Währungsreform.

Ein Dorf in Niederbayern nach der Währungsreform: Man hat sich wieder eingerichtet in der überkommenen Hierarchie. Die restaurierte Ordnung ist wieder in Kraft bis hin zu den Eßgewohnheiten der Privilegierten: »Das Dorf riecht nach Schweinebraten. Wieder richtig, wie der Sonntag sein soll!« Dieser Einleitungssatz des Stückes umschreibt die Situation. Was sonst noch sein soll und richtig ist, das bestimmt die öffentliche Meinung, die vom Bürgermeister und der Metzgerin gemacht, von deren Lohnabhängigen beglaubigt wird. Was die anderen mutmaßen, wie sie etwas auslegen könnten, wie man dann nach solcher Auslegung dastehen wird – das bestimmt Denken und Handeln in der Gemeinschaft.

Abram hat wegen Homosexualität eine Gefängnisstrafe abgesessen und kehrt zu seiner Mutter, der Taglöhnerin Barbara zurück. Für das Dorf ist Abram Tagesgespräch. Man entrüstet sich, delektiert sich an der Sensation, will den Fall »bereinigen«. Die alte Barbara hat Angst, sie verleugnet den Sohn und will das

Dorf verlassen, dann läßt sie es zu, daß sich einflußreiche Ansässige zusammentun, um Abram zu vertreiben. Mutterliebe pervertiert zum Haß: »Warum bist Du nicht umgekommen im Krieg ... Erwürgen hätt ich Dich sollen ... Ich wünsche mir's, daß sie Dich totschlagen.« Der Haß auf den Sohn ist hier kein psychologisches Problem, sondern ein soziales: Barbara sieht durch das Gerede der Leute die eigene Existenzgrundlage bedroht. Ihre Aggressionen sind Reflexe auf die aggressive öffentliche Meinung. Tonka, das Dienstmädchen, erwartet von Abram ein Kind. Umsonst versucht sie immer wieder, es ihm mitzuteilen. Er jagt sie weg, sieht in ihr seine Freiheit bedroht. Da sie in der Meinung der anderen eine Nutte ist, bestätigt sie zynisch das Vorurteil, verlangt Geld für ihre Gunst, sucht der alternden Maria den Liebhaber auszuspannen. Tonka paßt sich an in einer Moralordnung, wo Maria Recht auf Liebe hat, weil sie den Hof besitzt und den Mann aushalten kann. Marias halbwüchsiger Sohn Rovo ist sprachbehindert. Von der Umwelt als Idiot verspottet, von der Mutter gequält, da sie sich durch den Schandfleck bloßgestellt sieht, hat er nur zu Abram Vertrauen. Das Einverständnis der beiden Außenseiter jedoch muß für das Dorf zum Skandal werden. Die Metzgerin telefoniert nach der Polizei. Abram weigert sich, Tonka zu heiraten. Er will das Kind nicht, das er nur als Alibi für die Leute in die Welt gesetzt hat. Als das Mädchen ihm ihre Enttäuschung ins Gesicht schreit, bringt er es zum Schweigen – mit dem Messer. Er flüchtet in die Wälder. Bald ist das ganze Dorf unterwegs, um sich das Kopfgeld von zweitausend Mark zu sichern. Dafür läßt man Vieh und Ernte im Stich. Rovo hat sich erhängt und wird auf freiem Feld verscharrt. Für ein Trinkgeld läßt sich der Pfarrer gerade noch zu einem verstohlenen Kreuzzeichen erweichen. Abram wird gefangen und im Triumph aller Selbstgerechten der Gerechtigkeit übergeben. Er erhält lebenslang, das Dorf die ausgesetzte Belohnung, die man für die Wiederherstellung der Orgel verwendet. Auch Barbara wird künftig gebrandmarkt sein. Sonst ist alles zufrieden: »Wir haben eine schöne Ernte gehabt. Und jetzt ist auch Ruhe im Dorf. Wir müßten eigentlich Gott dankbar sein, daß dieses Jahr doch noch so erfolgreich geworden ist.« Bedauerlich für manche ist nur, daß Abram nicht mehr vergast werden kann, denn »für solche Leut gehört der Hitler wieder her«.

Landshuter Erzählungen. Stück. UA 4.10.1967 München. – Das Thema aus *Romeo und Julia* versetzt Sperr nach Landshut in den Konkurrenzkampf zweier verfeindeter Bauunternehmer. Diesmal unterliegen nicht die jungen Liebenden wie bei Shakespeare, sondern sie erweisen sich als noch skrupelloser: der junge Laiper, der die Tochter des Baulöwen Grötzinger heiraten will, erwürgt seinen Vater, der gegen die Heirat und den Zusammenschluß der beiden Firmen ist. Der Mord wird vertuscht, das Geschäft blüht. Erpressung, Abwerben von Arbeitern, ein durch Bestechung gewonnener Prozeß, antijüdische Hetze – alles ist erlaubt, um den Umsatz hochzuschrauben. Ein höhnischer, vor keinem Klischee zurückschreckender Zerrspiegel auf das deutsche Wirtschaftswunder.

Koralle Meier. Stück mit Musik. UA 7.2.1970 Stuttgart. – Eingekleidet in einen Kleinbürger-Schwank um die doppelte Moral zeichnet Sperr das Verhalten des Nazi-Spießers nach. Koralle Meier ist eine Hure mit Herz und Gemüt. Ihr Erspartes, das sie sich als »Private« verdient hat, will sie nun in einen Gemüseladen investieren und anständig werden. Die ehrbaren Bürger, die bisher ihren Spaß mit ihr trieben, wittern freilich die Konkurrenz und sind empört. Der Bürgermeister verweigert ihr den Gewerbeschein, denunziert sie und bringt sie als angebliche Jüdin ins KZ. Als sich herausstellt, daß sie arischer ist als mancher der NS-Bonzen, kommt sie frei. Koralle glaubt nun, die Lektion gelernt zu haben, und will durch Anpassung zu ihrem Recht kommen. Sie denunziert den Denunzianten. Aber auch das nutzt ihr nichts, und als sie aufmuckt gegen die SS – sie will sich nicht damit abfinden, daß man ihr grundlos den Laden verweigert –, wird sie erschossen. Und die braven Bürger sehen erleichtert, wie nun Moral und Geschäft bewahrt sind.

Münchner Freiheit. Stück. UA 20.2.1971 Düsseldorf. – Grobgestrickte Kolportage, die ihren Stoff aus der Tagesaktualität nimmt: eine Brauereibesitzerin als Bodenspekulantin, die durch Bestechung die Bauordnung manipuliert und Altbauten abreißen läßt. Ihre Tochter mischt sich unter die Apo-Jugend und begeistert sich an linken Parolen. Der Vater ist der hilflose Idealist in diesem Wirtschaftswunder-Krimi. Von den Kapitalisten wird er entmachtet, von den Studenten als »liberaler Scheißer« verhöhnt. So flüchtet er in den Selbstmord.

PETER TURRINI

* 26. September 1944 in St. Margarethen (Kärnten)

Gelegenheitsjobs als Holzfäller, Stahlarbeiter in Linz, Werbetexter in Deutschland, Hotelsekretär in Italien. Lebt als freier Schriftsteller in Wien. Neben Theaterstücken ein Roman (»Erlebnisse in der Mundhöhle«, 1972), Fernsehspiele.

In seinen psychologisch ausgeleuchteten, sozialkritischen Milieustücken zeigt Turrini die Gewalttätigkeit dieser Welt und ihre Opfer: grelle, aggressive Abrechnungen, in denen der Skrupellose sich durchsetzt. *Rozznjogd* (= Rattenjagd, UA 27. 1. 1971 Wien): Ein junges Pärchen reißt in wütender Selbstzerstörung alles an sich herunter, was ihm die Konsumwelt aufgeschwatzt hat. Nackt und ursprünglich wollen sie sein. Da werden sie abgeknallt wie die Ratten. *Sauschlachten* (UA 15. 1. 1972 München): Der Sohn des Bauern verweigert sich der Familie, gibt nur noch Grunzgeräusche von sich. Zuerst treibt man seinen Spaß mit ihm, dann steigert sich der Haß der Dörfler auf den Außenseiter bis zum Mord. *Der tollste Tag* (UA 26. 11. 1972 Darmstadt) nach Beaumarchais verschärft die Rokoko-Komödie: Figaro muß den Grafen erwürgen, um seine Susanne vor der Vergewaltigung des noblen Herrn zu bewahren. *Die Wirtin* (UA 24. 11. 1973 Nürnberg) verschärft ähnlich *Mirandolina*, die Vorlage von Goldoni. Hier hat der adlige Lüstling, der sich die Wirtin gefügig machen will, auch die Obrigkeit auf seiner Seite, als er sich rächt und die Frau aus ihrem Gasthaus vertreibt. *Josef und Maria* (UA 12. 11. 1980 Wien): Zwei alte einsame Existenzen, eine Putzfrau und ein Nachtwächter, suchen am Weihnachtsabend Trost aneinander. *Die Bürger* (UA 27. 1. 1982 Wien) führen nach Wien auf eine Nobelparty. Die Herrschaften des Wirtschaftswunders erweisen sich als miese Figuren in einem Sumpf aus Korruption, Heuchelei, Geilheit und Habgier. Die positiven Gegenspieler sind der krebskranke Opa und der halbwüchsige Enkel. Turrini strandet hier im plakativen Klischee- und Thesentheater, das bei der Aufführung nur durch satirische Anspielungen auf authentische Wiener Lokalgrößen und Politiker einige Beachtung fand. *Die Minderleister* (UA 1. 6. 1988 Wien): ein Sozialstück um die Arbeitslosigkeit. Ein Arbeiter soll im Stahlwerk den Arbeitsplatz behalten, wenn er künftig für die Direktion als Spitzel arbeitet. *Tod und Teufel* (UA 10.11.1990 Wien) zeigt den Leidensweg eines katholischen Priesters, der irre wird an der Amtskirche, auf der Suche nach Elend und Sünde ins Rotlichtmilieu geht und schließlich den Opfertod am Kreuz stirbt. *Alpenglühen* (UA 17.2.1993 Wien): Ein blinder Greis begegnet in der Bergeinsamkeit einer Frau. Aus Erinnerungen, Vertuschungsmanövern, Verdrängungen werden immer neue Identitäten und Vorleben der Figuren sichtbar – erst die fiktive Theaterrealität, wenn die beiden alten, verbrauchten Menschen für sich Romeo und Julia spielen, scheint in dieser Welt der Täuschungen die einzig wahre zu sein.

BOTHO STRAUSS

* 2. Dezember 1944 in Naumburg (Saale)

Schulbesuch im Ruhrgebiet und in Hessen, Studium in Köln und München (Germanistik, Theaterwissenschaft, Soziologie). 1967–70 Redakteur der Theaterzeitschrift »Theater heute«, seit 1971 Mitarbeit in der Dramaturgie der Berliner »Schaubühne am Halleschen Ufer«, für die er »Das Sparschwein« von Eugène Labiche (1973) und »Sommergäste nach Gorki« (1974) bearbeitet. Freier Schriftsteller in Berlin. Mehrere Literaturpreise.

Als Strauß 1972 sein erstes Stück vorlegt, ist der Optimismus der Studentenbewegung von 1968 verflogen. Nicht mehr die soziale Utopie, die Vision vom neuen Menschen beflügelt die Zeit. Vielmehr analysiert man die Ursachen des Versagens, beschreibt die Selbsttäuschung, die Selbstzweifel, den Überdruß – *Hypochonder* nennt Strauß folgerichtig die Figuren in seinem ersten Stück und trifft damit die Entfremdung einer ganzen Generation, die keine Kraft, keinen Mut mehr aufbringt für Utopien: »Es ist ein tödlich falsches Leben, das unsereins verbringt. Und man weiß es auch. Aber dieses Bescheidwissen, dieses haarspaltende Besserwissen ist dem Falschleben selbst schon so zugehörig, daß es darin als sanfte, unentbehrliche Qual mitlebt«, heißt es in diesem Erstling. Stets sind die Figuren bei Strauß auf sich selbst fixiert, sie erfahren alles in persönlicher

Verletzlichkeit. Nicht die Wirklichkeit, sondern das Bewußtsein von Wirklichkeit, die Reflexe, die subjektiven Verzerrungen, die »Innenwelt der Außenwelt« sind das, was in diesen Stücken erlebt und erfahren wird. Nicht zufällig spielt *Trilogie des Wiedersehens* in einer Kunstausstellung, werden andere Stücke vom Motiv des Doppelgängers beherrscht: Bilder, Abbilder, Nachbilder sind für Strauß wichtige Requisiten, um den Verlust an Selbsterfahrung zu verdeutlichen. Diese Abbilder sind wesentlicher, realer als das, was eigentlich abgebildet wurde. Im gleichen Sinn wird für diese Figuren der Umgang mit Literatur und Sprache zur Erfahrung einer nur noch vermittelten, durch Träume, Mutmaßungen, Selbsttäuschung verstellten Wirklichkeit. Immer wieder wählt Strauß öffentliche Orte zum Schauplatz: Bildergalerie, Hotel, Arztpraxis. Oft stellen sich fließende Übergänge her zum Theaterpublikum: die Schauspieler als Besucher einer Ausstellung verkörpern die Erfahrungen des Theaterbesuchers, wenn sie sich genauso tastend, unsicher, eine noch fremde Welt zögernd aufnehmend zu verhalten haben wie die Zuschauer im Saal. Beide sind sie fremd einer Situation ausgesetzt, deren Ablauf sie nicht durchschauen. Eine Beziehung zwischen diesen Figuren wird angestrebt durch unbestimmte Sehnsüchte, die den anderen doch nie ereichen. Das Verhalten ist geprägt von Berührungsangst, hektischer Abwehr, Flucht – Menschen, die sich nur noch undeutlich und zufällig treffen in den vagen Pausen der Verlegenheit: »Unsere einzige Hoffnung: der gleiche Lauf der Wiederholung ... Am Anfang ist immer der Abschied ... dann kommt ein Wiedersehen ... Zwischen Kommen und Gehen die Wende, dort treffen wir uns« *(Trilogie des Wiedersehens).*

Die Hypochonder. Theaterstück in drei Akten. UA 22. 11. 1972 Hamburg. – Äußerlich ein Vexierspiel konventioneller Krimimuster: Nelly hat ihren Liebhaber umgebracht und kehrt zu ihrem Mann Vladimir zurück. Dieser verschwindet plötzlich auf eine geheimnisvolle Expedition. Die Zwillingsbrüder Spaak – halb Unternehmer, halb Gangster – erpressen Nelly auf der Suche nach einer Formel. Zuletzt taucht Jacob auf, Vladimirs Vater – oder ist es Vladimir selbst, der sich als alter Jacob ausgibt, um mit der Vergangenheit abzurechnen? Die Drohungen und Morde häufen sich nach bester Killermanier. Die Motive werden undurchschaubar: eine Geschichte, wie aus

Fundstücken zusammengesetzt – Zitate aus Trivialromanen und Filmerinnerungen. Epische Kunstgriffe – die Verschachtelung von Situationen, der ständige Wechsel der Perspektive, wie wir sie aus den Romanen von Butor und Robbe-Grillet kennen, werden aufs Theater gebracht. Nicht die Logik dieser Geschichte ist wichtig, sondern die Situationen, in denen die Entfremdung, der Zerfall der Identität sichtbar wird.

Bekannte Gesichter, gemischte Gefühle. Komödie. UA 2.9.1975 Stuttgart. – Drei Ehepaare feiern in einem heruntergekommenen Hotel in Königswinter den Weihnachtsabend. Mit diesen Figuren spielt Strauß nun einige Konflikte durch, stellt Situationen und Haltungen her, Reflexe unseres gesellschaftlichen Unvermögens – Arbeitskampf, Leistungsstreß, Gruppenzwang –, aber alles bizarr überzogen, da es sich im engsten Kreis dieser Gruppe abspielt. Das Hotel gibt nur noch vor, Hotel zu sein – es hat längst keine zahlenden Gäste mehr. Stefan, der Besitzer, ist der Anti-Unternehmer, der den Betrieb herabgewirtschaftet hat und nun aufgeben will. Ein aufeinander eingespielter Kreis wird plötzlich in Frage gestellt. Damit schockt Stefan seine Umwelt und wird von ihr in den Tod getrieben. Er schließt sich ein in die Tiefkühltruhe und friert sich aus dieser Welt – der Kältetod, wie er schon bei Ödön von Horváth und Thomas Bernhard als Zeichen eingesetzt ist.

Trilogie des Wiedersehens

Theaterstück
Uraufführung: 18. Mai 1977 in Hamburg

Personen: Susanne – Moritz, Direktor des Kunstvereins – Franz, Schauspieler – Answald, sein Sohn, Schauspieler – Elfriede, Kieperts geschiedene Frau – Kläuschen, ihr Sohn – Lothar, Arzt – Ruth, seine Frau – Marlies, Malerin – Felix, ihr Freund, Verkaufsleiter – Johanna – Richard, Drucker – Martin, Drogist – Viviane, seine Frau – Peter, Schriftsteller – Wärter – Kiepert.
Ort und Zeit: Ausstellungsraum im Kunstverein, Bundesrepublik, Sommer 1975.

Keine Handlung, sondern ein Puzzle von Momentaufnahmen, von zufälligen Ausschnitten, von Figuren und Haltungen, die gegeneinanderstehen. Man sollte meinen, eine solche Partikel-Dramaturgie löse das Stück auf. Aber es entsteht dennoch ein dichtes, suggestives Stück unserer gesellschaftlichen Realität. Moritz, der Direktor des Kunstvereins, präsentiert eine Ausstellung »Kapitalistischer Realismus«. Politischer Zündstoff liegt in der Luft, denn ein Bild zeigt Kiepert, den mächtigsten Mann im Vorstand des Kunstvereins, mit seinem Chef in einer provozierenden Satire. Mitglieder und Freunde tummeln sich nun bei der Vorbesichtigung und erwarten Kiepert: Wird er die Ausstellung verbieten, wird er Zensur üben und das bewußte Bild entfernen?

Wie oft bei Strauß: eine geschlossene Gruppe und eine Situation aus Unsicherheit, Nervosität, Angst vor einer einschneidenden Entscheidung. In dieser Zwangslage enthüllen sich die Figuren, die ungemein aufschlußreich sind für die heutige Gesellschaft, für ihre Kälte, Entfremdung, Überkompensation. Die alternde Susanne liebt Moritz, wird aber von ihm kaum beachtet. Daneben ein Gewimmel von Trivialchargen, die sich in Klatsch und Bosheiten, Imponiergehabe und Seelenbeichten erschöpfen: der Drogist Martin und seine Frau Viviane – sie ahnt nicht, wie bald sie sterben muß an Krebs, er plant seine kleinen Affären, sonnt sich im Selbstgefühl des Kunstmäzens. Der Arzt Lothar streitet sich mit seiner Frau Ruth um das Kind. Die Malerin Marlies hängt mit Haßliebe am smarten Draufgänger Felix, von dem sie nicht loskommt. Der Drucker Richard, der mit der Gegenwart und ihrer Informationsflut nicht mehr fertig wird, und als Außenseiter der Schriftsteller Peter, der eingesteht, daß er ins Leere schreibt, der aber dennoch weiter Texte abliefert – als eine Art Training, da er nun einmal Schriftsteller ist. Von Kiepert wird die Ausstellung abgelehnt. Moritz wird von allen, die ihn bisher mit Komplimenten überhäuften, im Stich gelassen. Sinnlosigkeit, Leerlauf, Katzenjammer um und um – das ist hier der Ausblick. – Diese Collage-Technik, eine in sich geschlossene Situation in immer neuen Ausschnitten und Perspektiven zu zeigen, hat Strauß bereits erprobt in seiner Neufassung *Sommergäste* nach Maxim Gorki. (Reclams UB 9908.)

Groß und klein. Szenen. UA 8. 12. 1978 Berlin. – Auch hier setzt Strauß seine Technik der szenischen Momentaufnahmen ein. Diesmal steht mit Lotte eine Einzelfigur im Mittelpunkt der äußerlich zusammenhanglosen Bilderfolge. So entsteht das Psychogramm einer vereinsamten Frau, die in unserer Massengesellschaft zugrunde geht. Zehn Situationen – in jedem dieser Augenblicke sucht Lotte irgendwo Halt, eine Chance zur

Selbstverwirklichung, die barmherzige Illusion, irgendwo gebraucht zu werden. Und immer bleibt sie im Leeren, ohne Antwort, treibt tiefer in die Verzweiflung, in den Wahnsinn hinein. Lotte ist in ihrer Ehe mit einem Journalisten gescheitert, sie ist in ihrem Beruf gescheitert, erst als Krankengymnastin, dann als Graphikerin. Immer hektischer, immer verbissener ihre Anstrengungen, irgendwo einbezogen zu sein, dazuzugehören. Sie kämpft mit dem Wortlaut der Bibel und tröstet sich mit der Vorstellung, sie sei eine der verborgenen, verkannten Gerechten auf der Welt, die leiden, weil sie Gott wohlgefällig sind. Zuletzt flüchtet sie sich ins Wartezimmer eines Arztes und sucht Geborgenheit unter den Patienten. Sie wird hinauskomplimentiert. Lotte fehlt ja nichts – obwohl ihr alles fehlt.

Kalldewey, Farce

Stück in drei Bildern
Uraufführung: 23. Januar 1982 in Hamburg

Personen: Der Mann – Die Frau – K – M – Zweiter Mann – Kellner – Chef.

Strauß zeigt ein grelles Verwirrspiel mit Zeitsymptomen. Dabei macht er den Abgrund spürbar, der zwischen und hinter den Figuren lauert, die Leere, Einsamkeit und Kälte hinter all der hektischen Aufgeregtheit. Der Mann und die Frau, Hans und Lyn – beide sind sie Orchestermusiker – wollen ein Paar sein, aber sie schaffen es nicht, auszubrechen aus der Vereinzelung. Die Frau fühlt sich unterdrückt, will zu sich selbst kommen und durchläuft in den verschiedenen Stationen dieser Farce einen Selbstfindungsprozeß. Von fern erinnert das an Strindberg und dessen Läuterungsspiele *Nach Damaskus* und *Ein Traumspiel*. Auch Strindberg läßt seine Hauptfigur auf einer Lebenswanderung verschiedene Bereiche durchschreiten und sich dabei verändern. Strauß sieht das als knallige Farce. Er verordnet seiner Lyn die verschiedenen Lebens- und Überlebensrezepte, wie sie uns heute von der Bewußtseinsindustrie jeweils als der Erlösung letzter Schrei angepriesen und aufgenötigt werden.

Zu Beginn zögernde Worte der Trennung – keiner will das letzte, allerletzte Wort sprechen. Aber zum ersten Wort einer neuen Gemeinsamkeit findet das Paar auch nicht. Die Frau flüchtet aus ihrer Ehe zu zwei Knallchargen der Subkultur, die ihre Namen Kattrin und Merett nur noch als Initialen K und M führen, die in der Kneipe herumhängen, diskutieren, sich eifersüchtig attackieren, nur noch in ihrem Jargon leben, der zugleich ihr Bewußtsein ist – ob floppy und anfiesen, Aufreiße labern oder Sause losfetzen. Lyn nimmt die beiden als Bundesgenossen mit nach Hause, wo sie gemeinsam den Ehemann hinrichten. Sie reißen ihm Arme und Beine aus, stopfen die Beute in die Waschmaschine. Das ist Kasperltheater und zugleich die Erneuerung des antiken Mythos, wenn dort rasende Bacchantinnen den Mann als Ziel ihrer Sexualität zerreißen – ob Orpheus, ob Pentheus.

Die nächste Station ist Lyns Geburtstagsfeier, die nicht stattfindet. Auch Hans ist wieder dabei. Sie alle sind eine muntere Clique geworden, laut und oberflächlich. Auch ein dicklicher, nichtssagend durchschnittlicher Mann findet sich ein, den keiner kennt und der darum um so besser dazugehört: Kalldewey. Lyn schwärmt, daß durch Gruppenerfahrung und Dauerdiskussion nunmehr ihre Ehe in Ordnung ist. Auch die anderen erleben sich nur im Redefluß, in der Selbstbehauptung ihrer vorgestanzten Psychomodelle. Da ist einer wie Kalldewey, der so ausdauernd zuhören und sich anpassen kann, der höchstens ein paar obszöne Kalauer einwirft, einfach unentbehrlich. Das merkt die Gruppe erst, als sie ihn vertrieben hat. Darum macht sie aus ihm ein Idol, einen Guru. Die letzte Station ist das Therapie-Institut. Hier behandelt man sich gegenseitig, unterwirft die anderen der eigenen Methode. Die Verheißungen aus der Werbung, die vermarkteten Sehnsüchte, unser ganzer alltäglicher Wahnsinn bekommt in diesen Rollenspielen seinen satirischen Seitenhieb. Lyn ist über-spannt im wörtlichen Sinn – immer will sie über die Wirklichkeit hinaus, voller Anspannung nach Veränderung, nach Entwicklung mit einer in die Ferne gerichteten Sehnsucht.

Der Park. Komödie in fünf Akten. UA 4. 10. 1984 Freiburg. – Strauß holt Oberon und Titania, die Naturgeister aus Shakespeares *Sommernachtstraum*, mitten hinein in unsere Gegenwart. Aber statt in den Zauberwald des klassischen Theaters geraten sie hier in einen schäbigen, von Wohlstandsmüll verdreckten Park. Umsonst mühen sie sich, die Menschen von heute zu verzaubern, sie zu Lust und Leidenschaft zu erwecken. Für unsere Zeitgenossen zwischen Leistungsstreß und Partygeschwätz sind Shakespeares naturmythische Figuren nur groteske Außenseiter, klägliche Exhibitionisten im Park – bis auch die beiden Fabelwesen resignieren und sich einordnen in die Gesellschaft von heute: aus dem Feenkönig Oberon wird ein alltagsgrauer Datenkaufmann Mittentzwei, aus Titania eine Salondame, die plaudernd ihre Silberhochzeit begeht. Strauß mischt Fundstücke aus Mythologie und Literatur, grelle Zeitsatire und Trauer darüber, daß die Poesie nicht mehr ihre alte Zauberkraft auf das heutige Leben zu übertragen vermag.

Die Fremdenführerin. Stück in zwei Akten. UA 15.2. 1986 Berlin. – Martin, ein Lehrer, der seinem Beruf entlaufen ist, gerät in den Sog einer Liebesgeschichte, die ihn zerstört. Er will nicht nur die Liebe von Christine, die ihm als Fremdenführerin im Stadion von Olympia begegnet, er will sie ausschließlich besitzen und für sich umerziehen, statt sich selbst zu verwandeln. Strauss zeigt einen Geschlechterkampf wie von Strindberg und zugleich ein mythisches Gleichnis um den trauernden Pan: den Widerstreit zwischen Erwartung und Erfüllung im Spiel der Geschlechter, zwischen Nähe und Unerreichbarkeit: eine Liebesgeschichte als Trennungsgeschichte.

Besucher. Komödie in drei Bildern. UA 6.10.1988 München. – Für den Schauspieler Steinberg ist das Theater, sind die täglichen Bühnenproben zum Realitätsersatz geworden. Steinberg scheitert, als er sich gegen den gefeierten Gaststar nicht durchsetzen kann. Die Szenen der Theaterprobe vermischen sich mit Situationen aus seinem Privatleben – auch hier leidet er an Wiederholungszwang, an den falschen Stichworten, den versäumten Auftritten. Er ist austauschbar im Spiel wie im Leben, einzusetzen als beliebiges Spielmaterial. Strauß zeigt das Theater im Theater als Ort der Widersprüche und Verstörung.

In *Die Zeit und das Zimmer* (UA 8.2.1989 Berlin) spielt Strauß an wechselnden Figuren immer neue Varianten durch für Kontaktsuche und Berührungsängste, Verlangen nach Nähe und Fluchtversuche, Redezwang und Verstummen. Marie Steuber, die durch all die Situationen stolpert und sich in der Gesellschaft nicht mehr zurechtfinden kann, löst durch ihr Auftreten das jeweilige szenische Geschehen aus. *Sieben Türen* (UA

20. 11. 1988 Stockholm) umfaßt 11 Kurzszenen: stets geht es um Beziehungsstörungen zwischen Menschen, paradoxe Zusammenstöße, Mißverständnisse – Alltagserfahrungen, die unversehens zu Schrecksekunden werden. *Angelas Kleider* (UA 4. 10. 1991 Graz) ist ein mit Zitaten und Anspielungen überfrachtetes Traumspiel. Strauß' Anregungen reichen von der Gnostik bis zu den französischen Strukturalisten, um deren Reflexionen in einer szenischen Bilder- und Zeichensprache nachzubuchstabieren. *Schlußchor* (UA 1. 2. 1991 München): Für die deutsche Wiedervereinigung, die als Schrecksekunde einer Null-Situation erfahren wird, findet Strauß vier hintersinnige Momentaufnahmen: zunächst die Verlegenheitsposen eines Kollektivs, das sich für ein Gruppenfoto aufgestellt hat und den Zwang zur Einheit im Bild als sehr bedrückend erlebt. Der 2. Teil zeigt den Selbstverlust eines jungen Architekten, der 3. Teil die überdrehten Bemühungen der Wessis um ihre Ossis, die von völlig falschen Erwartungen ausgehen. Das Schlußbild treibt den nationalen Vereinigungsrausch ins Absurde, wenn der Bundesadler im Zoo den patriotischen Attacken einer alten adligen Jungfer ausgeliefert ist. In alle Szenen tönt immer wieder der Deutschland-Ruf herein – irritierend, unpassend und unfreiwillig komisch.

THOMAS BRASCH

* 19. Februar 1945 in Westow (Yorkshire)

Wächst als Sohn des führenden SED-Politikers Horst Brasch, der u. a. auch stellvertretender Minister für Kultur ist, in der DDR auf. Wegen Auseinandersetzungen mit der Partei wird Brasch wiederholt vom Studium (Journalismus in Leipzig, Dramaturgie an der Filmhochschule in Babelsberg) ausgeschlossen und 1968 wegen einer Protestaktion gegen die Militärintervention in der ČSSR zu über zwei Jahren Gefängnis verurteilt. 1969 wird er vorzeitig entlassen, 1976 darf er nach West-Berlin ausreisen.

Dem Thema nach schreibt Brasch Zeitstücke – über das faschistische Deutschland und die Nachkriegsjahre. Aber diese Stoffe verändern die Dimension, weiten sich aus zu Mythen oder schrecklich verzerrten Alpträumen. Aus Empörung über die Welt und aus Sehnsucht nach der Utopie tritt Brasch seine radikale Flucht nach vorn an in die Poesie. Der Einzelmensch im Kampf gegen die politischen und sozialen Zwänge steht im Mittelpunkt seiner Stücke. Diese grellen, überhitzten Texte sind Notschreie nach Freiheit, die jeweils auch eine Freiheit zum Neinsagen, zur Verweigerung ist: »Keine Überzeugung haben, die länger vorhält als zwei Minuten«. Wenn Brasch ein politischer Schriftsteller ist, so einer gegen jede Ideologie. Die frühe Unterdrückung in der DDR hat ihn auch im Westen hellhörig gemacht gegen alles, was den Menschen anpassen und einpassen will in Konventionen und Systeme. In seinem moralischen Rigorismus, in seinem aufsässigen Widerspruch, auch in seiner formalen Experimentierlust, die das bürgerliche Publikum oft bewußt provoziert, erinnert Brasch an den Sturm und Drang, an die Revolte des Expressionismus. Nicht zufällig setzt er sich in *Lieber Georg* (UA 2.2.1980 Bochum) mit Georg Heym (1887–1912) auseinander, dem Lyriker des Expressionismus, der beim Eislaufen auf dem Berliner Wannsee tödlich verunglückt ist. Brasch läßt deshalb seine Einkreisung eines Schreibenden auch auf der Bühne auf einer spiegelnden, brüchigen Eisfläche spielen. Situationen aus dem Leben Heyms, aber auch Metaphern und Leitmotive aus dessen Gedichten sind das Ausgangsmaterial, um verschlüsselt den Kampf des Dichters gegen eine verständnislose Umwelt durchzuspielen: Georg Heym als der unangepaßte Vorausdenker einer schrankenlosen Freiheit, der in sich unentschlossen ist – soll er nun sein reales Leben, soll er seine Visionen leben? *Die argentinische Nacht* (UA 19.10.1977 Tübingen) zeigt zwei Polizisten, wie sie im Dienst der argentinischen Militärjunta ihr blutiges Geschäft verrichten, foltern, niederknüppeln und sich schließlich auf Befehl von oben in kriechende, kläffende Köter verwandeln. *Lovely Rita* (UA 7.3.1978 Berlin): der Leidensweg eines Mädchens im Nachkriegsdeutschland. Zwischen Trümmern wächst sie auf, geht auf den Strich, um nicht zu verhungern, wird Gangsterliebchen. Sie erschießt ihren Beschützer, um es den Männern, die sie immer ausbeuten, endlich mal heimzuzahlen, und begeht Selbstmord. Für die Massenmedien ist ihr Elend wieder Stoff, der sich als sensationelle Schlagzeile vermarkten läßt. *Frauen. Krieg. Lustspiel* (UA 10.5.1988 Wien) zeigt in fragmentarischen Geschichten Ausbeutung und

Gewalt unter den Menschen – der Staat und seine Schergen erweisen sich stets als Instrument der Unterdrückung.

Rotter. Stück in 12 Bildern. UA 21.12.1977 Stuttgart. – Brasch zeichnet die deutsche Misere von 1933 bis 1965 im Lebenslauf des kleinen Metzgers Rotter nach. Als Arbeitsloser läßt er sich 1933 von der SA anheuern, macht dort Karriere als Schläger und strammer Nationalsozialist. Nach Kriegsende ist er beim sozialistischen Aufbau in der DDR ebenso stramm und tüchtig – ein Befehlsempfänger des jeweiligen Systems. Als er schließlich durch einen humaneren und auch fachlich qualifizierteren Genossen abgelöst werden soll, rebelliert er gegen Staat und Partei. Rotter durchschaut seine Rolle, in der er ein Leben lang als Handlanger für die Schmutzarbeit ausgenutzt wurde. Er tötet seinen Gegenspieler Lackner, der ihn als die Idealfigur eines freien, selbstbewußten, von aller Staatsautorität unabhängigen Menschen seit Anbeginn verunsichert hat.

Mercedes. Stück in 16 Szenen. UA 4. 11. 1983 Zürich. – Diese Duoszenen sind lockere Schauspieler-Etüden. In der maulenden Schnoddrigkeit der Pop-Generation spielen das Mädchen Oi und der junge Arbeitslose Sakko einige Situationen durch: Anmache, Streit, Eifersucht, Auto-Strich, die Trostlosigkeit ihrer No-Future-Erfahrung. Im Mittelpunkt steht für sie das Traumobjekt Mercedes: Sinnbild für Schönheit und Luxus, Beweis für all jene, die es im Leben geschafft haben; Ziel für Aggressionen bei denen, die ausgeschlossen bleiben. Haß und Zerstörungswut des ausgeflippten Pärchens richten sich auch gegen den Mercedesfahrer, wie er sich großspurig breitmacht hinterm Lenkrad. Sie verstricken ihn in miese Lebensgeschichten, die sie ihm andichten, sie überfallen ihn und nageln ihn zuletzt an den Mast – symbolisch als Opfer einer Kreuzigung. Brasch erneuert hier das Endspiel eines Beckett mit den grellen Mitteln aus Performance, New Wave und Disco-Slang.

FRANZ XAVER KROETZ

* 25. Februar 1946 in München

Verläßt vorzeitig die Wirtschaftsoberschule, um zum Theater zu gehen. Seit 1961 Schauspielunterricht in München, später am Reinhardt-Seminar in Wien. Praktische Theatererfahrung als Schauspieler und Bearbeiter an kleinen Münchner Experimentierbühnen (antitheater, Büchner-Theater), aber auch am handfesten Bauerntheater (Ludwig-Thoma-Bühne in Rottach-Egern). Daneben Jobs als Krankenpfleger, Kraftfahrer, ungelernter Arbeiter. Dieser unmittelbar selbst erfahrenen Arbeitswelt und der Begegnung mit sozialen Randgruppen entnimmt Kroetz die Stoffe und Figuren seiner Stücke. 1971 stellen die renommierten Münchner Kammerspiele den bisher unbekannten Stückeschreiber mit zwei Werken vor. Der brutale Realismus erregt ungeahntes Aufsehen, Kroetz wird in den kommenden Jahren in der deutschen Theaterlandschaft geradezu zum Modeartikel – z. B. 653 Aufführungen von acht Werken allein in der Spielzeit 1975/76. Er schreibt nahezu dreißig Stücke in knapp zehn Jahren, daneben Prosa, Hörspiele, Fernsehspiele, die er oft selbst inszeniert, in denen er zuweilen auch die Hauptrolle übernimmt. Einige Jahre politisch aktiv in der DKP. Für die Partei verfaßt er auch Polit-Theater (»Münchner Kindl«, 1973). Mai 1980 tritt Kroetz aus der DKP aus. Lebt als freier Schriftsteller und neuerdings auch Verleger auf seinem bayrischen Bauernhof in Kirchberg bei Altenmarkt.

Franz Xaver Kroetz, einer der meistgespielten Gegenwartsautoren, hat Anfang der siebziger Jahre die Theaterlandschaft radikal verändert. Er hat nicht – wie andere Sozialdramatiker – die Arbeitswelt auf die Bühne gebracht, sondern die Auswirkungen der Arbeitswelt im Alltag der kleinen Leute gezeigt. Seine Menschen sind die sozial Geschädigten von heute, die an den Rand des Wirtschaftslebens gedrängt wurden, unter materiellem Druck stehen und Angst haben um ihr bißchen Existenz: Arbeitslose, Behinderte, ungelernte Arbeiter, Kleinbauern, Dienstboten. Sie alle sind auch so völlig befangen in der Konvention, abhängig vom Gerede der Nachbarn, vom Urteil des Chefs, daß eine Störung in ihrer Lebensmonotonie sie gefährlich aus der Bahn wirft. Eine solche Störung, die sich bei diesen hilflosen, unfreien Menschen zur Katastrophe auswächst, kann z.B. eine unerwünschte Schwangerschaft sein. Sie wird als Verhängnis, als Tücke des Schicksals erlebt, die das eigene Leben zugrunde richtet. Als einziger Ausweg bleibt die Abtreibung, und sie wird vollzogen wie eine Hinrichtung. Allein acht Stücke *(Hartnäckig, Heimarbeit, Wildwechsel, Stallerhof, Michis Blut, Maria Magdalena, Oberösterreich, Nicht Fisch nicht Fleisch)* stellt Kroetz unter dieses Thema – so zwanghaft gegenwärtig ist Abtreibung unter diesen Menschen. Die Stücke sind Anfang der siebziger Jahre entstanden, als die Diskussion über Schwangerschaftsabbruch noch tabuisiert war. Damals rechtfertigen sich die Figuren unbeholfen: »Ein Tod, wo kein Sinn hat, is kein Mord, das kann eim keiner weismachn«. Und sie bemühen dafür sogar die Bibel gegen das Votum der Kirche: »Wer nicht geborn is, der best, und wer früh stirbt, der zweitbest, sagt Christus« *(Michis Blut).*

Es sind ferner die körperlichen oder psychischen Behinderungen, durch die einer zum Außenseiter gemacht wird und keinen Lebensraum mehr hat: Willy in *Heimarbeit* fühlt sich nach seinem Unfall, der ihn zu verächtlicher mechanischer Arbeit verurteilt hat, ebenso als Krüppel wie Helmut in *Hartnäckig*, wie Martha in *Männersache*. Auf den *Strammen Max* wirkt der drohende Verlust des Arbeitsplatzes wie eine Verkrüppelung: er stellt sich vor, er wäre plötzlich erblindet, lebt sich auf diese Weise ein in einen körperlichen Defekt, der ein sozialer Defekt ist. Die Beziehungen zwischen diesen Menschen sind zerstört unter dem Druck der Verhältnisse. Liebesgeschichten sind eigentlich Haßgeschichten. Die Männer, die in ihrer Arbeitswelt zu kurz kommen, holen sich daheim die Selbstbestätigung durch brutale Unterdrückung der Frau. *Männersache* ist bei Kroetz nicht nur ein Stücktitel, sondern auch in vielen seiner anderen Stücke ein Schlagwort, das die Frau einschüchtern soll durch Tabus, durch Privilegien, die dem Herrn im Haus verbrieft sind. Die Sexualität ist der angestammte Bereich, wo sich Unterdrückungsrituale am brutalsten ausleben. Hier zu versagen ist für den Mann die schlimmstmögliche Niederlage: *Der stramme Max* erfindet lieber einen Seitensprung und gibt seine Frau auf, als ihr seine Potenzschwierigkeiten einzugestehen. Deshalb wird auch der *Liebe Fritz*, der durch Gerichtsbeschluß kastriert wurde, von der Familie wie das liebe Vieh gehalten und ausgebeutet – da er kein Mann mehr ist, darf er auch kein

Mensch mehr sein. Das Aussehen der Frau wird taxiert, jeder körperliche Verfall, jede Einbuße an Attraktivität wird vom Mann böse und vorwurfsvoll kommentiert, als Wertminderung seines Statussymbols. Ähnlich gestört sind die Beziehungen zwischen Eltern und ihren Kindern, die nach vorgegebenen Verhaltensmustern abgerichtet werden. Kinder sind eine Zukunftsinvestition *(Hartnäckig, Der stramme Max)* oder das schwächste Opfer für den Familienterror *(Mensch Meier, Wildwechsel, Stallerhof)*.

Weil man in seiner Zwangslage »nicht mehr naus sieht«, kommt es zu den Mord- und Totschlaggeschichten. Sie wirken wie die Schlagzeile einer Boulevardzeitung. Kroetz interessiert aber nicht die Kolportage, sondern die Ursache, die Beschädigungen unter den Menschen. Die Katastrophen, die sich hier in der Wohnküche abspielen, sind so kraß, so schonungslos aufrichtig, daß ihre Wirkung an die griechische Tragödie rührt, die Schauder, Mitleid und Furcht in dem Zuschauer auslösen sollte. Kroetz hat keine Angst vor emotionalem Theater, das hart an die Grenze des Erträglichen geht – etwa wenn auf der Bühne der Abtreibungsversuch mit einer Stricknadel oder die Ertränkung eines Säuglings passiert *(Heimarbeit)*. Wie geschehen nun diese Bluttaten, Totschlag, Kindesmord, Vatermord, diese Explosionen an Brutalität und Gewalttätigkeit? Es wird immer erst spielerisch etwas ausgedacht, darüber geredet, zunächst ohne Wirklichkeitsbezug, wie man sich zur Selbstberuhigung versichert. Zunächst wird spintisiert: »Auf was man für Gedankn kommt, net zum Ausdenkn ... wenn man sich nimmer zum Helfn weiß, weils alles nix is, muß man ein Ausweg findn ... wenn man so drüber redt, kommt man immer tiefer hinein und will es gar net. Ganz durchnandr kommt man ...« *(Stallerhof)*. Und dann hat man sich an den Gedanken und schließlich an die Wirklichkeit als an die einzig mögliche gewöhnt. Dann gibt es keine Wahl, nur den vorgeprägten Ablauf. Diese Taten sind nicht Auflehnung, kein Protest – sondern sie bestätigen die Gesellschaft, die oft der eigentliche Verursacher ist. Gewalttaten, die Unglück vertuschen und den früheren Zustand der Angepaßtheit wieder erreichen wollen. Das »gesunde Volksempfinden« – engstirnig, unduldsam, selbstgerecht – wirkt als Richtschnur in dieser Welt der faschistoiden Kleinbürger, treibt zur Beseitigung der unerwünschten Kinder und hinderlichen Väter, zu Abtreibungen und Selbstmord.

Das verkümmerte Bewußtsein von Kroetz' Figuren wird deutlich in ihrem Mangel an Sprache. Hier übernimmt Kroetz dramaturgische Methoden von Ödön von Horváth und Marieluise Fleißer. Ebenso genormt und vorgeprägt wie in ihrem Verhalten sind diese Menschen auch in ihrer Sprache: sie kommen nie zu sich selbst, weil sie nur in Allgemeinplätzen sprechen, in Phrasen, Grobheiten, Kalenderweisheiten, Sprachmüll, mit dem man mechanisch auf mechanisch erfahrene Situationen reagiert. Meist sind es Ausdrücke des Fatalismus, der Resignation: »Genau ... das ist bekannt ... daran gewöhnt man sich ... es gibt für alles eine Lösung ... das sind Notwendigkeiten ... mit ein bisserl gutem Willen ... das ist das Schicksal, dem man nicht ausweichen kann ... man muß sich nach der Decke strecken.« Wer sich nicht anpaßt, ist *hartnäckig*, stört durch Starrsinn die Übereinkünfte der anderen. Entsprechend beredt sind in diesen Dialogen, in denen meist zwei aneinander vorbeireden, die Pausen, wenn Sprache versickert, Verstummen als Ausdrucksnot hörbar wird. Solche Pausen gliedern, heben hervor, setzen Akzente. Kroetz bezieht sie bewußt in seine Dramaturgie ein, wenn er vorschreibt: »Ich wollte eine Theaterkonvention durchbrechen, die unrealistisch ist: Geschwätzigkeit. Das ausgeprägteste Verhalten meiner Figuren liegt im Schweigen; denn ihre Sprache funktioniert nicht. Sie haben keinen guten Willen. Ihre Probleme liegen so weit zurück und sind so weit fortgeschritten, daß sie nicht mehr in der Lage sind, sie wörtlich auszudrücken.«

Kroetz hat als Stückeschreiber eine Entwicklung durchgemacht. Seine ersten Stücke waren Sozialreport, Zustandsbeschreibungen, die zwangsläufig hinausliefen auf die blutige Katastrophe. Seit *Oberösterreich* zeigt Kroetz Menschen mit dem Mut zur positiven Veränderung. Eine Beinahe-Katastrophe, eine Krisensituation wird da bewältigt, die Figuren haben sich entwickelt, haben ihre Lage durchschaut und aus ihrer Erfahrung die Konsequenz gezogen. Vornehmlich die Frauen sind es (z. B. in *Nicht Fisch nicht Fleisch*, *Mensch Meier*, *Der stramme Max*, *Das Nest*), die aus einer demütigenden Ehe ausbrechen und sich auf die eigenen Füße stellen. Bezeichnend für diese neue Sicht ist, daß Kroetz sein Stück *Männersache* (1971) nochmals hervorgeholt hat und unter dem neuen Titel *Wer durchs Laub geht* (1976) für die alte Geschichte eine neue optimistische Perspektive findet.

Furcht und Hoffnung der BRD (UA 27.1.1984 Bochum, Düsseldorf) mit dem Untertitel »Szenen aus dem deutschen Alltag von 1983« zeigt in 14 Kurzszenen die Folgen der Arbeitslosigkeit, wie sie in die Familien Entfremdung, Lebenslüge, Flucht in Brutalität, in Krankheit und Selbstmord bringt. *Bauern sterben* (UA 9.6.1985 München) sucht das Thema Bauernelend und Landflucht als düsteres Passionspiel zu bewältigen.

Der Weihnachtstod (UA 18.12.1986 München) überträgt die biblische Herbergssuche in unsere Gegenwart. Ein türkisches Paar steht ratlos vor der Wohnungstür eines bayerischen Ehepaars, das gerade Weihnachten feiert. Die Fremdlinge werden vom deutschen Spießer, der auf sein Recht als Hausherr pocht, vertrieben. *Der Nusser* (UA 15.3.1986 München) erneuert das Heimkehrerdrama aus dem Ersten Weltkrieg *Hinkemann* (1923) von Ernst Toller. *Oblomow* (UA 5.3.1989 München) ist die Dramatisierung des gleichnamigen Romans von Gontscharow von 1859 – die Geschichte eines Leistungsverweigerers, der sich in die eigene Trägheit flüchtet. *Bauerntheater* (UA 13.4.1991 Köln) ist eine autobiographische Farce: der Dichter müht sich am Küchentisch um ein neues Erfolgsstück für sein Bauerntheater und ist genervt von seiner Familie, einem Ensemble monströser Knallchargen, unter denen seine Mutter mit rechtsradikalen Sprüchen das Kommando führt.

Heimarbeit. Stück. UA 3.4.1971 München. – Ein aufrüttelnd krasser Sozialbefund: Nach einem Unfall ist Willy nicht mehr voll arbeitsfähig und kann gerade noch als Heimarbeiter Samenpäckchen abfüllen, während seine Frau Martha als Putzfrau die Familie mit den zwei Kindern durchbringt. Sie ist schwanger nach einem Gelegenheitsabenteuer. Da der klägliche Abtreibungsversuch mit einer Stricknadel mißlingt, bringt sie das Kind als Krüppel zur Welt. Willy treibt mit seinen höhnischen Vorwürfen Martha aus dem Haus. Und er beseitigt den Zankapfel, ertränkt das Baby beim Waschen, tarnt die Tat als Unfall. So bekommt der Titel *Heimarbeit* einen makabren Doppelsinn. Martha kehrt zurück, hoffnungslos und verbiestert führt das Paar sein Leben weiter. Alle für Kroetz wichtigen Themen tauchen in diesem Frühwerk bereits auf: der Ausbruchsversuch der Frau, die Selbstverachtung des Mannes, der seine Rolle als Ernährer und Boß der Familie nicht mehr durchhalten kann und seine Hilflosigkeit mit sexueller Brutalität kompensiert, die Abtreibung, der Kindsmord.

Hartnäckig. Szenen. UA 3.4.1971 München. – Auch hier ist es ein Unfall, der dem jungen Gastwirtssohn Helmut das ganze Leben zerschlägt. Indem er der von ihm erwarteten Rolle nicht mehr entsprechen kann, wird er zum Wegwerfartikel. Er hat beim Dienst in der Bundeswehr ein Bein eingebüßt. Da er nun ein Krüppel ist, geht seine Verlobung mit Christine in die Brüche. Auf Drängen ihres Vaters läßt sie das Kind abtreiben. Und auch von den eigenen Eltern wird Helmut fallengelassen. Er wird enterbt, das Gasthaus wird einmal sein kleiner Bruder übernehmen. Denn die Eltern wollen die Zukunft des Geschäfts absichern, um später selbst am Profit teilzuhaben. Noch halb im Spaß probiert Helmut einen Mordplan aus an dem jüngeren Bruder, der ihm die Lebenschancen genommen hat. Noch duckt er sich unter das Kommando des Vaters. Aber »Das zahl ich dir heim!« ist sein letztes Wort. Die Gewalttat scheint nur hinausgezögert.

Stallerhof. Stück. UA 4.6.1972 Hamburg. – Zwei Außenseiter treffen hier aufeinander: der alte, einsame Sepp, Knecht auf dem Stallerhof, und die halbwüchsige Beppi, die Tochter des Stallerbauern. Sie ist geistig zurückgeblieben, auch kurzsichtig – Grund genug für die Eltern, über das Unglück zu lamentieren und sich gegenseitig die Schuld zuzuschieben. Nur der alte Sepp kümmert sich um das Mädchen, geht mit ihr auf den Jahrmarkt, aber schließlich auch ins Bett. Das ist keine Verführung, sondern eine naturgemäße Zwangsläufigkeit in dieser bäuerlich kreatürlichen Welt. Erstmals bei Kroetz spielt das Irrationale herein in Form einer Indianergeschichte von der Heilung einer als unberührbar Verfemten durch die Liebe, einer Geschichte, die der Sepp nicht nur der Beppi erzählt, sondern deren Nutzanwendung er mitnimmt ins eigene Verhalten.

Die seltsame Liebesgeschichte zwischen dem Mädchen und dem Knecht wird aufgedeckt. Der Bauer wirft Sepp vom Hof. Aus Rache vergiftet er den Hund des Knechts, und aus Angst vor dem Gerede der Nachbarn versucht man die Abtreibung. Sie mißlingt, das Kind wird zur Welt kommen. *Geisterbahn* (UA November 1975 Wien) setzt diese Geschichte fort: Beppi hat einen kleinen Sohn und ist eine rührend bemühte Mutter. Ihre debile Behinderung scheint sich zu bessern. Die Eltern treiben sie wie bisher mit Ohrfeigen an die Arbeit und wollen den Besuch des Sepp verbieten. Beppi droht mit Selbstmord und zieht zu Sepp in die Stadt. Dieser Ausbruchsversuch, diese Anstrengung zu einer Veränderung mißlingt hier noch. Zunächst glückt die Gemeinschaft: Im kümmerlichen Untermietzimmer leben Beppi und Sepp von Heimarbeit und schmieden Zukunftspläne für den kleinen Georg. Dann aber stirbt Sepp. Das Kind soll ins Heim kommen, so hat die Fürsorge entschieden. Da ersticht Beppi den Kleinen, der ihr alles ist. Und sie legt den in einer Schachtel verpackten Leichnam in der Geisterbahn ab, wo einst ihre Liebesgeschichte mit Sepp anfing. Im Gefängnis bekommt sie die Vorwürfe der Eltern zu hören: was hat sie denen alles angetan!

Oberösterreich. Stück. UA 11.10.1972 Heidelberg. – Hier gelingt Kroetz ein Neuansatz: statt zur Katastrophe kommt es nur zur Beinahe-Katastrophe. Erstmals haben die Menschen den Mut, ihr Leben selbst in die Hand zu nehmen. Anni und Heinz – sie Verkäuferin, er Ausfahrer – führen eine zufriedene Ehe. Man leistet sich einiges in bescheidenem Rahmen und ist stolz darauf, wenn man mal mit der lockenden Werbung Schritt halten und sich etwas anschaffen kann. Da erwartet Anni ein Kind. Für Heinz ist das ein harter Schlag. Er fühlt sich verdrängt, da Anni nun Babysachen strickt. Er fühlt sich unabänderlich festgelegt und malt sich um so verbissener aus, daß er statt Arbeiter hätte Student werden können: Fluchtgedanken, Ausflüchte aus einer Situation, mit der er nicht fertig wird. Er überschlägt die Haushaltskosten und beweist Anni, daß sie sich mit seinem Nettoverdienst kein Kind leisten können, auch wenn sie künftig auf jeden Luxus, auf Auto und Fernseher verzichten und alle Ratengeschäfte sogleich mit Verlust storniert werden. Er verschafft seiner Frau einen Termin für die Abtreibung, aber Anni begehrt im letzten Moment auf und weigert sich.

Erschien Heinz die Situation bisher ausweglos, so zeigt sie sich einige Tage später noch schlimmer. Unter Alkoholeinfluß hat er einen Unfall verursacht, worauf der für seine Arbeit unentbehrliche Führerschein einbehalten wurde. Heinz wird künftig im Lager arbeiten, für weniger Lohn. Trotz der verschlimmerten Verhältnisse freuen sie sich nun auf das Kind. Heinz findet in der Zeitung einen Bericht aus Oberösterreich, wo ein Mann seine Frau erschlug, weil sie sich der Abtreibung widersetzt hat und er keinen Ausweg mehr sah. Heinz und Anni wird die Ähnlichkeit der Situation gar nicht bewußt. Sie haben sich so rückhaltlos für die Zukunft ihrer Familie entschieden, daß für die Vergangenheit kein Platz mehr ist.

Mensch Meier. Volksstück. Deutsche Erstaufführung 23. 9. 1978 Tübingen. – Zwänge und Träume des Kleinbürgers, wie sie sich wechselseitig bedingen – das ist hier das Thema. Und der geglückte Ausbruch einer Ehefrau, die ihr Leben selbst in die Hand nimmt. – Eine Normalfamilie: Otto und Martha mit dem halbwüchsigen Sohn Ludwig leben nicht mehr in der wirtschaftlichen Notlage wie in Kroetz' ersten Stücken. Und dennoch ist die Not da: als Abhängigkeit, als Zwang, sich abfinden zu müssen, zu verzichten. Daß da zu wenig Platz ist für diese Menschen und ihre Bedürfnisse, das macht Kroetz an ganz alltäglichen Situationen sichtbar. Der Sohn Ludwig schläft im Wohnzimmer auf der Couch und muß immer wieder all das, was seine persönliche Welt ausmacht, die Posters, die Pop-Platten, sorgfältig im Schubfach verschwinden lassen, damit tagsüber die bürgerliche Wohnung sauber und aufgeräumt glänzen kann. Der Vater baut in einer winzigen Abstellkammer ein dafür überdimensioniertes Modellflugzeug und träumt sich dabei in die Rolle eines gefeierten Europameisters hinein. Er will nicht mehr Arbeiter sein, sondern erfolgreich als Erfinder und Fabriksbesitzer. »Weil bei uns keine Wirklichkeit herrscht« lautet Ludwigs Vorwurf gegenüber den Eltern. Er will Maurer werden, aber die Eltern wünschen ihn als sozialen Aufsteiger, als Zahntechniker, Bankkaufmann. Da er mit seinem mäßigen Schulabschluß dafür keine Lehrstelle erhält, sitzt er arbeitslos zu Hause, wird er vom Vater als Drückeberger beschimpft. Er läuft weg, als ihn der Vater auf der Suche nach gestohlenem Geld demütigt. Und Martha verläßt ihren Mann ebenso, als er in Zerstörungswut alle ihre auf Raten gekauften Errungenschaften des »schöner Wohnen« bis hin zum Fernseher zertrümmert und die Familie als Last empfindet. Sie wird Aushilfsverkäuferin, der Sohn lernt Maurer – die beiden emanzipieren sich, behaupten sich in der neugewonnenen, kargen Freiheit. Otto bleibt der alte: er fühlt sich als Opfer, verkriecht sich in seine alten Träume und Ängste in einer leeren Wohnung.

Nicht Fisch nicht Fleisch. Stück in drei Akten. UA 31. 5. 1981 Düsseldorf. – Ausgehend vom Sozialfall des Schriftsetzers, der vom technischen Fortschritt abgeschafft wird, zielt das Stück auf den Identitätskonflikt der heutigen Gesellschaft: Mitmacher bleiben oder Aussteiger werden? Sich der Technik weiter ausliefern oder sich zurückträumen in die Schmollecke der Grünen und dort überrollt werden von der Entwicklung? Jede Entscheidung muß bezahlt werden mit Verlusten – das macht Kroetz hier modellhaft klar. Edgar und Hermann arbeiten als Schriftsetzer in derselben Firma. Beide sind sie Arbeiter, aber von sehr gegensätzlichem gesellschaftlichem Bewußtsein: Edgar fühlt sich als sozialer Aufsteiger der Betriebsleitung zugehörig. Hermann steht aktiv in der Gewerkschaftsarbeit und verfolgt die Entscheidungen von oben mit wachem Mißtrauen. Als der Betrieb von einem Konzern aufgekauft wird, verlieren die Setzer ihren alten Arbeitsplatz und werden auf Fotosatz umgeschult. Während Hermann die technische Entwicklung akzeptiert und als Betriebsrat die Gelegenheit nutzt, dafür soziale Verbesserungen einzuhandeln, bricht für Edgar die Welt zusammen. Er will auch weiterhin als Handwerker am Setzkasten arbeiten und nicht Tasten bedienen. Er versagt bei der Umschulung, kündigt, wird gewalttätig gegen seine Frau Emmi, da sie ihn als Filialleiterin in der Leistungsgesellschaft überrundet hat. Hermann läßt seinen Freund fallen, da er mit seiner Kündigung die Front der Arbeitnehmer geschwächt hat.

Wie schon in den letzten Stücken von Kroetz sind es die Frauen, die sich emanzipieren und überlegen auf die Realität einstellen. Hermanns Frau Helga sieht, daß auch beim Gewerkschaftler politische Strategien wichtiger sind als unmittelbare Menschlichkeit. Und Emmi setzt sich gegen Edgar durch, der als brutaler Haustyrann auftrumpft, um sein Versagen im Beruf zu vergessen. Die Männer riskieren einen Ausbruchsversuch als Aussteiger, suchen aber bald wieder Zuflucht im gewohnten Familienalltag. Kroetz ist hier ein wesentliches Stück geglückt, wesentlich, weil es keine raschen Lösungen anbietet, sondern sich sensibel die Widersprüche in der Gesellschaft eingesteht. *Nicht Fisch nicht Fleisch* – der Titel zielt auf den sozialen Aufsteiger: er will sich nicht mehr mit den Arbeitern, von denen er herkommt, solidarisieren, denn er hat es zu etwas gebracht. Da verliert er plötzlich Arbeitsplatz, Status, Selbstwertgefühl. So steht er ausgestoßen – nicht Fisch, nicht Fleisch – zwischen den Fronten der Sozialpartner.

RAINER WERNER FASSBINDER

* 31. Mai 1946 in Bad Wörishofen
† 10. Juni 1982 in München

Sohn eines Arztes, Besuch der Rudolf-Steiner-Schule und des Gymnasiums in München und Augsburg. 1964–66 Schauspielschule in München, Filmdarsteller, Statist, Mitarbeit an Münchner Kleinbühnen: Büchner-Theater, Action-Theater, das sich 1968 zum »antiteater« unter Fassbinders Leitung entwickelt. 1971 löst sich die Gruppe auf. Fassbinder arbeitet als Filmemacher, übernimmt 1974/75 die Leitung des Frankfurter TAT-Theaters. Danach fast ausschließlich Filmarbeit.

Fassbinder sah sich als Realisator von Texten – ob nun als Bühnenregisseur, als Filmer oder Fernsehmacher. Stücke schreiben ist lediglich Vorarbeit, ist projektbezogen, auf bestimmte Darsteller und Produktionsmöglichkeiten zugeschnitten. 1968 gründet er in Schwabing das *antiteater*, sammelt hier ein Kollektiv um sich (Hanna Schygulla, Margit Carstensen, Harry Bär, Peer Raben, Ingrid Caven u. a.) und benutzt zunächst literarische Vorlagen: *Die Verbrecher* von Ferdinand Bruckner 1967, *Zum Beispiel Ingolstadt* nach Marieluise Fleißer 1968, *Orgie Obu* nach Alfred Jarry 1968, *Iphigenie* nach Goethe 1968 u. a. Oft verändert er die literarischen Texte zu grobschlächtigem Action-Theater. Daneben entstehen eigene Stücke: *Anarchie in Bayern* (UA 14. 6. 1969 München) ist ein Horrortraum: Durch die zunehmende Arbeitszeitverkürzung frustriert, vertreiben sich die Bürger ihre Zeit mit Gewalttaten. Bundeswehr und US-Truppen greifen ein, Bayern verteidigt sein Recht auf Anarchie – das läuft hinaus auf eine weltpolitisch verbrämte blau-weiße Kirchweihprügelei. *Pre-Paradise Sorry Now* (UA März 1969 München) verbindet die Schilderung der englischen Moormörder Ian Brady und Myra Hinley, die Kinder verschleppten und sadistisch zu Tode quälten, mit der Alltagsbrutalität in unserer Umwelt, wo die unterschwelligen Anfänge der Gewalt liegen. *Blut am Hals der Katze* (UA 20.3.1971 Nürnberg) bezieht wieder Fundstücke aus dem Alltag auf Rituale der Unterdrückung: das Fotomodell mit seiner Angst vor dem Altwerden, der Polizist, der die Macht seiner Uniform ausnutzt, Streit zwischen Eheleuten, zwischen Nachbarinnen. *Die bitteren Tränen der Petra von Kant* (UA 5.6.1971 Frankfurt a.M.) ist ein Melodram um eine Modeschöpferin. *Der Müll, die Stadt und der Tod* (UA 4.11.1985 Frankfurt a.M.) ist eine grelle Kolportage um ein Strichmädchen und den reichen Juden A., der sich als Bauspekulant bereichert. Die Aufführung des Stücks, dem Antisemitismus vorgeworfen wird, wurde durch Demonstrationen und Bühnenbesetzung verhindert. Die UA mußte als nichtöffentliche Veranstaltung stattfinden.

Katzelmacher. Stück. UA 7.4.1968 München. – Bayrische Jagdszenen um einen Außenseiter wie bei Martin Sperr. Jorgos, der griechische Gastarbeiter, wird für die gelangweilte Jugend in einem bayrischen Dorf zur Zielscheibe der Aggressionen und Vorurteile. Man neidet ihm den Erfolg bei den Mädchen, verdächtigt ihn als Linken, heizt Gerüchte an, um ihn zu kriminalisieren: »Traut sich daher und ist ein so einer. Verboten gehört er!« Für Moral und Vaterland rottet man sich zusammen und rechnet in einer Schlägerei mit dem Außenseiter ab. Fassbinder vermeidet das Märtyrerstück: Als Jorgos erfährt, daß er einen türkischen Kollegen bekommen wird, reagiert er mit den gleichen Vorurteilen, deren Opfer er gerade selbst wurde. Der Kreislauf der Gewalttätigkeit ist geschlossen.

Bremer Freiheit. Ein bürgerliches Trauerspiel. UA 10.12. 1971 Bremen. – Fassbinder greift einen historischen Kriminalfall auf – die Geschichte der 15fachen Giftmörderin Geesche Gottfried, hingerichtet 1831 in Bremen. Er macht ein »bürgerliches Trauerspiel« daraus, bewußt unter Hinweis auf Hebbels *Maria Magdalena*. Bei Hebbel wird ein Mädchen durch die Umwelt in den Selbstmord getrieben, eine hilflos Leidende, die die Konvention auch da noch bejaht und mitträgt, wo sie von ihr vernichtet wird. Fassbinder zeigt die Umkehrung: eine Frau wehrt sich gegen die Konvention, schafft sich – da es nicht anders geht – durch Mord den persönlichen Freiraum und endet am Galgen.

Selbstbefreiung bedeutet für die Frau unter den Gesellschaftszwängen ebenso Selbstzerstörung wie jene bedingungslose Anpassung, die Hebbel zeigt. Straff ordnet Fassbinder sein Material zu einem unterkühlten Stationendrama: Unter der Fuchtel ihres ersten Mannes Miltenberger muß Geesche die Saufkumpane des Hausherrn bedienen und wird von ihnen gedemütigt. Der Wunsch nach Sex, für den Mann selbstverständlich, ist von Geesche ausgesprochen, eine Ungeheuerlichkeit und Verderbtheit, die Prügel einbringt. Geesche befreit sich und vergiftet den Ehemann. Für das Sattlergeschäft und für das Bett holt sie sich den jungen Gesellen Gottfried. Daß sie sich als Witwe so über Sitte und Herkommen hinwegsetzt, schockiert ihre Eltern. Und sie werden deshalb durch Geesches Gift ebenso erlöst wie ihre Kinder, die dem Liebhaber im Weg sind. Da sich Gottfried gegen eine Heirat sträubt, ist er das nächste Opfer. Nach der privaten sucht Geesche die berufliche Unabhängigkeit, sie will das Geschäft selbst führen und frei über ihre Interessen entscheiden. Sobald nun der Bruder Rechte geltend macht als Familienoberhaupt, muß er sterben, ebenso eine Freundin. Schließlich wird die Mordserie aufgeklärt und Geesche der Prozeß gemacht. Und sie bereitet sich mit denselben frommen Chorälen auf den Galgen vor, mit denen sie alle ihre Opfer aus dieser Welt verabschiedet hat. In ihrer Frömmigkeit bestätigt sie wieder die Weltordnung, gegen die sie sich durch ihre Untaten aufgelehnt hat.

ELFRIEDE JELINEK

* 20. Oktober 1946 in Mürzzuschlag (Steiermark)

Wächst in Wien auf. Studiert dort Kunstgeschichte, Theaterwissenschaft und Musik. Schreibt neben Theaterstücken auch Romane und Hörspiele.

Elfriede Jelinek stellt ihre Stücke und Romane in den Dienst eines radikalen Feminismus. In greller Überzeichnung übt sie Kritik an der Männergesellschaft. Dazu mischt Jelinek Literaturzitate, Gewaltphantasien und Trivialmuster der Psychoanalyse zu einer bewußt polemischen Montage.

Was geschah, nachdem Nora ihren Mann verlassen hatte oder Stützen der Gesellschaft (UA 6.10.1979 Graz) verfolgt den Emanzipationsversuch der Ibsen-Heldin im Kapitalismus der zwanziger Jahre. Nora wird in den Käfig ihrer Ehe zurückgetrieben. *Clara S.* (UA 24.9.1982 Bonn) benutzt historische Figuren wie Clara Schumann und den faschistischen Modepoeten d'Annunzio, um die Frau als Objekt der sexuellen Ausbeutung zu zeigen. Die grelle Farce *Burgtheater* (UA 10.11.1985 Bonn) ist ein Schlüsselstück auf die Bühnenlieblinge Paula Wessely und Attila Hörbiger: ein Hohnspiel auf die beschönigte Vergangenheit derer, die sich bereits im Dritten Reich als Kulturträger feiern ließen. *Krankheit oder Moderne Frauen* (UA 12.2.1987 Bonn) baut um die Romanautorin Emily Brontë aus dem 19. Jahrhundert ein wüstes Spektakel aus Vampiren und lesbischer Liebe. *Totenauberg* (UA 18.9.1992 Wien) bringt ein Streitgespräch zwischen einem stockkonservativen nationalistischen Denker und einer linksliberalen Studentin – Jelinek aktualisiert die Begegnung zwischen dem Philosophen Martin Heidegger und der damals achtzehnjährigen Studentin Hannah Arendt, die wenig später als Jüdin verfolgt wurde und emigrieren mußte.

LUDWIG FELS

* 27. November 1946 in Treuchtlingen

Schlägt sich als Hilfsarbeiter in einer Schaumstoffabrik, in einer Brauerei, als Maschinist und Stanzer durch. Seit 1973 freier Schriftsteller. Neben den Stücken auch Hörspiele, Lyrik, Romane (»Die Sünden der Armut«, 1975; »Ein Unding der Liebe«, 1981; »Rosen für Afrika«, 1987).

Lämmermann (UA 4.3.1983 Hamburg) zeigt – stark autobiographisch geprägt – in Form des expressionistischen Stationendramas den Werdegang eines Unangepaßten: in der Schule gescheitert, als Hilfsarbeiter in der Welt der Kumpels durch seine Ideale ein Außenseiter und Störenfried, flüchtet Lämmermann in den Selbstmord. *Der Affenmörder* (UA 7.2.1985 München) zeichnet den Untergang eines Rebellen nach, der aus dem

Zwang von Familie und Arbeitswelt ausbricht in anarchische Gewalttätigkeit. *Lieblieb* (UA 19.4.1986 Darmstadt) ist die Psychostudie einer Frau, die ausweglos pendelt zwischen Verwahrung in der Psychiatrie und Ausbeutung an der Seite eines brutalen Mannes. *Soliman* (UA 15.8.1991 Bregenz) erinnert an den historischen Fall eines Mohren, der im Wien von 1796 zunächst von der Gesellschaft als aparte Besonderheit hofiert wird, schließlich aber dem Fremdenhaß zum Opfer fällt.

FRIEDERIKE ROTH

* 6. April 1948 in Sindelfingen

Studiert Linguistik und Philosophie in Stuttgart, Promotion 1975 zum Dr. phil. Seit 1979 Dramaturgin in der Hörspielabteilung des Süddeutschen Rundfunks. Außer den Stücken auch Hörspiele und Lyrik.

Friederike Roth beleuchtet in ihren stark von der Lyrik geprägten Szenen mal sensibel-psychologisch, mal satirisch überzeichnet Bruchstellen in Beziehungen, Verluste und Verletzungen zwischen Liebespaaren, denen die Liebe abhanden kommt. In *Klavierspiele* (UA 12.2.1981 Hamburg) verflüchtigt sich die Beziehung zwischen Mann und Frau, da Erinnerungen und Sehnsüchte die Realität überwuchern. *Ritt auf die Wartburg* (UA 2.10.1982 Stuttgart) verfolgt den Ausbruchsversuch von vier Frauen in die damalige DDR. *Krötenbrunnen* (UA 22.10.1984 Köln) ebenso wie *Erben und Sterben* (UA 1.6.1992 Wien) entwickeln eine Gruppenstudie von exzentrischen, in sich gefangenen Künstlerfiguren. *Die einzige Geschichte* (UA 14.6.1985 Bremen) und *Das Ganze ein Stück* (UA 8.2.1986 Bremen) umspielen den Mann-Frau-Konflikt in mythisch überhöhter oder grotesk verzerrter Zeichensprache.

MARLENE STREERUWITZ

* 1950 in Baden bei Wien

Redakteurin bei einer Öko-Zeitschrift in Wien. Arbeitet als freie Schriftstellerin und Theaterregisseurin. Auch Hörspiele und Lyrik.

Marlene Streeruwitz wählt bewußt banale Konflikte aus dem Alltag, die unversehens eskalieren. Aus den harmlosen, oft komischen Zwischenfällen bricht die unterdrückte Bestialität auf. Die Menschen kennen sich nicht mehr – und werden für uns Zuschauer um so kenntlicher in ihrer wahren Wolfsnatur. In einer bisher ungewohnten Dramaturgie der Postmoderne verfremdet die Autorin die Brutalo-Szenen durch Einschübe aus einer Gegenwelt: Zitate aus dem antiken Drama oder von Shakespeare im englischen Original, Opernszenen von Puccini – eine Collage aus Fundstücken, die Erinnerung und Fluchtort sind für die Figuren.

Sloane Square (UA 3.7.1992 Köln): Eine deutsche Familie wird in London auf dem Bahnsteig von einer Panne der U-Bahn ereilt und Zeuge vom Terror einer Jugendbande. Da brechen auch in der heilen Familie die Versäumnisse und Verfehlungen auf. *Waikiki Beach* (UA 24.4.1992 Köln): Ein Journalist trifft sich mit der Frau des Bürgermeisters zum kleinen nächtlichen Seitensprung. Die erhoffte heimliche Liebesstunde wird zum Horrortrip. Eine Bande rechtsradikaler Skinheads dringt ein und erschlägt eine Pennerin. Zuletzt wird die Frau des Bürgermeisters Opfer der Männergesellschaft, die aus Furcht vor dem Skandal lieber mit dem Terror paktiert. *New York, New York* (UA 30.1.1993 München): Der Ablauf in einem Wiener Männer-WC spült immer neue verquere Typen mit ihrer Brutalität, Jämmerlichkeit, hoffnungslosen Sehnsucht in diese Unterwelt. *Elysian Park* (UA 17.6.1993 Berlin) mischt Fundstücke aus Agentenfilm, aus Melodram, Farce und Politsatire mit sozialkritischen Motiven zu einer surrealistischen Szenenfolge.

THOMAS HÜRLIMANN

*21. Dezember 1950 in Zug (Schweiz)

Philosophie-Studium in Zürich und Berlin, Theaterpraxis als Dramaturg und Regieassistent am Schiller-Theater in Berlin. Verfaßt außer Stücken auch Erzählungen (»Die Tessinerin«, 1981; »Das Gartenhaus«, 1989; »Die Satellitenstadt«, 1992) und das Drehbuch zu dem Film »Der Berg« (1990).

Aufsehen und politisches Ärgernis erregt Hürlimann mit seinem Erstling *Großvater und Halbbruder* (UA 15.10.1981 Zürich): die biederen Bewohner eines Schweizer Dorfs am Bodensee erweisen sich im Zweiten Weltkrieg ebenso anfällig für Nazi-Parolen und Antisemitismus wie ihre Nachbarn diesseits der Grenze zum Deutschen Reich. Ebenso provozierend greift *Der Gesandte* (UA 14.5.1991 Zürich) die politische Vergangenheit der scheinbar neutralen Schweiz an: ihr diplomatischer Vertreter in Berlin sichert sich durch diskrete Gegengeschäfte das Wohlwollen des Hitler-Regimes. Nach Kriegsende wird er von seinem Dienstherrn in Bern für diese treuen Dienste mit Verbannung »belohnt«. Der Einakter *Stichtag* (UA 1.11.1984 Düsseldorf) ist eine groteske Parabel auf den Untergang der Überflußgesellschaft. In der Komödie *Der letzte Gast* (UA 22.2.1990 Zürich) irrlichtert der schon vom Tod gezeichnete Ex-Star Oskar Werner durch eine Gesellschaft publicity-geiler Spießer.

KLAUS POHL

*30. März 1952 in Rothenburg ob der Tauber

Ab 1973 Ausbildung als Schauspieler in Berlin, Engagements am Deutschen Schauspielhaus Hamburg, Zürcher Schauspielhaus, Thalia Theater Hamburg.

Für Pohl ist das provozierende Thema wichtiger als die ästhetische Umsetzung. In seinen späteren Stücken scheut er weder melodramatische Effekte noch klamaukhafte Überzeichnung und Klischee, um größtmögliche Szenenwirksamkeit zu erzielen. Seine rasche Produktivität, sein Zugriff auf »heiße Eisen« ist ein Versuch, das oft totgesagte Zeitstück vom Fernsehspiel wieder aufs Theater zurückzuholen.

Das alte Land (UA 13. 3. 1984 Wien) beschreibt in einem breiten Gesellschaftspanorama die politische Umbruchsituation in einem deutschen Dorf nach 1945: die eingesessenen Alt-Nazis neben dem Flüchtling aus Schlesien, die Kriegerwitwe neben dem Kriegsgewinnler – die Geburtswehen einer neuen Gesellschaft, die ihre alten Fehler nicht loswird. *La Balkona Bar* (UA 18. 5. 1985 Köln) ist ein elegisches Gruppenbild mit Blick in die Vergangenheit; *Hunsrück* (UA 14. 11. 1987 Bremen): das Psychogramm einer Handvoll Penner; *Heißes Geld* (UA 7. 5. 1988 Hamburg): ein höhnisches Schlüsselstück auf den Spuren Carl Sternheims über die korrupte Finanzwelt, die mit ihren verschachtelten Firmen-Konstruktionen bei gutgläubigen Aktionären abkassiert. *Karate-Billi kehrt zurück* (UA 16. 5. 1991 Hamburg) überspitzt die Konflikte in der Nach-Wende-DDR zwischen entlarvten Stasi-Mitarbeitern und deren Opfern; *Die schöne Fremde* (UA 12. 5. 1991 Recklinghausen) attackiert den lang verdeckten und nun aufbrechenden Faschismus und Judenhaß in einem deutschen Provinznest.

RAINALD GOETZ

* 24. Mai 1954 in München

Studiert in München Geschichte (Promotion 1978 zum Dr. phil.) und Medizin (Promotion 1982 zum Dr. med.). Neben den Stükken entstehen die Romane »Irre« (1983), »Kontrolliert« (1988).

Die Trilogie *Krieg* versucht in drei voneinander unabhängigen Stücken die Zerreißproben in der heutigen Gesellschaft einzukreisen: das Ineinander von Aggression und Verdrängung, von Bestialität und Beschönigung. *Heiliger Krieg* (UA 10. 10. 1987 Bonn) zeigt den deutschen Spießer am Stammtisch mit seinen faschistischen Tiraden – unterschnitten mit Szenen der »normalen« Brutalität im alltäglichen Konkurrenzkampf. *Schlachten* (UA 19. 3. 1988 Bonn) spürt diese Konflikte in der Familie auf, bis der Familientyrann in der Nervenklinik verwahrt werden muß. Das Schlußstück *Kolik* (UA 15.5.1988 Bonn) ist die Reduktion zum Monolog: ein sterbender Mensch schreit nach der nuklearen Katastrophe sein Schlußwort der Menschheit hinterher, die sich selbst vernichtet hat.

Festung, eine weitere Dramen-Trilogie, vereinigt die Stücke *Kritik in Festung* (UA 22. 10. 1993 Hamburg) und *Festung* (UA 20.12.1992 Frankfurt a.M.): eine kabarettistisch überdrehte Show aus zeitgenössischen und historischen Figuren von Rudolf Augstein bis Joseph Goebbels, dem österreichischen Ex-Präsidenten Kurt Waldheim bis Walter Benjamin, Hape Kerkeling und vielen anderen. Da wechseln Sketche mit seitenlangen Monologen, Slapstick mit Alptraumsequenzen um den Holocaust. *Katarakt* (UA 20.12.1992 Frankfurt a.M.) ist wieder ein Schlußmonolog: ein alter Mann zieht in einer Rückschau Bilanz über sein Leben, über Versäumnisse und Enttäuschungen.

WERNER SCHWAB

* 4. Februar 1958 in Graz

Studium an der Kunstakademie in Wien. Freier Schriftsteller.

Seine vier ersten Stücke veröffentlicht Schwab 1991 unter dem Obertitel *Fäkaliendramen.* Er leuchtet in die Abgründe der Gesellschaft: Rentnerinnen, Arbeitslose, enttäuschte Kleinbürger verwandeln sich in Bestien, die bis hin zum Kannibalismus übereinander herfallen. Den überkrassen Naturalismus der Bluttaten, die zuweilen an die Grenze dessen gehen, was auf dem Theater darstellbar ist, überhöht Schwab durch die Künstlichkeit seiner Sprache. Der Mensch spricht von sich in der dritten Person. Sein Leben, Fühlen, Tun wird verdinglicht zum maschinellen Vorgang. Schwabs Figuren sagen nicht »Ich«, sondern sprechen von »meiner Meinigkeit«. *ÜBERGEWICHT, unwichtig: UNFORM* (UA 12.1.1991 Wien) ist ein Gruppenbild aus dem Wirtshaus: ein Spießerehepaar mit rechtsradikaler Gesinnung, ein Schläger samt Straßenmädchen, eine Schwachsinnige, die von allen mißbraucht wird. Als sich ein elegantes Liebespaar als Zufallspassant in diese Kaschemmenwelt verirrt, schlachtet man die Außenseiter ab und frißt sich an den Leichen satt. Mit dem Untertitel »Ein europäisches Abendmahl« verweist der Autor auf den religiösen Hintergrund, auf eine blasphemisch verzerrte Eucharistie. *Volksvernichtung oder Meine Leber ist sinnlos* (UA 25. 11. 1991 München) nennt Schwab eine »Radikalkomödie« und führt die Bewohner eines Mietshauses vor: Frau Wurm mit ihrem debilen Sohn Herrmann, der davon träumt, die Mutter zu erschlagen und ein großer Maler zu werden. Die Familie Kovacic unter der Fuchtel des versoffenen Vaters, der die Töchter mißbraucht und rechtsradikale Sprüche blafft. Und die allmächtige Hausbesitzerin Grollfeuer, die sadistisch alle, die ihr ausgeliefert sind, quält und zuletzt bei ihrer Geburtstagsparty vergiftet. Ein Nachspiel hebt diesen monströsen Weltuntergang auf und erklärt die Vorgänge zum Alptraum. *Die Präsidentinnen* (UA 13. 2. 1991 Wien) zeigen einen Kaffeeklatsch unter mißgünstigen Rentnerinnen, der ebenfalls mit einer Abschlachtung endet. In *Mein Hundemund* (UA 15. 1. 1992 Wien) rechnet der alte, versoffene Bauer Hundsmaulsepp in Endlos-Monologen mit sich und der Welt bis zur Selbstauslöschung ab.

JACQUES AUDIBERTI

* 25. März 1899 in Antibes
† 10. Juli 1965 in Paris

Sohn eines Bauunternehmers, war zunächst Gerichtsschreiber, seit 1925 Journalist in Paris, arbeitete vornehmlich für den »Petit Parisien«, und war u. a. mit Apollinaire befreundet. In einem von Jean Paulhan organisierten Kursus für Poesie wurde Audibertis dichterisches Talent entdeckt, Paulhan half zur Veröffentlichung der ersten Vers- und Prosabände Audibertis. Er debütierte als Dramatiker 1946 in Paris mit der Farce »Quoat-Quoat«.

Stilistisch und thematisch war Audiberti sehr wandelbar. Er lehnte die ›littérature engagée‹ ab und vereinigte Surreales und Allegorisches in oft barock ausschweifender Ausdrucksweise. »Mein Theater stützt sich auf dasselbe Thema wie mein anderes Werk: die Inkarnation und Gefangenschaft des Individuums in der eigenen Person.« *H. D.*

Der Lauf des Bösen *(Le mal cours*, deutsch von W. Mehring), uraufgeführt am 25. Juni 1947, deutsch erstmals 1957 in Essen, ist ein politisches Märchen. *H. D.*

Der Glapion-Effekt *(L'effet glapion).* Parapsychokomödie. Deutsch von L. Kornell. – Das Stück wurde am 9. September 1959 in Paris uraufgeführt, deutsch erstmals 1961 in Frankfurt am Main gespielt und besteht in der »Auswertung einer konkreten objektiven Tatsache durch visionäre Logik«. Bei einem Mittagessen mit ihrem Mann und einem Gendarmerie-Hauptmann gerät eine junge Arztfrau ins Tagträumen – sie ›glapioniert‹, worauf sich die Verhältnisse phantastisch verkehren. »Das Leben besteht aus Illusionen. Manche nehmen Gestalt an. Diese bilden die Realität.« Also: wir alle glapionieren.

Die Ameyss im Fleische *(La fourmi dans le corps).* Stück in zwei Aufzügen. Deutsch von A. Koval. – Das am 14. Oktober 1961 in Darmstadt in deutscher Sprache uraufgeführte Stück zeigt die Bekehrung eines Klosterfräuleins zur Liebe und die

Rettung eines Damenstifts vor Marschall Turenne im Jahre 1695. *H. D.*

Äpfelchen ... Äpfelchen *(Pomme ... pomme ... pomme).* UA 7. 9. 1962 Paris. Deutsch von P. Stein. – Dieses Stück zieht Komik aus dem Zusammenprall von Phantasie und Realität. Ein strenger Vater engagiert den Zauberkünstler Zozo und dessen Assistentin Äpfelchen, damit diese beiden seinen Sohn aus dem süßen Nichtstun mit Vévette reißen. *H. D.*

SAMUEL BECKETT

* 13. April 1906 in Dublin
† 22. Dezember 1989 in Paris

Samuel Beckett hat anfangs englisch geschrieben, später ist er zum Französischen übergewechselt. Er ging 1928 nach Frankreich, war zwei Jahre lang Lehrer für englische Sprache an der Ecole Normale Supérieure, dann der französischen Sprache am Trinity College in Dublin. Er war Freund und Sekretär von James Joyce, übersetzte Joyce-Texte ins Französische. Seit 1938 wieder in Frankreich, während des Krieges bei der Résistance, wich 1942 in die unbesetzte Zone aus, arbeitete 1945 für das Irische Rote Kreuz. Von 1947 an entstanden die Romane »Molloy«, »Malone stirbt« und »Der Namenlose« sowie das Schauspiel »Warten auf Godot«. 1969 erhielt er den Nobelpreis.

»Becketts Stücke haben die Eigenart von Panzerwagen und Idioten«, meinte der englische Regisseur Peter Brook, »man kann sie beschießen, man kann sie mit Kremtorten bewerfen: sie setzen ihren Weg gelassen fort.« Als *En attendant Godot* zum drittenmal in Paris inszeniert wurde, schrieb die Wochenzeitung »Arts«: »1953 Avantgardestück, 1956 Stück fürs Bürgertum, 1961 offizielles Schaustück. Die Spiele nach *Godot* reduzieren die Wirklichkeit immer weiter. Sie kommen teils ohne Sprache *(Akt ohne Worte* I und II, 1957 und 1961) aus, teils ohne Anschauung, sind nämlich als Hörspiele konzipiert: *Aschenglut (Embers*, 1959; Reclams UB 7904), *Worte und Musik* (1963),

Cascando (1963). Hugh Kenner schreibt über Beckett: »Wir sollen nicht wie Hunde, die der Geruch von unsichtbarem Fleisch erregt, nach einem Fetzen Gewißheit schnappen, die der Autor sehr wohl besitzt und gleich hinter dem Vorhang bereithält. Darauf ausgehen, hieße die Eigenart von Becketts Universum mißverstehen, denn es ist von Geheimnis durchdrungen und von Dunkelheit begrenzt; diese Eigenart anzugreifen ..., ist leichtfertig, herabsetzend und widersinnig. Wie frühen Astronomen steht es uns frei, Wiederholungen zu beobachten, uns an Symmetrien zu freuen, die verborgenen Mächte zu versöhnen: mehr zu unserer als zu ihrer Beruhigung.« *H. D.*

Warten auf Godot

(En attendant Godot). Schauspiel in zwei Akten
Uraufführung: 7. Januar 1953 in Paris
Deutsch von E. Tophoven

Personen: Estragon – Wladimir – Lucky – Pozzo – Ein Junge.

Das Stück ist eine Parabel, ohne jede Handlung, ohne jegliche Entwicklung. Zwei in ihrem beruflichen und sozialen Stande völlig unerkennbare Männer unbestimmten Alters, Wladimir und Estragon geheißen und allenfalls als Vagabunden zu bezeichnen, warten auf einer Landstraße auf Godot. Am Schluß jedes der beiden Akte kommt ein Botenjunge, dem Barnabas aus Kafkas *Schloß* vergleichbar, und teilt ihnen mit, daß Godot heute leider nicht kommen könne; bestimmt käme er morgen. Was Godot bedeutet, haben zahllose Kommentatoren des Stükkes herauszufinden versucht, wobei so extrem widersprüchliche Deutungen wie ›Tod‹ oder ›Gott‹ – das englische Wort ›god‹ scheint sich in der Tat in dem Namen Godot zu verbergen – nebeneinander aufgetreten sind. Godot ist je nach der Stimmung der beiden permanent in einer total sinnlosen Situation verharrenden negativen Helden entweder eine tröstliche Hoffnung oder eine schreckliche Gewißheit. Oberflächlich gesehen, mag man sie für Nihilisten halten; indessen sind sie es keinesfalls, da sie ja noch hoffen oder erschrecken können, also an eine übergeordnete Macht, sei sie rettend oder vernichtend, glauben. Sie sind in all ihrer Erbärmlichkeit – einer tragisch-grotesken

Erbärmlichkeit übrigens, die viel innere Verwandtschaft mit dem frühen Chaplin hat – noch schäbige Allegorien des Menschlichen, während ihre Gegenspieler Pozzo und Lucky Allegorien der äußersten Entstellung des Menschlichen, der vollkommenen Gemeinheit (Pozzo) und des vollkommenen Elends (Lucky) sind. Der zweite Akt des seltsamen, sowohl tiefste Verwirrung und selbst Entsetzen wie auch, von den schauspielerischen Möglichkeiten her gesehen, komödiantisches Behagen verbreitenden Stückes ist eine nur geringfügig variierte Wiederholung des ersten – ein Kunstgriff, um die Unveränderlichkeit der Situation der beiden Helden darzustellen, den ›Stillstand‹ der Zeit (und entsprechend die Neutralisierung des Raums), die nicht mehr weitergeht, die nur noch ›vertrieben‹ werden kann. Mit einer wahrhaft diabolischen Ironie stellt Beckett, dem das irische Erbteil eines äußerst beunruhigenden Humors zuteil wurde, in Wladimir und Estragon Menschen dar, die gar nichts mehr haben außer Zeit, deren einzige Beschäftigung das Warten ist und die darum die stagnierende Zeit dadurch zu vertreiben suchen, daß sie spielen, sie hätten keine. Und auf dem Grunde ihres ganz und gar sinnlosen Daseins schimmert diese Fähigkeit zum Spiel doch noch wie ein Trost. (Reclams UB 9214, frz.)

Vielleicht haben diejenigen Kommentatoren und Kritiker recht, die meinen, daß es in diesem durchaus singulären Bühnenwerk letztlich um religiöse Dinge geht. *H. D.*

Endspiel *(Fin de partie).* Deutsch von E. Tophoven. – Am 3. April 1957 wurde dieses Stück in London uraufgeführt, erstmals deutsch am 30. September 1959 in Berlin gespielt. Vier Personen warten auf das Ende. Es sind wahrscheinlich die vier letzten Menschen: Hamm, der blind ist und nicht stehen kann, der Diener Clov, der nicht sitzen kann, und Hamms Eltern Nagg und Nell, die keine Beine haben und in zwei Mülleimern vegetieren. Hamm hält die anderen in tierischer Abhängigkeit. (Reclams UB 9213, frz.) *H. D.*

Das letzte Band *(Krapp's Last Tape).* Deutsch von E. und E. Tophoven. – Am 28. Oktober 1958 in London uraufgeführt, kam das Stück 1959 in Berlin auf die Bühne. Krapp hört seine Vergangenheit auf Tonbändern ab, auf der Suche nach der Fixierung eines glücklichen Moments: des Blickes in die Augen eines Mädchens. Inzwischen hat er längst nichts mehr zu hoffen. *H. D.*

Glückliche Tage *(Happy Days).* Stück in zwei Akten. Deutsch von E. und E. Tophoven. – *Glückliche Tage*, am 17. September 1961 in New York uraufgeführt und im gleichen Jahr auch in Berlin inszeniert, ist wieder ein Endspiel: Winnie, eine Fünfzigjährige, steckt anfangs bis zu den Hüften, später bis zum Hals in der Erde. So lange es geht, hält sie auf Hygiene, Kosmetik und Kontakt mit ihrem Mann, dem sechzigjährigen Willie, der irgendwo verdeckt dem Tode entgegenwartet. Zum Schluß kommt er mit letzter Kraft, aber in gesellschaftsfähiger Aufmachung angekrochen. Winnie macht daraufhin Konversation. »Dies wird ein glücklicher Tag gewesen sein«, strahlt Winnie. – Ob aus Winnie heitere Gelassenheit oder bittere Ironie spricht, ist Sache der Interpretation. *H. D.*

Spiel *(Play).* Ein Akt. UA in deutscher Sprache 14. 6. 1963 Ulm. Deutsch von E. und E. Tophoven. – Zwei Frauen und ein Mann sitzen in Urnen, nur ihre stets teilnahmslosen Gesichter sind zu sehen. Es redet jeweils der Kopf, den das Scheinwerferlicht trifft. Sie gedenken vereinzelt vergangener Gemeinsamkeit, ohne Kontakt miteinander, ohne Bewußtsein voneinander spult jeder seine Erinnerung ab. *H. D.*

Nicht ich *(Not I).* Einakter. UA 27. 11. 1972 New York. Deutsch von E. und E. Tophoven. – Im leeren, dunklen Bühnenraum ist nur ein Mund angestrahlt. Wir hören den Monolog einer sterbenden Frau, die im Augenblick des Todes nochmals im Zeitraffer ihr ganzes Leben überschaut. In einer Sturzflut von Erinnerungsfetzen, die sich überlagern und verdrängen, im pausenlosen Wortschwall will sie alles loswerden, was sich über ein siebzigjähriges Leben aufgestaut hat. Sprachlos und kontaktarm hat sie ihre Jahre zugebracht – ein Leben, das immer nur aus einem gleichgültigen, abgestumpften Weitermachen bestand, bis sie auf einem Frühjahrsspaziergang auf einer Blumenwiese der Tod ereilt. Erstmals – da es unwiderruflich zu spät ist – kann sie sich mitteilen, kann ihr Leben erfassen in den unzähligen Einzelheiten und Zufällen, durch die es einzigartig und unwiederholbar wird. Nur wenige reale Vergangenheitsmomente tauchen auf: Die Eltern blieben unbekannt, die sie in die Welt gesetzt haben. Im Waisenhaus hat man sie aufgezogen. Später stand sie einmal vor Gericht, hat einmal zu ihrer Verwunderung ohne Grund geweint. Vergebens bemüht sie sich, ihre Gedanken und Gefühle zu ordnen. Auch jetzt, im allerletzten Augenblick des Bewußtseins, gelingt es ihr nicht, zu sich selbst zu kommen: sie erzählt in der dritten Person, findet nicht den Mut, ich zu sagen und sich mit ihren Erinnerungen zu identifizieren. Sie bleibt ein Nicht-Ich. Ein Vernehmer, stumm, reglos, ist der irreale Zuhörer aus dem Dunkel. Er bleibt fern und teilnahmslos, ohne je einzugreifen. Das Stück ist ein Monolog von fünf Seiten, faszinierend in seiner suggestiven Kraft und Poesie.

Tritte *(Footfalls).* Einakter. UA 20.5.1976 London. Deutsch von E. und E. Tophoven. – May, nur noch als M bezeichnet, eine alte, grauhaarige Frau, geht seit ihrer Kindheit immer auf und ab, mechanisch auf und ab von einer Zimmerwand zur anderen. Der Leerlauf der Bewegung ist gleichgesetzt mit dem Stillstand des Bewußtseins. Irgendwo aus dem Hintergrund ist die Stimme ihrer neunzigjährigen Mutter zu hören. May erzählt von irgendeiner Frau Winter und deren Tochter Amy, die auf einmal bei einem Kirchenbesuch nur noch körperlich vorhanden, aber geistig weggetreten und nicht mehr ansprechbar ist. Ist aus Amy damals May geworden? Die Umstellung der Buchstaben scheint darauf hinzuweisen. Umsonst beschwört die Mutter, endlich den sinnlos erschöpfenden Pendelmarsch aufzugeben: »Wirst du nie aufhören? Wirst du nie aufhören, es alles hin- und herzuwälzen? Es? Es alles. In deinem armen Kopf. Es alles. Es alles!«

Damals *(That Time).* Einakter. UA 20.5.1976 London. Deutsch von E. Tophoven. – Das Gesicht eines alten Mannes erscheint im Lichtkegel – drei verschiedene Stimmen (A,B,C) entsprechen drei Altersstufen und erzählen Erinnerungen aus ihrem jeweiligen Lebensabschnitt: A beschwört die Eindrücke der Kindheit, B die Liebe zu einem Mädchen und zugleich das Naturerlebnis eines herrlichen Sommertags, C die Krisensituation, da er an sich selbst und dem bisherigen Leben irre wird. Die Spurensuche in die Vergangenheit löst sich auf in einen zusammenhanglosen Wahrnehmungsfluß, in einer Sturzflut von Empfindungen und Gedanken – Theater als Spiel der Reflexe, als Spiegelung des ungesteuerten Bewußtseins.

Rockaby *(Rockaby)*. Einakter. UA 8.4.1981 Buffalo (USA). Deutsch von E. und E. Tophoven. – Eine alte Frau im Schaukelstuhl wippt und wippt. Sie ist willenloser Bestandteil dieser mechanischen Schaukelbewegung geworden. Sie spricht vom Aufhören, von ihrer Sehnsucht nach dem endgültigen Stillstand, von längst vergangenen, verblaßten Eindrücken. Als innerer Monolog übers Tonband werden Erinnerungen, Träume, geträumte Erinnerungen heraufgeschwemmt. Es sind da kaum noch Fakten, nur noch kleinste, unpersönliche Erinnerungspartikeln – so allgemein, daß der Mensch, dem sie früher einmal widerfahren sind, sich schon längst verflüchtigt hat. Sogar im eigenen Bewußtsein, das hier durch die mechanisch, mühsam dahintröpfelnde Sprache in Gang gehalten wird, ist er als Person nicht mehr vorhanden.

Die Frau sieht sich in einer zeitlosen Vergangenheit – die Formel »bis am Ende der Tag kam endlich kam am Ende eines langen Tages« kehrt leitmotivisch immer wieder – am Fenster sitzen. Sie ist nur noch Auge, um möglichst viel an Welt in sich aufzunehmen. Diese Reduktion des Menschen auf ein einziges Sinnesorgan, eine letzte Körperfunktion ist bereits aus Becketts Roman *Malone stirbt* vertraut. Aber das suchende, alles verschlingende Auge der Frau wird enttäuscht. Die Fensterreihen, die sie von ihrem eigenen Fenster aus erblickt, bleiben geschlossen und weisen mit ihren herabgelassenen Rolladen jede Annäherung ab. Später hat die Frau ihren endgültigen Platz in dieser Welt im Schaukelstuhl gefunden. Es ist derselbe Stuhl, worauf bereits ihre Mutter wippend die letzten Jahre zugebracht hat. Sie nimmt die Existenz der Mutter an, wippt und wartet auf den Tod, wippt und läßt hinter geschlossenen Augen immer wieder den vergangenen Zustand abrollen. Es bleibt ungewiß, ob die verstummte dunkle Gestalt im wippenden Stuhl die Mutter ist oder die zur Mutter gewordene Tochter – Zeit und Generationsfolge sind aufgehoben. Was bleibt, ist ein müder Wunsch, endlich aufzuhören, endlich zu verlöschen. Wie musikalische Themen werden die Sätze leitmotivisch wiederholt – als Endlos-Refrain eines unablässig in sich kreiselnden Bewußtseins.

Ohio Impromptu. Einakter. UA 9.5.1981 Ohio (USA). Deutsch von E. und E. Tophoven. – Zwei Personen – H und L, der Hörer und der Leser – sitzen unbeweglich am Tisch. Im Hintergrund fällt unablässig und eintönig Tropfen um Tropfen in einen leeren Wassereimer. Der Mann am Tisch liest aus einem Buch vor: Wir erfahren einiges über einen Mann, der ausgestiegen ist aus der Umwelt und seine Frau verlassen hat. Von seinen einsamen, wirren Spaziergängen, seinen Natureindrücken, seiner Angst. Er fürchtet die Zeit, er zweifelt an der eigenen Identität. In der Geschichte, die uns vorgelesen wird, taucht ein geheimnisvoller Bote auf, der wohl von der verlassenen Geliebten kommt und der wiederum aus einem Buch vorliest. Ist es das zweite Ich? Ist es die nächtliche Spiegelung des ersten Mannes? Diese Vorlesung der Vorlesung – die Realität springt über in die zitierte Realität aus dem Buch und ist wiederum zitiert vom Sprecher, der uns das aus dem Buch vorliest – ergibt ein Vexierbild künstlich ineinander verschachtelter Situationen. Und die zweite Person am Tisch unterbricht immer wieder mit einem harten Schlag auf die Tischplatte die Lesung des Mannes und erzwingt die mechanische Wiederholung des Textes. Diese automatischen Klopfzeichen, die den Text stoppen und zum Rücklauf zwingen, wirken wie die Mechanik des Tonbands, das den Ablauf aufhebt und alles beliebig wiederholbar macht – ein Leitmotiv bei Beckett seit dem *Letzten Band*.

JEAN GENET

* 19. Dezember 1910 in Paris
† 15. April 1986 in Paris

Fürsorgezögling unbekannter Herkunft. Pflegekind bei einer Bauernfamilie. Er wird als Dieb verdächtigt und mit zehn Jahren in die Erziehungsanstalt von Mettray eingewiesen. Dort beschließt er so zu sein, wie ihn die Umwelt sieht. Er bricht aus, geht zur Fremdenlegion, desertiert, streunt durch Europa, schlägt sich durch als Dieb und Strichjunge. Seit 1942 entstehen im Gefängnis die ersten Gedichte, dann vier Romane. Wegen Rückfalldiebstahls zu lebenslänglicher Haft verurteilt. Angesehene Literaten wie Gide, Sartre, Cocteau setzen sich für ihn ein und erwirken seine Begnadigung. In rascher Folge entstehen bis 1959 seine fünf Theaterstücke. Danach betätigt sich Genet die restlichen 27 Jahre seines Lebens nicht mehr literarisch, nur noch politisch: als Parteigänger und Sympathisant unterdrückter Minderheiten und Terroristen: der Black Panthers, der Palästinenser, der »Rote Armee Fraktion«.

Jean Genet, den die Gesellschaft von Kind an ausgestoßen und verfolgt hat, macht aus der Schwäche des Außenseiters eine Stärke: die Verdammung durch eine selbstgerechte Umwelt erklärt er zum Vorrecht, zur erotischen Lust, zum »Luxus der Niedertracht«. Im Gefängnis beginnt er seine Gefühle und Träume, seine Ängste und Lüste in Gedichte und Erzählungen zu fassen, in Beschreibungen, die immer auch Selbstbeschreibungen sind: *Notre-Dame des Fleurs, Wunder der Rose, Das Totenfest, Tagebuch eines Diebes, Querelle* (1982 hat Rainer Werner Fassbinder aus *Querelle* einen Film gemacht).

François Mauriac nennt Genet in katholischer Entrüstung einen »Orpheus der Gosse«. Jean-Paul Sartre verfaßt über ihn den Essay *Saint Genet. Comédien et Martyr*, womit er 1951 die Werkausgabe einleitet. Sartre verklärt ihn darin zum Mythos einer Anti-Moral: Genet »beschließt immer und unter allen Umständen das Schlimmste zu tun, und weil er gemerkt hat, daß der größte Frevel nicht ist, das Böse zu tun, sondern sich zum Bösen zu bekennen, schreibt er im Gefängnis abscheuliche Bücher, die eine Apologie des Verbrechens sind und gegen die Gesetze verstoßen. Und gerade dadurch befreit er sich aus der Erniedrigung, dem Elend und dem Gefängnis.«

Die Auflehnung, der Terror als Befreiung und als Lustgewinn, der Kult der körperlichen Schönheit und der Gewalt – das ist auch das Thema der Stücke: Kampf und Liebe, Gewalt und Tod als Selbstbefreiung, Küsse und Bisse, Zärtlichkeit und Quälerei, wie sie austauschbar sind unter Genets Homosexuellen und ununterscheidbar ineinander übergehen. Auch in den Stücken sucht Genet jeweils die Ausgestoßenen und Asozialen, den Bodensatz der Gesellschaft: die Dienstboten, wie sie von Rache und Verbrechen träumen *(Die Zofen)*, die Zuchthäusler *(Unter Aufsicht)*, *Die Neger*, die verachteten Algerier *(Wände überall)*, die Huren und ihre Freier *(Der Balkon)*. Alle diese Figuren wollen sich ihre Verdammnis, der sie bereits ausgeliefert sind, auch verdienen – und sei es mit den schlimmsten, abstoßendsten Mitteln. Und so versammelt Genet seine Außenseiter zu todessüchtigen Festen und Ritualen – d. h. zum Theater; denn Genet definiert Theater als »einen dem Tod benachbarten Ort, wo alle Freiheiten möglich sind«: Theater als rauschhaftes Fest, wo alle Exzesse der Freiheit locken.

Neben Antonin Artaud und seinem *Theater der Grausamkeit* war es Genet, der mit seinen radikalen Texten und Visionen die Entwicklung des modernen Theaters vorangebracht hat. Schon in den sechziger Jahren haben führende Regisseure wie Louis Jouvet, Roger Blin, Peter Brook und in Deutschland Erwin Piscator, Hans Lietzau und Gerhard F. Hering Genet auf dem Theater durchgesetzt. Dann trat er für Jahre in den Hintergrund, bis in den achtziger Jahren eine überraschende Renaissance einsetzte durch Inszenierungen von Patrice Chéreau, Hans Neuenfels, Peter Stein.

Elle – Sie (*Elle*, UA 23. 4. 1990 Parma) entstand 1955 und wurde im Nachlaß entdeckt. Ein Fotograf darf Seine Heiligkeit den Papst ablichten, der, von einer Frau verkörpert, auf Rollschuhen hereingleitet. Das gibt Gelegenheit für Genets bekanntes Spiel mit Schein und Realität, mit Ritualen, deren Lächerlichkeit entlarvt wird, und für provozierende Tabuverletzung.

Die Zofen *(Les Bonnes).* Tragödie in einem Akt. UA 17. 4. 1947 Paris. Deutsch von G. Hock. – Die beiden Schwestern Claire und Solange dienen als Zofen bei der »Gnädigen Frau«. Sie hassen und beneiden zugleich die Herrschaft. Wenn sie allein sind, spielen sie Herrin und Dienerin. Rituale der Unterdrückung, der Erniedrigung und Quälerei. Da kostet Claire die Bösartigkeit der Herrin aus und genießt Solange den Mordversuch, den sie sich für die »Gnädige Frau« ausdenkt. Durch einen anonymen Brief haben die Zofen den Hausherrn denunziert und ins Gefängnis gebracht. Nun hat man die Intrige aufgedeckt. Die Zofen fürchten die Bestrafung und wollen die »Gnädige Frau« mit vergiftetem Tee aus dem Weg räumen. Der Anschlag mißlingt. Fasziniert vom Spiel übernimmt Claire die Rolle der Herrin und läßt sich von ihrer Schwester vergiften. Solange fiebert bereits ihrer Bestrafung entgegen, dem Todesurteil.

Unter Aufsicht *(Haute Surveillance).* Einakter. UA 26. 2. 1949 Paris. Deutsch von G. Hock. – Drei Häftlinge in einer Gefängniszelle. Grünauge, der Sexualmörder, der eine Frau erwürgt hat, genießt die Verehrung der beiden kleineren Ganoven, des Einbrechers Lefranc und des kleinen Taschendiebs Maurice. Doch noch imponierender ist der Neger Schneewalze, der als mehrfacher Mörder und Gewaltverbrecher die höchste Rangstufe in der Allmacht der Zerstörung einnimmt. Grünauge, der Analphabet ist, muß die Liebesbriefe an seine Frau von Lefranc schreiben lassen, der sich in der Rolle des Mitwissers sonnt. Er träumt sich in die Rolle der Frau hinein und will, daß Grünauge von ihm Besitz ergreift. Deshalb schürt er seine Eifersucht. Gierig will er sich dessen Erinnerungen an den Mord aneignen. Auch er will sich in Glanz und Schrecken einer großen Bluttat spiegeln. Er prahlt mit erfundenen Morden, malt sich Tätowierungen auf die Haut und erwürgt schließlich den kleinen Maurice, um endlich dazuzugehören. Aber Grünauge weist ihn zurück – denn ein Verbrechen aus Berechnung zählt hier nicht.

Der Balkon. Schauspiel in neun Bildern. Deutsch von G. Schulte-Frohlinde. – *Le balcon* (zunächst in London am 22. April 1957 privat uraufgeführt, deutsch 1959 in Berlin, französisch 1960 in Paris) handelt von einem Institut, in dem jeder gegen Bezahlung die Wunschrolle seines Lebens spielen darf: Bischof, General, Richter, Bürgermeister, Baby – was es auch sei. Unter Umständen ist der Aufwand, sind also auch die Kosten beträchtlich, im übrigen wird jeder Klient vorurteilslos bedient. Eine Revolution bewirkt, daß einige falsche Honoratioren ihre Rolle künftig in der Öffentlichkeit spielen müssen. Die Chefin des Wunschsalons rückt sogar zur Königin auf, regiert aber schließlich doch lieber ihr Gedankenbordell weiter. Eine aus Liebe entlaufene Hure kehrt ins Haus der Illusionen zurück, um vom dortigen Balkon aus die Revolutionäre anzufeuern, wird aber erschossen. Der Triumph der Reaktion ist vollkommen, als ein ehemaliger Revolutionär gegen Entgelt den korrupten Präsidenten spielt, den die Revolution beseitigen wollte. Der echte Präsident zieht sich daraufhin in sein Mausoleum zurück, beglückt darüber, in den Himmel der Wünsche eingegangen zu sein. Nicht Politik, sondern existentielle Verstrickungen sind das Thema. Eine der Dirnen spricht es aus: Madame habe ja keine Ahnung, was das Spiel in der Seele anrichtet. *H. D.*

Die Neger. Clownerie in einem Akt. Deutsch von K. Hock und B. Poller. – In *Les nègres* (uraufgeführt am 28. Oktober

1958 in Paris, deutsch 1964 in Darmstadt) feiern Neger die Ermordung einer Weißen, ein weißer Hofstaat (Königin, Richter, Gouverneur, Missionar, Diener) schaut zu. Schwarz und Weiß meinen hier feindliche Prinzipien, Ausgebeutete stehen Ausbeutern gegenüber, mythische und logische Denkweise treffen aufeinander. Wie eine schwarze Urmutter ruft eine der Negerinnen den dunklen Kontinent auf, die weiße Königin ruft daraufhin die Früchte des Abendlandes zum letzten Gefecht: »Herbei zu mir, Jungfrauen des Parthenon, steinerne Engel vom Portal der Kathedrale von Reims, Valerianische Säulen, Musset, Chopin...« Unter dem Leichentuch werden nur zwei Stühle gefunden, und der Neger, der die ermordete Weiße zu markieren hatte, erklärt von der Empore, gewissermaßen vom Himmel aus, die irdischen Gegensätze für belanglos. *H. D.*

Wände überall *(Les paravents)*. Drama. Deutsch von H. G. Brenner. – Das Stück wurde am 19. Mai 1961 in Berlin uraufgeführt, französisch erstmals 1966 in Paris gespielt. Die von verborgenen Bühnenarbeitern bewegten, die jeweilige Szenerie andeutenden Paravents ordnen vier Spielgruppen, die der Autor sich übereinander in einem Freilichttheater vorgestellt hat: die archaische Dorfgemeinschaft, die Rebellen, die Kolonialherren und die Toten. Im Mittelpunkt der Ereignisse, die in Algerien zur Zeit des Aufstandes lokalisiert sind, stehen Said und Leila, der ›ärmste Sohn‹ und die ›häßlichste und billigste‹ Tochter des Landes. Sie sind so erbärmlich, daß nicht einmal das Totenreich sie einläßt. Wie Genet einst als junger Verbrecher, so lädt Said Schuld auf sich und verlangt Strafe. Er will büßen, findet aber nur einen resignierenden Kadi. Was mit Diebstählen nicht zu erreichen war, bewirkt Saids Verrat seines Volkes an die Kolonialherren. Das Übermaß der Erbärmlichkeit macht ihn zum negativen Helden; es wird fast unmöglich, ihn zu erschießen. – In Briefen an Roger Blin, den Regisseur der französischen Erstaufführung, hat Genet Erklärungen gegeben: »Normalerweise sagt man, hätten die Stücke einen Sinn: dieses nicht. Dies ist ein Fest, dessen Teile nicht zusammenpassen, es ist die Feier von nichts... Am Schluß müßten die Zuschauer in ihrem Mund den bekannten Geschmack von Asche und Fäulnis mit nach Hause nehmen. Und dennoch soll das Stück die Härte eines Feuersteins haben.« *H. D.*

EUGÈNE IONESCO

* 26. November 1912 in Slatina (Rumänien)

Sohn eines Rumänen und einer Französin, seit 1936 mit einer Chinesin verheiratet. Ionesco lebte abwechselnd im Vaterland und im Mutterland, bis er 1938 mit einem Staatsstipendium für einen Studienaufenthalt nach Paris ging. Während des Krieges lebte er in Marseille als Redakteur der »Cahiers du Sud«. Sein Werk ist geprägt von Existenzangst und Abneigung gegen jegliche Autorität. Das gestörte Verhältnis zur Realität, das mutwillig schien, geht wohl auf eine seelische Verletzung in der Kindheit zurück: der Vater trieb die Mutter zum Selbstmordversuch, ließ seine Familie im Stich, erzwang die Scheidung. »Alles, was ich getan habe, habe ich in gewissem Sinne gegen ihn getan.«

Im Jahre 1949 formte Ionesco spielerisch Sprachklischees zu Dialogen. »Unglückliches Beginnen: von der Anhäufung dieser Wortleichen erdrückt und von den Automatismen der Konversation abgestumpft, erlag ich beinahe dem Ekel und einer unnennbaren Traurigkeit, einer nervösen Depression und einer richtigen Erstickung.« Ein junger Spielleiter brachte den Text erfolglos auf die Bühne: *Die kahle Sängerin*, uraufgeführt am 11. Mai 1950 im Théâtre des Noctambules in Paris. Das war die Geburt eines Dramatikers aus dem Ungeist der Gemeinplätze, eines der folgenreichsten Ereignisse im Theaterleben. Seitdem hat Ionesco drei Dutzend Theaterstücke geschrieben.

Er verachtet Realismus auf der Bühne, erst recht jegliche Thesendramatik. »Ich schreibe kein Theaterstück, um eine Geschichte zu erzählen.« Das ›Streben nach Natürlichkeit‹ sei aufzugeben, Psychologie müsse man vermeiden, »besser noch: ihr metaphysische Transparenz geben«. Kunstgriffe dürfe man nicht verstecken, sondern man müsse sie enthüllen. »Keine Salonkomödie mehr, sondern Farcen, äußerste parodistische Übertragungen. Humor, ja! Doch mit den Mitteln des Burlesken. Das Komische hart, übertrieben, ohne Zartheit ... Alles bis zum Paroxysmus treiben, dahin, wo sich die Quellen des Tragischen öffnen.«

Die erste deutsche Ionesco-Premiere war die ›Komödie in drei Akten‹ *Amédée oder Wie wird man ihn los?*, 1956 in

Bochum. 1957 folgte in Darmstadt das ›Pseudodrama‹ *Opfer der Pflicht*. Es verursachte in der Einstudierung von Gustav Rudolf Sellner einen so eindrucksvollen Theaterskandal, daß Ionesco noch jahrelang daran gemessen worden ist. Nachdem die absurden Kurzdramen durchgesetzt waren, begann mit der Uraufführung des Dreiakters *Die Nashörner* in Düsseldorf unter Karlheinz Stroux eine neue Phase der Ionesco-Rezeption: die repräsentativen Ur-Inszenierungen von Problemstücken, die immer schwermütiger wurden. Einen breiten Achtungserfolg errang *Der König stirbt*, zuerst 1963 in Düsseldorf. Damit war Ionesco in die Überlieferung eingekehrt, hatte er Totentanz und Königsdrama konzipiert. Zwiespältig war die Wirkung von *Hunger und Durst* (1965), einem Dreiakter voll finsterem, allegorisiertem Pessimismus. Das Schauspiel *Macbett* (1972) geht auf Shakespeare zurück. Ionesco hat bisher in Deutschland viel Erfolg, aber wenig Glück gehabt: erst wurde er beschimpft und ausgelacht, dann wurden immer größere Ansprüche an ihn gestellt. Sein ›Kasperletheater der Weltangst‹ hat Epoche gemacht. Neben Samuel Beckett und Arthur Adamov repräsentiert er das ›absurde‹ Theater. *H. D.*

Die kahle Sängerin *(La cantatrice chauve)*. Anti-Stück in 11 Szenen. UA 11.5.1950 Paris. Deutsch von S. Stauffer. – Ionesco soll die Phrasen, die absurde Mechanik dieser nichtssagenden Dialoge aus einem Englisch-Sprachbuch entnommen haben. Er macht daraus eine Farce auf die gesellschaftlichen Konventionen und begründet damit 1950 eine neue, experimentelle Stilrichtung – das absurde Theater. Ehepaar Smith empfängt Ehepaar Martin zum Tee. Man plaudert über Krankheiten und Todesfälle, über Bekannte und deren Bekannte. Durch solch uferloses Geschwätz sind die Martins sich zuletzt so entfremdet, daß sie sich als völlig Unbekannte erleben und nicht mehr wissen, daß sie miteinander verheiratet sind. Schließlich zerfallen die Satzinhalte, die Sprachformen zu Sprachmüll und bloßem Lärm. Die kahle Sängerin als Titelfigur hat keinerlei Bedeutung – der Titel ist nur ein absurder Einfall mehr. (Reclams UB 8370 und 9164, frz.)

Die Unterrichtsstunde *(La leçon)*. Komisches Drama in einem Akt. UA 20.2.1951 Paris. Deutsch von E. D. Bary. – Die Situation einer Lehrstunde wird zur Demonstration, mit welchem Machtanspruch Ideologien ihre Opfer unterjochen. Der Lehrer trichtert seiner Schülerin Lehrsätze über die Weltweisheit ein, unverständliches Zeug, das er mit missionarischem Eifer vorträgt. Als sie von seinem Wortschwall nichts mehr begreift, steigert er sich bis zum Vernichtungsrausch und ermordet sie – sie ist bereits das 40. Opfer seines Überzeugungsdrangs. Denn der Staat duldet und fördert diese Mordfälle als Instrument der politischen Umerziehung. (Reclams UB 8608.)

Die Stühle *(Les chaises)*. Eine tragische Farce in einem Akt. UA 23. 4. 1952 Paris. Deutsch von I. und U. Seelmann-Eggebert. – Ein altes, von der Umwelt vergessenes Ehepaar hat sich ein Spiel ausgedacht, um der Einsamkeit zu entrinnen: Sie malen sich aus, ein Auditorium wichtiger Leute sei bei ihnen zu Gast, Professoren, Journalisten bis hinauf zum Kaiser, um die Botschaft des Alten an die Welt zu empfangen. Unaufhörlich schleppen die beiden Greise Stühle heran und bevölkern sie in ihrer Einbildung mit unsichtbaren Gästen. Endlich tritt der Redner auf, aber er erweist sich als taubstumm und unfähig für seine Aufgabe. Die Alten sehen ihre Illusion zerstört und stürzen sich voller Verzweiflung aus dem Fenster. Eine sehr poetische Clownerie über den Schein, der eine grausame Wirklichkeit beschönigen muß. (Reclams UB 8656.)

Opfer der Pflicht *(Victimes du devoir)*. Pseudodrama in einem Akt. UA 28. 2. 1953 Paris. Deutsch von W. Düggelin. – Hier warnt Ionesco vor dem totalitären Staat und dessen Unterdrückungsmechanismen. Der kleine Bürger Choubert wird vom Polizisten um eine belanglose Auskunft gebeten. Aber bald faßt der Beamte nach, verwickelt Choubert in Widersprüche, will jede Einzelheit seiner Vergangenheit aus ihm herauspressen. Chouberts Frau Madeleine erweist sich dabei als Helfershelfer des Systems. Alle in dieser Welt fühlen sich als »Opfer der Pflicht«, die den Befehlen des Staats gehorchen, mögen sie auch noch so unmenschlich und widersinnig sein. Zuletzt füttern sich alle gegenseitig mit Brot und kommandieren einander: »Kauen – Runterschlucken! ... Kauen – Runterschlucken!« Sie alle sind Täter und Opfer einer unsinnigen Doktrin.

Amédée oder Wie wird man ihn los? *(Amédée ou Comment s'en débarrasser?)*. Komödie in drei Akten. UA

14.4.1954 Paris. Deutsch von W. Düggelin. – Amédée Buccinioni fühlt sich als verhinderter Dichter, der vergebens auf Einfälle wartet. Seine Frau Madeleine erschöpft sich in hektischer Scheinkommunikation am Telephon. Im Nebenzimmer ruht ein Leichnam, der in gespenstischem Wachstum bald die ganze Wohnung überwuchert. Amédée entzieht sich der Bedrohung, indem er die Leiche durchs Fenster wirft und zum Himmel entschwebt – ein surrealistischer *Fußgänger der Luft*, wie Ionesco ein späteres Stück mit ähnlicher Phantastik nennt.

Jakob oder der Gehorsam *(Jacques ou la Soumission).* Naturalistische Komödie. UA 13.10.1955 Paris. Deutsch von E. de Bary und C. Bremer. – Jakob schockiert die Erwartungen seiner fürsorglichen Familie: Er lehnt ihre gediegene Hausmannskost ab und wünscht sich eine Braut mit drei Nasen. Aber auch dieser Individualist mit seinen ausgefallenen Wünschen wird durch das Weibchen Roberta II gezähmt und angepaßt ans behagliche Spießerglück.

Der neue Mieter *(Le nouveau locataire).* Einakter. UA 1955 Finnland. Deutsch von L. Kornell. – Der neue Mieter gerät in die Gewalt einer geheimnisvoll monströsen Hausmeisterin, die in seinem Zimmer das Mobiliar immer höher türmt, bis er vom Gerümpel erdrückt wird. (Reclams UB 8656.)

Mörder ohne Bezahlung *(Tueur sans gages).* Stück in drei Akten. UA 14.4.1958 Darmstadt. Deutsch von C. Bremer. – Wieder ein politischer Konflikt um den Machtanspruch des Staats, um Massenpsychose und Anarchie, ausgedrückt in einem Spiel der Paradoxe. Die Errungenschaften der Technik haben die Sonnenstadt geschaffen, wo der Staat den Bewohnern Glück und Zufriedenheit garantiert. Ein unheimlicher Massenmörder sucht hier seine Opfer. Alle haben sich damit abgefunden, nur Behringer nimmt den Kampf gegen den Verbrecher auf. Zuletzt wird auch er ein *Opfer der Pflicht* – er wehrt sich nicht gegen den Mörder, sondern will ihn durch Überredungskunst und Verhandlungen von seiner Mordlust heilen. Und der Mörder, unzugänglich in seinem Fanatismus, schlägt weiter zu.

Die Nashörner

(Les rhinocéros). Drama in drei Akten
Uraufführung: 31. Oktober 1959 in Düsseldorf
Deutsch von C. Bremer und Ch. Schwerin

Personen: Die Hausfrau – Die Kolonialwarenhändlerin – Hans – Behringer – Die Kellnerin – Der Kolonialwarenwändler – Der ältere Herr – Der Logiker – Der Wirt – Daisy – Herr Schmetterling – Stech – Wisser – Frau Ochs – Ein Feuerwehrmann – Herr Hans – Die Frau von Herrn Hans – Mehrere Nashornköpfe.
Ort und Zeit: Irgendein Provinzstädtchen, Gegenwart.

Das bisher erfolgreichste Stück Ionescos, wohl weil es phantastisches Spiel mit verständlicher Geschichte vereint: die Vernashornung der Menschheit karikiert Opportunismus und Massenpsychosen in der Art einer Tierfabel. Nur einer widersteht: Behringer (Bérenger), eine Jedermann-Figur Ionescos, die vorher in *Mörder ohne Bezahlung*, nachher in *Fußgänger der Luft*, *Der König stirbt* und *Hunger und Durst* eine Rolle spielt.

Vor einem Kaffeehaus beim Bier sitzend, nörgelt Hans, ein penibler Bürokrat, an dem nachlässigen Behringer herum. Da trampelt (für die Zuschauer nur hörbar) ein Nashorn vorbei, später noch eins. Das gibt dem Gespräch, in das sich mehr oder minder Blech redende Passanten mischen, vorübergehend eine andere Wendung. Im zweiten Akt beredet Büropersonal an Hand der Zeitung die Erscheinung des Nashorns. Behringer, der wieder einmal zu spät kam, bezeugt den Vorfall, doch Kollege Wisser erklärt das ganze als Einbildung oder Schwindel. Da erscheint die Frau des Kollegen Ochs, sichtlich verstört: ein Nashorn habe sie verfolgt. Man sieht und hört die Treppe unter einem gewaltigen Gewicht zusammenstürzen. Alles schaut hinaus – und Frau Ochs erkennt in dem Nashorn ihren Mann. »Ich komme. Liebling, ich komme!« Die Feuerwehr hilft dem Büropersonal ins Freie. – Behringer besucht Hans, der an Kopfschmerzen leidet. Behringer entdeckt eine Beule auf der Stirn von Hans. Sie wächst rasch, und der Patient, der zunächst sein Leiden bagatellisiert, benimmt sich immer ungebärdiger. Bald muß sich Behringer vor Hans Nashorn in Sicherheit bringen. Da sieht er sich von zahllosen Nashörnern belagert. Im dritten Akt bekommt Behringer, der sich nach Hause gerettet hat, Besuch vom Kollegen Stech. Sie bereden die bedauerliche Nashörnerei, während draußen die Untiere herumgaloppieren.

Stech entschuldigt die Nashörner und beschönigt die Verhältnisse. Die Kollegin Daisy bringt etwas zu essen und neue Nachrichten: die Nashörner sind bereits eine sehr starke Minderheit. Viele Läden sind »wegen Verwandlung geschlossen«. Blicke aus dem Fenster zeigen, daß die Nashörner die Straße beherrschen. Stech geht zu ihnen über. Daisy und Behringer schließen sich unter dem Druck der Verhältnisse zusammen. Als die Verhältnisse unhaltbar werden, weil die Nashörner offenbar alles bis auf Behringers Zimmer erobert haben, geht auch Daisy fort, welche die Untiere gar nicht mehr so übel findet. Behringer betrachtet sich im Spiegel, holt Fotos hervor und monologisiert: »Ich bin nicht schön ... Die sind's, die schön sind. Ich hatte unrecht! Oh, wie gerne wäre ich wie die! ... Ich hätte ihnen beizeiten folgen sollen. Jetzt ist es zu spät!« Doch zuletzt packt er sein Gewehr und ruft: »Ich bin der letzte Mensch. Ich werde es bleiben bis zum Ende. Ich kapituliere nicht!« *H. D.*

Der König stirbt *(Le roi se meurt).* Stück in einem Akt. UA 14.12.1962 Paris. Deutsch von C. Bremer und H. R. Stauffacher. – König Behringer I. ist hier ein Greis kurz vor dem Tod. Er durchlebt die unterschiedlichen Erfahrungen eines Sterbenden, Todesfurcht und Gier nach dem Leben, Flucht in die Erinnerung, bis er endlich gefaßt sein Schicksal annimmt und mit resignierender Heiterkeit in den Tod geht.

Fußgänger der Luft *(Le piéton de l'air).* Stück in einem Akt. UA 15. 12. 1962 Düsseldorf. Deutsch von L. Kornell. – Das ist ein Gaukelspiel mit paradoxen Einfällen, Traumszenen, assoziativen Bildern – immer an der Grenze zwischen Alptraum und Nonsens. Der französische Schriftsteller Behringer entdeckt, daß er fliegen kann. Zunächst hüpft er vor Vergnügen, dann schwingt er sich auf und steigt gen Himmel. Er freut sich darüber, daß er endlich den alten Wunschtraum der Menschheit verwirklichen konnte und als *Fußgänger der Luft* eine neue Entwicklung einleitet. Aber die Mitwelt lohnt ihm den Fortschritt schlecht: als Außenseiter wird er gebrandmarkt, für krank erklärt, lächerlich gemacht. Die Menschen – eben waren es noch harmlose Spießer auf dem Sonntagsspaziergang – verzerren sich zu bedrohlichen Fratzen: Haß, Bosheit, Maschinengewehrfeuer, Bomben, Krieg – die Bilder des Schreckens überstürzen sich. Behringer kehrt von seinem Ausflug in die Lüfte wieder zurück auf die Erde – ganz verstört, denn auch in den höheren Regionen hat er nur Grauen und Verzweiflung gefunden. Dennoch versucht seine kleine Tochter auch noch angesichts der Apokalypse zu trösten: »Liebe die Menschen. Wenn du sie liebst, sind sie keine Fremden mehr. Wenn du sie nicht fürchtest, sind sie keine Ungeheuer mehr. Sie fürchten sich auch hinter ihrem Panzer. Liebe sie, und es gibt keine Hölle mehr.«

Hunger und Durst *(La soif et la faim).* Ein Stück in drei Akten. UA 30. 12. 1964 Düsseldorf. Deutsch von L. Kornell. – In einer symbolhaften Lebenswanderung strebt Hans Behringer nach Selbstverwirklichung: zunächst in seiner Ehe mit Marie, dann auf der Suche nach der idealen Geliebten, später in einem Orden, wo man ihn unter Zwang umerzieht. Ionesco zeigt, daß alle Ideale und Überzeugungen des Menschen dort aufhören, wo es um elementare Bedürfnisse geht, um Hunger und Durst.

Triumph des Todes oder Das große Massakerspiel *(Jeu de massacre).* Ein Stück. UA 24. 1. 1970 Düsseldorf. Deutsch von L. Kornell. – Nochmals spielt Ionesco die unterschiedlichen Haltungen des Menschen zum Tod durch – diesmal als Massenpsychose eines ganzen Volks angesichts einer Seuche.

Welch gigantischer Schwindel *(Ce formidable bordel).* Stück in 15 Szenen. UA 10. 11. 1973 Paris. Deutsch von L. Kornell. – Ionesco dramatisiert seinen Roman *Der Einzelgänger* (1973). In traumhaften Bildern wird das Leben eines Menschen gezeigt mit seinen Illusionen und Enttäuschungen – bis er angesichts des Todes sein Scheitern erkennt. Sein Leben war ein einziger Selbstbetrug, ein *gigantischer Schwindel.*

Der Mann mit den Koffern *(L'homme aux valises).* Stück in 19 Szenen. UA 1. 12. 1975 Paris. Deutsch von L. Kornell. – Das ist ein Traumspiel um den Mann X, der unterwegs ist durch eine groteske, alptraumartig verzerrte Welt. Er wird bedroht, von der Bürokratie verfolgt, da er seinen Paß verloren hat. Dazwischen Streit mit seiner Frau, mit seiner Mutter, Szenen voller Selbstzweifel und Hoffnungslosigkeit. Immer stärker nähert sich Ionesco einem poetisch verschlüsselten Mysterienspiel, das an Kafka, Gombrowicz und den späten Strindberg *(Ein Traumspiel, Nach Damaskus)* anknüpft.

Reise zu den Toten *(Voyages chez les morts).* Stück in 17 Bildern. UA 26. 11. 1982 Basel. Deutsch von E. Tophoven. – In traumhafter Szenenfolge versucht Ionesco das eigene Leben aufzuarbeiten – Enttäuschung und Selbstmitleid eines einst gefeierten Schriftstellers, der mit seinem »absurden Theater« Geschichte gemacht hat und nun von den Theatern vergessen ist. Wir verfolgen den Schriftsteller Jean auf seiner irrealen Reise zur toten Mutter. Schemenhaft zieht die Vergangenheit vorbei: die Kindheit in Rumänien, die Zeit der Erfolge, der versäumte Nobelpreis, die Enttäuschungen, Familienstreit ums Geld, Angst vor Strafen. Dieses Spätwerk zeigt, wie verstaubt und beliebig der Stil solcher irrealer Traumspielereien geworden ist.

GEORGE TABORI

* 24. Mai 1914 in Budapest

Sohn eines Journalisten, der in Auschwitz ermordet wird. Tabori flüchtet vor den Nazis nach London, lebt nach dem Krieg in den USA. Seine Theaterarbeit ist von Brecht, den er übersetzt, und vom Living-Theatre geprägt. Seit 1969 in der Bundesrepublik, wo er zunächst am Bremer Theater eine eigene Gruppe aufbaut, dann frei inszeniert. 1987–89 übernimmt er die Leitung eines Theaters in Wien, »Der Kreis«.

Die Kannibalen (*The Cannibals*, UA 17. 10. 1968 New York) zeigt jüdische Gefangene in Auschwitz – nicht als Märtyrerstück, sondern als Groteske, die zu Banalem und zu makabrem Humor greift. *Sigmunds Freude* (UA 28. 11. 1975 Bremen) ist eine Psychostudie – gruppendynamische Prozesse laufen ab als scheinbar improvisierte Rollenspiele. Auch *Talk Show* (UA 23. 10. 1976 Bremen) entsteht als Gruppenarbeit in Taboris Bremer Theaterlaboratorium – mehr Psychotherapie als Theater. *My Mother's Courage* (UA 17. 5. 1979 München) ist Aufarbeitung der eigenen Vergangenheit: Taboris Mutter war als Jüdin 1944 bereits auf dem Transport nach Auschwitz – ein Zufall und kleiner Bluff retten ihr das Leben. Auch *Peepshow* (UA 16. 3. 1984 Bochum) spiegelt Mutterbindung und Angst vor der Gaskammer. *Jubiläum* (UA 30. 1. 1983 Bochum): Vor dem heute auflebenden Neonazismus steigen die Toten von damals aus dem Grab – und sind wieder die Opfer. *M* (UA 3. 1. 1985 München) erneuert den Medea-Stoff, diesmal mit Jason als Mörder seiner Kinder. *Mein Kampf* (UA 6. 4. 1987 Wien) ist eine Farce um den jungen arbeitslosen Kunstmaler Adolf Hitler, der um 1910 in einem Wiener Asyl Unterschlupf sucht. Dort wird er vom jüdischen Hausierer Schlomo Herzl aufgepäppelt. Zuletzt zieht Hitler als tüchtigster Mitarbeiter der Frau Tod aus, die Welt zu erobern. In *Weisman und Rotgesicht* (UA 17. 3. 1990 Wien) stößt der jüdische Händler Weisman, der mit seiner behinderten Tochter durch den Wilden Westen zieht, auf eine arme, sterbende Rothaut – ein grotesker Wettstreit der verfolgten Außenseiter beginnt. *Die Goldberg-Variationen* (UA 22. 6. 1991 Wien) verlagern die Auseinandersetzung des kleinen Juden Goldberg mit seinem alttestamentlichen Gott Jahwe, der ihn auserwählt hat, ihn schlägt und der Verfolgung preisgibt, auf eine turbulente Theaterprobe. Hier herrscht ein launischer Regie-Gott. Goldberg als Assistent ist ihm ausgeliefert, wird geduckt und geschunden, vermag ihn aber auch augenzwinkernd zu hintergehen. *Babylon-Blues oder Wie man glücklich wird, ohne sich zu verausgaben* (UA 12. 4. 1991 Wien) ist ein kabarettistisches Szenen-Puzzle, das das Heldenpersonal der gesamten Kulturgeschichte von Ödipus und Leonardo bis Goethe und Einstein auftreten läßt und kalauernd durcheinanderwirbelt.

BRENDAN BEHAN

* 9. Februar 1923 in Dublin
† 20. März 1964 in London

Kindheit in Dublin, wird Anstreicher wie sein Vater und die Brüder. Mit vierzehn Jahren tritt er in die verbotene Untergrundtruppe I.R.A. (Irisch-Republikanische Armee) ein. Schon bei seiner ersten Aktion wird er 1939 in Liverpool verhaftet und erhält wegen Sprengstoffvergehen drei Jahre Jugendstrafe. Diese Zeit in den verschiedenen englischen Erziehungsanstalten schildert er später in seiner Autobiographie »Borstal Boy« (1958). November 1941 wird er wieder nach Irland entlassen, liefert

Ostern 1942 der Polizei einen Schußwechsel. Diesmal lautet das Urteil auf vierzehn Jahre Arbeitslager. 1946 bringt eine politische Amnestie die Freiheit. Es folgen unruhige Wanderjahre, Jobs als Matrose, Anstreicher, Schmuggler. In England wiederholt Haft, da er unter Aufenthaltsverbot steht. Er lebt in Paris und Dublin als Journalist. 1956 setzt Joan Littlewood mit der Aufführung »Der Mann von morgen früh« Behan in London durch. Den internationalen Erfolg der »Geisel« vermag Behan kaum noch zu nutzen, da steigender Alkoholkonsum und schwere Zuckerkrankheit seine Arbeitskraft hemmen. Wiederholte Reisen nach Paris und New York. Die letzten Werke, die aus dem Nachlaß veröffentlicht werden, sind nur bruchstückhaft aufs Tonband gesprochen.

Behan ist neben Shaw und O'Casey der dritte irische Theaterautor von internationaler Bedeutung. Seine Jugend ist bestimmt vom Kampf in der I.R.A. und den Gefängnisstrafen, die daraus folgen. Und der irische Bürgerkrieg sowie das Gefängnis sind auch Thema seiner Stücke. Es sind Zustandsbilder, ein unendlicher Fluß epischer Begebenheiten ohne Anfang, ohne Ende. Dramatische Zielstrebigkeit erreicht Behan jeweils durch einen äußerlichen Kunstgriff: in *Der Mann von morgen früh* setzt der Hinrichtungstermin, auf den jeder wartet, den Schlußpunkt. Ebenso ist es in *Die Geisel* die Erwartung auf die angekündigte Hinrichtung des Soldaten. Behans Stücke entwickeln sich in der lockeren Form der szenischen Ballade, der anekdotischen, satirisch verschärften Kurzszene. Immer neue Figuren und Situationen reihen sich aneinander, dazwischen Lieder, Einlagen, phantastische, oft ins Irreale vorstoßende groteske Szenen. Behan, der ein kurzes, exzentrisches, von Alkoholexzessen gezeichnetes Leben geführt hat, bringt diese grelle, vitale Unmittelbarkeit auch in sein Theater ein. Bestimmend wird die Zusammenarbeit mit der Regisseurin Joan Littlewood, die mit ihrem Theatre Workshop Behans Texte oft erst zur Aufführungsreife entwickelt hat. Der satirische Revuestil ihrer Gruppe prägt auch seine Stücke mit ihren jähen Umschwüngen von tief traurig zu ausgelassen heiter, mit ihren Liedeinlagen, Tänzen, ironischen Brechungen. Auf dem deutschen Theater war es Peter Zadek, der Behan in wiederholten Inszenierungen der *Geisel* durchgesetzt hat.

Der Mann von morgen früh (auch unter dem Titel: *Der Spaßvogel*; *The Quare Fellow*). Stück in drei Akten. UA 24.5.1956 London. Deutsch von A. und H. Böll. – *Der Mann von morgen früh* ist der Häftling in der Todeszelle, den man bei Tagesanbruch hinrichten wird. Im Stück tritt er nicht in Erscheinung, aber er ist unablässig gegenwärtig im genormten Ablauf des Gefängnisalltags. Behan, der das Leben im Zuchthaus aus eigener Erfahrung kannte, zeichnet psychologisch genaue Momentaufnahmen aus dem Knast mit seinen eigenen Gesetzen, seinem Jargon, seiner Hackordnung: die lebenslangen Kriminellen Dunlavin und Neighbour, die mit Schmeichelei und Tricks die Wärter hereinlegen; Silver-top, der begnadigte Totschläger, der vor der Amnestie in den Selbstmord flüchten will; gegensätzliche Haltungen sind auch beim Wachpersonal skizziert: da ist der phrasenreiche Inspektor Healy, da ist der Karrierist Donelly und neben ihm die abgebrühten Apparatschiks: »Wir sind ja nur wegen der drei Ung hier: Bezahlung, Beförderung, Pensionierung – wir sind doch Beamte und die drei Ung, das ist das einzige, was uns kümmern sollte.« Behan schaltet sich in die damals aktuelle Diskussion um die Abschaffung der Todesstrafe ein, wenn Hauptwachtmeister Regan die Mitverantwortung aller hervorhebt: »Er, der Henker, hat nicht mehr damit zu tun, als du oder ich oder die Leute, von denen wir unser Geld kriegen, nicht mehr als jeder Mann oder jede Frau, die Steuer zahlt oder bei den Wahlen ihre Stimme abgibt. Wenn sie's nicht haben wollten – dann wär's nicht so.«

Die Geisel *(The Hostage)*. Stück in drei Akten. UA 14.10.1958 London. Deutsch von A. und H. Böll. – Der junge englische Rekrut Leslie wird von den Untergrundkämpfern der I.R.A. gekidnappt und als Geisel in die Slums von Dublin verschleppt. Durch sein Leben soll von den Engländern die Freilassung eines irischen Terroristen erpreßt werden. In der miesen Absteige des alten Pat, der versoffen mit seinen früheren Heldentaten als irischer Freiheitskämpfer prahlt, lebt er unter Nutten, Ganoven, Strichjungen und erlebt mit dem Mädchen Teresa eine zarte Liebesromanze. Faszinierend bunt und exzentrisch sind die Episodenfiguren in diesem Bordell: da ist Muleady, der ehemalige Polizist, den man wegen Betrugs aus dem Dienst gejagt hat, und »Musjö«, der schwärmerische Dudelsackpfeifer; die beiden Strichjungen Prinzessin Grazia und Rio Rita, die versoffene Sozialhelferin Miss Gilchrist. Muleady erweist sich als Spitzel und holt die englischen Truppen ins Haus. Bei der Befreiungsaktion wird Leslie durch eine verirrte Kugel getötet – für Behan Sinnbild dafür, wie sinnlos und zufällig die Opfer in diesem mörderischen Bürgerkrieg fallen. (Reclams UB 9222, engl.)

Richards Korkbein *(Richard's cork leg).* Eine irische Unterhaltung. Deutsche Erstaufführung 16. 2. 1973 Frankfurt a. M. Deutsch von J. und A. Fischer. – Alan Simpson hat diese Skizzen aus dem Nachlaß zu einem Theaterstück ergänzt. Skurrile Typen begegnen sich nachts auf einem Dubliner Friedhof. Das ergibt einen irrwitzigen Kehraus – makaber, traurig, paradox, aber auch auftrumpfend lebenssüchtig und ausgelassen. Maria Concepta und Rose von Lima sind zwei Nutten, die sich zwischen Gräbern an eine Kollegin erinnern, die ein Opfer ihres Berufs wurde. Sie treffen hier auf Hogan und Cronin, zwei I.R.A.-Kämpfer, die sich als Blinde verkleiden, um in dieser Tarnung den politischen Gegnern aufzulauern. Daneben eine puritanisch verklemmte Mrs. Mallarkey samt Tochter, die diese ganze lärmende Gesellschaft in ihren Salon einlädt, und ein obskur herausgeputzter Bonnie Prinz Charlie, der mittels Tonband den aufgebahrten Leichen zu ihrem letzten Wort verhilft. Dieses irrlichternde Nachtstück hat sich als effektvolle Spielvorlage für Komödianten erwiesen.

ARMAND GATTI

* 26. Januar 1924 in Monaco

Entstammt einer italienisch-russischen Emigrantenfamilie; der Vater war Straßenkehrer, er starb, als der Sohn 15 Jahre alt war. Während des Krieges Mitglied der Résistance, zum Tode verurteilt, wegen seiner Jugend zu Zwangsarbeit begnadigt, konnte er nach England fliehen und meldete sich als Freiwilliger zu den Fallschirmjägern. Nach dem Kriege Gerichtsjournalist, dann die Welt bereisender Chefreporter großer Zeitungen. Drehbuchautor und Dramatiker. Er gilt als Anarchist, man hat ihn einen »Vulkan in dauernder Eruption« genannt.

»Es gibt keine Kunst ›an sich‹. Kunst ist immer an einen Kontext gebunden ... Was der Kunst Sinn gibt, ist der Kampf mit den Alltagsgewalten ... Meine Kunst, das ist Kampf ... Die Kunst ist eine Aktivität des Gewissens, das Nein sagt.« Gatti begann die lange Reihe seiner Stücke 1956 mit einem Epitaph auf seinen Vater: *Das imaginäre Leben des Straßenkehrers Auguste G.* Dort rekapituliert ein Sterbender – er ist während eines Streiks zusammengeschlagen worden – sein Dasein und erkennt den Kampf für die Revolution als Sinn des Lebens. Danach wandte sich Armand Gatti globaleren Themen zu. Er versucht, die vielfältigen Verknüpfungen, die unser Bewußtsein bestimmen, szenisch zu realisieren; er erzählt keine Geschichte, sondern weitet seine Themen zum politischen Welttheater aus, das Erdteile und Epochen, Mythen und Fakten miteinander verbindet.

Der schwarze Fisch. Der Titel des 1957 geschriebenen, 1964 in Toulouse uraufgeführten Stückes – deutsch zuerst 1966 in Frankfurt a. M. – symbolisiert den Kaiser Tsin, der im Jahre 221 v. Chr. das erste chinesische Großreich gegründet hat. Der Gewalt dieses Kaisers widerstrebt geschmeidig, aber hoffnungslos der humane Fürst Tan. An beiden Höfen regiert in der Gestalt eines legendären Affen derselbe Ministerpräsident, hier in Schwarz, dort in Grün, hier kriecherisch und gerissen, dort überlegen-freundschaftlich. Der Doppelminister scheitert, auch beide Kaiser gehen unter. – *Die zweite Existenz des Lagers Tatenberg.* Das 1962 in Lyon uraufgeführte Stück – deutsch 1965 in Essen – zeigt die Vergewaltigung der Gegenwart durch die Vergangenheit. – *Die Schlacht der sieben Tage und sieben Nächte* (auch unter dem Titel: *Ein Mensch allein*), 1966 in St-Etienne uraufgeführt, deutsch 1968 in Celle, zeigt in 72 Bildfragmenten die Familie eines Partisanenführers, eine Partisanengruppe und einige Kuomintang-Offiziere. Sie sind zu einem ›imaginären Gericht‹ aufgeboten, das der Partisanenführer über sich selbst verhängt hat. – *General Francos Leidenswege.* Das 1967 in Kassel uraufgeführte Stück schildert Leidenswege, die Franco verursachte. Es geht um die Vorstellungen von und die Erinnerungen an Spanien, die spanische Emigranten sich bewahren. – *V wie Vietnam.* Das Stück wurde 1967 in Toulouse uraufgeführt, deutsch 1968 in Wuppertal. Es stellt zwei Denkformen und infolgedessen auch Kampfweisen einander gegenüber: Material gegen Menschen. *K. H. R.*

JAMES SAUNDERS

* 8. Januar 1925 in London

Nach Kriegsdienst in der Marine versuchte er sich in verschiedenen Berufen, so in der Herstellung von Lacken, von Pflastersteinen, als Kellner, Chemielehrer; seit 1964 ist er freier Schriftsteller. *H. D.*

Ein Eremit wird entdeckt *(Next Time I'll Sing to You).* Schauspiel. UA 18.6.1962 Ealing. Deutsch von H. Spiel. – Nicht Saunders, sondern Raleigh Trevelyan hat den Eremiten entdeckt. Trevelyan lebte in der Nähe von Great Canfield in Essex, wo Jimmy Mason 60 Jahre lang in einer verbarrikadierten Hütte hauste, Tagebuch führte und sich nicht sehen ließ. Im Jahre 1940, zwei Jahre bevor der Einsiedler vierundachtzigjährig starb, entdeckte Trevelyan das Tagebuch und schrieb ein Buch über Mason. Saunders griff den Stoff auf, um ein existenzphilosophisches Kabarett zu entfesseln. Drei Schauspieler und eine Schauspielerin treffen sich auf der Bühne, um den Fall zu klären. »Ich will nur eines: den Sinn des Lebens ergründen«, sagt Rudge, »bei einem einzigen Menschen ... Ist das zuviel verlangt?« Nicht nur jener einsiedlerische Greis dient als Beispiel, sondern auch die Bühne selbst. Die dauernde Wiederholung der Rolle wird zum Vorwurf gegen den Alltag. Die Lebenskonvention wird gesprengt, damit man einsieht: Es ist alles Theater. Die Theaterkonvention wird mit Illusionsdurchbrechungen und Selbstironie gesprengt, damit man das Spiel als Abbild des Lebens erkennt. *H. D.*

Ein Duft von Blumen *(A Scent of Flowers).* Schauspiel. UA 28.9.1964 London. Deutsch von H. Spiel. – Eine an ihrer Einsamkeit, an der Liebe zu einem verheirateten College-Professor, an ihrem Sündenbewußtsein und einer Überdosis Schlaftabletten gestorbene Studentin kommentiert ihr Leben und ihren Tod. Der Sarg steht immer im Mittelpunkt des Spiels, dessen elegische Heiterkeit bisweilen in makabren Witz und handfeste Zynismen umschlägt. *H. D.*

Der Einakter *Wer war Hilary? (Who Was Hilary Maconochie?* UA 9.6.1963) befaßt sich mit den »konventionellen englischen Ansichten über die konventionellen europäischen Ansichten über den Engländer – ist damit Karikatur einer Karikatur«, erklärte Saunders. Im Einakter *Der Schulmeister* (*The Pedagogue*, UA 9. 6. 1963) bildet das Publikum eine Schulklasse. Der Lehrer möchte Vertrauen in die Weltordnung vermitteln, in den natürlichen Adel des Menschen, in die Vernunft, die stets gesiegt habe. Aber während er seine Botschaft vorbringt, wird sie immer fragwürdiger. – Am 22. Februar 1972 wurde sein Stück *Hans Kohlhaas* (nach Kleist) in London uraufgeführt, deutsch 1974 in Bonn, Dortmund und Stuttgart. *H. D.*

Leib und Seele *(Bodies).* Ein Stück in zwei Akten. UA 20. 2. 1978 London. Deutsch von H. Spiel. – Zwei Ehepaare diskutieren ihre Probleme, ihre Ängste, ihr Selbstverständnis, ihre Rezepte fürs Überleben. Der Lehrer Mervyn und seine Frau Anne sind intellektuelle, neurotische, auf Selbstzweifel und Innenschau fixierte Menschen – sie verkörpern die Seele. Der Geschäftsmann David mit Helen ist eine vitale, naive Kraftnatur – auf den Leib konzentriert. Mittels solcher Polarität persifliert Saunders die Neurosen und modischen Lebenshaltungen unserer Gegenwart.

Herbst *(Fall).* Einakter. UA November 1981 London. Deutsch von H. Spiel. – Drei Schwestern sind ins Elternhaus zurückgekehrt, da der Vater im Sterben liegt. Gegensätze und Konflikte brechen auf zwischen den Frauen, da jede von ihnen eine anderes Rezept zum Leben und Überleben verteidigt: Ann, 18 Jahre, hat ihr Zuhause in einer Kommune. Sie erwartet ein Kind und sucht das freie, alternative Leben. Kate, 26 Jahre, hat sich meditierend den ostasiatischen Erlösungskulten verschrieben. Helen, die älteste Schwester, ist Psychotherapeutin und versucht die Welt durch marxistisches Engagement und Psychoanalyse zu verbessern. Mr. Fox, ein außenstehender Beobachter, greift immer wieder mit ironischen Kommentaren ins Spiel ein. Saunders sichtet in diesem psychologischen Kammerspiel kritisch die Sozialhaltungen und Glaubensmoden unserer ratlosen Zeit.

In *Bessere Zeiten* (*Making It Better*, UA 19. 12. 1991 Wien) zeigt Saunders zwei tschechische Emigranten in London: Argwohn vor Bespitzelung, Existenzangst, Zukunftslosigkeit vergiften jede menschliche Beziehung – ein szenischer Nachruf auf die Zeit des Kalten Krieges.

DARIO FO

* 24. März 1926 in San Giano am Lago Maggiore (Prov. Varese)

Vater Eisenbahner, Mutter Bäuerin. Wendet sich erst der Malerei zu, studiert Architektur in Mailand. Seit 1952 Theaterarbeit, Sketche und Satiren für den Rundfunk. Einfluß der Regisseure Giorgio Strehler und Gianfranco de Bosio, für den er politisches Kabarett verfaßt. 1958 entstehen in Zusammenarbeit mit seiner Frau Franca Rame die ersten Farcen, die er – Autor, Regisseur und Hauptdarsteller zugleich – mit einer eigenen freien Truppe aufführt. Fo gründet nacheinander verschiedene Ensembles: »La Compagnia Dario Fo – Franca Rame« (1959–67), die Gruppe »Neue Szene« (1968–70), das Theaterkollektiv »La Comune« (1970–73) in Mailand. Seit 1973 arbeitet Fo wieder in Rom. Mit seinen Gruppen macht er Straßentheater, spielt auf Plätzen, in Fabriken und Zelten, um mit seinem politisch motivierten Volkstheater auch unmittelbar das Volk anzusprechen.

Fo schreibt seine Texte zunächst unmittelbar für sich und seine Gruppe. Er nutzt Theater als politisches Instrument, greift dafür die alten Figuren und Situationen der Volksposse und Commedia dell'arte auf: auch dort geht es ja um den Kampf der schlauen, lebenslang geprügelten Dienstboten gegen die Reichen und Privilegierten. Fo füllt das vorgegebene Modell mit aktuellem Zündstoff. Die Oberen sind nun die Politiker, Polizisten, Geistlichen und Bürokraten, gegen die die arbeitslosen Proleten, die abgeschriebenen Rentner, die in ihrer Doppelrolle als Arbeitstier und Familienmutter ausgebeuteten Frauen mit den alten rüden Mitteln der Farce ankämpfen – mit Tricks, Verwechslungen, Gaunereien, Zirkusspäßen und handfester Prügelei. Oft steht ein anscheinend harmloser Hanswurst im Mittelpunkt, der mit seinen penetrant naiven Fragen, seiner beflissenen Unterwürfigkeit erst die Scheinheiligkeit des Herrschaftssystems und seiner Funktionäre entlarvt. Diese dramaturgische Enthüllungstechnik erinnert an die Hanswurstiaden von Schwejk und an Karl Valentins Theater als Narrenspiegel. In der grotesken Übertreibung prangert Fo als Marxist die soziale Ungerechtigkeit an und will mit seinem Theater »einen revolutionären Prozeß befördern, der die Arbeiterklasse an die Macht bringt«. Die KPI, mit der er früher zusammengearbeitet hat, bekämpft er, seit sie mit den italienischen Christdemokraten paktiert. In *Offene Zweierbeziehung* (*Coppia aperta, quasi spalancata*, UA 1983 Mailand), dem vielgespielten Zweipersonenstück, rächt Antonia die Seitensprünge ihres allzu flotten Ehemanns, indem sie einfach dasselbe tut und sich einen Liebhaber nimmt. *Zufällig eine Frau: Elisabeth* (*Quasi per caso una donna: Elisabetta*, UA 7. 12. 1984 Riccione) zeigt Elisabeth I. von England als Monstrum, wie es in Possenmanier gegen die Altersrunzeln wie gegen die Staatsintrigen kämpft.

Zufälliger Tod eines Anarchisten *(Morte accidentale di un anarchico)*. Eine Farce. UA 5. 12. 1970 Mailand. Deutsch von P. O. Chotjewitz. – Fo greift den ungeklärten Tod des Häftlings Pinelli auf, der 1969 als linker Anarchist festgenommen wurde und während eines Verhörs aus dem Fenster des Mailänder Polizeipräsidiums stürzte. Die offizielle Version lautet: Selbstmord. Aber Indizien und widersprüchliche Zeugenaussagen zeigen auf, daß Pinelli bereits vor dem Fenstersturz tot und zudem völlig unschuldig in Polizeihaft war. Dario Fo läßt einen Irren zu dem schuldigen Beamten vordringen. Der Verrückte gibt sich mal als Untersuchungsrichter, dann wieder als Hauptmann und Bischof aus und treibt die beteiligten Polizisten gerade durch die Beflissenheit, mit der er alle Lügen und Schutzbehauptungen glaubt und weiterspinnt, immer mehr in die Enge. Bis die Staatsdiener ihr Lügengebäude nur dadurch retten, daß auch der unbequeme Spürhund aus dem Fenster gekippt wird.

Einer für alle, alle für einen! Verzeihung, wer ist hier eigentlich der Boss? *(Tutti uniti! Tutti insieme! Ma scusa, quello non è il padrone?)*. Theaterstück. UA 27. 3. 1971 Varese. Deutsch von P. O. Chotjewitz. – Die politische Entwicklung in Italien zwischen 1911 und 1922 wird am Schicksal der kommunistischen Arbeiterin Antonia Berazzi sichtbar. Stets wird Antonia von der Polizei gesucht, in Verhöre verwikkelt, von Gefängnis bedroht.

Bezahlt wird nicht! *(Non si paga! Non si paga!)*. Eine Farce in zwei Akten. UA 3. 10. 1974 Mailand. Deutsch von P. O. Chotjewitz. – Mit diesem Motto stürmen die Arbeiterfrauen erbost über die steigenden Preise einen Supermarkt und bedienen sich ohne Bezahlung. Auch Antonia und ihre Freundin Margherita haben fleißig gehamstert. Sie müssen die Beute sowohl vor den Ehemännern wie vor der Polizei verstecken, stellen sich schwanger, greifen zu den irrwitzigsten Ausreden. Giovanni und Luigi, die beiden bisher so angepaßten und der Obrigkeit ergebenen Ehemänner werden vom Kampfgeist ihrer Frauen angesteckt: Als man sie aus ihrer Wohnung vertreibt, weil sie die Miete nicht mehr aufbringen, und die Polizei gewaltsam den Wohnblock räumen will, schließen sie sich dem Aufstand der Arbeiter an.

Mamma hat den besten Shit *(La marijuana della mamma è la più bella).* Stück in zwei Akten. UA 2.3.1976 Mailand. Deutsch von P. O. Chotjewitz. – Eine nette harmlose Durchschnittsfamilie mit Mama und Opa entpuppt sich als Drogennest, wo die Haschischpflanzen unterm Bett und in den Schubladen nur so wuchern, CIA, Karabinieri und Priester überdies Helfershelfer der Mafia sind – das steigert sich zu einer grellen Klamotte.

Nur Kinder, Küche, Kirche *(Tutta casa, letto e chiesa).* 8 Einakter. UA Dezember 1977 Mailand. Deutsch von R. Häfner. – Die Welt der Frau ist hier mit Gerümpel und morschen Schränken verstellt, mit Kinderwagen und Kühlschrank, Waschmaschine und Nähkorb. Das ist ihre Welt – ist es eine Welt? Dario Fo und seine Frau Franca Rame haben acht Sketche, Monodramen über das Rollenverhalten der Frau, aneinandergereiht, Zerrbilder und Hohnspiele auf reale Konfliktsituationen, die bestehen, seit sich die Männerwelt die Frau für ihre dienende Aufgabe als Heimchen am Herd und im Bett zurechtdressiert hat. Die berufstätige Frau mit Baby im morgendlichen Wettlauf mit der Uhr. Die Grüne Witwe tagsüber allein, eingesperrt mit Fernseher und Waschmaschine, mit ihren Frustrationen und sexuellen Phantasien, bis sie sich Luft macht im Gewaltakt. Oder die Mutter, die – um den Sohn zu retten – in die Drogenszene geht und so viel Spaß findet am freien, frohen Leben in der Subkultur, daß sie Stadtstreicherin wird, während der Sohn längst als angepaßter Technokrat Karriere macht. Weitere Monologe zeigen eine neuzeitliche Medea und eine in Isolationshaft gehaltene Terroristin.

Hohn der Angst *(Lo sghignazzo della paura).* Farce. UA 14.1.1981 Mailand. Deutsch von P. O. Chotjewitz. – Der Großindustrielle Agnelli erleidet bei einer Entführung einen Autounfall und schwerste Verbrennungen, die ihn bis zur Unkenntlichkeit entstellen. Die Schönheitschirurgen restaurieren sein Gesicht nach einem Foto, das er bei sich trägt, das aber das Konterfei eines kommunistischen Arbeiters zeigt, der ihn gerettet hat. Wie nun der mit der Aristokratie verschwägerte mächtige Wirtschaftsboß, der in internationalen Gremien sitzt, auf einmal in einen Arbeiter verwandelt ist, führt wie stets bei Fo zum irrwitzigen Verwirrspiel, das Sicherheitsdienst, Terrorismus, korrupte Politik kräftig aufs Korn nimmt.

FRANÇOIS BILLETDOUX

* 7. September 1927 in Paris
† 26. November 1991 in Paris

Schon als Halbwüchsiger Auftritt im Pariser Kabarett »Lapin Agile«. 1944 Besuch der Schauspielschule, 1955 des Instituts für Filmkunst. Nach 1945 Auftritte in Kabaretts der »rive gauche« und Arbeit als Rundfunkregisseur. 1949 Programmdirektor der Rundfunk- und Fernsehstation in Fort de France auf Martinique, 1957 der Rundfunkgesellschaft »La France d'Outre-Mer«.

»Ich lebe – und das ist nicht immer bequem – ohne feste Gewohnheiten, ohne Systeme, ja fast ohne Gedächtnis ... So habe ich auch keine festen Vorstellungen vom Theater oder irgend etwas anderem. Jedenfalls hoffe ich das. Ich zwinge mich dazu, keinen Gedanken zu unterdrücken.«

Tschin-Tschin. Diese Komödie war bisher der größte Erfolg des Autors. Zwei einander fremde Menschen, nämlich eine kalte Engländerin und ein sanguinischer Italiener, suchen gemeinsam einen Modus vivendi, denn sie haben einen gemeinsamen Kummer: ihr ist der Mann, ihm die Frau fortgelaufen, und zwar jeweils mit dem Partner des anderen. Sie verkommen langsam im Suff. – *Geh doch zu Thorp.* Komödie. *Va donc chez Törpe* wurde 1961 in Lüttich uraufgeführt, deutsch zuerst

1962 in Berlin. Wenn einer leicht sterben will, sagt man ihm »Geh doch zu Thorp«, nämlich in die Pension des Fräulein Thorp, deren Gäste sämtlich Selbstmordkandidaten sind. Ein Inspektor soll die Todesfälle aufklären. – *Wie geht's der Welt, Mossjöh? – Sie dreht sich, Mossjöh!* Komödie. *Comment va le monde, Môssieu? – Il tourne, Môssieu!* Uraufgeführt 1964, deutsch zuerst in Münster 1966. Vierzehn Stationen auf dem gemeinsamen Wege des Amerikaners Job und des Lothringers Hubert. Schnoddrigkeit und Frömmigkeit wechseln ständig, mit verwegenem Witz wird die Frage nach dem Wert des Menschen gestellt. – *Durch die Wolken. Il faut passer par les nuages,* 1964, deutsch erstmals 1965 in Mannheim. Ein ursprünglich als ›gefallenes Mädchen‹ verachtetes Familienmitglied regiert die Sippe und ihre Fabrik mit Energie, bis es von einem Rausch der Selbstaufgabe erfaßt wird und alles verschleudert. Daraufhin scheitern auch die jäh auf sich selbst angewiesenen Familienangehörigen. *K. H. R.*

EDWARD ALBEE

* 12. März 1928 in Washington

Adoptivsohn des reichen Theaterunternehmers Reed A. Albee. Kindheit in Larchmont, New York. Unregelmäßiger Schulbesuch, u. a. auch 1943 die Valley Forge Military Academy, aus der er ein Jahr später entlassen wird. 1948–58 lebt er in Greenwich Village, N. Y., wo er sich als Verkäufer im Warenhaus »Bloomingdales«, als Werbetexter, als Barmann durchschlägt, bis ihm eine kleine Erbschaft einen längeren Aufenthalt in Florenz ermöglicht. Seine ersten Stücke »Die Zoogeschichte« (1959) und »Der Tod von Bessie Smith« (1960), die den American Way of Life scharf attackieren und sich gegen die Rassendiskriminierung der schwarzen US-Bürger wenden, müssen in Berlin am Schillertheater uraufgeführt werden. Von Berlin aus setzt sich Albee als Dramatiker weltweit durch. *K. H. R.*

Wer hat Angst vor Virginia Woolf?

(Who's Afraid of Virginia Woolf ...?). Stück in drei Akten
Uraufführung: 13. Oktober 1962 in New York
Deutsch von P. Braun

Personen: Martha – George, ihr Mann – Putzi – Nick, ihr Mann.

Der Titel des Stücks hat nichts mit der britischen Dichterin Virginia Woolf (1882–1941) zu tun, sondern ist eine parodistische Verzerrung des Kinderliedes »Wer fürchtet sich vor dem bösen Wolf?«, das wie ein Cantus firmus in dem Inferno der brutalsten Seelenentblößung, die je ein dramatischer Autor an seinen Figuren vorgenommen hat, immer wieder einmal angestimmt wird. Schauplatz des Infernos ist die Wohnung eines unbedeutenden Geschichtsprofessors an einer kleinen Universität der amerikanischen Ostküste. Er ist mit der sechs Jahre älteren Tochter des Rektors dieser Universität verheiratet, die ihm in einem höllischen Ehekrieg mit boshafter Lust immer wieder vorhält, daß er ein Totalversager als Gelehrter und Ehemann ist; dem vitalen, trinkfesten, nahezu nymphoman sinnlichen Weibsteufel begegnet er mit Hinterlist, Heimtücke und kleinen, aber schmerzhaften seelischen Peitschenhieben. Nach einer Party im Hause ihres Vaters bekommen George und Martha spät in der Nacht noch den Besuch eines Kollegenehepaars, des stämmigen jungen Biologen Nick und seiner dümmlichen Frau Putzi, die ebenfalls auf der Rektoren-Party waren. Alle sind schon ziemlich alkoholisiert, aber man säuft unentwegt weiter – Martha, George und Nick Whisky, Putzi Cognac, den sie immer wieder von sich gibt. (Von ›Kotzen‹ im physischen und psychischen Sinn ist viel die Rede.) Man vertreibt sich die Zeit mit ›Gesellschaftsspielen‹ (Titel des ersten Akts) von der Art ›Beleidigt die Gäste‹ oder ›Demütigt den Hausherrn‹, mit denen George und Martha ihre Besucher ob der Bosheit und abgefeimten Niedertracht ihrer selbstquälerischen Erfindungen in befremdet amüsiertes Erstaunen setzen. Der Clou dieser Erfindungen ist ein ›Sohn‹, der am nächsten Tag 21 Jahre alt werden soll, aber nicht im Hause lebt, weil ihn der Jammerlappen von Vater oder die inzestuös begehrliche Mutter anekeln – je nachdem, wer von den Ehepartnern ihn gerade für sich in Anspruch nimmt. Im sich steigernden Delirium des Alkohols und des Hasses – der zweite Akt ist ›Walpurgisnacht‹ betitelt –, in das die Besucher mit hineingezogen werden, nehmen auch die Gesellschaftsspiele ärgere Formen an, man wechselt übers Kreuz den Partner, und schließlich holt George, wohl wissend, daß die Kinderlosigkeit seiner Ehe die Ursache dafür ist, daß das Zusammenleben mit Martha zur Hölle wurde und der erfundene Sohn als eine Art seelischer Hilfskonstruktion sie allein dieses Dasein überhaupt noch ertragen läßt, zu einem niederschmetternden Schlag aus: Er verkündet der bislang in Whisky-Exzessen furios triumphierenden Martha, der Sohn sei gestorben, und schlägt die verzweifelt um die Aufrechterhaltung dieser für sie lebensnotwendigen Illusion Kämpfende mit der sadistisch wiederholten Beteuerung von der Gewißheit dieses Todes vollends zu Boden. (Titel des dritten Akts: ›Die Austreibung‹.) In ihr Jammern spricht er wie ein Priester die lateinischen Totengebete des Requiems und schickt Nick und Putzi, die von zeitweisen Mitfiguranten des satanischen Reigens schon längst wieder zu bloßen Statisten herabgesunken sind, brüsk nach Hause. Im Morgengrauen bleiben die beiden in ihrer Verlorenheit und Haßliebe unauflöslich miteinander Verbundenen allein.

Das dramaturgisch meisterhaft gebaute und in einem bald ätzend ironisch-liebenswürdigen, bald bis zur Obszönität brutalen Dialog geschriebene Stück ist eine extreme Steigerung der seelischen Konfliktsituation aus Strindbergs *Totentanz*, basierend, wie es der Berliner Kritiker Friedrich Luft formuliert hat, auf den drei bedrängendsten ›Kümmernissen‹ der amerikanischen Gesellschaft: »Teufel Alkohol; Hölle des verheirateten Lebens; Impotenz.« *K. H. R.*

Winzige Alice *(Tiny Alice).* Ein Schauspiel. UA Dezember 1964 New York. Deutsch von P. Braun. – Ein »metaphysisches Traumspiel« nennt Albee sein Stück um den idealistischen Laienbruder Julian und die unermeßlich reiche, weltbeherrschende Alice. Ein Modelltheater, auf dem die verkleinerten Abbilder der Figuren auftreten, versucht dem Spiel und seinen Symbolen eine allegorische Dimension zu geben.

Empfindliches Gleichgewicht *(A Delicate Balance).* Ein Stück. UA 17. 9. 1966 New York. Deutsch von P. Braun. – Wieder ist die Familie Schlachtfeld für Ehekrisen und Alkoholexzesse. Das Ehepaar Agnes und Tobias erhält überraschend

Besuch: Edna und Harry, seit Jahrzehnten ihre besten Freunde, haben in Panik vor der Leere ihres Daseins ihr Haus verlassen und quartieren sich hier ein, wollen künftig hier leben. Da fühlen sich die übrigen Familienmitglieder verdrängt und verteidigen mit Feindseligkeit und hysterischen Ausbrüchen ihr Hausrecht. Agnes' Schwester Claire ist Alkoholikerin, die ihre Einsamkeit nur in verzweifeltem Zynismus durchstehen kann. Die Tochter Julia sucht nach ihrer vierten gescheiterten Ehe wieder Zuflucht im Elternhaus und greift zum Revolver, um die Eindringlinge zu vertreiben. Als die »besten Freunde«, die so offensichtlich unerwünscht sind, wieder abreisen, bleibt die Frage: Wie empfindlich ist das Gleichgewicht unserer Zwischenmenschlichkeit? Welche Belastungsprobe hält die vielbeschworene Freundschaft aus?

Alles im Garten *(Everything in the Garden)*. Komödie. UA 16.11.1967 New York. Deutsch von P. Braun. – Schokkiert erfährt Richard, daß er seinen aufwendigen Lebensstil mit Bungalow, Swimmingpool und fröhlichen Parties nur dem einträglichen Nebenverdienst seiner Frau Jenny verdankt, die als Callgirl im Luxusbordell von Mrs. Thoothe arbeitet. Aber seine moralische Entrüstung verfliegt, sobald er feststellt, daß auch die Ehefrauen seiner Freunde und Nachbarn demselben Nebenerwerb nachgehen. Nur Jack erweist sich mit seinem Moralanspruch in dieser Gesellschaft als Störenfried. Deshalb wird er beseitigt und im Garten vergraben. Keiner braucht mehr ein schlechtes Gewissen zu haben.

Alles vorbei *(All over)*. Stück in zwei Akten. UA 27.3.1971 New York. Deutsch von P. Braun. – Ein Mann liegt im Sterben – um ihn sind sie alle versammelt, die in dem Leben, das gerade zu Ende geht, ihre Rolle spielten – Gattin, Geliebte, die Kinder. In psychoanalytischem Puzzle werden die Widersprüche, Versäumnisse, die Verlogenheiten und Banalitäten eines sinnlos vertanen Lebens sichtbar.

Seeskapaden *(Seascape)*. Ein Stück. UA 23.11.1974 New York. Deutsch von P. Braun. – Albee kleidet seine Gesellschaftssatire in Science Fiction: Das Ehepaar Nancy und Charlie erlebt den Alltag des Dinosaurierpärchens Leslie und Sarah auf dem Meeresgrund mit. Auch hier gibt's Ärger mit den Nachbarn, Streß durch aufreibende Muränen. Dennoch fühlen sich die Tiere wohler, da sie frei sind von den Neurosen und Selbstzweifeln der Menschen.

Die Dame von Dingsville *(The Lady from Dubuque).* Stück in zwei Akten. UA 31.1.1980 New York. Deutsch von P. Braun. – Wieder zeigt Albee eine Party mit Alkoholkonsum, Alberei und Gesellschaftsspielen, um die Verzweiflung und innere Leere seiner Figuren zu demaskieren. Jo, die so fröhlich die Gastgeberin mimt, ist bereits vom Tod gezeichnet. Eine unbekannte alte Dame erscheint und besteht hartnäckig darauf, Jos Mutter zu sein. Jo und ihr Mann Sam protestieren gegen diese Zumutung, bis Jo zuletzt die Fremde annimmt als ihre »Schmerzensmutter«, als Sinnbild des Todes, mit dem sie sich nun abfindet. Albee kehrt hier wieder zu seinen Anfängen zurück, wenn er das psychologische Gesellschaftsstück allegorisch überhöht.

PAVEL KOHOUT

* 20. Juli 1928 in Prag

Studium an der Philosophischen Fakultät der Karls-Universität in Prag; war u. a. Chefredakteur der satirischen Zeitung »Dikobraz«, Redakteur verschiedener Zeitschriften und Zeitungen, TV-Reporter; seit 1956 freier Schriftsteller, Dramatiker, Publizist; 1949/50 als Kulturattaché an der tschechoslowakischen Botschaft in Moskau; 1967 löste Kohout auf dem vierten Schriftstellerkongreß den offenen Konflikt mit der Parteiführung aus, als er den »Offenen Brief an den Sowjetischen Schriftstellerkongreß« von Alexander Solschenizyn verlas, es folgte der Parteiausschluß; 1968 rehabilitiert; 1969 erneuter Parteiausschluß und Publikationsverbot in der ČSSR; Unterzeichner der »Charta '77«. Heute in Wien. *H. D.*

So eine Liebe *(Taková láska).* Spiel in zwei Teilen. UA 13.10.1957 Prag. Deutsch von L. Taubová. – In diesem Stück wird ein imaginärer Lokaltermin anberaumt, um die Motive für den Selbstmord eines jungen Mädchens zu klären. Dabei zeigt sich, daß alle mitschuldig sind, die mit Lida zusammenkamen.

August August, August. Komödie. UA 12.5.1967 Prag. Deutsch von L. Taubová. – Ein dummer August will Lipizzaner dressieren. Man sagt ihm, das könne nur ein Direktor machen, er müsse also Direktor werden. Um dieses Zieles willen erfüllt er viele Bedingungen. Schließlich muß die Direktion ihm seinen Wunsch erfüllen. Sie schickt ihm aber Tiger statt Lipizzaner in die Manege. August wird mit Weib und Kind gefressen. – Nach der Besetzung der Tschechoslowakei im August 1968 gab Kohout seiner Komödie ein Vorwort, in dem es heißt, er habe eine »Allegorie auf das Schicksal des schöpferischen Menschen« schreiben wollen. »Ich sah nicht voraus, daß es eine Allegorie auf das Schicksal meines Landes und meiner Partei werden würde.« *H. D.*

Maria kämpft mit den Engeln *(Maria zápasí s anděly).* Stück in zwei Akten. UA 7.3.1981 Wien. Deutsch von G. und A. Baumrucker. – Ein Zeitstück über die Situation der Dissidenten und oppositionellen Künstler im heutigen Prag: Die Schauspielerin Maria Radostová hat als Mitunterzeichnerin der Charta '77 seit sieben Jahren Berufsverbot durch die tschechischen Behörden. Sie lebt mit ihrem Freund, dem Kameramann Josef, von Heimarbeit und bastelt Tischlampen. Seit sie durch einen Autounfall den Tod ihrer kleinen Tochter verschuldet hat, leidet sie an Erscheinungen: Engel, die sich rasch in Dämonen verwandeln, wollen sie in den Selbstmord treiben. Maria hat ein verbotenes Theaterstück um eine Freiheitsheldin einstudiert und will es in ihrer Wohnung im engsten Freundeskreis aufführen. Aber alle, die ihr Mitwirken zugesagt haben, lassen sie im Stich. Auch ihr selbst bietet die Partei die Rückkehr zum Theater an, wenn sie sich anpaßt und auf den Protest verzichtet. Erneut kämpft Maria mit ihren Versuchern in Engelsgestalt. Wie wird sie sich entscheiden?

Da Engel auch der Spitzname ist für die Überwacher aus dem Polizeiapparat, bekommt Kohouts Allegorie einen politischen Doppelsinn. Vorbild für den Stoff ist die prominente tschechische Schauspielerin Vlasta Chramostová, die Weihnachten 1979 trotz Berufsverbot in ihrer Prager Wohnung ein verbotenes Stück von František Pavlíček aufgeführt hat.

Morast *(Marast). Der sechste Einakter über Vanek.* UA 27.3.1982 Göttingen. Deutsch von G. und A. Baumrucker. –

Aus Solidarität mit dem inhaftierten Schriftsteller Václav Havel schreibt Kohout auch eine Szene um den oppositionellen Autor Ferdinand Vanek, den Havel bisher in vier Einaktern als Opfer des Parteiapparats gezeigt hat. Hier will Vanek bei der Polizei Anzeige erstatten, weil Unbekannte ihm die Haustür einschlugen. Die Beamten stellen sich mal dumm und unwissend, dann wieder drohend oder biedern sich mit falscher Anteilnahme an, überrumpeln ihn mit gefälschten Indizien und Beschuldigungen. Sie treiben Psychoterror mit dem unbequemen Dissidenten.

JOHN OSBORNE

* 12. Dezember 1929 in London

Entbehrungsreiche Jugend im Londoner Vorort Fulham. Seinen Vater, einen Graphiker, verliert Osborne mit elf Jahren, die Mutter arbeitet als Kellnerin. Mit sechzehn Jahren fliegt er vom Belmont College, da er gegen den Direktor tätlich wird. Versucht sich als Journalist in Handelsblättern, wird Hauslehrer bei Berry O'Brien, dem Leiter einer Theatertruppe in Sheffield. Er bleibt zehn Jahre beim Ensemble und arbeitet sich vom Regieassistenten hoch zum Mitspieler, Textbearbeiter und schließlich Autor. 1956 geht er an die »English Stage Company« und schreibt als Selbstporträt »Blick zurück im Zorn«. Er erhält dafür Literaturpreise und wird mit der Figur des »zornigen jungen Mannes« bahnbrechend für das moderne sozialkritische Zeitstück.

Mit Jimmy Porter aus *Blick zurück im Zorn* gelingt Osborne eine Schlüsselfigur für die fünfziger Jahre, in deren Zweifeln und Widersprüchen, in deren Haltung aus Verweigerung und Protest sich eine ganze Nachkriegsgeneration wiedererkennt. Osbornes theaterwirksamer Stil, Zeitthemen mit den Mitteln des Psychorealismus aufzuarbeiten, wirkt auf eine ganze Gruppe junger Dramatiker – Arnold Wesker, Shelagh Delaney, John Mortimer, John Arden, Ann Jellicoe u. a. – und ihre sozialkritischen Stücke. Bei Osbornes Helden handelt es sich meist um einen Außenseiter, der sich verkannt fühlt und gegen die Umwelt zur Wehr setzt, eine Figur voller Selbstmitleid und Märtyrerhaltung, die ihr Scheitern in brillanter Anklage der Gesellschaft anlastet. Der Protest gegen die Welt entwickelt sich oft als Generationskonflikt: Jimmy gegen seinen Schwiegervater, der Entertainer gegen seinen Vater, auch Luthers Aufstand gegen den Papst läßt sich so interpretieren. Stilistisch nutzt Osborne anti-illusionistische Mittel wie Zitate, Conferencen, Rückblenden, um seine Geschichten als bewußtes Rollenspiel herauszustellen. Deshalb erwiesen sich die Stücke als wirkungssichere Spielvorlagen für Schauspieler – auch in den Verfilmungen von Tony Richardson, mit dem Osborne eine eigene Produktionsfirma »Woodfall« gegründet hat.

Blick zurück im Zorn

(Look Back in Anger). Theaterstück in drei Akten
Uraufführung am 8. Mai 1956 in London
Deutsch von H. Sahl

Personen: Jimmy Porter – Alison, seine Frau – Cliff Lewis, beider Freund – Helena Charles, beider Freundin – Colonel Redfern, Alisons Vater.
Ort und Zeit: Porters Dachzimmer in einer mittelenglischen Großstadt, Gegenwart.

Jimmy Porter ist ein verkrachter Student, der sich durch Bonbonverkauf notdürftig über Wasser hält. Er hat keine Perspektive, keine Hoffnungen, fühlt sich als Versager und reagiert die erlittenen Demütigungen ab, indem er reizbar und aggressiv jeden attackiert, der ihm gerade erreichbar ist. Überdruß, innere Leere machen sich Luft in Zynismus, Provokation, in wild improvisierten Worteruptionen, in Psychoterror, der sich vor allem gegen seine junge Frau Alison entlädt. Da sie aus einer konservativen Offiziersfamilie stammt, kehrt Jimmy seine proletarische Herkunft heraus und findet immer neue Varianten, sie zu erniedrigen. Er wütet, damit seiner Frau endlich einmal etwas zustößt und die Langeweile, der Dauerschlaf des Alltags durch eine kleine Explosion abgelöst wird. Auch Cliff Lewis, der als Freund rührend und zaghaft bemüht ist, immer auszugleichen, kann für den Fortbestand dieser verschlissenen Ehe nichts mehr tun. Alison erwartet ein Kind, hält dies aber aus

Angst vor Jimmys Unberechenbarkeit geheim. Nichtsahnend malt er sich aus, sie sollte nur endlich den Tod eines Kindes erleben: »Oh, ich würde für mein Leben gern sehen, wie du damit fertig wirst.« Alison hält das nicht mehr aus, sie ist erschöpft, müde, hilflos und folgt dem Rat ihrer Freundin Helena: Sie verläßt Jimmy und läßt sich von ihrem Vater, dem Colonel Redfern, der immer noch von Englands Imperium träumt, heimholen ins Elternhaus. In seiner verletzten Eitelkeit nutzt Jimmy Helena zum Verlegenheitsseitensprung. Und sie ist so fasziniert von seiner Unberechenbarkeit, daß sie als Ersatzfrau bei ihm bleibt. Nach einigen Monaten kehrt Alison zurück. Jimmys Wunsch hat sich erfüllt – sie hat ihr Kind verloren. Sie bricht mit ihrer bürgerlichen Vergangenheit und wagt mit Jimmy einen neuen Anfang. Wie unlösbar der Konflikt ist, zeigt sich darin, daß beide sogleich wieder in eine Illusion flüchten. Sie fühlen sich als Bär und Eichhörnchen und wollen im Wald von Honig und Nüssen leben: »Aber wir müssen vorsichtig sein und aufpassen, denn ringsum liegen schreckliche Fallen aus Stahl, bereit für gewisse kleine, ein wenig wahnsinnige, ein wenig teuflische und sehr scheue und furchtsame Tiere. Willst du mir dabei helfen?«

Das Stück hatte 1956 eine zündende Wirkung: Im »zornigen jungen Mann« identifizierte sich eine ganze verlorene Generation mit ihrem Protest, Haß, Selbstmitleid, Lebensekel, Verkanntsein – der Haltung eines ewig pubertären, mit sich selbst zerfallenen Halbstarken, der als virtuoser Selbstdarsteller die Schocks genießt, die er den anderen verpaßt, und sich dabei immer selbst zusieht und kommentiert. Die Revolte des zornigen Jimmy ist sehr privat und unpolitisch, ein vages, aggressives Dampfablassen, Selbstüberdruß, der keinen Gegner, nur Opfer braucht. Heute wirkt das Stück daher mehr als neurotische Studie. Osborne schreibt ein rhetorisch glänzendes Oberflächendrama, worin unentwegt behauptet und kaum etwas gezeigt wird. Die Konflikte werden nie theatralisch. Die schwungvolle Behauptungsdramaturgie hat freilich prachtvolle Rollen geliefert, die etwa Richard Burton im Film (1959) und Klaus Kammer faszinierend zu nutzen wußten.

Der Entertainer *(The Entertainer).* Ein Stück. UA 11. 4. 1957 London. Deutsch von H. Sahl. – Archie Rice ist ein alternder Conférencier. Aber die Music-Hall mit ihren Varieté-

Programmen hat keinen Zuspruch mehr. Mit billigen Illusionen und Imponiergehabe muß sich Archie darüber hinwegtrösten, daß er nicht mehr gefragt ist. Seine Familie zerbricht an Gegensätzen. Sohn Frank muß als Wehrdienstverweigerer ins Gefängnis. Mick, der zweite Sohn, folgt der Wehrpflicht und fällt im Suez-Konflikt. Die Tochter Jean verbraucht ihren Idealismus in einer sinnlosen Lehrtätigkeit. – In der Rolle des Entertainers brillierten einst Laurence Olivier, Gustaf Gründgens und Martin Held. (Reclams UB 9191, engl.)

Epitaph für George Dillon *(Epitaph for George Dillon).* Theaterstück in drei Akten. UA 11.2.1958 London. Deutsch von H. Sahl. – Dillon ist ein zorniger junger Mann, der sich als verkanntes Dichtergenie fühlt und deshalb ohne Skrupel sich von der kleinbürgerlichen Familie Elliot aushalten läßt, dort die Tochter verführt, schließlich als Kitschproduzent Erfolg hat und seinen Frieden mit der Gesellschaft macht.

Luther. Ein Stück in drei Akten. UA 26.6.1961 Nottingham. Deutsch von H. Stiehl. – Ein historischer Bilderbogen zeichnet das Leben des Reformators nach und zeigt ihn als »zornigen jungen Mann«, der in heiligem Zorn aufbegehrt gegen die Kirche und ihre eingespielte Routine: »Denn ihr müßt erkennen lernen, daß es keine Sicherheit gibt, keine Gewißheit, weder in Ablässen noch in heiliger Geschäftigkeit noch sonstwo auf der Welt.«

Richter in eigener Sache *(Inadmissible Evidence).* Stück in zwei Akten. UA 9.9.1964 London. Deutsch von G. Penzoldt. – Osbornes Beitrag zum psychoanalytischen Theater: Der Anwalt Bill Crawford hält im Traum Gericht über sein Leben. Er ist gescheitert im Beruf, da ihn wegen Manipulation von Zeugenaussagen ein Verfahren und Berufsverbot erwartet, in seiner Ehe, aus der er wahllos in Seitensprünge flüchtet, und als Mensch, da er sich in seiner Egozentrik und Verlogenheit selbst nur noch ertragen kann mit steigendem Tablettenkonsum.

Ein Patriot für mich *(A Patriot for Me).* Ein Stück in drei Akten. UA Juli 1965 London. Deutsch von M. Schell. – Mit diesen Szenen beteiligt sich Osborne an der damals aktuellen Diskussion, das Homosexuellen-Gesetz zu liberalisieren. Er rollt den Fall von Oberst Redl auf, der als Chef der österreichischen Spionageabwehr wegen seiner Männerfreundschaften erpreßbar wurde für den russischen Geheimdienst und vor dem Ersten Weltkrieg die Aufmarschpläne der k.u.k. Armee verraten hat.

SŁAWOMIR MROŻEK

* 26. Juni 1930 in Borcezin bei Krakau

Sohn eines Postbeamten, studierte in Krakau Architektur, Orientalistik und Malerei, arbeitete danach als Karikaturist. Im Jahre 1958 trat er mit dem Satirenband »Der Elefant« und dem Theaterstück »Die Polizei« hervor, die beide Welterfolge wurden. Seitdem schrieb er zahlreiche szenische Grotesken, von denen die meisten politisch vieldeutig sind, darum in Ost und West aufgeführt werden können, zum Beispiel »Das Martyrium des Pjotr O'Hey«, »Auf hoher See«, »Striptease«, »Die Propheten«. Mrozek distanzierte sich von der Strafexpedition der Mitglieder des Warschauer Pakts gegen die Tschechoslowakei im August 1968. Seit der Zeit lebt er in Paris. H. D.

Die Polizei (*Policjy,* deutsch von H. Kunstmann). Drama aus dem Gendarmenmilieu in drei Akten. – Das Stück wurde am 27. Juni 1958 in Warschau uraufgeführt, deutsch erstmals 1959 in Frankfurt am Main gespielt. Eine Diktatur in freundlich antiquiertem Milieu hat sich so vollkommen durchgesetzt, daß der Zwang als Freiheit erscheint und der letzte politische Häftling als Lobredner des Regimes entlassen wird. Damit die Polizei nicht überflüssig wird, läßt sich ein Polizeisergeant befehlsgemäß als Provokateur verhaften. Im Gefängnis wird er zum wirklichen Aufrührer. *H. D.*

Tango (deutsch von L. Zimmerer). Schauspiel in drei Akten. – Das im Mai 1965 in Warschau uraufgeführte Stück gelangte deutsch erstmals in Düsseldorf 1966 auf die Bühne. In einem bürgerlichen Salon entwickelt sich doppelsinniges Familienleben. Mrożek präsentiert das Ende der Revolte gegen die bürgerliche Lebensform: totale Konventionslosigkeit. Der sympathische, korrekt gekleidete Student Artur bekämpft dieses Chaos.

Er will Anstand und Ordnung wiedereinführen und seine liederliche Cousine Ala demonstrativ in aller Form heiraten. Mit vorgehaltener Pistole nötigt er der Oma den Segen ab. Zu Beginn des dritten Akts ist das Biest Ala eine weiße Braut geworden. Aber der Bräutigam kommt angetrunken und desillusioniert heim. Er bittet alle um Verzeihung, die ›verklungene Würde‹, die er der Familie aufgezwungen habe, sei nicht die richtige. Gemeinsam wird eine neue Idee gesucht. Gott? Sport? Fortschritt? Es wird alles verworfen. Mangels Idee reißt Artur die Macht an sich. Sowie Artur ein Zeichen von Schwäche zeigt, revoltiert die Familie. Der Diener Edek erschlägt Artur. Vater spricht das Requiem: »Er wollte die Gleichgültigkeit und das Irgendwie besiegen. Er lebte aus dem Verstand, aber zu leidenschaftlich.« Edek, »Repräsentant der kollektiven Vernunft«, ist der neue Herrscher. Er tanzt mit dem alten Onkel Eugen einen Tango, über Arturs Leiche hinweg. »Wenn das Licht im Zuschauerraum angeht, ertönt die Melodie noch immer aus zahlreichen, im ganzen Theater aufgestellten Lautsprechern.« *H. D.*

E m i g r a n t e n *(Emigranci).* Zweipersonenstück. UA 24.10. 1974 Paris. Deutsch von Ch. Vogel. – An zwei gegensätzlichen Typen spielt Mrożek die Situation derer durch, die als Außenseiter in der Fremde leben. Ein politischer Flüchtling, der als Schriftsteller mit einigem Sarkasmus seine enttäuschten Ideale und Hoffnungen verdrängt, und ein abgestumpfter Gastarbeiter, für den es hier nur ums Arbeiten, Fressen und darum geht, möglichst jeden Groschen zu sparen. Die Brutalität, die beide von der Umwelt erfahren, reagieren sie aneinander ab.

B u c k e l *(Garbus).* Stück in vier Akten. UA 19.12.1975 Krakau. Deutsch von Ch. Vogel. – In einer Pension wird der bucklige Wirt durch sein Gebrechen zur Unperson. Man verdächtigt ihn, stempelt ihn zum Ausbund des Bösen. Eine Hexenjagd auf den Außenseiter beginnt – alle Beziehungen zwischen den Menschen, zwischen Ehepaaren und Freunden erweisen sich als falsch, undurchschaubar, von Terror und politischen Denunzianten bedroht.

D e r S c h l a c h t h o f *(Rzeznia).* Stück. UA 1976 als Hörspiel. Deutsche Erstaufführung 11.10.1981 Essen. – Ein Geiger scheitert nicht nur mit seiner Liebe zur Flötistin, er muß erkennen, daß die heutigen Menschen keine Musik wollen. Auch wenn sie in die Philharmonie gehen, wollen sie dort ein blutiges Schlachtfest erleben. So muß der Künstler zum Schlächter werden, um sein Publikum zu finden.

Der Schneider *(Krawiec).* Stück. UA 23.2.1979 Warschau. Deutsch von W. Kosny. – Diese Satire zeigt den Schneider als den eigentlichen Herrn der Welt, der allen Menschen vom Diktator abwärts erst durch die Kleidung die gesellschaftliche Rolle zuweist. Das Kostüm entscheidet im Leben über Macht und Erfolg. Und auch die Nacktheit scheint nur eine besonders eigenwillige Form von Verkleidung zu sein.

Der Botschafter *(Ambasador).* Stück in zwei Akten. UA 22.10.1981 Warschau. Deutsch von M. C. A. Molnar. – Eine Politsatire, die mit ihren Paradoxen spielt. Der West-Botschafter in einer östlichen Hauptstadt ist sich plötzlich selbst überlassen. Sein Präsident ist nicht mehr zu erreichen, der Staat – unter dem sich unschwer die USA vermuten lassen – hat sich aufgelöst, ist zerfallen an der eigenen Überflüssigkeit. Ein Sonderbeauftragter des kommunistischen Regimes sucht ihn mit Bestechungen wie Drohungen zur Aufgabe seiner sinnlosen Existenz zu bewegen. Das ergibt ein witzig ironisches Geplänkel um die Absurditäten im Ost-West-Konflikt. Um eines Flüchtlings willen, der sich in die Botschaft geflüchtet hat, harrt der Diplomat aus – der letzte Mohikaner der freien Welt, an die er selbst nicht mehr glaubt.

HAROLD PINTER

* 10. Oktober 1930 in Hackney (London East End)

Sohn eines Damenschneiders von jüdisch-ungarischer Abstammung. 1948/49 kommt er als Militärdienstverweigerer mehrmals vor Gericht. 1951–56 Schauspieler bei einer irischen Wandertruppe, später an englischen Provinzbühnen unter dem Künstlernamen David Baron. 1956 heiratet er die Schauspielerin Vivien Merchant. 1957 stellt er sein erstes Stück vor: »Das Zimmer«, gewinnt damit die Förderung von Harold Hobson, des Kritikers der »Sunday Times«. Bedeutende Regisseure wie Peter Wood und Peter Hall inszenieren seine Stücke. »Die Heimkehr« erhält den Preis für das beste Broadway-Stück 1966/67.

Pinters Stücke beginnen stets mit harmlosen Alltagsszenen, einer Geburtstagsfeier, dem Besuch einer Freundin, der Plauderei bei einem gemütlichen Drink – und unversehens wird aus dem Geplauder eine bedrohliche Situation. Da sitzt der Schrekken hinter den gewohnten Abläufen. Da verlieren die Figuren den Boden unter den Füßen, werden eingeholt von Erinnerungen und Ängsten, sind sich der eigenen Identität nicht mehr sicher, verkriechen sich hinter Rollen und lassen sich täuschen von den Rollen und Haltungen der anderen. Pinters Vorbilder sind Kafka und Beckett, aber er stellt deren Angstvisionen in eine konkret realistische Umwelt. Als Schauplatz wählt er stets geschlossene Räume. Dieses Zimmertheater, die Spannung zwischen innen und außen, ist sinnbildlich für seine Figuren, die eingesperrt und zugleich bedroht sind, die immer Angst haben: »... wir sind alle in dieser Situation, allein in einem Zimmer, und draußen eine Welt mit den Eigenschaften, die wir ja kennen, eine Welt, die unerklärlich ist, furchterregend, seltsam, bedenklich ...« So treibt Pinter seine Figuren in Krisen und dann zu einer erschreckenden Wahrheit.

Schon sein erstes Stück *Das Zimmer* (*The Room*, UA 30. 12. 1957 London) zeigt ein altes Paar, bedroht von Einsamkeit, seltsamen Eindringlingen, Botschaften, die undurchschaubar sind. In *Der stumme Diener* (*The Dumb Waiter*, UA 21. 1. 1960 London) betreiben zwei Killer ihre Morde als Handlanger eines Systems, das sie gar nicht kennen; nur weil es befohlen ist, bringt schließlich Ben auch seinen Kumpel um. *Die Kollektion* (*The Collection*, UA 18. 6. 1962 London) und *Der Liebhaber* (*The Lover*, UA 18. 9. 1963 London) sind zwei Einakter, in denen die Figuren in ein Rollenspiel, in eine imaginäre Existenz flüchten, um ihre verdrängten Leidenschaften und Sehnsüchte auszuleben. *Einen für unterwegs* (*One for the Road*, UA 15. 3. 1984 London) zeigt den Psychoterror eines politischen Verhörs. *Bergsprache* (*Mountain Language*, UA 20. 10. 1988 London): Wer die Sprache der Einheimischen im besetzten Gebiet gebraucht, wird vom Militärregime grausam verfolgt. Nach einer Reise durch das von türkischen Truppen besetzte Kurdengebiet entwickelt Pinter diese Psychostudien von Tätern und Opfern in einem fiktiven Land. Im Einakter *Party-Time* (UA

6. 11. 1991 London) zelebriert sich die Wohlstandsgesellschaft mit Klatsch und Floskeln – nur in dem, was man verschweigt und verdrängt, werden Gewalt und Unterdrückung hinter den eingespielten Ritualen deutlich.

Die Geburtstagsfeier *(The Birthday Party)*. Stück in drei Akten. UA 28. 4. 1958 Cambridge. Deutsch von W. H. Thiem. – Der unscheinbare Kleinbürger Stan hat sich aus Lebensangst in eine Pension verkrochen. Da tauchen zwei Agenten auf, geschickt von einer unbekannten Organisation. Sie verprügeln Stan, beginnen ein Verhör, veranstalten für ihn eine bedrohliche Geburtstagsfeier, führen ihn schließlich ab, löschen ihn aus: »Sie sind das, was übriggeblieben ist ... Sie sind tot. Sie können nicht leben, nicht denken, nicht lieben. Sie sind tot.«

Der Hausmeister *(The Caretaker)*. Stück in drei Akten. UA 27. 4. 1960 London. Deutsch von W. H. Thiem. – In die friedliche Gemeinschaft der beiden Brüder Mick und Aston dringt ein Außenseiter: der alte Strolch Davies schmeichelt sich listig bei Aston ein, um als Hausmeister eine Bleibe zu finden. Aston ist geistig behindert und spinnt sich ein in eine Welt voller Erinnerungen. Da wittert Davies seine Chance, einmal der Stärkere zu sein. Er droht Aston, dem er alles verdankt, mit der Einweisung ins Irrenhaus und hetzt dessen Bruder auf, den Pflegling sich vom Hals zu schaffen. Doch die Familienbeziehung ist stärker als die Intrige – die Brüder werfen den Hausmeister aus dem Haus.

Die Heimkehr *(The Homecoming)*. Schauspiel in zwei Akten. UA 3. 6. 1965 London. Deutsch von W. H. Thiem. – Teddy, der in USA als Professor lebt, kehrt nach London in sein verwahrlostes Elternhaus zurück, um dem Vater und den Brüdern seine junge Frau Ruth vorzustellen. Alle diese Männer sind wüstes, arbeitsscheues Gesindel, ein Zuhälter, ein verkrachter Boxer darunter, doch gerade von der Vitalität, von der brutalen, hemmungslosen Direktheit dieser Kerls ist Ruth fasziniert. Sie entdeckt hier eine Welt, die sie sich immer schon gewünscht hat. Sie vergißt ihre Ehe, gibt sich mal dem einen, dann dem anderen aus dieser neuen Verwandtschaft hin, geht schließlich auf den Strich, um künftig den Unterhalt für diese seltsame Gemeinschaft anzuschaffen. So zeigt Pinter, wie leicht die bürgerlichen Lebensrollen auseinanderfallen und wie hinter der Fassade der brav damenhaften Professorsgattin auf einmal ein ganz anderer Mensch, abstoßend, antibürgerlich, zerstörerisch, erwacht.

Alte Zeiten *(Old Times).* Schauspiel in zwei Akten. 1.6.1971 London. Deutsch von R. und M. Esslin. – Der Besuch ihrer Jugendfreundin Anna bringt bei Kate und ihrem Mann Deeley den eingespielten Familienalltag durcheinander. Was als nettes Teegeplauder beginnt, schlägt bald um in den Kampf aller gegen alle. Voller Argwohn und Eifersucht durchforsten die drei gegenseitig die Vergangenheit und zerstören die vertrauten Beziehungen. (Reclams UB 9203, engl.)

Niemandsland *(No-Man's Land).* Stück in zwei Akten. UA 23.4.1975 London. Deutsch von R. und M. Esslin. – Der alte Hirst hat auf dem Spaziergang den kauzigen alten Vagabunden Spooner kennengelernt. Sie kommen ins Schwatzen, verlieren sich in Erinnerungen. Nach und nach wird dieses Geplauder zu einem hintergründigen Vexierspiel aus Mutmaßungen, Ängsten, Ausflüchten. Spooner lauert auf Schwachstellen in Hirsts Vergangenheit, will sich bei ihm einschmeicheln, ihn unter Druck setzen, gefügig machen und sich hier einnisten – wie im *Hausmeister* entwickelt sich der Kampf eines Außenseiters um seinen Platz in der Gemeinschaft. Pinter schreibt mit den Mitteln des Boulevardstücks eine beklemmende Groteske und zugleich ein bizarr komisches, theaterwirksames Rollenstück.

Betrogen *(Betrayal).* Stück in neun Szenen. UA 15.11.1978 London. Deutsch von H.M. Ledig-Rowohlt. – Eine erotische Dreiecksgeschichte zwischen Robert, seiner Frau Emma und deren Liebhaber Jerry. Nicht der Ehemann ist hier eifersüchtig und fühlt sich hintergangen, sondern der Hausfreund, sobald er erfährt, daß sein Verhältnis zu Emma auch dem Ehemann längst bekannt ist, daß er in dieser Ehe aus Gleichgültigkeit und Konvention geduldet war. Pinter benutzt die Klischees des Boulevardstücks, um die Boulevardmechanik in uns selbst aufzudecken: den Wirklichkeitsverlust hinter den eingespielten Nettigkeiten des Lebens. Er rollt die Geschichte vom Ende her auf – am Beginn des Stücks erleben wir, wie diese Liebe in kleinlichen Auseinandersetzungen scheitert, wir verfolgen sie Szene für Szene zurück bis zum Beginn, der noch voller Hoffnungen ist.

Das Treibhaus *(The Hothouse).* Stück in drei Akten. UA 1.5.1980 London. Deutsch von H. M. Ledig-Rowohlt. – In einer Nervenklinik erweisen sich Ärzte und Wärter als die echten Irren. Gesteuert von einer anonymen Behörde, verwaltet von einem ständig betrunkenen Chefarzt, herrscht hier unter dem Vorwand medizinischer Betreuung der offene Terror. Ärzte töten Patienten für ihre wissenschaftlichen Versuche, sie verordnen sadistisch Elektroschocks, um sich die Opfer gefügig zu machen, sie schmieden Mordpläne gegen ihre Vorgesetzten, bis einer von ihnen im Blutrausch mit dieser Welt aufräumt und alle massakriert.

An anderen Orten *(Other Places).* Drei Einakter. UA 14.10. 1982 London. Deutsch von H. M. Ledig-Rowohlt. – Drei Kurzstücke (*Familienstimmen*, *Victoria Station*, *Eine Art von Alaska*) zeigen Studien der Entfremdung, Schrecksekunden, in denen unversehens das Absurde und Sinnlose mitten im Alltag bewußt wird.

ATHOL FUGARD

* 11. Juni 1932 in Middelburg (Südafrika)

Besucht die Technische Hochschule in Port Elizabeth, studiert an der Universität Kapstadt Philosophie, geht für drei Jahre zur Handelsmarine nach Fernost. 1959 Beginn der Theaterarbeit. Lebt vorübergehend in London, kehrt in die Heimat zurück. 1967 wird ihm wegen seiner Gegnerschaft zur Regierung der Paß entzogen. Seine Stücke entstehen in enger Zusammenarbeit mit schwarzafrikanischen Theatergruppen, die von Fugard geleitet, z. T. auch begründet werden: Space Theatre in Kapstadt, Serpent-Players. Wichtigste Mitarbeiter als Koautoren seiner Stücke und als Darsteller sind die beiden Farbigen John Kani und Winston Ntshona, die erst durch Fugards Engagement von der Sträflingsinsel Robben Island loskamen und im Stück »Die Insel« die eigene Situation aufs Theater bringen.

Der weiße Südafrikaner Fugard schreibt aus Protest gegen die Politik der Rassentrennung und aus Solidarität mit seinen schwarzen Mitbürgern. Sein Thema sind die Sozialkonflikte in Südafrika, Unmenschlichkeit und Willkür, verursacht durch die Apartheid-Gesetze, die entrechteten Schwarzen ohne Arbeit und Lebensrecht, das weiße Proletariat in den Slums von Port Elizabeth. Diese Menschen flüchten in Träume und Utopien, sie spielen sich frei in Ritualen, sie hungern nach Freiheit und Zukunft. Südafrika hat 1957 mit dem Gesetz *Immorality Act 23* jede Liebesbeziehung zwischen weißen und nicht-weißen Bürgern unter den Paragraphen der Rassenschande gestellt – als »strafbares Sexualvergehen«. In seinen Szenen zeigt Fugard immer wieder die Konsequenzen solcher Kriminalisierung auf. Stets handeln sie von ganz normalen selbstverständlichen Vorgängen unter Menschen, die leben und lieben wollen wie überall in der Welt – aber das System der Apartheid pervertiert auch das Selbstverständlichste: die Menschen sind vom Zuchthaus bedroht, setzen ihre Existenz aufs Spiel, flüchten in Täuschungsmanöver.

Bedingt durch seine kleine Truppe, für die Fugard die Spielvorlagen entwirft, wählt er die Kleinform: zwei, höchstens drei Figuren auf einem einzigen Schauplatz. Psychorealismus in der Darstellung, zuweilen der Umschlag ins Rollenspiel, in fiktive Situationen und Figuren als Fluchtwelt. Diese Form und sein kompromißloses Engagement haben Fugard zum bevorzugten Autor der deutschen Studiobühnen gemacht.

In *Blutsband* (*Blood Knot*, UA 1961 Kapstadt, deutsch von A. Malherbe) hausen die beiden Mischlingsbrüder Morris und Zacharia auf der Müllhalde. Sie retten sich in die Illusion einer Brieffreundschaft. Da erweist sich, daß die Briefpartnerin ein weißes Mädchen ist, das nun zu Besuch kommen will. Was anderswo menschliche Normalität ist, wird in Südafrika zur kriminellen Handlung, die bei den Brüdern Panik, Verzweiflung, hektische Rettungspläne auslöst. In *Da leben Leute* (*People are living there*, UA 1962/63 Kapstadt, deutsch von E. Kummer) versammelt die Geburtstagsfeier der Zimmerwirtin Milly eine Gruppe von Elendsfiguren mit ihren Träumen, Neurosen, sozialen Beschädigungen. Die Sozialstudie *Hallo und Adieu* (*Hello and Goodbye*, UA 1965/66 Kapstadt, deutsch von J. Lustig) führt in die Slums von Port Elizabeth, wo auch weiße Südafrikaner gestrandet sind. Johnnie Smith hat seinen Vater, den ein Arbeitsunfall zum Krüppel gemacht hat, bis zum Tode gepflegt. Auf der Suche nach der Erbschaft taucht nun seine

Schwester Hester auf, die sich in Johannesburg als Nutte durchschlägt. Szenen voller Streit, Abrechnung mit der Vergangenheit, mit den verlorenen Illusionen: ein Psychodrama, wie es an Fugards Vorbilder O'Neill und Tennessee Williams erinnert. In *Buschmann und Lena* (*Boesman and Lena*, UA 1968/69 London, deutsch von Ch. Malherbe) haben Landaufkäufer das Mischlingspaar Buschmann und Lena aus dem angestammten Lebensbereich vertrieben. Entwurzelt ziehen sie sich mit dem kümmerlichen Hausrat in die Sümpfe zurück, die noch von den Spekulanten verschont sind. Ein alter, todkranker Kaffer schließt sich ihnen an. Buschmann, der Mischling, verachtet den Afrikaner, da dieser noch schwärzer ist, und wendet gegen ihn all die grausamen Praktiken an, die er selbst von den Weißen erlitten hat. Lena ist menschlich und erleichtert dem Alten den Tod. Ihre Tatkraft und Humanität ist auch für Buschmann die einzige Chance für eine bessere Zukunft. *Sizwe Bansi ist tot* (*Sizwe Bansi is Dead*, UA 8. 10. 1972 Kapstadt, deutsch von E. Walch): Der schwarze Arbeiter Bansi fällt dort, wo er Arbeit hat, unter Aufenthaltsverbot. Um sein dürftiges Lebensrecht zu sichern, muß er mit Namen und Papieren eines Verstorbenen weiterleben und für die weiße Bürokratie aus dem Leben verschwinden. In *Die Insel* (*The Island*, UA 1972 Port Elizabeth, deutsch von E. Walch) proben die beiden politischen Häftlinge John und Winston, die man auf die südafrikanische Zuchthausinsel Robben Island deportiert hat, in ihrer Zelle die klassische Auseinandersetzung zwischen König Kreon und Antigone, zwischen brutaler Staatsmacht und freier Menschlichkeit. Mühsam und verstohlen basteln sie ihre Requisiten und kämpfen mit dem Text. Der antike Mythos wird für sie zur Überlebenshilfe, zum Rüstzeug der eigenen Menschenwürde. *Aussagen nach einer Verhaftung auf Grund des Gesetzes gegen Unsittlichkeit* (*Statements after an Arrest under the Immorality Act*, UA Januar 1974 London; deutsch von J. van Dyck) nimmt das Thema aus *Blutsband* wieder auf: die Liebe zwischen einer weißen Bibliothekarin und einem farbigen Lehrer wird zu einer einzigen Quälerei: Angst vor den Nachbarn, Selbstvorwürfe, Erniedrigungen, schließlich Haß auf den Partner, weil er die ausweglose Lage mitverursacht hat, Zerstörung aller Menschlichkeit. *Dimetos* (*Dimetos*, UA August 1975 Edinburg, deutsch von J. van Dyck) beschreibt das Scheitern eines alternativen Aussteigers. Der Ingenieur Dimetos gibt seine Karriere in der

Industrie und das Leben in der Großstadt auf. Er zieht sich zurück aufs Land, leidet an seiner hoffnungslosen Liebe zum Mädchen Lydia. Als sie Selbstmord begeht, findet auch er sich nicht mehr zurecht in der Wirklichkeit und wird verrückt. In *Aloen* (*A Lesson from Aloes*, UA November 1978 Johannesburg, deutsch von J. van Dyck) zerbricht unter dem Druck der Rassengesetze die Freundschaft zwischen dem Weißen Piet und dem Mischling Steve. Piet will sich mit den unterdrückten Farbigen solidarisieren, will sich am politischen Kampf gegen die Apartheid beteiligen. Aber er bleibt Außenseiter und wird schließlich von denen, für die er eintritt, als Spitzel verdächtigt. Seine Frau Gladys ist unter dem Druck der Verhältnisse ein klinischer Fall für den Psychiater geworden. Piet flüchtet aus der sozialen Wirklichkeit zur Zucht von Aloen – Sinnbild für die Blütenträume, die verdorren müssen. *Ein Stall voller Schweine* (*A Place with the Pigs*, UA 24. 3. 1987 New Haven, Conn.) geht auf das authentische Schicksal eines jungen sowjetischen Soldaten zurück: 1944 desertiert er aus der Roten Armee und versteckt sich im Schweinekoben seiner Frau. Über dreißig Jahre vegetiert er unter den Tieren und entwickelt eine eigene Form von Nicht-Existenz.

FERNANDO ARRABAL

* 11. August 1932 in Melilla (Spanisch-Marokko)

Sohn eines in Marokko stationierten Offiziers der republikanischen Armee Spaniens. 1936 nach dem Militärputsch unter Franco wird der Vater verhaftet und zum Tode verurteilt, die Strafe dann in dreißig Jahre Haft umgewandelt. 1942 wird er bei einem Fluchtversuch erschossen. Arrabals Mutter ist eine Parteigängerin Francos. Sie läßt den Sohn in einem strengen geistlichen Konvikt erziehen, will ihn später zum Besuch der Militärakademie zwingen. Der Druck dieser Jugendzeit, die körperlichen Züchtigungen, der Drill machen sich später Luft in Arrabals Gegnerschaft zur Kirche, zur Staatsautorität, zu den gängigen Moralbegriffen. 1950 wird er Angestellter einer Papierfabrik in Valencia und Madrid, beginnt mit dem Jurastudium. 1955 Stipendium für Paris, das für die nächsten zwölf Jahre sein Exil wird. Erkrankung an Lungentuberkulose, Operation, Aufenthalt in Sanatorien. 1958 heiratet er die Literaturwissenschaftlerin Luce Moreau, die mit dem Regisseur Jean-Marie Serreau seine literarische Tätigkeit entscheidend fördert. Seit 1962 Verbindung zu den Surrealisten um André Breton. Arrabal gründet mit Freunden die »panische Bewegung«, verfaßt neben den Stücken »panische Romane« wie »Der Stein des Wahnsinns« und »Riten und Feste der Konfusion« sowie Drehbücher zu experimentellen Filmen. Ab 1967 Zusammenarbeit mit den Regisseuren Jorge Lavelli und Jérôme Savary und mit dessen Truppe »Grand Magic Circus«. 1967 wird er in Spanien verhaftet, wegen Gotteslästerung und Vaterlandsbeleidigung vor Gericht gestellt, nach der Intervention des literarischen Auslands freigesprochen.

Arrabals Theater aus Gewalttätigkeiten, Angstträumen, Ausschweifungen, blasphemischen Angriffen auf Gott, Kirche und Vaterland, aus der Lust am Abscheu und am Exzeß bricht auf aus den Erlebnissen der Kindheit. Der Vater, den er nie gekannt hat, wird als Opfer des Bürgerkriegs idealisiert, die übermächtige Mutter als Monstrum gehaßt. So sind seine Stücke Racheakte und wüste Herausforderungen an eine Welt, von der sich Arrabal verletzt und ausgestoßen sieht. Zunächst beginnt er mit Einaktern, makaber paradoxen Farcen, mit »schwarzem Theater« für die Studiobühnen. *Die beiden Henker* (*Les deux bourreaux*, UA 13.4.1958 Paris) zeigt autobiographisch, wie eine Frau den eigenen Mann denunziert und den Folterknechten ausliefert, dann aber für die Kinder eine rührende Rechtfertigungsgeschichte erfindet. *Gebet* (*Oraison*, UA 13.4.1958 Paris): Eltern, die gerade ihr Kind getötet haben, sind durch die Unzahl ihrer Verbrechen so abgestumpft, daß sie ausnahmsweise lüstern sind nach einer guten Tat. *Picknick im Felde* (*Pique-nique en campagne*, UA 23.4.1959 Paris): Durch ein Familienfrühstück auf dem Schlachtfeld, woran sich Freund und Feind erfreuen, will man mitten im Krieg zur Menschlichkeit zurückfinden. Das darf nicht sein! Die Friedensstifter werden erschossen. Der Krieg geht weiter. *Guernica* (*Guernica*, UA 7.5.1960 Celle): Wie Picasso will auch Arrabal der im spanischen Bürgerkrieg vernichteten Stadt mit den Mitteln der Kunst ein Mahnmal schaffen. Ein altes Paar wird von den Bomben tödlich getroffen und verbraucht die letzten Augenblicke des

Lebens für den Alltagskram, den Zank, die kleinlichen Rechthabereien. *Die Nacht der Puppen* (*Le grand cérémonial*, UA Februar 1966 Paris): Casanova ist hier ein abstoßender, von der Mutter sadistisch gequälter Krüppel. Seine Demütigungen, seine Sexualnöte lebt er aus in Perversionen mit Schaufensterpuppen und als Triebtäter, der sich Schulmädchen als Opfer aus dem Park holt. *Garten der Lüste* (*Le jardin des délices*, UA 1968 Amsterdam) handelt von dem Doppelleben der Schauspielerin Lais, die sich vor der Öffentlichkeit als verführerischer Star feiern läßt, aber insgeheim sich in wüsten Orgien auslebt, einen Lustmord an der Freundin begeht und mit einem Tiermenschen das Geschlecht tauscht. *Garten der Lüste* ist ein Bild des phantastischen Malers Hieronymus Bosch, dem sich Arrabal in seinen »panischen« Visionen, seinen Horrorszenen und Weltuntergangsträumen wie seinen Ritualen der Grausamkeit verwandt fühlt. *Auf dem Seil oder Die Ballade vom Geisterzug* (*En la cuerda floja*, UA 13. 9. 1975 Paris): Zwei Freunde haben sich in eine von Menschen verlassene Geisterstadt geflüchtet und treffen hier auf einen armseligen, in seiner Kunst gescheiterten Seiltänzer. Es beginnt ein traumhaftes Endspiel, das den politischen Terror im faschistischen Spanien mit dem kapitalistischen Terror der modernen Leistungsgesellschaft in Bezug setzt. *Der Turm zu Babel* (*Oye patria mi afliccion*, UA 20. 10. 1976 Brüssel): Eine blinde Herzogin träumt sich in ihrem Schloß eine Wirklichkeit zurecht, die es gar nicht gibt. Die Revolution bricht los. Der Pöbel erobert das Schloß. Magisch vermag die Phantasie der Blinden das Gesindel zu strahlenden Edelmenschen zu verwandeln.

Der Architekt und der Kaiser von Assyrien *(L'architecte et l'empereur d'Assyrie).* Stück in zwei Akten. UA Januar 1967 Paris. – Nach einem Flugzeugabsturz rettet sich ein Überlebender auf eine einsame Insel und findet dort einen Eingeborenen. Die Menschheit ist reduziert auf diese Zweierbeziehung. Und gleich bildet sich wieder eine Hierarchie, eine Gesellschaftsordnung, die in den Kaiser und den Architekten, also den Boß und seinen Gehilfen zerfällt. In blitzartig wechselnden Situationen spielt Arrabal die verschiedensten Rituale der Unterdrückung und der Abhängigkeiten durch. Ständig tauscht man die Rollen, nur die Spannung zwischen oben und unten, Täter und Opfer bleibt – ob als Richter und Angeklagter, als Kriegskameraden, Tiermenschen in der Vorzeit, Priester und Sklave, Herr und Hund. Die Rituale der Unterdrückung und Ausbeutung wandern durch alle historischen Epochen. Zuletzt wird der Kaiser vom Architekten aufgefressen – Menschenfresserei als die letzte Konsequenz, sich den Mitmenschen zu unterwerfen, sich ihn einzuverleiben. Nun kann der Handlanger selbst Kaiser werden. Er lauert auf ein Opfer, einen neuen Architekten, der vom Himmel fällt und ihm ausgeliefert ist. Das Stück ist ein vielgespielter, wichtiger Beitrag zum Theater der Avantgarde. Mit seinem anti-illusionistischen virtuosen Spiel der Imagination und ständigen Brechungen hat es schon in den sechziger Jahren neue Sehweisen erschlossen.

EDWARD BOND

* 18. Juni 1934 in London

Stammt aus dem Arbeitermilieu, wächst im Londoner Vorort Holloway auf, arbeitet nach der Schulzeit in Fabriken und Büros, dient zwei Jahre beim Militär. 1960 gelangt er in die Gruppe junger sozialkritischer Autoren (wie John Arden, John Osborne, Ann Jellicoe, Arnold Wesker u. a.), die als Hausautoren für das Londoner Royal Court Theatre arbeiten. Dort gelangen seit 1962 die meisten seiner Stücke zur Uraufführung, lösen zuweilen wie »Gerettet« und »Trauer zu früh« Skandale und das Eingreifen der Theaterzensur aus. Mitarbeit an Filmdrehbüchern: »Blow up« für Michelangelo Antonioni, »Michael Kohlhaas« für Volker Schlöndorff, »Der Teufel mischt« sowie »Ich, Claudius« für Tony Richardson.

Bond beginnt mit naturalistischen Milieustudien aus den Londoner Slums: Der Terror innerhalb einer Gruppe, Aggressionen gegen den Außenseiter, Verlust an Sprache und Persönlichkeit, der Abbau an Erlebnis- und Kontaktfähigkeit prägen die meist jugendlichen Figuren, die von der Gesellschaft im Stich gelassen sind. *Die Hochzeit des Papstes* (*The Pope's Wedding*, UA 9. 12. 1962 London) führt in eine Rockergruppe. Ihr Anführer quält und provoziert einen alten Penner, macht ihn dann zu seinem Schützling, erwürgt ihn aus Enttäuschung und führt zuletzt dessen armselige Existenz auf der Müllhalde weiter. Später verwendet Bond historische Stoffe, um in oft schockierend grausamen Szenen seine Verzweiflung sichtbar zu machen über Ungerechtigkeit, Not, Terror zwischen den Menschen. *Schmaler Weg in den tiefen Norden* (*Narrow Road in the Deep North*, UA 24.6.1968 Coventry) ist in der japanischen Geschichte angesiedelt. Der blutige Kampf zweier Machthaber um ein kleines Kind, das ihnen als Thronerbe die legitime Herrschaft sichern soll. Bond schreibt zu dieser asiatischen Legende um den Priester-Dichter Bascho, der durch die Welt zieht und immer wieder als Werkzeug der Politik mißbraucht wird, eine Fortsetzung: *Das Bündel* (*The Bundle or New Narrow Road to the Deep North*, UA 13.1.1978 London): Diesmal ist das Kind nicht der Thronfolger, sondern ein armseliges Findelkind. Es wächst heran zum Revolutionsführer, der die Machthaber stürzt und die Utopie vom freien, gerechten Leben verwirklicht. *Trauer zu früh* (*Early Mourning*, UA 13.3.1969 London): So schockierend geht Bond hier mit den heiligsten Gütern der Nation um, daß die öffentliche Aufführung verboten wird. Er verzerrt das behäbig spießbürgerliche England der Queen Victoria zu einem blasphemischen, blutrünstigen Barockspektakel. Die Königin als Mannweib, das die Krankenschwester Nightingale vergewaltigt; der Thronfolger als siamesische Mißgeburt – dazu Verschwörungen, Giftmorde, Untaten, wie sie nur in den Schauerdramen des Elisabethanischen Theaters zu finden sind. Mit dieser Groteske rechnet Bond mit der »heilen Welt« des englischen Biedermeier ab. Auf *Die See* (1973) folgen zwei Künstlerdramen: *Bingo* (UA 15.8.1974 London) bringt eine Abrechnung mit dem Klassiker Shakespeare aus marxistischer Sicht: Der alternde Dichter ist Gutsbesitzer in Stratford geworden, der seine Pächter ausbeutet und dadurch ein feudales Leben führt. Er vergiftet sich, sobald er erkennt, daß er mit seinen Werken den Machthabern gedient und deren ungerechte Herrschaft verfestigt hat. *Der Irre* (*The Fool*, UA November 1974 London) ist der englische Arbeiterdichter John Clare (1793–1864), der zunächst von der bürgerlichen Gesellschaft gehätschelt und mit Beifall bedacht wird. Sobald er sich gegen die Reichen wendet und für die ausgebeuteten Tagelöhner eintritt, wird er verstoßen und zuletzt ins Irrenhaus gesperrt.

Auch in seiner aktualisierenden Bearbeitung von Shakespeares *Lear* (UA 29. 9. 1971 London) zeichnet Bond eine hoffnungslose Welt voller Gemeinheit, Gewalt, Kriegsverbrechen. Ein Volksaufstand, angeführt von der revolutionären Cordelia, verspricht eine gerechtere Zukunft. Aber der blutige Umsturz führt nur zu einer noch schlimmeren Unterdrückung. *Schwarze Messe* (*Black Mass*, UA 22. 3. 1970 London) und *Passion* (UA 11. 4. 1972 London) sind engagiertes Polittheater – das erste gegen die Apartheid in Südafrika, das zweite gegen die Atomrüstung. *Die Schaukel* (*The Swing*, UA Herbst 1976 London) greift einen Fall von Lynchjustiz in Kentucky aus dem Jahr 1911 auf und rechnet mit der amerikanischen Kleinbürgerwelt ab, in der eine Bürgerwehr von sogenannten Gerechtigkeitsjägern Außenseiter und Farbige zur Strecke bringt. Unter dem Schlagwort ›Law and Order‹ lebt sich der Faschismus des Alltags aus. *Welten* (*The Worlds*, UA 8. 3. 1979 Newcastle) verbindet einen Arbeitskampf in der Fabrik mit einer Geiselnahme durch Terroristen, um Klassenkonflikte durchzuspielen. In *Restauration* (*Restoration*, UA 22. 7. 1981 London) persifliert Bond die Restaurationskomödie um 1700 und zeigt an einem braven Bauernburschen, daß sich Treue und Diensteifer gegenüber einem Lord nicht auszahlen. In *Männergesellschaft* (*In the Company of Men*, UA 29. 9. 1992 Paris) wird der Konkurrenzkampf zwischen Rüstungsfabrikanten mit Erpressung, Bestechung, Betrug, Mordversuch ausgetragen wie in einem Gewaltspektakel des Elisabethanischen Theaters.

Gerettet *(Saved)*. Stück in 13 Szenen. UA 3. 11. 1965 London. Deutsch von K. Reichert. – Diese krasse Sozialreportage hat unmittelbar auf die Erneuerung des deutschen sozialkritischen Volksstücks von Kroetz, Turrini, Sommer, Greiner u. a. gewirkt. Das Milieu mit dem Slang aus dem Londoner East End wurde bei den deutschsprachigen Aufführungen in den sozialen Randgruppen des jeweiligen Ortes angesiedelt. Gewalttätigkeit, Einsamkeit, Lebensangst in einer Gruppe von Halbstarken. Die junge Pam hat in Len, einem ängstlichen, verträumten Burschen einen neuen Freund gefunden. Fred aber, der Schlägertyp und Boß der Gruppe, holt sich das Mädchen zurück. Und Pam steckt lieber von Fred Prügel ein, als daß sie die rührende Anhänglichkeit von Len erträgt. Das Mädchen, selbst noch ein Kind, bringt ein Kind zur Welt. Len sorgt für das kleine Wesen, das für die anderen nur Zielscheibe ist für rohe Späße. Aus Langeweile und Aggressionslust schleudern die Burschen Steine auf das jammernde Bündel im Kinderwagen – bis es verstummt. Diese Szene, die grausam, aber genau die Eskalation des Gruppenterrors beschreibt, schockiert immer wieder das Theaterpublikum. Fred kommt in Untersuchungshaft, Pam kehrt zu Len zurück. Und ein Schimmer von Hoffnung kommt in diese trostlose Welt, als Pams Vater, der sich bisher nur durch Brutalität gegen die Welt der Jungen behauptet hat, erstmals Len als Menschen akzeptiert. In der schockierenden Brutalität, in der Gossensprache, in den unbeholfenen klischeehaften Sprachresten zeigt Bond, wie zerstört diese Menschen sind, zeigt Hilflosigkeit, die in Gewalt umschlägt, und Gewalt, die wieder hilflos macht.

Die See *(The Sea)*. Eine Komödie. UA 22.5.1973 London. Deutsch von H. Müller. – An einem grotesk kleinbürgerlichen Modell zeichnet Bond die Eskalation einer faschistischen Massenpsychose nach. Hatch, der kleine, durchschnittliche Tuchhändler in einem englischen Badeort, malt sich aus, es drohe eine feindliche Invasion aus dem Weltraum. Mit einer Gruppe versoffener Kumpane wittert er überall Feinde, will jeden beseitigen, der ihm widerspricht und sich nicht einreiht in die neue Bewegung. Sein Angriff zielt auf eine verschrobene Teegesellschaft um Lady Rafi, die weltfern in Literatur schwelgt. Schließlich verwahrt man Hatch in der Irrenanstalt – England bleibt ein ›Drittes Reich‹ erspart.

Die Frau *(The Woman)*. Szenen von Krieg und Frieden. UA 10.8.1978 London. Deutsch von A. und M. Walser. – Bond gibt dem antiken Mythos vom Untergang Trojas und dem Raub der schönen Helena eine aktuell pazifistische Deutung: Ismene, die Frau des athenischen Feldherrn Heros, will mit allen Mitteln den Krieg zwischen Troja und Griechen beenden, der um die Statue der Glücksgöttin geführt wird. Freiwillig liefert sie sich den Trojanern als Geisel aus und ruft das Griechenheer zur Befehlsverweigerung auf. Nach dem Fall Trojas stellt Heros sie vors Kriegsgericht. Ismene wird lebendig eingemauert und später von Soldaten, die das Grab ausrauben wollen, befreit. Ein Schiffbruch verschlägt sie gemeinsam mit der Trojanerkönigin Hekuba, die sich selbst geblendet hat, auf eine Insel unter

Fischer. Nach Jahren taucht wieder Heros mit seinen Soldaten auf und will auf der Suche nach der Statue auch diese Idylle vernichten. Eine List macht den Gewalthaber unschädlich, und Ismene findet an der Seite eines Flüchtlings für den Rest ihres Lebens ein wenig Geborgenheit.

Sommer *(Summer)*. Stück in sieben Szenen. UA 27.1.1982 London. Deutsch von C. Enzensberger. – Wie alljährlich verbringt Xenia, die vor Jahren nach England emigriert ist, den Sommer im Haus ihrer Kindheit an einer südlichen, vielleicht jugoslawischen Küste. Im Zweiten Weltkrieg war das Land von den Hitler-Truppen besetzt. Die Besatzer hatten auf einer der idyllischen Inseln vor der Küste ein Konzentrationslager eingerichtet und dort Geiseln erschossen. Xenias Vater hat als Großgrundbesitzer damals die Gegend mit ihren armen Fischern und Taglöhnern beherrscht. Er paktierte mit den Deutschen und spielte zugleich den Partisanen Informationen zu. Mit ihren guten Kontakten zu deutschen Offizieren konnte Xenia ihr Hausmädchen Marthe, die als Geisel bereits zur Erschießung bestimmt war, das Leben retten. Nun bricht Jahrzehnte später für Xenia in zwei Begegnungen die Vergangenheit auf: Ein Tourist aus Deutschland entpuppt sich als ehemaliger Soldat, der an den Geiselmorden mitgewirkt hat. Damals wie heute hat er ein gutes Gewissen, da er egoistisch und fröhlich seine Brutalität auslebt. Xenia begegnet auch Marthe wieder, die an Krebs erkrankt ist und ruhig den Tod erwartet. Nach Kriegsende hat Marthe mitgeholfen, ihre Herrschaft, der sie das Leben verdankt, zu enteignen. Statt auf Dankbarkeit und Gunsterweise wollte sie ihr Leben auf soziale Gerechtigkeit gründen und hat mit den anderen Arbeitern eine neue sozialistische Gesellschaft aufgebaut. Noch angesichts des Todes rechnet sie mit Xenia und deren politischem Opportunismus ab. Nur die junge Generation – Xenias Tochter Ann und Marthes Sohn David – kann sich aus den alten, längst verjährten Konflikten befreien.

Auch in seinem neuen Stück versucht Bond politische Aktualität und Mythos zu verknüpfen, eins auszudrücken im anderen – und dabei kommt beides zu Schaden. Er zeigt Polaritäten – alt und jung, Vergangenheit und Gegenwart, Heimat und aus der Fremde Heimkehrende –, und auf derart mythisch und monumental überhöhte Gegensätze bringt er auch die Figuren:

Marthe ist ein urtümliches, antikisches Bauernweib wie eine Rachegöttin. Ihr gegenüber steht Xenia als nervöse, überreizte Dame von Welt, die ihre Hilflosigkeit hinter penetrant ausgespielter Überlegenheit versteckt. (Reclams UB 9197, engl.)

VÁCLAV HAVEL

* 5. Oktober 1936 in Prag

Studium an der TH Prag; Bühnenarbeiter am »Theater am Geländer« in Prag, nacheinander Beleuchter, Sekretär und Hilfslektor, Dramaturg und schließlich ›Hausautor‹ an diesem Theater. Während des vierten Schriftstellerkongresses 1967 in Prag hielt Havel eine bedeutende Rede als Parteiloser; 1969 Publikationsverbot; Sprecher der »Charta '77«; Oktober 1977 zu 14 Monaten Gefängnis mit Bewährung verurteilt. 1989 zum Staatspräsidenten der ČSFR gewählt. *H. D.*

Das Gartenfest *(Zahradní slavnost).* Spiel in vier Aufzügen. Deutsch von A. Scholtis. – Uraufführung am 26. September 1963 in Prag, deutsch zuerst in Berlin 1964. Hugo Pludek will seiner Karriere aufhelfen und nimmt darum an einem Gartenfest teil, auf dem Funktionäre der gegensätzlichen Ämter für Eröffnung und für Auflösung gemeinsam feiern und einander belauern. Hugo nutzt die Gunst der Stunde und wird Leiter einer projektierten Zentralkommission für Eröffnung und Auflösung. Er führt ein System ein, das keiner versteht und darum alle loben. *H. D.*

Die Benachrichtigung *(Vyrozumění).* Schauspiel in zwölf Bildern. Deutsch von E. Berkmann. – Uraufführung 26. 7. 1965 in Prag, deutsche Erstaufführung in Berlin 1965. Erst wird eine künstliche Bürosprache (»Ptydepe«) eingeführt, dann wird sie verboten, darauf eine andere Amtssprache verbreitet, welche die Verständigung in ähnlicher Weise behindert. Im Büroleben löst das Machtkämpfe, Intrigen, Positionswechsel, Bezichtigungen und Selbstanklagen aus. *H. D.*

Erschwerte Möglichkeit der Konzentration *(Ztížená možnost soustředení).* Stück in zwei Akten. Deutsch von F. P. Künzel. – Am 11. April 1968 in Prag uraufgeführt, deutsch im gleichen Jahr in Berlin gespielt. Die Konzentrationsschwierigkeiten des Soziologen Dr. Huml werden von vier Frauen verschuldet: der Gattin, der Geliebten, der Sekretärin und einer Besucherin. Die Besucherin kommt amtlich, mit drei Fachleuten und ›Puzuk‹, dem Elektronengehirn, das das Privatleben Humls zwecks Statistik ergründen soll. Puzuk ist faul, anfällig und launisch. Angesichts des maschinellen Fiaskos erlangt der Prüfling sein Selbstvertrauen wieder. *H. D.*

Die Retter *(Spiklenci).* Ein Spiel. UA 8.2.1974 Baden-Baden. Deutsch von F. P. Künzel. – Ein Schlüsselstück um die enttäuschten Erwartungen auf mehr Demokratie nach dem Prager Frühling. Funktionäre in Schlüsselpositionen von Justiz und Armee verabreden einen Putsch, um die Machtergreifung des Diktators Olah zu verhindern. Das führt untereinander zu Spitzeltum, Verrat, Erpressungsmanövern – eine Verschwörung aller gegen alle.

Audienz *(Audience).* Kurzdrama. UA 9.10.1976 Wien. Deutsch von G. Laub. – Ein als Hilfsarbeiter in einer Brauerei beschäftigter mißliebiger Schriftsteller wird vom Braumeister ins Vertrauen gezogen: Der Autor soll sich selbst denunzieren, denn der Braumeister tut sich schwer mit den wöchentlichen Berichten an die Geheimpolizei. Er beneidet den mundtot gemachten Schriftsteller, weil der zu bekannt sei, als daß man ihn verschwinden lassen könnte. »Mich können sie zertreten.«
H. D.

Vernissage *(Vernisáz).* Einakter. UA 9.10.1976 Wien. Deutsch von G. Laub. – Ebenso wie in *Audienz* steht der Dissident und Schriftsteller Ferdinand Vanek, der zur politischen Umerziehung als Hilfsarbeiter in eine Brauerei abkommandiert ist, im Mittelpunkt. Für einen Abend ist er Gast beim Ehepaar Vera und Michael, die als politisch Privilegierte auch in Prag sich ein kapitalistisches Luxusdasein gönnen. Sie bezahlen für ihren Lebensstandard mit Opportunismus, Selbstverachtung und Ehekrise.

Das Berghotel *(Horsky Hotel).* Ein Schauspiel in fünf Akten. UA 23.5.1981 Wien. Deutsch von G. Laub. – Die Gäste in einem Berghotel erleben sich in zum Alptraum verzerrten unheimlichen Situationen: Angst, Bedrohung, Entpersönlichung. Sie tauschen die Rollen, sind einem Staatsfunktionär als Direktor ausgeliefert. Das erinnert an die surrealen Traumspiele von Ionesco und Adamov – politische Parabeln, die bewußt verschwommen und vieldeutig bleiben. Solch Ausweichmanöver verweist auf Havels bedrohliche Situation als Dissident und Unterzeichner der Charta in der früheren ČSSR.

Largo Desolato. Schauspiel in sieben Bildern. UA 13. 4. 1985 Wien. Deutsch von J. Bruss. – Dr. Kopriva ist ein Gegner des Regimes. Er fühlt sich bedroht, bespitzelt, unter Druck gesetzt. Schlimmer noch als der Zugriff des Staates ist der Erwartungsdruck seiner Freunde: sie wollen aus ihm einen Protestler, einen Märtyrer der Gesinnung machen, während er nur noch eines will: daß alle ihn in Ruhe lassen!

In *Versuchung* (*Pokouseni*, UA 23.5.1986 Wien) benutzt Havel den Faust-Stoff zur Parodie auf Staatsapparat und Stasi-Agenten in einem Ost-Regime. *Sanierung* (*Asanace*, UA 26.9.1989 Zürich) ist eine Satire auf die Bürokratie und die anpassungswilligen Intellektuellen in einem Parteistaat des Ostblocks.

TOM STOPPARD

* 3. Juli 1937 in Zlin (ČSSR)

Der Sohn eines jüdischen Arztes, der 1939 in die Emigration nach Singapur geht, wird vom britischen Major Stoppard adoptiert und wächst in Indien und England auf. Arbeitet in Bristol als Journalist, später als Film- und Theaterkritiker. 1963 erster Erfolg im Fernsehen der BBC mit der Komödie »Der Spleen des George Riley«. 1964 Studienaufenthalt in Berlin durch die Ford Foundation.

Wie Harold Pinter und Simon Gray ist Stoppard ein Meister der Sophisticated Comedy, des intellektuell verspielten Konversationsstücks, das geistreich und stilsicher, ironisch distanziert und zuweilen mit schwarzem Humor die Unsicherheit und Entfremdung des heutigen Menschen als Boulevardtheater für Anspruchsvolle zeigt. Stoppard holt sich dabei seine Figuren und Situationen mit Vorliebe aus Geschichte und Literatur. Er setzt Fakten, die uns als Bildungsgut vertraut sind, neu und oft paradox zusammen. Dabei versucht er mit seinen unterhaltsamen Clownerien unseren Glauben an die Überlieferung zu verunsichern, Widersprüche und Abgründe bloßzulegen.

Rosenkranz und Güldenstern (*Rosencrantz and Guildenstern are Dead*, UA August 1966 Edinburgh, deutsch von H. Lunin; Reclams UB 9185, engl.) schildert Shakespeares *Hamlet* aus der Sicht der Randfiguren: Sie führen immer nur Aufträge aus, die sie nie durchschauen, sind Spielzeug für die Machthaber und finden schließlich durch Hamlets Täuschungsmanöver den Tod. *Akrobaten* (*Jumpers*, UA 2. 2. 1972 London, deutsch von H. Spiel) mischt die Klischees der Kriminalgeschichte und des Showgewerbes zum hintergründigen Jux. *Travesties* (*Travesties*, UA 10. 6. 1974 London, deutsch von H. Spiel) projiziert wieder die Geschichte auf eine eher klägliche Randfigur, den kleinen Spießbürger Henry Carr. Er begegnet 1917 in Zürich dem Dichter Joyce, dem verbannten Revolutionsführer Lenin und dem Dadaisten Tristan Tzara. Jeder von ihnen ist ein Umstürzler auf seine Art und wird dieses Jahrhundert entscheidend verändern. Carr, der davon nichts ahnt, sich aber unentwegt einmischt, verheddert sich im Umgang mit den Genies in immer abstrusere Situationen. Das ergibt eine brillante Kritik an der Legendenbildung und Idealisierung der historischen Größen. *Schmutzige Wäsche* (*Dirty Linen*, UA 6. 4. 1976 London, deutsch von H. Spiel) ist eine freche Satire auf die doppelte Moral der Parlamentarier. *Night and Day* (UA 8. 11. 1978 London, deutsch von H. Spiel) prangert den Skandaljournalismus an, wie er die Wirklichkeit manipuliert, nur um zur sensationellen Schlagzeile zu kommen. *Das einzig Wahre* (*The Real Thing*, UA 16. 11. 1982 London) führt ins Theatermilieu: Ehekrisen, Partnertausch, Alltagsroutine – im Stil des Boulevardstücks werden Leerlauf und Beziehungslosigkeit unserer Wegwerfgesellschaft vorgeführt. *Künstler, eine Treppe hinabgehend* (*Artist Descending a Staircase*, UA 2. 8. 1988 London) persifliert ein Kriminalstück und führt immer tiefer zurück in die Vergangenheit. Drei altgewordene

Künstler träumen und streiten immer noch über die Schocks der Avantgarde. Als einer von ihnen durch einen Treppensturz umkommt, stellt sich die Frage nach dem Täter.

CARYL CHURCHILL

* 3. September 1938 in London

Großnichte des Politikers Sir Winston. Studium in Oxford. Zunächst schrieb sie Stücke für Rundfunk und Fernsehen. 1972 war die Uraufführung ihres ersten Theaterstücks »Owner« (»Besitzer«).

Caryl Churchill nennt sich eine feministische Sozialistin und macht die Rolle der Frau zum Thema ihrer Stücke. Doch der realistische Sozialbefund wird immer wieder aufgebrochen durch groteske, traumhafte, zuweilen auch lyrische Sequenzen (etwa Rilkes *Duineser Elegien* als verstörende Gegenstimme in der Arbeiter-Saga *Fenn*). So bewahrt Churchill ihre engagierten Stoffe vor dem bloß gutgemeinten sozialen Mitleidsdrama. *Siebter Himmel* (*Cloud Nine*, UA 14. 2. 1979 Dartington) entlarvt die verlogene Moral und das Ehrbarkeitsgetue der Viktorianischen Gesellschaft und stellt die Utopie einer frei ihre Bedürfnisse auslebenden heutigen Frauengruppe dagegen. *Top Girls* (UA 28. 8. 1982 London) führt auf eine Party: Eine Karrierefrau von heute, gefragt als Berufsberaterin, feiert mit fünf sogenannten Erfolgsfrauen der Geschichte von Griselda bis zur Päpstin Johanna: sie alle waren in ihrer Zeit ausgebeutete Opfer der Männergesellschaft und mußten radikal für ihr Lebensrecht kämpfen. *Fenn* (UA 20. 1. 1983 London) zeigt die proletarische Entsprechung auf dem Land: Not und Ausbeutung der Landarbeiterinnen, die auf den Feldern der Landbarone sich abrackern und lediglich im Zuspruch der Kirche einige Erleichterung finden.

JOSHUA SOBOL

* 24. August 1939 in Tel Aviv

Promoviert in Paris zum Doktor der Philosophie. Unterrichtet in Theater-Workshops an der Universität Tel-Aviv. 1985 wird er künstlerischer Leiter des Stadttheaters Haifa. 1988 tritt er zurück, da ihm wegen seiner Stücke von den Rechtsparteien anti-israelisches Verhalten vorgeworfen wird.

Weiningers Nacht (UA Oktober 1982 Haifa): Der jüdische Philosoph Otto Weininger, bahnbrechend mit seiner Dissertation *Geschlecht und Charakter*, wird aus Selbsthaß zum Antisemiten und glühenden Deutschnationalen. In diesem Identitätsverlust bleibt Selbstmord als einziger Ausweg. In *Ghetto* (UA April 1984 Haifa) arbeitet der Jude Jakob Gens als Kommandant der Lagerpolizei von Wilna mit der SS zusammen. Er organisiert eine Ghetto-Bühne, er betreibt jüdische Uniformwerkstätten für die deutsche Wehrmacht. Er will den Nazis nützlich sein, um auf diese Weise für möglichst viele Juden den Gang in die Gasöfen hinauszuzögern. *Die Palästinenserin* (UA Mai 1985 Haifa) zeigt, daß eine private Liebe zwischen einer Araberin und einem Israeli in diesen von politischem Fanatismus vergifteten Zeiten scheitern muß. *Adam* (UA Juli 1989 Tel Aviv) bringt die Wiederbegegnung mit den Figuren aus *Ghetto* und der Situation im Ghetto von Wilna: Aufbau einer Widerstandsgruppe gegen die SS und die Auslieferung eines Einzelnen an die Gestapo, um die übrigen zu retten – erneut stellt Sobol bohrende Fragen nach Moral und Zweckmäßigkeit im Umgang mit der Gewalt. *Das Jerusalem Syndrom* (UA 10. 1. 1988 Tel Aviv) zieht Analogien zwischen dem jüdischen Aufstand gegen die römischen Besatzer 70 n. Chr. und dem Palästinenser-Aufstand in den von Israel besetzten Gebieten: die jüdischen Freiheitskämpfer von einst sind heute die Unterdrücker. Mit dieser These hat Sobol heftige Angriffe der orthodoxen Partei ausgelöst. *A & B* (UA 16. 11. 1991 Dortmund) mischt Zivilisationskritik mit mythischen Figuren und Situationen des Alten Testaments. *Solo für Spinoza* (UA 16. 10. 1991 Den Haag) feiert in der Gestalt des Religionsphilosophen, der wegen seiner Lehren als Ketzer verfolgt wurde, Gesinnungsfreiheit gegenüber der herrschenden Staatsräson, mit der Sobol selbst oft in Konflikt gerät.

SAM SHEPARD

* 5. November 1943 in Fort Sheridan (Illinois)

Wächst auf einer Avocadofarm in Kalifornien auf – der amerikanische Westen bestimmt auch seine späteren Theaterstücke. Seit 1963 praktische Theaterarbeit in New York, 1971–74 in London. Drehbücher für Antonioni (»Zabriskie Point« 1974) und Wim Wenders (»Paris Texas« 1984). Pulitzer Preis 1979 für »Buried Child«.

Goldener Westen (*True West*, UA 1979) zeigt den Kampf zweier Brüder: Austin ist als Fernsehautor erfolgreich und angepaßt, Lee gefällt sich als Gesellschaftsverweigerer. Zugleich wird der Mythos vom goldnen freien Westen als Klischee entlarvt. *Liebestoll* (*Fool for Love*, UA 1983 San Francisco) ist wieder eine Psychostudie: die Haßliebe zweier Halbgeschwister, die vor sich selbst und vor der Wirklichkeit in sinnlose Aggression flüchten. Das Stück wurde 1986 von Robert Altman mit Shepard in der Hauptrolle verfilmt.

ROBERT WILSON

* 4. Oktober 1944 Waco (Texas)

Studium der Architektur, Theaterarbeit mit behinderten Kindern in der »Byrd Hoffman School of Byrds«. Seit 1969 Performances von Stücken, die Wilson mit der eigenen Gruppe erarbeitet. Seit 1979 kontinuierliche Theaterarbeit in der Bundesrepublik mit eigenen Stücken, aber auch Inszenierung von Opern und Stücken von Heiner Müller, Tankred Dorst, Euripides.

Death Destruction & Detroit (UA 12. 2. 1979 Berlin) ist eine magische Bilderfolge: Figuren in ihren Kontakten und Kontaktstörungen, Klischees aus der Welt der Comics und Science Fiction, Zeichen aus Natur und Technik. *Die goldenen Fenster* (*The Golden Windows*, UA 29. 5. 1982 München): Ein altes und ein junges Paar stehen sich gegenüber in undurchschaubarem Zusammenhang, ausgesetzt in einer beklemmenden Traumlandschaft. *The Civil WarS* (Teil-UA 19.1.1984 Köln, Text von Heiner Müller) sollte als übernationales Schaustück von fünftägiger Spieldauer für die Olympischen Spiele in Los Angeles 1984 entstehen, ist aber zur Gänze aus Geldmangel nie aufgeführt worden. Die einzelnen Teile wurden außer in Köln noch in Rotterdam, Tokio, Rom und Minneapolis erarbeitet. Satirische Kleinbürgerszenen stehen neben historischen Rückblicken (der Preußen-Mythos von Friedrich dem Großen neben dem amerikanischen Bürgerkrieg), apokalyptische Naturkatastrophen neben einer possierlichen Menagerie. *The Forest* (UA 15.10. 1988 Berlin, Text von Heiner Müller) erneuert das babylonische Gilgamesch-Epos: der Held Enkidu, ein Naturwesen, wird von den Sachwaltern der Zivilisation abgerichtet und funktionstüchtig gemacht.

BERNARD-MARIE KOLTÈS

* 9. April 1948 in Metz
† 15. April 1989 in Paris

Besucht 1970–72 die Regieklasse der Schauspielschule in Straßburg. Tritt zunächst mit Hörspielen hervor. 1976 entsteht der Roman »Die Flucht zu Pferd weithin in die Stadt«. 1977 führt Yves Serry sein Stück »Die Nacht kurz vor den Wäldern« in Avignon auf. Dieser Einakter erhält 1982 den Ersten Preis beim Fringe Festival in Edinburgh. 1983 gelingt Koltès der Durchbruch als Stückeschreiber mit »Der Kampf des Negers und der Hunde«. Seine folgenden Stücke inszeniert Patrice Chéreau am Theater Nanterre mit großem Erfolg.

Das Zweipersonenstück *Die Nacht kurz vor den Wäldern* (UA 1977 Avignon) ist der scheiternde Versuch einer Annäherung zwischen zwei Männern, die sich zufällig treffen. Zärtlichkeit schlägt um in Brutalität, Imponiergehabe in heulendes Elend. *Kampf des Negers und der Hunde* (UA 22.2.1983 Nanterre), ein grelles Psychogramm, behandelt Konflikte zwischen Afrikanern und Franzosen, Kampf um Recht und Gewalt unter Bauarbeitern. In *Quai West* (UA 19.10.1985 Amsterdam) begibt sich ein korrupter Finanzmakler in die Slums am New Yorker

Hafen. Er sucht dort den Tod und verstrickt sich in die ihm fremde Welt der Asozialen. *In der Einsamkeit der Baumwollfelder* (UA 27. 1. 1987 Nanterre): Wiederum treffen zwei Unbekannte in einem nächtlichen Winkel aufeinander und spielen die Rituale zwischen Werbung und Zurückweisung, Anbiederung und Einschüchterung, zwischen Dealer und Kunde durch. *Rückkehr in die Wüste* (UA 27. 9. 1988 Paris): Nach Jahren des Exils in Algerien kehrt Mathilde zurück ins Elternhaus in eine südfranzösische Provinzstadt. Dort hat sich inzwischen ihr Bruder als Fabriksbesitzer etabliert. Vor 15 Jahren hat man sie von dort vertrieben, da sie schwanger wurde. Nun wird sie erneut zum Ärgernis für die Clique rechtsradikaler Spießer, da sie nicht nur auf ihrem Erbteil besteht, sondern in der Fremde auch noch zur halben Araberin geworden ist und ihrer Tochter den algerischen Namen Fatima gegeben hat. Ihr patriotisch schwadronierender Bruder hat sich mit dem Präfekten verbündet, um durch Sprengstoffanschläge die algerischen Gastarbeiter aus der heilen französischen Welt hinauszubomben. Mit seinem nachgelassenen Stück *Roberto Zucco* (UA 12. 4. 1990 Berlin) verherrlicht Koltès einen Mörder aus Unschuld, der sich als Ausnahmemensch selbst Gesetz sein will. Seine Mordtaten begeht er willkürlich und ohne Motiv, um sich aufzulehnen gegen die Kausalität der Normalwelt. Koltès überhöht hier die Geschichte eines Kriminellen, der aus dem Gefängnis ausbricht, durch Verweise auf mythische Figuren wie Samson und Prometheus. *Das Erbe* (UA 17. 11. 1991 Bonn) ist ein Jugendwerk von 1970/71: eine Psychostudie, grotesk und beklemmend, um den jungen Familienerben, an den sich alle übrigen mit ihren Ansprüchen und Interessen herandrängen, ihn unter Druck setzen, während das Haus bereits von einem Angriff bedroht und dem Untergang geweiht ist.

Abbildungsverzeichnis

Verzeichnis der Autoren*

* Die Seiten, auf denen für das betreffende Stichwort ein eigener Artikel in »Reclams Schauspielführer« enthalten ist, sind im Verzeichnis der Autoren und im Verzeichnis der Werke *kursiv* gesetzt.

Verzeichnis der Werke

Inhalt